U0651305

　　本书为中国翻译文献整理研究中心、广西壮族自治区一流学科建设项目和广西民族大学外国语言文学一级博士点支持计划成果。

余光中先生年谱

上

张旭
张鼎程

编著

九州出版社
JIUZHOUPRESS 全国百佳图书出版单位

图书在版编目（CIP）数据

余光中先生年谱 / 张旭，张鼎程编著. -- 北京：
九州出版社，2025.03
ISBN 978-7-5225-2365-1

Ⅰ. ①余… Ⅱ. ①张… ②张… Ⅲ. ①余光中（
1928-2017）—年谱 Ⅳ. ①K825.6

中国国家版本馆CIP数据核字(2023)第203124号

余光中先生年谱

作　　者	张　旭　张鼎程　编著
责任编辑	陈文龙
出版发行	九州出版社
地　　址	北京市西城区阜外大街甲 35 号（100037）
发行电话	(010)68992190/3/5/6
网　　址	www.jiuzhoupress.com
印　　刷	鑫艺佳利（天津）印刷有限公司
开　　本	710 毫米 ×1000 毫米　16 开
印　　张	56.75
字　　数	925 千字
版　　次	2025 年 4 月第 1 版
印　　次	2025 年 4 月第 1 次印刷
书　　号	ISBN 978-7-5225-2365-1
定　　价	198.00 元

★版权所有　侵权必究★

序 一

余幼珊

犹记得去年 10 月，张旭教授通过单德兴教授与我联系上，并寄来一册他于 2019 年出版的《马君武年谱》。翻看那本将近一千页的《马君武年谱》，心想，搜集这许多资料，整理后逐年逐月地记录，撰写这样一部书，定须花上好几年的功夫吧！当时估计张教授可能也要三五年之后才会完成父亲年谱，没料到，今年 9 月份即收到张教授传来的 70 余万字的初稿，惊讶之余，对张教授搜集并整理、研读资料后下笔的神速由衷地感到佩服。

父亲离世至今已 5 年，他走后我们开始整理他的书籍、手稿、笔记、书信及教学讲义等各种资料，相当繁复，完全没有想到其年谱能这么快问世。张教授愿在此时便着手编写，同样令人钦佩。父亲的创作除了诗歌，还有散文、评论和翻译，另有教学和文学奖评论这两方面的长久经历，居住地点也从南京到四川，再到台北、美国、香港和高雄，张教授要联系父亲在各地的亲友和学生，虽有网络之便，亦实属不易。父亲遗留的资料很多，除了手稿和笔记我们整理得较为完整，因人力不足，其他目前尚无法有效地分门别类，书信也还无法全面过滤后提供给张教授，这点实在感到很抱歉。

张教授的专长是翻译研究，兼通语言学、历史学、哲学及比较文学，因此能够相当周全地了解父亲不同文类的作品和活动。他详细阅读了父亲所有著作及搜集到的资料，用旁征博引的方式记录父亲的一生，有别于其他条列式记录父亲生平的文章或书籍，也有别于传记式的书写。张教授不但广泛引用父亲自己所述或他人的访问记录，还大量引用了与事件或作品相关的其他资料作为补充或对照，为事件或作品提供了更完整的背景和脉络，因而读者在了解父亲生平之外，对相关的文学史也能同时有所认识。

除了旁征博引，这本年谱的另一个特殊之处，是张教授同时列出了某些相关作家的出生年份及简要的介绍，于是，我们得知，父亲出生那年，有8位重要台湾作家同年出生，也得知其他一些作家当时的年龄："是年，胡适37岁，罗家伦31岁，梁实秋25岁……"此外，历史和文化、文学方面的重大事件，本年谱也都择要列入，例如"九一八"事件、新月社解散等。又例如，父亲曾任教香港中文大学11年，因此年谱中也纳入中文大学于1962年成立的条目。有了这些背景，这份年谱便融入更宏观的历史中，也顿时立体起来，更加有骨有肉了。

除此之外，张旭教授还搜集并记录了父亲最早期的作品，相当珍贵。父亲很早就立志成为作家，他的第一本诗集是《舟子的悲歌》，第一本散文兼评论集是《左手的缪思》，然而有若干早期的诗作、文章和翻译，发表在报刊上，并未收入任何集子，如诗歌《给诗人》《插新秧》，评论文章《莎士比亚的伟大》等。父亲走后我们整理其物件，发现他还收藏了这些作品的剪报。这些作品虽然有专文讨论，其记录与相关文献，却是其他有关父亲生平的文章、书籍所少见的，因而本年谱为父亲的作家生涯提供了更完整而重要的原始资料。

张旭教授所撰的年谱不但是记录和历史，同时也是微型评论。其《前言》首先依照诗歌、散文、评论和翻译这四大类别，概论父亲的写作脉络，然后提及他对推广文学的贡献，以及对艺术的兴趣。父亲和艺术的关系，较少人提及，然而绘画和音乐均直接影响了父亲的创作。他在绘画方面多少有点天赋，上海醒华小学的成绩单上，老师特别备注："于美术有特殊天才"。他画地图的能力似乎与生俱来，虽从未受过训练却能完整地勾绘出任何区域的地图。我自己深刻记得小时候他随手勾勒的邻居孩子的画像，姊妹也藏有他在香港为爱鸟蓝宝宝所画的钢笔素描。还有他去西班牙参加笔会，聆听鲁希迪演讲时，随手勾勒讲者，亦捕捉到几分神韵。只是，父亲的文字禀赋超越了他对绘画的喜爱。他的艺术天赋虽然没有发挥在创作上，却转而成为绘画评论，也催生了台湾20世纪60年代的现代绘画。至于音乐，他评介摇滚乐的文章，以及诗歌散文中的音乐性和节奏感，便是最好的证明。

　　评介了父亲不同文类的创作及影响后，张教授接着评论他参与的论战。父亲的个性既柔和也刚烈，年轻气盛时不服输的性格明显地呈现在早期的论战文章中，也因此引来许多误解及负面的批评，甚至不实的指控。晚年他曾告诉我，20 世纪 70 年代的论战之后，他即不再参与论战。晚年与教育主管部门的文白之争，应是出于对中国文学和文字的喜爱，以及对教育的关切，义不容辞挺身而出。

　　最后张旭教授还特别提到父亲的硬笔书法，不但引述了其他论者之言，更进一步描写并评析其字体，诚属难得，因为这恐怕是其他传记、访谈或评论鲜少提及的特色。父亲的字体别树一格，工整但又独特，不但展现其个性，也显示他在创作时的心境和态度，因为连草稿和笔记上的字迹都不至于潦草得难以辨认。父亲生活中某些地方是相当急躁的，但是写作时显然从容不迫、一丝不苟。其文章有观察细腻之处，同时又显露阳刚之气，这样的气质也呈现于其字体，或可谓"猛虎与蔷薇"的结合吧。

　　张旭教授得力于比较文学的广博背景，博士论文又研究朱湘的翻译，对于父亲"外师造化，中得心源"的创作变迁和各类评论的内容，皆能有所"感悟"而全面观照又深入了解。在这种种条件下，此年谱自然基础稳当，面面兼顾，也因此，无论从什么角度和层次来看，这部资料完备而详尽的年谱，都是未来余学研究者不可或缺的一部参考大书。

2022 年 11 月 30 日

序　二

单德兴

　　中国年谱之作始于宋朝，在历史长河中发展出独具的特色。胡适在《章实斋先生年谱》序中写道："我是最爱看年谱的，因为我认定年谱乃是中国传记体的一大进化。"年谱编撰以谱主的年庚为纲、事迹为目，既有编年，又有记事，纲表其要，目志其详，依年记事，观照一生，并得窥谱主的历史环境、时代精神与人际网络。阅读年谱无疑是通盘了解特定人物的事迹行谊最方便且周全的途径。因此，编著者必须明了年谱的性质与作用，掌握编撰的原则与方法，多方搜罗，悉心拣选，详加排列，仔细撰写，忠实呈现，以收厚积薄发、取精用宏之效，发挥读书晓事、知人论世之功。

　　谱主余光中，福建永春人，1928 年生于南京，2017 年逝于高雄，以中国传统算法享寿九十，年登耄耋。一生适值中国与世界近代史上多事之秋，其荦荦大者如对日抗战、二次大战、国共内战与国际冷战。谱主自中学起便立志创作，关怀现实，感时忧国，立足中华，放眼世界，直到生命终点，前后逾七十载，以文学的兴观群怨，体现"文章合为时而著，歌诗合为事而作"。

　　谱主涉猎广泛，学贯古今中西，不仅继承《诗经》以来的大传统和五四以来的小传统"，外文系出身的他也熟悉西洋文学传统，对英美诗歌着力尤深。他敏于世变，积极介入，在创作与评论上高举现代性大纛，除了在个人擅长的文学领域勇于探索（如诗作题材之广泛、风格之多变令人叹为观止），大力译介英美文学，并涉入绘画与音乐等领域，跨界结盟，提笔助阵，开疆辟土，倡导风气。

余光中曾自道，诗、散文、评论、翻译为其"写作生命的四度空间"、"四张王牌"，并戏称为自己的"四窟"。以"著作等身"来形容一个人著述众多，大抵为客套话，但用在谱主身上却恰如其分。台湾《公视》杂志曾以他为封面人物，一旁堆栈起来的作品竟然比作者还高！诗、散文、评论、翻译任一领域想要出人头地已属不易，余光中却能样样突出，独具特色，统领风骚，诚为古今中外文学史上罕见的通才。

谱主喜好天文地理，博览群籍，行万里路，战乱时期固不得已而漂泊离散，行走于苦难大地，太平岁月则应各方机缘，足迹遍及欧美，每每于行前勤搜资料，做足功课，归后则以诗及散文志其游踪与感思。回顾谱主一生主要行踪，早年的大陆不仅是他出生、成长之地，也是长久以来"乡愁"之所系；台湾为他进学修业、成家立业、扬名立万之所在；香港很可能是他遭遇最多挑战、却也享受最多愉悦时光之处；晚年回返台湾，继续著书立说，作育英才，启迪后进，并完成生命最后乐章。其间他三度留美，取得硕士学位，于异国春风化雨，进行文化交流。因此早岁曾表示，"旧大陆是他的母亲，岛屿是他的妻，新大陆是他的情人"，尔后随着行迹扩展，屡有此喻："大陆是母亲，台湾是妻子，香港是情人，欧洲是外遇"，充分流露其对所到之地的特殊感情，透过五彩笔将所见所闻、所思所感，化为缤纷文字，传诵于中文世界。

谱主幼承庭训，打下良好的中国古典文学根基，大学接受英美文学洗礼，中英文俱佳，逍遥于方块字与蟹行文之间。早年任教于台湾师范大学英语系、台湾大学外文系、政治大学西洋语文学系，1974年应聘至香港中文大学中文系，1985年返回台湾任教于中山大学外文系，是罕见悠游于中、外文系之间的学者与作家。除了教学，他数度应邀担任学术行政主管，屡有建树，并热心从事文艺等专业服务与社会活动，致力推广文艺风气，在创作、学术、教学、服务等方面卓有贡献。此外，为阐释个人的理念，他不时主动参与或被动卷入一些笔战或争议中，成为若干事件之指标性人物。

笔者就读政治大学时受教于谱主，在文学与翻译方面深受启蒙，遂决意以文学与文化研究为毕生志业。待谱主自香港返台定居，因同属外文学门，接触频仍。近年钻研其译论、译评与"译绩"，并两度深入访谈，了解愈多，就愈加佩服，深感其成就除了先天的才气，还有后天的辛勤与严谨的自律。

　　谱主一生精彩，笔者数度当面询问有无撰写自传或回忆录的计划，谱主明确回复无此计划，并表示作品就是他的人生纪录。目前，中国大陆与台湾出版的几本余光中传记各有不同面貌，以他为主题的评论与学术论文更是不胜枚举。在规模达 120 册的《台湾现当代作家研究资料汇编》中，2013 年出版的第 34 册"余光中卷"篇幅最大，逾 670 页，足见其在文学界的分量。余光中创作、翻译、编辑的成果繁多，现大都由九歌出版社印行，然而辞世至今犹未见作品全集出版，对于一位中文世界的文学巨擘，毋宁是件憾事。此年谱之问世，或可稍减此憾。

　　梁启超在《中国历史研究法补编》中提到，编撰年谱的益处之一，在于对谱主"一生的环境、背景、事迹、著作、性情等"可有整体的认识。然而要为谱主这般阅读广泛、兴趣多元、创作繁复、经历丰富、行踪广阔、影响深远的人物撰写年谱，实为巨大挑战。编著者除了要兼备史学、史才、史识、史德，还必须对中西文学与翻译有相当功力，方能统整全局，面面俱到，无所偏颇。

　　张旭教授出身于中国大陆学界，获得香港浸会大学哲学博士学位，现任广西民族大学国际学部主任、外国语学院院长（2024 年改任校图书馆馆长），主要研究领域为翻译研究与跨学科研究，旁及中国现当代文学、比较文学、英美文学、哲学、历史学、语言学等。笔者与张教授结识近二十载，因学术上的共同兴趣而多所联系，深知他笃学覃思，勤于著述，并有多种编著、译作出版，专长领域与余老师颇有交集。此外，他先后编撰《林纾年谱长编》（2014）、《陈宝琛年谱》（2017）、《陈衍年谱》（2020）、《马君武年谱》（2020）、《林语堂年谱长编》（即出），经验丰富，驾轻就熟。2021 年 10 月得知他有意编撰余老师年谱，深庆得人，随即协助联系余幼珊博士。张教授学养丰厚，做事积极，效率高超，决定之后便在海内外广搜数据，并蒙幼珊博士倾力襄助，取得包括余氏家谱在内之珍贵资料。

　　综观《余光中先生年谱》，可发觉其具有如下几大特色：

　　第一，体例严明，原则清晰。全书依谱主生平逐年记录，以纲统目，以目显纲，《凡例》清楚交代编写原则，方便读者了解谱主精彩人生，认知所处时代环境以及个人遭遇与回应。

　　第二，资料丰富，出处明确。谱主著述众多，行踪辽阔，相关资料与评论不可胜数，本书广为搜罗，不仅内文注明出处，书末并详附参考文献，以利查考，按图索骥。

第三，拣择用心，排比翔实。编著者检视数据，权衡轻重，择其要者加以整合，依序排列，拿捏尺寸，务求精准，主要透过谱主文字以及他人具代表性评论呈现，兼具主观与客观的视角，善加剪裁铺陈，力求长而不冗、短而不略。

第四，开疆辟土，首开先例。谱主著作等身，影响深远，不仅名声传扬海峡两岸，甚至可说凡有华文处便有其读者。惟名满天下，不免谤亦随之。本书乃先生首部年谱，为"余学"树立空前的里程碑。后来者或因立场、见解不同，或因新数据出土而重撰，但绝无法绕过这部具有开山意义的年谱。

总之，本书依据客观资料，在稳固的史料基础上忠实呈现，透露出编著者的细心、耐心、恒心、效率。他们以扎实的学问根底，诠释并再现谱主个人与历史、文本与脉络的互动，为身兼诗人、散文家、评论家、翻译家的"四臂观音"余光中，提供了历史化的认识与脉络化的理解。

正如谱主所推崇的艾略特（T. S. Eliot）在《传统与个人才具》（"Tradition and the Individual Talent"）一文所示，传统与个人之间存在着辩证关系，个人固然出自传统，但才高者也能撼动并丰富传统。《余光中先生年谱》充分印证了谱主不仅是传统与时代的产物，其著述行止多少也协助形塑了传统与时代。读者阅读此一年谱之后，当能以更开阔的眼光阅读或重读余光中的作品，省视他的生平，进一步认识这位以"乡愁"闻名的当代作家，其璀璨多彩的一生与广博宏阔的样貌。

是为序。

2022 年 12 月 10 日
台北南港

序 三
一大文章抄天下

黄维樑

半个"赫九力士大业"

"您这部年谱至少称得上半个'赫九力士大业'了！"这是今年9月23日我所致张旭教授函中的一句话。当天我收到张教授传来的《余光中年谱》（征求意见稿）PDF版，近500页，用"怀素带草读法"浏览了一遍，立刻致函驰贺，写道："……余光中先生称梁实秋先生翻译莎翁全集为'赫九力士大业'（Herculean Task），您这部年谱至少称得上半个'赫九力士大业'了！"跟着写道："从简介和微信朋友圈等知道您工作多方，成果累累媲美秋日葡萄园；您的魄力、精力和事业热力，真好比初升之旭日。谨致敬意！"

今年3月杪，通过余光中先生千金余幼珊教授的介绍，认识了张旭博士（在下面，教授、博士、先生之类称呼一概省略），一直是文字之交，是神交。想象中，当前的张旭，与一千多年前诗圣杜甫吟咏的"草圣"张旭，完全是两类人。杜甫诗云："张旭三杯草圣传，脱帽露顶王公前，挥毫落纸如云烟。"当今的张旭，一定是滴酒不沾，苦行僧那样在书啊刊啊电子文件啊一堆堆一叠叠中，翻来覆去，寻章觅句，一字不苟，长久对着可能损人视力的电脑屏幕，敲敲打打，用理性的拼贴（collage）艺术，秉持《文心雕龙》所说"弥纶群言而研精一理"的原则，弥纶群言而研精一"谱"的。

为余光中编撰大型年谱的辛苦劳动，似乎不该由张旭承担。例如武汉的古远清，厦门的徐学，台湾的"一单"与"二陈"，即单德兴与陈幸蕙和陈芳明，近年自称"香港深圳人"的黄维樑，都可以是编撰大型余光中年谱的人选，只要这些人半苦半乐地表示愿意实干。张旭自动扛起这艰苦的劳动，而事出偶然。读他在本书《后记》中的讲述，知道他起意编撰后，在"寇疫"（COVID-19）肆虐近乎"孤寂"的环境中，独力奋斗，从事上述的苦行僧式工作。他在乎（care）这项编撰事业，一年多密集（intensive）进行，诚然是一种另类的 intensive care。

中华文学界"在乎"余光中

我们"在乎"余光中，中华文学界"在乎"余光中，因为他值得我们"在乎"。张旭在本年谱的《前言》开头，就引述梁实秋"余光中右手写诗，左手写散文，成就之高一时无两"的高评，颜元叔尊他为"诗坛祭酒"的敬称，黄维樑对他之为"当代文学重镇"的赞许；其他的褒扬引不胜引，如夏志清的，如夏夫人王洞女士的，如柯灵的，如流沙河的，如梁锡华的，如金耀基的，如李元洛的，如古远清的，如陶杰的……恕我这里"的的不休"地举例；还有很多"如"，包括"如"我的其他颂词：我称他为博大型作家，他的诗文"精新郁趣，博丽豪雄"，他手握"璀璨的五彩笔"，他是"最出色最具风格的散文家"，他早就应该得到诺贝尔大奖——这些本年谱都记录了。

张旭在《前言》中评介余光中在诗、散文、评论、翻译"四度空间"的杰出表现。张旭不见得曾是长期"耽读"余光中作品的人（柯灵曾谓自从改革开放时期开始接触余光中作品后，即"耽读"之，以为晚年一乐），不曾是当行本色的余光中研究专家，但其《前言》对谱主的评介，真可谓恰如其分。经过这次编撰年谱的又甘又苦之旅，张旭现在应是专家了。

中国历史悠久，文化博大精深，这是世所公认的。我认为博大精深的中国文化里，当代就有许多"小型的博大精深"——请原谅这个又"小"又"大"的矛盾语。余光中是其一（当然还有钱锺书、王蒙等）。余光中诗文中"壮丽"一词经常出现；我论述余光中的文章和单行本，多有在题目用上"壮丽"二字的；余光中文字璀璨的作品中，家国情怀深厚充沛，多次赞叹母语中文如何美丽；如用国色天香的牡丹来形容余光中的整体书写，应该可获认同。牡丹虽好，终须绿叶扶持；余学的种种，如对余光中作品的评论、与他的访谈、对他各种活动的报道、为他撰写的传记、与他相关各种资料的收集整理和编纂，就是围着牡丹花、衬托牡丹花的绿叶。

顺便解释，"余学"即研究余光中之学。1979 年我编著的《火浴的凤凰：余光中作品评论集》在台北出版，美国一学报 *CLEAR*（*Chinese Literature: Essays, Articles and Reviews*）发表书评，认为此书乃台湾文学研究者所必备；香港的诗人兼专栏作家戴天则谓此书为"余学"奠基之作。这是"余学"之称的来源。

张旭这本《余光中先生年谱》（征求意见稿的书名，后来加上"先生"二字，以示尊敬；本文以下简称《年谱》）是一大柄绿叶。"年谱"这种文类，合纪传体历史和编年体历史而来，其编撰始于宋代，至清朝而大盛。宋代的如《韩愈年谱》《杜工部年谱》，一直到清朝，无代无之，其间形形式式的年谱，学者谓总数达千卷。年谱属于史书，内容务求翔实不在话下；谱主余光中的作品及其生活是一个"小型的博大精深"，本《年谱》内容的丰富可以预告。

衬托牡丹花的一大柄绿叶

先说内容丰富。张旭在《凡例》中指出，谱主余光中的生平、思想、著述以及社会活动等方面资料，一一记述；谱主"生活、工作、著译的历史背景，在余光中的本事之间，略述国内外相关政治与文化大事"；谱主所写序跋、按语、书信等则作选择性引用；与余光中相关的评论等研究成果，也如此。观乎《凡例》所说，以及《年谱》的实际内容，我不妨借用《纽约时报》刊头那句"All the news that is fit to print."（"所刊新闻，应有尽有。"）来表示对《年谱》的大力肯定：余光中这位学者作家，其年谱应有的内容，无论是大事还是小事，本书都有了。《年谱》对谱主的学历、履历、著述、各种活动、家人概况等，自然都系了年、系了年月或系了年月日；连一篇散文一首诗作何时发表、收于何书、有何重要评论，通常也一一记述；诗集文集的前言和后记也在引述之列。

我赏牡丹花观葱绿叶，可说岁月久矣。傅孟丽、陈君华、徐学、古远清的几部余光中传记，各有所长；《年谱》对它们的"从略处"和"阙如处"，无形中做了种种补充。我读《年谱》仍有各种对谱主事物新发现的喜悦，或者重新发现（重温）的喜悦。下面举几个例子。

余光中学贯中西，作品融汇中西，对此现象大家并不陌生。余光中有这样的议论："文艺如有大成之一日，那必是在作品中使东西方欣然会合之时。"（见 1962 年 7 月 1 日引文）近年国内文化界热议中西文化的交流互鉴，我们看到 60 年前余光中已有此通达之论。

谱主一生写过多篇环境保护的诗文（我在 1988 年发表长文《礼赞木棉树和控诉大烟囱》，即论述其环保作品），1963 年 3 月 24 日作诗《森林之死——二月二十六日大雪山所见》，鞭挞滥砍树木的行径，说大雪山森林惨遭"大屠杀"。《年谱》此日提及美国环保先驱作家卡尔森（R. Carson）的《寂静的春天》（*Silent Spring*）一书。余光中博览群书，所思所写，常常紧扣时代，这背景知识的提供，对我们认识余光中环保主题作品可能受到的时代影响，不无帮助。

文坛多"八卦"，余光中和李敖之间的恩怨讲者多矣。1962 年 11 月 12 日李敖致信其恋人大谈余光中与翻译，此事对我来说实在新鲜。张旭著作丰硕，是一位翻译研究的专家；《年谱》多处征引与翻译有关的文字，让我重温余光中的译学高论，如"要译原意，不要译原文"，如译者有其"特权"，如应立第十位缪斯专掌翻译，都令我大有获得感。余光中翻译过王尔德的四部喜剧，欣赏这位英国才子；他讲话和为文很有幽默感，常常妙语如珠。谱主曾夫子自道"我的幽默感近于王尔德"，这句话我应该读过，却不记得了；此语为本书《前言》所引，我如久别重逢遇故人。

21 世纪首十年里，余光中与台湾地区教育主管部门负责人杜正胜因文言文教学的事，多次在高雄和台北之间"隔空骂战"。那些年我在台湾教书，由是印象特别深刻。《年谱》对"战事"多有记述，有些地方增我见闻。余光中爱护中华文化，他的隽语之一是对美丽母语的描述：中文乃"仓颉所造许慎所解李白所舒放杜甫所旋紧义山所织锦雪芹所刺绣"；《年谱》有对他保护中文的详细记录，当然值得称赞。

我发现了"新鲜"叙事

有些事物是我读《年谱》才知道的，如余父余超英曾任安溪县县长（1934 年 1 月 13 日），如余氏三女佩珊的英文名字是 Wolfie（我忘记记下年月日，应该是属于 1960 年代的）。还有，令我颇为惊诧的，是余光中送给一位香港著名作家的书，以及致几位台、港作家的信件，竟然在"孔夫子拍卖网"拍卖。

我这里意识流般举列，略无伦次。因为余氏知音或粉丝感到趣味的事情实在太多，像余氏如何夫唱妇随，太太范我存女士不知道听过夫君多少次应邀上台朗诵《乡愁》了；像其恩爱之情毕露的《珍珠项链》，余氏朗诵时如何引起多位夫妻听众的纷纷反应。

1960 年有一则是："11 月，硕士论文《中国新诗集锦》（*New Chinese Poetry*），由吴鲁芹推荐给美新处，在台北 Heritage Press 出版，得稿费一万台币。"张旭加按语曰："当时余光中在师大当讲师的月薪是一千二百台币。"薪酬之低、稿酬之高，对比令人咋舌。阿堵物事小，而政治意义重大。我们在此看到美国对台湾，当年是如何怀柔，如何"爱护"；台湾的青年包括余光中为什么"来来来，来台大；去去去，去美国"，我们可思过半。

又如 2014 年 4 月 10 日白鹿鸣就《红楼梦》与余光中做一访谈，记录后来发表于《红楼梦学刊》2014 年第 4 期。《年谱》记述了访谈片段。就我所知，这是余光中第一次大谈他对这部伟大小说的看法，他并表示自己"作品没有受到《红楼梦》影响"。这对我来说是"新鲜"的叙事。

记述褒贬兼顾·编写力求至善

清朝孙诒让论年谱的写作，涉及"名贤魁士一生从事于学问，论撰之间，其道德文章既与年俱进，而生平遭际之隆污夷险，又各随所遇而不同……"。换言之，谱主一生难免获得褒扬也遭受贬抑，两者年谱都要兼顾。《年谱》在大量记述余光中作品的种种好评高评之外，如何为知音和粉丝所拥戴之外，2017 年 12 月逝世后如何获得推崇悼念哀荣之外，也对余光中的其他"生平遭际"录下贬语。1977年有《狼来了》事件,《年谱》对多方的言论都记录了;中国大陆和港澳台人士,多有有理或无理地贬抑余光中的,或就诗作、诗观和余光中商榷的,如李敖、陈映真、郭枫、游社煖、杨振宁等,《年谱》都"记录在案"。这里就不一一引述了。

继而略说内容的翔实。9月23日我致函张旭大大点赞后,断断续续阅读《年谱》书稿,一个集中点是1974—1985年即余光中的香港时期。年来视力弱化,晚上看电脑屏幕放大的《年谱》文字,看啊看啊,文字模糊了。然而还是有"亮点":看到精彩或新鲜的地方,眼前一亮,我抄下来或做笔记;看到文字错误或内容有疑问或记述重复,也眼前一亮,我加以标示。有很多处"黄码"标示的《年谱》书稿文档,我传回给张旭。他和几位博士生帮忙改了,把修订本传来给我,时维11月5日。

张旭9月23日初次传来《年谱》书稿时,即嘱我写一篇序言,我欣然同意。无论有没有余学奠基者的美名,身为余光中的知音,对衬托牡丹花的这大柄绿叶,我是义不容辞应该好好观览一遍的。与其《年谱》正式出版后读到这样那样的不足,感到遗憾,为什么不现在就读一遍,"查找不足"后提请《年谱》编著者修改?余先生在2016年秋冬,也是他生命的秋冬,在医院校对中英文版的诗集《守夜人》。他当时在病榻上,"无法看字,是让家人把改动处读给他听,他点头首肯的"(见2017年3月记载)。余光中是个完美主义者。

这本记载他事迹的《年谱》,也应该力求至善。12月17日我把附有改正标示的《年谱》传给张旭,是第二次标示、传回。我附言道:独力短时间完稿这样大的一本书,有不少错误是不正常的,有很多很多错误才是正常的。为求尽善,张旭与我多个月来在云端交流资讯,如梁锡华的出生年份,如余光中何时何地为李元洛新书致以赞词,如西茜凰是何许人也。近期的微信来往,让我知道张旭以"视力原因无法独力完成"《年谱》;幸好张家有子初长成,快将读完硕士学位的文科生张鼎程,会接力协助父亲完成这半个"赫九力士大业"。同志仍需努力,以精准组装好这巨大的文字镶嵌图(mosaic)。

全面而立体："一大文章抄天下"

　　读着书稿，我一再惊讶于《年谱》资料来源的丰富多元。应有的余氏作品不用说，余学的种种论著也不用说，连多个地方的年鉴资料也引了，连《福建余氏宗谱志》《高阳余氏族谱》《中国大学生诗选》也用了，连《张爱玲庄信正通信集》以至《中国共产党常德市委员会志》也抄了。这巨型文字镶嵌图用了多少材料，抄了多少材料！

　　张旭在香港浸会大学取得博士学位，导师是张佩瑶教授。导师去世后，弟子对这位恩师情深一片，念念不忘，撰写文章、主编文集追念老师，传她学术的芬芳。撰写这部《年谱》，他除了凭着学识、智慧、坚毅和魄力，付出大量时间、精力之外，还隐隐含着对谱主的深情。他搜罗力所能及的种种资料——主要是天下汉语的种种资料，研判之，筛选之，抄录之，"弥纶"之（上面引述过《文心雕龙》的"弥纶群言"），力求为谱主做个全面而立体的记述。古人云天下文章一大抄，我说张旭为余光中先生做了一篇大文章：七十万言的一大文章抄天下，将在旭日的光中出现，壮丽哉！

2022 年 12 月 22 日（余光中先生逝世五周年后八日）完稿于深圳福田

目　录

前　言

余光中（1928～2017）是当代著名诗人、散文家、学者和翻译家。文学家梁实秋评价称："余光中右手写诗，左手写散文，成就之高一时无两。"陈芳明尊他为"文坛第一人"，颜元叔敬他为"诗坛祭酒"[①]，黄维樑称他为"当代文学重镇"[②]，痖弦更说"他得天独厚，什么都占全了"[③]。这些说法确实都不为过。

余光中曾说过，"诗、散文、批评、翻译，是我写作生命的四度空间"[④]，单德兴则将他誉为"四臂观音"，称他拥有"四张王牌"[⑤]。它们共同构成一个立体的美感世界，但基本上还是以诗为皈依。余光中曾自称为"艺术的多妻主义者"[⑥]，而且他戏言：自己"以乐为诗，以诗为文，以文为批评，以创作为翻译"，"写诗，是为了自娱；写散文，是为了娱人；写批评，尤其是写序，是为了娱友；翻译，是为了娱妻，因为翻译的工作平稳，收入可靠"。"这四样东西的版权将来正好分给四个女儿，也就是说，珊珊得诗，幼珊得文，佩珊得批评，季珊得翻译。幸好我只有四个女儿，否则我还得开发小说或戏剧呢。"[⑦]黄维樑则用"璀璨的五采笔"来形容余光中的创作：用紫色笔来写诗，用金色笔来写散文，用黑色笔来写评

---

① 颜元叔：《诗坛祭酒余光中》，台北"中央日报"（1985 年 10 月 2 日）。
② 黄维樑：《大师风雅——钱锺书、夏志清、余光中的作品和生活》，北京：九州出版社，2021 年，第 192 页。
③ 傅孟丽：《茱萸的孩子：余光中传》，上海：上海远东出版社，2006 年，第 215 页。
④ 余光中：《四窟小记》，《台湾时报》副刊（1988 年 3 月 4 日）。
⑤ 单德兴：《"在时光以外奇异的光中"——敬悼余光中老师》，《文讯》第 387 期（2018 年 1 月）。
⑥ 余光中：《莲恋莲（代序）》，《莲的联想》，台北：文星书店，1964 年，第 4 页。
⑦ 余光中：《四窟小记》，《台湾时报》副刊（1988 年 3 月 4 日）。

论，用红色笔来编辑作品，用蓝色笔来翻译。① 此外，他还热衷绘画、音乐、历史、天文乃至整个人类文化，这样算起来，他简直就是"千手观音"。他的诗文作品广泛为中国大陆和港澳台地区的教科书收录，如《乡愁》《我的四个假想敌》《听听那冷雨》等；多篇诗作，如《乡愁四韵》《民歌》《海棠纹身》《乡愁》《小木屐》等，屡经王洛宾、杨弦、李泰祥、罗大佑等人谱曲传唱，共有 35 首之多。他还先后主持多种文学刊物、文学奖，文学生涯悠远、辽阔、深沉，在华文界已出版著作近百种，成为当代华文世界经典作家之一，对港台现代文学影响既深且远，遍及海内外华人世界。

余光中曾说过，自己最大愿望"是把仓颉的方块投入女娲的风火炉中，炼出新的五色石来"，这种"新炼的中文应该兼熔文言与西语，成为优于纯金的多元'合金'"。② 他的文学生涯近 70 年，著译作品近百种，研究他的论述更是不计其数。他曾将自己的生命划分成三个阶段："旧大陆、新大陆和一个岛屿"。旧大陆是祖国，新大陆是异国，岛屿则是台湾。他曾如此形容自己："旧大陆是他的母亲，岛屿是他的妻，新大陆是他的情人。和情人约会是缠绵而醉人的，但是那件事注定了不会长久。在新大陆的逍遥游中，他感到对妻子的责任，对母亲深远的怀念，渐行渐重也渐深。"③ 从江南到四川，从大陆到台湾，从美国到香港，他一生漂泊，从未有过归属感。若真的有那么一根线牵着，那便是他一直在奔走保护的华夏文化。

一

余光中一生经营的四大文类中，其最早锐意攻坚的是诗。他的诗歌创作大致可分为四个时期：格律诗时期（1950 ～ 1957）；西化时期（1957 ～ 1962）；反西化的新古典主义时期（1962 ～ 1965）；民族回归时期（1966 ～ 2017）。

诚如在台湾享有科学与人文两栖之誉的沈政男所言："余光中的新诗

① 黄维樑：《导言》，见黄维樑编：《璀璨的五采笔：余光中作品评论集（1979—1993）》，台北：九歌出版社，1994 年，第 2 ～ 3 页。
② 丛绿：《凡我在处，就是中国——余光中访谈》，《中华遗产》2006 年第 2 期。
③ 余光中：《地图》，《望乡的牧神》，台北：纯文学出版社，1968 年，第 65 页。

或许不是最好，但可以确定的是，他是读者最多的新诗人，因而影响力也最大。"① 余光中自称"所以写诗，是为自己的七魂六魄祛禳祷告"②。他开始发表古体诗是在 1948 年，发表新诗是在 1949 年，一生写诗超过千首，共出版诗集 20 余种，如《舟子的悲歌》(1952)、《蓝色的羽毛》(1954)、《钟乳石》(1960)、《万圣节》(1960)、《莲的联想》(1964)、《五陵少年》(1967)、《天国的夜市》(1969)、《敲打集》(1969)、《在冷战的年代》(1969)、《白玉苦瓜》(1974)、《天狼星》(1976)、《与永恒拔河》(1979)、《余光中诗选：一九四九——一九八一》(1981)、《隔水观音》(1983)、《紫荆赋》(1986)、《梦与地理》(1990)、《安石榴》(1996)、《五行无阻》(1998)、《余光中诗选（第二卷）：一九八二——一九九八》(1998)、《高楼对海》(2000)、《如果远方有战争》(2005)、《藕神》(2008)、《太阳点名》(2015) 等。尽管人们常把他称作"乡愁诗人"，其实他的诗歌主题多样，而且就像他所说的："我的诗，主题历经变化，乡愁之作虽多，只是其中一个要项，就算我一首乡愁诗也未写过，其他的主题仍然可观：亲情、爱情、友情，自述、人物、咏物、即景、即事，每一项都有不少作品。"③ 同时，他的诗歌风格亦屡屡改变，从现代西化转为回归古典，吸收西方，传承中国，中西融合。

正如陈芳明指出的："在现代诗人行列里，余光中可能最注意诗的速度、节奏、音乐性。"④ 余光中曾说过："诗是一种高度综合的艺术。在内容上，它是思想、情感、官能经验的综合。在形式上，它是意象和节奏的综合。这两种综合复以文字为媒介，因为文字一方面有意义，另一方面有音乐性和图画性，可以沟通内容和形式。一首成功的诗，必然是综合的。"⑤在余光中早年的创作中，能明显地看出新月派诗论对他的影响。"回顾我四十年写诗的发展，是先接受格律的锻炼，然后跳出格律，跳出古人的格律而成就自己的格律。所谓'从心所欲，不逾矩'，正是自由而不混乱之

① 余光中：《四窟小记》，《台湾时报》副刊（1988 年 3 月 4 日）；沈政男：《余光中与我》，《上报》（2017 年 12 月 15 日）。

② 余光中：《炼石补天蔚晚霞——天津百花文艺版〈余光中集〉自序》，《举杯向天笑》，台北：九歌出版社，2008 年，第 149 页。

③ 余光中：《炼石补天蔚晚霞——天津百花文艺版〈余光中集〉自序》，《举杯向天笑》，第 150 页。

④ 陈芳明：《窥探余光中的诗学工程》，见陈芳明编选《台湾现当代作家研究资料汇编：余光中》，台南：台湾文学馆，2013 年，第 111 页。

⑤ 余光中：《六千个日子》，台北"中央日报"第 6 版（1967 年 2 月 24 日）。

意，也正是我在诗艺上努力的方向。"①

余光中早期的诗体无疑是从格律出发，分段工整。到《莲的联想》，又变成每段分行，长短相济。《天国的夜市》中的许多篇章均为二段或三段，而每段都由四行构成，也用二、四句押韵。这种作品虽有澎湃的情绪，却缺少深刻的情思，语言技巧的水准也不是太高。《敲打乐》在分段分行上自由开合，又是一变。后来又把中国的古风与西方的无韵体融为一体，从头到尾连绵不断，一气呵成。无论分节还是不分节，诗行的字数限制在六至八字之间，这样也便于明快有力而转折灵活。"这种'收功'不失为严格的自我锻炼，对于信笔所至的作者该是一大考验。"②多年来，他一直在自由诗与韵文之间寻找一条道路，而且也确实像他自己所说的："我写的最多的是从头到尾不分段的诗，不分段不能乱成眉毛，我的每一行诗字数都有一个常态，少则九个字，多则十二三个字，差不多一口气念一行。如果长的十二三个字，而短的只有三五个字，换句太短或太长，听觉和视觉上都很吃力，则令读者望而生畏。"③而所有的这一切，都是着眼于诗歌的音乐性考虑。同时，他也认识到新诗要避免过分的韵文化，应该学习中国的古风、乐府诗、歌兴体的诗。事实上，他的诗是无韵体和古风的结合。

如果从风格来考察，余光中一直在努力求新求变。黄维樑说他的诗"大概每五年就'在时间里自焚'一次，换得一身新的羽毛"④。他的第一本诗集《舟子的悲歌》就充满着古典的感伤和浪漫，显示作者深受古典诗词的熏陶。20 世纪 50 年代，随着西方现代主义潮流开始涌入台湾，其诗歌又从古典主义转向现代主义，代表作《钟乳石》《万圣节》，诗中意象之奇特、手法之多样、语言之变化，凸现了他这一时期的大胆探索。到 1964 年《莲的联想》出版，他又完成诗歌创作的重大转折，诗中古典意象与现代意象交织，蕴含着一些发现的欣喜，亦有一些迷失的悲凉。后续出版的《敲打乐》《在冷战的年代》《白玉苦瓜》三部诗集，则表明他已经走出《莲的联想》对传统意象和意境在形式倾向上的唯美出新，而进入更深的精神层面上的体悟和再创。尤其是《白玉苦瓜》更多地力求深入中国文化的精

---

① 余光中：《四窟小记》，《台湾时报》副刊（1988 年 3 月 4 日）。
② 余光中：《自序》，《藕神》，台北：九歌出版社，2008 年，第 16 页。
③ 丁宗皓：《在传统与现代之间——余光中先生访谈录》，《当代作家评论》1997 年第 6 期。
④ 黄维樑：《导言》，见黄维樑编著：《火浴的凤凰——余光中作品评论集》，台北：纯文学出版社，1979 年，第 19 页。

神内里，努力为中国文化造像。至此，他的诗歌创作的文化理念和艺术风格已臻成熟。到了七八十年代，他的诗风已趋于稳定，代表诗集是《与永恒拔河》和《隔水观音》，其知性多于感性让人印象深刻。至于他 87 岁时出版的最后一本诗集《太阳点名》，堪称他一生 20 余本诗集中，能量最强、用力最深、题材体裁都最丰富，也是他汲古润今、引西润中之个人特色发挥得淋漓尽致的一部作品。他曾这样评述此时的诗歌："渐渐不像以前那么刻意去炼字锻句，而趋于任其自然"①。至于他在新诗上的地位，黄维樑的评语或可作为参考："诗篇融汇传统与现代、中国与西方，题材广阔，情思深邃，风格屡变，技巧多姿，他可戴中国现代诗的高贵桂冠而无愧。"②

正如余光中自己所说的，"对我的创作影响最大的是中国古典文学，其次才是西洋的文学，最后才是'五四'以来的中国文学。中国文学古典是我的源头"③。"古代大诗人对我有长远启发者，除屈原、陶潜、李白、杜甫、苏轼之外，尚有李商隐。较次要的诗人，如杜牧、李贺等，亦长在吾心。"④ 就他的诗歌而言，在一千多首诗中，有十分之三是与中国古典文学或古人有关的。在这一方面，他写过很多古代诗人，而且他特别擅长用诗来写诗人，包括题屈原、李白、杜甫、苏轼、曹操、陈子昂、杜牧、李清照；也写过很多其他古人，如荆轲、史可法、李广、王昭君；还写过一些古代的神话，如后羿、夸父、女娲、观音等。"写这些东西是怀古，也是一种婉转的怀乡。"⑤ 另外，他也写过现代诗人周梦蝶、痖弦、郑愁予、罗门、张错、叶珊、陈黎、林彧、流沙河等。不过，这些比起中国传统的论诗绝句来篇幅都更长，内容也更繁复。总之，他所作的告诉我们，如果中国现代诗舍古典传统而不顾，那是非常可惜的，而且很难走得远。

余光中的诗歌，无论是现代主义的试验，还是回归传统之作，无不想象飞腾，意象纷呈，节奏分明。正因为诗有意象，才不会盲；有节奏，才不会哑。最为难得的是，"诗人把现代人的感情和古典美揉合到一起，把

① 余光中：《后记》，《隔水观音》，台北：洪范书店，1983 年，第 177 页。

② 黄维樑编：《璀璨的五采笔：余光中作品评论集（1979—1993）》，第 2 页。

③ 李睿、余光中：《历史感、地域感与现实感——余光中先生访谈实录》，《世界华文文学论坛》2019 年第 2 期。

④ 王伟明：《诗人诗事》，香港：诗双月刊出版社，1999 年，第 234 页。

⑤ 中央电视台《大家》栏目组：《日暮乡关何处是——诗人余光中》，见余光中著，梁笑梅编：《凡我在处，就是中国：余光中对话集》，北京：人民日报出版社，2011 年，第 201 页。

现代诗和古典诗熔为一炉，诗是达到了相当纯清精致的境界"①。对于所属的地缘，他曾这样自评："要论写作的地区，在台湾时期创作最多……所以我当然是台湾诗人。不过诗之于文化传统，正如旗之于风。我的诗虽然在台湾飘起，但使它飘扬不断的，是五千年吹拂的长风。风若不劲，旗怎能飘，我当然也是最广义最高义的中国诗人。"②这种自评是相当公允的。

二

散文是一切写作的基础，有如素描之于一切绘画。诚如论家沈政男所言："都说余光中是诗人，其实他的文学成就应以散文为最高。甚至可以这么说，一百年来写中文白话文最好的前三名，其中一个空格绝对可以摆进余光中三个字。""他抓到了古文家的文气运用法则，继承五四杂文家的细腻描写，也熟稔英美散文家的机锋，从而写出了层层叠叠、错落有致，既有水墨画缥缈空灵，又兼有油画厚实笔触的长篇散文，比如《听听那冷雨》与《记忆像铁轨一样长》等巨作。"③通读余光中的散文，这种评价一点也不夸张。

早年余光中自称"右手为诗，左手为文"，是以诗为正宗，文为副产或"诗余"。他"把散文写成美文"比写诗大约晚了十年，但成熟过程比诗要快，吸引的读者比诗更多。到了"《鬼雨》《逍遥游》《四月，在古战场》等诸篇，代表着我散文创作的成熟期，但诗艺的成熟却比散文要晚两三年"④。他曾说过："因为习于写诗，我的散文颇接近诗。非但抒情的散文如此，就是论评的散文也不时呈现诗的想象。尽管有些朋友，例如於梨华女士，认为我的散文胜于我的诗，而另一些朋友，例如周弃子先生，只承认我的散文而绝口不提我的诗，我自己始终认为，散文只是我的副产品。"⑤

早在 1963 年，余光中在所写的《剪掉散文的辫子》一文中便把散文

---

① 古继堂：《台湾新诗发展史》，台北：文史哲出版社，1989 年，第 205 页。
② 《不变的是对中文的热爱——〈余光中集〉发布会答记者问》，《文汇读书周报》（2004 年 5 月 18 日）
③ 沈政男：《我与余光中》，《上报》（2017 年 12 月 15 日）。
④ 《不变的是对中文的热爱——〈余光中集〉发布会答记者问》，《文汇读书周报》（2004 年 5 月 18 日）。
⑤ 余光中：《六千个日子》，台北"中央日报"第 6 版（1967 年 2 月 24 日）。

分为四型，其一为学者散文。它"包括抒情小品、幽默小品、游记、传记、序文、书评、论文等，尤以融合情趣、智慧和学问的文章为主。它反映一个有深厚的文化背景的心灵，往往令读者心旷神怡，既羡且敬"。仔细检视他的散文创作，无疑可归入这种学者散文之列。他一生共写下散文 200多篇，结集的 10 余种，有《左手的缪思》（1963）、《逍遥游》（1965）、《望乡的牧神》（1968）、《焚鹤人》（1972）、《现代散文选》（1974）、《余光中散文选》（1975）、《青青边愁》（1977）、《文学的沙田》（1981）、《记忆像铁轨一样长》（1987）、《凭一张地图》（1988）、《隔水呼渡》（1990）、《日不落家》（1998）、《余光中精选集》（2002）、《青铜一梦》（2005）等。这中间有《宛如水中央》《在水之湄》之类的精致小品，"因为求短，必须能收。放，需要气魄。收，却需要自律"。这些精致的小品凭的"正是一位散文家自律的内功"。①而更多的，像《逍遥游》《鬼雨》《咦呵西部》《听听那冷雨》《望乡的牧神》《我的四个假想敌》《风吹西班牙》《红与黑》《桥跨黄金城》《依瓜苏拜瀑记》《登楼赋》《高速的联想》等，却是气势恢宏，挚友黄国彬称之为"大品散文"，又有人称"余体"。"这些是他学者散文的浪漫的前奏，是余风最著，在文学史上最为赫赫醒目的;《何以解忧》《催魂铃》《开卷如开芝麻门》《横行的洋文》《饶了我的耳朵吧，音乐》等篇则为当行本色的学者散文，他要求于学者散文的'融合情趣、智慧和学问'的品质，都具备了。"②至于《圣乔治真要屠龙吗?》和《山东甘旅》等则是长逾万言，其内容丰富，见解出众，风格兼具知性与感性，语言也能屈能伸有弹性，是他的擘画巨制。这种"博雅之人吐纳英华的学者散文，不一定比不博雅、不英华的普通散文更能感动人；但其有益（to instruct）以至有趣（to entertain），一定胜于普通散文。学者散文因其博雅与英华，与一般散文相比，无疑是较为难得的品种"③。这种评价相当准确。

　　夏志清曾说过，"台湾散文创新最有成绩的要算余光中"④，又说"后世

————————

①　余光中:《新版自序》,《凭一张地图》,台北:九歌出版社,2008 年,第 10 页。
②　黄维樑:《博雅之人·吐纳英华——余光中学者散文〈何以解忧〉析论》,见苏其康主编:《诗歌天保——余光中教授八十寿庆专辑》,台北:九歌出版社,2008 年,第 224 页。
③　黄维樑:《博雅之人·吐纳英华——余光中学者散文〈何以解忧〉析论》,见苏其康主编:《诗歌天保——余光中教授八十寿庆专集》,第 224 页。
④　夏志清:《琦君的散文》,《人的文学》,福州:福建教育出版社,2010 年,第 144 页。

读者可能欢迎他的抒情散文，有甚于他的诗"①。这种观点曾一度代表了当时某些读者的偏好。早在 20 世纪 60 年代，余光中就在台湾振臂高呼"散文革命"的口号，他尖锐批评了三种留有辫子的落伍于现代文学运动的散文：一是夹杂难缠的洋学者和国学者的散文，前者因食洋不化而晦涩，后者因食古不化而酸腐。二是伤感滥情的花花公子的散文，做作地攀在泰戈尔的白胡子上唱童歌、说梦话，用起形容词来，挥金如土。三是专门生产清汤挂面无味作品的洗衣妇女的散文。他们把自己的散文说得干干净净，自以为推行的是文学纯净主义，其实是实行文学的赤贫主义。有鉴于此，他提出了现代散文的三要素：弹性、密度和质料。弹性是指散文对于各种文体各种语气能够兼容并包融和无间的高度适应能力，是采用各种其他文类的手法及西方句式、古典句法与方言俚语的生动口吻，将其重新熔铸后产生的一种活力；密度是指散文在有限的篇幅中产生更强烈的美感；质料则指作家在遣词用字上的匠心，对文字的精心锤炼和选用。这是达到好散文的必要条件。同时他也说过："我们的散文作者，包括小说家在内，很少在文体上表现出'阳性的'（masculine）气质，这和西洋的现代文坛，形成了一个显明的对照。我们的文坛向来呈现一种阴盛阳衰的景象：不少女作家固然是一片闺怨腔，即连男作家，也有许多是满篇脂粉气的。""我在散文上努力的方向之一，便是要洗涤这股窒人的脂粉气。""现代散文应该在文字的弹性、密度和质料上多下功夫；在节奏的进行上，应该更着意速度的控制，使轻重疾徐的变化更形突出。""至于文字本身，则应该尽量做'最有效的'选择与安排，使字的音与义化成一体，而达到最大的暗示性。"② 在《逍遥游·后记》中，他曾说过："在《逍遥游》《鬼雨》一类的作品里，我倒当真想在中国文字的风火炉中，炼出一颗丹来。这一类的作品里，我尝试把中国的文字压缩、捶扁、拉长、磨利，把它拆开又拼拢，折来且叠去，为了试验它的速度、密度和弹性。我的理想是要让中国的文字，在变化各殊的句法中，交响成一个大乐队，而作家的笔应该一挥百应，如交响乐的指挥杖。"③ 事实上，他的散文具有人常说的典雅，这种典雅不是

① 夏志清：《余光中：怀国与乡愁的延续》，见黄维樑编著：《火浴的凤凰——余光中作品评论集》，第 386 页。
② 余光中：《六千个日子》，台北"中央日报"第 6 版（1967 年 2 月 24 日）。
③ 余光中：《逍遥游》，台北：九歌出版社，2000 年，第 262 页。

刻意的矫情，而是善于将凡俗的事物写成高雅的文章，这是他的高明之处。他的散文善于以小见大，以微见著，在蕴藉的同时看得出苍劲的笔力，这是他的过人之处。正如余光中自己说的："我无论写诗或写散文，对于句法的锻炼，以及语言的音调效果都相当注意，因为中国文字要发声，又是象形文字，有视觉之美。不过，文字的声音非常逼近我们生理的反应，可以到达很多效果。我写的时候，也不是刻意想达到这个效果，而是自己这样想就可以写出来。"①

余光中最初是写诗的，诗人的气质和构思也会影响到他写的散文。"他用诗的方式写散文，不仅注意句子的捶打，也引进写诗所运用的繁复意象。"②他的诗笔也常有意转过来，把小品与杂文发展成大品与美文。他的文体观是"白以为常，文以应变，俚以见真，西以求新；文体富于弹性，散文家才能呼风唤雨"③。也有学者说：余光中"瘦而刚毅，跟他的散文一样阳刚。个子那么小，写起议论却横贯中西古今，气势慑人，人和文形成极大的反差。他的散文大开大合，写起长文来波涛汹涌。他把散文当议论写，又把议论写成散文，随手拈来的佳句，充满声光颜色的譬喻和警句，跟他欣赏的韩潮苏海一样大气磅礴"。"他自己以雄浑和阳刚见长，'男得充血的笔'以及'一种雄厚却野犷如碑的风格'，除了余光中，大概也是绝无仅有了。""'如斧如碑'是余光中对自己散文的譬喻"。④这种阳刚也就是西方文论中常说的"壮丽"或"壮美"，即朗吉努斯所说的 sublime 风格、安诺德所说的 grand style，或《文心雕龙·体性篇》中所述八体之一的"壮丽者，高论鸿裁，卓烁异采者也"。

黄维樑在《火浴的凤凰·序言》中曾用"精新郁趣，博丽豪雄"八个字来形容余光中的散文："精"即精练；"新"即创新；"郁"兼指情思的沉郁和风格的郁茂多变；"趣"即幽默和趣味；"博"指有广博的学问以供驱遣；"丽"指瑰丽，指隽语丽句，"豪雄"是指体势雄浑。⑤诚然，余光中的散文，阳刚与阴柔并工，知性与感性并济，文言与白话交融，同时也讲求格局、气象和深度。他善于用语言涂抹色彩，勾勒线条，布置光影；也善

---

① 温迪雅：《乡愁是一种情结——余光中访谈录》，《江海侨声》1998 年第 15 期。
② 郑培凯：《悼念余光中老师》，《明报月刊》2018 年第 1 期。
③ 刘曼丽、胡明蓉：《余光中访谈》，《今日重庆》2005 年第 6 期。
④ 钟怡雯：《左手的谬误——余光中及其散文观》，《文讯》第 387 期（2018 年 1 月）。
⑤ 黄维樑：《序言》，见黄维樑编著《火浴的凤凰——余光中作品评论集》，第 16～17 页。

于用语言的音符弹奏旋律，用生命的律动来调节语言的速度和节奏，给人以美感。黄国彬称他的散文在推向高潮时能把感性"开足"，尤其是动感，于是语言节奏与气势臻于交响乐的盛况；楼肇明称他是"第一个揭橥变革'五四'现代散文的旗帜"，其散文"气势宏大，语言犹如阅兵方阵，排山倒海，万马奔腾，并具有深刻的幽默感"。① 他的散文也有很多古代的典故或引用古诗词，或者把它们分开，所以也有人称之为诗人的散文，甚至不少人都说他的散文比诗好。

对于诗歌的主题，余光中"有时喜欢从正反两面去探索，想写出相反相成的两首诗来"②。在他的笔下还有诗文同题的现象，即同一题材以不同形式来表现。如早年的四川记忆，入文的有《思蜀》，入诗的包括《蜀人赠扇记》《回乡》《桐油灯》《火金姑》等篇。1974 年至 1985 年间，他执教于香港中文大学，沙田山水之胜，入其散文则有了《沙田山居》与《春来半岛》，入其诗则有了《山中传奇》《山中暑意七品》《山中一日》《松下有人》《一枚松果》《插图》《松涛》《初春》《黄昏》《蛛网》《夜色如网》《十年看山》《沙田秋望》等。1985 年秋定居高雄之后，南台湾的山水风物又进入其作品，成文的有《隔水呼渡》集中的《隔水呼渡》《木棉之旅》等五篇长文，成为诗的则多达六七十首。对于此类现象，他的观点是："诗是点的跳接，散文是线的联系。某一美感经验，欲记其事，可写散文，欲传其情，可以写诗。"③

总之，就像有人说的：余光中"以丰沛多变、磅礴雄浑的散文风格，在游记、幽默、叙事、抒情、议论，乃至序跋各种散文类型上，融合古典与白话，重写五四散文"④。"把他的散文放在中国历代最优秀的散文作品中，余光中的毫不失色。他的散文是中国散文史上璀璨的奇葩。这是对他散文最稳重最保守的评价。"⑤

---

① 张溥：《雨滴回旋 魅力无穷——余光中〈听听那冷雨〉品读》，《语文学刊》2001 年第 1 期。
② 余光中：《新版序》，《在冷战的年代》，台北：纯文学出版社，1984 年，第 4 页。
③ 郭虹：《拥有四度空间的学者：余光中访谈录》，《文学研究》2010 年第 2 期。
④ 钟怡雯：《左手的谬误——余光中及其散文观》，《文讯》第 387 期（2018 年 1 月）。
⑤ 黄维樑：《序言》，见黄维樑编著：《火浴的凤凰——余光中作品评论集》，第 16 ～ 17 页。

三

余光中写评论是从厦门大学时期开始的，"虽是青涩的试笔，却比写抒情散文要早很多，比写诗也不过才晚一年"①。

关于文学批评，余光中认为"我国的新文学，自五四迄今，已有半个世纪，但文学批评的传统始终没有建立起来。原因固然很多，文学批评未能超然于政治之上，恐怕是最严重的一个"②。他曾说过："我所向往的评论家应有下列几种条件：在内容上，他应该言之有物，但是应非他人之物，甚至不妨文以载道，但是应为自我之道。在形式上，他应该条理井然，只要深入浅出，交代清楚便可，不必以长为大，过分旁征博引，穿凿附会。在语言上，他应该文采出众，倒不必打扮得花花绿绿，矫情滥感，只求在流畅之余时见警策，说理之余不乏情趣，若能左右逢源，妙喻奇想信手拈来，就更加动人了。"③因为文学批评毕竟还是文学的一部分，不是科学的一部分，评论者驱遣文字功力高低直接影响到作品的接受。所以，一个合格的批评家，首先他要有学识，其次要有文采，还要有勇气发表。所以"一个真正的理想批评家，他不但是个智者，也应该是个勇者"④。事实上，他正是以这些为追求目标。

余光中最早发表评论是在1949年，一生有评论集《掌上雨》（1964）、《听听那冷雨》（1974）、《分水岭上——余光中评论文集》（1981）、《从徐霞客到梵谷》（1994）、《井然有序》（1996）、《蓝墨水的下游》（1998）、《含英吐华》（2002）、《举杯向天笑》（2008）等。由于散文与评论的界限并不严格，故他早年出书，"每将散文与评论合在一起，形成文体错乱，直到《分水岭上》才抽刀断水，泾渭分明"⑤。其评论出入古今，解释有度，褒

---

① 余光中：《炼石补天蔚晚霞——天津百花文艺版〈余光中集〉自序》，《举杯向天笑》，第148页。
② 余光中：《六千个日子》，台北"中央日报"第6版（1967年2月24日）。
③ 余光中：《炼石补天蔚晚霞——天津百花文艺版〈余光中集〉自序》，《举杯向天笑》，第154页。
④ 傅光明采写：《余光中：我把自己想像成"茱萸"的孩子》，《生命与创作：中国作家访谈录》，济南：山东画报出版社，2005年，第75页。
⑤ 余光中：《炼石补天蔚晚霞——天津百花文艺版〈余光中集〉自序》，《举杯向天笑》，第148页。

贬有据。其论以诗为主体，兼论散文、翻译、语言、绘画，眼界不限于文学一端。如《左手的缪思》论梵谷、论毕加索，《青青边愁》谈云门舞集、谈龙文化、谈现代民谣，《逍遥游》论中西现代绘画，《从徐霞客到梵谷》四论梵谷、深谈印象主义画家，《日不落家》谈罗浮宫名画，《听听那冷雨》论美国民歌手琼·拜斯、久迪·柯玲丝、披头的音乐，故而有人称他"多妻主义者的功力诚不虚传，许之为'文艺复兴人'也很够分量。这些表现说明他参照各种创作原理，鉴别艺术高下，建立诗的审美品格"①。

余光中曾说过："我的一些批评文字，大半是在一种'不得已也'或'不吐不快'的心情下出鞘的。"②"我写批评文章，不喜欢太'学术化'。""我理想中的批评文章，是学问之上要求见识，见识之上更求文采。至于立论说理，我以为与其好大贪多，不如因小见大，以浅见深。"③他的评论总是有意无意避开了正规的学术论文，而是重在经典阅读，重在文本，通过文本洞察诗艺的虚实。同时，他在写作中总喜欢在说理中注入一点感情和想象，多给读者一点东西。他常说：他的诗歌不全在诗里面，因为一部分已化入散文里。同样，他的散文也不全在散文里，因为一部分已经化入评论里。这就是他所说的"以诗为文，以文为论"。这是一种性情使然。事实上，余光中写散文也影响到评论，使之具有感情和节奏。晚年他把相当多的精力用在给朋友出书作序上。然而就像他说的，"我写序言，避免应酬之语，空泛之论，务必就书论书，不但得失并举，而且以小证大，就近指远，常将个例归纳入于原理。在繁忙的时代，常恨无暇遍读、细读朋友的赠书，所以为人作序，可以视为指定作业，在我，是当功课来做的"④。这点有厚厚的一本《井然有序》为证。另外，他的诗卷文集及译作的序跋，往往是气势磅礴、大笔淋漓的鸿篇巨构。最为难得的是，余光中乐于提携新人，生前还专为一些女性诗人写序，典型的就有方娥真的《峨眉赋》（1979）、敻虹的《红珊瑚》（1983）、钟玲的《芬芳的海》（1988）及斯人的《蔷薇花事》（1995）等。而且这些序都有其共同特点——对她们的诗艺都有批评与建议，又能洞察到每位女诗人作品的独特之处，并且都是从

① 陈义芝：《余光中诗与中国古典——一个"文化研究"的角度》，见苏其康主编：《诗歌天保——余光中教授八十寿庆专集》，第201～202页。
② 余光中：《六千个日子》，台北"中央日报"第6版（1967年2月24日）。
③ 余光中：《四窟小记》，《台湾时报》副刊（1988年3月4日）。
④ 余光中：《四窟小记》，《台湾时报》副刊（1988年3月4日）。

婉约传统角度来评论的。这些均体现他对女性的尊重和关爱。

在《从徐霞客到梵谷·自序》中，余光中还提出"评论家也是一种作家，所以也是一种艺术家，而非科学家"的观点，并指出一个令人满意的评论家应兼具四种美德：在内容上应言之有物，在形式上应条理井然，在语言上应文采出众，在说理之余应情趣盎然。在求真的基础上求美，这也可以看成是他的评论文章的特点。他的评论文章对象多元，形式多样，文字多彩，情趣有味，许多可以当作美文来阅读和欣赏。难怪台湾学者张锦忠也说："论者多说余光中散文成就比诗高，这话未必是定论，但我认为他的诗论或批评文章（literary criticism）多掷地有声之作，有洞见，有偏见，有不见；《后浪来了》等诗论颇有为当年的台湾现代诗定调之功，他序或论方旗、罗青、方娥真、李永平、林彧等诗人与小说家的评文也早已为读者论者所津津乐道。"① 其评论成就由此可见一斑。

四

余光中曾说过："作家常会江郎才尽，译家却愈老愈醇。"② 又说："翻译除了才气之外，还靠经验，少年译作中年改，翻译是可以愈老愈好的。"③ 可以说，余光中在翻译上是不遗余力的。张锦忠说他是"五译"并进：做翻译、论翻译、教翻译、评翻译、编译诗选集；单德兴称他是"三者合一"（作者、译者、学者）、"六译并进"——做翻译、论翻译、教翻译、编译诗选集、汉英兼译、提倡翻译——的译界典范。④ 而他则自称："翻译一篇作品，等于进入另一个灵魂去经验另一种生命，然后将那种经验转授给未去过的朋友。"⑤ 由此可见他对待翻译的态度。

早在 1969 年发表的《翻译与创作》一文中，余光中就提出关于翻译的"第十位缪斯"之说，而且他也提倡翻译的"三合一"身份——作

① 张锦忠：《在西湾斜阳的余光中——敬悼余光中老师》，《文讯》第 387 期（2018 年 1 月）。
② 王伟明：《诗人诗事》，第 237 页。
③ 金圣华：《余光中的"别业"：翻译——余光中教授访问录》，《明报月刊》1998 年第 10 期。
④ 单德兴：《"在时光以外奇异的光中"——敬悼余光中老师》，《文讯》第 387 期（2018 年 1 月）。
⑤ 余光中：《六千个日子》，台北"中央日报"第 6 版（1967 年 2 月 24 日）。

者、学者、译者。① 在他看来，译者的角色就是普及者，促进文化的交流。而且翻译可以倒过来影响到自己的创作。创作与翻译可以说是彼此丰富（mutual enrichment）。同时他也说："要做一个够格的翻译家，至少还应有三个条件：语文的知识、才气、经验。"② 而且他也非常认同纪德的一个观点：每个作家都有责任就自己的才具和气质至少选译一部外国作品，以充实他本国的文学。

余光中曾说过："我译过的都很欢喜，否则也不译了。"③ 同时，他又说："我做译者一向守一个原则：要译原意，不要译原文。只顾表面的原文，不顾后面的原意，就会流于直译、硬译、死译。最理想的翻译当然是既达原意，又存原文。退而求其次，如果难存原文，只好就径达原意，不顾原文表面的说法了。"④

余光中最早发表翻译作品是在 1952 年。他一生有翻译集 10 余本，内容涉及诗歌、小说、戏剧、传记等文类，影响深远。诗歌方面，外译中包括《英诗译注》（1960）、《英美现代诗选》（1968）、《土耳其现代诗选》（1984）、《济慈名著译述》（2012）等，中译外有 *New Chinese Poetry*（《中国新诗集锦》，1960）、*Acres of Barbed Wire*（《满田的铁丝网》，1971）、*The Night Watchman*（《守夜人》，1992）等。翻译小说有《梵谷传》（1956～1957/1978）、《老人和大海》（1957）/《老人与海》（2010）、《录事巴托比》（1972）；翻译戏剧有王尔德的《不可儿戏》（1984 / 2012）、《温夫人的扇子》（1992 / 2013）、《理想丈夫》（1995 / 2013）、《不要紧的女人》（2008）。其中，《英美现代诗选》《守夜人》《梵谷传》等出版后又反复修改，不断打磨，然后增订重版。除此之外，他还有不少译作和译文集（如《地中海的忧郁》）⑤ 至今未曾发表，并且还一直想翻译艾尔·格瑞科、罗特列克、窦纳等画家的传记，可惜由于精力有限而未能如愿⑥。

余光中中英文俱佳，文笔流畅，而且他的翻译多是其气质使然。如他

---

① 金圣华：《余光中：三 "者" 合一的翻译家》，见苏其康主编：《结网与诗风：余光中先生七十寿庆论文集》，台北：九歌出版社，1999 年，第 15 ～ 42 页。

② 余光中：《六千个日子》，台北 "中央日报" 第 6 版（1967 年 2 月 24 日）。

③ 金圣华：《余光中的 "别业"：翻译——余光中教授访问录》，《明报月刊》1998 年第 10 期。

④ 余光中：《与王尔德拔河记——〈不可儿戏〉译后》，《中外文学》第 12 卷第 1 期。

⑤ 王伟明：《诗人诗事》，第 229 页。

⑥ 余光中：《四窟小记》，《台湾时报》副刊（1988 年 3 月 4 日）。

选译王尔德的四部戏剧，是因为"唯美的王尔德却是轻如鸿毛、细若游丝的幽默家。我的幽默感近于王尔德，所以他的四部戏剧由我译成中文，乃理所当然。王尔德若懂中文，想必欣然而笑，未必会说出缺德话来"①。在余光中所译文类中，翻译数量最多的是诗，尤其是对英美现代诗歌情有独钟，50 多年来翻译不断，即使跌跤住院还亲自校订了 400 多页的扩编版《英美现代诗选》。其次是戏剧，正如他所说的："不同的文类需要不同的'译笔'。诗要译得精致，富于节奏与韵律之美；戏剧的台词却要流畅而自然。诗是给读者看的，戏剧却是给听众听、演员讲的，必须现说、现听、现懂。"②"戏剧是要在舞台上演的，台词要'入耳会心'，跟小说、诗不一样，要译来很顺。"③因而他遵循的翻译原则是："读者顺眼，观众入耳，演员上口"④。他认为译者必须是一位学者。译者的目的是把一本书甚至一位作家，带到另外一种语文里去。这一带，是出境也是入境，更是脱胎换骨。这些都是真知灼见，至今仍具启迪意义。

　　除了做翻译、论翻译、教翻译、评翻译、编翻译之外，他还积极地提倡翻译，故而单德兴称其是"六译"并进。多年来，他还通过梁实秋文学翻译奖和台大文学翻译奖等赛事来推广翻译，成绩卓著，影响深远。从《含英吐华：梁实秋翻译奖评语集》就可见他多年来为推进翻译赛事所倾注的精力和用心。

　　余光中精通汉、英两种语言文字，又自学了西班牙语；汉语中除了普通话外，还会广东话、闽南话、重庆话。他的多篇诗文被选入大陆、台湾和香港的教科书，作品被译为英、韩、日、德、法文等，影响了几代人。不过，我们发现他的英文著作甚少，而且几乎完全是评论之类。他的解释是："我发现，自己在写论文时能够用英文想（think in English），但在创作时则不能。要做一个康拉德或纳勃克夫［即纳博科夫］，实在不是一件容易的事。整部英国文学史中，能有几个康拉德呢？弥尔顿写过拉丁文的悼诗，艾略特也有法文作品，然而他们仍是英国作家。文学，较之音乐和艺

① 郭虹：《拥有四度空间的学者：余光中访谈录》，《文学研究》2010 年第 2 期。
② 郭虹：《拥有四度空间的学者：余光中访谈录》，《文学研究》2010 年第 2 期。
③ 金圣华：《余光中的"别业"：翻译——余光中教授访问录》，《明报月刊》1998 年第 10 期。
④ 余光中：《与王尔德拔河记——〈不可儿戏〉译后》，《中外文学》第 12 卷第 1 期（1983 年 6 月）。

术,更富于民族性。"① 他的这席话在当下对于许多人来说也许不那么中听,却道出了问题的实质!事实上,"他从来没有以英语写作留名的志向和抱负。他的英语写作能力也许不及张爱玲和林语堂,但对优秀的英语写作有极高的领悟和鉴赏能力,因而选择以翻译而非创作与英文建立'密切关系'"②。而且他确实也取得了不朽的成就。

正如陈芳明评论的:"余光中的翻译艺术,并非只是停留在中翻英或英翻中的层面。把内心想象转化成具体文字,也应该是一种出神入化的翻译。把散文书写浓缩成精炼的诗行,或者把简短诗句稀释成散文作品,也是一种近乎魔术的高明翻译。以艺术的文字从事批评,并且可以进入创作者的心灵,解读作品的奥妙,更是属于一种上乘的翻译。在现代与传统之间,他扮演的是巫师的角色,不时召唤远逝的灵魄,使其起死回生。在东方与西方之间,他又摇身变成医师的身份,使病疴沉重的翻译,变成大众可以接受的易解文字。他是具有古典精神的现代主义者,也是具有西洋文化背景的汉语创作者,同时更是暗藏美术与音乐灵视的文字营造者。"③ 这种评价是相当公允的,也是非常准确的。

五

除了从事"四度空间"的活动外,余光中的足迹踏遍世界多地。他曾在祖国大陆生活了 21 年(1928～1949),在香港生活了 12 年(1949～1950、1974～1985),在美国生活了 5 年(1958～1959、1964～1966、1969～1971),最终定居宝岛台湾(台北时期:1950～1974;高雄时期:1985～2017),凡所到之处,均为推进当地文学事业、传播华夏文明作出不可小觑的贡献,而且他也常常成为所居住地方的一张"名片"。

余光中曾说过:中国大陆是他的母亲,台湾是他妻子,香港是情人,欧洲是外遇。这种经历给了他许多灵感,更赋予他广阔的文学想象空间。多年来,他在创作之余,还致力于促进港台文学的发展。其间,他编诗刊、

① 余光中:《六千个日子》,台北"中央日报"第 6 版(1967 年 2 月 24 日)。
② 林沛理:《怀念余光中——任何英文可以做的事情,中文定可以做得更好》,《南方周末》第 4 版(2017 年 12 月 15 日)。
③ 陈芳明:《窥探余光中的诗学工程》,见陈芳明编选:《台湾现当代作家研究资料汇编:余光中》,第 107～108 页。

出诗丛、办诗班、搞诗奖，频频参加各种文艺和学术活动——或是参加国际笔会会议，或是担任各种文艺竞赛奖项的评委，或是参加诗歌朗诵会，或是发表学术演讲。另外，他还被香港中文大学、澳门大学、台湾中山大学等授予荣誉文学博士学位，并被北京大学、南京大学、厦门大学、浙江大学、华中师范大学、吉林大学、东北大学、山东大学、三峡大学等十余所大学聘为客座教授或荣誉教授。他还不时到大中小学与广大学生分享作诗经验，表现出对青少年读者和学子的深切关爱。

余光中爱好广泛，除文学外，还爱好音乐，曾钟情于摇滚音乐，对摇滚文化见解独到，对披头士音乐、鲍勃·迪伦等谈论起来如数家珍。他曾说过："古典的、国乐，甚至乡村歌曲、布鲁斯、摇滚乐等等。所有这些音乐等于锻炼了我的节奏感、对音调的敏感。也许它们以一种间接、曲折的方式进入我的心中、注入我的笔端。"① 另外，他还爱好绘画、摄影、戏剧等。早年他在美国就辅修了西洋现代绘画，后来又翻译了《梵谷传》。他也承认："我的诗和散文都深受绘画与音乐的影响"②。他曾戏言：如果不做诗人，他最理想的职业是赛车手和指挥家，"赛车手是玩命的职业，指挥家要有熟悉各种乐器的本能和天分，更要有照顾全局的本领，在在都得具有极大的企图心，他像诗坛的牧师或祭司，要把诗的奥妙、文学的天机传达予世人"③。尽管余光中一再强调自己不是一个正式的教徒，而且对一切宗教都很尊敬，不过他却说："我的宗教应该是艺术"④。近几十年来，有关他的报道也频频出现在电视和报纸上，他就语言、文学、艺术、文化、生活等发表自己的看法，颇具真知灼见。这些年来，他一直是世界华文界和翻译界非常熟悉的公众人物，也成为促进两岸文化交流的一个范本。

余光中曾说过："我在前半生卷入过多次论战，大半都能据理力争，后来，对方往往'化敌为友'，例如与我争论现代诗的言曦、纪弦与洛夫，与我有'文白之争'的林良。但也有一些论战文字失之琐碎，无关宏旨。"⑤

---

① 温迪雅：《乡愁是一种情结——余光中访谈录》，《江海侨声》1998 年第 15 期。
② 王伟明：《回到壮丽的光中——余光中答客问》，《诗人诗事》，第 232 页。
③ 白灵：《诗坛的赛车手和指挥家——我与余光中接触的几种方式》，《南方周末》（2017 年 12 月 20 日）。
④ 叶振辉主访：《二○○一年十二月四日第四次访问》，《让春天从高雄出发——余光中教授专访》，高雄：高雄市文献委员会，2001 年，第 68 页。
⑤ 余光中：《向历史自首？——溽暑答客四问》，《羊城晚报》B5（2004 年 9 月 11 日）。

唐捐也说:"余光中善战,以此树立声名,与创作互为表里。"① 王洞则说:"余先生是位有争议的文学家,因为他不顺应潮流,敢说真话。"② 这点早已成为不争的事实。早在 20 世纪 40 年代末他与海天等人就读书与创作之文学观的争论,至于 50 年代关于现代主义的论战(1957 ~ 1958),60 年代的文言白话之争(1961)和现代画论战(1961),70 年代的现代诗论战(1972)、中国现代民歌论争(1974)、乡土文学论争(1977)等,他无不参与。但是也像有人说的,他"有时不免'辞'胜于'理',在辩论赛上常胜,但在观念上未必占优势"③。而他在参与过后,或改变了当时的创作风气,或改变了自己的写作风格,成果不但多方面,而且多层次;其中以 1977 年 8 月参与当时兴起的乡土文学论战,在《联合报》副刊发表《狼来了》一文,最惹人注目,造成很大的影响。"其实余先生同夏志清一样,对乡土文学作家,如黄春明、王祯和、七等生是很推崇的。"④ 晚年,他又与台湾一些知识精英发起"抢救国文运动联盟",并与台湾地区教育主管部门负责人杜正胜就教科书中该不该删减文言文的比例进行争论,其言辞堪称犀利。另外,他还写过一些批评文章,针对已有定论的文人进行批评,如他对朱自清散文的批评,就把他推到浪尖上,甚至成了被攻讦的对象。他的这些论争也留在其文章中、期刊上、选集里。即使到现在,仍有人在纠结这些文字。正如诗人郑愁予所说:"余光中是个相当有正义感的人,对社会不平的事反应迅速。"如他在"中国画现代化"运动时期,受到保守势力攻击时,他总是愤愤不平地为画家们讲话。⑤ 对于这些争论,倒是颜元叔分析得十分透彻:"由于他自己的人格,由于他的地位,余光中许多年来一直是现代中国文坛的一场风暴雨中心,个人的恩怨爱恶,个人的利害毁誉,未免纠缠在他的创作活动中,未曾予以客观化。对于余光中而言,'美学距离'恐怕是他期待化为凤凰前必须经历的'火浴'。"⑥ 事实上,余光中晚年也认识到:"潮流起落,理论消长,派别分合,时而现代姿态,时

① 唐捐:《天狼仍在光年外嗥叫》,《文讯》第 387 期(2018 年 1 月)。
② 王洞:《敬悼余光中》,见李瑞腾主编:《听我胸中的烈火——余光中教授纪念文集》,台北:九歌出版社,2018 年,第 310 页。
③ 唐捐:《天狼仍在光年外嗥叫》,《文讯》第 387 期(2018 年 1 月)。
④ 王洞:《敬悼余光中》,见李瑞腾主编:《听我胸中的烈火——余光中教授纪念文集》,第 311 页。
⑤ 刘国松:《怀念余光中:一生知音·一世情谊》,《联合报》(2018 年 3 月 7 日)。
⑥ 颜元叔:《余光中的现代中国意识》,《纯文学》第 41 期(1970 年 5 月)。

而古典花招，时而普罗口号，都只是西征途中东归道上的虚影幻象，徒令弱者迷路，却阻不了勇者的马蹄"①。不过，到后来，他越来越少参与论争。因为他认识到如果双方知识悬殊，动机互异，甚至在人品上不起联想作用，与其论战，是毫无意义的，尤其是涉及意识形态之争更是如此。同时他明确表示："一个人如果灵魂是清白的，他衣服上偶然沾来的几个斑点，终会在时间之流中涤去。"②在被追问及他对常年有人批判、有人仰慕之后反目成仇有何想法时，他的回答是："我相信自己的艺术。"③诚如作家张晓风赞誉的，他是"一个出生在民国时代的文人，宜乎有两汉的正大，魏晋南北朝的浑厚和细致，加上盛唐的富丽、宋元的民间通俗和明清的流粲，再加上来自西方的幽默自在"④。这确实是余光中生命中最好的画像。古人评价柳永词云"凡有井水处，皆能歌柳词"，有论者套用此说并延伸："凡有华人处，即有余光中诗，即有《乡愁》之传诵。"⑤此语一言中的！

最后需要一提的是余光中的书法，即其弟子所说的"第六只手写刚劲有力撇画分明的钢笔字"⑥。余光中曾自称少年时在九宫格中临过柳体，但欠毅力，很快便放弃了。但多年来已习惯以硬笔抄写，故书迹堪称整齐，只是有时遇到软毫书写顿觉四肢乏力，不能尽意；用毛笔写些小字还看得过去，但写起大字来，便会乱方寸，不可细看。事实上，他的书法常常工整异常，一笔不苟，结构开张，端庄磊落，笔力遒劲沉着，又率性洒脱，点划如刀镌刻，尽显金石意味。张晓风形容余光中的硬笔书法为"劲挺""方正"，"像他的脸，也像他的为人"，自成一家。⑦所谓"学书以结体为先"，他的字点划撇捺之间，气脉流畅，谨严中蕴含文气诗心，作家书写中一时无出其右者。故而许多诗文刊物在选用其稿时，直接刊登诗人的手迹，而非将其转录成印刷体。这种有棱有角、如斧如碑的手书也易于

① 须文蔚：《没有人伴他远行——追忆余光中先生在台港文学的贡献》，《明报》（2017年12月15日）。
② 余光中：《后记》，《望乡的牧神》，第276页。
③ 陈素芳：《当夜色降临，星光升起——由读者到编者，永怀余光中老师》，《文讯》第387期（2018年1月）。
④ 张晓风：《偶逢之处》，见李瑞腾主编：《听我胸中的烈火——余光中教授纪念文集》，第45页。
⑤ 陈幸蕙：《忠于自我，无愧于缪思的马拉松作家》，《文讯》第387期（2018年1月）。
⑥ 黄秀莲：《异材秀出千林表——吾师是余光中》，《明报月刊》2018年第1期。
⑦ 黄维樑：《到高雄探望余光中先生》，《明报·明艺版》（2017年7月31日）。

辨认，自然减轻了他本人许多再誊写工作，同时也能给读者以美的享受。李元洛称"余光中似乎没有洁癖，但有书法整洁之癖，或可简称为整癖。这大概是天生的"[①]。是为的论。

六

今人撰写的余光中年表有张默的《中国当代十大诗人选集·余光中年表》（1977），黄维樑的《火浴的凤凰——余光中作品评论集·余光中年表》、《余光中著作编译目录》、《评论、介绍、访问余光中的文章目录》（1979）、《壮丽：余光中论·余光中年表》（2014），卢斯飞的《洛夫 余光中诗歌欣赏·余光中年表》（1993），陈君华的《望乡的牧神——余光中传·余光中年表》（2001），叶振辉的《让春天从高雄出发·余光中教授大事年表》（2001），徐学的《余光中评传·余光中大事年表》（2002、2016），杨澜的《杨澜访谈录·余光中年表》（2002），谢冕的《余光中经典·余光中年表》（2007），刘思坊的《余光中创作年表》（2008），陈芳明的《余光中六十年诗选·余光中创作年表》（2008），梁笑梅、黄维樑的《凡我在处，就是中国：余光中对话集·余光中先生大事年表》（2011），黄维樑的《壮丽：余光中论·余光中年表（至2013年）》（2014），以及余幼珊编《翻译乃大道，译者独憔悴》所附《余光中翻译文章年表》《余光中译作一览表》《余光中翻译相关评论索引》（2021）等。因限于篇幅，上述这些年表和索引多以简编的形式出现，难以反映出余光中复杂的人生轨迹；而且绝大多数都未能标明文献出处，不少考订存在问题。

传记方面，有陈君华的《望乡的牧神：余光中传》（2001），傅孟丽的《茱萸的孩子：余光中传》（1999，2006），古远清的《余光中：诗书人生》（2008）、《余光中传：永远的乡愁》（2019），徐学的《火中龙吟：余光中评传》（2002）和《余光中传》（2016）等。这些都为了解余光中的生命轨迹提供了诸多信史材料，为我们编撰年谱提供了诸多线索。

访谈录方面，在国外，1965年10月1日克尼尔（William Kneer）为其所做访谈，刊《布莱德利侦探》（*The Bradley Scout*）；同年10月22日、

---

① 李元洛、黄维樑：《壮丽余光中：生活与作品》，北京：九州出版社，2018年，第81页。

23 日，菲利普为其所做访谈，刊《皮奥瑞亚星报》（*The Peoria Journal*）日刊和晚报。其他还有美国加州圣荷西州立大学教授梁启昌所做访谈，后刊美国俄克拉何马大学出版的《今日世界文学》（*World Literature Today*）季刊上。该文后由黄书琥翻译，题作《余光中访谈录》（1998）。

在港、澳、台，则有胡子丹的《城南的约会——访余光中谈翻译》（1978），王伟明的《回到壮丽的光中——余光中答客问》（1999）、《〈明报〉访余光中》（2009），陈芳明的《记忆像铁轨一样长：余光中对谈陈芳明》（2008），单德兴的《勤耕与丰收——余光中访谈录》（2010）、《第十位缪思——余光中访谈录》（2012 / 2014）、《余光中教授访谈录：翻译面面观》（2013）、《回顾英美文学界：余光中教授访谈录》（2013），张丽凤的《访问余光中》（2014），白鹿鸣的《余光中小议〈红楼梦〉》（2014）等。除此之外，2005 年 12 月，叶振辉主访《让春天从高雄出发——余光中教授专访》出版。该书由高雄市文献委员会委托高雄中山大学叶振辉教授主访，共收编 4 次访谈，是迄今为止最早的一部访谈余光中的专书。

在大陆，最早对余光中做专访的是李元洛。1985 年李元洛在香港遇到即将离港去高雄任教的余光中，并做访谈《海阔天空夜论诗——台湾诗人余光中访问记》，分别发表于大型文学刊物《芙蓉》与香港《星岛晚报》，这大约是中国大陆发表的采访余光中的首篇文章。此后则有古远清的《西子湾谈诗记——访余光中教授》（1995），丁宗皓的《在传统与现代之间——余光中先生访谈录》（1997），雪琴的《满溢乡愁的浪子情怀——余光中访谈录》（1997），温迪雅的《乡愁是一种情结——余光中访谈录》（1998），傅承德的《藏火的意志在燧石的肺里——余光中访谈录》（1998），杜桥的《浓浓的"乡愁"——访台湾诗人余光中》（1998），郦国义、叶延滨的《余光中访谈录》（1999），叶延滨、郦国义的《乡愁·网络·现代诗——余光中访谈录》（1999），李元洛的《文到老，心年轻——余光中访谈》（2000），高雪的《生命之苦与艺术之甘——余光中先生访谈录》（2001），曾军的《中文体质与文化复兴——余光中访谈录》（2001），何晴的《诗意人生——著名文学家余光中教授访谈录》（2002），徐学的《我的乡愁是中国历史文化——余光中访谈录》《解不尽的乡愁：余光中访谈》（2002）和《厦门，我成为诗人的媒介（访谈录）》（2003），曹安娜的《东南亚华文文学与中华文化传统——余光中访谈》（2002），夏榆的《余光中：把岛上的文字传回中原》（2004），白岩松的《黄河的声音是我的胎记：访台湾著名诗人余光中》（2005），胡明蓉的《余光中访谈》（2005），韩璟的《中文是中国文化的长城——"乡愁诗人"余光中谈中华文化》（2006），贺坤的《一湾乡愁水 浓浓赤子情——余光中访谈纪略》（2006），郭虹的《拥有四度空间的学者：余光中访谈录》（2010），侯军、刘静的《沧海桑田即乡愁》（2010），萧风的《"在中国文字的风火炉中炼出一颗丹来"——余光中访谈录》（2013），吴小攀的《余光中访谈录》（2014），李睿的《历史感、地域感与现实感——余光中先生访谈实录》（2019）等。除此之外，2011 年人民日报出版社还出版了《凡我在处，就是中国：余光中对话集》，书中所收文字，一是各大媒体对余先生的访问，一是诸多专家、学者与余光中的对话、聊天。书中话题涉及各个方面，也是迄今收入余光中访谈最多的一本专书。这些都为了解谱主的生平、思想和创作提供了一手信史资料。

在余光中研究方面，黄维樑编著的《火浴的凤凰——余光中作品评论集》（1979）和《璀璨的五采笔：余光中作品评论集（1979—1993）》（1994），可能是最早的两部针对余光中相关作品的评论集。前者是关于余光中香港时期之前作品的评论的结集，后者则是其回到台湾之后，有关余光中艺术成就的评论结集。其他还有黄曼君、黄永林主编的《火浴的凤凰 恒在的缪斯：余光中暨香港沙田文学国际学术研讨会论文集》（2002），梁笑梅的《壮丽的歌者：余光中诗艺研究》（2006），古远清编《余光中评说五十年》（2008），江艺的《对话与融合：余光中诗歌翻译艺术研究》（2009），黄维樑的《壮丽：余光中论》（2014），李元洛、黄维樑的《壮丽余光中：生活与作品》（2018），张瑞的《余光中翻译话语研究》（2019），单德兴的《翻译家余光中》（2019）等。这些研究从不同的角度对余光中做了多维呈现，使关于余光中的研究趋于深入和多元，给国人展示了一个更为立体和全面的余光中形象。同时，这些研究也给我们编撰余光中先生年谱以启发。

余光中曾多次提及原本就没有写自传的打算，向来也不写日记，"一来因为已经太忙，二来因为作品便是最真实的记录了"[①]。他一生的特殊经历几乎全蕴含在作品中、诗中、散文中、评论中、翻译的序跋中、谈话中、

---

① 余光中：《后记》，《白玉苦瓜》，台北：九歌出版社，2008 年，第 27 页。

演讲会中。他认为："诗，应该是灵魂最真切的日记。有诗为证的生命，是
值得纪念的。"① 又说："作品就是最深刻的日记，对自己；也是最亲切的书
信，对世界。"② 正是在这些"自述"性文章里，我们可以捕捉到他的生命
轨迹。本年谱从余光中的自述、他传、著译、信札、书法等资料中系统地
搜集他在著译、教育、文艺和日常生活诸方面的活动，同时也参照与谱主
同时代士人留下的书信、日记、评介文字以及馆藏档案和个人收藏等，以
求比较全面地反映他的生平事迹，尤其是他在中国创作界、翻译界、文化
界和教育界的发展轨迹，为国内外学者进行此方面研究提供较为可靠的依
据和线索。

---

① 余光中：《新版自序》，《敲打乐》，台北：九歌出版社，1986 年，第 8 页。
② 余光中：《新版序言》，见傅孟丽：《茱萸的孩子：余光中传》，第 2 ～ 3 页。

凡　例

　　一、编写是年谱，力求运用辩证唯物主义和历史唯物主义的观点，以尊重历史事实的态度，实事求是地选用余光中先生生平、思想、著述以及社会活动等方面资料，以期能够准确、客观、系统、全面地反映出谱主一生的生活道路、政治倾向、思想演变和创作历程。

　　二、为了说明余光中先生生活、工作、著译的历史背景，在余光中先生的本事之间，略述国内外相关政治与文化大事。

　　三、余光中先生生平事迹及其著述、翻译、书法创作，年谱中一一备载，所写序跋、按语、书信等则有所选择。所用资料，均按年、月、日顺序编入，无日可考者系旬或月，无旬、月可考者系季，无季可考者系年。著译有写作日期者，按写作日期入谱；写作日期不可考者，按发表日期入谱。其无年无月且不可考者，则舍之。原作题目较长或无题号者，酌情依今人代拟之说。

　　四、引文尽量使用谱主著作原稿、原件或初版者，其他史料尽可能引用原始第一手材料。部分无法核查第一手来源者，则尽量采用权威转述。原文有无法辨识之字，或本就阙疑，均以"□"表示；引用文字，原有"□"者，一律照旧；明显错误、衍生、脱字，用"〔　〕"或"（　）"将正确内容置其后。

　　五、所有著作，列有书名，不列细目，但提供文献出处。凡文献注释第一次出现时，注作者名、书名（篇名）、出版单位、出版时间及页码，以下则只注作者名、书名（篇名）和页码。书中所列期刊均只列期号，未注页码，报纸则尽量列出版次，部分阙如。

　　六、年谱所引文字资料，皆注明出处。谱文中涉及早年的一般社团、报刊、人物的背景知识或补充材料，均未加注释，部分以按语形式说明。

七、谱文中各年均以公元纪年冠首，附纪干支纪年。本书记事，民国前用阴历，并附纪清代年号；民国部分用阳历，并附纪民国年份；新中国成立后用阳历，并附干支纪年。西洋纪年与中国纪年并用，阿拉伯数字为公元纪年，中文数字则为夏历纪年。

八、本年谱 1980 年及以前部分由张旭编撰，1980 年以后部分由张鼎程编撰。

高阳余氏先祖世系

夏
禹 姒姓
启 承姒姓之祖
宰 顾姓之祖
罕 余姓之祖

渊 由余三世孙 食邑下邳

……平州七世孙……
由余七世孙

德贤 德明 德政
玑成 珍成 璇成 居河南
拱 烈 杰
宁国府 知县
漠 尚书侍郎
讯 雁门郡守
东晋

齐 太尉
攻 侍郎
拱 封刺史
孙 北将军

裴 登 志 睦
镇 咏 远 周 同（讷）
鄱阳令
（镋）青 建阳令 755年入闽
五□ 珸 进士

焕 居古田 三阳
仲甫 居三阳
汝程 居建阳
汝稠 居建阳
魁 居温州 安固 黄石
庞 居黄州 黄陂
霖 居温州 瑞安
生

楫 春 秋
隆 谏
镐 咸阁通进士 秘阁校书郎 隐居翠峰
洗 古田令
棋 承事郎 秘 居翠峰 祐 居翠峰
弦 举明经 官承事郎
经 长乐府吏 居翠峰 下余房
用
摄 官都兵 迁仙游柳尾
孤 官都兵 迁仙游柳尾
增

微 职方员外郎 光禄太卿 居翠溪
积

彦 象 礼部尚书郎 居翠溪
大郎 进士 元一 元二 进士 池州通守
庄 复 崇龟
九公 官议郎 开基锦坭
四十六郎 四十四郎 七十九郎 七十四郎 九十七郎
四十九郎 七十七郎
百十一 由仙迁永（续下）
百十四 居锦坭 百十五 居文殊

余氏家谱·佳房二坂内宗支图（十五世至廿三世）

十五世　组鋆

十六世　德水　德灌

十七世　自曾　自榜　余章（女）

十八世　电圳　廷佐　渊川　双承（见自槽支）　今圣

十九世　念祖　碧玉（女）　余甘（女）　兒星　华星　汉星（嗣光亚）　晓晴　振星　余取（女）　余窗（女）　余蚕（女）

二十世　惠兰（女）　惠芳（女）　孙庆　素明　雍平　双承　孙庆　秀华　秀珍　玉珍（女）　德准　晓煌（女）　晓岚（女）　仁星　群星（女）　秀凤（女）　民生　秀花　锦昆　锦昆　半嗣半仁星（女）　自景　自恰　自衍　今菊　光华　光亚（女）

廿一世　美花（女）　彩华（女）　玉明（女）　志英（女）　汉星（嗣子）　珊珊　幼珊　佩珊（女）　季珊（女）　余簪（女）　余真（女）　余成（女）　光中　居台

廿二世　思佳（女）

廿三世

1928 年（民国十七年戊辰）　　1 岁

重九（10 月 21 日），出生于江苏南京城北将军庙龙仓巷，祖籍福建永春桃城镇洋上村（古名高扬堡），高阳余氏传房二坂内宗第十八世。自称"茱萸的孩子"，又自称"江南人"。其母孙秀君偕亲友登南京栖霞山后，动了胎气，次日凌晨产一男丁，命名"光中"，光耀中华之意。英文名为 Kwang-Chung Yu，笔名有光中、何可歌、聂敏等。

金象《高阳余氏族谱·序一》：吾高阳余氏，自禹王封三子罕公为余度王，子孙遂以余为姓。历三千年颠沛播迁，于公元八世纪初，建阳令青公由江西鄱阳而向闽海建阳、莆田、仙游。元末百十一公由仙入本邑龟垅，越世兴寿公择居洋上为一世，迄今近七百年，已传廿三世。①

余光中《九九重九，究竟多久？》：当日母亲怀孕，是在重九前一日随众登高，次日凌晨生下了我。她所登的是南京栖霞山。今日恐怕有许多人不知道，重九日为何要登高了。这风俗已经行之近两千年。梁朝吴均在《续齐谐记》中说："汝南桓景随费长房游学累年，长房谓曰：'九月九日汝家中当有灾。宜急去，令家人各作绛囊，盛茱萸以系臂，登高饮菊花酒，此祸可除。'景如言，齐家登山，夕还，见鸡犬牛羊一时暴死。长房闻之曰：'此可代也。'今世人登高饮酒，妇人带茱萸囊，盖始于此。"②

刘永乐《70 载乡恋——记余光中先生"原乡行"》：余光中笔名光中、何可歌、聂敏，出生于 1929 年【按：应为 1928 年】9 月 9 日江苏南京，祖籍是福建省永春县桃城镇洋上村。洋上村距县城 13 公里，四面环山，风光秀美，是余姓聚居地……至今有 200 多年历史的古厝"石杉郑"是余光中的祖居，自始祖仕琼公始，至今已繁衍 23 代。余光中是 18 世孙。③

孙传勇《乡音·乡情·乡亲——余光中先生"原乡行"活动侧记》：余光中是余氏第 18 世孙，现在 50 岁左右的人大多是 20 世孙，所以余

① 《高阳余氏族谱》五修编委会编印：《高阳余氏族谱》卷十五上，2002 年，第 1 页。
② 傅孟丽：《茱萸的孩子：余光中传》，上海：上海远东出版社，2006 年，第 4 页。
③ 刘永乐编著：《牛姆林风光》，北京：中国致公出版社，2003 年，第 292 页。

光中的辈分在洋上村是相当高的。①

叶振辉：《让春天从高雄出发——余光中教授专访》：我身份证上是九月九日，可是我实际上应该是过阴历的九月九日，就是重阳节。

我不是很注意星座，但我知道我的星座是天秤座，有求必应。我出生于重九，是在十月份，所以，我应该是属于天秤座，就是Libra。……不过，我倒比较相信我们中国的传统。……我感觉这一天是我们民俗避难的一天，小时候因中日战争，母亲带着我逃难，可想而知……以这个传说而言，是民族的一个隐喻，意思就是有难，要登高才能够避免。以我自己而言，就是母难日。……当年，母亲在重九前一天跟人家一起去登高，次日重九，我便出生了。②

祖父余德濯（1855～1934），字东有，永春县桃城镇洋上村人，高阳余氏传房二坂内宗第十六世。当地富豪。有四子：自榜、自景、自怡、自衍。余光中的父亲余自衍（超英）排行第四。后来余超英的三个哥哥都不幸相继逝世，余东有由此伤心成疾，1934年在洋上家中病逝。其事迹见《余东有先生像赞纪念册》（福州玉石林石印公司1935年版）。

父余超英（1896～1992），字自衍，祖籍福建永春县桃城镇洋上村，高阳余氏传房二坂内宗第十七世。早年南渡马来西亚，创办华校，归国后历任永春县教育局局长、安溪县县长、福建省农民协会执委、南京华侨教育总会执委等职务。1948年任国民政府侨务委员会常务委员，1949年东渡台湾。曾发起创办台北永春同乡会，并连任四届理事长，1992年去世后葬在台湾碧潭永春公墓。据《高阳余氏族谱》记载，高阳余氏在此生活已有600多年的历史。

余光中《八闽归人——回乡十日记》：我的父亲生在永春，曾去马来的麻埠办过小学，后来回乡，先是担任永春的教育局长，继又担任安溪县长。③

《联合报》（2018年1月15日）：○余光中遗作之1/梦见父亲○父亲曾经做过安溪县长，也在永春县做过教育局长。他认识母亲，是

---

① 《政协天地》2003年第8期。
② 叶振辉主访：《让春天从高雄出发——余光中教授专访》，高雄：高雄市文献委员会，2001年，第3～5页。
③ 台北"中央日报"（2003年11月10日）。

在教育局局长任内：当时父亲的普通话还说不清，更不懂从江苏派来的师范毕业生，也就是母亲，那一口江南腔的常州话。不过有情人终于超越了方言之阻，成了眷属。小时候父亲常不在家，不是宦游在外，就是忙于主持永春同乡会，不然就是为谷正纲的"大陆灾胞救济总会"出差，去海外接应各地的难民。父亲早年在国民党的"海外部"任职，后来转入"侨务委员会"，多年担任常务委员，清高而又低薪，每月只有五百新台币。

《永春县姓氏志》：○余超英（1896～1992）○余超英，讳自衍，桃城镇洋上村人。曾任小学教师，后读上海春申大学。民国八年（1919年）随兄赴马来西亚拓植橡胶园，创办育民、益智两校。民国十三年（1924年）任永春县教育局长，推行普及教育，奖励进修深造。国民革命军北伐时为第一路军政治部主任，组织省农民协会，后任东路军第三支队副司令。民国二十七年（1938年）入海外部，历任科长、处长、专门委员会委员，旋任安溪县县长。民国二十八年（1939年）任侨委委员，后升常务委员，任内三度赴越南、泰国、缅甸救助难侨，协助难胞定居西贡。

中华人民共和国成立后，余超英赴台。他始终不忘乡里，退休后倡建台北永春同乡会并任会长终身，86 岁时还亲笔为旅台族亲通讯录撰写"福建永春高阳余氏源流"。1992 年 2 月 4 日逝于台北，享年 97 岁。[1]

《泉州寓台名人录》：余超英，男，一八九五年【按：应为一八九六年】生，永春人。一九二〇年在马来西亚倡办育民、育智二校，并兼任校长。一九二四年返国任永春县教育局长。北伐军入闽，任新编军一师政治部副主任，后转任国民党中央海外部第一、二处处长。一九三二年返闽任安溪县县长，交卸后赴南京，改调"行政院"侨务委员会，至一九四六年升任常务委员。曾多次奉派东南亚各地宣慰侨胞。往台后仍任职侨务委员会协助救济总会，一九五四年至一九五七年曾四度往泰、越处理入泰越边境国民有关问题。历任台北市永春同乡会第一至四届理事长，先后建立永久会址，永春公墓、祠堂，设置奖学

---

[1]　永春县地方志编纂委员会编：《永春县姓氏志》，北京：方志出版社，2010 年，第 541 页。

基金，仁爱救助基金。①

《崇道报》（1927年3月25日）〇高阳学校经过略情〇洋上高阳学校成绩屡登前报，兹查前年地方变乱，该校几至办停，赖陈质礼君惨淡维持才有学生四十余人之谱，延至秋季则增至一百余人，实办学之硕果也。因是董事部余香亭等议决函，请在洋上余超英、余望三（令铭次公子）、余垂彩等，就近向侨亲劝募巨款，倡建校舍、雇匠兴工经年矣。旋因经费支绌，公举余令铭君南渡续募巨款并催收前项续成之也。本年该校之规模亦大加扩张，除添设妇女学部外，又在沙丘坂新厝增设蒙学部计共学生二百多人。若教职员则聘有陈质礼、余少山、尤峻峰、潘丽瑛、余淑媛、郑连珠、陈兆龙、余冲霄、郑家骥是也。之数君者，皆学界之彦，必能本其所学以教授耳。行见，菁莪造士，械朴作人之实现而为鸣琴全里之特誉焉，亦未始非校董，暨诸侨胞乐捐巨款之所赐也。

叶振辉《二〇〇一年五月十八日第一次访问》：我的父亲余超英早年就从福建去了南洋，他也可以算是马来西亚的华侨，在当地办过小学。……我父亲在马六甲办小学，后来才回到福建，做过一任安溪县长。他先当永春教育局长。……所以我的父亲是闽南人。……我父亲来台以后，一直都担任台湾永春同乡会的理事长。……我父亲初来台湾时，在侨务委员会担任常务委员。……他对南洋很熟悉，时常出差去那边安置华侨。……他还有份兼差，就是在谷正纲主持的大陆灾胞救济总会，他担任某一处的处长。②

母孙秀君（1906 ～ 1958），江苏武进人，常州师范学校毕业后，分配到福建永春任教。后结识余超英，成了余超英的续弦，还当了一个九岁男孩余光亚的继母。

刘永乐《70载乡恋——记余光中先生"原乡行"》：余光中之母孙秀君（1906 ～ 1958），出身江苏武进名门，相从余超英患难数十年，曾任永春县立女子学校校长。③

① 中共泉州市委对台工作部编：《泉州寓台名人录（一）》，泉州：中共泉州市委对台工作部，2003年，第283 ～ 284页。
② 叶振辉主访：《让春天从高雄出发——余光中教授专访》，第5 ～ 6、7页。
③ 刘永乐编著：《牛姆林风光》，第294页。

　　叶振辉《二〇〇一年五月十八日第一次访问》：江苏有个师范学院毕业的女生被分发到福建永春任教，后来他们就相识，进而结婚，这就是我的母亲……母亲是江苏武进人。……当年我母亲在江苏的师范学院毕业之后，便到福建永春去教书，然后嫁给我父亲，那时她已经是填房了，就是说我父亲的元配去世，再跟我母亲结婚。[1]

　　余光中《我的四个假想敌》：当初我母亲从福建写信回武进，说当地有人向她求婚。娘家大惊小怪，说"那么远！怎么就嫁给南蛮！"后来娘家发现，除了言语不通之外，这位闽南姑爷并无可疑之处。[2]

　　是年，洛夫（1928～2018）生，湖南衡阳人。原名莫运端、莫洛夫，笔名野叟。中国现代诗人，被诗歌界誉为"诗魔"，后与余光中并称诗坛双子星。

　　是年，罗门（1928～2017）生，海南文昌人。原名韩仁存，台湾当代诗人、诗歌理论家，被誉为"台湾现代主义诗歌巨擘"。

　　是年，蓉子（1928～2021）生，江苏江阴人。本名王蓉芷，字淑媛，中国台湾女诗人。

　　是年，彩羽（1928～2006）生，湖南长沙人。本名张恍，台湾诗人、散文家。

　　是年，张拓芜（1928～2018）生，安徽泾县人。本名时雄，笔名沈甸、左残、沈犁、屯垦，台湾诗人、散文家。

　　是年，管管（1928～2021）生，祖籍山东。原名管运龙，台湾诗人。

　　是年，文晓村（1928～　）生，河南偃师人。台湾诗人。

　　是年，胡适37岁，罗家伦31岁，梁实秋25岁，胡兰成22岁，卞之琳18岁，纪弦15岁，钟鼎文14岁，夏济安12岁，林海音10岁，吴鲁芹10岁，蔡濯堂（思果）10岁，蔡其矫10岁，林以亮（宋淇）9岁，张爱玲8岁，夏志清7岁，周梦蝶7岁，姚公伟（姚一苇）6岁，覃子豪6岁，盛志澄（夏菁）3岁，星云大师（李国深）2岁，孙家骏1岁。

---

[1]　叶振辉主访：《让春天从高雄出发——余光中教授专访》，第6、8页。
[2]　余光中：《记忆像铁轨一样长》，第49页。

1929 年（民国十八年己巳）　2 岁

是年，向明（1929 ～ ）生，湖南长沙人。本名董平，台湾诗人。曾任职军中，是蓝星诗社资深且最早成员。

1930 年（民国十九年庚午）　3 岁

是年，罗显烆（1930 ～ 2010）生，四川珙县人。又名罗燕、罗砚，曾以商禽、罗马、夏离、壬癸等为笔名，当代诗人。

是年，张默（1930 ～ ）生，安徽无为人。本名张德中，台湾现代诗人。

1931 年（民国二十年辛未）　4 岁

9 月 18 日，日本驻中国东北地区的关东军突袭沈阳，以武力侵占东北，是称"九一八"事变。这是由日本蓄意制造并发动的侵华战争，是日本帝国主义企图以武力征服中国的开端，是中国抗日战争的起点，标志着中国局部抗战的开始，揭开了第二次世界大战东方战场的序幕。

11 月 11 日，余勋坦（1931 ～ 2019）生，四川金堂人。笔名流沙河，中国现代诗人、作家、学者、书法家。

是年，范我存出生。祖籍常州市武进区雪堰镇，小名"咪咪"。其名典出《诗经·国风·郑风·出其东门》："出其东门，有女如云。虽则如云，匪我思存。"其父范赉（字肖岩，1900 ～ 1939）早年留法，曾任浙江大学教授。其母孙静华（1906 ～ 1996），在上海蚕丝公司工作，据说与余光中母亲是堂姐妹。

余光中《清明七日行》：范赉，字肖岩，江苏武进人，1900 年出生。东南大学毕业，留学法国，卒业于巴黎大学理科植物系。1928 年起任教于浙江大学，为农学院园艺副教授，每月薪资由 160 大洋调整为 240 大洋。1929 年至 1931 年曾代园艺系主任。长女我存生于 1931 年杭州市刀茅巷。当时浙大的农艺场、园艺场、林场、植物园等占地多达七千多亩。范教授带学生临场生物实习，曾远至舟山群岛东北端的小岛嵊山。①

单德兴《守护与自持——范我存访谈录》：我是 1931 年出生在杭州。父亲名范肖岩，南京东南大学毕业，学生物。他后来留学法国，归国后任教于杭州浙江大学，曾担任园艺系主任。母亲名孙静华，15 岁就读"江苏省女子蚕桑专科学校"，该校副校长费达生是著名的社会学家费孝通的姐姐。母亲受到费校长的影响改剪短发。19 岁去日本留学，三年后回国，才和父亲结婚。……我父亲留学法国时，受到存在主义的影响，"我思，故我在"，就为我取名"我存"。②【按：据单德兴先生向范我存女士求证，系受笛卡尔影响。《翻译家余光中》出版时未及修改。】

《钱江晚报》（2017 年 12 月 14 日）：〇余光中杭州往事：抚琴弹筝为"乡愁的主人"祝寿（高醒华、舒羽）〇范我存师母是杭州人，父亲是浙江大学的中文【按：应为园艺学】教授，出生地和小学母校的名字都是刀茅巷。……有一次还向我打听拱墅金华路一带的现状，说她的父辈当年在这里置地买房，后来抗日战争爆发，一家逃难到了四川，从此方与杭州阔别，再没有回来过。

1932 年（民国二十一年壬申）　5 岁

是年，奋起抗击日军的十九路军蔡廷锴、蒋光鼐被蒋介石调离上海前线，入主闽政。

是年，王庆麟（1932～ ）生，河南南阳人。笔名痖弦，台湾著名诗人。

1933 年（民国二十二年癸酉）　6 岁

6 月，《新月》杂志出至第 4 卷第 7 期停刊，新月社宣告解散。

11 月 20 日，李济深、陈铭枢、蒋光鼐、蔡廷锴等人以十九路军为主力，成立中华共和国人民革命政府，史称"福建事变"。

---

① 余光中：《粉丝与知音》，台北：九歌出版社，2015 年，第 121 页。
② 单德兴：《翻译家余光中》，杭州：浙江大学出版社，2019 年，第 265 页。

是年，长兄光亚去世。

叶振辉《二〇〇一年五月十八日第一次访问》：元配留下了一个男孩，名叫光亚，在十八岁那年，死于疾病。他死的时候，我大概才六岁。①

是年，入南京崔八巷小学（后改名秣陵路小学，又名枇杷巷小学，后与其他小学合并改名石鼓路小学）。

张晓风《偶逢之处》：余先生大约一九三五到一九三七年曾就读于一间南京的小学，名字有点怪（所以就记住了），叫"崔八巷小学"，没读多久，就因中日战争而离开。②

是年，梁锡华（1933～）生，广东顺德人。香港当代作家、学者。【按：盛传梁的出生时间有三种观点：1947 年、1933 年、1928 年。据黄维樑告知笔者：余先生曾见过梁申请香港中文大学教职的资料，上面写的是 1928 年；后经黄向在加拿大的梁家人请教，认为当以 1933 年为是。梁1933 年出生之说，曾见于余光中主编的《中国现代文学大系》。】

是年，郑愁予（1933～ ）生，山东济南人。原名郑文韬，当代著名诗人。

1934 年（民国二十三年甲戌）　　7 岁

1 月 4 日，由蒋光鼐委任，余超英接任安溪县县长。

《崇道报》（1934 年 1 月 13 日）：〇余超英接任安溪县长〇本县余超英君，最近受省府委任为安溪县县长，已于九日前往接任。是日翁司令亦赴安，并出席该县民众团体会，是晚始回泉。【按："翁司令"即时任福州城防司令、第六军军长翁照垣，他到安溪应是布置防务。据《安溪县志》中的《民国历任县知事、县长名表》，在余超英之后担任安溪县长的是赖鸿林，由入闽镇压十九路军的国民党中央军旅长许永相委任，故可以推测余超英担任安溪县县长的时间只有十多天。】

---

① 叶振辉主访：《让春天从高雄出发——余光中教授专访》，第 8 页。
② 李瑞腾主编：《听我胸中的烈火——余光中教授纪念文集》，台北：九歌出版社，2018 年，第 49 页。

1 月 21 日，泉州、漳州失守，"福建事变"失败。

年初，祖父余东有病逝于洋上家中。余超英因工作任务特殊，与国民党高层联系密切。国民党要人纷纷题写挽词，以林森、蒋介石为首，其后有汪精卫、李宗仁、白崇禧、冯玉祥、张学良、于右任、孙科、戴季陶、居正、何应钦、阎锡山、陈立夫、陈仪、蒋鼎文等 76 人。国民党中央领导及地方诸侯，群英聚集，盛况罕见。这也成为当年重要的社交新闻。

《洋上村余东有先生讣告》：哀启者：先祖考赋性仁厚，待人诚挚。虽至疏贱，亦必交，以道接，以礼尝。语诸不孝曰：富贵贫贱同是人也，特其遇之不同耳。倘吾厚富贵而薄贫贱，是贵势而贱人也。居尝周恤穷困，某岁值邑饥，尽发所贮粟万余斤以赡州里。又恶争讼，里有争曲直者，每为善言劝解，甚或出己资以宁息之。性嗜学，且乐育乡之子弟，倡办高阳学校，规模宏丽，并筑舍以分居。子侄辈年十七，娶先祖母郑氏，生先严兄弟四人，躬行教督。既长，或医或商，咸能自立。惟季父超英最幼，则使就学外舍。毕业后，先祖考抚其背而告之曰：儿学成，吾心滋慰，家中有汝兄在，可无患冻馁，汝其献身社会，以尽蚁驮之劳。然儿幼，其毋染时下恶习，须知骛远者不当，好奇者无功。汝第尽其力之所及，行其心之所安，即所以慰老人也。于是季父乃遍游南洋群岛，越三年归，效力党国，历任司令、县长、师政治部主任、省农民协会及首都华侨教育总会执委，后转任中央党部侨委会设计科长，方谓家境隆顺，可以长慰老年。不意先严暨叔父超然、超群，先后弃养，当此变故，先祖考悲恸之余，因而成疾。不孝承重孙竟民等请召季父归，奉晨昏。先祖考抚然，有间，乃言曰：吾亦深盼汝叔父归，然汝辈策名在外，深愿其先国后家。汝叔父因东北事变，偕钮公惕生奔走京洛，及组织中央党部工作同志义勇军，此正宵旰之秋，胡可中分其志几乎休？吾虽老，尚能饭也。去夏，季父应张公子薑约南下香港，将因而往南洋宣导国术，适哈省事急，张公北返。季父亦思亲心切，由港遄归。先祖考已病旬余，经季父延医诊治，旋复痊。可不一月，季父再应南京友人之约，途次厦门，而先祖考旧疾复发，不孝承重孙竟民等在家侍奉，医药罔效，乃载归洋上旧居。季父闻耗奔归，甫次泉州，而先祖考已弃不孝等而长逝矣。呜呼痛哉！

不孝等侍奉无状，遭兹大故，抢地呼天，百身莫赎。兹当择期安窆。谨告哀于当世，贤豪长者之□，仰要锡类之仁，言以妥先灵而光泉□。伏维矜鉴

不孝承重孙余竞民
孤哀子余超英
泣述[1]

林联勇《余东有先生像赞纪念册》：后来余超英的三个哥哥都不幸先后逝世，余东有由此伤心成疾。……1934年初，余东有旧疾复发，余超英时在厦门，闻讯奔归，至泉州时余东有已在洋上家中病逝。……当余东有病逝后，时仅6岁的余光中随父母回永春奔丧，在洋上村生活了半年多。[2]

余光中《金陵子弟江湖客》：我的祖籍是福建永春，但是那闽南的山县只有在五六岁时才回去住过一年半载，那连绵的铁甲山水，后来，只能向我承尧堂叔【按：即余承尧】的画里去神游了。[3]

余光中《八闽归人——回乡十日记》：在我七岁时，他们曾经带我回来永春，住了半年。[4]

孙传勇《乡音·乡情·乡亲——余光中先生"原乡行"活动侧记》：在余光中6岁时，全家曾随父亲回乡奔丧，并在祖屋"石杉郑"居住了10多天，之后近70年未曾返乡。[5]

7月9日，刘绍铭（1934～ ）生于香港，广东惠阳人。笔名桑鲁卿、二残、袁无名，著名作家、翻译家、评论家。

10月15日，王蒙（1934～ ）生于河北南皮，祖籍河北沧州。中国当代作家、学者。

---

① 余超英编：《余东有先生像赞纪念册》，福州：玉石林石印公司，1935年，第83～86页。
② 《百姓》2006年第5期。
③ 《收获》2002年第1期。
④ 台北"中央日报"（2003年11月10日）。
⑤ 《政协天地》2003年第8期。

1935 年（民国二十四年乙亥）　　8 岁

2 月 14 日，金耀基（1935 ～ ）生，浙江天台人。社会学家、教育家。

4 月 25 日，李敖（1935 ～ 2018）生，黑龙江哈尔滨人。台湾作家、历史学家、时事批评家。

5 月，余超英等发起组织永春海外华侨公会。

> 《崇阳报》（1935 年 5 月 4 日）：〇华侨公会〇永春海外华侨余超英，黄蕴山，郑海如，余望三等，日前发起组织永春海外华侨公会，原意任归国永侨，先有具体之组织，一面招徕海外侨胞，归国投资，为地方繁荣之一助。

是年，随家人回永春，住了半年。小时候喜欢爬古厝后面的五株荔枝树，成年后写有《五株荔枝》。该诗后放在永春余光中文学馆显眼位置。其中有几句是：

> 也许小时候我曾经攀过 / 余江海却说，他记不得了 / 记得这一排五株高树 / 他真的陪我冒险爬过。【按：余海江系余光中的堂兄，长余光中三岁。】

1936 年（民国二十五年丙子）　　9 岁

是年，老舍发表小说《骆驼祥子》，刊《宇宙风》。

> 傅光明《余光中：我把自己想像成"茱萸"的孩子》：他［老舍］当然是个幽默大家了。他的幽默尤其表现在带点儿方言的口语里。表现的途径也不太一样。……因为我是个南方人，而他是个典型的北方人，尤其是用北京的口语来写小说，这是他给我最早的印象。最早打动我的是《骆驼祥子》，后来我在教现代文学时，一定会教到《骆驼祥子》。我觉得那是一篇力作，是不可多得的。[①]

---

① 傅光明采写：《生命与创作：中国作家访谈录》，济南：山东画报出版社，2005 年，第 80 页。

1937 年（民国二十六年丁丑）　10 岁

7月7日，日军进攻卢沟桥，中国军队奋起还击，全国抗日战争的序幕由此揭开。

白岩松《黄河的声音是我的胎记——访台湾著名诗人余光中》：可以说抗战以前的记忆都模糊掉了，抗战是1937年，那一年我已经九岁了。可是抗战是整个民族一个非常悲痛的悲剧。我小时候的记忆是从抗战开始起的。①

8月13日，日军进攻上海，国民政府被迫对日作战。

9月下旬，国民党公布中国共产党提交的"国共合作宣言"，抗日民族统一战线正式形成，全民族抗战开始。

是年，在江苏、安徽沦陷区流亡。

李睿、余光中《历史感、地域感与现实感——余光中先生访谈实录》：我这一生，前半生遇到两个战争，我这一生的沧桑啊，战争是最深刻的，那就是抗日，中日战争，从我的九岁一直到我的十八岁。②

叶振辉《二○○一年五月十八日第一次访问》：母亲在日军入侵之前，已带着我返回常州。没多久，日军沿着铁路与河道一路打来，母亲随着孙家大小在长江下游苏皖一带逃窜，一路躲避日军，逃亡期间长达半年之久。③

是年，白先勇（1937～ ）生，广西桂林人。美籍华人作家。

《文汇读书周报》（2004年5月18日）：○不变的是对中文的热爱——《余光中集》发布会答记者问○我以为写景，需要诗才。叙事，需要小说家的本领，白先勇先生叙述小说的本领很高，而我这方面能力就很差。

是年，何锦（1937～ ）生，台湾台中人。笔名白萩，当代诗人。

---

① 余光中著，梁笑梅编：《凡我在处，就是中国：余光中对话集》，北京：人民日报出版社，2011年，第158页。
② 《世界华文文学论坛》2019年第2期。
③ 叶振辉主访：《让春天从高雄出发——余光中教授专访》，第9页。

是年，叶维廉（1937～ ）生，广东中山人。比较文学专家。

1938 年（民国二十七年戊寅）　　11 岁

4 月 20 日，陈喆（1938～ ）生于四川成都，祖籍湖南衡阳。笔名琼瑶，中国当代作家、编剧、影视制作人。

徐学《解不尽的乡愁——余光中访谈》：当然，通俗文学也有其价值，我认为，琼瑶是不朽的，因为永远有十五岁的女孩迷她，长大以后又不迷了。[①]

10 月，日军占领广州、武汉后，抗日战争进入相持阶段。

是年，随母逃难至上海法租界霞飞路【按：今淮海中路】，就读于醒华国民小学【按：后改名襄阳南路第四小学，现已关闭】。半年后，乘船经香港抵安南，复经昆明、贵阳抵重庆，与父重聚。自此在重庆待了七年，并学会了四川话。后来他的第一本诗集《舟子的悲歌》，里面第一首诗副标题作"用四川话朗诵"，就是"我在扬子江的南边歌唱，歌声振动了东方"。

叶振辉《二〇〇一年五月十八日第一次访问》：后来逃到上海法租界，暂时免于日军的威胁。在那里我读了一学期的小学。后来母亲与父亲取得联系，确定父亲到了重庆，便带着我即刻动身前往重庆与父亲会合。会合过程也蛮辛苦的，父亲指示我们要走水路，不能走陆路，因为走陆路太危险而且很艰苦，所以我们从上海坐船经过香港，到今日越南（当时是安南），再经昆明、贵阳抵达重庆。……前后经历三个礼拜。[②]

燕舞《余光中的上海》：我对上海不是很了解，不过小时候是在上海的法租界的小学——醒华小学。那所小学开英语，我的 A、B、C 是从那时学的。这所小学后来也不在了，当时所在的那条街叫霞飞路。[③]

余光中《记忆像铁轨一样长》：抗战第二年，母亲带我从上海乘船

① 《鸭绿江》2002 年第 8 期。
② 叶振辉主访：《让春天从高雄出发——余光中教授专访》，第 9～10 页。
③ 《新民周刊》（2004 年 5 月 24 日）。

到安南，然后乘火车北上昆明。滇越铁路与富良江平行，依着横断山脉蹲距的余势，江水滚滚向南，车轮铿铿向北，也不知越过多少桥，穿过多少山洞。我靠在窗口，看了几百里的桃花映水，真把人看得眼红、眼花。①

余光中《思蜀》：从一九三八年夏天直到抗战结束，我在悦来场一住就是七年，当然不是去隐居，而是逃难，后来住定了，也就成为学生，几乎在那里度过整个中学时期。抗战的两大惨案，发生时我都靠近现场。南京大屠杀时，母亲正带着九岁的我随族人在苏皖边境的高淳县，也就是在敌军先头部队的前面，惊骇逃亡。重庆大轰炸时，我和母亲也近在二十公里外的悦来场，一片烟火烧艳了南天。②

叶延滨、郦国义《乡愁·网络·现代诗——余光中访谈录》：我1938 年在上海住过半年，从沦陷区逃回上海躲进法租界避难，在那里读了一个学期小学。③

《海南日报》（2017 年 12 月 18 日）：○余光中的海南情缘（侯赛）○在 1938 年，那时候日本侵略中国，母亲带着我从沦陷区，辗转到了上海，又坐了一条轮船，经过香港，要去安南，船必经的就是琼州海峡，那时候我才 9 岁【按：应为 11 岁】。

1939 年（民国二十八年己卯）　　12 岁

是年，随父母搬至重庆郊外北边悦来场小镇，并在此开始了中学生涯。因日机经常轰炸，无法正常上课。后来他据此写过一篇名为《刘家场》的小说。

叶振辉《二○○一年五月十八日第一次访问》：抗战时候，日本的飞机经常轰炸重庆，因此我父亲的机关就疏散到乡下去，到江北县的一个小镇，叫做悦来场，一住就住到一九四五年，抗战胜利。④

① 《幼狮少年》第 95 期（1984 年 9 月）。
② 《收获》2000 年第 4 期。
③ 郦国义等主编：《文学报创刊二十年（1981—2001）独家特稿》，上海：文汇出版社，2001 年，第 216 页。
④ 叶振辉主访：《让春天从高雄出发——余光中教授专访》，第 10 页。

单德兴《守护与自持——范我存访谈录》：小说叫《刘家场》，大概是写重庆悦来场的故事，是个爱情小说。……后来他自己觉得不好，就没有保留下来。[1]

袁可嘉《"奇异的光中"——〈余光中诗歌选集〉读后感》：1940年【按：应为 1939 年】，我们都以流亡学生身份就读于四川江北悦来场的南京青年会中学，当时我 19 岁，在高二班，他 12 岁，在初一班。我比他大七岁，又不同班，因此似乎没有什么交往。[2]

是年，开始从父亲和二舅孙有孚先生学习古文，读《谏太宗十思疏》《留侯论》《赤壁赋》《秋风赋》《阿房宫赋》等。

《联合报》（2018 年 1 月 15 日）：〇余光中遗作之 1/ 梦见父亲〇早在我十二岁那年，在重庆乡下读南京青年会中学时，校方的国文课本虽也有选读古文，他认为不够，又教我加读吕祖谦的《东莱博议》，和《古文观止》里的知性文章，例如前后《出师表》、《留侯论》、《五代史伶官传序》、《谏太宗十思疏》、《辨奸论》、上下《过秦论》等等。我读了诸文，甚有启发，但更想读的还是美文。这方面的愿望，例如《赤壁赋》《阿房宫赋》《兰亭集序》《滕王阁序》《春夜宴桃李园序》《陋室铭》等，就由曾任小学校长的孙有孚舅舅来满足。那时我年幼多思，初通文理，所受启发极大：顿时明白，要成为新文学作家，这种根柢的修养是必要的。……我记得其中包括了林琴南译的第一本西书《茶花女遗事》和曹禺译的《柔蜜欧与幽丽叶》。《茶花女遗事》以桐城派的文笔译出，我默诵再三，十分陶醉。曹禺是湖北省潜江市人，普通话有口音，不知为何竟把莎剧的 Juliet 译成"幽丽叶"。

是年，范我存的父亲范肖岩教授在乐山过世。

余光中《两张地图，一本相簿》：我从来没有见过自己的岳父，虽然他给了我这么一个好妻子。他去世很早，只有三十九岁，留下的孤女，我存，当时也只有七岁。所以给我的印象止于岳母与我存之间零星的追思，加起来也只是远距离镜头的朦胧轮廓：只知道他早年毕业

---

[1] 单德兴：《翻译家余光中》，第 270 页。
[2] 香港《诗双月刊》（1998 年 6 月）。

于东南大学，参加勤工俭学留学法国，后来在浙江大学任园艺系教授。抗战初年，随浙大迁去贵州的遵义，但因其地阴湿，不适合他养肺病，乃应四川大学之邀，想北上成都，却因病重滞留在乐山，不久便逝于肺病。

……我存虽然不时提起她的父亲，更爱回忆战前她家在杭州的美好岁月，但是吉光片羽，总拼不起完整的画图。毕竟父亲亡故，她才七岁，至于杭州经验，更在她六岁以前，有些记忆恐怕还是从母亲口中得来。①

单德兴《守护与自持——范我存访谈录》：我们去到乐山后，1939年父亲因肺病过世。②

《校闻：范肖岩先生家属》：武进范肖岩先生，（赉）毕业于巴黎大学理科植物系，自十七年始，即在本校园艺学系及生物学系任教，年前在杭以宿疾辞职休养，最近不幸病殁川中，身后萧条。本校竺校长等念同舟之旧谊，伤哲人之凋谢，慰公泉下，赒（通"周"）彼遗孤，特联衔胡院长、卢院长、朱叔麟、陈建功、苏步青、张荩谋、冯言安、贝时璋、蔡作屏诸先生，发起醵金汇送。其启事云："范肖岩先生任浙大园艺系及生物系教授有年，平昔学养兼醇，师生崇敬，前以宿疾，辞职休养，原冀再起东山，泽被黉舍。抗战军兴，范先生病既未痊，且又挈眷辗转抵川，竟以劳顿过甚，溘然长逝，身后遗有弱妻孤儿。同人等鉴兹时艰，萧条可悯，拟发起醵金汇送，藉申同情之忱，兼示唁慰之意。举凡范先生生前友好暨曾亲炙教泽者，谨请慷慨捐助，庶能集腋成裘，共成义举，是为启。"收件处：宜山本校生物系庄雍熙君，收件日期，自即日起至六月三十日止。③

《报告：范肖岩先生醵金报告，计已收到陆佰贰拾元》：校长等为已故本校教授范肖岩先生醵金，自发起以来，承校内外各方赞助，共计收到醵金六百二十元，除六百元已设法送交范师母外，余亦拟集合成数，再行汇送。兹附列醵金诸先生名额于次：（略）。④

---

① 《收获》2001 年第 2 期。
② 单德兴：《翻译家余光中》，第 266 页。
③ 《国立浙江大学校刊》复刊第 22 期（1939 年 5 月）。
④ 《国立浙江大学校刊》复刊第 34 期（1939 年 8 月）。

1940 年（民国二十九年庚辰）　13 岁

是年前后，开始阅读新月派作品。

丁宗皓《在传统与现代之间——余光中先生访谈录》：及至四十年代，我就开始看三十年代作家所写的作品，新月派对我的影响很大，闻一多、徐志摩、朱湘、卞之琳等人的诗我已熟读。后来我又看"九叶"诗人的诗，了解了辛笛、汪静之、郑敏、袁可嘉、杜运燮等人的作品。他们的诗歌蛮优秀的。……四十年代的作家与诗人没有什么大的名气。

新月派接受的是西洋的浪漫主义，四十年代是现实主义的时代，主张不要乱动感情，要探讨事物的本质与真理，这一点与浪漫主义不一样。……

新诗的局限主要表现在形式和诗体上，就是用什么体裁和语言来写自由诗的问题。

自由诗是相对于格律诗而言的，"打倒韵文"是闻一多、徐志摩写格律诗时提出来的口号。闻一多认为小诗泛滥，应该有所束缚，后来新月的诗人写出了整齐的格律诗。

我以为这样整齐也是一种局限，我以为艺术的手法有两个基本条件：一个是整齐，一个是变化。诗歌的写作要用功力做到整齐，不然不行。当然流于刻板单调也不行。

变化不能无度，整齐要有常态，这两个坐标怎么调配是对新诗艺术的一个大考验。新月整齐但不知变化，写出来的是四行一段的方块诗。写自由诗的人写格律诗时，误把音乐性代替诗的形式，这就是韵文化。而一旦写自由诗就容易散文化。过分的散文化是不幸的，散文化是新诗的一大特点，也是新诗的一大公害。……新诗要避免过分的韵文化，应该学习中国的古风、乐府诗、歌兴体的诗。[1]

3 月 5 日，蔡元培逝世于香港，享年 72 岁。

余光中《从母亲到外遇》：不少人瞧不起香港，认定她只是一块殖

---

[1] 《当代作家评论》1997 年第 6 期。

民地，又诋之为文化沙漠。一九四〇年三月五日，蔡元培逝于香港，五天后举殡，全港下半旗志哀。对一位文化领袖如此致敬，不记得其他华人城市曾有先例，至少胡适当年去世，台北不曾如此。如此的香港竟能称为文化沙漠吗？①

秋，进入校址设在江北悦来场的南京青年会中学。英文老师是孙良骥先生。课外继续由父母以及二舅孙有孚先生辅导学习古文。【按：当时中学施行的是三三制，即初中三年、高中三年。】

> 余光中《思蜀》：在朱家祠堂定居的第二年夏天，家人认为我已经十二岁，应该进中学了。正好十里外有一家中学，从南京迁校到"大后方"来，叫做南京青年会中学，简称青中。父亲陪我走了十里山路去该校，我以"同等学力"的资格参加入学考试。不久青中通知我已录取，于是独自生平第一次告别双亲，到学校去寄宿上学，开始做起中学生来。……全校的学生，把初、高中全加起来，也不过两百多人。……这还是一所好学校，不但办学认真，而且师资充实，加以同学之间十分亲切，功课压力适度，忙里仍可偷闲。老来回忆，仍然怀满孺慕，不禁要叫她一声："我的母校！"……青中的良师不少，孙良骥老师尤其是良中之良。他是我们的教务主任，更是吃重的英文老师，教学十分认真，用功的学生敬之，偷懒的学生畏之，我则敬之、爱之，也有三分畏之。他毕业于金陵大学外文系，深谙英文文法，发音则清晰而又洪亮，他教的课你要是还听不明白，就只能怪自己笨了。从初一到高三，我的英文全是他教的，从启蒙到奠基，从发音、文法到修辞，都受益良多。当日如果没有这位严师，日后我大概还会做作家，至于学者，恐怕就无缘了。②

> 余光中《自豪与自幸——我的国文启蒙》：一九四〇年秋天，我进入南京青年会中学，成为初一的学生。那家中学在四川江北县悦来场，靠近嘉陵江边，因为抗战，才从南京迁去了当时所谓的"大后方"。不能算是什么名校，但是教学认真。我的中文跟英文底子，都是在那几年打结实的。尤其是英文老师孙良骥先生，严谨而又关切，对我的教

---

① 余光中：《日不落家》，北京：中国友谊出版公司，1999年，第203页。
② 《收获》2000年第4期。

益最多。当初若非他教我英文，日后我是否进外文系，大有问题。……

课外研修的师承来自家庭。我的父母都算不上什么学者，但他们出身旧式家庭，文言底子照例不弱，至少文理是晓畅通达的。我一进中学，他们就认为我应该读点古文了，父亲便开始教我魏征的《谏太宗十思疏》，母亲也在一旁帮腔。我不太喜欢这种文章，但感于双亲的谆谆指点，也就十分认真地学习。接下来是读《留侯论》，虽然也是以知性为主的议论文，却淋漓恣肆，兼具生动而铿锵的感性，令我非常感动。再下来便是《春夜宴桃李园序》《吊古战场文》《与韩荆州书》《陋室铭》等几篇。我领悟渐深，兴趣渐浓，甚至倒过来央求他们多教一些美文。起初他们不很愿意，认为我应该多读一些载道的文章，但见我颇有进步，也真有兴趣，便又教了《为徐敬业讨武曌檄》《滕王阁序》《阿房宫赋》。

父母教我这些，每在讲解之余，各以自己的乡音吟哦给我听。父亲诵的是闽南调，母亲吟的是常州腔，古典的情操从乡音深处召唤着我，对我都有异常的亲切。就这么，每晚就着摇曳的桐油灯光，一遍又一遍，有时低回，有时高亢，我习诵着这些古文，忘情地赞叹骈文的工整典丽，散文的开阖自如。……日后我在诗文之中展现的古典风格，正以桐油灯下的夜读为其源头。为此，我永远感激父母当日的启发。

不过那时为我启蒙的，还应该一提二舅父孙有孚先生。……父亲经常在重庆城里办公，只有母亲带我住在乡下，教授古文这件事就由二舅父来接手。他比父亲要闲，旧学造诣也似较高，而且更加喜欢美文，正合我的抒情倾向。他为我讲了前后《赤壁赋》和《秋声赋》，一面捧着水烟筒，不时滋滋地抽吸，一面为我娓娓释义，哦哦诵读。他的乡音同于母亲，近于吴侬软语，纤秀之中透出儒雅。他家中藏书不少，最吸引我的是一部插图动人的线装《聊斋志异》。……

后来父亲又找来《古文笔法百篇》和《幼学琼林》《东莱博议》之类，抽教了一些。长夏的午后，吃罢绿豆汤，父亲便躺在竹睡椅上，一卷接一卷地细览他的《纲鉴易知录》，一面叹息盛衰之理，我则畅读旧小说，尤其耽看《三国演义》《西游记》《水浒传》，甚至《封神榜》《东周列国志》《七侠五义》《包公案》《平山冷燕》等也在闲观之列，但看得最入神也最仔细的，是《三国演义》，连"草船借箭"那一段的

《大雾迷江赋》也读了好几遍。①

曾军《中文体质与文化复兴——余光中访谈录》：当时我们读英文是从初一开始的。教师的英文很好，中文也蛮好，所以他在翻译和讲解英文的时候不会用生硬的中文来迁就英文，然后我自己也是在课外看了很多中文方面的书。所以，就能够保持中文的畅通，这样就能保持中文和英文间的平衡了。②

袁可嘉《余光中访京小记》：1940 年，我和光中都是逃难入川的流亡学生，碰巧都在嘉陵江畔鹧鸪声中就读于南京迁到巴县悦来场的青年会中学。我在高二班，他在初一班。不久，我转学重庆南开中学，就和他失去了联络。③

是年，王靖献（1940～2020）生，台湾花莲人。笔名杨牧，中国当代诗人、散文家。

是年，胡梅子（1940～　）生，台湾台东人。笔名夐虹，当代诗人。

1941 年（民国三十年辛巳）　　14 岁

秋，读初二。

是年，张晓风（1941～　）生于浙江金华，祖籍江苏铜山。台湾著名散文家、诗人。

1942 年（民国三十一年壬午）　　15 岁

秋，读初三。

是年，董桥（1942～　）生，福建晋江人。原名董存爵。

《文汇读书周报》（2004 年 5 月 18 日）：○不变的是对中文的热爱——《余光中集》发布会答记者问○董桥的散文以杂文、笔记居多，是以小见大，精雕细琢。他写文章比较低姿态，写得很精炼。英文引

---

① 《明道文艺》第 204 期（1993 年 3 月）。
② 《读写天地》2001 年第 1 期。
③ 《光明日报》第 5 版（1992 年 11 月 7 日）。

用原文的地方也很多，好像更倾向于学者型。

1943 年（民国三十二年癸未）　16 岁

秋，读高一。国文老师是戴伯琼先生。

余光中《自豪与自幸——我的国文启蒙》：高一那年，一位前清的拔贡来教我们国文。他是戴伯琼先生，年已古稀，十足是川人惯称的"老夫子"。……戴老夫子应该就是巴县（即江北县）的拔贡，旧学之好可以想见。……至今我还记得他教周敦颐的《爱莲说》，如何摇头晃脑，用川腔吟诵，有金石之声。这种老派的吟诵，随情转腔，一咏三叹，无论是当众朗诵或者独自低吟，对于体味古文或诗词的意境，最具感性的功效。……为了戴老夫子的耆宿背景，我们交作文时，就试写文言。……幸而他颇客气，遇到交文言的，他一律给六十分。后来我们死了心，改写白话，结果反而获得七八十分，真是出人意外。[①]

余光中《六千个日子》：开始写所谓的"新诗"，已经是二十三年前的事了。当时我正在读高中，一面也试着写一点所谓"旧诗"，当然，两种试作都是不成熟的，因为那时我根本无所谓自己的"诗观"，只感觉有一股要写的冲动罢了。[②]

K. Leung《余光中访谈录》：那是在读高中时。起初只喜欢中国的古典诗词，对当时流行的所谓爱情诗（用白话写的）有些不大满意。我认为当时的很多爱情诗写得并不好，引不起我的兴趣，我更喜欢古典诗词，而且读了不少。我随便写了二三十首古典诗词，也许也不合辙押韵。[③]

是年，已能阅读较浅近的英文名著。

余光中《思蜀》：在孙老师长年的熏陶下，我的英文程度进步很快，到了高二那年，竟然就自己读起兰姆的《莎氏乐府本事》（Charles Lamb, Tales from Shakespeare）来了。我立刻发现，英国文学之门已

---

① 《明道文艺》第 204 期（1993 年 3 月）。

② 台北"中央日报"第 6 版（1967 年 2 月 24 日）。

③ 《红岩》1998 年第 6 期。

为我开启一条缝隙，里面的宝藏隐约在望。几乎，每天我都要朗读一小时英文作品，顺着悠扬的节奏体会其中的情操与意境。①

郭虹《拥有四度空间的学者——余光中先生访谈录》：我在四川读高中时，英文一直很好，甚至可以读一些较浅近的原文名著，例如兰姆的《莎翁乐府本事》（Charles Lamb, *Tales from Shakespeare*），也读过英文译本的《托尔斯泰短篇小说选》。②

1944 年（民国三十三年甲申） 17 岁

是年，仍读高中。开始读翻译书籍。

单德兴《第十位缪斯——余光中访谈录》：我跟翻译结缘很早。开始的时候是在高中，读翻译的书，印象最深刻的就是曹禺翻译的 *Romeo and Juliet*，他译为《柔密欧与幽丽叶》，这是最早看到的比较好的翻译。后来读到林琴南的《巴黎茶花女遗事》，用文言翻译的，好得不得了，看了非常沉醉其中。那时高中的"国文"课本和现在的不一样，比如说，里面选的课文有拜伦（George Gordon, Lord Byron, 1788 ~ 1824）的长诗《唐·璜》（*Don Juan*）里的一段，名为《哀希腊》（"The Isles of Greece"），三种翻译分别出自马君武、苏曼殊、胡适之手，各用不同的诗体：马君武用七言古诗（1905 年），苏曼殊用五言古诗 (1907 年)，胡适用离骚体（1914 年）。真是各有特色。我后来看胡适自己创作的白话诗，觉得没有一篇比他的翻译好，这算是很少有的现象。③

1945 年（民国三十四年乙酉） 18 岁

是年，仍读高中。

余光中《思蜀》：高三班上，孙老师教我们读伊尔文的《李伯大

---

① 《收获》2000 年第 4 期。
② 《文艺研究》2010 年第 2 期。
③ 单德兴：《却顾所来径——当代名家访谈录》，台北：允晨文化，2014 年，第 183 ~ 184 页。

梦》（*Rip Van Winkle*），课后我再三讽诵，直到流畅无阻，其乐无穷。①

7 月 7 日，国民政府军事委员会公布抗战战果，宣布抗战战局已转守为攻。

7 月 26 日，美、英、中三国共同发表《波茨坦公告》，敦促日本无条件投降，否则将予以"最后之打击"。

8 月 6 日，美军在日本广岛投下第一枚原子弹，三天后又在长崎投下第二枚原子弹。

8 月 8 日，苏联百万大军分四路越过中苏、中蒙边境，向驻守东北之关东军发动全线进攻。

8 月 9 日，毛泽东发表《对日寇的最后一战》。

8 月 15 日，日本宣布无条件投降。中国抗战取得胜利。

8 月，蒋介石在日本投降前后三次发电邀请毛泽东到重庆商谈"国际、国内重要问题"，此即重庆谈判。为避免内战再起，国共双方代表曾先后签订了《政府与中共代表会谈纪要》（即《双十协定》）和"停战协定"。

是年，钟玲（1945 ～ ）生于重庆，祖籍广东广州。台湾当代作家。

1946 年（民国三十五年丙戌）　19 岁

春，回南京，继续在青年会中学读书。

证明书

查学生余光中于三十五年春季在重庆本校修毕高三上，本期随复员来京继续入校肄业。特此证明。

南京市私立青年会中学校长周瑞璋
中华民国三十五年八月　日②

叶振辉《二〇〇一年五月十八日第一次访问》：抗战胜利的时候，我还差一学期才毕业。那个学校（青年会中学）搬回南京后，一九四六我回到南京，才把中学读完。③

① 《收获》2000 年第 4 期。
② 《余光中 14 岁学籍卡首公开》，《南京晨报》（2018 年 10 月 18 日）。
③ 叶振辉主访：《让春天从高雄出发——余光中教授专访》，第 11 页。

余光中《思蜀》：1945 年抗战胜利，我也追随青年会中学回到我的出生地南京，继续读完高三。①

余光中《记忆像铁轨一样长》：一直要等胜利还都，进了金陵大学，才有京沪路上疾驶的快意。那是大一的暑假，随母亲回她的故乡武进，铁轨无尽，伸入江南温柔的水乡，柳丝弄晴，轻轻地抚着麦浪。可是半年后再坐京沪路的班车东去，却不再中途下车，而是直达上海。②

6 月 26 日，蒋介石悍然撕毁停战协定，以 193 个旅、158 万兵力，向各解放区发动全面进攻。全面内战爆发。

李睿、余光中《历史感、地域感与现实感——余光中先生访谈录》：我这一生，前半生遇到两个战争……接下来就是内战了，从十九岁一直到后来，这么长的时间里，我写的都是自己的经历。③

11 月 15 日，中国国民党、中国民主社会党与中国青年党召开国民大会，制定了《中华民国宪法》。

是年，黄维樑（1946～ ）生，广东澄海人。香港当代作家、学者。

是年，黄国彬（1946～ ）生于香港，祖籍广东新兴。香港当代诗人、翻译家、学者。

1947 年（民国三十六年丁亥）　　20 岁

是年，高三下学期，尝试用旧体翻译拜伦诗。

余光中《金陵子弟江湖客》：早在我高三那一年，和几个同学合办了一张文学刊物，竟然把拜伦的名诗《海罗德公子游记》（*Childe Harold's Pilgrimage*）咏滑铁卢的一段译成了七言古诗，以充篇幅。不难想见，一个高三的男孩，就算是高材生吧，哪会有旧诗的功力呢？难怪漕桥老家的三舅舅孙有庆，乡里有名的书法家，皱着浓眉看完我的译稿后，不禁再三摇头，指出平仄全不稳当。④

---

① 《收获》2000 年第 4 期。
② 《幼狮少年》第 95 期（1984 年 9 月）。
③ 《世界华文文学论坛》2019 年第 2 期。
④ 《收获》2002 年第 1 期。

单德兴《第十位缪斯——余光中访谈录》：在高中时，我有个同班同学，是后来台湾师范大学"国文系"教授李辰冬的儿子，我们俩合办了一份小报，一大张，正反两面，有四张 A4 大小，因为篇幅不小，我就翻译了拜伦的诗，是《海罗德公子游记》（*Childe Harold's Pilgrimage*）咏滑铁卢的八段，用的是旧诗的诗体。可是我当时旧诗写不好，只是在摸索而已：我译完之后拿给舅舅看，他说平仄不行；我又寄给我未来的太太看，她才不管平仄不平仄，觉得能翻出来就满好的了。这是高三下学期的事。[1]

1 月，获军训合格证明。

军训合格证明

南京市私立青年会中学校学生军训学分证明书存根

查学生余光中，年十七岁，福建省永春县人，在本校受军事训练三百二十四小时，计军训成绩七十五分，特予证明。

中华民国三十六年一月　日

青训字第壹号[2]

5 月，钱锺书创作小说《围城》，由上海晨光出版社出版。翌年再版，第三年三版。余光中后称该书为"新儒林外史"。

单德兴《守护与自持——范我存访谈录》：《围城》的时代背景和我父母那代很相似，看后感触很深，光中称这本书为"新儒林外史"。[3]

K. Leung《余光中访谈录》：不知怎么地我发现了钱锺书先生。我读了他的《围城》。这本书对于一个大学二年级的学生来说，也许还太深奥。[4]

傅光明《余光中：我把自己想像成"茱萸"的孩子》：其实我觉得钱锺书的才气非常高，我非常佩服他。我读他的《围城》或者是散文，都觉得是种享受。我有一个时期非常受他的影响，可是我有些朋友不喜欢他，觉得他刻毒。不过我们本来有句话说：文如看山最忌平，做

---

① 　单德兴：《却顾所来径——当代名家访谈录》，第 185 页。
② 　《余光中 14 岁学籍卡首公开》，《南京晨报》（2018 年 10 月 18 日）。
③ 　单德兴：《翻译家余光中》，第 271 页。
④ 　《红岩》1998 年第 6 期。

人要宽厚，写文章要凶猛一点儿才行。①

余光中《向历史自首？——溽暑答客四问》：至于钱锺书，真正是学贯中西的大师，不作第二人想。②

余光中《吐露港上中文人》：一去中大，中文所博士生麦炳坤就要求我指导他写博士论文，以钱锺书的白话作品为题。我相当惊喜，因为我也佩服锺书先生，同时大陆之大，唯一的大师而且政治正确者，似乎只有鲁迅，至于钱锺书如何了得，只有少数学者和精英读者了然而已。③

夏，毕业于南京青年会中学（今南京市第五中学）。当时学校已迁回南京。

9月，考取北京大学及金陵大学，入金大外文系。当时的金陵大学是国内最好的教会学校，常年包揽英语演讲比赛冠军。按照美国大学当年的评比，所有教会学校分为A、B、C三等，金陵大学是唯一的A等，如果能从金陵大学毕业，学生可以直升美国的研究院。故而他选择了后者。

余光中《金陵子弟江湖客》：我这一生，先后考取过五所大学，就读于其中三所。……第一所是在南京。那是抗战胜利后两年，我已随父母从四川回宁，并在南京青年会中学毕业。……我进金陵大学外文系做"新鲜人"，是在一九四七年九月。……记得当时金陵大学的学生不多，我进的外文系尤其人少，一年级的新生竟然只有七位。……较熟的同学，现在只记得李夜光、江达灼、程极明、高文美、吕霞、戎逸伦六位。李夜光读的是教育系，江达灼是社会系，程极明是哲学系，高文美是心理系，后面两位才是外文系。……吕霞和戎逸伦倒是外文系的同学。吕霞大方而亲切，常带笑容，给我的印象最深，因为她的父亲是著名的学者吕叔湘，在译界很受推崇。有了这样的父亲，也难怪吕霞谈吐如此斯文。……金陵大学的文科教授里，举国闻名的似乎不多，也许要怪我自己太寡闻，徒慕虚名，不知实况吧。隔了半个世纪，我只记得文学院长是倪青原，他教我们哲学，学问有多深我莫能

---

① 傅光明采写：《生命与创作：中国作家访谈录》，第79页。
② 《羊城晚报》B5（2004年9月11日）。
③ 《文讯》第346期（2014年8月）。

测……教我们本国史的陈恭禄也戴眼镜，身材瘦长，乡音颇重。……还有一位高觉敷教授，教我们心理学，口才既佳，又能深入浅出，就近取喻，难怪班大人多。……教我们英国小说的是一位女老师，蔻克博士（Dr. Kirk）。她的美语清脆流利，讲课十分生动，指定我们一学期要读完八本小说，依序是《金银岛》《爱玛》《简·爱》《咆哮山庄》《河上磨坊》《大卫·高柏菲尔》《自命不凡》《回乡》。我们读得虽然吃力，却也津津有味。唯一的例外是梅里迪斯的杰作《自命不凡》（*The Egoist* by George Meredith），不仅文笔深奥，而且好掉书袋。……蔻克其实是金陵女子学院的教授，我们上她这堂课，不在金陵大学，而在她的女校（俗称金女大）。①

《扬子晚报》（2017 年 5 月 5 日）：○余光中：在《琅琊榜》里寻觅玄武湖○ 1947 年，余光中考入金陵大学，用他自己的话说，"从一个'南京小萝卜'变成'南京大萝卜'"。根据余光中的回忆，当时金陵大学学生并不多，他读的外文系尤其少，一年级的新生只有 7 人。

《联合报》（2018 年 1 月 15 日）：○余光中遗作之 1/ 梦见父亲○抗战胜利，我随父母回到南京，在复原的南京青年会中学毕业，同时考取了金陵大学与北京大学。金陵大学里我们有一个亲戚在职员部门工作，父母曾向其拜托。但北大是我自己考取的，据说数学只得十几分，但国文与英文都遥领他人。我乃振振有辞，反驳父母，说我毕竟能自力更生。

余光中《轮转天下》：抗战结束，三峡之水从唐诗里流泻出来，送我的归舟一路到南京。我进了大学，也进了"二轮时代"。十九岁才跨上自行车……却也令我意气风发，对空间起了新的观念。……从此玄武湖一带便入了我们的势力范围，只要有一堂空课，便去湖光柳影里驰骋一番，带回来一身荷香，或是一包香喷喷的菱角。②

叶振辉《二〇〇一年五月十八日第一次访问》：在南京时，我考取了当地的金陵大学，是一个教会学校，后来改名叫南京大学。……一九四七年我先后考取北大外文系与金陵大学外文系，我当然要读北大，可是那时候内战已开始蔓延，北方动乱，所以我的父母不让我去读北

① 《收获》2002 年第 1 期。
② 余光中：《记忆像铁轨一样长》，第 79 页。

大。……一直到今天我还保留了北大的入学通知单。①【按：北京大学录取通知现藏高雄中山大学特藏室，信封写："南京鼓楼三多里一号 余光中君　国立北京大学教务处缄"。内写："为通知事查台端业经录取为北京大学正式生，应于注意各项列后，即希查照办理为荷。余光中君注意事项：……"】

　　单德兴《回顾台湾英美文学界——余光中教授访谈录》：我读金陵大学的时候，外文系是一个小系，大一的时候班上只有七个 full-time student（全修生），其中还包括名教授吕叔湘（语言学家）的女儿吕霞。外文系其他年级的学生也不多，非常奇怪。……金陵大学是一所教会学校，我们觉得师资不好，当然吕叔湘是很了不起，不过没有教到我们，不晓得怎么搞的，那里的师资相当空洞。……其实当时我的心中认为最了不起的大学是北大，我考取了北大但没有进去。……我在 1947 年考取了北大，是从南京的考区考进去的。我接到了北大的入学通知书，可是当时北方已经共军围城，所以就不去了。②

是年，尝试翻译英国剧作家贝西尔的《温坡街的巴蕾特家》，可惜未译完。

　　余光中《金陵子弟江湖客》：进了金大不久，我读到一本戏剧，叫做《温彼街的巴府》（*The Barretts of Wimple Street* by Rudolph Besier），演的是诗人白朗宁追求巴家才女伊丽莎白（Elizabeth Barrett）的故事；一时兴起，竟然动笔翻译起来。这稚气的壮举可爱而又可哂。剧中对话的翻译，难在重现流利自然的语气，遇到英文的繁复句法，要能松筋活骨，消瘀化滞。这对大二的生手说来，无异是愚公移山。当时我只是出于兴趣，凭着本能，绝对无意投稿。译了十多页，留下不少问题，就知难而止了。其实要练就戏剧翻译的功力，王尔德天女散花的妙语要能接招，当时那惨绿少年还得等三十多年。③

　　单德兴《第十位缪斯——余光中访谈录》：至于我自己开始动笔翻译，完全是出于一种冲动。我在金陵大学外文系一年级时看到一本

---

①　叶振辉主访：《让春天从高雄出发——余光中教授专访》，第 11 ～ 12 页。
②　台湾《英美文学评论》第 32 期（2018 年 6 月）。
③　《收获》2002 年第 1 期。

英文书，这本书在大一点的文学辞典里会提到，但现在很少人谈论，就是英国剧作家贝西尔（Rudolf Besier，1878～1942）的《温坡街的巴蕾特家》（*The Barretts of Wimpole Street*），描写诗人布朗宁（Robert Browning, 1812～1889）怎么闯入伊丽莎白·巴蕾特（Elizabeth Barrett, 1806～1861）的病居生活，然后带她私奔。因为布朗宁的太太娘家姓巴蕾特，所以有此剧名。我当时热衷于翻译，几乎是不择手段，碰到什么就想翻译什么，于是翻译了这个剧本。虽然英文懂了，可是中文不够好，当然是翻不清楚，翻了才六分之一就知难而退。那是大学一年级的事。①

是年，覃子豪抵台。

1948 年（民国三十七年戊子） 21 岁

是年，余家从鼓楼三多里一号搬入龙仓巷新宅，常与同学李夜光交流。

余光中《金陵子弟江湖客》：初进金大的时候，我家住在鼓楼广场的东南角上，正对着中山路口，门牌是三多里一号……好在金大校园就在附近，走去上课只要十分钟。……后来我家终于盖了一栋新屋，搬了过去。那是一栋两层楼房，白墙红瓦，附有园地，围着竹篱，在那年代要算是宽敞明亮的了。篱笆门上的地址是"将军庙龙仓巷十八号"。……最动人逸兴的，是我书桌旁边的窗口朝东，斜对着远处的紫金山，也就是歌里所唱的巍巍钟山。每当晴日的黄昏，夕照绚丽，山容果然是深青转紫。我少年的诗心所以起跳，也许正由那一脉紫金触发。我的第一首稚气少作，就是对着那一脊起伏的山影写的。②

何晴《余光中访谈：每个人的生活中都要有诗》：我读大学先住在鼓楼，后来搬到城西北面去。③

李夜光《我和余光中的同窗情》：1948 年，他家在龙仓巷买了一块地，盖了一幢两层的新楼，白墙红砖，还有个小花园，围上竹篱，

① 单德兴：《却顾所来径——当代名家访谈录》，第 184～185 页。
② 《收获》2002 年第 1 期。
③ 《南方都市报》（2002 年 5 月 23 日）。

独门独院，环境幽静。光中的房间在楼上，宽敞明亮。我到他家，二人在房内天南海北，无所不谈，我们有许多青年人的话题，彼此也谈理想。我想当教师，他则爱文学，想当文学家。他的书架上摆满中外文学书籍，其中有不少诗集，那时他就能读原版的英文作品。而我那时读杜威、陶行知，还有卢梭的《爱弥儿》。虽然所学专业不同，但我们都爱读书和交流。有一次谈兴大发，竟至深夜，干脆留宿他家，抵足而眠，第二天一同骑车到学校上课。①

是年，与同学们组织读书会，并开展助学运动。

李夜光《我和余光中的同窗情》：当时我们组织了一个小型的读书会，成员有余光中、程极明、高文美、江达灼、戎逸伦、武奇等，大家在一起读书，读的书有《约翰·克里斯朵夫》《冰岛渔夫》《罗亭》《安娜·卡列尼娜》，也有《大众哲学》，甚至有赵树理的《李有才板话》和《小二黑结婚》。每次聚会，大家在一起说书论书，交流心得。高文美的父亲是南京邮政局长，家里房子宽敞，她又好客，每逢假日，我们读书会常在她家活动，有时兴起谈的时间长了，就在她家吃饭。……那时候读书会的活动也很有情调，高兴的时候，只要谁招呼一声，马上大家就骑上自行车直奔玄武湖，放舟湖心，穿行在荷花丛的水道上，那样的诗情，也许永远地刻在光中的记忆中。

1948 年上半年，物价飞涨，我们学生会开展了"助学运动"，即为贫困学生募捐。我和光中上街卖"助学花"，把一天的所得捐给困难学生。光中是个埋头读书的人，但做这些事，光中是很热心的。……②

9 月 17 日，中秋，此日前，在南京一位姨母家中巧遇范我存。

单德兴《守护与自持——范我存访谈录》：我的母亲跟余先生的母亲是同一个祖父，不同父亲，她们应该是堂姊妹。……于是我便去了南京。1948 年中秋前，有一天我去姨母的宿舍，见到一位陌生男子正和表弟讲话，姨母说："这是光中表哥。"他穿了中山装，站着打量我，随后走过来，说："来我家玩。"当时我年纪小，不知如何应对，绝未

---

① 《钟山风雨》2008 年第 6 期。
② 《钟山风雨》2008 年第 6 期。

想到八年后会和这个人共同生活六十一年。①

9 月，将其所译拜伦诗《海罗德公子游记》之片段寄范我存。

余光中《金陵子弟江湖客》：不过咪咪，我的十五岁表妹也是未来的妻子范我存，却有不同的反应。那时我们只见过一面，做表兄的只知道她的小名。那份单张的刊物在学校附近的书店寄售，当然一份也销不掉，搬回家来，却堆了一大叠，令人沮丧。我便寄了一份给正在城南明德女中读初三的表妹，信封上只写了"范咪咪小姐收"，居然也收到了。她自然不管什么平仄失调，却知道拜伦是谁，并且觉得能翻译拜伦的名作，这位表哥当非泛泛之辈。战火正烈，聚散无端，这一对小译者与小读者四年后才在命定的海岛上重逢，这才两小同心，终成眷属。②

单德兴《守护与自持——范我存访谈录》：隔了几天，我收到一封信，是光中寄的。当时，他不知道我的学名，因为亲戚都叫我"咪咪"，所以信封上就写着"范咪咪"。我拆开看，是一张小报，上面刊登了一首翻译诗，原作者是拜伦（George Gordon Byron）。③

是年，作诗《沙浮投海》。这是他的第一首诗。

余光中《炼石补天蔚晚霞——天津百花文艺版〈余光中集〉自序》：若论创作时间，则我的第一首诗《沙浮投海》还可以追溯到一九四八年。④

郭虹《拥有四度空间的学者——余光中先生访谈录》：我一生经营四大文类：诗歌、散文、评论、翻译，迄今写作不辍。最早锐意攻坚的，是诗；第一首诗《沙浮投海》写于南京，时年 20 岁。⑤

李倍雷《秋声 雨声 诗声——记余光中、蓉子、张默诗歌演讲》：余先生的"第一首诗就是在自己家的窗口写的，那扇窗口就在紫金山的对面。我经常在窗口旁，遥望着月亮从紫金山后面爬上来"。⑥

① 单德兴：《翻译家余光中》，第 267 页。
② 《收获》2002 年第 1 期。
③ 单德兴：《翻译家余光中》，第 267 页。
④ 余光中：《举杯向天笑》，台北：九歌出版社，2008 年，第 147 页。
⑤ 《文艺研究》2010 年第 2 期。
⑥ 《扬子江诗刊》2002 年第 2 期。

是年，在南京《大华晚报》发表两首古体诗。

是年，罗青（1948～　）生于青岛，祖籍湖南湘潭。台湾当代著名诗人、画家、学者。

是年，路易士（纪弦）由上海抵基隆，开启了他的台湾时期。

1949 年（己丑）　　22 岁

2月，自金陵大学转入厦门大学外语系二年级。此间开始接触新诗，并受到影响。

在校证明书

注字第 9013 号

学生余光中籍隶福建省永春县，于民国三十八年二月入学，曾在本大学文学院外文学系第二年级第二学期寄读。

此证

三八、七、三

国立厦门大学注册组主任 张忠豫[1]

余光中《从古典诗到现代诗》：我最早接触到的新诗，是《凤凰》和《烙印》。事实上，这两本诗集都不能算杰作，可是对于年轻的我，颇发生一点影响。到了大二那年，由于一本叫《诗的艺术》的批评文集的介绍，我接触到卞之琳和冯至的作品。加上对于英国浪漫诗人及惠特曼的一点起码的原文知识，我便开始写"新诗"了。[2]

K. Leung《余光中访谈录》：直到我在厦门大学读二年级时我才转向新诗，而且认真地写，并以诗人身份开始发表诗歌。[3]

丁宗皓《在传统与现代之间——余光中先生访谈录》：四十年代的新诗与二三十年代的诗歌不同，较之于后者的浪漫和写实，四十年代的新诗开始用更冷静的眼光看社会，语言运用上有了古典的节制。当时我认为冯至的十四行、何其芳早期的诗、辛笛的诗都是好诗。[4]

---

① 原件现存永春余光中文学馆。
② 余光中：《掌上雨》，台北：文星书店，1964年，第179页。
③ 《红岩》1998年第6期。
④ 《当代作家评论》1997年第6期。

叶振辉《二〇〇一年五月十八日第一次访问》：到二年级上学期末……父母亲带着我去了厦门。……我就转往厦门大学读了一学期。①

单德兴《回顾台湾英美文学界——余光中教授访谈录》：二下是在厦门大学读的。那时候因为战争的关系，经常罢课、罢教、罢工，所以一学期大概有三分之一被罢掉了，非常动荡。……厦门大学因为没有上什么课，跟老师也没有多少接触。系主任叫李庆云，是澳洲回去的华侨，教得不错，他改我们作文是把我们叫到身边，直接改给我们看。②

5 月 7 日，范我存随表姐夫去台湾，考入台北市第一女子中学。两年后学校为学生进行健康检查，她因 X 光片显示肺部有问题，只得辍学养病。③

单德兴《守护与自持——范我存访谈录》：1949 年 5 月，母亲工作的蚕丝公司也迁到了台湾，宿舍在台北公馆。同年政府安排失学青年统一考试，考完再分配入学……我被分配入一女中，插班初三下学期。班上二十八位同学，全是大陆各地来的，包括齐宁媛，即齐邦媛的妹妹。……高二时，所以便休学。那时母亲的工作已转往台湾肥料公司，我们便搬往基隆。④

叶振辉《二〇〇一年五月十八日第一次访问》：她从小就有肺病，在抗日战争的时候就已感染。她的父亲范肖岩是浙江大学生物系的教授，抗战时已身染肺病，逝于四川，当时可能范我存也受到感染。她比我早一年来台湾，就读一女中，念了两年半，因为生病，就没有再升学了。⑤

5 月 13 日，发表诗歌《臭虫歌》，刊《星光日报》，自署"光中"。它以打油诗式的反讽笔调，愤怒鞭笞了靠剥削过活的吸血虫，具有十分强烈的批评性。

余光中《六千个日子》：开始在报上发表作品，是在厦门，那时我

---

① 叶振辉主访：《让春天从高雄出发——余光中教授专访》，第 12 页。
② 台湾《英美文学评论》第 32 期（2018 年 6 月）。
③ 杨兴文：《余光中与范我存：真情演绎钻石婚》，《海东时报》（2019 年 2 月 19 日）。
④ 单德兴：《翻译家余光中》，第 268 ～ 269 页。
⑤ 叶振辉主访：《让春天从高雄出发——余光中教授专访》，第 19 页。

在读厦门大学外文系二年级。①

　　徐学《解不尽的乡愁——余光中访谈》：我在厦门开始投稿时，就认为真正的文学不可能是大众化的，而是"小众化"。②

此后他陆续在厦门《星光日报》《江声报》发表新诗 7 首、文学评论 7 篇、译文 2 篇。

　　朱双一《余光中早年在厦门的若干佚诗和佚文》：余光中先生自称这些早期诗作"青涩幼稚"，是尚未形成个人风格之前的作品。这固然不无自谦成分，但也暗示了这些诗作"转益多师"的实况。它们显露了余先生文学起步时所接受的多方面影响。……余光中在厦门的诗创作，显示作者当时同情、关切下层劳动民众生活的思想倾向和要求文学密接时代、社会的现实主义文学理念。这种思想倾向和文学观，在同一时期发表的几篇理论批评文章中，表现得更明确和清晰。③

　　余光中《从古典诗到现代诗》：无可否认地，当时的试作多少带一点幼稚的普罗色彩，但居然在厦门的《星光》和《江声》两家报纸登了好几首。④

　　徐学《解不尽的乡愁——余光中访谈》：当时只是一个二十一岁的文艺青年，读了许多五四以来的新文学作品，特别是闻一多、冯至、卞之琳的诗歌，尤其喜欢臧克家的诗歌，也受到他一些影响。那时在厦门发表的诗论中可以看到这种偏激，当时推崇敢于鸣不平的诗人贾岛、孟郊，而批评闲适潇洒的苏东坡，这种观点就是从那儿贩运来的。那时写诗也大都是批判现实为劳苦大众立言的诗，如在厦门时发表的《扬子江船夫曲》《算命瞎子》《女售货员》等。⑤

　　6 月 5 日，发表诗歌《给诗人》，刊《星光日报》。这是一首论诗的诗，流露出作者当时秉持的文学理念。他呼吁诗人走出象牙之塔，走进民众生活之中，给民众以真正的关怀。这是他接受"五四"以来中国新文学传统影响的又一显著例证。

① 台北"中央日报"第 6 版（1967 年 2 月 24 日）。
② 《鸭绿江》2002 年第 8 期。
③ 《现代中文文学评论》1995 年第 3 期。
④ 余光中：《掌上雨》，第 179 页。
⑤ 《鸭绿江》2002 年第 8 期。

6 月 16 日，于厦门作诗《扬子江船夫曲——用四川音朗诵》，刊 6 月 22 日《星光日报》；后收入《风筝怨》（2017 年版）等。这是一首描绘川江船夫的诗歌，表现出劳动者粗犷、豪迈的性格和气势。

> 余光中《剖出年轮三十三·代自序》：《扬子江船夫曲》和《清道夫》，都是我在大陆时代的作品，那时我正在厦门大学外文系二年级读书，对于诗的天地，莫测高厚，憧憬远多于认识。[①]

> 朱双一《余光中早年在厦门的若干佚诗和佚文》：比如，《扬子江船夫曲》中不无郭沫若《女神》式的笔调。[②]

7 月 5 日，"海天"发表《写作的道路》，刊《星光日报·星星副刊》。该文认为，在欧美资本主义国家，对物质文明的盲目崇拜致使文艺道德渐次崩溃，资产阶级作家的创作渐由个人的享乐而及于颓废，终至山穷水尽，于是创作的另一新型，就在一个社会主义国家中萌芽成长，扩大传播。文章在回顾、检讨了中国文坛颓废作品充斥书肆、写作者脱离工农现实生活的现状后写道：

> 面前摆着文艺创作的两条路，一是追踪着英美法等资本主义国家文艺作品中的颓废自私意识，替一个特殊阶层讴歌颂赞，一是学习社会主义作家为大多数人民谋利益的创造作风，走进广大的群众与原野里去。

7 月 8 日，发表《为莎士比亚伸冤——驳海天先生的〈写作的道路〉》，刊《星光日报·星星副刊》。文章驳斥了海天将作家截然分为资本主义国家的和社会主义国家的两类，将作家的创作和其所属国家的性质相等同，从而贬抑前者、崇扬后者的做法。他提出要建立以本国的现实为中心的艺术，而不要盲目学习外国，认为现在的文学问题不是"要不要"，而是要"如何"创造出"大众的"文学；除在生活上努力外，"要不忘文学到底是艺术"。略云：

> 可见以国家来分，未免太勉强太武断了。文学是不受种族、国家等所限制的。它只有好坏之分，绝没有新旧或东西的因素在内。英、

[①] 余光中：《余光中诗选：一九四九——一九八一》，台北：洪范书店，1981 年，第 1 页。
[②] 《现代中文文学评论》1995 年第 3 期。

美、法的政府，固然大都操纵在资本家手里，可是他们的作家，并没有被完全收买去呀——对一国的统治者不满，遂亦歧视其文学，这是可笑的。……我们能因为中国有徐訏、张资平、无名氏、张恨水等等落伍作家的有害大众，就说鲁迅应该引为内疚吗？……文学既是创作的，何以不追踪英美，便须学习社会主义国家？文学有通性，也有特性，一个民族有一个民族的问题和个性。我们要创作，应先认清楚本国的现状，再建立以本国的现实为中心的艺术，不盲目学外国，也不徒喊些口号。外国的作品只有好坏之别，好的我们虚心研究，拿来参考，坏的就索性不要。……现在的文艺学习者，谁不知道要走出象牙之塔，同情大众，这口号是陈旧得可以让蜘蛛在上面结网了。现在的问题，不仅是研究应不应该为大众，而是如何有效地如此做。或我们应该努力研究，如何才能创造出"大众的"文学。这一面应在生活上去努力，一面要不忘文学到底是艺术，对大众认清了，有同情后，如果没有深刻而具体的艺术手腕，把它表现出来，那还是没有用的。

余光中《从古典诗到现代诗》：现在我还记得，当时《星光》报上，有位厦大的同学写了一篇文章，从左翼狭窄的角度，攻击莎士比亚，说他是什么宫廷的御用文人。我看了非常气愤，也投了一文驳斥，结果引起一场小小的论战。老实说，一位大二的学生，懂什么莎士比亚？我写文章抗议，只是说明我讨厌那种心胸狭窄、有意歪曲的左倾理论而已。①

7月10日，海天发表《也算答覆——敬复余光中先生》，刊《星光日报·星星副刊》。文中声称自己并没有把资本主义国家中具有自由气氛的作品一并抹杀，并道明自己与余光中的根本区别在于，文艺作品是否应趋向于大众化。略云：

从余先生的大作中，字里行间，像背家谱似的，列上了一大堆欧美作家们的名字和作品，请恕我，对于这些拾起棺材来教训人的姿态，我是自叹弗如的。……从余先生所列的堂皇"名单"之中，我猜度余先生是在一个安静的地方长大的，所以有这样多的闲情逸致，拜读如许著作。……为资产阶级文学矢志卫道的余先生［致敬致歉］。

---

① 余光中：《掌上雨》，第179页。

7月13日，发表《读书和救国——答海天先生》，刊《星光日报·星星副刊》。略云：

> 我只是纯粹就学术论学术，海天的复信里却带上对"人"的嘲讽笔调。……海天似乎认为学习文艺的人，不必多读书，要知道文艺虽是创作的，却非孤立的。要学习文学的人，不多念书，而去创作，正如要蚕儿不吃桑叶而吐丝一样的不可能。……文学是现实的反映，现实要往实践的生活中去认识，而反映却赖乎精妙的艺术手腕（我们念英美法作品，主要的用意原是在参考后者），犹如作画，被画的对象是现实，而画者的技巧是反映，技巧不够，则对象不免模糊。海天把写作的重心，放在实践的生活上，这原是精到的看法……但他忽略了艺术的手腕，因此他不喜欢大家有功夫来研究许多作品，也就是因此，我才希望大家多研究些罢了。……我的意思不是说社会主义的国家的作品不能读，相反地，我希望大家多读，只是不要以为英、法、美的作品不可读而已。至于我是否"资产阶级文学的矢志卫道者"，我不必答辩。海天如果爱研究我的思想或意识，则我在星副上也凑过几首歪诗，不妨"闲逸"地去看一下。【按：余光中和海天的争论很快引起了广泛的注意和反应，一个多月内，《星星》副刊先后发表了艾里戈、亚丹、吴炳辉、欧海澄和树常青的论战文章。】

7月14日，艾里戈发表《批评的认识——评海天先生的"答辩"态度》，刊《星光日报·星星副刊》。该文针对海天那种"抬起棺材来教训人"，"寸步不让的对余先生'无关大局'的拉杂琐事，尽穷掘出"的态度和做法加以批评。略云：

> 新文艺作者，并不限于何种身世和出身，才够资格，才谈得到文艺一类的事情。新文艺作者，能摆脱这不正常的思想，走入群众行列依靠人民，教育人民，向着人民群众学习，也就是冲出象牙塔的大门，才是真正的，归大众所有的。海天先生的探询人家身世的态度和用意，着实偏差，委实大错了。

7月18日，发表《文学与情欲》，刊《星光日报·星星副刊》。该文针对一周以前一位吴姓作者的《扯谈文艺与情欲》一文提出不同看法。余光中认为，文学是人生的反映，而情欲又是人生的基本需要之一，因此文学作品中有情欲的描写，是常有的现象，即使中外许多大作家，也往往不避这些描写。他重点谈论了"情欲在文学中的处理，指出文学只是人生的反映，而非人生，人生中的情欲问题，还是要在人生里去适当地解决，决不能拉进文学里来，给作者或读者以化装的满足"。最后他说："文学中到底能不能有情欲？我的答案是：能的……不过，要写就不能忘记上列的□个限制。"

7月19日，于厦门作诗《清道夫》。

同日，亚丹的《携起手来！——关于"论战"的一点意见》、吴炳辉的《讳疾忌医的海天先生》，刊《星光日报·星星副刊》。吴文认为，海天的文章确实是中了"强调"与"狭窄"之"疾"；而面对批评，却扳起理论俨然不可侵犯的面孔，去一味掩饰抹杀，且进一步对批评者施予凶猛的反击；余光中的立论不流于"荒谬"不足道的窠臼，且有"值得"海天推敲的余地。亚丹的文章则认为，这次论争的双方在文艺应该走向"大众化"的基本原则上是一致的，论战乃属于意气之争，应予停止。

同日，李光发表《伟大的莎士比亚？》，刊《星光日报·星星副刊》。该文称伊丽莎白时代是贵族统治时代，虽然莎翁有语言天才和舞台经验等，但他终不能逃脱贵族的魔掌，他只是贵族阶级的戏剧家。作者由此对莎翁的"伟大"表示怀疑。

7月23日，颖锷发表《读了〈伟大的莎士比亚？〉》，刊《星光日报·星星副刊》。该文对李光之说加以反驳。

同日，艾里戈发表《寄望给争论以后——关于论争后的检讨》，刊《星光日报·星星副刊》。文中再次对海天的态度加以批评，并希望海天能打破近来的缄默，出来答复提出的问题。【按：该文后附"编者按"称：海天先生7月11日已随所服务的机关迁往台湾，行踪不定，所以没有继续将答辩的文字寄来，并关于《写作的道路》论争，可以在此告一结束。】

7月25日，发表评论《臧克家的诗——〈烙印〉》，刊《星光日报·星星副刊》。文章认为"无论就内容上或形式上看"，臧克家的《烙印》都可以说是"新诗中最前进最优秀的作品"，而主要原因就在于它与现实紧密相连。他认为臧克家的诗歌具有五大优点：严肃的态度；强有力的旋律；善用字，尤其善用动词，所用字往往险突有力；散文化；美的诗意。并总结说：

臧克家的诗没有毒，也因为如此，他的诗不潇洒，不徒以取悦于读者。带着消遣的意识去吟诗的人，我劝他们不必去念臧克家的诗。但是，正如闻一多所说"纵然像孟郊似的，没有成群的人给叫好，那又有什么关系"，我愿在此诚恳地对纯洁而热心的新诗爱好者，特别的为他叫好，并且希望不久这叫好的声音会来自广大的群众！

臧克家《致古远清》（1995 年 8 月 15 日）：远清：来信收到，看到余光中先生评文，甚喜。在前几期《文学报》上的一篇访问余光中先生的文字中，余说：1949 年他入厦门大学外文系一年级【**按：应为二年级**】，特别爱我的诗。他的写作，也受到了我的影响。《访问记》所记余的说法，与他评论《烙印》完全一致。从李元洛同志的口中（十年前？）得知余光中先生的诗，读了《乡愁》还有霍去病断句，我甚欣赏！他的其他诗我没缘读到。近十年来，他的诗论与创作倾向，我不甚清楚。他的这篇评文，我想把它放到为我九十岁生日而编的"论文集"中去……

你近况如何，几时由港返校？谢谢你查得光中先生的这篇评《烙印》。这是很难得的，不期而遇！

好！

克家
在床上
1995. 8. 12[①]

罗青《析〈守夜人〉》：以数量而言，可谓五四新诗运动以来最多产的诗人之一。与另一位多产诗人臧克家比起来，在量的方面，可能相去无几；在质方面，余光中的诗显得宽广多变，精妙深微，无论在思想的构成上或在字句的锻炼上，都使人有凝聚、新颖、清鲜之感。这是臧克家所不能及的。[②]

7 月 28 日，发表《莎士比亚的伟大》，刊《星光日报·星星副刊》。该文反驳了 7 月 19 日李光发表的《伟大的莎士比亚？》一文中的观点。他认为：一、莎翁是非"贵族"的；二、莎翁是爱国的；三、莎翁是人性的；

① 古远清：《余光中传：永远的乡愁》，武汉：长江文艺出版社，2019 年，第 216～217 页。
② 《大华晚报》（1977 年 11 月 20 日）。

四、莎翁是攻击黑暗的。故而他指出：我们不能强迫文艺复兴时期的诗人具有现代强烈的经过许多思想家所发掘出来的"为大众"的意识；说莎士比亚是"贵族文学"的作家，说他有妥协性，不免失真，"莎翁是适合他那个时代的，也是永恒的——人性的"。

7月31日，发表诗歌《沙浮投海》，刊《江声报》。沙浮乃希腊女诗人，恋菲昂而遭弃，郁郁投海而死。诗作拟沙浮告别人世时的情景和她的口吻，女诗人站在高岩上，向苍天和大海投予最后的一瞥，向菲昂道"永别"，也向生养自己的希腊说"再会"。

7月，离开厦门，随父母迁香港，失学一年。在香港的一年里，他相当苦闷，不过看了很多书，还翻译了一些文章在《大公报》发表。

> 余光中《从古典诗到现代诗》：我随家庭避难到香港。一个中国人生活在那块殖民地上，原是十分痛苦的事。面临空前的大动乱，生活在港币悲哀的音乐里，我无诗。我常去红色书店里翻阅大陆出版的小册子，我觉得那些作品固然热闹，但离艺术的世界太远了。我失望，我幻灭。①

> 余光中《轮转天下》：厦大才读一学期，战火南蔓，又迁来香港，失学了一年。那一年我住在铜锣湾道，屋小人多，行则摩肩，坐则促膝，十分苦闷，遁世的良方，是埋头耽读维多利亚时代的大部头小说。②

> 叶振辉《二○○一年五月十八日第一次访问》：我还没拿到转学证明书，父母亲就带我仓惶地坐了船逃到香港去，那是一九四九年七月的事情了。去了香港也没有书可以读，香港大学的学制和我们中国不一样，所以就荒废了一年没有念书。那一年是非常苦闷的，住在铜锣湾一栋四楼的公寓，窄小的屋子加上失业的寂寞。③

> 《联合报》（2018年1月15日）：○余光中遗作之1/梦见父亲○一九四九年，我随父母从厦门去了香港，做了一整年的难民。父亲身上只剩了五千港币，不久恐将山穷水尽。我们和另外两家难民，挤在铜锣湾道某处的四层楼上，我睡的竹床白天收起，晚上才在走道上放下。香港大学的学制异于大陆，我也不愿考进去，做港英政府的准公务员。

---

① 余光中：《掌上雨》，第179页。
② 余光中：《记忆像铁轨一样长》，第82页。
③ 叶振辉主访：《让春天从高雄出发——余光中教授专访》，第12～13页。

冥冥之中，我知道自己将来会做作家，但不是在当时变天的大陆。有一次我偶然发现苏联发行的一份英文月刊，英译的却是中国新文学的评析，便将之译成中文，投给香港版的《大公报》，竟得了五十元港币的稿费。我即买了三罐 555 牌的香烟送给父亲。

8月1日，翻译萧伯纳的《百万财主的烦恼》，刊《星光日报·星星副刊》。该文作者在与时人的争论中反复被提到。译者在《译者注》中指出：作为社会主义者的文学家萧伯纳素以幽默著称。此篇所论，未始非萧氏讽刺之笔调。他特地引用了鲁迅的一段话：

> 我是喜欢萧的，这并不是因为看了他的作品和传记，佩服得喜欢起来，仅仅是在什么地方见过一点警句，从什么人听说他往往撕掉绅士们的假面，这就喜欢了他了。

8月4日，欧海澄、树常青发表《读两篇文章》，刊《星光日报·星星副刊》。该文针对余光中的《为莎士比亚伸冤》与《读者和救国》提出若干不同看法。他们认为，评论作品须先从内容的社会性着眼，有了社会的评价，才有艺术的评价；作品是新旧的、永久性的，反而是以文艺作品的现实性为其存在的前提、存在的基础；生长的环境是能决定作者的思想和成就的；有理由特别看重社会主义作品的教育意义；等等。

8月7日，发表诗歌《歌谣两首》(含《清道夫》《插新秧》)，刊《江声报》。它们一方面生动地描写了贫苦劳动者辛勤劳动的情景，另一方面也透露出余光中对新生活的向往和希望。

> 朱双一《余光中早年在厦门的若干佚诗和佚文》：《歌谣两首》明显可见臧克家《烙印》诗集的影子。……《清道夫》《插新秧》等，与《烙印》集中的《洋车夫》《贩鱼郎》《当炉女》《渔翁》等一样，将下层劳动人民生活作为抒写对象，热情地对劳动加以礼赞并表达对生活的希望。或者说，余光中精细地体会臧诗的优点之后，吸取其优良的精神和手法，作为自己的创作尝试的借镜，从而使自己的诗创作从一开始就有较高的起点。[①]

> 徐学《走不尽的厦门街——余光中与厦门的文学缘》：当时他是厦

---

① 《现代中文文学评论》1995 年第 3 期。

门大学外文系二年级的学生,刚从金陵大学外文系转学来厦不久。……我曾和先生谈及此诗,余先生说,年轻的时候,他一度很喜欢臧克家的诗,可能受到一些影响。①

同日,发表评论《郊寒岛瘦——从时代观点看孟郊和贾岛》,刊《星光日报·星星副刊》。

> 朱双一《余光中早年在厦门的若干佚诗和佚文》:也许是闻一多在为《烙印》写的序中将臧克家比作孟郊而触发余光中又写了这篇文章。……此文更着重强调诗的反抗性。它极力推崇孟郊、贾岛敢于鸣不平、表愤怒的精神。……文章在将孟、贾两诗人与其他诗人相比较中,表示了对苏轼反对改革以及遭贬而故作"豁达"等的不满……对于闻一多在序文中褒孟贬苏,余先生可谓印象深刻,此次在厦门还再次提起过。②

8月14日、15日,发表《答欧树两先生》(上、下),刊《星光日报·星星副刊》。在该文中,作者再次对萧伯纳表示赞赏,同时表明自己"并非迷信艺术万能",又强调自己"并不认为强调艺术为不当",重新强调"文学是一种艺术,自然应该注意艺术之所以为艺术……文学的要素固必须包括现实,但其特性却在于是'艺术'的"。最后称自己大体上同意要先读具现实性而有教育意义作品的说法,指出文学需要多方面的营养,单读两先生所强调的东西,未免稍显狭窄。这篇文章发表后,这场余、海之争方告结束。

8月19日,翻译艾克斯利的《白朗宁小传》,刊《星光日报·星星副刊》。

10月19日,发表短诗剧《旅人》(未完),刊《江声报》。该片段写的是一孤独旅人遭遇魔鬼变成的妩媚少女诱惑的故事,抒写了旅人的艰难和落寞。它发表于作者离开内地前往香港前后,也许是诗人当时心境的一种折射。【按:解放军进入厦门的时间是10月17日。19日的前两天无报。】

> 余光中《旅人》:永无休息的途程,/从清早到黄昏:/驮一个沉重的包裹,/挑一肩零乱的灰尘。/……啊啊!小鸟也有巢可归,/啊啊!

---

① 《台声》1995年第6期。
② 《现代中文文学评论》1995年第3期。

只是我无家可回！/ 人生的道路我早已走累，/ 疲倦的心儿怕就会枯萎。①

朱双一《余光中早年在厦门的若干佚诗和佚文》：余先生称：一方面已到了一般文艺青年创作欲高涨的年龄，另一方面，当时年纪虽不大，却已对世事人生有颇多的感触，特别是经过八年抗战刚得安顿，又再次面临漂泊不定的前程，难免有许多内心情绪要表达。②

1950 年（庚寅） 23 岁

4 月，"中华文艺奖金委员会"在台创设。

5 月，"中国文艺协会"在台北成立。

5 月底，从舟山乘船到台湾。开始在《新生报》副刊、台北"中央日报"副刊、《野风》等报刊上发表新诗，短短十日就发表了六七首诗作、七篇评论和两篇译文，展露了不凡的文学才情。

余光中《从古典诗到现代诗》：最后我踏上来基隆的海船。那是一九五〇年的夏天，舟山撤退的前夕。……我在台湾的第一篇稿是发表在《新生副刊》的，那是一九五〇年六月的事。其后我不断投稿，先后在《中华副刊》和"中央副刊"登载。自一九五〇年夏天迄一九五八年夏天，我先后在"中副"发表的诗约有二百首。③

叶振辉《二〇〇一年五月十八日第一次访问》：我和母亲五月底才来。④

《联合报》（2018 年 1 月 15 日）：〇余光中遗作之 1/ 梦见父亲〇 1950 年，蒋介石以国民党主席的身份在台北复出视事，号召海外的党员去台湾"共赴国难"。父亲于该年 5 月先去了台北，6 月间我也随母亲乘船赴台。

8 月 6 日，作诗《沉思——南海舟中望星有感》，后收入《风筝怨》（2017 年版）等。

9 月，通过插班考试，同时考取台湾大学外文系三年级与台湾师范学

① 《现代中文文学评论》1995 年第 3 期。
② 《现代中文文学评论》1995 年第 3 期。
③ 余光中：《掌上雨》，第 179 ~ 180 页。
④ 叶振辉主访：《让春天从高雄出发——余光中教授专访》，第 13 页。

院英语系二年级。他选择了前者。时任校长是傅斯年，外文系主任是英千里，翻译课老师是吴炳钟先生。

余光中《从古典诗到现代诗》：当时我参加插班生考试，同时考取了台大外文系三年级和师范学院英语系二年级，结果我进了台大。其时台大外文系的文学气氛十分稀薄，尤其一些修女讲授的散文课，实在是变相的传道，乏味得很。可是英千里先生的"英诗"一课，给我很大的启示。可惜他不讲现代诗，否则我的接近英美现代诗将提早几年。①

《联合报》（2018年1月15日）：○余光中遗作之1/梦见父亲○一九五〇年自港迁台，父亲就命我去台大考插班。当时我心灰意冷，以为大陆易帜，前途未卜，不如离家工作，何必再入大学。同时，台大的师资会越过北大吗，何必退求其次。但父亲的美意不忍遽拂，终于还是报考了大学。

但是学籍仍有问题。一九四九年从厦门大学去了香港，父亲就坚持要我向厦大索取转学证书。证书到手，日期标的不是中华民国，而是公元一九四九年。台北师范大学干脆拒绝我申请考插班大二；台大的各院院长一字排开，审查考生资格。法学院长萨孟武只一瞥我的"伪证件"，就嚷道："凭这证件，我非但不能接受申请，还要劝你把它收起，不得招摇！"我大吃一惊，正进退两难，旁边的文学院长沈刚伯却把证件过目，说"这是非常时期，不妨通融"。凭了这句话，我终于进入台大，插班外文系三年级。

当时台大外文系的教授阵容，并不如我担心的那么差。文学院长是钱歌川，其女曼娜与我是外文系同班同学。外文系主任英千里兼擅英文与法文，有教皇册封的爵位。梁实秋在师大专任，也来台大兼课。台静农任中文系主任，黎烈文在外文系教法文，两人和鲁迅的关系不浅，但均不提往事。后来教我们翻译的吴炳钟，本职为军中文职的上校，当时是台湾口译界第一人，对我的鼓励尤大。另外还有英语流利的赵丽莲，曾国藩后人的曾约农，擅长戏剧的黄琼玖，也都是十分称职的老师。幸运的是：五四人物典范未远，我竟能一一得挹清芬。傅

① 余光中：《掌上雨》，第180页。

斯年一九五〇年卒于台大校长任内。

叶振辉《二〇〇一年五月十八日第一次访问》：九月，我就考进了台大外文系三年级……到了台北，先后考取了台大与师范学院。当年到香港，我就写信给厦门大学，说明因战乱而转学，请他们给我转学证明书。他们寄来了。……师范学院很严格，一看……证书便不接受，只接受金陵大学的学历，所以师范学院，我是考取大二。……我得以报考台大，并考取台大三年级，师范学院是考取二年级，我当然选择就读台大。①

余光中《轮转天下》：最后转入台湾大学三年级，才又恢复了骑士的身份，镇日价在古亭区的正街横巷里，穿梭来去。那是三十二年前的台北，民风在安贫之中显得敦厚淳朴，在可以了解的东洋风味背后，有一种浑然可亲的土气。②

单德兴《第十位缪斯——余光中访谈录》：他〔吴炳钟〕快人快语，有很多有趣的 original thinking（创意），常会批评别人翻错了。……他出身世家，是一个怪才。他大学没毕业……当时台湾的口译他是第一把交椅，蒋介石跟美军在一起时都由他翻译。……他对我相当鼓励。……我正式开始翻译的作品刊登在《学生英语文摘》，梁实秋、赵丽莲、吴炳钟都很鼓励我。一九六〇年我出了第一个译诗《英诗译注》，其实里面的译诗在这之前几年就陆续发表了。③

单德兴《回顾台湾英美文学界——余光中教授访谈录》：我到了台大一听，喔！有梁实秋，那很不错，因为以前对他很有印象。可是他是师院（台湾师范学院，今台湾师范大学）的教授，只是来台大兼课。台大的老师中最让我受益的是英千里。当然当时他的名气不是很大，我没听说过他，可是一上他的课就觉得很好。……他本人是罗马教廷策封的爵士，父亲英敛之是北京辅仁大学创办人，儿子英若诚也是个不凡的人。……其实当时台大的教授阵容还不错，也都满负责任。教戏剧的黄琼玖，她丈夫是大法官。……教我们散文的是修女，只教圣经，不教别的，这点让我们觉得闷闷不乐。赵丽莲也教我们，她的

① 叶振辉主访：《让春天从高雄出发——余光中教授专访》，第 13 ～ 14 页。
② 余光中：《记忆像铁轨一样长》，第 82 页。
③ 单德兴：《却顾所来径——当代名家访谈录》，第 186 ～ 187 页。

发音当然是很优美。……有一个老师真正教我们古典文学，就是曾约农，他后来创办东海大学。他总是教希腊、罗马的一些观念。……还有黎烈文教授。……他的大名我倒是听过的，法国文学的翻译者，而且我知道他是鲁迅的门人。……当时除了外文系老师，还有中文系的台静农，我那时不清楚，后来发现他也是鲁迅的传人。还有一个许寿裳，也是鲁迅的 follower（传人），在台静农之前担任中文系主任，有一天被人杀死了。……吴炳钟老师我接触最多了，因为他比较年轻。①

叶振辉《二〇〇一年五月十八日第一次访问》：我觉得我们的老师都不错。系主任是英千里，他的父亲英敛之是辅仁大学的创办人。在台大二年倒是蛮愉快的，功课的压力也不太大，很自由，所以才会有时间写诗。如果功课压力太大，也许造就了一位学者，却会毁掉一个作家。……在台大功课轻松，可以做点课外的事。老师也很好，譬如赵丽莲教我们会话，还有吴炳钟教我们翻译，他以独特的风格教学，也经常担任口译的工作。还有教我们古典文学的曾约农，是曾国藩之后，后来创办了东海大学。②

秋，开始在台北"中央日报"副刊发表诗歌。

余光中《六千个日子》：可是自命为"新诗人"，正式努力创作，而且经常在报刊上发表作品，仍是一九五〇年夏天来台以后的事情。从一九五〇年秋天起，到一九五八年秋天去美国留学为止，我经常在"中副"发表诗作。③

11月8日，作诗《算命瞎子》。
是年，再次见到范我存，并开始通信。

单德兴《守护与自持——范我存访谈录》：婚前我们来往六年，两人成长背景差不多，都经过两次战争，也有共同的兴趣与话题。④

---

① 台湾《英美文学评论》第 32 期（2018 年 6 月）。
② 叶振辉主访：《让春天从高雄出发——余光中教授专访》，第 16 页。
③ 台北"中央日报"第 6 版（1967 年 2 月 24 日）。
④ 单德兴：《翻译家余光中》，第 281 页。

1951 年（辛卯）　24 岁

是年，仍就读台大外文系。收到梁实秋先生的鼓励信，后请他为其第一本诗集写序。

> 余光中《文章与前额并高》：已经是三十六年以前了。那时我刚从厦门大学转学来台，在台大读外文系三年级，同班同学蔡绍班把我的一叠诗稿拿去给梁先生评阅。不久他竟转来梁先生的一封信，对我的习作鼓励有加，却指出师承囿于浪漫主义，不妨拓宽视野，多读一点现代诗，例如哈代、浩斯曼、叶慈等人的作品。……梁先生的这封信是用钢笔写在八行纸上，字大而圆，遇到英文人名，则横而书之，满满地写足两张。……过了几天，在绍班的安排之下，我随他去德惠街一号梁先生的寓所登门拜访。……当时我才二十三岁，十足一个躁进的文艺青年。……被我纠缠不过，答应为我的第一本诗集写序。序言写好，原来是一首三段的格律诗，属于新月风格。不知天高地厚的躁进青年，竟然把诗拿回去，对梁先生抱怨说："您的诗，似乎没有特别针对我的集子而写。"……但是梁先生眉头一抬，只淡淡地一笑，徐徐说道："那就别用得了……书出之后，再给你写书评吧。"①

2 月 28 日，与双亲（余超英、孙秀君）合影于台湾同安街故居。②

2 月，作诗《伊人赠我一发歌》。

4 月 12 日，作诗《昨夜你对我一笑》。

4 月 24 日，作诗《舟子的悲歌》。

5 月，撰《我原是晚生的浪漫诗人——〈舟子的悲歌〉第二辑·序诗》。诗云：

> 我原是晚生的浪漫诗人，/ 母亲是最幼的文艺女神；/ 她姐姐生了雪莱和济慈，/ 她生我完全是为了好胜。

5 月 18 日，作诗《植物园之夜》。

6 月 9 日，诗人节，作诗《淡水河边吊屈原》，后收入《风筝怨》（2017

---

① 余光中：《隔水呼渡》，台北：九歌出版社，1990 年，第 261 ~ 263 页。
② 据高雄中山大学余光中文学数位馆"余光中私家纪念之一百九十八"。

年版）等。该诗写得较稚嫩，但体现了作者对屈原的崇敬之情。

夏瑜《余光中：把岛上的文字传回中原》：所有中国诗人提到屈原都会同情他，也会尊敬他，屈原高超的人格，那种几乎含有洁癖的自爱，应该是值得被大家敬佩的诗人。①

秋，纪弦与钟鼎文（番草）、葛贤宁借《自立晚报》副刊合办《新诗周刊》。次年5月起由覃子豪接编。后此刊被论者认为是"台湾新诗真正逐渐走向现代化"之始。

1952年（壬辰）　　25岁

是年，仍就读台大外文系。课余翻译一些短诗发表，并获首届《学生英语文摘》翻译奖。【按：该刊发行人为赵丽莲，顾问为英千里和梁实秋，系为"中广公司"与台湾广播电台的"英语教学采用教本"，并号称是"Your Best Pocket Companion"（你的最佳袖珍伴侣）。】

单德兴《第十位缪斯——余光中访谈录》：真正翻得比较好、上轨道，而且登出来大家也觉得不错，是在台大四年级。那时吴炳钟教我们翻译，他在赵丽莲编的《学生英语文摘》有个专栏，我就翻了一些短诗刊在上面。……就用"光中译"。……《学生英语文摘》举办翻译奖，第一届是我得奖，奖金五十元台币，大约等于现在的五千元，还不少。②

单德兴《守护与自持——范我存访谈录》：他念台大时，赵丽莲主编《学生英语文摘》，有一次译诗比赛，他得了第一名。夏济安老师和吴炳钟老师都十分鼓励他。③

单德兴《回顾台湾英美文学界——余光中教授访谈录》：吴炳钟在《学生英语文摘》上也开专栏，并主持英翻中比赛，我得了第一名，奖金五十块钱，可能等于现在的五千块，所以他很欣赏我。……我积极翻译跟他也很有关系，他就等于是我的model（模范），不过他毕竟是

① 《南方周末》（2004年5月9日）。
② 单德兴：《却顾所来径——当代名家访谈录》，第185～186页。
③ 单德兴：《翻译家余光中》，第273页。

口译多，笔译比较少。……甚至老师指定要看的书，我也没去看，因为那时我想做一个新诗人，大半精力花在这上面。……在台大两年我就不断投稿到《中副》（"中央日报"副刊），也就出了点名。当时有一些现在的名学者跟我一起发表，最有名的一位笔名叫青山【按：即于宗先】，是现在的经济学家。……另有一个人笔名叫童山【按：即邱燮友】。①

　　单德兴《守护与自持——范我存访谈录》：1952 年，母亲到台湾肥料公司基隆分公司工作，我因肺病休学在家，搬往基隆，光中便开始写信给我。②

2 月 13 日，龙应台生，高雄大寮乡人。当代作家。

3 月，于台大撰《舟子的飞鸿惊醒了灵魂的梦——〈舟子的悲歌·后记〉》。

3 月，自费出版第一本新诗集《舟子的悲歌》，出版社标"野风出版社"。全书分两辑，收录余光中 1949 年至 1952 年创作于大陆与台湾的已发表和未发表的新诗，包括《扬子江船夫曲》《舟子的悲歌》《昨夜你对我一笑》《七夕》等 31 首。有后记。这些诗歌的形式较为整齐，常以固定的句式、章法呈现韵律感；结构上讲究均匀、对称、平衡、押韵，具有声情之美。可惜该集在台湾文坛上并未掀起多大的反响。

　　余光中《后记》：八年前我开始念旧诗，偶然也写些绝句。三年前我的兴趣转移到英诗。也是在那时，我开始认真地写新诗。我觉得：影响我的新诗最大的还是英诗的启发，其次是旧诗的根底，最后才是新诗的观摩。说到新诗的观摩，我不禁要提起菲律宾华侨诗人杜若的杰作《孤星》。《孤星》深婉含蓄，格调老成，曾引起我深深的爱慕。《七夕》之作，实从该诗取得灵感。

　　梁实秋《"舟子的悲歌"》：这是一部相当纯粹的抒情诗集。我说"纯粹"，因为在这集里没有叫嚣的口号，也没有玄妙的哲理，里面都是一些规规矩矩的诗。在这年头儿，这样的作品是不多见的。

　　无论是诗或散文，其表现的工具（即文字）必须达到熟练的地步，才能成为良好的作品。对于诗为尤然。所以有人认为"诗乃最好的文

---

① 台湾《英美文学评论》第 32 期（2018 年 6 月）。
② 单德兴：《翻译家余光中》，第 270 ～ 271 页。

字之最好的安排"。我们中国的旧诗，对于字句的锤炼功夫是极其注意
的。……所谓"白话诗"这三个字是很容易引起误解的。白话可以入
诗，诗的文字可以近于白话，但并不是说普通的口语写下来便可成为
诗。诗的文字，无论其为文言或白话，总要经过一番剪裁锤炼。余光
中这一本《舟子的悲歌》，一共只有三十几首小诗，但是我们看得出
来，文字非常简练而有力。……

《舟子的悲歌》分上下二辑。上辑是一些杂作，我以为最好的作
品在这一辑里。其中最出色的要算是《暴风雨》一首，用文字把暴风
雨的那种排山倒海的气势都描写出来了，真可说是笔挟风雷。《老牛》
《清道夫》也好。《中秋夜》是别开生面的写法，一面是悬念游子的老
娘，一面是怀想母亲的游子，一道海隔出两地的愁思，对照写来，备
觉动人。下辑是情诗，最清新的是《初恋之谜》《伊人赠我一发歌》
等。全集中，《真理歌》是有感之作，而略带幽默，是例外的一首。下
辑中《序诗》一首则似可割爱。

作者余光中是一位年青人，他的艺术并不年青，短短的"后记"
透露出一点点写作的经过。他有旧诗的根底，然后得到英诗的启发。
这是很值得我们思考的一条发展路线。我们写新诗，用的是中国文字，
旧诗的技巧是一份必不可少的文学遗产，同时新诗是一个突然生出的
东西，无依无靠，没有轨迹可循，外国诗正是一个最好的借镜。无论
在取材上，在辞藻上，在格调上，或其他有关方面，外国诗都极有参
考的价值。我想新诗如果能有一个为大家所接受的形式，大概是一面
撷取我们旧诗的技巧，一面汲拾外国诗的精神。《舟子的悲歌》便是一
个很令人欢迎的实例。①

余光中《书斋·书灾》：到现在我仍清晰地记得，印第一本书时患
得患失的心情。出版的那一晚，我曾经兴奋得终宵失眠，幻想着第二
天那本小书该如何震撼整个文坛，如何再版三版，像拜伦那样传奇式
地成名。为那本书写书评的梁实秋先生，并不那么乐观。他预计"顶
多销三百本。你就印五百本好了"。结果我印了一千册，在半年之内销
了三百四十多册。不久我因参加第一届大专毕业生的预官受训，未再

① 《自由中国》第6卷第8期（1952年4月）。

继续委托书店销售。现在早给周梦蝶先生销光了。①

　　单德兴《守护与自持——范我存访谈录》：他大四时已出版了诗集《舟子的悲歌》，是豆腐干式的格律诗，受到一些英诗的影响，并不成熟。②

4 月 16 日，梁实秋为余光中的新诗集《舟子的悲歌》所写短评，刊《自由中国》第 6 卷第 8 期。

　　余光中《文章与前额并高》：量大而重诺的梁先生，在《舟子的悲歌》出版后不久，果然为我写了一篇书评，文长一千多字，刊于一九五二年四月十六日的《自由中国》。那本诗集分为两辑，上辑的主题不一，下辑则尽为情诗。书评认为上辑优于下辑，跟评者反浪漫的主张也许有关。梁先生尤其欣赏《老牛》与《暴风雨》等几首，他甚至这么说："最出色的要算是《暴风雨》一首，用文字把暴风雨的那种排山倒海的气势都描写出来了，真可说是笔挟风雷。"……梁先生溢美之词固然是出于鼓励，但他所提示的上承传统旁汲西洋，却是我日后遵循的综合路线。③

4 月 22 日，作诗《沉默》，后收入《蓝色的羽毛》（1954 年版）。

5 月 4 日，作诗《夜别》，后收入《蓝色的羽毛》（1954 年版）。

5 月 12 日，作诗《信徒之歌》，后收入《蓝色的羽毛》（1954 年版）。

5 月 18 日，作诗《矛盾》，后收入《蓝色的羽毛》（1954 年版）。

5 月 25 日，晨，作诗《又回来了》。

　　同日，作诗《海之恋》，后收入《蓝色的羽毛》（1954 年版）、《风筝怨》（2017 年版）等。

5 月 28 日，诗人节，作诗《诗人之歌》，后收入《蓝色的羽毛》（1954 年版）。

6 月 1 日，午后，作诗《海燕》，后收入《蓝色的羽毛》（1954 年版）。

6 月 5 日，晨，作诗《吻》，后收入《蓝色的羽毛》（1954 年版）。

6 月 22 日，晨，作诗《我向高空射枝箭》，后收入《蓝色的羽毛》（1954 年版）。

---

① 《文星》第 12 卷第 1 期（1963 年 5 月）。
② 单德兴：《翻译家余光中》，第 273 页。
③ 余光中：《隔水呼渡》，第 263～264 页。

6月29日，夜，作诗《对语》，后收入《蓝色的羽毛》（1954年版）。

夏，在范我存家中读到美国 *Life Magazine*（《生活杂志》）所载海明威的小说 *The Old Man and the Sea*。该小说出版当年获普利策奖，次年获诺贝尔奖。余光中非常喜欢该作，决定动手翻译。

> 单德兴《第十位缪斯——余光中访谈录》：他第一次看到这篇小说便借回去，说要翻译出书，当作大学毕业报告。……他的翻译曾约农老师评了八十分。[1]

夏，毕业于台湾大学外文系，但未拿到文凭。

> 叶振辉《二〇〇一年五月十八日第一次访问》：读了二年，台大毕业。[2]
>
> 单德兴《回顾台湾英美文学界——余光中教授访谈录》：其实说来我很惭愧，我是学分不足，到了1952年我已经应届毕业，可是没有拿到文聘，一直到1954年，我做翻译官之后两年才拿到。为什么？因为还有中国文学史没有读。[3]

7月17日，晨，作诗《孤星》，后收入《蓝色的羽毛》（1954年版）。

7月24日，夜，作诗《孤舟夜航记》，后收入《蓝色的羽毛》（1954年版）。

8月26日，七夕，作诗《七夕》，后收入《蓝色的羽毛》（1954年版）。

8月，纪弦主办的现代诗杂志《诗志》创刊，由潘垒的暴风雨出版社出版，仅出一期。

9月20日，夜，作诗《流星》，后收入《蓝色的羽毛》（1954年版）。

9月，翻译《老人和大海》。该译作也是他在台大外文系的毕业论文，年底在《大华晚报》连载。

> 单德兴《第十位缪斯——余光中访谈录》：至于《老人与大海》（*The Old Man and the Sea*）是海明威（Ernest Hemingway, 1899～1961）的小说，最早是刊登于《生活杂志》（*Life Magazine*），我一看到就着手翻了。这部小说在出版当年就得到普立兹奖，第二年就得到诺贝尔奖。[4]

---

[1] 单德兴：《翻译家余光中》，第271页。
[2] 叶振辉主访：《让春天从高雄出发——余光中教授专访》，第13页。
[3] 台湾《英美文学评论》第32期（2018年6月）。
[4] 单德兴：《却顾所来径——当代名家访谈录》，第187页。

单德兴《回顾台湾英美文学界——余光中教授访谈录》：至于我翻译这本书是不是为了毕业论文？台大当时有一个不明不白的规定，大学部毕业也要有毕业论文，那我到哪里去写什么论文呢？恰好我那时正在翻译，我就把这个翻译交给我的指导教授曾约农，他也没有改，就大而化之给了一个八十分就算了。[1]

10 月 2 日，晨，作诗《圣迹》，后收入《蓝色的羽毛》（1954 年版）。

10 月 10 日，作诗《灵感》，后收入《蓝色的羽毛》（1954 年版）。

10 月 12 日，晨，作诗《母亲的悲剧》，后收入《蓝色的羽毛》（1954 年版）。

10 月 24 日，夜，写散文《猛虎与蔷薇》，后收入《左手的缪思》（1963 年版）。

余光中《六千个日子》：我第一篇比较像样的散文，是一九五二年底发表在"中副"的《猛虎和蔷薇》。[2]

余光中《左手的缪思·自序》：《猛虎与蔷薇》在"中央副刊"发表时，作者已经二十四岁了，无论如何，都难说是"早熟"。今日的青年散文作家，在这年龄所写的作品，往往胜我许多。但在另一方面，今日的青年散文作家，一开笔便走纯感性的路子，变成一种新的风花雪月，忽略了结构和知性，发表了十数篇之后，翻来覆去，便难以为继。缺乏知性做脊椎的感性，只是一堆现象，很容易落入滥感。不少早熟的青年散文作家，开笔惊人，但到了某一层次，没有知性的推力，更难上攀一分，实在可惜。[3]

郭虹《拥有四度空间的学者——余光中先生访谈录》：至于写散文，则始于二十四岁，第一篇《猛虎与蔷薇》虽然是在评论文章，其实是刻意在写美文。[4]

11 月 8 日，夜，作诗《向命运挑战》，后收入《蓝色的羽毛》（1954 年版）。

---

[1] 台湾《英美文学评论》第 32 期（2018 年 6 月）。
[2] 台北"中央日报"第 6 版（1967 年 2 月 24 日）。
[3] 余光中：《左手的缪思》，卷首。
[4] 《文艺研究》2010 年第 2 期。

11 月 12 日，夜，作诗《创作》，后收入《蓝色的羽毛》（1954 年版）。

11 月 15 日，午后，作诗《午后》，后收入《蓝色的羽毛》（1954 年版）。

11 月 17 日，黄昏，作诗《北京人》，后收入《蓝色的羽毛》（1954 年版）。

12 月，张爱玲署"范思平"翻译《老人与海》，由香港中一出版社出版。1954 年 11 月出版时译者署名改为"张爱玲"，并增加两页序言。1962 年由香港今日世界社出版时删去张爱玲的序，改用李欧梵译自贝克（Carlos Baker）的长文为序。

12 月 1 日至 1953 年 1 月 23 日，所译《老人和大海》，连载于《大华晚报》，作者署"汉明威"，译者署"光中"。1957 年 12 月由台北重光文艺出版社印行单行本。2010 年 10 月由南京译林出版社新版，更名为《老人与海》。

> 单德兴《回顾台湾英美文学界——余光中教授访谈录》：1953 年我翻译的《老人和大海》就在《大华晚报》上连载。当时晚报的发行人是耿修业，竟然接受一个大学刚毕业第二年的年轻人的翻译在他的晚报上连载了两个月。可能是因为我投稿的《中副》也是他编的，孙如陵是他的继任者。他对我 as a poet（身为诗人）印象已经很好，竟然相信我可以翻译海明威。……我第一年翻，他第二年得普利兹奖（Pulitzer Prize），第三年得诺贝尔奖。①

> 金圣华《余光中的"别业"：翻译——余光中教授访问录》：比方说，译海明威的《老人和大海》，原文是两万七千字，译成中文是五万字。我当年翻这本书时才二十四岁，相当的 presumptuous。书是翻了，但是海明威的风格相当 tough，我翻得文了一点。当时在序文中我说："我的译文比起 The Old Man and the Sea 原文，好像是在水手的手上加了一副手套"。现在再译，就会 tough 一点。海明威是有点反文学的，他是个"世俗之人"。他的风格跟我当年的风格不同。当时自己年轻，才二十四、五岁，在创作天地间也还没见过很多世面啊！……我当时是新手，海明威也只有一种风格，海明威是反十九世纪传统修辞的，他的句子之间老是用"and"，比较少复杂的句子，倒有点像中文。那

---

① 台湾《英美文学评论》第 32 期（2018 年 6 月）。

时我自己的风格却在西化之中。①

　　夏志清《文学杂谈》：就文体而言，三人虽各有独特的风格，张爱玲、余光中都比海明威强（余光中是当代最有独创性、最多彩多姿的散文家，将来再撰文论之），不像海明威那样的一清如水，多读了没有余味。②

　　陈子善《张爱玲文学史料的搜集和整理》：现在经过考证，可以证明《老人与海》第一个终结本是张爱玲翻译的。《老人与海》现在有很多中文译本。大概有十多位翻译，包括大家知道的台湾诗人余光中先生，他也翻译过《老人与海》。余先生翻译《老人与海》比张爱玲还晚了一点，余先生自己写过一篇文章，说他是第一个把《老人与海》翻译成中文的。后来经过我的研究，余先生不是第一个，张爱玲才是第一个，余先生屈居第二位。……张爱玲的出版时间是 1952 年 12 月份……余先生翻译的版本，它不是出版的书，它是在台湾的报纸上连载的，连载的时间是从 1953 年 12 月 1 号开始，一直到 1953 年 1 月 23 日才连载完毕。总共连载了一个多月，而此时张爱玲翻译的《老人与海》都已经出版了。……我得出的结论就是：最早译出终结本《老人与海》的还是张爱玲，余先生比她晚了至少 23 天。③

是年，以第一名考入"联勤总部"陆海空军编译人员培训班，服兵役三年。同事有刘鎏等。

　　叶振辉《二〇〇一年五月十八日第一次访问》：一九五二年夏天，我从台大毕业。那是台湾的大学生服兵役之始，也就是说从我那届开始，正是大专生受军训的第一年。当时受训很严格……毕业生都要集中到凤山受训，为期一年。不过外文程度高的毕业生可以参加翻译官的考试，翻译官受训只要四个月。我和一些外文系的学生一起去考翻译官，我考上了联勤陆海空军编译人员训练班第一名，受训四个月之后，便分发到"国防部"总联络室服役，任少尉编译官。本来只需服

① 《明报月刊》1998 年第 10 期。
② 夏志清：《文学的前途》，台北：纯文学出版社，1974 年，第 202 页。
③ 河西学院贾植芳研究中心编：《写好一个"人"字：贾植芳讲堂 2016 年演讲实录》，郑州：大象出版社，2017 年，第 70 ~ 71 页。

役二年，但因一时也找不到工作，所以便服役长达三年。①

单德兴《第十位缪斯——余光中访谈录》：台湾的大学生设军训是从我们那一届开始的，一九五二年。当时学生一涌而至，到凤山受训，可是如果英文好，可以考翻译官留在台北。军方总共录取了一百名翻译官，我是第一名，所以就留在台北。而且我们受训只有四个月。②

《余光中记厦门盛会》：刘鎏是我台大的同届同学，编译官训练班出身的同事，后来他去美国芝加哥物理所深造。③

1953 年（癸巳）　　26 岁

1 月 13 日，夜，作诗《祈祷》，后收入《蓝色的羽毛》（1954 年版）。

1 月 21 日，夜，作诗《珍妮的辫子》，后收入《蓝色的羽毛》（1954年版）。

2 月 1 日，纪弦创办《现代诗》诗刊，提出现代诗宣言，发扬"异端精神"，掀起台湾现代派诗歌运动。

K. Leung《余光中访谈录》：我对现代派并不那么感兴趣。……作为"现代派"，它常常被误解，特别是被本地的批评家所误解。这些批评家往往认为现代化只是一种西化的方法，一种不适当的和丢脸的西化的方法。同时，我觉得我们的现代化还为时过早，因为我们的社会还没有达到那样的水平……④

2 月 16 日，作诗《十字路口》，后收入《蓝色的羽毛》（1954 年版）。

2 月 23 日，作诗《吊济慈——济慈逝世百卅二周年纪念》，后收入《蓝色的羽毛》（1954 年版）。

苏其康《典范译诗的余光中》：对于英诗，虽然余光中对莎士比亚心领神会，却更喜欢济慈，纵然两人都写无韵自由体（blank verse），也写十四行诗，但从青少年时就喜欢济慈，到暮年弥坚，有机会时还

① 叶振辉主访：《让春天从高雄出发——余光中教授专访》，第 17 页。
② 单德兴：《却顾所来径——当代名家访谈录》，第 188 页。
③ 《联合报》副刊（2015 年 5 月 8 日）。
④ 《红岩》1998 年第 6 期。

朗诵济慈的"颂歌"和长诗《恩迪米安》，到了耄耋之年，仍然不忘情很有质感（在抒情和哲理之间回荡），庶民出身却是才高八斗的青春气息诗人。……①

3 月 17 日、4 月 11 日，作诗《当初》（一、二），后收入《蓝色的羽毛》（1954 年版）。

5 月 4 日，作诗《五月之夜》，后收入《蓝色的羽毛》（1954 年版）。

5 月 12 日，发表《给某诗人》，刊台北"中央日报"第 6 版；后收入《蓝色的羽毛》（1954 年版）。

6 月 15 日，诗人节，作组诗《诗人》（含《诗人和上帝》《诗人和疯子》《诗人和少女》《诗人和恐龙》《诗人和诗人节》），后收入《蓝色的羽毛》（1954 年版）。

6 月，作诗《给壁虎》，后收入《蓝色的羽毛》（1954 年版）。

7 月 4 日，夜，作诗《失眠》，后收入《蓝色的羽毛》（1954 年版）。

7 月 17 日，夜，作诗《给海伦》，后收入《蓝色的羽毛》（1954 年版）。

7 月 31 日，作诗《夏晨》，后收入《蓝色的羽毛》（1954 年版）。

8 月 15 日，七夕，作诗《七夕》二首，后收入《蓝色的羽毛》（1954 年版）。

9 月 24 日，夜，作诗《台风之夜》，后收入《蓝色的羽毛》（1954 年版）。

9 月 26 日，夜，作诗《古老的歌》，后收入《蓝色的羽毛》（1954 年版）。

9 月 30 日，夜，作诗《毛线衣》，后收入《蓝色的羽毛》（1954 年版）。

10 月 25 日，深夜，作诗《呼唤》，后收入《蓝色的羽毛》（1954 年版）。

11 月 6 日，作诗《秋天》，后收入《蓝色的羽毛》（1954 年版）。

12 月 9 日，作诗《鹅銮鼻》，后收入《天国的夜市》（1969 年版）、《余光中诗选：一九四九——一九八一》（1981 年版）。它既是一首台湾乡土诗，也是一首"台湾颂"。余光中由此开始书写台湾乡土事物。

12 月 18 日，晨，作诗《蔷薇花影》，后收入《蓝色的羽毛》（1954 年版）。

是年，继续在联络室服役，后转入兵棋室，月薪八百元。业余时开始翻译史东（欧文·斯通）（Irving Stone，1903 ～ 1989）的《梵谷传》，并为《学生英语文摘》开设了一个翻译专栏。

---

① 《文讯》第 387 期（2018 年 1 月）。

叶振辉《二○○一年五月十八日第一次访问》：我在联络官室服役，后来就转入兵棋室，当时，蒋纬国是我们第三厅的副厅长。公事不忙时，那些上校、中校等等就跟我学英文。我不忙的时候，也就在办公室翻译了整部《梵谷传》，四十万字，就是那时完成的。①

单德兴《第十位缪斯——余光中访谈录》：就只笔译，翻译公文，因为那时候还有美军顾问团，但从未口译。……而我的《梵谷传》（*Lust for Life*）就是在办公桌上翻好的。②

余光中《何以解忧？》：我译《梵谷传》，是在三十年前；三十多万字的巨著，前后译了十一个月。那是我青年时代遭受重大挫折的一段日子。动手译书之初，我身心俱疲，自觉像一条起锚远征的破船，能不能抵达彼岸，毫无把握。不久，梵谷附灵在我的身上，成了我的"第二自己"（alter ego）。我暂时抛开目前的烦恼，去担梵谷之忧，去陪他下煤矿，割耳朵，住疯人院，自杀。梵谷死了，我的"第二自己"不再附身，但是"第一自己"却解除了烦忧，恢复了宁静。那真是一大自涤，无比净化。③

单德兴《回顾台湾英美文学界——余光中教授访谈录》：……公务不忙时，我就翻译《梵谷传》（Irvine Stone, *Lust for Life*），因此那本书大半是我在办公室里翻译出来的。当时我甚至还在《学生英语文摘》上维持过一年的专栏，每个月翻一、两首英文短诗，后来我的第一本译诗集《英诗译注》收录的有不少就是那时翻译的诗。④

单德兴《守护与自持——范我存访谈录》：过了一阵，他又看到《生活杂志》介绍梵谷。开始时他并不喜欢梵谷，于是我写信给美国的表兄，请他寄点有关梵谷的资料。他就寄来两本画册和一本 *Lust for Life*（1934）（《梵谷传》），我收到后送给光中。他看完这本书后十分喜欢，就去告诉梁实秋老师，说他想翻译。梁老师说："这本书这么长，你就节译吧。"他后来跟我说："我才不要节译，要全部译，不过你要帮我抄稿。"我就答应了。……光中当翻译官时，薪水每月八百元。⑤

---

① 叶振辉主访：《让春天从高雄出发——余光中教授专访》，第19页。
② 单德兴：《却顾所来径——当代名家访谈录》，第205、188页。
③ 余光中：《记忆像铁轨一样长》，第178页。
④ 台湾《英美文学评论》第32期（2018年6月）。
⑤ 单德兴：《翻译家余光中》，第271～272、281页。

傅光明《余光中：我把自己想像成"茱萸"的孩子》：我翻译梵高得到很多启发，首先他是一个现代的大画家。我从梵高出发，对他周围的艺术家就更多地了解，所以对整个西方现代化也有一个透视，这是一种收获。梵高他是生平都很不得意，死后才为世人所器重。……他最难得的一点，就是他把全部生命像押宝一样就押在艺术上，他为艺术牺牲一切。所以他在画里常常把自己的头像后面画上一圈一圈的光轮，他在潜意识里是一个受难的耶稣。因为他的父亲和很多家人是牧师，另外一些家人是开画店的。因此，这二个因素促成他追求艺术和保有基督的仁爱，成就了梵高，所以他在生命的抉择上豁出去。……这点是了不起的。这个对我有很大的启发。就是说艺术不是玩儿票，浅尝辄止。你必须深入，必须付出很多很多来赢取真正的美。……我不敢说能有他的精神，不过至少他感召了我。①

《联合报》（2018 年 1 月 15 日）：○余光中遗作之 1/ 梦见父亲○我台大毕业后在"国防部"服役，担任编译官，月薪却有 800 元。

1954 年（甲午）　27 岁

年初，结识钟鼎文、覃子豪和夏菁。

余光中《第十七个诞辰》：我是在一九五四年年初，几乎同时认识钟鼎文，覃子豪，和夏菁的。那时正值纪弦初组现代诗社，口号很响，从者甚众，几乎三分诗坛有其二。一时子豪沉不住气，便和鼎文去厦门街看我，透露另组诗社之意。结果是一个初春（好像是三月）的晚上，我们三个人和邓禹平在郑州路夏菁的寓所，有一次聚餐。蓝星诗社就在那张餐桌上诞生。②

夏菁《完全是为了好胜——祝余光中兄八十寿辰》：一九五四年为了发起"蓝星诗社"，我和余光中才正式见面。③

夏菁《和而不同五十年——余光中和我》：一九五四年春，我们在

① 傅光明采写：《生命与创作：中国作家访谈录》，第 70～71 页。
② 余光中：《焚鹤人》，第 187 页。
③ 苏其康主编：《诗歌天保——余光中教授八十寿庆专集》，台北：九歌出版社，2008 年，第 291～292 页。

台北发起"蓝星诗社"时，因两人均住在城南，几乎天天见面。我们的新诗，在报上轮番刊出，给人以并驾齐驱的印象。我们常袖藏初稿、找到对方，相互琢磨或炫耀一番。后来隔了一条淡水河，他在厦门街老宅、我住永和镇新舍，过从还是很密。①

1月15日，《文艺月刊》在台北创刊，虞君质任主编。

2月10日，作诗《十字架》，后收入《天国的夜市》（1969年版）。

2月13日，作诗《向我的钢笔致敬》《给刘鎏》，后收入《天国的夜市》（1969年版）。

2月26日，夜，作诗《永恒》，后收入《天国的夜市》（1969年版）。

3月15日，作诗《枕畔听啼鸟》，后收入《天国的夜市》（1969年版）。

3月17日，作诗《我的小屋》，后收入《天国的夜市》（1969年版）。

3月20日，与覃子豪、夏菁、钟鼎文、邓禹平、蓉子等人在台北发起成立蓝星诗社。后来诗社又陆续吸收成员罗门、周梦蝶、张健、向明、杨牧、夐虹、黄用、吴望尧、阮囊、楚戈、邝中玉等人。到20世纪80年代，又有苦苓、罗智成、方明、天洛、赵卫民等人加入。他们出版有《蓝星诗页》《蓝星周刊》等诗刊。这是一个相对松散的具有沙龙特色的现代主义诗社。

　　余光中《蓝星诗社发展史》：至于"蓝星"这个名字，倒是子豪想出来的。那年夏天，大家经常在中山堂的露天茶座聚会，一面饮茶，一面谈诗，并传阅彼此的新作。有一天，众人苦思社名不得，子豪忽然说："就叫蓝星如何？"他也没有解释为什么要叫蓝星，大家也没有多加推敲，一时就通过了。当时各人的作品也许大半不够成熟，可是写得都很认真，也很多产，聚会的时候，常有人带新作去传观，因此很有相互激励的意味。现在回忆起来，觉得那真是一个天真而且可爱的时期，也许幼稚些，可是并不空虚。②

　　余光中《第十七个诞辰》：一开始，我们似乎就有一个默契，那就是，我们要组织的，本质上便是一个不讲组织的诗社。基于这个认识，

①　苏其康主编：《诗歌天保——余光中教授八十寿庆专集》，第295页。
②　《蓝星诗学》第24期（2007年）。

我们也就从未推选什么社长，更未通过什么大纲，宣扬什么主义。①

余光中《从古典诗到现代诗》：我认为：反传统不如利用传统。狭窄的现代诗人但见传统与现代之异，不见两者之同；但见两者之分，不见两者之合。对于传统，一位真正的现代诗人应该知道如何入而复出，出而复入，以至自由出入。②

王伟明《回到壮丽的光中——余光中答客问》：至于蓝星诗社的同仁习于单枪匹马而少见互相助阵，害处是"党性"不足，缺乏后台掌声，但益处是自力更生，君子和而不同，便于"孤蓬万里征"。诗社同仁相互标榜，"义薄云天"，或能一时气盛，似乎有助团结，但是不能持久，更难赢得文坛公认。蓝星前期的杰出诗人逐渐为人淡忘，多因减产甚至停笔之故，颇为可惜。世纪将尽，场景更迭，若要传后，不可投笔。③

丁宗皓《在传统与现代之间——余光中先生访谈录》：当时成立"蓝星"诗社只有一个想法，那就是反传统。其实那时还有一个心理，就是反现实甚至反当局的文艺政策。那时，政府让人们必须写一些健康的写意的东西。在台湾的那么个小岛上，诗人们很容易想到一些文学上的主义和派别。于是我们采取了反叛的策略，走上了西化之路。……当然，后来我们就分析传统了。④

向明《蓝星的精神领袖：余光中》：发展初期即有认同此一比较保守稳重的诗观的诗人相继加入，如蓉子、罗门、黄用、吴望尧、吴宏一、周梦蝶、张健、阮囊、商略、夐虹、方莘、王宪阳及我等少数由覃子豪老师带领的文艺函授诗歌班学生。所谓加入并非必须遵守什么信条或公约，且蓝星组社时即曾决定为一个不讲组织的诗社，凭各人的自由意志兴趣选择参加，以作品为身份证明，凡作品能登上《蓝星》诗刊便算是蓝星的一员，而且自由出入，绝对尊重各人意愿。……然而这样自律的后果是蓝星的延续发生了问题，没有培植接班人，老人日渐凋零，使得诗刊无法办下去。由于自律，同仁间不互相标榜扶

① 余光中：《焚鹤人》，第 187 页。
② 余光中：《掌上雨》，第 189 页。
③ 王伟明：《诗人诗事》，香港：诗双月刊出版社，1999 年，第 231 页。
④ 《当代作家评论》1997 年第 6 期。

植，使得青年诗人对加入蓝星兴趣缺缺，有人戏言所谓"蓝星无后"是其副作用。①

3月9日，《幼狮文艺》在台北创刊，痖弦任主编。

4月14日，夜，作诗《回忆》，后收入《天国的夜市》（1969年版）。

4月19日，作诗《自由的卫士——拜伦逝世百三十周年纪念》，后收入《天国的夜市》（1969年版）。

4月25日，作诗《我不再哭泣》，后收入《天国的夜市》（1969年版）。该诗模仿拜伦的《那么我们再也不要去游荡》（"So We'll Go No More A-Roving"）。

> 游社煖《余光中的创作道路》：后者差不多对着前者改写出来的。……拜伦的诗，即使经过不十分精确的翻译，依然能表现爱侣倦游分手前刹那间的心境，承接紧凑，而且多少带一点哲学意味。余光中竟代之以毫无背景甚至无缘无故的"过深的伤痕"和许多滥情、滥调。②

4月27日，夜，作诗《女高音》，后收入《天国的夜市》（1969年版）、《余光中诗选：一九四九——一九八一》（1981年版）。

5月1日，作诗《逼视》，后收入《天国的夜市》（1969年版）。

5月3日，作诗《给寂寞》《听钢琴有忆》，后收入《天国的夜市》（1969年版）。

5月4日，作诗《宇宙观》，后收入《天国的夜市》（1969年版）。

5月5日，作诗《批评家》，后收入《天国的夜市》（1969年版）等。

5月6日，作诗《我不再恐慌》《杰作的产生》，后收入《天国的夜市》（1969年版）。

5月8日，《夜归》，后收入《天国的夜市》（1969年版）。

5月14日，作诗《新月与孤星》，后收入《天国的夜市》（1969年版）、《余光中诗选：一九四九——一九八一》（1981年版）。

5月16日，作诗《给惠特曼——Walt Whitman诞生百卅五周年纪念》，刊6月1日《自由中国》第10卷第11期；后收入《天国的夜市》（1969年版）、《余光中诗选：一九四九——一九八一》（1981年版）、《风筝怨》

---

① 《文讯》第387期（2018年1月）。
② 《抖擞》第2期（1974年3月）。

（2017 年版）等。

5 月 17 日，作诗《孤荧》，后收入《天国的夜市》（1969 年版）。

5 月 20 日，作诗《项圈》，后收入《天国的夜市》（1969 年版）、《余光中诗选：一九四九——一九八一》（1981 年版）、《余光中幽默诗选》（2008 年版）。

> 余光中《余光中诗选：一九四九——一九八一·剖出年轮三十三——代自序》：我在《项圈》一诗中就用过两只狗的对话，来讽刺崇美拜金的时尚，那时候，这种主题的作品在文坛上尚称罕见。不过这么露骨而粗糙的"社会诗"，实在不算好诗，我在浅尝之后也就放手了。①

5 月 22 日，作诗《如果》，后收入《天国的夜市》（1969 年版）。

5 月 23 日，作诗《雕像》《钢琴演奏会》，后收入《天国的夜市》（1969 年版）。

5 月 26 日，作诗《偶像》，后收入《天国的夜市》（1969 年版）。

6 月 8 日，作诗《错字》，后收入《天国的夜市》（1969 年版）。

6 月 17 日，与覃子豪主编的《蓝星周刊》创刊。每周四出版，4 开，系《公论报》副刊，共计 211 期，至 1958 年 8 月 29 日休刊。第 1 至 60 期由覃子豪主编，第 60 期起由余光中主编。

> 《发刊词》：……我们的作品不要和时代脱节，太落伍，会被时代的读者所扬弃，太"超越"，会和现实游离。我们不写昨天写过的诗，不写明日幻想的诗，要写今日生活的诗。我们要扬弃那些陈旧的内容与装腔作势的调子。要创造现实生活的内容和能表现这种内容的新形式新风格。

> 向明《蓝星的精神领袖：余光中》：蓝星创办初期，由覃子豪先生在当时的《公论报》副刊商借得一约三批宽的版面，于一九五四年六月十七日创刊《蓝星周刊》，是为蓝星诗社成立的首发刊物。由于在组社的当时即曾决定刊物的编辑采轮流方式，因此《蓝星周刊》既系由覃子豪取得的发表园地，自然由他任主编。②

---

① 《联合报》（1981 年 8 月 22 日）。
② 李瑞腾主编：《听我胸中的烈火——余光中教授纪念文集》，第 22 ～ 23 页。

6月20日，作诗《希望》，后收入《天国的夜市》（1969年版）。

7月4日，作诗《午寐》，后收入《天国的夜市》（1969年版）。

8月26日，作诗《我的眼睛》，后收入《天国的夜市》（1969年版）。

8月，作诗《记忆》，后收入《天国的夜市》（1969年版）。

10月10日，创世纪诗社在高雄左营成立，发起创办人是号称创世纪"三驾车"的张默、洛夫、痖弦，主要成员有商禽、季红、辛郁、叶维廉、大荒、朵思、叶珊（杨牧）、渡也、蓝菱、古月、张汉良、汪启疆、罗英等。同日，《创世纪》诗刊创刊，最初由张默主持。创刊号刊登《创世纪的路向》一文，主张：第一，确立新诗的民族阵线，掀起新诗的时代思潮；第二，建立钢铁般的诗阵营，切忌互相攻讦制造派系；第三，提携青年诗人，彻底肃清赤色黄色流毒。经过西化、回归和多次编委改组，创世纪诗社发展成为台湾现代派规模最大、最有实力的诗社。自此，台湾诗坛在20世纪50年代形成了三社/刊鼎立、群雄并起的局面。

10月17日，作诗《初别》，后收入《天国的夜市》（1969年版）。

10月18日，作诗《咪咪的眼睛》，后收入《天国的夜市》（1969年版）、《风筝怨》（2017年版）等。

10月27日，作诗《离别》，后收入《天国的夜市》（1969年版）。

10月29日，作诗《别后》，后收入《天国的夜市》（1969年版）。

10月，第二本诗集《蓝色的羽毛》，由台北蓝星诗社出版，收入"蓝星诗丛"。本书收入1952～1953年创作于台湾的诗歌。全书分两辑，收录《沉默》《海之恋》《夜别》《信徒之歌》等41首诗歌。有后记《谁为我掀开了缪思的面纱？》（1954年10月写于台北）。

余光中《后记》：这是我继《舟子的悲歌》后出版的第二本诗集，包括一九五二年、一九五三年两年的作品，共四十三首【按：收入本书实为四十一首】；其中少数曾刊于《新生文艺》、"中国文艺"及《幼狮》，余均陆续发表于"中央副刊"。至于一九五四年的近作，迄今已有四十余篇，拟于明年春天再出一本专集。……

自从《舟子的悲歌》出版迄今，已有两年半了。在此两年半中，我变了很多。唯一不变的是我对于新诗的兴趣和信心：我无日不读英诗，而创作和翻译则始终未曾间断。在英诗方面，我的兴趣渐由十九世纪转入二十世纪：豪斯曼（A. E. Housman），佛洛斯特（R. Frost），欧文（W. Owen）和女诗人狄更生（E. Dickinson），怀利夫人（Elinor Wylie），米蕾（Edna St. Vincent Millay）等的手指一次又一次地为我揭开了缪思的面纱，让我窥探到新的美。

我坚信中国的新诗一定会有光荣的未来。目前我们最好的作品，比之欧美诗人的诗篇，并无若何逊色，我们没有自卑的理由。梁实秋先生说目前台湾的新诗要比中国以往的新诗进步得多，这是多么令人兴奋的事情！数十年内，中国将会涌现一群伟大的诗人，其盛况将可比美盛唐，其光辉将可照耀千古！让我们为他们开路！

光中　一九五四年十月于台北 [①]

12 月 9 日，作诗《别时》，后收入《天国的夜市》（1969 年版）。

12 月，写评论《梵谷——现代艺术的殉道者》，后收入《左手的缪思》（1963 年版）。

是年，取得台湾大学毕业文凭。

单德兴《回顾台湾英美文学界——余光中教授访谈录》：好像台大的规定跟我在金陵大学的学制不一样，所以出现了一个误差。当时我已经做翻译官了，不能老是去听课，所以我就跟台静农说，我恐怕不能老来听课，不过我来考试行不行？台静农当然不大高兴，当时不置可否，最后就勉强给我六十分。[②]

是年，陈膺文（1954～　）生，台湾花莲人。笔名陈黎，当代诗人。

1955 年（乙未）　28 岁

1 月 1 日至 11 月 24 日，翻译《梵谷传》，译文由范我存誊写在有格稿纸上，连载于《大华晚报》。1956 年 10 月、1957 年 3 月，该书由重光文艺出版社分上、下册出版。该书的翻译对于青年余光中的心灵产生了净化作用。此后，他还写了四首诗：《星光夜》《荷兰吊桥》和《向日葵》两首。1990 年，适逢梵谷逝世百年纪念，余光中又偕妻女赴荷兰观赏百年大展，凭吊梵谷兄弟之墓，并写三篇长文以为记：《破画欲出的淋漓元气》《梵谷

---

① 余光中：《余光中集》第一卷，天津：百花文艺出版社，2004 年，第 107 页。

② 台湾《英美文学评论》第 32 期（2018 年 6 月）。

的向日葵》《壮丽的祭典》。

  余光中《壮丽的祭典》：初译《梵谷传》的那年，我自己还是惨绿少年，无论身心，都正陷入苦恼的困境。但是译动了头之后，有所寄托，心境渐趋安定，久而至于澄明，甚至身体也奇妙地恢复了康泰。面对着"红头疯子"坎坷的一生，我的小灾难消失在他的大劫之中，像一星泡沫卷入了一盘旋涡，随其浮沉。译到梵谷自杀的时候，译者却反而得救了。①

  余光中《从古典诗到现代诗》：先是，一九五五年全年，我在《大华晚报》上连载译出史东的《梵谷传》(*Lust for Life*)，深深受到梵谷那种为艺术殉道且热爱生命，勇于生活的精神的感召。……译完了《梵谷传》，我的美学观念起了重大的变化。我重新为美下定义，且重新规划美丑的界限。②

  3月31日，作诗《归吻》，5月16日刊《自由中国》第12卷第10期；后收入《天国的夜市》(1969年版)。

  5月23日，马敏娥发表《台湾诗人余光中〈蓝色的羽毛〉简介》，刊《香港时报》。

  6月5日，作诗《云》，8月16日刊《自由中国》第13卷第4期；后收入《天国的夜市》(1969年版)、《风筝怨》(2017年版)等。

  6月16日，作诗《给某批评家》，后收入《天国的夜市》(1969年版)。

  6月25日，作诗《邮票》，后收入《天国的夜市》(1969年版)、《余光中诗选：一九四九——一九八一》(1981年版)。

  8月12日，作诗《讽刺诗》，后收入《天国的夜市》(1969年版)。

  8月21日，作诗《诗人和花贩：给夏菁》，后收入《天国的夜市》(1969年版)、《余光中诗选》(2008年版)。

  8月26日，作诗《山雾》，后收入《天国的夜市》(1969年版)。

  9月7日，作诗《雾》，后收入《天国的夜市》(1969年版)、《风筝怨》(2017年版)等。

  9月29日，作诗《饮一八四二年的葡萄酒》，后收入《余光中诗选：

---

① 余光中：《从徐霞客到梵谷》，台北：九歌出版社，1994年，第192～193页。
② 余光中：《掌上雨》，第180～181页。

一九四九——一九八一》（1981 年版）、《余光中六十年诗选》（2008 年版）。

余光中"注"：晚春某夜，偕夏菁往谒梁实秋先生。言谈甚欢，主人以酒餐客。余畏白兰地味烈，梁公乃启所藏一八四二年葡萄酒饮予。酒味芳醇，古意盎然，遂有感赋此。

游社煖《余光中的创作道路》：当时，他真正强烈的情思，是对于西方的无限向往。写于一九五五年秋的《饮一八四二年葡萄酒》，倒是真情流露，是早期的代表作。……确然，余光中当时所拥有的，乃通过梁实秋等早期西洋文学取经者沾来的浪漫主义余温而已。……这些诗只表现了对西方的倾心和一些零碎而幼稚的意念，是不堪玩味的作品。[①]

11 月 10 日，作诗《灵魂的触须》《你的生日》，后收入《天国的夜市》（1969 年版）。

12 月 1 日，发表诗歌《饮一八四二年葡萄酒》，刊《自由中国》第 13 卷第 11 期。

12 月 26 日，作诗《当寂寞来袭时》，后收入《天国的夜市》（1969 年版）、《风筝怨》（2017 年版）等。

是年，退役。

是年，诗歌创造开始走向"现代"。此一时期的作品多集中在《钟乳石》（1960 年版）中。

余光中《从古典诗到现代诗》：我正着力翻译美国女诗人狄瑾荪【按：现通译狄金森】的诗，更欣赏到她那种神秘而集中的表现手法，以及突出而跃动的意象。……在这种综合的灵感下，我的现代化开始了。……另一间接的亦正亦反的因素来自当时诗坛的论战。先是《联合报》上有人写一连串批评的文章，我也是受攻击的目标之一。尽管其人骂得并不很对，却使我警惕了起来。[②]

---

① 《抖擞》第 2 期（1974 年 3 月）。
② 余光中：《掌上雨》，第 181～182 页。

1956 年（丙申）　29 岁

1月16日，"现代派"诗人第一届年会在台北市民众团体活动中心举行，现代派宣告正式成立。发起人为纪弦，并有9人筹备委员会协助，包括叶泥、郑愁予、罗行、杨允达、林泠、小英、季红、林亨泰、纪弦。第一次加盟人数共83人，后来发展至115人。他们的口号是"领导新诗再革命，推行新诗的现代化"。他们举行成立纪念大会，热烈非常。纪弦将《现代诗》诗刊变成"现代派"社刊，加印"同仁杂志"字样，并发表《现代派公告》第一号、第二号，公布"六大信条"。

1月27日，夜，写散文《莎翁非马洛》，后收入《左手的缪思》（1963年版）。

3月30日，作诗《你是那虹》，后收入《天国的夜市》（1969年版）。

4月3日，作诗《现实》，后收入《天国的夜市》（1969年版）。

4月16日，发表《诗二首》（含《你是那虹》《冬》），刊《自由中国》；后收入《天国的夜市》（1969年版）。

4月25日，作诗《巨鹰之影》，后收入《天国的夜市》（1969年版）。

4月26日，作诗《白发》，后收入《天国的夜市》（1969年版）、《余光中六十年诗选》（2008年版）。

4月，发表诗歌《春眺》，刊《幼狮文艺》第4卷第3期。

6月22日，汪国真出生于北京。祖籍福建厦门。当代诗人、书画家。

> 丁宗皓《在传统与现代之间——余光中先生访谈录》：在大陆，汪国真的诗集销得好，但与价值不成正比，因而是个例外。……我不能说这是一个没有诗的时代，诗人不该去写汪国真那样的诗，应写严肃的认真的诗，而对社会来说屈原、李白、杜甫、陶渊明的诗从来就有人读。[①]

6月28日，作诗《暮立》，后收入《天国的夜市》（1969年版）。

6月，纪弦发表《现代派六大信条》，刊台北《现代诗》第13期。其中第二条提出"新诗乃是横的移植，而非纵的继承"，颇引起异议，引发

---

① 《当代作家评论》1997年第6期。

纪弦称之为"现代主义论战"（1957 ～ 1958）的争辩。

　　余光中《第十七个诞辰》：我们的结合是针对纪弦的一个"反动"。纪弦要移植西洋的现代诗到中国的土壤上来，我们非常反对。我们虽不以直承中国诗的传统为己任，可是也不愿意贸然作所谓"横的移植"。纪弦要打倒抒情，而以主知为创作的原则，我们的作风则倾向抒情。[1]

9 月 2 日，与范我存在新生南路卫理教堂举行婚礼，并在中山堂摆设 15 桌喜宴，前来祝贺的宾客包括梁实秋、夏济安、蓝星诗社的诗友及余光中的同学。[2]

　　叶振辉《二〇〇一年五月十八日第一次访问》：我一九五六年结婚。[3]

9 月 25 日，作诗《初秋》，后收入《天国的夜市》（1969 年版）。

9 月 27 日，作诗《失乐园》，后收入《天国的夜市》（1969 年版）。

9 月 29 日，作诗《天国的夜市》，后收入《天国的夜市》（1969 年版）。

9 月 30 日，夏济安、夏志清、吴鲁芹等在台北创办《文学杂志》。创刊号上有余光中翻译艾略特著《论自由诗》。自第 1 卷第 2 期始由余光中出任新诗栏编辑。

　　夏济安《致读者》：我们希望：读者读完本期本刊之后，能够认为这本杂志还称得上是一本"文学杂志"。……我们不想在文坛上标新立异，我们只想脚踏实地，用心写几篇好文章……我们虽然身处动乱时代，我们希望我们的文章并不"动乱"。我们所提倡的是朴实、理智、冷静的作风。我们不想逃避现实……我们不想提倡"为艺术而艺术"……我们反对煽动文学。我们认为：宣传作品中固然可能有好文学，文学可不尽是宣传，文学有它千古不灭的价值在。我们反对舞文弄墨，我们反对颠倒黑白，我们反对指鹿为马。我们并非不讲求文字的美丽，不过我们觉得更重要的是：让我们说老实话。……孔子的道理，在很多地方，将要是我们的南针。因为我们向往孔子的开明的、合理的、慕道的、非常认真可是又不失其幽默感的作风。[4]

---

① 　余光中：《焚鹤人》，第 187 页。
② 　杨兴文：《余光中与范我存：真情演绎钻石婚》，《海东时报》（2019 年 2 月 19 日）。
③ 　叶振辉主访：《让春天从高雄出发——余光中教授专访》，第 20 页。
④ 　《文学杂志》第 1 卷第 1 期（1956 年）。

余光中《夏济安的背影》：整体看来，这本杂志的功架颇为"学院派"，简直有点"京派"，但是几位中坚人物如夏济安、吴鲁芹、林以亮（宋淇）又都出身上海学府，乃另有"沪派"风格。①

张志国《台湾现代主义"学院诗"的兴发——论〈文学杂志〉之于台湾现代诗场域的建构意义》：《文学杂志》共出版 8 卷，总计 48 期，其中诗歌版在刊物整体布局中占有重要位置。……自第 1 卷第 2 期始由余光中出任新诗栏的编辑："杂志创刊不久，林以亮即来信反映：刊登的诗作其中一、二首不甚好。包括夏济安以及编辑顾问吴鲁芹，都自谦不懂新诗，自此以后，便把收到的诗稿完全交给余光中过目，并决定取舍。"②

《痖弦回忆录》：夏济安、夏志清、吴鲁芹这些台大的老师辈学者办的是《文学杂志》——他们当初想继承朱光潜编的《文学杂志》，只是不便明说，因为朱在大陆，情况不明，不方便提。他们请余光中看诗稿。我投稿时，有时就直接寄给余先生。我的很多诗是经余先生选中才得以发表的。当时发表得比较密集，也有了些小名气。③

王伟明《回到壮丽的光中——余光中答客问》：早年我还主编过《文学杂志》及《现代文学》的诗部分。我选诗的原则是：一首好诗当然追求创新，但徒有新意而笔力不到，只落得硬写生造，仍不成功。最理想的诗应为深入浅出，其次为深入深出。若始终浅入浅出，必然意薄笔露，陋不足观。若浅入深出，必然故弄玄虚，以文鄙陋，误己误人，莫此为甚。理想的诗刊编辑不但诗学精湛，能识诗论诗评之高下，而且慧眼独具，能觇新作之得失，新人之厚薄。④

10 月 2 日，作诗《腐儒》《方向》，后收入《天国的夜市》（1969 年版）。

10 月 20 日，发表《初秋杂咏》，刊《文学杂志》第 1 卷第 2 期。

12 月 18 日，黄庆绮（1956～）生，台湾台北人。笔名夏宇、李格弟、童大龙，当代诗人、散文家、剧作家。

是年，作诗《贵族日记》，后收入《钟乳石》（1960 年版）。诗中自称

---

① 《联合报》（2003 年 6 月 21 日）。

② 《江汉大学学报（人文科学版）》2009 年第 2 期。

③ 痖弦口述：《痖弦回忆录》，南京：江苏凤凰文艺出版社，2019 年，第 145 页。

④ 王伟明：《诗人诗事》，第 231 页。

是 "一个来自幸福王国的亡命贵族"。①

是年，应夏济安先生之邀，在东吴大学开始兼课。

叶振辉《二〇〇一年五月十八日第一次访问》：大概结婚以后才来高雄，当时，我先到东吴大学兼课。②

单德兴《守护与自持——范我存访谈录》：退役后，夏济安老师便邀他去东吴大学代课。③

单德兴《回顾台湾英美文学界——余光中教授访谈录》：夏济安在东吴大学兼课忙不过来，叫我去代他，因此我一开始教大学是在东吴大学兼课。东吴的课兼了一学期，教的是很离奇的一本书：辜鸿铭翻译的《中庸》，他翻成 *The Conduct of Life*，我备课备得很辛苦。当时蒋经国的女儿也在我班上。④

是年，个人诗风开始发生变化。

余光中《从古典诗到现代诗》：早期的诗，大半是传统的抒情小品，清新娱人，步五四之后尘，继 "骑士诗人" 之余绪，亦即艾略特评叶慈早期作品时所谓的 "宜于诗选的小品"（anthology pieces）。这种情形一直维持到一九五六年，才渐渐开始新的变化。没有经过这种变化，我的作品不会现代化起来。这是我创作生命上极重要的一个转捩点，然而其原因是相当复杂的。⑤

1957 年（丁酉）　30 岁

1 月 1 日，宜兰版《蓝星》月刊创刊，覃子豪主编，25 开，共出 7 期。同日，台湾《今日诗刊》创刊，左曙萍任主编。

1 月 20 日，发表诗歌《跳高者》《美》《声名》，刊《文学杂志》第 1 卷第 5 期。

1 月，流沙河参与创办《星星诗刊》，并发表散文诗《草木篇》，由此

① 余光中：《钟乳石》，香港：中外画报社，1960 年，第 71 ~ 72 页。
② 叶振辉主访：《让春天从高雄出发——余光中教授专访》，第 20 页。
③ 单德兴：《翻译家余光中》，第 273 页。
④ 台湾《英美文学评论》第 32 期（2018 年 6 月）。
⑤ 余光中：《掌上雨》，第 180 页。

被诗界、文学界瞩目。

2月20日，发表评论《论自由诗歌（艾略特）》，刊《文学杂志》第1卷第6期。

3月16日，发表诗歌《二月之夜》，刊《自由中国》第16卷第6期。

4月1日，作诗《黎明》，刊6月20日《文学杂志》第2卷第4期；后收入《钟乳石》（1960年版）。

4月10日，作诗《四月》，后收入《钟乳石》（1960年版）。

4月11日，作诗《怯》《世纪的梦》，后收入《钟乳石》（1960年版）。

4月13日，作诗《病室》后，收入《钟乳石》（1960年版）。

4月15日，作诗《凌晨》《诗人》，后收入《钟乳石》（1960年版）。

4月16日，作诗《空宅》，后收入《钟乳石》（1960年版）。

同日，发表诗歌《仰望》，刊《自由中国》第16卷第8期。

4月18日，作诗《创造》，后收入《钟乳石》（1960年版）。

4月19日，作诗《火星大使的演说》，后收入《钟乳石》（1960年版）。

4月20日，发表《三重奏》《鹰》，刊《文学杂志》第2卷第2期。

4月24日，作诗《午寐》，后收入《钟乳石》（1960年版）。

5月16日，发表诗歌《诗二首》（含《贝壳》《四月》），刊《自由中国》第16卷第10期；后者收入《钟乳石》（1960年版）。

6月20日，发表诗歌《黎明》《听》，刊《文学杂志》第2卷第4期。

7月9日，作诗《星之葬》，后收入《钟乳石》（1960年版）。

7月14日，与蓝星诗人夏菁、吴望尧、黄用聚于台北厦门街家中。[①]

> 余光中《记忆像铁轨一样长》：在台北，三十年来我一直以厦门街为家。现在的汀州路二十年前是一条窄轨铁路，小火车可通新店。[②]
>
> 余光中《从古典诗到现代诗》：然后是一九五六——一九五七年的现代化运动的全盛期，许多优秀的新人陆续出现。现在我仍清晰地记得，自己如何一个接一个地认识了夏菁、吴望尧、黄用，以及他们周末在我厦门街的寓所谈诗（或者争吵）的情形。我一面编《蓝星周刊》与《文学》《文星》的诗，一面投入这现代化的主流，其结果是《钟乳石》

---

① 据高雄中山大学余光中数位文学馆"余光中私家纪念之二百零四"。

② 《幼狮少年》第95期（1984年9月）。

中那些过渡时期的作品。①

7 月 20 日，发表诗歌《星之葬》《蕈状云》《诗人》，刊《文学杂志》第 2 卷第 5 期。

7 月 26 日，作诗《浮雕集》，刊 9 月 20 日《文学杂志》第 3 卷第 1 期；后收入《钟乳石》（1960 年版）。

8 月 1 日，发表诗歌《病室》，刊《自由中国》第 17 卷第 3 期。

8 月 7 日，夜，作诗《斗牛士》，后收入《钟乳石》（1960 年版）。

8 月 9 日，从覃子豪手中接编《蓝星周刊》第 161 期，直至 1958 年 8 月 29 日第 211 期停刊。该刊于 1954 年 6 月 17 日创刊，每周四或周五刊发一次，覃子豪主编至第 160 期。创刊号有覃子豪的《新诗向何处去？》，提出中国新诗的"六项原则"，与纪弦的"六大信条"针锋相对。此后，纪弦在《现代诗》第 19、20 期发表了两篇回应文章：《从现代主义到新现代主义》和《对于所谓六原则之批评》，覃、纪之间于是形成现代派与蓝星两社之间的"现代主义论战"。次年，覃子豪又在《笔汇》第 21 号发表《关于新现代主义》，纪弦则在《笔汇》第 24 号回之以《两个事实》。除覃、纪之外，现代派与蓝星双方加入论战的还有林亨泰、黄用、罗门与余光中。

　　夏菁《完全是为了好胜——祝余光中兄八十寿辰》：他在一九五七年二十九岁时，就主编《文学杂志》《文星》《蓝星周刊》的诗，以及出版《梵谷传》和《老人和大海》的中译本。②

8 月 12 日，午，作诗《羿射九日》，后收入《钟乳石》（1960 年版）。诗人自比后羿，在"凤凰已焚化，麒麟已渴死"的时代，扮演反抗者，不畏天谴射下九日，对第十个太阳狂呼。

8 月 13 日，作诗《字纸篓》，后收入《钟乳石》（1960 年版）。

8 月 20 日，《蓝星诗选》创刊，覃子豪主编。这是一本丛刊式的刊物，共出 2 期，20 开，10 月 25 日停刊。该刊非常注重诗创作，它用了一半篇幅发表包括余光中、夏菁、郑愁予、蓉子、白萩、罗门等十八家的诗作凡数十首。除了覃子豪的《新诗向何处去？》外，它还有翻译的创作、理论、诗人介绍、国际诗坛动态等栏目，是一本内容非常充实的诗刊【按：与

---

① 　余光中：《掌上雨》，第 182 页。
② 　苏其康主编：《诗歌天保——余光中教授八十寿庆专集》，第 292 页。

1986 年的诗选不同 】。

8 月 24 日，作诗《赠斯义桂》，后收入《钟乳石》（1960 年版）。

8 月 29 日，作诗《爬山者》，后收入《钟乳石》（1960 年版）。

8 月，台湾"中国诗人联谊会"正式成立。推选钟雷、上官予、纪弦、覃子豪为常务委员，彭邦桢、方思、余光中、宋膺、亚汀、夏菁、痖弦、葛贤宁、李莎等为会务委员，积极推进会务。

9 月 7 日，作诗《蠹鱼的自传》，后收入《钟乳石》（1960 年版）。

9 月 9 日，作诗《自三十七度出发》，后收入《钟乳石》（1960 年版）、《风筝怨》（2017 年版）。

同日，作诗《空葬》，后收入《钟乳石》（1960 年版）。

9 月 10 日，作诗《南极》，后收入《钟乳石》（1960 年版）。

9 月 15 日，作诗《海妻》，后收入《钟乳石》（1960 年版）。

10 月 4 日，发表译论《关于译诗》，刊《公论报》。

10 月 14 日，夏济安致信夏志清，其中提到余光中。略云：

> 《文学杂志》另外一位 contributor 余光中是台大毕业生，他恐怕是台湾对于英美诗少数有研究的人之一，现在俨然是台湾第一诗人了。他写的诗我不大佩服，但是译诗很好，可惜你没有见过。[①]

11 月 20 日，发表《从包法利夫人谈到福楼拜的艺术》，刊《文学杂志》第 3 卷第 3 期，署名"林光中"。

11 月 22 日，作诗《小阳春》，后收入《钟乳石》（1960 年版）。

11 月，《文星》（Apollo）杂志创刊于台北，社长萧能，后由李敖主编。最初宗旨是"启发智慧并供给知识"，内容以"生活的、文学的、艺术的"为重点。自第 25 期开始，将"文学"改为"思想"，内容以"思想的、生活的、艺术的"为主。该刊试图发展现代精神，现代艺术、现代诗、小说的评论，现代音乐、绘画的介绍都围绕于此展开。它最早提出台湾要全盘西化，与胡秋原的《中华杂志》展开中西文化论战。创刊号有余光中的诗歌《雕刻家》。

11 月，发表诗歌《马拉松》，刊《文坛》第 1 期。

---

① 王洞主编，季进编：《夏志清夏济安书信集：卷三》，上海：上海人民出版社，2019 年，第 320 页。

11 月，覃子豪的诗论集《诗的解剖》，由蓝星诗刊出版，此为台湾第一部诗论集。

12 月 20 日，发表《火星大使的演说》《空宅》，刊《文学杂志》第 3 卷第 4 期；后收入《钟乳石》（1960 年版）。

12 月 26 日，夜，作诗《杞人的悲歌》，后收入《钟乳石》（1960 年版）。

12 月，翻译海明威著《老人和大海》（*The Old Man and the Sea*），由台北重光文艺出版社印行，书前有译者序，封面署"海明威著、余光中译"，并有渔夫驾小舟与马林鱼奋战的插图。2010 年南京译林出版社重新出版，易名为《老人与海》。

是年，在台湾师范大学兼课，教授大一英文。同事中尚有一些神父。

> 单德兴《回顾台湾英美文学界——余光中教授访谈录》：倒是后来我在师大教书的时候，我的同事是傅良圃神父（Rev. Fred Foley）这一班人，而且 Father Deeney（李达三神父，John J. Deeney）直接介入我们年轻这一代的现代文学运动。[①]

是年，主编《蓝星周刊》及《文学杂志》诗的部分。

是年，翻译欧文·斯通著《梵谷传》（*Lust for Life: The Story of Vincent van Gogh*），由台北重光文艺出版社出版。1978 年大地出版社再版；2009 年九歌出版社新版。

1958 年（戊戌）　31 岁

1 月 2 日，作诗《流浪人》，后收入《钟乳石》（1960 年版）。

1 月 11 日，夜，作诗《一月之夜》，后收入《钟乳石》（1960 年版）。

1 月，发表《死刑》，刊《文星》第 1 卷第 3 期。

2 月 11 日至 3 月 7 日，分 19 天连载所译毛姆（William Somerset Maugham）的《书袋》（"The Book-bag"），刊《联合报》副刊。署"余光中译"。该文译自《阿金：六篇故事》（*Ah King: Six Stories*. London: Heinemann, 1933）。该作后来未出单行本。

3 月 4 日，与痖弦、彭邦桢、洛夫在左营军中广播电台门口摄影留念。

[①]　台湾《英美文学评论》第 32 期（2018 年 6 月）。

3月5日，作诗《金鱅——赠痖弦及洛夫》，后收入《钟乳石》（1960年版）。

3月13日，作诗《西螺大桥》，后收入《钟乳石》（1960年版）。

> 余光中"附注"：三月七日与夏菁同车北返，将渡西螺大桥，停车摄影多帧。守桥警员向我借望远镜窥望桥的彼端良久，且说："守桥这么久，一直还不知道那一头是甚么样子呢！"

3月18日，作诗《安全岛上》，后收入《钟乳石》（1960年版）。

3月，针对当时文坛"逃避现实"的倾向以及学院诗自闭自守、故步自封的习性，《文学杂志》诗歌编辑适当地调整指导方针，在题材上更加贴近社会现实生活，语言上增强口语化，艺术思维上突出想象力与创造性。第4卷1期大篇幅介绍佛洛斯特（Robert Frost）和韦利夫人（Elinor Hoyt Wylie），登有余光中译《诗的譬喻》，梁实秋、余光中、夏菁译《佛洛斯特诗选》，林以亮作《韦利夫人的生平与著作》，林以亮译《韦利夫人诗选》。

4月，发表散文《论新诗的大众化》，刊《文星》第1卷第6期。

4月，发表诗歌《西螺大桥》，刊《创世纪》诗刊第10号。

5月1日，发表诗歌《圣灵的晨歌（Conard Aiken）》，刊《自由中国》第18卷第9期。

5月4日，胡适应台湾"中国文艺协会"之邀，演讲《中国文艺复兴、人的文学、自由的文学》，主张恢复"五四"革命精神，把"人的文学"和"自由的文学"作为其所希望的文学的两个标准。这两个标准成为进步文人所努力的方向。

5月6日，晨，作诗《钟乳石》，后收入《钟乳石》（1960年版）。

5月7日，作诗《金谷园里》，后收入《钟乳石》（1960年版）。

5月8日，晨，作诗《音乐季后》，后收入《钟乳石》（1960年版）。

5月20日，发表《爱伦坡的生平与作品》，刊《文学杂志》第4卷第3期。

5月，翻译美国爱德加·爱伦·坡（Edgar Allan Poe）的诗歌《安娜贝尔丽》，刊《文星》第2卷第1期。

6月10日，长女珊珊生。名字取自"姗姗来迟"。当时余母孙秀君重病入院，孙女出生后，无法将幼婴抱去给老太太看，余母来不及见孙女

一面即抱憾离世，故取名珊珊。【按：四个女儿分别叫珊珊、幼珊、佩珊、季珊，整个可以连成一排珊瑚礁。】

　　叶振辉《二〇〇一年五月十八日第一次访问》：一九五八年六月间，范我存产下了长女，就是余幼珊的姊姊，余珊珊。①

　　余光中《从古典诗到现代诗》：新生命中的"她"是敏感的动物与精致的灵魂，她的敏感刺激了我的敏感。在这种综合的灵感下，我的现代化开始了。②

6 月，撰《简介四位诗人》，刊 6 月 20 日《文学杂志》第 4 卷第 4 期；后收入《左手的缪思》（1963 年版）。

6 月至 7 月间，拜访梁实秋，并获推荐去美国留学。

　　余光中《文章与前额并高》：我初入师大（那时还是师范学院）教大一英文，一年将满，又偕夏菁去云和街看梁先生。谈笑及半，他忽然问我："送你去美国读一趟书，你去吗？"那年我已三十，一半书呆，一半诗迷，几乎尚未阅世，更不论乘飞机出国。对此一问，我真是惊多喜少。回家和我存讨论，她是惊少而喜多，马上说："当然去！"这一来，里应外合势成。加上社会压力日增，父亲在晚餐桌上总是有意无意地报导："某伯伯家的老三也出国了！"我知道偏安之日已经不久。果然三个月后，我便文化充军，去了秋色满地的爱奥华城。③

7 月 4 日，母孙秀君因肠癌病逝于台北，享年 53 岁。余光中在哀伤和混乱中办完母亲的后事，含泪写下《招魂的短笛》。对于早逝的母亲，余光中怀着永恒的哀思。母亲去世后，岳母迁来同住，主持家中琐务。

　　叶振辉《二〇〇一年五月十八日第一次访问》：第一个女孩生下后，不到一个月，我母亲抵不住癌细胞的侵蚀，病逝于台大医院。④

　　余光中《假如我有九条命》：她［岳母］原是我的姨母，家母亡故以来。她便迁来同住，主持失去了主妇之家的琐务，对我的殷殷照

---

①　叶振辉主访：《让春天从高雄出发——余光中教授专访》，第 20 页。

②　余光中：《掌上雨》，第 181 页。

③　余光中：《隔水呼渡》，第 266 ～ 267 页。

④　叶振辉主访：《让春天从高雄出发——余光中教授专访》，第 20 页。

拂，情如半母，使我常常感念天无绝人之路，我失去了母亲，神却再补我一个。①

余光中：《五陵少年·自序》:《圆通寺》是作者母亲骨灰寄存之地，现在那一撮灰已经在碧潭落土。②

马来西亚《中国报》（2017 年 12 月 17 日）：○余光中和母亲（杨欣儒）○一九五八年母亲去世时，他写了《招魂的短笛》，前一段以排比的手法写"魂兮归来，母亲啊，东方不可久留""魂兮归来，母亲啊，南方不可久留""魂兮归来，母亲啊，北方不可久留""魂兮归来，母亲啊，异国不可久留"，日子不能久留，人迟早都得走，而你终于走了。这些句子如迫击炮一样连发，铿锵有力。

雪琴《满溢乡愁的浪子情怀——余光中访谈》：那首诗【按：即《乡愁》】的第三段写"母亲在里头，我在外头"，那是写实。我母亲死在台湾。在这里，生身母亲和中国这个大母亲作为精神的象征叠合在一起。③

K. Leung《余光中访谈录》：1958 年我三十岁时，我母亲去世。我仿佛觉得与我前一半的生活完全失去联系，于是常感到不但失去了大陆，而且还失去了母亲……④

7 月 10 日，作诗《奇迹》，后收入《钟乳石》（1960 年版）。

7 月 12 日，作诗《忧郁的短髭》，7 月 20 日刊《文学杂志》第 4 卷第 5 期；后收入《钟乳石》（1960 年版）。

7 月 14 日，作诗《废墟的巡礼》《招魂的短笛》，后收入《钟乳石》（1960 年版）。

7 月 22 日，作诗《对弈》，后收入《钟乳石》（1960 年版）。

7 月 23 日，作诗《月台》，后收入《钟乳石》（1960 年版）。

余光中"注"：母亲逝世于七月四日，长女珊珊诞生于六月十日。

7 月 31 日，致信痖弦。略云：

① 《联合报》副刊（1985 年 7 月 7 日）。
② 余光中著，梁笑梅编：《绣口一开——余光中自述》，第 265 页。
③ 《粤海风》1997 年第 2 期。
④ 《红岩》1998 年第 6 期。

痖弦兄：

七月六日来信早已收到，因为心情黯淡，亦因事忙，未能立刻回信，请原谅。一月多来我的生活起了重大的变化——先是六月十日，小女珊珊诞生，然后是七月四日，家母以肝癌重症病逝于台大医院。站在生与死的平交道上，我有太多的感慨，理智收到的消息，情感要咀嚼，反复良久始能消化。直到现在，我仍然不明白那个赐我生命的生命为何竟已终止。每天早晨醒来，第一个压住我心灵的思想便是"母亲是死了，实实在在地死了，死亡的判决书是无法更改的啊！她是死了，她的肉体已化为一些碎骨和一些灰，且被囚于一只窄小的木匣里了。为何我的神话时代竟永远消逝了？"

然后，抱住珊珊的时候，我想："这无中生有，硬要参加我的生命的生命！她是从哪里来的呢？是母亲去的地方来的吗？当她的眼睛和我的相遇时，两个不同的世界在交通了。"介于摇篮里的哭声和病榻上的遗嘱之间，我开始悟出"轮回"的意义了。

母亲死后，我笼罩于悲哀的雾里。七月间我一共写了七首诗，其中《招魂的短笛》将刊于八月一日的《文星》，《对弈》和《月台》将刊于中副。我自己觉得《月台》一首比较满意。

很久没有读到你的作品了，甚怅念。近日没有创作，尚望多赐我几首。夏菁兄和香港的《学生周报》接洽主编一个双月刊，取名《蓝星》，每两月见报一次，其篇幅三分之二由"蓝星诗社"编寄，三分之一为香港作者的作品。此事不久即可实现。……①

7 月，翻译 Archibald Macleish 作《梦中的遗书》，刊《文星》第 2 卷第 3 期。

7 月，于台北中山堂举行"蓝星诗奖"颁奖典礼，担任致辞人，并庆祝《蓝星周刊》发行 200 期。

8 月 1 日，任台湾师范大学讲师，薪级为台币 245 元。【按：据师大人字号 3208 号文。台湾师范大学档案，人 1257，1958 年 11 月 20 日。】

8 月 26 日，作诗《夜的标本》，后收入《钟乳石》（1960 年版）。

8 月 28 日，作诗《夜之第六感》，后收入《钟乳石》（1960 年版）。

---

① 据余幼珊教授提供原件。

8月，发表诗歌《招魂的短笛》，刊《文星》第2卷第4期；后收入《钟乳石》（1960年版）。

9月1日，发表《工业美国的桂冠诗人——桑德堡的生平与作品》，刊《联合报》。

9月11日，作诗《九月十一日》，后收入《钟乳石》（1960年版）。

9月20日，发表《夜之第六感》《九月十一日》，刊《文学杂志》第5卷第1期；后收入《钟乳石》（1960年版）。

10月8日，因梁实秋先生推荐，获亚洲协会（Asia Society）奖金，赴美进修，去爱荷华大学【按：余光中主张Iowa应译为"爱奥华"①】参加安格尔主持的作家写作坊（Writers' Workshop），成为台湾作家前往该校参加写作坊并取得艺术硕士学位（Master of Fine Arts, MFA）的第一人。当日，覃子豪、梁实秋、夏菁、吴望尧、罗门等到机场送行。以后陆续去过该坊做客的台湾诗人计有叶维廉、杨牧、郑愁予、痖弦、商禽、蒋勋、高信疆、吴晟、朱陵、管管、夐虹、翔翎、温健骝、向阳、戴天等。在美攻读硕士学位期间，选修了美国文学及现代艺术两门课程。

> 单德兴《守护与自持——范我存访谈录》：在东吴兼课时，有一天梁实秋先生问他："光中，你想不想留学？"他回答："洗盘子赚学费的话，我是不要的。"梁先生说："亚洲协会（Asia Society）有个奖学金，我想推荐你去，假若你有意愿，我就跟他们说。"他回家与家人商量后，就答应了。那是1958年的事。他去请教夏济安老师，夏老师说："不要去什么哈佛，你就去美国爱奥华州立大学安格尔（Paul Engle）主持的写作坊（Writers' Workshop）吧。"当年秋天，他去了爱奥华。②

> 郭枫《余光中造作诗歌追逐名利的生命》：1958年推荐他去美国爱荷华（Iowa）大学"作家工作坊"（Writers' Workshop）生活一年。爱荷华大学虽是美国普通的大学，但"作家工作坊"却大大有名。由美国国务院和国家安全局设立，经费从国务院直接拨付。约请对象，是亚洲非洲拉丁美洲的作家学者。在工作坊的日子，悠闲进行联谊活

---

① 单德兴：《第十位缪斯：余光中访谈录·前言》，《却顾所来径——当代名家访谈录》，第183页。

② 单德兴：《翻译家余光中》，第275页。

动，体验美式民主生活。这是一种不露痕迹的文化薰染工作。①

叶振辉《二〇〇一年五月十八日第一次访问》：一九五八年赴美进修，那一年真是多事之秋，家庭变化很大。……当时我出国是全部公费，美国在台湾有一个美国亚洲协会，那时候我已经是师大的讲师了，等于派我出国进修一年，规定拿到证书后回国得在师大任教，经费全部由美国亚洲协会资助，给了我一千七百美金来支付学费、生活费等。我学成回台后，在师大英语系的英语中心专任，薪水是一千二百元，而美国亚洲协会另有一千五百元台币的津贴。②

叶振辉《二〇〇一年七月十七日第三次访问》：那是我第一次坐飞机，也是第一次出国，那时台湾跟美国生活形态是完全不一样的。一九五八年台湾很穷，到了美国是完全不同的社会，我幸运有亚洲协会的奖金送我去美国，完全不用打工。一般留学生要借钱买机票，所以压力很重，到了美国要赚回来还钱，我倒没有这方面的压力。不过因为文化不同，社会不同，就算我英文好，也还是觉得生活不习惯。比如说，美国到处喝冰牛奶，我喝了就不习惯，这生活根本就不能适应，所以那时候就非常想家。在英文报纸上很少看到台湾的消息，除非是大台风来了，台湾水灾报导一下，所以有种恐慌、不安全的感觉。更有一种失落感的乡愁……不过我后来觉得，美国读书的经验还是有帮助，至少你眼界开了，至少你离开自己的社会和国家，会比较有自知之明，回看自己的文化，会增加了解。留学对我做学问并无多大好处，倒是我回来台湾以后教书、备课、演讲，才比较认真读书，读得踏实多了。③

余光中《从古典诗到现代诗》：离别祖国，我陷入很重的乡愁里；母亲在我出国前夕死去，一个小女孩几乎是同时生了下来。这一切蒙太奇式地交叠发生，使我一时吞不下去。在新大陆的一年中，我病着，神经质地病着，病着，而且梦游着。在时空失调的幻觉下，我写着诗。④

余光中《万圣节·后记》：自然是刘鎏和孙璐了。他们在芝加哥大

① 《新地文学》夏季号（2017 年）。
② 叶振辉主访：《让春天从高雄出发——余光中教授专访》，第 20～21 页。
③ 叶振辉主访：《让春天从高雄出发——余光中教授专访》，第 55～56 页。
④ 余光中：《掌上雨》，第 182 页。

学读物理系，伉俪同班……初去美国，他们特地自芝城开车送我去爱奥华城。寒假中，又冒着大雪，自芝城去看我。……李铸晋教授。当时他授我现代艺术，鼓励多于教诲，使我获益至大……诗人保罗·安格尔教授（Paul Engle）是我的导师，无论在课程的安排或是毕业论文的写作上，都给了我很多启示。……又把我介绍给佛洛斯特，使我得以亲炙这一代诗宗。此外，如郑季华、陈缵汤、苟渊博、杨龙章、林成荫、林伟卿、吴祚传、朱光玉、张振书、叶续原、翁同香、蔡嘉泰、阎爱德等同学、梅贻宝教授、日本同学长田好枝（Yoshie Osada）、居停女主人苏克（Blanche Cuker），以及奥赛治（Osage）的欧乐生家人（The Olsens），都是在异国不可多得的师长或朋友……①

10月14日，作诗《尘埃》，刊11月20日《文学杂志》第5卷第3期；后收入《万圣节》（1960年版）。

10月19日，作诗《我的分割》，刊11月20日《文学杂志》第5卷第3期；后收入《万圣节》（1960年版）。

10月25日，作诗《芝加哥》，后收入《万圣节》（1960年版）。

10月，发表散文《谈现代诗》，刊《文星》第2卷第6期。

11月5日，作诗《新大陆之晨》，后收入《万圣节》（1960年版）。

11月，于爱奥华城写散文《石城之行》，刊次年5月20日《文学杂志》第6卷第3期；后收入《左手的缪思》（1963年版）。该文讲述了深秋与安格尔教授一家游石城（Stone City）的经历。这是他的第一篇自传性抒情散文。

> 余光中《六千个日子》：但是一直到一九五八年去爱奥华读书，才写出像《石城之行》那样的作品。那样的作品，包括后来写的《鬼雨》《莎诞夜》《九张床》等等，我无以名之，名之为"自传性的抒情散文"。

> 我不愿意称那些作品为什么"抒情小品"，因为它们的密度显然要大得多，所以给读者的感觉也比较醇，厚，重。所谓密度，是指内容的份量与文字篇幅间的比例，比例大者，密度也大。②

> 余光中《逍遥游·九歌新版序》：我的所谓"自传性的抒情散文"，

---

① 余光中著，梁笑梅编：《绣口一开——余光中自述》，第261～262页。
② 台北"中央日报"第6版（1967年2月24日）。

该从一九五八年在爱奥华所写的《石城之行》算起。不料无心插柳，却后来居上，比诗园的花圃长得更茂。①

11 月，发表《麦克里希及其作品》，刊《幼狮月刊》第 8 卷第 5 期。

12 月 6 日，作诗《冬之木刻》，刊次年 1 月 16 日香港《中国学生周报》。

12 月 10 日，与夏菁、罗门、张健合作主编的《蓝星诗页》月刊创刊。40 开，折叠式，共出 63 期，至 1965 年 6 月 10 日休刊。1982 年 10 月 10 日复刊，1984 年 6 月 10 日后改双月刊，开本照旧，由向明主编。现已休刊。第 46 至 57 期由余光中主编。余光中曾化名"聂敏"发表诗歌《第三季》。

> 余光中《五陵少年·自序》：《第三季》是意外之作：当时我编《蓝星诗页》，准备出一期女诗人专号，安排良久，仍缺一首，便虚拟了这么一篇，以聂敏的笔名，在蓉子和夐虹之间，秘密地公开出来。聂敏者，匿名也。也许这名字里隐隐约约地有一个好灵好灵的女孩子，也许那首诗，以一个初叩诗坛之门的女孩子而言，也算写得不坏了，总之，发表以后，曾令某些有胡子的诗人蠢蠢不安。梦蝶、介直、周鼎诸汉子对"她"的赏识之中，似乎透出一点非非之想，甚至有人写《第五季》相和。这也可以算做编辑的一种份外的乐趣了。因记于此，免得有人控我窃据女诗人作品。②

12 月，发表诗歌《芝加哥》，刊《文星》第 3 卷第 2 期；后收入《万圣节》（1960 年版）。

12 月，纪弦发表《一个陈腐的问题》，刊《现代诗》第 22 期。该文反驳余光中在《蓝星周刊》第 207、208 期发表的《两点矛盾》。其中多是情绪之言，已失去争辩的意义。

> 《纪弦回忆录》：论战的结果是：整个［台湾］诗坛都现代化了，余光中成为一个现代主义者，覃子豪也写起现代诗来了。③

是年，常乘火车去芝加哥看望刘鎏和孙璐。因火车经常晚点，学会了开汽车。

---

① 余光中：《逍遥游》，台北：九歌出版社，2000 年，第 3 页。
② 余光中著，梁笑梅编：《绣口一开——余光中自述》，第 265 页。
③ 纪弦：《纪弦回忆录·第二部·在顶点与高潮》，台北：联合文学出版社，2001 年，第 114 页。

余光中《记忆像铁轨一样长》：在美国的那几年，坐过好多次火车，在爱奥华城读书的那一年，常坐火车去芝加哥看刘鎏和孙璐。美国是汽车王国，火车并不考究。去芝加哥的老式火车颇有十九世纪遗风，坐起来实在不大舒服，但沿途的风景却看之不倦。……芝城的灯光迎面渐密，那黑人老车掌就喉音重浊地喊出站名：Tanglewood！

有一次，从芝城坐火车回爱奥华城。正是耶诞假后，满车都是回校的学生，大半还背着、拎着行囊，更形拥挤。……美国火车经常误点，真是恶名昭彰。我在美国下决心学开汽车，完全是给老爷火车激出来的。……执照一到手，便与火车分道扬镳，从此我驰我的高速路，它敲它的双铁轨。①

是年，国际笔会正式通过台湾"中国笔会"复会申请。复会后第一任会长为罗家伦（1958～1969），会址设在罗氏任馆长的"国史馆"内。

1959 年（己亥）　　32 岁

是年，仍在爱奥华大学写作班进修。

单德兴《守护与自持——范我存访谈录》：他在爱奥华时，遇到佛洛斯特（Robert Frost），十分高兴。②

单德兴《第十位缪斯——余光中访谈录》：在那里大家都得把英文作品交给安格尔（Paul Engle，1908～1991）。我不知道白先勇他们是怎么样，我是把自己的中文诗翻成英文交出。我从来不曾动念头要用英文写诗，都是用翻译去抵。

爱奥华大学的艺术硕士要修满六十个学分。所以安格尔就跟我说，你在台湾已经是讲师了，又翻译了《梵谷传》《老人和大海》，而且那时候我已经在为林以亮（本名宋淇）编的《美国诗选》译诗了，译了狄瑾苏（Emily Dickinson，1930～1886）等诗人的许多诗。他说，你这些已经算三十个学分了，我们这个创作班算二十四个学分，所以你还差六个学分就可以拿到艺术硕士。于是我就去选了 American

① 《幼狮少年》第 95 期（1984 年 9 月）。
② 单德兴：《翻译家余光中》，第 275 页。

Literature（美国文学）和 Modern Art（现代艺术）两门课，这对我后来讨论艺术非常有帮助。① 【按：现代艺术课老师是李铸晋教授。②】

余光中《左手的缪思·新版序》：我在爱奥华大学选修了"现代艺术"和"美国文学"两课，这对我日后文艺评论的根基颇为有用，尤以对现代绘画为然。③

1 月 24 日，写评论《翻译和创作》，后收入《焚鹤人》（1972 年版）。

1 月，写散文《焚鹤人》，后收入《焚鹤人》（1972 年版）。

2 月 3 日，作诗《七指的画像——给咪》，刊 2 月 20 日《联合报》；后收入《万圣节》（1960 年版）。

2 月 9 日，"现代艺术"大考前夕，作诗《超现实之夜》，后收入《万圣节》（1960 年版）。

2 月 10 日，作诗《距离之弧》，刊 4 月《文星》第 3 卷第 6 期；后收入《万圣节》（1960 年版）。

2 月 26 日，作诗《每次铍声骤响》《万圣节》，后者刊 3 月 20 日《文学杂志》第 6 卷第 1 期；后收入《万圣节》（1960 年版）。

余光中《万圣节·注》：十月三十一日为万圣节之前夕（Halloween），英美民间旧俗皆以是夕为鬼巫狂舞之夜，家家门首皆置大南瓜，中空有洞，望之如人面。第三段末四行系拟声，宜急读。

3 月 1 日，晚，作诗《忧郁的素描》，后收入《万圣节》（1960 年版）。

3 月 3 日，晨，作诗《安魂曲》，刊 3 月 14 日《联合报》；后收入《万圣节》（1960 年版）。

3 月 5 日，晨，作诗《毛玻璃外》；晚，作诗《当风来时》；夜，作诗《当八月来时》。三诗均收入《万圣节》（1960 年版）。

3 月 7 日，夜，作诗《巴黎狂想曲》（其一、其二），刊 4 月 20 日《文学杂志》第 6 卷第 2 期；后收入《万圣节》（1960 年版）。

3 月 8 日，作诗《我是很拉丁的》《季节的变位》，前者 6 月刊《文星》第 4 卷第 2 期。二诗后收入《万圣节》（1960 年版）。

---

① 单德兴：《却顾所来径——当代名家访谈录》，第 190、192 ~ 193 页。
② 单德兴：《翻译家余光中》，第 276 页。
③ 余光中：《左手的缪思》，卷首。

3月9日，晨，作诗《呼吸的需要》《在祖国》《三棱镜》，后收入《万圣节》（1960年版）。

3月10日，午夜，作诗《我之固体化》，刊4月20日《文学杂志》第6卷第2期；后收入《万圣节》（1960年版）、《风筝怨》（2017年版）等。

余光中"附注"：同班有菲律宾人、日本人、澳大利亚人、爱尔兰人，当然，还有许多美国的北佬们。

颜元叔《余光中的现代中国意识》：余光中发表了一首精致的小诗《我之固体化》，用鸡尾酒会做背景，用冰块做意象，具体而敏锐地勾勒出一个留美中国学生的落寞情怀：国家民族的厄运使个人的身心冻结起来了。……不仅这首诗的情感切时而深广，它那统一的意象结构（非常形而上的），使全篇凝缩为一件精致的艺术品，在余诗中颇为难得。①

游社煖《余光中的创作道路》：此诗较其它同期诗作优胜之处，在于意象明朗统一，结构完整紧凑，不像他其它作品的散乱和累赘。全首诗本身就像一块冰，里面的分子全部严密地组织起来，使全诗晶莹结实。

这样的诗明显地标志着余光中民族意识的抬头。……由此可见，激发余光中的感悟的，是外国人对中国人倨傲的态度，是回敬给他们的抗拒意识。至此，他不得不切实地去考虑自身的处境、自己国家的地位，不可能继续沉迷于西方了。自此东方与西方之间是楚河汉界，再也含糊不得。②

流沙河《台湾诗人十二家》：《我之固体化》一首可看作他的诗之宣言："在此地，在国际的鸡尾酒里／我仍是一块拒绝溶化的冰／常保持零下的冷／和固体的坚度／我本来也是很液体的／也很爱流动，很容易沸腾／很爱玩虹的滑梯／但中国的太阳距我太远／我结晶了，透明且硬，且无法自动还原"。③

3月11日，晨，作诗《真空的感觉》《我总是无聊的》，后收入《万圣节》（1960年版）。

---

① 《纯文学》第41期（1970年5月）。

② 《抖擞》第2期（1974年3月）。

③ 流沙河编著：《台湾诗人十二家》，重庆：重庆出版社，1983年，第30～31页。

3 月 13 日，晨，作诗《孤立十三行》，后收入《万圣节》（1960 年版）。

3 月 17 日，夜，作诗《答案?》，后收入《万圣节》（1960 年版）。

3 月 22 日，晨，作诗《被围》，刊 4 月 29 日《联合报》；后收入《万圣节》（1960 年版）。

4 月 3 日，在芝加哥听钢琴演奏。

余光中《记佛洛斯特》：一九五九年的四月是幸运的：继四月三日在芝加哥听到钢琴家鲁多夫·塞尔金（Rudolf Serkin）奏勃拉姆斯的第一号钢琴协奏曲之后……①

4 月 4 日，发表诗歌《当风来时》，刊《联合报》；又刊 4 月 10 日香港《中国学生周报》。

4 月 13 日，遇诗人佛洛斯特，后写《记佛洛斯特》，刊 1959 年 5 月《文星》第 4 卷第 1 期；后收入《左手的缪思》（1976 年版）。

余光中《记佛洛斯特》：我在四月十三日复会见了美国诗人佛洛斯特（Robert Frost，1874～1963）。……四月十三日下午二时半，我去"诗创作"班上课，发现平时只坐二三十人的教室里已挤满了外班侵入的听众约五六十人。我被逼至一角，适当讲座之斜背面。二时五十分"诗创作"教授安格尔（Paul Engle）陪着佛洛斯特进来。银发的老人一出现，百多只眸子立刻增加了反光，笑容是甚为流行了。他始终站着，不肯坐下，一面以双手撑着桌缘，一面回答着同学们的许多问题。我的位置只容我看见他微驼的背影，半侧的脸，和满头的白发。一个常见于异国诗集和《时代周刊》的名字，忽然变成了一个血肉之躯，我的异样之感是可以想象的。此时听众之一开始发问……如是问答了约一小时，"诗创作"一课即算结束。安格尔教授遂将班上三位东方同学——菲律宾诗人桑多斯（Bienvenido Santos）、日本女诗人长田好枝（Yoshie Osada）及笔者——介绍给佛洛斯特。他和我们合照一像后，就被安格尔教授送回旅舍休息。

……十点一刻，佛洛斯特出现于客厅，和欢迎者一一握手交谈。终于轮到我了；老诗人听安格尔介绍我来自中国，很高兴，且微笑说：

---

① 《文星》第 4 卷第 1 期（1959 年 5 月）。

"你认识乔治·叶吗？""你是指叶公超先生吗？"我说。……于是我即将自己译的《请进》《火与冰》《不远也不深》《雪尘》四首给他看。他眯着眼打量了那些文字一番，笑说："嗯，什么时候我倒要找一个懂中文的朋友把你的译文翻回去，看能不能还原，有多大出入。""这是不可能的，"我说，"能译一点诗的人谁没有读过你的诗呢？"……谈话告一段落，我立刻请他在两本新买的"现代丛书"版的《佛洛斯特诗集》之扉页上为我签名。他欣然坐下，抽出他那老式的秃头派克钢笔，依着我的意思，签了一本给夏菁，一本给我。给我的一本是如此："给余光中，罗伯特·佛洛斯特赠，并祝福"自由中国"，一九五九年于爱奥华城。"

……然后我即立在他背后，请长田好枝为我们合照一像。俯视他的满头银发，有一种皎白的可爱的光辉，我忽生奇想，想用旁边几上的剪刀偷剪几缕下来，回国时赠蓝星的诗人们各一根，但一时人多眼杂，苦无机会下手。不久老诗人即站了起来，和其他来宾交谈去了。十一点半，安格尔即送他回去休息。[1]

王伟明《回到壮丽的光中——余光中答客问》：我见佛洛斯特，是在一九五九年四月，只是浅谈几句，岂敢奢言"切磋诗艺"。不过经此一会，我对诗翁从此私淑，颇受他的启迪。[2]

4月20日，发表《巴黎狂想曲》（其一、其二）、《我之固体化》，刊《文学杂志》第6卷第2期；后收入《万圣节》（1960年版）。

4月，《创世纪》诗刊第11期出版，改为20开，内容更新，从此不再提"新民族诗型"，而强调世界性、超现性、独创性和纯粹性。此后逐渐取代《现代诗》和"蓝星"成为现代派诗的中心。

5月14日，发表诗歌《小飞鱼》，刊《联合报》。

5月20日，发表散文《石城之旅》，刊《文学杂志》第6卷第3期；后收入《左手的缪思》（1963年版）。

5月22日，发表诗歌《三棱镜》，刊香港《中国学生周报》。

6月8日，发表诗歌《催眠曲》，刊《联合报》。

---

[1] 《文星》第4卷第1期（1959年5月）。
[2] 王伟明：《诗人诗事》，第230页。

6 月 20 日，发表诗歌《答案？》《悲哉我之冰河期》，刊《文学杂志》第 6 卷第 4 期。

6 月底，与中国同学去附近的麦克布赖德湖国家公园（Macbride Lake State Park）游玩。后寄信给妻子，末云：

> 余光中《万圣节·后记》：湖小而长，岸边森林很浓，下午天阴，益增荒凉之感。倚树而坐，远望林中红男绿女，如对 Manet 或 Renoir 的画，美是很美，也很惆怅。我们之间有多远的距离啊！没有你在身边，一切风景都浪费了。把自己从一切有关系的脸孔间拔出来，而置之于一无关的真空里，为什么呢？我的手因久不接触你的而麻木，我的唇已忘却食物以外的滋味了。①

6 月 30 日，次女幼珊生。

6 月，迁出四方城，在外租住两个月。

> 余光中《万圣节·后记》：到了暑假，我和一位中国同学自四方城中迁出，租了一位美国老处女的楼上房间，住了两月。②

7 月 16 日，写散文《蒲公英的岁月》，后收入《焚鹤人》（1972 年版）。

7 月 27 日，作诗《我的年轮》，刊 8 月 20 日《文学杂志》第 6 卷第 6 期；后收入《万圣节》（1960 年版）。

7 月，苏雪林与覃子豪在《自由青年》旬刊（革新卷第 11 期起改为半月刊）展开"象征主义论战"。苏雪林先启战端，指陈李金发以降的象征主义诗派的坏影响，覃子豪则回应以现代主义诗风对台湾诗坛的贡献。后有"门外汉"者加入，与覃子豪交锋，辩论现代诗的接受与读者教育问题。覃于同年 11 月在《文学杂志》发表《中国现代新诗的特质》一文，试图终结这场历时五个月的论战。

> 余光中《从古典诗到现代诗》：攻击现代诗的声音像印第安人的战鼓一般响亮，且具威胁性。……这次的论战对现代诗作者是一种打击。有的丧失了自信心，停止了写作。有的暂时搁笔，思索现代诗的种种

---

① 余光中著，梁笑梅编：《绣口一开——余光中自述》，第 261 页。
② 余光中著，梁笑梅编：《绣口一开——余光中自述》，第 260 页。

问题。有的以反抗的姿态，朝虚无的方向走。①

8月20日，发表诗歌《我的年轮》《七月的虎背上》，刊《文学杂志》第6卷第6期；后收入《万圣节》(1960年版)。

8月中旬，提交爱奥华州立大学艺术硕士论文，获硕士学位。毕业典礼结束后游芝加哥。

> 余光中《万圣节·后记》：八月中旬，行过毕业典礼，便去芝城一游。②

8月底，启程经旧金山乘船横渡太平洋回台湾，任台湾师范大学英语系讲师。【按：据台湾高雄第一科技大学外语学院陈端山教授介绍：余光中的美国学位是属于英文系的 The Iowa Writers' Workshop (the Creative Writing Program)，48学分，硕士班，为"终端学位"，the terminal degree（没博士班），叫作"Master of Fine Arts"，简称MFA学位，这在美国各大学的创意写作研究所，有其一定的份量（一般中国人都弄不清楚这是什么学位）。现高雄余光中数位文学馆存留的"余光中私家纪念之一百九十四"余光中于爱奥华大学穿硕士服摄影的时间是1959年8月10日。】

> 余光中《万圣节·后记》：八月底，我乘"灵褆"汽车西行，启程回国。③

> 余光中《海缘》：最长的一程航行，是留美回国时横渡太平洋，从旧金山经日本、琉球，沿台湾东岸，绕过鹅銮鼻而抵达高雄，历时约为一月。在日本外海，我们的船，招商局的海健号，遇上了台风，在波上俯仰了三天。过鹅銮鼻的时候，正如水手所说，海水果然判分二色：太平洋的一面墨蓝而深，台湾海峡的一面柔蓝而浅。所谓海流，当真是各流各的。④

> 余光中《文章与前额并高》：从美国回来，我便专任师大讲师。不久，梁先生从英语系主任变成了我们的文学院长，但是我和夏菁去看他，仍然称他梁先生。这时他又迁至安东街，住进自己盖的新屋。⑤

---

① 余光中：《掌上雨》，第182～183页。
② 余光中著，梁笑梅编：《绣口一开——余光中自述》，第260页。
③ 余光中著，梁笑梅编：《绣口一开——余光中自述》，第260页。
④ 余光中：《隔水呼渡》，第246页。
⑤ 余光中：《隔水呼渡》，第267页。

余光中《从古典诗到现代诗》：回国时，我带回来一卷《万圣节》和减轻了十二磅的身体。当吴望尧、黄用、方思、林泠、向明诸先生出国而无诗（或极少创作）时，我是颇以自己出国有诗自豪的。①

单德兴《第十位缪斯——余光中访谈录》：我在爱奥华攻读艺术硕士（Master of Fine Arts，MFA），也要求写论文，结果就是我那一本 *New Chinese Poetry*。……算是我的硕士论文。②【按：即《中国新诗集锦》，1960 年由国粹出版社（Heritage Press）出版。】

郭枫《余光中造作诗歌追逐名利的生命》：余光中在"作家工作坊"取得 MFA 证书（Master of Fine Arts）。结识工作坊主持人保罗·安格尔（Paul Engle），他是美国总统的艺术顾问，也是美国国务院新闻总署要人，他替余光中打开美国某些机关的通路。③

单德兴《回顾台湾英美文学界——余光中教授访谈录》：然后爱奥华一年回来，1959 年就正式做师大英语系的讲师，一直到 1964 年，担任专任讲师五年。……无论如何，在师大这五年的讲师生涯，还有备课的经验，对于我日后成为一个英诗的学者是非常重要的。……地毯式的准备，反正不认识的字一定要去查，背后的意义一定要揣摩。当时也没有多少参考书可以看，开头一两年光是备课几乎都是到晚上一点钟才睡觉。以前自命喜欢读英诗，是用一种欣赏诗的态度，这下你要负责教了，就得很认真地学，因此我真正认真读英诗是在教的时候，就那么五年打下了基础。④

11 月 21 日至 23 日，邱言曦连续在台北"中央日报"副刊发表《新诗闲话》四篇，锋芒直指现代派，主张诗应该可读、可诵、可歌，并指中国新诗是法国象征派的末流。他批评台湾新诗"走入如此幽奥险峭的峡谷"，三五十年后，台湾将成为"文化沙漠"。余光中、张健、吴宏一等分别在《文学杂志》《文星》《蓝星诗页》上撰文驳斥邱言曦的观点。

12 月 20 日，发表评论《文化沙漠中多刺的仙人掌——对于言曦先生"新诗闲话"的商榷》，刊《文学杂志》第 7 卷第 4 期；后收入《掌上雨》

① 余光中：《掌上雨》，第 182 页。
② 单德兴：《却顾所来径——当代名家访谈录》，第 190 页。
③ 《新地文学》夏季号（2017 年）。
④ 台湾《英美文学评论》第 32 期（2018 年 6 月）。

（1964 年版）。该文为现代诗辩护。

余光中《新诗与传统》：我们欣赏旧诗，尊重传统，但是反对二十世纪的人再去写旧诗。我们对于传统，只肯作有保留有批判的接受……在某些方面，包括神韵与技巧两者，新诗实在已经把旧诗消化过了。……新诗的大量吸收西洋文化，尤其是近代欧美的文艺思潮，只是中国文化之现代化的一个支运动，犹如我们舍古服而就西装，弃君主而行民主，原是非常自然的一件事。……即以中国古典的传统而言，也是经过各种文化背景长久的揉合而形成的。诗盛于唐，而大家之中，杜甫崇儒，李白耽道，王维近禅，到底谁的思想意识是正统？构成中国文化的一大因素的佛经来自外国，其翻译文献对六朝趋向骈偶的散文与韵文，很起了一点健康的作用，而其注重形式上的结构与丰富的想象力，实在为贫血的中国文学注入了新的生命。①

12 月 30 日，虞君质发表《谈新艺术》，刊《台湾新生报》。

12 月，写评论《艾略特的时代》，刊次年 1 月 1 日《文星》第 5 卷第 3 期；后收入《左手的缪思》（1963 年版）。该文介绍了艾略特作品中的思想和技巧。他称赞艾略特为"20 世纪对于英美、甚至是全世界诗坛最具影响力的诗人之一"，"开风气的大师"。他特别欣赏艾略特暗示的表现手法，尤其是"反叛传统，但同时并不忽视传统"的创作和批评精神。余光中日后的创作和批评，得力于艾略特之处甚多。

是年，主编《文星》之诗辑。

是年，加入现代诗第一期论战。

是年，台湾"中国笔会"恢复派遣代表出席国际笔会会议。

1960 年（庚子）　　33 岁

1 月 1 日，发表《大诗人艾略特》《新诗与传统》（写于 1959 年 12 月），刊《文星》第 5 卷第 3 期；后收入《掌上雨》（1964 年版）。后者针对言曦的《新诗闲话》进行论战，继续为新诗辩护。略云：

---

① 《文星》第 5 卷第 3 期（1960 年 1 月）。

我们的结论是：新诗是反传统的，但不准备，而事实上也未与传统脱节；新诗应该大量吸收西洋的影响，但其结果仍是中国人写的新诗。

同日，《文星》第 5 卷第 3 期开辟专辑讨论新诗问题。收文有陈绍鹏的《略论新诗的来龙去脉》、张隆延的《不薄今人爱古人》、黄用的《论新诗的难懂》、夏菁的《以诗论诗　从实例比较五四与现代的新诗》、覃子豪的《从实例论因袭与独创》。

1 月 8 日至 11 日，言曦发表《新诗余谈》四篇，连载于台北"中央日报"。

1 月，孺洪发表《〈闲话〉的闲话》，刊台北"中央日报"。

2 月 1 日，《文星》第 5 卷第 4 期开辟专栏讨论新诗问题。收文有余光中的《摸象与画虎》（写于 1960 年 1 月）、黄用的《从摸象说起》、李素的《一个诗迷的外行话》。余光中在该文中为现代诗辩护，并再次强调自己"欣赏艾略特之批评及其富于暗示与对比的创作技巧"。

2 月 18 日，虞君质发表《解与悟》，刊《台湾新生报》。

2 月 20 日，发表《多峰驼上》，刊《文学杂志》第 7 卷第 6 期。该诗后构成长诗《天狼星》中的一章，也是《天狼星》中最早单独发表的内容。

> 陈芳明《回望"天狼星"》：怎样摆脱幻灭，怎样追求理想，便是《多峰驼上》与《浮士德》企图刻画的。……《多峰驼上》记录余光中归国时，航行在海上的心情。多峰驼指的是起伏的波浪，这样的意象过分人工化，反而给读者一种矫揉造作之感。……如今他启程归国，意味着向西方文明告别，而投向东方的怀抱。这首诗并没清晰地表明他的思想动向，但至少他不会因传统的幻灭而沉沦，也不会因为拥有古老的文化而抱残守缺。①

2 月 21 日，发表诗歌《大度山》，刊《联合报》。

> 余光中《天狼星仍嗥光年外——〈天狼星〉诗集后记》：《大度山》是我在东海大学兼课一年留下的一点纪念。东海大学的校园就在大度山上，诗中的古堡，河床，公墓等等，也都是东海学生熟知的"名胜"；我从台北每隔两周南下台中，乘的也就是那种蓝色长途车。那时

---

① 《书评书目》第 49 期（1977 年 5 月）。

叶珊正在东海，为了我想写大度山，还特别向中文系的一位教授要了一份东海十二月花谱给我。我去东海，除了那年兼课之外，前前后后，至少还有十多次，大半是为了演讲，山中一宿，即便北归，但有两个悠长的暑假，却有缘连住好几个星期，山间的雾朝月夜，行吟更觉从容。……且说那年在东海，叶珊主编《东风》，向我索稿，就把这首《大度山》给他发表了。不过《东风》只是一份校刊，读者限于东海人。其后不久，此诗又在朱啸秋兄所编的《诗·散文·木刻》上重刊。那份刊物销行不广，未几又告停刊。……

《大度山》的音响设计就不同了。本诗的正文是歌颂大度山的春天；情人在公墓里约会，月季花踮起脚尖读碑铭等意象，都是用死亡之无可奈何来反衬春之生机与生命之可惜，可贵。在排版上，压在下面的四小段可以视为辅文，在情调上颇为低沉，黯淡，和正文的轻快，亮丽，有意造成对照，算是诗中少年对北部生活，包括气候，都市，文坛等等的阴郁回忆。《大度山》曾在文艺集会上朗诵过几次，正文与辅文分成两种声音，力求对照。但是即使正文，到了诗的后部，已被辅文的阴沉背景所侵入——"你不知道你是谁"的一再重复与变奏，正暗示南来的少年，对着勃发的春之生机，亦不禁微微感到迷失，意识到从前的种种，恐亦不易完全摆脱吧。节奏和韵律上的这些安排，成败姑且不论，至少是中国古典诗和五四新诗所无。①

2月，《创世纪》第14期刊登两篇讨论新诗的文章，分别是白萩的《从新诗闲话到新诗余话》、张默的《现代诗艺术的潜在面》。

3月1日，《文星》第5卷第5期刊登三篇讨论新诗的文章，分别是陈绍鹏的《由闲话谈到摸象》、陈慧的《有关新诗的一些意见》、孔东方的《新诗的质疑》。

3月5日，《现代文学》双月刊创刊，发行人为白先勇，主编有王文兴、陈若曦等。其以台湾大学外文系一批文学爱好者为主要成员，包括欧阳子、刘绍铭、叶维廉、丛苏、王祯和、杜国清、戴天、李欧梵等。余光中、姚一苇、何欣、柯庆明等曾任主编。

《发刊词》：我们如此做并不表示我们对外国艺术的偏爱，仅为依

---

① 余光中：《余光中集》第一卷，第473～474、475页。

据"他山之石"之进步原则……我们感于旧有的艺术形式和风格不足于表现我们作为现代人的艺术情感，所以，我们决定试验，摸索和创造新的艺术形式和风格。我们可能失败，但不要紧，因为继我们而来的文艺工作者可能会因为我们失败的教训而成功。胡适先生当初倡导白话文和新诗，可是我们无理由要求胡先生所写的一定是最好的白话文和最好的新诗。胡先生在中国文化史上灿烂的一笔是他"先驱者"的历史价值。同样，我们希望我们的试验和努力得到历史的承认。我们尊重传统，但我们不必模仿传统或激烈地废除传统，不过，为了需要，我们可以做一些"破坏的建设工作"。[①]

　　白先勇《〈现代文学〉创立的时代背景及其精神风貌——写在〈现代文学〉重刊之前》:《现代文学》创刊以及六十年代现代主义在台湾文艺思潮中崛起，并非一个偶然现象，亦非一时标新立异的风尚，而是当时台湾历史客观发展以及一群在成长中的青年作家主观反应相结合的必然结果。……当胡适之先生第一次回国返台，公开演讲时，人山人海的盛况，我深深记在脑里。"五四"运动对我们来说，仍旧有其莫大的吸引力。"五四"打破传统禁忌的怀疑精神，创新求变的改革锐气，对我们一直是一种鼓励，而我们的逻辑教授殷海光先生本人就是这种"五四"精神的具体表现。[②]

3 月 20 日，发表译自 Clinton S. Burhans 的《〈老人与大海〉:汉明威对人类的悲剧观》，刊《文学杂志》第 8 卷第 1 期；又刊 1980 年 1 月《文学思潮》第 6 期。

3 月，发表《坐看云起时》，刊台湾《现代文学》第 1 期。

　　余光中《一时多少豪杰——浅述我与〈现代文学〉之缘》:二十八年前，我刚从美国读书回来，在师大英文系初任讲师，一位白皙而敏锐的少年常来我家谈论文艺，有时还借画册去观赏。他是台大外文系的学生，住家就在隔巷的同安街，走来我家只要六、七分钟。他就是王文兴。……他第一次来按我家的门铃就是为了同班同学要创办《现代文学》，希望我支援他们。我欣然答应，所以《现代文学》的创刊号

---

① 《现代文学》第 1 期（1960 年 3 月）。
② 白先勇:《第六只手指》，上海:文汇出版社，2004 年，第 175 页。

上就刊出了我的近作《坐看云起时》。①

4月1日,《文星》第5卷第6期刊登三篇讨论新诗的文章,分别是钱歌川的《英国新诗人的诗》、陈慧的《现代、现代派及其他》、余光中的《摸象与扪虱》(写于1960年3月,后收入《掌上雨》〔1964年版〕)。

4月10日、11日,言曦发表《诗与阵营》(二篇),刊台北"中央日报"。

4月16日,台湾《自由青年》刊登两篇讨论新诗的文章,分别是夏菁的《诗与想像力》、张明仁的《画鬼者流》。

5月3日,里思凡发表《新诗论辩"旁听"记》,刊《联合报》。

5月,纪弦发表《表明我的立场》,刊《蓝星诗页》第18期。

6月,纪弦出版《现代诗》"第八年新一号",高呼"新诗的保卫战"的口号,刊出《新现代主义之全貌》,以强化论述,其中论及余光中、张默、商禽、蓉子、纪弦、黄荷生等人的诗。

7月20日,翻译杰弗斯(Robinson Jeffers)的《杰佛斯诗选》(含《暑假》《致雕刻家》《手》《嗜血的祖先》《眼》),刊《文学杂志》第8卷第5期。

8月20日,发表诗歌《凯撒万岁》《没有故事的地方》《晚秋》《窗前》《圣哉充溢之美》,刊《文学杂志》第8卷第6期。

8月,作诗《放逐季》。

8月,写评论《释一首现代诗》,刊同年9月《笔汇》月刊革新号第2卷2期;后收入《掌上雨》(1964年版)。该文评论美国现代诗人哈特·克瑞因(Hart Crane,1899～1932)的诗歌《麦尔维尔墓地前》("At Melville's Tomb")。

8月,诗集《万圣节》,由台北蓝星诗社出版。本书收入1958年10月至1959年7月在爱奥华时期写的诗歌,包括《尘埃》《我的分割》《芝加哥》《新大陆之晨》等36首。有序及余光中的《记佛洛斯特》《石城之行》和后记(1960年3月写于台北)。

余光中《序》:一九五八年的晚秋,作者去美国爱奥华州立大学研究英美诗与现代艺术,为期一年。爱奥华(Iowa)是印第安人给取的名字,意为"美丽的土地",在美国中西部素有"玉蜀黎州"及"面包

---

① 台北《中国时报·人间副刊》(1988年8月27日)。

篮"的雅号，可以说是农业美国的象征。作者旅美的大部分时间，消磨于此，而收集在此的三十多首作品亦皆作者在那片"美丽的土地"上怀念一"美丽的岛屿"的一点纪念。集以"万圣节"而不以"芝加哥"为名，盖因此。……这些作品自然都是"现代诗"。可是所谓现代诗，似乎有两种解释：其一是广泛的，指富有现代精神的一切作品；其一是比较狭义的，指合乎现代主义之理论的作品。这里的作品应该属于第一类。……作者在新大陆时，深受现代画的启示，大部分作品乃有"抽象"的趋势。较之以前的作品，它们渐渐扬弃了装饰性（decorativeness）与模仿自然（representation of nature），转而推出一种高度简化后的朴素风格。……如果读者能自立体派甚至抽象派的观点去读，将比较容易把握它们的精神。可是这些作品是诗，不是画；它们是一位诗人尝试以画家的敏感，而非以画家的手写成的诗，与所谓"图画诗"并非表亲。全部抽象可能使诗与现实脱节，全部具体可能使诗落入自然主义。

余光中《从古典诗到现代诗》：在新大陆时，我大量地吸收西洋的现代艺术，并普遍接触到西洋音乐，作品乃有"抽象"的趋势。回国后，重归祖国的现实，抽象化乃告缓和，继之而来的是反映现实，表现幻灭，批评工业文明，且作今古对照的那种作品。[①]

10 月，作诗《五陵少年》，后收入《五陵少年》（1967 年版）。

游社煖《余光中的创作道路》：《五陵少年》（一九六〇），便是从大陆流亡到台湾的知识分子的写照。……这样的诗，起码是有血有肉的实在，而且肯定是属于中国（台湾）的了。[②]

10 月，撰评论《论半票读者的文学》，刊 11 月《文星》第 7 卷第 1 期；后收入《掌上雨》（1964 年版）。

余光中"后记"：本文发表后，引起柏杨先生的同感，曾两度在《自立晚报》撰文申述；第二度自一九六三年六月十一日至廿四日在《自立晚报》刊出十一篇，总题目为《半票问题》，后收入柏杨先生所

① 余光中：《掌上雨》，第 184 页。
② 《抖擞》第 2 期（1974 年 3 月）。

著之《凤凰集》。一九六四，一，十一。①

10月，诗集《钟乳石》，由香港中外画报社出版。内收 1957 年 4 月至 1958 年 9 月间写于台湾的诗歌 43 首。有覃子豪的前言，书末附作者简介及后记《写诗，是一种存在的证明》(写于 1960 年 2 月 27 日)。

> 余光中《写诗，是一种存在的证明》：收集在这里的四十多首诗，都是一九五七年四月以迄一九五八年九月间的作品。当时正值我的转变期，风格的变化很大。母亲的逝世，对于我一如"铜山之崩裂"；《奇迹》《忧郁的短髭》《招魂的短笛》《月台》皆成于其时。……生为现代中国的知识分子，我们的负担是双重的：我们用着后羿留给我们的第十轮日，我们的血管里流着皇帝和嫘祖的殷红，我们在一个亚热带的岛上用北回归线拉响了渺渺的乡愁。……写诗对于我们不再是表演才子的浪漫姿态，以博取多情读者廉价的眼泪，更不是用什么僵硬的形式来表达"入情入理"的平庸意境，以赢得腐儒们空洞的掌声。对于我们，这些都太奢侈了。我们写诗，只是一种存在的证明。……我们的作品颇为野蛮，颇为桀骜不驯，那些听惯了神话和童歌的"听众"，是无法适应现代的诗的气候的。

> 王伟明《回到壮丽的光中——余光中答客问》：《钟乳石》是我的第三本诗集，出版于一九六〇年十月。当时我正为香港《中外画报》社主编该画报的文艺副刊，这本诗集乃由该社在香港出版，但似乎并未内销台湾。②

> 张锦忠《(在中国周边的) 台湾新诗现代主义路径》：由抒情传统过渡到现代主义，余光中诗风的转变的确可以在一九六〇年出版于香港的《钟乳石》集中见出端倪。从收入《余光中诗选：一九四九——一九八一》中八首原刊《钟乳石》的诗作看来，《空宅》《星之葬》与《招魂的短笛》仍属传统抒情新诗，《自三十七度出发》与《火星大使的演说》已充满现代质地，《西螺大桥》介于两者之间，诗中说话人过桥，有如寓喻渡过传统之河通向彼端迎面而来的现代之海，《羿射九日》《杞人的悲歌》则是旧瓶装新酒。相对于纪弦与覃子豪的现代主

---

① 余光中：《掌上雨》，第 8 页。
② 王伟明：《诗人诗事》，第 229 页。

义，余光中的现代主义倾向可谓迟延的现代主义转折。①

11 月，发表《论半票读者的文学》《圣约翰·佩斯简介》，刊《文星》第 7 卷第 1 期。

11 月，硕士论文《中国新诗集锦》（*New Chinese Poetry*），由吴鲁芹推荐给美新处，在台北 Heritage Press 出版，得稿费一万台币。【按：当时余光中在师大当讲师的月薪是一千二百台币。】

余光中《序言》：当然我的翻译难以将我同代作家的作品表达得淋漓尽致。我怀疑自己的一些译作读来像是英文的仿作（parodies）。我翻译的未必是当代中国诗最佳之作，而只是选译在我看来最便于翻译的（most readily translatable）。惠特曼说："我一点也不驯服，我也不能翻译 / 转化"（"I too am not a bit tamed, I too am untranslatable."）；每位真正的诗人对于这个说法，不管就字面的或隐喻的意义而言，必然觉得心有戚戚焉。在翻译这些诗时，我面对着一种困境：要是译成传统英文的五音步诗行或四音步诗行，会使得英文版失去分量，矫揉造作；要是译成直截了当的英文散文，又会给读者错误的印象，以为原作根本没有形式。把一首中文诗译成欧文诗，当然比把一首欧文诗译成另一首欧文诗困难得多。如果任何读者因为读了我的翻译而对中国现代诗评价不高，责任在于我的英文驾驭能力不足，并非这些诗本身有任何内在的缺憾。②

余光中《爱弹低调的高手——远悼吴鲁芹先生》：初识吴鲁芹，已经是三十年前的事了。我交朋友有点随缘而化，他，却是我主动去结识的。那时我初去台湾，虽然还是文艺青年，对于报上习见的八股陋文却很不耐烦。好不容易有一天在新生副刊上读到署名吴鲁芹的一篇妙文《谈文人无行》，笔锋凌厉，有钱锺书的劲道。大喜之下，写了一篇文章响应，并且迫不及待，打听到作者原名吴鸿藻，在美新处工作，立刻径去他的办公室拜访。

后来他发现这位台大学生不但写诗，还能译诗，就把我在《学生

---

① 苏其康主编：《诗歌天保——余光中教授八十寿庆专集》，第 171 页。

② 单德兴：《含英吐华——析论余光中的中诗英文自译》，见苏其康主编：《诗歌天保——余光中教授八十寿庆专集》，第 255 ～ 256 页。

英语文摘》上发表的几首英诗中译寄给林以亮。林以亮正在香港筹编《美国诗选》，苦于难觅合译的伙伴，吴鲁芹适时的推荐，解决了他的难题。这也是我和林以亮交往的开始，我也就在他们亦师亦友的鼓励和诱导之下，硬着头皮认真译起诗来。这段因缘，日后我出版《英美现代诗选》时，曾在译者序里永志不忘。①

单德兴《第十位缪斯——余光中访谈录》：当时台湾的印刷条件不如香港，因此是台北的美国新闻处（United States Information Service，简称 USIS，美新处）委托香港的 Heritage Press 出版，薄薄的一册。……那本书的序言还特别引用了惠特曼（Walt Whitman，1819～1892）《自我之歌》（"Song of Myself"）中的诗句："I too am untranslatable"，以示译事之难。就我所知，新书发布会时……庄莱德（Everett F. Drumright，1906～1993）……以及胡适、罗家伦等五四时代的代表人物都到场。②

12 月，发表《封面人物介绍——亚洲沙漠之征服者圣约翰·佩斯》，刊《文星》第 7 卷第 2 期。

12 月，罗门发表《诗人余光中》，刊《文艺生活》第 1 期。

是年，《英诗译注》（*Translations from English Poetry* [with notes]），由台北文星书店出版。内收自 1950 年以来的译注作品 37 首。书前有《译者小引》，英汉对照，并附有作者的生平与背景介绍，以及创作特色与文学史上的评价。

单德兴《第十位缪斯——余光中访谈录》：陆陆续续翻了好多诗，所以我最早的译诗集就叫《英诗译注》，里面的翻译大部分就是之前刊登在《学生英语文摘》上的。《英诗译注》是一九六〇出版的。里面许多诗是我台大最后一年、也就是一九五二年就翻译的。③

夏菁《完全是为了好胜——祝余光中兄八十寿辰》：他在一九六〇年时，出版了一本《英诗译注》，中英对照共收三十七首。注解极为详尽。序中曾说，他自一九五〇年起已译有百首之多。足见他对英美诗

① 台北"中央日报"（1983 年 8 月 25 日）。
② 单德兴：《却顾所来径——当代名家访谈录》，第 190 页。
③ 单德兴：《却顾所来径——当代名家访谈录》，第 185 页。

浸淫日久，岂是一般写诗的年轻人所能及得上？ ①

是年，主编《中外画刊》之文艺版。

是年，《美国文学批评选》在台湾翻译出版，共收入 14 篇文章，由夏济安、梁实秋、陈文涌、思果、夏志清、余光中、张爱玲、吴鲁芹等人联合执译。

1961 年（辛丑）　　34 岁

1 月 10 日，英译《中国新诗选》（*New Chinese Poetry*），由台北美国新闻处出版。卷首有序言简述中国新诗之发展及台湾诗坛现况。计选郑愁予、纪弦、覃子豪、周梦蝶、钟鼎文、方思、夏菁、向明、辛郁、夐虹、黄用、林泠、洛夫、罗门、阮囊、吴望尧、痖弦、杨唤、叶珊、余光中、蓉子等 21 家的诗 54 首，每位并附小传。编排装帧颇为雅致。

> 余光中《爱弹低调的高手——远悼吴鲁芹先生》：当时的美新处还出了一套台湾年轻一代作品的英文译本，主其事的正是吴氏。被他挑中的年轻作家和负责设计的画家（例如席德进和蒋健飞），日后的表现大半不凡，也可见他的眼光之准。我英译的那本青涩而单薄的《中国新诗选》（*New Chinese Poetry*），也忝在其列。书出之日，有酒会庆祝，出席者除入选的诗人纪弦、钟鼎文、覃子豪、周梦蝶、夏菁、罗门、蓉子、洛夫、郑愁予、杨牧等之外（痖弦、方思等几位不在台北），尚有胡适、罗家伦等来宾。胡适更以中国新诗元老的身份应邀致词，讲了十分钟话。当时与会者合摄的照片我珍藏至今。此事其实也由吴鲁芹促成，当时他当然也在场照料，但照片上却没有他。②

同日，出席美国官员庄莱德（Everett F. Drumright）夫妇在台北中山北路宅邸举办的茶话会，出席者尚有胡适、罗家伦、梁实秋、英千里、吴鲁芹等 40 余人。

> 余光中《谁能叫世界停止三秒？》：……邀请入选的诗人参加，胡

---

① 苏其康主编：《诗歌天保——余光中教授八十寿庆专集》，第 292 页。

② 台北"中央日报"（1983 年 8 月 25 日）。

适与罗家伦更以新文学前辈的身份光临。胡适并且是新诗的开山祖，会上免不了应邀致辞，用流利的英语，从追述新诗的发轫到鼓励后辈的诗人，说了十分钟话。有些入选的诗人，如痖弦、阮囊、向明，那天未能出席，十分可惜。但上照的仍为多数，计有纪弦、钟鼎文、覃子豪、周梦蝶、夏菁、罗门、蓉子、洛夫、郑愁予、叶珊和我，共为十一人。就当年而言，大半个诗坛都在其中了。[①]

《联合报》（2018年1月15日）：〇余光中遗作之1/梦见父亲〇胡适曾出席我所译《中国新诗选》的庆祝会，并发表感言。

夏菁《完全是为了好胜——祝余光中兄八十寿辰》：他又出版英译的《中国新诗选》（*New Chinese Poetry*），包罗当代二十余位诗人的作品。庆祝酒会非常盛大，我也被邀。目睹胡适、罗家伦等先辈前来参加，颇有五四诗人交棒的感觉。[②]

1月19日，发表《〈中国新诗选〉译后》，刊《联合报》第7版。

1月，写评论《我的写作经验》，后收入《掌上雨》（1964年版）。

2月25日，作诗《圆通寺》《四方城》《海军上尉》《天狼星变奏曲》（1976年4月18日定稿），后收入《天狼星》（1976年版）。

陈芳明《回望"天狼星"》：在《天狼星》里，《圆通寺》是一首怀亲怀乡之作，其感情和思想都是传统的，在技巧上则求新求变，由此可看出余光中企图融合传统和现代的一番心血。接下去的几首诗，大多遵循《圆通寺》的精神和技巧。像《四方城》和《多峰驼上》，一般说来，几乎是《圆通寺》的注脚，或者是《圆通寺》主题的扩张。……《四方城》记录作者留美时的心境。在异国的生活环境里，心灵的触须自然比任何时候敏感，这首诗包容了他的怀亲怀乡怀旧等各种不同的感情，甚至也包括他对新旧文化的看法。……《四方城》代表了余光中当年的幻灭和理想。

诚然，《浮士德》完全是余光中个人的写照，但是从他的例子，也可推测出某些现代诗人的共同性格。……余光中深知自己也是一位学者型的诗人，用通俗的话便是学院派了。学院派追求的

---

① 《香港文学》第231期（2004年3月）。

② 苏其康主编：《诗歌天保——余光中教授八十寿庆专集》，第292页。

是死知识，要摆脱死知识，就必须远离学院的樊笼，这一点和浮士德的境遇有相通之处。然而，他的内心和浮士德的痛苦相仿，即是"执着尘世"和"追求理想"两种力量交互消长，如何实现他的美的理想于此世间，则是他的向往。……但至少他与现代主义这个魔鬼来往了。在此把现代主义比喻为魔鬼，应该很恰当。根据他和一般现代诗人的信念，现代主义的魔力是相当巨大的，它既可摧毁传统的城堡，也可重建新的世界。因此，追求现代主义就等于追求他的理想。追求理想与实现理想，都是人生历程中最高的境界。……台湾的现代诗人勇于割舍与五四新诗的血缘关系，总以为现代诗凭空而起，不依靠任何助力。这种错误的看法，是台湾现代诗的致命伤。他们没有想到传统也是活的，至少五四以来的新传统，不可能那么早就衰老凋萎。……余光中的浮士德努力躲开传统的书斋之后，又立刻躲进现代书斋；他抛弃旧的囚牢，又立刻为自己建造一个新的囚牢……这是现代主义者的共同命运。……总之，《圆通寺》《四方城》《多峰驼上》和《浮士德》，是余光中的自传。

《海军上尉》是痖弦的素描。……他标榜诗人的理想，超越了现实的军阶和制服，隐隐意味着唯有耐得住尘世的寂寞，方能获得超俗的不朽。令人遗憾的是，整首诗的经营却不能显露这个严肃的主题。……此诗所揭露的，尽是现代人的无奈与无聊，读者实在寻找不出积极的意义。……无疑地，《海军上尉》是一首失败的叙事诗。事实可以虚构，主题却不容掩盖；牺牲了严肃的主题，而费心铺张无谓的细节，使整首诗的构造显得很不平衡，这是一般现代诗人的通病。[①]

2 月底，写长诗《天狼星》，刊 5 月台湾《现代文学》第 8 期。该诗由各自独立的 11 首短诗组成。诗人巧妙地通过自我，将海峡两岸和中国几千年的历史糅合在其中，进行了广阔而浩瀚的抒情描写，以总结其现代主义经验。诗中多处可见其现代主义之精神与技巧，杂糅传统意象与古典抒情。

　　余光中《再见，虚无！》：《天狼星》所表现的是我一九六一年春

---

① 《书评书目》第 49 期（1977 年 5 月）。

天的精神状态。①

余光中《天狼星仍嗥光年外——〈天狼星〉诗集后记》：全长六百二十六行……在篇幅上，是我最长的一篇诗，也是到那时为止台湾最长的一篇现代诗。……《天狼星》正是六十年代早期的产品，却非其代表作。拿同一时期典型的长诗和它一比，便可以看出它的"反叛性"不够"彻底"。现代主义的一些基本条件，它都未能充分符合。它不够晦涩，诗中不少段落反而相当明朗；也不够虚无，因为它对于社会和文化界仍有一点反映和批评的企图。虚无，该是全盘的否定，甚至包括自我的尊严，但批评却是以"是"非"非"，至少在原则上是有所肯定的。《天狼星》共分十一章，其《鼎湖的神话》《四方城》《多峰驼上》《大武山》各章，不但有确定的时空背景，中心主题，而且是极富中国意识的。……

在十五年后的今天读来，表现的技巧虽嫌稚拙，但其中的情操，身为作者，我仍是乐于肯定的。尽管如此，《天狼星》仍是一篇失败之作。当年洛夫兄曾撰《天狼星论》长评一篇，指出此诗酝酿不足，率而成篇，是一首早熟的失败之作。我也曾发表长文《再见，虚无》，以为答复。今日回顾之下，此诗当然没有成功，洛夫的评断是正确的，但是他持以评断的理由却似乎不能成立。他认为《天狼星》之所以失败，在于第一，强调主题，企图刻划出完整的人物，但是人生原是空虚而荒谬的，这种企图注定要失败；第二，语言太明朗，意象太清晰，一切都过于可解，不合超现实主义迷幻如梦的原则。恰恰相反，我自己认为当日《天狼星》之所以失败，是因为主题不够明确，人物不够突出，思路失之模糊，语言失之破碎，总而言之，是因为定力不足而勉强西化的缘故——就像一位文静的女孩，本来无意离家出走，却勉强跟一个狂放的浪子私奔了一程那样。在此，我无意以今日之我挟事后之先见来驳十五年前之洛夫，我相信他今日的诗观也必然大异于昔日了。其实以我当年的那点功力，无论如何苦心酝酿，反复经营，也写不出一首较好的《天狼星》来的。天晓得十五年前的那个寒假，为了写这首长诗，我每夜忍寒伏案，曾经吟到多夜深。当日的手稿本上，

---

① 《蓝星诗页》第 37 期（1961 年 12 月）。

密密麻麻，也不知修改了多少遍。然而艺术不可强求，正如朱熹所谓，蒙冲巨舰，枉费推移。今日猛一回头，这首诗的种种毛病，便悉现眼底。……结果，我整整花了半个月的功夫，才把这首诗修改成形。

成形，但不是成功。《天狼星》旧稿在命题，结构，意象，节奏，语言各方面都有重大的毛病。要脱胎换骨，已经回天乏术，我所做的，除了某些较大的手术之外，多半是整容的功夫。诸如六十年代初期流行的语法，词汇，抽象名词；五四以来因滥用虚字而形成的累赘句法；欧化的文法；不必要的科学字眼；不切题的意象等，都是删除或修正的对象。总之这是我对于十五年前自己诗体不落言筌的一次大批判。……修改后的《天狼星》当然仍非成功之作，其中的若干观念也只能代表三十三岁的余光中，以后我如果再写这么大型的诗，绝对不会这么写的。……长诗，尤其是长篇的叙事诗，是仍待现代诗人去尝试的一片新领域，一种新形式。①

余光中《从古典诗到现代诗》：《天狼星》是一个总结。到了《天狼星》，我已经畅所欲言，且生完了现代诗的麻疹，总之我已经免疫了。我再也不怕达达和超现实的细菌了。……这种否定一切的虚无太可怕了，也太危险了。我终于向它说再见了。②

余光中《一时多少豪杰——浅述我与现文之缘》：我在这份刊物上发表的诗文与翻译，为数可观，其中分量最重的力作应数《天狼星》。此诗长逾六百行，迄今仍是我的最长诗作。当时在《现代文学》第八期刊出，就独占了三十六页，约为该期三分之一的篇幅。白先勇有点过意不去，表示要付一点稿酬。我失笑说道："刊物又不赚钱，免了吧。"结果当然没有稿酬。③

陈芳明《回望"天狼星"》：余：《天狼星》当时对我是一种象征，因为天狼星是天上最亮的恒星。新诗在现代化的过程中，是纷纭而杂乱的，我想抓到一些比较永恒的象征的东西。天狼星是我当时看星象时，最喜爱的一颗星。同时，天狼星在中外的传统上都是晦气星，都是不好的星。像《楚辞》里面，"举长矢兮射天狼"。好像在中国传统

① 余光中：《天狼星》，台北：洪范书店，1998 年，第 160 ～ 162 页。
② 余光中：《掌上雨》，第 184 页。
③ 台北《中国时报·人间副刊》（1988 年 8 月 27 日）。

里，天狼星的出现就有刀兵之灾；老人星的出现就太平。在西方的传统，天狼星出现，古罗马人认为它会增加夏天的炎热；有些古典诗人认为，天狼星的出现会使植物枯焦。总之是一种破坏的力量。当时，在现代文学的运动中，我选择了天狼星，也带有一点自嘲的意味，好像现代诗人、现代画家在当时的社会都被认为是一群叛徒。所以，《天狼星》也有一点以不被众人接受，被传统排斥，但自己可以燃亮自己的气概来写。这一首诗可以说是比较西化、现代化过程中的绝响。……这首诗在现实的层面上，前后是神话的，就像《红楼梦》那样，开头是神话，结尾也是神话，中间是有点现实的。这里面有自传，也有为朋友作传。不过，在自传与他传之间，可以说是所有现代主义者、所有的叛徒的一个总传。

可以综合看来，《天狼星》的自传成分还是大于一切。……它仅仅是一首组合诗，尝试从各个不同的角度，向内省察自己的思想，并向外观察文化的前途。……《天狼星》的主题在哪里？一言以蔽之，便是以现代主义的蓬勃精神，注入逐渐僵化的传统文化之中。根据这个主题，余光中在诗中一方面感叹中国文化的笨重衰老，一方面对于未来的文化前途投以无限的信心。……实质上，我们可以体会余光中努力调和古典与现代之间的差距。……总之，余光中对传统的悲悼，以及对现代主义的寄望，无疑构成了《天狼星》中现实与理想的主题。……很令人失望，《天狼星》并没有表现出现代精神的正面价值。综观全诗，我们只能看到现代精神的破坏性格。或者说，现代诗人的任性和消极布满诗行之间。……在《天狼星》中，传统与现代是两种紧张的力量。对他来说，"传统"既是包袱，又值得留恋；"现代"是一种诱惑，也是一个未知。此两股力量的激荡，颇值得我们深思。……《天狼星》综合了余光中多种的感情，多种的矛盾。有时他流露对传统的依恋，有时却又背叛它；对现代主义则采取拥抱的态度。新旧的冲突，齐集一身。从现在的眼光来看，《天狼星》仿佛代表了台湾新诗的一个过渡阶段，无论思想或技巧方面，此诗提供了一个很好的例证。[1]

陈芳明《艾略特与余光中的诗学对话》：[《天狼星》] 是一九六〇

---

[1] 《书评书目》第 49 期（1977 年 5 月）。

年代台湾诗人最早处理传统与现代互动问题的一首诗。①

　　罗青《百年文学一光中——怀余光中先生》：当年余先生有心在技巧现代化上，急起直追，于是卯足全力，于白先勇主编的《现代文学》（一九六一）发表《天狼星》（长篇诗组），意欲为所有的现代诗人画家，作一篇总传，把痖弦、周梦蝶……等"孤绝诗人"及五月、东方画会的"前卫画家"一网打尽，以"天狼"之晦气不祥，来象征遭社会排斥打压的现代艺术叛徒，而叛徒们则悲壮的燃烧自己大无畏的气概，照亮社会。……余先生想藉此一长诗，与《创世纪》诗刊同仁痖弦的长诗《深渊》（一九五九），还有洛夫的《石室之死亡》，一较长短。……而现在看来，《深渊》在意象丰繁、比喻奇绝、语言节奏、思想结构的经营上，无疑是其中最成功的，堪称新诗百年中的杰作之一。②

2 月，作诗《燧人氏》。

　　罗青《百年文学一光中——怀余光中先生》：同时也加快诗作现代化的脚步，例如《燧人氏》之类作品，意象晦涩，声音凄厉，节奏跳跃，态度叛逆，也完全与"新月派"告别。……二十八年后，余诗在大陆最重要最忠实的推手与知音流沙河先生，在他《余光中一百首》（一九八九）一书中，仍不免视此诗为负面教材，评之为"虚无到了狂悖状态的歪诗"，认为如此达达主义，实在无法接受。可是，这种写法，在当时的诗坛，十分流行，比起某些重度晦涩的作品，《燧人氏》还算属于流畅易懂的"小脚放大"。③

　　2 月，写评论《诗人与天文》，后收入《掌上雨》（1964 年版）。

　　2 月，发表《论保罗·克利》，刊《文星》第 7 卷第 4 期。

　　3 月，美术节前夕，写评论《现代绘画的欣赏》，后收入《左手的缪思》（1963 年版）。

　　3 月，撰评论《论意象》，后收入《掌上雨》（1964 年版）。

　　4 月 6 日，致信痖弦。略云：

---

① 陈芳明：《现代主义及其不满》，台北：联经出版事业公司，2013 年，第 26 页。
② 李瑞腾主编：《听我胸中的烈火——余光中教授纪念文集》，第 93 ~ 94 页。
③ 李瑞腾主编：《听我胸中的烈火——余光中教授纪念文集》，第 93 页。

痖弦兄：

很久没有你的消息了，非常想念。北调之事成否？近来有无新作品？《文星》的诗选已经恢复，由弟主编，《蓝星诗页》改由罗门夫妇接编，两方面都希望你赐稿。至于《蓝星》季刊，恐怕要到诗人节才能出版了。

长诗《天狼星》已完成，共六百廿行，分十一章，神话性的开始与结尾，中间是现实。这是一首半抒情半讽刺的作品，以自传为经，以其他现代主义作者为纬。其中《海军中尉》一章是系写吾兄，《孤独国》系写梦蝶兄，《大武山》系写辛郁及管管二兄，然皆以第一人称之戏剧性独白出之。我拟称此诗为"现代史诗"——它的英雄不是武士或王子，而是现代诗人。在此诗中，我尝试把握一种气氛上的"双重性"，要做到既是个人的，又是民族的；既是时代的，又是历史的；既是现实的，又是神话的。当然，以上仅是我的理想，其结果恐怕是令人失望的。本拟先寄给兄一阅，但定稿时《现代文学》已催着要付排，竟不克如此。只之一章，苟有不妥，尚请原谅。

四月中旬，弟将与王蓝等赴菲一行，主持菲律宾侨校中小学教员暑期文学讲习会之诗课程，约于五月初始返台北。菲律宾兄已去过，不知印象如何？①

4月，发表《"抽象化联展"观后》，刊《文星》第 7 卷第 6 期。

4月17日至5月6日，赴菲律宾讲学。

报　告

窃职因受侨务委员会邀请，前往菲律宾主持侨校中小学教员暑期文艺讲席班之诗歌课程，拟请假三星期（自四月十七日至五月六日），盼能俯允。此致

杜校长

职余光中谨呈（英语系）四月十三日②

余光中《重游马尼拉——出席"亚洲作家会议"散记》：一九六

---

① 据余幼珊教授提供原件。

② 据 2015 年 12 月至 2016 年 1 月台湾师范大学"右手写诗·左手写散文——文学大师余光中特展"原件照。

一年春天，我曾和王蓝、王生善二位先生应……之邀，去马尼拉"讲学"。……为期虽有三周，但授课之余，接触面限于华侨社会。①

余光中《芒果与九重葛》：我第一次赴菲，是和王蓝、王生善同行，去为首届的菲华文艺讲席班授课。当时大家都住在朱一雄的家里。②

5 月 7 日，于马尼拉写散文《塔阿尔湖》，后收入《左手的缪思》（1963 年版）。

5 月，三女佩珊出生。后自取英文名 Wolfie Yu。

6 月 15 日，《蓝星季刊》创刊。覃子豪主编，20 开，54 页，共出 4 期，1962 年 11 月 15 日停刊。该刊一如以往的《蓝星诗选》，除了大量的创作和译介外，还增加了某些外国诗人的特辑和海外之页。在本地创作方面，优秀的诗人如周梦蝶、叶珊、余光中、辛郁、罗门、张默等皆在其中，可谓网罗了台湾诗坛的精英。

6 月，发表《五月画展》，刊《文星》第 8 卷第 2 期。

6 月，发表《六行体：阿尔塔堡》《放逐季（外一章）》，刊《蓝星季刊》第 1 期。

7 月，写评论《论抄袭》《现代诗的节奏》，后收入《掌上雨》（1964 年版）。《现代诗的节奏》一文指出欧化必须掌握分寸。他认为欧化恰到好处才能给人新鲜的感觉，否则就是生硬。欧化只是造成语气的综合性之一因素，而其他的两个因素是口语和文言。之所以要说"现代诗"而不说"白话诗"甚至"新诗"，是因为"白话诗"顾名思义排斥文言，而"新诗"仅仅做到了和"旧诗"对立的地步。现代诗在语气上虽然以口语的节奏为骨干，但往往要乞援于文言的含蓄、简劲与浑成。它要调和文白，但要避免落入文白不分的混乱局面。

金圣华《余光中的"别业"：翻译——余光中教授访问录》：如果完全不像译文，那对中文又有何帮助？如稍带欧化，这种西化也是一种贡献，跟恶性西化有点差别。"译文看不出是译文"的说法，不是翻译的"金科玉律"。③

① 余光中：《左手的缪思》，第 129 页。
② 《联合报》副刊（1985 年 5 月 26 日）。
③ 《明报月刊》1998 年第 10 期。

　　7月，洛夫发表《论余光中的〈天狼星〉》，刊《现代文学》第9期。全文一万余言，批评余光中摇摆于传统与现代之间，使《天狼星》成为一首传统诗。洛夫在分析时，充分表达了自己的诗歌观。他认为余光中的诗是"一首企图以现代技巧表现传统精神的诗"，可是，此诗只是作者巧妙的改变，而不是作者基本精神的表现。这里讲的"基本精神"，是指超现实主义精神。文中作者的艺术观，概括起来就是：其一，现代诗作者应该具有"一种属于自己的，赖以作为创作基础的哲学思想"。这里讲的"哲学思想"，是指存在主义。基于这种哲学思想，洛夫认为《天狼星》注定不会成功。因为"欲在现代诗中刻划出一个完整的人物是必然失败的……在任何现代文学艺术中是无法发现一个明确的人的形象的"。《天狼星》失败的另一个原因，是因为"其饶有具象性"，"面目爽朗，脉络清晰"，"乃流于'欲辩自有言'，'过于可解'的事的叙述"。其二，洛夫表示赞赏法国心理学家赫依波的观点，认为艺术创作有经验与直觉两型之分。由于《天狼星》是先拟好大纲进行创作的，属于一种传统的创作过程，再加上此诗酝酿过程短，写得匆忙，所以它是一首早熟的失败之作。该评论褒贬互见，引起不小的骚动。略云：

　　　　以运用圆熟的文字技巧，丰富的形象所产生的现代趣味，交错于具象性的自然主义与暗示性的象征主义手法所表现的诸多经验之间，而其中又充满热情，忧伤，装饰音的浪漫气氛，这就是《天狼星》的特质，也是作者苦心孤诣欲使《天》诗成为多彩多姿，声色俱备的"计划创作"。因其饶有具象性，故《天》诗得以面目爽朗，脉络清晰，纵使作者所展露的意象光怪陆离，驳杂纷纭，仍极易为读者所捕捉、所还原。唯其如此，《天》诗乃流于"欲辩自有言"，"过于可解"的事的叙述，这就是诗意稀薄而构成《天》诗失败的一面的基本因素。故意隐藏，高度晦涩可能变成一首坏诗，一首伪诗，自不为格调高远的作者所取，但过于可解，就现代诗的观点而言，势必造成"可感"因素的贫弱。

　　　　洛夫《洛夫诗论选集·自序》（写于1977年元月7日）：当时的我，不论在文学观念上或独立思考上都不够成熟，不够深刻，其中某些看法浮泛而零碎，至今读来，自己都难免为之失笑。……十五年后的我唯一改变的是，我已学到如何尊重他人的看法。[1]

余光中《一时多少豪杰——浅述我与现文之缘》：在下一期读到洛夫的《天狼星论》。当时年少，沉不住气，和他论战起来，也因此促使我告别了现代主义，缩短了我西游浪荡的岁月。这收获，却是任何稿酬无法相比的。[2]

胡亮《洛夫访谈：台湾诗，"修正超现实主义"，时病》：他曾作出反传统的姿态，但我认为那只是一顶时髦的帽子，他骨子里从一开始便是传统的，深不可拔；而那时我则是一个彻头彻尾的现代主义追求者，看不惯假冒的现代派。[3]

陈芳明《回望"天狼星"》：洛夫的反应使我心中本来已经渐渐成形的看法更加确定。他认为，这首诗有许多地方不好，那就是太传统了。我再仔细一想，传统并不是不好，如果我顺着他的话去做，整个与传统切断，恐怕我现在漂流在哪里，也不知道。同时，他说感情也是个传统，国家之思、亡母之痛，也是传统，当时也令我非常反感。我认为我应该往传统这方面发展，后来我真的往这方面去多写。他这种说法，我觉得是西化的极端。好像家国不能写，似乎一写就是八股。我当时也向他挑战，我说你不敢写这类题材。因为，他要超越时空，家国之思、亡母之痛，这些就会落到固定的时空来。所以，这首诗倒促使我毅然决然回头走。……我觉得他对我的批评，对我是一个拯救。[4]

陈芳明《诗的志业——悼念余光中》：余老师在诗艺上的重大突破，可能发生于一九六二年与洛夫之间的"天狼星论战"。洛夫强调现代诗必须反传统，余老师则坚持他维护传统的立场。经过那次论战后，他才到达了《莲的联想》，也更进一步到达《敲打乐》与《在冷战的年代》。从此以后，他已经确立了稳定的诗风。[5]

8 月 1 日，于淡水作诗《六角亭》，后收入《莲的联想》（1964 年版）。

① 洛夫：《洛夫诗论选集》，台北：开源出版公司，1977 年，第 1 页。
② 台北《中国时报·人间副刊》（1988 年 8 月 27 日）。
③ 《诗歌月刊》第 5 期（2011 年）。
④ 《书评书目》第 49 期（1977 年 5 月）。
⑤ 《自由时报》（2017 年 12 月 24 日）。

8月，发表《雕塑家贾可美蒂》，刊《文星》第8卷第4期。

9月13日，张学玄发表《谈余光中的诗集〈万圣节〉》，刊《香港时报·浅水湾》。

9月，翻译《克利的早期生活》，刊《文星》第8卷第5期。

10月12日，作诗《重上大度山》。

> 余光中《现代诗：读者与作者》：曾在本刊发表过的《重上大度山》一诗中，便有如下的几行：

> 拨开你长睫上重重的夜／就发现神话很守时／星空，非常希腊。

> 最后一行，有些朋友认为"不通"，因为"非常"是副词，"希腊"是专有名词。可是我自己认为，如此表现，有其必要性，因为无论将末行改成"星空，非常希腊化"，"星空，非常像希腊的星空"，都不美好，也不是作者的原意。①

> 王洞《敬悼余光中》：余先生写诗为文，不仅力图流畅，而且创新，在《重上大度山》里，有"星空，非常希腊"一句，常被人断章取义，以讹传讹，变成了"天空非常希腊"，遭人嘲笑。②

10月18日，重九，34岁生日，作诗《登圆通寺》，后收入《五陵少年》（1993年版）。

10月20日，撰《毕加索——现代艺术的魔术师》，刊《文星》第8卷第6期；后收入《左手的缪思》（1963年版）。

10月26日，作诗《莲池边》，后收入《莲的联想》（1964年版）。

10月，发表《女诗人蓉子》，刊台湾《文艺生活》第2期。

10月，发表《幼稚的"现代病"》，刊《蓝星诗页》第35期；后收入《掌上雨》（1964年版）。文中提出现代诗明朗化的主张，抗议现代诗日趋晦涩的倾向。其中的一些言论无疑在指责以超现实主义为创作理念的洛夫等人，虽未言明对象，但论战的烽火已然点起。略云：

> 以为一切现代化，非现代不乐，而又误解了现代精神……这种心理癌症的患者非但甘之若饴，乐之不疲，而且希望健康的人也与他们

---

① 余光中：《掌上雨》，第168页。

② 李瑞腾主编：《听我胸中的烈火——余光中教授纪念文集》，第310页。

绝症共患，同病相怜，否则，别人就不够现代……惜乎"现代病"的患者只接触一种传统（例如三十年前的超现实主义）而排斥其他传统，复强调他人与之同病。

11 月 10 日，作诗《莲的联想》，刊同月《蓝星诗页》第 36 期；后收入《莲的联想》（1964 年版）。

> 《联合报》（2018 年 3 月 7 日）：〇怀念余光中：一生知音·一世情谊（刘国松）〇有一天，他特别告诉我：《莲的联想》就是在去你植物园的家，经过历史博物馆后面的莲花池有感而创作的。

> 余光中《从古典诗到现代诗》：《莲的联想》……等诗，无异是我宣告脱离狭义的现代主义的声明。我自由了。我回到阳光中自由呼吸了。[1]

> 陈芳明《冷战年代的歌手》：以他的新古典时期为例，当时的一般诗人都普遍地奔向"现代化"的高速公路，只有余光中稳下脚步，毅然向中国的传统文学索取诗情。……在这首诗里，或者说，在这个时期，他以莲为重要的意象。对他来说，莲，与其说是现实的具体花瓣，不如说是东方的象征，中国的象征。[2]

12 月 10 日，发表《再见，虚无！》（写于 12 月 6 日），刊《蓝星诗页》第 37 期；后收入《掌上雨》（1964 年版）。该文正式回应洛夫的批判，宣告回归中国古典。此后，洛夫并未再作回应，双方论战就此告一段落。不过，余光中仍在论战后接着发表了《现代诗：读者与作者》《从古典诗到现代诗》《论明朗》《迎中国的文艺复兴》《古董店与委托行之间》等篇，再次强调自己重新审视传统的决心，亦不乏再次对创世纪诗社等人的"虚无"提出批评，也含有不少对于《天狼星论》的再回应。

《再见，虚无！》反驳的重点是洛夫文中体现的"虚无"思想。作者很清楚地看出现代诗将有两条"泾渭分明，同源而异向"的发展道路，一条是往传统走，一条是更往现代主义的路线走。在后续的回应中，他将洛夫《天狼星论》的艺术观一分为二：一是哲学思想上，属存在主义；二是创作方法论上，以达达主义或超现实主义观之。略云：

---

[1]　余光中：《掌上雨》，第 184 页。
[2]　《龙族》诗刊第 6 期（1972 年 5 月）。

它们是互为表里的。由于人是无意义的、空虚的、不可捉摸的，由于一切道德价值都是秽亵的、抽象的，所以任何企图认识人，认识人性，认识世界的作品，在现代文艺的领域中，都是必然失败的，所以诗中的意象应该力求避免爽朗和清晰，避免"过于可解"，甚至要"不求读者了解"。

洛夫先生的理论是很矛盾的，一方面他说明人是"空虚的，无意义的，模糊不可辨认的"……洛夫先生似乎是一个"主义至上者"（ismaniac），或者"主义主义者"（ismismist）。他是一个玩弄主义的魔术师。在他看来，任何作家都可以很方便地纳入某种主义……忽略了周梦蝶人格与艺术思想的发掘。既然人毫无意义，则我们何必斤斤计较"人格"与"思想"？……[诗]应该能满足一些"被选择的心灵"，一些同道……分享经验是愉快的，而明朗可悟的意象正是分享的媒介。……如果说，只有达达主义与超现实主义才是现代诗的指南针，与此背向而驰的皆是传统的路程；如果说，必须承认人是空虚而无意义才能写现代诗，只有破碎的意象才是现代诗的意象，则我乐于向这种"现代诗"说再见。

余光中《天狼星仍嗥光年外——〈天狼星〉诗集后记》：《天狼星》旧稿在命题、结构、意象、节奏、语言各方面都有重大的毛病。[1]

丁宗皓《在传统与现代之间——余光中先生访谈录》：虚无是个很大的问题，她比悲剧可怕，因为悲剧是向上的挣扎。其绝望仍是责任感的表现，而虚无则是向下的自溺，其绝望是道德的真空状态。

在现代主义风行的时候，我开始思考怎样面对传统和西方诗歌影响的问题。我开始醒悟，古典的影响是继承，但必须脱胎换骨，西洋的影响是观摩，但必须取舍有方。株守传统最多成为孝子，一味西化必然沦为浪子。

……我写了《再见，虚无！》一文与之讨论，这也是台湾第一次关于诗歌观念的大讨论。我在这一文章里所说的就是这样一个观点：诗歌应该摆脱现代思潮所带来的虚无主义倾向，我乐于向这种"现代诗"说再见。我说我不一定认为人是有意义的，我尤其不敢说我已经

---

[1] 余光中：《余光中集》第一卷，第478页。

把握住了人的意义。但是我坚信，寻找这种意义，正是许多文学作品的最严肃的主题。……从诗歌的发展来看，这的确是一次重要的争论，它已经触及到了诗歌怎样在当代确立自己的品质的问题。①

郭虹《拥有四度空间的学者——余光中先生访谈录》：不过我在1961 年就已警觉西化之失，并向很多西化作家直言苦谏，更不惜向虚无与晦涩断然告别，回归传统。但是这个时候的传统已经融合了现代精神——正所谓"中国诗的现代化"。②

陈芳明《窥探余光中的诗学工程》：余光中与洛夫之间的论战，现在已经升格为战后台湾诗史的一个经典。两人所提出的诗观，无疑是为后来的新诗发展提供一个范式。……所有的论战，都不可能提出最终答案：真正的答案，应该是在创作的实践中具体浮现。……通过这场论战之后，余光中开始进入他自称的"新古典主义"时期。所谓新，指的是现代；所谓古典，指的是传统。余光中与洛夫，并不因这场论战的发生决裂。但是两人的诗风，则出现天南地北的转折。余光中展开《莲的联想》之后的丰收阶段，包括《敲打乐》《在冷战的年代》《白玉苦瓜》等重要作品。洛夫则开启《石室之死亡》的生命诗作，以及后来的《外外集》《无岸之河》与《魔歌》。1970 年代，跨过现代主义的高峰之后，洛夫也开始朝向传统回归，使余、洛两人的论战，获得较为清晰的答案。③

12 月，发表诗歌《狂诗人》、评论《评石译英国文学史》，刊《文星》第9 卷第 2 期。同期还有他与张健、蓉子、周鼎的《文星诗选》。

是年，与林以亮、梁实秋、夏菁、张爱玲等合译《美国诗选》，香港今日世界出版社出版。该书由林以亮（Stephen Soong）编选，1988 年由台北英文杂志社再版。【按：今日世界出版社是冷战期间美国新闻署在香港支持创办的出版机构，宣传美国的价值观，翻译出版大量的美国文学作品。该出版社汇集了一群翻译高手，如宋淇、高克毅、思果、汤新楣、张爱玲、姚克、王敬羲、余光中、聂华苓、刘绍铭、戴天等；先后翻译了霍桑、爱

---

① 《当代作家评论》1997 年第 6 期。
② 《文艺研究》2010 年第 2 期。
③ 陈芳明编选：《台湾现当代作家研究资料汇编：余光中》，台南：台湾文学馆，2013 年，第 109～110 页。

默森、欧文、海明威、安德森、费滋杰罗、史坦贝克、奥尼尔、怀尔德、贝娄、玛拉末等作家的作品。】

余光中《沙田七友记》：宋淇是批评家，翻译家，诗人，编辑——这四方面和我们当初的结缘，全有关系。……他为"今日世界社"主编一册《美国诗选》，苦于少人合作，乃请吴鲁芹在台北做"译探"。吴鲁芹把我的一些翻译寄给他看，他欣然接受，我便成为该诗选的六位译者之一。①

金圣华《余光中的"别业"：翻译——余光中教授访问录》：宋淇主编的《美国诗选》，大概有一半是我译的，其中要译的诗人很多，例如爱伦坡，他的形式是很复杂的，如 alliteration（头韵）等，翻起来都必须克服，至少译出来是一种 approximation，虽说不是对等，但是却是一种近似原作的风格。……

翻译的过程，一半知性，一半感性。译诗，是蛮感性的。原则上，译者应该是个"千面演员"，演什么角色，角色需要什么，就表现什么。真正译的时候，译者本身的风格，当然也有关系。

我认为原文的形式，应尽量贴近，这样，译者风格就不会笼罩原文了。以译诗来说，我是想做到韵体诗译出来要押韵，很多人一译，就变成自由诗了，这就不合格了。反过来说，把自由诗译成工整的押韵的情况就比较少。我自己对这点一向都很自制。②

单德兴《第十位缪斯——余光中访谈录》：宋淇正受香港美新处之托，要编一本美国诗选，找人分头来翻译。吴鲁芹极力推荐我，寄了些样品给他看，他觉得可以，从此我就跟宋淇交往很多，他对我的翻译多所鼓励。那本《美国诗选》共列了六位译者，其实全书几乎有一半都是我翻的，张爱玲翻得很少，夏菁很少，梁实秋很少，邢光祖也不多。③【按：该集共同署名的译者共四位：张爱玲、林以亮、邢光祖、余光中。梁实秋和夏菁只出现在目录中。】

单德兴《守护与自持——范我存访谈录》：翻译《梵谷传》时，正好"美新处"要把美国文学推广到台湾和香港地区，必须找人翻译。

---

① 余光中：《记忆像铁轨一样长》，第 246 页。
② 《明报月刊》1998 年第 10 期。
③ 单德兴：《却顾所来径——当代名家访谈录》，第 193 页。

香港的宋淇（笔名林以亮）看到光中的译诗，非常欣赏，便通过夏济安的关系，开始和光中通信，请他译美国诗，资料由吴鲁芹先生提供。①

单德兴《回顾台湾英美文学界——余光中教授访谈录》：我大概译了五分之三，宋淇（林以亮）、邢光祖、张爱玲、夏菁、梁实秋其他五个人译了五分之二。……林以亮主编那本书时，找不到人跟他合作，后来吴鲁芹告诉他，台大有一个毕业生还不错，所以就找上我。他看了我译诗的样品就决定邀我入伙。②

夏菁《完全是为了好胜——祝余光中兄八十寿辰》：他和林以亮、梁实秋、张爱玲和笔者等合译的《美国诗选》，又在香港出版。声名大噪，他才三十多岁而已！③

李进文《我不伦不类的文学启蒙》：最早拥有的译诗选集《美国诗选》，由林以亮先生编选，译者都是一时之选，包括林以亮本人、梁实秋、夏菁、张爱玲、余光中、邢光祖等人，共选译了十七位美国重要诗人的作品。每一位诗人作品前都有译者用心写的诗人生平和著作。……这本书是最早对我启蒙的翻译诗选。……从这本有系统的翻译诗选，我第一次读到爱蜜莉·狄瑾荪，透过余光中精彩的译笔给我极大的震撼，爱蜜莉形容"报纸像松鼠赛跑"，她看到蛇感到"骨髓里降为零度"，写殉美则是"直到青苔爬到了唇际，将我们的名字遮掩"，多么新颖迷人的比喻。④

是年，与"国语派"作家在《文星》展开文白之争。

是年，在东吴大学、东海大学、淡江大学兼课。

1962 年（壬寅）　　35 岁

2 月 5 日，英国著名诗人兼学者、时任香港大学教授爱德门·布伦敦（Edmund Blunden，1896～？）致信余光中。

① 单德兴：《翻译家余光中》，第 273～274 页。
② 台湾《英美文学评论》第 32 期（2018 年 6 月）。
③ 苏其康主编：《诗歌天保——余光中教授八十庆专集》，第 292 页。
④ 台北《中华日报》副刊 B7（2012 年 12 月 5 日）。

光中先生：

　　承赐尊译《中国新诗选》一册，并蒙题字，一直想写信向你致谢。非但致谢，还要致敬。贵国的诗人有你为他们介绍并翻译，一定感到欣慰。及展读尊译，更感到令我愉快的，是发现你曾在艾奥瓦州立大学读书，我想你的老师正是我旧日的学生和多年的朋友保罗·安格尔（Paul Engle）。

　　无疑地，贵国诗坛很有生气；我想个人始终还是个人，不管在某些方面他们多受"运动"观念的影响。

　　　　　　　　　　　　　　　　　　　　　　　　　　　　布伦敦

　　　　　　　　　　　　　　　　　一九六二年二月五日于香港大学①

　　2月16日，写评论《现代诗：读者与作者》，刊《作品》第3卷第3期；后收入《掌上雨》（1964年版）。

　　2月24日，胡适病逝于台湾南港"中研院"，享年72岁。

　　2月26日，写散文《中国的良心——胡适》，刊3月《文星》第9卷第5期"追思胡适之先生"栏；后收入《左手的缪思》（1963年版）。

　　　　夏志清《余光中：怀国与乡愁的延续》：一九六二年胡适逝世……台湾某些人贬损他时，余氏挺身而出，特别写了一首诗颂扬他，还撰文为他辩护，题为《中国的良心——胡适》。不过，余氏亦深感五四文学革命运动主张的狭隘，以及胡适鼓吹扬弃古文、提倡浅易白话口语所产生的坏影响，并深以为忧。②

　　2月，美国新泽西迪金森大学出版的《文学评论》（*The Literary Review*）出刊"国际文学特辑"，收录中国、希腊、法国、土耳其、印度、巴基斯坦、智利、美国等国之文学作品。其中中国之部分量最重，占27页，系采余光中之英译，计有覃子豪、夏菁、余光中、吴望尧、罗门、张健、叶珊、黄用、敻虹、阮囊、钟鼎文、痖弦、郑愁予、纪弦、杨唤、林泠、方思等17家。

　　4月24日，作诗《蜜月——给仍是新娘的妻》，后收入《五陵少年》（1993年版）、《风筝怨》（2017年版）等。

---

① 余光中：《余光中集》第七卷，第137页。
② 黄维樑编著：《火浴的凤凰——余光中作品评论集》，第384页。

4 月 29 日，午夜，作诗《春天，遂想起》，后收入《五陵少年》（1993
年版）。

4 月，写散文《舞与舞者》，后收入《左手的缪思》（1963 年版）。

5 月 4 日，获台湾文艺协会第三届文艺奖新诗奖，也是第一位新诗人
获此项荣誉。

同日，发表诗歌《啊，春天来了》，刊《联合报》。

5 月 6 日，于南港胡适灵堂作悼念诗《香杉棺》。诗中用了很多文言句法。

> 余光中《掌上雨》：我觉得必须如此，才够气派，够力量，够老
> 成，才能产生恰如其分的严肃的距离。①

5 月 13 日，应《自由青年》主编吕天行之邀写评论《从古典诗到现代
诗——但觉高歌有鬼神　焉知饿死填沟壑》，刊《自由青年》第 315 期；后
收入《掌上雨》（1964 年版）。该文进一步阐述并确立了余光中的"传统"
观。略云：

> ……关于传统，在对外论战期间，我从未主张彻底加以反叛。我
> 是有所选择有所摈弃的，这是我和黄用先生不同之处。在对内的讨论
> 之中，我主张扩大现代诗的领域，采取广义的现代主义。我坚决反对
> 晦涩与虚无，反对以存在与达达相为表里的恶魔派。我认为，用现代
> 手法处理现代题材的作品固然是现代诗，用现代手法处理传统题材的
> 作品也是现代诗，且更广阔而有前途。我认为现代诗可以调和口语，
> 文言，和欧化各种语法，且认为必要时可以恢复脚韵，事实上我在近
> 作《大度山》和《香杉棺》中已经如此做了。我认为，一位诗人经过
> 现代化的洗礼之后，应该炼成一种点金术，把任何传统的东西都点成
> 现代，他不必绕着弯子去逃避传统，也不必武装起来去反叛传统。
>
> 我认为：反叛传统不如利用传统。狭窄的现代诗人但见传统与现
> 代之异，不见两者之同，但见两者之分，不见两者之合。对于传统，一
> 位真正的现代诗人应该知道如何入而复出，出而复入，以至自由出入。②

5 月 14 日，发表诗歌《香杉棺》，刊《联合报》。

---

① 余光中：《掌上雨》，第 56 页。
② 余光中：《掌上雨》，第 189 页。

5月15日，夜，写评论《论明朗》，初刊《纵横季刊》第6期；后收入《掌上雨》（1964年版）。该文显然是针对纵横诗刊社的青年诗人提出的现代诗明朗化的要求而写的。文中强调"内容的虚无和形式的晦涩"，是台湾现代诗所面临的两大危机。他对造成一首诗晦涩的原因做了具体分析：第一，作者独特之表现方式。第二，作者以私生活入诗。第三，对别人经验的过度依赖。第四，作者有顾忌。第五，作者有意地晦涩，为晦涩而晦涩。这种人宁可写一首"难懂的坏诗"，不愿写一首"可解的好诗"，"他们忽略了一点：即'可解'的诗往往仍不失为'耐读'的诗。我所谓的'明朗'正是兼具'可解'与'耐读'这两种特质的优点"。他还认为："并不是任何时代都应该提出明朗的。例如在五四时代，诗坛太浅显一点，宁可强调含蓄。今日的情形趋向另一极端，乃感明朗之可贵。现代诗的痼疾已经害够了"，是该清醒和走向明朗了。略云：

> 经验的混乱，加上表达的混乱，已经使我们的现代主义，挟《太平洋二三一》式重吨火车头之威势而滚进的现代主义，冲入了并无出口的黑隧道之中。作者们耻于言之有物，也耻于言之可解。发展到今日的地步，广大读者之不解现代诗已属不争之事实，即使现代诗作者与作者之间，也演成了失却联络的局面。……现代诗的晦涩大半是意象上的，中国的现代诗尤其是如此。我们不能否认，超现实主义在表现内在的现实和解放想象力上的或正或反的作用，可是我们也无法否认，它是功过参半，甚或过多于功的，因为它要推翻意识在创作时的作用，和任何理性的约束。①

> 丁宗皓《在传统与现代之间——余光中先生访谈录》：看不懂就排斥，就否定其价值，新诗的问题可不是这么简单。看不懂是因为新诗晦涩，但晦涩自有原因，比如回避政治的检查；写情人怕太太发现；功力不济，语言不会驾驭；文不对题等等。但诗歌清如水好吗？陶渊明的好吗？李商隐的不好吗？梁启超曾经说过李商隐的诗：我不知他写的是什么，但美。晦涩可以，但必须美，晦涩而不美就不行，晦涩但百读不厌还是成功。李贺、李商隐、黄庭坚、苏东坡也一样。新诗因为有哲学意味，有西洋典故在其中，因而就有了晦涩的特征，但晦

---

① 余光中:《掌上雨》，第15、17页。

涩不是评价诗歌好坏的标准。①

5 月 21 日，写评论《朴素的五月——"现代绘画赴美展览预展"观后》，刊 6 月 1 日《文星》第 10 卷第 2 期；后收入《左手的缪思》（1963 年版）。《朴素的五月》一文解释了他称呼《五月》画展为"朴素的"之原因——展出的作品都是纯抽象的、以灰黑为主调的单色画作，并首次提出潜藏于《五月》画作中的"东方自觉"的表现，认为这是画家对当时画坛盲目追随西欧画坛，一片艳丽的复色（polychromatic）所提出的反省：以朴素的"单色"（黑色），呈现"抽象"的"东方"。简言之，"黑色"即"抽象"即"东方"即"中国美学"。不过"东方"非等同于"传统"，所以"回到东方"并不等同于"回到传统"。他说：

> 回到东方固然很好，忘掉这是现代却不行。东方是静的……这种静，应该是力的平衡，而不是力的松懈，应该是富于动的潜力的静，而不是动的终止。东方应是积极的，不是消极的。抽象的东方是高度的东方，也是最难把握的。

5 月 27 日，夜，作诗《等你，在雨中》，后收入《莲的联想》（1964 年版）。【按：该诗后被收录在台湾地区的高中"国文"课本里，又由高雄茄萣的名书法家薛平南先生书写，挂于附中八德馆六楼会议厅入口两侧。】

> 流沙河《台湾诗人十二家》：……一九六一年他与台湾现代诗人洛夫论战，发表《再见，虚无！》一文以纠正对传统的虚无态度，主张回到中国古典传统中去。
>
> 余光中这样说，也这样做。论战的第二年他写的爱情诗《等你，在雨中》……洋句型仿佛是英文的直译。"瑞士表说都七点了"一句与"最母亲的"和"很液体的"两个形容词一样，纯系洋腔。可是那位踏着红莲翩翩而来的，从南宋姜夔婉约清丽的词里步着诗韵而来的，绝不会是安娜或玛丽，只能是一位中国的窈窕淑女。至于雨后荷花，蛙鼓蝉吟，细雨黄昏，更是当然的国产品。台湾有的诗人爱洋货，如夜莺、玫瑰、紫罗兰。现在我们这里也有人爱"勿忘我草"了。当然可以爱的，不过须知此洋名 Forget-me-not（不要忘记我），并非中国土

---

① 《当代作家评论》1997 年第 6 期。

产，且在中国不常见的。①

5 月，写评论《从一首唐诗说起》，刊 6 月《文星》第 10 卷第 2 期；后收入《掌上雨》（1964 年版）。

5 月，与周梦蝶、王恺合写《文星诗选》及诗歌《怀夏菁》，刊《文星》第 10 卷第 1 期。

6 月 1 日，发表诗歌《不详九行》，刊《文星》第 10 卷第 2 期。

6 月 13 日，作诗《满月下——"不堪盈手赠，还寝梦佳期"变奏》，刊 6 月 22 日《联合报》；后收入《莲的联想》（1964 年版）。

6 月 22 日，作诗《那天下午》，后收入《莲的联想》（1964 年版）。

6 月 24 日，于淡水作诗《观音山》，刊 7 月 4 日《联合报》；后收入《莲的联想》（1964 年版）。【按：据范我存讲述，余先生喜欢观世音菩萨，更喜欢文殊菩萨。②他后来的诗集也取名《隔水观音》。2007 年 11 月 13 日至 2008 年 3 月 16 日，十三行博物馆观音山草药暨植物摄影特展之纪念明信片就选用了余光中的这首诗。】

6 月 28 日，夜，作诗《劫》，后收入《莲的联想》（1964 年版）。

7 月 4 日，夜，作诗《凝望》，后收入《莲的联想》（1964 年版）。

7 月 10 日，作诗《碧潭——载不动　许多愁》，后收入《莲的联想》（1964 年版）。诗人暑假里来碧潭游玩，被"躲，阳伞下"的情侣和"大二女生的笑声"所触动，油然生出莫名的失落、惆怅情绪，并由此诱发出一连串美艳而又忧伤的联想，于是创作出这首诗。该诗是诗人与其夫人的爱情连理枝上所结的一枚金果。

7 月 20 日，作诗《音乐会》，后收入《莲的联想》（1964 年版）。

7 月 23 日，作诗《啊太真》，后收入《莲的联想》（1964 年版）。

7 月 26 日，晨，作诗《月光曲——杜布西的钢琴曲 Claire de Lune》，后收入《莲的联想》（1964 年版）。

7 月，写评论《迎中国的文艺复兴——行到水穷处，坐看云起时》，刊 8 月 1 日《文星》第 10 卷第 4 期；后收入《掌上雨》（1964 年版）。文中表达了余光中对中西文化论争的看法。略云：

---

① 流沙河编著：《台湾诗人十二家》，第 31～32 页。

② 单德兴：《翻译家余光中》，第 285 页。

问题不是中国之西化，而是中国之现代化。如是则中西文化论争殆亦今古之争，而今古之争是自古至今，自今而后永无休止的争执。……文化之进展往往需要相反的因素相激相荡，以至于相辅相成……否定往往成为肯定的先驱，建设之前也许无法避免破坏。问题在于：仅仅否定或破坏，而无肯定或建设，是不够的。……中国现代文艺如有大成之一日，那必是在作品中使东西方欣然会合之时。到那时，不但现代文艺运动成功，且亦实现了我们的文艺复兴，对我们古典文艺，对五四的新文艺，也才算有了一个交代。……西方不是我们的最终目的，我们最终的目的是就是中国的现代诗。这种诗是中国的，但不是古董，我们志在役古，不在复古；同时，它是现代的，我们志在现代化，不在西化。……我们最终的目的仍是中国。……当新诗即诗，西画即画，西乐即乐，一切艺术不分中西，尽皆纳入我国的传统，一直要到这样的一天，中国的现代文艺才算取得嫡系的正统地位，而中国的文艺复兴才算正式开始。

7 月，发表诗歌《劫》，刊台湾《葡萄园季刊》第 1 期。

8 月 1 日，发表译文《彭斯情书三封》，刊《文星》第 10 卷第 4 期。

8 月 3 日，晨，作诗《下次的约会——临别殷勤重寄词　词中有誓两心知》，后收入《莲的联想》（1964 年版）。

8 月 9 日，作诗《茫》，后收入《莲的联想》（1964 年版）。

8 月 10 日，作诗《幻》，后收入《莲的联想》（1964 年版）。

8 月 15 日，中元次夕，作诗《中元夜——上穷碧落下黄泉　两处茫茫皆不见》，后收入《莲的联想》（1964 年版）。

8 月 18 日，作诗《遗》，后收入《莲的联想》（1964 年版）。

8 月 22 日，作诗《握》，后收入《莲的联想》（1964 年版）。

8 月 27 日，作诗《诀》，后收入《莲的联想》（1964 年版）。

8 月 30 日，作诗《永远，我等》，后收入《莲的联想》（1964 年版）。

同日，写散文《古董店与委托行之间——谈谈中国现代诗的前途》，刊 9 月 1 日《联合报》；又刊同月《文星》第 10 卷第 5 期；后收入《掌上雨》（1964 年版）。这是他对新诗论战与现代主义批驳的总结，他在此文中为中国现代诗的前途提供了可行的方法。略云：

我们要求中国的现代诗人们再认识中国的古典传统，俾能承先启后，于中国诗的现代化之后，进入现代诗的中国化，而共同促成中国的文艺复兴。……我们大呼"回到中国"来，可是我们并不因此放弃对西方的学习……西化不是我们的最终目的，我们的最终目的是中国化的现代诗。这种诗是中国的，但不是古董，我们志在役古，不在复古；同时它是现代的，但不应该是洋货，我们志在现代化，不在西化。这样子的诗该是属于中国的，现代中国的，现代中国的年轻一代的。①

丁宗皓《在传统与现代之间——余光中先生访谈录》：1962 年 8 月 30 日，我曾写过一篇名为《古董店与委托行之间》的文章。我讲在政治上，我们收回了许多租界，但在文学上我们的文坛或多或少地成了西方文学的殖民地，文化上的全面西化，往往牵一发而动全身，非一人之力一时之功所能奏功。然而文学上的全面西化往往朝发夕至，只要一意孤行，便可在六百字的稿纸上实施起来，其结果是混乱。这种混乱一日不澄清，年青一代的价值观与美感就无法恢复，而中国的文学就一日无法独立。②

9 月 5 日，作诗《雨栖》，后收入《莲的联想》（1964 年版）。

9 月 10 日，作诗《第七度》，后收入《莲的联想》（1964 年版）。

9 月 29 日，夜，作诗《醒》，后收入《莲的联想》（1964 年版）。

9 月，写散文《美国的诗坛顽童卡明斯》，后收入《左手的缪思》（1963 年版）。

10 月 1 日，作诗《情人的血特别红》，后收入《莲的联想》（1964 年版）。

同日，陈一山发表《现代新诗的欣赏——余光中的〈钟乳石〉》，刊《文坛》第 211 期（10 月号）。

10 月 22 日，写评论《论情诗——直道相思了无益，未妨惆怅是清狂》。

10 月 23 日，写评论《翻译和批评》，后收入《掌上雨》（1964 年版）。

10 月，写评论《谈新诗的语言》，后收入《掌上雨》（1964 年版）。文中认为纯粹的白话，俚俗的白话，毫未加工、仍停留在原料阶段的白话，不能成为新文学的精美语言。他指出：

---

① 余光中：《掌上雨》，第 213 ～ 214 页。

② 《当代作家评论》1997 年第 6 期。

将不同的因素冶于一炉，而使之产生浑然一体的美感效果，是诗人艺术的可贵之处。……我理想中的新诗的语言，是以白话为骨干，以适度的欧化及文言句法为调剂的新的综合语言。[1]

10 月，发表《美国诗坛顽童康明思》，刊《文星》第 10 卷第 6 期；后收入《左手的缪思》（1963 年版）。

10 月，胡品清女士编译的《中国当代新诗选》（*La Poèsie Chinoise Contemporaine*）法文本，由法国 Seghers Paris 出版。此书印刷精美，计 254 页。该书收录覃子豪、余光中、纪弦、郑愁予、吴望尧、钟鼎文、夏菁、周梦蝶等 30 多位台湾诗人的作品，每位作者附一小传，前有译者之序介。

11 月 3 日，作诗《遥》，后收入《莲的联想》（1964 年版）。

11 月 6 日，黄昏，作诗《烛光中——生年不满百 常怀千岁忧 昼短苦夜长 何不秉烛游》，后收入《莲的联想》（1964 年版）。

11 月 13 日，夜，作诗《昇》，后收入《莲的联想》（1964 年版）。

11 月 25 日，李敖致信恋人王尚勤。略云：

余光中拿梁实秋和我的文章在师大的翻译课班上试由学生翻译，试验结果，认为我的文章比梁实秋的容易译，换句话说，语法比梁的西化得多。[2]

11 月，发表诗歌《第七度》、评论《翻译与批评》，刊《文星》第 11 卷第 1 期；后者收入《掌上雨》（1964 年版）、《翻译乃大道，译者独憔悴》（2021 年版）。

12 月 9 日，主持现代诗朗诵会。

李敖《致王尚勤》（12 月 4 日）：余光中主持本月 9 日"现代诗朗诵会"，约你去。可惜你不能来，你若能来，现代"诗人"们看到当代 Helen，一定灵感大发，纷纷情诗满天飞了！

光中约我也朗诵一首，我敬谢不敏。

我只会朗诵我在高二念完所做的五绝一首："丈夫振臂起，刀斩群

① 余光中：《掌上雨》，第 53、55 ～ 56 页。
② 陈才生：《我的江湖越来越小——李敖师友纪》，北京：民主与建设出版社，2016 年，第 124 页。

蝼蚁，打倒王八蛋，消灭狗男女。"如此而已。①

　　李敖《致王尚勤》（12月9日）：光中昨晚未能来，打电话来说今晚的"现代诗朗诵会"我一定要去，因为他已在师大课堂上宣布——"李敖要来"，当时他的学生"为之轰动"！②

12月27日，赴菲律宾出席第一届亚洲作家会议。

　　余光中《重游马尼拉——出席"亚洲作家会议"散记》：去年耶诞前夕，因参加"中国笔会"代表团出席"亚洲作家会议"（Asian Writers' Conference），去最近的邻国菲律宾作客十天，在马尼拉度过耶诞与新年。在我，马尼拉已是重游。③

　　余光中《芒果与九重葛》：第二次再去，是参加亚洲作家会议：当时台湾笔会代表团的团长是罗家伦，现在不但他已作古，即连其他代表如李曼瑰、邱言曦等也都去世了。……当日我住过的马尼拉酒店，已经完全改建，面目一新。④

　　王金城、袁勇麟《中国当代文学编年史·港澳台文学》：［12月］27日，"第1届亚洲作家会议"在菲律宾马尼拉举行，台湾作家代表团由罗家伦担任团长，参加的作家有陈纪滢、李曼瑰、钟鼎文、邱楠、余光中、王蓝、冯放民、卢月化等。⑤

　　《联合报》（2018年1月15日）：○余光中遗作之1/梦见父亲○罗家伦1961年【按：应为1962年】率领我们从台北赴马尼拉参加国际文学研讨会。

　　是年，翻译毛姆的小说《书袋》（"The Book Bag"），重刊于《联合报》副刊。

---

① 陈才生：《我的江湖越来越小——李敖师友纪》，第125页。
② 陈才生：《我的江湖越来越小——李敖师友纪》，第125页。
③ 余光中：《左手的缪思》，第129页。
④ 《联合报》副刊（1985年5月26日）。
⑤ 张健主编，王金城、袁勇麟本卷主编：《中国当代文学编年史》第十卷《港澳台文学（1949～2007）》上册，济南：山东文艺出版社，2012年，第184页。

1963 年（癸卯）　36 岁

1 月 12 日，作诗《回旋曲》，后收入《莲的联想》（1964 年版）。

1 月 16 日，写散文《重游马尼拉——出席"亚洲作家会议"散记》，后收入《左手的缪思》（1963 年版）。

1 月 31 日，写散文《死亡，你不要骄傲》，后收入《左手的缪思》（1963 年版）。

1 月，诗歌《诀》与叶珊、上官予、张健的作品合登《诗选》，刊《文星》第 11 卷第 3 期。

3 月 16 日，作诗《迷津》，后收入《莲的联想》（1964 年版）。

3 月 24 日，作诗《森林之死——二月二十六日大雪山所见》，后收入《余光中诗选：一九四九——一九八一》（1981 年版）、《五陵少年》（1993 年版）、《风筝怨》（2017 年版）等。该诗可归入环保诗、乡土诗。全诗长达七十四行，是对大自然遇害的长长悲啸。【按：1962 年美国的卡尔森（R. Carson）出版了《寂静的春天》（*Silent Spring*），引起注意，环保运动随之兴起。】

> K. Leung《余光中访谈录》：当时我正在一个山区徒步旅行，看见人们用斧子砍树……都是一些老树。这触发了我的历史感：每当我看见几百年老树时，我就会想起过往朝代的兴衰。①

3 月，接手《现代文学》之编辑工作。

> 余光中《一时多少豪杰——浅述我与现文之缘》：从十六期到二十一期，封底的社址是"厦门街一一三巷八号"，也说明了那六期为我主编。……那六期已具历史感了。王文兴的《海滨圣母节》《命运的迹线》《欠缺》《黑衣》，白先勇的《芝加哥之死》《上摩天楼去》《香港·一九六〇》等小说，都在那几期发表。我把叶珊的《绿湖的风暴》放在二十期的卷首，成为散文领头的先例。这是一九六三年三月到次年六月的事。②

---

① 《红岩》1998 年第 6 期。

② 台北《中国时报·人间副刊》（1988 年 8 月 27 日）。

[""]

<p>

<b>

<i>

<u>

<s>

3月，作诗《忧郁狂想曲》，刊《现代文学》第17期；后收入《天狼星》（1976年版）。

> 余光中《天狼星仍嗥光年外——〈天狼星〉诗集后记》：《忧郁狂想曲》写于一九六三年春，并在当年《现代文学》十七期发表。第二年四月，为纪念莎翁四百周年诞辰在耕莘文教院举办的第三届现代诗朗诵会上，我曾诵此诗，并由师大音乐系的一位学生击鼓为伴。其实《忧郁狂想曲》和《大度山》两首诗都有意追求特殊的音乐效果，宜于演诵，如果仅是纸上默读，那效果就只能在想象之间领略了。例如在《忧郁狂想曲》里，用黑体排出来的字眼，都有强调音响的用意，在表意之外，更兼职形声。例如一再出现的"忐忑"二字，意思是"心神不定"，意象是"心上心下"，"一颗心七上八下"，而读音是"坦特"，不但双声，且有敲打乐器的效果。[1]

3月，诗歌《回旋曲》与夏菁、叶珊、浮尘子等人的作品合登《诗选》，刊《文星》第11卷第5期。

3月，美国诗人保罗·安格尔访台。

4月15日，写散文《书斋·书灾》，后收入《左手的缪思》（1963年版）。

4月16日，发表《缪思的侦探——介绍来台的美国作家保罗·安格尔》，刊《联合报》；后收入《左手的缪思》（1963年版）。

5月，发表诗歌《森林之死》、散文《书斋·书灾》，刊《文星》第12卷第1期。

5月，写散文《剪掉散文的辫子》，刊5月20日《文星》第12卷第2期；后收入《逍遥游》（1965年版）。该文喊出"散文革命"的口号。文中指出当时积习已久而迄仍流行的三种病态散文：伪学者的散文（scholar's prose，又分西而不化的洋学者与文白夹缠的国学者文体）、花花公子的散文（coxcomb's prose）、浣衣妇的散文（washerwoman's prose）；并且提倡兼顾弹性、密度、质料的现代散文（modern prose）。略云：

> ……对于一位伟大诗人而言，要写散文，仅用左手就够了。许多诗人用左手写出来的散文，比散文家用右手写出的更漂亮。一位诗人

---

[1] 余光中：《余光中集》第一卷，第474页。

对于文字的敏感，当然远胜于散文家。……近年来又出现了第四种散文——讲究弹性、密度和质料的一种新散文。在此我们且援现代诗之例，称之为现代散文。所谓"弹性"，是指这种散文对于各种文体各种语气能够兼容并包融和无间的高度适应能力。文体和语气愈变化多姿，散文的弹性当然愈大；弹性愈大，则发展的可能性愈大，不至于迅趋僵化。……所谓"密度"，是指这种散文在一定的篇幅中（或一定的字数内）满足读者对于美感要求的份量；份量愈重，当然密度愈大。……所谓"质料"……它是指构成全篇散文的个别的字或词底品质。这种品质几乎在先天上就决定了一篇散文的趣味甚至境界的高低。譬如岩石，有的是高贵的大理石，有的是普通的砂石，优劣立判。

丁宗皓《在传统与现代之间——余光中先生访谈录》：当时口号提出了，但内容并没有明确地界定。"弹性"是指作家的语言要保持新鲜，要来源丰富，语言要有新陈代谢。……我写散文、诗也一样用。我用很俗的语言，引进方言，文言更常用。另外，文章的节奏可快则快，不能急行军，也不能踱方步，节奏要在你的控制之中。标点也要独创，要打在要害上。长句用多了，用短句；一段长了就来个短的。这就是弹性，这需要自觉。所谓"密度"就是不要在语言中兑水，能少用则少用，不要扯淡。大陆上的学者动辄一两万字的评论太虚张声势了，其实开头的三千拿掉也可以。"质料"是说语言有一种肌理，光滑的、粗糙的、跳跃的、平顺的，选字时代表着感性和知性。[①]

何晴《余光中访谈：每个人的生活中都要有诗》：我是写过一篇《剪掉散文的辫子》，辫子代表女孩成长中的过渡时期，少女的辫子长大后不再有了。所谓辫子呢就是代表旧的东西。……所以我觉得应该提倡现代散文。现在我的这篇文章已经收在台湾高中三年级的"国文"课本里面。[②]

余光中《逍遥游·九歌新版序》：《剪掉散文的辫子》是要分析当时散文的几种病态，并提倡活泼的现代散文。……可以说是现代散文革命的一篇宣言，引起不少反响。不料近年此文选入了高中三年级的"国文"课本，颇有一些教师埋怨此文引经据典，牵涉太繁，而所举西

① 《当代作家评论》1997 年第 6 期。
② 《南方都市报》（2002 年 5 月 23 日）。

洋文学的例子又非"国文"教师所易掌握。因此我去许多高中演讲，不免自我解嘲，说当年我写这篇文章，原本针对时弊而发，怎么料得到将来会选入教科书去，平添老师备课的负担呢？其实此文所涉虽广，但挑剔的都是流行已久的毛病，甚至迄今亦未根除。令"国文"教师备课为难，我虽感到抱歉，但通篇立论却是对症下药，不免苦口，却能益身。至于所举国学者的文章，都是实例，作者均为名家，已经作古。而所举洋学流的那一大段，倒是我的杜撰，不过是把洋学者的文体"漫画化"了，以夸大其拖泥带水、冗赘不通而已。什么"喋喋派"、"期期主义"、"艾艾主义"，只是我造来挖苦他们唯洋是从、滥用术语的陋习，根本不必认真注释。至于"莫名其米奥夫斯基"，不过笑其"莫名其妙"而已。①

《中国邮政报》(2004年4月10日)：○余光中：我的生命与我的创作○到底时代变了，因为中间已经隔了差不多四十年，那个时候喊出"剪掉散文的辫子"，也就是"散文革命"的口号，因为那个时候流行的某些散文风格我认为不好。例如"花花公子"的散文写得花花绿绿；"浣衣妇"的散文写得清汤挂面，但求无过不求有功；学者的散文，我又分成洋学者与国学者。国学者的酸腐，洋学者的浅薄，或者是纠缠不清，我认为都应该革命。

郭虹《拥有四度空间的学者——余光中先生访谈录》：不过我认真写抒情散文，从小品发展到"大品"，而且在散文艺术上抑"五四"早期的小品而创"现代散文"之说，则是在上世纪60年代的初期。在《剪掉散文的辫子》一文中，我指出当时流行的散文，承袭"五四"之余风，不但篇幅短、格局小，而且有三大毛病：一是学者的散文，包括国学者文白夹杂的语录体和洋学者西而不化的译文体；二是伤感柔媚的花花公子体；三是清汤挂面不求有功但求无过的浣衣妇体。②

夏菁《完全是为了好胜——祝余光中兄八十寿辰》：他写了两篇石破天惊的文章：《剪掉散文的辫子》和《下五四的半旗》，可以看出他的见解和雄心。在前文中，他分析了当时散文的病态，提倡"现代散文"要在密度、质料、弹性上大大改进。他认为那时的散文只像"一

① 余光中：《逍遥游》，第5～6页。
② 《文艺研究》2010年第2期。

个小妹妹"、"还不肯剪掉她那根小辫子"。他又说："要把散文变成一种艺术，散文家们还得向现代诗人们学习。"何等自豪！对于当时那些"稀稀松松汤汤水水"的散文，不啻起了醍醐灌顶的作用！①

《人民日报》（2013 年 12 月 18 日）：〇散漫与约束（高东妮）〇 1963 年，海峡两岸两位作家老舍和余光中关于散文分别说过这样两段话，"我想会有那么一天，我们的文化普遍提高，人人都能出口成章，把口中说的写下来，就是好散文。""我们用二三流的散文谈天，用四五流的散文演说，复用七八流的散文训话。"两位作家的文章题目既扣主题又很有趣，《散文重要》，《剪掉散文的辫子》。……

5 月 26 日，发表《无鞍骑士颂——五月美展短评》，刊《联合报》副刊第 6 版；后收入《逍遥游》（1965 年版）。文中进一步点明"五月"画家画作的特点。略云：

> 抽象画和现代诗，是两匹无鞍的千里驹……表现在画面上的，是单色的朴实……在单色之中，五月画家们用的是黑色。……然而五月的画家们不但画黑，而且画白；画面上留下豪爽慷慨而开朗的大幅空白，所以画黑即所以画白，亦即"以不画为画"。②

7 月，发表散文《楚歌四面谈文学》，刊《文星》第 12 卷第 3 期；后收入《逍遥游》（1965 年版）。略云：

> 文学与政治至少有一点不同，即政治可以民主，文学不可以。文学作品的欣赏，和文学作品的评价，往往不能仅恃教育的程度。此所以大学者的品味能力，很奇怪地，往往与小市民相去无几。这种贫弱的品味能力，加上用非其所的爱国情绪，遂使文学批评丧失客观的标准。……我的第一个诊断是：眼泪并非文学。或者可以更广泛地说，感情并非文学。……我的第二个诊断是：大众不懂文学。……或者可以说，大众根本不在乎文学，是一种无可争论的现象。……我的第三个诊断是：自尊无补文学。盲目的自尊，夜郎的自大，只是自欺。自欺无补于文学，亦无补于文化。

---

① 苏其康主编：《诗歌天保——余光中教授八十寿庆专集》，第 292～293 页。
② 余光中：《逍遥游》，第 157～159 页。

8月，发表散文《风·鸦·鹑》，刊《文星》第12卷第4期；后收入《逍遥游》（1965年版）。略云：

> 在文学的认识上，许多乐观的人士一向迷信生物学式的进化论，以为后来必然居上，传统只是古董。在文学的达尔文们之中，最肤浅的莫过于"白话文学"的信徒了。他们以为文言已成僵尸，有百害而无一利。他们以为白话已经万能，可以领导文字、制定文学，甚至可以处理全面的文化。他们以为白话是闺女，文言是流氓，文白授受不亲。于是他们怀着浣衣妇的热忱，要用肥皂一般的智慧，来为天下的文章洗涤污秽。……这种幻觉的"现代优越感"不晓得误了多少人。……本质上说来，文学的较高境界，是内在的独语（monologue），不是外在的对话（dialogue），诗的境界尤其如此。……作家的第一任务便在表现自己，为了完美的表现，他应该有权利选择他认为最有效的文字和语法。限制作家的语言，等于限制他表现自己的幅度和深度。我们不妨将运用语言的目的，划分为实用和美感两种。……中国的文字欠缺谨严周密的文法，颇不便于逻辑思考，但有利于文学表现。……中国古典诗达到了至高无上的纯朴和简洁，同时又不失朦胧迷离之美。……白话的贫乏和单调，一旦面临翻译，立刻暴露无余。……"我手写我口"还有一个问题。文字应该表现思想，而不是记录语言。

9月，发表《〈左手的缪思〉后记》，刊《文星》第12卷第5期。

9月，第一本散文集《左手的缪思》，由台北文星书店出版。该书内收成于1952年秋至1963年春的《记佛洛斯特》《艾略特的时代》《舞与舞者》等18篇散文与随笔，并有自序与后记《撒盐于烛之伊始》（作于1963年6月18日）。该集内有议论作品，但大多是抒情之作。集中有一半的篇幅为作者心仪人物的塑像，他们有诗人、作家，也有画家；另一半则为游记、小品和介绍现代画的文字。洗练的文笔加上深思的字句，使这本集子糅合了声、色与光，兼具阴柔与阳刚之美。1970年11月、1976年5月、1978年12月台北大林书店再版；1980年4月台北时报文化出版公司又版；2015年台北九歌出版社新版。

> 余光中《自序》：当时用"左手的缪思"为书名，朋友们都觉得相当新鲜，也有读者表示不解。其实我用"左手"这意象，只是表示

副产，并寓自谦之意。成语有"旁门左道"之说，俗语有"正手"（右手）、"倒手"（左手）之分。在英文里，"左手的（left-handed）"更有"别扭"与"笨拙"之意。然则"左手的缪思"，简直暗示"文章是自己的差"，真有几分自贬的味道了。①

　　余光中《后记》：这是我的第一本散文集，里面收集的是我八年来散文作品的一小部分，间有议论，但大半是抒情的。……集子里的文章，有七篇曾在《文星》刊登，其余的则先后刊登在"中央副刊"、《联合副刊》、《现代文学》、《文学杂志》、《现代知识》、《中外文艺》和《自由青年》。……这本抒情的散文集，有一半的篇幅为作者心仪人物的塑像。他们有诗人、作家，也有画家。另一半的篇幅则容纳一些介绍现代画的文字，三篇游记，和两篇小品。……我所期待的散文，应该有声、有色、有光；应该有木箫的甜味，釜形大铜鼓的骚响；有旋转自如像虹一样的光谱，而明灭闪烁于字里行间的，应该有一种奇幻的光。一位出色的散文家，当他的思想与文字相遇，每如撒盐于烛，会喷出七色的火花。②

10 月 10 日，覃子豪去世，享年 52 岁。10 月 15 日，台湾诗人举行"追思覃子豪先生遗作朗诵大会"。次年元月，《创世纪》诗刊推出"故诗人覃子豪追思特辑"。

　　向明《蓝星的精神领袖：余光中》：覃子豪于一九六三年十月正当五十二岁的盛年过世后，蓝星诗社的一切重担便落在余光中一人身上。③

10 月 17 日，新亚书院、崇基书院、联合书院三所书院合并成立香港中文大学，文学院、理学院及社会科学院同时成立，李卓敏博士出任香港中文大学第一任校长。

10 月，发表《敲一颗龋齿》《莲恋莲——序诗集〈莲的联想〉》，刊《文星》第 12 卷第 6 期。

11 月，发表《迎七年之痒》《不朽的 P》（写于 1963 年 10 月），刊《文星》第 13 卷第 1 期；后收入《逍遥游》（1965 年版）。前者写在《文星》

---

① 余光中：《左手的缪思》，卷首。
② 余光中：《左右的缪思》，第 218 ～ 219 页。
③ 李瑞腾主编：《听我胸中的烈火——余光中教授纪念文集》，第 23 页。

月刊出版第六年之际，祝贺它迎来第七个春秋。

　　余光中《迎七年之痒》：不按牌理出牌的《文星》月刊，居然打出了好几张王牌。《文星》的出现，是近年中国文化界的一个奇迹。用化学元素譬喻，它是稀金属，是镭，是精神癌症的剋星。用血型譬喻，则它是新血型，是 C 型（Courage）。《文星》是勇敢的，它不按牌理出牌，而且，只要看准了，往往全部 show hand（亮出底牌），决不逃避。……第一个风格，是"年轻"。惟年轻，才能鼓舞青年。……在年轻之外，《文星》的另一风格应该是"独立"。

　　余光中《不朽的 P》：精神的力量，是世界上最柔弱，同时也是最坚强的力量。在现实的天秤上，艺术的重量几乎等于零。……可是天下之至柔，可以驰骋天下之至刚。……文艺的自由，是思想自由的最好说明。……甘迺迪【按：今通译肯尼迪】对于佛洛斯特的敬仰和推崇，具有文化史上的重大意义。在甘迺迪和佛洛斯特合照的相片中，他们并肩而立，顶同样的天，立同样的地，花岗石的人格面对花岗石的人格。我觉得，两人都是 VIP，诗人的 P（Poet）等于总统的 P（President），两种 P 都是不腐化的 P（Power），不朽的 P。

11 月，罗门发表《死亡，它是一切——悼覃子豪》，刊《文星》第 13 卷第 1 期。

　　郑祯玉《生与死的礼赞——余光中笔下的浪花与日出日落》：早年在存在主义的风潮下，许多诗人探讨"存在"的意义。在诗中他们焦虑地问着："是生存？还是毁灭？""选择生？还是选择死？""生有何意义？""死有何价值？"他们所咏叹的，大多是对生命的失落与绝望，显现的影像是模糊的，带着孤绝、阴郁的美。蓝星诗社的创始人覃子豪之死，触发罗门对死亡的深层思考，1963 年 11 月，罗门在《文星》发表《死亡，它是一切——悼覃子豪》，1967 年 9 月，余光中答罗门，坚信死亡不是生命的目的，死亡不是一切。……"你不是"！"你不是"！这么坚决的语气，诗人斩钉截铁地告诉罗门，他生命的方向是向着"历史"，不是走向"坟墓"。……也就是说，只要有诗的地方，就有"余光中"三个字；"余光中"是走进"历史"，而不是走入"坟墓"——"坟墓"埋葬肉体生命，但"余光中"是文学的生命，文学不死，仍在历史中，不在坟墓里。……1991 年，《五行无阻》（收在《五行无阻》）诗人用佛、道的哲理，解决这个问题，仍是一样顽抗的态度。……他认为灵魂是要轮回的，生命还会回来，他可以靠五行回来。……无论如何，面对死亡，诗人绝不认输。他用昂扬的新生颂歌，向死亡示威挑战。这首诗呼应前诗蒲公英为喻，譬喻自己死后，也要像蒲公英一样，飞扬在四方，"向风的地方，就有我名字"，只要有历史的地方，只要"四方"有风，他都飞扬在那里，他"风遁"回来了。……所以他否定罗门"死亡，它是一切"的说法，认为诗是诗人一生的志业……他一生的努力，不交给坟墓，是交给历史。他坚信文学不死，只要人类的历史还在，他就在"飞扬"，死亡终结的是肉体生命，不是文学生命。①

12 月 9 日至 10 日，写散文《鬼雨》，刊 1964 年 1 月《文星》第 13 卷第 3 期；后收入《逍遥游》（1965 年版）。

台北《中国时报·人间副刊》：○向前看·向后望——余光中先生的三幅画像（季季）○且曾在三女之后痛失诞生三日即脑溢血夭折的儿子（其散文名篇《鬼雨》即述其葬子之悲）。

余光中《逍遥游·九歌新版序》：收在《逍遥游》中的八篇抒情散文，其最早的一篇《鬼雨》，严格说来，只是我的第二篇此类作品【按：指"自传性的抒情散文"】，但其为成熟之作，却远非我的第二十首诗所能相比。②

夏志清《余光中：怀国与乡愁的延续》：例如他为幼子出世几天后夭折而作的《鬼雨》，比诸中国文学史上任何闻名的悼文祭文，敢夸毫不逊色。该文引用了李贺、李商隐、李清照、欧阳修、白居易、莎士比亚等古人的名句，不只借他人杯酒浇自己块垒，还以事实证明：中国现代散文大可与这些文豪的作品分庭抗礼。③

12 月，一子夭折。

张凤《"记忆像铁轨一样长"——忆余光中先生》：他早就洞彻生

① 《华人文化研究》第 9 卷第 1 期（2021 年 6 月）。
② 余光中：《逍遥游》，第 3 页。
③ 黄维樑编著：《火浴的凤凰——余光中作品评论集》，第 384 页。

死，诗文中常牵触死亡。在一九六三年冬，唯一的儿子诞生，仅三天早夭。死亡随着生之喜悦接踵而来，使他猝然体会生命之单薄而瞬息……一眨眼，"死就在你的肘边"。三十岁那年，母亲在台去世，三十五岁子殇又得暂瞒爱妻，令他尽历凄凉的岁月。……在那阶段，他常将诗与文一题二奏，除折射散文《鬼雨》的诗《黑云母》——献给未见亡儿的妻。①

12月，发表《简评四本文学史》《论题目的现代化》，刊《文星》第13卷第2期；后者收入《逍遥游》（1965年版）。

是年，翻译《缪思在地中海》，连载于《联合报》副刊，译自《生活》杂志。该文介绍英国诗人拜伦与雪莱在意大利的交往。

1964年（甲辰）　37岁

1月11日，发表诗歌《黑云母》、散文《鬼雨》《〈掌上雨〉后记》，刊《文星》第13卷第3期。

1月，庐令（吴宏一）发表评论《余光中的〈等你，在雨中〉》，刊《海洋诗刊》。

2月11日，写散文《象牙塔到白玉楼》，刊3月《文星》第13卷第5期；后收入《逍遥游》（1965年版）。该文极力推崇唐代诗人李贺，文末云：

今年［一九六四年］太岁在甲辰，应该是中国的作家们雕龙的龙年，先以此文纪念一位骑赤虬而赴白玉楼的青年诗人。

傅光明《余光中：我把自己想像成"茉萸"的孩子》：我有一度研究他【按：即李贺】，写过一篇长文。他是很深刻，可是是比较狭窄的诗人。……可我觉得他人间事的味道比较不足，就是说他个人的这端和宇宙的那端，两端都很深入，可是中间社会的这一层，人与人之间的一层他写得比较少。中间的很大的一段是杜甫的地界，而他没有进入。②

余光中《逍遥游·后记》：所谓正规的文学批评，是指《象牙塔

① 《名作欣赏》2008年第2期。
② 傅光明采写：《生命与创作：中国作家访谈录》，第72页。

到白玉楼》一文。记得当时，在厦门街寓所北向的书斋里，一连五六个春夜，每次写到全台北都睡着，而李贺自唐朝醒来。这篇文章，在资料的搜集和若干细节的处理上，得到孙克宽、周弃子、张健三位先生的协助。①

2 月 16 日，梁妙想发表《谈谈中国当前的新诗》，刊《大学生活》第 9 卷第 19 期。

2 月，翻译赫胥黎（Aldous Huxley）《夜莺和现代诗》，刊《文星》第 13 卷第 4 期。

2 月，《现代诗》诗刊正式停刊，共出版 45 期。

3 月 16 日，笠诗社在台北成立，这是由陈千武、林亨泰、詹冰等发起的，由台湾省籍诗人组成的诗社。

3 月 31 日，于台北耕莘文教院主持蓝星诗社和现代文学社联合举办的"莎士比亚诞生四百周年现代诗朗诵会"。出席者尚有英千里、梁实秋、杨景迈。【按：耕莘文教院是 1963 年由天主教耶稣会的一群神父创立的。当时台湾大学外文系有许多教授都是这里的神父。】

> 余光中《第十七个诞辰》：到我一九六四年秋天来美讲学为止，蓝星诗社在台北先后举办了三次这样的朗诵会，听众一次多于一次。最后的一次，名义上是和《现代文学》季刊联合举行。那是一九六四年三月三十日的晚上，耕莘文教院的大礼堂上，连坐带站的听众，约有五百五十人。这数目在现代诗的朗诵已经流行的今天，恐怕也不算小吧。②

> 余光中《岂有哑巴缪思？》：集体性的现代诗歌朗诵会，我自己曾经策划，主持过四五次，也曾多次参加过别人所举办的。自己所主持的几次，最成功的，是一九六四年三月底在耕莘文教院举办的"第三次现代诗朗诵会"。那次的听众约有五百四、五十人，其中颇有一些旁立到终场的；参加朗诵的，除诗人们自己外，尚有教授，军官，神父，及各大学学生，所诵语文包括中文，英文，法文，和西班牙文。③

4 月 14 日，写评论《儒家鸵鸟的钱穆》，刊 6 月《文星》第 14 卷第 2

---

① 余光中：《逍遥游》，第 261 页。
② 余光中：《焚鹤人》，第 197 页。
③ 余光中：《望乡的牧神》，台北：纯文学出版社，1968 年，第 152 页。

期；后收入《逍遥游》（1965 年版）。该文系针对 4 月 1 日《人生》半月刊第 33 期所登钱穆的《中国文化与中国人》一文而作，认为它是混淆的思想加上不足的知识的表现。略云：

> 钱穆先生是一只典型的儒家鸵鸟。他站在大英国旗的阴影里，梦想着古中国的光荣。他只看见西方的太空人，看不见（或者不承认他看见）西方也有他们的"圣人"，也有他们的苏格拉底和耶稣。他只看见西方的机械，却没有看见西方的民主和自由。……关于前者，钱先生的错误在于以为文学是作家修身的副产品，在于以为抒情是文学的唯一表现方式，在于不解"真实"（reality）与"事实"（fact）的区别。关于后者，钱先生的错误在于幻想西方艺术只在记录"特例"（particularity），而中国的艺术功在处理"通性"（generality）。这一点可以证明，钱先生根本不懂莎士比亚，也昧于西洋文学的史实。……钱先生理想中的中国文学是"载道"与"传人"的文学。换句话说，伟大的作品应该是"文以人传"的，也就是说，立德即所以立言。这真是十分矛盾的窘境！……钱先生似乎完全不明白：在艺术的世界，"美的"便是"道德的"，而"不美的"便是"不道德的"。其次，钱先生以为"有我"（personality）是文学的高级境界，而"无我"（impersonality）是文学的低级境界。……这是儒家学者的"泛训诲主义"（pan-didacticism）的又一例证。……"有我"偏于抒情性（lyric），而"无我"偏于戏剧性（dramatic）。抒情型的作者处理的是自己，而戏剧型的作者处理这世界。……中国的古典诗的一大缺点，便在于过分抒情，而欠缺戏剧性，因此古典诗人在史诗和叙事诗方面的成绩，不能和西洋古典诗相比。……可是钱先生最严重也是最"小儿科"的错误，在于他把"真实"和"事实"混为一谈。一个学者对于艺术的认识，竟然停留在这最起码的阶段上，实在是可惊的。……夷夏之分，是一种落伍的意识。东圣西圣，心同理同；不知西圣，何苦强作比较？

> 余光中《逍遥游·九歌新版序》：《儒家鸵鸟的钱穆》一篇，即使今日看来，说理仍然正确，但措词则嫌太过犀利，其实理直也不必如此气壮。[1]

---

[1] 余光中：《逍遥游》，第 7 页。

4月15日，写散文《下五四的半旗》，刊5月《文星》第4卷第1期；又刊7月24日香港《中国学生周报》；后收入《逍遥游》（1965年版）。略云：

> 伟大的五四已经死了。让我们下半旗致哀，且列队向她致敬。……然后我们将升起现代文学的大纛，从她的墓前向远方出发。……五四有她的时代意义，在文学史上，她也将常保她的历史地位。五四最大的成就，仍是语言上的。五四文学最大的成就，也是语言的解放，而非艺术的革新。……口语，在它原封不动的状态，只是一种健康的材料而已。作家的任务在于将它选择而且加工，使它成为至精至纯的艺术品。……然而胡适不是一位文字的艺术家，他欠缺艺术的气质和才华，他写不出《神曲》《水仙》《告别武器》，或是《荒原》。这种作品，要靠现在写第二章的几支笔，才写得出来。……他不曾明白，艾略特所以成为西洋现代诗和诗剧的巨匠，原因之一，便在于他的调和现代口语和古典文字。

余光中《逍遥游·九歌新版序》：《下五四的半旗》一篇，题目豪气凌人，说理却强词崇尚西化潮流，不脱革命青年的进化观念。①

《自由时报》（2017年12月24日）：○诗的志业——悼念余光中（陈芳明）○如果白话文是第一次文学革命，那么现代主义就是第二次的文学革命。如果白话文是注重在日常生活的描写，那么现代主义则是偏向内心世界的探索。在这个意义上，余老师做了许多大胆的冒险。他在一九六〇年代，不仅发表过《下五四的半旗》，也写过《儒家鸵鸟的钱穆》。那种向中国文化传统挑战的身姿，到今天还是令人难忘。这并不是说，他完全否定五四以降的新文学运动。他的主要精神在于强调文字变革的重要。……他给自己的思维找到了一个出口，那就是"反叛传统不如利用传统"。

夏菁《完全是为了好胜——祝余光中兄八十寿辰》：他认为五四文学最大的成就是"语言的解放，而非艺术的革新"。他说："胡适不是一位文字的艺术家，他欠缺艺术的气质和才华。"他又说五四的作家们，推行西化，但多数未深入，对中国古典文学的再估价也不正确，

---

① 余光中：《逍遥游》，第7页。

企图建立中国的新文学，"大致上说来，他们是失败了"。字字有声，句句惊人。他这篇文章的稿子，登出前我事先看过，颇为震惊，但他的父亲倒是很鼓舞他能早日发表。[①]

4月22日，夜，即莎翁诞辰四百周年前夕，写散文《莎诞夜》，刊次日《联合报》副刊；后收入《逍遥游》(1965年版)。

5月10日，写评论《从灵视主义出发》，刊6月1日《文星》第14卷第2期；后收入《逍遥游》(1965年版)。略云：

> 在艺术创造的过程之中，恒有三个相互作用的因素——我，物，道。我要透过物去把握道。道要透过物才能展示给我。而物就是我与道交感的媒介。……所谓我，就是艺术家的自我，而物，就是物质的世界，也就是自然。至于所谓道，不同的哲学系统或宗教系统有不同的名称。在东方，老子谓之"道"，周易谓之"太极"，佛家谓之"不二法门"。在西方，毕达哥拉斯谓之"数"，柏拉图谓之"概念"，史宾诺沙谓之"造物"。……艺术要以有限追求无限，要以有追无，以我追道。道原是无状之状，无物之象，可是在不同的艺术家心中，呈亿万状。所以我们平常所说的，艺术要表现个性，事实上是因果颠倒的。表现个性只是艺术的果，追求道才是艺术的因：艺术家的个性是在艺术家追求道的过程之中，自然而然流露出来的。

> 余光中《逍遥游·九歌新版序》：《从灵视主义出发》一篇，直以抽象为艺术之至境，其言甚辨，其论则未尽周全。[②]

> 《联合报》(2018年3月7日)：○怀念余光中：一生知音·一世情谊(刘国松)○他为五月画展写过序文，也写过评论。他甚至看到一九七○年五月画展全已走上民族性的画风时，特意为我们写了篇《从灵视主义出发》的中英文宣言，可惜台湾艺坛冷漠，这一运动未能得到正常的发展而夭折。

5月26日，作诗《史前鱼——致阿剌伯的劳伦斯(T. E. Lawrence)》。

> 陈芳明《冷战年代的歌手》：当时台湾的诗坛正是高呼"反传统"

---

① 苏其康主编：《诗歌天保——余光中教授八十寿庆专集》，第293页。
② 余光中：《逍遥游》，第7页。

的高潮时期。如果关心诗坛的人还不健忘的话，定然记得当时的晦涩
风气颇为流行（现在回忆起来，犹有余悸）。一般诗人竞相学习西方的
各种主义，在文字上耽溺于捉迷藏的游戏，在那种汹涌的风气笼罩之
下，余光中也未能免俗，写了一两首像《天谴》《史前鱼》等眉目不清
的诗作。①

5 月 31 日，作诗《恐月症·恋月狂》。后收入《五陵少年》（1967 年
版）中，改名《月光光》。

> K. Leung《余光中访谈录》：我很喜欢音乐，而且我喜欢各种音乐，
> 我的有些作品都表现出明显的影响。例如在我的《月光光》中我采用
> 了德彪西的"月光".②

> 余光中《五陵少年·自序》：《月光光》在皇冠发表时，原名《恐
> 月症·恋月狂》。现改今名，比较吻合诗中童谣的味道。我自己相当喜
> 欢这首如歌的诗，因为它的自然和神秘，因为它的接近本能，因为它
> 一个典故和专有名词都没有用，所以是"超文化的"。③

5 月，发表《下五四的半旗》《水晶诗展》，刊《文星》第 14 卷第 1 期；
后收入《逍遥游》（1965 年版）。

5 月，第九部诗集《莲的联想》，由台北文星书店出版。内收 1961 年
10 月至 1963 年 3 月写于台湾的诗歌 30 首。有代序《莲恋莲》，另有出版
后记（写于 5 月 25 日）。该集写的是现代人的美梦，表达了诗人对中国传
统的回归和拥抱。本书多次再版，计有 1969 年、1970 年台北大林出版社
版，1980 年、1983 年台北时报文化出版公司版，1986 年台北水牛图书出
版公司版，2003 年南昌江西高校出版社版，2006 年武汉长江文艺出版社
版，2006 年台北香海文化公司版，2007 年北京人民日报出版社版，2007
年台北九歌出版社版等。

> 张错《中国现代诗评论》：《莲的联想》则意图创造一种新语法，
> 一种新节奏，毋论成败，它是播了种也结了果。尝到涩味的人也许说
> 它是"假古董"，品着甘香的则称誉它是现代诗中的佳品。……在形

---

① 《龙族》诗刊第 6 期（1972 年 5 月）。
② 《红岩》1998 年第 6 期。
③ 余光中著，梁笑梅编：《绣口一开——余光中自述》，第 265 ～ 266 页。

式上,《莲的联想》有一种不完整的整齐。有时则作尾韵及行内韵的经营,以音色上的美感来烘托诗境。还有好几首是与音乐有关或直接以之命题的。我们不妨说,这是一位阳刚诗人的一份柔情铸成的结晶,尽管在其篇什中阳刚之气仍在在不能掩抑。……如果有人说《莲的联想》摹古太甚,我倒要说它真似晚唐、南宋之处太少。它只是一朵不乏古典趣味的现代的莲。……由《音乐会》《下次的约会》《情人的血特别红》等几首诗,可以看出作者近年来所受康明思(E. E. Cummings)的影响。那种口语的活泼运用,节奏的自由回旋,以及耐咀嚼的重复,使之向纯诗的境域迈进了一步。①

黄维樑《导言》:这卷诗集在台湾现代诗史上,相当重要。莲是东方的一个象征,诗集中多篇作品,如特别为人传诵的《等你,在雨中》和《碧潭》,明显表示诗人对中国传统的回归和拥抱。……《莲的联想》写的是现代人的美梦,逸到典丽的古代……不过,余光中是个兼容古今的诗人……林以亮、张健、Andreas Donath 说得好,《莲的联想》融汇了古今东西之美。这卷令很多人瞩目的诗集,一九六四年出版后销路甚畅。大家从而知道,纵的继承,加上横的吸收,可以创出又清新又美丽的境界。……《莲的联想》的可贵和重要,在于它出现的年代,在晦涩与虚无——所谓现代主义——的浊流泛滥之际,《莲的联想》出污泥而不染,亭亭玉立,成了当时最特出的清醒的标记。②

6月13日,诗人节前夕,写评论《伟大的前夕——记第八届五月画展》(上、下),刊6月17日、18日《联合报》第8版;后收入《逍遥游》(1965年版)。该文评论第八届五月画展的诸位画家,皆在"黑白对照"的整体趋向中,表现出不同的风格。同时他特别指出刘国松作品中黑白相映的效果,充分把握住东方玄学的机运和二元性,这种手法,和他在《莲的联想》诗集所运用的相克相生的二元连锁句法完全相同。据此,他对现代绘画的未来表达乐观的看法:

三闾大夫会见彭咸的前一日,现代画的"无鞍骑士"们在台北市博物馆,展现了他们灵视生活的境界,使我们在这伟大的前夕窥见了

---

① 黄维樑编著:《火浴的凤凰——余光中作品评论集》,第42 ~ 44页。
② 黄维樑编著:《火浴的凤凰——余光中作品评论集》,第4 ~ 6页。

另一个伟大的前夕——中国现代艺术的伟大的前夕。……在本质上，五月画会的"无鞍骑士"们……他们接受了充分的西方艺术，同时更认识了中国艺术的真正精神。在这种条件下去创造，他们遂成为中国的现代画家。……抽象画，遥接中国传统近撷西方成果的抽象画，已经走到了伟大的前夕……

余光中《从灵视主义出发》：五月画会的画家们，扬弃了中国绘画中写实的部分，形而上地把握住中国绘画传统的本质。他们渐渐趋向黑色（至少也是近乎黑色的单色）的构图，而且在画黑的时候同时画白。这正是中国绘画的传统。雷努瓦（Pierre Auguste Renoir）曾说："黑乃众色之后"（Black is the queen of colors.）。这一点，中国的大师们了解得最深。……如果黑乃众色之后，则可以说白乃万象之母，因为黑仍然是有，而白纯然是无。能把握最原始的有，且玩索最纯然的无，应该是中国画的极致。①

6 月 15 日，《笠》诗刊创刊号出版，此为台湾本土诗人组成的笠诗社社刊，设有"笠下影""诗史资料"和"作品合评"诸专栏。

6 月，发表《从电视主义出发》《儒家鸵鸟的钱穆》《〈莲的联想〉后记》，刊《文星》第 14 卷第 2 期。

6 月，编完《现代文学》第 21 期，此后改由何欣接手编辑。

余光中《一时多少豪杰——浅述我与现文之缘》：二十一期出版于一九六四年六月。我在那年九月去美国教书，乃由何欣接手。②

7 月 17 日，刘湘池发表书评《评余光中的〈左手的缪思〉》，刊香港《中国学生周报》第 626 期第 4 版。

夏，美籍华裔学者李铸晋教授来台讲学，回程前余光中为其饯行，并向其推荐刘国松。

斯舜威《百年画坛钩沉》：1964 年暑假，美籍华裔学者李铸晋教授到台湾讲学，就在完成日程后，曾在美国艾奥瓦大学师从李铸晋的台湾诗人余光中为老师饯行，邀请刘国松作陪。席间，余光中竭力推荐刘国松，请李铸晋去看看刘国松和他们的"五月画会"的画。李铸

---

① 《文星》第 80 期（1964 年 6 月）。
② 台北《中国时报·人间副刊》（1988 年 8 月 27 日）。

晋反应并不积极，以时间不允许婉辞。余光中一再恳请，加上当着刘国松的面，李铸晋只得答应翌日上飞机前抽点空去看看。

翌日一见面，李铸晋声明只有 10 分钟时间，可是一看却不知不觉看了一个多小时，到了赶飞机时间实在紧迫了才告辞。特别是看了刘国松的《寒山雪霁》，脱口叫好。①

《联合报》（2018 年 3 月 7 日）：〇怀念余光中：一生知音·一世情谊（刘国松）〇如果不是他向李铸晋强力地推荐，我哪有可能去美国而改变了一生，获得如此成就。

8 月 1 日，呈交赴美讲学留职停薪申请。

8 月 20 日，于台北写散文《逍遥游》，刊 9 月《文星》第 14 卷第 5 期。本文反映了他对宇宙、人生的思考，对故乡、对祖国的思念，历史与新文化的矛盾，以及中国古典文学与外来文化的冲击。

余光中《逍遥游·九歌新版序》：那两年是我在古今与中西之间思前想后、左驰右突、寻求出路的紧要关头。在赴美讲学的前夕，正如《逍遥游》一文所示，我对于时间似乎忽有所悟，悟此身之短与此心之长，悟古人之近与近人之远，更体悟时间在艺术之中可以自由而伸缩。而赴美之后，场景既变，方向盘又在握，一日千里，缩地有功，对空间也似乎忽有所感，感天高地迥，觉宇宙之无穷，感此身之有限而生命之无尽，而梦游新大陆之远，正可跳出此身，回顾旧大陆然后是岛屿的岁月。于是我从耽读李贺的低迷痴惘中解脱出来，跳进了高速而自觉的《敲打乐》。终于我摆脱了《莲的联想》而进入了《在冷战的年代》。②

9 月 17 日，抵达西雅图，次日至芝加哥。

余光中《敲打乐·后记》：我是一九六四年九月十七日，也就是中秋的前夕，抵达西雅图的。海城一宿，悬在两个世界之间，飘摆多少乡思。第二天到芝加哥，重逢了五年不见的刘鎏和孙璐。……第三天下午，乘"燕子航空公司"（Ozark）的小飞机，转去伊利诺州的皮奥瑞亚（Peoria），在所谓"亚洲教授计划"项下，开始在当地的布莱德里大学（Bradley University）教授中国文学。……我班上的学生不到

---

① 斯舜威:《百年画坛钩沉》，上海：东方出版中心，2016 年，第 245 页。
② 余光中:《逍遥游》，第 6 ～ 7 页。

四十人，每周且只有三小时课，真称得上是逍遥游了。①

9 月 19 日，赴伊利诺伊州皮奥瑞亚，开始在布莱德利大学教授中国文学。

　　余光中《九张床》：那是我在皮奥瑞亚的布莱德利大学……我租了美以美教会牧师杜伦夫妇寓所的二楼。②

　　单德兴《回顾台湾英美文学界——余光中教授访谈录》：名义上是 Fulbright Visiting Lecturer（傅尔布莱特访问讲者），一开始都是一些小学校，像伊利诺州的布莱德利大学（Bradley University）。③

9 月，美国文学杂志《脉络》(Trace) 季刊第 54 期出刊"中国现代诗特辑"，由叶维廉翻译。共选痖弦、商禽、洛夫、张默、白萩、郑愁予、楚戈、夐虹、余光中、季陶、管管、黄用、昆南、周梦蝶、罗英、叶维廉等 17 家之诗作，计有 32 页。

9 月至 1966 年 7 月，应美国国务院邀请，赴美国讲学一年，担任傅尔布莱特访问教授（Fulbright Visiting Professor）。先后授课于伊利诺伊、密歇根、宾夕法尼亚、纽约四州。

　　单德兴《回顾台湾英美文学界——余光中教授访谈录》：1964 年我又去美国，这次是去教书，而且是傅尔布莱特计划（the Fulbright Program）的访问学者。当时"教育部"规定，到美国教书至少必须副教授才有资格。"教育部"国际文教处处长张隆延说，这个人不同，他有资格，也就让我去了。④

　　余光中《敲打乐·后记》：一九六四年九月到一九六六年七月，作者应美国国务院之邀，前往美国中西部及东部的几个大学，巡回讲授中国文学，为期两年。……在乐山的两个半月中，待我最善者，应数中密西根大学历史系副教授哈丝凯女士（Miss Jean Haskett）和她的男友东尼（Bernard Toney）。……一九六四年夏天，她曾在美国在华教育基金会主办的中国文化暑期研究班研究了两个月。……此外，同校英

① 余光中：《敲打乐》，台北：九歌出版社，1986 年，第 66 页。
② 《征信新闻报》第 7 版（1965 年 4 月 12 日）。
③ 台湾《英美文学评论》第 32 期（2018 年 6 月）。
④ 台湾《英美文学评论》第 32 期（2018 年 6 月）。

文系主任海卜勒（John Hepler）夫妇的友谊，也是令人难忘的。①

余光中《轮转天下》：一九六四到一九六六，我在美国教书两年，驾了一辆雪白的道奇在中西部的大平原上飞轮无阻……两年后卖掉道奇，回到家里。②

10月1日，克尼尔为余光中所作访谈，刊 The Bradley Scout（《布莱德利侦探》）。

余光中《落枫城》：克尼尔（William Kneer），我叫他比尔。他是新闻系二年级的学生，皮奥瑞亚本地人。我来了没多久，比尔便代表校刊《布莱德利侦探》（The Bradley Scout）来采访，之后便在十月一号的那一期发表了一篇访问记。③

10月22日，菲利普为余光中所作访谈，刊 The Peoria Journal（《皮奥瑞亚星报》）当日晚刊和次日晨刊。

余光中《落枫城》：不久，当地日销十万份的《皮奥瑞亚星报》（The Peoria Journal Star）派了一个记者叫菲利普的，来访问我，指明要我谈中国大陆的文学问题。我即就鲁迅和胡风的悲剧解析文学和宣传的不能相容，并阐明我在台湾从事现代中国文学的立场。这篇访问记约长两千多字，曾在十月廿二日晚刊和廿三日的晨刊上连载两天。④

10月下旬，由美以美教会牧师杜伦陪同参观林肯在新塞勒姆的遗迹，以及他在春田的纪念碑和故居。

余光中《落枫城》：居亭主人，美以美教会的牧师杜伦夫妇（Rev. & Mrs. F. Roy Doland），待我异常亲切……由于他们的向导，我有机会瞻仰到民主巨人林肯在新萨伦（New Salem）的遗迹，和他在春田（Springfield）的纪念碑与故居。那是十月下旬。⑤

11月初，布莱德利大学教学任务告一段落。

---

① 余光中：《敲打乐》，第 64～69 页。
② 余光中：《记忆像铁轨一样长》，第 85～86 页。
③ 《文星》第 15 卷第 3 期（1965 年 1 月）。
④ 《文星》第 15 卷第 3 期（1965 年 1 月）。
⑤ 《文星》第 15 卷第 3 期（1965 年 1 月）。

余光中《敲打乐·后记》：十一月初，天阴欲雪的季节，我在布莱德里大学的任务告一段落，刘鎏夫妇不远千里从艾文斯敦开车来接我去小住两天。①

11 月 8 日，赴密歇根州，开始在中密歇根大学（Central Michigan University）的教学。

余光中《敲打乐·后记》：八号下午，我又乘小燕子横越密西根湖，去密西根北部的小镇乐山（Mount Pleasant），开始我在中密西根大学（Central Michigan University）的教学生活。这是"亚洲教授计划"的下半部，我在那里开了两班中国文学，一班属大学部，一班属研究部，虽说比前一个学校课程多些，但仍不算繁重。我租了一间附带车棚的平房，生活寂寞，但平静而舒适。……到乐山后不久，我就买了一辆第二年（一九六五）的道奇 Dart 270。……后来我便两度南下，去密西根大学和阿尔比恩学院（Albion College）演说，并数闯芝城。②

单德兴《回顾台湾英美文学界——余光中教授访谈录》：然后是一些师范学校改成的大学，像中央密西根大学（Central Michigan University）。③

11 月 26 日，感恩节假日期间，赴芝加哥与刘鎏等共聚晚餐。

余光中《敲打乐·后记》：还记得第一次独自驾车穿越芝加哥时的紧张，兴奋，自豪，和孤注一掷的心境。……当晚，刘鎏、孙璐、於梨华等一大伙朋友在城北的艾文斯敦等我去晚餐，从七点到九点，仍是没有人影。正是感恩节的假日，大家说，"这家伙大概向火鸡看齐去了"。④

12 月 25 日，第二本诗评集《掌上雨》，由台北文星书店出版，为"文星丛刊 33"。该书收入 22 篇评论文章，成于 1959 年秋至 1962 年 10 月间。有后记。书名化自唐代诗人崔颢的诗句"仙人掌上雨初晴"。全书共分两辑，上半部分是论诗文字，下半部分为新诗论战文字。书中讨论的重点为文言与白话、现代诗、现代画，作者强调白话与文言可以并存，并且

---

① 余光中：《敲打乐》，第 67 页。
② 余光中：《敲打乐》，第 67 ～ 68 页。
③ 台湾《英美文学评论》第 32 期（2018 年 6 月）。
④ 余光中：《敲打乐》，第 68 页。

可以取得良好的文学效果。所有作品都是作者 1959 年秋自美国归来后所写。本书后又有 1970 年 3 月台北大林书店版，为"大林文库 31"；1980 年 4 月台北时报文化出版公司版，为"人间丛书 35"，正文前新增余光中的《〈掌上雨〉新版序》。

　　余光中《后记》（1963 年 6 月 18 日）:《掌上雨》是我的第二本散文集。偏于抒情的散文，我已经收入《左手的缪思》之中。这里所收集的，都是一些理论性质的散文，共分两辑，第一辑是一般性质的论诗文字，第二辑则是有关新诗论战的文字。稍异于前一本散文集的是：这本集子里的作品都是我一九五九年秋自美归国后才写的。它们大半发表在《文星》，其余的先后刊登在《作品》《蓝星诗页》《文艺生活》《纵横》《大学生活》《中华副刊》《笔汇》《新时代》《中学生》《自由青年》。

　　这些文章，尤其是第二辑中论战的部分，都是些惹是生非的东西。像一个蜂窝一般，每一篇文章都有一根毒螫，在当初发表时，都曾经刺伤过人；现在结集问世，虽是死蜂，恐怕仍然不免造成新痛。关于论战，一般人抱持两种看法：或以为"真理愈辩愈明"，有理即辩，据理力辩，何惧之有？或以为辩论为吵架之母，逢辩必吵，逢吵必不欢而散，是很欠风度的事；君子何不珍惜羽毛？

　　我的看法比较偏于前者。我常觉得，诗人固然应该自爱，不宜学市井小民，锱铢必较，睚眦必报，而为社会讥笑；但是如果他发现（虽然可能是幻觉）缪思受辱蒙尘，则他应该挺身而出，为他敬爱的女神救难。不过我常有一个原则：即我不兴无谓之师。每次论战，对象一定得是一个"可敬的敌人"；如果他不够份量，或是纯属无理取闹，或是只解骂街，我是不会"应战"的。屡次论战的对象，虽然不可避免地皆因此失和甚至深深结怨，却都是值得较量的作家。希望他们不致误会我对他们真有若何仇恨，或者刊印此集是为了不忘"宿怨"。[①]

　　潘宙《三本书》：我想读到的现代文学书籍却不多，引起我注意的是一本余光中的《掌上雨》，因为我已读过余光中的《鬼雨》，那是一次前所未有的阅读经验；那些我见惯的文字在余光中的笔下竟然呈现出另一种面貌，令我大感惊讶：原来中文是刻意这样写、可以写得

---

① 余光中：《掌上雨》，第 221 ～ 222 页。

这样好的。……但《掌上雨》并没有我期待的那种余光中式的抒情散文，而是对现代诗的分析讨论。……但余光中的文字毕竟有其过人的魅力，一本书读完，我对现代诗的感观已整个改变，甚至有点跃跃欲"诗"起来。余光中在书中将杜甫的"两山排闼送青来"【按：此为宋王安石《书湖阴先生壁》中诗句】改成现代诗的节奏："山一脚将门踢开，把青色 / 把青色喷在你脸上"，我觉得有趣……[1]

是年，英文评论"The Throaty Bass of Fong Chung-ray"，收入 *Paintings by Fong Chung-ray* (Taipei: National Museum of History)。该文评论画家冯钟睿。

1965 年（乙巳）　38 岁

1 月 23 日，赴宾夕法尼亚州南部的葛底斯堡。至是年 6 月，在葛底斯堡学院（Gettysburg College）教学一学期。这也是"亚洲教授计划"的最后一站。

余光中《敲打乐·后记》：一九六五年一月二十三日，我学期结束，便一人一车，浩荡东征，去宾夕法尼亚州南境的盖提斯堡。离开乐山的那天，风雨大作，千里皑皑。……当晚开到俄亥俄的莫迷（Maumee），才在一家汽车旅馆投宿。[2]

单德兴《回顾台湾英美文学界——余光中教授访谈录》：第一年还包括第二学期的盖兹堡大学（Gettysburg College），那个 College 比较有点地位，也算是我第一次认识东部。[3]

1 月 24 日，中午到克利夫兰，参观艺术馆，当晚进入宾夕法尼亚。

余光中《敲打乐·后记》：第二天清晨，上了宽阔平坦的四巷税道（toll road）……中午到克利夫兰吃饭，并且饱览艺术馆中雷努瓦的少女、中世纪的武士厅，和罗丹的沉思者。黄昏时分，进入山势渐起的

---

① 王勇主编：《文学同心圆：第 15 届亚细安华文文艺营诗文选》，新加坡：青年书局，2016 年，第 257 页。

② 余光中：《敲打乐》，第 69 ～ 70 页。

③ 台湾《英美文学评论》第 32 期（2018 年 6 月）。

宾夕法尼亚。……等到在豪华·江生旅店安顿下来，已经是夜半了。①

同日，抵达葛底斯堡。

> 余光中《敲打乐·后记》：第三天继续东行，到了下午始驶离税道，循三十号公路，蜿蜿蜒蜒盘越积雪的塔斯卡罗拉山脉（Tuscarora Mountains），直到傍晚才落下平原。最后，在夕阳之中驶进古色斑斓的盖提斯堡。②

> K. Leung《余光中访谈录》：葛底斯堡是历史名城，给我的印象很深，我在那里的大学教了一学期，收获很大，它使我产生灵感，进行写作，至少写了两三篇散文和六首诗歌。③

1月，发表《落枫城》，刊《文星》第15卷第3期；后收入《逍遥游》（1965年版）。文中详细介绍了他在该城授课情形。略云：

> 作客枫城，竟然也有一个半月了。……枫城当然不叫枫城。伊利诺州的第二大城，皮奥瑞亚（Peoria）是密西西比支流伊利诺河畔一个古老而繁荣的城市。说它古老，因为它建基于一六七三年，开镇史上，数伊州第一。……在"亚洲教授计划"之下，我于中秋之夕，飞来枫城，成为此地布莱德利大学（Bradley University）的所谓客座教授。这是三四年级的一年选修课，总名"东亚研究"，在我之后，还有尼泊尔、印度和韩国的客座教授各一，各任半学期的讲授。我的部分自然是中国文学。班上一共有三十八个同学。……从中国的文字开始，我将他们的兴趣带向诗经、楚辞、汉赋、乐府和唐诗。每读一首诗，我都为他们准备一篇颇饶英诗意趣甚至合乎英诗格律的所谓"意译"，一篇逐字逐句追摹原文的所谓"直译"，最后还有一篇罗马拼音的音译。这样绕着原文打转，自然比仅读粗枝大叶的"意译"较近真相。……我的讲课，原不囿于中国的古典诗。接着唐诗，我讲到中国的散文——先秦诸子的散文，史记的散文，六朝的骈文和韩愈的古文运动。之后便是中国的小说，限于时间，只能以《红楼梦》为中心。最后的两个礼拜，我便集中在现代文学，谈到梁启超的新文体，王国

---

① 余光中：《敲打乐》，第70～71页。
② 余光中：《敲打乐》，第71页。
③ 《红岩》1998年第6期。

维的文学批评，林琴南的翻译小说，谈到胡适和陈独秀的文学革命，谈到以胡陈为例的自由作家与左翼作家的分裂，鲁迅的悲剧，郭沫若的沉沦，胡风的被整肃，新月社的风流云散，左翼作家的雄踞文坛。最后谈到台湾现代文艺的运动，现代诗和抽象画的高度发展，并且放映七十多幅抽象画与二百多幅古典画的彩色幻灯片。此外，我更应邀在当地美以美教会概述中国的宗教，在宗教系的班上谈中国的文字，并在英文系的班上诵读中国的古典诗与现代诗。

1 月，洛夫诗集《石室之死亡》，由创世纪社出版。该集以跳跃离奇的意象，书写梦与潜意识的世界，展现了现代人的噩梦，把超现实主义发挥到极致。该书最能代表现代诗的晦涩难懂，它出版后吸引了不少好奇的人，也招来了很多攻击。

3 月，四女季珊出生。

> 余光中《我的四个假想敌》：袁枚写诗，把生女儿说成"情疑中副车"，这书袋掉得很有意思，却也流露了重男轻女的封建意识。照袁枚的说法，我是连中了四次副车，命中率够高的了。[1]

4 月 3 日，于葛底斯堡古战场写散文《四月，在古战场》，刊 5 月《文星》第 16 卷第 1 期；后收入《逍遥游》（1965 年版）。

4 月 11 日，于葛底斯堡作诗《仙能渡》，后收入《敲打乐》（1969 年版）。

4 月 12 日，发表《九张床》，刊《征信新闻报》第 7 版；又刊同日台北《中国时报》第 6 版；后收入《逍遥游》（1965 年版）。

> 游之夏（黄维樑）《〈九张床〉》：余光中是个文字的魔术师。他魔术棒下的花巧，往往令人目眩。……一九六五年春，余光中远赴美国讲学。《九张床》写他如何从西雅图穿越美国中部，经爱奥华、密歇根、以至目的地盖提斯堡学院。……这些零思断想大多与宇宙人生的大道理无涉；作者可能随写随忘，读者也可能随读随忘。然而，作者却能使读者在阅读的过程中，产生联想、扩展想象力，从而获得一些美感或非美感的东西。作者的魔力在此。[2]

---

① 余光中：《记忆像铁轨一样长》，第 48 页。
② 黄维樑编著：《火浴的凤凰——余光中作品评论集》，第 327 ～ 328 页。

4月24日，于葛底斯堡战场魔鬼穴前作诗《七层下》，后收入《敲打乐》（1969年版）。

5月2日，于西弗吉尼亚烟洞岩作诗《钟乳岩》，后收入《敲打乐》（1969年版）。

5月12日，于葛底斯堡作诗《洋苏木下》，后收入《敲打乐》（1969年版）。

5月中旬，应邀赴巴尔的摩高捷女子学院讲学，并瞻仰爱伦·坡故居、墓地和普赖德图书馆中的坡室。

> 余光中《黑灵魂》：来巴铁摩尔，这已是第四次了。……第三次，作客高捷女子学院昆教授（Prof. Olive W. Quinn of Goucher College）之家。……第四次，这一次重来巴城，是应高捷女子学院之邀，来讲中国古典诗的。演讲在晚上八时，我有一整个下午可以在巴城的红尘里访爱伦坡的黑灵，遂邀昆教授的公子艾弟（Eddie）俱行。……事实上，这是坡的姨妈孀妇克莱姆夫人（Mrs. Maria Clemm）的寓所，坡只是寄居在此。也就是在这条街上，坡和他的小表妹，患肺病的维琴妮亚（Virgina）开始恋爱。……那夜演讲后，从巴城开车回来……已然是五月中旬了。①

5月15日，夜，于葛底斯堡写散文《黑灵魂》，刊6月8日《联合报》；后收入《逍遥游》（1965年版）。

5月22日，于葛底斯堡作诗《神经网》，后收入《敲打乐》（1969年版）。

6月5日，美国宾州卡莱尔城通讯《余光中应狄瑾荪学院邀请，演讲中国哲学及其对本土文学艺术的影响》，刊台北《中国时报》。该通讯报道余光中应邀赴狄金森学院（Dickinson College）参加但丁诞生700周年纪念节，并发表演说。

6月17日，于葛底斯堡写散文《塔》，刊7月《文星》第16卷第3期；后收入《逍遥游》（1965年版）。

> 《编者附记》：谢谢周弃子先生，本文在《文星》第九十三期发表

---

① 《联合报》（1965年6月8日）。

的次日，他就写来这样一封信：

> 白帆老棣：
>
> 　　光中兄大作《塔》附注【按：附注内容是：事隔廿年，已忘塔名。倘有多情的读者见示，当于印书时注明。】的问题解决了。安庆江边的那座寺和塔叫迎江寺振风塔。这是我的朋友廖寿泉告诉我的。他是安徽望江县人，在安庆住了很久。他现在是"总统府"的科长，古典诗作得极好。
>
> 　　请写信便中告诉光中，并代致想念！
>
> 弃子　一九六五年七月二日^①

6 月 30 日，游南太基。

> 　　余光中《南太基·附注》：南太基（Nantucket）是美国东北角马萨诸塞慈州鳕岬之南的一个小岛，长十四哩［英里］，宽三哩半，距大陆约三十哩。十七世纪以迄十九世纪中叶，南太基一直是世界捕鲸业及制烛业中心之一。麦尔维尔（Herman Melville）的不朽巨著《白鲸记》（*Moby Dick*）开卷数章即以该岛为背景。一九六五年六月三十日，特去岛上一游，俾翻译《白鲸记》时，更能把握其气氛。^②

6 月，结束葛底斯堡学院的教学任务，接受布法罗纽约州立大学"亚洲计划"主任格伦博士（Dr. Burvil Glenn）的邀请，于 7 月分别去纽约州立大学的四个分部（Buffalo，Potsdam，Cortland，Brockport）各授一周的暑期课程。

> 　　余光中《逍遥游·后记》：来美国又已快九个月了。……盖提斯堡学院已经放暑期了。^③
>
> 　　余光中《敲打乐·后记》：一九六五年一月底到六月，我在盖提斯堡学院（Gettysburg College）足足教了一学期。这时"亚洲教授计划"结束，我开始在 John Hay Whitney Lectureship 名义下任客座教授，开了一班中国诗，一班中国文学史，每周授课九小时。这也许是我此行最值得纪念的半年。

---

① 余光中：《逍遥游》，第 260 页。
② 余光中：《望乡的牧神》，第 32 页。
③ 余光中：《逍遥游》，第 263 页。

……我到盖提斯堡时，正是此役百年纪念的第二年。……以盖提斯堡为据点，我曾经四次去巴铁摩尔，两次去卡莱尔……两次去新布伦瑞克看我在勒格斯大学念研究院的师大毕业生郑芷英、陈汝徽、陈毓岩、蔡建英、朱蔼仪等；至于华盛顿，已经记不得去过多少次了。……

一九六五年六月，我在盖提斯堡学院的任务已经完毕，又接受布法罗纽约州立大学"亚洲教授计划"主任格伦博士（Dr. Burvil Glenn）的邀请，在七月间分别去纽约州立大学的四个分部（Buffalo，Potsdam，Cortland，Brockport）各授一周的暑期课程。①

6月，枫堤发表评论文章《谈一首梅士菲尔诗的翻译〈西风歌〉》，刊《笠》第7期。文中评论余光中译文。

7月底，从布拉克波特市启程西行，经大瀑布上的霓虹桥，进入加拿大境内。一个月后回到卡拉马祖。

余光中《敲打乐·后记》：终于到了七月底。如获大赦，那天下午我从布市启程西行，两小时后就过了大瀑布上的霓虹桥，进入加拿大境……次晨在浓雾中越过边境，从底特律的湖底隧道里攀升上去，便是美国了。……中午到卡拉马如（Kalamazoo），算是结束了我一个月的江湖行。②

7月，应聘担任西密歇根州立大学英文系副教授一年。

余光中《敲打乐·后记》：我在西密大教了一年，第一学期授中文、中国文学、中国哲学（不要追问我怎么教的），第二学期授中文和两班英诗，课程比前一年重得多。③

7月，发表《塔》《逍遥游·后记》，刊《文星》第16卷第3期。该后记刊2000年6月《九歌杂志》第231期时改篇名为《站在回忆和预期之间——〈逍遥游〉是征服彷徨感的战史》。

7月，第三本散文集《逍遥游》，由台北文星书店出版，为"文星丛刊

① 余光中：《敲打乐》，第71～76页。
② 余光中：《敲打乐》，第78～79页。
③ 余光中：《敲打乐》，第79页。

167"。书名典出《庄子》，《逍遥游》为《庄子》书中的第一篇，标示出人生最高境界，无待而能逍遥。本书集结作者 1963 ～ 1965 年间之散文，内容以文艺、抒情为主，收录《下五四的半旗》《剪掉散文的辫子》《象牙塔到白玉楼》《逍遥游》《鬼雨》等 20 篇。论篇幅则长短悬殊，论文体则兼具知性与感性，论写作地点则远隔重洋。前 12 篇知性文章里，有《象牙塔到白玉楼》《剪掉散文的辫子》《从灵视主义出发》一类的长篇正论，也有《迎七年之痒》一类的杂文和《伟大的前夕》一类的画评。后面 8 篇作品全为抒情散文，有的略带自传而写实，更多的是恣于自剖而写意，可以说是"壮年的诗笔意犹未尽，更伸入散文来贾勇逞能，比起正宗的散文来多一点诗情，比起诗来又多一点现实与气势"。有后记《把交响乐的音符钉在异域的天空》（1965 年 6 月 4 日于葛底斯堡）。1967 年 11 月文星书店再版，后续计有 1969 年 7 月、1973 年 5 月、1982 年 5 月大林书店版，为"大林文库 11"；1984 年 3 月、1985 年 11 月台北时报文化出版公司版，为"人间丛书 18"，新增《新版序》；2000 年 6 月台北九歌出版社版，为"九歌文库 575"，新增《九歌版新序》。

　　余光中《后记》：以《逍遥游》一集为例，我的心，偏在后面的几篇自传性的抒情散文：《鬼雨》《莎诞夜》《逍遥游》《九张床》《四月，在古战场》《黑灵魂》和《塔》。……在《逍遥游》《鬼雨》一类的作品里，我倒当真想在中国文字的风火炉中，炼出一颗丹来。在这一类的作品里，我尝试把中国的文字压缩，捶扁，拉长，磨利，把它拆开又拼拢，折来且叠去，为了试验它的速度、密度和弹性。我的理想是要让中国的文字，在变化各殊的句法中，交响成一个大乐队，而作家的笔应该一挥百应，如交响乐的指挥杖。只要看看，像林语堂和其他作家的散文，如何仍在单调而僵硬的句法中，跳怪凄凉的八佾舞，中国的现代散文家，就应猛悟散文早该革命了。

　　集以《逍遥游》名，因为这原是现成的篇名。因为它融和了叠韵和双声的音乐性。因为这是我这次来美国前夕，站在回忆和预期之间如何征服彷徨之感的战史。更因为纪念，在中国人行路难的时代，我竟何幸，作异域的逍遥之游。中国人在美国，能够克服繁忙和寂寞，能够克服繁忙中的寂寞、寂寞中的繁忙，且维持自己的灵魂维持自己的灵魂于摇摇欲坠，是难而又难的。重来美国，已将九月，仍能继续创作，我的灵魂应该是有救的，啊缪思！

郭虹《拥有四度空间的学者——余光中先生访谈录》：在我的一些散文尤其是"大品文"里，"我尝试把中国的文字压扁、拉长、磨利，把它拆开又拼拢，折来且叠去，为了试验它的速度、密度和弹性。我的理想是让中国的文字，在变化各殊的句法中，交响成一个大乐队，而作家的笔应该一呼百应，如交响乐的指挥杖"。这段话是 1965 年在我的散文集《逍遥游》出版之时说的，那时我是这么做的，至今也仍未放弃。①

8 月 27 日，郎天发表《余光中的〈洋苏木下〉》，刊香港《中国学生周报》第 684 期第 4 版。

9 月 2 日，于卡拉马祖作诗《你仍在中国》，后收入《敲打乐》（1969年版）、《风筝怨》（2017 年版）等。

9 月 6 日，于卡拉马祖作诗《火山带》，后收入《敲打乐》（1969 年版）。

9 月，夏菁来访。

余光中《岂有哑巴缪思？》：一九六五年的初秋，夏菁和我同客美国。他高踞落矶山顶，我远卧五湖平原，两地相隔千五百英里。九月间，他飞去芝加哥，我则驾车去芝城迎接。参观了艺术馆后，太阳已经偏西，便负着落晖，冲着满地的秋色，驶回密歇根去。②

11 月 20 日，与刘鎏驱车去奥海尔国际机场迎接来美的范我存、珊珊、幼珊一行。

余光中《敲打乐·后记》：十一月二十日，咪咪和两个女孩终于冲破了其坚无比的海关，飞去芝加哥。刘鎏陪我驶车去奥海尔国际机场接她们。③

11 月 21 日，回密歇根，住郊外，从此结束 14 个月的"单身汉"生活。

余光中《九张床》：租的公寓在乐山（Mount Pleasant）郊外，离

---

① 《文艺研究》2010 年第 2 期。
② 余光中：《望乡的牧神》，第 145 页。
③ 余光中：《敲打乐》，第 81 页。

校区还有三哩路远。……公寓新而宽大，起居室的三面墙上，我挂上三个小女孩的合照，佛洛斯特的遗像，梵谷的向日葵，和刘国松的水墨抽象。大幅的玻璃窗外，是皑皑的平原之外还是皑皑的平原。①

余光中《敲打乐·后记》：第二天我才带她们回到密西根去。从此我结束了十四个月的"单身汉"生涯。……同时，珊珊姊妹也进入当地的公立小学，交到许多新朋友，使得我们和一些小朋友的家长也颇有往来。②

余光中《望乡的牧神》：那年的秋季，我刚刚结束了一年浪游式的讲学，告别了第三十三张席梦思，回到密歇根来定居。……在西密歇根大学，开了三门课，我有足够的时间看书，写信。但更多的时间，我用来幻想，而且回忆。③

单德兴《回顾台湾英美文学界——余光中教授访谈录》：到了第二年西密西根大学（Western Michigan University）面试我之后正式聘为副教授。④

年底，应邀出席台湾大学举办的"左右手演奏会"，汇报自己在散文艺术上的一项试验。

余光中《六千个日子》：去年十一月底，我在台大举办的"左右手演奏会"上，曾经提出"卡旦萨"一词，解释自己在散文艺术上的一项试验。所谓"卡旦萨"（cadenza），原来是西洋音乐的名词，有人译成"装饰奏"。我不愿用"装饰奏"的译名，是因为"装饰"予人以浮华之感，而且"奏"字不适用于声乐。所谓"卡旦萨"，是指通常排在独奏乐或独唱乐尾部，一种自由抒发的过渡乐句或乐段，其目的在表现演奏者或歌唱者的熟练技巧。在抒情散文的创作中，我借用"卡旦萨"一词，来形容一篇作品达到高潮时兴会淋漓的作者忽然挣脱文法和常识的束缚，吐露出来的高速而多变的句子。其效果，接近协奏曲或咏叹调的"卡旦萨"，也类似立体主义绘画中的叠影。例如下面这样的句子："战争燃烧着时间燃烧着我们，燃烧着你们的须发我们的眉

① 《征信新闻报》第 7 版（1965 年 4 月 12 日）。
② 余光中：《敲打乐》，第 81 ～ 83 页。
③ 《纯文学》第 1 卷第 1 期（1967 年 1 月）。
④ 台湾《英美文学评论》第 32 期（2018 年 6 月）。

睫”；如果改成“战火燃烧着时代，也燃烧着我们，同时也燃烧着你们的须发和我们的眉睫”，意思是更明显了，文法也通了，只是强烈的效果完全丧失了，因为不但节奏松了，意象也散了。我所要追求的现代散文，就是这种把螺丝钉全部上紧了的富于动力的东西。①

傅光明《余光中：我把自己想像成“茱萸”的孩子》：古典音乐在这方面也启发过我。例如协奏曲的一种技巧叫做“卡丹嚓”，就是演奏到一个时候，演奏者就自我发挥去了。我觉得写散文写到一定程度，管它的文法，我存以神喻。我觉得这样下去，节奏就对了。不要考虑得太多，效果可能反而达到了。②

年底，《文星》被彻底封杀。得知消息后，余光中写下《黑天使》和《有一只死鸟》两首诗，表达悲痛和震惊。此间他与李敖有文字往来。

李敖《致余光中》（1966年9月4日）：亲爱的光中：看了这五个字，你一定先惊喜一番，心想“又不知是第几号表妹，爱情信飞来了也！待本诗人躲开漂亮的太太，把这信携往厕所，偷读它一番！”

且慢，不是她们，不是她，是我。

是我，是未来的“牛肉面大王”。

八月十二日舍下之谈甚快，随即看你为目下狗屁文艺鸨母和雏妓包围，似乎非要你射精几次不为快也！可笑可叹。

我九月一日的广告知你已经看到，“下海”卖牛肉面，对“思想高阶层”诸公而言，或是骇俗之举，但对我这种纵观古今兴亡者而言，简直普通又普通。自古以来，不为丑恶现状所容的文人知识人，抱关、击柝、贩牛、屠狗、卖浆、引车，乃至磨镜片、摆书摊者，多如杨贵妃的体毛。今日李敖亦入贵妃裤中，岂足怪哉！岂足怪哉！我不入三角裤，谁入三角裤？

你一定没读过《后汉书·逸民列传》，让我抄一段我很喜欢的给你：

……或隐居以求其志，

或曲避以全其道，

或静己以镇其躁，

① 台北“中央日报”第6版（1967年2月24日）。
② 傅光明采写：《生命与创作：中国作家访谈录》，第72页。

或去危以图其安，

或垢俗以动其概，

或疵物以激其清。

然观其心畎亩之中，憔悴江海之上，岂必亲鱼鸟、乐林草哉？……
彼虽硁硁有类沽名者，然而蝉脱嚣埃之中，自致寰区之外，异夫饰智
巧以逐浮利者乎？

这段老公公的文字，光中呀光中，写得还不错吧？虽然，今之
"文化太保"，甚至连"亲鱼鸟、乐林草"的份儿也没有了，多少总得
"饰智巧以逐浮利"一点儿，于是，九月一号的台北六家报纸上，就出
来李敖的广告啦！

我在旧书摊上买到一本宣纸的小折页册，正好可做签名之用。我
盼你能在这本小册的前面，写它一两页，题目无非"知识人赞助李敖
卖牛肉面启"之类，然后由我找一些为数不多的我佩服的或至少不算
讨厌的人士纷纷签它一名，最后挂于牛肉面锅之中，聊示"招徕"。此
"启"只负责"赞助"，不负责牛肉面好吃与否或有毒与否，大家尽可
安心签署，不必回家抱着老婆吓得睡不着觉也！饮食界之"爱德乐佛"
启。一九六六年九月三日。

余光中《赞助李敖卖牛肉面启》：近日读报，知道李敖先生有意
告别文坛，改行卖牛肉面。果然如此，倒不失为文坛佳话。

今之司马相如，不去唐人街洗盘子，却愿留在台湾摆牛肉面摊，
逆流而泳，分外可喜。惟李敖先生为了卖牛肉面而告别文坛，仍是一
件憾事。李先生才气横溢，笔锋常带情感而咄咄逼人，竟而才未尽而
笔欲停。我们赞助他卖牛肉面，但同时又不赞助他卖牛肉面。赞助，
是因为他收笔市隐之后，潜心思索，来日解牛之刀，更合桑林之舞；不
赞助，是因为我们相信，以他之才，即使操用牛刀，效司马与文君之
当垆，也恐怕该是一时的现象。是为赞助。① 【按：这段短文由余光中
父亲亲自交给李敖，后由李敖单独公布，未曾征得余光中同意。②】

余光中《向历史自首？——溽暑答客四问》：李敖屡次诬我文章不

---

① 李敖：《惊世的论战》，昆明：云南人民出版社，1999 年，第 171～193 页。
② 古远清：《关于余光中赞助李敖卖牛肉面的广告词》，见古远清编：《余光中评说五十年》，
北京：文化艺术出版社，2008 年，第 131 页。

通，我也只拈花微笑，因为当年请我这不通之人写《赞助李敖卖牛肉面启》的，正是李敖自己。①

是年，纪弦出版诗集《纪弦诗选》，收诗 71 首，书前《自序》为纪弦诗歌观的表白，也体现了他在 20 世纪 50 年代后期现代诗论战后诗歌观念的变化。

> 丁宗皓《在传统与现代之间——余光中先生访谈录》：现代诗的探索从戴望舒、李金发、施蛰存等人开始，这是中国现代诗的源头。这个源头在台湾一直没有断，纪弦的确是现代诗在中国文坛上的延续。……纪弦在诗歌上有一些主张。比如他主张诗是诗，歌是歌，不能混在一起。而我一直认为诗有音乐性，可以谱曲，后来一些现代诗谱成歌了也蛮好听的，也受到了欢迎。②

1966 年（丙午）   39 岁

1 月 20 日晚，台湾大学四个社团举行诗朗诵比赛，参赛者所诵作品一半是现代诗。

> 余光中《六千个日子》：一月二十日晚上，台大四个社团举办诗朗诵比赛，结果比赛者所诵作品，有一半是现代诗。③

2 月 2 日晚，出席台湾师范大学英语学会举办的"诗歌之夜"。

> 余光中《六千个日子》：二月二日晚上，师大英语学会举办"诗歌之夜"，邀请夏菁、周梦蝶，蓉子，罗门等诗人自诵其诗。那晚下了不少的雨，同时师大还有别的活动，结果仍然是满座。④

2 月 24 日，于卡拉马祖作诗《当我死时》⑤，刊 5 月《现代》第 1 期；后收入《敲打乐》（1969 年版）、《风筝怨》（2017 年版）等。诗人将一些有着中国符号意蕴的事物赋予最深的情感，通过一种精神上的回忆和遥望

---

① 《羊城晚报》B5（2004 年 9 月 11 日）。
② 《当代作家评论》1997 年第 6 期。
③ 台北"中央日报"第 6 版（1967 年 2 月 24 日）。
④ 台北"中央日报"第 6 版（1967 年 2 月 24 日）。
⑤ 原件藏台北"国家图书馆"当代名人手稿典藏系统，编号 262-65。

将它们融入自己的乡愁诗中，这是一种地理上的乡愁回归，亦是诗人排解心中苦闷的一种回忆的寄托。诗云：

当我死时，葬我，在长江与黄河／之间，枕我的头颅，白发盖着黑土。／在中国，最美最母亲的国度，／我便坦然睡去，睡整张大陆，／听两侧，安魂曲起自长江，黄河／两管永生的音乐，滔滔，朝东。／这是最纵容最宽阔的床／让一颗心满足地睡去，满足地想，／从前，一个中国的青年曾经，／在冰冻的密西根向西瞭望，／想望透黑夜看中国的黎明，／用十七年未餍中国的眼睛／饕餮地图，从西湖到太湖，／到多鹧鸪的重庆，代替回乡。

余光中《敲打乐·新版自序》：《当我死时》这首诗曾经收入许多诗选；我在香港的时候，发现大陆也有好些刊物加以转载。香港作曲家曾叶发先生，早在一九七五年，曾将此诗谱成四部混声合唱曲，并在崇基学院亲自指挥演唱。……这些诗，上接《五陵少年》，下启《在冷战的年代》，通往我六十年代后期的某些诗境，形成了我中年诗生命的一个过渡时期。①

颜元叔《余光中的现代中国意识》：同一个集子里《当我死时》，主题上和《敲打乐》大致类似，结构则统一谨严多了。《当我死时》是诗中之"我"的遗言，他希望死后能身葬于中国大陆，他最能瞑目长眠的地方。诗中之"我"——我们可以假定就是余光中自己——对于大陆的依恋怀想，油然于字里行间。我们细读这首十四行的诗，发现两点特别引人注意之处。第一，余诗的声响效果与氛围接近安灵曲的温婉祥和。……第二，这既是一首怀念故国的诗，则全诗之使用故土的地理意象，很是适宜。……最后六行可说是"因"，前面八行是"果"。他整天渴望故国，所以死后希望还尸于故土，以满足"饕餮地图"所引起的毕生愿望。因果的倒置加强了全诗的效果。②

陈芳明《冷战年代的歌手》：《当我死时》一诗，便是这种回归精神的浮现，颇能表达那种落叶归根的向往，尤其是他在异国陌生环境的笼罩下，这种心情的流露，既自然又感人。……如果这首诗只写下

①　余光中：《敲打乐》，第 VIII 页。
②　《纯文学》第 41 期（1970 年 5 月）。

这八行，实在无懈可击，无论是意象、节奏、文字都很恰当。不过，他在后面六行所经营的，却多少带给人些许遗憾。……颜元叔谈到这首诗时，认为"结构统一严谨"，个人并不这样认为。……总之，这首诗并不很失败，以余光中那样注重意象和音乐性的诗人，似乎还可以使这首诗处理得更圆满一些。就技巧而言，他在诗里把时空换位，就很成功。假如纯粹从思想的观点来看，那么这首诗无疑是他"走向中国"的代表作。①

袁可嘉《"奇异的光中"——〈余光中诗歌选集〉读后感》：余光中的"中国情结"是复杂的、立体的。但他也善于给予明白流畅、富于感性的表达。《当我死时》是我爱读的一篇佳作。此诗表达诗人的一个深切愿望。……这首诗一开头就气势不凡——光中作诗常显豪气——要安葬于长江与黄河之间，听它们奏响安魂曲，诗人则安眠于整张大陆，最美最母亲的中国，心满意足地回忆当年在国外思念祖国的黎明。这种爱国怀乡之情是深切动人的，视野宽阔，形象鲜明，分行和句法都很用心，旨在配合诗情节奏和突出重点，结尾三行以"饕餮地图"代替回乡，既沉痛，又奇特。此诗情思之深沉和诗艺之高超，我认为堪称光中珍品之一。②

流沙河《台湾诗人十二家》：余光中的诗，例如这首《当我死时》，就其句型而言，颇似洋腔，你可以念一句译一句，对位译成英语而不感到吃力。不过就其内涵而言，他的诗却是古色古香的国调。他不赞同泯灭自己的传统于欧风美雨，不赞同台湾现代派的所谓"横的移植"，即一味地硬搬外国。③

《上报》（2017 年 12 月 15 日）：○在民国的余光之中（廖伟棠）○《当我死时》的源头可以追溯到戴望舒的《我用残损的手掌》，虽然密歇根的校园远胜于香港域多利监狱的死囚仓，但这种爱国的思念皆非泛泛，大量肉体、感官意象暗喻出切肤之痛，这不是乡愁，而是关于乡愁的焦虑，关于一个渐渐失去思乡"合法性"的人对自己是否应该有乡愁的焦虑。

---

① 《龙族》诗刊第 6 期（1972 年 5 月）。
② 香港《诗双月刊》（1998 年 6 月）。
③ 流沙河编著：《台湾诗人十二家》，第 30 页。

2 月 25 日，于卡拉马祖作诗《哀龙》，刊 5 月《现代》第 1 期；后收入《敲打乐》(1969 年版)。

3 月 2 日至 7 日，林海音发表《中国作家在美国》(1—6)，刊台北《中华日报》第 6 版。其中介绍了陈香梅、夏济安、吴崇兰、王文兴、余光中等人。

3 月 6 日，于卡拉马祖作诗《在旋风里》，刊 5 月《现代》第 1 期；后收入《敲打乐》(1969 年版)。

3 月 29 日，于卡拉马祖作诗《灰鸽子》，后收入《敲打乐》(1969 年版)。

3 月 31 日，于卡拉马祖作诗《单人床》，后收入《敲打乐》(1969 年版)。

4 月 27 日，于卡拉马祖作诗《犹力西士》，后收入《敲打乐》(1969 年版)。

> 陈芳明《冷战年代的歌手》：真正能代表他的诗观改变，恐怕是从《犹力西士》一诗以后。这首诗隐约地表示了他的航道已经转向了……此诗除了借用典故之外，并无任何技巧可言。……但是，这首诗所蕴含的精神却是值得注意的。当时他在海外漂泊，以犹力西士的流浪生活影射自己，倒是很恰当的。而诗中的女妖恐怕是隐喻当时诗坛流行的存在主义、超现实主义，虚无精神等等；或者更扩大来说，女妖指整个西方文化。……但余光中已警觉到应该回到自己的国土，传说中的伊色佳便隐喻着中国。当然此诗也另外有一含义，当时余光中去国甚久，已厌倦海外的生活，他亲身体会，亲身经验西方的种种，他所看到的西方应比其他的诗人来得深入而真切。西方固然迷人，中国固然使人伤心，但他毕竟是中国人，西方文化应由西方人去歌颂，中国的苦难还待诗人来体验……这首诗看起来很平凡，却是他创作历程中的转捩点，诗中表现出来的不很明显，但无疑地，自此他便乘风破浪地归来了。[1]

4 月 28 日，于卡拉马祖作诗《黑天使》，后收入《敲打乐》(1969 年)。

---

[1] 《龙族》诗刊第 6 期（1972 年 5 月）。

余光中"自注"：写成后，才发现这首《黑天使》是首尾相衔的连锁体，段与段间不可能读断。Emily Dickinson 的 "I Like to See It Lap the Miles"近于此体。

4月，于卡拉马祖作诗《有一只死鸟》，后收入《敲打乐》(1969年版)。

5月2日，于弗吉尼亚 Skyline Drive 作诗《天栈上》，后收入《敲打乐》(1969年版)。

5月，携妻女赴纽约。

6月2日，于卡拉马祖作诗《敲打乐》，后收入《敲打乐》(1969年版)。

余光中《敲打乐·新版自序》：引起误解甚至曲解最多的，该是主题诗《敲打乐》了。这首长诗自从十八年前发表以来，颇有一些只就字面读诗的人说它是在侮辱中国。这种浮面读者大概认为只有"山川壮丽，历史悠久"以及"伟大的祖国啊我爱你"一类的正面颂辞，才能表达对国家的关怀。这种浮词游语、陈腔滥调，真能保证作者的情操吗？……在《敲打乐》一诗里，作者有感于异国的富强与民主，本国的贫弱与封闭，而在漫游的背景上发为忧国兼而自伤的狂吟，但是在基本的情操上，却完全和中国认同，合为一体，所以一切国难等于自身受难，一切国耻等于自身蒙羞。这一切，出发点当然还是爱国，而这基本的态度，在我许许多多的作品里，尤其是像《地图》和《蒲公英的岁月》一类的散文里，我曾经再三申述。……奇怪的是：仍然有一些论者竟然断章取义，随手引述《敲打乐》诗中的句子，对作者的用意妄加曲解。这首诗刊于六十年代中期，当时的言路不像今日开放，所以有些地方显得有点隐晦，恐亦易起误会。……我在写《敲打乐》时，还没有注意到美国的摇滚乐，诗以敲打为名，只是表现我当时激昂难平的心境。诗句长而标点少，有些地方字眼又一再重复，也是要加快诗的节奏；这样的紧迫感在我的诗里实在罕见。此诗曾经我自己英译，收在《满田的铁丝网》(*Acres of Barbed Wire*) 译诗集里。后来又经德国作家杜纳德（Andreas Donath）译成德文，收进一九七六年为纪念汉学家霍夫曼而出版的专书《中国的文化、政治与经济》(*China: Kultur, Poktik und Wirtschaft—Festschrift für Alfred*

Hoffmann）。①

K. Leung《余光中访谈录》：在 60 年代的 1965 年和 1966 年前后，也就是在我写《敲打乐》的时候，我内心的情绪是很混乱。那时一件很重要的事件引起我思想混乱，就是"文艺之星出版社"的关闭。"文艺之星"当时曾对年轻人和文艺界都有重大的影响。它的关闭对我是一个重大打击。在大陆这时已是红卫兵的时代了。②

颜元叔《余光中的现代中国意识》：《敲打乐》诗集的主题诗《敲打乐》，是余光中的现代中国意识的一个浮现。这篇诗写成于美国的卡拉马如（Kalamazoo）。全诗的主题基于一个潜藏的对比。……余光中是一位真正的爱国的人（至少这首诗的表征是这样的），他爱中国深，感触深，深得简直接近绝望。……这首诗有一个发展，一个转变：几乎像西洋的悼念诗一样，在深切的悲痛之后，希望与肯定渐渐产生。……《敲打乐》的结构是值得商榷的。依我的想法，像《敲打乐》这种诗，在结构上应该使用重复变化法。即是说，以诗节（stanza）为单位，每单位用或多或少变化的字句，表达类似或同一的思想情感。于是，几经重复的思想情感，会变得更为强烈，更为深广。大致而言，《敲打乐》的若干段已经表现了这种结构。……我以为《敲打乐》若不以诗段（poetic passage）为结构单元，而以诗节为结构单元，则全篇的组织必定会谨严些，不相干的思想情感所形成的字句，则会比较容易暴露其不相干的身份，而可被排斥在诗篇之外。③

陈芳明《冷战年代的歌手》：特别能表现余光中的时代感，应该是《敲打乐》一诗。该诗长达一百五十二行，自《天狼星》以来，是他写得最长的一首诗，在气魄上显然超越了《天狼星》。……《敲打乐》则是连绵不绝的交响乐，而且是节奏特别快的交响乐。无论是文字的表现，或思想的流露，都足以看出余光中的精神和中国紧紧相扣，在这首诗里表现得淋漓尽致。从第一行开始到最后一行为止，都充分显示他诗思的丰沛，和笔锋的犀利。④

① 余光中:《敲打乐》，第 IV ～ VIII 页。
② 《红岩》1998 年第 6 期。
③ 《纯文学》第 41 期（1970 年 5 月）。
④ 《龙族》诗刊第 6 期（1972 年 5 月）。

6月6日，于卡拉马祖作诗《布朗森公园》，后收入《敲打乐》（1969年版）。

7月2日，结束在美两年的教学生涯，携妻女驾车西行，穿越美国中部，踏上返台旅程。

余光中《敲打乐·后记》：一九六六年七月二日，我在美国两年讲学的任期届满，遂整顿行李，带妻女驾车启程回台湾。我们从密西根一直开车到西岸的洛杉矶，途中越过印地安纳，伊利诺，爱奥华，内布拉斯卡，科罗拉多，犹他，内华达，加里福尼亚，全程约三千英里。我们在途中行行歇歇，一路探看朋友兼做告别，过有美景名胜，辄流连不去。①

7月4日，寄住芝加哥刘鎏家中，观看美国国庆游行。

余光中《敲打乐·后记》：在芝加哥，我们住在刘鎏那里，且看到七月四日美国国庆的游行。②

7月28日，自洛杉矶机场启程飞回台湾。回台后，任台湾师范大学副教授，在台湾大学、政治大学、淡江大学三校兼课。

余光中《敲打乐·后记》：在洛城的一个礼拜里，我们住在加州工学院刘庆玺博士巴莎甸娜的公寓，充分享受了庆玺和他新娘孙文静（也是我政大西语系的高足）的慷慨。忙碌的庆玺，特别抽出空暇，为我们导游好莱坞、渔人埠，和华特·狄斯尼乐园。……所以一直到七月底才离开洛杉矶回台湾。③

夏菁《你走后，林中——给光中》：你走后，林中 / 有一些画眉 / 鸣向北美的天际，你的眉际 / 繁花的昨日，遥远的王子 / 盛夏的莲池 / 如盛唐的历史 / 现在，对着落日的晚秋 / 啾啾 // 还有一些土拨鼠 / 在你影子的脚边 / 挖小小的陷阱 / 盼望一次有感的地震 / 一次廉价的革命 / 他们鼓起尖尖的嘴私语着 / 窃窃 // 而我——一个将要远行的 / 守林人。看着这些 / 在幽邃的树梢，落叶的林间 / 怅然就如雾了，如悠悠虫鸣 /

① 余光中：《敲打乐》，第84～85页。
② 余光中：《敲打乐》，第85页。
③ 余光中：《敲打乐》，第90、85页。

当我走出夜深的林中 / 哦，东方有一颗天狼星 / 晶晶 ①

8 月 24 日，老舍含冤自沉于北京西北太平湖，终年 67 岁。

　　傅光明《余光中：我把自己想像成"茱萸"的孩子》：他可以说
是 30 年代以来，在写实的小说家中，对于口语的掌握，能够写得戏剧
化，同时对幽默的掌握，他的幽默比较众生相，并不是像钱锺书、林
语堂英国绅士式的，而是平民化。他比较平实，因为他写的往往是市
井小说，这类的很多。……那时候两岸分隔，消息传来传去很难证实。
真正知道的清楚，还是后来看见有人文章中写到了，比较确定一点儿。
那当然觉得很不幸了。因为那算是"文革"开始时的牺牲者之一，另
外一个很不幸的是傅雷。②

9 月 3 日，凌晨，傅雷愤而离世，夫人朱梅馥亦自缢身亡。

　　傅光明《余光中：我把自己想像成"茱萸"的孩子》：也是听我
的好友林以亮先生讲的，因为他跟他们是世交。……我想一个社会，
对于这样杰出的作家、艺术家这样苛严的对待，总是一个病态的社
会。……到了这种关头，能有这种气节。所以我很敬佩他们。③

9 月 14 日，作诗《带一把泥土去——致痖弦》，刊 10 月《幼狮文艺》
第 25 卷第 4 期；后收入《在冷战的年代》（1984 年版）。

　　陈芳明《冷战年代的歌手》：这诗集的第一首诗《带一把泥土去》，
令人弥尝弥甜，如嚼橄榄。此诗是送给痖弦的，当时余光中刚回国不
久，痖弦则将赴美国的爱奥华参加作家工作室。余光中以刚从国外回
来的经验告诉痖弦，他知道海外的中国人最需要的是中国泥土。泥土，
只是一种象征，但是已足够满足一位在海外流浪者的情怀了，因此他
劝痖弦带一把泥土去。④

9 月 19 日，写散文《咦呵西部》，刊 25 日、26 日台北《中国时报》
第 6 版；后收入《望乡的牧神》（1968 年版）。

---

① 余光中：《敲打乐》，卷末。
② 傅光明采写：《生命与创作：中国作家访谈录》，第 80 页。
③ 傅光明采写：《生命与创作：中国作家访谈录》，第 67 页。
④ 《龙族》诗刊第 6 期（1972 年 5 月）。

9月26日，写散文《南太基》，刊10月6日《联合报》；后收入《望乡的牧神》（1968年版）。

10月10日，《文学季刊》在台北创刊，发行人尉素秋，主编尉天骢。创刊初期为季刊，尚能按期出版，自1968年第6期开始，不定期出版。1971年1月改为双月刊，仅出版2期，4月停刊。刊物以面向社会、探究人生为宗旨，强调严肃的写实主义精神，希望作家直面现实生活，以严肃的态度从事文学创作。刊物以发表短篇小说为特色。常在该刊写稿的作家有王梦鸥、姚一苇、何欣、陈映真、刘大任、施叔青、尉天骢、黄春明、王祯和、李昂、余光中、七等生、奚淞、曹永洋等。创刊号上有余光中诗作《敲打乐》。

10月17日，写散文《登楼赋》，刊11月2日《征信新闻报》第6版；又刊11月12日台北《中国时报》第6版；后收入《望乡的牧神》（1968年版）。

10月24日，写散文《望乡的牧神》，刊1967年1月《纯文学》第1卷第1期；后收入《望乡的牧神》（1968年版）。

11月12日，作诗《凡有翅的》，后收入《余光中诗选：一九四九——一九八一》（1981年版）、《在冷战的年代》（1984年版）、《双人床》（1996年版）等。

> 陈芳明《冷战年代的歌手》：此诗和《敲打乐》一样，都在把中国拟人化以后，再以对白的方式来表现。这里所说的中国，广义地说，指整个近代史的中国……表现一位知识分子对于红卫兵的抗议。……这种抗议的成功处，就是不动用过多的情绪。……这种利用节奏来表现感情起伏的手法，可以说是他最得意的一个技巧。……全诗都在悲悯的气氛下进行，而诗的背后却隐含一股阳刚之气，不能夺也不能辱。[1]

12月3日，作诗《双人床》，后收入《在冷战的年代》（1984年版）、《双人床》（1996年版）、《余光中六十年诗选》（2008年版）、《风筝怨》（2017年版）等。

> 颜元叔《余光中的现代中国意识》：据说《双人床》初次发表的

---

[1] 《龙族》诗刊第6期（1972年5月）。

时候，曾引起不少非议。有人认为太"黄"了。……而我以为这是余光中最佳的一些诗行，也是中国现代诗最佳的一些诗行——最有文字的机智，最形而上！最能把爱情与战争、创造与毁灭、群体的命运与个人的陶醉熔冶在单一的意象之中！……这首诗显然部分模仿了奥登（W. H. Auden）的 Lay Your Sleeping Head，不过余光中的诗仍是一首独立可读的好诗。

《双人床》蕴藏着两个世界，一个是双人床上两个情人的小世界，一个是双人床外环伺着情人的大世界。……在这首诗里，我觉得余光中像约翰邓恩（John Donne）写《谥圣礼》（Canonization）一样，能够从个人的小世界，影射到大世界，以小世界与大世界为对比；进而暗示大世界笼罩着小世界，小世界的爱情与生命，临时有被大世界破灭之危险。……我以为《双人床》是余光中的最佳诗篇之一。

《双人床》的确是一首复杂而丰富的诗。……第一，这首诗很适宜以新批评的"张力"说来解释。"张力"存在于小世界与大世界之间，存在于爱情意象语丛与战争意象语丛之间。第二，小世界与大世界虽成对比，却也有一个共同点，即是小世界中也有战争，不过，这只是爱情的肉搏罢了。……第三，这首诗的结束数行，更有深远的哲学影射。……①

12 月 7 日，应邀出席《幼狮文艺》月刊在台北举办的"新诗往何处去"座谈会。

王金城、袁勇麟《中国当代文学编年史·港澳台文学》：7 日，台湾《幼狮文艺》月刊在台北举办"新诗往何处去"座谈会，参加者有朱桥、纪弦、羊令野、余光中、商禽、楚戈、郑愁予、罗门、蓉子、洛夫、辛郁、许世旭等。座谈会由《幼狮文艺》负责人朱桥主持，座谈会内容刊登于《幼狮文艺》1967 年 1 月号。朱桥指出：《幼狮文艺》盼望大家心平气和谈些有歧义的问题，如果能使意见更为接近，对于诗运动的再出发有所裨益，便是文坛之福了。纪弦指出：诗是个人的东西，不必管社会接受不接受。他还认为当时台湾的诗歌正处于一个

---

① 《纯文学》第 41 期（1970 年 5 月）。

高潮中。余光中认为没有那样乐观，是处于一个过渡时期。[1]

12 月 9 日，作诗《枫和雪》，后收入《在冷战的年代》(1984 年版)。

12 月 15 日，作诗《公墓的下午》，后收入《在冷战的年代》(1984 年版)。

12 月 23 日，写评论《论二房东批评家》，后收入《望乡的牧神》(1968 年版)。略云：

> 一个民族在文学批评上所表现的没落或沉寂，说明了该民族对于美的判断，若非欠缺真知灼见，便是没有责任感。结果真正的判断，只有转入地下，以口碑或腹诽的形态，存在于少数心灵之间。这种迟钝的感受和怯懦的心灵，在某种层次上，间接反映出该民族心灵的衰退。……所谓"美"，是指一件作品，对人生的处理够真实，对文字的处理够成熟，而内容和形式又融和无间。反之，就是"丑"。在这样的了解下，文学不再是舞文弄墨的消遣，而是一个民族心灵的晴雨表；它关系一个民族的最佳心灵对于生活的态度和运用语文的能力。文学批评家的工作，便是观察这晴雨表是否有效，是否准确，是否真能反映民族心灵的气候。……在这已经极不繁荣的情形之下，多数的执笔者，都是面目模糊，言语支吾之辈。……我为他们铸了一个名词——"二房东批评家"(sublessee critics)。……这种批评家，分来分去，最多分出大贫小贫两种，而无论是大贫或小贫，都贫于思想，贫于文字，尤其贫于个性，可是落笔写评之际，莫不善于买空卖空，以无为有，以虚充实。他们的所谓批评，大抵道听途说，以讹传讹，不是作家的点名簿，就是旁人的意见箱，不是海盗版的谣言，就是怔忡症的口吃。这种二房东批评家，真需要《愚公列传》的作者颇普，挥动他寒芒四射的双刃剑，作一次"平庸的大屠杀"，为文坛清出一片净土。[2]

12 月 25 日，耶诞节，作诗《野炮》，后收入《在冷战的年代》(1984 年版)。

12 月，写散文《谁是大诗人?》，刊次年 1 月《幼狮文艺》第 26 卷第 1 期；后收入《望乡的牧神》(1968 年版)。文中列举堪称"大诗人"的八大条件：1. 声名和荣誉；2. 产量；3. 影响力；4. 独创性；5. 普遍性；6. 特

---

[1] 张健主编，王金城、袁勇麟本卷主编:《中国当代文学编年史》第十卷《港澳台文学(1949～2007)》上册，第 238～239 页。

[2] 余光中:《望乡的牧神》，第 85～87 页。

殊性；7. 博大性和深度；8. 超越性。略云：

　　一个大诗人，从摹仿到成熟，从成熟到蜕变到风格的几经推陈出新，像杜甫，像莎士比亚和叶慈那样，必须不断超越，超越古人，超越时人，超越自己，事实上，每一篇杰作都是一次超越，否则修改与重写便没有意义。而超越自己是最为困难的。我想，目前诗坛的暂时沉寂，正暗示某些成熟的作者已面临蜕变的挑战。因为，只有能够超越自己的作者，才会被提名为大诗人的候选人。①

12 月，《余光中的诗情，从变化中求新》，刊《联合报》第 13 版。

　　冬，中国旅法雕刻家江萌（熊秉明）发表《论三联句：关于余光中的〈莲的联想〉》，刊《欧洲杂志》季刊第 6 期。该文后作为附录收入《莲的联想》（台北时报文化出版公司 1980 年版）。

　　是年，当选国际青年商会第四届十大杰出青年。

1967 年（丁未）　　40 岁

1 月 2 日，写散文《阿拉伯的劳伦斯》，后收入《望乡的牧神》（1968年版）。

1 月 4 日，作诗《九命猫》，后收入《在冷战的年代》（1984 年版）、《风筝怨》（2017 年版）等。

1 月 6 日，皇甫盛发表《余光中的散文》，刊香港《中国学生周报》第755 期第 4 版。

　　同日，台湾政治大学外交系弟子温健骝在他编的香港《中国学生周报·诗之页》介绍李贺的《北中寒》，表达对李贺的推崇，希望新诗能够调和现代和古典。这与余光中隔海呼应。

　　《明报》（2017 年 12 月 15 日）：○没有人伴他远行——追忆余光中先生在台港文学的贡献（须文蔚）○郑树森就指出，一九六四年自政治大学外交系毕业的香港侨生温健骝，在政大时曾旁听余光中在西语系兼课的"英诗选读"，就深受余光中的感染。温健骝返港后接编

_____
① 余光中：《望乡的牧神》，第 83 页。

《中国学生周报·诗之页》，在一九六七年一月六日介绍李贺《北中寒》之浓缩。文中对李贺的推崇，希望新诗能够调和现代和古典，与余光中隔海呼应。

1月7日，作诗《月蚀夜》《自塑》，后收入《在冷战的年代》（1984年版）；后者亦收入《风筝怨》（2017年版）。

陈芳明《冷战年代的歌手》：《月蚀夜》一诗，可以说是《凡有翅的》的倒影，或者说，是一诗两面。[1]

袁可嘉《"奇异的光中"——〈余光中诗歌选集〉读后感》：《自塑》也同样表现出要立在中国（时代）旋风的中心，成为一尊独立的塑像，让中国像疯狂的石匠敲落虚荣和怯懦，被旋风磨成一架珊瑚。[2]

1月14日，作诗《母亲的墓》，后收入《在冷战的年代》（1984年版）、《风筝怨》（2017年版）。

余光中"附记"：母亲骨灰已于一月二十一日自圆通寺移往碧潭永春公墓，归土安葬。她是江苏武进人，民前六年（一九〇六年）生，一九五八年殁。

余光中《六千个日子》：我的作品，在现代诗中，不能算是"难懂"的一种。"难懂"是有程度上的区分的。某些诗人甚至嫌我的诗太"好懂"，但那些"好懂"的诗，对于许多读者却成为"晦涩"。以一月十七日发表在"中副"的《母亲的墓》为例，许多读者（包括一个女孩子，一个陆军上尉，一个文学批评的教授）都认为可解，但是当我向父亲提议，要把它刻在母亲的墓碑上时，老人家便面有难色了，因为他认为那首诗晦涩难解。经我加以解释，且再三坚持，那首诗才上了碑石。在台湾，也许它是刻在碑石上的第一首现代诗。[3]

马来西亚《中国报》（2017年12月17日）：〇余光中和母亲（杨欣儒）〇一九六七年他写了《母亲的墓》，抒发了他的孝思，极为感人。

1月18日，作诗《想起那些眼睛》，诗尾标"成大演讲后"，后收入

① 《龙族》诗刊第6期（1972年5月）。
② 香港《诗双月刊》（1998年6月）。
③ 台北"中央日报"第6版（1967年2月24日）。

《在冷战的年代》（1984 年版）。

　　1 月 20 日，作诗《闻梁实秋被骂》，后收入《在冷战的年代》（1984
年版）。

　　　　颜元叔《余光中的现代中国意识》：……还包含了少许主题肤浅、
　　情操不深、技巧拙劣的诗，像《闻梁实秋被骂》之类。这类个人化而
　　且仅止于个人化的文字，出自一位熟悉欧立德之"无我说"的诗人笔
　　下，毋宁是糟蹋自己的创作青春，也可以说是知易行难的见证了。……
　　对于余光中而言，"美学距离"恐怕是他期待化为火凤凰前必须经历的
　　"火浴"。①

　　1 月 28 日，写评论《老得好漂亮——向大器晚成的叶芝致敬》，文末
标"叶芝逝世廿八周年纪念"，后收入《望乡的牧神》（1968 年版）。

　　1 月 30 日，发表《新鲜人学新鲜文》，刊台北《中国一周》第 875 期。

　　1 月，王在军发表《访诗人余光中谈诗》，刊《葡萄园》第 19 期。

　　2 月 1 日，作诗《火浴》，刊 1967 年《春文学》3 月号。同年 9 月 9
日修改；后收入《在冷战的年代》（1984 年版）、《风筝怨》（2017 年版）等。

　　　　余光中"附识"（1967 年 11 月 25 日）：《火浴》初稿发表于今年
　　（一九六七年）三月份的《纯文学》，引起钟燕玲小姐的兴趣，写了一
　　篇批评，叫《余光中的〈火浴〉》，登在上一期的《现代文学》。这是
　　一篇一场诚恳也极为犀利的批评文章，其中除了称扬《火浴》的某些
　　优点之外，更指出了它在发展过程中的一项严重的缺陷。评者显然受
　　过西方现代文学批评的训练，对于一首诗，颇能从文字本身，作周密
　　的观察，并根据作者构想的原意，去分析他经营的成败。据说，这篇
　　文章，在我们这文坛迫切需要批评的今天啊，曾经屡遭退稿。最后才
　　由我推荐，得在《现代文学》刊出。钟燕玲原名钟玲，现在威斯康辛
　　大学读比较文学。写这篇批评时，她正在台大外文研究所我班上修选
　　"英美现代诗"。敢于冒着触犯老师的危险，来从事严肃的文学批评，
　　这种精神，是值得提倡的。曾经有过这样的弟子，我感到极大的骄傲。
　　现在我接纳了她的意见，把"火浴"从原有的四段扩充到目前这种格

----

① 《纯文学》第 41 期（1970 年 5 月）。

局，不知道她看后会不会多加我几分？

钟玲《余光中的〈火浴〉》：在形式上，《火浴》是圆熟的；在意境上，《火浴》是高旷的。在余光中朝圣山 Parnassus 的旅途上，《火浴》这首诗是一块风沙掩埋不了的里程碑。……这首诗的主题涉及一种过程——净化的过程。……而在"选择—净化—完成"的一连串过程中，全诗表现的重点不落在净化这点上，而落在选择上。全诗四十四行可以分为两部分。结尾五行是诗人现身说法；而前三十九行是"诗人自我"对"诗人灵魂"的谈话和忠告。……《火浴》一开场，余光中就先肯定自我："一种不灭的向往……"这位诗人自己知道他对永生的向往本身就是"不灭"的。其后，这发言的诗人自我一直在高亢的状态，企图作一种伟大的自我超越的选择。事实上，"自我"只详细把两条路剖析给"灵魂"听，完全没有表示出选择时内心的分裂、矛盾和痛苦，只是轻描淡写选择，不是伟大的选择。因此，这次选择是高超的，却没有感人心腑的力量。[①]

《明报月刊》（2022 年第 1 期）：○师徒缘：余光中老师（钟玲）○上课期间，我读到老师发表在《现代文学》的诗歌新作《火浴》，就写了一篇评论——《余光中的〈火浴〉》——运用了颜元叔老师在研究所"文学批评"课堂上，教我们的新批评法 New Criticism，分析《火浴》圆熟的形式、高旷的意境。但是也批评它只表现艺术家的选择，缺乏灵魂的历炼过程。我把这篇评论投去《纯文学》杂志，遭到退稿。……没想到老师那么爱护学生，那么大度，把我这篇文章拿去给《现代文学》（三十二期，一九六七年八月）刊出。而且他接受我的批评，扩充改写了《火浴》，发表在《现代文学》三十三期（一九六七年十一月）上。读到老师改写的《火浴》时，我正在美国威士康辛大学图书馆苦读，窗外寒冷刺骨，大地积着层层白雪。老师改写的《火浴》后面的附录写着："这是一篇异常诚恳也极为犀利的批评文字……敢于冒着触犯老师的危险，来从事严肃的文学批评，这种精神，是值得提倡的。曾经有过这样的弟子，我感到极大的骄傲。"

李有成《余光中诗里的火焰意象》：《火浴》诗长五十七行，共分

[①] 《现代文学》第 32 期（1967 年 8 月）。

五节，每一节可视为一个单元。……《火浴》每一单元的重心，大抵可以简述如下：第一单元：以火和水的对比显示选择的困难。第二单元：比较象征冰浴的天鹅与火浴的凤凰。第三单元：由彷徨而进入最后的抉择。第四单元：经由火浴，通过净化，终于获得新生。第五单元：尾声——诗人重申自我的不朽。……无疑地，火焰意象是《火浴》一诗的主题旨。从第一个单元到最后一个单元，没有一个单元不与火焰意象有关。……余光中在《火浴》中，再度赋予火焰意象以肯定意义。比较来说，在其他使用火浴意象的诗里，余光中只在暗示，自焚可以导致永恒或不朽；但在《火浴》一诗，他却放弃了一贯的暗示手法，直言这种"不灭的向往"经由自焚可以实现或完成。因此，"火浴"可说是余光中恋火态度的极致表现！①

袁可嘉《"奇异的光中"——〈余光中诗歌选集〉读后感》：《火浴》是自明其志之作，以天鹅和凤凰为象征，对水濯和火烧两种净化过程作选择，认为两者都是可羡的完成，而火浴更可羡，更难，火比水更透明，比水更深，决心用自己的血液煎熬自己，飞向新生。②

流沙河《台湾诗人十二家》：他有一首《火浴》，大约受了郭沫若早期的《凤凰涅槃》的启示，写得很好。在这首诗里，他给自己提出一个有关人生道路的很严肃的问题。……他的回答是选择火，"火是勇士的行程"。他不愿做"智士"或"隐士"而愿做"勇士"，不愿做"白孔雀""天鹅""鹤"而愿做"凤雏"。他要投火，"让永恒的烈焰涤净勇士的罪过"，完成他的"新生"。③

2 月 11 日，作诗《如果远方有战争》，刊 6 月 22 日香港《中国学生周报》第 1092 期；后收入《在冷战的年代》（1984 年版）。

颜元叔《余光中的现代中国意识》：《如果远方有战争》是一首充满悲悯的诗。……这首诗的主题结构也基于爱情与战争的对比。不同的是，《双人床》的战争就发生在床外的四周，战争世界环伺着爱情世界；而《如果远方有战争》却把恋爱世界和战争世界隔离开来，相距

---

① 《中外文学》第 3 卷第 4 期（1974 年 9 月）。
② 香港《诗双月刊》（1998 年 6 月）。
③ 流沙河编著：《台湾诗人十二家》，第 35 页。

遥远。前者以爱情世界反抗战争世界，强调生命的力量；后者以悲悯的情愫，要求恋爱的人关怀发生在辽远处的战争，悯怜战火中的他人。诗的结尾处，恋爱的人在想象中与战火中人合而为一，充满了人类爱的情愫。……这是爱情与战争，小我与人类的结合；这是通过诗人的移情与同情而形成的结合。我以为无论就情愫与技巧而言，《如果远方有战争》是余光中的最佳诗篇之一。①

李有成《余光中诗里的火焰意象》:《如果远方有战争》的主题结构是"基于爱情与战争的对比"。因此，爱情与战争的意象在诗里头展览式地穿插出现，颇有惠特曼（Walt Whitman）目录诗（catalogue verse）的况味。②

2月19日，写评论《从"二房东"谈起》，刊3月《幼狮文艺》第26卷第3期；后收入《望乡的牧神》（1968年版）。

2月24日，发表《六千个日子》，刊台北"中央日报"第6版；后收入《望乡的牧神》（1968年版）、《笔墨生涯》（台北"中央日报社"1979年9月版）。其中对现代诗的节奏提出看法，并介绍其在散文创作上努力的方向。略云：

现代诗的节奏，虽然异常繁复，但可以简化为"唱"和"说"两个类型。所谓"唱"，是指较为工整而规则的音乐性；而"说"，是指近于口语的自然起伏或疾徐的腔调。也就是说，前者近诗。后者近散文。我国古典诗的节奏，句法整齐，平仄协调，韵脚铿锵，完全是"唱"。西洋的古典诗亦如此，一个例外是"无韵体"(blank verse)。"无韵体"免于韵脚的拘束，可以大量运用"待续句"(run-on line)，所以节奏较近于"说"；但因仍需顾及"抑扬五步格"（iambic pentameter）的规则，结果是介于"唱"与"说"之间……我的诗，在节奏上，仍然以"唱"为主。使它多少免于陈腔的，应该是它揉合中英"唱"法的新"唱"法，而且有时兼"唱"兼"说，有时在"唱"的框子里"说"。

我在散文上的努力方向之一，便是要洗涤这股室人的脂粉气。我认为散文可以提升到一种崇高，繁富，而强烈的程度，不应永远滞留

① 《纯文学》第41期（1970年5月）。
② 《中外文学》第3卷第4期（1974年9月）。

在轻飘飘软绵绵的薄弱而松散的低调上。我认为散文可以做到坚实如
油画，遒劲如木刻，而不应永远是一张素描、一幅水彩……我所要追
求的现代散文，就是这种把螺丝钉全部上紧了的富于动力的东西。①

2 月，发表《老得好漂亮》，刊《幼狮文艺》第 26 卷第 2 期。

3 月 4 日，作诗《或者所谓春天》，后收入《在冷战的年代》（1984 年
版）等。

> 张错《中国现代诗评论》：然而是这里要特别讨论的一首《或者
> 所谓春天》。又是康明思的影子——正宗的康明思：活泼，然而有些忧
> 郁；"顽皮"，然而严肃。一个四十岁的中国诗人，曾经去过新大陆，
> 但并不愿久留；总是热爱家国，但并不总是满意。成了名，但发见真
> 实的成名远不如企望中的甘美……就这样在大自然的春天里回想起自
> 己的春天，这样轻描淡写，这样像跟老朋友聊天似地，说了一些近乎
> 忆恋又近乎哀怨，恍似有情又恍若无聊的话。……这首诗当然也很受
> 些目前在美国成为文坛新贵的落拓诗派（Beatniks）的影响，但一种东
> 方式的内省，是这首诗引人共鸣的主力。②

3 月 5 日，作诗《狗尾草》，后收入《在冷战的年代》（1984 年版）、
《风筝怨》（2017 年版）。

3 月 6 日，作诗《酱瓜和月桂树》，后收入《在冷战的年代》（1984 年
版）、《风筝怨》（2017 年版）。

3 月 29 日，作诗《夜行人》，后收入《在冷战的年代》（1984 年版）。

> 余光中"注"：这是一首连绵不绝的诗，一行套出一行，许多句
> 子是念不断的。

春，在台湾大学读硕士的钟玲选修了余光中的"英美现代诗"课。

> 《明报月刊》（2022 年第 1 期）：○师徒缘：余光中老师（钟玲）
> ○一九六七年初我就读台湾大学外文研究所硕士班，选了余光中老师
> 的"英美现代诗"，成为他的门生。也因为这师徒缘，二十二年后我辞
> 去香港大学教职，到台湾中山大学外文研究所专任，改变了我的人生

---

① 余光中：《望乡的牧神》，第 127 ~ 128、130 ~ 132 页。
② 黄维樑编著：《火浴的凤凰——余光中作品评论集》，第 45 ~ 46 页。

路途。那年余老师三十九岁【按：应为四十岁】，但在我这个崇拜者眼中，他属于遥不可及的另外一个时空。在《奇异的光中》这篇散文中，这么描写我在台大校园上课的路上，看见他的印象："他端坐在三轮车上驰过，挺直的身躯，肃穆的面容，好像校园里盛开的杜鹃花只不过是云雾……他真像一座大理石雕像，飞行的雕像。"（《爱玉的人》，联经，一九九一）我的描写夸大了他的严肃冷峻，其实老师望之俨然，即之也温。

　　钟玲《余光中老师的多重面貌》：一九六七年春，我在台湾大学外文系选了余光中老师的英美诗选课，当时我在台大外文研究所就读一年级，而研究生是可以选修大学四年级的课。在我这个于南部读中小学，中部读大学的台北新鲜人眼中，他是位高不可攀的偶像。那一年常跟高雄女中同窗的方瑜两个人热切地读《现代文学》《纯文学》《文学季刊》上登的作品，包括余光中、白先勇、陈映真等。余老师修长的脸上表情肃穆，气势稳重如山，讲课的声量有歌剧男中音的浑厚宏亮，所以我总跟两个来旁听的文友，坐在最后一排。我对他着实又敬又畏。①

4月2日，晚，出席耕莘文教院的"现代艺术季"，朗诵诗歌《或者所谓春天》。②

4月9日，作诗《弄琴人》，后收入《在冷战的年代》（1984年版）。

　　李有成《余光中诗里的火焰意象》：《弄琴人》的结构是推进式的，以铺陈的方式描述一个女人弹琴的情形。我一再细读这首诗，深觉得其中有余光中的自塑意味，至少，余光中在这首诗里寄托了他对艺术生命的看法。……余光中一再强调时间对艺术生命的挑战和考验，是不是有意立此为证呢？③

4月11日，李敖在给Y的一封信中提到余光中。略云：

　　我"幽默"余光中，本来想写"如来佛掌上有尿，余光中掌上有雨"。后怕他小心眼生气，就没这样写了。……

---

① 《文讯》第387期（2018年1月）。
② 黄维樑编著：《火浴的凤凰——余光中作品评论集》，第45页。
③ 《中外文学》第3卷第4期（1974年9月）。

王敬羲（香港正文出版社老板，约我写专书评林语堂的）……是《文星丛刊》187 号《暴风骤来》的作者，又著有《岁月之歌》《雨季》等，译有《林肯在伊利诺伊州》《明前来华的传教士》《总主教之死》等，师大毕业，是余光中他们的好朋友。

余光中、夏菁常常跟我提到王敬羲如何如何，并说敬羲的性格跟李敖最近。后来王敬羲从香港来台，我们终于见了面。我们的初次对话是：

李敖："喂，他妈的王敬羲！"
王敬羲："喂，王八蛋李敖！"①

4 月 14 日，作诗《孔雀的下午》，后收入《在冷战的年代》（1984 年版）。

4 月 24 日，发表《五陵少年·自序》，刊《大华晚报》第 5 版。

4 月、5 月，发表《什么不是诗》，刊《幼狮文艺》第 26 卷第 4、5 期。

4 月，诗集《五陵少年》，由台北文星书店出版，为"文星丛刊 247"。本书收入 1960 年春至 1964 年初夏间，即留美回台迄赴美讲学前创作的"新古典主义"时期作品，包括《坐看云起时》《敬礼，海盗旗！》《吐鲁番》《大度山》等 34 首。有自序《我是艺术的多妻主义者》（1967 年 4 月 16 日于厦门街闹书灾的书斋）。后续又有 1970 年台北爱眉文艺出版社版，为"爱眉文库 3"；1979 年 5 月台北传记文学出版社版，为"传记文学丛书 95"；1981 年 8 月台北大地出版社版，为"万卷文库 99"，新增《新版序》。

余光中《自序》：《五陵少年》之中的作品，在内涵上，可以说始于反传统而终于吸收传统；在形式上，可以说始于自由诗而终于较有节制的安排。……我常常想：如果那时我不赴美，也许继续发展下去，与目前的风格将很不相同。……我的诗和散文，往往有一胎二婴、一题二奏的现象。……自从开始现代抒情散文的创作以来，面临一个题材，左右手的缪思往往要争论许久，才决定究竟应该由左手的缪思或右手的缪思去处理。如果决定是用散文，则我将喘一口气，怀着轻松而宽容的心境欣然启程，知道引行是一种跳伞的下降，顺风，且必然着陆。相反地，如果决定用诗，我必定紧张而且恐惧，因为已经抵达喜马拉雅之麓，举目莫非排空的雪峰，知道此去空气愈高愈稀，踏

① 李敖：《李敖情书集》，长春：时代文艺出版社，2012 年，第 133～134 页。

脚之地愈高愈少，美丽与危险成正比例。……我是艺术的多妻主义者。……企图用理论来支配创作，是愚蠢的，因为在这种情形下，创作必然僵化，甚至窒息。至于生吞活剥，而欲将自己也没有消化的外国理论加在诗人们的头上，为害的程度就更严重了。诗人们如果能够多读生命，少读诗，或者多读诗，少读理论，或者，读理论而不迷信理论，那就是创作的幸福了。

5月5日，台湾师范大学英文系弟子羊城返港后，在《中国学生周报·诗之页》开始写专栏《枚辉诗话》，回应温健骝。这样就间接地在香港推广了余光中的诗歌理论。

《明报》（2017年12月15日）：○没有人伴他远行——追忆余光中先生在台港文学的贡献（须文蔚）○侨生羊城，也是余光中在英文系的学生，一九六七年五月五日在《中国学生周报·诗之页》开始写专栏"枚辉诗话"，也回应温健骝，强调要掌握中国文字的特性，注意传统格律、声韵、响度，自古诗吸收音乐性。在在显现出，余光中的诗学理论与实践，通过温健骝、羊城二位，间接在港推广流传。

5月13日，写评论《岂有哑巴缪思？》，后收入《望乡的牧神》（1968年版）。

5月18日，作诗《乾坤舞——为黄宗良舞蹈会作》，后收入《在冷战的年代》（1984年版）。

李有成《余光中诗里的火焰意象》：《乾坤舞》一诗企图藉文字以传达舞蹈艺术，或者说，余光中有心要以诗的语言来诠释舞蹈的形式与内容。这首副题"为黄宗良舞蹈会作"的作品，共分四节，全诗以动作取胜。余光中在诗中力求摆脱主观想象，而代之以较客观的描写，来阐释舞蹈动作。然而，既是一首以诠释为出发点的诗，主观想象仍是无法避免的。……同一个意象语，就意义来说，在《乾坤舞》里，它比较接近《弄琴人》里的象征意义。它除了是舞蹈意境的延伸与扩展，亦且是舞蹈艺术本身，就像弄琴人的音乐一样。此外，它的自焚意义也和《弄琴人》里的颇为相似，舞者在"美丽的火灾里"，好比弄琴人"坐在火上"，同样在自焚，同样在奋力超越，追求艺术生命的永恒！①

5 月 28 日，作诗《白灾——赠朱西甯》，后收入《在冷战的年代》（1984 年版）。

5 月 30 日，作诗《烛梦蝶——赠周梦蝶》，后收入《在冷战的年代》（1984 年版）。诗前有引言：

> 希腊人以灵魂为蝶，自垂死者目中飞出。基督徒以凡躯为蠋，死而成蝶，是为灵魂。昔者庄周梦为胡蝶，栩栩然胡蝶也。自喻适志与，不知周也。俄然觉，则遽遽然周也。不知周之梦为胡蝶与，胡蝶之梦为周与。

6 月 3 日，作诗《所罗门以外》。

6 月 12 日，诗人节，写评论《从经验到文学——略述诗综合性》《现代诗的名与实》，后收入《望乡的牧神》（1968 年版）。后文将"现代诗"区分为狭、广二义。略云：

> 余光中《现代诗的名与实》：我一向主张"现代诗"分狭、广二义。狭义的"现代诗"应该遵循所谓现代主义的原则：以存在主义为内涵，以超现实主义为手法，复以现代的各种现象，例如机器，精神病，妓女等等为意象的焦点。广义的"现代诗"则不拘于这些条件。在精神上，它不必强调个人的孤绝感和生命的毫无意义；在表现方式上，它不必采纳超现实主义的切断联想和扬弃理性，因为那是不可能的，更因为，表现上的清晰不等于浅显；在意象上，它甚至可以快乐地忘记工业社会的种种，而自己去寻找一组象征。②

7 月 2 日，《世界步向大同 艺术岂分东西 余光中以事实为证》，刊台北《中国时报》第 8 版。

7 月，发表《白灾和所罗门以外》，刊《幼狮文艺》第 26 卷第 7 期。

8 月 4 日，写评论《梁翁传莎翁》，刊 8 月 6 日《联合报》；后收入《望乡的牧神》（1968 年版）。文中高度评价了新近出版的梁实秋翻译的《莎士比亚戏剧全集》。略云：

---

① 《中外文学》第 3 卷第 4 期（1974 年 9 月）。
② 余光中：《望乡的牧神》，第 168 页。

　　梁实秋先生译述的《莎士比亚戏剧全集》，已于近日大功告成，并由远东图书公司精印出版，这真是中国文学界的一件大事。我说这不但是中国文学界的大事，更是中国新文学史上的一大创举，因为五四以来，西洋作家的译述，何止数千百家，但译述一位大作家而能竟其全集者，梁实秋先生还是第一人。除去译述莎翁所需的修养与学识而外，仅仅这种超绝常人的毅力，这种有始有终的精神，已经值得文学界的敬佩，进而盛大庆祝了。

　　……这样子的一位学者，散文家，批评家，而完成了如此庞大的《莎士比亚戏剧全集》的译述工作，应该是中国文学界加倍庆祝的原因。中国的文学界，不仅向翻译家梁实秋，更向学者，散文家，尤其是批评家的梁实秋致敬。[①]

8月24日，作诗《七十岁以后》，后收入《在冷战的年代》（1984年版）。

8月，发表《庞德的诗》，刊《幼狮文艺》第27卷第2期。

9月1日，作诗《死亡，你不是一切——兼答罗门》《安全感》，后收入《在冷战的年代》（1984年版）。

　　陈芳明《冷战年代的歌手》：他的使命感，表现在《安全感》一诗中也非常清楚。在最后四行，他说："在我们这时代，/每一枝笔是一个例外/每一枝避雷针都相信/敢于应战的，不死于战争。"这首诗可以说是《月蚀夜》的一个注脚，也是他那股坚定信念的延续。只是，这首诗太落言筌了，而且诗质也褪尽不少。严格地说，这四行只能算是分行的散文。[②]

9月7日至9日，发表《中国古典诗的句法》，刊台北"中央日报"；后收入《望乡的牧神》（1968年版）、《翻译乃大道，译者独憔悴》（2021年版）。

9月11日，作诗《每次想起》，后收入《在冷战的年代》（1984年版）。

9月16日，作诗《天使病的患者》，刊9月24日台北"中央日报"副刊；后收入《在冷战的年代》（1984年版）。

9月，作诗《在我们这时代》，后收入《安石榴》（1996年版）。

---

① 余光中：《望乡的牧神》，第175、181～182页。

② 《龙族》诗刊第6期（1972年5月）。

余光中"后记"：右诗写于一九六七年九月，距今恰为二十年整，正是我写《在冷战的年代》那时期。当时自觉这首诗下笔太重，语气峻峭，咄咄逼人，有失温柔敦厚，所以没有收入《在冷战的年代》，也一直不曾发表。近日在旧稿底下翻了出来，觉得诗中所言，虽似苛刻，却具诚心，可以为"灵魂的气象史"作时代的见证，乃决定把这枚出土的未爆炸弹，寄给向明。一九八七年十月识于西子湾。

9 月，写评论《在中国的土壤上》，后收入《望乡的牧神》（1968 年版）。

9 月，发表《〈时间〉读后》《亲鹰而远人》，刊《幼狮文艺》第 27 卷第 3 期。

9 月，由《创世纪》策划，张默、洛夫、痖弦主编并出版《七十年代诗选》。该集篇幅甚厚，宣传甚力，但不少人读后并不以为然。小说家尉天骢，诗人余光中、叶珊、林绿、陈芳明、郑炯明、高准等，先后撰文批评。

10 月 26 日，作诗《樱桃呢总是》，后收入《在冷战的年代》（1984 年版）。

10 月 24 日，撰《中西文学之比较》，于 11 月 6 日在亚洲广播公会座谈会上宣读。演讲稿刊 12 月 16 日《书和人》第 73 期；后收入《望乡的牧神》（1968 年版）、《翻译乃大道，译者独憔悴》（2021 年版）。

余光中"附注"：一九六七年十一月六日，应"中国广播公司"之邀，在亚洲广播公会的座谈会上，主讲《中西文学之比较》。本文即据演讲稿写成。[1]

10 月 31 日，作诗《越洋电话》，后收入《在冷战的年代》（1984 年版）等。

10 月，发表《无上的虚构》，刊《幼狮文艺》第 27 卷第 4 期。

11 月 4 日，撰幽默散文《给莎士比亚的一封回信》，刊次年 1 月《大学杂志》第 1 期；后收入《望乡的牧神》（1968 年版）、《余光中幽默文选》（2005 年版）。这是余光中最早的一篇幽默散文，是针对台湾社会时弊而发的。

傅光明《余光中：我把自己想像成"茱萸"的孩子》：幽默是作家很可贵的一种精神状态，可能也是一种本能。大概没有幽默的人，很

---

[1]　余光中：《望乡的牧神》，第 223 页。

难训练他变成有幽默的人，是装不出来的。这倒是天生的，幽默跟天才差不多，有就是有，没有就是没有。……幽默就是性情跟修养的一个水到渠成时候洋溢出来的东西。幽默等于蜡烛上的光彩一样，你不能制造那个光彩，先有火才能有光彩。幽默可以说是天才的一个花红吧。①

11 月 21 日，发表《成之凡，成之不凡》，刊台北《中国时报》第 8 版。

11 月，发表《天鹅海道纽约港》《谈翻译问题》，刊《幼狮文艺》第 27 卷第 5 期。

11 月，与李笃恭、颜元叔、辛郁、管管、苏凌、大荒、林文月、林焕彰、许南村同写《如何将诗带进我们的心灵？》，刊《草原杂志》第 1 期。

12 月 21 日，写散文《地图》，后收入《望乡的牧神》（1968 年版）。

12 月，发表《隐于符咒的圣杯》，刊《幼狮文艺》第 27 卷第 6 期。

1968 年（戊申）　　41 岁

1 月 1 日，《喷泉诗刊》创刊，以台湾师范大学出身的诗人秦岳为班底。
1 月 5 日，作诗《腊梅》，后收入《在冷战的年代》（1984 年版）。

凝凝（黄国彬）《余光中的〈腊梅〉》：余光中是很负盛名的现代诗人，在语言的操纵和技巧的运用上，他已超过了五四期的新诗作者。他的《腊梅》是一首很好的短诗。作者在诗里缅怀故国，流露了强烈的中国意识。……现代诗人中，余光中的中国意识最浓。……《腊梅》只是这类作品中的一首。……在《腊梅》中，余氏用词和经营意象都自然平易。……此外，这首诗还尽量利用嗅觉感观创造多种效果。……综合来说，《腊梅》的意象统一，语言技巧与内容能和谐地结合；加上作者能掌握节奏，对文字操纵自如，所以整首诗不求工而自工。②

1 月 21 日，夜半，作诗《月光这样子流着》，后收入《在冷战的年代》（1984 年版）。

1 月，写散文《劳伦斯和现代诗人》，后收入《望乡的牧神》（1968 年版）。

1 月，发表《溺水的女人》，刊《幼狮文艺》第 28 卷第 1 期。

① 傅光明采写：《生命与创作：中国作家访谈录》，第 77～78 页。
② 香港《诗风》第 3 期（1972 年 8 月）。

1 月，发表《艺术：成之凡，成之不凡》，刊台北《中国一周》第 924 期。

2 月 19 日，写评论《盖棺不定论》，后收入《望乡的牧神》（1968 年版）。

2 月 25 日，写评论《玻璃迷宫——论方旗诗集〈哀歌二三〉》，刊 3 月《幼狮文艺》第 28 卷第 3 期；后收入《望乡的牧神》（1968 年版）。

> 罗青《百年文学一光中——怀余光中先生》：至于在提携后辈诗人上，最有名的是一九六八年他评介方旗（一九三七— ）自费出版的处女诗集《哀歌二三》（一九六六）。……等到余先生的评论文章《玻璃迷宫》一出，选诗摘句，无不精彩万分，分析解说，铁口斩截直断，全文充满了慧眼隽语，誉扬之句，更是掷地有声，令人不得不对方旗刮目相看。文章甫一发表，立刻使薄薄一本《哀歌》，成了热门奇书，惹得爱诗者争相搜求，变为诗坛罕有的奇珍。[1]

2 月，发表《英美现代诗的发展》，刊《纯文学》第 3 卷第 2 期。

2 月，发表《诗人的回忆》，刊《幼狮文艺》第 28 卷第 2 期。

3 月 15 日，作诗《有一个孕妇》，后刊香港《中国学生周报》；又收入《在冷战的年代》（1984 年版）。

> 余光中"注"：红卫兵的暴行和亚洲普遍的动乱，使人对中国的未来不能无忧。但作者仍坚信下一代一定比我们幸运，一个富强康乐的中国迟早会出现。

> 陈芳明《冷战年代的歌手》：试看《有一个孕妇》一诗，他在这首诗里最主要的是为中国的下一代担忧，特别是还未诞生的未知一代。……再就诗的音乐性来说，人工的痕迹也太显明了，使人读起来有造作之感。……余光中的创作技巧似乎不宜写叙事诗，因为叙事诗太容易落言筌。……《枫和雪》《有一个孕妇》在个人的感觉上都是失败的叙事者，至少不能使读者感动，或者说，读者很难进入诗的境界。[2]

> 胡燕青《来得太早的苍茫时刻——敬悼余光中先生》：《中国学生周报》上也刊登他的诗作。一天我读到他的《有一个孕妇》，心中出现了一种豁然开朗的感觉。从此，我决定学习写新诗。这件事给我的印象很深刻。……假如不是接触到余光中先生的散文和诗，我根本不会

---

① 李瑞腾主编：《听我胸中的烈火——余光中教授纪念文集》，第 112 页。
② 《龙族》诗刊第 6 期（1972 年 5 月）。

走上文学创作这条路，即使走上了，也不会以新诗和散文为主要的写作文类。①

3月24日，夜，作诗《时常，我发现》，后收入《在冷战的年代》（1984年版）。

李有成《余光中诗里的火焰意象》：《时常，我发现》又是一首以对比为结构的作品。跟《如果远方有战争》不同的是，它的对比是构筑于诗人的童年回忆与自己女儿的童年现状上。诗的主题就在两者的对比下展露出来。全诗以发现始，穿过缅怀，而以希望终。透过经验的变换，个人的历炼可以反映整个民族的历史，而小我的希望也由此扩展到大我的憧憬。这种个人与群体的结合，正是余光中许多作品的重要主题之一。

火焰意象是这首诗的主题旨。不过，它不是以火直接亮身，而是转化为"反光"，并且是两种"反光"：一是阳光，一是战火。……两种反光，象征两种类型的童年，也象征两个时代：火光属于过去，阳光属于现在（亦且延伸到未来）。过去和现在，在诗中既是并立，也是对比。作为主题旨的火焰意象，就在过去跟现在的并立与对比中，从战火的否定推移到阳光的肯定。这否定与肯定之间，隐约暗示了生命与希望的传递。个人生命历经了战火的洗礼，内燃着希望，投射到下一代身上；这种生命和希望的传递，个人如此，推广到整个民族，也没两样。所以，剥去了火焰意象的表面含义，他应该还象征着不断燃烧的希望，兴乎脱胎换骨的新生！②

3月26日，应邀出席喷泉诗社在台湾师范大学举办的"新诗朗诵比赛"。

古继堂《台港澳暨海外华文新诗大辞典》：3月26日，"喷泉诗社"在台湾师大乐群堂举办了一次空前的"新诗朗诵比赛"，由秦岳主持。纪弦、蓉子、洛夫、余光中、罗门、绿蒂担任评判。分男女两组45位参加比赛，有9人获奖。电视台转播，造成相当影响。③

---

① 李瑞腾主编：《听我胸中的烈火——余光中教授纪念文集》，第258页。
② 《中外文学》第3卷第4期（1974年9月）。
③ 古继堂主编：《台港澳暨海外华文新诗大辞典》，沈阳：沈阳出版社，1994年，第731页。

3 月，写评论《喂，你是哪一派？》，刊 4 月《幼狮文艺》第 28 卷第 4 期；后收入《望乡的牧神》（1968 年版）。

3 月，与陈祖文、苏雪林、王李盈、陈绍鹏合写《文学漫谈》，刊《大学杂志》第 3 期。

4 月 2 日，作诗《马思聪之琴》，刊 4 月 8 日台北《中国时报》第 1 版；后收入《在冷战的年代》（1984 年版）。

4 月 12 日，发表诗歌《有一个孕妇》，刊香港《中国学生周报》。

4 月 20 日，写散文《噪音二题》（含《如何预防癫痫症》《免于噪音的自由》），后收入《焚鹤人》（1972 年版）。

4 月，写评论《震耳欲聋的寂静——重读方莘的〈膜拜〉》，刊 5 月《幼狮文艺》第 28 卷第 5 期；后收入《望乡的牧神》（1968 年版）。

5 月 4 日，出席台湾师大英语系在耕莘文教院举办的"中英诗朗诵会"。

> 古继堂《台港澳暨海外华文新诗大辞典》：由陈慧桦、郭耀鹏策划。在台北耕莘文教学院举行"中英诗朗诵会"。到会有郑愁予、洛夫、辛郁、余光中、蓉子、罗门、林绿、夐虹等 20 余人，即席诵诗，十分热烈。①

5 月 7 日，作诗《在冷战的年代》，后收入《在冷战的年代》（1984 年版）等。

> 颜元叔《余光中的现代中国意识》：《在冷战的年代》中的主题诗《在冷战的年代》不配做主题诗。这首相当长的作品，主题既然晦涩不清，语言的使用更是平平无奇。……实际上，《在冷战的年代》的全篇结构——也可说主题——是相当混乱的。……这首诗有三个可能的主题：（一）个人的怀念：死去的妻，走掉的女儿。（二）嘲讽在台湾生长的少年男女，沉醉于小康的局面，对国家的命运既无历史感，因此也无当前的危机感。……（三）标题以及在诗中一再重复的"在冷战的年代"，似乎与"那热烘烘的抗战"形成某种对比，这个对比里可能潜伏某种主题。但是，上述三个主题都没有发展出来，反而使我们觉得三个主题都有可能，都以不成熟的状况存在于本诗，使全诗丧失了

---

① 古继堂主编：《台港澳暨海外华文新诗大辞典》，第 731 页。

主题之焦点。主题既无焦点，主题的结构便松散而崩溃的。①

5月8日，作诗《超现实主义者：东方朔问：超谁的现实？打什么主义？》，后收入《在冷战的年代》（1984年版）、《风筝怨》（2017年版）等。

5月9日，作诗《炊烟——刘凤学舞，张万明筝》，初刊台北《中国时报·人间副刊》；后收入《在冷战的年代》（1984年版）。该诗最初发表时有"附言"，云：

> 右诗一章，余光中先生所写。他把这首抄寄给我，并附短束，文曰：
>
> 昨夕与内人同赏刘女士制舞发表会，欢喜赞叹，目为之明，神为之爽，附上小品一首，请转呈刘张二女士，以表敬意。
>
> 光中对艺术制作向不作轻许，他的批评，可称"月旦"。杜工部咏公孙大娘剑器舞，运用最精美的文字，传达舞蹈的形式和内容，成为千古绝唱。光中又一遭显示文字功能，而且显示了语体诗的传达功能。
>
> "黄昏在远方伸淡漠的懒腰"，是刘凤学的舞蹈语言，张万明的指头私语，余光中的生花妙笔，羽化了"暖暖远行人，依依墟里烟"。
>
> 俞大纲附识　五月十一日

5月19日，作诗《读脸的人》，后收入《在冷战的年代》（1984年版）、《风筝怨》（2017年版）等。

5月27日，发表《炊烟——刘凤学舞，张万明筝》，刊台北《中国时报》第10版。

5月，写散文《放下这面镜子》，刊6月《幼狮文艺》第28卷第6期；后收入《焚鹤人》（1972年版）。

5月，发表《文学的富贵病》，刊《大学杂志》第5期。该文指出《七十年代诗选》存在着重大缺陷，认为：第一，诗必须先具有国籍。艺术的联合国，有如政治上的联合国一样，是先取得一个国籍，始能加入的。即诗先要有民族性，才能谈到有国际性。第二，从事现代文学工作的同伴，已对现代诗有所非议。第三，洛夫对碧果的诗评价过高，碧果诗存在严重的缺陷。第四，诗的理论或批评都应该是澄清的过程。第五，现代诗已出现玄学化的倾向。该文后引起洛夫的批驳。这是余光中与洛夫的第二次论争。

---

① 《纯文学》第41期（1970年5月）。

6 月 2 日，作诗《一枚铜币》，刊 7 月 24 日香港《中国学生周报》；后收入《在冷战的年代》（1984 年版）、《风筝怨》（2017 年版）。

余光中《余光中诗选：一九四九——一九八一·剖出年轮三十三——代自序》：我又发表了一首"关心大众"的诗，叫《一枚铜币》；不久，有位"社会派"的批评家对人说："这是余光中唯一的好诗。"我听说后，仰天大笑道："评诗的标准这么简单，倒也省事！"①

陈芳明《冷战年代的歌手》:《一枚铜币》（一九六九），写得虽不是特别好，却可算是他诗中的珍品。……这是余光第一次在诗中带着美好的感情去想到许多的一般人。……此诗写来单纯、统一而且深刻。②

6 月 20 日，记者黄姗对余光中做专访。

台北《中国时报》（1968 年 6 月 21 日）：〇送给故乡的歌揭开赤色之幕！《心灵的呼唤》情节凝重·《无边的黑夜》反映暴政低徊吟咏《月宫的王子》·联想《少女安妮的日记》笔锋带情感·文思敏锐诗人余光中·细说三昧〇

6 月 25 日，撰《几块试金石——如何识别假洋学者》，刊 7 月《幼狮文艺》第 29 卷第 1 期；后收入《焚鹤人》（1972 年版）、《翻译乃大道，译者独憔悴》（2021 年版）。

7 月，发表《评〈英美诗选〉》，刊《大学杂志》第 7 期。

7 月，散文集《望乡的牧神》，由台北纯文学月刊社出版，为"蓝星丛书之五"。本书集结作者 1966 ～ 1968 年间之散文，以文学批评、抒情散文为主，收录《咦呵西部》《南太基》《登楼赋》等 24 篇。有后记《二十四桥明月夜》（1968 年 7 月）。1969 年 4 月、8 月，1980 年 10 月再版；1968 年 7 月纯文学出版社重版，收入"纯文学丛书"；2008 年 5 月台北九歌出版社再版，为"余光中作品集 7"，另增新版序《壮游与雄心》。

余光中《后记》：二十四篇之中，仍以文学批评，尤其是有关诗的批评为主，而以自传性的抒情散文为副。论评的文字，或为维持一个专栏而定期撰写，或因编辑苦苦相逼稿债难逃而完成，或据演讲底稿

① 《联合报》（1981 年 8 月 22 日）。
② 《龙族》诗刊第 6 期（1972 年 5 月）。

而扩大、重组。自从前年夏天回国以来，应邀在各大学及学术性的场合，发表演说先后在三十次以上。……只是这两年来，我对于现代诗的看法颇有改变，认为现代诗若要充实自己的生命，必须超越"第一人称的艺术"的狭隘诗观，向散文，甚至向小说和戏剧收复诗的失土。这当然并不意味我要放弃自己在散文创作上的这片疆土。……一个人如果灵魂是清白的，他衣服上偶然沾来的几个斑点，终会在时间之流中涤去。我甚至懒得伸手去拂拭。有谁，是穿着衣服走进历史的呢？①

《南方周末》（2017 年 12 月 20 日）：○诗坛的赛车手和指挥家——我与余光中接触的几种方式（白灵）○关于《望乡的牧神》的笔记最前面我写道："二十四篇文章中属自传式抒情散文只有《咦呵西部》《南太基》《登楼赋》《望乡的牧神》《地图》五篇，篇篇精彩，真是把散文艺术化了。其他篇章多是有关文学尤其是诗的批评。"如此，我对现代诗（新诗）的认识竟是从他的散文集中大量关于诗的介绍剖析、中西诗学观念的文章开始的。

7 月，洛夫发表《灵魂的苍白症》，刊《青年战友报》。此文与余光中的《灵魂的富贵病》针锋相对，认为"现代诗人中，碧果是最具独创性者之一，他确有许多非凡的好诗"。

8 月，发表《萨特论文学》，刊《幼狮文艺》第 29 卷第 2 期。

10 月 27 日，夜，作诗《一武士之死》，后收入《在冷战的年代》（1984年版）等。

10 月，写散文《我们需要几本书》，刊 10 月、11 月《幼狮文艺》第 29 卷第 4、5 期；后收入《焚鹤人》（1972 年版）。

11 月 2 日，作诗《凡我至处》，后收入《在冷战的年代》（1984 年版）。

11 月 11 日，写散文《下游的一日》，后收入《焚鹤人》（1972 年版）。

11 月 15 日，写散文《如何谋杀名作家？》，后收入《焚鹤人》（1972年版）、《余光中幽默文选》（2005 年版）。

11 月 17 日，写散文《论夭亡》，后收入《焚鹤人》（1972 年版）。

12 月 24 日，发表散文《食花的怪客》，刊台北《中国时报》第 10 版；后收入《焚鹤人》（1972 年版）。

---

① 余光中：《望乡的牧神》，第 275 ～ 276 页。

余光中《回到壮丽的光中——余光中答客问》：我不会写小说，但某些叙事散文如《食花的怪客》对小说曾经"掠边"。①

《南方周末》（2017 年 12 月 20 日）：○诗坛的赛车手和指挥家——我与余光中接触的几种方式（白灵）○剪报旁侧写："这是一篇别具象征的文章。他的文章很不错，用字不特别斟酌，清新自然，文句简实而兼具幽默，具有诗人洒脱自然的气韵。"读他的诗与散文竟有这么大差距的反应。

12 月 27 日至 1969 年 3 月 7 日，时为香港介绍余光中用力最勤者黄维樑具名"游之夏"，在其执笔的《中国学生周报》"小小欣赏"栏目，连续撰写《余光中的散文观》《〈九张床〉》《典雅》《炫弄学问？》《辽阔的想象世界》《诗人之路》等六篇文章，评介余光中散文的语言技巧和艺术世界。后以《余光中：最出色最具风格的散文家》为总题，收入《火浴的凤凰——余光中作品评论集》（1979 年版）、《台湾现当代作家研究资料汇编：余光中》（2013 年版）。

黄维樑《火浴的凤凰·导言》：一九六九年春，那时我在《中国学生周报》写一个小专栏，每两个星期一篇，一口气写了六篇每篇千字左右的文章，论余光中的散文，六篇一共连载了三个月。在第一篇中，我这样说："余光中是一个最出色最具风格的散文家。"这是极高的评价，出自一个不知天高地厚的青年之口。②

游之夏《余光中的散文观》（1968 年 12 月 27 日）：余光中是一个最出色最具风格的散文家。将来文学史上的评语中应有如下一句：他尝试从各方面表现中国文字的性能和优点，且成功了。

他的散文观，也就是他的散文风格，主要是所谓密度。密度指内容的份量与文字篇幅间的比例。……密度高的散文，才是至精至纯的散文。密度既指句法，也指内容思想。③

游之夏《炫弄学问？》（1969 年 2 月 7 日）：当我最近右手承着《掌上雨》，左手执着《左手的缪思》，伴着《望乡的牧神》，双目纵恣，

---

① 王伟明：《诗人诗事》，第 236 页。
② 黄维樑编著：《火浴的凤凰——余光中作品评论集》，第 21 页。
③ 黄维樑编著：《火浴的凤凰——余光中作品评论集》，第 325 页。

作《逍遥游》时，我再一次惊讶于作者不可羁勒的想象力和挥洒自如的驾驭力。他把最古典的和最现代的材料合成无缝的天衣；他把科学王国的大使，邀到文学帝国的宫殿，与之高谈阔论；他把中国的古文当作新郎，把五四的白话文当作新娘，牵到乐声柔扬的礼堂，让欧化文作证婚人。……读了余光中的作品，我觉得他或有炫耀学问之嫌；不过，有一点非注意不可的是：他的左采右撷，正表象了他那特殊的想象世界。①

游之夏《辽阔的想象世界》（1969 年 2 月 27 日）：余光中对诗的热情，恐怕古今少见。他是名符其实的诗的专家。对于写诗、读诗、编诗、译诗、教诗，"五马分尸"，他感到不亦乐乎。他的想象世界几乎全被诗和与诗有关的统治了。他写起评论文章时，如手持缪思的天秤的法官；而更多时候，他表现出赤子之心。……我们可以说，余氏生活在诗中，他的全副精神投入于文学的想象世界。这个想像世界，广阔无比，古往今来，上下四方，靡不包容。古今人事，似乎与余氏连在一起：李白、李贺、莎士比亚、欧立德固然常常相伴；海明威式的梦，梵谷的毛边草帽，也是他所熟识的。……他的想象世界广阔极了，写作范围也不算太狭——他写诗、评诗、画评、散文等。②

游之夏《诗人之路》（1969 年 3 月 7 日）：叶慈此诗【按：即《有人要我写战争的诗》】中表现的不过问、不卷入政治，代表了一条道路。……屈原的忠言极谏，但丁的活跃政界，终遭放逐，以至史班德的加入共产党，最后因希望幻灭而毅然脱离，所代表的是另一条道路。选择走第一条路的作家，大概都服膺一句话："一个艺术家，在十分诚恳地为其艺术工作时，即等于为其国家与全世界服务了。"（欧立德语）……无疑，余光中已选定了以诗为终身职业了。③

12 月，发表《横看成岭侧成峰》，刊《幼狮文艺》第 29 卷第 6 期。

12 月，《笠下影——余光中》，刊《笠》第 28 期。

年底，主编《现代文学》第 37 至 39 期。

---

① 黄维樑编著：《火浴的凤凰——余光中作品评论集》，第 331 ～ 332 页。
② 黄维樑编著：《火浴的凤凰——余光中作品评论集》，第 332 ～ 334 页。
③ 黄维樑编著：《火浴的凤凰——余光中作品评论集》，第 334 ～ 335 页。

余光中《一时多少豪杰——浅述我与现文之缘》：到一九六八年底，又轮到我来主编《现代文学》，这一次却是大有不同，说得上是突破。在林秉钦与郭震唐的经理之下，我坚持《现代文学》必须发稿费。……另一创举则意义更大，便是把当代中国作家的照相摆上封面：从三十七期到三十九期，依次为白先勇、於梨华、周梦蝶。当时白先勇的名气远在於梨华之下，但"圈内人"已渐看好。此举当然有点冒险……我把本土作家置于封面，并于内文推出专辑，以为此人定位，正是要建立本土文学的信心，鼓励本土作家的士气，对于多年来《现代文学》一直译介西方名家的作法，稍加平衡。可惜三期之后我即出国，此举也即中断。[①]

是年，翻译《英美现代诗选》(*Modern English and American Poetry*)，二册，由台湾学生书局出版，收入"近代文学译丛"。内收 21 位英美现代诗人的作品 99 首，每位诗人另有评传一篇，较难欣赏或用典繁多的诗必有一段附注，除了诗本身外，还涉及文学史与文学评判。

余光中《译者序》：翻译久有意译直译之说。对于一位有经验的译者而言，这种区别是没有意义的。一首诗，无论多么奥秘，也不能自绝于"意义"。"达"(intelligibility)仍然是翻译的重大目标；意译自有其存在的理由。然而文学作品不能遗形式而求抽象的内容，此点诗较散文为尤然。因此所谓直译，在照应原文形式的情形下，也就成为必须。在可能的情形下，我曾努力保持原文的形式：诸如韵脚，句法，顿(caesura)的位置，语言俚雅的程度等等，皆尽量比照原文。这本《英美现代诗选》，可以让不谙英文的读者从而接触英美的现代诗，并约略认识某些作品，也可以供能阅原文的读者作一般性的参考，并与原诗对照研读，藉增了解。无论在何种情形下，希望读者都不要忘记，翻译原是一件不得已的代用品，决不等于原作本身。这样，译者的罪过也许可以稍稍减轻。[②]

李进文《我不伦不类的文学启蒙》：另一本也对我影响很多，余光中于 1972 年译著的《英美现代诗选》。准确而有系统的译诗，可以

① 台北《中国时报·人间副刊》(1988 年 8 月 27 日)。
② 余光中编译：《英美现代诗选》，台北：时报文化出版公司，1980 年，第 41 页。

让人上天堂，少年懵懂，一开始遇见的是这两本书【按：另一本书是
《美国诗选》】，算是好运。……陈黎在《当代世界诗抄》的译诗杂记中
也提到："上大学时读余光中先生译的《英美现代诗选》，觉得受益匪
浅。"①

是年，主编"蓝星丛书"五种及"近代文学译丛"十种。后者由台
湾学生书局出版，收录的文类广泛，遍及诗歌、小说、戏剧，除了他自
己编译的《英美现代诗选》外，其他还有元真译《谁怕吴尔芙》（Edward
Albee, *Who's Afraid of Virginia Woolf*, 1962），陈绍鹏译《铁窗外的春天》
（A. J. Cronin, *Beyond This Place*, 1940），何欣译《梦境》（Irish Murdoch,
A Severed Head, 1961），王轶群译《流浪记》（George Orwell, *Down and
Out in Paris and London*, 1933），王健、李盈译《制罐巷》（John Steinbeck,
Cannery Row, 1945），陈永昭译《贝凯特》（Jean Anouilh, *Becket*, 1959），
江玲译《泥土李的娃娃云》（Truth Ben Piazza, *The Exact and Very Strange*,
1964），丁广馨译《捕蝶人》（John Fowles, *The Collector*, 1963）等。作家、
作品与译者均为一时之选，足见编者的眼光与人脉。

> 单德兴《回顾台湾英美文学界——余光中教授访谈录》：我还编过
> 一些书，像我为学生书局编了一套现代文学的译本，我自己参与其中
> 的就是《英美现代诗选》，另外还有九本，刚好一套十本。②

1969 年（己酉）　　42 岁

1 月 19 日，作诗《熊的独白》，后收入《在冷战的年代》（1984 年版）、
《风筝怨》（2017 年版）等。

1 月 27 日，作诗《老诗人之死》，后收入《在冷战的年代》（1984 年版）。

2 月 26 日至 28 日，应邀出席香港中文大学校外进修部举办的翻译研
讨会，提交论文《翻译与创作》（写于 1969 年 1 月 24 日）。该文后收入
1969 年 11 月香港中文大学校外部编《翻译十讲》（香港辰冲出版公司版）；
又收入 1970 年出版的《翻译的艺术》（台北晨钟出版社版）；又收入《焚

---

① 台北《中华日报》副刊 B7（2012 年 12 月 5 日）。
② 台湾《英美文学评论》第 32 期（2018 年 6 月）。

鹤人》（1972 年版）；亦收入 1976 年 8 月叶维廉主编《中国现代文学批评选集》（台北联经出版事业公司版，本书还收有余光中的《从象牙塔到白玉楼》）；又收入《翻译乃大道，译者独憔悴》（2021 年版）。文中称翻译为"第十位缪斯"。在此期间，他还多次应邀做演讲和朗诵。

　　余光中《沙田七友记》：一九六九年春天，我来港开会，［刘］绍铭邀我到崇基演讲，［黄］维樑也在座中。[①]

2 月，周诚真发表评论文章《读余光中著〈中西文学之比较〉》，刊《纯文学》第 5 卷第 2 期。

3 月 1 日、3 日，应邀出席在香港崇基学院、香港浸会学院举办的演诵会。

　　吴萱人《多妻的能言鸟》：余光中来到我们这个岛上，颇能引起读书界中趋新一派分子的欢迎和骚动。或许这反映了香港青年写作者对台湾这位"英雄式"人物的好奇和尊重，也同时无疑地说明香港根本就没有文坛或诗坛上的形象来领导。见到与他会面的人们表现出的饥渴感，真令人禁不住凄酸。……在崇基学院的演诵会上，余光中朗诵了《如果远方有战争》《在冷战的年代》《或者所谓春天》《越洋电话》等诗作。……除了三月一日崇基学院及将于三月三日浸会书院举办的演诵会之外，香港的青年作者以及诗人曾与他私聚座谈。……他答覆不少大学生与青年作者提出的难题，其中最深入心灵的一句，我以为是："所谓伟大，应该是力足以拒他人的伟大。"[②]

　　黄维樑《和独白的余光中对白》：1969 年余光中到香港演讲，当时我是大四的学生，以游之夏的"身份"在一茶会与仰慕的"莲的联想"者见面。诗人一头浓发，一双粗眉，都是黑色的，好像是文星版《莲的联想》《左手的缪思》深黄色封底的作者照片活动起来了。[③]

3 月 22 日，刘秋生发表《欢迎诗人余光中》，刊香港《华侨日报》。

3 月 26 日，写评论《所谓国际声誉》，刊 4 月《幼狮文艺》第 30 卷第

①　余光中：《记忆像铁轨一样长》，第 274 页。
②　《中国学生周刊》（1969 年 3 月 7 日）。
③　黄维樑：《大师风雅——钱锺书、夏志清、余光中的作品和生活》，北京：九州出版社，2021 年，第 250 页。

4 期；后收入《焚鹤人》（1972 年版）。

3 月，于香港作诗《忘川》，刊 6 月《幼狮文艺》第 30 卷第 6 期；后收入《在冷战的年代》（1984 年版）。

> 余光中《题解》：希腊神话：冥城有河名忘川，饮其水浑忘生前事。死者入冥域，幽灵再投生，必先就饮，乃觉茫然。亚里奥斯托谓在月上。但丁谓在火炼狱。

> 颜元叔《余光中的现代中国意识》：余光中于一九六九年访问香港，隔着深圳遥望故国山河，写成了《忘川》，于此他的现代中国意识达到另一个高潮。……在结构上《忘川》缺乏必然性。[①]

> 陈芳明《冷战年代的歌手》：这诗虽然描写他踏到香港后，心理所产生的反映，但他并不叙事，而是运用他熟悉的对比技巧，因此读起来很能进入他的感觉。……全诗写到第五节，是他怀乡感情的最高潮。这似乎是余光中的一贯手法：往往在诗的开始时，把感情埋伏下去，随着诗的发展隐隐地起伏，不使它过分流露出来；然后到了诗的末尾，就完全让那股压抑的感情无阻地暴露了，使人觉得一股汹涌的浪潮当头掩来。……我们可以说，余光中的诗之所以能显露出力量，便是他由反而正的颠倒写法，在诗中造成一种矛盾的发展，一连串发生冲突的发展，然后再从混乱中走出一条秩序来，从矛盾和冲突之中求取和谐。[②]

4 月 3 日，作诗《空酒瓶》，后收入《在冷战的年代》（1984 年版）。

5 月 1 日，周伯乃发表《学者诗人——余光中》，刊《自由青年》第 41 卷第 5 期。

5 月 9 日，野农发表《初访余光中——中国诗人莅临香港中文大学演讲侧记》，刊香港《星岛日报》。

5 月 11 日，作诗《哀歌》，后收入《在冷战的年代》（1984 年版）。

5 月 12 日，赴美讲学前夕，作诗《航空信》，后收入《在冷战的年代》（1984 年版）。

5 月 20 日，写散文《伐桂的前夕》，刊 6 月 5 日台北《中国时报》第 9 版；后收入《焚鹤人》（1972 年版）。

---

① 《纯文学》第 41 期（1970 年 5 月）。
② 《龙族》诗刊第 6 期（1972 年 5 月）。

5 月 22 日，作诗《番石榴》，后收入《在冷战的年代》（1984 年版）。

5 月 23 日，发表诗歌《我梦见一个王——题王蓝同名水彩画》，刊香港《中国学生周报》；后收入《在冷战的年代》（1984 年版）。

5 月，第三本新诗集《天国的夜市》，由台北三民书局出版，为"三民文库 49"，有后记。本书收入 1954 ～ 1956 年写于台湾的诗歌，包括《鹅銮鼻》《十字架》《向我的钢笔致敬》《给刘鎏》《永恒》等 60 首。有后记《沿"新月"余绪顺流而下》（写于 1969 年 5 月 1 日）。1974 年 12 月重版；2005 年 1 月台北三民书局再版，为"三民丛刊 54"，新增《新版自序》及《附录：台湾颂——鹅銮鼻》。其中绝大多数诗作曾发表在"中央副刊"上，其余分别刊登在《蓝星周刊》《文学杂志》《自由中国》《幼狮文艺》《新生副刊》等刊物上。

余光中《后记》：这是作者的第三本新诗集，包括一九五四年，一九五五年及一九五六年三年间的作品六十二首【按：本书实收入六十首】；其中绝大多数发表在"中央副刊"，其余的也曾分别刊登在《蓝星周刊》《文学杂志》《自由中国》《幼狮文艺》和《新生副刊》等期刊上。

十二年前，王敬羲兄应邀为某书局主编一套《文华文丛》，将这本集子收在里面，当时的书名是《魔杯》。……不料广告登过以后，一直没有下文。……重读这些"少作"（juvenilia），在重温昔日浪漫的美梦之余，不免为当日的幼稚感到赧颜。……现在看来，毕竟只能勉强"承先"，断断不足奢言"启后"。所谓"先"，就是新月社的诗人。如果读者容我厚颜比附，则当时我的处境真有几分像叶芝，而新月社的一些先驱也有几分像罗赛蒂，王尔德，道孙。……从新月出发，我这一代开创了现代诗，正如新月诸贤从古典诗出发，而竟开创了新诗一样；这原是文学史发展的自然趋势。……一九七〇年五月一日。

黄国彬《在时间里自焚——细读余光中的〈白玉苦瓜〉》：余光中在《天国的夜市》里说："如果读者容我厚颜比附，则当时我的处境真有几分像叶慈。"那时作者自比叶慈，容或有点"厚颜"；现在拿他和叶慈比较，却颇为切当了。直至现在，余光中和叶慈的创作历程有很多相似的地方：余氏年轻时深受新月派影响；叶慈则受十九世纪诗人影响，他的《十字路》（*Crossways*）诗集中，很多作品仍不过是丁尼森、前拉菲尔派（Pre-Raphaelites）的回响。余光中多次蜕变，多次创新；叶慈亦然，他的大部分重要作品（从《库尔湖的野天鹅》起）都在五十岁后完成。余氏富于中国意识；叶慈富于爱尔兰意识。余氏能接受年青人影响，力求革新，同时间迈进，并接受摇滚乐和民歌的启迪；叶慈受庞德、辛格的影响，力求现代，同时又收集民间故事和传说，从中吸取养料。叶慈创作不辍，不断修改作品，态度认真严肃，除内容外更讲究技巧和练字；余光中自第一本诗集开始，一直锲而不舍，获得今日的成果也绝非侥幸。至于余氏将来能否和叶慈比肩或超越叶慈，目前仍很难预卜。[①]

6月5日，为诗集《在冷战的年代》写后记。

6月10日，于"珊珊十一岁的生日"为诗集《敲打乐》写后记。

夏，结识时在美国科罗拉多大学戏剧舞蹈系任教的杨世彭。

《联合报》（2017年12月31日）：〇悼念光中（杨世彭）〇初次认识光中，乃是一九六九年的夏天。那时我为了筹备英文京剧《乌龙院》的制作，自美来台作三个月的"恶补"……这段期间的某一宴会，认识了这位大名鼎鼎的诗人。那时光中正准备去丹佛市的 Temple Buell 女子学院执教两年，知道我就在三十英里外的科罗拉多大学戏剧舞蹈系任教，欣喜之下立即与我订交，相约一月后在科州再叙。

6月，发表《我梦见一个王》，刊台北"中央日报"。

6月，山灵发表《莲的联想者——余光中专访》，刊《幼狮文艺》第186期。

6月，陈芳明发表《介绍余光中的散文》，刊《青溪》第24期。

6月，马冰如发表《余光中 Hail April 实况纪录》，刊《海洋诗刊》第7卷第2期。

8月12日，写散文《撑起，善继的伞季》，刊10月《幼狮文艺》第31卷第4期；后收入《焚鹤人》（1972年版）。

9月28日，与杨世彭同游落基山国家公园（Estes Park），并摄影留念。

---

① 香港《诗风》第43期（1975年12月）。

《联合报》（2017 年 12 月 31 日）：〇悼念光中（杨世彭）〇九月初光中一到丹佛市，就与我联系，我也立即把他接到家里。光中对美国生活最感满意的，就是驾着汽车在超级公路上飞驰。第二天，我二话不说带他到车行看车试车，最后还帮他杀价还价，结果他花了三千四百美金购了辆全新的雪佛兰 Impala 八缸轿车，这是他毕生第一辆新车，当晚开了回去，肯定写诗志记这件大事。……从此光中在教学写作之余，每周末都会来我家消磨，周五傍晚来，周日下午回丹佛居所。

9 月，应美国教育部邀请，担任科罗拉多州教育厅外国课程顾问（Foreign Curriculum Consultant），兼寺钟学院（Temple Buell College）客座教授二年。

余光中《沙田七友记》：那年秋天，也是巧合，他［黄维樑］从香港，我从台湾，都去了美国；他远征奥克拉荷马的静水镇，修习新闻，我则高栖丹佛，两地相去约六百英里。①

11 月，诗集《敲打乐》，由台北纯文学出版社出版。为"蓝星丛书之九"。本书收入 1964 ～ 1965 年写于美国的诗歌，包括《仙能渡》《七届下》《钟乳岩》等 20 首。有《夏菁赠诗一首：你走后，林中——给光中》《附作者英译二首》《后记：让记忆的风在水仙间流浪》（1969 年 6 月 10 日）。1986 年 2 月台北九歌出版社再版，为"九歌文库 188"，新增《新版自序》；1998 年 10 月三版。

陈芳明《冷战年代的歌手》：自《敲打乐》开始，余光中的诗差不多已洗脱了过重的洋腔调，具有相当中国实质和色彩。固然，这个"中国"难免颇局限于台湾的空间、模糊于现代的时间、且自困于知识分子的阶层。即使如此，这已算得是一次飞跃、一个突破，因而诗中表现出一些东返前不可翘及的成就。②

《自由时报》（2017 年 12 月 24 日）：〇诗的志业——悼念余光中（陈芳明）〇他所完成的诗集《敲打乐》，余老师毫不否认自己是受到美国热门音乐歌手的影响。他藉由音乐的节奏，尝试把内在的家国忧

---

① 余光中：《记忆像铁轨一样长》，第 274 页。
② 《龙族》诗刊第 6 期（1972 年 5 月）。

患置入诗行之间。这册诗集是余老师罕见的艺术表演，在写诗之前，他优先聆听巴布·狄伦（Bob Dylan）与琼·拜雅（Joan Baez），熟悉他们的创作背景与写歌的手法。他可能是第一位台湾诗人如此贴近美国年轻乐坛。……他用功甚勤，让我们看见他的诗风如何转变。那是他对政治与历史的抗议时期，也显现了中国所带给他的忧愁与焦虑。

11月，诗集《在冷战的年代》，由台北纯文学出版社出版，为"蓝星丛书之十"。收录1966～1969年创作于台湾的诗歌，包括《带一把泥土去——致痖弦》《凡有翅的》《双人床》《枫和雪》《公墓的下午》等52首。正文前有《余光中》《致读者》和"To the Reader"。书末有《附作者英译四首》及后记《远行和独行是灵魂的亲兄弟》（写于1969年6月5日）。1984年2月再版，新增《新版序》。

> 余光中《后记》：这些诗所记录的，都是一个不肯认输的灵魂，与自己的生命激辩复激辩的声音。……唯有真正属于民族的，才能真正成为国际的。这是我坚持不变的信念。为了坚持这个信念，我曾经丧失了许多昂贵的友情。不过，一个决心远行的人，原就应该有独行的准备啊。

> 单德兴《回顾台湾英美文学界——余光中教授访谈录》：我写《在冷战的年代》里的那些诗的时候，其实已经把自己从新古典主义中拔了出来，去面对两岸新的局势。一方面书的标题就是美苏之间的冷战，另一方面也指跟大陆不和不战的那个时代。[①]

> 唐捐:《天狼仍在光年外噪叫》:《在冷战的年代》很可能是余光中的最佳诗集，前此他在现代诗阵营里仍是个迟到者。这时，他独树一格的"新造无韵体"终告成熟，此体宜于铺展、驰纵与堆叠，特别适合能雄辩、擅气势、好修辞的（散文式）诗人。此外，他精准把握到"冷战"时代下的精神困境，因而写出《双人床》那样极立体的名篇。[②]

> 张锦忠《台湾新诗现代主义路径》:《在冷战的年代》里头的诗，言之有物、意象明朗、节奏轻快、典故现代，始终是余光中最好的诗集之一，或台湾现代主义诗作经典集子之一。之前的集子，即使在像《五陵少年》这样书名古典的诗集，里头的诗也是现代风强烈者多。如

---

① 台湾《英美文学评论》第32期（2018年6月）。
② 《文讯》第387期（2018年1月）。

此看来，撤离现代主义显然不是余光中的本意，他只是从某个"远的距离去抵抗它"（在台北"摆脱巴黎"，或在台北"摆脱长安"）。[①]

　　张锦忠《在西湾斜阳的余光中——敬悼余光中老师》：我买的第一本余光中诗集是《在冷战的年代》，一九七二年一月在明明商店买的蓝星丛书，封面有龙思良作的诗人绘像。……《在冷战的年代》却向我展开一个不同于"社会现实派"诗风的"诗与现实"视野：……这卷诗集直指冷战时空下个体的生活经验，抒情有之，叙事有之，更不乏唱和之作。原来可以用这样的现代诗来书写时代与生活景况的——主知、机智、反讽、譬喻多，张力强，显然那是取法十七世纪玄学派诗人的技艺而成二十世纪现代主义诗学。这是余光中这卷诗集给我的启示。[②]

12 月 12 日，思默然发表《评介余光中的三首诗：〈森林之死〉〈狂诗人〉〈敬礼，海盗旗〉》，刊香港《中国学生周报》第 908 期。

是年，主编《现代文学》双月刊。

1970 年（庚戌）　　43 岁

年初，作诗《雪的感觉》，后收入《安石榴》（1996 年版）。

1 月 16 日，模仿鲍勃·迪伦诗歌，于丹佛作诗《江湖上》，后收入《白玉苦瓜》（1974 年版）。

　　余光中"自注"：本诗的叠句出于美国年轻一代最有才华的诗人与民歌手巴布·狄伦的一首歌 Blowin' in the Wind。原句是 The answer, my friend, is blowin' in the wind, the answer is blowin' in the wind. "一片大陆"可指新大陆，也可指旧大陆：新大陆不可久留，旧大陆久不能归。

　　《南方日报》A19（2012 年 12 月 25 日）：○东莞开讲旅行与文化，余光中接受南方日报专访"把李白拉到当代让古文与现代文结合"○诗和歌是有很密切关系的，披头士、鲍勃·迪伦他们的歌，在我看来并不是听听就罢了的流行音乐，当然形式上它们创作的是歌词，但内涵是知性、诗意的，反映和关照社会。披头士的两个重要人物，Paul

---

① 苏其康主编：《诗歌天保——余光中教授八十寿庆专集》，第 178 页。
② 《文讯》第 387 期（2018 年 1 月）。

McCartney 和 John Lennon，其中 John Lennon 的歌词写得非常好，他有首歌就叫做"Revolution"，西方的青年把它当做诗在读。鲍勃·迪伦歌词中深刻的寓意和他的音乐一样极富盛名，这两位音乐人的歌词都拥有诗意，但又不仅是优美的诗意，是一种口语化的、随意但独特的诗意。

　　我曾经一度受到他们的影响，有几年我的诗写得非常口语化，后来罗大佑他们都把它谱成歌，最后变成台湾的民歌，后来又变成校园歌曲。

1月23日，黄学真发表《余光中的散文》，刊香港《中国学生周报》第914期第4版。

1月26日，于丹佛作诗《白霏霏》，后收入《白玉苦瓜》（1974年版）。

1月，写散文《丹佛城——新西域的阳关》，后收入《焚鹤人》（1972年版）。

2月7日，于丹佛作诗《莲花落》，后收入《白玉苦瓜》（1974年版）。

2月，于丹佛作诗《小时候》，后收入《白玉苦瓜》（1974年版）。

3月8日，林之佛发表《余光中的政治诗》，刊香港《新晚报》。

3月，于加州作诗《蒙特瑞半岛》，后收入《白玉苦瓜》（1974年版）。

3月，张道颖发表《评介余光中的散文》，刊《台大青年》。该文后以《非常过瘾的事——读余光中的〈逍遥游〉》之名，收入黄维樑编著《火浴的凤凰——余光中作品评论集》（1979年版）。略云：

　　余光中的散文本质上是诗，现代诗的特点一再地在他的散文中出现，中国古典诗词的影子也常闪烁在余光中的文句里。在其中的一篇《逍遥游》里面，我们可由他所炫耀的天文知识，充分看出余光中的气派和驱遣文字的能力。……读余光中的散文，会发现他的句子不合文法常轨，句中的主词、动词和受词变化多端，标点符号的使用非常怪异。但是读者在这种曲折成趣的文章中，获得最大的满足。对于这一类的散文，余光中提出"卡旦萨"（cadenza）加以解释：卡旦萨指排在独奏乐或独唱乐尾部一种自由抒发的过渡乐句或乐段，其目的在表现演奏者或歌唱者的技巧。在抒情散文的创造中，余光中借用卡旦萨一词，来形容一篇作品达到高潮时，兴会淋漓的作者，忽然挣脱文法和常识的束缚，吐露出高速多变的句子。……余光中的散文充满了种种活泼的意象。视觉、听觉，甚至触觉，都被描写得跃然纸上。这些独创的句法，受到他翻过的美国女诗人狄瑾逊很深的影响。……余光中也善用中国式的对仗，造成非常玲珑透剔的意象。……余光中已使散文超越小品文的地位，他像一位交响乐团的指挥，驾驭着文字，发出汹涌奔湃的力量。从"五四"到现在没有人在散文上的成就能够超过他。

4 月 30 日，致信林海音。

海音大姐：

四月六日信及航空寄来之四月份《纯文学》均拜收，谢甚。如可能，四月份《纯文学》请再用平邮寄二册给我如何？

500 字作家速写，甚生动有趣，不妨继续下去。夏菁的一篇未能及时交卷，甚歉！三月底去於梨华的纽约州立大学演说，又和她一家人去纽约市一游，曾与郑心元（《联合》主编）等座谈，受凉积累，生活失调，回丹佛后即胃出血，住院治疗一周以上，近始出院，医嘱必需静养。因此《纯文学》之稿（短的和长的）均恐需至六月初始能交卷了，尚祈原谅。陈立文写梁公的一篇，平淡而已，毫不动人，实在应由我来写的。

力不胜书，俟较复原后，当为《纯文学》大动笔墨也。匆祝

俪安

光中　四月三十日 ①

5 月 18 日，寺钟学院副校长为其颁发外语课程顾问续聘书。

5 月 18 日，1970 年

亲爱的余先生：

非常高兴通知你寺钟学院正式决定续聘你为 1970—1971 年度外语课程顾问。我们希望与你一道，同时也希望你台湾的家人和你团聚。

如有何需要提供的帮助，请尽管告诉我。

你忠诚的

保罗 G. 杰森

学术事务副校长 ②

---

① 据 2010 年 2 月 29 日至 8 月 1 日台湾纪州庵新馆"穿越林间听海音——林海音文学展"原件照。

② 据 2015 年 12 月至 2016 年 1 月台湾师范大学"右手写诗·左手写散文——文学大师余光中特展"原件照。

5月22日，呈交续留丹佛一年申请。

报 告

　　兹因来美工作已一学年，寺钟学院及科罗拉多州教育所对工作成绩甚表满意，坚邀续任"外国课程顾问"一年，并已向美国教育部申请获准，华府正式聘函亦于周前寄到，故拟再留丹佛工作一年，决于明夏回国。特请准予续假留职一年，至于所遗前授各课，仍希商请陈祖文、周英雄、Mibach 三位先生代劳。另检附呈送美国教育部之工作进度报告副本各一份，寺钟学院副校长及文学部主任函各一件，以见在美工作之大致情况。此呈
　　　　张主任
　　　　沙院长
　　　　孙校长

英语系副教授余光中
一九七〇年五月廿二日 ①

　　5月，颜元叔发表《余光中的现代中国意识》，刊台北《纯文学》第41期；后收入颜元叔著《谈民族文学》（台湾学生书局1973年版）、《文学经验谈》（台北志文出版社1975年版）、《颜元叔自选集》（台北黎明文化公司1975年版）等。文中认为余光中具有强烈的现代中国意识，"是一位真正的爱国诗人"，同时也指出其诗作结构上的缺陷。略云：

　　　　至于《腊梅》《每次想起》《有一个孕妇》，这些都属于具有现代中国意识的诗，篇篇都是一气呵成，具有统一性的。有趣的是，这些诗篇都比较短；而在较长的诗篇中，如《在冷战的年代》《忘川》《敲打乐》等，结构都显得相当零乱。我是一个亚里斯多德主义者，我认为结构在任何类型的作品中，都是灵魂。假使结构松散以至于崩溃，则虽有零碎的好句子，也只是糟蹋玉帛而已。结构把主题集中在焦点上，统一全篇的思想与感情，伸延开来，统一全篇的一切成分，使它成为有组织有条理的文章。我国的"文章"不就意味着组织结构的么？余光中的长诗在组织结构上是颇有欠缺的。

---

① 据2015年12月至2016年1月台湾师范大学"右手写诗·左手写散文——文学大师余光中特展"原件照。

余光中《显极忽隐，令人惆怅》：在一九七〇年五月号的《纯文学》上，远在丹佛的我读到了元叔所撰长达万言的《余光中的现代中国意识》，既感高兴，又感困惑。该文盛称我的旅美小品《我之固体化》，却对那时为止的我的其他诗作表示"厌恶"。……结论说我是一位写实主义者，颇能表现知识分子的现代中国意识。同时又指出：许多人都认为我的诗比较"干瘦"，近于奥登而远于汤玛士（Dylan Thomas）。[①]

6 月 6 日，于丹佛作诗《落矶大山》，1974 年 6 月修改于台北，后收入《白玉苦瓜》（1974 年版）。

同日，夏江冬发表《余光中和现代诗论——〈掌上雨〉推介》，刊《中报周刊》。

6 月 15 日至 22 日，第三届亚洲作家会议于台北举行。

9 月，范我存率四个女儿来到美国。此时珊珊 12 岁、幼珊 11 岁、佩珊 9 岁、季珊 5 岁，都进入当地的公立学校念书。

余幼珊《天真的歌·简体字版序言》：父亲在 1969 年第三度赴美时，迷上了摇滚乐，大受其影响。记得第二年母亲带我们四姊妹前去丹佛与他会合，下了飞机没两天，时差都还没调过来，父亲就领着我们去戏院连看了四出披头的电影，共 6 小时。直到晚年他都是披头的"铁粉"，不但喜爱他们的音乐，也欣赏其歌词。[②]

9 月 22 日，致信黄维樑。

维樑：

谢谢你九月十二日的信，并祝贺你新得白驹。扶盘顾盼，驰突秋色，乐何如之！感恩节如能北征丹佛，非常欢迎。此地山高天寒，但雨雪甚罕，一冬不过七八次雪，来时天地尽白，唯白色之占领通常仅三、四日，白军一退，忽焉碧空金阳，温和如春。所以感恩节来此地是不会有什么问题的，只是长途驰驱，车辆应先详加检查，车胎压力亦应加强（廿六至廿八磅为宜）耳。

家人既来，生活大有起色。大女儿进了初一，开始几天，不得不陪女儿一起上课。事隔廿多年，重温中学时代，很多感触。那时在四

---

① 《联合报》副刊（2013 年 1 月 23 日）。
② 余光中编译：《天真的歌》，南京：江苏凤凰文艺出版社，2019 年，第 4 页。

川乡下，我是负笈（名符其实地自背书包）穿草鞋徒步上学的；现在大女儿却坐着父亲自驾的新车上学。也许她是幸福的吧，可见对于一个背负中国史的中年人而言，踩着中国的泥土上学，才是幸福啊。中秋夕（九月十五日）带全家上落矶高峰看月。唯女儿看的是美国的月亮，我看见的则是旧大陆的月亮，秦时的月，汉时的云。可怜小儿女，未解忆长安！

目前我仍在教育所工作，女校教书，并为香港美新处译梅尔维尔小说。已译成三万字的一篇，将在《纯文学》发表。希望你早获执照，不再做"野武骑士"。一笑并祝成功。

光中　九月廿二日 [①]

前者你在东部为黄金折腰，今者你在西部有白驹展足，能曲者始能伸，大丈夫应如是也。再贺。

9 月，写散文《宛在水中央》，后收入《焚鹤人》（1972 年版）。

9 月，于丹佛写《〈录事巴托比〉译后》，后收入《听听那冷雨》（1974年版）。

余光中"附注"：《录事巴托比》的中英对照本已于一九七二年八月由香港今日世界社出版，印刷精美，但校对略有谬误。例如第二页第六行的"多情的流泪"，便是"多情的心肠流泪"之误。[②]

11 月 6 日，致信黄维樑。

维樑：

感恩节命驾前夕，请先电话示知，以便准备欢迎。进丹佛城后，如觅路为难，亦可在加油站打电话给我。

十月十五日来信收到，知道你驾驶执照在握，很是为你高兴。此后坦坦的超级公路尽皆为你延伸，车首所向，风起云涌，郡换州移，即令庄周李白再世，亦必乐此不疲！对于人类，高远的追求永远是一个诱惑。不过"大道直如发"，可以作逍遥游，亦可以通向枉死城，何去何从，端在驾驶人耳。高速驶行，车胎最应注意，雪域冰国，尤宜小心。感恩节欢迎你浩荡北征，当悬徐稚之榻以待也。我们的地址是：

---

① 黄维樑：《大师风雅——钱锺书、夏志清、余光中的作品和生活》，第 144～145 页。

② 余光中：《听听那冷雨》，第 159 页。

1925 Olive Street, Denver（在 Quebec 和 Montview 十字路口附近），电话是：三〇三—三二二—〇〇八九。

祝 Happy Driving！

光中 十一月六日（1970 年）①

11 月 26 日，感恩节，黄维樑、商禽等来访。

余光中《沙田七友记》：第二年的感恩节，他［黄维樑］驾了白色的科维尔（Corvair），迢迢从静水镇北上丹佛来看我，正值商禽等几位朋友也从爱奥华赶来，一时热闹异常，欢叙三日才依依别去。②

黄维樑《和独白的余光中对白》：在 1970 年的感恩节，我在美国驱车奔驰一千公里，登上海拔一英里高的丹佛城……商禽、苍梧、全浩、我和诗人及其家人盘桓了数天。③

11 月 27 日，登落基山游红石剧场。

余光中《沙田七友记》：记得相聚的第二天，主人带客登落矶大山游红石剧场，我驾自己的鹿轩（Impala）载着家人前导，维樑则载着众客后随。落矶山高坡峻，果然名不虚传。④

11 月 28 日，为黄维樑带至丹佛的四部著作（《五陵少年》《左手的缪思》《敲打乐》《在冷战的年代》）题签"维樑访丹佛纪念，一九七〇、十一、廿八"。⑤

11 月，陈慧桦发表《余光中的主题》，刊《大学杂志》第 35 期；又刊《台大青年》第 59 卷第 1 期。

11 月，叶维廉编译的《中国现代诗选》（*Modern Chinese Poetry*）英文本，由美国爱荷华大学出版部出版。前有编者长序，对中国现代诗的演变剖析甚详。计选商禽、郑愁予、洛夫、叶珊、痖弦、白萩、叶维廉、黄用、季红、周梦蝶、余光中、张默、夐虹、昆南、罗门、覃子豪、纪弦、方思、

---

① 据原件影印照。
② 余光中：《记忆像铁轨一样长》，第 274 ～ 275 页。
③ 黄维樑：《大师风雅——钱锺书、夏志清、余光中的作品和生活》，第 251 页。
④ 余光中：《记忆像铁轨一样长》，第 275 页。
⑤ 黄维樑：《五彩璀璨六十年——余光中和"余学"忆述》，《华文文学评论》第 8 辑（2021 年 11 月）。

辛郁、管管等 20 家的诗作。

12 月 25 日，赴丹佛参加现代语文协会的年会。

> 余光中《心猿意马，意识乱流》：一九七〇年耶诞，叶珊和钟玲都去丹佛参加"现代语文协会"的年会，晚上三人共烛聊天。我和叶珊笑论诗友作品的风，说纪弦所使乃"佯狂计"，洛夫是"苦肉计"，某女诗人是"美人计"，某难懂诗人是"空城计"。钟玲听得笑声格格。现在回想，不妨再加"借箭计"（痖弦），"托钵计"（周梦蝶）。这些当然纯属无厘头，如果有人挖苦我，说我复古求新是借尸还魂，所以是"还魂计"，我也会一笑受之。不过此计又像在说梦蝶。①

12 月，写散文《在水之湄》，后收入《焚鹤人》（1972 年版）。

是年，接受摇滚乐，并成为国内把"rock"翻译成"摇滚"的第一人。其经典作品《江湖上》便是从鲍勃·迪伦的"Blowing in the Wind"中得到灵感而创作的。②

> 傅光明《余光中：我把自己想像成"茱萸"的孩子》：因为它【按：即摇滚乐】教我如何纯真，如何比较有生命的节奏，而非破碎的经营，是整体的一个律动。③

> 《中国邮政报》（2004 年 4 月 10 日）：〇余光中：我的生命与我的创作〇我们一直相信曲高和寡，可是我听摇滚乐之后觉得不完全如此，我发现摇滚乐曲高未必和寡。比如说"四披头"，他们的歌词有相当的深度，他们歌曲也相当的微妙复杂，它可以把很多乐式都吸引进去，如印度的、非洲的等等，相当丰富。因此我就相信，艺术的另外一面可以接通大众，就看艺术家如何安排。于是我 1971 年前后一口气写了三十首便于谱曲的诗。除了《乡愁》之外，还有《乡愁四韵》，还有民歌这些，人家都拿去谱曲了。艺术的手法跟《乡愁》有点像。

是年，诗风开始转向新古典主义。

> 温迪雅《乡愁是一种情结——余光中访谈录》：这就是在 70 年代

---

① 台北"中央日报"（2009 年 7 月 1 日）。
② 《余光中逝世一周年　是这位诗人把 rock 翻成"摇滚"》，《钱江晚报》（2018 年 12 月 14 日）。
③ 傅光明采写：《生命与创作：中国作家访谈录》，第 72 页。

开始时，我的一些朋友还在继续西化，我回过头来，要走一条路子——新古典主义。就是把中国的古典融入现代生活，把西方的影响也同样融入现代生活。这当然是一条漫长的道路，不过，我已走了很久了。①

是年，林语堂当选为台湾"中国笔会"第二任会长（1969 ～ 1973），王蓝为秘书长。

1971 年（辛亥）　44 岁

1 月 1 日，龙族诗社在台北成立。发起人包括辛牧、施善继、萧萧、林焕彰、陈芳明、乔林、景翔、高山秦、苏绍连、林佛儿等。该诗社致力于发扬传统，从传统走出一条又新又活的路来，与纪弦所倡行的"横的移植而非纵的继承"的现代派诗歌明显对立。

2 月，评论集《诗人与驴》由台中蓝灯出版社出版，为"蓝灯文丛之 2"。

> 王伟明《回到壮丽的光中——余光中答客问》：至于《诗人与驴》中的文章，的确是我所写，但该书乃一文友擅自编印，并未得我同意，事先既不告知，事后更未解释，当然也无版税。该书编得杂乱，印得潦草，根本不够我的"书格"。②
>
> 罗青《百年文学一光中——怀余光中先生》：致使余先生《文星》杂志时代的文友李敖，曾一度因经济原因，施其惯技，把余先生早期格律时代的佚作及淘汰的旧作，暗地里蒐集一册，以为抓住了诗人的软肋，私下要胁先生，意欲强行替他出版，可见"格律诗"与"流行歌"，在现代主义高潮时期，几乎成了庸愚腐朽、落后伧俗的代名词，见不得天日。③

3 月 3 日，《龙族》诗刊在台北创刊，其宗旨为"敲我们自己的锣，打我们自己的鼓，舞我们自己的龙"。该刊除发表大量现实主义诗歌作品外，尤其注意诗歌理论的建设。共出 16 期，1976 年 5 月停刊。

---

① 《江海侨声》1998 年第 15 期。
② 王伟明：《诗人诗事》，第 229 页。
③ 李瑞腾主编：《听我胸中的烈火——余光中教授纪念文集》，第 96 ～ 97 页。

3月，原著及英译《满田的铁丝网》（*Acres of Barbed Wire*），由台北美亚出版公司（Mei Ya Publications, Inc.）出版。内收作者英译自己的48首诗，依主题分为两部：第一部 "The Shame and the Glory"（"羞耻与荣誉"）收录22首，第二部 "No Dove-Feeder"（"不是喂鸽人"）收录26首。版权页注明"此美亚国际版经作者授权营销世界各地"。

3月，《中华文艺》月刊创刊。发行人赵聚钰，主编尹雪曼，执行编辑邓文来。该刊着重发表文学创作。主要撰稿人有朱西甯、王鼎钧、张汉良、朱星鹤、张拓芜、辛郁、林享泰、洛夫、余光中、羊令野、李瑞腾、管管等。1985年4月停刊，共发行170期。

3月，洛夫主编《一九七〇年诗选》，由台北仙人掌出版社出版。本书收入从蓝菱到张健等36位诗人的79首诗作，是台湾当代诗坛第一部年度诗选。

春，于丹佛翻译奈德·罗伦（Ned Rorem）著《论披头的音乐》（"The Music of the Beatles"），译自 *New York Review of Books* (January 18, 1968)。刊同年8月14日、15日台北《中国时报·人间副刊》第18版；后收入《听听那冷雨》（1974年版）。

> 余光中"附注"：《论披头的音乐》是一篇译文，原作者是奈德·罗伦（Ned Rorem），一九二三年生于美国印地安纳州的里奇蒙，是一位知名的作曲家，谱有歌剧、歌曲，及交响乐曲等多种，并出版现代音乐之论述《巴黎日记》《纽约日记》《音乐行话》《音乐和大众》等。本文曾经收入一九六九年的文选《作家与问题》（*Writers & Issues*, edited by Theodore Slolotaroff, Signet Books, New York）。[①]
>
> 单德兴《第十位缪斯——余光中访谈录》：其实，我还有一篇翻译很多人没有注意到，因为那一篇《论披头的音乐》出现在我的散文集《听听那冷雨》，大概是一万字的译文。那是翻译罗伦（Ned Rorem）一篇讨论披头四（The Beatles）的文章，文章写得很好，我也很花气力去翻译，当中有一些地方不好译，因为乐队的名字形形色色。比如说，美国有一些由几个人组成的乐团，其中之一叫 The Association，这很难翻，我就把它翻得江湖一点——"大结义"，从桃

---

① 余光中：《听听那冷雨》，第279页。

园三结义联想起，这样好像跟江湖歌手比较接近一点。[①]

4 月 1 日，白先勇短篇小说集《台北人》，由台北晨钟出版社出版。该集共收作品 14 篇，主题分三类：今昔之比、灵肉之争、生死之谜。

5 月 9 日，于丹佛写评论《现代诗与摇滚乐》，后收入《焚鹤人》（1972 年版）

5 月 28 日，应叶珊之请，对蓝星诗社做一回顾。诗人节于丹佛橄榄街写散文《第十七个诞辰》，刊 1972 年 3 月 25 日《现代文学》第 46 期；后收入《焚鹤人》（1972 年版）。

5 月，出席威斯利安大学教授、诗人威尔伯诗歌朗诵会。威尔伯曾翻译过他的《魔术师》等作品。

夏，在华盛顿访吴鲁芹和高克毅。

> 余光中《爱弹低调的高手——远悼吴鲁芹先生》：一九七一年夏天，我在回国前夕从丹佛飞去华盛顿，向傅尔布莱特基金会辞行，乘便访他和高克毅于"美国之音"，一同吃了午餐。[②]

6 月底，回台。

> 余光中《白玉苦瓜·后记》：我是在一九七一年六月底回台的。……就这样，人回来了，心回来了，诗，也回来了。[③]

6 月，《莲的联想——中文现代情诗》（*Lotos-Assoziationen: Moderne Chinesische Liebesgedichte*）德译本，由图宾根霍尔斯特·艾德曼出版社（Horst Erdmann Verlag）出版。译者和导言作者是德国诗人、专栏作家、散文家安德烈亚斯·杜纳德（Andreas Donath，1934 ～　）。

> 杜纳德《德译本导言》（黄国彬译）：可是却没有一部作品能提供《莲的联想》那样丰富的灵思、典故和寓意。《莲的联想》，上承中国古典和英国浪漫派诗风，与二〇年代中国现代抒情诗相连，并接受美国现代文学的启发，调和东西文化，纳古典于现代，深广透达，融汇了多种文化而不离其宗。……运用现代汉语时，余氏挥洒自如。他的

---

① 单德兴：《却顾所来径——当代名家访谈录》，第 204 页。
② 台北《中国时报》（1983 年 8 月 25 日）。
③ 余光中：《白玉苦瓜》，台北：九歌出版社，2008 年，第 23 ～ 24 页。

文字悦耳和谐，组合调和令人惊绝，造句遣词也出人意表。……《莲的联想》是余光中第一次留美返台后写成的。其标题诗成为一位亚洲知识分子的自我写照。与西方接触后，作者开始回顾并认同亚洲人的本质。诗里，余光中把莲花（东方美的理想）与水仙（西方的象征）并列。对余光中来说，莲有三重意义：一方面它只是在湖面舒展瓣瓣缤纷的具体植物。一方面，绽放的莲花可比作美女的容颜。最后，莲花还含有一重宗教意义：它是释迦的宝座，西藏的签筒把释迦称颂为"莲花之宝"。佛家教义认为，放弃自我，进入涅槃与空无，可以获得解脱。空无的意思和欧洲的虚无主义截然不同。余光中称后者为"流行的癌症"。……《莲的联想》里，作者在精神上归回东方的祖国。这题材与一则爱情故事交织。……中国与欧洲不同，中国文学史上只有极少量的情诗。驱使情人自戕的爱情，并非中国抒情诗传统的主题。……比较来说，中国文学极少涉及恋爱中男子的感情。余光中的诗，正补充了这方面的不足。……就这样，台湾的风景在余光中的诗里变成了中国古代文化的风景。……《莲的联想》结尾时，作者描写的并非爱的完成，而是爱的解脱。……《莲的联想》的对象虽非欧洲读者，但由于书里中国文化的范畴包含了深厚的西方文化，是中国现代诗的模范，对德国读者也具启发作用。[①]

余光中《夏是永恒——〈莲的联想〉新版序》：德国之声中文部主任杜纳德（Andreas Donath）把全书都译成了德文，一九七一年由 Horst Erdmann Verlag 在 Tübingen 出版，德文本书名为 *Lotos-Assoziationen: Moderne Chinesische Liebesgedichte*。[②]

余光中《北欧行》：我的目的地原是科隆，因为《莲的联想》的德文本译者杜纳德（Andreas Donath）在科隆"德国之声"任中文部主任，邀我前去一游。[③]

7月1日，觉初发表《余光中的散文》，刊《文坛》第316期。

7月8日，《摇滚音乐 道家思想 美青年极热衷 余光中促进中西文化交流有贡献》，刊台北《中国时报》第8版。

---

① 黄维樑编著：《火浴的凤凰——余光中作品评论集》，第48～53页。
② 余光中：《莲的联想》，台北：时报文化出版公司，1980年，第3页。
③ 台北"中央日报"第34版（1979年1月5日至7日）。

7 月 15 日，《余光中应邀演讲摇滚乐》，刊台北《中国时报》第 8 版。

7 月 19 日，第一届国际比较文学会议在淡江文理学院举行，为期五天，主题为"比较文学在中国"，共宣读论文 39 篇。

7 月，与洛夫、朱西甯、叶维廉、痖弦、白萩、梅新、张晓风等应邀担任《中国现代文学大系》编委，诗选由洛夫主编。【按：余光中曾总编出版三套文学大系，除该大系外，另有九歌版《中华现代文学大系：台湾一九七〇——一九八九》、九歌版《中华现代文学大系：台湾一九八九——二〇〇三》，他们用的是"中国现代文学"或"中华现代文学"这一术语，而非"华文文学"，显然是以种族和语言来认知现代中国文学的。】

7 月，主持寺钟学院留华中心及中视公司"世界之窗"节目。

> 台北《中国时报》（1971 年 7 月 23 日）：〇中视世界之窗节目 由诗人余光中主持〇

7 月，吴浊流文学奖新诗奖在台湾设立。

8 月 5 日，致信杨世彭。略云：

> 那天早上，在 Boulder 府上道别回台北时，忽然泪下。在丹佛这两年，要是没有你们照拂，直有寂天寞地不堪设想之感了。这也是冥冥中排定的缘分吧……人生聚散，本来无常，走笔至此，不胜怅恨。[①]

8 月 12 日，作诗《八卦》，1972 年 5 月 25 日写定，刊 1972 年 9 月《中外文学》第 1 卷第 4 期；后收入《白玉苦瓜》（1974 年版）。

8 月 22 日，作诗《歌赠汤姆》，刊 10 月 15 日台北《中国时报》第 15 版；后收入《白玉苦瓜》（1974 年版）。【按：汤姆·琼斯（Tom Jones），美国歌手，自 1965 年出道以来售出超过一亿张唱片，代表作"It's Not Unusual Bomb"。】

8 月 24 日，作诗《收藏家》，后收入《白玉苦瓜》（1974 年版）。

8 月 25 日，作诗《鹤嘴锄》，后收入《白玉苦瓜》（1974 年版）。

8 月 28 日，作诗《当我年老》，后收入《白玉苦瓜》（1974 年版）。

8 月 31 日，作诗《调叶珊》，后收入《白玉苦瓜》（1974 年版）等。

> 余光中《在水之湄》：第三度来美国，见面最频的故人，应数叶

---

① 杨世彭：《悼念光中》，《联合报》（2017 年 12 月 31 日）。

珊。……叶珊和我，相近之处甚多，相远之点亦复不少。……两人都右手为诗，左手成文，都有一只可疑的第三手，伸向翻译和批评。都向爱奥华河饮过洋水，都成了白笔化雨以滋青青子衿的人师，一句话，都属于"学院派"。……这次来美，发现还有一项同好：摇滚乐。看到异国披发朗吟的诗人，一挥手，一投足，一启唇之间，欣然而聆者数以万计，乃感到自己的现代诗太冷，太窄，太迂缓了。①

9月6日，程榕宁发表《余光中和现代诗》，刊《大华晚报》第10版。

10月，写散文《苦雨就要下降》，刊10月23日台北《中国时报》第14版；后收入《听听那冷雨》（1974年版）。

12月18日，作诗《民歌》《海棠纹身》。前者刊次年1月19日台北《中国时报》；后收入《白玉苦瓜》（1974年版）、《风筝怨》（2017年版）等。

> 杜桥《浓浓的"乡愁"——访台湾诗人余光中》："其实和《乡愁》比起来，我更喜欢1971年12月18日写的那首名为《民歌》的诗。那首诗虽然和《乡愁》有同样的情感，但却是以整个中国的河山为背景的，因此就比《乡愁》更雄厚、更壮阔一些！"说到这里，余先生禁不住吟诵起来。②

12月，胡萝白发表《诗人余光中的转变》，刊《今日世界》第473期。

是年，作诗《民歌手》，后收入《风筝怨》（2017年版）。

是年，升任台湾师范大学教授，在台湾大学、政治大学兼课。

1972年（壬子）　45岁

1月3日，于垦丁作诗《车过枋寮》，刊3月《幼狮文艺》第35卷第3期；后收入《白玉苦瓜》（1974年版）。该诗正式宣示了余光中对台湾的乡土之情，它写的是余光中的"台湾经验"，属于"本土文学"。

> 叶振辉《二〇〇一年六月二十一日第二次访问》：我有一首诗叫做《车过枋寮》，里面就是写甘蔗、西瓜，还有香蕉的田，这首诗选入

---

① 余光中：《焚鹤人》，第165～166页。
② 《世界文化》1998年第2期。

"国中"的"国文"课本里已有三年了。①

　　王灏《品苦瓜——读余光中先生诗集〈白玉苦瓜〉》:《车过枋寮》一诗固然也利用重复的字词语句表现一种节奏感，但却没有《摇摇民谣》那份浑整的感觉，在形式上唯一成功的是结尾所予人的一种突兀惊愕感。如果从内容上来考察，它以本省的乡土景物为对象。……余光中所见到的只是凤梨、甘蔗、西瓜、香蕉等等浮面的景物，而未能深深透视到隐藏在土地底层的真实生命。……该诗中给人之感觉，甜固然是甜，美固然美矣，但终觉有点矫情而缺乏乡土味，缺乏纯朴的感动力。……我认为这首诗的失败是精神上的失败，因为它对乡土精神的体认不够。如果说它有所成功的话，那该是结构上、形式上、文字上那种民谣风的经营，但我们期望余光中于这种形式的经营之外能兼及精神上的深入。②

　　《联合报》（2017 年 12 月 15 日）:〇余光中的《车过枋寮》高挂枋寮车站〇 1972 年他写下《车过枋寮》，如今成了拜访枋寮的人必读的一首诗，台铁枋寮车站大厅迄今仍挂着余光中的诗，来往游客一下车就会读到。

1 月 4 日，于溪头作诗《山雨》，后收入《白玉苦瓜》（1974 年版）。

1 月 14 日，作诗《雨季》，后收入《白玉苦瓜》（1974 年版）。

1 月 15 日，作诗《积木》，后收入《白玉苦瓜》（1974 年版）。

1 月 21 日，仅用 20 分钟，在台北厦门街旧居内作诗《乡愁》，刊 3 月 1 日台北《中国时报》；后收入《白玉苦瓜》（1974 年版）、《风筝怨》（2017 年版）等。该诗的四个时间序词，代表四个人生阶段，四个人生阶段又因什么而愁？少年时——邮票——母子分离；成年后——船票——夫妻分离；后来——坟墓——母子死别；现在——海峡——游子与大陆的分离。诗云：

　　小时候，乡愁是一枚小小的邮票，我在这头，母亲在那头。// 长大后，乡愁是一张窄窄的船票，我在这头，新娘在那头。// 后来啊，乡愁是一方矮矮的坟墓，我在外头，母亲在里头。// 而现在，乡愁是一湾浅浅的海峡，我在这头，大陆在那头。

① 叶振辉主访:《让春天从高雄出发——余光中教授专访》，第 33 ～ 34 页。
② 《诗脉》季刊（1976 年 7 月）。

余光中《白玉苦瓜·后记》：到了中年，忧患伤心，感慨始深，那枝笔才懂得伸回去，伸回那块大大陆。①

《余光中：我的心里有中国文化的胎记》：这首诗的前三句都是写思念女性，到最后一句我想到了故乡，于是就有了"乡愁是一湾浅浅的海峡"这一句。这首诗很特别，因为"孺慕"之情。怀乡和孺慕重叠在一起，所以写的时候，下手很轻，有点童话的手笔。②

刘曼丽、胡明蓉《余光中访谈》：……仅用了 20 分钟便写出了《乡愁》。……其实《乡愁》这首诗是蛮写实的：小时候，我在江北县悦来场（现重庆市渝北区）南京青年会中学寄宿读书，离居在朱家祠堂的家有十多里路，不能经常回家，就常与母亲通信，因此那时的"乡愁是一张小小的邮票"；长大成人在台湾结婚后，即离别新婚的妻子乘船远赴美国读书；后来母亲去世，永失母爱……诗的前三节思念的都是女性，到最后一节我想到了大陆这个"大母亲"，意境和思路便豁然开朗，于是就有了"乡愁是一湾浅浅的海峡"一句。后来我慢慢意识到，我的"乡愁"现在应该是包括对地理、历史和文化在内的整个大陆的眷恋。③

李睿、余光中《历史感、地域感与现实感——余光中先生访谈实录》：我的《乡愁》这首诗啊，不胫而走，在华人世界有很多读者，也有多人把它谱成歌曲，流传很广！我的《乡愁》传到大陆以后，进入教科书，然后中央台不断地播出。再过一个星期，一个国乐团来到台北，就会送给我一个景德镇烧的瓷盘上的《乡愁》。他们演奏的乐曲中有一首就是《乡愁》，可是我从九二年回去，就是回乡，大概有五六十次了，也就不能再讲乡愁了。④

曾军《中文体质与文化复兴——余光中访谈录》：我会首先讲作者写这首诗的内心的想法，把创作的背景、两岸的形势讲一下，然后会来朗诵。为了加强戏剧性，我会采用分组朗诵，比如说，当一组的同学读到"我在这头"的时候，另一组就回答说"母亲在那头"。接着，

---

① 余光中：《白玉苦瓜》，第 18～19 页。
② 《钱江晚报》（2009 年 9 月 3 日）。
③ 《今日重庆》2005 年第 6 期。
④ 《世界华文文学论坛》2019 年第 2 期。

我会讲这首诗的格律。这首诗绝非自由诗，它有韵律，就拿第一节来讲，"小时候""乡愁""这头""那头"共有四个呼应。最后再讲思想情感方面的东西。老师也可以说，乡愁是一种摸不着、看不见的情感，那就得用具体的东西来落实，将抽象变成具象，那就是"邮票""船票"等意象。①

徐学《解不尽的乡愁——余光中访谈》：我觉得乡愁可分成三个部分：第一层是亲友、乡亲、同胞，第二层是故园情景、故国山河、旧时风景，第三层是历史文化。历史在心中，文化在中国文字里。……我创作中直接写亲身所写的记忆是乡愁，在海外写满中国古典意象的诗歌与散文，也是一种间接、婉转的怀乡。……就哲学的意义而言，精神没有归宿，就是乡愁。我的乡愁是中国历史文化，这是形而上的层面；形而下的层面就是中国的山河和人民。这种乡愁表现在文学作品中包括了历史、传统、风习，是立体的、多方位的。"乡"不同于同乡会之"乡"，"愁"的意义也不单纯是"老乡思老乡，两眼泪汪汪"。作为一个现代人，每个人都摆脱不了乡愁情绪。……变是永恒的，乡愁便是永恒的。②

《新闻晚报》（2005 年 2 月 24 日）：○余光中携妻回川大谈旧事 称 20 分钟写好《乡愁》○那时，我刚从美国回到台湾，觉得美国摇滚乐的歌词非常奇妙，所以我有意要写一首节奏整齐的诗，让作曲者可以很方便地谱成歌曲。整首诗的意念是从邮票开始的，开始仅仅就是一枚邮票，当然，邮票的两边得各有一个人，有寄信的，还有收信的。然后从邮票推出去，跟它接近的长方形，那可能是一张车票、船票，然后还可以是一个坟墓，还有隔开我们的海峡。连接这些意象的过程应该是长时间的，从小时候一直到现在；可是在空间上必须是阻隔的，这边那边，这头那头，里头外头。当然，我也是事后才想到原来是这么回事，写的时候，就全凭直觉了。

1 月 22 日，写散文《后浪来了》，后收入《听听那冷雨》（1974 年版）。

1 月 30 日，写散文《外文系这一行》，后收入《听听那冷雨》（1974

---

① 《读写天地》2001 年第 1 期。
② 《鸭绿江》2002 年第 8 期。

年版)、《翻译乃大道，译者独憔悴》(2021 年版)。

　　1 月 31 日，作诗《电话亭》，后收入《白玉苦瓜》(1974 年版)、《风筝怨》(2017 年版)。

　　2 月 1 日，深夜，写散文《万里长城》，刊 2 月 25 日台北《中国时报》第 17 版；后收入《听听那冷雨》(1974 年版)。

　　　　沈谦《小说〈万里长城〉的痴情》：本篇从头至尾，洋溢着一个侨居海外中国人对祖国的游子真情，而触发此真情与表达此真情的却只是一个很偶然的机会——看到一幅万里长城的照片。……综观全篇，侧笔描述至为成功。作者并未正面描述主角的爱国思乡情思，只用种种痴狂可笑的反常举动，万流归宗——情必近乎痴而后始真！如此表达了浓厚真挚的爱国情操，不但主题感人深切，而这种运用巧妙的表达方式也是很少见到的。笔者个人以为，要想增进学生爱国情操，此篇可列入中学国文教科书。①

　　2 月 4 日，作诗《慈云寺俯眺台北》，后收入《白玉苦瓜》(1974 年版)。诗中的 "日落时 / 风把一炷香静静接去"，写出中年的平静与出尘之思。

　　2 月 28 日，写散文《山盟》，后收入《听听那冷雨》(1974 年版)。

　　2 月，撰幽默散文《蝗族的盛宴》，后收入《听听那冷雨》(1974 年版)、《余光中幽默文选》(2005 年版)。

　　3 月 1 日，发表《乡愁》，刊台北《中国时报》第 13 版。

　　3 月 29 日、30 日，专栏作家陈鼎环发表《诗的四重奏——余光中的〈乡愁〉及其古译》，刊《台湾时报》。文中说它唱的是 "自古至今中国人的繁茂幽深、激荡微妙的乡愁"，并将其译为古诗：

　　　　人生多怅失，岁岁是乡愁。
　　　　少小离家去，亲情信里求。
　　　　华年思怨妇，万里卜行舟。
　　　　未老慈亲逝，哀思家外浮。
　　　　而今横海峡，故国梦悠悠。

　　3 月，撰幽默散文《借钱的境界》，后收入《听听那冷雨》(1974 年

---

　　① 黄维樑编著：《火浴的凤凰——余光中作品评论集》，第 412 ～ 415 页。

版）、《余光中幽默文选》（2005 年版）。

4 月 4 日，写散文《中国人在美国——序於梨华的〈会场现形记〉》，后收入《听听那冷雨》（1974 年版）、《余光中幽默文选》（2005 年版）。

同日，夜，罗青来还书。

> 罗青《百年文学一光中——怀余光中先生》：记得初次会面临走时，余先生不忘殷殷叮咛我多读书，并细心察觉到我的不足之处，慨然出借数册中英文珍奇藏本，现在还记得，其中之一是当时难得一见的禁书，钱锺书的《围城》，给了我下次见面的借口。当时，余先生正联合杨牧为《现代文学》四十六期编辑"现代诗二十年回顾专号"，才刚开始发表作品诗龄不到两年的我，居然受到青睐，纳入十六位受邀诗人之列，名字醒目地登上了杂志封面，排列在管管、杨牧、商禽、洛夫、罗门、郑愁予……之间。这对年轻初入诗坛的我，鼓励之大，可想而知。
>
> 一九七二年四月四日夜，我依约到余府还书。……不料话匣子一打开，我又忘情的大放厥词，一时说溜了嘴，居然对不久前推出的巨人版《中国现代文学大系一九五○—一九七○》（一九七二）月旦起来，完全没有想到大系的总序执笔者与主编之一，正坐在我面前，含笑微微点头，默默耐心聆听。还记得当晚又聊到我最爱读的日本新感觉派小说及芥川龙之介，浑然不知高低的，竟然对如何把小说结构转化成诗，发了一番议论。[1]

4 月 15 日，写评论《论琼·拜斯——〈听，这一窝夜莺〉之一》，后收入《听听那冷雨》（1974 年版）。

4 月 24 日，作诗《镜》，后收入《白玉苦瓜》（1974 年版）。

4 月，散文集《焚鹤人》，由台北纯文学出版社出版，收入"纯文学丛书"。本书集结作者抒情散文，收录《下游一日》《食花的怪客》《焚鹤人》等 19 篇。有作者简介和后记。1981 年 7 月再版，至 1985 年 11 月已 13 印。

> 《联合报》（2013 年 7 月 24 日）：○李安导演梦从"细说"余光中开始○中山大学与顶新集团开办余光中人文讲座，力邀诗人与国际导

---

[1]　李瑞腾主编：《听我胸中的烈火——余光中教授纪念文集》，第 114 ～ 115 页。

演李安对谈，余光中四十四年前写的散文《焚鹤人》，被李安改拍成短片《星期六下午的懒散》，并凭此片申请到纽约大学电影系，余光中说完全没想到这篇散文能拍成短片。

5月5日，陈芳明发表《冷战年代的歌手》，刊《龙族》第6期；后收入陈著《镜子和影子》（台湾志文书局1974年版）。本文讨论《敲打乐》和《在冷战的时代》两卷诗集中富于时代感的作品。

5月14日，写评论《论久迪·柯玲丝——〈听，这一窝夜莺〉之二》，后收入《听听那冷雨》（1974年版）。

5月，撰幽默散文《朋友四型》，后收入《听听那冷雨》（1974年版）、《余光中幽默文选》（2005年）。文中将朋友分为四类：高级而有趣，高级而无趣，低级而有趣，低级而无趣。略云：

> 世界上高级的人很多，有趣的人也很多，又高级又有趣的人却少之又少。高级的人使人尊敬，有趣的人使人欢喜。又高级又有趣的人，使人敬而不畏，亲而不狎，交接愈久，芬芳愈醇。①

6月1日，由香港青年诗人黄国彬提议，在陆健鸿、羁魂、谭福基、郭懿言等赞同下，《诗风》创刊。这是1970年代香港的重要诗刊，其宗旨是回应1960、1970年代台湾现代派诗人"横的移植"之主张。

《诗风·发刊词》：我国文学自诗经以降，都是逐渐衍变的。虽然，一代有一代的文学，但后一代文学每每由前一代渐变——不是突变——而来。举例来说，唐诗与宋诗之间就有些作品具有诗与词二者的形式；杜甫诗中很多词汇便摘自六朝诗篇与经史。即使与文言文分庭抗礼的语体文，很多时也要借用文言的词汇成语，否则便会成为"淡乎寡味"的白开水。至于反对传统的诗人，写起现代诗时也不能做到绝对地反叛传统。所以高唱反叛传统，犹如坐在树桠而要把树桠锯断一样可笑。……一首理想的诗，应该有其不可译的丰富性与繁复性。②【按：据林焕彰（1997年）的统计，台湾的诗人在《诗风》发表过诗作的有二十余位，分别为：余光中、罗青、林焕彰、苦苓、杨牧、渡也、洛夫、白

---

① 余光中：《听听那冷雨》，第43页。
② 诗风编辑室：《发刊词》，《诗风》第1期（1972年6月）。

萩、周梦蝶、蓉子、罗门等。以余光中为最多，罗青、林焕彰次之。①】

6 月 4 日，发表《〈会场现形记〉序於梨华的短篇小说集》，刊台北《中国时报》第 18 版。

6 月 15 日，诗人节前夕，写散文《大诗人条件》，后收入《听听那冷雨》（1974 年版）。文中将"大诗人"的条件精简为五项：多产、广度、深度、技巧、蜕变。而要能称为"大诗人"，也不必五条兼备，但"必须具备三个半左右才行"。

6 月，写专论《幽默的境界》，后收入《听听那冷雨》（1974 年版）、《余光中幽默文选》（2005 年版）。

> 雪琴《满溢乡愁的浪子情怀——余光中访谈》：我一直认为，所谓幽默、诙谐是一个成熟的心灵在饱满、执着的状态下对于万事万物抱着的一种好奇，尤其要能在矛盾、荒谬的情形之下看出一种道理来。这其中有些东西也许并不是那么合乎我们惯用的逻辑，但它却有自己的道理。我在《幽默的境界》这篇文章中分析过幽默的道理。我从不刻意去写，如果刻意往往就会不自然。②

6 月，发表《诗两首》（含《镜》《电话亭》），刊《中外文学》第 1 卷第 1 期。

6 月，发表 "Chinese Poetry in Taiwan"（《中国诗在台湾》），刊 *Free China Review, Supplement*（《〈自由中国〉增刊》）。

6 月，刘绍铭发表评论文章《〈老人与海〉两种中译》，刊《今日世界》第 486 期。

7 月 10 日，写散文《传奇以外》，后收入《听听那冷雨》（1974 年版）。同日，发表诗歌《慈云寺俯眺台北》，刊台北《中国时报》第 12 版。

7 月初，获澳大利亚政府文化奖金，赴澳大利亚参访两个月。

> 台北《中国时报》（1972 年 7 月 19 日）：〇余光中在澳洲讲学〇
> 余光中《没有人是一个岛》：倒是我，去过澳洲两个月，彼邦的大城都游历过。……八年前的今天，我正在雪梨。……我在沙漠的中心，

---

① 须文蔚：《余光中在一九七〇年代台湾文学跨区域传播影响论》，《台湾文学学报》第 19 期（2011 年 12 月）。

② 《粤海风》1997 年第 2 期。

爱丽丝泉，曾经住过一夜。……澳洲的名诗人，我几乎都见过了。……如果还有谁对那片"乐土"抱有幻想，他不妨去看看澳洲自制的连续剧《女囚犯》。……原则上，澳洲之大，也只是一个岛屿罢了。①

余光中《凭一张地图》：十三年前的仲夏我在澳洲，想从沙漠中央的孤城爱丽丝泉（Alice Springs）租车去看红岩奇景。②

7月14日，于悉尼写散文《南半球的冬天》，刊8月6日台北《中国时报》第17版；后收入《听听那冷雨》（1974年版）。该文记录他在堪培拉五天访问的经历。略云：

我住在澳洲国立大学的招待所，五天的访问，日程排得很满。感觉中，许多手向我伸来，许多脸绽开笑容，许多名字轻叩我的耳朵，缤缤纷纷坠落如花。我接受了沈锜"大使"及夫人，章德惠"参事"，澳洲外交部，澳洲国立大学亚洲研究所，澳洲作家协会，坎贝拉高等教育学院等等的宴会；会见了名诗人侯普（A. D. Hope），康波（David Campbell），道布森（Rosemary Dobson）和布礼盛顿（R. F. Brissenden）；接受了澳洲总督海斯勒克爵士（Sir Paul Hasluck），沈锜"大使"，诗人侯普，诗人布礼盛顿，及柳存仁教授的赠书，也将自己的全部译著赠送了一套给澳洲国立图书馆，由东方部主任王省吾代表接受；聆听了坎贝拉交响乐队；接受了《坎贝拉时报》的访问；并且先后在澳洲国立大学的东方学会与英文系发表演说。③

7月，发表《海洋之歌》，刊台北"中央月刊"第4卷第9期。

8月1日，丁平发表《余光中和他的诗——"现代作家与作品"之一》，刊《文坛》第329期。

同日，凝凝发表《现代诗欣赏——余光中的〈腊梅〉》，刊香港《诗风》第3期；后收入黄国彬的《从耆草到贝叶》（香港诗风社1976年版）。

8月，转入政治大学。是年至1974年在西洋语文学系（1991年易名为英国语文学系）担任系主任。在此期间他聘任了一批年轻教师，如李文彬、吴小琪、杨懿丽、杜丽、斯安生等，为政大西洋语文系师资输入一批

---

① 余光中：《记忆像铁轨一样长》，第24～27页。
② 《联合报》副刊（1985年9月1日）。
③ 余光中：《听听那冷雨》，第27页。

新鲜血液。

　　叶振辉《二○○一五月十八日第一次访问》：我在政大专任二年，也就是当了西语系的系主任二年。……我一直在台北师范大学，到一九七二年才离开师大。……政大的吕俊甫，本来是学教育的，却任西语系主任。他要离职之前对我说，你来了，我才能离开。所以我就去接他，一去就做了两年。①

　　单德兴《回顾台湾英美文学界——余光中教授访谈录》：吕俊甫，他本来在教育系，勉强担任西语系系主任，所以一直要找人接他，是在他力劝之下我才去的。②

　　8 月，所译《录事巴托比》，由香港今日世界出版社出版，中英文对照本。

　　9 月 25 日，早前任台湾"中国笔会"会长的林语堂提议，台湾应该有一份发表作品的英文刊物，以便在东方与西方之间搭起一座桥梁。英文刊物 The Taipei Chinese PEN 在今日创刊，系"中国笔会"会刊。发行人陈裕清，主编殷张兰熙，编辑顾问王蓝、姚朋，以译介台湾当代优秀作品如短篇小说、散文、新诗、评论、剧本等为主旨。历任主编为殷张兰熙（20 年）、齐邦媛（9 年）、宋美璍（5 年）、彭镜禧（1 年）、张惠娟（1 年）、高天恩（6 年）、梁欣荣（2007 年至今）等，皆台湾英美文学名家。在他们的号召下，该刊积极网罗海内外翻译名家译介台湾当代文学。该刊也成为国际人士了解台湾社会、文化与文学的核心媒介。创刊号上刊载了余光中的 "Chinese Poetry in Taiwan"（《中国诗在台湾》）。

　　9 月 28 日，作诗《老战士》，刊 11 月 8 日台北《中国时报》第 18 版；后收入《白玉苦瓜》（1974 年版）、《风筝怨》（2017 年版）等。

　　9 月，碧竹发表《碧竹谈书》，刊《书评书目》第 1 期。该文后以《目前台湾最好的散文——谈〈焚鹤人〉》之名，收入黄维樑编著《火浴的凤凰——余光中作品评论集》（1979 年版）。略云：

　　　　在我的感觉里，余光中是一位真正为文学而努力的人。……他的散文是目前台湾最好的散文，没有人出其右。盖余光中的散文有一股令人窒息的气势，有一种诗人独有的节奏感。纵然有人能学到他优美

----

① 叶振辉主访：《让春天从高雄出发——余光中教授专访》，第 2、25 页。
② 台湾《英美文学评论》第 32 期（2018 年 6 月）。

的文字，也学不到他的气势也。而且他运用文字的能力，更令人折服。

10月1日，作诗《俳句十二行》，后收入《白玉苦瓜》（1974年版）。

10月11日，作诗《罗二娃子》，刊1973年1月《中外文学》第1卷第8期；后收入《白玉苦瓜》（1974年版）。

> 余光中"自注"：罗二娃子是四川话，"罗家老二"的意思。这首诗最好用四川话来朗诵。

10月13日，作诗《盲丐》，后收入《白玉苦瓜》（1974年版）。

10月14日，作诗《上山》，刊11月26日台北《中国时报》第18版；后收入《白玉苦瓜》（1974年版）等。

> 《自由时报》（2008年7月7日）：○有无——和诗人余光中教授《上山》一诗，为Philip Glass作（张菱舲）○

10月15日，写散文《现代诗怎么变？》，后收入《听听那冷雨》（1974年版）。

10月20日，作诗《长城谣》，刊1973年1月《中外文学》第1卷第8期；后收入《白玉苦瓜》（1974年版）、《风筝怨》（2017年版）等。

> 温任平《析余光中的〈长城谣〉》：我们可以从两个特殊的角度，作为进入这首诗的捷径：一为这首诗的音乐性，二为这首诗中运用到的一个妙喻（conceit）。……《长城谣》前面一节十三行，感情浓烈，情绪奔放。如果我们单看首节，暂时按下不看紧接下去的第二节，我们会以为余光中将流露他在《敲打乐》中那份激越沉痛之情。但次节的三行却否定了我们刚才的假设，作者运用一个有力的类比，旁敲侧击地道出了他的嘲讽。从首节跨到次节，是一个反高潮：一个轰轰烈烈的梦，竟是现况中的洗牌声。读者至此，能不掩卷太息乎？[①]

10月，作诗《呼唤》，后收入《白玉苦瓜》（1974年版）。

10月，发表《诗与诗论——海之恋、西风歌》，刊《幼狮文艺》第36卷第4期。

10月，单德兴入台北政治大学西洋语文学系就读一年级。

---

① 香港《诗风》第54期（1976年11月）。

单德兴《典范在今朝——三者合一、六译并进的翻译家余光中》：遥想我于 1972 年进入政治大学西洋语文学系，余老师正是系主任。当时适逢台湾大学文学院院长朱立民教授与外文系系主任颜元叔教授锐意革新，全省各外文系（严格说来是英文系），包括余老师负责的政大西语外语系与齐邦媛教授负责的中兴大学外文系等群起响应，课程规划与教材采用新批评（New Criticism）的理念，增加文学课程的分量，重视文本的细读与解析，风气所及甚至影响到作风相对保守的中文系。①

10 月，撰《用现代中文报道现代生活》，刊 11 月 23 日台北《中国时报》；又刊 12 月《书和人》第 201 期；又刊 1973 年 1 月《中国语文》第 32 卷第 1 期；后收入《听听那冷雨》（1974 年版）、《翻译乃大道，译者独憔悴》（2021 年版）。

11 月 6 日，应世界中文报业协会邀请，赴香港参加第五届年会，发表题为《用现代中文报道现代生活》之演说。

余光中《听听那冷雨·后记》：一九七二年十一月六日，我应香港"世界中文报业协会"之邀，在该会第五届年会上发表演说，《用现代中文报道现代生活》便是为那个场合写的。②

11 月 13 日，作诗《大江东去》，刊次年 2 月台北"中央月刊"第 5 卷第 4 期；后收入《白玉苦瓜》（1974 年版）、《风筝怨》（2017 年版）等。

11 月 19 日，作诗《看手相的老人》，后刊 1973 年 1 月《中外文学》第 1 卷第 8 期；后收入《白玉苦瓜》（1974 年版）。

11 月 24 日，作诗《小招——岁暮怀愁予》，后收入《白玉苦瓜》（1974 年版）。

11 月 25 日，梁实秋致信余光中。

光中：

别来刚满半年，日前申请延期居留，尚未得批复，如不准，当即摒挡作归计，亦良佳也。在此居住，一切都好，惟饮食不佳，牛羊腥膻，不如我们的青菜豆腐。以前胃健，甜咸冷热一律不忌，如今年事

---

① 单德兴：《翻译家余光中》，第 1 ～ 2 页。

② 余光中：《听听那冷雨》，第 282 页。

稍长，亦不免挑三拣四矣。又加新染胃病，时复一发，不能不加小心。一饮一啄，莫非前定，人生到此，喟喟而已。所编《英国文学史》，野心太大，实力不足，日夜苦读，犹不足以补苴知识上之遗阙，现完成尚不及半，以言杀青，人寿几何？尽力为之而已。夏菁返台，失之交臂，怅何如之，不知现在是否仍在牙买加，便中告我其通信住址。政大系务繁杂，可想而知，文书鞅掌之余，不知尚有诗兴否？此间已届初冬，红叶落尽，惟待降雪使我一开怀也。匆此即候

近安

梁实秋顿首 一九七二、十一、廿五[①]

12月4日，台湾大学哲学系教授陈鼓应、王晓波及一些学生在台大举行"民族主义座谈会"，宣传中国统一等主张，后被捕。

12月22日，发表《缪思大搬家——赞"当代艺术向家庭推进运动大展"》，刊台北《中国时报》第17版。

是年，作诗《戏为六绝句》（含《水》《海峡》《枫叶》《秋暮》《白杨》《召鸟》），后收入《风筝怨》（2017年版）。

是年，翻译梅尔维尔（Herman Melville）著《录事巴托比》（*Bartleby the Scrivener*），由香港今日世界出版社出版。梅氏另一部作品 *Billy Budd*，译了几万字后作罢。

> 金圣华《余光中的"别业"：翻译——余光中教授访问录》：真正的小说是《录事巴托比》（*Bartleby the Scrivener*）。……以译小说来说，我译《梵谷传》跟《录事巴托比》时，原文的一句，一定译成一句，不会断成两句。我的句子不会在原文的句号之前停顿，多出一个句号。至于长句切短，我最多加个分号，我是相当忠实于句法的。当然句序会改变，但我会尽量贴近原文的格式，这样就比较容易辨别原文的风格。
>
> 另外一本名著 *Billy Budd*（美国作家梅尔维尔另一部作品，出版于一八九一年）相当纠缠，当年跟美新处订了合约，翻了两、三万字，愈看愈难缠，没如期交卷，就放弃了。[②]

---

① 梁实秋：《老去是生命的礼物：世间的一切遗憾都是成全》，天津：天津人民出版社，2018年，第192页。

② 《明报月刊》1998年第10期。

是年，应邀至新竹清华大学演讲，遭辱骂。隔日在报上批评新竹清华
大学。

余光中《西湾落日圆》：四十多年前沈君山是年轻的归国学人，在
"清华大学"客座，邀我去他学校演讲。那时他不过二十七、八岁，我
也才三十出头。我的演讲不外是鼓吹现代文学，并朗诵自己的新作为
例。前两排的听众有不少理工科的教授，其中一位听我念出什么"也
想乘一支超光速的火箭／去探大宇宙的边陲"，忍不住指出，没有飞行
器能超越光速。等到我念完《敲打乐》，另一位王教授又指责我此诗侮
辱了中国。我沉不住气，便应以："不懂诗就不要乱说！"场面顿时僵
住，他的太太还上台来向我致歉。当晚沈君山夫妇陪我坐火车回台北，
我对他们戏言："你们'清华大学'真是文学的沙漠，疯子的乐园！"①
赖淑芳《"一颗悬在科学馆的飞檐"——余光中与科学》：一九七
二年余光中曾应邀至当时以理工科系见长的清大演讲，因即席朗诵
《重上大度山》中的诗句"星空，非常希腊"，遭受某位曾留学加州理
工学院的 W 教授公开挑衅与辱骂，不但误认该句为"星光，非常希
腊"，而且指称"文法不通""崇洋媚外"与"不科学"，他质疑形容星
光为何一定用希腊而非中国、在希腊星光有时也是看不见的。诗人愤
然离去，隔日在报纸反批清大为"文化的沙漠，疯子的乐园"。②

1973 年（癸丑）　46 岁

1 月 24 日，写评论《新现代诗的起点——罗青的〈吃西瓜的方法〉读
后》，刊 4 月《幼狮文艺》第 37 卷第 4 期；后收入《听听那冷雨》（1974
年版）。

罗青《百年文学一光中——怀余光中先生》：为何他写了一千五百
字的《罗青的〈吃西瓜的方法〉读后》，竟选在建国中学校内学生刊物
《建中青年》发表。这样实在太可惜了，痖弦惋惜的写道：他准备与
余先生商量，在《幼狮文艺》转载，以扩大该文的影响。……数日后，

---

① 《联合报》副刊（2008 年 10 月 7 日至 9 日）。
② 苏其康主编：《诗歌天保——余光中教授八十寿庆专集》，第 117 页。

痖弦航邮，从天而降，传来喜讯，说余先生欣然同意，而且认为前文因篇幅关系，没有畅所欲言，《幼狮文艺》是重要刊物，他准备修订扩充为万字长文，把《罗青的〈吃西瓜的方法〉读后》转做小标题，以更亮眼的《新现代诗的起点》为大标题，正式重新发表。果然，一九七三年春，文章刊登了出来，如巨石投水，惊得诗坛一片哗然。①

1 月，写评论《云开见月——初论刘国松的艺术》，刊 9 月《幼狮文艺》第 38 卷第 3 期；后收入《听听那冷雨》（1974 年版）。

1 月，发表诗歌《长城谣》《罗二娃子》《看手相的老人》，刊《中外文学》第 1 卷第 8 期。

1 月，发表《诗与诗论——诗二首》，刊《幼狮文艺》第 38 卷第 1 期。

1 月，田雨发表评论文章《评余光中的〈译论〉与〈译文〉》，刊《书评书目》第 3 期。

2 月 1 日，寒山碧发表《略论中国"新诗"的成就与发展——与余光中先生商榷》，刊《文坛》第 335 期（2 月号）。

2 月 10 日，午夜，撰《变通的艺术——思果著〈翻译研究〉读后》，刊 2 月 20 日、21 日台北《中国时报》第 18 版；后收入《听听那冷雨》（1974 年版）、《翻译乃大道，译者独憔悴》（2021 年版）。略云：

> "东是东，西是西，东西永古不相期！"诗人吉普林早就说过。很少人相信他这句话，至少做翻译工作的人，不相信东方和西方不能在翻译里相遇。调侃翻译的妙语很多。有人说："翻译即叛逆。"有人说："翻译是出卖原诗。"有人说："翻译如女人，忠者不美，美者不忠。"我则认为，翻译如婚姻，是一种两相妥协的艺术。譬如英文译成中文，既不许西风压倒东风，变成洋腔洋调的中文，也不许东风压倒西风，变成油腔滑调的中文，则东西之间势必相互妥协，以求"两全之计"。至于妥协到什么程度，以及哪一方应该多让一步，神而明之，变通之道，就要看每一位译者自己的修养了。
>
> 翻译既然是移花接木、代人作嫁的事情，翻译家在读者心目中的地位，自然难与作家相提并论。……理论上说来，好的译文给译文读者的感觉，应该像原文给原文读者的感觉。如果原文是清畅的，则不

---

① 李瑞腾主编：《听我胸中的烈火——余光中教授纪念文集》，第 116～117 页。

够清畅的译文，无论译得多么"精确"，对原文说来仍是"不忠"，而"不忠"与"精确"恰恰相反。……从文学史看来，不但创作影响翻译，翻译也反作用于创作。……因此，要谈翻译的原理，不可能不涉及创作。也因此，由一位精通外文的作家来谈翻译，当然比不是作家的译者更具权威。……思果先生的研究正好对症下药。他给译者最中肯的忠告是：翻译是译句，不是译字。句是活的，字是死的，字必须用在句中，有了上下文，才具生命。欧化分子的毛病是：第一，见字而不见句；第二，以为英文的任何字都可以在中文里找到同义词；第三，以为把英文句子的每一部分都译过来后，就等于把那句子译过来了。……所谓"勿增，勿删，勿改"的戒条，应该是指文意，而不是指文词。文词上的直译、硬译、死译，是假精确，不是真精确。

2 月 13 日、14 日，余光中演讲、林一心笔记《文学与艺术》（上、下），刊台北《中国时报》第 18 版。

2 月 19 日，作诗《楼头》，刊《现代文学》第 51 期；后收入《白玉苦瓜》（1974 年版）。

2 月 22 日，作诗《守夜人》，后收入《白玉苦瓜》（1974 年版）、《风筝怨》（2017 年版）等。

> 罗青《析〈守夜人〉》：《守夜人》成于余氏四十五岁之时，简洁雄浑，是他步入中年以后的佳作。全诗以"灯"和"笔"为主要意象，象征诗人对中国文化传灯的使命感以及对创作价值真诚不移的信念。……中华文化会像传灯一般，一代一代传下去，永不断绝；诗人不停的笔，则是中华文化赖以传灯的方式。……读完全诗，我们可以发现，这是一篇诗人自述抱负感怀的言志作品。篇中的"守夜人"，可以象征所有的文学工作者，甚至于艺术工作者。凡是为保卫文化延续，以及为追求精神生活而努力的人，都可包括在内。因此，该诗虽为诗人抒发一己之怀抱，但读者念来，仍了解同情，从而发生共鸣。[①]

2 月 23 日，作诗《阿善公》，后收入《白玉苦瓜》（1974 年版）。

春，应香港诗风社邀请，赴港演说。在此期间，刘绍铭、宋淇等促成

---

① 《大华晚报》（1977 年 11 月 20 日）。

他来中文大学任教。

　　黄国彬《士林路的孟尝君》：不禁想起三十二年前，我们在九龙城启德机场首次见面的情景。那一次，余先生是应诗风社之邀来香港演讲；接机的除了我，还有诗风社同人。①

　　单德兴《守护与自持——范我存访谈录》：1973年春天，香港的诗风社邀请余先生去演讲。刘绍铭教授在中大崇基学院任教，顺便请余先生到崇基演讲一场。事后宋淇先生（时任李卓敏校长特别助理）和联合书院院长邀余先生见面，表示联合书院中文系需要一位教现代文学的老师。宋先生对于余先生的中英文翻译早就十分了解，也知道余先生对中国古典文学并不陌生，大力促成余先生前往中大任教。对余先生而言，从英文系转至中文系是一大挑战。②

　　单德兴《回顾台湾英美文学界——余光中教授访谈录》：后来香港中文大学邀我过去，我就离开了政大，因为当时政大的校长【按：即李元簇】不可亲。③

3月12日，作诗《摇摇民谣》《投胎》，后收入《白玉苦瓜》（1974年版）。

　　陈芳明《冷战年代的歌手》：《摇摇民歌》（一九七三）的第三节，写得明朗、轻快，却不乏象征意味。……他要摇的，该是沉迷在虚无及失落意识中的人们，希望唤醒他们的民族与时代意识。④

　　王灏《品苦瓜——读余光中先生诗集〈白玉苦瓜〉》：而真正成功的只有《摇摇民歌》。其所以成功，主要在它使用重复的句子词语造成一种舒柔的节奏感，而这种舒柔的节奏感，又正是内容所需要的。但是诗中除了由黄昏到黑夜，由黑夜再到黎明，由欲睡而睡，由睡而醒这种过程发展的表达外，我们很难找出它有什么深一层的意含。如果作者的目的只是在利用句子的节奏，给人这种由柔而刚及摇动的感觉，除此外别无目的，那么这首诗也可以算是成功的了。否则这首诗除了节奏之外，其余的都失败了。⑤

---

① 苏其康主编：《诗歌天保——余光中教授八十寿庆专集》，第286页。
② 单德兴：《翻译家余光中》，第282页。
③ 台湾《英美文学评论》第32期（2018年6月）。
④ 《龙族》诗刊第6期（1972年5月）。
⑤ 《诗脉》季刊第3期（1976年7月）。

3 月 25 日，发表 "The Mirror"（《镜子》）、"The Telephone Booth"（《电话亭》），刊 *The Taipei Chinese PEN* 春季号。

4 月、6 月，林亨泰发表《我们时代里的中国诗》，刊《笠》第 54、55 期。

4 月 9 日，作诗《雨后寄夏菁》，后收入《白玉苦瓜》（1974 年版）。

6 月 2 日，飞香港，作诗《起飞》，后收入《白玉苦瓜》（1974 年版）。

6 月 4 日，自香港回台北，作诗《降落》，后收入《白玉苦瓜》（1974 年版）。

6 月 5 日，端午节，作诗《水仙操——吊屈原》，刊 6 月 20 日《台声》第 12 期；后收入《白玉苦瓜》（1974 年版）。

6 月 7 日，作诗《预言》，后收入《白玉苦瓜》（1974 年版）。

6 月 15 日、22 日，香港《中国学生周报》第 1091 期、第 1092 期分别刊登了余光中的诗歌《水仙操》和《如果远方有战争》，以及半枝荷的《诗人余光中演讲侧写》、龙秋的《从余光中访港说起》和周求信的《读余光中诗后》。

> 刘奎《冷战初期台湾与香港诗坛的交流与互动》：《周报》后期对余光中也一直较为关注，如对他 1973 年的访港就曾专门介绍。当时余光中应华仁书院的邀请讲现代诗，《周报》为此除配发大幅照片外，还有龙秋的《从余光中访港说起》、周求信的《读余光中诗后》两篇小文章，后者解读余光中的名作《如果远方有战争》，在分析其艺术手法后还特意强调"作者每一首诗都具有中国意识"，"当我翻读他的诗篇时，几乎泫然泪下，想起了自身处于殖民地之香港，而青年们却不知祖国为何物，说什么香港人，香港货，难道他们遗忘了中国吗？醒来吧！我们的青年，用你们圣灵的心思去歌颂余诗的民族悲剧啊！"[1] 较之游之夏【按：即黄维樑】的非政治性解读，周求信则看到了余光中笔下的家国意识，并以之作为香港本埠知识分子反思殖民主义的资源，由此也可略窥《周报》前后期的转变。[2]

6 月，台湾比较文学学会正式成立，余光中是十二位发起人之一，并出任理事。《发起书》内容略云：

---

[1]　周求信：《读余光中诗后》，《中国学生周报》（1973 年 6 月 22 日）。

[2]　刘奎：《冷战初期台湾与香港诗坛的交流与互动》，北京：九州出版社，2018 年，第 55 页。

敬启者：

比较文学之研究，久为国际所重视，现在"自由世界"各国，多设有全国性的学会，各学会之间更有国际性的组织，以便利交换研究心得，促进文化交流。

比较文学的研究，近年来……已引起日益增长的注意，惜至今尚无全国性的组织，更无从与国际间作团体性的联络。我们从事文学教育工作多年，咸认比较文学之发展，于国家、于世界必极有裨益，故特不揣愚拙，倡议成立……比较文学学会，并订于六月九日（星期六）下午三时，假台湾大学文学院会议室举行筹备会议，以商订学会事程及有关事宜。久仰您对比较文学素有兴趣，希望您届时能出席参加，专此敬祝文祺。

发起人：朱立民、余光中、郑骞、侯健、黄得时、颜元叔、叶庆炳、李达三、林文月、胡耀恒、齐邦媛、袁鹤翔同启。①

乐黛云、王向远《比较文学研究》：1973 年，台湾比较文学学会成立，选举胡耀恒、叶庆炳、颜元叔、余光中、李达三、侯健、袁鹤翔等为理事，胡耀恒、叶庆炳为正副理事长，陈祖文、林文月、姚一苇为监事，并决定以台湾大学已有的刊物《中外文学》（1972 年创刊）为会刊。②

7 月 1 日，安国记录《看灯光推开几尺混沌——访余光中先生谈现代诗的近貌》，刊《文林月刊》第 8 期（7 月号）。

7 月 6 日，梁实秋致信余光中。

光中：

得来书，甚喜。介绍信附上，希望你能顺利成行。香港在某些方面可能比美国还好些。至于学校好不好倒无所谓，因为教书本非我们的本愿，不得已而为之，在哪里执教都是一样的。匆此即颂

近安

梁实秋顿首 一九七三、七、六③

---

① 据原件照录入。参见单德兴：《回顾台湾英美文学界——余光中教授访谈录》，台湾《英美文学评论》第 32 期（2018 年 6 月）。
② 王向远、乐黛云：《比较文学研究》，福州：福建人民出版社，2006 年，第 195 页。
③ 梁实秋：《老去是生命的礼物：世间的一切遗憾都是成全》，第 193 页。

黄维樑《有时令人啼笑皆非的狮子和白象——余光中笔下的梁实秋》：余光中 1973 年应邀办理到香港中文大学任教的手续，梁翁为他写推荐信。[①]

7 月 7 日至 8 月，唐文标连续发表三篇文章，对台湾诗坛纪弦所倡导的"横的移植"诗风进行反思和清算。三篇文章分别是：《什么时代什么地方什么人》（《龙族》"评论专号"，1973 年 7 月 7 日）、《诗的没落》（《文季》，1973 年 8 月）、《僵毙的现代诗》（《中外文学》第 2 卷第 3 期，1973 年 8 月）。由此在台湾掀起了一场论战，余光中也参与其中。

丁宗皓《在传统与现代之间——余光中先生访谈录》：这次论战的主要问题还是关于现代诗，争论的对方用大众化的命题来要求诗，他们说像杨牧这样的诗人应该丢到垃圾堆里去。言外之意，现代诗太超越了。所以我这样认为，我国传统肯定是杜甫、白居易，肯定他们社会写实的诗歌精神，当然，这是文学的大道。但是另一方面，也并不否定李白、李贺、李商隐、苏东坡。写社会的我们喜欢，但写自然、写个人小宇宙问题的我们同样喜欢，但无论写什么，都不能牺牲艺术。

诗可以兴可以观可以群可以怨，孔夫子这条相当开阔的大道上，还有可以怨的说法。我的意见是只要感情真挚的诗歌就不要怀疑。在这次论战中，我是站在现代诗一边的。

那些年里论战太多了，那时我年轻，血气方刚，现在想起来觉得讨论并不重要，最重要的是写。[②]

7 月 18 日，作诗《飞将军》，后收入《白玉苦瓜》（1974 年版）。

7 月，《余光中先生"诗风周年纪念朗诵会"的演讲词：中国的现代诗，从何处来，向何处去？》，刊香港《诗风》第 14 期。演讲介绍现代诗的发展，主要从李金发、戴望舒以降受象征主义和现代主义影响的诗风流变谈起，论及台湾 1950 年代后，现代派、超现实主义、新古典主义的辩论，同时也将 1970 年以后《龙族》《大地》《主流》等新兴诗刊的反省，一并介绍给香港文坛。演讲中还修正了新古典主义，认为只是单面向从中国的文学中接受中国的精神，以及中国文字的特长，然后融化到新诗中，仍有

---

① 黄维樑：《大师风雅——钱锺书、夏志清、余光中的作品和生活》，第 225 页。
② 《当代作家评论》1997 年第 6 期。

所不足，更要同时在现代诗创作上进行现实环境的观察才行。他指出：

> 一方面恐怕要认识中国当代的环境，民族的环境，就是说，一方面是中国的过去，一方面是中国的现实，这两方面加起来，才能够成为中国精神的全貌，如果仅仅从文字方面去发挥，文学方面去发挥，而忽视了当前的现实，那恐怕即比较残缺一点。

> 刘登翰《论〈诗风〉(上)》：正在这场对现代诗批判高潮中创刊的《诗风》，既把自己归向于现代主义，便不能不也面对着现代主义发展路向的选择。以他们个人所受的台湾现代诗人的影响，他们倾向于在当时从理论到创作都对重新阐释现代与传统关系有相当成熟实践的余光中的路子，就很自然和必然了。①

> 半枝荷《诗人余光中演讲侧写》：这句话是追不上时代的，诗人的心灵比一般人较为敏感；所以诗人比一般人更应该开怀大众，更懂得怎样去解决他们的痛苦，然后透过诗的形式去反映社会问题，去接触大众，影响大众。如果诗人只关心自己，只抒发个人的思想感情；而不去关心别人，不同情民间疾苦，那么现代诗与群众隔离，是无可避免的了。②

7月，徐速发表《现代诗究竟往何处去？——漫谈余光中的演讲》，刊香港《当代文艺》第92期。

7月，凡妮发表《乘风而来的诗人——记余光中先生演讲会》，刊香港《当代文艺》第92期。

7月，何福仁发表《看余光中》，刊香港《文苑》。

8月4日，作诗《西出阳关》，刊8月13日台北《中国时报》；后收入《白玉苦瓜》(1974年版)。

8月，《中外文学》第2卷第3期发表唐文标的《僵毙的现代诗》。在此之前，他曾发表《诗的没落》《什么时代什么地方什么人》，其主要观点是，诗需要社会功能，诗必须为群众服务。颜元叔遂于该刊2卷5期发表《唐文标事件》，余光中接着于第2卷第6期发表《诗人何罪？》，分别指出唐文谬误所在。

---

① 《香港文学》第124期（1995年4月）。
② 《中国学生周报》第1091期（1973年6月）。

9月20日，写评论《从毕卡索到爱因斯坦——〈大学英文读本〉编后》，后收入《听听那冷雨》（1974年版）。

9月24日，应邀出席韩国汉城国立艺术学院召开的第二届亚洲文艺研讨会，演讲《中国诗的传统与现代》。

余光中《江汉之滨——记第二届亚洲文艺研讨会》：一九七三年初秋，大韩民国艺术院在汉城召开"第二届亚洲文艺研讨会"。"教育部"派我代表台湾前往参加，并宣读论文，因此有缘去南山之麓，汉江之滨，作客七日，既览山川之雄，复仰人物之盛。……开幕典礼是在九月二十五日上午十点半。……前后只一小时，仪式便告结束。……下午的节目是文学与美术，程序排得很紧。……由于日本代表未到，我是文学部门惟一的外宾，所以排我第一位宣读。我的论文是《中国诗的传统与现代》，用英文宣读，本来需要四十分钟，好在第一天夜里，已用红笔划分首要与次要部分，因此可略之处，蜻蜓点水，轻轻掠过，二十五分钟便告结束。

二十四日上午，我乘国泰班机飞汉城，机件临时故障，误点竟达六小时半之久。……因此我在发言之初，借题发挥，说了一通什么"心灵可以不朽，机器有时而穷；传统可以久远，现代因时而异"的理论。……我从诗经说到唐诗，又从胡适和徐志摩说到七十年代台湾的现代诗，交代了史实和流派，便进入论题核心的探讨。我指出今日在亚洲各国，作家和学者大致可以分为三类：保守派盲目地株守传统，激进派盲目地鄙弃传统，两者表面上相反，实际上却相似，因为两者都把传统看成功德圆满的历史，前人一劳，后人永逸。不同的是，保守派认为，既成历史，当供于庙堂，激进派认为，既成历史，应付诸箕帚；自由派则认为，传统之为物，既不是不朽，也不是已朽，而是血肉之躯，呼吸吐纳，一刻也不能停止。传统既不是保守派眼中的神，也不是激进派眼中的鬼，而是生生不息日新又新的人。神与鬼都是不变的，人却不能不变。穷则变，变则通，通久复穷，循环不已。所谓不朽，绝对不是不变，而是不断在变，却又万变不离其宗。传统要变，是为了求通。激进派变来变去，只是为变而变，并不问为什么要变。表面上看来，自由派好像有点圆滑，最易招致误解。事实上，保守派与激进派只是互不妥协而已，自由派却同时不向保守派与激进派妥协，立场可以说更难坚守……

我的论点，第二天的韩文报《京乡新闻》《东亚日报》《新亚日报》《中央日报》《韩国日报》等和英文报《韩国先锋报》《韩国时报》均有显著的报导；其中《东亚》与《京乡》的篇幅都在千字以上。[①]

9月28日，管黠发表《余光中变什么》，刊《后浪》诗刊第7期。文中批评余光中是沉湎于过去的回忆，唱着洋腔洋调的歌，令人实在无法想象余光中为什么会变成这种模样。他甚至质疑余光中是不是一个典型的中国人。

9月29日，毛孟静发表《中国现代往何处去？——听余光中演讲的记录》，刊香港《星岛日报》。

9月，陈芳明发表《余光中作品研究专论（2）——一颗不认输的灵魂》，刊《龙族》诗刊第10期。

9月，荣之颖女士编译《台湾新诗选》（*Modern Verse From Taiwan*）英文本，由美国加州大学出版部出版。施友忠博士作序。计选纪弦、钟鼎文、覃子豪、张秀亚、张健、郑愁予、林泠、洛夫、胡品清、罗门、蓉子、痖弦、叶维廉、叶珊、余光中、周梦蝶等20家的诗。

9月，美国麻省州立大学比较文学刊物 *Micromegas* 第5卷第3期刊出"中国现代诗小辑"，叶珊主编，叶维廉译介，依次收录纪弦、郑愁予、余光中、周梦蝶、痖弦、商禽、洛夫、管管、叶维廉、温健骝、叶珊等11位台湾诗人的49首作品。

10月28日，《江汉之滨——记第二届亚洲文艺研讨会》，刊12月台湾《文坛》第162期；又刊1973年8月11日至13日台北《中国时报》第18版；后收入《听听那冷雨》（1974年版）。

10月，杨晋（林以亮）发表评论《红莲、瑞士表、尺八、年红灯》，刊香港《文林》杂志10月号。该文评论余光中的《等你，在雨中》一诗，称其为"一首现代人写的含有古意的诗"。

11月6日，作诗《断奶》，后收入《白玉苦瓜》（1974年版）。

陈幸蕙《忠于自我，无愧于缪思的马拉松作家》：至于余光中写

---

① 余光中：《听听那冷雨》，第197～200页。

于四十五岁壮年，在诗里流露反省精神、感恩之情与同舟共济之感的《断奶》一诗，则尤在中国结、台湾心的辩证观照中，明确告白了——台湾，不但是他另一个故乡，且是更亲切、更不能割舍的故乡！ ①

11 月 10 日，于大度山作诗《处女航》，刊 12 月 13 日台北《中国时报》第 18 版；后收入《白玉苦瓜》（1974 年版）。

11 月 15 日，刘苍芝发表《访余光中谈〈摇滚乐〉》，刊《大华晚报》第 10 版。

11 月 16 日，作诗《诗人——和陈子昂抬抬杠》，刊 12 月 7 日台北《中国时报》第 18 版；后收入《白玉苦瓜》（1974 年版）、《风筝怨》（2017 年版）等。

11 月，发表《诗人何罪？》，刊《中外文学》第 2 卷第 6 期。该文是对唐文标之文的回应。文中把论敌看作是"仇视文化，畏惧自由，迫害知识分子的一切独夫和暴君"的同类。

11 月，担任中国现代诗奖评审委员。

> 古继堂《台港澳暨海外华文新诗大辞典》：旅越诗人吴望尧（巴雷）回台参加第二届世界诗人大会，并设置"中国现代诗奖"。推选纪弦、余光中、林亨泰、洛夫、罗门、痖弦、白萩、蓉子、羊令野、辛郁、张默为评审委员。第二届吴浊流新诗奖由曾淑真获得，衡榕获佳作奖。②

11 月，《作家话像——余光中》，刊《书评书目》第 19 期。

是年，陈裕清当选为台湾"中国笔会"第三任会长，姚朋为秘书长。

是年，在政治大学西洋语文学系为二级学生讲授"英国文学史（一）""文学作品读法"等课，并致力于外语教育改革，编写了 *University English Reader*（《大学英文读本》）。

> 单德兴《典范在今朝——三者合一、六译并进的翻译家余光中》：……当年英国文学史是西语系课程的重中之重，为两学年的必修课，大二的"英国文学史（一）"由余老师亲自讲授。我在课堂上不仅

---

① 《文讯》第 387 期（2018 年 1 月）。

② 古继堂主编：《台港澳暨海外华文新诗大辞典》，第 734 页。

增长了英国文学的知识，更感染到余老师对文学的热爱以及对文字的敏感。①

　　单德兴《回顾台湾英美文学界——余光中教授访谈录》：早年的大一英文课本编得不好，把它当作一种纯语言的课本，不太强调人文深度，其实大一英文、大一"国文"应该是变相的 liberal education（博雅教育）的教材才对。……我改编的《大学英文读本》大概有两、三百页，采用新观念，内容比较丰富，而且把各行各业的英文都拢进去。……那些注释和作者简介都是自己写的，不是参考书本，像《李广传》就是这样来的。……其中也有比较文学的启发，至少给西语系本系生一个 initiative（启始），让他们在学英文的同时也接触到中国的古典文学，而且将来留学，不管学哪一行，在跟外国人交谈时，即使 merely to present Chinese literature（单单是呈现中国文学），也应该知道用英文大概怎么讲。②

1974 年（甲寅）　　47 岁

　　1月31日，作诗《贝多芬——一八〇二年以后他便无闻于噪音》，后收入《白玉苦瓜》（1974年版）。

　　1月，与曹逢甫、陈文藏、王恺等人的诗作，合刊《文星》第13卷第3期"文星诗选"栏。

　　1月，所撰《向历史交卷——〈中国现代文学大系〉总序》，收入《中国现代文学大系·诗·第一辑》（台北巨人出版社1974年版）、《听听那冷雨》（1974年版）。

　　1月，李佩玲发表《余光中到底说了些什么？》，刊《中外文学》第2卷第8期。

　　1月，陈芳明发表《余光中作品研究专论（3）——回头的浪子》，刊《龙族》第11期；后收入陈著《诗和现实》（台北洪范书店1976年版）。略云：

① 单德兴：《翻译家余光中》，第2页。
② 台湾《英美文学评论》第32期（2018年6月）。

其实，与其说余光中是现代主义的拥护者，不如说他是现代主义的同情者；他对现代主义诸多谅解，但并不狂热地支持。……余光中为了延续传统而写新诗，现代主义者则强调，新诗是具有"破坏性"的，因此要写新诗就必须反传统。这两种出发点的不同，乃迫使他不再同情现代主义者了。……综观洛夫和余光中二人论点的分歧，乃在于对传统与现代的看法不同。洛夫认为传统与现代是绝对对立的，余光中则坚信二者必定可以调和。这样的分歧乃迫使洛夫走向全盘西化的路线，余光中则成为"回头的浪子"。

傅光明《余光中：我把自己想像成"茱萸"的孩子》：我曾经西化过，台湾在 60 年代整个文坛有点倾向西化，那我当然也有过这么一段时间。可是我后来自己说，我好像一个很好的女孩子，跟一个流氓私奔了，奔到半途忽然觉得不行，不能这样奔下去，我就回头了。①

2 月 1 日，作诗《小小天问》，刊 3 月《中外文学》第 2 卷第 10 期；后收入《白玉苦瓜》（1974 年版）。

2 月 3 日，作诗《自嘲》，后收入《白玉苦瓜》（1974 年版）、《余光中幽默诗选》（2008 年版）。

同日，接受陈芳明的采访，谈论《天狼星》一诗的创作背景及各个阶段的创作情况。该文有关部分后被编入陈芳明的书评《回望"天狼星"》第二节，题作"余光中谈《天狼星》"，刊 1977 年 5 月《书评书目》第 49 期。

2 月 5 日，作诗《虎年》，后收入《白玉苦瓜》（1974 年版）。

2 月 11 日，作诗《白玉苦瓜——故宫博物院所藏》，刊 1974 年 3 月《中外文学》第 2 卷第 10 期；后收入《白玉苦瓜》（1974 年版）、《风筝怨》（2017 年版）等。该诗是诗人人生和艺术追求的象征和诠释，也是他诗歌创作的代表作。此诗面世后，在台湾诗坛曾引起震动，被誉为"不朽的盛事"。【按：余光中于 1974 年、1982 年两度造访台北故宫博物院，分别写下此诗及名诗《橄榄核舟——故宫博物院所见》。】

K. Leung《余光中访谈录》：那首诗是因我参观故宫博物馆引起的。后来我又写了好几首关于古玩的诗……事实是，这些东西，虽然是小玩意，但都是中国文化的体现，容易引起我的灵感，使我写诗。尤其

---

① 傅光明采写：《生命与创作：中国作家访谈录》，第 68 页。

是白玉，它是一种很高尚的东西，而苦瓜似乎是现实……白玉和苦瓜这两件东西，用白玉雕刻出来的是一件艺术品，而苦瓜则是一件现实的物品，并不联想到它的"苦"。所以在这首诗中，我是力图把艺术和现实结合在一起。那时我们仍然多少受到英国诗人叶芝的影响。在我思想上西洋化的初期，我曾受到英国诗人艾略特的影响。可是艾略特的影响反倒使我发现我自己的东方人特有的气质，因为就传统来说，这正是 T. S. 艾略特的学术主张。因此我正是在西洋化中变为中国化了。于是我渐渐克服了艾略特的影响而沉浸于叶芝后期的诗中。我想我在写这首诗的时候也受到英国诗人济慈的影响。①

余光中《白玉苦瓜·自序》：瓜而曰苦，正象征生命的现实。神匠当日临摹的那只苦瓜，像所有的苦瓜，所有的生命一样，终必枯朽，但是经过了白玉，也就是艺术的转化，假的苦瓜不仅延续了，也更提升了真苦瓜的生命。生命的苦瓜成了艺术的正果，这便是诗的意义。短暂而容易受伤的，在一首歌里，变成恒久而不可侵犯的，这便是诗的胜利。②

余光中《五行无阻·后记》：到了《白玉苦瓜》一诗，才算是"你知道你是谁了"，于是曾经"是瓜而苦"的，终于"成果而甘"。……而《白玉苦瓜》对永恒是破涕的敬礼。③

流沙河《台湾诗人十二家》：余光中对中华民族传统文化的缅怀追慕之情，集中地表现在他对珍藏在故宫博物院的一件白玉雕琢的苦瓜的咏叹上。《白玉苦瓜》写于一九七四年他离台去港之前不久。发表后，轰动台湾诗坛，众口交誉，有称之为"不朽的盛事"者。……华夏九州，我们的慈母，用乳汁奶大了这只苦瓜。瓜是苦的，在痛苦中成熟，且受马踏车轧之苦。苦到尽头，"成果而甘"，被我们珍藏着，奉为国宝，引为骄傲，成为中土传统文化的象征。……众多的"久朽"换来了这一个不朽！这首诗的主题思想再明白不过了。构思奇巧，视域辽阔，描技精细，都很令人佩服。④

---

① 《红岩》1998 年第 6 期。
② 余光中：《白玉苦瓜》，第 20 页。
③ 余光中：《五行无阻》，台北：九歌出版社，1998 年，第 117 页。
④ 流沙河编著：《台湾诗人十二家》，第 32～35 页。

黄维樑《诗：不朽之盛事——析余光中〈白玉苦瓜〉并试论诗人之成就》：《白玉苦瓜》这象征，透剔晶莹得几乎只像个单纯的隐喻。它所象喻的是诗：是人类写了几千年的诗，是中国从《诗经》时期到现代的诗，也是余光中自己的诗。此诗分为三节，每节十二行。首节描状成熟中的白玉苦瓜，次节回顾它从前孕育成长的历史，末节则言其永恒不朽，成了诗艺的正果。全诗体式整齐，结构谨严，一望而觉深得古典之美。①

袁可嘉《"奇异的光中"——〈余光中诗歌选集〉读后感》：余光中的《白玉苦瓜》在思想上和艺术上都已达到圆融成熟的境地；可称是他诗作中的珍品。②

温儒敏《生命因艺术而"脱苦"——读余光中〈白玉苦瓜〉》：该诗是现代自由体写法，句子长短不一，也不讲求押韵，但顺着诗绪脉络的伸展，感触得到那情思波涌的内在节律。全诗分三节，每节十二行。第一节描写白玉苦瓜饱满的外形，由玉器的雕琢成型想到苦瓜的生长成熟；第二节体会苦瓜的孕育，触摸到生命的脉动，联想民族文化所遭遇过的苦难；第三节又超越出来，赞叹苦瓜因玉雕而不朽，其实也是感悟人生因艺术而"脱苦"。③

2 月 19 日，写评论《现代诗之重认——把一切交给历史》，后收入《听听那冷雨》(1974 年版)。

2 月 21 日，冯云涛发表评论《联想的联想》，刊台北《中华日报》副刊。该文评论余光中诗集《莲的联想》。

2 月 26 日，作诗《大寒流》，刊 3 月 25 日台北《中国时报》第 18 版；后收入《白玉苦瓜》(1974 年版)。

黄国彬《在时间里自焚——细读余光中的〈白玉苦瓜〉》：《大寒流》中，作者甚至用近乎意识流的手法从不同的角度在不同的时空向诗的中心投射。作者从大寒流联想到长城，从长城直溯古代：孟姜女而苏武而飞将军而昭君，再从过去的时间移向过去的空间：雁门、玉

① 《明报月刊》1997 年第 11 期。
② 香港《诗双月刊》(1998 年 6 月)。
③ 苏其康主编：《诗歌天保——余光中教授八十寿庆专集》，第 300 页。

门、阳关，再折回作者本身，然后从作者本身向外，直溯不同时间……直溯童年的故乡，然后再折回师大，折回厦门街而探向故乡。最后，再把焦点移到现在。……一首诗中能在不同的时空上下移动，移动得如此从容，如此自然，在余氏以前的作品似乎找不到。……《大寒流》也利用多种感官——视觉、听觉、触觉、嗅觉，丰富了近乎意识流的表现手法。①

2月28日，作诗《逆泳》，刊4月29日台北《中国时报》第23版；后收入《白玉苦瓜》（1974年版）。

2月，写评论《涩尽回甘味谏果——序何怀硕的〈苦涩的美感〉》，收入《听听那冷雨》（1974年版）。

3月15日，《余光中今演讲　从民歌到摇滚》，刊台北《中国时报》第18版。

3月21日，春分。夜，写散文《听听那冷雨》，后收入《听听那冷雨》（1974年版）。

> 余光中《余光中幽默文选·自序：悲喜之间徒苦笑》：一九九九年香港中文大学出版了英国学者卜立德编译的《古今散文英译集》（ *The Chinese Essays*, ed. & trans. David E. Pollard）。此书译了从诸葛亮到袁牧的十五家古文，加上鲁迅到余秋雨的二十一家今文；我的部分是《尺素寸心》与《我的四个假想敌》。卜立德解释他何以选此二文："《听听那冷雨》也许是余光中最好的散文，展示的正是他炼字遣词的功力，但中国方块字的听觉效果与视觉特色发挥以至于此，译文充其量不过如影追形。于是我改选了两篇侧重谐趣的文章。"②

> 雪琴《满溢乡愁的浪子情怀——余光中访谈录》：叠字，在中国古典文学中，从《诗经》起就是一种重要表现手法。在《听听那冷雨》中，我是用得比较多。因为写下雨，而雨是很单调的，是不断的，是同样一个声音的重复。与这种意象相对应，文章中我的叠字也就用得多些。③

---

① 香港《诗风》第43期（1975年12月）。
② 余光中：《余光中幽默文选》，台北：天下远见出版公司，2005年，第6页。
③ 《粤海风》1997年第2期。

吴小攀、杨帆《王蒙、余光中对话录：用哪一只手写散文？》：为什么我们喜欢重复：叠词、叠字？因为中国是方块字的语文，所以我们用一个字来说有时不方便……所以，叠字在中文里是很自然的事情，《诗经》里就充满了叠字。……不过我写《听听那冷雨》用了 128 处叠字，那是蛮多的了，我自己也觉得这条路不要再发展下去，有时候我看到别人在学我的文体，学来学去，就好像在讽刺我一样。对一个作家最好的对症下药就是他建立了一个风格，把它推向成熟之境，于是就有不少人来模仿，模仿得似是而非，模仿得过火，变成了漫画。原来的作家一看，觉得很难过，于是他率先停止制造这样的风格。①

郭虹《拥有四度空间的学者——余光中先生访谈录》：中国的文字不仅具有形体架构、声音韵律之美，而且其本身所呈现的色彩、明暗、质地、软硬等等也能给人以想象的空间，倘能综合运用多种修辞手法，并佐以整散搭配、长短交错之句式组合，便能使人同时产生视觉、听觉、感觉上的美。例如我的散文《听听那冷雨》中有一段：

"譬如劈空写一个'雨'字，点点滴滴，滂滂沱沱，淅沥淅沥淅沥，一切云情雨意，就宛然其中了。视觉上的这种美感，岂是什么 rain 也好 pluie 也好所能满足？翻开一部《辞源》或《辞海》，金木水火土，各成世界，而一入"雨"部，古神州的天颜千变万化，便悉在望中，美丽的霜雪云霞，骇人的雷电霹雹，展露的无非是神的好脾气与坏脾气，气象台百读不厌、门外汉百思不解的百科全书。"

这一段我从"雨"字的形体到其蕴含，由表及里地展现了汉字之复合之美，并辅以叠音词及在音节松散的句式中嵌入音节整齐的成语，以造成一种音律上的纤徐有致和视觉上错综的美感。②

《人民日报》（1994 年 12 月 16 日）：○文字魅力最迷人（刘江滨）○柯灵都慧心师造化，运用自如，在尺幅寸笺上展开无边的风景。如他对台湾作家余光中散文《听听那冷雨》的文字激赏："方块字的形象性和平仄声，神而化之，竟凝结为一幅绵绵密密、千丝万缕的雨景，一阵远远近近、紧敲慢打的雨声，甚至那潮潮湿湿的雨意，清清冷冷的雨味，飘飘忽忽的雨腥，一齐进入读者的眼耳鼻舌身，同时渗透每

---

① 《羊城晚报》（2004 年 11 月 22 日）。
② 《文艺研究》2010 年第 2 期。

根神经。"(《台湾散文选》序)这段文字声色光影俱在,让人如雨丝拂面,又仿若听到袅袅飘来珠落玉盘的曼妙乐声。

3月22日、23日,散文家琦君发表《不薄今人爱古人——我读新诗》,刊台北《中华日报》副刊第9版。文章评论了《莲的联想》中的《满月下》一诗。略云:

> 我非常欣赏余光中《满月下》的最后一节"那就折一张阔些的荷叶/包一片月光回去/回去夹在唐诗里/扁扁地,像压过的相思"想象之美,堪称新诗中绝妙好言语。月光必须夹在唐诗里,如夹在六法全书或圣经里,就太煞风景了。但如易以宋词二字,也远不及唐诗,为什么呢?或许因"宋"字属仄声,"词"字属阳平,发音较低沉混浊,而"唐"字虽属阳平,"诗"字却属阴平,念起来清脆铿锵。虽然新诗不论平仄,但音调的悦耳与否,诗人于落笔之际,不由得会顾到它的音乐性,这只是我外行人的揣测而已。

3月25日,发表诗歌《大寒流》、评论《现代诗之重认——把一切交给历史》,刊台北《中国时报》第18版。

3月,作诗《乡愁四韵》,刊7月9日台北《中国时报》第23版;后收入《白玉苦瓜》(1974年版)、《风筝怨》(2017年版)等。

> 余光中《白玉苦瓜·后记》:譬如《乡愁四韵》一首,便是音乐家戴洪轩要我写的,据戴先生说,已经有四五位作曲家谱成了歌。另有青年歌手杨弦将它谱成了民谣,在今年六月一日的"胡德夫民谣演唱会"上,和胡德夫,李敏合唱,并且伴以邓豫德的钢琴,陈雪霞的古筝,和周嘉伦的提琴,听众千余人的反应很是热烈。[1]

3月,发表诗歌《小小天问》《白玉苦瓜》,刊《中外文学》第2卷第10期。

3月,游社煖发表《余光中的创作道路》,刊《抖擞》第2期;又刊1975年6月马来西亚《蕉风》第268期;后收入黄维樑编著《火浴的凤凰——余光中作品评论集》(1979年版)。

4月9日,思果发表《"飘然思不群"》,刊台北《中国时报·人间副刊》

---

[1] 余光中:《白玉苦瓜》,第26页。

第 12 版；后收入《林居笔话》（台北大地出版社 1979 年版）。略云：

> 我喜欢余光中兄的散文。说句心里的话，他的散文是诗人的散文。凡是诗人总有个特点，就是碰到有些地方，他的清新的思想会像泉水一样喷出，不能自己。诗人的观察自然敏锐细致……诗人用字力求不落俗套，要有意象。他们写起散文来也用同样的方法。所谓清新俊逸都在这里了。……光中兄的散文题材很广，从文艺批评到讽刺短什，五色缤纷。

4 月，于台北撰《庐山面目纵横看——评丛树版英译〈中国文学选集〉》，刊 6 月《书评书目》第 14 期；后收入《青青边愁》（1977 年版）、《翻译乃大道，译者独憔悴》（2021 年版）。

4 月，发表英文评论 "American Influence on Post-war Chinese Poetry in Taiwan"，刊 *Tamkang Review*（《淡江评论》）第 5 卷第 1 期。略云：

> 欧立德【按：即艾略特】提倡古典主义，又善于在如影随形的过去中表现今日的世界，现代诗亦步亦趋，也发起思古之幽情来。《莲的联想》和若干相近的诗集，皆为受到影响的例证。

5 月，评论集《听听那冷雨》，由台北纯文学出版社出版，收入"纯文学丛书"。本书集结作者 1971 ～ 1974 年间之散文，收录《万里长城》《山盟》《南半球的冬天》等 28 篇。有后记。1981 年 2 月重版；2002 年 3 月台北九歌出版社再版，为"九歌文库 628"，新增《九歌新版后记》；2008 年 4 月九歌出版社新版，为"余光中作品集 5"。

> 余光中《后记》:《听听那冷雨》是我的第五部散文集。收在这里的二十七篇作品，另附一篇译文，长短不一，性质各殊，都是我一九七一年七月从美国回来以后的产物。薄薄的一本，不能算是丰收。
>
> 从卷末的四篇东西，看得出近年来我对摇滚乐的爱好。摇滚乐是黑白民歌在工业社会里的结合与蜕变，富有新浪漫主义的精神和酒神戴奥耐塞司的狂放，久已成为英美青年地下文化的一大表现。要了解那些青年在想什么，不先听听摇滚乐，是不可能的。我原来想为这一种新艺术撰写或翻译一部专书，因为事忙未能如愿。拜斯和柯玲丝只能算是小小试笔，而且偏于民歌，未曾深入摇滚，久拟撰写的巴布·迪

伦的评论才是真正的考验。摇滚乐是酒神的艺术，有时更成为魔鬼之声，赛伦之歌，令人心魂俱迷，我对摇滚乐在文化上的评价，不全是正面的，这也是我不肯全力支持摇滚乐的原因。①

6月23日，应邀出席第一届"中国新诗奖"颁奖典礼，并与叶公超合影留念。②

6月24日，端午节，诗人节。此日前夕，为台北大地出版社出版的诗集《白玉苦瓜》作序。

6月，发表《庐山面目纵横看——评丛树版英译〈中国文学选集〉》，刊《书评书目》第14期；后收入《青青边愁》（1977年版）。

> 单德兴《第十位缪斯——余光中访谈录》：我评过美国汉学家白之主编的《中国文学选集》（Cyril Birch, *Anthology of Chinese Literature*），指出他们有些中文翻译不对。……有些时候汉学家实在是……中国古典文学好像是他们的殖民地。艾略特（T. S. Eliot，1888～1965）甚至鼓吹说，庞德（Ezra Pound，1885～1972）发明了中国古诗。我常常批评庞德，不管他的英文诗写得多好，但他随随便便翻译东方文学实在不应该。这些都是明显的错误。③

6月，胡德夫与杨弦在"胡德夫民谣演唱会"上演唱《乡愁四韵》。

> 余光中《唱出一个新时代——写在演"现代民谣创作演唱会"之前》：六月，在"胡德夫民谣演唱会"上，胡德夫与杨弦等青年民歌手曾演唱我的《乡愁四韵》，很有韵味。④

6月，《中外文学》第3卷第1期为庆祝诗人节推出"诗专号"，由余光中、杨牧负责主编，内收商禽等16位"前行代"诗人和岩上、梁秉钧等20位"新生代"诗人的作品（含余光中的《虎年》《落矶大山》），以及余光中的《诗运小卜——〈中外文学〉诗专号前言》、杨牧的《致余光中书——代跋〈中外文学〉诗专号》等综论。杨牧文中指1973年2月在台北《中国时报·人间副刊》发表《中国现代诗的幻境》、在新加坡大学任教

---

① 余光中：《听听那冷雨》，第281、283页。
② 据高雄中山大学余光中文学数位馆"余光中私家纪念之六十六、六十七"。
③ 单德兴：《却顾所来径——当代名家访谈录》，第208～209页。
④ 台北"中央日报"第5版（1975年6月3日）。

的关杰明为"暴民"。

6 月，夏祖丽发表《诗人余光中和他的"千年的新娘"——一个美满婚姻故事》，刊《妇女杂志》第 69 期。

7 月 2 日至 12 日，出席雾社复兴文艺营活动。

> 余光中《山中十日，世上千年》：一九七四年的复兴文艺营，意义深长，风格清新，是一项革命性的创举。救国团的辅导，驻营作家的鼓舞，和一百位大学生的自发自律，踊跃参与，使这项创举得以顺利进行，圆满结束，收获可谓相当丰盈。……从七月二日到十二日，今年的文艺营只有十天。时间虽短，活动却多，各组间竞争也很剧烈。……我在他们的留言簿上写道："身在台北，心在碧湖。山中十日，世上千年。"①

7 月 7 日，七七事变 37 周年，于雾社复兴文艺营作诗《雾社》，刊 8 月 13 日台北《中国时报》第 23 版；后收入《白玉苦瓜》（1974 年版）。该诗向抗日的山胞致敬，它写的是余光中的"台湾经验"，属于"本土文学"。

> 余光中《白玉苦瓜·三版自序》：其间我曾去雾社山上主持"复兴文艺营"。该地原为四十六年前山胞抗日壮烈事件的遗址，于今烈士碑前，英雄坊下，忠魂义魄，犹令人低回不能自己。三版增列的这两首《雾社》与《碧湖》，正是当日感奋之作，算是有诗为证吧。②

7 月 11 日，于雾社作诗《碧湖》，后收入《白玉苦瓜》（1974 年版）。该诗向抗日的山胞致敬，它同样是写余光中的"台湾经验"，属于"本土文学"。

7 月，第十本诗集《白玉苦瓜》，由台北大地出版社出版，为"万卷文库 25"。本书集结作者赴香港定居前之诗作，收录《江湖上》《白霏霏》《小时候》《莲花落》《蒙特瑞半岛》等 59 首。有自序《诗的三度空间：历史—地域—现实》（1974 年 6 月诗人节前夕）、后记《诗乐合，歌乃生》（1974 年端午之夜）。2002 年 5 月印行第 19 版；2008 年 5 月台北九歌出版社新版，为"余光中作品集 6"，新增《成果而甘——九歌最新版序》，余

---

① 余光中：《青青边愁》，台北：纯文学出版社，1977 年，第 117、121、122 页。

② 余光中：《白玉苦瓜》，第 30 页。

光中的《白玉苦瓜》各版序言及后记:《诗的胜利——一九七四年大地版出版序》《诗之感性的两个要素——一九七四年大地版后记》《破除现代诗没有读者的谣言——一九七四年大地版三序》《杜甫有折旧率吗——一九八三年大地版十版序》,另增《本书相关评论索引》。

余光中《自序》:《白玉苦瓜》容纳我四年来的作品五十多篇,是我的第十本诗集。……书以"白玉苦瓜"为名,也许是因为这一首诗比较接近前面所悬"三度空间"的期望吧。台北故宫博物院珍藏的白玉苦瓜,滑不留指的莹白玉肌下,隐隐然透现一片浅绿的光泽,是我最喜欢的玉品之一。我当然也叹赏鬼刀神工的翠玉白菜和青玉莲藕之类,但是以言象征的含意,仍以白玉苦瓜最富。瓜而曰苦,正象征生命的现实。神匠当日临摹的那只苦瓜,像所有的苦瓜,所有的生命一样,终必枯朽,但是经过了白玉也就是艺术的转化,假的苦瓜不仅延续了,也更提升了真苦瓜的生命。生命的苦瓜成了艺术的正果,这便是诗的意义。短暂而容易受伤的,在一首歌里,变成恒久而不可侵犯的,这便是诗的胜利。①

唐捐《天狼仍在光年外嗥叫》:《白玉苦瓜》的民歌体浅易,但有社会影响力(他虽倡导"现代诗"可向"摇滚乐"学习,但自己未必做得到)。至于与书同名的《白玉苦瓜》,则造及一种最圆熟的中国性(文化传统与近代苦难),恰恰满足了中国意识走到极点的社会心灵。……从《莲的联想》到《白玉苦瓜》,余光中的诗大致完成了"正典化"。②

王灏《品苦瓜——读余光中先生诗集〈白玉苦瓜〉》:由《敲打乐》时期到《白玉苦瓜》时期,余光中中国意识发展的极致是对中国民族传统文化的重认与肯定。他采取的方法有二。第一,把笔伸向传统,因而有《八卦》《白玉苦瓜》两诗的产生。第二,把笔伸向乡土,因而有民歌的探索与创作。

民歌的创作,对余光中而言,并不只是为了求得诗与音乐的结合,它至少含有两个重大的意义。第一是为了扩大现代诗的影响层面,这

---

① 余光中:《白玉苦瓜》,第 19～20 页。
② 《文讯》第 387 期(2018 年 1 月)。

多少与举办现代诗朗诵会有类似的目的，第二是对乡土艺术的重视。①

8 月 4 日，《心灵一尘不染　追求美化人生　女作家罗兰喜随心所欲　诗人余光中爱闻乐起舞》，刊台北《中国时报》第 7 版。

同日，陈方发表《浅写余光中》，刊香港《星岛日报·娱乐一周》。

8 月，离台前夕，写散文《山中十日，世上千年》，后收入《青青边愁》（1977 年版）。

8 月 24 日，赴香港担任香港中文大学中国语言及文学系教授，直至 1985 年。十一年中他一家人住在沙田中文大学宿舍第六苑（今国际生堂二座）2 楼 B 室，取得香港永久居民身份。在此期间，他创作了 163 首诗作及 25 篇散文。这是他文学生命中的香港时期，也是他创作的黄金时期。十余年间他以文会友，聚集了以梁锡华、黄国彬、黄维樑等为骨干的沙田文学群落，他们雅聚清谈，余家客厅也成了文坛佳话。

证明书

兹证明余光中先生自一九七四年八月起，担任本校中国语文系教授，现月薪港币八千两百五十五元。

此证

香港中文大学联合书院

副教务长陈耀堷（印）

一九七六年七月十六日 ②

余光中《白玉苦瓜·三版自序》：我去香港中文大学教书则在去年八月底。③

余光中《吐露港上中文人》：我是一九七四年八月底由台北举家迁去香港的。……去港是就新职：中文大学中文系的教授。……生平第一次任教中文系，且是专任。老友刘绍铭预言我必无"善终"。……"翻译"和"现代文学"是我在沙田常开的课程。

追忆起来，我在中大的办公室曾经三迁。第一间在联合书院的曾肇添楼四楼，俯临着大片草坪，斜对着水塔的灰影。……后来中文系

---

① 《诗脉》季刊（1976 年 7 月）。
② 原件藏台北"国家图书馆"当代名人手稿典藏系统，编号 262-157。
③ 余光中：《白玉苦瓜》，第 30 页。

迁去中层的碧秋楼，置我于二楼，可以俯视百万大道的人潮，和道旁艳发的一排宫粉羊蹄甲……后来，中文系又搬到太古楼，让我独踞在六楼走廊的尽头。这六楼已是绝顶，我又在绝顶的绝处，世界之大没有人会在我门外过路。我的听觉终获大赦。①

刘登翰《余光中·香港·沙田文学》：他在香港期间的创作，自然成为香港文学的一份重要财富。包括在港期间出版和稍后结集，但大部分作品写于香港的诗集《与永恒拔河》（1979）、《隔水观音》（1983）、《紫荆赋》（1986），散文集《青青边愁》（1977）、《记忆像铁轨一样长》（1987）、《凭一张地图》（1988），以及在港期间编选出版的《余光中诗集》（1981）、《余光中散文选》（1975）、《分水岭上——余光中评论文选》（1981）和翻译作品《不可儿戏》（王尔德，1984）、《土耳其现代诗选》（1984）等。②

黄维樑《到高雄探望余光中先生》：1974年起诗人任中文系教授，月薪高达港币7180元（此外还有住房津贴等）。③【按：当时的港币与台币的汇率是1∶5。】

黄维樑《记余光中的一天》：三十多年来，用诗与永恒拔河，赢得多少名声与友情。曾几何时，这里高朋满座，那一年的年夜饭从大除夕吃到元旦凌晨——"寅吃卯粮"；佳萝佳萝，The Merry Wives of Windsor, The Gaylord of Shatin!（温莎的俏娘儿，沙田的佳公子!）这些都是友侪公认的席间警句。在愉悦（merry, gay）的高谈阔论中，诗人的酒量也与时俱进，不再羞涩了。金黄的嘉士伯（诗人最喜欢的啤酒）、浅紫的顶冻鸭（Very Cold Duck）、葡国的Rose红酒、绍兴的陈年花雕，使多少个端午、中秋、重阳、除夕夜宴的逸兴遄飞。在另一种时光倒流中，李白、东坡、但丁、莎翁，都来干杯；屈原、杜子美、叶芝、艾略特，都绽开愁眉，也应邀展颜来干杯。那是沙田文友最盛文风最旺的时期。④

---

① 《文讯》第346期（2014年8月）。
② 黄曼君、黄永林主编：《火浴的凤凰 恒在的缪斯：余光中暨香港沙田文学国际学术研讨会论文集》，武汉：湖北人民出版社，2002年，第39页。
③ 《华文文学评论》第5辑（2018年1月）。
④ 黄维樑：《文化英雄拜会记：钱锺书、夏志清、余光中的作品与生活》，香港：香港中文大学出版社，2018年，第193～194页。

《大公报》（1993 年 11 月 3 日）：○沙田出文学——香港文学史料一则（梁锡华）○沙田文学的最主要人物余光中，在 1974 年从台湾渡海应聘进中文大学任教之先已和宋淇认识。无独有偶，1974 年也是黄国彬上山任教英文系的第一年。再过两度春秋，黄维樑与梁锡华不约而同进中大，与余氏一起在中文系担任中国语文及现代文学、翻译等功课。翌年，蔡思果应聘为中大翻译中心高级研究员。如此一来，三年之间，沙田的文纛，高高挂起了。

黄国彬《明日隔山海，世事两茫茫——送别余光中》：沙田诸人，欣赏文学时都不会贵远贱近，也不会贵近贱远。余光中对待客人，也表现了这种态度。……沙田诸人，近如第四苑的梁锡华、新亚会友楼的黄维樑、崇基博文苑的思果（原名蔡濯堂），也经常获得款待，在余光中家里作客。……三人起筷较迟，进了中大后即使在余家三日一小宴，五日一大宴，也不容易赶得上我。……第六苑的余家是沙田的孟尝府，我也就逢请必到，老实不客气了。……余家虽然是孟尝府，海外和本港的客人无须弹铗。因为他们不但吃得到鲜美的鱼，而且还常获主人开车接送。

……多年来，我们碰头，就会论诗谈文，逍遥于广阔的时空。由于大家都喜欢读书，兴趣相近，聚在一起总不愁没有话题；畅游中外，出入古今，也不必担心有谁会落在后头。不知有多少个晚上，我们在第六苑、第四苑、博文苑内，听末班火车远去，看吐露港的渔火渐渐疏落，谈兴竟越来越旺，而不知晓星之将沉。[①]

谢冕《现代文学形态的诗意重铸——香港学者诗综论》：从香港这些学者型诗人的文章中，我们可以感受到他们身处繁华的国际性城市香港，却保持了一个在内地很难再有的那种以友谊和学术为主题却充满诗意的沙龙式往来。在沙田，以余光中的到来为标志，进入了这个文学繁荣季节的高潮。[②]

黄曼君《余光中暨香港沙田文学国际学术研讨会开幕词》：沙田文学是一个有着共同创作和治学倾向的文艺学术流派，它的发源地是校址在沙田的香港中文大学，学校中师生文学创作蔚然成风，一批古今

① 黄国彬：《琥珀光》，香港：香江出版有限公司，1992 年，第 55 ～ 56、64 页。
② 谢冕：《当代学者自选文库：谢冕卷》，合肥：安徽教育出版社，1999 年，第 428 页。

中西学养深厚的学者常在一起谈文论艺。从 20 世纪 60 年代末开始，先后在香港中文大学任教的有孙述宇、宋淇、金耀基、金圣华、刘绍铭、潘铭燊、余光中、黄国彬、黄维樑、梁锡华、蔡思果、小思、陈之藩、黄坤尧、郑子瑜。他们的作品和著作十分丰富。作品以诗歌、散文为主，兼及小说、评论、翻译等。他们学贯中西，博古通今，大多情采兼备，不薄今人爱古人，又关心中文恶性西化问题，其文学创作和学术研究倾向有许多相同之处。80 年代前后，他们的创作进入鼎盛时期，由此形成了集学者、作家于一身的沙田作家群体，其中亦包括执笔为文的沙田居民，而以香港中文大学的师生及校友为沙田文学的中坚力量。

余光中是沙田作家群体的核心代表人物。[1]

8 月 28 日，丝韦发表《听说台湾"竹叶青"》，刊香港《新晚报》。

9 月，李有成发表《余光中诗里的火焰意象》，刊《中外文学》第 3 卷第 4 期；又刊 1976 年 2 月马来西亚《蕉风》第 276 期。

9 月，李淑洁发表《余光中访问记》，刊香港《突破》第 5 期。

9 月，重提发表《我读〈焚鹤人〉》，刊《妇友》；后收入黄维樑编著《火浴的凤凰——余光中作品评论集》(1979 年版)，题为《多汁的芒果——我读〈焚鹤人〉》。略云：

> 总而言之，《焚鹤人》的内涵，像一枚多汁的芒果，要耐心品尝，才能得到无穷的丰富。"中央副刊"前些日子刊出文寿先生的方块，认为时下的副刊文章缺少风趣，大多是板着长脸说教。我读了《焚鹤人》，顿觉心胸开朗，它的内容，正是文寿在方块中所要求的。它风趣生动，又含有深远的哲理。而自成一格的章法，使人读来似与故人促膝倾谈，没有丝毫矫揉造作。至于那浓浓的家国之思，炽烈的复国之念，更是今日麻木人心所需要的醒脑丸。此书值得向青年学生们广为介绍。

10 月 16 日，陈海文、林业伟发表《听听那冷雨——诗人余光中访问记》，刊香港《学苑》。

10 月 18 日，作诗《台风夜》《放风筝》，后收入《与永恒拔河》(1979

---

[1] 黄曼君、黄永林主编：《火浴的凤凰 恒在的缪斯：余光中暨香港沙田文学国际学术研讨会论文集》，第 2 页。

年版)、《余光中诗选：一九四九——一九八一》(1981 年版)。

11 月 1 日，陈海文发表《守夜人——介绍诗人余光中》，刊香港《学苑》。

11 月 3 日，作诗《沙田之秋》，后收入《与永恒拔河》(1979 年版)、《余光中诗选：一九四九——一九八一》(1981 年版)。

12 月 9 日，作诗《九广路上》《旺角一老妪》《忆旧游》，后收入《与永恒拔河》(1979 年版)。

12 月，洛夫诗集《魔歌》，由台北中外文学月刊社出版。其中可见其诗学观的转变，应该是受了早年与余光中就《天狼星》论战的影响。

> 洛夫《自序》：作为一种探讨生命奥义的诗，其力量并非纯然源于自我的内在，它该是出于多层次、多方向的结合，这或许就是我已不再相信世上有一种绝对的美学观念的缘故吧。换言之，诗人不但要走向内心，探入生命的底层，同时也须敞开心窗，使触觉探向外界的现实，而求得主体与客体的融合。①

是年，发表评论 "On from Clairvoyancism"，收入 *Five Chinese Painters*。该书由台湾艺术馆编印，经销者为文星书店。

1975 年（乙卯）　48 岁

1 月 1 日，何福仁发表《余光中的再认》，刊香港《学苑》。略云：

> 在现代诗的发展史上，余光中是风云人物。如果将现代诗比诸旋涡，那末余氏不啻旋涡的中心。……余光中……无疑是现代诗人里最重要的人物。

1 月，发表诗歌《岁寒三题》(含《九广路上》《旺角一老妪》《忆旧游》)，刊《中外文学》第 3 卷第 8 期。

1 月，发表《李白组作品——山中十日，世上千年》，刊《幼狮文艺》第 41 卷第 1 期。

1 月，吴籁发表《余光中的〈白玉苦瓜〉》，刊《东吴青年》。

2 月 1 日、3 月 1 日，萧艾发表《望乡的牧神与碧海掣鲸手——余光

---

① 　洛夫：《魔歌》，台北：中外文学月刊社，1974 年，第 2 页。

中〈白玉苦瓜〉评介》（上、下），刊香港《诗风》第 33、34 期。后经节录改题《碧海掣鲸：〈白玉苦瓜〉诗集赏析》，收入黄维樑编著《火浴的凤凰——余光中作品评论集》（1979 年版）。

3 月 12 日，致信姚一苇。

> 一苇兄：
>
> 　　来港忽已半年，但因所开均为新课，又病了许久，你的大函和赠诗收到多时，竟延今作复，实在太抱歉了。来港后种种，片言只字也说不清楚。三月原有去美开会之行，本拟返港途中小留台北，和朋友们小叙，竟因忙上加病，在美宣读之论文不能如期完成而作罢。六月初可能回台北一星期，八月间则一定可以回去开比较文学会议的。大作《文学论集》也早收到，无以奉报，已于半月前寄了一部高步瀛编《唐宋诗举要》给兄。匆祝
>
> 　　俪安
>
> 弟光中遥拜　三月十二日
>
> 　　又及：吴季札办的每月聚会尚在继续否？（痖弦、蔡文甫、於梨华、张晓风、敻虹等都来过我这里。）①

3 月 29 日，应邀出席香港中国笔会庆祝二十周年纪念座谈会。

> 　　余光中《从天真到自觉——我们需要什么样的诗？》：一九七五年三月廿九日，香港中国笔会为庆祝二十周年纪念，举办了一个文艺座谈会。会长罗香林先生邀我主讲"二十年来台湾地区的文学"。②

3 月，出席在香港大学陆佑堂举办之第三届青年文学奖颁奖典礼并致辞，所撰《诗组初审评语》收入《第三届青年文学奖文集》。

> 　　余光中《青青边愁》：中文大学和香港大学两校的学生会，联合举办了好几届的"青年文学奖"，应征的稿件分为诗、散文、小说、戏剧、报告文学、文学批评六类，优胜的作品更印行专辑，对香港大专和中学的文学创作风气鼓励很大。③

---

① 《中国钢笔书法》2015 年第 5 期。
② 余光中：《青青边愁》，第 123 页。
③ 余光中：《青青边愁》，第 310 页。

3 月，写评论《天机觑观话棋王——张系国小说的新世界》，刊 8 月 1 日台北《中国时报》第 18 版；后收入《青青边愁》（1977 年版）。

3 月，刘立化发表《余光中的"现代散文"》，刊《文坛》第 177 期。

4 月 10 日，作诗《灯下》，后收入《与永恒拔河》（1979 年版）。

4 月 18 日，作诗《海祭》，后收入《与永恒拔河》（1979 年版）。

4 月 24 日，针对港台一些对他的攻击文章，作诗《蟋蟀和机关枪》，后收入《与永恒拔河》（1979 年版）、《风筝怨》（2017 年版）等。该诗表达了其无心与卫道者正面交锋的心态。

4 月 25 日，作诗《马料水的黄昏》《幻景》，后收入《与永恒拔河》（1979 年版）。

4 月，发表《贝多芬》，刊《音乐与音响》第 22 期。

5 月 7 日，作诗《西贡——兼怀望尧》，后收入《与永恒拔河》（1979 年版）。

5 月 25 日，写评论《〈山河岁月话渔樵〉（胡兰成著）》，刊 7 月《书评书目》第 27 期；后收入《青青边愁》（1977 年版），题作《山河岁月话渔樵——评胡兰成新出的旧书》。

> 《新民周报》（2004 年 5 月 24 日）：○余光中的上海○他［胡兰成］在政治上大节有亏，光是文章写得好还不行。他跟周作人有些像。无论怎样，在汉口宣布独立都是不可思议的。以前文艺界对一个作家赞美，说他进步，现在用前卫来讲。前卫作家对新的思考、新的表现方式勇于吸收。也有既不进步也不前卫的作家，比如钱锺书、张爱玲仍卓然成家。以前所讲进步、前卫，都不见得是保证作家优秀。但大节有亏，就不好。

5 月 27 日，发表诗歌《挽歌》，刊台北《中国时报》第 18 版。

5 月，写散文《唱出一个新时代——写在演"现代民谣创作演唱会"之前》，刊 6 月 3 日台北《中国时报》第 5 版。

5 月，《文心》收有张良旭、李玉英的《〈白玉苦瓜〉读后》，黎模霜的《浅论〈白玉苦瓜〉》，姚百勤的《由〈白玉苦瓜〉看诗人的独白》。

6 月 6 日，回台参加在台北中山堂举办的"现代民谣创作演唱会"。与

杨弦携手合作，掀起一波蔚为风潮的民歌运动。演唱会有诗歌、音乐，有
罗曼菲、陈伟诚等的舞蹈演出。杨弦被誉为"现代校园民歌之父"，中山
堂的音乐会影响了台湾的流行音乐走向。同年，民歌手杨弦谱曲之《中国
现代民歌集》唱片出版。

　　尤静波《杨弦和〈中国现代民歌集〉》：1975 年 6 月 6 日，一个
名叫杨弦的年轻人在台北中山堂举行了一场名为"现代民谣创作演唱
会"，在演唱会上，杨弦演唱了 8 首谱自诗人余光中《白玉苦瓜》诗集
中的创作歌曲《乡愁四韵》《民歌》《江湖上》《乡愁》《民歌手》《白霏
霏》《摇摇民谣》《小小天问》，从而掀开了一场文化寻根运动——"民
歌运动"的序幕，引发了长达 10 年之久的台湾流行音乐革命。

　　……1975 年，演唱会成功举办。这场演唱会前半场是英文本土创
作部分，毕业于辅仁大学外文系的赖声川和肄业于台大外文系的胡德
夫都是参加演出的主要歌手；后半场是杨弦的个人创作发表会。其中
杨弦作品的节目表如下：

曲　目	演唱者	创作者
民歌手	主唱：杨　弦　许可欣 合音：史美智　吴昌明	余光中词、杨　弦曲
白霏霏	合唱：章纪龙　许可欣　史美智	余光中词、杨　弦曲
江湖上	独唱：杨　弦	余光中词、杨　弦曲
乡愁四韵	女高音：章纪龙　女中音：史美智 男高音：杨　弦　男低音：吴昌明	余光中词、杨　弦曲
小小天问	演唱：杨　弦	余光中词、杨　弦曲
摇摇民谣	演唱：许可欣　章纪龙　史美智	余光中词、杨　弦曲
乡　愁	男声：杨　弦　吴昌明 女声：章纪龙	余光中词、杨　弦曲
民　歌	合唱：台湾大学合唱团 指挥：杨　弦	余光中词、杨　弦曲

　　演唱会举办后不久，在"洪建全文教基金会"的支持下，杨弦的
作品被制作成了唱片，并于 1975 年 9 月底，唱片冠以《中国现代民歌
集》公开出版。专辑除收录了演唱会的 8 首作品之外，还收录了一首
《回旋曲》。专辑首发一万张在三个月内全部售完，到次年初的四个月

时间内，达到三版，它的成功引起了社会的强烈关注。①

陆正兰、张明明《中国音乐文化百年史》：1975 年，台湾歌手杨弦将余光中的九首诗谱成了歌曲，于当年的 6 月 6 日在台北中山堂举行了演唱会。同年，杨弦发行的《中国现代民歌集》受到了很多青年人的欢迎。②

余光中《回到壮丽的光中——余光中答客问》：所谓"现代民歌"崛起于台湾，应自一九七五年杨弦在台北中山堂率队演唱他所谱我的八首诗开始，继而李泰祥广谱其他现代诗并发行唱片、录音带，其他歌手纷起响应，演变成"校园歌曲"，有好几年的盛况。后来流行歌就过界来寻"开心"（cash in），界线渐渐模糊，就把民歌"收编"去了。③

叶振辉《二〇〇一年十二月四日第四次访问》：一九七五年，青年作曲家杨弦把我的八首诗谱成了曲，领了一群歌手和乐队，在台北中山堂演唱。那是一九七五年六月六日，后来还出了唱片，也销了十几版，引起很多人来模仿。开始是叫做"现代民歌"，后来就慢慢变成"校园歌曲"，蔚然成风。……这样前后有十年，应该是一九七五年到一九八五年。继起的有李泰祥、吴楚楚、罗大佑、侯德健等，都是那阵风潮的健将。④

台北《中国时报》（2017 年 12 月 20 日）：〇余光中留下的最后一课（杨渡）〇 1975 年，杨弦用《民歌手》《江湖上》《回旋曲》等谱成民歌，在台北中山堂举办了一场演唱会。它的名称即是"中国现代民歌"。在此之前，"民歌"一词指的是传统民间传唱的歌谣，但杨弦却赋予"现代民歌"一词，而有了新意。台湾之所谓"民歌"一说，即是起源于此。后来李双泽喊出了"唱自己的歌"，以回归土地民间的歌谣，来反抗唱西洋歌曲的风气，则赋予现代民歌更为深刻的文化内涵。有意思的是，杨弦的观念来自余光中，余光中的观念则来自 1960 年代美国民歌。……1975 年杨弦办"中国现代民歌"演唱会的时候，作为歌词作者的诗人余光中到场，受到热烈欢迎，他对杨弦的创作赞许有

① 尤静波编著：《中国流行音乐通论》，北京：大众文艺出版社，2008 年，第 138～139 页。
② 陆正兰、张明明：《中国音乐文化百年史》，南京：南京师范大学出版社，2018 年，第 210 页。
③ 王伟明：《诗人诗事》，第 236 页。
④ 叶振辉主访：《让春天从高雄出发——余光中教授专访》，第 73 页。

加，随后，演唱会录音被广播主持人陶晓清在电台播放，并出版为唱片，受到大学生和年轻人欢迎。余光中的诗流传更广，他也成为年轻人的偶像，《乡愁四韵》《民歌手》风行一时。

《世界日报》（2021 年 6 月 2 日）：〇民歌之父杨弦 5 日线上开讲 〇美华人文学会长王晓兰指出，1975 年 6 月 6 日，杨弦在台北策划演出一场演唱会，把余光中的诗唱成歌，开启一个清纯岁月。"曾经有几首歌，深深触动我们年轻的心。当琴声像流水般响起的时候，我们眼中充满闪闪泪光……"

罗青《百年文学一光中——怀余光中先生》：他与杨弦等民歌手，掀起"现代民歌运动"，公开让韵脚格律，穿上宽松的便装，重回现代自由诗体之中。①

《南方周末》（2017 年 12 月 20 日）：〇诗坛的赛车手和指挥家——我与余光中接触的几种方式（白灵）〇等到一九七五年杨弦首度在台北中山堂举行演唱会，将余光中《白玉苦瓜》诗集中《乡愁四韵》《民歌》《江湖上》《乡愁》《民歌手》《白霏霏》《摇摇民谣》《小小天问》等八首诗谱成民歌，掀起长达十八年的校园民歌风潮。而众所皆知，此民歌诗体的开始，是青年期的余光中去美国多次，深受比他年轻的二〇一六年诺贝尔奖得主巴布·狄伦的影响，由余氏《江湖上》与巴布《随风而逝》（"Blowin' in the Wind"）的极度相似性即可知。此后台湾各式民歌纷纷出笼，包括席慕蓉、郑愁予的诗也被谱成曲，又有别于通俗流行歌曲和深奥的艺术歌曲，民歌等于当了两者桥梁。……而余光中前后被谱成曲的至少有三十五首，居台湾诗人之冠，歌比诗更易入肌浃髓，其影响之深远非纯粹的诗文字所能比拟。

6 月 10 日，记者陈怡真发表《余光中赞成音乐中西联姻！金庆云怀念维也纳生活》，刊台北《中国时报》第 5 版。

6 月 11 日，写诗《淡水河上》，后收入《与永恒拔河》（1979 年版）。该诗怀想去年赴港前雨中的淡水河光影。

6 月 18 日，发表《认真的游戏——给旅美某学人的一封信》，刊台北

---

① 李瑞腾主编：《听我胸中的烈火——余光中教授纪念文集》，第 95～96 页。

《中国时报》第 18 版。

6 月 19 日，写诗《给伞下人》，后收入《与永恒拔河》（1979 年版）。

6 月 25 日，致信姚一苇。

一苇吾兄：

回台十日，连朝阴雨，中山堂一夕民谣，歌魂琴魄，已成追忆。未能畅叙，令人惘惘。《认真的游戏》一文，小小戏笔，以为何如？此文在港报上已有转载矣。临别前夕，承告成大学生座谈《白玉苦瓜》，并有记录，谓可邮港一阅。迄今未见该刊物，是否已忘其事？仍盼检出惠我耳。嵩此，即颂

俪安

弟光中拜上　六月廿五日 [①]

【按：信封写：台湾台北木栅兴隆路四段□巷□号　姚一苇先生香港沙田中文大学　余缄】

6 月，张笔傲发表《音乐化的散文——〈听听那冷雨〉评介》，刊马来西亚《蕉风》第 268 期。略云：

余光中一向有"左手能写散文，右手能写诗"的美称，是中国文坛不可多得的诗人兼散文家。……卷首的四篇抒情散文，是全书的重要部分。余光中的强烈民族意识本位，一直在他的散文及诗中出现。这四篇抒情散文中，尤以《万里长城》所表现的民族意识最为强烈。……这四篇散文，都有一个共同点，即乡愁。……四篇散文以《听听那冷雨》最佳，也是余光中最佳的散文之一。他显然"尝试把中国的文字压缩、捶扁、拉长、磨利，把它拆开又拼拢，拆来且叠去，只为了尝试它的速度、密度和弹性。……要让中国文字，在变化各殊的句法中，交响成大乐队"。……在这篇散文中，也可看出他注重散文的音乐性。文中所有叠词，皆"声化"为雨声。这些叠词，有雨声的节奏感，令人感到清新且自然。

6 月，李昂发表《酒醒的戴奥耐塞斯——访诗人余光中》，刊《幻狮文艺》第 258 期。

---

① 据西泠印社 2018 年春季拍卖会原件照。

6 月至 8 月，黄维樑发表《欧立德和中国现代诗学》，刊《幼狮文艺》第 258 至 260 期；后该文片段收入《火浴的凤凰——余光中作品评论集》（1979 年版）。"欧立德"现通译为"艾略特"。

7 月 4 日，写诗《隔水书》，后收入《与永恒拔河》（1979 年版）。

7 月 9 日，发表《是谁崇洋？——给旅美某学人的第二封信》，刊台北《中国时报》第 18 版。

7 月 12 日，写诗《天望》，后收入《与永恒拔河》（1979 年版）。

7 月 18 日，发表诗歌《海祭》，刊台北《中国时报》第 18 版。

7 月，编译馆编译《中国现代文学选集》英文本出版，诗卷由余光中主选，计收覃子豪、纪弦、周梦蝶、方思、夏菁、蓉子、洛夫、罗门、余光中、管管、杨唤、商禽、郑愁予、痖弦、方旗、白萩、叶维廉、方莘、林焕彰、夐虹、杨牧、罗青等 22 家的诗作 188 首。前有余光中的长序。

7 月，回台出席第二届国际比较文学会议。

7 月，写评论《从天真到自觉——我们需要什么样的诗？》，刊 9 月台北《文艺月刊》第 75 期；后收入《青青边愁》（1977 年版）。

7 月，时在美国俄亥俄州立大学东亚语文系博士班就读的黄维樑发表《诗：不朽之盛事：析余光中〈白玉苦瓜〉并试论诗人之成就》，刊 11 月香港《明报月刊》；又刊 1976 年 2 月香港《当代文艺》与马来西亚《蕉风》。1977 年 6 月修订，后收入黄维樑编著《火浴的凤凰——余光中作品评论集》（1979 年版）。文末云：

> 最后，说回《白玉苦瓜》这篇作品，此诗主题严肃，技巧上乘。可是，诗之不朽这题材并非人生最基本、最普遍的经验。所以，此诗不能引起最多读者的共鸣。非熟读余氏作品的读者，更不能彻底了解此诗的意义。换言之，此诗不是余氏最能惹人好感的作品，但其重要性却是毫无疑问的。……余光中对国家和世界的贡献即在其语言的艺术。"文章千古事，得失寸心知。"文章又是不朽之盛事。受日月精华、山川灵气孕育的白玉苦瓜，曾经民族之苦、生命之苦和诗之苦，最后，"被永恒引渡，成果而甘"，活在"奇异的光中"——就是余光中的"光中"。

8 月 1 日，作诗《贴耳书》《发树》，后收入《与永恒拔河》（1979 年版）。

同日、9 月 1 日、10 月 25 日、12 月 1 日，香港《盘古》杂志组织了关于"余光中是爱国诗人吗？"的讨论，发起了对余光中的炮轰。

余光中《离台千日——〈青青边愁〉纯文学版后记》：果然来后不久，我的直言不悦左耳，一阵排炮自左轰来，作者站在暗处，多用笔名，显得人多势众的样子。老实说，那样的炮声并不震耳，我笑一笑，且当欢迎的礼炮听吧。四十年前，胡适、徐志摩、梁实秋、林语堂等人的经验，也许就是这样吧？……想起远如孔子近如"最亲密的战友"无不遭批，则我身上的这一点灰尘，拂去便罢……[①]

8 月 2 日，作诗《雪崩》《小褐斑》，后收入《与永恒拔河》（1979 年版）。

8 月 9 日，作诗《少年游——宴别绍铭》，刊 8 月 17 日台北《中国时报》第 18 版；后收入《与永恒拔河》（1979 年版）。

8 月 18 日，夜，于台北写《中国现代民歌集·出版前言》，刊 9 月《书评书目》第 29 期；后收入《青青边愁》（1977 年版）。

8 月，于台北为大地出版社三版诗集《白玉苦瓜》作序。

8 月，出席香港中英翻译会议。宣读论文 "The Translatability of Chinese"。该文收入 *The Art and Profession of Translation: Proceedings of the Asian Foundation Conference on Chinese-English Translation* （T. C. Lai ed., Hong Kong: The Hong Kong Translation Society, n.d. ）。

8 月，林之佛发表《余光中的政治诗》，刊香港《盘古》第 84 期。

9 月 1 日，明昏发表《给余光中之一、二》，刊香港《盘古》第 85 期。

9 月 5 日至 6 日，林怀民与"云门舞集"13 位同仁一起在香港利舞台戏院表演，余光中看后写散文《云门大开》，后收入《青青边愁》（1977 年版）。

9 月 7 日，丝韦发表《诗人教授的游戏》，刊香港《新晚报》。

9 月 15 日，国际笔会提名林语堂为副会长。

同日，作诗《中秋月》，后刊香港《明报月刊》；后收入《与永恒拔河》（1979 年版）。

9 月 25 日，发表《发树》，刊台北《中国时报》第 18 版。

9 月 30 日，作诗《九广铁路》，后收入《与永恒拔河》（1979 年版）。

---

① 余光中：《青青边愁》，第 309 页。

杨升桥《余光中的〈北望〉和〈九广铁路〉》:《九广铁路》颇具新鲜形象,虽然部分诗句过于散文化。它先述友人函问香港滋味,他凄然笑了。接着第三至十二行抒写目睹火车川行九广铁路而兴起的诸多联想(节奏是边愁,铁道是脐带)。十三、四行则象喻香港是政治敏感地带。十五行以下复述火车川行情景,表现了诗人极富机智之轻佻或幽默。……《九广铁路》除表示诗人羁旅怀国之主题外,尚有第二和第三主题。第二主题是香港与大陆之唇齿关系,第三主题是余光中与大陆母体之文化血缘关系。纵观全诗,应以第三主题更突出。①

9月,发表诗歌《新作二首》《唱出一个新时代》,刊《幼狮文艺》第42卷第3期。

9月,发表《〈中国现代民歌集〉出版前言》,刊《书评书目》第29期。

9月,香港《盘古》第85期刊登徐克的《扯下余光中的爱国面纱》、颜不厚的《向余光中教授学习自吹自捧术》。

10月26日,作诗《梦魇》,后收入《与永恒拔河》(1979年版)。

10月,写评论《评戴望舒的诗》,刊12月香港《明报月刊》;后收入痖弦编《戴望舒卷》(台北洪范书店1977年版)、《青青边愁》(1977年版)、《名作欣赏》(1992年第3期)。文中批评戴望舒的诗歌语言,并谈到诗歌的音乐性问题。略云:

中外古今的诗,都不能没有节奏和意象。以"音乐的成分"而言,律诗和十四行严密的格律固然富于音乐性,即使利用口语节奏的自由诗,只要安排得好,又何尝没有音乐性呢?音乐性,是诗在感性上能够存在的一大理由,"去了音乐的成分",诗的生命便去了一半了。所谓音乐性,可以泛指语言为了配合诗思或诗情的起伏而形成的一种节奏,不一定专指铿锵而工整的韵律。中文天生就有平仄的对照,不要说写诗了,就是写散文,也不能不讲究平仄奇偶的配合。

戴望舒的语言,常常失却控制,不是陷于欧化,便是落入旧诗的老调,能够调和新旧融贯中西的成功之作实在不多。

《人民日报》(1993年3月15日):○点名道姓说艺评(吴冠中)○孤陋寡闻,我很少读到高水平的锋利艺评。近读余光中先生评戴

① 马来西亚《蕉风》(1977年6月)。

望舒的诗，感到是艺评的佳作，像我这样并非诗人的读者，读来也很信服。

10 月、1976 年 4 月，发表英文评论 "Love in Classic Chinese and English Poetry"（《中英古典诗中的爱情》），刊 *Tamkang Review*（《淡江评论》）第 6 卷第 2 期和第 7 卷第 1 期。

10 月，台北《中华文艺》第 56 期刊登了姜穆的评论文章《英译〈现代文学选集〉之商榷》和陈燕的评论文章《关于英译〈中国现代文学选集〉》。

10 月，香港《盘古》第 86 期刊登程石权的《论某些台湾的新诗》、谷若虚的《创造海外华人的新文艺》和丝韦的《关于"认真的游戏"四篇》。

11 月 1 日，发表散文《云门大开》，刊《今日世界》第 537 期；后收入《青青边愁》（1977 年版）。【按：自本日起，余光中在该刊开辟散文专栏，连载至 1977 年 8 月 1 日第 558 期，复于 1977 年 12 月 1 日第 562 期、1978 年 1 月 1 日第 563 期刊登两次后告终，由始至终虽为两年两个月，实际连载时间则为两年。】

11 月 1 日、12 月 1 日，凝凝（黄国彬）发表《在时间里自焚——细读余光中的〈白玉苦瓜〉》，刊香港《诗风》第 42、43 期；又刊 11 月《中外文学》第 42 期。该文对诗集《白玉苦瓜》的内容和艺术技巧，有详尽的分析。略云：

> 像《敲打乐》一样，这诗集的中心仍是中国意识和民族意识。作者对中国的怀念、热爱和矛盾是作品最突出的一环。……不过这些作品和余氏前期作品有很大的分别：在《敲打乐》中，诗人用比较直接的手法表现自己对祖国的热爱，节奏配合语势，是慷慨激烈的怒吼；现在，一方面由于作者已进入中年，一方面由于他的技巧更臻老练，诗人对祖国的怀念眷恋不再喷薄而出，已由外张变为内敛了。……为了走回传统，作者更直接从我国古典文学吸取养分。……所以六十年代许多现代诗人在西洋诗的迷宫盲目摸索时，他能卓然走自己的路。现在，事实告诉我们，他当时走的路是正确的。这也许是作者能超越其他同辈诗人的原因之一吧。

> 同中国意识和民族感交织的，是"母亲""乞丐""梦魇""鼾声"

几个彼此有密切关系的意象。透过这些意象，作者将内心世界戏剧化，使读者更清晰地看到诗人对中国的热爱和内心的矛盾。……在《白玉苦瓜》里，余光中除了肯定传统和民族意识外，还肯定了自我。……作者要走回传统，走回人间，成为大众的代言人。……《白玉苦瓜》的作者，同昔日头戴星冕，口吐长虹的五陵少年已有很大分别：早期的五陵少年飒爽豪迈，《白玉苦瓜》的作者则怡然内敛，比以前更成熟了。……余光中的迈进，在技巧上也处处表现出来。一方面，他保留了昔日"因句生句，因韵呼韵"的节奏……另一方面，他又作了多种尝试，多种更新。最值得注意的是他同摇滚乐和民谣的密切关系。……为了增加节奏的张力，作者在《白玉苦瓜》里多次采用倒装句法。……省略之外，余氏又采用易位手法去创造诗的语言和节奏。……余光中一向善于调音节响，在《白玉苦瓜》里，他又迈进了一大步。这一大步，包括了成语的活用。成语或文言句法在现代诗用得不好，会破坏诗的节奏。成语节奏的基本单位大都是二、二或其他较单纯的音步，同现代口语的繁复节奏有很大分别，滥用或生硬地套用成语和文言句法会令节奏干枯紧绷。余光中的作品里，成语或文言句法却能成为诗中的有机部分。……成语的活用外，停顿在《白玉苦瓜》里也成为节奏不可分割的一部分。

在这本诗集里，作者的收笔也更见精炼。……第一种利用并列对比产生突降（bathos）或"放气"（deflation）效果。……第二种收笔是江海凝清光式的戛然停止。……第三种收笔手法，在余氏以前的作品中更少见，那就是乔埃斯所说的"猝示"（epiphany）。……余氏第四种收笔，可称为"止其不得不止"，是具有必然性的收笔。这种收笔不能说是戛然停止，因为他不给人突然的感觉。

经过多次自焚后，余光中在练字方面已凌驾其他现代诗人。他练字的苦心，在早期作品中已可见一斑。……意象方面，《白玉苦瓜》已到达很高的境界。首先，这诗集的意象是变化多端的。有时，作者将时空互移……有时，他尽量将意象浓缩，创造西方意象派所重视的效果——凝炼、鲜明、强烈、准确。

11月9日，作诗《枭》，后收入《与永恒拔河》（1979年版）。

11 月，写散文《诺贝尔文学奖》，后收入《青青边愁》（1977 年版）。

11 月，《余光中散文选》，由香港文化·生活出版社出版。全书分三辑，收录《塔阿尔湖》《塔》《咦呵西部》等 23 篇。有自序。

12 月 1 日，发表散文《诺贝尔文学奖》，刊《今日世界》第 538 期。

12 月 5 日，行思发表《小谈余光中》，刊《大拇指》第 7 期。

同日，黄绮莹发表《现代诗》，刊香港《明报》。文中论及余光中，称：

> 文字在余光中手里，是烧红的铁，可捏，可压，可拉，可搥；可以表达那怕是幼如丝的一刹那意念，也可以敲出心灵的哀歌，亘古的天籁，烽火的霹雳。诗人无论在诗、在文，贯串古今，融和中外，以文字之精炼、意象之丰丽、音韵之秀美，自成一体。

12 月 10 日，作诗《红叶》，后收入《与永恒拔河》（1979 年版）。

12 月 11 日，曾幼川发表《对余光中先生的期望》，刊香港《快报》。

12 月 21 日，胡红波发表《"民歌"不是这样（〈中国现代民歌集〉）》，刊"中央日报"第 10 版。

12 月，写散文《独木桥与双行道》，后收入《青青边愁》（1977 年版）。

12 月，香港《盘古》第 88 期刊登周成城的《余光中与李克曼的黑暗面》、周昌华的《也谈余光中的"爱国"》。

12 月，Wang Lan（王蓝）发表 "Yu Kwang-chung—A Chinese Poet"（《中国诗人——余光中》），刊 The Chinese Pen 第 62 期。

是年，兼任中文大学联合书院中文系主任，历时三年。

> 余光中《吐露港上中文人》：后来媒体简介我时，常误报我曾任中大中文系系主任。其实我只担任过联合书院的中文系系主任三年，其他的新亚书院与崇基学院也各有其分属的中文系的。[1]

是年，所著 Poems and Essays，由台北编译馆出版。

是年，在《今日世界》写每月专栏。

是年，黄庆萱著《修辞学》，由台北三民书局出版。该书所举例子多取自中国现代文学作品，被援引最多的作家是余光中。

---

[1] 《文讯》第 346 期（2014 年 8 月）。

1976 年（丙辰）　　49 岁

1 月 1 日，发表散文《师生谈"代沟"》，刊《今日世界》第 539 期；后收入《青青边愁》（1977 年版），标题改为《独木桥与双行道》。

1 月 4 日，写散文《民歌的常与变》，后收入《青青边愁》（1977 年版）。

1 月 19 日，写散文《鸡犬牛羊》，刊 2 月 7 日台北《中国时报》第 15 版；后收入《青青边愁》（1977 年版）。

1 月 22 日，沈西城、向东发表《文与艺——诗人余光中的感喟》，刊《大任》第 257 期。

1 月，写散文《龙年迎龙》，后收入《青青边愁》（1977 年版）。

1 月，发表诗歌《梦魇——博物馆中的一课》，刊《中外文学》第 4 卷第 8 期。

1 月，赖碧玲发表《一盘怎样的苦瓜》，刊《新潮》第 31 期。

1 月，周兆祥翻译夏志清著《怀国与乡愁的延续——论三位现代中国作家》，刊香港《明报月刊》。文中所论三位作家为姜贵、余光中、白先勇。

2 月 1 日，发表散文《龙年迎龙》，刊《今日世界》第 540 期。

2 月 15 日，作诗《北望——每依北斗望京华》，刊 4 月 1 日台北《中国时报》第 18 版；后收入《与永恒拔河》（1979 年版）。

> 杨升桥《余光中的〈北望〉和〈九广铁路〉》：《北望》共二十行，叙述诗人羁旅香港，遥望故国的情怀，寓抒情于叙事之中，而没有滥情之弊。……此诗的逻辑结构（logical structure）之所以严谨，乃因全诗所述均未脱离诗人羁旅怀国之范畴。质言之，全诗可说没有一行所述的事件或情愫，应该剔出全诗题意之外。①

同日，发表《缩地有术？》，刊《联合报》。

2 月 16 日，作诗《井之传说》，后收入《与永恒拔河》（1979 年版）。

2 月 17 日，作诗《战地记者》，后收入《与永恒拔河》（1979 年版）。

2 月，写散文《哀中文之式微》，刊 5 月《中国语文》第 38 卷第 5 期等；后收入《青青边愁》（1977 年版）、《翻译乃大道，译者独憔悴》（2021 年版）。

---

① 马来西亚《蕉风》（1977 年 6 月）。

2 月，韩国诗人许世旭翻译的《中国现代诗选》韩文本，由汉城乙酉文化社出版。计选译"五四"迄今新诗 40 家，在台诗人入选者有覃子豪、纪弦、钟鼎文、周梦蝶、余光中、罗门、蓉子、洛夫、商禽、痖弦、郑愁予、楚戈、辛郁、林亨泰、吴瀛涛、王润华等。

3 月 1 日，发表《哀中文之式微》，刊《今日世界》第 541 期。

3 月 10 日，评论戴望舒的文章发表后，香港《当代文艺》第 123 期发表了不少讨论《白玉苦瓜》和余光中改诗的文章。余光中读后，次日给该刊主编徐速去信。

> 速兄：
>
> 屡承惠赠贵刊，并嘱为当文撰稿，甚为感愧，惟恨近日俗务缠身，文债又久积成台，令人有笔不随心之叹。4 月中旬，停课以后当较有暇放下粉笔拾起钢笔也，一笑。
>
> 一连两期在当文上拜读了现代诗论战专辑，对于贵刊重视现代文学批评之精神及博采无私之胸襟，十分倾心。正反双方之文章，水准不齐，其中固亦有警策之见者。保守人士贵古贱今，盖亦由来已久，老杜岂不有"轻薄为文哂未休"之叹乎？今人之作能否传后，尚有待于诗选文评之青钱万选与乎时间之最后裁定，恐非某时某地某人之某篇文章可以遽加定论。香港在现代诗运动上起步较台湾为晚，宜乎时至今日仍屡见冷嘲热讽之文，但在台湾文坛，此种敌视气氛早已过去，现代诗集再版三版，亦为常事，现代诗朗诵会及演讲会，亦动辄号召三五百人，即弟之诗所谱《中国现代民歌集唱片》，去年 10 月问世以来，亦竟三版矣。香港之现代文学，在当文之大力鼓吹下，希望亦能打开新局面。至于论战专辑中涉及我个人成败之议论，其尤为溢美者，令我既感且愧，其指摘非难者，亦有益于我之反省自策也。现代诗人本身亦多病态，无讳言，进步之道，乃在不断之修正与创新耳。此即颂
>
> 　　编安
>
> 弟余光中拜启
（一九七六年）三月十日 ①

3 月，写散文《无物隔纤尘——韦应物小品浅尝》，后收入《青青边愁》

---

① 古远清：《余光中传：永远的乡愁》，第 221 页。

（1977 年版）。

4 月 1 日，发表散文《沙田山居》，刊《今日世界》第 542 期；后收入《青青边愁》（1977 年版）。

4 月 25 日，于香港写《天狼仍嗥光年外——〈天狼星〉诗集后记》，刊 8 月《中外文学》第 5 卷第 3 期。

4 月，作诗《大度山：你不知道你是谁，你忧郁，你知道你不是谁，你幻灭》，后收入《天狼星》。【按：1962 年长诗《天狼星》中有《大度山》一诗，大度山仍是青春与生命力的象征。】

4 月，与齐邦媛等编《中国现代文学选集》，由书评书目出版社刊行中文本。

4 月，《现代教育通讯》第 21 期刊登漫思的《是中国的，还是西洋的？谈余光中教授的"形容词"》、碧华的《从戴望舒诗歌的艺术价值谈起——兼评余光中的〈评戴望舒的诗〉》。

4 月，李洛霞发表《访余光中谈瑜伽》，刊《大大月报》。

5 月 1 日，发表散文《无物隔纤尘》，刊《今日世界》第 543 期。

5 月，写散文《尺素寸心》，后收入《青青边愁》（1977 年版）、《余光中幽默文选》（2005 年版）。该文曾被英国学者卜立德译为英文，收入 1999 年香港中文大学出版的《古今散文英译集》（The Chinese Essays, ed. & trans. David E. Pollard）；又刊 2001 年 1 月 15 日《中国翻译》第 1 期。

6 月 1 日，发表《诗魂在南方》，刊《今日世界》第 544 期；后收入《青青边愁》（1977 年版）。

6 月 20 日，作诗《迷梦纱》《海魇》，后收入《与永恒拔河》（1979 年版）。

同日，舒侠舞发表《中国现代文学的守护神余光中巍然的耸峙》，刊《通报》第 9 版。

同日，陈美羿发表《〈白玉苦瓜〉与童年》，刊《国语日报》。

6 月 25 日，发表 "Three Poems by Yu Kuang-chung"（《余光中诗三首》），刊 The Taipei Chinese PEN 夏季号。

6 月，写散文《骆驼与虎》，后收入《青青边愁》（1977 年版）。

夏，参与"全港学界征文比赛"和"突破杂志社征文比赛"。

余光中《离台千日——〈青青边愁〉纯文学版后记》：一九七六

年夏天，"全港学界征文比赛"和"突破杂志社征文比赛"，规模也颇大……这种种活动我不免都要参加，不是担任主讲，就是担任评判。[①]

7 月 1 日，发表散文《尺素寸心》，刊《今日世界》第 545 期。

7 月 7 日，写评论《闻道长安似弈棋——〈中国文坛近貌〉读后》，后收入《青青边愁》（1977 年版）。

7 月 12 日，写评论《谁来晚餐？》，后收入《青青边愁》（1977 年版）。

7 月中旬，应邀到香港上智英文书院、乐道英文中学联校举办的"文艺生活营"演讲。

朱国能《不废江河万古流——敬悼恩师余光中教授》：一九七六年我任教香港邓镜波书院，讲授中国语文、中国文学等课程。暑假期间，我邀请友校上智英文书院、乐道英文中学，联校举办"文艺生活营"，活动内容以文学与艺术为主题，地点在乌溪沙青年会营地，三日两夜，进住男女生宿舍，食宿及活动休闲都在营地尽情欢乐。……七月中旬阳光普照，上午九点，文史学会会长陪同余教授从马料水码头搭乘小轮到乌溪沙。……联校的几位中文科老师，连同一百多个中五至中七的学生，在礼堂专心聆听余教授的专题演讲。他谈论作家的风格与人格，认为文学作品的风格，就是作家人格整体的表现。文学要用美的形式去表现作品的真与善。他特别强调不论中国或西方文学，都有共通的"美"的概念，最明显就是"壮丽""壮美"，即英文的 sublime，他这个对文学创作的批评理论，后来黄维樑教授在《壮丽：余光中论》的《导言：壮丽的光中》有很精辟的概括。[②]

7 月 25 日，王灝发表《品苦瓜——读余光中先生诗集〈白玉苦瓜〉》，刊《诗脉》季刊。

7 月，温瑞安发表《散文的意向：雄伟与秀美——略论余光中、叶珊的散文风格》，刊《幼狮文艺》第 271 期、《文艺》第 85 期。

8 月 1 日，发表散文《骆驼与虎》，刊《今日世界》第 546 期。

8 月 4 日，弦外音发表《剖切余光中〈白玉苦瓜〉的心境》，刊《台湾日报》。

---

① 余光中：《青青边愁》，第 310 页。
② 《新大学·书剑春秋·名人脚踪》（2017 年 12 月 18 日）。

8 月 23 日，与陈裕清、殷张兰熙、陈纪滢、费张心漪、杨孔鑫、姚朋出席伦敦举办的第四十一届国际笔会世界大会，做题为"The Truth of Imagination"（《想象之真》）之发言。在此期间游剑桥等地。

余光中《想象之真·前言》：一九七六年八月廿三日至廿八日，国际笔会第四十一届大会，由英国笔会主办，在伦敦召开。本届大会的论题为"想象之真"（The Truth of Imagination），典出英国浪漫诗人济慈一八一七年十一月廿二日致友人班杰明·贝礼的书简。

光中忝为台北笔会七位代表之一，八月初由香港独自启程，先在美国作半月之游，再由纽约直飞伦敦，与其他六代表会合。

本届大会各国作家所发表的论文与演说，分为诗，小说，戏剧，电影等四组，依次举行。……今年林语堂先生逝世之后，国际笔会的十四位副会长已是清一色的西方作家。本届大会发表论文的东方作家，只有熊式一先生和我两位，日、韩等国的作家都未发言。

诗组讨论会在第一天下午举行，由史班德主持，发表演说者七人，除笔者以外，为英国桂冠诗人贝吉曼 (Sir John Betjeman)、美国诗人罗威尔 (Robert Lowell)、美国女诗人鲁凯瑟（Muriel Rukeyser）、匈牙利诗人伊利耶（Gyula Iliyes）、法国诗人克朗西耶（Georges Emmanuel Clancier）、希腊诗人库佐凯拉司（Jean Coutsocheras）……我的论文如果全部宣读，近半小时，好在事先已将要点勾出，因此当时读来，恰为十分钟。

八月二十七日在伦敦出版的《新政治家》（New Statesman）周刊，发表了巴恩斯的《笔的力量》（Julian Barnes, "The Power of the PEN"）一文，对本届的大会颇多评论。涉及我的一段是："诗的演讲会讨论的是济慈的'想象之真'一词，讲者的作风形形色色：罗威尔的讲词是深思苦虑，鲁凯瑟的是温暖而流畅的狂想，半为庆幸，半为悲哀，余光中的则是神秘难解的隐喻（'诗人乃是走私高手，总能过关脱身'；'诗是为厨房里那位脏女孩而挥动的那枝脆弱的魔杖'）。"①

余光中《卡莱尔故居》：一九七六年八月，香港暴雨成灾，我却在

①　余光中：《青青边愁》，第 139 ～ 140 页。

苦旱正长何草不黄的伦敦，做客一句。①

余光中《记忆像铁轨一样长》：一九七六年去英国，周榆瑞带我和彭歌去剑桥一游。……那年西欧大旱，耐干的玫瑰却恣肆着娇红。不过是八月底，英国给我的感觉却是过了成熟焦点的晚秋，尽管是迟暮了，仍不失为美人。到剑桥飘起霏霏的细雨，更为那一幢幢俨整雅洁的中世纪学院平添了一分迷朦的柔美。……往往，大旅途里最具风味的，是这种一日来回的"便游"（side trip）。②

王伟明《回到壮丽的光中——余光中答客问》：一九七六年八月在伦敦，罗伯特·罗威尔和我在国际笔会的年会上，同台论诗，主持人为史班德（Stephen Spender），另一同台讲者为英国桂冠诗人贝吉曼（John Betjeman）。③

8 月 29 日，游伦敦塔。④

8 月 30 日，游莱斯特（Leicester）。⑤

8 月，发表《天狼仍嗥光年外——〈天狼星〉诗集后记》，刊《中外文学》第 5 卷第 3 期。

8 月，第十一本诗集《天狼星》，由台北洪范书店出版，为"洪范文学丛书 1"。本书收录 1960 ～ 1963 年创作于台湾的长诗《天狼星》之修订稿，以及《少年行》《大度山》等 4 首，有后记《天狼仍嗥光年外》。1981 年 5 月、2008 年 10 月再版。【按：《少年行》1960 年在《现代诗》季刊上发表时原题《气候》。】

余光中《天狼仍嗥光年外——〈天狼星〉诗集后记》：中国文学在长诗方面可谓先天不足，尤以叙事诗为然。诗经十五国风中最长的《七月》是八十八句，大雅中最长的《抑》是一百一十四句。把大雅三十一篇加起来，只得一六一六句，相当于《伊里亚特》或《唐璜》的十分之一。《离骚》不过三五四句。《孔雀东南飞》是三四七句。李白最长的诗，五言的《经乱离后天恩流夜郎忆旧游书怀赠江夏韦太守良

① 余光中：《青青边愁》，第 15 页。
② 《幼狮少年》第 95 期（1984 年 9 月）。
③ 王伟明：《诗人诗事》，第 230 页。
④ 据高雄中山大学余光中文学数位馆"余光中私家纪念之四十四、四十五"。
⑤ 据高雄中山大学余光中文学数位馆"余光中私家纪念之四十三"。

宰》，只一六六句，八三〇字。杜甫最长的诗，也是五言的《秋日夔府咏怀奉寄郑监李宾客一百韵》，隔行用韵，正好二百句，一千字。就算把唐以前的长赋也列进去吧，不但极为闻名的《高唐赋》，《神女赋》，《鹏鸟赋》，《洛神赋》等都很短，即《两京赋》《三都赋》等长篇也不算怎么长，而极长的《西征赋》也只有四千三百多字。

篇幅如此，性质又如何呢？希腊人所说的诗，往往不是纯指抒情诗，而是指叙事诗与戏剧，尤其是史诗与悲剧。……总之，一部西方诗史，叙事诗与抒情诗简直是分庭抗礼，而一部中国诗史，则以抒情诗为主流，所以《大序》的诗论可以用于中国绝大部分的古典诗。诗有三义，曰赋比兴。赋似乎是三义之中最接近叙事的诗的一种，但是仍有颇大的距离。……中国叙事诗先天既不足如此，后天不幸又失调。五四以来的新诗虽亦不乏长篇巨制，但能不失张力且耐人寻味的佳作，仍极罕见。像《蚕马》《吹号者》《自己的写照》，甚至七百多行的《宝马》等作品，迄未能为新诗的长篇，尤其是叙事诗，奠下基础。……现代诗中的长篇作品，失败的很多：以前的失败，往往在于意深词踬，晚近的失败，又往往在于意浮文散。比兴与赋之间，应该如何"酌而用之"，以臻于不踬不浮之境，乃是现代诗人在写长诗时必须接受的考验之一。希望能以《天狼星》的失败，供其他作者的前车之鉴。[1]

陈芳明《回望"天狼星"》：大致上说，洛夫批评《天狼星》技巧上的缺失，可以说是相当准确的。更值得注意者，余光中修订旧稿时，也几乎都接受了洛夫的批评。……新稿更动最剧之处，竟有整节诗重写的。……新旧两稿相互对照，从前那种豪迈之气已消失殆尽。……从新稿看来，余光中的语言更趋精简。精简不是文言化的同义字，而是白话经过了一番提炼。……新旧《天狼星》，正是浪子回头的最好写照。……本文的结论如下：第一、《天狼星》的失败，是现代主义失败的一个证据。……第二、由于过多的感情投入个人的记忆里，诗中记录的大多是个人的经验。……第三、《天狼星》的失败，乃在于诗人一厢情愿地认同现代主义。……第四、《天狼星》代表六〇年代诗人普遍的矛盾。……如今，我们回望《天狼星》，当可体会台湾新诗的发展，

---

[1] 余光中：《余光中集》第一卷，第482～484页。

是如此崎岖艰难。①

　　罗青《百年文学一光中——怀余光中先生》：十五年后，余光中在订正出版《天狼星》（一九七六）时，从善如流，接纳洛夫批评中肯之处，大幅修改全诗，留下了一段佳话。②

　　9 月 1 日、10 月 1 日，发表散文《闻一多的三首诗》（上、下），刊《今日世界》第 547、548 期；后收入《青青边愁》（1977 年版）。

　　9 月 12 日，写评论《想象之真》，刊 10 月 3 日至 5 日《联合报》；后收入《青青边愁》（1977 年版）。

　　9 月，写散文《从西岸到东岸——第四度旅美追记》，后收入《青青边愁》（1977 年版）。

　　9 月，写散文《茱萸之谜》，后收入《青青边愁》（1977 年版）。

　　9 月，纪馥华发表《白话、文言、现代诗——从语文的角度看余光中的诗与诗论》，刊《抖擞》第 17 期。

　　10 月，写散文《不朽，是一堆顽石？》，刊 10 月 22 日至 23 日台北《中国时报》第 18 版；后收入《青青边愁》（1977 年版）。该文写于游览伦敦西敏寺之后，末云：

　　这世界，来时她送我两件礼物，一件是肉身，一件是语文。走时，这两件都要还她，一件，已被我用坏，连她自己也认不出来，另一件我愈用愈好，还她时比领来时更活更新。

　　10 月，发表《论汉明威》《诗二帖》，刊《幼狮文艺》第 44 卷第 4 期。

　　11 月 1 日，发表散文《茱萸之谜》，刊《今日世界》第 549 期。

　　同日，温任平发表《析余光中的〈长城谣〉》，刊香港《诗风》第 54 期。

　　11 月 2 日，美国全民投票选举总统，共和党时任总统福特（Gerald Rudolph Ford）和民主党的总统候选人卡特（Jimmy Carter）角逐，卡特于次日获胜。福特及其家人在电视上出现，由福特夫人发言，承认败选。

　　11 月 4 日，作诗《慰一位落选人》，刊 12 月 20 日《联合报》；后收入《与永恒拔河》（1979 年版）。该诗以美国大选为题材。

---

①　《书评书目》第 50 期（1977 年 6 月）。
②　李瑞腾主编：《听我胸中的烈火——余光中教授纪念文集》，第 94 页。

> 黄维樑《余光中的〈慰一位落选人〉》：余光中《慰一位落选人》这首诗，文字精炼、事义妥贴、形象生动、取譬巧妙、结构谨严，运用春秋史笔，作讽谕褒贬，尖刻庄重，兼而有之，是一篇佳作。①

11 月 10 日，作诗《撑杆跳选手》，后收入《与永恒拔河》（1979 年版）。

11 月 11 日，写散文《新诗的评价——抽样评郭沫若的诗》，后收入《青青边愁》（1977 年版）。文中指出中国的新诗上承古典，旁采西洋，必须探究这两方面，才能对新诗的来龙去脉和成败得失有一个通盘的认识。

11 月 16 日，作诗《公无渡河》，刊 11 月 28 日《联合报》；后收入《与永恒拔河》（1979 年版）。这是一首古诗的翻新，用以表现香港经常可以听到或看到的"文化大革命"期间逃亡偷渡的惨剧。

> K. Leung《余光中访谈录》：还有《公无渡河》这首诗。这首诗像一首对位曲，不是吗？将古典诗歌与现代用语结合起来，又将现代用语与古音相对照，我觉得更可达到一种音调效果。②

11 月，参与"香港校级朗诵节"。

> 余光中《青青边愁》：每年十一月举办的"香港校际朗诵节"，参加的中、小学生在千人以上……这种种活动我不免都要参加，不是担任主讲，就是担任评判。③

12 月 1 日，发表散文《从西岸到东岸》，刊《今日世界》第 550 期；后收入《青青边愁》（1977 年版）。

12 月 25 日，发表 "The Truth of Imagination"（《想象的真理》），刊 *The Taipei Chinese PEN* 冬季号。

是年，写评论《闻一多的三首诗》，后收入《青青边愁》（1977 年版）。文中指出闻一多的格律诗理论太浅显单纯，用来纠正胡适、冰心等的散漫也许有效，但用来开启谨严而完整的诗体就嫌不足。更糟糕的是，所谓"建筑的美"在新月派晚辈作者的笔下往往沦为填字与凑词。而在节奏方面，闻一多的诗也或自由而至于散漫，或整齐而陷于刻板，还没有把握到

---

① 《明报月刊》1974 年第 4 期。
② 《红岩》1998 年第 6 期。
③ 余光中:《青青边愁》，第 310 页。

适度的弹性。

温迪雅《乡愁是一种情结——余光中访谈录》：刚开始，像徐志摩、闻一多等人对我都有相当的影响，当然也受过西方浪漫派的影响。不过，从头到尾，受中国古典诗的影响更大。[①]

《南方周末》（2017 年 12 月 20 日）：○诗坛的赛车手和指挥家——我与余光中接触的几种方式（白灵）○后来再追索，也才知他与新月派诗风的关联，尤其五〇年代豆腐干体、形式整齐还押了韵脚的诗形，但后来转学闻一多《奇迹》一诗长达四十九行不分段、一气呵成的诗形，贯穿了余氏后来的不少诗作。加上他西方留学经验、译诗经验、以及深受东方古典诗的熏陶，使得他在六〇、七〇年代有极大的转折与混杂。

是年，于香港中文大学与何达对谈。

古剑《余光中的香港相思》：越一年，他与香港诗人——闻一多、朱自清的得意门生何达，在中文大学举办诗歌对谈，我当时任《中文学习》编辑，老板约我同去参加，于是初见余光中的儒雅。在香港这个复杂的环境中，余光中显出初来乍到的小心谨慎，与豪放的何达大谈"四人帮"的样板小靳庄诗歌相映成趣，给我留下深刻的印象。[②]

1977 年（丁巳）　　50 岁

1 月 1 日、2 月 1 日，发表散文《高速的联想》（上、下），刊《今日世界》第 551、552 期；后收入《青青边愁》（1977 年版）。

2 月 5 日，舒明发表《诗人之思——兼谈余光中两近作》，刊《香港时报》。

2 月，何福仁发表《城市的灵视》，刊香港《罗盘》第 2 期。该文经摘录改题《略评"沙田之秋"和"旺角一老媪"》，收入黄维樑编著《火浴的凤凰——余光中作品评论集》（1979 年版）。

2 月，陈芳明著《诗和现实》，由台北洪范书店出版。书中《回头的浪子》《拭汗论〈火浴〉》《检讨一九七三年的诗评》《余光中》等文论及余氏作品。

① 《江海侨声》1998 年第 15 期。
② 古剑：《聚散》，北京：海豚出版社，2014 年，第 154 页。

3月1日、4月1日，发表散文《思台北，念台北》（上、下），刊《今日世界》第553、554期；后收入《青青边愁》（1977年版）。

3月18日，写散文《卡莱尔故居》，后收入《青青边愁》（1977年版）。

3月31日，作诗《唐马》，后收入《与永恒拔河》（1979年版）、《风筝怨》（2017年版）等。诗中由展馆里的三彩陶马，浮想联翩，咏赞的是中华民族慷慨御敌的尚武精神。

3月，写散文《思台北，念台北》，后收入《青青边愁》（1977年版）。

3月，诗集《白玉苦瓜》，由台北大地出版社三版。有三版自序。1981年7月、1986年9月又版；2008年5月台北九歌出版社新版，书前另有《破除现代诗没有读者的谣言——一九七四年大地版三版序》。

春，发表评论 "Impersonality in Poetry: A Second Thought"，刊 *Renditions*（《译丛》）第7期。

4月7日，作诗《半岛上》，刊4月17日《联合报》；后收入《与永恒拔河》（1979年版）。

同日，发表《杨弦杨弦！》，刊台北《中国时报》第16版。

4月8日，作诗《火把》，后收入《与永恒拔河》（1979年版）。

4月12日，作诗《黄金城》，刊5月10日《联合报》；后收入《与永恒拔河》（1979年版）。

4月15日，香港大学文社发表《造访余光中》，刊香港《四分一》。

4月18日，作诗《望边》，后收入《与永恒拔河》（1979年版）。

4月，黄维樑发表《余光中的〈慰一位落选人〉》，刊香港《明报月刊》第12卷第4期；后收入《火浴的凤凰——余光中作品评论集》（1979年版）。

5月，写散文《花鸟》，后收入《青青边愁》（1977年版）、《余光中幽默文选》（2005年版）。

5月1日、6月1日，发表散文《花鸟》（上、下），刊《今日世界》第555、556期。

5月、6月，陈芳明发表《回望"天狼星"》，刊《书评书目》第49、50期；后收入黄维樑编著《火浴的凤凰——余光中作品评论集》（1979年版）。该文解释《天狼星》的背景，指出诗中传统和现代两种力量的冲突，并比较新旧两篇《天狼星》的成败得失。略云：

　　虽然余光中选择了几位诗人的生活背景，以素描当时现代主义的精神，然而整首长诗暗示的，也还只是余光中个人的思想状态。因此，我们可以推测，余光中为现代主义者立传的理由，只不过是表达他当时的文学思想，进而表达他当时对文化前途的观感。无论如何，把《天狼星》当做一首长叙事诗，或是一首史诗，都是错误的。它仅仅是一首组合诗，尝试从各个不同的角度，向内省察自己的思想，并向外观察文化的前途。

6 月 24 日，写散文《论朱自清的散文》，后收入《青青边愁》（1977年版）；又刊 1992 年《名作欣赏》第 2 期。该文后在大陆学界引起广泛讨论。其中关于比喻的争论主要集中在两点，一是《荷塘月色》中比喻的优劣，二是喻体的"女性意象"问题。

　　丁宗皓《在传统与现代之间——余光中先生访谈录》：我写过一篇分析朱自清散文的文章，我认为他的散文题材比较狭窄，语言不够开阔。我不否定他们这一代人的贡献，他们已经完成了自己的任务。我认为过了几十年还要把他们奉为经典，这就太迂阔了。[①]

6 月 25 日，凭吊蔡元培先生之墓，写诗《蔡元培墓前》，后收入《与永恒拔河》（1979 年版）。

　　余光中"附识"：一九三七年抗战爆发，那年冬天蔡元培先生带了家人南来香港养病。一九四零年三月五日逝于香港，葬于香港仔华人永远坟场。三月十日举殡，全港下半旗志哀。五四元老，新文化保姆长眠于此，是香港无上的光荣，但事隔四十年，似已不再为人注意。屡次向人问起，只悉蔡先生是葬在香港本岛西南端的香港仔，却苦于不知确切的墓址。去年初夏，诗人黄国彬终于打听到香港仔华人永远坟场的电话号码，打电话去问。守墓人显然不知道蔡元培是谁，几经盘诘，才犹豫说道："也许你们是找'蔡老师'的墓吧。那我知道，可以为你们带路。"于是在六月二十五日那天，由我驾车，载了周策纵教授、黄国彬先生、吴彩华同学及我存，同去凭吊蔡墓。坟场依山面海，俯瞰日趋繁荣的香港仔市区，但山径上下，碑石纵横，若非守墓人殷勤引路，真要"踏遍

---

　　① 《当代作家评论》1997 年第 6 期。

北邙三十里，不知何处葬斯人"了。蔡墓格局既隘，营造亦陋，一方碑石高不及人，除"蔡子民先生之墓"七个红字以外，别无建墓何年立碑何人的字样，比起四周碑铭赫赫亭柱俨然的气派，显得十分萧条。扫墓人千千万万，知蔡元培者恐已日寡，知子民何人者当就更少了。

诗中的"六十年"指"五四"距今之约数。"周公"指周策纵。"黄郎"指黄国彬，"中间的一代"是自称。三人齿分三代，而周公自美国来，黄郎在香港生，作者则来自台湾；足见人无少长，地无遐迩，孺慕之情同此一心。当时约定，事后必有诗文以志。周公笔健，新诗古体均早刊于《明报月刊》。黄郎的《游蔡元培之墓》也已见他的新诗集《地劫》。我的小品交卷最迟，但对周公、黄郎也总算有个交待了。戊午清明追记于沙田。

余光中"再记"：前文记于一九七八年四月，发表后不久，北大旅台港校友会在香港仔原址为蔡故校长扩建新墓落成，并于五四之日盛大公祭。今日游人所见蔡墓，不复旧日残景。一九七九年三月补述。

6月，杨升桥发表《余光中的〈北望〉和〈九广铁路〉》，刊马来西亚《蕉风》第292期。

6月，洛夫主选的《中华文艺》诗专号出版，收有萧萧、张汉良、李瑞腾、张荣春等5家诗论和马觉、汪启疆、余光中等55家诗作。

7月1日、8月1日，发表散文《略论朱自清的散文》（上、下），刊《今日世界》第557、558期；9月又刊《中外文学》第6卷第4期，题作《论朱自清的散文》。

7月14日，欣赏现代民歌演唱。

台北《中国时报》（1977年7月15日）：○本报讯：余光中昨欣赏现代民歌演唱○

台北《中国时报》（1977年7月16日）：○本报林馨琴：我们不要"靡靡"的民歌！余光中教授希望年轻歌手们 歌词应有深度不要无病呻吟○

7月15日至8月6日，彭歌（彭品光）以短论拼成文章的形式发表《不谈人性，何有文学》，刊《联合报》副刊。该文点名批评了三名"乡土文学"主将：王拓、陈映真和尉天骢。作者直截了当地把"乡土文学"判成是鼓吹"阶级斗争"的文学。这无疑向台湾文艺界投下一枚重磅炸弹。

8 月 8 日，作诗《大停电》，后收入《与永恒拔河》（1979 年版）。

8 月 10 日至 12 日，桂文亚发表《诗人如是说——余光中访问记》（上、中、下），刊《联合报》第 8 版。

8 月 18 日，南方朔以笔名"南亭"发表《到处都是钟声》，刊台北《中国时报》。该文旗帜鲜明地支持乡土文学的发展。

8 月 20 日，发表《狼来了》，刊《联合报》第 12 版。该文影射台湾的乡土文学。此后台湾掀起一场激烈的意识形态之战，卷入论战的在台湾有陈鼓应、陈映真、高准，在香港有《盘古》杂志等。

胡秋原《谈"人性"与"乡土"之类》：有一位朋友来谈，说到台湾文艺界有"人性"与"乡土"的论争，前者攻击后者是主张"工农兵文艺"，是主张"阶级对立"。……次日，他寄来四张《联合报》剪报两文。一篇《狼来了》，一篇《不谈人性，何有文学》。……这几年来，有人抛给广大作家的帽子有奴性……崇洋媚外很多顶了，现在轮到他叫"狼来了"。"如果帽子合头，就不叫戴帽子"，叫"抓头"。"戴帽子"与"抓头"二者毕竟是同一动作。而且，后者更厉害一点。因为万一帽子不合头，是否要削头适帽呢？但"狼来了"之标题，毕竟有一点开玩笑之意……然而主张人性的作者不对崇洋媚外谴责，而专对乡土文学"诘责"。这大概由于他"支持和同情"之病。……被人指摘"崇洋媚外"时，不据理反驳，只叫"狼来了"（纵使都是戴帽子，前者是潮流，后者要坐牢的），还说是"敦厚温柔"，这些文字如非自我反讽，都是难于理解的。[①]

徐复观《评台北有关"乡土文学"之争》：关于后者之所谓"狼"是指这些年轻人所写的是工农兵文学，是毛泽东所说的文学，这种文学是"狼"。写此文的先生，也感到这是在给这些年轻人戴帽子，但他认为自己已给人戴不少的帽子，则现在还他们一顶，也无伤大雅。不过这里有两个问题：一是这位给年轻人所戴的恐怕不是普通的帽子，而可能是武侠片中的血滴子。血滴子一抛到头上，便会人头落地。二是所谓"反共"的方法问题。……这类的做法，只会增加外省人与本

---

① 台北《中华杂志》第 170 期（1977 年 9 月）。

省人的界线，增加年长的与年轻人的隔阂，其后果是不堪设想的。[①]

　　胡凌武《关于台湾"乡土文学"的论战》：如果说"不谈人性，何有文学"是常规武器，则 8 月 20 日《联合报》所刊的另一篇文章便是拥有核子弹头的导向飞弹，这就是由诗人余光中所写的《狼来了》。文章不长，只有二千余字，但却抄引了近三百字的毛泽东语录，以此来证明"乡土文学"就是大陆的"工农兵文艺"。"狼来了"的要害处是暗示"乡土文学"是共产党在台湾搞起来的，仅此就足以置"乡土文学"于死地。……一时间台湾文坛杀伐之声四起，大有将"乡土文学"诸君子绑赴刑场斩立决之概。……然而，在此千钧一发之际，却闻来了两名老将，大喊一声："刀下留人！"首名老将是"立法委员"胡秋原……第二名老将是名政论家徐复观……胡、徐一出马，"乡土文学"诸君子才从惊魂中清醒过来，也就先后写了反击围剿"乡土文学"的文章。[②]

　　《南方周末》（2017 年 12 月 20 日）：〇诗坛的赛车手和指挥家——我与余光中接触的几种方式（白灵）〇余光中一篇《狼来了》，搅翻一缸水，认同本土作家认为余氏将他们写台湾劳动百姓的文学与有"恐共"心理的"工农兵文学"划上等号，隐含了为国民党当"血滴子"的嫌疑，因此群起攻之，从此对余氏的声誉造成不小损伤。因此不同意识形态的"大乡土"（认同大陆）与"小乡土"（认同本土）的"两个乡土"，就成了七〇、八〇年代最重要的符码和象征，而余光中仍在此争端的风头上，无法免于波及，即使那时他正在香港教书，一待十一年（一九七四——一九八五），写了一百六十三首诗。

8 月 21 日，作诗《赤子裸奔》《暮色之来》，后收入《与永恒拔河》（1979 年版）。

8 月，于香港写《离台千日——〈青青边愁〉后记》，刊 12 月 18 日《联合报》第 12 版；后收入《青青边愁》（1977 年版、2010 年版）。

8 月，郑明娳发表《从余光中的散文理论看其作品》，刊台北《中华文艺》第 78 期；后收入郑著《现代散文欣赏》（台北东大图书公司 1978 年版）。

8 月，张汉良、张默主编《中国当代 10 大诗人选》，由台北成源文化

---

① 台北《中华杂志》第 171 期（1977 年 10 月）。
② 香港《东西方》（1979 年 4 月）。

图书供应社出版。被确定的"10 大"诗人为纪弦、羊令野、余光中、洛夫、白荻、痖弦、商禽、罗门、杨牧、叶维廉。该书选其代表作 200 余首，每家附有小传、小评、相片、手迹及作品评论目录。

9 月 4 日，许文雄发表《余光中看乡土文学》，刊《自主晚报》第 3 版。

9 月 10 日至 12 日，王拓发表《拥抱健康的大地》，刊《联合报》。文中批驳彭歌。

9 月 24 日，杨明发表《余光中的星星点点》，刊台北《中华日报》第 11 版。

9 月，在香港中文大学开设"现代文学"和"创作"两门选修课程。

《明报月刊》（2018 年第 1 期）：〇异材秀出千林表——吾师是余光中（黄秀莲）〇在一九七七年我升上大二，可以修读他开的"现代文学"课了。选科程序是先得教授签名同意，地点在崇基教学楼。……景慕诗人的学生为数不少，本来四十名额，却有一百二十多人报名，破了中文系记录。教室便从联合移师新亚人文馆。

樊善标《飞鹅山上——敬悼余光中老师》：两个学期的"现代文学"则是二年级的选修科，有点补足新文学史知识的意味，但不要求全选。那年余老师和黄维樑老师各教一学期，余老师教新诗、散文，黄老师教小说、戏剧，我的兴趣在古典科目，只修了上学期，浅尝辄止。"现代文学"表面上是分文类讲授，但余老师以尹肇池（即温健骝、古兆申、黄继持三位的谐音合名）所编《中国新诗选》及一本现在已难买到的李采靡所编《中国现代散文选》作教科书，选篇讲评，仍是顺时序而教，重点在五四至三、四〇年代。余老师表达异常清晰，评析作品单刀直入，极少不相干的闲话。讲课的内容有些已写成论文，收于《青青边愁》《分水岭上》二书，但还有颇多精微之论随风而逝。未免可惜，例如说何其芳的散文句式欧化而冗赘，举《哀歌》为例……语病严重，尽管作者是凭记忆借用"一部法国小说中的话"，也说不过去；但何诗的收笔往往有佳句，例如《岁暮怀人之二》……同一年还有一个"创作"选修科，余老师教新诗、散文，小班上课，机会难逢。……①

9 月，为马华作家方娥真的诗集《娥眉赋》作序，题为《楼高灯亦

---

① 《二十一世纪》第 165 期（2018 年 2 月）。

愁——序方娥真的〈娥眉赋〉》，后收入《井然有序》（1996 年版）。作者以诗论诗，对方娥真诗的主题、文字等颇多着墨。

9 月，胡秋原发表《谈“人性”与“乡土”之类》，刊台北《中华杂志》第 170 期。文中认为《狼来了》的标题属学术上的修辞手法，但他认为这一比喻貌似开玩笑，其实里面有严肃的政治内容，弄不好是要坐牢的。作者同情乡土文学，反对崇洋媚外，反对政府介入文学论争。

10 月 21 日，重阳节，于香港为新译《梵谷传》写序。

10 月，台北《中华杂志》第 171 期刊登陈映真的《建立民族文学的风格》和徐复观的《评台北有关“乡土文学”之争》，前者对彭歌进行反击，并要求立即停止对乡土文学的诬指；后者反对在中华文化复兴的虚伪口号下，疯狂地将中国人的心灵彻底出卖给外国人的做法，由此肯定乡土文学的民族性。

10 月，出席在香港艺术中心举行的“中诗朗诵晚会”。

10 月，彭碧玉发表《会心会面谈文艺——余光中》，刊《幼狮文艺》第 286 期。

10 月，李瑞腾发表《驳斥陈鼓应的余光中罪状》，刊《诗脉》季刊第 6 期。

11 月 11 日，周安仪发表《余光中的“诗路”》，刊《青年战士报》第 11 版。

11 月 22 日，致信黄维樑。

> 维樑：
>
> 　　昨夕兄去后，成小诗一首。此情此景，久有入诗之意，而苦不得句。昨夕挥笔立就，得来浑不费力，想兄之来，冥冥之中带来灵感之故。影印一份奉请斧正，亦以为不负山神水灵乎？匆匆即颂
> 　　午安
>
> 光中　十一月廿二日 ①

11 月 26 日，作诗《苍茫来时》，刊 12 月 16 日台北《中国时报》；后收入《与永恒拔河》（1979 年版）。该诗后被用于他自己的丧礼上。

---

① 黄维樑：《大师风雅——钱锺书、夏志清、余光中的作品和生活》，第 146 页。

　　胡燕青《来得太早的苍茫时刻——敬悼余光中先生》：丧礼上，画家、诗人罗青先生为光中先生述史。他选了光中先生于很多年前写的《苍茫时刻》来送别先生。我读着这首诗，心里哀恸。光中先生写死亡写得多么真切啊。当时六十岁的他可能早就想到了今日这苍茫时刻。[①]

　　同日，周清啸发表《现代诗的捍卫者——谈余光中的诗》，刊《文讯》。

　　11 月，写评论《徐志摩诗小论》，后收入《分水岭上》（1981 年版）。文中指出徐志摩的诗虽然不是篇篇都好，但在新诗上的贡献仍大有可观。略云：

　　　　论者常说徐志摩欧化，似乎一犯欧化，便落了下乘。其实徐志摩并不怎么欧化，即使真有欧化，也有时欧化得相当高明。他的诗在格律上，句法上，取材上，是相当欧化的，但是在辞藻和情调上，仍深具中国风味。其实五四以来较有成就的新诗人，或多或少，莫不受到西洋文学的影响；影响不在有无欧化，而在欧化得是否成功，是否真能丰富中国文学的表现手法。欧化得生动自然，控制有方，采彼之长，以役于我，应该视为"欧而化之"。欧化得拙笨勉强，控制无力，不但未能采人之长，反而有损中文之美，便是"欧而不化"。新文学作家中文的毛病，一半便由于"欧而不化"。……

　　　　徐志摩的诗当然不能篇篇这么好，大致说来，他的诗能快而不能慢，能高亢而不能沉潜，善用短句而拙于长句，精于小品而未能驾驭长篇。[②]

　　11 月，黄唯真发表《请问余光中，谁家"狼来了"？》，刊《争鸣》第 1 期。

　　11 月，陈鼓应发表《评余光中的颓废意识与色情主义——评余光中》，刊台北《中华杂志》第 172 期。

　　12 月 1 日、1978 年 1 月 1 日，发表散文《徐志摩诗小论》（上、下），刊《今日世界》第 562、563 期。

　　12 月 14 日，作诗《沙田秋望》，后收入《与永恒拔河》（1979 年版）。

　　12 月 15 日，作诗《船湾堤上望中大》，后收入《与永恒拔河》（1979 年版）。

---

　　① 李瑞腾主编：《听我胸中的烈火——余光中教授纪念集》，第 270 页。
　　② 余光中：《分水岭上》，台北：九歌出版社，2009 年，第 15 ～ 21 页。

樊善标《飞鹅山上——敬悼余光中老师》：写于一九七七年十二月的《船湾堤上望中大》，当时余老师在中大任教了三年多，已经适应了环境，开始好奇地探索校园以外的地方。这首诗上承《白玉苦瓜》已臻圆熟的诗艺，语言典雅自如，每行长短参差，但自有一气贯注的节奏感，结构上则把空间的距离转化为时间的流逝，预言"十年后"离港他去，"隔海回顾如前尘"。不想仅八年就下山了。①

12月18日，发表《从惨褐到火山黄——〈梵谷传〉新译本译者序》，刊《联合报》第12版。

12月19日，作诗《听瓶记》《瑜伽》，后收入《与永恒拔河》（1979年版）。

12月25日，发表《暮色之来》，刊《联合报》。

12月，圣诞节前后，应邀赴香港上智英文书院、乐道英文中学联校举办的第二届"文艺生活营"演讲。

朱国能《不废江河万古流——敬悼恩师余光中教授》：联校的文艺生活营每年举办一次，第二届再度邀请余教授为主题讲座……这是一九七七年十二月圣诞节前后，地点在香港粉岭浸会园。……余光中教授这次讲三〇年代的新诗。②

12月，发表《楼高灯亦愁——序方娥真的〈峨眉赋〉》，刊《幼狮文艺》第46卷第6期；收入方峨眉著《峨眉赋》（台北四季出版公司1977年12月版）。

12月，《余光中怎样理解戴望舒的诗》，刊《争鸣》第2期。

12月，纯之发表《传递民族火炬的现代诗人余光中》，刊《空中》。

12月，陈鼓应发表《评余光中的流亡心态——二评余光中》，刊台北《中华杂志》第173期。

12月，散文集《青青边愁》，由台北纯文学出版社出版，收入"纯文学丛书"。本书集结作者香港时期之散文，共分四辑，收录《不朽，是一堆顽石头？》《卡莱尔故居》《高速的联想》《思台北，念台北》等34篇，有《离台千日——〈青青边愁〉纯文学版后记》。2010年3月台北九歌出

---

① 《二十一世纪》第165期（2018年2月）。
② 《新大学·书剑春秋·名人脚踪》（2017年12月18日）。

版社新版，为"余光中作品集 15"，新增《新版前言》。

是年，温任平散文集《黄皮肤的月亮》，由台北幼狮文化公司出版。温在自序中举出张爱玲、叶珊、余光中为现代"三大散文家"，并称余光中"在三位中国现代散文家中，是唯一能以创作、能用理论来肯定、印证现代散文的可能性与延伸性的人"。

1978 年（戊午）　　51 岁

1 月 1 日，洛夫发表《诗坛风云》，刊《联合报》副刊。略云：

> 有人在有意或无知之间公开倡导"工农兵文艺"……今年某一诗刊竟有计划地将数十年前分别发表于各诗刊杂志上有关工人、农民和军人的诗，编凑成"工人之诗""稻穗之歌""号角的召唤"三辑，以图掩饰鬼胎，并嫁祸他人。笔者首先在《中华文艺》诗专号的"前记"中指出他的一条尾巴，但聊聊数语，似乎未能激起反应。及到余光中的一篇《狼来了》敲响了警钟，文坛才为之哗然。【按：此段文字是针对 1977 年 5 月高准主编的《诗潮》诗刊第一集而写的。洛夫的"前言"见 6 月《中华文艺》诗专号。】

1 月 20 日，《与余教授的一席话》，刊《联合学生报》。

1 月 29 日，作诗《白即是美——赠白发初惊的杨牧》，刊 3 月《中外文学》第 6 卷第 10 期；后收入《与永恒拔河》（1979 年版）。

1 月，陈鼓应发表《序〈这样的诗人余光中〉》，刊《夏潮论坛》第 22 期。

2 月 10 日，闻见思发表《现代诗的失落——读余光中〈中国现代文学大系〉诗辑有感》，刊"中央日报"第 10 版。

2 月 12 日，作诗《旗》，后收入《与永恒拔河》（1979 年版）。

2 月 23 日，小紫（黄绮莹）发表《余光中的〈青青边愁〉》，刊《香港时报》副刊；后改题《余光中对台北的深情——读〈青青边愁〉》，收入黄维樑编著《火浴的凤凰——余光中作品评论集》（1979 年版）。略云：

> 在悠闲的清晨，读余光中先生最新的散文集《青青边愁》，别有一种舒缓而神驰物外之感。又是诗人，又是学者的余光中，对中西文

学的博识，令人钦服。……边读边叹服诗人不独遣词用字，恰到好处；行文之间的节奏感，更富魅力。时疾时缓，以文字之声音，语句之节拍，配合文义，娓娓道来。一个联想掀起一个联想，一个思念惹出一段感慨，行云流水，天马行空。妙语佳句不断涌现，却又不会一泻千里，一切仍在诗人掌握中，令人叹为观止。……《青青边愁》里，我偏爱诗人的抒情散文，而抒情散文中，我又最爱《思台北，念台北》。

2月26日，发表诗歌《旗》，刊《联合报》；又刊《文学思潮》第1期；后收入《与永恒拔河》（1979年版）。

同日，作诗《与永恒拔河》，后收入《与永恒拔河》（1979年版）。

同日，周玉蔻发表《余光中陈鼓应访问记》，刊《自立晚报》第3版。

2月28日，作诗《超马》，后收入《与永恒拔河》（1979年版）。

3月14日，作诗《老火车站钟楼下》，后收入《与永恒拔河》（1979年版）。

余光中"附注"：九广铁路的起站原在九龙半岛之南端尖沙咀，现已改道，移去其东之红磡，只留下一座钟楼任人凭吊。

3月16日，阿修伯发表《陈若曦与余光中——修正厝随笔（十二）》，刊《南北极》第94期。

3月18日，发表《审问》，刊台北《中国时报》第28版。

3月20日，中译奥登（W. H. Auden）诗歌《暴君的墓志铭》，刊台北《中国时报》第19版。

3月26日，作诗《清明前七日》，后收入《与永恒拔河》（1979年版）。

3月，李元贞发表《评戴望舒"灾难岁月"的三首诗——兼评余光中的〈白玉苦瓜〉》，刊《夏潮》第4卷第3期。

4月1日，香港大学文社发表《文学？香港？——访问余光中先生》，刊香港《文学》创刊号。

4月4日，作诗《蔡元培墓前》，刊5月4日台北《中国时报》第26版；后收入《与永恒拔河》（1979年版）。

4月23日，作诗《漂给屈原》，后收入《与永恒拔河》（1979年版）。

4月26日，作诗《邮票》，后收入《与永恒拔河》（1979年版）。

4月28日，作诗《那鼻音》，后收入《与永恒拔河》（1979年版）。

4 月，发表诗歌《旗》，刊《文学思潮》第 1 期。

5 月 1 日，发表诗歌《超马——给一位青年骠骑士》，刊《联合报》。

5 月 15 日，黄维樑发表《谁嫁给旧金山？——重读余光中的〈敲打乐〉》，刊《大拇指》第 79 期第 9 版；又刊 1978 年 6 月 15、16 日《联合报》副刊，题为《重读余光中的〈敲打乐〉》；后收入黄维樑编著《火浴的凤凰——余光中作品评论集》（1979 年版）。略云：

> 余光中的《敲打乐》，发现此诗与《离骚》相似的地方很多：不快乐的情绪，国家民族的意识，不很严谨的结构，音乐性，等等。……《离骚》内容复杂，读者不易寻得一条明显的结构脉络，论者因此说此诗的结构不够严谨。《离骚》二字，向来解说不一。有人认为《离骚》可能是楚国古代一种歌曲的名称。从上述的讨论，我们发现在结构和音乐性方面，《敲打乐》和《离骚》有这些相近的地方。……《敲打乐》的结构，虽未到最高标准，但全诗气势雄长，读来咄咄逼人，感染力至大。……《敲打乐》能否与《离骚》同垂不朽，当然有待历史严格的考验。……三十年来写诗不辍的余光中，作品内容丰富，技巧精绝，风格多变，是五四以来极少数成就最大的诗人之一。

5 月 17 日，发表《从惨褐到灿黄——〈梵谷传〉新译本译者序》，刊《联合报》第 12 版。

5 月 28 日，作诗《哥本哈根》，后收入《与永恒拔河》（1979 年版）。

5 月，重译欧文·斯通著《梵谷传》，由台北大地出版社出版。该作是译者用力最深的一部作品。

> 单德兴《第十位缪斯——余光中访谈录》：大概过了二十年，我在香港中文大学的时候，姚宜瑛的大地出版社有意重新出版，于是我花了十个月的时间，改了一万多处——三十几万字的翻译，我改了一万多处。[①]

> 金圣华《余光中的"别业"：翻译——余光中教授访问录》：我译过的都喜欢，否则也不译了。……也许可说是《梵谷传》吧！这本书得到的回响最多，反应最强，除了翻译外，还是对艺术的提倡，翻好

---

① 单德兴：《却顾所来径——当代名家访谈录》，第 188 页。

了，后面还要做一个表，把书中提到过的艺术家简历都列出来，做得
比翻译多一点。……主要的是因为到一九七七年我中文的风格已定，
但一九五七年到一九七七年间的差异却很大。一九七七年，一个人
已到了五十岁，写文章的风格再犹豫，大概太晚了。……其实这就是
译文表达的问题。译者的风格是免不了有 "stylistic range" 的，这种
"range" 愈广、愈大，就愈有周转回旋的余地。①

5 月，姚立民发表《找出余光中的病根》，刊《南北极》第 96 期。

5 月，陈鼓应著《这样的 "诗人" 余光中》，由台北大汉出版社出版。
内收作者 1977 年 11 月、12 月先后在台北《中华杂志》所刊两篇文章:《评
余光中的颓废意识与色情主义》和《评余光中的流亡心态》。该书集中对
余光中进行批评。他斥责余光中的诗歌 "散布颓废意识、散播色情主义";
又称余光中的诗歌充满 "买办意识" "流亡心态"，"助长牙刷主义之风"。
他批评余光中的诗歌具有 "崇洋意识"，甚至 "要把灵魂 '嫁给旧金山'"。
他认为余光中 "沉湎于资本主义的病态社会生活;沉溺于颓废的意识中自
甘堕落"。余光中的诗歌 "崇洋媚外，以致诬蔑祖国同胞与民族文化"。作
者指责余光中 "自诩为继承新月派浪漫主义之余绪"，喊着 "继承传统"
的口号。"余不具清醒的现实主义精神;余不健康，看不到广大辽阔的天
地"。余光中的诗是 "个人的，与时代，中国命运和民众生活无关";他
的诗 "软弱无力、矫揉造作、自弃自渎、囿于自我可怜"。而在诗歌风格
方面，作者认为余光中的 "新古典主义"，不过是承袭历史的颓废面，是
齐梁以来绮丽诗风在新的社会条件下的产物。② 本书连同陈氏 1978 年发表
的《三评余光中的诗》一出，文学界人士议论纷纷，参与争论的有钱学武、
李瑞腾、黄维樑、司马文武、吴望尧、寒爵、姚立民、茅伦、郭亦洞、江
杏僧、孔无忌、田湜、雷公雨、东方望、陈嘉宗等。除了台、港，连新加
坡的《南洋商报》亦刊载香港评论文章。

　　钱学武《余光中的诗传播色情主义?》:陈氏这样的 "余光中论"，
　在演义推理过程中，每每断章取义，以偏概全，甚至曲解、误解余诗
　的主题思想，而对余诗做出不公允的评价，给当代著名诗人余光中乱

---

① 《明报月刊》1998 年第 10 期。
② 陈鼓应:《这样的 "诗人" 余光中》，台北:大汉出版社，1978 年，第 1～63 页。

扣帽子。……余光中基本上是一个抒情诗人，他的诗，写一个现代中国知识分子对国家时代的感受。余诗题材广阔，内容丰富，技巧高超，不愧为当代杰出的诗人。……陈氏在"余光中传播色情主义"一论中，共引例证四十句，分别录自六首诗，占总句数九千三百零七句中的四十句，总篇数的四八八十三之六，可见余诗总量和陈氏例证之比极为悬殊，足以证明陈氏企图以极少部分概括余诗整体，是严重的以偏概全，误导读者，给余诗作出不公正的评价。由此看来，陈氏的"余光中传播色情主义"论完全不能成立。[①]

李瑞腾《驳斥陈鼓应的余光中罪状》：我是认为陈先生这种批评态度和方法，徒然混淆视听，"污染了青年的心灵"，所以有必要加以纠正。……表面看来，陈先生是说得义正严辞，但事实上这是一篇美丽的谎言，充分显露出作者观念的偏执与对事实现象的误解，这种批评行为具有严重的偏差性。……我们只要将他所引的诗句还原回去原诗，就整首诗去推敲分析，就不难看出他是如何的荒废他的哲学训练了。……陈先生不解诗也有"暗喻"这个表现手法……总的来说，陈先生显然是要批评余光中的"人"，却以他的诗作为唯一的内证，这种孤证纵使没有问题，实不足以证明余光中具有"颓废意识"，是一个"色情主义"者，如果我们要讨论余光中这个人，应该从他整个行为系统中去观察，诗充其量只不过是诗人情绪、思想或观念的局部表现，我想"文如其人"的说法是需要做一番合理的解释。[②]

余光中《向历史自首？——溽暑答客四问》：中年以后，我深悟论战之虚妄误人，对逆来的诬评不再接招。陈鼓应编了一整本书，指控我的诗色情而颓废，我一直无言以对。[③]

5 月，与陈裕清、殷张兰熙、姚朋、齐邦媛、王蓝、陈纪滢出席瑞典斯德哥尔摩国际笔会第四十三届年会。在此期间游览瑞典、丹麦及联邦德国。

余光中《北欧行》：一九七八年的初夏，我去斯德哥尔摩开会，

---

① 香港《潮流》（1991 年 9 月）。
② 台北《诗脉》季刊第 6 期（1997 年 10 月）。
③ 《羊城晚报》（2004 年 9 月 11 日）。

顺道游历瑞典，丹麦，西德，乃有半个月的北欧之行。①

　　余光中《记忆像铁轨一样长》：两年后我去瑞典开会，回程顺便一游丹麦与西德，特意把斯德哥尔摩到哥本哈根的机票，换成黄底绿字的美丽火车票。这一程如果在云上直飞，一小时便到了，但是在铁轨上轮转，从上午八点半到下午四点半，却足足走了八个小时。……风火轮上八个小时的滚滚滑行，却带我深入瑞典南部的四省……瑞典南端和丹麦北部这一带，陆上多湖，海中多岛，我在诗里曾说这地区是"屠龙英雄的泽国，伴狂王子的故乡"，想象中不知有多阴郁，多神秘。其实，那时候正是春夏之交，纬度高远的北欧日长夜短，柔蓝的海峡上，迟暮的天色久久不肯落幕。我在延长的黄昏里独游哥本哈根的夜市，向人鱼之港的灯影花香里，寻找疑真疑幻的传说。……联邦德国之旅，从杜塞尔多夫到科隆的一程，我也改乘火车。……乘客稀少，由我独占一间，皮箱和提袋任意堆在长椅上。银灰与橘红相映的火车沿莱茵河南下，正自纵览河景，查票员说科隆到了。……②

6月10日，发表诗歌《漂给屈原》，刊《联合报》。

6月21日，作诗《一百八十秒》，后收入《与永恒拔河》（1979年版）。

6月24日，李齐发表评论文章《爱与自然的奏鸣曲——读余译〈梵谷传〉后感》，刊《台湾新闻报》第12版。

6月25日，作诗《独白》，刊7月12日台北《中国时报》第26版；后收入《与永恒拔河》（1979年版）。

　　黄维樑《和独白的余光中对白》：《白即是美》，《独白》，无独有偶，两首诗都写于1978年。一算，他正好五十岁。年已半百，锦瑟无端五十弦。三十而立，四十而不惑，五十而知天命，而头白，而独白，而说白即是美美即是白。③

　　陈克环《余光中的〈独白〉》：诗人余光中的近作《独白》是一首含意深刻，愈读味愈浓的好诗。……这首诗表现了诗人的感时伤国和与时俱增的思乡之情，而比这些更重要的，则是诗人断然宣告，以他

---

① 台北"中央日报"第34版（1979年1月5日至7日）。
② 《幼狮少年》第95期（1984年9月）。
③ 黄维樑：《大师风雅——钱锺书、夏志清、余光中的作品和生活》，第253页。

的白头与黑夜抗衡，独候黎明的决心。短短十七行诗句，律动着诗人感情变化的节奏，不唯温柔敦厚，更具高洁、坚定不移的情操。[1]

　　侯军、刘静《余光中谈诗　沧海桑田即乡愁》：那时候我正在香港中文大学教书。大陆"文革"的余波未平，当时深圳这只大鹏还没有起飞。而我自己怀乡之情郁郁垒垒，望着深圳河的对岸，心里有很多感慨，就写成了一首诗。当时写文章写诗，很多作品的中心思想是否定"文革"的，于是就有一些偏激的香港友人说我是反华反动的。谁知三十年过后，现在又倒过来了，说我是爱国诗人，其实我从不曾改变。《独白》就写在这种情形之下。《独白》这个题目有两层含义，其一是说自言自语，自说自话，其二是说有时候处于孤立的状态，面对众人的围剿，我以独自一人之"白"，来对抗四周之"黑"，就好像屈原那样，有点"世人皆醉我独醒"的意味。[2]

6 月 27 日，发表诗歌《哥本哈根》，刊台北《中国时报》第 27 版；后收入《与永恒拔河》（1979 年版）。

6 月，姚朋当选为台湾"中国笔会"第四任会长（1978 ～ 1985），殷张兰熙为副会长。

6 月、7 月，陈鼓应发表《三评余光中的诗》（上、下），刊《夏潮论坛》第 27、28 期。

7 月，茅伦发表《也谈余光中——论姚立民之〈找出余光中的病根〉》，刊《南北极》第 98 期。

7 月，创世纪诗社策划举办了"谈诗小聚"系列活动，有讨论余光中的作品。

　　古继堂《台港澳暨海外华文新诗大辞典》：7 月，由"创世纪诗社"策划举办的"谈诗小聚"，每次谈论一个诗人的作品。有褒有贬，开创诗坛坦诚批评的风气。先后被讨论的有：碧果、张默、管管、苏绍连、辛郁、覃子豪、痖弦、余光中、郑愁予、洛夫、罗青、沙穗、叶维廉、罗英、向明、菩提等。[3]

---

① 《明道文艺》（1978 年 8 月）。
② 《深圳特区报》B09（2010 年 8 月 27 日）。
③ 古继堂：《台港澳暨海外华文新诗大辞典》，第 738 页。

8月7日，作诗《菊颂》《夜读》，后收入《与永恒拔河》（1979年版）；前者亦收入《风筝怨》（2017年版）等。

8月10日，写评论《用伤口唱歌的诗人——从〈午夜削梨〉看洛夫诗风之变》，刊10月18日台北《中华日报》第11版；后收入《分水岭上》（1981年版）。

8月12日，作诗《拉锯战》，后收入《与永恒拔河》（1979年版）。

8月，发表诗歌《那鼻音——接痖弦长途电话》，刊《中外文学》第7卷第3期；后收入《与永恒拔河》（1979年版）。

8月，郭衣洞（柏杨）发表《替余光中讲几句话》，刊《南北极》第99期。

8月，接受香港《罗盘》诗刊"诗与生活"专题访问，采访稿刊《罗盘》诗刊第5、6期合刊。

8月，T. A.（陈大安）发表评论文章《评 Lust for Life 的两个中译（林继庸的〈生之欲〉及余光中的〈梵谷传〉)》，刊《书评书目》第64期。

9月4日，作诗《折扇》，后收入《与永恒拔河》（1979年版）。

9月6日，作诗《古瓮记》，后收入《与永恒拔河》（1979年版）。

9月18日，作诗《中秋夜》，后收入《与永恒拔河》（1979年版）。

> 余光中"附记"：戊午中秋，沙田赏月，吐露港上，郁郁苍苍，山色如环。北向的八仙岭后，连绵不绝迤逦无尽的，正是李白和苏轼的，也是我们的故乡。座中海客当然不止四人，除了来中文大学演讲的文月和来港采访的允芃之外，尚有思果、国松、洪娴、佳萝，和维樑优俪，飞觞醉月，一时盛会。中秋之夕，地下提灯，天上放灯，是粤省民俗，行于香港，诗末异象，记实而已。

9月19日，作诗《蟋蟀吟》，后收入《与永恒拔河》（1979年版）、《余光中幽默诗选》（2008年版）。

9月25日，发表 "The Winter as a Warner, Visionary and Constructor of the Future"（《作家是警示者》），刊 The Taipei Chinese PEN 秋季号。

9月，发表《少年时光》，刊《幼狮少年》第23期。

10月2日至3日，胡子丹发表《城南的约会——访余光中谈翻译》，刊台北《中华日报》第11版；又收入《翻译因缘》（台北翻译天地杂志社

1979 年版）。

10 月 11 日至 12 日，何怀硕发表《在痛苦中完成——〈梵谷传〉新译评鉴》（上、下），刊《联合报》第 12 版。

10 月 12 日，发表诗歌《菊颂》，刊台北《中国时报》第 32 版。

> 陈义芝《余光中诗与中国古典——一个"文化研究"角度》：分明是一幅自画像。重九是余光中生日，菊就是他的象征。《菊颂》没有任何一句脱离菊，而没有任何一句不是双关人格、寄托心情，"晚节""茱萸""仙籍""登高"……原本就在历史文化的背景里。整首诗不分节，上句牵引下句，意思不断，语气不断，元气充沛。这种诗体的来源，余光中虽自云"一半是中国古典诗中的'古风'，一半是西方古典诗中的'无韵体'"，也未尝不是得自辛弃疾词的映发。辛弃疾好用典故。用典不难，难在用得恰到好处，用得弥缝无痕，这一点余光中也是高手。[①]

10 月，写评论《连环妙计——略论中国古典诗的时空结构》，后收入《分水岭上》（1981 年版）。

11 月，梁楚发表《什么样的乡愁？——读余光中作品有感》，刊《七十年代》第 106 期。

11 月，周诚真发表《谈余光中的〈象牙塔到白玉楼〉》，刊《南北极》第 101 期。

11 月，东方望发表《这样的"诗人"——看陈鼓应笔下的余光中》，刊《文艺志》第 158 期。

12 月 1 日，作诗《秋兴》，后收入《与永恒拔河》（1979 年版）。

12 月 10 日，作诗《水晶牢——咏表》，刊 12 月 13 日《联合报》；后收入《与永恒拔河》（1979 年版）、《余光中诗选：一九四九——一九八一》（1981 年版）、《风筝怨》（2017 年版）。

12 月 14 日，写散文《沙田七友记》，后收入《记忆像铁轨一样长》（1987 年版）、《余光中幽默文选》（2005 年版）。七友分别是宋淇（林以亮）、高克毅（乔志高）、蔡濯堂（思果）、陈之藩、胡金铨、刘国松、黄维樑。

---

① 苏其康主编：《诗歌天保——余光中教授八十寿庆专集》，第 191 页。

余光中《记忆像铁轨一样长·自序》：集里的《沙田七友记》写于我香港时期的盛时。那时我在沙田已经住了四年，生活大定，心情安稳，不但俯仰山水，而且涵濡人文，北望故国，东眷故岛，生命的棋子落在一个最静观的位置。教了半辈子书，那时第一次住进校园，不但风景绝佳，有助文气，而且谈笑多为鸿儒，正可激荡文思。沙田的文苑学府，高明的人物那时当然不止七位，例如当时久已稔熟的黄国彬，和后来交往渐密的梁锡华，在我的香港时期，便一直是笔墨相濡声气相应的文友。①

12月15日，海奇发表《"白肉矮瓜"及其他——诗人余黑西》，刊香港《文化新潮》第3期。该文使用近似于"大字报"式的恶毒语言对余光中展开人身攻击。略云：

"我以右脚写散文自渎，以左脚写诗渎读众。"这是1970年代省港澳的唯一诗人余黑西的豪语……

对诗人的最重要经验，为他铺好成功阶梯，涉足象牙塔，主要还是他在"爱他妈"大学文艺工作室的学位。

在文艺创作方面，余教授曾与友好同创"黑星"诗社，办黑星诗刊……余教授的诗作已出版的，包括《藕的联想》《脚下雨》《白玉矮瓜》和《大家乐》。前两集是他早期的作品，虽然象征了他的文艺青春期，但是，最具时代代表性的，却是后两集。《白玉矮瓜》是诗人的自我写照，譬喻他自己形似矮瓜、周身白肉，白心而涂上紫红皮肤。

12月28日，作诗《国旗》，后收入《与永恒拔河》（1979年版）。
同日至30日，应邀出席台北"现代诗诠释朗诵会"。

古继堂《台港澳暨海外华文新诗大辞典》：12月28—30日，一项颇具规模的"现代诗诠释朗诵会"，在幼狮文化公司举行。由汪其楣小姐主持，朗诵了杨唤、余光中、方莘、洛夫、罗门、向明、敻虹等20余人的诗作。其中杨唤的诗《我是忙碌的》以手语形式表示，十分别致和叫座。②

① 余光中：《记忆像铁轨一样长》，第2页。
② 古继堂主编：《台港澳暨海外华文新诗大辞典》，第738页。

12 月 30 日，方昂发表《倾斜的铜像——从〈这样的诗人余光中〉谈起》，刊新加坡《南洋商报》"读者文艺"栏。

12 月 31 日，罗青发表《余光中新译〈梵谷传〉（Irving Stone 著）读后》，刊《书评书目》第 68 期。

12 月，发表《连环妙计——略论中国古典诗的时空结构》，刊《明道文艺》第 33 期。

12 月，有名发表《信筒》，刊香港《罗盘》第 8 期。文中评说余光中对第五届青年文学奖新诗高级组冠军得主陈德锦的影响，并提出"余派"的概念。略云：

> 我知你亦有兴趣写一篇《余氏诗派的诞生》，追溯这诗派的因缘、影响和流派等等。余光中诗和评论兼写，更写你认为第一流的散文，有学者教授的美名，他的影响真大，他的模仿者真多，他的诗真可以成派的。我认为，这派有流变就好了，最怕不能变，变不出来。……我读这届文学奖高级组得奖诗作，觉得都十分余光中口吻的，我承认喜读余光中的诗，但读仿作却是另一回事。文学奖的宗旨是"从生活出发"，从生活出发了吗？

12 月，罗青的评论集《从徐志摩到余光中》，由台北尔雅出版社出版，为"尔雅丛书 45"。罗青认为徐志摩与余光中是诗坛的巨匠，一位是革命时代新诗草创时期的大诗人，一位是近二十年来诗坛的代表人物，两者可谓前后辉映着整个诗坛。

冬，写散文《北欧行》，连载于 1979 年 1 月 5 日至 7 日台北《中国时报》第 34 版；后收入《记忆像铁轨一样长》（1984 年版）。

> 余光中《记忆像铁轨一样长·自序》:《北欧行》也是《哥本哈根》同根所生。[1]

是年，沙田帮成员聚首频繁。

> 《大公报》（1993 年 11 月 3 日）:〇沙田出文学——香港文学史料一则（上）（梁锡华）〇在宋淇、余光中、蔡思果、黄国彬、黄维樑和梁锡华这 6 个人中，宋、余两位本来已是文友。……所以这 5 个人从

---

[1] 余光中:《记忆像铁轨一样长》，第 4 页。

1978 年开始，聚首乃多。……论年龄，蔡思果居首，然后是余光中、梁锡华、黄国彬、黄维樑。……由于蔡、梁及二黄这四人对余光中的文学成就评价甚高，所以在这五人之会里头，余光中显为是扛大旗的主将。何况，在校园里面，余府客厅宽敞，书香洋溢，且面对山水美景。这样的一个好地方，自然成为群贤毕至的中心了。这班文学中人，在余府或茶聚、或晚饭，或每逢佳节倍思大陆甚至竟夕倾盖倾心，结果五人成了不党的一群。但余氏从来没有以领袖自居。……以空间而言，这几个人的活动大本营是中文大学校园，特别是六苑二 B 的余府，但机缘巧合时他们也会出离象牙塔，做点推进文学的社会工作。

1979 年（己未）　　52 岁

1 月 1 日，刘邦杰发表《〈梵谷传〉》（Irving Stone 著，余光中译）简介》，刊台北《出版与研究》第 37 期。【按:《梵谷传》入选该刊主办"年度好书"18 种之第 7 种。】

1 月 6 日，下午二时，出席台北新公园露天音乐台举行的"爱国自强朗诵大会"，听众有 2000 余人，提供作品的诗人有商禽、洛夫、羊令野、林锡嘉、碧果、闵垠、辛郁、痖弦、黄威廉、罗门、余光中（《当我死时》）、纪弦等，除部分诗人自诵外，另有师大喷泉诗社、政大长廊诗社、台北商专崇韵诗社及"中央警校"同学组成朗诵队参加合诵。大会于四时许结束。

1 月 7 日，作诗《握手》，刊 1 月 18 日台北《中国时报》第 34 版；后收入《与永恒拔河》（1979 年版）。

1 月 26 日，发表诗歌《枭——二十七年如一夕》，刊《联合报》；又刊 2 月《幼狮文艺》第 49 卷第 2 期。

2 月，张国昌发表《余光中访问记——散文纵横谈》，刊香港《青年文学》第 2 期。

3 月 23 日，发表《〈与永恒拔河〉后记》，刊《联合报》副刊第 12 版。文中详述他四年的沙田生涯。略云：

由于台湾和香港的刊物往往互不相通，四年来的新作常同时刊于

两地，香港的杂志屡刊我诗者是《诗风》和《明报月刊》。《中秋月》
一首仅载于《明报月刊》，从未在台湾发表。《拉锯战》一首初载于
《幼狮少年》，后来加以大幅修改，又在香港的《青年文学》上刊出。

至于专咏香港或与香港地理有涉的诗中，常提到沙田一名，则需
要略加解释。沙田是新界的一个小镇，也是九广铁路中途的一站，南
距九广路起点的红磡，约为北距广东边界之半。中文大学即在其北五
英里的马料水山上，面对湛湛一碧的吐露港海湾，而八仙岭蔽其北，
马鞍山屏其东，山围水绕，日起月落，自成一个天地，我的一千六百
多个日子便俯仰在其中。风景之美，凡来相访的台湾文友，想都留下
颇深的印象。①

3 月，发表诗歌《水晶牢——咏表》，刊《中外文学》第 7 卷第 10 期。

胡燕青《来得太早的苍茫时刻——敬悼余光中先生》：我教得最多
的两首诗，第一首是《水晶牢——咏表》。他对古老手表有很深的感情
和观察。这是个结构紧密、思想精深的作品。里面的句子，真是可堪
念诵……这首诗无论在主题、语言、节奏均无懈可击，我认为是当代
咏物诗的冠军。首先，这首诗的节奏本身就是一个机械表的节奏，它
仿效着齿轮走动的声音……短短的一首诗，竟有这样高的语言张力和
描写能量，哲思层次又高，让我不得不想起王之涣的《登鹳雀楼》。②

袁可嘉《"奇异的光中"——〈余光中诗歌选集〉读后感》：《水晶
牢》一首以一则童话开始，把表中的零件比作被一个恶精灵拐来的奴
工，日夜不休地推着一座磨坊转动，然后引入生命和时间的概念，启
示人们珍惜生命的宝贵和人生的有限。作者对平凡事物有深透的观察，
独到的理解，洞烛哲理于细微，写得自然又有情趣。③

3 月，陈美华发表《从中国文字的特性来探讨中国诗及西方诗的区别
（访问余光中记录）》，刊香港《理工学生报》。

3 月，丝韦发表《爱恋的诗人——余光中》，刊香港《新绿》第 2 期。

3 月，高华发表《〈联合报〉是这样排斥异己——敬答洛夫与余光中》，

---

① 余光中：《与永恒拔河》，台北：洪范书店，1979 年，第 204 ～ 205 页。
② 李瑞腾主编：《听我胸中的烈火——余光中教授纪念文集》，第 262 ～ 265 页。
③ 香港《诗双月刊》（1998 年 6 月）。

刊《夏潮》第 4 卷第 2 期。

4 月 5 日，作诗《湘逝——杜甫殁前舟中独白》，刊 5 月 26 日《联合报》；后收入《余光中诗选：一九四九——一九八一》（1981 年版）、《隔水观音》（1983 年版）等。

> 余光中"附记"：……右《湘逝》一首，虚拟诗圣殁前在湘江舟中的所思所感，时序在那年秋天，地理则在潭（长沙）岳（岳阳）之间。正如杜甫殁前诸作所示，湖南地卑天湿，闷热多雨，所以《湘逝》之中也不强调凉秋萧瑟之气。诗中述及故人与亡友，和晚年潦倒一如杜公而为他所激赏的几位艺术家。或许还应该一提他的诸弟和子女，只有将来加以扩大了。乙未端午于沙田。

> 余光中《余光中诗选：一九四九——一九八一·剖出年轮三十三——代自序》：为了经营《湘逝》，我就花了将近一个月的功夫，把杜甫晚年的诗大致上温习了一遍，并把其中的三、四十首代表作反覆吟味，终于得到不少可以"入诗"的印象和感想，再加以整理，重组，就动手写起初稿来了。从初稿到定稿，大约总要修改七、八次，即使定稿了，也要冷藏半个月甚至两、三个月，才和编者见面。[1]

> 余光中《隔水观音·后记》：总之，不甘落于平面，更不甘止于古典作品的白话版。例如《湘逝》最后的五六句，写的虽然是杜甫，其中却也有自己的心愿，而且暗寓了艺术比政局耐久的信念。[2]

4 月，第十二本诗集《与永恒拔河》，由台北洪范书店出版，为"洪范文学丛书 41"。本书是作者来港后四年半生活的"有诗为证"，按主题分为八辑：九广铁路、沙田秋望、红叶、忆旧游、隔水书、旗、唐马、海祭，收录《台风夜》《沙田之秋》《九广路上》《旺角一老媪》《灯下》等 71 首。有后记《蓦然回首孑然一身》（1978 年 12 月于沙田）及该诗集写作年表。2008 年 10 月再版。

> 余光中《后记》：香港在各方面都是一个矛盾而对立的地方。政治上，有的是楚河与汉界，但也有超然与漠然的空间。语言上，方言和英文同样流行，但母音的"国语"反屈居少数。地理上，和大陆的

---

① 余光中:《余光中诗选：一九四九——一九八一》，台北：洪范书店，2002 年，第 4 页。
② 余光中:《隔水观音》，台北：洪范书店，1983 年，第 177 页。

母体似相连又似隔绝，和台湾似远阻又似邻近，同时和世界各国的交流又十分频繁。……在某些情况下，香港在大陆与台湾之间的位置似乎恰到好处，——以前在美国写台湾，似乎太远了，但在香港写就正好……以前在台湾写大陆，也像远些，从香港写来，就切肤得多。……

以往出诗集，总是顺着写作的时序排列作品。这次改变作风，采取主题分类的方式，编成八辑，也许读者较易把握我近年关心的主题。……我觉得台湾的诗选虽多，别出心裁的编排却少，如果有人编一部现代诗选，不以作者而以主题，风格，或诗体来分类，一定别有面貌，能够新人耳目。……

若干诗篇在发表之后曾引起反应：宋淇先生把《九广铁路》译成英文，刊在《译丛》第五期上；黄维樑先生在一九七七年四月号的《明报月刊》评介《慰一位落选人》；陈克环女士在一九七八年八月号的《明道文艺》推荐《独白》；何福仁先生在《罗盘》第二期简论《沙田之秋》和《旺角一老媪》；马来亚的《蕉风》月刊则先后刊出张瑞星先生的《蟋蟀与机关枪声中的月》（一九七六年二月）和杨升桥先生的《余光中的〈北望〉和〈九广铁路〉》（一九七七年六月）。另有《发树》一首，曾经林怀民先生为云门舞集编舞演出。①

5 月 20 日，台湾《文学评论——古典与现代》刊登李元贞的《试论余光中的 "或者所谓春天"》和《评戴望舒〈灾难岁月〉的三首诗——兼评余光中的〈白玉苦瓜〉》。

5 月 26 日，端午，作诗《夜读东坡句》，刊 7 月 31 日《联合报》；又刊 9 月《幼狮文艺》第 50 卷第 2 期；后收入《隔水观音》（1983 年版）。
【按：在中国古代文人中，苏东坡是余光中最喜欢的一位。何怀硕曾将本诗亲书在书法扇上，并将其赠予余光中赏玩。】

傅光明《余光中：我把自己想像成 "茱萸" 的孩子》：苏东坡他能够豪放，也能够温柔，同时他追求的艺术也是多方面的，因此我觉得蛮羡慕的，所以选为我的一个典范。同时，如果就一个人交友而言，假设有个朋友是苏东坡，我觉得是非常有趣的事情。他有那样的高超、豁达，其实他有中国文化的好几面，比如说有儒家的执着，又有道家

① 余光中：《与永恒拔河》，第 201 ～ 205 页。

的旷达，对佛家也相当的了解。所以他是中国文人的一个通达的心灵。[①]

5月30日至31日，发表《我的第一首诗》（上、下），刊《联合报》第12版。

5月，黄维樑编著《火浴的凤凰——余光中作品评论集》，由台北纯文学出版社出版。本书为余光中作品评论集，以余光中创作文类作为编辑分类项目，全书共三辑：一是诗论，共28篇，含梁实秋的《〈舟子的悲歌〉》、洛夫的《〈天狼星〉论》、陈芳明的《回望"天狼星"》等；二是散文，共9篇，含黄维樑的《余光中：最出色最具风格的散文家》、思果的《"飘然思不群"》、温任平的《现代散文的革新者余光中》、郑明娳的《从余光中的散文理论看其作品》等；三是通论及其他，共7篇，含吴萱人的《多妻的能言鸟》、夏志清的《余光中：怀国与乡愁的延续》、陈克环的《国恨乡愁橄榄诗》等。正文后附录《余光中年表》《余光中著作编译目录》《评论、介绍、访问余光中的文章目录》。戴天称此书为"余学"奠基之作。"余学"之称由此开始。

> 黄维樑《导言》：到现在为止，余光中写了四百多首诗。其中有长达六百行的《天狼星》，也有短仅三数行的，如《戏为六绝句》里面的几首。他的题材，有的来自现实，有的得自想象，极为广阔多面。他从自己开始，写情人、妻子、母亲、女儿、朋友、诗人、画家、音乐家、舞蹈家、学者、名流、哲人、政客等等。生老病死、战争爱情、春夏秋冬、风花雪月，从盘古到自由神像，从长安到纽约，从长江黄河到仙能渡山，从台北到沙田，从奥林匹斯山的诸神到超级公路的现代兽群，从屈原荷马到欧立德（或译为"艾略特"）和叶珊，从嫘祖到妈祖，从黑云石到白玉苦瓜……总之，从天地之大到蟋蟀之小，包罗万象万物。[②]

6月1日，戴天发表《读诗有感》，刊香港《信报》。

6月3日，洛夫发表《兼赠余光中》，刊台北《中国时报》第33版。

6月6日，陈克环发表《火浴的凤凰》，刊台北《中华日报》第11版。

6月10日，克良（黄俊东）发表《火浴的凤凰》，刊香港《明报周刊》。

---

① 傅光明采写：《生命与创作：中国作家访谈录》，第69页。
② 黄维樑编著：《火浴的凤凰——余光中作品评论集》，第8页。

6 月 23 日，写评论《横岭侧峰面面观——论作品中词性之变换》，后收入《分水岭上》（1981 年版）。本文是针对 5 月 28 日台北《中华日报》"文教与出版"栏所刊陈一凡的短文《探究"清浅"的词性》而写的。

夏，写评论《诗的三种读者》，刊 1980 年 1 月《幼狮文艺》第 51 卷第 1 期；后收入《分水岭上》（1981 年版）。略云：

> 读者读诗，有如初恋。学者读诗，有如选美。诗人读诗，有如择妻。读者赏花。学者摘花。诗人采蜜。①

7 月 1 日，施友朋发表《诗人的事业——读余光中近作有感》，刊《香港时报·诗潮》。

7 月 16 日，李国威发表《请戴望舒，原谅余光中》，刊《南北极》第 110 期。

7 月 25 日，作诗《故乡的来信——悼舅家的几个亡魂》，刊 8 月 10 日台北《中国时报》第 30 版；后收入《隔水观音》（1983 年版）。

7 月 26 日，李汉呈发表《评〈火浴的凤凰〉》，刊台北《中国时报》。

7 月，写评论《论中文之西化》，刊 9 月《中外文学》第 8 卷第 4 期；后收入《分水岭上》（1981 年版）、《翻译乃大道，译者独憔悴》（2021 年版）。

7 月，写评论《早期作家笔下的西化中文》，后收入《分水岭上》（1981 年版）、《翻译乃大道，译者独憔悴》（2021 年版）。

7 月，写评论《从西而不化到西而化之》，刊 8 月 10 日至 13 日《联合报》；又刊 11 月香港《明报月刊》；后收入《分水岭上》（1981 年版）、《翻译乃大道，译者独憔悴》（2021 年版）。

7 月，萧萧发表《现代诗导读（上）——〈碧潭〉》，刊《中外文学》第 8 卷第 2 期。

8 月 1 日，宋志英发表《火浴的凤凰》，刊《出版与研究》第 51 期。

8 月 5 日，李瑟发表《余光中谈中西诗的差异》，刊《新生报》第 3 版。

8 月 8 日，夜，与林怀民等同游龙山寺。后于 14 日作诗《夜游龙山寺》，刊 12 月 21 日台北《中国时报》第 31 版；后收入《隔水观音》（1983 年版）。

---

① 余光中：《分水岭上》，第 243 页。

余光中"附记"：八月八日夜里，和怀民同游淡水的龙山寺，寺龄二百岁，兼营茶座，香客寥寥。同座尚有薇薇夫人、殷允芃、林柏樑、林清玄和他的新娘，我存和珊珊，共为九人。

8月11日，患急性盲肠炎住院。后于16日作诗《割盲肠记》，刊8月28日《联合报》；后收入《隔水观音》（1983年版）、《风筝怨》（2017年版）等。

余光中"附记"：八月十一日急性盲肠炎发作，狼狈入院。"国防医学院"民诊处手术高明，医护周密，四日而愈。朋友多情，不免大惊小怪，纷往探视。一场小病赢来多般温馨，所失者小而所获者大，妙哉此病！所以病是生得的，不过要预加选择。例如什么慢性支气管炎之类，缠绵日久，罪由自受，谁也不来疼你。要生，就生急性住院的病，最好还上手术台，引刀一快，速战速决；轰动亲友，也有个形象确定的名目。至于诗中所言，多为借喻，已少写实，只望为我伏魔的医师、护士等等会心一笑，不要误解。

8月15日，自港返台，见到淡水、水畔的观音山，作诗《隔水观音——淡水回台北途中所想》，后收入《隔水观音》（1983年版）。

8月16日，潘秀玲发表《从〈一顾青丝〉到〈再顾已成雪〉》，刊《台湾时报》。

8月20日，李宜涯发表《余光中慑人的光芒》，刊《青年战士报》第3版。

8月，应邀出席香港市政局主办的第一届"中文文学周"专题讲座，演讲《新诗的赏析》。演讲稿后经林翠芬整理，刊1980年3月《中报月刊》第2期。其他讲者尚有胡菊人、白先勇、刘以鬯和蔡思果。

《明报周刊》（2017年12月23日）：○文星辉永余光中（陶杰）○加上其时的英治政府推动文学风气，一九七九年举办了一个"中文文学周"（Chinese Literary Week），在大会堂剧院请余光中、胡菊人、白先勇三人讲述文学。其时座无虚席，可见当时文学不一定是小众孤芳自赏的清流，而可逐渐深入大众，只是视乎由什么人来代理。

8月，萧萧发表《爱国诗选注——〈海棠纹身〉》，刊《幼狮文艺》第50卷第20期。

9 月 1 日，出席联合书院迎新活动。

9 月 5 日，林淑兰发表《余光中谈文学的时代使命》，刊台北"中央日报·读者"第 11 版。

9 月 11 日，尚政发表《关于文学与社会意识及其他——就教于白先勇、胡菊人、余光中》，刊香港《新晚报·星海》。

9 月，发表评论《论中文之西化》、诗歌《戏李白》，刊《中外文学》第 8 卷第 4 期。

9 月，发表《从情诗看中西文化的差异》，刊《妇女杂志》第 132 期。

9 月，写评论《另一首致萧乾的诗》，后收入《分水岭上》（1981 年版）。

10 月 5 日，中秋，于沙田写评论《重登鹳雀楼》，后收入《分水岭上》（1981 年版）。

> 余光中《三登鹳雀楼》：我的短文《重登鹳雀楼》去年十月十四日在《人间》刊出之后，引来了两篇反应的文章：其一是吴宏一先生的《天势围平野，河流入断山——读〈重登鹳雀楼〉》，刊于去年十二月十二日；其二是徐复观先生的《答薛顺雄教授商讨〈白日依山尽〉诗》，刊于今年五月二十二日。[1]

10 月 6 日，作诗《奇迹》，刊 10 月 30 日台北《中国时报·人间副刊》；后收入《隔水观音》（1983 年版）。

10 月 14 日，发表《重登鹳雀楼》，刊台北《中国时报》第 28 版。

11 月 15 日，作诗《赠斯义桂》，刊 12 月 31 日台北《中国时报》第 13 版；后收入《隔水观音》（1983 年版）、《风筝怨》（2017 年版）等。

10 月 16 日，北极客发表《余光中第几流？》，刊《南北极》第 113 期。

10 月 30 日，发表《奇迹》，刊台北《中国时报》第 30 版。

10 月，林焕彰发表《推介〈火浴的凤凰〉》，刊《书评书目》。

11 月 17 日，发表诗歌《马蹄鸿爪雪中寻》，刊《联合报》；后收入《分水岭上》（1981 年版）。

11 月，写评论《星垂月涌之夜》，收入《分水岭上》（1981 年版）。

11 月，《文学的主题及其表现》，刊香港《明报月刊》。这是白先勇、胡菊人、余光中在"中文文学周"研讨会上的发言记录。他们的观点遭到

---

[1]　余光中：《分水岭上》，第 80 页。

冯伟才的质疑，冯撰《文学主题及其表现的商榷——也谈现实主义》，刊
10 月香港《新晚报·星海》。

11 月，黄维樑发表《论诗的新与旧》，刊《中外文学》第 90 期；后收
入黄维樑著《怎样读新诗》（香港学津出版社 1982 年版）。

12 月 29 日，小紫（黄绮莹）发表《与永恒拔河》《火浴的凤凰》，刊
香港《星岛日报》第 9 版。

1980 年（庚申）　　53 岁

年初，开始与诗人流沙河交往。

> 丁宗皓《在传统与现代之间——余光中先生访谈录》：1980 年初
> 我开始与流沙河交往。①

1 月 1 日，发表评论《分水岭上》，刊《联合报》；后收入《分水岭上》
（1981 年版）。略云：

> 七十年代的文坛究竟能留给我们多少杰作呢？有一点是可以确定
> 的：只会呼口号、炒理论、诵教条的"空头作家"正像一张空头支票，
> 到了八十年代，将被退票。
>
> 我理想中的八十年代作家，应该具备下列的条件：一、他热爱国
> 家，关心社会，但他的热爱沉潜在作品深处，不是浮泛在表面的主题。
> 他关心政治，但不愿用文学做政治的工具，因为他明白：这么做，往
> 往无补于政治，却有损于文学。二、他不亢不卑，自居于国民之列，
> 既不自认是苍白的象牙塔隐士，因此愧对街头的大众，也不自命为高
> 人一等的先知，因此言行可以超乎道德与法律。三、他胸怀坦荡，对
> 一切都作理性的取舍。他不认为古典文学尽是"封建"，外来文化全属
> "帝国"。他的民族主义与其说来自对外国的恨，不如说来自对中国的
> 爱，不但爱此时此地的中国，更爱那"五千年"。四、他强调主题，也
> 强调技巧，因为两者根本不能分割。他明白：不讲技巧的主题只是一
> 个口号。他更明白：把经验提升为意义，始有主题；但那意义来自经

---

① 《当代作家评论》1997 年第 6 期。

验，并非先于经验而存在。否则，他只能做一个从教条出发的作家。
五、八十年代的台湾，势必加速工业化。社会转型，对作家的"弹性"
是一大考验。①

1 月，于香港中文大学为《掌上雨》新版作序。

1 月，台北《爱书人》杂志第一届仓颉奖揭晓。获奖作家依次是李敖、
朱西甯、三毛、余光中、张晓风、夏元瑜、张系国、柏杨、罗兰、彭歌。

2 月，李瑞腾发表《哀音何动人》，刊台北《中华文艺》。文中论及余
光中作品。

3 月 31 日，二女幼珊在香港参加台湾联考，后被录入台湾大学外文系。

> 余光中《我的四个假想敌》：二女幼珊在港参加侨生联考，以第一
> 志愿分发台大外文系。听到这消息，我松了一口气。②

3 月，写评论《断雁南飞迷指爪——从张爱玲到红卫兵带来的噩讯》，
后收入《分水岭上》(1981 年版)。

3 月，写评论《红旗下的耳语——评析金兆的小说》，刊 5 月 8 日至
10 日《联合报》副刊第 8 版；后收入《分水岭上》(1981 年版)。

> 须文蔚《余光中在一九七〇年代台港文学跨区域传播影响论》：小
> 说家金兆先生本名梁钰文，原是香港华侨，1950 年进入北京清华大学
> 就读外文系，毕业后到北京大学任教，一直到 1976 年以"父母年老在
> 外，必须继承产业"为由，回到香港。金兆因余光中的鼓励，在联副
> 发表了十一篇短篇小说:《芒果的滋味》(获联合报小说征文短篇小说
> 第三名)、《离婚》、《顾先生的晚年》、《考试风波》、《红华侨》等，是
> 台湾最早接触到的伤痕文学作品。余光中曾为文评介金兆的小说，推
> 崇金兆小说可以填补张爱玲与陈若曦小说的不足，扩大读者对大陆的
> 认识。金兆的作品在大陆伤痕文学风涌之前发表，在台湾文学传播上，
> 由于香港的自由环境，加上台湾副刊重视文学，才能培育出如是的文学
> 作品。③

---

① 余光中:《分水岭上》，第 227 ～ 228 页。
② 余光中:《记忆像铁轨一样长》，第 41 页。
③ 《台湾文学学报》第 19 期 (2011 年 12 月)。

3月，写评论《破画欲出的淋漓元气》，后收入《从徐霞客到梵谷》（1994年版）。

4月1日，愚人节，写散文《催魂铃》，刊4月26日台北《中国时报》第31版；后收入《记忆像铁轨一样长》（1987年版）。

同日，周美儿发表《分析余光中的〈老火车站钟楼下〉一诗》，刊香港《诗风》第8卷第7期。

同日，秀实（梁新荣）发表《所谓伊人——评余光中诗集〈隔水观音〉》，刊香港《星岛日报》第17版。

4月7日，国际笔会中国分会在北京成立。5月在南斯拉夫举行的国际笔会年会正式通过其为国际笔会会员。时任中国作家协会主席巴金为首任会长。

4月10日，晓捷发表《隔水观音——余光中的最新诗集》，刊香港《明报》第9版。

同日，新版译诗集《英美现代诗选》，由台北时报文化出版公司出版，为"时报书系248"。该书共收译诗107首。书前有《〈英美现代诗选〉新版序》（1980年1月于中文大学）和《译者序》，书末附英文目录。

> 余光中《新版序》：初版的《英美现代诗选》收入的作品共为九十九首，每位诗人另有评传一篇。新版再增叶慈诗《激发》一首，缪尔诗《审问》及《马群》两首，魏里诗《审查制度》一首，狄瑾荪诗《当我死时》一首，佛洛斯特诗《雪晚林畔小驻》一首，奥登诗《暴君的墓志铭》一首，艾伯哈特诗《焚舟日，彗星夕》一首，共为一百零七首。又近年对缪尔的认识已有改变，他的评传在新版中也已重写。
>
> 一部文学史，由读者，编者，评者，学者合力写成，记载的正是一个民族在某一时代对自己的作家如何诠释，取舍，评价。英美的现代诗，从叶慈开始迄今，已接近一个世纪了，批评家对它的评价不断调整，篇幅颇大。……
>
> 英美现代诗的译介，是我最关切的一项工作。只要时间许可，我当然乐意持续下去。希望未来的十年内，我能译到二百首甚至三百首，使这部不断充实的《英美现代诗选》取材更精，包罗更广，认识更深。[①]

[①]　余光中编译：《英美现代诗选》，第15～16页。

4 月 15 日，落蒂主编《青青草原——现代小诗赏析》，由青青地杂志出版社出版。该书序文《现代诗中常见的写作技巧》分析了余光中的诗艺。

4 月 26 日至 29 日，四天内作诗四首，分别是《戏李白》《寻李白——痛饮狂歌空度日，飞扬跋扈为谁雄》《念李白——我本楚狂人，凤歌笑孔丘》和《挽歌》，后收入《隔水观音》（1983 年版）、《风筝怨》（2017 年版）等。

　　余光中《戏李白·附记》：我认为诗赞黄河，太白独步千古；词美长江，东坡凌驾前人，因此未遑安置屈原和杜甫，就径尊李白为河伯，僭举苏轼作江神。这两位诗宗偏又都是蜀人。据考证，李白生于中亚之碎叶城，五岁随父迁回中原，在四川江油的青莲乡长大，其后在诗中也一再自居蜀人。四川当然属于长江流域：把中国两大圣水都给了南人，对北人似乎有失公平。或许将来北方会出一位大诗人，用雄词丽句把黄河收了回去，也未可知。写于一九八〇年四月二十六日。

　　廖伟棠《在民国的余光之中》：可惜这种焦虑在余光中诗中没有深化或者延续下去，他非常有自信可以越过这种焦虑。就像《寻李白》，基本上靠民间对李白的种种浪漫想象加上杜甫几首写给李白的诗的诗意，以夸张修辞繁衍成篇。这种民间定见，恰好又与大家对盛唐的想象相符合（就像徐克的诸多盛唐背景的电影，尽是李白式的堂皇、开阔、飞动、变幻之感），所以以李白指代盛唐也就成为一个约定俗成的做法，余光中作为学者型诗人，也不能免俗——不是因为他流俗，而是因为他需要从盛唐想象中获取他的中国自豪。[①]

4 月，于香港撰《谈新诗的三个问题》，收入《分水岭上》（1981 年版）。三个问题分别是：大众化问题、散文化问题和现实性问题。该文指出，古诗句法参差，平仄不拘，段落杂错，换韵自由，除了还保持韵脚之外，简直可以说是古典诗中的"自由诗"。可见新诗中的自由诗，也有传统的先例，不尽是西洋传来的。至于文句回行，古典诗中也不是完全没有，不能说成尽是西法。他还提出，"诗句的散文化，只要把握得好，确是变化诗体，重造节奏的妙法，不必尽以为病"。

4 月，新版散文集《左手的缪思》，由台北时报文化出版公司出版。有新版序《破镜片片逾十载》（1979 年 7 月于中文大学）。全书共收文 18 篇，

① 《上报》（2017 年 12 月 14 日）。

以诗、画的评论为主。

> 余光中《自序》：当时用"左手的缪思"为书名，朋友们都觉得相当新鲜，也有读者表示不解。其实我用"左手"这意象，只是表示副产，并寓自谦之意。成语有"旁门左道"之说，闽南语有"正手"（右）、"倒手"（左）之分。在英文里，"左手的"（left-handed）更有"别扭"与"笨拙"之意。然则"左手的缪思"，简直暗示"文章是自己的差"，真有几分自贬的味道了。虽然早在十七世纪，弥尔顿已经说过他的散文只是左手涂鸦，但在十六年前，不学如我，尚未发现此说。

4月，新版散文集《掌上雨》，由台北时报文化出版公司出版。有新版序《仙人掌上雨初晴》（1980年1月于中文大学）。

> 余光中《新版序》：那是我的"论战时期"，年不算怎么少，气却十分旺盛。正当三十出头，我的蜡烛两头燃烧，在四家大学教书之余，还要写诗，写散文，写这些长评短论。当时我写的论战文章，大致是围绕着三个主题：文白之争，现代画，现代诗。现代诗的论战又分为两个阶段：第一个阶段是为现代诗辩护，论战的对象是社会人士；第二个阶段是为西化与传统的问题争执，论战的对象却是其他的现代诗人。在古典诗与五四的新诗之后，现代诗是"必然"；再走回去是不可能的。具有这样的信心，我才挺身出来为现代诗辩护。但是现代诗毕竟是新生的艺术，传统尚未建立，毛病在所难免。现代诗该怎样写，它对中国的传统和西方的潮流该持怎样的态度：在这些问题上，我的看法和某些现代诗人很不一致，乃激起了"内战"。……
>
> 现代诗的毛病当然仍多，可是诗人们的自我修正的适应力和年轻诗人们的潜力也是不可低估的。……
>
> 我常说，对一位作家最大的威胁，不是苛严的批评家，而是一位更新更好的作家。同时，一位作家对批评家最有效的答复，不是自我辩护的"缠斗"，而是努力写，使自己成为那位"更新更好的作家"。文学史，又属于不断创作尤其是不断创新的作家。……至于书名《掌上雨》，典出崔颢句"仙人掌上雨初晴"：在论战时期，我曾大言现代诗是所谓"文化沙漠"上一株多刺的仙人掌，然则自负之余，幻想这

些论战文章乃是仙人掌上的几滴雨吧。偶有读者举以相询，一并解释如上。

4 月，黄维樑发表《余光中〈催魂铃〉的赏析》，刊香港《文艺》第 5 期；后收入黄维樑著《香港文学初探》（香港华汉文化事业公司 1985 年版）。

4 月，萧萧、杨子涧编《中学白话诗选》（台北故乡出版社）一书中收入《缪斯殿堂的巨人——余光中》一文。

5 月 1 日，作诗《石胎》，后收入《隔水观音》（1983 年版）。

5 月 3 日，作诗《惊蛰》，刊 10 月《中外文学》第 9 卷第 5 期；后收入《隔水观音》（1983 年版）。

同日，发表《挽歌》，刊台北《中国时报》第 30 版。

5 月 8 日，致信董桥。

> 桥兄：
>
> 　　拙作《戏李白》之后记有句"就私尊李白为河伯"，请将"私"改为"径"。又此诗短句一律低一格，经考虑后，发现如低二格，当较美观。可否烦兄将凡低一格之句，再降一格？如太麻烦，也就算了。耑此即颂
>
> 　　编安
>
> 弟光中　五月八日 ①

5 月 15 日，李瑞腾、萧萧、林锡嘉、陈宁贵、陈煌、张雪映、落蒂笔谈《透过桂冠诗人余光中的感性世界》，刊台北《文坛》第 251 期。【按：1974 年余光中到香港后开的车是 Laurel 型号，车牌号是 CP7208，车款和车牌合起来正是"中国桂冠诗人"（Chinese Poet Laureate）。】

5 月，写散文《牛蛙记》，刊 6 月 1 日台北《中国时报》第 40 版；后收入《记忆像铁轨一样长》（1987 年版）、《余光中幽默文选》（2005 年版）。

> 　　余光中《记忆像铁轨一样长·自序》：作家常有诗文同胎的现象……《牛蛙记》便跟《惊蛰》一诗同胎异育。……作家对于自己关心的题材，横看成岭，侧看成峰，而再三模写以穷尽其状，一方面固然求材尽其用，一方面对自己的弹性与耐力，以及层出不穷的创意，

---

① 据孔夫子拍卖网原件照。

也是很奇的考验。①

5月，获颖发表《流转的白玉——浅论〈白玉苦瓜〉》，刊《嘉义青年》。

5月，发表《听听那冷雨——访莲花诗人》，刊《迎曦》；后收入《听听那冷雨》（1974年版）。

6月2日，江蓝发表《文章千古事，余光中不在乎批评》，刊香港《工商日报》第12版。

同日，周兆祥发表《谁害怕余光中？——两本弹赞当代中国诗人的书》，刊香港《信报》。

6月3日，周兆祥发表《崇洋媚外，国忙乡愁——两本弹赞当代中国诗人的书》，刊香港《信报》。

6月10日，萧萧策划《与永恒拔河的人——诗人谈余光中的〈独白〉》，刊《北市青年》。

6月，于沙田写评论《三登鹳雀楼》，刊7月15日台北《中国时报》第35版；后收入《分水岭上》（1981年版）。

6月，发表诗歌《戏李白》，刊《中外文学》第9卷第1期。

6月，发表评论《中国诗歌的路向——谈几个迫切的问题》，刊《创世纪》诗刊第52号。

6月，丝韦发表《余光中教授》，刊《中大学生报》。

6月，侯吉谅发表《永恒的追求者》，刊《兴大青年》第44期。

6月，《访余光中老师》，刊台北《师铎》第13期。

7月3日，作诗《扇》。

7月7日，抗战纪念日，作诗《五十岁以后》，刊9月《中外文学》第9卷第4期；后收入《隔水观音》（1983年版）、《风筝怨》（2017年版）。

7月11日，端午，于沙田作诗《竞渡》，刊8月1日台北《中国时报》第36版；后收入《隔水观音》（1983年版）。

7月14日，作诗《苦热》②，刊9月5日《联合报》；后收入《隔水观音》（1983年版）。

7月15日，写评论《选灾》，后收入《分水岭上》（1981年版）。

---

① 《幼狮少年》第95期（1984年9月）。

② 原件藏台北"国家图书馆"当代名人手稿典藏系统，编号400-197。

7 月 22 日，李文发表《余光中将离台返港——临行之前忙于著述》，刊台北《中华日报》。

7 月 29 日，黄维樑发表《语言大师——从〈分水岭上〉初论余光中的文学批评》，刊台北《中华日报》；后收入黄维樑著《香港文学初探》（1985年版）。

7 月，金兆（梁钰文）的小说集《芒果的滋味》，由台北联经出版事业公司出版。"联副"举办座谈会，余光中等人与会。

> 李瑞腾《听我胸中的烈火·序》：我接到余光中先生来信，说他从香港回来了，联副将举办金兆小说的座谈会，邀我参与，想来是配合金兆小说集《芒果的滋味》的出版（联经，一九八〇年七月），我欣然赴会，一起参与座谈的除余先生和痖弦，另有林海音、朱炎、张默、余玉照和罗青，记录刊于隔年一月三十日到二月四日的联副。[1]

8 月 4 日，写散文《没有人是一个岛——想起了痖弦的〈一九八〇年〉》，后收入《记忆像铁轨一样长》（1987 年版）。

> 余光中《记忆像铁轨一样长·自序》：《没有人是一个岛》正是我回首东顾所打的一个台湾结，其线头也缠进了《轮转天下》和《记忆像铁轨一样长》。其实即使在香港时期，台北也一直在我的《双城记》里，每年回台北的次数不断增加。[2]

8 月 9 日至 14 日，思果发表《"沙田宿"管窥——几颗星的素描》，刊香港《星岛日报·星辰》。其中 10 日发表的内容与余光中有关。

8 月 13 日，作诗《吊谐星赛拉斯》，刊 8 月 26 日台北《中国时报》第 33 版；后收入《隔水观音》（1983 年版）。

> 余光中"附记"：彼德·赛拉斯英文原名为 Peter Sellers (1925 ～ 1980)，台港译名各异。

8 月底至次年 8 月底，休假一年，回台湾师范大学担任客座教授。同时还担任师大英文系主任，兼英语研究所所长。

---

① 李瑞腾主编：《听我胸中的烈火——余光中教授纪念文集》，第 9 页。
② 《幼狮少年》第 95 期（1984 年 9 月）。

台湾师范大学函稿

受文者　张主任芳杰

副本　文学院余教授光中

收文者　陆主任发楷

主旨　台端因任期届满，请辞英语系主任及英语研究所所长兼职，敬表同意。遗职已改聘余教授光中兼任，请分别移交，列册分根备查。盖请会计室陆主任发楷为监交人。

校长郭〇〇[①]

【按：校长即郭为潘先生。】

余光中《隔水观音·后记》：一九八〇年八月底，我在中文大学教满六年，储足了十二个月的休假，便回到师范大学去客座一年。……六年之后，再回到英文横行的世界，竟有一点情怯……那一年的经验真是十分愉快，也十分忙碌。除了英语系的行政工作之外，我到其他学校去演讲的次数，平均每月三次。[②]

单德兴《守护与自持——范我存访谈录》：我们在香港住了十一年，中间有一年（1980 年至 1981 年），余先生休假回到台湾师范大学，他心里很高兴。我留守香港，间中回台。因为还有女儿在港读书。……

中文大学的管理非常上轨道，老师不能在校外兼课，更不兼行政，只专心研究和教课，每年有两个月的休假，可出国找资料等，从讲师到教授都有这项福利……因此，1980 年，光中在中大已七年，可以回师大任教一年。[③]

8 月，写评论《青青桂冠——香港第七届青年文学奖诗组评判的感想》《缪思的左右手——诗和散文的比较》。后者 9 月 30 日、10 月 1 日刊台北《中国时报》；后收入《分水岭上》（1981 年版）。文中就诗歌和散文进行比较。略云：

诗和散文最浅显的差异，当然是在形式。我国的传统认为"有韵为诗，无韵为文"；如果真是这样，那倒是简单了。……另一差异在句

---

① 据 2015 年 12 月至 2016 年 1 月台湾师范大学"右手写诗·左手写散文——文学大师余光中特展"原件照。

② 余光中：《隔水观音》，第 176 页。

③ 单德兴：《翻译家余光中》，第 280、282 页。

法，诗句讲究整齐，散文句则宜于长短开阖，错落有致。……第三个差异在分行分段。……新诗分行分段，是受西洋影响；现代诗分行而不加行末的标点，却是中西合璧。散文也分段，所以目前诗文之别主要在分行。这一分，竟容许多散文，甚至是恶劣的散文，伪装成诗。其实，像"暮春三月，江南草长，杂花生树，群莺乱飞"这样的句子，虽不分行，却比许多"分行的散文"更像诗。第四个差异在音律。……第五个差异在文法。……新诗打破了格律的限制，不知如何善用自由，句法既无拘束，文法亦趋散文化，于是"因为，所以，然而，但是，况且，以及"等等连篇累牍的连接词，阻塞了新诗的语言，读来毫无诗意。①

8 月，《莲的联想》，由台北大林出版社再版，有改版自序。

8 月，陈月云发表《这样的诗人——余光中》，刊《书评书目》第 99 期。

8 月，蒋芸发表《与永恒拔河的诗人——余光中》，刊香港《清秀杂志》。

9 月 4 日，于厦门街写散文《秦琼卖马》，后收入《记忆像铁轨一样长》（1987 年版）。

9 月 9 日，作诗《第几类接触？》，刊 12 月 11 日台北《中国时报》；后收入《隔水观音》（1983 年版）。

9 月 11 日，台北《中国时报》"时报文学周"在台北揭幕。活动至 19 日结束，王文兴、余光中、葛浩文、思果、陈之藩、杨牧、黄春明等主讲。

9 月 14 日，写诗《厦门街的巷子》，系返台后所作第一首诗②，刊 9 月 22 日台北《中国时报》第 16 版；后收入《隔水观音》（1983 年版）。

9 月 16 日，作诗《山中传奇》③，刊 11 月 21 日《联合报》；后收入《隔水观音》（1983 年版）、《风筝怨》（2017 年版）。

同日，袁持英发表《余光中热爱诗，也好摇滚音乐》，刊香港《工商日报》。

同日，Michelle Pao 发表 "A Poet of Repute Speaks out"，刊 *The Economic News*（《经济新闻》）。

9 月，于厦门街写散文《我的四个假想敌》，刊 1988 年 4 月《讲义》

---

① 余光中：《分水岭上》，第 262 ～ 264 页。
② 原件藏台北"国家图书馆"当代名人手稿典藏系统，编号 262-184。
③ 原件藏台北"国家图书馆"当代名人手稿典藏系统，编号 262-198。

第 3 卷第 1 期；后收入《记忆像铁轨一样长》（1987 年版）、《余光中幽默文选》（2005 年版）。

李睿、余光中《历史感、地域感与现实感——余光中先生访谈实录》：其实，《我的四个假想敌》也有很多虚构的部分，这篇文章到了后来，就有一个客人来访，问了我很多问题：你选女婿有没有什么标准啊？国籍有没有关系啊？省籍呢？这个当然就是无中生有嘛，便于有趣地对答。最后这个客人问，"相貌重不重要？"我说"你真是迂阔之至，这种事，我女儿自己会注意，怎么会要我来操心。"这个都是虚构的，不过读起来觉得蛮有味道的。①

9 月，担任台湾时报文学奖散文类评审。

台北《中国时报·人间副刊》：○向前看·向后望——余光中先生的三幅画像（季季）○第三幅画像，是他从香港返台后参与时报文学奖散文类评审。二〇〇五年九月，我在《行走的树》第一章《摇奖机·赛马·天才梦——九月，以及它的文学奖故事》写过此事，似无需重写，谨录旧文于后供读者参考。

一九八〇年我转到《中国时报》服务，从第三届开始参与时报文学奖作业，其中一届散文奖也差点首奖从缺，幸而被余光中的一句话扭转了结果。余教授是文艺界名嘴，说话不疾不徐，条理清晰而幽默；右手写诗左手写散文，常为时报文学奖担任新诗与散文决审。有一年评散文，最后一轮圈选，出现两篇两票的局面，其中一位评委认为两篇成绩都不够突出，建议同列甄选奖，首奖从缺。他一说完，只见余教授微微一笑，不慌不忙说道，他在香港中文大学教书时，偶尔看电视转播赛马，常常看到两只马明明同时抵达终点，但裁判宣布结果时，必然有一只是冠军，另一只是亚军。说到这里，余教授停顿一下，大家不解的望着他，只见他摸着耳朵说道："原来其间的差距只有半个耳朵的距离。"一句话画龙点睛，重新投票时，首奖顺利产生。

历届时报文学奖评审无数，"只有半个耳朵的距离"是我认为最微妙的评审语言。我自此深记，并且深思其意。在我们的生命里，如果

---

① 《世界华文文学论坛》2019 年第 2 期。

你能躲过"只有半个耳朵的距离"，也许就能侥幸逃过一劫。

9 月，关宁安（John B. Gannon）发表《中英小品文的比较》，刊香港《中国人》。

9 月、10 月，王灏发表《从激越到沉潜——细说余光中诗中的中国意识》（上、下），刊台北《中华文艺》。

10 月 3 日，发表《代表时报文学奖评审委员致词》，刊台北《中国时报》第 7 版。

10 月 5 日，作诗《纱帐》，后收入《隔水观音》（1983 年版）。

10 月 9 日，应邀出席在台中文化中心举行的军中诗歌研究会与台中各界举办的诗歌座谈朗诵会。

> 古继堂《台港澳暨海外华文新诗大辞典》：10 月 9 日，军中诗歌研究会与台中各界举办诗歌座谈朗诵会，在台中文化中心举行。到会的有余光中、洛夫、痖弦、辛郁、向明、管管、碧果、桓夫、张默、林焕彰、苏绍连、沙穗、岩上、秦岳、向阳、菩提，气氛热烈。①

10 月 10 日，作诗《乌丝愁》，后收入《隔水观音》（1983 年版）。

10 月 12 日，钟丽慧发表《恶性西化严重伤害中文——余光中析中文西化问题》，刊台北《民生报》第 7 版。

10 月 13 日，作诗《秋分——姮娥操刀之一》，后收入《余光中诗选：一九四九——一九八一》（1981 年版）、《隔水观音》（1983 年版）。

10 月 18 日，作诗《木兰怨》，刊 11 月 8 日台北《中国时报》第 40 版；后收入《隔水观音》（1983 年版）。

10 月 19 日，作诗《中秋——姮娥操刀之二》，后收入《余光中诗选：一九四九——一九八一》（1981 年版）、《隔水观音》（1983 年版）。

> 余光中"附记"：今年九月廿三日，秋分巧与中秋相合。这样的巧合，上次是在民国三十一年（1942 年），那时我还是个孩子，浑沌未开，更不知未来的太太在何方。中秋为家人团圆之夕，秋分为阴阳一割之日，乃兼而有之，真成美丽的矛盾了。一九八〇年十月十九日记于厦门街。

---

① 古继堂主编：《台港澳暨海外华文新诗大辞典》，第 740 页。

10月20日，诗集《莲的联想》，由台北时报文化出版公司再版，有新版序。

> 余光中《夏是永恒——〈莲的联想〉新版序》：十五年来，多少心灵曾经与这些联想印证。江萌、杨晋、吴宏一、冯云涛诸位先生曾经为这些联想诠释。汪其楣朗诵《诀》而得奖。杨弦把《回旋曲》谱成哀丽的音乐。宋淇把《等你，在雨中》译成雅洁的英文。……

> 十六年前，此书由文星书店出版。不久文星歇业，此书乃流落江湖，任人作践，以致面目全非，灵秀无存，每次睹及，辄令人心痛鼻酸，现在正式交由时报出版公司重出新版，总算丝连藕续，失而复得，死而更苏，也真是一番小小的轮回了。

> 常有年轻多情的读者相询，问这些联想是真是假。当然是假的，因为风里的传说雨里的典故无一非假。也当然是真的，因为没有什么比莲的传说和典故更为认真。

> 一九八〇年仲夏于香港 ①

同日，作诗《杏灯书》，刊12月6日台北《中国时报》第38版；后收入《隔水观音》（1983年版）。

10月25日，作诗《秋来十四行》《将进酒》②，后收入《隔水观音》（1983年版）；后者又收入《风筝怨》（2017年版）。

10月27日，作诗《玻璃塔》，后收入《隔水观音》（1983年版）。

10月28日，作诗《磁观音》，后收入《隔水观音》（1983年版）。

10月31日，作诗《题词》③。

10月，黄维樑发表《文字清通与风格多姿》，刊台北《益世》第1期；后收入黄维樑著《清通与多姿——中文语法修辞论集》（香港文化事业有限公司1981年版；台北时报文化出版公司1984年版）。

11月1日，发表诗歌《姮娥操刀——向秋神致敬二题》，刊《联合报》。

11月7日，作诗《世界末日歌》④。

11月9日，作诗《两相惜》，并附记，后收入《余光中诗选：一九四

① 余光中：《莲的联想》，第2～3页。
② 原件藏台北"国家图书馆"当代名人手稿典藏系统，编号262-182、262-183。
③ 原件藏台北"国家图书馆"当代名人手稿典藏系统，编号262-169。
④ 原件藏台北"国家图书馆"当代名人手稿典藏系统，编号262-168。

九——一九八一》（1981 年版）、《隔水观音》（1983 年版）。该诗用乐府诗题。

余光中"附记"：右《两相惜》一首，纯为谱歌而作，题名《两相惜》，也有意遥攀古典，招惹乐府的联想。近日诗坛，格律诗似有渐兴之势，加以民歌日盛，也需要比较工整的歌词。在《两相惜》中，我自己设限，每句八字三节，句末三字自成一节，通篇如此。一般新诗，包括新月派的格律诗，句末多为两字一节，像《两相惜》这么句末全为三字一节（例如"金发梳""象牙齿""灰发鬓""黑发丝"……）可谓绝少绝少。节奏上这样的特殊安排，希望敏感的谱曲人不致错过。

11 月 17 日，作诗《水仙缘》《空城夜》，后收入《隔水观音》（1983 年版）。同日，王美玉发表《敏感的诗人——余光中》，刊台北《师大青年》。

11 月 24 日，作诗《电视机》，刊 12 月 18 日《联合报》；后收入《隔水观音》（1983 年版）、《余光中幽默诗选》（2008 年版）。

11 月 28 日，林明宗发表《余光中谈"诗的语言——记高医的一场演讲"》，刊《屏东农专》。

11 月，写评论《苦涩的穷乡诗人——R. S. 托马斯诗简述》《从逃避到肯定——〈毕业典礼〉的赏析》，后收入《分水岭上》（1981 年版）。

12 月 2 日，作诗《峨眉的战争》，后收入《隔水观音》（1983 年版）。

12 月 14 日，陈枝亨发表《火浴的凤凰——访余光中老师》，刊《方圆》。

12 月 17 日，发表评论《给抓到小辫子》，刊台北《中国时报》第 35 版；后收入《分水岭上》（1981 年版）。

12 月 24 日，作诗《水仙乡》，刊次年 3 月 17 日台北《中国时报》第 33 版；后收入《隔水观音》（1983 年版）。

12 月 27 日，发表《两相惜》，刊台北《中国时报》第 45 版。

是年，担任联合报文学奖评审。

1981 年（辛酉）　　54 岁

1 月 1 日，发表《生日快乐》，刊台北《中国时报》第 39 版。

1 月 12 日，王志诚发表《千手观音——余光中先生访问记》，刊《东吴青年》。

1月15日，黄维樑发表《辟邪的银耳坠——读余光中近作两首》，刊香港《星岛日报》；后收入黄维樑著《怎样读新诗》（香港学津书店1982年版）。

1月29日，发表《从丹尼尔到金兆——序〈金兆周〉》，刊《联合报》。

1月，发表诗歌《玻璃塔》，刊《中外文学》第9卷第8期。另有与张默、痖弦、辛郁、刘菲、李瑞腾、菩提、萧萧、洛夫合作的《我们的血在雾起时尚未凝结——洛夫诗作座谈实录》。

1月，于厦门街写评论《亦秀亦豪的健笔——我看张晓风的散文》，刊3月5日至6日《联合报》；后收入《分水岭上》（1981年版）。

1月，《作家动态：余光中——台北到处充满了蠢蠢欲动的生命力》，刊《纯文学》第1期。

2月1日，作诗《春天渡过海峡去》，刊2月9日台北《中国时报》第10版；后收入《隔水观音》（1983年版）。

2月3日，作诗《水仙节》，刊2月19日台北《中国时报》第8版；后收入《隔水观音》（1983年版）。

> 余光中"附记"：二月十九日是今年的元宵；二月十四日是西俗的情人节（St. Valentine's Day），以鸡心为标记。中国的情人节应在七夕，但从朱淑真的"去年元夜时"和姜夔的"巷陌风光从赏时"等词看来，元宵也有这种味道。

同日至9日，周堤楼发表《听听那冷雨》，刊香港《青年人周报》。

2月7日，作诗《风铃》，后收入《余光中诗选：一九四九——一九八一》（1981年版）、《隔水观音》（1983年版）。

2月，李瑞腾发表《诗人的时空感知——略论余光中近十年来的诗艺表现》，刊《幼狮文艺》第326期。

3月19日，作诗《雨伞》[①]，后收入《隔水观音》（1983年版）。

3月27日，胡天任发表《冷雨之外——访余光中先生谈现代散文》，刊《政大侨讯》。

3月，于厦门街为评论集《分水岭上》写后记。

4月5日，清明，于厦门街作诗《刺秦王》，刊4月13日台北《中国

---

① 原件藏台北"国家图书馆"当代名人手稿典藏系统，编号262-170。

时报》第 17 版；后收入《隔水观音》（1983 年版）。

　　余光中"附记"：在这首诗里，我设想当日荆轲生劫秦王不成，反为所创，倚柱待毙那一刹那的情况，并据以推测日后历史的发展。设想所本，俱见《史记》。……

同日，作诗《木棉花》，后收入《隔水观音》（1983 年版）。

同日，致信屈大原，谈及《宇宙光》约其为木棉花创作一首诗。

大原：

　　《联合报》转来你的信，承你如此推崇我的诗，谢谢。你特别提到的几首诗中，《风铃》一首，与你同好的人似乎不少，已经有两个人为它谱曲，其中一人是胡品清。近日木棉花开，《宇宙光》月刊要我为此树写一首，我已写了，五月份该刊会登出来。回来台湾一年，真好，诗思似乎较浓，但到八月，便得去香港了。六年来，我一直在中文大学，联合书院正是其中三院之一，并非两所不同的学校。三月十一日，我曾去中原大学演讲；去年十一月初，也去"中央大学"讲过一次。你是在那里读哲学系呢？

　　祝好

　　　　　　　　　　　　　　　　　　　　余光中　四月五日 [①]

同日，发表《遥指杏花村　照耀在历史的长河上　献文化成果·传千秋志业》，刊台北《中国时报》第 33 版。

4 月 6 日至 14 日，应邀出席耕莘文教院举办的"七十年现代诗季"，并做演讲。

4 月 15 日，潘存蓉发表《左手写的散文诗人——余光中》，刊《台广杂志》。

4 月 24 日至 26 日，出席"中央大学"比较文学会议，讨论主题之一是"西方文学与中国现代诗"，除有叶维廉、林绿、张汉良发表论文外，另有两场"现代诗人座谈会"，分别由余光中、张汉良主持，邀请洛夫、罗门、痖弦、方莘、渡也、罗青、罗智成、陈黎等参加讨论。

4 月，第一本评论集《分水岭上》，由台北纯文学出版社出版。该书名

[①]　据西泠印社 2021 年秋季拍卖会原件照。

表示阴阳一割、昏晓两分之意，抒情与评论不再收在一起。本书结集作者1977～1981年间的评论文章，分新诗、古典诗、英美诗、白话诗、小说、综论六部分，收入《徐志摩诗小论》《用伤口唱歌的人——从〈午夜削梨〉看洛夫诗风之变》《青青桂冠——香港第七届青年文学奖诗组评判的感想》等24篇。有后记。2009年6月台北九歌出版社再版，新增余光中《新版前言》。

> 余光中《后记》：从《左手的缪思》到《青青边愁》，我的六本散文集有一个共同的毛病，那便是体例不纯：把抒情的和评论的文章收在一起。从今以后，我的这两种文章决定分开来出书了。这本评论文集叫作《分水岭上》，也表示从此阴阳一割，昏晓两分之意。
>
> 本集的二十四篇文章，除《青青桂冠》因专论香港青年诗人而只在香港的《星岛日报》刊出之外，均先后在台湾的报刊发表。……从一九七七年底到现在，只有这么长短不齐份量不等的二十四篇文章，不能算是丰收。不过，三年多来，从《北欧行》到《我的四个假想敌》，也发表了七篇抒情散文，只等同类作品再多几篇，便可分别出书。一九八一年三月于厦门街。①

5月11日，作诗《寻你》，后收入《隔水观音》（1983年版）。

5月12日，作诗《谷雨书》，刊6月5日台北《中国时报》第34版；后收入《隔水观音》（1983年版）。

5月22日，作诗《梅雨笺》，刊5月28日台北《中国时报》第32版；后收入《隔水观音》（1983年版）、《双人床》（1996年版）等。

5月28日，夜，于厦门街的雨巷作诗《寄给画家》，后收入《隔水观音》（1983年版）。

5月，发表"On the Sonnet in English"（《论英文十四行诗》），刊《教学与研究》第3期。

5月，萧萧发表《节制与奔流——余光中索隐之一》，林锡嘉发表《试余光中的散文观》，陈宁贵发表《领风骚的诗》，张雪映发表《时代诗人余光中》，绿蒂发表《余光中与现代诗》，刊《文坛》第251期。

---

① 余光中：《分水岭上》，第277～278页。

5 月，岳农发表《试论余光中的散文论》，刊《台肥月刊》第 5 期。

6 月 1 日，发表诗歌《寄给画家——我不来看你了》，刊《联合报》；后收入《隔水观音》(1983 年版)。

6 月 4 日，主持台湾师范大学举行的"灵均诗歌之夜"。

> 古继堂《台港澳暨海外华文新诗大辞典》：6 月 4 日：台湾师范大学举行"灵均诗歌之夜"。由余光中主持。管管、罗门、痖弦、洛夫、蓉子、敻虹、罗青应邀参加朗诵，民歌手杨弦亦演唱助兴。①

同日，发表《灵均诗歌之夜》，刊《联合报》。

6 月 6 日，出席军中诗歌研究会联合各诗社举行的诗歌活动。

> 古继堂《台港澳暨海外华文新诗大辞典》：6 月 6 日，诗人节，军中诗歌研究会联合各诗社举行两项诗歌活动：一是诗歌座谈，分别由张汉良、季红、余光中、洛夫、痖弦 5 人主持。讨论诗的语言、意象、节奏、结构，发言踊跃。其二是诗朗诵。②

6 月 7 日，作诗《围城日记》，后收入《隔水观音》(1983 年版)。

6 月 10 日，致信屈大原，并寄 6 月 7 日所作新诗《围城日记》。

> 小原：
>
> 　　报告和考试准备得如何了？
>
> 　　周末有没有回中坜呢？
>
> 　　附上新作一首，也是你给我的灵感。拟在月底发表。《梅雨笺》刊出时，我的签名式印得太含糊，希望下次不会。
>
> 　　明晚（六月十一日）七点华视的"大特写"节目，专访席德进，一开始便朗诵我写给他的《寄给画家》那首诗，望你能看到。
>
> 　　　　　　　　　　　　　　　　　　　　　光中　六月十日③

【按：信封写：阳明山华冈路□之□ F　屈大原小姐　余寄】

6 月 14 日，夜，于厦门街为诗集《余光中诗选：一九四九——一九八一》作《剖出年轮三十三》以代自序。

6 月 15 日，写诗《祝福》④，刊 7 月 7 日台北《中国时报》第 32 版；后

---

① 古继堂主编：《台港澳暨海外华文新诗大辞典》，第 740 页。
② 古继堂主编：《台港澳暨海外华文新诗大辞典》，第 740 页。
③ 据原件影印照。
④ 原件藏台北"国家图书馆"当代名人手稿典藏系统，编号 262-179。

收入《隔水观音》（1983年版）。

6月18日，作诗《发神——席慕蓉画中所见》[①]，刊6月29日台北《中国时报》第40版；后收入《隔水观音》（1983年版）。

6月29日，致信屈大原，谈到《中国时报》所刊之《发神》。

> 大原：
>
> 　　考试要结束了吧？一切都还顺利吗？你考完后就回中坜家里了吗？
>
> 　　今天《中国时报》上刊出的《发神》，你见到了没有？觉得如何？席慕蓉的那幅画真美。
>
> 光中　六月廿九日[②]

余光中《艺术创作与间接经验》：绘画一直令我神往：《我梦见一个王》《发神》《飞碟之夜》诸诗，分别取自王蓝、席慕蓉、罗青的画境。[③]

6月30日，离台前夕，于厦门街作诗《听蝉》[④]，刊7月25日台北《中国时报》第40版；后收入《隔水观音》（1983年版）、《风筝怨》（2017年版）等。

6月，于厦门街撰《小梁挑大梁——序梁锡华的〈挥袖话爱情〉》，刊7月6日《联合报》，收入梁锡华《挥袖话爱情》（台北九歌出版社1981年7月版）；后收入《井然有序》（1996年版）。

> 须文蔚《余光中在一九七〇年代台港文学跨区域传播影响论》：余光中向台湾推荐的香港作家，当以梁锡华最为著称。梁锡华在台湾文坛初次露面写徐志摩的文章，就是由余光中推荐发表。余光中并为梁的散文集《挥袖话爱情》写序，指出梁锡华的优点与缺点："半生远托异国的洋博士胸中，竟有这许多章回小说的江湖杂学。"【按：语出余光中《推荐序》，收入梁锡华著《挥袖话爱情》（1981年版）第8页。】其后梁锡华的著作多数在台湾出版，而且都完成于香港，他的文学生命开始于香港，成名于台湾，是台湾文学传播上，一个典型的例子。[⑤]

---

① 原件藏台北"国家图书馆"当代名人手稿典藏系统，编号262-172。
② 据西泠印社2021年秋季拍卖会原件照。
③ 《联合报》（1990年11月29日）。
④ 原件藏台北"国家图书馆"当代名人手稿典藏系统，编号262-177。
⑤ 《台湾文学学报》第19期（2011年12月）。

6 月，发表《中国的新诗与现代诗比较》，刊《中国文化月刊》第 20 期。

7 月 12 日，发表诗歌《赠壶记》，刊《联合报》。

7 月 20 日，出席在台北市南海路艺术馆举办的"诗与民歌之夜"。活动由阳光小集诗社策划，余光中参加朗诵。

> 古继堂《台港澳暨海外华文新诗大辞典》：7 月 20 日，由阳光小集诗社策划的第一届"诗与民歌之夜"在台北艺术馆举行。参加朗诵的诗人有：余光中、蓉子、羊令野、陈贵宁、苦苓、张雪映、林野、向阳、赵卫民、舒笛、南方雁、崇溪、林建助等。参加演唱的民歌手有：杨弦、韩正皓、胡德夫、潘安邦等十余人。[1]

7 月 30 日，发表《现代民歌渡海记》，刊《联合报》。

7 月，李瑞腾来台北厦门街余宅，并有合照。

> 李瑞腾《听我胸中的烈火·序》：一九八一年七月，我已出现在台北市厦门街余宅，一张我和余先生、黄维樑在门口拍的照片可为明证。那应该是维樑从香港来台，约我在余宅会面。[2]

8 月 5 日，发表《山水有清音——序〈文学的沙田〉》，刊《联合报》；又刊 8 月台北《洪范》第 3 期；后收入《文学的沙田》（台北洪范书店 1982 年版）。

8 月 8 日，致信蓝星诗社屈大原女士，提及洪范书店为之出版《文学的沙田》一书。

> 大原：
>
> 再过三天，我便去香港了。
>
> 你还喜欢这本诗选吗？
>
> 我在港的地址是：香港沙田中文大学碧秋楼中文系，有暇盼来信。
>
> 洪范同时会出一本《文学的沙田》，希望你能一阅。
>
> 祝福
>
> 余光中 一九八一、八、八[3]

---

① 古继堂主编：《台港澳暨海外华文新诗大辞典》，第 741 页。
② 李瑞腾主编：《听我胸中的烈火——余光中教授纪念文集》，第 10 页。
③ 据西泠印社 2021 年秋季拍卖会原件照。

8月中旬，自台返港。

> 余光中《送思果》：八月中旬，我从台湾回港，思果刚刚设宴欢迎。①

8月22日，发表《剖出年轮三十三——〈余光中诗选〉自序》，刊《联合报》；又刊8月《洪范》第3期。

8月，诗集《五陵少年》，由台北大地出版社再版。有新版序。

8月，《余光中诗选：一九四九——一九八一》，由台北洪范书店出版，为"洪范文学丛书72"。本书依创作先后顺序编排，呈现作者诗风的发展以及诗思的变化。全书分舟子的悲歌、蓝色的羽毛、天国的夜市、钟乳石、万圣节、五陵少年、天狼星、敲打乐、在冷战的年代、白玉苦瓜、与永恒拔河、未结集作品等十三辑，收录《扬子江船夫曲——用四川音朗诵》《清道夫》《沉思——南海舟中望星有感》《算命瞎子》《舟子的悲歌》等110首，有《剖出年轮三十三——代自序》（1981年6月14日夜于台北厦门街）。1990年1月14印，1995年4月17印。

> 余光中《余光中诗选：一九四九——一九八一·剖出年轮三十三——代自序》：三十三年前一个秋晴的黄昏，一少年坐在敞向紫金山的窗口，写下他的第一首诗，题为《沙浮投海》。那时候他没有料到，这一生他注定要写很多作品，很多和《沙浮投海》不同的诗，更不会料到，他未来的读者不在大陆，却在海外。紫金山上的枫叶红了三十几次，却没有一片能飘到他的肩头。他注定要做南方的诗人，他的诗，要在亚热带的风雨里成长。……
>
> 一般人总迷信诗是所谓灵感的产品，也就是说，诗是"等"到的，往往不请自来，而不是"追"来的。其实所谓灵感，多半是潜思冥想之余的豁然贯通，"众里寻他千百度"后的蓦然惊见，绝少不劳而获，也就是说，最后等到了手的，往往是追求已久的东西。不过，"灵感"真正出现的时候，往往只露一斑两斑，至于新作的全豹，还有待诗人去殷勤追猎，才能得手。我的诗，等来的远多于追来的。……创作的环境十分重要。我觉得，至少对我而言，诗人不宜久居异国。……诗人久离了本土的生活和语言，主题和形式难免不生脱节的现象。……

---

① 余光中：《记忆像铁轨一样长》，第53页。

一位作家在艺术成熟之后，面对生命的百态，应能就地取材，随手拈来，即使重写以往的题材，也能翻新角度和形式，呈现新的面貌。……我相信敏感的人绝不会感到无话可说，只要他仍然在爱别人，爱自然，爱万物，爱自己民族的文化和历史。我更觉得，一位诗人应该比他的读者更容易厌倦于固有的题材和形式，才能处处走前一步，领着读者去探讨新的题材和形式。……在风格上追求各种美，原是文坛艺苑一切野心家共有的野心，好在这样的见异思迁并不犯法。……我认为一位诗人的创作，不妨在好几个层次上并进：深入浅出的，深入深出的，浅入浅出的诗都可以写，不必理会褊狭的理论家和批评家。……不过，一个人如果只能读浅易的诗，就注定终身在诗国做匆匆过境的观光旅客。……真正的诗人，该知道什么是关心时代，什么只是追随时尚。真正的诗人，不但须要才气，更须要胆识，才能在各家各派批评的噪音之外，踏踏实实走自己寂寞然而坚定的长途。①

陈义芝《余光中诗与中国古典——一个"文化研究"的角度》：市井与江湖文化是民族文化的生动注脚，小说人物的声口则为民族语言的鲜活呈现。神话的借用，是民族想象的延伸。翻阅《余光中诗选：一九四九——一九八一》，神话人物如盘古、嫘祖、后羿、燧人氏、大禹、共工、女娲、夸父、桓景、费长房、女郎、织女……时现眼前，作为文明活水瞭望，文化脉搏触摸，这些人物都是深刻的象征，自然成为余光中回顾身世的暗喻。

余光中一再用到费长房、桓景的典故，始则因重九为其生日，藉以纪念母亲。……②

8 月，陈月云发表《这样的诗人——余光中》，刊《书评书目》第 99 期。

9 月 17 日，中秋后二日，因沙田七友之一的思果在香港中文大学四年合同期满，将离港赴美，余光中写散文《送思果》，刊 9 月 28 日台北《中国时报》第 14 版；后收入《记忆像铁轨一样长》（1987 年版）。

余光中《送思果》：思果在中文大学四年期满，却将于九月中旬

---

① 《联合报》（1981 年 8 月 22 日）。
② 苏其康主编：《诗歌天保——余光中教授八十寿庆专集》，第 197～198 页。

"回去"美国——去那一片无庙无僧、无仙无侠的冥山顽水。……思果"回去"美国，将长居北卡罗莱纳州马修城的晓雾里（Misty Dawn Lane）。……现在他要离开香港，却轮到我来杯酒欢送了……那天恰是中秋之夕，天上月圆，人间月半。①

《联合报》（1993 年 11 月 10 日）：○沙田出文学——香港文学史料一则（梁锡华）○这五人之会，谈诗论文之外，也时常涉及人生的各方面。由于余光中和蔡思果都属世间难得一见的善谈者和健谈者，两个人的对话或高妙、或幽默、或谑而不虐、或神龙见首不见尾而天机莫测，竟成为沙田文人共聚一堂的好戏。戏演了四年，最后因蔡思果 1981 年离香港回美国而落幕。蔡氏尚在中大的时候，已经开始有所谓"沙田帮"的称呼，语带谐谑和自嘲，但也不妨说微蕴自矜意味。……这故意扭曲文字的玩意儿，是沙田文士共聚时的一乐。……就这样，"沙田帮"的叫法渐渐流行起来。如果记忆没错，这妙辞应该出自余光中。

蔡思果下山后，五人去一，友辈时深怀念。某次在四人之会中，余光中在沙田帮的基础上锦口铸新词，再借北地吹来的灵感创造了"四人帮"这不雅的雅号，专指五减一之后的黄国彬、黄维樑、梁锡华和他自己。外面知道内情的人，为免混淆视听，有时或戏称"沙田四人帮"。……

沙田的文笔，当然不止上述五枝。以这五人为本文对象，是因为其他多位即使文采风流，却总是在学术上另有所欢，对文学创作的兴趣不那么热烈，自然也不那么多产。其次，他们属"个体户"，不像上述五人那样经常合群。第三，上述五人受教育的背景虽不一致，但同样具有中、外文学根底，而在中文这一面，又是平衡地兼崇古今。第四，五个人都和翻译有相当交情。由此可见，黏聚的酵素既多，"沙田帮"自然相得而酿出种种色色的土酿、洋醴以及中外葡萄合醉的沙田酒，在中大成为一时的文学热闹实在绝非意外了。

……曾有人戏说，有鱼（余光中），有菜（蔡思果），有鸡蛋的双黄（黄国彬和黄维樑），加上有粮（梁锡华），中大文园内本来营养丰富，足堪园中人温饱而尽可终老是乡。然而世上无不散的筵席。

---

① 余光中：《记忆像铁轨一样长》，第 52 ~ 53 页。

黄国彬《不设防的城市——散文家兼翻译家》：沙田之聚，不以思果始，却以思果之来而盛；亦不以思果终，却因思果之去而式微。[1]

9 月 19 日，与吴鲁芹、杨允达、徐东滨赴法国里昂出席第四十五届国际笔会年会。

余光中《记忆像铁轨一样长》：三年前去里昂参加国际笔会的年会，从巴黎到里昂，当然是乘火车，为了深入法国东部的田园诗里，看各色的牛群，或黄或黑，或白底而花斑，嚼不尽草原上缓坡上远连天涯的芳草萋萋。……那年法国刚通了东南线的电气快车，叫做 Le TGV（Train à Grande Vitesse），时速三八〇公里，在报上大事宣扬。回程时，法国笔会招待我们坐上这骄红的电鳗；由于座位是前后相对，我一路竟倒骑着长鳗进入巴黎。在车上也不觉得怎么"风驰电掣"，颇感不过如此。[2]

余光中《爱弹低调的高手——远悼吴鲁芹先生》：上一次见到吴鲁芹先生，是在一九八一年九月。那年的国际笔会在法国召开，他从美国，我从香港，分别前往里昂赴会，都算代表台北。……

另一次，也就是上一次和最后的一次，便是前年在里昂之会。回想起来，在法国的五日盘桓，至今笑谈之貌犹在左右，也真是有缘幸会了。[3]

9 月 25 日，发表 "Taipei, Taipei"（《思台北，念台北》，transl. Jane Parish Yang 白珍）、"To Painter Shiy De Jinn"（《寄给书家席德进》），刊 *The Taipei Chinese PEN* 秋季号。

9 月 28 日，返港。

9 月，撰《不老的缪思——序联副三十年文学大系·散文卷〈提灯者〉》，收入痖弦总编辑《提灯者》（《联副三十年文学大系·散文卷》，台北联经出版事业公司 1981 年 10 月版）；后收入《井然有序》（1996 年版）。

10 月 1 日，致信黄维樑。

维樑：

---

① 黄国彬:《琥珀光》，第 81 页。
② 《幼狮少年》第 95 期（1984 年 9 月）。
③ 台北《中国时报》（1983 年 8 月 25 日）。

接读九月廿三日来信，很是高兴。你走了已有一个半月，再过两个半月，也就可以回港了吧。思果于九月十八日返美，国彬，佳萝多人去启德相送，依依不舍。我却因次日将去法国开会，须办手续，而不克去送。附上剪报一份，可知今年中秋夜之情景。佳萝也写了一文惜别思果。沙田文坛少了你和思果，顿感寂寞许多。"文学的沙田"在港销路颇佳。

黄庆萱来港，将在浸会中文系客座，做珊珊的老师。周策纵也已来了中大，开"红楼梦研究"。

《诗风》尚未出版，国彬甚忙，平日也少见面。

（台北方二代表为吴鲁芹，杨允达）

我于九月十九日去法国里昂开国际笔会，廿八日返港。巴金在会上只致辞两、三分钟，操四川方言，内容、文采均差。他号称留法，却似全不解法文。在巴黎住三天，饱览美术馆，将为文以志之。欧洲风味远胜美国，你返港时何不去英、法一游？

我的新车已开了一个月，名桂冠（Laurel），车牌为 CP，隐含 Chinese Poet 之意，亦云巧矣！车有风油軚（power steering），电动窗等，亦太舒适，所恨者，不能像在美那么高速驰骋耳。

你在美看得到《联合报》航空版否？匆祝

旅安

光中 十月一日①

11 月 6 日，小山发表《文学的沙田》，刊香港《明报·书窗》。
11 月 16 日，西茜凰发表《沙田七友》，刊香港《星岛日报》。

《明报·世纪版》（2017 年 12 月 15 日）：○没有人伴他远行——追忆余光中先生在台港文学的贡献（须文蔚）○余光中在中文大学期间所指导的学生中，以西茜凰、王良和在香港文坛最受注目。西茜凰本名黄绮莹，是黄维樑的胞妹，一九七五年毕业于中文大学英文系，第一本书《大学女生日记》由余光中作序，八〇年代中期出版，写沙田校园里爱情故事，是香港知名的小说家。

---

① 据黄维樑先生提供原件照。

11 月，黄维樑发表《火浴，凤凰，余光中》，刊《中大学生报》第 13 卷第 5 期。

12 月 15 日，《亚洲现代诗集》第一集在东京出版，由白萩、桓夫（中）、秋谷丰、高桥喜久晴（日）、具常、金光林（韩）等 6 位诗人共同策划主编，共收亚洲各国 105 位诗人的作品，分别以中、日、韩、英四种文字同时呈现。入选的汉语诗人依次是张默、赵天仪、陈秀喜、陈明台、陈千武、乔林、郑炯明、钟鼎文、向明、辛郁、许达然、詹冰、李魁贤、李敏勇、林宗源、洛夫、梅新、白萩、商禽、拾虹、杜国清、非马、痖弦、余光中等 24 家。该诗集至 1991 年底出至第五集。

12 月 21 日至 23 日，应邀出席香港中文大学举办的"四〇年代中国文学研讨会"，初晤柯灵与辛笛，并宣读论文《试为辛笛看手相》。

> 余光中《谁能叫世界停止三秒》：一九八一年大陆开放不久，辛笛与柯灵随团去香港，参加中文大学主办的"40 年代文学研讨会"。辛笛当年出过诗集《手掌集》，我就此书提出一篇论文，因题生题，就叫《试为辛笛看手相》，大家觉得有趣。会后晚宴，摄影师特别为我与辛笛先生合照留念。突然我把他的右手握起，请他摊开掌心，任我指指点点，像是在看手相。辛笛大悦，众人大笑。①

> 刘锡诚《在文学边缘上》：由于这次"中国作家团"的香港之旅，是"文革"后第一个访港的作家代表团，故此行堪称文学的破冰之旅。……内地作家代表团团长是北京师范大学教授、解放前就在香港工作过的老作家黄药眠。团员有唐弢、孔罗荪、柯灵、王辛笛、丁景唐、田仲济、叶子铭、楼栖、林焕平、吴宏聪、理由和刘锡诚，秘书是范宝慈。台湾方面有陈纪滢、余光中、叶维廉、痖弦、洛夫。东道主香港作家和学者有刘殿爵、刘以鬯、吴其敏、张向天、侣伦、夏果、舒巷城、潘际坰、唐瑜、萧铜、潘耀明、郑辛雄、吴羊璧、杜渐、原甸、谭秀牧、蔡国喜、朱鲁大、张志和、陶然、黄河浪、东瑞、秦岭雪、曾家杰、李今吾、王智浓、冯伟才、陈浩泉，以及《大公报》副总经理陈凡，《新晚报》总编辑罗承勋，《文汇报》总编辑金尧如、副总编辑曾敏之。旅美作家有周策纵。……开幕式于 12 月 21 日上午在

---

① 《文汇报》（2004 年 2 月 3 日）。

香港中文大学祖尧堂举行，港中大校长马临主持。……会议一共进行了3天。先后在大会上宣读论文的，台湾学者：陈纪滢（《四十年代中国文学之演变》）、余光中（《试为辛笛看手相——〈手掌集〉的赏析》）、叶维廉（《研究四十年代诗的几个据点与角度》）……香港学者对王辛笛40年代的诗歌表现出浓厚的兴趣并给予高度的评价，又因有台湾诗人余光中在会场上与辛笛的唱和酬答而多了几分情趣，加之辛笛宣布把他所珍藏的40年代的三种诗刊《诗创作》《中国新诗》《森林诗丛》整套送给香港中文大学，使他成为会场上的热点人物。[①]

慕津锋《王辛笛与余光中的"手相情谊"》：台湾诗人余光中登台，他以《试为辛笛看手相——〈手掌集〉赏析》为题，开始自己的学术阐述。

他以1948年1月上海星群公司初版的王辛笛《手掌集》为蓝本，以珠贝篇（13首，1933～1936）、异域篇（22首，1936～1938）、手掌篇（11首，1946～1947）为重点，对王辛笛的诗歌进行深入研究。在发言中，余光中认为王辛笛的诗歌受西洋作品影响很深——尤其是英国和法国。在《手掌集》的前面，作者便引了奥登的诗。此外，余光中还认为辛笛的诗还受到中国古典诗词的较大影响，他很多时候都喜欢把文字和古典辞藻融于白话文中。在《手掌集》的"珠贝篇"中，《款步口占》《怀思》《十月小唱》《冬夜》便有中国古典诗词五、七言和小令的味道。在王辛笛众多诗句中，余光中认为他的诗短句最好，有独创的意象，富有抽象美。在对辛笛诗歌进行赞赏的同时，他还以自己抑扬顿挫的声调和特有的姿态深情地朗诵王辛笛的诗歌。

在这篇论文中，余光中充分地给辛笛的诗"看手相"，他论析了辛笛诗人的创作技巧；并表达他与辛笛在创作观念上有很不同的一点意见。例如，他认为辛笛诗人以为诗歌抒写个人问题容易，写群众的事情困难，一到革命时代，诗人走向群众，全心投身革命，也就没有作品产生。

坐在台下的王辛笛，对于台湾诗人余光中对自己诗歌所做的分析很有感触，他认同余光中对自己诗作的评价。余光中发言结束后，王

---

① 刘锡诚：《在文坛边缘上（增订版）》下册，开封：河南大学出版社，2016年，第617～620页。

辛笛欣然上前与他握手表示谢意，并称余光中是自己的"知音"。

第一天的见面和研讨，包括两位诗人在内的众多作家是那样地相互敬重与客气，这反而引不起太多的讨论。余光中教授就说："诗人在座，要是论析得不准确，可能很危险；但是，论析的人也不会完全没有保留的。"①

陈漱渝《何必对余光中求全》：大约是 1981 年底，唐弢先生作为中国作家团的成员到香港参加"40 年代中国文学研讨会"，遇到了余光中。唐先生回京后告诉我，余先生私下对他那些政治倾向不好的作品表示了忏悔，给我留下了至今难忘的印象。②

12 月 29 日，发表《鼎力以赴　对金鼎奖的祝福》，刊台北《中国时报》第 34 版。

12 月，写评论《巴黎看画记》，连载于次年 1 月 2 日至 16 日台北《中国时报》；后收入《从徐霞客到梵谷》（1994 年版）。

12 月，思果发表《思果谈余光中》，刊《洪范》第 5 期。

是年，Detlef Kohn 撰写 *Akzente zur Lyrik Yu Kuang-Chungs-Milteiner Synopse national chinesischer Lyrik nach 1949*（Dissertation zur Erlangung des Doktorgrades der Philosophischen Fackultat der Geogg-August-Universitat zu Gottingen. Gottingen, 1981. 211 pages）。这是德文写成的博士论文。

1982 年（壬戌）　　55 岁

年初，在香港中文大学出席"四十年代沦陷区文学"研讨会。

张爱玲《致庄信正》（1982 年 12 月 23 日）：今年初香港中大"四十年代沦陷区文学"讨论会有余光中、梁锡华等。大陆代表诗人王辛笛说希望在座者劝张〇〇回国一行。③

1 月 8 日，作诗《飞过海峡》，刊 1 月 22 日台北《中国时报》第 34 版；后收入《紫荆赋》（1986 年版）。

---

① 《语文世界（中学生之窗）》2020 年第 5 期。
② 《中国图书商报》（2004 年 6 月 18 日）。
③ 张爱玲、庄信正：《张爱玲庄信正通信集》，北京：新星出版社，2012 年，第 137 页。

1月，黄维樑发表《怎样读新诗？》，刊香港《明报月刊》；后收入黄维樑著《怎样读新诗》（1982年版）。

2月5日，写散文《鸦片战争和疝气》，刊3月3日《联合报》；后收入《记忆像铁轨一样长》（1987年版）。

余光中"附识"：本文多段取材于一九八〇年企鹅版史班斯所著《改变中国》一书（*To Change China*, by Jonathan Spence）。派克为林则徐治疝事，见该书四七至四八页，原见《中国档案》（*The Chinese Repository*）八卷（一八四〇年）六三四至六三七页。[1]

2月16日，《余光中的〈隔水观音〉》，刊新加坡《南洋商报》。

2月，写散文《吐露港上》，后收入《记忆像铁轨一样长》（1987年版）。

2月，萧锦锦发表《风也听见诗的声音——余光中》，刊《天下杂志》第200期。

3月2日，周灿发表《乘波音客机远去的英雄——读余光中的诗〈楼头〉》，刊新加坡《南洋商报》。

3月，流沙河在成都《星星诗刊》介绍余诗，并选刊诗作20首。随后流沙河连续出版两本专著《台湾诗人十二家》《隔海说诗》，都重点讲到余光中的诗；后又出版《余光中诗一百首》，专论余诗。

3月，牧野（姜穆）发表《剥皮刮骨看余光中》，刊《文坛》第261期。

4月11日，作诗《夜色如网》，后收入《紫荆赋》（1986年版）。

4月14日，作诗《七字经》，后收入《紫荆赋》（1986年版）。

4月15日，作诗《最薄的一片暮色》，后收入《紫荆赋》（1986年版）。

4月16日，作诗《一枚松果》，后收入《紫荆赋》（1986年版）。

4月18日至19日，林黛嫚发表《诗人，在西子湾——余光中和他的五采笔》（上、下），刊"中央日报"第18版。

4月19日，谷雨，怀念画家席德进（1923～1981），于沙田作诗《你仍在岛上——怀念德进》，后收入《紫荆赋》（1986年版）。

余光中"后记"：去年六月，有幸参加德进最后一次的生辰酒宴，和他互相拥抱，并承他签赠画册。致祝词的最后四句，我说："席德进

---

① 余光中：《记忆像铁轨一样长》，第65页。

日，画展三家，酒开七席，席卷天下。"他听了很是高兴。那时已经料到，这一握手，便成永诀。德进是四川人，但他的风景画里不是四川，是台湾。他实在是一位台湾画家，精神长在岛上的青山。他临终时，长江正犯洪水，洪峰扫四川而出湖北，他眼中的那滴泪水，是故国洪水所溢吗？一九八二年谷雨于沙田。

4 月 20 日，作诗《夸父》，后收入《紫荆赋》（1986 年版）、《风筝怨》（2017 年版）等。诗中可见他回归传统的思想。

> 为什么要苦苦去挽救黄昏呢？/ 那只是落日的背影 / 也不必吸尽大泽与长河 / 那只是落日的倒影 /……/ 西奔是徒劳，奔回东方吧 / 既然是追不上了，就撞上 ①

4 月 21 日，发表《不朽也受伤》，刊《联合报》。

4 月 24 日，作诗《敬礼，木棉树》，刊 5 月 7 日台北《中国时报》第 32 版；后收入《风筝怨》（2017 年版）等。

> 余光中"后记"：四月廿二日岛内报载，高雄市选市花，木棉以一万六千多票压倒群芳而当选。落选的花伴包括玉叶金花（一万三千多票），米兰（一万三千多票），马樱丹（一万一千多票），红仙丹（一万多票），黄槐（八千八百多票）。这真是一次干干净净的竞选，没有意气，没有迷信，更没有贿赂，令人高兴。木棉素有英雄木的美名，不但高大雄伟，合于"高雄"的标准，而且其为形状，树干立场正直，树枝姿态朗爽，花葩颜色鲜明，肝胆照人，从树顶到树根，没有一寸不可以公开。这种民选的市花才真正地为民代表，值得我们的民意代表奉为典范。本诗第七行的"红苞"，是"红包"的谐音。一九八二年四月二十四日于沙田。

> 余光中"再记"：木棉已于今年三月正式成为高雄市花。

4 月 25 日，周灿发表《年轮的自由——读〈余光中诗选〉》，刊《洪范》杂志。

4 月 26 日，作诗《鱼市场记》，刊 7 月 9 日《联合报》；后收入《紫荆赋》（1986 年版）。

---

① 余光中：《风筝怨》，第 88 页。

4月，作诗《相思树下》，后收入《安石榴》（1996年版）。

5月4日，作诗《插图》，刊1983年6月香港《诗风》第110期；后收入《紫荆赋》（1986年版）。

5月9日，作诗《旧木屐——木屐怀古组曲之三》《长春树》，后收入《紫荆赋》（1986年版）。

> 余光中《旧木屐·后记》：春来沙田，坡上路旁，"台湾相思"的茂密翠叶之间，灿发金黄的一球球花蕊，美得不近情理，特别令人怀古、怀乡。我所怀是台湾，尤其是"家巷"所托的古亭区。此地拈出木屐的形象，来象征三十年前的古台湾，而且认为今日的高跟鞋和马靴虽然神气，却不能补偿木屐的天真。第二首《踢踢踏》多以三字的节奏组成，尤以长句之结尾为然，可以谱成现代民歌。木屐用来做时光倒溯的工具，这意念，童话作者不妨留意。不知道林怀民能不能为我们的小观众编一个异于荷兰木鞋舞的纯中国木屐舞？我热切地等待着。

5月12日，作诗《踢踢踏——木屐怀古组曲之二》，后收入《紫荆赋》（1986年版）、《风筝怨》（2017年版）。

5月14日，作诗《长跑选手》，后收入《紫荆赋》（1986年版）。

5月17日，作诗《小木屐——木屐怀古组曲之一》，后收入《紫荆赋》（1986年版）、《风筝怨》（2017年版）等。

初夏，于沙田写散文《春来半岛》，后收入《记忆像铁轨一样长》（1987年版）。

6月3日，陈锦昌发表《幽默的诗人：余光中》，刊《光华日报》。

6月4日，岑逸飞发表《"余"诗试解》，刊香港《信报》。

6月5日，吉隆坡《新明日报》开辟"余光中特辑"，内含张树林的《当胸一掌的手印——浅析余光中〈海棠文身〉》、温任平的《余光中来了！》。

6月6日，在吉隆坡发表演讲《现代诗的动向》。

6月7日，雨牧的《左手的缪思余光中》、林淑兰的《余光中谈文学的时代使命》以及《诗人节余光谈诗幽默风趣引人入胜　在场者皆屏息静听》，刊新加坡《南洋商报》。

6月8日，抵达新加坡，于区域语言中心客栈中会见萧勇等人。余光中本是应马来西亚华人文化协会邀请，到吉隆坡做专题演讲，新加坡写作人协会趁便邀请其访问星城。①

同日，温瑞安发表《中国现代文学暴风雨的中心——余光中》，刊新加坡《南洋商报》。文首有余光中署名手抄的诗歌《一枚松果》，配图为一枚被箭射穿的松果。

6 月 9 日，上午，在新加坡写作人协会会长黄孟文博士的陪同下，同夫人一道访问《星洲日报》编辑部。与《星洲日报》执行董事郑民威、总编辑黎德源、副总编辑陈正、执行编辑兼社论委员黄彬华、《世纪风》编辑罗子葳等谈论中西文化等问题。余光中提到，"每个国家都在感叹它自己语文的低落，而且受到外国语言的侵略"。他认为发展中文的文法，不必依赖英文的一套，尤其是华文新闻写作，应强调不要用西化的中文。②

下午，在黄孟文博士陪同下，访问《南洋商报》编辑部，受到总编辑莫理光、总策划钟文苓的接待，杜南发、陈华淑、张道昉等在座。

晚 7 点，在《南洋商报》的南洋礼堂演讲《散文的艺术》，王润华博士主持。余光中谈论了散文的六种功能，即抒情、说理、表意、叙事、写景、状物。他把散文家分成专才型与通才型，把散文的语言分成文言、白话、西化三种，认为散文的技巧有音调、句法、分段、标点四方面。讲座结束前，应观众要求，即席朗诵了《一枚松果》及《莲的联想》中的一首诗作。演讲录音在电台第五广播网的"文艺圈内"节目播出，7 月 8 日上午 9 点 45 分首播，晚上 7 点 15 分重播。③

6 月 10 日，发表诗歌《木屐怀古组曲》，刊台北《中国时报》第 34 版。

同日，《华文新闻写作应避免西化的中文》和《余光中教授访本报讨论中西文化等问题》（黄丽萍、赵慕媛整理），刊《星洲日报》。

6 月 11 日，何谨发表《挥动左右手的余光中——现代名作家余光中访问记》，刊《星洲日报》。

6 月 12 日，《中大教授余光中呼吁防止中文遭外语污染》，刊香港《工商日报》。

6 月 14 日，新加坡《南洋商报》"嘉言录"刊登余光中语："散文是文

---

① 萧勇：《余光中印象》，《星洲日报》第 33 版（1982 年 7 月 5 日）。

② 《华文报新闻写作应避免西化的中文 余光中教授指出应发展中文文法 不必依赖英文的一套》，《星洲日报》（1982 年 6 月 10 日）。

③ 《散文是作家的身份 记余光中教授文艺讲座》，《南洋商报》第 3 版（1982 年 6 月 11 日）。

学中的重要类型，也是文化生活中重要的部分：大概不会有一个作家不会写散文。散文，可以说是一切作家的身份证。"

6月15日，秦情发表《余光中诗集畅销 南洋读者不少 应邀赴马 演讲散文艺术》，刊台北《中国时报》第34版。

6月16日，应邀赴澳门讲学。

> 余光中《轮转天下》：上星期三去澳门演讲……正是端午前夕。①

6月17日，致信流沙河，其中谈到自己少时在江北县悦来场读中学时，晚上在窗前做作业，窗外有一只蟋蟀伴唱的情形：

> 当我怀念大陆的河山，我的心目中有江南，有闽南，也有无穷的四川。在海外，夜间听到蟋蟀叫，就会以为那是在四川乡下听到的那一只。②

后流沙河作《就是那一只蟋蟀》，刊7月10日成都《星星诗刊》。诗歌通过突破时间、空间等一系列条件的限制来表达不尽的乡愁。

6月20日，作诗《你是那云》，后收入《紫荆赋》（1986年版）。

同日，黄水莲发表《余光中文学讲座：近十年来的现代散文》，刊新加坡《南洋商报·星期刊》。

6月24日，发表《海外真有乌托邦？初访吉隆坡的印象》，刊台北《中国时报》第36版；6月27日新加坡《南洋商报》转载。

6月，出席《文艺》杂志举办的新诗座谈会，其他讲者尚有黄国彬、黄维樑、陈锦昌、陈德锦等。

6月，写散文《轮转天下》，后收入《记忆像铁轨一样长》（1987年版）。

6月，流沙河发表《回头遥看现在——余光中〈当我死时〉》，刊《文坛》。

6月，李瑞腾《诗的诠释》由台北时报文化出版公司出版。本书收录《诗人的时空感知——论余光中近十年来的诗艺表现》一文，作为其中一章。

6月，谢川成编《关于余光中——文学界各家的看法》、温任平的《初会余光中——一些杂忆》、夏志清的《余光中——怀国与乡愁的延续》，刊

---

① 余光中：《记忆像铁轨一样长》，第77页。
② 晨曦主编：《中国近现代诗歌名作欣赏》，青岛：中国石油大学出版社，2017年，第209页。

吉隆坡《文道》第 18 期。

6 月，郑明娳发表《从余光中的散文理论看其作品》，刊新加坡《新明日报》第 3 版。

6 月，主编《沙田的文学》，由台北洪范书店出版。内收思果、余光中、梁锡华、黄国彬、黄维樑等人的散文 17 篇。

7 月 3 日，晚，和永春同乡聚餐后接受李瑞腾专访。专访稿《听我胸中的烈火：夜访诗人余光中》，刊《阳光小集》第 10 期（1982 年秋季号）和《自立报》。①

同日，黄维樑发表《停电的联想》，刊台北《中华日报》。

7 月 5 日，萧勇发表《余光中印象》，刊吉隆坡《通报》。

7 月 9 日，作诗《土地公的独白》，后收入《紫荆赋》（1986 年版）。

7 月 12 日，于厦门街作诗《橄榄核舟——故宫博物院所见》②，刊 9 月 3 日台北《中国时报》；后收入《紫荆赋》（1986 年版）、《风筝怨》（2017 年版）等。

> 余光中"后记"：苏轼赤壁之游，流传千古，时在北宋元丰五年，合公元一〇八二年，距今正为九个世纪，值得追念。橄榄核舟为清人陈祖章所镂，舟长不及二寸，有篷有窗，中有八人，情态各异，在放大镜下方光影迷离，难以细辨。舟底并刻《赤壁赋》全文，鬼技神工，令人惊诧难信。七月初回台，在"故宫博物院"俯玩此物，已作是篇，暂不发表，留待今日（九月三日合阴历恰为"壬戌之秋，七月既望"），只为对九百年前那一个诗情哲理的水月之夜，表示无限的神往。东坡爱石成癖，《雪浪石》等作咏案头山水，皆有奇想，盖亦有柳子厚玩造化于衽席之意。以小喻大，将假作真，本东坡赤子之心，今以核舟戏之，料髯公不嗔也。

同日，张腾蛟发表《仰聆金玉台——现代诗佳句选句选粹与品质》，刊台北"中央日报"。

7 月 20 日，作诗《UFO 飞碟之夜——罗青画展所见》③，后收入《紫荆

---

① 李瑞腾主编：《听我胸中的烈火——余光中教授纪念文集》，第 10 页。
② 原件藏台北"国家图书馆"当代名人手稿典藏系统，编号 262-176。
③ 原件藏台北"国家图书馆"当代名人手稿典藏系统，编号 262-173。

赋》（1986年版）。

同日，发表诗歌《长跑选手》，刊台北《中国时报》。

7月22日，作诗《孤松——赠答管管》，后收入《紫荆赋》（1986年版）。

7月29日，作诗《黄昏》，刊香港《明报》；后收入《紫荆赋》（1986年版）。

7月，马来西亚《蕉风》刊登《访余光中》、蔡桐辑《余光中心灵的探索》、张媚儿的《双手缪思》。

7月，《余光中小辑》，刊马来西亚《学报》。

夏，在纽约圣约翰大学举办的"中国当代文学研讨会"上，Julian Lin宣读"From Dream to Reality: The Poetry of Yu Kuang-chung"（《从梦想到现实：余光中的诗歌》）；黄维樑发言高度评价余光中的诗文，认为应该获诺贝尔文学奖。

> 王蒙《余光中永在》：1982年，纽约，圣约翰大学，中国当代文学讨论会。我听到香港中文大学教授、作家、评论家黄维樑先生发言，他高度评价余光中的诗文，而且认为余先生应该获得诺贝尔文学奖。散会后，黄教授将余先生作品集与黄教授评论集赠送给我。我一路上饶有兴趣地阅读着，感染着余先生的清晰、明白与真诚。当时，大陆上更热衷的是朦胧诗，是诗语言的锤炼与变幻莫测，而这位台湾诗人的诗明白如话，深入浅出，不踬，不做作。我甚至觉得他的诗还欠一点发酵与点燃。①

8月2日，作诗《梅花岭——遥祭史可法》，刊9月30日台北《中国时报》；后收入《紫荆赋》（1986年版）、《风筝怨》（2017年版）等。

8月22日，方山子发表《甚么是抒情？》，刊新加坡《南洋商报》。该文讨论余光中的《春来半岛》一文。

8月，作组诗《山中暑意七品》（含《空山松子》《黄昏越境》《一灯就位》《深山听夜》《夜深似井》《夜开北门》《不寐之犬》），刊10月3日《联合报》；后收入《紫荆赋》（1986年版）。

8月，写评论《论民初的游记》，刊11月《明道文艺》第80期；后收入《从徐霞客到梵谷》（1994年版）。

---

① 《人民日报》副刊第2版（2017年12月26日）。

8 月，流沙河发表《短短的叙事诗——余光中〈飞将军〉》，刊《文坛》。

8 月，流沙河发表《浴火的凤凰》，刊《星星诗刊》第 3 期；1983 年 6 月 24 日又刊香港《公教报》；后收入流沙河著《隔海说诗》（北京三联书店 1985 年版）。

9 月 3 日，旧历七月十六日，苏东坡游赤壁兼写《赤壁赋》的九百周年纪念日，余光中与友人拟泛舟出海，但因出海需要"执照"，只能作罢。

> 张晓风《偶逢之处》：一九八二年秋天，阴历七月十六日，月圆之夜，余老师大抒其思慕古人之幽怀。……当天黄昏，他约了相熟的几个好朋友，先赴酒楼晚宴……然后，他们就出发去办"雅事"了。……明月当空，他们来到港口，租了一条小船。原来，那一天，余先生算好了，是个伟大的"纪念日"，日历上当然不会写，但对余先生来讲，这是"苏东坡游赤壁兼写《赤壁赋》的九百周年纪念日"。……到头来，全然变为闹剧草草收场。[1]

9 月 12 日，方山子发表《余光中的诗〈一枚松子〉》，刊新加坡《南洋商报》。

9 月 19 日，作诗《进山》，刊 10 月 25 日台北《中国时报》；后收入《紫荆赋》（1986 年版）。

9 月 25 日，黄南翔发表《名家手稿》，刊香港《文汇报》。

9 月，参加香港青年作者协会主办、在香港艺术中心举行的诗朗诵晚会，其他参加者尚有黄国彬、黄维樑、蔡炎培等。

秋，《阳光小集》秋季号刊登李瑞腾的《听听我胸中烈火——夜访诗人余光中》和余光中的《谁是大诗人？》。

10 月 2 日，作组诗《六把雨伞》（含《遗忘伞》《音乐伞》《记忆伞》《亲情伞》《有情伞》《伞萌》）与《松下有人》《松下无人》，后收入《紫荆赋》（1986 年版）。

10 月 4 日，作诗《勿忘我——吊苏恩佩》，后收入《紫荆赋》（1986 年版）。

> 余光中"附注"：苏恩佩，女作家，曾任香港《突破》杂志主编，所

---

[1] 李瑞腾主编：《听我胸中的烈火——余光中教授纪念文集》，第 52 ～ 53 页

著散文集《死亡，别狂傲》，以英国诗人多恩的十四行名诗首句为诗名。

10 月 31 日，发表《中国山水游记的感性》，刊台北《中国时报》；又刊 11 月香港《明报月刊》；后收入《从徐霞客到梵谷》（1994 年版）。

同日，入选台湾当代十大诗人。

> 古继堂《台港澳暨海外华文新诗大辞典》：10 月 31 日，《阳光小集》第 10 期刊出台湾当代 10 大诗人选举结果，依次是：余光中、白萩、杨牧、郑愁予、洛夫、痖弦、周梦蝶、商禽、罗门、羊令野。在诗坛造成很大反响。该项选举系由渡也等 44 位青年诗人票选，颇具新闻性。①

10 月，施友朋发表《访问余光中畅谈当代文学》，刊香港《当代文艺》第 163 期。

10 月，Harold Siu 发表 "Luring the Audience to Poetic Dreamland"，刊 *Free China Review*（《自由中国评论》）。

10 月，Linda Jaivin 发表 "Elegist of the Dispossessed"，刊 *Asiaweek*（《亚洲周刊》）。

11 月 9 日，程千里发表《於梨华与余光中》，刊香港《星岛晚报·综合版》。

12 月 2 日至 3 日，发表《中国山水游记的知性》，刊台北《中国时报·人间副刊》；后收入《凭一张地图》（1988 年版）。

12 月 25 日，自译 "Three Poems by Yu Kwang-chung"（《余光中诗三首》，transl. Yu Kwang-chung），刊 *The Taipei Chinese PEN* 冬季号。

12 月 27 日，余光中的《乡愁及乡愁四韵》、李元洛的诗评《海外游子的恋歌——读台湾诗人余光中的〈乡愁〉和〈乡愁四韵〉》，刊《名作欣赏》第 6 期。1983 年 5 月李元洛的文章为香港《当代文艺》杂志所转载，编者按语称它是"大陆介绍评论余光中诗作的第一篇文章"；后收入《李元洛文学评论选》（长沙湖南人民出版社 1984 年版）。

12 月，写评论《杖底烟霞——山水游记的艺术》，后收入《从徐霞客到梵谷》（1994 年版）。

---

① 古继堂主编：《台港澳暨海外华文新诗大辞典》，第 742 页。

12 月，发表《〈隔水观音〉后记》，刊《洪范》第 10 期。

12 月，林央敏发表《现代赋——看余光中的散文》，刊《明道文艺》第 81 期。

是年，应邀赴菲律宾讲学交流。

> 赵庆庆《加拿大华人文学史论：多元和整合》：……林婷婷还抱着文化使命感的热忱，组织各种访问、交流、讲座活动，促进了菲华文学的建设。1982 年，她任亚洲国家作家联盟菲律宾分会会长，成立了"菲华文艺协会"，邀请了包括痖弦、余光中、司马中原、李昂、郭良惠、赵淑敏、张大春、简媜等在内的数批台湾作家来菲讲学交流。①

是年，诗作《传说》获金鼎奖歌词奖。

是年，担任时报文学奖评审。

1983 年（癸亥）　　56 岁

1 月 6 日，致信黄维樑，邀请他参加 2 月 9 日香港艺术节"抒情诗之夜"活动。信云：

> 一年一度的香港艺术节，为促进本港的文学活动，特定于一九八三年二月九日（星期三）下午七时三十分，在香港艺术中心演奏厅举行"抒情诗之夜"，邀请中外诗人约二十位朗诵自己的作品。素仰您在诗艺上的成就，敬请自选大作若干首（以朗诵时间五分钟至八分钟为度），书写或影印清楚，于一月十四日以前掷交"沙田中文大学中文系余光中教授"为盼。又您的大作在朗诵时如须特别安排（例如配乐、道具、布景等），亦请一并示知，俾早作准备。此致
> 黄维樑先生请二月第一次上现代文学大课时对同学宣布
> 抒情诗之夜筹备委员会
> 一九八三年一月六日②

1 月 9 日，方梓发表《缪思殿堂的火凤凰——余光中》，刊台北《中华

---

① 赵庆庆：《加拿大华人文学史论：多元和整合》，北京：中国国际广播出版社，2019 年，第 148 页。

② 黄维樑：《大师风雅——钱锺书、夏志清、余光中的作品和生活》，第 147 页。

日报》第 9 版。

1 月 14 日，发表《隔水观音》，刊《联合报》第 8 版。

1 月 22 日，黄南翔发表《余光中印象——记到中大余寓访余光教授》，刊香港《星岛日报》。

1 月，发表《亲情伞》《遗忘伞》《音乐伞》《记忆伞》，刊《联合报》副刊。

> 马来西亚《中国报》（2017 年 12 月 17 日）：〇余光中和母亲（杨欣儒）〇余光中在母亲逝世二十五年以后（一九八三），犹念念不忘，写了悼念母亲的诗歌《亲情伞》……想起孩时的一阵大雷雨，母亲撑着油纸伞，涉水来接他回去。第二段他该报母恩了，却不见了油纸伞和那孩子，无可奈何，感人至深。前后两段对比，寸草虽报春晖，确实是锥心泣血之作。

1 月，第十三本诗集《隔水观音》，由台北洪范书店出版，为 "洪范文学丛书 90"。这是作者来港后的第二本诗集，写作时间前后不到两年。本书收入《湘逝——杜甫殁前舟中独白》《夜读东坡》《故乡的来信——悼舅家的几个亡魂》《夜游龙山寺》《隔水观音——淡水回台北途中所想》等 53 首诗歌，有后记《儒道合流的婉转还乡》（1982 年秋末于沙田）；2008 年 10 月再版。

> 余光中《后记》:《隔水观音》是我的第十三本诗集，也是我来香港后的第二本诗集，但写作的时间前后只有两年。……书以 "隔水观音" 为名，寓有对海岛的怀念。"观音" 不但指台北风景焦点的观音山，也指整个海岛，隐含南海观音之意，所以 "隔水" 也不但隔淡水河，更隔南海的烟波。……在主题上，直抒乡愁国难的作品减少了许多，取代它的，是对于历史和文化的探索，一方面也许是因为作者对中国的执着趋于沉潜，另一方面也许是六年来身在中文系的缘故。……我在处理古典题材时，常有一个原则，便是古今对照或古今互证，求其立体。不是新其节奏，便是新其意象；不是异其语言，便是异其观点，总之，不甘落于平面，更不甘止于古典作品的白话版。……在语言上，我渐渐不像以前那么刻意去炼字锻句，而趋于任其自然。六十年代的诗追求所谓张力，有时到了紧张而断的程度；七十年代矫枉过

正，又往往松不成弦，连坏散文都说不上。紧张的诗不容易写得恰到好处，所以六十年代真能传后的作品不多。另一方面，恬淡的诗也难恰到好处，今日许多标榜朴素的作品，其实只是随便与散漫而已。我敢断言：今日许多以诗自命的三流散文，期淘汰率不会下于六十年代那些以诗为名的魔咒呓语。……年轻时我写了不少分段诗，进入中年之后，不知为何，竟渐渐发展出一种从头到尾一气不断的诗体来，一直到现在这诗体仍是我的一大"基调"。其来源，恐怕一半是中国古典诗中的"古风"，一半是西方古典诗中的"无韵体"（blank verse）。这种合璧诗体，如果得手，在节奏上像滚雪球，回转不休，有一种磅礴的累积感，比起轻倩灵逸的分段体来，显得稳重厚实。当然，如果失手，就会夹缠不清，乱成一团。

目前我写的诗大概不出两类：一类是为中国文化造像，即使所造是侧影或背影，总是中国。忧国愁乡之作大半是儒家的担当，也许已成我的"基调"，但也不妨用道家的旷达稍加"变调"；其实中国的诗人多少都有这两面的。另一类则是超文化超地域的，像《惊蛰》这样的诗我也喜欢写。除了和我的散文《牛蛙记》是一胎双婴之外，它一空依傍，没有来历，纯然是现代的产物。有时候，诗人也不妨写几篇令学者手忙脚乱的作品。

一九八二年秋末于沙田①

1月，于沙田为台北大地出版社出版之诗集《白玉苦瓜》第十版作新版序《孩子，你快十岁了呀》。

安迪·瓦荷说：在大众传播的现代社会，每人轮流出名五分钟。流行的东西有一个共同的致命伤，就是既快又高的折旧率。诗，从来不是什么流行的东西，所以也没有什么折旧率的问题。对于屈原或杜甫，折旧率似乎毫无作用。

《白玉苦瓜》快要十岁了，这孩子身体好像不错。平均一年一版，表示读者对他相当照顾。销路当然不是健康的唯一标准，幸喜诗选家、诗评家、作曲家等等对他也不算冷淡。即以"人乐"一项而言，先后把这些作品谱曲甚至出唱片的，就有戴洪轩、杨弦、李泰祥、罗大佑、

---

① 余光中：《隔水观音》，第 176～181 页。

张炫文、郑华娟等几位先生。这也可说相当"小众化"了。对这些小众，我很感谢。

丁宗皓《在传统与现代之间——余光中先生访谈录》：我讲过，几千年的小众化胜过几十年的大众化。李商隐、李贺没有被抛弃，已经流行了一千年了。中国历史上领一时风骚的人很多，钱澄之、王渔洋都领过风骚，但都没有维持多久。①

1月，诗集《白玉苦瓜》，由台北洪范书店出版。有后记。

2月初至3月中旬，翻译王尔德（Oscar Wilde）的喜剧《不可儿戏》（*The Importance of Being Earnest*）。

余光中《与王尔德拔河记》：不过王尔德毕竟是天才。当日他写此剧，是利用与家人去华兴（书中提到的海边小镇）度假的空暇，只花了三星期就完成的。我从今年二月初译到三月中，花了一倍的时间。②

2月11日，流沙河发表《小小情趣五女图——余光中的〈项圈〉〈珍妮的辫子〉〈小褐斑〉〈咪咪的眼睛〉》，刊香港《公教报》；后收入流沙河著《隔海说诗》（北京三联书店1985年版）。

2月16日，邓弼发表《谈余光中的〈隔水观音〉》，刊新加坡《南洋商报》。

2月，出席香港青年作者协会、《文艺》杂志和《突破》合办之"创作生活营"并发言，其他讲者尚有梁锡华、黄国彬、黄维樑。

3月4日，致信李元洛。

元洛先生：

大函及《名作欣赏》第六期先后收到，很是高兴。我的两首小品，承蒙大文评析，且得公于内地广大的读者，也令我非常感慰。我的诗集三册（《白玉苦瓜》《与永恒拔河》《隔水观音》均为近期出版，依次为1974，1979，1983。）已于一周前空邮挂号寄去长沙。黄维樑先生见大函后，也寄上他所编的《火浴的凤凰——余光中作品评论集》一大册。想必都已先后收到。其他书籍，以后当再寄奉。我出版的单行本共有三十种，其中若干种我自己也存得不全，不多了。

---

① 《当代作家评论》1997年第6期。
② 《中外文学》第12卷第1期（1983年6月）。

大文所析之《乡愁》及《乡愁四韵》，在台湾曾经多人谱成歌曲，且灌成唱片，也有录音带，以后或可寄一卷给你。

拙作在内地，除《名作欣赏》外，在《诗探索》《福建文学》《海韵》（广州）等刊物上亦有转载或评析，而介绍得最多的，当为四川的《星星》。流沙河先生已和我通信经年，想必你也认识他。再谢，即祝

新春笔健

余光中拜上

三月四日 ①

3 月 28 日，李瑞腾发表《新书品评——隔水观音》，刊《自立晚报》。

3 月，参加香港艺术节项目之一"抒情诗之夜"并做朗诵，其他参加朗诵的诗人尚有黄国彬、也斯、陈锦昌等。

4 月 1 日，秀实（梁新荣）发表《所谓伊人——评介诗集〈隔水观音〉》，刊香港《星岛日报》。

4 月 5 日，撰《与王尔德拔河记——〈不可儿戏〉译后》，末署"一九八三年清明节黄昏，王尔德的幽灵若在左右"，刊 1983 年 6 月《中外文学》第 12 卷第 1 期；后收入《翻译乃大道，译者独憔悴》（2021 年版）。

4 月 10 日，晓捷发表《〈隔水观音〉——余光中的最新诗集》，刊香港《明报》。

4 月，写评论《白而不化的白话文——从早期的青涩到近期的繁琐》，刊 5 月 4 日至 5 日台北《中国时报》；后收入《从徐霞客到梵谷》（1994 年版）、《翻译乃大道，译者独憔悴》（2021 年版）。

4 月，黄维樑发表《余光中〈催魂铃〉赏析》，刊香港《文艺》第 5 期；后收入《香港文学初探》（1985 年版）。

5 月 7 日，写诗《黄河》，后收入《紫荆赋》（1986 年版）、《风筝怨》（2017 年版）等。

余光中"后记"：一九八三年五月初，水禾田在香港艺术中心展出他去年在黄河上下游所摄的照片约六十帧，观之壮人心目，动人遐想。更参阅黄国彬的游记《华山夏水》，写成上诗。壶口作虎口，俾与龙门

---

① 李元洛、黄维樑：《壮丽余光中：生活与作品》，北京：九州出版社，2018 年，第 52～53 页。

相对。故国河川，神游若至，聊解远渴而已。

白岩松《黄河的声音是我的胎记——访台湾著名诗人余光中》：我在香港时代写过一首诗就叫《黄河》，四川诗人流沙河念到黄河，他说奇怪，这个人也没有看见过黄河，他怎么写得出来？我说黄河就在我们的旧小说里，在《七侠五义》里，《三国演义》里，还有《二十四史》翻的时候，里面都是黄河波浪的声音、长江的声音，这于我们而言等于一种胎记了，这是与生俱来的。[1]

5月12日至14日，岑逸飞发表《字句斟酌》，刊香港《信报》。

5月16日，作诗《昭君》，后收入《紫荆赋》（1986年版）。

5月22日，观看影片《甘地传》，作诗《甘地之死》《甘地朝海》，后收入《紫荆赋》（1986年版）。

5月26日，于沙田作诗《甘地纺纱》，刊香港《明报月刊》7月号；后收入《紫荆赋》（1986年版）。

余光中"后记"：看电影《甘地》，深受感动，又去翻阅了几种甘地的传记。（已经出版的《甘地传》，在四百种以上。）印度学者梅达所著《甘地与使徒》（*Mahatma Gandhi and His Apostles*）第一章叙述圣雄晚年，在印度内陆的塞瓦格兰修隐所（Sevagram Ashram），每次纺纱，可得四百二十码。该地闷热，高达华氏一百二十度，但季候风一来，便成泽国。因为甘地禁止杀生，所以一任虫蛇自由来去，村民不敢加害。

5月，李元洛发表《海外游子的恋歌——读余光中的〈乡愁〉与〈乡愁四韵〉》，刊香港《当代文艺》第170期。

6月1日，黄智溶发表《从两首乡愁诗中论〈隔离意识〉的内容与形成》，刊香港《诗风》第12卷第1期。

同日至2日，发表《一跤绊到逻辑外——谈王尔德的〈不可儿戏〉》，刊台北《中国时报》。

6月，于厦门街写散文《开卷如开芝麻门》，刊6月24日《联合报》副刊；后收入《记忆像铁轨一样长》（1987年版）。

---

[1] 余光中著，梁笑梅编：《凡我在处，就是中国：余光中对话集》，第158～159页。

　　余光中《记忆像铁轨一样长·自序》:《秦琼卖马》《我的四个假想敌》《开卷如开芝麻门》三篇都是回台北小住所写；写最后这一篇时，正当三年前的端午季节，父亲重病住院，我放下一切，从香港赶回来侍疾，心情不胜凄惶，却因答应过"联副"，不得不勉力成文。①

6 月 25 日，蔡其矫致信古剑，其中提到余光中。略云:

　　你评论我三首诗的文章，写得很好。有感情，敢于申述自己的独到见解。我是三、四月间在福州读到。陶然给我寄，张思鉴【按：即香港诗人张诗剑】也给我寄。现在从你的剪报上附加的字句，才知道编者删去了个别地方，大约是对余光中有条防线吧？余的探索，我是注意的，他究竟也是我们的同乡呀！②

6 月 29 日，发表诗歌《甘地之死》，刊《联合报》。

6 月，发表翻译剧本《不可儿戏》及《与王尔德（Oscar Wilde）拔河记——〈不可儿戏〉译后》，刊《中外文学》第 12 卷第 1 期。

　　余光中《何以解忧？》:《不可儿戏》更能取乐了。这出戏（原名 *The Importance of Being Earnest*）是王尔德的一小杰作，用他自己的话来形容，"像一个空气泡一样娇嫩"。王尔德写得眉飞色舞，我也译得眉开眼笑，有时更笑出声来，达于书房之外。家人问我笑什么，我如此这般地口译一遍，于是全家都笑了起来。③

　　金圣华《余光中的"别业"：翻译——余光中教授访问录》:至于王尔德的戏剧，则是上课当教材用的，翻译前，等于已经口译过，就乐得把它译出来。④

　　6 月，流沙河发表《多情往往入迷——余光中〈水晶牢〉〈橄榄核舟〉》，刊《文坛》；又刊 1984 年 1 月香港《当代文艺》；后收入《隔海说诗》（1985 年版）。

　　7 月 1 日，于厦门街撰《穿过一丛珊瑚礁——序敻虹的〈红珊瑚〉》，后收入敻虹著《红珊瑚》（台北大地出版社 1983 年 8 月版）；又收入《井

　　① 《幼狮少年》第 95 期（1984 年 9 月）。
　　② 蔡其矫：《蔡其矫书信集》，郑州：大象出版社，2011 年，第 40 页。
　　③ 余光中：《记忆像铁轨一样长》，第 178 页。
　　④ 《明报月刊》1998 年第 10 期。

然有序》（1996年版）。文中谈到格律诗和自由诗的利弊及其互相救济的可能。略云：

> 格律诗写坏了，缺点是刻板单调，以形害意，但如运用得当，也可济自由诗散漫轻率之不足。许多年轻诗人一入手便写所谓自由诗，以后如果一路只会自由诗，则在需要严整凝练的时候，往往力不从心，只会放，不会收。①

7月4日，发表诗歌《小红书》，刊台北《中国时报》。

7月12日，作诗《松涛》，后收入《紫荆赋》（1986年版）。

7月15日，青冥发表《余光中的〈长城谣〉》，刊《轨迹》第9期。

7月19日，干将发表《读〈隔水观音〉有感》，刊《香港时报》。

7月20日，作诗《过狮子山隧道》，刊11月香港《明报月刊》；后收入《紫荆赋》（1986年版）。

> 余光中"后记"：每次开车从沙田进城，都要经过狮子山隧道的税关，缴港币一元。顾名思义，狮子山远望如狮，形势雄伟。其一元硬币一面铸有戴冕捧球的狮子，另一面则为伊丽莎白二世的侧面像。

7月23日，作诗《山中一日》，后收入《紫荆赋》（1986年版）。

7月，为《香港青年作者协会文集》写序，题作《桂叶初覆额》。

7月，王天祐发表《诗人余光中》，刊《春蚕》第7期。译自 Asiaweek（《亚洲周刊》）。

7月，周良沛编《新诗选读111首》（广州花城出版社版）选入余光中诗若干首。

7月、9月，罗青发表《海峡两岸谈新诗——访余光中》，刊《春蚕》第7、8期。

8月9日至11日，徐行发表《余光中写小说》《余光中小说含意甚深奥》《直译硬译不忍卒睹》，刊香港《快报》。

8月12日，写散文《爱弹低调的高手——远悼吴鲁芹先生》，刊8月25日台北《中国时报》；后收入《记忆像铁轨一样长》（1987年版）。

8月26日，凡夫发表《余光中教授的诤言》，刊《香港时报》。

---

① 余光中：《井然有序》，上海：上海三联书店，2019年，第35～36页。

8 月 30 日，钟道观（戴天）发表《不当的广告》，刊香港《快报》。

8 月，流沙编河著《台湾诗人十二家》，由重庆出版社出版。

> 余光中《致流沙河》：我们的社会背景不同，读者也互异，可是彼此对诗的热忱对诗艺的追求，应该一致。无论中国怎么变，中文怎么变，李杜的价值万古长存，而后之诗人见贤思齐、创造中国新诗的努力，也是值得彼此鼓舞的。[1]

9 月 4 日，作诗《远方来信》，后收入《紫荆赋》（1986 年版）。

9 月 7 日，作诗《哀鸽——库页岛上空招魂》，后收入《紫荆赋》（1986 年版）。

9 月 18 日，卞之琳发表《说"三"道"四"——读余光中〈中西文学之比较〉》，刊香港《文汇报》第 16 版。略云：

> 他的《中西文学之比较》是旧作（写于 1967 年 12 月），我在内地最近才读到，这是一篇自有见解的论文。文中谈到中西诗律的部分，谈的虽然要算是常识，显得深有体会，因此读来颇感亲切而新鲜。

> 余光中《诗与哲学》：现代诗中企图表现哲理的作品不少，但成功的不多，现年七十七岁的卞之琳先生是一位杰出的现代诗人，他早年的短诗《断章》，寥寥四句，是一首耐人寻味的哲理妙品。[2]

9 月 25 日，发表 "Three Poems by Yu Kwang-chung"（《余光中诗三首》），刊 *The Taipei Chinese PEN* 秋季号。

秋，与张晓风秋游。

秋，与殷张兰熙、王蓝、朱炎、殷允芃、罗青赴委内瑞拉卡拉卡斯（Caracas）出席第四十六届国际笔会年会。

> 张晓风《偶逢之处》：余先生有一项绝技，平常很少示人，倒也不是他藏私藏密，而是没有机会。……原来是"打水漂漂"。……余老师那天把石头扔了出去，成绩不好，记得石头似乎只跳了五下。……我们说话的地点在香港的新娘潭，时间是一九八三年秋天。那时我赴港

---

[1]　流沙河：《昔年我读余光中》，《文汇报》（2004 年 10 月 6 日）。
[2]　台北"中央日报"副刊（1987 年 12 月 11 日）。

客座半年，余老师余师母便招待我作一次郊游。①

10月24日，担任"中国文化节诗歌赏析"演讲嘉宾，做题为《新诗中的当代经验》之演讲。演讲后接受书院赠送之纪念品。

10月31日，发表诗歌《过狮子山隧道》，刊台北《中国时报》。

10月，赠所译《不可儿戏》于董桥，并题签"董桥兄正之 余光中一九八三年十月"。②

10月，《蓝星季刊》新第17号版权页刊登了蓝星同仁名单，包括夏菁、张健、夐虹、蓉子、周梦蝶、黄用、吴望尧、商略、沉思、余光中、罗门、向明、王宪阳、罗智成、赵卫民、方明、天洛等17人。

11月9日，林晚发表《什么景色？》，刊香港《新报》。文中讨论了余光中的《山中一日》与《过狮子山隧道》二诗。

11月21日、25日、28日，周灿发表《咏物·抒情·写景——读余光中的三首诗》，刊新加坡《联合早报》。其所讨论的三首诗是《雨伞》《寄给画家》《山中传奇》。

11月，老九公（潘亚暾）发表《温良恭俭——余光中教授印象记》，刊香港《当代文艺》第174期。此文增订版刊《作品》1985年6月号。

12月10日，陈惠坤发表《余光中谈香港诗坛》，刊香港《快报》。

12月25日，为《在冷战的年代》新版写序，后收入《在冷战的年代》（1988年版）。

12月，《迹》刊登侯家庆的《余光中新诗简介》、李志强的《也谈余光中作品》、黄南翔的《余光中先生访问摘录》。

是年，翁光宇发表《余光中的〈白玉苦瓜〉赏析》，刊《青年诗坛》。

是年，中译王尔德喜剧《不可儿戏》（*The Importance of Being Earnest*），由台北大地出版社出版，为"万卷文库127"。1984年6月香港山边社重印；2012年九歌出版社重新编排发行。该剧经改编，分别用广东话和普通话在香港、广州和台北演出40余场。

叶振辉《二〇〇一年十二月四日第四次访问》：因为我翻译了王尔德的三个喜剧，其中第一本《不可儿戏》在香港演过两年，广州演过

① 李瑞腾主编：《听我胸中的烈火——余光中教授纪念文集》，第58～59页。
② 据孔夫子旧书网原件照。

三场，加起来大概演了三十场，然后在台北演过十一场。①

　　单德兴《第十位缪斯——余光中访谈录》：至于戏剧，因为是要上演的，所以要顾及演员跟听众。我翻译的戏剧就是王尔德（Oscar Wilde，1854～1900）的四部喜剧，他写的台词很单纯，不会多用"complex sentence"（复杂句），比较多的是"simple sentence"（简单句）或"compound sentence"（复合句），所以对我的中文反而是另外一种挑战，也就是要怎么样翻得像口语，却又不流俗，因为他用的是伦敦上流社会的口语，所以译成中文也应该比较文雅。②

是年，与朱光潜先生开始通信并互赠著译。

　　袁可嘉《余光中访京小记》：1983 年我们才有书信往来，并互赠著译，但始终未能谋面。③

　　余光中《向历史自首？——溽暑答客四问》：朱光潜是我的启蒙良师，他论诗谈文时那种清明的思路、优雅的气度、深入浅出的功力、文白交融的语法，都是我钦佩的典型。④

1984 年（甲子）　　57 岁

1 月 1 日，发表《来吧，一九八四！》，刊台北《中国时报》。

1 月 9 日，方梓发表《缪思殿堂的火凤凰：余光中》，刊台北《中华日报·出版界》。

1 月 15 日，李元洛发表《对台湾现代派诗潮的针砭——余光中诗观遥测》，刊《当代文艺思潮》第 10 期；后收入《李元洛文学评论选》（1984 年版），题为《望远镜中的隔海诗魂》。

1 月 29 日，于沙田撰《拔河的绳索会呼痛吗？——序林彧的〈梦要去旅行〉》，收入林彧著《梦要去旅行》（台北时报文化出版公司 1984 年 7 月版）；后收入《井然有序》（1996 年版）。

1 月，李元洛发表《前车之鉴——从台湾诗坛看现代派》，刊《芙蓉》，

---

① 叶振辉主访：《让春天从高雄出发——余光中教授专访》，第 73 页。
② 单德兴：《却顾所来径——当代名家访谈录》，第 198 页。
③ 《光明日报》第 5 版（1992 年 11 月 7 日）。
④ 《羊城晚报》B5（2004 年 9 月 11 日）。

后收入《李元洛文学评论选》（1984 年版）。该文论及余光中回归传统。

1 月，流沙河发表《多情往往入迷——余光中〈水晶牢〉〈橄榄核舟〉》，刊香港《当代文艺》第 176 期。

2 月前后，开始学习西班牙语。

> 余光中《驶过西欧》：为了去斗牛之国，佛拉曼歌之乡，我足足读了一年半的西班牙文。当然还说不上无师自通，但是面对 amigo 时，还不致陷入聋哑的绝境。①

> 余光中《风吹西班牙》：三年前去委内瑞拉，有感于希斯巴尼亚文化的召引，认真地读起西班牙文来。我耽于这种罗曼斯文，完全出于感性的爱好。首先，是由于西班牙文富于母音，所以读来圆融浏亮，荡气回肠，像随时要吟唱一样。……其次，去过了菲律宾与委内瑞拉，怎能不径游伊比利亚本身呢？②

2 月，第九本诗集《在冷战的年代》，由台北纯文学出版社再版，为"纯文学丛书 122"。有新版序《现代中国意识的惊蛰》（写于 1983 年 12 月 25 日）。

> 余光中《现代中国意识的惊蛰》：中国是什么？我是谁？那时我最关心这两个主题。

> 那时的我，常在诗中担任一个乐观的失败者。这角色常被一种力量否定，却反身奋战，对否定再作否定，也就是说，有所坚持，有所肯定。因此那时的诗也往往始于否定而终于肯定。……我肯定的是中国之常：人民、河山、历史；而否定的是中国之变：政体。……我始终觉得有所抉择有所否定的肯定，才是立体、具体，而满口"伟大的祖国啊我爱你"式的肯定，不过是平面、抽象。……《在冷战的年代》是我风格变化的一大转捩，不经过这一变，我就到不了《白玉苦瓜》。它是我现代中国意识的惊蛰。③

2 月，钟玲的评论集《文学评论集》，由台湾时报文化出版公司出版。其中第二辑，评余光中、郑敏、痖弦三家的诗作。

---

① 《联合报》副刊（1985 年 9 月 8 日）。
② 余光中：《隔水呼渡》，第 116 页。
③ 余光中：《在冷战的年代》，台北：纯文学出版社，1984 年，第 3～5 页。

3 月 1 日，李元洛发表《盛唐的芬芳 现代的佳构——余光中〈寻李白〉欣赏》，刊《名作欣赏》第 1 期；又刊香港《公教报》。

3 月 10 日，作诗《初春》《不忍开灯的缘故》，前者 5 月刊新加坡《五月诗刊》第 1 期，后者 6 月 4 日刊《联合报》；后均收入《紫荆赋》（1986 年版）。

3 月 13 日，作诗《雾失沙田》，后收入《紫荆赋》（1986 年版）。

3 月 19 日，作诗《布谷》，刊 5 月香港《明报月刊》；后收入《紫荆赋》（1986 年版）。

3 月 22 日，作诗《蛛网》，刊 5 月新加坡《五月诗刊》第 1 期；后收入《紫荆赋》（1986 年版）。

3 月 23 日，作诗《别门前群松》，刊 10 月 24 日《联合报》；后收入《紫荆赋》（1986 年版）。

3 月 28 日，发表《廿年回首〈逍遥游〉》，刊台北《中国时报》。

3 月 30 日，欧团园发表《不老的缪斯》，刊《风灯》第 36 期。

3 月，散文集《逍遥游》，由台北时报文化出版公司重版。

春，致信李永平，告知有离开香港之念。

> 黄碧端《我和光中先生的中山因缘》：一九八四年春天某日，我在外文系走廊上碰到手上拿封信在看的李永平。永平看到我，指着手上的信跟我说，余光中先生写信说他有"避秦之念"。我听了心中一动：这不是把余先生延请到中山的好机会吗？……"九七大限"使当时香港人心惶惶，余先生信上说的"避秦"，指的便是这十年后将要到来的"大限"。①

4 月 2 日，作诗《心血来潮》，刊 10 月新加坡《五月诗刊》第 2 期；后收入《紫荆赋》（1986 年版）。

4 月 4 日，作诗《火车怀古》，后收入《紫荆赋》（1986 年版）。

4 月 11 日，致信黄维樑。

> 维樑：
>
> 奉上创作班诗组讨论之作品，请预先看一遍，准备讲评。选得太

---

① 《文讯》第 387 期（2018 年 1 月）。

多，大概只能讨论五、六首而已。另剪报一份，不必还我。即祝

日安

光中　四月十一日 ①

4月14日，陪同罗门游香港九龙海滨后，作诗《堤上行——赠罗门之一》《漂水花——赠罗门之二》，刊10月《蓝星诗刊》第1期；后收入《紫荆赋》（1986年版）。

4月16日，于沙田作诗《紫荆赋》，后收入《紫荆赋》（1986年版）。

> 余光中"附注"：紫荆是香港的市花，十三年的风雨，指现在到一九九七的所谓过渡时期。相思树，在香港叫做台湾相思。一九八四年四月十六日于沙田。

4月29日，发表诗歌《初春的感觉》，刊台北《中国时报》。

4月，作诗《独坐》，后收入《安石榴》（1996年版）。

4月，桂文亚发表《父与女——余光中先生和他的"女生宿舍"》，刊《民生报》第8版。

初夏，与姚朋、殷张兰熙、王蓝、赵岳山（纪刚）、朱炎、林文月、崔万秋、杨孔鑫、罗青、赵健昭、李嘉、严停云（华严）、王靖献（杨牧）赴日本东京出席第四十七届国际笔会年会。

> 余光中《记忆像铁轨一样长》：今年初夏和纪纲、王蓝、健昭、杨牧一行，从东京坐子弹车射去京都，也只觉其"稳健"而已。车到半途，天色渐昧，正吃着鳗鱼佐饭的日本便当，吞着苦涩的札幌啤酒，车厢里忽然起了骚动，惊叹不绝。在邻客的探首指点之下，讶见富士山的雪顶白矗晚空，明知其为真实，却影影绰绰，像一片可怪的幻象。车行极快，不到三五分钟，那一影淡白早已被近丘所遮。那样快的变动，敢说浮世绘的画师，戴笠挎剑的武士，都不曾见过。②

5月4日，写散文《罗素的弹弓》，刊5月27日台北《中国时报》；后收入《记忆像铁轨一样长》（1987年版）。

5月7日，写散文《记忆像铁轨一样长》，后收入《记忆像铁轨一样长》

---

①　黄维樑:《大师风雅——钱锺书、夏志清、余光中的作品和生活》，第148页。

②　《幼狮少年》第95期（1984年9月）。

（1987 年版）。文末引用了作者早先翻译的土耳其诗人塔朗吉（Cahit Sitki Taranci，1910 ～ 1956）的《火车》（"The Train"）。诗云：

> 去什么地方呢，这么晚了，/ 美丽的火车，孤独的火车？/ 凄苦是你汽笛的声音，/ 令人记起了许多事情。// 为什么我不该挥舞手巾呢？/ 乘客多少都跟我有亲。/ 去吧，但愿你一路平安，/ 桥都坚固，隧道都光明。①

> 余光中《记忆像铁轨一样长·自序》：《记忆像铁轨一样长》的同胞，便包括《九广路上》《九广铁路》《老火车站钟楼下》《火车怀古》等诗。②

5 月 15 日，康瑞琼发表《从〈黄金城〉到〈白梳〉——黄维樑著〈余光中的黄金城〉一文读后》，刊《破土》第 3 期。

5 月 18 日，作诗《东京新宿驿》，后收入《紫荆赋》（1986 年版）、《风筝怨》（2017 年版）等。

5 月 27 日，作诗《两个日本学童》，刊 7 月《中外文学》第 13 卷第 2 期；后收入《紫荆赋》（1986 年版）。

5 月，由香港青年作家协会成员发起的《香港文艺》创刊，初由陈德锦主编，第四期后由唐大江主编。

6 月 1 日，作诗《伞中游记》，刊 6 月 21 日台北《中国时报》；后收入《紫荆赋》（1986 年版）。

6 月 19 日，作诗《所谓永恒》《国际会议席上》，后收入《紫荆赋》（1986 年版）。

6 月 25 日，自译 "Some Thoughts of A Mountaineer"（《山中暑意》，transl. Yu Kwang-chung），刊 *The Taipei Chinese PEN* 夏季号。

> 克瑞：
>
> 三月十四日信悉，简要如下：
>
> （一）目录中的题目，只写 Summer Thoughts of A Mountaineer 即可，第二行作 translated by the author。
>
> （二）总题及七首分题，中文原名如下：

---

① 余光中：《记忆像铁轨一样长》，第 141 页。
② 《幼狮少年》第 95 期（1984 年 9 月）。

Summer Thoughts of A Mountaineer（山中暑意）

A Pine Cone Falls（空山松子）

Dusk the Smuggler（黄昏越境）

A Lamp Taking Its Stand（一灯就位）

Listening to the Night（深山听夜）

Deep As a Well, the Night（夜深似井）

The Open Gate of Night（夜开北门）

The Sleepless Dog（不寐之犬）

谢谢你了，匆祝

编安

光中　三月廿四日①

6月，与痖弦、白萩、张汉良一起被推选为《创世纪》三十周年诗评审委员，召集人为洛夫。

6月，中译王尔德剧本《不可儿戏》，由香港山边社出版。封底有该剧简介以及余光中《与王尔德拔河记》的摘录：

> 《不可儿戏》（*The Importance of Being Earnest*）不但是王尔德最流行最出色的剧本，也是他一生的代表杰作。批评家对他的其他作品，包括诗与小说，都见仁见智，唯独对本剧近乎一致推崇，认为完美无陷，是现代英国戏剧的奠基之作。王尔德自己也很得意，叫它作"给正人看的闲戏"（a trivial comedy for serious people），又对人说："不喜欢我的五个戏，有两种不喜欢法。一种是都不喜欢，另一种是只挑剩《不可儿戏》。"

> 余光中《与王尔德拔河记》：我读《不可儿戏》，先后已有十多年：在翻译班上，也屡用此书做口译练习的教材，深受同学欢迎。其实不但学生喜欢，做老师的也愈来愈入迷。终于有一天，我认为长任这么一本绝妙好书锁在原文里面，中文的读者将永无分享的机会，真的是"悠然心会，妙处难与君说"。要说与君听，只有动手翻译。②

6月，所译王尔德剧作《不可儿戏》由香港话剧团演出，杨世彭导演，

---

① 原件现藏台湾"中国笔会"开放博物馆。

② 《中外文学》第12卷第1期（1983年6月）。

演出十三场。

余光中《王尔德讲广东话》：说［一九八五年］六月十四日夜的一场是首演，其实不确。去年六月，《不可儿戏》在香港已经演出过了。导演和剧团与今年的相同。……去年演出了十三场，八场是用粤语，五场是用"国语"，除了多才的林聪兼饰"国语"场与粤语场的同一角色杰克之外，其他角色都由两位演员分饰，导演当然加倍辛劳。我相信，就王尔德此一名剧的中译本而言，那是全世界的首演，说不定也是第一次由同一戏团在同一戏台上用两种不同的语言来演出同一剧本。试验的结果，"国语"场不如粤语场成功，卖座只得八成。原因是双重的：香港剧台上的"国语"人才毕竟不及粤语人才之多，"国语"场的演员当然不能那么精挑细选；另一方面，"国语"场的观众大半还是粤人，听"国语"毕竟不如听乡音那么敏捷，反映当然不如粤语场的观众那么快。①

余光中《何以解忧？》：去年六月，杨世彭把此剧的中译搬上香港的戏台，用"国语"演了五场，粤语演了八场，丰收了满院的笑声。坐在一波又一波的笑声里，译者忘了两个月伏案的辛劳。②

《联合报》（2017 年 12 月 31 日）：○悼念光中（杨世彭）○其中有一曲，更是别具意义，那就是十九世纪英国才子王尔德的名剧 *The Importance of Being Earnest*，我曾前后导演过五次，而我所采用的译本，正是光中翻译的，改名叫作《不可儿戏》。

王尔德是唯美主义的先锋，他的绝世幽默及锦心绣口，是翻译家的噩梦，但在光中的译笔下，却是信达雅兼具，举重若轻，精彩纷呈，真是翻译学的最佳示范，也是中文舞台上难得有的精品。我在一九八四年让香港话剧团首演这个译本，由我执导，以粤语、国语两组演员轮换演出，反应非常之好。

单德兴《第十位缪斯——余光中访谈录》：那个剧曾在香港演出两年，也就是一九八四、八五年，第一年演出十三场，其中八场是用广东话，五场是用普通话。因为是在香港，所以广东话的效果更好。即

---

① 《联合报》副刊（1985 年 6 月 30 日）。
② 余光中：《记忆像铁轨一样长》，第 178 页。

使是以广东话演出，我的译文也不需要改多少。这是很好的考验，也就是你的译本要能通过导演、演员，看他们欢不欢迎，最后当然是落实在观众身上。①

夏，决定回高雄中山大学任教。

单德兴《守护与自持——范我存访谈录》：1984 年暑假，光中答应李焕先生的邀请，决定于 1985 年回台。②

张晓风《偶逢之处》：说到他教书的最后一站中山大学（这间大学，是把他当镇校之宝来尊敬的）。他当初受聘倒也有趣。那时英文系主任是黄碧端教授，她有天在办公室外的走廊上看见有位李永平教授对面走来，手上捧着一封信，边走边看。黄碧端主任好奇，就拦下他来问看谁的信？李说是余先生的信，余先生想离开香港了。黄主任听此一言，不禁窃喜，立刻去信请余先生考虑到西子湾来。这一来，就在南台湾扎营三十多年。③

8 月 4 日，作诗《捉放蜗牛》，刊 11 月 1 日台北《中国时报》；后收入《紫荆赋》（1986 年版）。

8 月 6 日，发表《乡愁》，刊《人民日报》第 4 版。

8 月 18 日至 25 日，迪维发表《余光中致力把沙漠变成绿洲》，刊香港《亚洲电视》专页《成功人士》。

8 月，《龚自珍与雪莱》完稿，后收入《蓝墨水的下游》（1998 年版）。

8 月，在香港市政局主办的第六届"中文文学周"演讲《谈浪子文学》，其他讲者尚有张系国和严沁。

8 月，次女幼珊入学美国加州大学伯克利分校，攻读英美文学硕士学位。

8 月，《一代诗坛祭酒——余光中》，收入大学研读社编《改变大学生的书》（台北前卫出版社版）。

9 月 9 日，温瑞安发表《诗人学者余光中》，刊新加坡《南洋商报》。

9 月，发表《〈土耳其现代诗选〉自序》，刊《台湾诗季刊》第 6 期。

---

① 单德兴：《却顾所来径——当代名家访谈录》，第 199 ～ 200 页。
② 单德兴：《翻译家余光中》，第 283 页。
③ 李瑞腾主编：《听我胸中的烈火——余光中教授纪念文集》，第 43 页。

9 月，发表《生活散记——记忆像铁轨一样长》，刊《幼狮少年》第 95 期。

9 月，林芝的《诗的延长线——与余光中先生一席谈》、沈谦的《左手的散文魔术——读余光中〈记忆像铁轨一样长〉》，刊《幼狮少年》第 95 期。

《联合报·文学副刊》（1985 年 2 月 3 日）○翻译乃大道（余光中）○去年九月，沈谦先生在《幼狮少年》上评析我的散文，说我"右手写诗，左手写散文，偶尔伸出第三只手写评论和翻译"。沈先生在该文对我的过誉愧不敢当，但这"偶尔"二字，我却受之不甘。我这一生对翻译的态度，是认真追求，而非逢场调戏。①

9 月，隐地发表《作家与书的故事——余光中》，刊《新书月刊》第 12 期。

10 月 5 日，《蓝星诗刊》创刊。罗门、向明主编，25 开，台北九歌出版社出版。此为季刊，共出版 32 期。

10 月 15 日，获第七届吴三连文艺奖散文奖。

10 月 20 日，招待到访香港的作家巴金先生。

10 月 24 日，《左手的缪斯与永恒拔河——侧写本年度吴三连文艺奖散文得主余光中》，刊台北《中国时报》。

10 月 25 日，应邀参加台湾师范大学举办的纪念李清照诞生九百周年专题研讨会，并发言。

《余光中记厦门盛会》：早在 1984 年，为纪念李清照诞生九百年，台北的师范大学举办了专题研讨会。我写了《李清照以后》一文，不但肯定了这位女词家的艺术才女之中空前绝后的地位，并趁机分析了女作家在各种文体之间的不同表现，我的分析不但来自平日的印象，也以各种文体的选集之中女性作者所占的比例为依据。直觉的印象加上客观的统计，当能说服一般读者，尤其是女性本身吧。②

10 月 27 日，黄维樑发表《情采兼备的散文大家——欣赏余光中获吴

① 《联合报》副刊（1985 年 2 月 3 日）。
② 《联合报》副刊（2015 年 5 月 8 日）。

三连文学奖》，刊香港《明报》第 21 版。略云：

> 对于余氏获得此项殊荣，我有下面几点感想。第一，余光中散文，情采兼备，领一代之风骚，这次得奖可谓实至名归。……对于第一点感想，我作如下的补充，而这正是这篇短文的重点。余光中的第一本散文集《左手的缪思》出版于一九六三年。二十年来，他所出版的散文集共七本。他不是当代台湾最多产的散文家，但他散文之广获好评，则为事实。

10 月，于沙田撰《十年看锋芒——序〈锋美术会十周年特刊〉》，后收入《井然有序》（1996 年版）。

10 月，与黄用、高桥喜久晴、亚汀、周宁、李欧梵、向明、丘彦明、林亨泰、李魁贤、许世旭、向阳合作的《中文诗人作家看〈创世纪〉》，刊《创世纪》第 65 期。

10 月，郑明娴发表《试论现代散文》，刊《文讯》；后收入陈幸蕙主编《一九八四年文学批评选》（台北尔雅出版社 1985 年版）。

同日，李瑞腾发表《开创散文的天空》，刊《自立晚报》。文中论及余光中散文创作。

11 月 7 日，林淑兰发表《余光中立志将勤写散文》，刊台北"中央日报"。

11 月 9 日至 10 日，发表《李清照以后》，刊台北《中国时报·人间副刊》；后收入《从徐霞客到梵谷》（1994 年版）。

11 月 24 日，沙白发表《我是"归人"，不是"过客"——记余光中与高雄文艺界人士的一次聚谈》，刊《台湾新闻报》第 8 版。

1 月 27 日，发表《记忆像铁轨一样长》，刊《联合报》。

11 月，写散文《横行的洋文》，后收入《记忆像铁轨一样长》（1987 年版）、《余光中幽默文选》（2005 年版）、《翻译乃大道，译者独憔悴》（2021 年版）。

11 月，发表《永恒的幻觉二题》，刊《联合文学》第 1 卷第 1 期。

12 月 10 日，中译贝雅特利（Yahya Kemal Beyatli）等人诗选集《土耳其现代诗选》（*Anthology of Modern Turkish Poetry*），由台北林白出版社出版，收入"岛峡文库"第 4 辑。有译序。自此以后，有相当长一段时间不事译书。

单德兴《第十位缪斯——余光中访谈》：因为你不懂第一手的原文，而英文本已经是译文了，所以会觉得 you have more freedom to improvise（有更大的挥洒空间），因为谁晓得英译是不是忠于原文，当然也不能轻视它。所以我花了一个夏天把《企鹅版土耳其诗集》（*The Penguin Book of Turkish Verse*）中的现代诗选译成中文，觉得也很值得，因为这种少数民族的文学应该有人介绍。当然我不能拿这个作为主要的译绩。①

余光中《四窟小记》：《土耳其现代诗选》以后，我已有三年不曾译书。此道之甘苦，我在长论短文里面早已述及，不再多赘。作家也许会江郎才尽，译者却只有愈老愈老练。翻译，至少是老来可做的工作。但是照目前看来，要有空暇译个痛快，恐怕得期之退休以后了。到那时我可以做一个退隐的译者。②

12 月 18 日，晓捷发表《余光中〈隔水观音〉》，刊香港《星岛日报·星桥》。
12 月 26 日，出席金鼎奖颁奖典礼，以《小木屐》获歌词奖。颁奖者为林海音。

徐国能《你就在歌里、风里》：有一回闲谈，问老师最喜欢自己哪一首诗，他说是《小木屐》。……原来是感伤儿女长大，回忆童年亲情的作品。……现在渐渐明白，老师要教给我的最后一课是理解人情中最细腻的温柔，还有把握当下的幸福。③

何晴《余光中访谈：每个人的生活中都要有诗》：所以我写过一首诗叫做《小木屐》，在南京穿木屐的比较少，在台湾尤其以前大家都穿木屐，我的小女儿穿着木屐刚会走路，踢踢踏踏，那我就蹲下来张开两臂鼓励她向我走来，她就孤注一掷地向我跑来。……④

12 月底，应邀出席书香社会专题演讲，讲题是"诗的音乐性"。

余光中《奇怪的诗论》：去年十二月底，新闻局为了配合台湾书展，同时举办了书香社会专题演讲，讲者十二人，我也是其中一位，

① 单德兴：《却顾所来径——当代名家访谈录》，第 212 页。
② 《台湾时报》副刊（1988 年 3 月 4 日）。
③ 李瑞腾主编：《听我胸中的烈火——余光中教授纪念文集》，第 206 页。
④ 《南方都市报》（2002 年 5 月 23 日）。

讲题是"诗的音乐性"。当时我曾指出：诗是综合的艺术，同时具备了绘画性与音乐性。……不过诗中之乐，作用是在发挥意义，助长文气，它仍然必须附丽于意义，而非自给自足的音乐。接着我分析"诗中有乐"的四个层次。第一是用诗来描写音乐。……第二是以诗入乐。……第三是以乐理入诗。……①

是年，为香港中文大学英文系毕业的西茜凰第一本小说《大学女生日记》（香港博益出版社 1984 年版）作序。该书写的是沙田校园里的爱情故事。

> 余光中《校园的牧歌》：她是香港的女儿。……她似乎只属于香港，而不属于更大的民族。日记里几乎从未提到中国的山河与人民，只有在文化的层次提到中国的诗词和现代文学。这现象在她的大学时代虽不很普通，却也有相当的代表性。……1997 日近，不论喜欢与否，中国大陆的大现实恐怕不容她不注目了。②

是年，应某华人团体邀请，与郑愁予赴旧金山，演讲《新诗的吟诵》。

> 《北京晚报·知味》（2019 年 4 月 15 日）：○ 1984 年余光中在旧金山演讲，遭遇"再世屈原"闹场（方闲）○ 1984 年，旧金山的某华人团体邀请文学名人演讲，地点设在高级旅馆的会议厅，听众要购票入场，我躬与其盛。讲台上高坐的，有余光中、郑愁予两位大名鼎鼎的诗人。在余光中以"新诗的吟诵"为题作演讲的间隙，闹剧发生了。

是年，与陈千武、白萩、具常、秋谷丰、高桥喜久晴合编《亚洲现代诗集》第三集，韩国童话出版社出版。以中、日、韩、英四种文字发行，中国诗人收张雪映、叶笛等 23 家的诗作，附作者简介、照片、编辑委员的话。

是年，共回台六次。

> 余光中《远方的雷声》：初来的时候，每年暑假回台北一次，形同候鸟。后来频率逐年增加，屈指算来，去年居然回去了六次之多。③

---

① 《联合报》副刊（1985 年 3 月 17 日）。
② 西茜凰:《大学女生日记》，香港：博益出版社，1984 年，卷首。
③ 《联合报》副刊（1985 年 2 月 19 日）。

1985 年（乙丑）　　58 岁

1 月 3 日，异史氏（周灿）发表《鱼也哭来龙也哭——读余光中的乡愁诗》，刊《联合早报》。

1 月 4 日，与痖弦、钟玲应邀赴新加坡参加第二届国际华文文艺营。

> 黄维樑《记余光中的一天》：1 月有新加坡之行。①
>
> 古继堂《台港澳暨海外华文新诗大辞典》：1 月 4 日，新加坡《联合早报》邀请台湾诗人痖弦、钟玲、余光中 3 人参加该国金狮奖典礼和第二届国际华文文艺营。②
>
> 余光中《樵夫的烂柯》：一月初去新加坡参加"国际华文文艺营"，见到萧乾先生。③
>
> 余光中《边缘文学》：站在中原本位看来，台湾文学成了"边缘文学"。……至于新加坡，土地更小，人口更少，位置更加偏僻，其文学岂非边缘之边缘？新加坡的华文作家至少有三重挫折感。
>
> 最后恐怕也是最严重的，是新加坡乃多元民族社会，华人比重虽然最大，但正式的语言却是英文，而华文教育正趋式微。今年年初在"第二届国际华文文艺营"的座谈会上，新加坡的作家谈到这些，都显得心情沉重。当时我便提出边缘文学一词，为他们打气。从文学史的发展看来，边缘文学未必不能成为强有力的支流，更进而影响主流。有不少前例，说明边缘文学甚至可能入主中原。……政治短暂而文化悠久，今日的边缘文学将成异日的一股主流。④

1 月 7 日，吴启基发表《不断探索创新的诗人——与余光中一席谈》，刊《联合早报》。

1 月 9 日，应邀出席新加坡五月诗社举行的大型诗歌朗诵会。

> 古继堂《台港澳暨海外华文新诗大辞典》：1 月 9 日，新加坡"五月诗社"举行大型诗歌朗诵会，由女诗人淡莹主持，参加朗诵的新加

---

① 黄维樑：《大师风雅——钱锺书、夏志清、余光中的作品和生活》，第 234 页。
② 古继堂主编：《台港澳暨海外华文新诗大辞典》，第 744 页。
③ 《联合报》副刊（1985 年 3 月 3 日）。
④ 《联合报》副刊（1985 年 4 月 21 日）。

坡诗人有：王润华、周粲、文恺、南子、贺兰宁、郭永秀、谢清、蔡虹等 20 余人。在新加坡访问的余光中、痖弦、钟玲也参加了朗诵会。[1]

1 月 19 日，周灿发表《云也听也——听余光中的朗诵》，刊《联合早报》。

1 月 20 日，秦林发表《诗人余光中》，刊《星洲日报》。

1 月 26 日，黄广青发表《与一匹夜竞赛——访余光中》，刊《联合早报》。

1 月 30 日，写散文《山缘》，连载于 3 月 27 日至 29 日台北《中国时报》；后收入《记忆像铁轨一样长》（1987 年版）。

> 余光中《记忆像铁轨一样长·自序》：《山缘》是我对香港山水的心香巡礼。[2]

1 月，发表《土耳其的现代诗》，刊《蓝星诗刊》第 2 期。

1 月，吴贵和发表《余光中的散文》，收入夏祖丽编《风檐展书读》（台北纯文学出版社 1985 年版）。

1 月至 3 月，发表《龚自珍与雪莱》（写于 1984 年 8 月），刊《联合文学》第 1 卷第 3 期至第 5 期；后收入《蓝墨水的下游》（1998 年版）。

> 余光中《蓝墨水的下游·后记》：此文是我最着力的一篇专论。当年我若未去香港，此文恐怕就不会从鸦片战争入题。去了香港而未从外文系转入中文系，也恐怕不会贸然去探讨龚自珍。香港正是鸦片战争的代价，没有一八四二，也就没有一九九七。人在香港，才会痛切思索中英关系，也才会触动灵机，把同年同月诞生的中英两大诗人相提并论，而觑出许多巧妙来。
>
> 至于这篇长文算不算什么比较文学，我倒不怎么在乎。只要能把问题说清楚，管它是什么学派什么主义呢！能用龚自珍做试金石，把雪莱擦破了好几块皮，因而觑破英国诗某些虚实，就算值得了。
>
> 《自由时报》（2017 年 12 月 24 日）：〇诗的志业——悼念余光中（陈芳明）〇他擅长做对位式的阅读（contrapuntal reading），与贯通式的阅读（comprehensive reading）。前者属于空间的涉猎，后者则偏重时间的钻研。

---

[1] 古继堂主编：《台港澳暨海外华文新诗大辞典》，第 744 页。

[2] 《幼狮少年》第 95 期（1984 年 9 月）。

　　余老师曾经写过一篇长文《龚自珍与雪莱》，为我们示范了什么是对位式的阅读。雪莱是西方浪漫主义运动的健将，龚定庵则是晚清"诗界革命"的重要旗手。能够完成这样的比较，必须对于中西两个不同文学传统了若指掌，才有可能到达这样的境界。他所做的可能是学术研究，却带给我们一个启示。诗的完成，并非只是依赖天分而已，还要透过不断的阅读，透过持续的知识累积。他具备了过人的领悟，以及大量阅读，终于为自己酿造敏锐的鉴赏力。一切都齐备之后，他才恰当注入自己的丰富想象，既可完成创作，也可以建构知识。

2 月 3 日，发表《翻译乃大道》，刊《联合报》副刊；后收入《凭一张地图》（1988 年版）、《翻译乃大道，译者独憔悴》（2021 年版）。略云：

　　作者最怕江郎才尽，译者却不怕。译者的本领应该是"与岁俱增"，老而愈醇。……翻译的境界可高可低。高，可以影响一国之文化。低，可以赢得一笔稿费。……有一次我在香港翻译学会的午餐会上演讲，开玩笑说："我写诗，是为了自娱。写散文，是取悦大众。写书评，是取悦朋友。翻译，却是取悦太太。"从高处看，翻译对文化可以发生重大的影响。……我们简直可以说：没有翻译就没有基督教。（同理，没有翻译也就没有佛教。）……翻译绝对不是小道，但也并不限于专家。林琴南在五四时代，一面抵死反对白话文，另一面却在不识 ABC 的情况下，用桐城派的笔法译了一百七十一种西方小说，无意之间做了新文学的功臣。

　　林以亮《翻译和国民外交》：余光中写了一篇《翻译乃大道》，深获我心。……余光中已经译了十册书，并拟日后继续翻译画家传记。①

2 月 7 日，唐山人（施颖洲）发表《二大作家》，刊《联合早报》。

2 月 10 日，发表《译者独憔悴》，刊《联合报》副刊；后收入《凭一张地图》（1988 年版）、《翻译乃大道，译者独憔悴》（2021 年版）。略云：

　　在台湾的各大学里，翻译几乎是冷门课。……大学教师申请升等，规定不得提交翻译。……在文坛上，译者永远是冷门人物，稿酬比人低，名气比人小，书评家也绝少惠加青睐。其实，译一页作品有时比

---

① 《联合报》副刊（1985 年 3 月 12 日）。

写一页更难：译诗，译双关语，译密度大的文字，都需要才学兼备的高手；书译好了，大家就称赞原作者；译坏了呢，就回头来骂译者。批评家的地位清高，翻译家呢，只落得个清苦。奖金满台湾，译者独憔悴。……

2月13日，戴天发表《译者何憔悴》，刊香港《信报》。

2月17日，发表散文《美文与杂文》，刊《联合报》副刊；后收入《凭一张地图》（1988年版）。略云：

> 所谓美文（belles-lettres），是指不带实用目的专供直觉观赏的作品。反之，带有实用目的之写作，例如新闻、公文、论述之类，或可笼统称为杂文。美文重感性，长于抒情，由作家来写。杂文重知性，长于达意，凡知识分子都可以执笔。不过两者并非截然可分，因为杂文写好了，可以当美文来欣赏，而美文也往往为实用目的而作。……杂文是为解决问题，沟通社会而产生的作品，只要作者有真挚的感情、深刻的思想，而又善以文字来表达，往往也能写出动人的美文。……条理分明、文字整洁、声调铿锵、形象生动：一篇杂文如果做到了这四点，尽管通篇不涉柔情美景，仍可当作美文来击节叹赏。逻辑的饱满张力，只要加上一点感情和想象，同样能满足我们的美感。……散文的佳作不限于美文，不妨也向哲学、史学，甚至科学著作里去探寻。

2月19日，发表散文《远方的雷声》，刊台北《中国时报·人间副刊》；后收入《凭一张地图》（1988年版）。

2月27日，方SIR发表《散文胡同》，刊香港《星岛日报·星苗》。

2月28日，张健发表《伊斯坦堡之歌——读余光中译〈土耳其现代诗选〉》，刊台北《中华日报》第10版。

2月至8月，为《联合报》副刊专栏"隔海书"写杂文小品30余篇。

> 余光中《记忆像铁轨一样长·自序》：一九八五年二月至八月，我为联合副刊的专栏"隔海书"还写了三十篇左右的杂文小品，其中不无可留之作，但因篇幅较短，笔法不同，当与我回台后的其他小品合出一书。[①]

---

① 《幼狮少年》第95期（1984年9月）。

3 月 1 日，何某发表《诗的音乐性》，刊台北 "中央副刊"。内容系针对去年余光中之演讲。

> 余光中《奇怪的诗论》：最近看到三月一日 "中央副刊" 上有何先生的《诗的音乐性》一文，发现其中颇有几点是针对我去年的这篇演讲，可是曲解了我的原意。我在演讲时说，我们不妨把苏轼之言改为 "诗中有乐，乐中有诗"。何先生竟谓："有一位新诗作者说，那 '画中有诗' 的诗字也可改称 '乐'。他的意思好像是说，诗与乐是一物之两面。我们觉得他错了。" 接着他根据此点大加发挥，愈扯愈远。我从来没有说过 "画中有乐" 这样的话；无论何先生是在现场听我的演讲，或者事后听电台的转播，他竟有这样的说法，实在太不负责。何先生对古典诗中的近体诗怀有偏见。……何先生此文武断的论点很多。……①

3 月 3 日，发表散文《樵夫的烂柯》，刊《联合报》副刊；后收入《凭一张地图》（1988 年版）。

3 月 4 日，方 SIR 发表《上佳杂文》，刊香港《星岛日报·星苗》。

3 月 10 日，发表散文《鸡同鸭讲》，刊《联合报》副刊；后收入《凭一张地图》（1988 年版）、《余光中幽默文选》（2005 年版）。

同日，写散文《何以解忧？》，后收入《记忆像铁轨一样长》（1987 年版）等。该文表达了作者的思想，包括他的人生观。何以解忧，他给出的五策是："纵情朗诵" 诗歌；"牙牙学语" 新学一种外文；翻译；观星象 "神游天外"；旅行。

> 黄维樑《博雅之人，吐纳英华——余光中学者散文〈何以解忧？〉析论·文首小语》：学院作家余光中的散文，是典型的、将来会成为经典的学者散文。其《何以解忧？》是一篇代表作。欲求博雅之人一定要读《何以解忧？》，这是博雅之人吐纳英华之作。读《何以解忧？》可以解忧生乐，比读下面这篇评论有益有趣得多。读下文之前，务请先读《何以解忧？》。②

---

① 《联合报》副刊（1985 年 3 月 17 日）。
② 黄维樑：《壮丽：余光中论》，香港：香港文思出版社，2014 年，第 187 页。

3 月 11 日，叶彤发表《香港·香港》，刊香港《星岛日报·瓮中树》。

3 月 17 日，发表散文《奇怪的诗论》，刊《联合报》副刊；后收入《凭一张地图》（1988 年版）。

3 月 24 日，发表散文《要制度，不要口号》，刊《联合报》副刊；后收入《凭一张地图》（1988 年版）。

3 月 26 日，沈谦发表《诡谲的文人——与余光中谈散文》，刊《联合报》第 8 版。

3 月 31 日，发表散文《专业读者》，刊《联合报》副刊；后收入《凭一张地图》（1988 年版）。略云：

> 和编者、评论家一样，译者的工作也是介于作家与读者之间，可是他对于手头的作品读得更彻底，更仔细，简直一字一句都不能放过。要是有只字片语没有读通，译文里一定会露出马脚。凡有翻译经验的人，都知道有些字句平时似乎了然于心，到要翻译时却又发现并未全懂。要精读一部书或一篇作品，最踏实可靠的方法莫过于翻译。

3 月，李丰楙、吕正惠等编《中国现代散文选析》，由台北长安出版社出版。书中选析余光中的《蒲公英的岁月》《听听那冷雨》《幽默的境界》《思台北，念台北》。

4 月 1 日，发表散文《边界探险——文学对死亡的窥探》，刊《联合报》副刊；后收入《凭一张地图》（1988 年版）。

4 月初，观看卢燕主演的粤语《小狐狸》。

> 余光中《王尔德讲广东话》：今年四月，卢燕女士来港，用粤语主演《小狐狸》，事前花了一个月勤习粤语，敬业的精神十分可佩。不过粤语究非她的"母语"；虽然我在台下听来很是享用，本地的剧评在赞赏她的台风与演技之余，却可惜她的粤语未能"乱真"。[1]

4 月初，回台参加中国古典文学第一届国际会议。

> 余光中《鸡犬相闻》：月初回台北参加"中国古典文学第一届国际会议"，虽然因为要赶回香港上课而未能听完全场，但是从一天半与会的所见所闻和带回来的资料里面，却有如下的几点感想。首先，这

---

[1] 《联合报》副刊（1985 年 6 月 30 日）。

是一次名副其实的世界性会议……其次，会上发言均为中文，更是可喜。……第三，这次会议无论是主讲或讲评，都有一点车马费……第四，此次会议标明中国古典文学，而不是含义繁复的汉学甚或华学……目的也就清楚得多。①

4 月 7 日，发表散文《好书出头，坏书出局》，刊《联合报》副刊；后收入《凭一张地图》（1988 年版）。

4 月 12 日，鸥子发表《诗人·学者·批评家——认识余光中教授》，刊香港《公教报》。

4 月 14 日，发表散文《三间书房》，刊《联合报》副刊；后收入《凭一张地图》（1988 年版）。作者提到的三间书房分别是厦门街老宅的书房、沙田山居的书房、香港中文大学太古楼六楼办公室。

4 月 20 日，蔡其矫致信古剑，其中提到《良友》所登余光中的文章。略云：

> 《良友》的文章，都短，这我最赞成。……余光中的文章虽长了些，但还看得下去，只是他行文中的书斋气，却不那么喜欢。我很懒，笔生涩，对散文生疏，唯有诗能使我兴奋。②

4 月 21 日，发表散文《边缘文学》，刊《联合报》副刊；后收入《凭一张地图》（1988 年版）。

4 月底，携范我存赴菲律宾旅游并演讲。

> 黄维樑《记余光中的一天》：4 月南下马尼拉。③
>
> 余光中《芒果与九重葛》：四月底我们去菲岛旅行，妻是初访，而我，已经是三游该国了。……请我去演讲的虽是菲华文艺协会，但鼓动风浪的是翻译名家施颖洲。为了专心接待港客，他不但向自己久任总编辑的《联合日报》史无前例地一连请了三天假，而且预先写了几篇专栏，编了几天特辑，来配合我的两次演讲。太平洋经济文化中心驻菲的刘宗翰代表和他的多位同事，也对我照拂备至。
>
> 我一到的当天晚上，就有一个欢迎晚会，六席盛宴之后，由六位

---

① 《联合报》副刊（1985 年 4 月 28 日）。

② 蔡其矫：《蔡其矫书信集》，第 42 页。

③ 黄维樑：《大师风雅——钱锺书、夏志清、余光中的作品和生活》，第 234 页。

女作家分别上台朗诵我的诗文。……这回我在马尼拉演讲两次，一次讲"诗的音乐性"，另一次讲"散文的创作"。……第二天主人为我们导游岷市古老的王城，参观十六世纪的圣奥古斯丁西班牙天主教堂，和展示十九世纪菲律宾人家居生活的马尼拉古屋（Casa Manila）。……我们又去黎刹公园，向英年殉道的革命烈士致敬。……第三天主人带我们去游风景胜地蓝湾（Puerto Azul）。正是四月底的暮春。……第二天为我们导游的菲华作家，有施颖洲、庄良有、庄垂明、谢馨。因为当天我的演讲与诗有关，所以陪伴我的也以诗人为主……第三天我演讲散文，所以导我去游蓝湾的当地作家——林忠民、杨美琼（笔名莎士）、黄梅——多为散文家。……①

4月23日，龙传仁（施颖洲）发表《迎余光中》，刊菲律宾《联合日报》。

4月25日，龙传仁发表《关怀菲华》，刊菲律宾《联合日报》。

4月27日，一峰发表《夏季，诗人踏着阳光来——访缪思的使者余光中教授》，刊菲律宾《联合日报》。

4月28日，发表散文《鸡犬相闻》，刊《联合报》副刊；后收入《凭一张地图》（1988年版）。

4月29日，马也的《诗是情人，散文是妻子——听余光中教授学术演讲有感》、黄梅的《与缪思共徜徉——听余光中教授谈诗文》，刊菲律宾《世界日报》。

4月，写散文《西茜凰山顶》，刊5月28日台北《中国时报》；后收入《记忆像铁轨一样长》（1987年版）。

> 余光中《记忆像铁轨一样长·自序》：《飞鹅山顶》则是我对香港山水的告别式了。十年的沙田山居，承蒙山精海灵的眷顾，这几篇作品【按：另一篇是《山缘》】就算是我的报答吧。如果说徐霞客是华山夏水的第一知音，我至少愿做能赏香港山水的慧眼。②

> 樊善标《飞鹅山上——敬悼余光中老师》：《飞鹅山顶》是余老师在香港所写散文登峰造极之作，在他全部散文中也属于最出类拔萃那

---

① 《联合报》副刊（1985年5月26日）。
② 《幼狮少年》第95期（1984年9月）。

几篇之一。此文固然不乏文字炼金术士的当行本领，全篇叙事的起伏照应，灰线草蛇，置诸古文名篇之林也不逊色，但更重要的是情感之饱满淋漓。他在登山途中发现了孙中山母亲杨太夫人的灵墓，拜谒之后，顿觉荒山野道有情起来。踏足峰顶时再有一发现……文末以一个缠绵的长句把大陆、台湾、香港这三片土地一笔绾住，宣布此心永远萦回于此三处，并无轻重之别。①

初夏，与梁锡华夫妇等六人同登八仙岭。

> 余光中《记忆像铁轨一样长·自序》：去年初夏，和沙田诸友爬山，从新娘潭一直攀上八仙岭，终于登上纯阳峰，北望沙田而同声欢呼者共为六人：梁锡华伉俪、刘述先、朱立、黄国彬和我。当时登高望远临风长啸的得意之情，加上回顾山下的来路，辛苦，曲折，一端已没入人间，那一份得来不易的成就感，用诗来歌咏最能传神。用散文也能，若是那作者笔下富于感性，在叙事、抒情之外尚能状物写景。可惜纯散文家里有一半不擅此道。②

5 月 5 日，发表散文《舞台与讲台》，刊《联合报》副刊；后收入《凭一张地图》（1988 年版）。

5 月 6 日，柬木星发表《举起华夏希望的守夜人——聆听余光中教授一席话》，刊菲律宾《联合日报》。

5 月 12 日，为摄影家吴玉青举办的摄影展题诗。

> 古继堂《台港澳暨海外华文新诗大词典》：5 月 12 日，台湾女摄影家吴玉青在台北新象艺术中心举办"千山万水纵横影展"，展出 30 幅色彩山水题诗照。由余光中、管管题诗，展出 12 天。③

5 月 18 日，应邀与郑愁予赴美出席在旧金山召开的"中美经济及科技发展协会"年会，与纪弦重逢。此番赴美，参会加探索，为期两周。

> 余光中《五月美国行》：五月十八日，"华美经济及科技发展协会"在旧金山召开年会，并分四个小组，座谈科技发展、财经贸易、文学、

---

① 《二十一世纪》第 165 期（2018 年 2 月）。
② 《幼狮少年》第 95 期（1984 年 9 月）。
③ 古继堂主编：《台港澳暨海外华文新诗大词典》，第 745 页。

华文教育。其中文学一组由夏祖焯主持，有四位作家主讲：计为郑愁予讲"日落的位置：现代诗人中年以后的创作"，李欧梵讲"近年来台湾小说的突破"，萧丽红讲"小说里的岁月"；我的讲题却冗长而无诗意，叫作"现代诗在台湾及东南亚华人地区的发展"。……旧金山之会，重逢不少文友，除了同席演讲的郑愁予、李欧梵之外，还有庄因、纪弦、翔翎、冬冬、陈敏华、喻丽清等。在夏祖焯家喜遇杨弦，并初识石地夫。其中最生动的一位是纪弦。出发前在香港就接到他的邮简，表示热烈欢迎，并预先邀宴。座谈当天，他亲自来 Galeria Park Hotel 接我和愁予。①

余光中《海缘》：五月，带了妻女从西雅图驶车南下去旧金山，不取内陆的坦途，却取沿海的曲道，为的也是观海。左边总是挺直的杉林张着翠屏，右面，就是一眼难尽的，啊，太平洋了。……第一夜我们投宿在俄勒冈州的林肯村。……第二夜进入加州，天已经暗下来了，就在边境的新月镇（Crescent City）歇了下来。②

罗青《百年文学一光中——怀余光中先生》："华美经济及科技发展协会"一九八五年年会在旧金山举行，由夏祖焯主持的文学组，邀请余光中、郑愁予……主讲。我也前往捧场，于休息时间，就和光中、愁予约定，次日中午，请他们二位到"湖南又一村"去小酌，聊尽地主之谊……多年不见的老友，重逢于海外，自是十分愉快，免不了多喝几杯。被称为"四大饮者"之一的郑愁予，举杯一饮而尽，那气派，还像当年在台北时一样。而余光中，头发已有点灰白了。科技界的夏祖焯不是文学圈外人，而是何凡、林海音的长公子，故有此一"世纪之邀"。那年，瘦高又高寿百岁的纪老，年龄七十有二；略矮而清癯灿铄的光中先生，五十有七，在人生的马拉松上，纪老仍不愧为现代诗一马当先的领头羊。③

5月19日，写散文《你的耳朵特别名贵？》，刊6月9日《联合报》副刊；后收入《凭一张地图》（1988年版）。

5月20日，飞往丹佛。

余光中《五月美国行》：两天后我们飞去丹佛，夏菁从可临视堡

① 《联合报》副刊（1985年6月16日）。
② 余光中：《隔水呼渡》，第248～249页。
③ 李瑞腾主编：《听我胸中的烈火——余光中教授纪念文集》，第111页。

（Fort Collins）开一个半小时的车来接。……可临视堡是科罗拉多北境的边城……当地的科罗拉多州立大学正是他当年留美的母校，现在聘他在地球资源系担任教授。……在西雅图我们住在杨牧的家里。①

5 月 26 日，发表散文《芒果与九重葛》，刊《联合报》副刊；后收入《凭一张地图》（1988 年版）。

6 月 2 日，发表散文《夜读叔本华》，刊《联合报》副刊；后收入《凭一张地图》（1988 年版）。

6 月 5 日，作诗《东京上空的心情》，刊 8 月香港《明报月刊》；后收入《紫荆赋》（1986 年版）。诗人的香港情怀，可谓尽在此中。

6 月 6 日，异史氏发表《诗人竞技——读余光中和罗门的〈漂水花〉》，刊《联合早报·星云》。

6 月 8 日，作诗《十年看山》，刊 7 月 11 日台北《中国时报》；又刊 8 月《香港文学》；后收入《紫荆赋》（1986 年版）。

6 月 10 日，杨相耀发表《松下有人？无人？——试释余光中的一组诗〈松下有人〉〈松下无人〉》，刊辅仁大学《辅苑》第 29 期。

6 月 14 日至 23 日，所译王尔德喜剧《不可儿戏》在香港大会堂上演十四场。

> 余光中《王尔德讲广东话》：六月十四日到二十三日，香港话剧团在大会堂的剧院，一连十四场，用粤语演出王尔德的喜剧《不可儿戏》（*The Importance of Being Earnest*）。卖座情况极好，上演前几天票已销光。在导演杨世彭的主持之下，香港话剧团坚持一个作风：不送票。我身为此剧的中文译者，除依合约获得一笔版权费之外，只有赠券两张，所以我请朋友看戏，全是自掏腰包。……杨世彭是科罗拉多大学戏剧舞蹈系的教授，曾任该州莎翁戏剧节的艺术总监达六年之久。……他的导演手法生动而紧凑，不但细节力求完美，整体也富于活力与节奏感，乃使我中译的王尔德喜剧得以血肉之躯栩栩然重现于香港戏台。他和我都将于八月底离港，所以这次的演出成了我们友谊合作的最生动纪念。②

---

① 《联合报·文学副刊》（1985 年 6 月 16 日）。
② 《联合报·文学副刊》（1985 年 6 月 30 日）。

余光中《一笑人间万事》：王尔德的喜剧《不可儿戏》六月底在香港大会堂一连演了十四场，场场满座，观众无不"绝倒"。我身为此剧的中文译者，除了对杨世彭的导演艺术表示佩服之外，更触发下面的一些感想。……《不可儿戏》在香港演出，纯用粤语。我真希望台湾有剧团能用"国语"来演。中文译本在台湾出版两年了，竟未引起若何反应，令译者相当失望。①

6月16日，发表散文《五月美国行》，刊《联合报》副刊；后收入《凭一张地图》（1988年版）。

6月19日，方SIR发表《声如棋中炮》，刊香港《星岛日报·星苗》。

6月22日，端午，作诗《老来无情》，后收入《春来半岛》（1985年版）、《紫荆赋》（1986年版）。

6月26日，上午，参加《联合校刊》编辑会议；下午，启程游欧。

黄维樑《记余光中的一天》：6月26日上午九点多，我在大学火车站接了一位出版界的朋友，一起到太古楼，在五楼的走廊，余光中先生与我擦肩而过，他说："正要开会去！"好像是《联合校刊》的编辑会议，可是他来不及分说了。……26日这一天下午，则将起程游欧，向文学艺术的殿堂朝圣。……下午四时左右，我带着《沙田文丛出版缘起》一文，到五楼余先生的办公室找他，如果他在的话，就让他看一看。……6月26日这一天下午五时整，我抵达中大教职员宿舍第六苑二楼，准备把余氏伉俪送到启德机场，他们要到欧洲旅行去。②

6月30日，发表散文《王尔德讲广东话》，刊《联合报》副刊；后收入《凭一张地图》（1988年版）。

6月，香港《文艺》第14期刊登了王良和的《销尽三千烦恼丝——记余光中》和钟玲的《个性的开放——新加坡文艺营侧记》。后者介绍了刘绍铭、余光中、痖弦。【按：王良和是余光中在香港中文大学指导的弟子，1980年代中期毕业于中文大学中文系。其诗风深受余光中影响。③】

① 《联合报·文学副刊》（1985年7月14日）。
② 黄维樑：《大师风雅——钱锺书、夏志清、余光中的作品和生活》，第232、234、239、245页。
③ 黄维樑：《余群、余派、沙田帮》，见黄曼君、黄永林主编：《火浴的凤凰　恒在缪斯——余光中暨香港沙田文学国际学术研讨会论文集》，第21页。

黄维樑《记余光中的一天》：跟着提及王良和写的那篇《销尽三千烦恼丝——记余光中》。王君尚在中大求学，这篇文章语言生动，颇为雅洁，不乏风趣。历年来中文系的学生，每有具备写作才华的，惜乎很多可造之才，缺乏恒心与毅力，一毕业就与写作告别。我们几位同事，都希望文学薪传有人。王良和这篇文章，有如下的一段：

有人称余光中为现代李白，其实，我觉得余师更像东坡。

"多情应笑我，早生华发……"固是坡公的自照，以之形容余光中，亦堪称贴切。此外，坡公与余师皆擅用比喻而又极富幽默感，其诗文亦雄亦丽，才气超迈，可比之处甚多。

王君说得对，余氏像东坡。……当然，相比是一回事，独特与否是另一回事。余氏有其卓然自立的成就。①

7 月至 8 月间，游西欧。7 月初，游西班牙 10 日。后赴巴黎。

余光中《驶过西欧》：今夏七八月间，先后在西班牙、法国、英国租车旅行，寻幽探胜，深入西欧的田园，遥追中古的背影。②

余光中《西欧的夏天》：我现在就是这样的旅客。从西班牙南端一直旅行到英国的北端。③

余光中《风吹西班牙》：为了去西班牙，事先足足读了一年半的西班牙文。到了格拉纳达，虽然不能就和阿米哥们畅所欲言，但触目盈耳，已经不全是没有意义的声音与形象了。④

余光中《难惹的老二》：西班牙十日之游，进出都坐火车，入境是由大西洋岸的边镇伊润（Irun），出境是经地中海畔的布港（Port Bou）。东北边境的巴塞罗纳（Barcelona）是我们访游的最后大城。……我则去铁路局窗口预定去巴黎的车票。⑤

余光中《名画的归宿》：七月初的西班牙之行，美不胜收，所见所经，可以写成不少诗和散文。⑥

---

① 黄维樑：《大师风雅——钱锺书、夏志清、余光中的作品和生活》，第 246 ～ 247 页。
② 《联合报》副刊（1985 年 9 月 8 日）。
③ 《联合报》副刊（1985 年 8 月 18 日）。
④ 余光中：《隔水呼渡》，第 116 页。
⑤ 《联合报》副刊（1985 年 7 月 21 日）。
⑥ 《联合报》副刊（1985 年 7 月 28 日）。

7月7日，发表散文《假如我有九条命》，刊《联合报》副刊；后收入《凭一张地图》（1988年版）；又刊2009年《文化月刊》第7期。

7月14日，发表散文《一笑人间万事》，刊《联合报》副刊；后收入《凭一张地图》（1988年版）、《余光中幽默文选》（2005年版）。

7月中下旬，游巴黎。

> 余光中《网球场与橙园》：七、八两月，巴黎人嚷说夏天到了，几乎是倾巢而出，都去外地度假，空出一座城来，让给外地侵入的万千游客。……印象馆在巴黎的惯称，是令人难以联想的"网球场"（Jeu de Paume）：有时用其全名，也是"网球场画廊"（Galerie du Jeu de Paume）。……"网球场"的对面还有一座美术馆，专藏印象派及一九三〇年以前的巴黎派作品，全名叫"橙园美术馆"（Musée de l'Orangerie），简称"橙园"。此馆原供短期展览之用，最近改成专馆，长期展出一批名为华特与季容的藏画。[1]

> 余光中《雪浓莎》：一过了奥尔良，左侧的林木疏处，露娃河的清流便蜿蜒在望了。……法国的高速火车比西欧各国都安静而高雅。……正是七月下旬的半下午，火车向西南平稳而迅捷地驶行……我们是从卢昂穿越巴黎而南下……我和恣恣挑中了布鲁瓦（Blois），因为这里的城堡不但历史悠久，地位重要，而且正在铁路所经，和附近的几个城堡距离也颇适中。[2]

7月21日，发表散文《难惹的老二》，刊《联合报》副刊；后收入《凭一张地图》（1988年版）。

7月28日，发表散文《名画的归宿》，刊《联合报》副刊；后收入《凭一张地图》（1988年版）。

7月下旬，在伦敦停留三日，重访西敏寺。

> 余光中《西欧的夏天》：我在伦敦的河堤区住了三天。……我们开车北行，一路上经过塔尖如梦的牛津，城楼似幻的勒德洛（Ludlow），古桥野渡的蔡斯特（Chester）……进入肯布瑞亚的湖区……从我一夕

---

[1] 《联合报》副刊（1985年8月11日）。
[2] 余光中：《隔水呼渡》，第123～124页。

投宿的鹰头（Hawkshead）小店栈楼窗望出去，沿湖一带，树树含雨，山山带云……①

　　余光中《重访西敏寺》：七月二十五日与我存从巴黎搭火车去布隆，再坐渡船过英吉利海峡，在福克斯东（Folkstone）登岸，上了英国火车，驶去伦敦。在伦敦三天，一直斜风细雨，阴冷如同深秋，始终无缘去访西敏古寺。后来我们就租了一辆飞雅红车，老兴遄飞，一路开去苏格兰，在彭斯的余韵和史考特的遗风里，看不完古寺残堡，临湖自镜。等到爱丁堡游罢南回，才专程去西敏寺探访满寺的古魂。在我，这已是重访。就我存而言，这却是初游。②

　　余光中《凭一张地图》：我在英国租了一辆快意（Fiat Regata），八天内开了一千三百英里，只收二百三十英镑，比在西班牙和法国便宜得多。③

7 月，郭明福发表《星光下的对话》，刊《琳琅书满目》。

8 月 4 日，发表散文《巴城观画》，刊《联合报》副刊；后收入《凭一张地图》（1988 年版）。

8 月 5 日，至高雄中山大学报到，出任文学院院长。9 月正式开始办公。

　　叶振辉《就是年五月十八日第一次访问》：我们是同一天到中山大学报到的，一九八五年八月五日，您是九月来办公，我们来中山大学是同一天。④

8 月 7 日，梁锡华发表《我为山狂——记 C. P.》，刊《联合报》副刊；又刊 9 月香港《文艺》第 15 期。

8 月 11 日，发表散文《网球场与橙园》，刊《联合报》副刊；后收入《凭一张地图》（1988 年版）。

8 月 14 日，蒋芸发表《余光中——与永恒拔河》，刊香港《明报》。

8 月 18 日，发表散文《西欧的夏天》，刊《联合报》副刊；后收入《凭一张地图》（1988 年版）。

①　《联合报》副刊（1985 年 8 月 18 日）。
②　《联合报》副刊（1985 年 8 月 25 日）。
③　《联合报》副刊（1985 年 9 月 1 日）。
④　叶振辉主访：《让春天从高雄出发——余光中教授专访》，第 1 页。

8月20日，作诗《别香港》，刊《香港文艺》第6期；后收入《春来半岛》(1985年版)、《紫荆赋》(1986年版)。【按：该诗初刊时只有10行，后编入书中，在结尾处添上两行，成12行。】

8月21日、23日，方SIR先后发表《两地之夏》和《树树含雨》，刊香港《星岛日报·星苗》。

8月25日，发表散文《重返西敏寺》，刊《联合报》副刊；后收入《凭一张地图》(1988年版)。

8月31日，出席香港中华文化促进中心举办的"余光中惜别诗会"。诗会由戴天主持，余光中朗诵了新作《别香港》，这首诗可以看作是诗人此番离别的依依骊歌。9月15日《民众日报》、《民生报》、台北"中央日报"，10月9日《高雄新闻报》、《新生报》等均有报道。另外，10月10日《新闻报》和《新生报》亦有报道。

> 余光中《梦与地理·后记》：我是一九八五年的九月十日来这天南港都的。①
>
> 余光中《记忆像铁轨一样长·自序》：去年九月我离开香港，天晓得，不是抛弃香港，只是归位台湾。其实也没有归回原位，因为我来了高雄。②
>
> 古剑《余光中的香港相思》：八五年暑期，他应聘为台湾中山大学文学院院长，要告别香港了。他的朋友和学生为他办了一场告别诗会。这是令人动容的诗会，他朗诵了几首因离别香港而写的诗，别前，他说："而在未来的诀别/在隔海回望的岛上，那时/紫荆花啊紫荆花/你雾里的红颜就成了我的/——香港相思"。别时，吟出他的不舍："如果离别是一把快刀/青锋一闪而过/就将我剖了吧，剖/剖成两段呼痛的断藕/一段，叫从此/一段，叫从前/断不了的一条丝在中间/就牵成渺渺的水平线/一头牵着你的山/一头牵着我的眼/一头牵着你的楼/一头牵着我的愁。"③

同日，张灼祥发表《余光中临别说心情》，刊香港《快报》。

---

① 余光中:《梦与地理》，台北：洪范书店，1990年，第188页。
② 《幼狮少年》第95期(1984年9月)。
③ 古剑:《聚散》，第155～156页。

8 月，于沙田写散文《古堡与黑塔》，刊 11 月 6 日台北《中国时报》；后收入《隔水呼渡》（1990 年版）。

余光中《隔水呼渡·自序》：《古堡与黑塔》写于一九八五年八月，正当汗漫的欧游之余，仓皇的离港前夕。……那年我们夫妻畅游了西欧，尚有法国与西班牙的游记未及写出，所以写苏格兰的这篇《古堡与黑塔》就没有纳入《记忆像铁轨一样长》，而有意留待这本《隔水呼渡》，俾与《雪浓莎》《风吹西班牙》等一同出书，彼此印证。①

8 月，写散文《重访西敏寺》，后收入《凭一张地图》（1988 年版）。

古剑《余光中的香港相思》：他的手稿是我见过最干净最工整的，字刚健如刻，因此他的短诗，编辑多不忍心打字去破坏它，而以手稿上版。……他曾寄给我一篇《重访西敏寺》，没几天，再追来一信，要我把他增加的一小段加入原文之中。他的原稿和信，我保存了下来，可证所言不虚。②

8 月，蒋芸发表《余光中——与永恒拔河》，刊香港《明报》。
9 月初，钟玲在九龙为余氏夫妇饯行。

《明报月刊》（2022 年第 1 期）：○师徒缘：余光中老师（钟玲）○九月初我在九龙一家日本铁板烧店替余氏夫妇饯行，老师正在网罗外文研究所的师资，知道我一九八六至八七学年在港大刚好有学术休假，就邀我去中山大学客座。何以正中下怀呢？那时父母年近七十，就住在高雄市寿山脚下的海军眷村，我可以照看他们，不亦悦乎！在中山大学客座那年逍遥自在，研究所人事简单，在余老师带领下和睦相处；他又常带我们登山临海，出游中台湾、南台湾，畅快二字不足以形容。因此回港大教两年后，决定一九八九年秋到高雄中山大学专任。一去台湾十四年才回香港到浸会大学任职。

9 月 1 日，发表散文《凭一张地图》，刊《联合报》副刊；后收入《凭一张地图》（1988 年版）。
9 月 2 日，梁山（陈耀南）发表《别矣诗人》，刊香港《星岛晚报》。

① 余光中：《隔水呼渡》，第 11 ～ 12 页。
② 古剑：《聚散》，第 155 页。

9月3日，《"惜别诗会"及其他》，刊香港《信报》。

9月4日，马耕发表《送诗人余光中》，刊香港《星岛晚报·大会堂》。

9月7日，筑平发表《余光中》，刊《香港时报》。

9月8日，发表散文《驶过西欧》，刊《联合报》副刊；后收入《凭一张地图》（1988年版）。

9月10日，离港返台，定居高雄，任高雄中山大学文学院院长兼外文研究所所长，直至1991年。

9月12日，罗隼发表《一代宗师？》，刊香港《华侨日报》第5张第4页。

9月13日，慕光发表《余光中认为青年人先学写散文》，刊香港《明报》。

9月15日，丝奇发表《余光中临别谈香港文学》，刊香港《文汇报》。

9月16日，致信李元洛。

元洛兄：

　　别来倏忽已有六日，近况若何，念念。得维樑为导游，香港山海想必尽收眼底矣。临行匆匆，未得畅叙，千里远来，两朝短聚，虽为大憾，毕竟有缘。海天遥隔，而此心相通。知己难求，九州之有吾兄，犹沙田之有维樑，斯则生平之大快也。此后故人颜色，常在字里行间，当不因关山之阻而减色。至于来台近况，可详致维樑函，不再一一，匆祝

　　近佳

　　　　　　　　　　　　　　光中　一九八五年九月十六日[①]

9月24日，出任高雄中山大学文学院院长。

　　古继堂《台港澳暨海外华文新诗大辞典》：9月24日，余光中结束在香港中文大学11年的客座教授生涯，回台湾出任高雄中山大学文学院院长。[②]

同日、25日，秀实发表《道是无情却有情——谈诗人余光中的香港情怀》（上、下），刊香港《星岛日报》；后刊1986年1月5日《蓝星》第6号。

9月，黄维樑发表《和诗人在一起——记余光中的一天》，刊香港《良友画报》。

---

① 李元洛、黄维樑：《壮丽余光中：生活与作品》，第133页。
② 古继堂主编：《台港澳暨海外华文新诗大辞典》，第746页。

10 月 2 日，颜元叔发表《诗坛祭酒余光中》，刊台北《中国时报》。此文是为 1985 年时报文学奖新诗推荐奖而写，其中借评奖的机会充分肯定"余光中大半辈子对中国诗坛的贡献，他个人从事诗创作的成就，以及他对年轻诗人与读者们的普遍而广泛的影响"。略云：

> 余光中先生应为中国现代诗坛的祭酒。这里有几项充分的理由。其一，余光中专心一志从事现代诗的创作，已经三十余年，而且充满活力地继续在写作。其二，这三十多年是中国现代诗蓬勃发展的时代，而余光中在这个发展过程中，始终是主要的诗人之一。其三，这三十年的诗坛历经许多批评与理论性的论战，这些论战或多或少左右了中国现代诗的发展与方向，而余光中在若干论战中扮演着主要角色，在其他论战中扮演着主角之一或关切的旁观者，也就是说，他总是参与或牵涉其中。其四，余光中的诗风经过三十年的传播，在中国现代诗坛上，造成了一种特殊的风格，吸引了大量的模仿者。当模仿者渐次形成自己的风格，脱离余光中的影响，他们的成熟是部分植根余光中的诗壤中。其五，余光中自己的诗作，经过三十年的累积，质与量，都是中国现代诗上的一项重要成果。

10 月 5 日，陈德锦发表《流着香港的时间——记余光中惜别诗会》，刊《香港文学》第 10 期。

同日，高飞发表《诗坛祭酒》，刊香港《星岛日报》。

10 月 15 日，自高雄中山大学致信香港古剑先生。

古剑兄：

> 九月十三日来信及照片收到，谢甚。
>
> 别香港匆匆已近一月，近前那一段日子，又累又乱，心情又十分低沉，于今隔海回忆，真像一场恶梦。人生几何，哪里经得起如此三番四次。可慰的是，居港十年交了不少可贵的朋友，写了一些值得留下来的作品，可谓不虚此行。多谢你参加那次的惜别诗会，并大幅刊出维樑兄的巨文。年底回港，一定签赠新版《春来半岛》一册为报。
>
> 现在我生活粗定，住在高雄市内。此城亦如香港，乃一港市，人口有一百三十万，但市容及一般建设均不如香港。中山大学在城之西北端，建筑宏伟，超过中文大学。我的办公室在文学院的三楼（外研

所所长室）及四楼（院长室），窗均朝西，正对台湾海峡，水天一线的后面，正是我刚刚告别了的十一年香港岁月。此情此景必将入我新作。匆此即祝

秋安

光中 一九八五年十月五日 [1]

10月26日，获第八届时报文学奖新诗推荐奖。

同日，作诗《问烛》，后收入《梦与地理》（1990年版）。

10月28日，杨然发表《神思纵横苦瓜——余光中〈白玉苦瓜〉赏析》，刊《名作欣赏》第5期。

10月，陈圣生发表《钟整个大陆的爱在一只苦瓜——余光中〈白玉苦瓜〉等诗漫评》，刊《台港文学选刊》第7期。另刘登翰、陈圣生的《钟整个大陆的爱在一只苦瓜——〈余光中诗选〉编后》，载《余光中诗选》（福州海峡文艺出版社1987年版）。

10月，蔡承志发表《谁是"十大"作家——读者意见调查》，刊《文学家》创刊号。余光中名列其中。

10月，林泉发表《试释"不忍开灯的缘故"》，刊《蓝星诗刊》。

10月，沙白、罗门等来访。

《台湾新闻报》（1985年11月24日）：○我是"归人"，不是"过客"——记余光中与高雄文艺界人士的一次聚谈（沙白）○上个月我曾偕罗门、魏端、朱沉冬、李冰河、陈慧华拜访过余教授。

11月3日，刘绍铭发表《十年看山不寻常》，刊台北《中国时报》第8版。

11月7日，发表诗歌《别香港》，刊台北《中国时报》。

同日，作诗《纸船》，后收入《梦与地理》（1990年版）。

余光中《梦与地理·后记》：《纸船》当日在《中国时报》刊出后，引发几篇投稿，对长江头尾之解颇有争议。现在经我修改，头尾互易，望能平息此争。[2]

---

[1] 古剑：《聚散》，第157页。

[2] 余光中：《梦与地理》，第192页。

同日，发表散文《乐山乐水，见仁见智》，刊《台湾新闻报·西子湾》。

11 月 8 日，作诗《海劫》，后收入《梦与地理》（1990 年版）。

11 月 9 日，作诗《水平线——寄香港故人》，后收入《梦与地理》（1990 年版）。

11 月 10 日，与高雄文艺界人士聚谈。

《台湾新闻报》（1985 年 11 月 24 日）：〇我是"归人"，不是"过客"——记余光中与高雄文艺界人士的一次聚谈（沙白）〇今年（一九八五年）十一月十日，由高雄的"心脏诗社"邀请余光中夫妇，于华王大饭店和高雄市的文友聚宴。参加者有新闻报的叶总编辑夫妇、魏端主编、洛夫、朱沉冬、李冰、朱学恕、李春生、吕锦堂、王廷俊、岳宗、沙白和全体心脏诗社同仁等。

11 月 13 日，作诗《与李白同游高速公路》，刊 12 月 27 日《联合报》；又刊香港《明报月刊》1986 年第 1 期；后收入《梦与地理》（1990 年版）。

《南方日报》A19（2012 年 12 月 25 日）：〇东莞开讲旅行与文化，余光中接受南方日报专访"把李白拉到当代让古文与现代文结合"〇"我写过一首《与李白同游高速公路》，尝试把李白拉到当代，这首诗说的是我在台北的酒店喝完酒，搭李白的便车回高雄，但是李白是写游仙诗的，见山不是山，见水不是水，他超速了，果然警车就追上来了。最后我很懊悔坐在他旁边说，早知如此我就坐王维的车回去了，因为王的诗是缓慢的，但我找不到他，因为他一早就去开会了，开的还是辋川污染的座谈会。"余光中说，自己是希望把古文和现代文结合在一起，这种写法需要作者非常了解古代诗人的历史，把他们拉到当代的语境，合理地融入，"我希望能够以此传承文化"。

11 月 14 日，作诗《拜托，拜托》，刊 11 月 16 日台北《中国时报》；又刊 12 月香港《明报月刊》；后收入《梦与地理》（1990 年版）。

11 月 27 日，作诗《一把旧钥匙》，后收入《梦与地理》（1990 年版）。

11 月，散文集《逍遥游》，由台北时报文化出版公司再版。有新版序。

11 月，林彧发表评论文章《独白·守夜人——诗人余光中印象侧记》，刊《幼狮文艺》第 62 卷第 5 期。

11 月，高大鹏发表评论文章《航向拜占庭（余光中译〈土耳其现代诗选〉）》，刊《联合文学》第 13 期。

11 月，黄维樑发表《采笔干气象——初论余光中的山水游记》，刊《中文文学》第 16 期。

12 月 1 日，发表诗歌《水平线——寄香港故人》，刊台北《中国时报》。

12 月 2 日，作诗《香港结》，后收入《梦与地理》（1990 年版）。

12 月 6 日，作诗《飞瀑》，后收入《梦与地理》（1990 年版）。

12 月 12 日，致信黄秀莲。

> 秀莲：
>
> 　　大约是十天前看到你在星辰专栏里写夜访太古楼的一幕，令人惘惘。沙田山海，中大景物犹历历在目，我离开香港却已三个月了，我在此已写了九首诗，其中三首为怀念香港：《水平线》已在《中国时报》发表，其余二首尚未投出，今附上先给你看看。一月间我会去纽约开会，回程会去香港小住十日，其时约在一月廿日至卅日之间。匆此祝
>
> 　　耶诞快乐
>
> 　　　　　　　　　　　　　　　　　光中　一九八五、十二、十二①

12 月 15 日，作诗《石器时代》，后收入《梦与地理》（1990 年版）。

> 　　余光中《后记》：……初回台湾，事事要动用私章，感到十分不便。篆刻可以是一种艺术，但是在日常生活上要证明一个人的身份，宁信顽石而不信巧腕，却是落后的办法，应加淘汰。

同日，发表诗歌《乡愁》，刊《音乐世界》第 12 期。

12 月 21 日，于西子湾作诗《望海》《梦与地理》，后收入《梦与地理》（1990 年版）。其中《望海》，初刊香港《良友画报》1986 年 4 月号。该诗为叠调诗，后寄香港古剑先生。②【按：现余光中特藏室位于中山大学图资大楼三楼，玄关右侧诗墙题有此诗。】

12 月 24 日，耶诞节，于西子湾作诗《欢呼哈雷——Hail Halley,

---

① 据原信手稿照，见《香港相思——余光中的文学生命》，香港：香港中文大学图书馆，2008 年，第 12 页。

② 古剑：《聚散》，第 158 页。

Hallelujan Hailiey》，刊香港《明报月刊》1986 年 2 月号；后收入《梦与地理》（1990 年版）。

> 徐学《解不尽的乡愁——余光中访谈》：哈雷彗星要七十六年才路过地球一次，我父亲活了九十二岁，他见过两次。而我，一九八五年见过，下次它再来时，我已不在了，但我想我们民族依然会永远向上。那首诗很长，您引用的是结尾的部分。我写到后来，这些字句就自然而然不经思索地涌出。这种热情也许是长期对中国历史文化的热烈追寻所致，但写诗时并没有想得那么多。①

12 月 30 日，发表散文《绣口一开》，刊《台湾新闻报·西子湾》；又刊 2003 年 12 月 15 日《现代语文》第 12 期；后收入《余光中幽默文选》（2005 年版）。

12 月，《香港文艺》季刊第 6 期终刊。是期为"余光中专辑"，收入余光中的作品，以及黄国彬、叶辉、胡燕青等人的纪念及评论文章，包括黄国彬的《明日隔山海，世事两茫茫——送别余光中》，陈德锦访问整理的《余光中访问记》，陈锦昌的《忍看门前群松冷，回首天外峰横——赠别余光中》，叶辉的《香港的滋味——余光中诗二十年细说从头》，胡燕青的《余派以外——一些回顾，一些感觉》，黄维樑、王良和的《余光中资料汇编》。

12 月，黄维樑编余光中诗文合集《春来半岛——余光中香港十年诗文选》，由香港香江出版社出版，为"沙田文丛 1"。全书分两辑，诗收录《沙田之秋》《九广路上》《灯下》等 24 首，散文收录《沙田山居》《思台北，念台北》等 10 篇。有《回望迷楼——〈春来半岛〉自序》。【按："沙田文丛"首批共 3 种，另两种分别是梁锡华的《独立苍茫》、黄维樑的《大学小品》。十多年间共出版诗、小说、散文、评论集等 16 种，作者除了上述 3 人外，还有金耀基、流沙河、黄国彬、王良和、江弱水（陈强）、潘铭燊、思果、梁元生、钱学武、曾焯文等。】

> 黄维樑《出版缘起》：沙田这十年来作家云集，文风大盛。诗、散文、小说、文学批评，灿灿生辉，有如吐露港上的跃金沉璧，使此地的灵秀益增气象。正如余光中先生所说："有这么几枝多情的笔，几番

---

① 《鸭绿江》2002 年第 8 期。

挥洒，便把沙田的名字，写上了中国文学的地图。"（见《文学的沙田》
一书编者序）经过十年间多情多采的健笔挥洒耕耘之后，沙田已不仅
是沿河海开垦出来的一块土地——香港的一个卫星城市；它是崇山峻
岭怀抱之中，回响着韩潮苏海之声的一块文学良田。①

黄维樑《记余光中的一天》：《春来半岛》前半部为诗，从 1974 年
写的《沙田之秋》到前几天完篇的《十年看山》，共廿二首；后半部的
散文，从 1977 年《思台北，念台北》到今年的《飞鹅山顶》，共十篇。
沙田二字，见于五篇诗文的题目，诗人对这里山水人物的多情，已无
庸赘言了，何况还有准备题于扉页的这些句子：

每当有人问起了行期 / 青青山色便梗塞在喉际 / 他日在对海，只
怕这一片苍青 / 更将历历入我的梦来②

是年，写评论《奇怪的新诗》，再次谈到诗的音乐性，认为"诗是综
合的艺术，同时具备了绘画性和音乐性……不过诗中之乐，作用是在发挥
意义，助长文气，它仍然必须附丽于意义，而非自给自足的音乐"。他还
提出"诗中有乐"有四个层次：第一是用诗来描写音乐；第二是以诗入乐；
第三是以乐理入诗；第四，也是最重要的层次，是依诗意需要来安排文字，
使之不但动听，而且能以音调的感性来强调意义。

是年，由杨世彭执导的《不可儿戏》在广州演出三场。

单德兴《第十位缪斯——余光中访谈录》：所以在香港演出之后，
一九八五年还到广州演了三场，用的是广东话。③

《联合报》（2017 年 12 月 31 日）：○悼念光中（杨世彭）○一九
八五年我重演粤语版本，将此剧带赴广州巡演，也由电视台现场录像
在广东广西地区播放。

是年，流沙河的《两类反讽——痖弦〈上校〉、余光中〈长城谣〉》《伞
趣——余光中〈雨伞〉〈六把伞子〉》，黄维樑的《辟邪的银耳坠》，刊《隔
海说诗》。

是年，黄维樑发表《余光中的〈黄金城〉》，刊《海峡》第 6 期。

---

① 黄维樑：《大师风雅——钱锺书、夏志清、余光中的作品和生活》，第 241 页。
② 黄维樑：《大师风雅——钱锺书、夏志清、余光中的作品和生活》，第 235 ～ 236 页。
③ 单德兴：《却顾所来径——当代名家访谈录》，第 200 页。

是年，担任新加坡金狮文学奖评审。

是年，殷张兰熙当选为台湾"中国笔会"第五任会长（1985～1991），王蓝、余光中为副会长。

1986 年（丙寅）　59 岁

1 月 7 日，为"木棉花文艺季"写主题歌《让春天从高雄出发》，刊 4 月 2 日台北《中国时报》；后收入《梦与地理》（1990 年版）。该诗后由楚戈书写，用交趾陶烧制，悬挂在高雄市历史博物馆的墙上。

> 余光中"后记"：高雄市政府、中山大学、台湾新闻报合办的"木棉花文艺季"在四月间热烈地展开。我为文艺季写了这首主题歌。
> 叶振辉《二〇〇一年五月十八日第一次访问》：我来高雄的第二年初，中山大学文学院和高雄市政府、台湾新闻报合作，一连二年举办"木棉花文艺季"，邀请一些北部的作家、艺术家赞助参加，有各种表演、展览。①
> 叶振辉《二〇〇一年七月十七日第三次访问》：大概引起感想最多的应该就是我来高雄之后举办的"木棉花文艺季"，举办了两年，就是一九八六年和一九八七年两次。因为那些文艺活动需要一首主题歌，所以我就写了那一首《让春天从高雄出发》，我想这首诗高雄人知道的比较多。②

1 月 9 日，于高雄中山大学文学院给香港良友图书公司古剑先生寄信，并附 1985 年冬于西子湾所作诗《望海》。

> 古剑兄：
> 奉上短诗一首，或可配上港景。
> 我后天去美国开国际笔会，廿日径自美国去港，住维樑兄处，马上要乘火车去台北了。匆匆即祝
> 虎年腾跃
> 　　　　　　　　　　　　　　　　光中　一九八六年元月九日③

① 叶振辉主访：《让春天从高雄出发——余光中教授专访》，第 31 页。
② 叶振辉主访：《让春天从高雄出发——余光中教授专访》，第 51 页。
③ 据北京卓德 2015 年秋季艺术品拍卖会照。

同日，发表诗歌《梦与地理》，刊台北《中国时报》；后收入《梦与地理》（1990 年版）。

同日至 10 日，发表散文《娓娓与喋喋》，刊《台湾新闻报·西子湾》；后收入《凭一张地图》（1988 年版）、《余光中幽默文选》（2005 年版）。

1 月 12 日至 17 日，与殷张兰熙、朱炎等 7 人赴纽约出席第四十八届国际笔会。其间遇王蒙。

> 王蒙《余光中永在》：1986 年初，又是纽约，我作为国际笔会嘉宾，在第四十八届年会上碰到了余先生。我们握手问好，文明礼貌，同时，保持着难以没有的戒心与距离。①

> 余光中《浪漫的二分法》：今年一月十二日至十七日，国际笔会第四十八届年会在纽约举行，到会的作家……多达七百余人，或谓此乃国际文坛空前的盛会。此举固然说不上举世瞩目，但在各地的文化界却颇多报导，台湾的报刊上也有人根据英文的报导加以综合转述。最惹人注意的一件事，是美国国务卿舒尔兹应邀在开幕典礼上致词。当时我正在场，可说"躬逢其闹"。……本届年会出给各国作家讨论的主题是"作家的想象与国家的想象"（The Writer's Imagination and the Imagination of the State）。这论题显然有意把作家跟国家对立起来，而要作家争取个人的自由与自尊。以"自由清流"甚至"民主斗士"自任的某些美国文人，最喜欢鼓吹的正是这类论题：不但自己喜欢，而且指望别国的作家也跟着学样。②

1 月 19 日，发表《鼓吹港都艺术再出发》之报道，刊《民生报》《台湾新闻报》。

同日，发表诗歌《石器时代》，刊台北《中国时报》。

> 余光中《梦与地理·后记》：《石器时代》批评印章使用的不便，不料郑玉波法官所著《民法总则》论签名盖章的一节竟加以引述。③

1 月 22 日，古剑发表《余光中的新书》，刊香港《星岛晚报·星港》第 13 版。

---

① 《人民日报》副刊第 24 版（2017 年 12 月 26 日）。
② 《台湾新闻报·西子湾》（1986 年 2 月 20 日、24 日、27 日）。
③ 余光中：《梦与地理》，第 191 页。

1 月 26 日，海阳发表《千丝万缕情意，可在此中寻觅——读余光中的〈春来半岛〉》，刊香港《文汇报》第 12 版。

1 月 31 日，于西子湾撰《十二瓣的观音莲——序李永平的〈吉陵春秋〉》，收入李永平著《吉陵春秋》（台北洪范书店 1986 年 4 月版）；后收入《井然有序》（1996 年版）。序中详细地分析李永平的作品，称赞"李永平不愧是别有天地而风格独具的小说家"，"为当代的小说拓出了一片似真似幻的迷人空间"。

1 月，发表诗歌《与李白同游高速公路》，刊香港《明报月刊》。

1 月，发表《〈掌上雨〉后记》，刊《文星》第 13 卷第 3 期。

1 月，刘学工发表《余光中乡愁诗的民族意识感断议》，刊《学术研究》第 1 期。

2 月 1 日，发表《〈敲打乐〉的再出发》，刊《联合报》第 8 版。此系《敲打乐》新版序。

2 月 4 日，杨说发表《实验散文诗一篇》，刊香港《星岛日报》。

2 月 13 日，香港中文大学期间指导的弟子西茜凰发表《春来半岛》，刊香港《星岛晚报》。

2 月 16 日，作诗《控诉一支烟囱》，刊 3 月 11 日台北《中国时报》；后收入《梦与地理》（1990 年版）、《风筝怨》（2017 年版）等。

> 余光中《梦与地理·后记》：其中《控诉一支烟囱》流传最广，至少已进入两岸的六、七种诗选，并见于黄维樑、李元洛、流沙河、毛翰、向明等的评介。一九八六年三月十一日，此诗发表于《中国时报》之后，高雄市"议员"曾据以质询环保局，更引起该局股长萧家胜及技士郑明燕合写《看，微笑的天空》一诗答辩。（事见四月三十日《自立晚报》，五月一日《中国时报》、《联合报》、《新闻报》。）直到十月二十日，渡也还在《中华日报》刊出一首诗，题为《和余光中控诉一支烟囱》。①

> 《南方日报》A19（2012 年 12 月 25 日）：○东莞开讲旅行与文化，余光中接受南方日报专访"把李白拉到当代让古文与现代文结合"○一个诗人写自己内心的种种很自然，但同时，我们生活在这个社会上，

---

① 余光中：《梦与地理》，第 191 页。

也有必要承担一些社会的责任。写环保诗并不是因为要配合政令宣传，而是面对这个人类的巨大危机，诗人也可以针对它表达自己的思考和感受，唤起大家的注意。要把这类"硬"的题材软化。我写过一首诗控诉工厂烟囱的诗，在我眼中它就像流氓，占据了整个都市的上空，像一个流氓正对纯洁少女破口大骂，它们把太阳和月亮的光辉都遮暗了。

　　叶振辉《二〇〇一年七月十七日第三次访问》：我初来高雄，西子湾空气还颇污染，所以我写了《控诉一枝烟囱》一诗，当然不止一枝烟囱，不过象征而已。我说这枝烟囱，好像一个流氓，口出秽言，对着很纯洁的女孩讲一些脏话，也污染太阳和月亮，后来有"市议员"拿这首诗来做环保质询。当时还没有环保局，不过有类似的单位，就派来一辆环保车，来测试这一带空气污染的程度，那辆车就停在我们甲栋宿舍的外面，停了很久，后来空气污染就渐有改善了。[①]

2月17日，作诗《重回沙田》，收入《梦与地理》（1990年版）。

2月20日、24日、27日，发表散文《浪漫的二分法》，刊《台湾新闻报·西子湾》；后收入《凭一张地图》（1988年版）。

2月，第八本诗集《敲打乐》，由台北九歌出版社新版。有《新版自序》（1986年元旦于高雄西子湾）。

　　余光中《新版自序》：不错，我曾经提倡过所谓新古典主义，以为回归传统的一个途径，但是这并不意味我认为新古典主义是唯一的途径，更不能说我目前仍在追求这种诗风……我以古人古事入诗，向来有一个原则，就是"古今对照或古今互证，求其立体，不是新其节奏，便是新其意象；不是异其语言，便是异其观点。总之，不甘落于平面，更不甘止于古典作品的白话版"。[②]

3月2日，张放发表《诗意浩荡 情采飞扬——余光中散文〈山盟〉欣赏》，刊《名作欣赏》第1期。

3月11日，作诗《中国结》，刊6月4日台北"中央日报"副刊；收入《梦与地理》（1990年版）、《风筝怨》（2017年版）。

---

① 叶振辉主访：《让春天从高雄出发——余光中教授专访》，第51～52页。
② 余光中：《敲打乐》，第Ⅲ～Ⅳ页。

3 月 20 日，作诗《挖土机》，收入《梦与地理》（1990 年版）。

3 月 24 日，发表《我为什么要写作》，刊《联合报》第 8 版。

3 月，应邀担任由高雄市政府、中山大学及台湾新闻报共同举办的第一届木棉花文艺季总策划。

> 余光中《木棉花文艺季》：由高雄市政府、台湾新闻报、中山大学联合举办，并得高雄市教育会承办，金陵艺术中心策划执行，说得上是众志成城。文艺季的节目多达十九项，大致上可以分成五大类，就是四项座谈，六项表演与展览，四项南部新人展，四项艺术乡土之旅，和一项艺术新人奖。①

3 月，陈慧桦、赖美岑发表《西子湾的涛声——访一代诗人余光中》，《心脏诗刊》第 10 期。

4 月 1 日，出席木棉花文艺季的诗歌朗诵之夜。

> 古继堂《台港澳暨海外华文新诗大辞典》：4 月 1 日，由高雄市政府、中山大学、《台湾新闻报》联合举办的"木棉花文艺季"在中正文化中心至德堂举行"木棉花之夜"。余光中创作的主题诗《让春天从高雄出发》由吴南章谱曲，由中山大学合唱团演唱。席慕蓉、罗青、楚戈、向阳及当地的"掌门诗社"、"心脏诗社"同仁参加。②

> 余光中《木棉花文艺季》："木棉花之夜"是第一项势可惊蛰的演出：这诗歌朗诵之夜为整个文艺季揭开序幕，将有楚戈、席慕蓉、罗青、向阳、心脏及掌门两诗社同人的朗诵；席慕德、刘若凤的歌唱；苏昭兴的吉他独奏；中山大学中文系同学的中国古典诗歌吟唱，外文系同学的英文诗集诵。我为"木棉花文艺季"写的主题诗《让春天从高雄出发》，已由吴南章谱曲，今晚将由中山大学的合唱团来演唱。③

同日，发表散文《木棉花文艺季》，刊《台湾新闻报·西子湾》；后收入《凭一张地图》（1988 年版）。

4 月 3 日，致信黄维樑。

---

①　《台湾新闻报·西子湾》（1986 年 4 月 1 日）。

②　古继堂主编：《台港澳暨海外华文新诗大辞典》，第 747 页。

③　《台湾新闻报·西子湾》（1986 年 4 月 1 日）。

维樑：

"木棉花之夜"是高雄市"木棉花文艺季"十九项活动之第一项，由我主持，已于四月一日举行。高雄市之中正文化中心大厅，二千座位全满，十分成功。各报均有报导。附上剪报影印及会场上卖的节目书（每本售五十元）。

除此之外，中山之文学院又与《民众日报》合办"虎年文艺讲座"，第一讲由林海音主讲。

我们已买了一辆 Honda Civic（一千五百 CC），比桂冠小，但性能颇佳。三月廿八日取车，当日即载了黎明、林太乙伉俪，与中山外文系同事，一共四辆车去南端的垦丁看哈雷彗星。目前天暖，那一带到夜里满山遍野皆是观星客；许多人就宿帐篷。明天，我们开车回台北老家：路长三百六十公里，约六小时可到。

四月份《明报月刊》有刊我的小文《浪漫的二分法》否？又《春来半岛》我迄未寄给绍铭，不知你寄过否？匆此祝

俪安

光中
一九八六、四、三 ①

4 月 4 日，应邀出席高雄市市长苏南成举办的迎春"许愿之夜"吟诗大会，担任召集人。与会者尚有痖弦、张晓风、朱铭、蒋勋、席慕蓉、钟玲、吕丽莉、向阳、楚戈、朱沉冬、吴建国等。

4 月 7 日，作诗《垦丁的一夜》，刊 4 月 23 日《联合报》；后收入《梦与地理》（1990 年版）。

4 月，作诗《埔里甘蔗——西螺站头所买》，刊 5 月 10 日台北《中国时报》；又刊《乡间小路》第 30 卷第 2 期；后收入《安石榴》（1996 年版）。

余光中"后记"：东晋大画家顾恺之倒啖甘蔗，自谓"渐入佳境"。我在西螺休息站买的埔里甘蔗，却一节节去皮削好，无须渐入。南投是台湾唯一的内陆县，台湾之有南投，正如人体之有肺腑。一千五喜美银马，是指一千五百西西的银色喜美汽车。末二句的意思，是说作者恨不得立刻开车去西螺站，再买一袋甘蔗回来。一九八六年四月于西子湾。

---

① 李元洛、黄维樑：《壮丽余光中：生活与作品》，第 22～23 页。

　　4 月，发表《高山青对蜀山青》，刊《蓝星诗刊》第 7 期 "怀念邓禹平专辑"；后收入《凭一张地图》（1988 年版）。

　　5 月 26 日，王良和发表《春来半岛》，刊香港《星岛日报·星辰》。

　　5 月，作诗《秘密》，后收入《安石榴》（1996 年版）。

　　5 月，林以亮主编《四海集》，由台北皇冠出版社出版。书中含余光中、夏志清、黄国彬和林以亮四位 "海外学人" 的作品，书前有金庸序《秀才人情》。

　　6 月 6 日，比利时诗人卓根布鲁特（Germain Droogenbroodt）以荷兰文翻译的台湾现代诗选《中国、中国》出版诵诗会，在布鲁塞尔揭幕。他在酒会中朗诵中国诗人纪弦、洛夫、杨唤、余光中、方旗、林焕彰、白萩、罗青、向明、张默等 10 位诗人的作品。

　　6 月 8 日，致信梁实秋。

实秋吾师：

　　　　年初吾师华诞，因远在高雄，不克去台北参加师大同人祝寿会，至为失礼，尚乞原谅。六月十四日下午二时，蓝星诗社为纪念创社三十二周年，特举行茶话会，恭请吾师及师母一同光临，并致词指教。文甫兄【按：即蔡文甫，曾为《中华日报》副刊主编、九歌出版社创办人】并将就近代表九歌促驾，尚望俯允为幸。崇此即颂

　　　　俪安

　　　　　　　　　　　　　　　　　　　　　　　生余光中敬上
　　　　　　　　　　　　　　　　　　　　　　　　　六月八日 ①

　　6 月 11 日，端午节，于西子湾撰《星空无限蓝——序〈蓝星诗选〉》，收入罗门、张健主编《星空无限蓝：蓝星诗选》（台北九歌出版社 1986 年版）；后收入《井然有序》（1996 年版）。

　　同日，林彧发表《十年看山　一身风光——林彧访余光中》，刊台北《中国时报》第 8 版。

　　6 月 14 日，蓝星诗社成立 32 周年庆祝会在台北耕莘文教院二楼举行。《星空无限蓝：蓝星诗选》出版，计选覃子豪、周梦蝶、邓禹平、夏菁、余光中、罗门、蓉子、阮囊、向明、曹介直、商略、望尧、黄用、张健、方莘、敻虹、王宪阳、罗智成等 18 人诗作。

　　6 月 15 日，王正良发表《余光中要致力环境保护》，刊台北《中国时

---

　　① 据邓勇峰《探望台北梁实秋故居　面包树下的乡愁》文内插图，载《深圳商报》（2018 年 4 月 19 日）。

报》第 7 版。

6 月 20 日，发表《寂寞与野蛮》，刊《台湾新闻报·西子湾》；后收入《凭一张地图》（1988 年版）；转载于福建《台湾文学选刊》1987 年 8 月号。

6 月 30 日，何龙发表《余光中的散文艺术世界》，刊《当代作家评论》第 3 期。

6 月，发表评论《梁启超、王国维与中国文学批评的两种趋向》，刊《中外文学》第 15 卷第 1 期。

6 月，发表《中国诗歌的路向——谈几个迫切的问题》，刊诗刊《创世纪》第 52 期。

6 月至 7 月间，偕夫人赴德国汉堡出席国际笔会大会，并畅游联邦德国。7 月 23 日写散文《德国之声》记此次旅行，此文后收入《隔水呼渡》（1990 年版）。

> 余光中《德国之声》：我在西德租车旅行，曾向寻常的人家投宿。……我在西德驾车漫游，从北端的波罗的海一直到南端的波定湖（Bodensee），两千四百公里都驰在寂天寞地。西德的四线高速公路所谓 Autobahn 者，对于爱开快车如杨世彭那样的人，真不妨叫做乌托邦。这种路上没有速限，不言而喻，是表示德国的车好，路好，而更重要的是：交通秩序好。……我在这样的乌托邦上开了八天，却未见一桩车祸，甚至也未见有人违规。……西德的计程车像英国的一样，开得很规矩，而且不放音乐。火车、电车、游览车上也绝无音乐。……西德的公共场所，包括车站、机场、餐厅，甚至街头，例皆十分清静。……一个安安静静的社会，听觉透明的邻里街坊，是文化修炼的结果。……我在西德投宿，却有一夜惊于噪音。那是在海德堡北郊的小镇达森海姆（Dossenheim），我们住在三楼，不懂对街的人家何以入夜后叫嚷未定，不时还有劈拍之声传来。……一夜狐疑，次晨到了早餐桌上，才知悉昨晚是西德跟阿根廷在争夺足球世界杯的冠军，想必全德国的人都守在电视机前观战，西德每进一球，便放炮仗庆祝。那样的嚣闹倒也难怪了。【按：时在 1986 年 6 月 30 日墨西哥第 13 届世界杯，阿根廷对 3：2 击败西德队。】……那样的钟声在德国到处可闻，印象最深的，除了达森海姆之外，还有巴登巴登的边镇史坦

巴赫（Steinbach，石溪之意）。……最壮丽的一次是在科隆。……二十分钟后，钟潮才渐渐退去，把科隆古城还给现代的七月之夜。……在汉堡的湖边，在莱茵河与内卡（Neckar）河畔，在巴登巴登的天堂泉（Paradies）旁，在迈瑙岛（Mainau）的锦绣花园里，在那许多静境里，我们成了百禽的知音，不知其名的知音。

这次去汉堡出席笔会的东德作家多达十三人，颇出我的意外。其中有一位叫汉姆林（Stephan Hermlin，1915～1997）的诗人，颇有名气，最近更当选为国际笔会的副会长。他在叙述东德文坛时，告诉各国作家说，东德前十名的作家没有一位阿谀当局，也没有一位不满现政。此语一出，听众愕然，地主国西德的作家尤其不甘接受。许多人表示异议，而说得最坦率的，是小说家格拉斯（Günter Grass）。汉姆林并不服气，在第二天上午的文学会里再度登台答辩。①

余光中《海缘》：今年夏天，我在汉堡开会既毕，租了一辆车要游西德。……我在南游之前，却先转过车头去探北方，因为波罗的海吸引了我。当初不晓得是谁心血来潮，把 Baltic Sea 译成了波罗的海，真是绝妙。②

7 月 10 日，晓捷发表《余光中诗选》，刊香港《星岛日报》。

7 月，发表《十载归来赋紫荆》，刊《洪范》杂志第 27 期；又刊同月《蓝星诗刊》第 8 期，题为《十载归来赋紫荆——〈紫荆赋〉自序》。

7 月，发表《星空无限蓝——〈蓝星诗选〉序言》，刊《蓝星诗刊》第 8 期。

7 月，诗集《紫荆赋》，由台北洪范书店出版，为"洪范文学丛书 160"。这是作者香港时代的第三本，也是最后一本诗集，主要呈现作者沙田山居时期的恬淡心境，以及返台定居前的惜别之情。全书收入《飞过海峡》《夜色如网》《七字经》《最薄的一片暮色》《一枚松果》等 62 首诗歌。有自序《十载归来赋紫荆》（1986 年 4 月于西子湾）。2008 年 10 月再版。

余光中《自序》：我在香港十一年，一直有感于港人把相思树叫作"台湾相思"；迁来高雄，又惊喜于当地把羊蹄甲叫作"香港樱花"。这

---

① 余光中：《隔水呼渡》，第 154 ～ 164 页。
② 余光中：《隔水呼渡》，第 248 页。

么美的芳名，无意间似乎都为我而取。而无论是东望或西晒，这双重的思念都由我的寸心来负担。……在这本《紫荆赋》里，仍然有六首诗以台湾为主题……以香港为主题的诗最多，共为十六首。其中约有三分之一大半是早期的，表现了沙田山居的恬静心怀。……这本集子里颇多组诗，倒是以前较少的现象。……我觉得，组诗的好处，在于同一主题可以作面面观，而相关的题材也可以逐一探讨，对于开发题材，不失为一途径。

一位诗人过了中年，很容易陷入江郎才尽的困境。所谓江郎才尽，或许有两种情形：一是技穷，一是材尽。技穷，就是技巧一再重复，变不出新法。材尽，就是题材一再重复，翻不出新意。技穷，就是对文字不再敏感。材尽，就是对生命不再敏感。改变生活的环境，往往可以开发新的题材。自从去年九月定居西子湾以来，自觉新的题材不断向我挑战，要测验我路遥的马力。我相信，在西子湾住上三五年后，南台湾的风土与景物当可一一入我的诗来，下一本诗集的面貌当与这本《紫荆赋》大有不同，但其中必然仍有我怀念香港的作品。以前在吐露港上，常东望而念台湾。现在从西子湾头，倒过来，长西顾而怀香港。……而不论在彼岸或在此岸，紫荆花，总能印证我眷眷的心情。

初秋，流沙河托人请香港中文大学黄维樑教授将一柄安徽泾县制素纸折扇转赠余光中，上书《临江仙·自洛阳往孟津道上作》。次年 5 月，余光中赴欧洲参加国际笔会途经香港，晤黄维樑时收到。[①]

8 月 7 日，写游记《风吹西班牙》[②]，后收入《隔水呼渡》（1990 年版）。

8 月 10 日，出席在台北"文苑"由文讯月刊主办的第二届现代诗学研讨会，共有 5 人宣读论文，其中郑明娳的《论现代诗中古典素材的选用》，由余光中讲评；刘裘蒂的《论余光中诗风的演变》，由痖弦讲评。

8 月 12 日至 13 日，发表《德国之声》，刊台北《中国时报》。

8 月 19 日，华视视听中心整理的余光中讲稿《诗的创作》，刊《台湾日报》第 8 版。

---

① 吴茂华：《草木之秋——流沙河近年实录》，哈尔滨：北方文艺出版社，2018 年，第 53 页。

② 原件藏台北"国家图书馆"当代名人手稿典藏系统，编号 262-262。

8 月 25 日，作诗《古风三首——送国彬远行并赠锡华、维樑》，收入《梦与地理》（1990 年版）。

　　余光中"后记"：诗人黄国彬辞去香港大学英文系讲师教席，将于九月中旬远迁加拿大，沙田文友，再减一人。一九七三年夏天，我应诗风社之请去香港演讲，初见国彬，当时我已四十五岁，他还是二十七岁的青年。沙田山居十年，谈诗论文，往来最频密的，是梁锡华、黄维樑、黄国彬。这一段可贵的因缘，我戏称之为"黄梁"。于今回顾，十年只如一瞬，但憾其短。去年九月，锡华与我同时离开中文大学，锡华应岭南学院之聘任该校文学院长，我则回高雄任教中山大学。岭南学院在香港本岛，对沙田而言，也算是"渡海"了。天马四蹄，竟有三蹄渡海而去，零落甚矣。"马鞍"，影射凌傲沙田的双峰马鞍山。紫荆不用说，是香港的市花。一九八六年八月二十五日记于沙田旅次。

8 月 26 日，复信何龙。略云：

　　黄维樑先生转来尊稿的影印及七月十三日大函，很感谢你对我的谬赏与溢美，给我鼓励颇多。我的散文在三十多岁时飞扬跋扈，不知为谁而雄；现在我的风格已渐趋淡素，变了不少。明年我可能出一本散文选集，以呈现自己三十年来散文创作的发展历程。远在辽宁的刊物如此注意海外文学的动向，实在令人欣慰……[1]

8 月 31 日，作诗《泳者》《昙花》，收入《梦与地理》（1990 年版）。

　　K. Leung《余光中访谈录》：许多诗人在他们的诗中都有性的描述，如叶芝、艾略特，更不用说拉丁诗人、西班牙诗人如聂鲁达等诗人了。我认为这是很值得我们去探讨的领域……在我最近出版的集子《梦与地理》中有两首这样的诗，我自己很满意。一首叫《泳者》，另一首叫《昙花》，是描写性行为的……因为每一个男人都是从子宫出来，可是他又追求另一个子宫。我认为这是不朽的文学作品，是很基本的东西。这种把母性和性的追求放在一起的情况，是很严肃认真的，绝不是什么"色情"。[2]

---

① 何龙：《死亡，你把余光中摘去做什么？》，香港《文学评论》（2018 年 2 月）。
② 《红岩》1998 年第 6 期。

8月，于厦门街撰《龙在北欧——序保真的〈孤独的旅人〉》，收入保真著《孤独的旅人》（台北纯文学出版社1986年版）；后收入《井然有序》（1996年版）。

9月2日，结婚三十周年（珍珠婚）纪念日，作诗《珍珠项链》，刊香港《明报月刊》10月号；后收入《梦与地理》（1990年版）、《风筝怨》（2017年版）等。

> 余光中《梦与地理·后记》：《珍珠项链》也有李元洛、流沙河、谢常青的评析。李文《大珠小珠落玉盘》最长，刊于广西《柳絮》月刊一九八八年第二期。流文载于《余光中一百首》。谢文《情意缠绵的〈珍珠项链〉》则见《当代文坛报》，一九八七年九月号。此诗我每次当众朗诵，都有共鸣。去年九月在渥太华对一群华人听众诵毕，赢得热烈反应，并且害得在座的太太们埋怨丈夫不送项链，更不提献诗了。[1]

> 袁可嘉《"奇异的光中"——〈余光中诗歌选集〉读后感》：除了这样的豪言壮语，余光中还写细微精巧的诗。《珍珠项链》为结婚三十周年纪念而作，写得典雅而深沉，用十八寸的一条珠链比作一线因缘串成了三十年的岁月，每一粒珠都含着银灰的晶莹，温润而圆满……构思之奇巧，喻象之动人令我惊叹。[2]

同日，致信黄维樑。

> 维樑：
>
> 回沙田小住，相聚甚欢，惟府上为之秩序大乱，殊歉歉耳。现在客去主人安，生活当可恢复常态，收拾身心，对付新学期了。
>
> 今天是我们两公婆结婚三十周年，可惜不在沙田，否则可以请你们来分享我们的周年纪念。只有附上一诗，恍惚其情而已。匆匆即颂
>
> 俪安
>
> 光中　一九八六、九、二[3]

9月3日至7日，出席文星诗页二十年回顾展——"诗路之旅"在"春之艺廊"举行的系列活动。本次活动由女诗人张香华总策划，展出诗人有

---

① 余光中：《梦与地理》，第192页。
② 香港《诗双月刊》（1998年6月）。
③ 黄维樑：《大师风雅——钱锺书、夏志清、余光中的作品和生活》，第149页。

王沦、王恺、文晓村、王宪阳、白萩、羊令野、向阳、余光中等 30 余家。

9 月 8 日，发表《艺术的大众化》，刊《民生报》。

9 月 9 日，作诗《雨声说些什么》《水晶球》，后收入《梦与地理》（1990 年版）；前者又收入《风筝怨》（2017 年版）等。

9 月 13 日，作诗《放心吧，钦差大臣——焚寄林则徐》，有后记"马背乐乃一种洋烟牌名的谐音"，后收入《梦与地理》（1990 年版）。

9 月 15 日，写散文《饶了我的耳朵吧，音乐》，后收入《隔水呼渡》（1990 年版）、《余光中幽默文选》（2005 年版）。

9 月 16 日，作诗《对灯》，后收入《梦与地理》（1990 年版）。

9 月 17 日，作诗《高雄港的汽笛》，刊 10 月 24 日《联合报》副刊；后收入《梦与地理》（1990 年版）。

9 月 19 日，作诗《停电夜》，后收入《梦与地理》（1990 年版）。

9 月 26 日，作诗《天问》，后收入《梦与地理》（1990 年版）。

9 月，诗集《白玉苦瓜》，由台北大地出版社再版。有十版自序。2008 年 5 月台北九歌出版社重版。

9 月，诗集《与永恒拔河》，由台北洪范书店重版。有后记、写作年表。

9 月，中译剧本《不可儿戏》，由北京中国友谊出版公司出版，署"英国王尔德著　香港余光中译"。内含《一交绊到逻辑外：谈王尔德的〈不可儿戏〉》、《不可儿戏》（三幕喜剧）、《与王尔德拔河记：〈不可儿戏〉译后》。

10 月 13 日，写散文《海缘》，后收入《隔水呼渡》（1990 年版）。

10 月 16 日，发表诗歌《雨声说些什么》，刊台北《中国时报》。

10 月 24 日，发表诗歌《高雄港的汽笛》，刊《联合报》。

10 月，次女幼珊在美国加州大学伯克利分校提交学位论文"Spots of Time in Wordsworth's Poetry"，获硕士学位。

11 月 6 日，发表诗歌《停电夜》，刊台北《中国时报》。

11 月 15 日，同日，写散文《隔水呼渡》，后收入《隔水呼渡》（1990 年版）。

12 月 1 日，诗集《莲的联想》，由台北时报文化出版公司再版，为"人间丛书 7"。

12 月 7 日，与钟玲同上大度山演讲，因怀念杨牧而作诗《大度山怀人》，后收入《梦与地理》（1990 年版）。

《明报月刊》（2022 年第 2 期）：○玉缘：范我存和我（钟玲）○
一九八六年十二月余老师和我应东海大学之邀，定在一周末下午去讲
"现代诗的发展及创作问题"，中午余氏夫妇和我在台中吃饭，我发现
餐厅隔壁有间古董店，就跟我存进去看看，流连忘返，我还买了一件
白玉带扣。余老师冲进来把我俩拉上出租车，赶到东海一进教室就上
台演讲。

12 月 11 日，致信王良和，谈及在台湾校内校外皆忙，询问《柚子三题》
是否已投给台湾刊物，并告知其已接受做陈光华论文的校外委员。

　　良和：

　　　　十月底收到你的信和柚子三题，以事繁迟覆，甚歉。我在台湾，
平均每月要去各地演讲六次，校外之忙不下于校内。上星期去东海演
讲，杨牧乃东海出身，也在我班上听过课。这些年我屡次旧地重游，
回到东海所在地的大度山，但他却自从下山就飘然海外，不曾回头。

　　　　柚子三题写得颇有哲意，另有进境，为你高兴。不知你是否已投
给台湾刊物，否则我可以代投。

　　　　陈光华先生要我做他论文的校外委员，我已去信表示接受。看他
来信，字体秀雅，文笔畅达，令人目爽心怡。

　　　　香港秋色正佳，可以多写好诗。匆祝

　　　　多产

　　　　　　　　　　　　　　　　光中　一九八六、十二、十一 ①

12 月 14 日至 15 日，发表《隔水呼渡》，刊《联合报》。
12 月 24 日至 25 日，与金兆等游垦丁、龙坑。

　　　　余光中《关山无月》：去年十二月底，金兆和环环也来探虚实。我
们，宓宓和我，便带了他们，还有钟玲、君鹤、高岛，一行七人再去
垦丁，向隔海的港客炫耀我们的美丽新世界。……"明天一早还要去

---

① 据原信手稿照。原手稿 2 页，藏香港中文大学新亚图书馆。另见《香港相思——余光中
的文学生命》，第 12 页。

龙坑看日出，五点就起床。我们回去吧。"①

余光中《龙坑有雨》：凌晨五点正我们就出发了。整个垦丁半岛都还在梦中，连昏昏的大尖山也不例外。……正是耶诞节的凌晨，冬至才过，夜长而昼短。②

12 月 29 日、30 日，李元洛发表《隔海诗缘》（上、下），刊香港《星岛日报》。

12 月，发表《新作二首》（含《泳者》《昙花》），刊《中外文学》第 15 卷第 7 期。

12 月，发表《现代诗的创作及发展》，刊《东海文艺》季刊第 22 期。

12 月，发表《艺术的大众化》，刊《台港文学选刊》第 6 期。

12 月，于西子湾为散文集《记忆像铁轨一样长》作序。

是年底至次年初，作《垦丁十九首》，包括《大尖山》《落山风》《金色时辰》《南湾之晡》《讨海人》《银梦海岸》《问海》《浪淘沙》《风吹砂》《贝壳砂》《保力溪砂嘴》《山海瀑》《银叶板根》《风剪树》《牧神午寐》《蟛蜞菊》《灰色鹭》《大白斑蝶》《青蛙石》，后收入《垦丁国家公园诗文摄影集》（1987 年 8 月版）；又收入《梦与地理》（1990 年版）。

余光中"后记"：小品十九首自一九八六年底至一九八七年初陆续写成，均为题王庆华的摄影而作，并与张晓风、钟玲、罗青、席慕蓉、林清玄、蒋勋等同类小品收入一九八七年八月出版的《垦丁国家公园诗文摄影集》。

---

① 余光中：《隔水呼渡》，第 44、55 页。
② 余光中：《隔水呼渡》，第 57、58 页。

余光中
先生
年谱

下

张旭
张鼎程

编著

九 州 出 版 社 ｜ 全国百佳图书出版单位

1987 年（丁卯）　　60 岁

1 月 28 日，发表《落日故人情》，刊台北《中国时报·人间副刊》；后收入《凭一张地图》（1988 年版）。

1 月，写散文《雪浓莎》，刊 3 月 12 日、13 日《联合报》；后收入《隔水呼渡》（1990 年版）。

1 月，发表《记忆像铁轨一样长·自序》，刊《洪范》第 29 期。

1 月，第一本纯散文集《记忆像铁轨一样长》，由台北洪范书店出版，为"洪范文学丛书 165"。本书集结作者 1978 ～ 1985 年间之散文，收录《催魂铃》《牛蛙记》《没有人是一个岛》等 20 篇。有自序。2006 年 7 月再版。

余光中《自序》:《记忆像铁轨一样长》是我的第一本纯散文集。……收集的二十篇散文，以写作时间而言，始于一九七八年冬天而终于一九八五年夏天，前后历时七年。其间一九八〇年最为多产，共得五篇，而一九七九年却一篇也没有。散文产量之多寡，与我当时其他文体的写作有关：寡产之年说不定我正忙于写论文，或正耽于写诗。……作家常有诗文同胎的现象……双管在握的作家要表现一种经验时，怎能决定该用诗还是散文呢？诗的篇幅小，密度大，转折快，不能太过旁骛细节，散文则较多回旋的空间。所以同一经验，欲详其事，可以用散文，欲传其情，则宜写诗。……在中国的文学传统里，以文为诗，常受批评，但是反过来以诗为文，似乎无人非议，这是很有趣的现象。大致说来，散文着重清明的知性，诗着重活泼的感性。以诗为文，固然可以拓展散文的感性，加强散文想象的活力，但是超过了分寸，量变成为质变，就不像散文了。……散文可以向诗学一点生动的意象，活泼的节奏，和虚实相济的艺术，然而散文毕竟非诗。……把散文写成诗，正如把诗写成散文，都不是好事。我曾经戏称诗人写散文为"诗余"，更自谓"右手为诗，左手为文"，令人感觉好像散文不过是我的副业，我的偏才，我写诗之余的外遇。……说一位诗人能写散文，因为他以诗为文，未必是恭维。这好比是说，他是靠诗护航而进入散文国境的，又好比是靠诗的障眼法来变散文的戏法，算不得当行本色。其实，我写过的散文里面，虽有许多篇抒发诗情画意，放乎感性，但也有不少篇追求清明的知性，原是本位的散文。……散文不是我的诗余。散文与诗，是我的双目，任缺其一，世界就不成立体。正如佛洛斯特所言："双目合，视乃得"（My two eyes make one in sight）。①

1月，萧萧发表《奔流的生命——余光中》，刊《自由青年》第77卷第1期。

2月1日，写散文《关山无月》，后收入《隔水呼渡》（1990年版）。

2月4日，写散文《龙坑有雨》，刊3月9日台北《中国时报》；后收入《隔水呼渡》（1990年版）。

2月5日，陈德锦发表《谈主流》，刊香港《星岛晚报》第10版。

2月9日，罗童发表《追溯一点历史》，刊香港《信报》第10版。

2月10日，罗童发表《访问话主流》，刊香港《信报》第17版。

2月12日，罗童发表《文学建制》，刊香港《信报》第18版。

2月13日，罗童发表《归类法》，刊香港《信报》第14版。

2月15日，与钟玲、黄维樑等游关山观海亭。

> 余光中《满亭星月》：那一天重到关山，已晡未暝，一抹横天的灰霭遮住了落日。……同来的四人尽皆失望，只好暂时避开亭子，走向左侧的一处悬崖，观望一下。……"今天初几？"宓宓问。"三天前是元宵，"维樑说，"——今天是十八。"②

2月，李源发表《中国现代散文的困惑与余光中的散文创新》，刊《当代文艺思潮》第2期。

3月7日，写散文《满亭星月》，后收入《隔水呼渡》（1990年版）。

同日，为高雄举办的第二届木棉花文艺季系列活动作诗《许愿》，刊3月18日台北《中国时报》；后收入《梦与地理》（1990年版）。

> 余光中《许愿·后记》：第二届木棉花文艺季，由高雄市政府与中山大学合办，将在春分开始，五四结束。本届节目颇多，其中四月四

---

① 余光中：《记忆像铁轨一样长》，第1～7页。
② 余光中：《隔水呼渡》，第65～66、78页。

日的"许愿之夜"，在高雄市中正体育场前的许愿池畔举行。许愿池底有八卦图形，池中更有文王雕像，乃朱铭先生之作品。到时会有许多著名的作家和艺术家，在池畔为我们的时代许愿，并朗诵诗歌，配以音乐、舞蹈。更有素净的陶瓶满盛爱河之水，把我们的关切注入许愿池中，成为"爱的关注"。我的这首《许愿》正是其中一滴。

　　本报记者（黄维樑）《从洋紫荆到木棉花——余光中谈两年来近况》：今年的文艺季，节目更丰富，诗、画、乐、舞、朗诵甚么都有，参与的作家和艺术家不限于高雄的，连台北的张晓风、楚戈、席慕蓉、向阳等也来趁热闹。①

3 月 12 日，作诗《透视》，后收入《梦与地理》（1990 年版）。

3 月 15 日，作诗《紫荆劫》，后收入《梦与地理》（1990 年版）。

3 月 21 日，春分，在高雄参加种植木棉活动。

　　余光中《木棉之旅》：在三月二十一日，春分那天，木棉花的信徒们便荷铲提水，在仁爱公园里种下了一百多棵木棉的树苗……苏南成市长种的是一号树苗，我则被领去第二号。……但是才过了几天，就有人告诉我说，那些新苗已经有不少被人拔掉了，或是折断了。我的心凉了半截。②

4 月 3 日，写散文《文章与前额并高》③，后收入《隔水呼渡》（1990 年版）。

　　同日、10 日，李元洛发表《海阔天空夜论诗——诗人余光中访问记》（上、下），刊香港《星岛晚报·大会堂》。

　　4 月 11 日，作诗《武陵道上见雪山》，刊 4 月 26 日台北《中国时报》；后收入《梦与地理》（1990 年版）。

　　4 月 18 日，写散文《木棉之旅》，刊 5 月 8 日《联合报》；后收入《隔水呼渡》（1990 年版）。

　　4 月 26 日，发表诗作《武陵道上见雪山》，刊台北《中国时报》。

　　4 月，撰《有福同享——序〈垦丁国家公园诗文摄影集〉》，刊 7 月 31 日《联合报》；后收入《凭一张地图》（1988 年版）。

---

① 香港《信报》（1987 年 8 月 18 日）。
② 余光中：《隔水呼渡》，第 84 ～ 85 页。
③ 原件藏台北"国家图书馆"当代名人手稿典藏系统，编号 262-267。

余光中"附记":《垦丁国家公园诗文摄影集》出版于一九八七年八月,内收王庆华的摄影八十六幅,分由余光中、林清玄、席慕蓉、张晓风、蒋勋、钟玲、罗青配写诗或小品文,并由董阳孜题字。垦丁景色尽在此中,堂堂一巨册,图文并盛,十分可观。[1]

本报记者(黄维樑)《从洋紫荆到木棉花——余光中谈两年来近况》:"这两年来,我尽量抽时间游山玩水。台湾南端的垦丁公园,我们夫妇两人,去过好几次,常常是和朋友一起去的。"余光中怡然说,语气略带兴奋。记者想起前月《良友画报》上余氏的诗组《垦丁六题》,以及配诗的那些奇山异水。"我太太现在是个摄影迷,可能由于山川的灵秀太吸引人了,她用镜头来捕捉风景,我用文字。"[2]

5月6日,作诗《爬山的次日——献给大尖山》[3],刊6月4日《联合报》;后收入《梦与地理》(1990年版)。

5月17日,于瑞航客机上作诗《一双旧鞋》,后收入《梦与地理》(1990年版)。

5月,赴瑞士出席国际笔会大会。

余光中《山国雪乡》:今年五月去瑞士。……我们住在天堂村的欧罗巴旅馆三楼,落地长窗外的阳台正对着东北偏东的这一片湖景。……我们去了两趟意大利。这种便游(side trip)算是瑞士之旅的花红。一趟是去米兰的拉斯卡拉歌剧院听音乐会。……另一趟是去科摩(Como),因为更近,所以一下午便可来回。[4]

6月10日,发表散文《登楼赋》《高速的联想》《尺素寸心》《春来半岛》《记忆像铁轨一样长》,刊《台港文学选刊》第3期。另有散文《缪斯的左右手》之片段摘录。

《人民日报》(1988年1月12日):○增强时代的活力——散文创新小议(肖云儒)○最近读了台湾作家余光中的几篇写现代城市生活的散文,如《登楼赋》《高速的联想》《咦呵西部》(载《台港文学选

① 余光中:《凭一张地图》,台北:九歌出版社,2008年,第163页。
② 香港《信报》(1987年8月18日)。
③ 原件藏台北"国家图书馆"当代名人手稿典藏系统,编号262-229。
④ 余光中:《隔水呼渡》,第171、179、183~184页。

刊》1987 年第 3 期），那恢宏的全球视角，崭新的城市意识，对工业
社会景观的美的感受和浓缩，对现代生活音响、节奏、力度和速度的
捕捉和再现，中西文化心理的强烈对峙和衔接，中西艺术手法、艺术
语言的交融和反差等等，鲜明地感到了中国散文在气质上的变化。这
是和 30 年代的朱自清、60 年代的杨朔完全不同的气质和风度，不是
作家在题材上简单地转变所能形成的，而是当代生活在作家心中已经
化为感情和心理状态，化为心理节奏、审美方式和表达方式的结晶。
这位台湾作者是不是给我们这样的启发：散文不反映新的时代是不行
的，散文简单的反映新的时代也不是行的。当代散文突破性变化要从
散文家的内心世界、特别是文化心理和感情意绪的当代化中去寻找。

6 月 24 日，写散文《山国雪乡》，刊 8 月 2 日至 3 日台北《中国时报》；
后收入《隔水呼渡》（1990 年版）。

6 月，发表《电影与我》，刊《幼狮少年》第 128 期。

6 月，长女珊珊毕业于美国堪萨斯大学，获美术史硕士学位。

6 月，吴慧贞发表《试析余光中作品之修辞技巧》，刊《文心》第
15 期。

7 月 2 日，李元洛发表《隔海的缪斯——论台湾诗人余光中的诗》，刊
《固原师专学报（社会科学版）》第 2 期。

7 月 18 日，出席由辛郁做东举办的 60 岁寿庆。

古继堂《台港澳暨海外华文新诗大辞典》：7 月 18 日，由辛郁作
东邀台湾龙年出生的诗人余光中、蓉子、罗门、向明、洛夫、彩羽、
孙家骏、张拓芜、管管、文晓村等举行 60 寿庆，到会者 50 余人。[①]

7 月，撰《中文的常态与变态》，后收入《从徐霞客到梵谷》（1994 年
版）、《翻译乃大道，译者独憔悴》（2021 年版）。略云：

自五四新文化运动以来，七十年间，中文的变化极大。一方面，
优秀的作家与学者笔下的白话文愈写愈成熟，无论表情达意或是分析
事理，都能运用自如。另一方面，道地的中文，包括文言文与民间文
学的白话文，和我们的关系日渐生疏，而英文的影响，无论来自直接

---

① 古继堂主编：《台港澳暨海外华文新诗大辞典》，第 749 页。

的学习或是间接的潜移默化，则日渐显著，因此一般人笔下的白话文，西化的病态日渐严重。一般人从大众传媒学到的，不仅是流行的观念，还有那些观念赖以包装的种种说法；有时，那些说法连高明之士也抗拒不了。……

中文也有生态吗？当然有。措词简洁、语法对称、句式灵活、声调铿锵，这些都是中文生命的常态。能顺着这样的生态，就能长保中文的健康。要是处处违拗这样的生态，久而久之，中文就会污染而淤塞，危机日渐迫近。目前中文的一大危机，是西化。[1]

胡燕青《来得太早的苍茫时刻——敬悼余光中先生》：他收录在《从徐霞客到梵谷》的《中文的常态与变态》改善了不知多少读者的语文；到了今天，老师们还是会拿这篇文章来作教材。[2]

7月31日，发表《有福同享》，刊《联合报》。

8月5日，于西子湾作诗《叫醒太阳》，刊11月《幼狮文艺》第66卷第5期；后收入《梦与地理》（1990年版）。

余光中"后记"：一九八七年复兴文艺营从八月四日到八月十日在中山大学举办，参加者有台湾各大专的学生一百四十人，由陈幸蕙、白灵、张大春、黄美序四位作家分别带领韩愈队、李白队、曹雪芹队、关汉卿队。这首诗是我特别为文艺营写的升旗歌。

8月17日、18日，回香港参加岭南学院主办的"一般写作与文学创作"研讨会。

本报记者（黄维樑）《从洋紫荆到木棉花——余光中谈两年来近况》：诗人余光中近日重临香港，为的是参加岭南学院主办的"一般写作与文学创作"研讨会（本月十七、十八日举行）。……余光中多年来非常关心中文，因为中文被滥用误用、被污染而戚戚然。他这次参加研讨会的论文题为《中文的常态和变态》，相信对这问题有进一步的观察和评论。[3]

---

[1] 余光中：《从徐霞客到梵谷》，第237～238页。
[2] 李瑞腾主编：《听我胸中的烈火——余光中教授纪念文集》，第259页。
[3] 香港《信报》（1987年8月18日）。

8 月 18 日，《西化污染中文，余光中叹无可奈何·盼教师作家时加检讨改善歪风》，刊香港《明报》第 6 版。

8 月底，于台北寄信流沙河，略云：

> 扇面书法，饱满浑厚，严整中有变化。时值溽暑，而清风在握。见者素阅，莫不称羡。①

8 月，三女佩珊与侯光华在台中举行婚礼。

> 余光中《日不落家》：我们的三女儿反应迅速，兴趣广泛，而且"见异思迁"：她拿的三个学位依次是历史学士、广告硕士、行销博士。所以我叫她作"柳三变"。在香港读中文大学的时候，她的钢琴演奏曾经考取八级，一度有意去美国主修音乐；后来又任《星岛日报》的文教记者。所以在餐桌上我常笑语家人："记者面前，说话当心。"回台以后，佩珊一直在东海的企管系任教，这些年来，更把本行的名著三种译成中文，在"天下""远流"出版。今年【按：1997 年】她去比利时做市场调查，范围兼及荷兰、英国。②

8 月，发表《五四以来的新文学》，刊《幼狮文艺》第 66 卷第 2 期。

8 月，林耀德发表《双目合，视乃得——专访余光中》，刊《自由青年》第 78 卷第 2 期。

9 月 6 日，作诗《梦与膀胱》《蜀人赠扇记——问我乐不思蜀吗？不，我思蜀而不乐》。后者刊 10 月 1 日台北《中国时报》；均收入《梦与地理》（1990 年版）。

> 余光中《梦与地理·后记》：在大陆引起最大反响的一首，应推《蜀人赠扇记》。蜀人乃四川名诗人流沙河，本名余勋坦，小我三岁，从香港时期起就和我通信，却尚未见面。诗成之后，寄去成都给他，他写了一篇读后记，和原诗一并寄给《人民日报》。一九八七年十月一日，此诗发表于《中国时报》。十月六日见于《人民日报》，附流沙河的读后，和我给他的原信影印。十月八日，同样的组合见于《人民日报》海外版。后来加以转载的，有《新华文摘》（一九八七年十二月）、

---

① 吴茂华：《草木之秋——流沙河近年实录》，第 53 页。
② 《联合报》（1997 年 6 月 1 日）。

香港《文学世界》(同上)、马尼剌《菲华时报》(一九八七年十月二十八日)。一九八八年第六期上海《语文学习》刊出刘兴汉的《巴山蜀水系乡思——读台湾余光中的〈蜀人赠扇记〉》。一九八九年四月八日,《文学世界》刊出另一四川名诗人方敬的《第三者的插话——余光中〈蜀人赠扇记〉读后》。①

9月8日,作诗《中元月》,后收入《梦与地理》(1990年版)。

9月12日,寄信给流沙河,附《蜀人赠扇记——问我乐不思蜀吗?不,我思蜀而不乐》。有附言:

> 河兄:蒙赠折扇,挥摇之际,感慨不能自己。奉上这首《蜀人赠扇记》,不足言谢,聊表故国之思,旧游之情云耳。②

9月13日,李明发表《获誉"现代诗坛祭酒"——余光中诗文著译多》,刊香港《明报》第38版。

9月18日,发表散文《为抗战召魂》,刊《联合报》副刊;后收入《凭一张地图》(1988年版)。

9月29日,作诗《铜辟邪》,后收入《梦与地理》(1990年版)。

9月,于西子湾撰《从冰湖到暖海——序钟玲的〈芬芳的海〉》,收入钟玲著《芬芳的海》(台北大地出版社1988年版);后收入《井然有序》(1996年版)。其中有一段文类论,略云:

> 所谓情诗,往往是一种矛盾的艺术。它是一种公开的秘密,那秘密,要保留多少,公开多少,真是一大艺术。情诗非日记,因为日记只给自己看;也非情书,因为情书只给对方看。情诗一方面写给特定的对方,一方面又故意让一般读者"偷看",不但要使对方会心,还要让不相干的第三者"窥而有得",多少能够分享。那秘密,若是只容对方会心,却不许旁人索解,就太隐私了。③

9月,《港台文讯——〈香港文学〉八月号余光中写山国雪乡》,刊香港《读者良友》第39期。

---

① 余光中:《梦与地理》,第192～193页。
② 《人民日报》第8版(1987年10月6日)。
③ 余光中:《井然有序》,第61页。

9 月，张错编译的台湾现代诗选《千曲之岛：台湾现代诗选》（*The Isle Full of Noises: Modern Chinese Poetry from Taiwan*），由美国哥伦比亚大学出版社出版。计选杨牧、余光中、洛夫、郑愁予、痖弦、叶维廉、周梦蝶、桓夫、罗门、蓉子、管管、非马、杜国清等 32 家。前有编者导言，对台湾现代诗的发展剖析至详。

10 月 1 日，谢常青发表《欲与缪斯白头偕老的诗人——余光中诗歌创作的艺术特色》，刊《五邑大学学报（社会科学版）》第 3 期。

10 月 6 日，流沙河发表《读〈蜀人赠扇记〉》（1987 年 9 月 22 日写于成都），刊《人民日报》第 8 版；后作为附录收入余光中的《梦与地理》（1990 年版）。略云：

> 就其主脉，一般而言，余光中的诗作，纳古典入现代，藏炫智入抒情，儒雅风流，有我中华文化独特的芬芳，深受鄙人偏爱。迄今研读七年，芹嗜仍然不改……台湾众多诗人，二十年来，乡愁主题写得最多又最好的，非余光中莫属。……
>
> 《人民日报》（1987 年 11 月 16 日）：〇反馈短波〇报纸副刊的文章亦须讲时效性，《大地》副刊发表的台湾诗人余光中《蜀人赠扇记》和流沙河《读〈蜀人赠扇记〉》就是一例。余诗九月九日写于台湾，流沙河之文九月二十二日写于成都，贵报十月六日就发表了，既有文学性，又有新闻价值。（湖北应山一中教师吴捷）

10 月 16 日，作诗《无须警告我夜有多深》，后收入《梦与地理》（1990 年版）。

同日，李勤岸发表《揭开余光中的"真象"》，刊《新台政论》第 34 期。

10 月 18 日，作诗《初嚼槟榔》，后收入《安石榴》（1996 年版）。

> 叶振辉《二〇〇一年五月十八日第一次访问》：有一次他［王庆华］带我到南仁湖、垦丁那一带去玩，有画家徐君鹤，买了纯槟榔给我吃，就是没有包石灰及其它东西的原生槟榔，很清香。我就吃了三、四颗，后来写了一首诗，就叫做《初嚼槟榔》，登在《中华日报》上。①

---

① 叶振辉主访：《让春天从高雄出发——余光中教授专访》，第 30 页。

10月19日，作诗《壁虎》，刊次年2月《文讯》第34期；后收入《梦与地理》（1990年版）。

10月，作诗《高处》，后收入《安石榴》（1996年版）。

10月，发表《怎样改进英式中文——论中文的常态和变态》，刊香港《明报月刊》。

> 新加坡《联合早报》（1988年1月17日）：〇记者潘国驹、韩川元：与杨振宁一席谈〇我看到了余光中的文章。我的看法是这样的，他所要强调的中国文字的结构与语法被现代很多作家由于引进了西方的语法而给打乱了，他称此为污染。我对余光中这种说法不太同意。我觉得文字是活的东西，是一个有机体，是随时要改变的。今天中国的白话文，不论是讲出来的或写出来的，里头都引进了许多西方的语法，这有它历史的背景，是一个不可逆转的事实，而且从整体来说也是好的。我觉得大家无妨加以讨论，怎样使新的词与结构，用合适及美妙的方法引进中文里去，而不是说这些就是污染。余光中觉得有一些话，用现在的方法讲，显得太啰嗦，而用从前的方法讲则比较优美些，他讲的话不是没有道理的，但我认为美是不能绝对的，我觉得在这一点上应该百花齐放，一方面承认从前的文字语法结构，写得好而简洁，是有它美的地方，如果有人要向这个方向发展，我觉得大家应该欣赏和支持。假如有人要向比较复杂的表达这方向发展，我们也不应该反对，这不应该被认为是受污染。

10月，发表《诗创作的经验与理想座谈记录》，刊《蓝星诗刊》第13期。

11月1日，冰心致信余光中。

光中同志：

　　令慈大著《一个女教师的自述》已拜读，不胜钦佩。做母亲又当教师是件极不容易的事情！

　　匆肃，祝好！

冰心　十一、一、一九八七[①]

11月3日，梁实秋病逝于台北，享年85岁。葬于台湾淡水北新庄北

---

① 卓如编：《冰心全集》第8册，福州：海峡文艺出版社，2012年，第335页。

海公园墓地。

余光中《秋之颂——敬悼梁实秋先生》：正当成千上万的老人准备还乡探亲的前夕，一位可敬可爱的长者，八十五年前生于北京的梁实秋先生，却在海峡的这边溘然谢世。……梁先生辞世于重九之后二日，正值晚秋，应了他大名的预期。[①]

11 月 4 日，发表《秋之颂——敬悼梁实秋先生》，刊台北《中国时报·人间副刊》。

11 月 5 日，《明报月刊》为悼念梁实秋先生来电索稿。

余光中《金灿灿的秋收——序〈秋之颂〉：梁实秋先生纪念文集》：梁先生谢世之翌晨，台湾各报均显著报道，并于副刊推出悼念专辑。此后各方的悼文与追思不断见报，香港亦见刊登。《明报月刊》的主编甚至在十一月五日拍电报来高雄向我索稿。[②]

11 月 7 日，作诗《鹰》，后收入《梦与地理》（1990 年版）。

11 月 12 日，作诗《安石榴》，刊次年 1 月 4 日《联合报》；后收入《安石榴》（1996 年版）。

余光中"附注"：石榴原名安石榴，因为它来自古国安息，即今之伊朗。此树初夏开红花，李商隐诗云："曾是寂寥金烬暗，断无消息石榴红。"石榴裙，即红裙。一九八七年十一月十二日。

11 月 22 日，冬至夜，于西子湾撰《银匙勺海的世间女子——序陈幸蕙的〈黎明心情〉》，收入陈幸蕙著《黎明心情》（台北尔雅出版社 1988 年版）；后收入《井然有序》（1996 年版）。

11 月 29 日，作诗《连环——仿卞之琳诗意》，后收入《梦与地理》（1990 年版）。

11 月，发表《莫负西子——序一九八七年复兴文艺营专辑》《叫醒太阳》，刊《幼狮文艺》第 66 卷第 5 期。

12 月 11 日，发表散文《诗与哲学》，刊"中央日报"副刊；后收入《凭一张地图》（1988 年版）。略云：

---

① 台北《中国时报·人间副刊》（1987 年 11 月 4 日）。
② 余光中：《井然有序》，第 378 页。

　　诗不是哲学，但可以含蓄哲理，在表现个人的情思之外，还可以探究普遍的道理。……毫无诗意的哲人未免失之枯燥与严峻，反之，耽于个人经验而不能提升为普遍真理的诗人，也恐怕难成大家。

　　不过诗情要通于哲理，不能直截了当地把感性的经验归纳成落于言诠的知性规则，只能用暗示与象征来诱导读者，使他因小见大，由变识常，举一反三，而自悟真理。

　　12 月 27 日，李元洛发表《隔海的缪斯——论台湾诗人余光中的诗艺》，刊《文学评论》第 6 期；此前曾刊同年《宁夏师范学院学报》第 2 期、《固原师专学报（社会科学版）》第 2 期。

　　12 月，发表《我怎样写诗？——〈紫荆赋〉有声发表会演讲记录》，刊《洪范》第 33 期。

　　12 月，《香港文讯——〈香港文学〉十一月号余光中谈钟玲新诗集》，刊香港《读者良友》第 42 期。

　　12 月，郑照顺发表《访余光中教授谈文学与人生》，刊《高市文教》第 31 期。

1988 年（戊辰）　　61 岁

　　1 月 1 日，于西子湾撰《金灿灿的秋收——序〈秋之颂〉：梁实秋先生纪念文集》，收入其所编《秋之颂——梁实秋先生纪念文集》（台北九歌出版社 1988 年版）；后收入《井然有序》（1996 年版）。

　　同日，发表散文《世纪末，龙抬头》，刊台北《中国时报·人间副刊》；后收入《凭一张地图》（1988 年版）。

　　1 月 4 日，发表诗歌《安石榴》，刊《联合报》。

　　1 月 6 日，钟玲发表《奇异的光中》，刊《联合报》第 23 版；又刊 1 月《香港文学》第 37 期。

　　1 月 13 日，蒋经国（1910～1988）病逝于台北，享年 78 岁。

　　1 月 22 日，写诗《送别》，刊 1 月 24 日台北《中国时报·人间副刊》；后收入《梦与地理》（1990 年版）。并领五万高雄市民朗诵此诗，悼念蒋经国。此诗后颇引起争议。

余光中《向历史自首？——溽暑答客四问》：写诗追悼蒋经国，也是罪状吗？我在诗中写过的人物，从甘地到梵谷，从屈原到李白、苏轼，从史可法到孙中山、蔡元培，不下 60 人。说话的人大概没有读到我悼蒋的诗。他不妨取来一读，然后把此诗与我写孙中山、蔡元培的诗相比，告诉我写蒋的诗是否阿谀溢美，有失分寸，告诉我哪一句写得离谱，不堪卒读。我写蒋有像歌颂甘地那么毫无保留吗？①

1 月 26 日，与文友在台北北海墓园扫祭梁实秋墓，并以《秋之颂》一书焚祭。

余光中《焚祭梁实秋先生》：敬爱的梁先生，您离开我们已经有八十四天了。……今天，您八十七岁冥诞的腊八之日，我们同在您的坟上，把这本《秋之颂》呈献给您。《秋之颂》是颂扬您这一生春耕秋收，对我国文坛的巨大贡献。《秋之颂》来自您鼎鼎大名的预言与兑现。《秋之颂》更来自济慈的名诗 Ode to Autumn，这联想，想必您也会喜欢。……我们同来您的坟上，把这本《秋之颂》焚烧给您。……②

应凤凰《昨天下午在北海墓地·附识》：一九八八年一月二十六日下午，前往北海墓园参加《秋之颂》焚祭典礼者，包括周玉山、姚燮夔、何怀硕、余光中、罗青、郭明福、林贞羊、杨小云、季季、丘秀芷、陈幸蕙、朱白水、小民、梁文骐、韩菁清、张佛千、喜乐、刘绍唐、张宝琴、蔡文甫、余玉照、范我存、张桥桥、董阳孜、苏伟贞、应凤凰、陈素芳、郑涵熙、黄美惠、莫昭平。③

同日至 27 日，发表《金灿灿的秋收》，刊台北《中国时报》。

1 月 27 日，发表《焚祭梁实秋先生》，刊台北《中国时报·大地副刊》；后收入《凭一张地图》（1988 年版）。

2 月 24 日，作诗《冰上的舞者——东德选手薇特》，后收入《梦与地理》（1990 年版）。

2 月，发表《走过从前，回到未来》，刊《天下杂志》2 月号。

3 月 1 日，李元洛发表《回旋曲与应战书——读余光中〈欢呼哈雷〉》，

① 《羊城晚报》（2004 年 9 月 11 日）。
② 台北《中国时报·大地副刊》（1988 年 1 月 27 日）。
③ 台北《中国时报·大地副刊》（1988 年 1 月 27 日）。

刊《天涯》第 2 期。

同日，刘登翰、陈圣生发表《"钟整个大陆的爱在一只苦瓜"——谈〈余光中诗选〉》，刊《读书》第 4 期。

3 月 2 日，倪匡发表《春来半岛·余光中》，刊香港《明报》第 13 版。

3 月 3 日，发表散文《麦克雄风》，刊台北《中华日报》副刊；后收入《凭一张地图》（1988 年版）、《余光中幽默文选》（2005 年版）。

3 月 4 日，发表散文《四窟小记》，刊《台湾时报》副刊；后收入《凭一张地图》（1988 年版）。文中回顾了他成为一个大诗人所走的艺术道路，略云：

> 我写诗四十年，迄今虽已出版过十四本诗集，却认为，诗，仍然是最神秘也是最难追求的缪思，不会因为你曾经有幸一亲芳泽，便每次有把握到手。要在有限的篇幅里开辟无限的天地，要用文字的符号捕捉经验的实感，要记下最私己的日记却同时能敲响民族的共鸣，要把自己的风格像签名一样签在时代的额头上，一位诗人必须把他全部的生命投入诗艺。天才不足恃，因为多少青年的才子都过不了中年这一关，才气的锋刃在现实上砍缺了口。灵感，往往成了懒人的藉口。高傲的缪思，苦追都不见得能到手，何况还等她翩然来访，粲然垂顾呢？今日，多少诗人都自称是在写自由诗，最是误己误人。积极的自由，得先克服、超越许多限制；消极的自由只是混乱而已。"从心所欲，不逾矩"才是积极的自由。所谓"矩"，正是分寸与法度。至于消极的自由，根本就没有"矩"，不识"矩"，也就无所谓是否"逾矩"。……我写诗，是从二十年代的格律诗入手，自我锻炼的"矩"，乃是古典的近体与英诗的 quatrain 等体。……回顾我四十年写诗的发展，是先接受格律的锻炼，然后跳出格律，跳出古人的格律而成就自己的格律。所谓"从心所欲，不逾矩"，正是自由而不混乱之意，也正是我在诗艺上努力的方向。
>
> 目前我希望能够写下列这几种诗：第一是长篇的叙事诗；第二是分段而整齐的格律诗，尤其是深入浅出可以谱歌的那种；第三是组诗，例如以金木水火土的五行来分写一个大主题。……二十年前我写散文，论风格则飞扬跋扈，意气自雄；论技巧则触须奋张，笔势纵横，富于

实验的精神。那时我自信又自豪，幻觉风雷就在掌中，自有一股沛然的动力挟我前进，不可止息。目前那动力已缓了下来，长而紧张快而回旋的句法转趋于自然与从容，主观强烈的自传性也渐渐淡下来，转向客观的叙事。……创作之道，我向往于兼容并包的弹性，认为非如此不足以超越僵化与窄化。

3 月 5 日，作诗《冰上卡门——卡特丽娜·薇特》，后收入《梦与地理》（1990 年版）。

3 月 11 日，作诗《还乡——未老莫还乡，还乡须断肠》，刊 3 月 25 日《联合报》；后收入《梦与地理》（1990 年版）。

3 月 13 日，作诗《削苹果》，后收入《安石榴》（1996 年版）。

3 月 23 日，作诗《莲雾》，刊 4 月 2 日台北《中国时报》；后收入《安石榴》（1996 年版）、《风筝怨》（2017 年版）等。

3 月 29 日，作诗《中国结》《南瓜记》。前者收入《梦与地理》（1990 年版），后者收入《安石榴》（1996 年版）。

3 月，刘登翰、陈圣生选编《余光中诗选》，由福州海峡文艺出版社出版。这是迄今所见在大陆出版的第一种余光中作品选集。共选诗 110 首，止于香港时期之《十年看山》。

4 月 9 日，作诗《向日葵》，刊 22 日《联合报》；后收入《梦与地理》（1990 年版）。

> 余光中"后记"：一九八七年三月三十日，梵谷诞辰九十七周年，他的一幅《向日葵》在伦敦克莉丝蒂拍卖公司卖出，破记录的高价是美金三千九百八十五万元。Going，going，gone 是拍卖成交时的吆喝，语终而木槌敲下。

4 月 16 日，刘登翰、陈圣生发表《余光中诗作评介》，刊香港《文学世界（1987）》第 2 期。

4 月 17 日，作诗《秦俑——临潼出土战士陶俑》，后收入《梦与地理》（1990 年版）。

4 月 20 日，许佑生发表《摇旗招展的中国魂——坐拥诗城余光中》，刊"中央日报"第 16 版。

4 月 29 日，发表诗歌《中国结》，刊台北《中国时报》。

同日，发表散文《我的四个假想敌》，刊《讲义》第 13 期。

4 月 30 日，发表诗歌《季节的变位（外二首）》，刊《诗刊》第 4 期。

4 月，作诗《台南的母亲》，后收入《安石榴》（1996 年版）。

余光中"附注"：右诗乃应台南人士所请，为母亲节而写，并由台南女中杨国仁老师谱曲。大神榕，安平港，亿载金城，均为当地名胜古迹。一九八八年四月。

4 月，黄树根发表《谁是他们？——余光中的信心在哪里？》，刊《台湾时报》第 14 版。

5 月 9 日，发表诗歌《南瓜记》，刊《联合报》。

5 月 10 日，沈从文逝世，享年 86 岁。

《厦门日报》（2014 年 10 月 28 日）：〇专访余光中：思维敏捷的奥秘在于坚持上课读书（宋智明）〇我也喜欢沈从文，我喜欢他的《萧萧》。大媳妇萧萧和别人相好了，按当地规矩应该捆起来，扔进池塘淹死。但当地人很善良，原谅了她。这里面有大悲悯。沈从文写的是真正的工农兵，但当时的主流文学不认可他的这种观点。

5 月 16 日，作诗《听容天圻弹古琴》，自注"一九八八年五月十六日写于六龟兰园之临流台，主人为林琴亮先生"；后收入《梦与地理》（1990 年版）。【按：2008 年高雄中山大学为余光中教授八十大寿特展所制作的纪念折扇，背景图及书法字体出自楚戈大师，所书即为此诗。】

5 月 29 日、31 日，写散文《梵天午梦——泰国记游之一》《黄绳系腕——泰国记游之二》，后收入《隔水呼渡》（1990 年版）。

6 月 3 日，写散文《耶释同堂——泰国记游之三》，后收入《隔水呼渡》（1990 年版）。

6 月 15 日，刘兴汉发表《巴山蜀水系乡思——读台湾余光中〈蜀人赠扇记〉》，刊《语文学习》第 6 期。

6 月 18 日，诗人节，获诗奖。

古继堂《台港澳暨海外华文新诗大辞典》：6 月 18 日，1988 年诗人节大会于台北中山堂举行。颁发诗奖，得奖有：余光中、钟雷、上官予，诗运奖得主王在军、涂静怡、萧萧、朱沉冬。优秀青年诗人奖得主：庄秋琼、田运良、钟延年（丹萱）、李优虎、林于弘。前二奖由台湾"教育部"次长林青江、文建会主任陈奇禄颁授。后一奖由大会主席钟鼎文颁授。①

6 月，编辑部发表《余光中担纲选辑文学大系》，刊《文讯》第 36 期。

6 月，赴港，在香港中文大学图书馆展览会上发表演讲。

7 月 1 日，黄婉媚发表《藉新诗反映污染问题：余光中宣扬环境保护》，刊香港《星岛晚报》第 3 版。

7 月 31 日，作诗《荔枝》，后收入《安石榴》（1996 年版）。

8 月 1 日，邹志诚发表《试论余光中早期散文风格》，刊香港《星岛晚报》第 8 版。

8 月 3 日，作诗《漂水花》（含《绝技授钟玲》《投石问童年》），后收入《安石榴》（1996 年版）。

8 月 5 日，林也牧发表《余光中和壁虎》，刊香港《星岛日报》。

8 月 7 日，作诗《耳顺之年》《送二呆去澎湖》。后者刊 8 月 18 日台北《中国时报》，前者刊 10 月 19 日《联合报》；均收入《安石榴》（1996 年版）。

> 余光中《送二呆去澎湖·后记》：诗人、艺术家赵二呆告别台北，隐居澎湖，且将生平所有作品捐给澎湖艺术馆。二呆多才多艺，作品多达十一类，陶瓶亦在其列，故云"十一个二呆"。一九八八年八月七日。

8 月 8 日，秀实发表《从一首诗说起》，刊香港《星岛日报》。

8 月 26 日，与商禽、郑愁予评审台北"中央日报"百万征文诗歌奖。

同日，发表散文《当奇迹发生时》，刊《联合报·缤纷》；后收入《凭一张地图》（1988 年版）。

8 月 27 日，发表散文《一时多少豪杰——浅述我与现文之缘》，刊台北《中国时报·人间副刊》；后收入《凭一张地图》（1988 年版）。

8 月 29 日，作诗《请莫在上风的地方吸烟》，后收入《安石榴》（1996 年版）、《风筝怨》（2017 年版）等。

> 余光中"后记"：八月二十六日上午，和商禽、愁予在梅新家评审台北"中央日报"百万征文的诗奖。商禽憋不住烟瘾，离席取烟打火。

---

① 古继堂主编：《台港澳暨海外华文新诗大辞典》，第 750 页。

浓烟顺风袭来，我忍不住说："请莫在上风的地方吸烟！"梅新认为很有诗意。当晚就用这起句发展成诗。一九八八年八月二十九日记于西子湾。

8月31日，作诗《水蜜桃》，后收入《安石榴》（1996年版）。

9月4日，作诗《龙坑遇雨》，后收入《安石榴》（1996年版）。

　　余光中"后记"：九月二日下午在龙坑遇雨，树下共伞的三人是颖坚、国顺、亦芳。当时只觉狼狈，事后回味，却有诗意。所谓艺术，或许就是把现实放在适当的距离来看吧。一九八八年九月四日于西子湾。

9月9日，六十大寿，在五家报纸发表六首诗，为自己庆生。

9月18日，作诗《惠荪林场》，后收入《安石榴》（1996年版）。

9月22日，秋分前夕，作诗《雨，落在高雄的港上》，后收入《安石榴》（1996年版）。

9月27日，作诗《跳水者》，后收入《安石榴》（1996年版）。

10月15日，致信冯亦同。

亦同先生：

　　张默先生转来您的诗集《相思豆荚》和南京诗坛的介绍，均已收到，十分高兴，十分感谢。尤其令我感动的是大作《谈〈白玉苦瓜〉》，副标题称我为"台湾诗人"，其实我六十年前生于石头城，可谓南京诗人。我不但在南京读过两年小学，一年中学，更读过一年半金陵大学，所以南京于我实在无异第二故乡。现在能与南京诗坛交接，感到非常快慰。有机会我会另寄台湾的诗集与刊物给您。匆此即祝

　　秋安

　　　　　　　　　　　　　　　　　余光中　一九八八、十、十五①

　　同日、11月12日，郭枫发表《繁华一季，尽得风骚》，刊《文艺报》第41、46期。

　　秀实《非余》：这篇论文，估计字数在一万以上。文章透过余氏的八本散文集里的五十一篇"抒情散文"，探讨评析余光中这二十五年来的散文成就。郭枫认为余氏散文，在语言上，炫奇弄巧，以辞害意，"以至于有句无章，有章无篇，求其全篇浑然完美之作，却是绝无仅

---

① 据原件影印照。

有"。在结构上，横空漫谈，东拉西扯，欠缺剪裁和布局的本领，"大半是章有赘句，句有赘字"，仅《望乡的牧神》中的五篇作品，较有条理脉络。在题材上，则不能跳出生活的拘囿，写出真情热爱关怀人群的作品。最后，他作结论说："不结果实的花朵终究不能存在，纵使繁华一季，当时代的潮流滚滚而来，轻薄的落英连同其无限的风骚，终将逐水而去。"全文征引详尽，剖解透彻，只是不少煽情谩骂的地方，与文末对台湾文坛的分析，成了一篇客观严肃的评论当中败笔的地方。单就散文来说，这无疑是非余的高峰。①

10 月 20 日，致信黄秀莲。

秀莲：

　　十月十九日你在《星辰》刊出的文章已经读到，感动而且感谢。文中所述十年前在崇基上课的一幕，重映我当日的生活，并勾起我的沙田情怀。世间论我诗文者甚众，而于我教学的情况则罕见描述，此文所述，亦为我生命中重要的一面，可以补足我画像之"盲点"矣，一笑。至于对所谓"余派"之论析，亦扼要而有力，甚有澄清作用也。

　　重九之日，台湾四家报纸刊出我近作五首，其中真正自寿之作当然是《耳顺之年》，寄你一阅，想你会有兴趣。

　　十二月三日我会去港参加"香港文学研讨会"，约留五天，当可一聚。同时，我的文集《凭一张地图》亦将出版，当带去分赠你们。匆此即祝

　　　近佳

　　　　　　　　　　　　　　　光中　一九八八、十、廿夜②

10 月，发表《三十四年弹指间》，刊《幼狮文艺》第 68 卷第 4 期。

11 月 5 日，作诗《纽约的视觉——题徐清波摄影册》（内含《立体气候》《玻璃峡谷》《层楼》《巍峨的自负》《窗之迷阵》《千窗之影》），后收入《安石榴》（1996 年版）。

11 月 7 日，汤祯兆发表《试析〈记忆像铁轨一样长〉》，刊香港《星岛晚报》。

---

① 香港《快报》（1988 年 12 月 30 日）。
② 据原信手稿照，见《香港相思——余光中的文学生命》，第 12 页。

11 月 15 日，黄维樑发表《礼赞木棉树和控诉大烟囱——论余光中八〇年代的社会诗（上）》，刊香港《潮流》第 21 期。

11 月 25 日，作诗《百潭寺之囚》，后收入《安石榴》（1996 年版）。

11 月，黄维樑主编、流沙河编选《余光中一百首》，由成都四川文艺出版社出版。本书集结作者之诗作，并于各首诗末附录由流沙河阐释的赏析。全书按年代分为 1949～1959、1960～1969、1970～1979、1980～1986 四辑，收录《扬子江船夫曲——用四川音朗诵》《又回来了》《珍妮的辫子》《女高音》《项圈》等 100 首，有余光中《致读者》及流沙河《编者说明》。次年 1 月该书又由香港香江出版公司出版，新增黄维樑的《〈沙田文丛〉出版缘起》《前言》、流沙河的《选释者如是说》。

12 月 1 日，发表诗歌《百潭寺之囚》，刊台北《中国时报》。

12 月 5 日，1989 年 1 月 5 日、2 月 5 日，流沙河发表《诗人余光中的香港时期》（上、中、下），刊《香港文学》第 48、49、50 期；后收入黄维樑编《璀璨的五采笔：余光中作品评论集（1979—1993）》（1994 年版）。

12 月 10 日，第二本纯散文集《凭一张地图》，由台北九歌出版社出版，为"九歌文库 264"。本书为作者小品散文集，包括隔海书、焚书礼两辑，收录《翻译乃大道》《译者独憔悴》《美文与杂文》《樵夫的烂柯》等 48 篇。有后记。2008 年 8 月 10 日再版，为"余光中作品集 8"，新增《自律的内功——新版自序》（2008 年 7 月写于左岸）。

> 余光中《后记》:《凭一张地图》是我唯一的小品文集。论篇幅，除少数例外，各篇都在两千字以内。论笔法，则有的像是杂文，有的像是抒情文，但谓之杂文，议论不够纵横，而谓之抒情文，感触又不够恣肆，大抵点到为止，不外乎小品的格局。第一辑"隔海书"是三年前我在香港为《联合副刊》所写的专栏，从一九八五年的二月到九月，历时超过半年。……"焚书礼"中的小品，除了头两篇外，都是在高雄写的。……"隔海书"里的小品，除了旅途中赶出来的之外，都是沙田楼居，对着吐露港的水光写成。……愿以此书纪念我这两年坐享海景的书斋。①

12 月 11 日，作诗《宜兴茶壶——谢柯灵先生》，刊次年 2 月《联合

---

① 余光中:《凭一张地图》，第 201～205 页。

报》；后收入《安石榴》（1996 年版）、《风筝怨》（2017 年版）等。

　　余光中"后记"：去年八月在汉城召开的国际笔会，因故未去。柯灵先生却从上海带去了一把宜兴茶壶，准备相赠，上面还请徐孝穆雕刻题识。结果是由王蓝先生带了回来。一九八八年十二月十一日。

　　《人民日报》（1989 年 2 月 7 日）：〇聊赠一枝春——向台湾友人隔海拜年（柯灵）〇余光中先生是我倾心折节的诗人和散文家，他的锦心彩笔，常使我低徊赞叹，不能自己。他的散文成就，我认为"五四"以来，到他笔下，无疑已别开一境，更上一层。最近还得到他见赠的咏物诗《宜兴茶壶》，真是太荣幸了！

12 月 15 日，黄维樑发表《寓庄于谐的批评——论余光中八〇年代的社会诗（二）》，刊香港《潮流》第 22 期。

12 月 21 日，致信林祁。

林祁女士：

　　承赠大作诗集《唇边》，携回台湾匆匆翻阅了一遍，颇感意外。你的诗句法活泼，意向鲜明，感性颇浓，常有一种忽然而来的直截了当，快人快语。语言也相当新颖，不落老套。例如《在天坛》的末段六行，就十分生动，一结不凡。《福州的信》整首都好，一结尤妙。如果你坚持写下去，并且加强你的结构，提炼你的语言，我相信你一定能成为十分杰出的抒情诗人。

　　如你同意，我愿自《唇边》选出五六首在我发行的《蓝星》诗季刊转载，把你介绍给此岸的读者。如有新作，亦欢迎寄我，以便向台湾报刊推荐。

　　看见《唇边》里有一首诗叫《荔枝》，想起我也写过同题，附上一阅。

　　祝新年快乐并问候蔡先生。

　　　　　　　　　　　　　　　　　　余光中　1988 年 12 月 21 日 [1]

12 月 25 日，作诗《冬至》，后收入《安石榴》（1996 年版）。

同日，发表 "Poems on Kenting National Park"（《垦丁诗选》），刊 The Taipei Chinese PEN 冬季号。

---

① 林祁：《莫名"祁"妙：林祁诗文集》，北京：九州出版社，2013 年，第 242 页。

12 月 26 日，李华川发表《请勿写针对性文字》，刊香港《快报》。

12 月 29 日，作诗《送别魏端》，后收入《安石榴》(1996 年版)。

余光中"附注"：魏端先生主编台湾新闻报《西子湾副刊》，半生以之，功在南部文坛。一九八八年底，魏先生退休，诗以送之。写于十二月二十九日。

12 月 30 日，香港《快报》刊登秀实的《非余》和林同的《中共炮轰余光中》。

12 月，发表《香港台北双城记——〈凭一张地图〉有兴有情》，刊《九歌杂志》第 94 期。

12 月，与沈君山应邀出席台湾高雄科技大学"人文与科技教育的整合"对谈活动。【按：沈君山，人称台湾四大公子之一，后担任新竹清华大学校长。】

12 月，应邀到香港参加"香港文学国际研讨会"。

何龙《死亡，你把余光中摘去做什么？》：一九八八年十二月，我受邀到香港中文大学做一个月的访问研究。期间，余光中到香港参加"香港文学国际研讨会"，黄维樑安排他住在中文大学。我终于见到了余光中，并不时到余先生的住所拜访他。①

是年，作诗《还乡》。

是年，主持梁实秋文学奖翻译组，担任评审。梁实秋文学奖是台湾第一个以作家名字命名的文学奖项，该奖分散文创作、翻译两大类别，以纪念梁实秋先生在这两方面的成就，同时发掘优秀的写作与翻译人才。

单德兴《第十位缪斯——余光中访谈录》：以梁实秋文学奖翻译类为例，其中就包括了选题与评审。而且，除了颁奖之外，还要写评语，这个评语不是三、五句而已，而是很深入的，甚至要告诉他们要怎么样翻才会更好，像这些都跟一般的奖不太一样，应该是对社会有相当的作用。②

---

① 香港《文学评论》(2012 年 2 月)。

② 单德兴：《却顾所来径——当代名家访谈录》，第 217 页。

1989 年（己巳）　　62 岁

1 月 13 日，陈德锦发表《评余小议》，刊香港《快报》。

1 月 15 日，黄维樑发表《面对环境污染的新诗——论余光中八〇年代的社会诗（三）》，刊香港《潮流》第 23 期。

1 月 17 日，秀实发表《续谈"非余"》，刊香港《快报》。

1 月，于西子湾撰《观弈者言——序彭、夏译诗集〈好诗大家读〉》，收入彭镜禧、夏燕生译著《好诗大家读——英美短诗五十首赏析》（台北书林出版有限公司 1989 年版）时改名为《观弈者言——我读〈好诗大家读〉》；后收入《井然有序》（1996 年版）、《翻译乃大道，译者独憔悴》（2021 年版）。

1 月，与沈君山、吴建国、沈清松、桂齐逊合作的《科技与人文的对话专辑》，刊《自由青年》第 81 卷第 1 期。

1 月，赴吉隆坡，主持中央艺术学院讲座。

1 月，流沙河选释《余光中一百首》，由香港香江出版社出版。本书依照余光中诗创作年代编选其 100 首诗，并加以解说评析。全书共分四部分：1949～1959 年，6 首；1960～1969 年，13 首；1970～1979 年，46 首；1980～1986 年，35 首。正文前有黄维樑的《〈沙田文丛〉出版缘起》《前言》和流沙河的《选释者如是说》。

> 余光中《梦与地理·后记》：在此我必须一提流沙河的《余光中一百首》。从一九八六年一月起，流沙河在安徽的《诗歌报》半月刊上，逐期选释我的诗作，共一百首，是为此书的前身。一九八九年一月，《余光中一百首》由香港的香江出版公司推出。一九八八年十一月，此书在大陆由四川文艺出版社出版，初印即三万册；书中最后评析的七首诗，包括《控诉一枝烟囱》和《珍珠项链》，均为《梦与地理》里的作品。①

2 月 11 日，于厦门街撰《征途未半念骅骝——序〈温健骝卷〉》，收入温健骝著《苦绿集》（台北允晨文化 1989 年版）；后收入《井然有序》

---

① 余光中：《梦与地理》，第 193 页。

（1996 年版）。

　　余光中《为人作序——写在〈井然有序〉之前》：也有一些特殊情况，如果不把作者的生平或思想交代清楚，就无法确论其人作品。例如温健骝前后作品的差异，就必须从他意识形态之突变来诠释，而我和他师生之情的变质，也不能仅从个人的文学观来说明，而必须从整个政治气候来分析。①

2 月 27 日，作诗《违反交通》，后收入《安石榴》（1996 年版）。

2 月 28 日，何龙发表《诗人"三重奏"——余光中、钟玲、罗青诗朗诵追记》，刊香港《星岛晚报》。

2 月，陈鼓应等著《这样的"诗人"余光中》，由台北台笠出版社出版增订本。本书共选收各家对余光中诗作的评论 11 篇，含陈鼓应的《评余光中的颓废意识———评余光中》《评余光中的流亡心态——二评余光中》《三评余光中的诗》，曾新仪的《访陈鼓应谈近况——从批评余光中的诗谈起》，郭枫的《繁华一节　尽得风骚》等。

3 月，于厦门街撰《三百作家二十年——序〈中华现代文学大系：台湾一九七〇——一九八九〉》；后收入《井然有序》（1996 年版）。文中谈及乡土文学，略云：

　　本省作家自然是乡土文学的主角。乡土文学一词在七十年代中期大盛，其实早在五十年代，描写本省农村的作品里，已有乡土文学之实。不过早期的乡土小说比较朴素温厚，后期的同类作品有些就比较凌厉，渐见意识形态的宣扬，地域观念的突出。其实一般人心目中的乡土小人物，悲哀、可笑之中含有同情与温馨，仍以黄春明等人的笔下最为典型。……从钟肇政到吴锦发，从王拓到洪醒夫，二十年来乡土小说多变的风貌，成为台湾社会变迁重要而生动的见证。②

4 月 2 日，马德俊发表《论台湾现代诗人余光中的诗歌艺术》，刊《枣庄师专学报》第 1 期。

4 月 6 日，致信金耀基。

---

① 《九歌杂志》第 187 期（1996 年 10 月）。
② 余光中：《井然有序》，第 389、395 页。

耀基兄：

小传及玉照收到，多谢。

正如电话中所谈，请兄先自填款，立刻购买来台来回机票；如 economy 有困难，可改 business class。胡玲达有 travel agent 可以代劳。抵高雄班机时间一确定，请即示知。

奉上五四活动日程表：由吾兄打头阵，一炮必响也，一笑。

机票及在高食宿由中山负责外，另致薄酬台币一万元。后者不列入正式邀请函，免得牵连什么税的问题。

嫂夫人如可能来，无任欢迎。匆祝

俪安

弟光中　6.4.1989

又及：请备一页之大纲，速寄我。①

4 月 7 日，作诗《后半夜》，后收入《安石榴》（1996 年版）。

4 月 8 日，香港《文学世界（1987）》第 5 期刊登黄维樑的《礼赞木棉和控诉烟囱——论余光中八〇年代的社会诗》和方敬的《第三者的插花——余光中〈蜀人赠扇记〉读后》。

4 月，写序《腕底生大化——楚戈的艺术世界》，刊 4 月 30 日台北《中国时报》；后收入《井然有序》（1996 年版）。

4 月，林泉发表《试析〈夜读东坡〉》，刊《蓝星》第 19 号。

4 月，古远清著《台港朦胧诗赏析》，由广州花城出版社出版。其中赏析余光中的《我之固体化》《长城谣》《等你，在雨中》《民歌》《白玉苦瓜》《守夜人》《风铃》《空城夜》等诗作。

5 月 5 日，黄维樑发表《文质彬彬的几本好书——介绍〈祭坛佳里〉〈剑桥语丝〉和〈余光中一百首〉》，刊《香港文学》第 53 期。

5 月 9 日、10 日，发表《三百作家二十年》，刊《联合报》。

5 月，组织举办"五四，祝您生日快乐"活动。

叶振辉《二〇〇一年六月二十一日第二次访问》：我做院长期间，办过一个较大规模的活动，是和中山学术研究所合办的，就是一九八九年春天，正是五四运动七十周年，而且是法国大革命的二百周年。

---

① 据 2018 年 12 月 22 日北京琉璃厂荣宝斋大厦"金耀基教授书法及文献收藏展"原件照。

这个活动很感性，叫做"五四，祝您生日快乐"，请了一些学者来演讲，包括来自美国的许倬云，香港来的金耀基、朱立。最后一天的座谈会，除了他们之外，还有张系国、高希均也来参加。当天还有个晚会，就叫做"孔先生、德先生、赛先生"，由学生扮成相关的人物出场，然后就座谈。①

5月，苏其康发表《攀越散文的另一棱线——评余光中的〈凭一张地图〉》，刊《联合文学》第5期。

5月，辛磊编《鬼雨：余光中散文》，由广州花城出版社出版，收入"八方丛书"。全书分"逍遥游""高速的联想""幽默的境界"三辑，收录《塔阿尔湖》《逍遥游》《九张床》《塔》《丹佛城》等42篇。书前有何龙的《奇妙的文字方阵（代序）》，末附余光中的《剪掉散文的辫子》。这是大陆出版的第一本余光中散文选集。

5月，主编十五卷《中华现代文学大系：台湾一九七〇——一九八九》，由台北九歌出版社出版，12月获本年度金鼎奖图书类主编奖。

6月2日，赵丽莲（1899～1989）病逝，享年90岁。余光中为其撰墓志铭，后收入《粉丝与知音》（2015年版）。

6月7日，作诗《妈妈，我饿了》，后收入《安石榴》（1996年版）。

6月14日，作诗《国殇》，后收入《安石榴》（1996年版）。

6月22日，作诗《赞香港》，后收入《安石榴》（1996年版）。

6月24日，作诗《兰屿六景》（含《夕望红豆村》《天池》《三叠瀑布》《野百合之王》《情人洞之一》《情人洞之二》《龙头岩》），后收入《安石榴》（1996年版）。

> 余光中"附记"：兰屿将辟"国家公园"，摄影家王庆华应邀拍摄"野百合的故乡"专辑，景色之美不可思议。特为其中六景各题小品一首。一九八九年六月二十四日。

6月30日，陈义芝发表《一笔在手，满眼江湖——访联副第一届"每月人物"余光中先生》，刊《联合报》第27版。

7月8日，作诗《带笑的脸孔——应李泰祥之邀为缺陷的孩子所写》，

---

① 叶振辉主访：《让春天从高雄出发——余光中教授专访》，第44～45页。

后收入《安石榴》（1996 年版）。

7 月 15 日，作诗《芒果》，后收入《安石榴》（1996 年版）。

7 月，于西子湾撰《他的噩梦是千山鸟飞绝——序陈煌的〈人鸟之间〉》，收入陈煌著《人鸟之间》（冬春篇，台北光复书店 1989 年版）；后收入《井然有序》（1996 年版）。

8 月 12 日，作诗《地球仪》，后收入《安石榴》（1996 年版）。

8 月 13 日，作诗《夜饮普洱》，刊 8 月 25 日台北《中国时报》；后收入《安石榴》（1996 年版）。

8 月 20 日、21 日，发表《从嫘祖到妈祖——读陈义芝的〈新婚别〉》，刊《联合报》，收入陈义芝著《新婚别》（台北大雁书店 1989 年版）；后收入《井然有序》（1996 年版）。

> 《联合报》（2017 年 12 月 15 日）：○在高寒的天顶：余光中的文学地位与现实处境（陈义芝）○一九八九年我出版《新婚别》（收入了那首得奖作【按：即长诗《出川前纪》】），请余先生作序，是写作上第二次得余先生指点。余先生把写序当正式的文学批评看待，不会为了情面而只讲优点，总会点明瑕疵，甚至提出修改建议。回想他当年论战笔锋之犀利，及作序之认真批评（见其《井然有序》序文集），相对于缺乏严肃文评艺评、只送花篮的台湾"文艺圈"，是有典范意义的。

8 月，主编《我的心在天安门》，由台北中正书局出版。内收 41 家的诗，书前有余光中的序，另有纪实照多帧。

9 月 3 日，写评论《左抵蒲伯，右挡华翁：第二届梁实秋翻译奖诗组第一名评析》[①]。

9 月 25 日，自译 "Mother, I'm Hungry"（《妈妈，我饿了》，transl. Yu Kwang-chung），刊 *The Taipei Chinese PEN* 秋季号。

9 月，与殷张兰熙、王蓝、张汉良赴加拿大多伦多参加第五十四届国际笔会大会，并应"加京中华文化协会"之邀在渥太华演讲。

9 月，于西子湾撰《黑白灰，入三昧——郑浩千画境初窥》，收入郑浩千绘《郑浩千画集》（吉隆坡马来西亚中央艺术学院 1989 年版）；后收入《井然有序》（1996 年版）。

---

① 原件藏台北"国家图书馆"当代名人手稿典藏系统，编号 262-261。

10 月 10 日，作组诗《多伦多的心情——寄赠国彬》（含《登高》《追日》《渡湖》《归宿》），后收入《安石榴》（1996 年版）。

10 月 29 日，作诗《金陵子弟——寄赠绍班》，后收入《安石榴》（1996 年版）。

> 余光中"后记"：现居渥太华在加拿大政府任职的蔡绍班兄，是我在金陵大学和台大的同班同学。我们初识于南京，又同窗于金大，我自己又出生于南京，所以自称"金陵子弟"。李白诗云："……金陵子弟来相送，欲行不行各尽觞。请君试问东流水，别意与之谁短长？"今日读来，更添离愁。"垂钓异国"是指加拿大闲静的岁月，"亡命故国"则指今日大陆的变局：前句的"江湖"是真的江湖，后句的却是指"在野"或"地下"了。一九八九年十月二十九日。

10 月，发表《我的四个假想敌》，刊《光华》第 14 卷第 10 期。

11 月 30 日，发表《台港诗人齐挥笔——关于〈我的心在天安门〉增订本》，刊《联合报》第 25 版。

11 月，出席在泰国曼谷举行的第十届世界诗人大会，获世界艺术文化学院颁发荣誉博士学位。

> 古继堂《台港澳暨海外华文新诗大词典》：11 月，第 10 届世界诗人大会在泰国曼谷举行，台湾出席的有钟鼎文、钟雷、上官予、宋膺、吴宏一、赵玉明、罗青、向明、洛夫、李牧、林焕彰、向阳、绿蒂、沙白、连水淼、王廷俊、王大任、易大德、王心均、龙冠军、林咏荣、张国治、林芬祖、林安邦、陈辉钰、曾人可、郭汤战，会上钟鼎文代表世界艺术文化学院颁赠荣誉博士学位给余光中、痖弦、向明和蓝海文。大陆出席的有张志民等。[①]

是年，在高雄中山大学外国语文研究所指导硕士生刘清泰撰写硕士学位论文《论狄瑾荪诗中死亡与永生》。

是年，李浩发表《不灭的中国情结——读〈民歌〉》，刊《当代外港文学名作赏析》。

是年，青年诗人雨弦结识余光中。

---

① 古继堂主编：《台港澳暨海外华文新诗大词典》，第 753 页。

　　雨弦《我所认识的余光中——第三届中国·天津诗歌节讲稿》：1989 年我认识了余光中，是他来到高雄的第五年，为了出版《母亲的手》诗集去请教他，他把我的一沓诗稿看完，附了封信寄还给我，信上不忘给年轻人鼓励："殡仪馆的工作，日与死亡相接，若能善用此主题，当能写出富有哲意、参透生死的诗来。你的佳作每能掌握民俗风味，且富谐趣，若能就此用力，必能层楼更上。"①

　　是年至次年，作组诗《镜中天地——题我存摄影十题》（内含《雾水满湖——Lugano》《雪山当湖——Lugano》《小兰屿》《梦的拉链——月世界》《水与石》《鸭塘》《等待黎明——龙坑》《白莲的心事——澄清湖》《秘密的梦——香港沙头角》等），后收入《安石榴》（1996 年版）。

1990 年（庚午）　　63 岁

　　1 月 6 日，《一块彩石就能补天吗？——周梦蝶诗境初窥》，刊台北"中央日报"副刊；后收入《井然有序》（1996 年版）。

　　　　罗青《百年文学一光中——怀余光中先生·注释》：当年周梦蝶拒绝接受"中央日报文学奖"的终身成就巨额奖金，并谦称自己诗作还不够好，幸而余光中即时以《一块彩石就能补天吗？》一文，阐释评论其诗，挽回了周公对自己作品的信心，从而欣然受奖。②

　　1 月 15 日，第三本纯散文集《隔水呼渡》，由台北九歌出版社出版，为"九歌文库 283"。4 月 10 日三版。本书内容多为作者至世界各地的游记与感想，收录《隔水呼渡》《关山无月》《龙坑有雨》等 16 篇。有照片13 张和自序（1989 年 12 月于西子湾）。

　　　　余光中《自序》：《隔水呼渡》在《记忆像铁轨一样长》与《凭一张地图》之后，是我的第三本纯散文集。……本集的十六篇散文里，游记占其十三。这样偏重的比例为我以前的文集所无，似乎说明了我们夫妻好游成癖，而且愈演愈烈。……游记不但是旅游经历的记录，

---

① 《天津日报·满庭芳》第 12 版（2017 年 11 月 14 日）。

② 李瑞腾主编：《听我胸中的烈火——余光中教授纪念文集》，第 113 页。

也是所见所闻的知性整理。旅游不但是感性的享受、好奇的满足，也是一种生动而活泼的自我教育，所以真正的旅行家一定见多识广，心胸宽阔，不会用本乡本土的观念来衡量一切。说得高些，旅游可以是一种比较文化学。有心的旅人不但行前要做准备功夫，对将游之地有所认识，不但身临异域要仔细观察，多留资料，并记日记，而且回家之后，还要利用资料来补走马看花之不足，好把囫囵的经历消化成思想。若是行前没有准备，当场草草张望，事后又不反省，那旅游只是散心而已。……观光客不足以言游记：要写好游记，先得认真做个旅人。……游记的艺术首在把握感性，也就是恰如其分地表现感官经验，令读者进入情况，享受逼真的所谓"临场感"。……游记大半表现感性，但也可以蕴含知性。游记的知性包括知识与思考：名胜的地理与人文，是知识；游后的感想，是思考。有知识而欠思考，只是一堆死资料。思考太多而知识不够，又会沦于空想。上乘的游记应将知识与思想配合抒情与叙事，自然而机动地汇入散文的流势里去。这就要靠结构的功力了。……游记有别于地方志或观光手册，全在文中有"我"，有一位活生生的旅人走动在山水或文物之间。这个"我"观察犀利，知识丰富，想象高超而活力充沛，我们跟随着他，感如同游。地方志或导游资料是静态，游记才有动感。这个"我"要有自信，要有吸引力，读者才会全神跟随着他。

1月18日，流沙河致信余光中，代广州花城出版社诗歌编辑室杨光治约请编一部诗集，交由该社出版。①
1月29日，致信古远清。

远清先生：

先后承赠大作《台港朦胧诗赏析》《诗歌分类学》《中国当代诗论五十家》等多种，十分感谢。尊著对拙诗屡加谬奖，很不敢当。曾请香港中文大学的黄维樑博士从香港寄上我的专集数种，不知可有收到？请示知尊处有哪些拙作，俾将所缺之书陆续寄上。

我在台湾办了一份诗季刊《蓝星》，已出版多年，不知曾见过否？最近我主编了十五册《中华现代文学大系：台湾一九七九～一九八九》，

---

① 仇润喜：《信海游》，天津：百花文艺出版社，2006年，第196页。

为 20 年来台湾在诗、散文、小说、戏剧、评论五方面的选集。另外还出了一本散文集，以游记为主，叫《隔水呼渡》，当再奉寄。至于诗集，不久也会再出一册，所收均为 1985 年自香港迁来高雄以后的作品。约于今年三月出版。匆此，即颂

马年腾达

余光中拜上　1990 年 1 月 29 日

又及：另邮当寄奉《中华现代文学大系》之总目。①

1 月，作诗《腕表》，刊 2 月 4 日《联合报》；后收入《安石榴》（1996年版）。

1 月，译著《梵谷传》重排出版。

2 月 21 日，黄维樑发表《不老的采笔》，刊香港《星岛日报》。

2 月 22 日，黄维樑发表《余风重起》，刊香港《星岛日报》。

2 月，发表《知识与思想·抒情与记事——〈隔水呼渡〉汇入散文流势》，刊《九歌杂志》第 108 期。

2 月，张叹凤点评《新月与孤星：余光中爱情诗精选》，由成都四川文艺出版社出版。收诗 40 首。

> 张叹凤《余光中诗选评点后记》：余光中诗是新诗中的现代古典派。典丽、深情、奇妙六字可为其基本特征。他博采众家，融汇中西，法无定法，独成一家。在中国古典诗中，他主要倾向李白，但同时杜甫的沉着、杜牧的清绝以及苏轼的豪放、姜夔的深情等都能见出所及的影响，甚至李贺的瑰奇，李商隐的悱恻，也都被他从新的角度加以发挥。他在新诗继承"五四"新文学传统与学习西方文学方面，自辟蹊径，使汉字这种载体在新诗中闪现出焕然一新的面貌，大为白话诗艺术样式丰满生色。流波所及，在台港在大陆以至整个华文界，都至今风靡，不乏模仿。②

3 月 2 日，罗田《冷雨滴滴洗热肠——读余光中〈听听那冷雨〉》、李元洛《对人生的诗的哲思——读台湾诗人余光中〈天问〉和〈与永恒拔河〉》，刊《名作欣赏》第 1 期。

---

① 古远清：《余光中传：永远的乡愁》，卷首。
② 余光中：《新月与孤星：余光中爱情诗精选》，成都：四川文艺出版社，1990 年，第 121 页。

3月16日，陈德锦发表《余光中一百首》，刊香港《快报》。

3月23日，戴天发表《余光中〈隔水呼渡〉》，刊香港《信报》；后收入黄维樑编《璀璨的五采笔：余光中作品评论集（1979—1993）》（1994年版）。

3月，诗集《梦与地理》获第十五届"国家文艺奖"新诗奖。在颁奖现场与殷张兰熙、齐邦媛、彭歌、范我存、姚宜瑛合影。

> 余光中《梦与地理·后记》：《梦与地理》曾获第十五届"国家"文艺奖。当时汪广平先生热心推荐，促劝再三，为了及时自印送审、此集作品的编选有点匆忙，在体例上未尽理想。①

3月，于西子湾撰《一面小旗，满天风势——序董崇选的〈心雕小品〉》，收入董崇选著《心雕小品》（台北跃升文化公司1990年版）；后收入《井然有序》（1996年版）。

4月5日至7日，以梵谷的画为题作诗三首：《星光夜——梵谷百年祭之一》《荷兰吊桥——梵谷百年祭之二》《向日葵——凡谷百年祭之三》，后收入《安石榴》（1996年版）。

> 余光中《从徐霞客到梵谷·自序》：那年四月我还一连三天写了《星光夜》《荷兰吊桥》《向日葵》三首诗，均以梵谷的画为主题。一九九〇年，真是我的梵谷年。②

4月11日，李元洛发表《对人生的诗的哲思——读台湾诗人余光中〈天问〉和〈与永恒拔河〉》，刊香港《星岛日报·星辰》。

4月29日，发表诗歌《荷兰吊桥——梵谷百年祭》，刊《联合报》。

4月，发表《一块彩石就能补天吗——周梦蝶诗境初窥》，刊《蓝星诗刊》第23期。

4月，写散文《梵谷的向日葵》，后收入《从徐霞客到梵谷》（1994年版）。

4月，于西子湾为诗集《梦与地理》写后记，后以《〈梦与地理〉后记》为题，刊6月《洪范》第43期。

5月27日，端午节前夕，发表诗作《召魂》，刊《联合报》；后收入

---

① 余光中：《梦与地理》，第189页。
② 余光中：《从徐霞客到梵谷》，第2页。

《安石榴》（1996 年版）。

同日，范我存发表《天机初露——小记光中》，刊《联合报》第 29 版。

6 月 17 日，作诗《深宵不寐》，后收入《安石榴》（1996 年版）。

6 月 23 日，作诗《欧菲莉》，后收入《安石榴》（1996 年版）。

6 月 25 日，作诗《谢楚戈赠屏风》，刊 7 月 31 日《联合报》；后收入《安石榴》（1996 年版）。

6 月 30 日，张放发表《余光中〈布谷〉解》，刊《名作欣赏》第 3 期。

6 月，第十五本诗集《梦与地理》，由台北洪范书店出版，为"洪范文学丛书 209"。本书集结作者 1985 ～ 1988 年间的诗作，收入《问烛》《纸船》《海劫》《水平线——寄香港故人》《与李白同游高速公路》等 55 首。有后记。

> 余光中《后记》：《梦与地理》是我的第十五本诗集，也是我自香港回台定居后的第一本诗集。①

7 月中旬，在纽约主持长女珊珊与栗为政（William Lee）之婚礼。珊珊后生一儿飞黄（英文名 Sean）、一女姝婷（英文名 Audrey）。余氏夫妇参加完婚礼后，再赴荷兰参加梵谷逝世百年纪念大展，并在巴黎近郊奥维凭吊梵谷之墓。

> 王洞《敬悼余光中》：珊珊端庄貌美，不久就被年轻有为的栗为政（William Lee）追到，于一九九〇年在法拉盛（Flushing）结婚。余氏夫妇来主持婚礼，自然邀请我们参加……珊珊的婚礼在教堂举行，婚礼过后，有宴席，当时算是很排场的了，一般只有茶点招待。②

> 余光中《从徐霞客到梵谷·自序》：七月中旬，我们果真千里迢迢，飞去荷兰观赏梵谷的百年大展，事后更乘兴去巴黎北郊，凭吊梵谷兄弟的双墓。所思所感，发而为文，知性的一篇成为《壮丽的祭典》，感性的一篇就是《莫惊醒金黄的鼾声》。③

> 余光中《莫惊醒金黄的鼾声》：今年七月，初访荷兰，不为风车，也不为运河，为的是梵谷逝世百周年的回顾大展。一连两天，在阿姆

---

① 余光中：《梦与地理》，第 187 页。
② 李瑞腾主编：《听我胸中的烈火——余光中教授纪念文集》，第 313 页。
③ 余光中：《从徐霞客到梵谷》，第 2 页。

斯特丹和俄特罗的美术馆长廊里，仰瞻低徊，三百八十幅的油画和素描，尽情饱览，入神之状，简直有若梵谷的圣灵附身。①

7月14日，至巴黎。

余光中《莫惊醒金黄的鼾声》：七月十四日，我们又去了巴黎。②

7月15日，赴巴黎近郊奥维。

余光中《莫惊醒金黄的鼾声》：第二天中午我们又抱着追看悲剧续集的心情，去访奥维。……奥维的全名是 Auvers-sur-Oise，意为瓦斯河畔的奥维。③

8月16日，作诗《面纱如雾——长女珊珊的婚礼上》，刊8月26日台北《中国时报》；后收入《安石榴》（1996年版）。

8月17日至27日，所译王尔德的剧本《不可儿戏》，由新象艺术公司在台北"国家剧院"演出十二场。

单德兴《第十位缪斯——余光中访谈录》：然后一九九〇年在台北"国家戏剧院"演了十二场。……像《理想丈夫》（*An Ideal Husband*）在台北也演过。④

《联合报》（2017年12月31日）：〇悼念光中（杨世彭）〇一九九〇年我在台北"国家剧院"执导此剧，由刘德凯、周丹薇等明星主演，也得到很好的反映。

8月20日，作诗《在渐暗的窗口》，后收入《安石榴》（1996年版）。

袁可嘉《"奇异的光中"——〈余光中诗歌选集〉读后感》：《在渐暗的窗口》赶写一首诗，要在与合围而来的黑暗对决中完成创作的使命，他不能不感到来日无多……本诗可能受迭兰·托马斯的《死亡决不能征服我》的启发，但不认输、不服老、奋斗不息的思想原是余光中的一贯精神。⑤

---

① 余光中：《从徐霞客到梵谷》，第221页。
② 余光中：《从徐霞客到梵谷》，第221页。
③ 余光中：《从徐霞客到梵谷》，第221～222页。
④ 单德兴：《却顾所来径——当代名家访谈录》，第200页。
⑤ 香港《诗双月刊》（1998年6月）。

8 月，写评论《莫惊醒金黄的鼾声》，后收入《从徐霞客到梵谷》（1994年版）。

8 月，发表《假如我有九条命》，刊《讲义》第 7 卷第 5 期。

9 月 13 日、14 日，余乐山发表《〈文汇报〉推荐余光中的诗观》，刊香港《星岛日报》。

9 月 16 日，"诗与新环境"多媒体展演系列在台北"诚品艺文空间"举行，展演分三部分：视觉诗、听觉诗、文学诗。其中视觉诗部分由庄普策划，余光中等 31 位诗人参展。

> 古继堂《台港澳暨海外华文新诗大词典》：9 月 16 日—11 月 14日，台湾举行"诗与新环境多媒体展演"系列，在台北"诚品文艺空间"举行。共分三部分：其一，视觉诗，由庄普策划。参展诗人：白萩、白灵、向明、向阳、余光中、辛郁、江启疆、杜十三、初安民、林焕彰、林彧、林燿德、吴德亮、侯吉谅、洛夫、商禽、管管、楚戈、痖弦、陈义芝、陈克华、曾淑美、夏宇、张默、郑愁予、碧果、罗智成、鸿鸿、简政珍、罗门、罗任玲。参展的画家有：庄普、黄宏德、连德诚、张永村、汤琼生、杨柏林、卢明德、叶竹盛等。其二，听觉诗：由白灵策划，由李泰祥、李晓明、赵天福、辛郁、管管、向明、痖弦演出。其三，文学诗：展出历年来的诗集、诗刊。其四，诗与新环境座谈会，诗人、艺术家共同研讨，由林燿德策划，此次总策划为杜十三。①

9 月 27 日，作诗《造山运动》，后收入《安石榴》（1996 年版）。

> 余光中"后记"：九月二十二日，时报广场的高雄馆揭幕，展出六人的水墨黄山，其中五人并当众挥毫，再造黄山。我戏称之为造山运动，令众画家绝倒。五人为江明贤、李义弘、陈牧雨、黄才松、蔡友。周澄因病未来。写于一九九〇年九月二十七日。

9 月 29 日，苏丁发《苏醒的中国意识——余光中诗观述评》，刊《文艺报》第 3 版。

9 月，当选为台湾"中国笔会"会长。

---

① 古继堂主编：《台港澳暨海外华文新诗大词典》，第 754 页。

　　叶振辉《二〇〇一年七月十七日第三次访问》：所谓国际笔会，应该是世界上最庞大的一个跨国文学团体，它是二十世纪初成立的，中国最早的会长是蔡元培，所以这个传统是很可贵的。来台湾后，罗家伦、林语堂也做过会长，我任会长是一九九〇年到一九九八年，前任会长是殷张兰熙女士。[①]

　　9月，郭济访、王建选评《台湾三家诗精品：席慕蓉、余光中、纪弦》，由合肥安徽文艺出版社出版，收入"世界诗歌精品丛书"。

　　10月，写评论《壮丽的祭典》，后收入《从徐霞客到梵谷》（1994年版）。

　　10月5日，发表诗歌《造山运动》，刊台北《中国时报》。

　　10月21日，作诗《警告红尾伯劳》，后收入《安石榴》（1996年版）、《风筝怨》（2017年版）等。【按：台北"中国广播公司"1996年"秋诗翩翩"活动纪念扇上印有此诗。】

　　11月14日，潘铭燊发表《余光中是香港作家吗》，刊香港《星岛日报·星辰》第14版。

　　11月29日，发表《艺术创作与间接经验》，刊《联合报》；后收入《从徐霞客到梵谷》（1994年版）。其中谈到他的新诗与音乐之间的关系，略云：

　　　　我早年的诗集《万圣节》，几乎整本都有西洋古典音乐的回音。《月光曲》里有杜布西幽冷的琴韵。《江湖上》里有巴布·狄伦苦涩的鼻音。《白玉苦瓜》一集里，包括《民歌》《乡愁》《乡愁四韵》《摇摇民谣》在内，至少有半打作品是仿民谣；《歌赠汤姆》则是汤姆·琼斯的反响。早年我很迷格希文（George Gershwin）忧郁而潇洒的古典爵士，有意在《越洋电话》一诗中学习切分法，恐怕并未奏功，字里行间也听不出来吧。国乐也往往令我有写入诗中的清兴，例如《炊烟》一首，便是聆赏了古筝伴奏舞蹈的结果。另外一例，便是在六龟的龙眼树下"听容天圻弹古琴"。

　　　　余光中《五行无阻·后记》：我在《艺术创作与间接经验》一文中曾说，置身当代社会，一位作家如果不甘于写实主义的束缚而有心追求多元的主题，不妨向相关的艺术、学问，与多般的媒体去广泛取材。电视正是最生动的资讯，加上报纸的文字与图片，往往能提供我

① 叶振辉主访：《让春天从高雄出发——余光中教授专访》，第56页。

写诗的题材，如果取舍得当，再掺以适量的同情与想象，就可以创造奇妙的合金了。①

12 月，满月河主编《中国大学生诗选》，由青岛海洋大学出版社出版。内收华东政法学院曹思思的《致光中》。诗云：

——冬夜得梦台湾著名诗人余光中，在海峡那岸买下一辆上海产的永久牌自行车……故作诗录之。

你就回来吧，光中兄／你就骑着那辆永久回来吧／从此不必在基隆，在冬夜／在一张展开的地图上／骑过来，骑过去，若此反复／／你就回来吧，光中兄／你就骑着那辆永久回来吧／一路响着铃，一路吟着诗／江南的古荷会听见，长白的貂鹿会听见／四川的四月会听见，塞北的长箫会听见／／你就回来吧，光中兄／你就骑着那辆永久回来吧／积了四十层枫叶的乡路在等你／咸海风饕餮了四十年的门槛在等你／太白和东坡在龙门和赤壁等你／／你就回来吧，光中兄／你就骑着那辆永久回来吧／久别的武夷就算辨不出乡音／也该认得那辆永久／那辆你用一叠乡愁买来的永久／／你就回来吧，光中兄／你就骑着那辆永久回来吧／易水在唤你，吴江在唤你／长安在唤你，长城在唤你／大陆在海峡的这头唤你／／你就回来吧，光中兄／你就骑着那辆永久回来吧②

是年，在高雄中山大学外国语文研究所指导硕士生林为正撰写硕士学位论文《维吉妮亚·吴尔夫著〈心屋魅影〉：中译与评介》。

1991 年（辛未）　64 岁

1 月 4 日，台湾女作家三毛自杀身亡，享年 48 岁。

余光中《从徐霞客到梵谷·自序》：不幸梵谷年结束了还不到四天，三毛便自杀了，陪着她一同火葬的，是她最钟爱的三本书：《红楼梦》《小王子》《梵谷传》。梵谷也是自己结束生命的，不知道这件事对她有没有"示范"的诱因，但是艺术家的传记感人之深，却是显然的。③

① 余光中：《五行无阻》，第 114～115 页。
② 满月河主编：《中国大学生诗选》，青岛：青岛海洋大学出版社，1990 年，第 18～20 页。
③ 余光中：《从徐霞客到梵谷》，第 2～3 页。

1月29日，岑逸飞发表《如果远方有战争》，刊香港《明报》。

2月1日，陈建樑发表《余光中的〈黄河〉》，刊香港《诗双月刊》第2卷第4期。

2月5日，姚仪敏发表《缪思的锦囊——余光中访问记》，刊"中央月刊"第24卷第2期。

2月，参加高雄中山大学访问团，访问南非各大学。

2月，写散文《山色满城》，后收入《日不落家》（1998年版）。

3月1日，黄坤尧发表《余光中的香港诗》，刊《香港文学》第75期。

3月，陈义芝发表《一笔在手，满眼江湖——专访余光中先生》，刊《九歌杂志》第121期。

3月，简政珍发表《余光中——书写的被逐世界》，刊《文史学报》第21期。

4月2日，应邀赴港参加香港中文大学"山水清音：环保诗文朗诵会"。

4月11日，《余光中交流心得：艺术创作与间接经验关系》，刊香港《星岛日报·阳光校园》。

4月15日，释友朋发表《把诗的种子留下——余光中专题演说追记》，刊香港《星岛日报·星辰》。

4月30日、5月1日，林纪发表《为隐形杀手唱葬歌——记山水清音：环保诗文朗诵晚会》（上、下），刊香港《星岛日报·星辰》。

5月4日，吴河发表《超现实环保诗文朗诵》，刊香港《明报》。

5月22日，发表《欢迎王尔德来高雄》，刊《联合报》。

5月23日至25日，黄坤尧发表《余光中的香港诗》（上、中、下），刊"中央日报"第16版。

5月25日，《台湾诗坛对余光中的批评》，刊《华夏诗报》。

5月27日，张梦瑞发表《余光中译〈不可儿戏〉（王尔德原著）五月在台演出》，刊《民生报》第16版。

5月，所译王尔德喜剧《不可儿戏》在高雄演出三场。

> 单德兴《第十位缪斯——余光中访谈录》：一九九一年高雄也演过三场。①

① 单德兴：《却顾所来径——当代名家访谈录》，第200页。

6 月 2 日，作诗《初夏的一日》，刊 8 月 7 日《联合报》；后收入《五行无阻》（1998 年版）。

6 月 21 日，作诗《东飞记》，后收入《五行无阻》（1998 年版）。

　　余光中《五行无阻·后记》：《五行无阻》里，谐谑之作也有五六篇，按朱光潜的期待当然尚有不足。《东飞记》纯然是自谑，不过那经验应该是今人常有的。①

6 月 25 日，发表 "The Pearl Necklace"（《珍珠项链》），刊 *The Taipei Chinese PEN* 夏季号。

6 月，应美西华人协会之邀，赴洛杉矶发表演讲，并接受该会颁赠"文学成就奖"。

6 月，三女佩珊毕业于美国辛辛那提大学，获行销学博士学位。

7 月 3 日，作诗《洛城看剑记——赠张错》，后收入《五行无阻》（1998 年版）。

7 月 6 日，作诗《木兰树下》，刊 8 月 19 日台北《中国时报》；后收入《五行无阻》（1998 年版）。

7 月 7 日，作诗《闻锡华失足》，后收入《五行无阻》（1998 年版）。

　　余光中《五行无阻·后记》：《闻锡华失足》是听说梁锡华在台湾跌了一跤戏作而成，古代文友之间互相写诗调侃，并不罕见，现代诗却少有。②

7 月中旬，偕夫人去纽约探访长女珊珊。彼时她在画家曾士猷先生的古董店工作。

　　余光中《荧火山庄》：今年夏天……去纽约探望长女珊珊。……七月十五日，料峭的风雨中，为政与珊珊带了飞黄与姝婷兄妹，把我们从甘乃迪机场接回家去。我已经五年未去美国了，竟有一点生疏。……珊珊婚后定居在纽约的皇后区，闹市一住就是八年，前年终于搬下乡来。新址在信封上是"康州威士顿"（Weston, CT）……就这么和家人

---

① 余光中:《五行无阻》，第 116 页。

② 余光中:《五行无阻》，第 116 页。

相聚了一个月，享受了三代在同一屋顶下团圆的温馨。①

余光中《日不落家》：长女珊珊在堪萨斯修完艺术史后，就一直留在美国，做了长久的纽约客。大都会的艺馆画廊既多，展览又频，正可尽情饱赏。珊珊也没有闲着，远流版两巨册的《现代艺术理论》就是她公余、厨余的译绩。华人画家在东岸出画集，也屡次请她写序。②

7月17日，张梦瑞发表《度过八个月的黑暗期，余光中打破创作僵局》，刊《民生报》第14版。

8月14日，秀实发表《一首谈鲨的诗》，刊香港《星岛日报》。

8月24日，作诗《海是邻居》，刊10月16日台北《中国时报》；后收入《五行无阻》（1998年版）。

8月，发表《诗魂歌魄不解缘》，刊《联合文学》第7卷第10期。

9月6日，写评论《金星与金磨坊：第四届梁实秋翻译奖诗组总评》。③

9月7日，作诗《雨霖铃》，后收入《五行无阻》（1998年版）。

9月8日，作诗《纸船》，后收入《五行无阻》（1998年版）。

9月22日，作组诗《三生石》（含《当渡船解缆》《就像仲夏的夜里》《找到那棵树》《红烛》），刊12月10日《联合报》副刊D3；后收入《五行无阻》（1998年版）、《风筝怨》（2017年版）等。本诗在《联合报》副刊发表后四日，作家高阳亦在该刊赋诗以和。诗前有小引，内云：

读（一九九一年）十二月十日"联副"光中兄《三生石》新诗四章，伉俪情深，一至于此，令人欢喜赞叹。忆昔曼殊上人曾以中土诗体译作拜伦情诗，因师其意作七绝四首，愧未能如原作之幽眚深远也。

水阔天长挥手时，／待君相送竟迟迟，／一朝缘征三生石，／如影随形总不离。／／夜深语倦同寻梦，／梦外光阴任去留，／同穴双双天共老，／坟头大树阅春秋。／／依稀梦影事难明，／独记君言"我待卿"，／此即同心前世约，／须知眼下是来生。／／红烛同烧卅五年，／夜长烛短更缠绵，／可能风急双双熄，／同化轻烟入九天。／／

余光中《五行无阻·后记》：《三生石》一组四首发表后，引起不

---

① 《收获》2001年第1期。

② 《联合报》（1997年6月1日）。

③ 原件藏台北"国家图书馆"当代名人手稿典藏系统，编号262-265。

少评论，转载亦多，亡友高阳更在"联副"刊出四首七绝以和。用旧诗来和新诗，在文体史上不知有无前例？①

9 月 25 日，作诗《五行无阻》，后收入《五行无阻》（1998 年版）。

> 余光中《五行无阻·后记》：《五行无阻》一诗也属于这种自励自许的肯定之作，不过语气坚强，信心饱满，一往直前，有如誓师。……则《五行无阻》应是对死亡豪笑的宣战。②

9 月 26 日，发表诗歌《戈巴契夫》，刊《联合报》。

9 月 28 日，作诗《西子湾的黄昏》，后收入《五行无阻》（1998 年版）。

同日，黄维樑发表《余光中的五色笔》，刊台北"中央日报"；又刊 10 月 28 日香港《信报》。

9 月，作诗《人鱼》，后收入《五行无阻》（1998 年版）。

9 月，钱学武发表《余光中的诗传播色情主义？》，刊香港《潮流》第 55 期；后收入黄维樑编《璀璨的五采笔：余光中作品评论集（1979—1993）》（1994 年版）。

10 月 1 日，香港《诗双月刊》第 3 卷第 2 期刊登了区雯的《试析余光中〈贝壳砂〉》、罗欣欣的《戴天的〈这是一个烂苹果〉和余光中的〈许愿〉》。

同日，佘德银发表《他山之石 可以攻玉——论英美诗歌对余光中的影响》，刊《四川外国语学院学报》第 3 期。

10 月 6 日，致信流沙河。

流沙河兄：

> 很久没有写信给你，但是常在念中，跟维樑见面，也常谈到你 1988 年底，香江之会缘悭一面，至今憾恨。两岸交流日频，我的朋友十之七八都已回过大陆。内地邀我回去开会，前后也有多起，但我实在事忙，更因近乡情怯，终未成行。四十年前挥别大陆的，是一位黑发少年，今日回乡，真是羞将白发对华夏的青山。若是见到往昔亲友，老态相向，情何以堪？福建作协去年曾邀我回闽赏中秋明月，今年 9

---

① 余光中：《五行无阻》，第 115 页。
② 余光中：《五行无阻》，第 117～118 页。

月柯灵先生八十大寿，也召我去沪同贺华诞，均一再蹉跎，未能去应命。

我任文学院长兼外文研究所所长，六年届满，已自8月1日起卸下双重重担，现在只是纯教授了，轻松不少。过去8月无诗，但自9月起又承缪思眷顾，得诗十余。

10月16日（重九），为自庆生日，将在五家报纸各刊一诗。上一本诗集《梦与地理》是去年6月出版，明年初我会再出一本：目前的存稿足以出一本诗集而有余。12月8日，内人将届60岁，我也已写了一组四首诗，准备在那天发表。所咏均为夫妻百年之后的事情，题目也许就叫《三生石》。

兄所选释的《余光中一百首》，花了不少心血，抉尽拙作之意趣，眼高手妙，却又点到即止，不类新派学者，引洋经，据西典，一点意思，下笔不能自休。尊作将长篇大论浓缩一页之内，逼读者举一反三，间或插入我国诗话隽语；否则这部选释将长达四五百页。郑笺有交手，海内传知音，令我感动。原期三年前香江之会，可以面致谢忱，竟尔以笔代舌，不能畅叙，为之怅怅！

这一学年（今年8月至明年7月）我是纯教书。下一学年我就休假一年：我们的规定是，正教授教满7年后，始得有薪休假一年。我是6年前由港来中山教书，所以明夏起终得歇一年了。那时，我必可回乡一行。我或会回南京（出生地），厦门（原籍，且读过厦大），常州（母籍），并去北京（为了文化乡愁，为了过黄河，登长城），但我必定回去一探的，是四川，必当见君。希望那时也能一访成都。

故国水灾，成都一带似未波及。桑德堡诗云：一块铁砧，禁得起多少铁锤敲打？想起中国，令人心伤。匆此即颂

秋安

弟光中拜上 1991.10.6[①]

10月11日，张梦瑞发表《余光中生日热闹一下》，刊《民生报》第14版。

10月16日，重九生日，在五家报纸发表诗五首。其中包括《海是邻居》，刊台北《中国时报》;《五行无阻》，刊《联合报》。后均收入《五行

---

① 段勇编:《文字的温情：名家书信》，武汉：华中科技大学出版社，2014年，第349～350页。

无阻》（1998 年版）。

10 月 28 日，常笑发表《诗歌释义学的自由联想与定向联想——兼与〈余光中诗《布谷》解〉作者商榷》，刊《名作欣赏》第 5 期。

10 月底，参加香港翻译学会主办的翻译研讨会，并获该会颁赠荣誉会士名衔。为香港翻译学会二十周年庆祝题写翻译心得。

黄维樑《赞词》：余教授早年戏称他以右手写诗，以左手写散文。在绵长逾四十年，出书逾四十本的写作经历中，这位现任笔会会长，左右手所握的，是五色之笔。

诗是余先生的最爱。从《舟子的悲歌》到《梦与地理》，他先后出版过十五本诗集。其诗篇融汇传统与现代、中国与西方，题材广阔，情思深邃，风格屡变，技巧多姿，他可戴中国现代诗的高贵桂冠而无愧。光中先生用紫色笔来写诗。

余教授的散文集，从《左手的缪思》到《隔水呼渡》，共十一本，享誉文苑，长销不衰。他的散文，别具风格，尤其是青壮年时期的作品，如《逍遥游》《望乡的牧神》诸卷篇章，气魄雄奇，色彩灿丽，号称"余体"。他因此建立了美名，也赚到了可观的润笔。光中先生用金色笔来写散文。

文学评论出于余先生的另一枝笔。在《分水岭上》《从徐霞客到梵谷》二书和其他文章里，他的评论出入古今，有古典主义的明晰说理，有浪漫主义的丰盈意象，解释有度，褒贬有据，于剖情析采之际，力求公正无私如包公判案。光中先生用黑色笔来写评论。

余教授又是位资深的编辑。《蓝星》《文星》《现代文学》诸杂志以及《中华现代文学大系》《我的心在天安门》等选集，其内容都由他的朱砂笔圈点而成。他选文时既有标准，又能有容乃大，结果是为文坛建树了一座座醒目的丰碑。光中先生用红色笔来编辑文学作品。

第五枝，是余教授的译笔。这枝健笔挥动了近四十年，成品丰富无比。他"中译英"过中国的现代诗；也"英译中"过英美的诗歌、小说以至戏剧。他教翻译，做翻译奖评判，主张要译原意，不一定要译原文。在色彩的象征中，蓝色有信实和忠贞的寓意。光中先生用蓝色笔来翻译。①

金圣华《翻译家题的书签》：一九九一年香港翻译学会庆祝二十周年的时候，曾经想要印制一些富有意义而又别出心裁的纪念品，最后，会方接受了我的建议，邀约本会的荣誉会士及会士执笔撰写各自的"翻译心得"，以五十字为限，每一则心得印成一个书签，然后集合成套。……结果，我们请得十六位人士撰写书签，包括余光中、刘绍铭、萧乾、叶君健、高克毅、马蒙、张谷若、林文月、蔡思果、杨绛、林太乙、戈宝权等文坛高手，也包括委员会成员赖恬昌、黄邦杰、刘靖之及我本人。

余光中教授的书签题得最妙，正好五十字，一字不多，一字不少。他说："如果原作者是神灵，则译者就是巫师，任务是把神谕传给凡人。译者介于神人之间，既要通天意，又得说人话，真是'左右为巫难'。"

好一个"左右为巫难"！高手毕竟是高手，寥寥数语，就已经道尽了译者的艰辛。②

11 月 3 日，戴天发表《且烟且酒且家国》，刊香港《信报·专栏》。

11 月 9 日，羁魂发表《"诗"的晚上》，刊香港《星岛日报·星辰》。

11 月，余氏夫妇与胡耀恒、高天恩、欧茵西等赴奥地利维也纳参加第五十六届国际笔会大会，并游匈牙利。

12 月 25 日，作诗《母与子》，后收入《五行无阻》（1998 年版）。

余光中《母与子·后记》：一九三八年，抗战次年，母亲带我从上海乘船南下，过台湾海峡，经香港、安南、云南、贵州，去四川会合父亲。东海与南海在国际上叫作 East China Sea 与 South China Sea，正好合抱住台湾。台湾浸在中国海里，正如胎儿浸在母体的羊水里。洋水，既为海水，亦谐羊水。

同日，发表 "Two Poems on Vincent Van Gogh"（《梵谷诗两首》），刊 *The Taipei Chinese PEN* 冬季号。

12 月，于西子湾撰《飚到离心的边缘——序孙玮芒的〈忧郁与狂热〉》，

---

① 黄维樑：《导言》，见黄维樑编：《璀璨的五采笔：余光中作品评论集（1979—1993）》，第 2～3 页。

② 金圣华：《桥畔译谈新编》，北京：外语教学与研究出版社，2014 年，第 54 页。

收入孙玮芒著《忧郁与狂热》（台北三民书局 1992 年版）；后收入《井然有序》（1996 年版）。

12 月，黄维樑发表《香港翻译学会荣誉会士：余光中教授赞词》，刊香港《译讯》第 32 期（学会成立廿周年特刊）。

是年，在高雄中山大学外国语文研究所指导硕士生傅钰雯、吕昀珊分别撰写硕士学位论文《索尔·贝娄著〈可翠娜的一天〉》和《善与恶：就天真与世故之间关系——论布雷克与华兹华斯诗中之人性》。

1992 年（壬申） 65 岁

1 月，写散文《没有邻居的都市》，刊 1 月 13 日台北《中国时报》；后收入《日不落家》（1998 年版）。

1 月，简政珍发表《余光中：放逐的现象世界》，刊《中外文学》第 20 卷第 8 期。

2 月 4 日，父余超英逝世于台北，享年 97 岁。

《联合报》（2018 年 1 月 15 日）：○余光中遗作之 1/ 梦见父亲○终于多病的他，虽然长寿，却苦于风湿、失明、行动不便……接近他大去的日子，他开始神智昏迷，口齿不清，会对着虚空嘶喊，也许是对着亡妻在诉苦吧。……到九十七岁才溘然辞世。……父亲辞世后，在光明王寺做了三天法事，火化后，王庆华端着骨灰坛，陪我们夫妻北上，将它安置在碧潭永春公墓母亲的墓侧，一墓二穴，从此永远和母亲并卧在一起。

2 月，雷锐等编《余光中幽默散文赏析》，由桂林漓江出版社出版。

2 月，K. C. 罗著，秦轩编译《台湾诗人余光中》，刊《国外社会科学快报》第 1 期。

3 月 1 日，张放发表《布谷不比杜鹃啼——就余光中诗〈布谷〉与商榷者商榷》，刊《名作欣赏》第 1 期。

3 月 5 日，应邀担任台北"中央日报"与明道文艺社共同举办、"国家文艺基金会"赞助的第十届"全国学生文学奖"评审委员。

4 月 1 日，徐学发表《诗心史笔——余光中文学批评风格论》，刊《江南大学学报（社会科学版）》第1期。

4月5日，清明节，于西子湾撰评论《锈锁难开的金钥匙——序梁宗岱译〈莎士比亚十四行诗〉》，刊4月24日《联合报》副刊；收入梁宗岱译《莎士比亚十四行诗》（1992年5月版）、彭镜禧主编《发现莎士比亚：台湾莎学论述选集》（台北猫头鹰出版社2000年版）；又收入《井然有序》（1996年版）、《翻译乃大道，译者独憔悴》（2021年版）。

4月16日，曾敏之发表《余光中的诗魂》，刊香港《华侨日报》。

4月30日，朱邦国发表《一个纽约电脑测不出的密码——读余光中散文〈登楼赋〉》，刊《名作欣赏》第2期。

4月下旬，与齐邦媛、宋美璍、高天恩赴西班牙巴塞罗那出席第五十七届国际笔会大会。

> 高天恩《"双宿双飞"的日子》：第一次的"双宿"是一九九二年四月下旬，西班牙巴赛隆纳，第五十七届国际笔会年会。……那年，一九九二年四月下旬在巴赛隆纳，其实是四人行，另一对双宿双飞的是齐邦媛、宋美璍两位教授。……我还记得，有一天余先生去看了一场斗牛赛，本来是邀我同去的，而且我还兴奋地告诉他，自从在台大外研所读到海明威的《旭日又升》（*The Sun Also Rises*）之后，就一直渴望能亲临其境，观赏一次斗牛。但齐邦媛老师"慈悲为怀"，苦口婆心地劝我"学佛之人不要接近血腥"，我竟然"悬崖勒马"而未去目睹勇士屠牛，如今回想起来，一半庆幸，一半懊恼。①

5月15日，舒桐发表《看人斗牛，自己斗嘴——国际笔会本届年会的一些闻见》，刊《香港联合报》。

5月，写散文《重游西班牙》，后收入《日不落家》（1998年版）。

5月，写散文《红与黑——巴塞罗那看斗牛》，刊6月6日台北《中国时报》；后收入《日不落家》（1998年版）。

5月，黄维樑发表《余光中先生》，刊香港《良友画报》。

6月29日，作诗《玉山七颂》（含《至尊》《青睐》《白木林》《云之午梦》《石之午梦》《拉库拉库溪》《回声》），后收入《五行无阻》（1998年版）、《风筝怨》（2017年版）。

---

① 李瑞腾主编：《听我胸中的烈火——余光中教授纪念文集》，第127～128页。

6 月，黄维樑发表《青叶灿花的水仙——余光中笔下的屈原》，刊《联合文学》第 92 期。

7 月 1 日，古远清发表《最终目的是中国化的现代诗——余光中的诗观述评》，刊《贵州民族学院学报（哲学社会科学版）》第 2 期。

7 月 17 日，周树仁作诗《乡愁——兼致余光中》，后收入其诗集《相约在明天》（贵阳贵州人民出版社 1994 年版）。

7 月 30 日，曾天发表《从余光中的〈乡愁〉所思起的》，刊曼谷《暹逻日报》。

7 月，写散文《众岳峥峥》，后收入《日不落家》（1998 年版）。

7 月，于西子湾写评论《造化弄人，我弄造化——论刘国松的玄学山水》①，收入刘国松绘《刘国松六十回顾展》（台中台湾美术馆 1992 年版）；后收入《井然有序》（1996 年版）。

7 月，《港台抒情文学精品·余光中、张晓风卷》，由合肥安徽文艺出版社出版。

7 月，陈芳明发表《诗人余光中素描》，刊《洪范》第 27 期。

8 月 13 日，李瑞腾发表《中文的新危机？余光中谈中西文化》，刊台北《中国时报》第 8 版。

8 月 16 日、23 日，黄维樑发表《余光中〈三生石〉的读者反应——兼述宋淇对此诗及中国新诗的看法》，刊香港《文汇报·文艺》。全文又刊 10 月 3 日《文艺报》。

8 月 17 日，发表诗歌《祷女娲》，刊台北《中国时报》。

8 月，发表《一笑百年扇底风——〈温夫人的扇子〉百年纪念》，刊《中外文学》第 21 卷第 3 期。

8 月，撰《守夜人》自序。2016 年 10 月修订于西子湾，后收入《守夜人》（2017 年版）、《翻译乃大道，译者独憔悴》（2021 年版）。略云：

> 诗人自译作品，好处是完全了解原文，绝不可能"误解"。苦处也就在这里，因为自知最深，换了一种文字，无论如何翻译，都难以尽达原意，所以每一落笔都成了歪曲。为了不使英译沦于散文化的说明，显得累赘拖沓，有时译者不得不看开一点，遗其面貌，保其精神。好

---

① 原件藏台北"国家图书馆"当代名人手稿典藏系统，编号 262-291。

在译者就是作者，这么"因文制宜"，总不会有"第三者"来抗议吧？

K. Leung《余光中访谈录》：翻译是再创造，所以如果让一位呆板的译者去翻译，他就会拘泥于原文；但是如果由作者自己来翻译，又假如他认为他可以自由修改他的原文，那就会成为一种改编，而不是真正字面意义的翻译。[①]

9月5日，下午3时，应中国社会科学院的邀请由高雄转港抵京，这是他首次回大陆。在北京逗留一周，先后拜访了诗人卞之琳、冯至、袁可嘉等，游览了故宫和长城。

余光中《五行无阻·后记》：一九九二年九月，我应北京社会科学院外文研究所之邀，去北京访问一周。隔了四十三年，那是第一次回到大陆，却不是回乡，因为小时候从未去过北方。所以站在街边的垂柳荫下，怔怔望着满街的自行车潮，不知道应感到熟悉还是陌生。北京人问我感觉怎样，我苦笑说："旧的太旧，新的太新。"旧的，是指故宫；新的，则是指满街的台港饭店和合资大楼；我神往已久的那些胡同却不见了。

不过我还是写了《登长城》《访故宫》《小毛驴》三首，总算未交白卷。[②]

余光中《思蜀》：那时袁可嘉已成为知名的诗人兼学者，屡在朱光潜主编的大公报《大公园》周刊上发表评论长文，令小学弟不胜钦仰。

五十二年后，当初在悦来场分手的两位同学，才在天翻地覆的战争与斗争之余，重逢于北京。在巴山蜀水有缘相遇，两个乌发平顶的少年头，都被无情的时光漂白了，甚至要漂光了。[③]

余光中《袁可嘉，诚可嘉》：要等到1992年9月，我应北京社科院之邀北上去讲学。那次在可嘉陪同下，我更拜访了卞之琳、冯至两位前辈，非常感慨。后来他在《光明日报》上刊登了短文《五十年后喜重逢》。[④]

袁可嘉《余光中访京小记》："五十年后喜相逢"，这是我9月5日

---

① 《红岩》1998年第6期。
② 余光中：《五行无阻》，第112页。
③ 《收获》2000年第4期。
④ 《文讯》第344期（2014年6月）。

中午在首都机场接着著名诗人余光中时脱口而出的第一句话，确实太难得了！……

　　光中这次应中国社会科学院外国文学研究所之邀，偕夫人范我存来京讲学访问一周，这是他离别大陆 44 年后首次回归。他在外文所做了"龚自珍与雪莱"的学术讲演，与文学研究所和诗刊社的同行进行了座谈。拜访了在京老诗人冯至、艾青和卞之琳，会晤了 40 年代著名诗人邹荻帆、绿原、杜运燮、晏明和《世界文学》主编李文俊，兴致勃勃地攀登了长城，参观了故宫和天坛，还与在京亲属共度了中秋佳节。不巧那晚无月有雨，我说，"就听听那冷雨也好，你好把那篇名作续下去"。①

　　郦国义、叶延滨《余光中访谈录》：我对大陆诗坛有所接触，1992 年到京后，拜访了不少老诗人，如冯至、卞之琳先生，他们的诗作影响过我的创作，而袁可嘉先生则是我的学长，他大我七岁。②

　　袁可嘉《"奇异的光中"——〈余光中诗歌选集〉读后感》：直到 1992 年夏秋之交，我所在的中国社会科学院邀请他来京讲学一周，我才有机会和光中兄嫂相见。那一周我们几乎天天会晤，我曾戏称之为我的"余光中周"，并另撰短文《五十年后喜重逢——余光中访京小记》，刊《光明日报·文萃》1992 年 9 月 22 日【按：应为 11 月 7 日】，希望今后不需等半个世纪再相会了。③

9 月 8 日，在中国社科院外文所演说，讲《龚自珍与雪莱》。

讲稿提纲
龚自珍与雪莱

1. 龚自珍（定庵）（1792.8.22 ～ 1841）
雪莱（Percy Bysshe Shelley, 1792.8.4 ～ 1822）
鸦片战争（1840 ～ 1842），南京条约（1842）
林则徐，东印度公司
Thomas De Quincey, S. T. Coleridge

---

① 《光明日报》第 5 版（1992 年 11 月 7 日）。
② 《诗刊》1999 年第 7 期。
③ 香港《诗双月刊》（1998 年 6 月）。

Byron, Keats, T. L. Peacock

《东南罢番舶议》

2. 两人之家世，与声名之起落

Leigh Hurst, Keats, Byron, Poe, Melville, Swinburne, Hardy, Shaw/ Hazlitt, Carlyle, Mark Twin/ Arnold, The New Critics.

T. S. Eliot, Leavis/ F. A. Pottle

段玉裁，魏源，谭嗣同，柳亚子 / 章太炎，王国维，熊十力，梁启超，鲁迅

3. 两人之童心

母段驯，外祖段玉裁，外叔祖段玉立，姑母潘氏，乳母金媪

《寒月吟》《冬日小病寄家书作》《写神思铭》

《宥情》《无月书怀》《乙酉出席，梦返故庐见先母及潘氏姑母》《丙戌秋日独游源流寺寻丁卯戊辰旧游遂经过寺南故宅怅然赋》

《午梦初觉，怅然诗成》

不似怀人不似禅，梦回清泪一潸然。

瓶花帖妥炉香定，觅我童心廿六年。[1]

钟《简讯：余光中教授在社科院外文所作报告》：1992 年 9 月 8 日，首次归访大陆的诗人、翻译家、散文家余光中教授应邀到中国社会科学院外国文学研究所作了题为《龚自珍与雪莱》的学术报告。

余光中教授是台湾著名诗人、散文家、翻译家，现为台湾中山大学文学院院长。他 21 岁离开大陆的故乡，赴港台等地。43 岁过去，如今的余光中自称已是一头"东坡白发"。他采用平行研究的方法，从社会历史背景、家世与声名之起落、童心、侠骨、柔肠几方面对同诞生在 1792 年 8 月的我国清末著名诗人龚自珍与英国浪漫主义诗人雪莱进行分析比较，理据并立，自成方圆，引起了与会者的极大兴趣。[2]

9 月 19 日，瑞发表《作家动态——余光译诗、剧成就大，〈守夜人〉、〈温夫人的扇子〉》，刊《民生报》第 29 版。

9 月 26 日，作诗《小毛驴——兼赠文飞》《登长城——慕田峪段》，后

---

① 李文俊：《纵浪大化集》，北京：九洲图书出版社，1997 年，第 70 页。

② 《世界文学》1992 年第 5 期。

收入《五行无阻》（1998 年版）、《风筝怨》（2017 年版）等。

9 月 28 日，作诗《访故宫》，后收入《五行无阻》（1998 年版）、《风筝怨》（2017 年版）等。

9 月，应邀赴香港中文大学新亚书院参加"抒情诗之夜"诗歌朗诵晚会。

李元洛《楚云湘雨说诗踪——余光中湘行散记》：1992 年高秋九月，余光中、台湾名诗人痖弦和我，应邀去香港中文大学新亚书院，节目之一就是联袂参加"抒情诗之夜"诗歌朗诵晚会，我背诵多首古今名作，包括余光中共 48 行的《寻李白》。①

《〈明报〉访余光中》：背诵是学习很要紧的部分，我现在记得的佳句都是小时候背诵的。如果不能记住，学了的东西就像漏斗一样漏掉了。背诵有潜移默化的作用，记忆是个人的，历史作为集体记忆却是整个民族的，民族不能忘了自己的传统和祖先。②

10 月 1 日，发表《从蔡元培手中接来》，刊《联合报》。

10 月 12 日，参加珠海市"海峡两岸外国文学翻译研讨会"，与袁可嘉等相聚。首天会议后即赴英伦。

袁可嘉《"奇异的光中"——〈余光中诗歌选集〉读后感》：果不其然，那年 10 月 12 日至 16 日我们又在珠海召开的海峡两岸外国文学翻译研讨会上相逢。③

余光中《袁可嘉，诚可嘉》：同年 10 月，"海峡两岸外国文学翻译研讨会"在珠海召开，可嘉与王佐良、许俊、罗新璋等南下与会，我则会同金圣华等香港学者去参加。但是会短人多，两位老同学并未畅叙。我送他的书显然他也无暇细看。④

10 月 13 日，应英国文艺协会之邀参加"中国作家之旅"活动，在英格兰、苏格兰、北爱尔兰的六城市巡回朗诵并与听众座谈。同行者有北岛、张戎、汤婷婷。

余光中《自豪与自幸——我的国文启蒙》：前年十月，我在英国

---

① 江堤编选：《余光中：与永恒拔河》，长沙：湖南大学出版社，2001 年，第 161～162 页。
② 《明报》（2009 年 5 月 4 日）。
③ 香港《诗双月刊》（1998 年 6 月）。
④ 《文讯》第 344 期（2014 年 6 月）。

六个城市巡回诵诗。①

余光中《说起计程车》：一九九二年九月【按：应为十月】，英国
文艺协会策划了一个"中国作家联访团"（Chinese Writers on Tour），
受邀人为张戎、汤婷婷、北岛与我。我在香港半夜上机，次晨一早抵
达伦敦。出了加德威克机场，一大堆人在外面接客。接我的是一个计
程车司机，手持小牌一面，上书 Mr. Yu Kwang-Chung。我跟着他上了
车，一路无话，终于抵达英国文艺协会订好的旅馆。真正的主人第二
天才出现。②

李元洛《花开时节又逢君——余光中印象记》：这次来港之前，他
正应邀游学英伦三岛。③

10 月 15 日，发表诗歌《访故宫》，刊台北《中国时报》。

10 月 16 日，发表诗歌《登长城——慕田峪段》，刊《联合报》。

《人民日报》（1992 年 12 月 19 日）：○杀鸡取卵卖园林（翟墨）
○台湾诗人余光中不久前曾游览长城。他挑的是慕田峪，希望游人少
一点。他说："否则到长城看人头滚滚，就怀古未必，伤心有之了。"

10 月 23 日，金圣华发表《研讨会上所见所闻》，刊香港《华侨日报》。

10 月 27 日，孙义丞发表《真诚是评论的第一要素——从〈论朱自
清的散文〉谈起》，刊《名作欣赏》第 5 期。文中说余文"采取学究式的
显微镜探测法"，"纠缠于形式、忽略了内容"，"充满主观臆断妄想"，说
余文是"为了把《荷塘月色》扫进垃圾箱"，"借题发挥，直接把朱自清
从中国文坛扫地出门"，是把朱自清"当作无辜的靶子"，对朱自清"宣判
死刑"。

同日，金圣华发表《余光中教授》，刊香港《华侨日报》。

10 月，发表《造化弄人，我弄造化——论刘国松的玄学山水》，刊香
港《二十一世纪》第 13 期。

10 月，应聘担任香港中文大学新亚书院"龚氏访问学人"。

李元洛《花开时节又逢君——余光中印象记》：1992 年枫叶如醉

---

① 《明道文艺》第 204 期（1993 年 3 月）。
② 《联合报》副刊 D3（2014 年 8 月 5 日）。
③ 李元洛、黄维樑：《壮丽余光中：生活与作品》，第 50 页。

的深秋，香港中文大学新亚书院邀请台湾的余光中、痖弦和大陆的我赴港讲学。①

10 月，自译诗集《守夜人：中英对照诗集，1958 ～ 1992》（*The Night Watchman*），由台北九歌出版社出版，为"九歌文库 342"。本书为作者自译中英对照诗作选集。全书分钟乳石、莲的联想、敲打乐、在冷战的年代、白玉苦瓜、与永恒拔河、隔水观音、紫荆赋、梦与地理、尚未结集等十辑，收录《西螺大桥》《七层下》等 68 首诗作，英文版在前，中文版在后。中文版正文前有余光中的《〈守夜人〉自序》，正文后有《余光中译著一览表》。英文版正文前有 "About the Author" 和 "Foreword"，正文后有 "Books by Yu Kwang-chung"。2004 年 11 月再版，新增《狗尾草》《呼唤》《大停电》《因你一笑》《黄昏》《蛛网》《雨声说些什么》《抱孙》《在多风的夜晚》《非安眠曲》《母难日：今生今世》《母难日：矛盾世界》《飞行的向日葵》《七十自喻》《给星光一点机会》《魔镜》《翠玉白菜》等 17 首，并有《新版自序》。

　　余光中《自序》:《守夜人》有异于一般诗选，因为译诗的选择有其限制。一般的诗选，包括自选集在内，只要选佳作或代表作就行了，可是译诗要考虑的条件却复杂得多。一首诗的妙处如果是在历史背景、文化环境，或是语言特色，其译文必然事倍功半。所以这类作品我往往被迫割爱，无法多选，这么委曲绕道，当然难以求全。也就是说，代表性难以充分。

　　诗人自译作品，好处是完全了解原文，绝不可能"误解"。苦处也就在这里，因为自知最深，换了一种文字，无论如何翻译，都难以尽达原意，所以每一落笔都成了歪曲。为了不使英译沦于散文化的说明，显得累赘拖沓，有时译者不得不看开一点，遗其面貌，保其精神。好在译者就是作者，这么"因文制宜"，总不会有"第三者"来抗议吧？②

　　单德兴《第十位缪斯——余光中访谈录》: 很少人自译。西方成名的诗人比较少做这种事情，一时想不到有什么先例。在当前全球化的浪潮下，非主流语言的作家往往会翻译自己的东西。若你是小说家，

————————
　①　李元洛、黄维樑:《壮丽余光中：生活与作品》，第 49 页。
　②　余光中:《守夜人》，台北: 九歌出版社，1992 年，第 153 ～ 154 页。

通常就有很多人会帮你翻译，相形之下，诗人就比较少。①

　　金圣华《余光中的"别业"：翻译——余光中教授访谈录》：翻译自己的作品时，如果要自由发挥，倒是没有人会表示不满的。谁也不会说你不忠实。因此，翻译时，只考虑到某字某句用英文如何说法才有效果，倒反而不像译别人作品时那么苦心孤诣。译自己的作品，比较自由，比较有出入。……

　　就算自己译自己，最了解，没误解，但选择时就不同了。因为会选用典比较不浓厚的内容，典故太多，很不方便，遇到这种情况需要加注。至于比较能跟外国人分享的，我就会选用；纠缠多的，我多避免。因此，我自己语言的 range 反而看不出来。我刻意去避免有文化隔阂的东西。还有一点，自己翻译自己虽可以"上下其手"，但是在形式上，我还是尽量忠于原文。②

10 月，王尔德喜剧《温夫人的扇子》（*Lady Windermere's Fan*）中译本由台北大地出版社出版，并在台北、高雄先后演出六场。1997 年沈阳辽宁教育出版社推出简体版。

　　叶振辉《二〇〇一年十二月四日第四次访问》：其他如《温夫人的扇子》等在高雄也演过五、六场。③

11 月初，出席香港中文大学新亚书院为李元洛、痖弦举行的饯行宴。

　　李元洛《花开时节又逢君——余光中印象记》：11 月初我和痖弦离开香港前夕，中文大学新亚书院设盛宴饯行，满座高朋，济济多士。院长梁秉中教授在开宴之前先请余光中致辞，他说："余教授口才很好，大家一定会听得耳里出油。"余光中随即应声笑而作答："梁院长盛筵难再，我早已等得口中流水了！"如此即兴妙对，听者无不为之捧腹。④

11 月 7 日，袁可嘉发表《余光中访京小记》，刊《光明日报》第 5 版。其中说道：

---

① 单德兴：《却顾所来径——当代名家访谈录》，第 214 页。
② 《明报月刊》1998 年第 10 期。
③ 叶振辉主访：《让春天从高雄出发——余光中教授专访》，第 73 页。
④ 李元洛、黄维樑：《壮丽余光中：生活与作品》，第 49 页。

光中关于诗的见解，许多是深获我心的。例如他反对"恶性西化"，反对"民族虚无"；主张扩大视野，开拓视野，追求个性与群体的融合，理性与感性的融合，提倡诗体实验和艺术创新。这也是我和九叶诸友从四十年代以来一直向而往之，鼓而呼之，追而求之的。只有走这条大路——而不是任何偏执一端的狭路——才能使新诗卓然屹立于世界诗歌之林。

光中的散文也有自己的风格，在我读来，其佳作还胜过某些诗篇。如《听听那冷雨》《催魂铃》《记忆像铁轨一样长》《我的四个假想敌》诸文，都写得既有情趣，又有文采。刻画的细致入微，犹是余事。

11 月，发表《自写自译·因文制宜——〈守夜人〉选译因缘》，刊《九歌杂志》第 141 期。

12 月 10 日，作诗《风筝怨》，后收入《五行无阻》（1998 年版）、《风筝怨》（2017 年版）。

12 月 15 日，王一桃发表《缪斯，来到了香港——记余光中、痖弦和李元洛》，刊《香港作家》改版后第 27 期。

12 月，发表《腕底生大化——楚戈的艺术世界》，刊台北《艺术家》第 35 卷第 6 期；收入《楚戈作品集》（台北采诗艺术公司 1992 年版）；后收入《井然有序》（1996 年版）。

12 月，出席第二届中国文学翻译国际研讨会。

余光中《自豪与自幸——我的国文启蒙》：去年十二月，我在"第二届中国文学翻译国际研讨会"上，对各国的汉学家报告我中译王尔德喜剧《温夫人的扇子》的经验，说王尔德的文字好炫才气，每令译者"望洋兴叹"而难以下笔，但是有些地方碰巧，我的译文也会胜过他的原文。众多学者吃了一惊，一起抬头等待下文，我说："有些地方，例如对仗，英文根本比不上中文。在这种地方，原文不如译文，不是王尔德不如我，而是他捞过了界，竟以英文的弱势来碰中文的强势。"①

12 月，与高天恩、彭镜禧、欧茵西赴巴西出席第五十八届国际笔会大会。在此期间曾去巴西、阿根廷、巴拉圭三国间的依瓜苏大瀑布游玩。后

---

① 《明道文艺》第 204 期（1993 年 3 月）。

撰《依瓜苏拜瀑记》记其事。

　　高天恩《"双宿双飞"的日子》：国际笔会向来是每年举办一次，但当年却是一年两次。因此，一九九二年十二月间，余先生又率领彭镜禧、欧茵西和我，搭机三十三小时（包括在美国洛杉矶等候转机六小时），终于抵达巴西里约热内卢，参加第五十八届大会。记得当时由于刻意提前几天抵达巴西，所以第二天我们四人代表团便大胆地搭乘巴西航空公司双十字标记的班机前往介于巴西、阿根廷、巴拉圭三国之间的依瓜苏大瀑布。……那次游依瓜苏另一个鲜明的记忆就是巴拉圭的东方市，以及那座长长的桥。……平安地飞回里约热内卢开了四天国际笔会大会。①

　　是年，在高雄中山大学外国语文研究所指导硕士生陈亚贝撰写硕士学位论文《〈唐璜〉：拜伦对女性之嘲弄》。

　　是年，结识江南大学文学院庄若江，自此开始了与无锡的 24 年情缘。
　　是年，黄坤尧发表《香港史诗〈紫荆赋〉》，刊《田园诗屋》。

1993 年（癸酉）　　66 岁

1 月 18 日，作诗《周年祭——在父亲灵前》，刊 2 月 5 日台北《中国时报》；后收入《五行无阻》（1998 年版）。

　　余光中《五行无阻·后记》：至于吊亡父的《周年祭》，比起我多篇的怀母诗来，确是新题。《诗经·小雅》里的《蓼莪》，是父母一同吊念的。古代诗人似乎绝少独吊亡父。至于西方，此题也绝少见。最值得注意的，是标榜多情的浪漫诗人，用情的对象几乎都不包括父母，尤以雪莱为最。②

1 月 23 日，作诗《圣奥黛丽颂——吊奥黛丽·赫本》，后收入《五行无阻》（1998 年版）、《风筝怨》（2017 年版）等。

1 月 31 日，伍立扬发表《文学奇人余光中》《鉴赏的误区——驳孙义

---

①　李瑞腾主编：《听我胸中的烈火——余光中教授纪念文集》，第 128～130 页。
②　余光中：《五行无阻》，第 115 页。

丞先生》，刊《名作欣赏》第 1 期。

1 月，写散文《依瓜苏拜瀑记》，后收入《日不落家》（1998 年版）。

1 月，李伟仁、卢秀沼编，James Rogers 原著《美语口语辞典》（*The Dictionary of Cliches*），由台北旺文出版社出版。余光中作序，序文后收入《井然有序》（1996 年版）。

1 月，福州《台港文学选刊》推出"余光中专辑"。

2 月 7 日，作诗《嘉陵江水——遥寄晓莹》，后收入《五行无阻》（1998 年版）。

2 月 12 日，作诗《桐油灯》，后收入《五行无阻》（1998 年版）、《风筝怨》（2017 年版）等。

2 月 16 日，作诗《撑杆跳》，后收入《五行无阻》（1998 年版）。

2 月 21 日，游子意发表《余光中重返神州乡愁益浓》，刊《亚洲周刊》第 7 卷第 7 期。

2 月 26 日，写散文《自豪与自幸——我的国文启蒙》，刊 3 月《明道文艺》第 204 期；后收入《日不落家》（1998 年版）。

2 月，受香港中文大学联合书院邀请担任 1992 至 1993 年度"到访杰出学人"，为期两周。

> 黄维樑《读余光中诗随笔:〈抱孙〉的联想》：二月杪，余先生从高雄来港，重访中大，任联合书院的"杰出访问学人"。两个星期的学术活动一结束，他就乘现代的飞马，远赴纽约，抱孙去了。①

3 月 1 日，下午 4 时，出席香港中文大学联合书院欢迎宴会；下午 6 时 30 分，出席工作晚宴。

3 月 3 日，下午 4 时 30 分，在香港中文大学联合书院做第一次讲座，讲《杖底烟霞——中国山水游记的艺术》。

3 月 5 日，下午 6 时 30 分，出席高桌夜话"举杯向天笑——中国诗与大自然"。

3 月 9 日，下午 4 时 30 分，在香港中文大学联合书院做第二次讲座，讲《艺术的美与丑》。

3 月 11 日，下午 6 时 30 分，出席香港中文大学联合书院欢送晚宴。

---

① 香港《新晚报·晚风》（1993 年 5 月 23 日）

3月12日，下午5时50分，离港。

同日，于沙田撰《烹小鲜如治大国——序潘铭燊的〈小鲜集〉》，收入潘铭燊著《小鲜集》（香港枫桥出版社1995年版）；后收入《井然有序》（1996年版）。

3月21日，黄维樑发表《读〈圣奥黛丽颂〉》，刊香港《新晚报》。

3月，赴纽约看望新生的外孙栗飞黄。

3月，卢斯飞著《洛夫 余光中诗歌欣赏》，由南宁广西教育出版社出版，收入"中国现代作家作品欣赏丛书"。本书对两位诗人的风格变化和艺术成就做了论述，并对他们写于不同时期、运用不同手法、表现不同题材的作品进行了分析。

4月1日，发表诗歌《撑竿跳》，刊台北《中国时报》。

4月2日，发表诗歌《桐油灯》，刊《联合报》。

4月4日，堂叔余承尧（1898～1993）病逝于厦门，享年95岁。余承尧系原国民党退役中将、台湾著名画家，不仅是一名弦管迷，而且是一位南管专家。

《永春县姓氏志》：○余承尧（1899～1993）○余承尧，名自舜，字承尧，桃城镇洋上村人。幼年怙恃，艰难自立，18岁时诗名已传乡里。民国6年（1917年）参加扫荡军阀的战争，屡立战功。民国9年（1920年）往日本早稻田大学攻读经济学，后感国事临危，改投日本士官学校。民国12年（1923年）归国受聘为保定军校战术教官，并任第二战区军风纪巡查团少将团员。抗战胜利后任国民政府军事参议院中将参议。

余承尧审时度势，辞官从商。民国34年（1945年）独身赴台。1949年10月1日中华人民共和国成立。1954年余承尧在台湾厌倦商场，避居阳明山，以书画南管为寄托。他借永春同乡会成立"古乐组"，大力倡兴南音。56岁始执画笔，师法自然，自成一格，作品不仅多次参加国内外画展，在拍卖场上亦价值千金。

承尧眷恋故土，1991年定居厦门，对高阳族务尤其关心。1993年4月4日在厦门逝世，归葬故里南阳寨下。台湾建有"余承尧纪念馆"，台大设立"余承尧艺术研究奖学金"。著作有《中国国乐清商乐（南

管)》《泉州古乐》《泉州南戏》《南管音乐问答》《五音弦管（南管渊源考)》《闽南语与古声韵》《乘化室词稿》《千岩竞秀》等。①

　　罗青《百年文学一光中——怀余光中先生》：最后我把眼光盯上屋子里挂的画作……但却对挂在角落的一件不起眼的墨彩山水画轴，特意盛赞，认为此画一新中国千年山水画传统，舍弃了元明清以来的"纸上空间"，重新让北宋画中的"实感空间"，返回现代。我卖弄地说："此画笔法细密，如沈石田用王叔明牛毛皴写《庐山高》，而其空间感则可直追李晞古。"当时我还不知道画家的名字是"余承尧"，更不知余老是屋子主人的叔叔，真是"童愚"得可以。

　　四十五年后，余先生为我的新书《试按上帝的电铃》（人才红利时代之一) 写序，我才知道他们叔侄二人并不投缘，那张画是先生尊翁超公先生挂的。②

4 月 18 日，作诗《抱孙》，刊《联合报》；后收入《五行无阻》（1998年版)。

4 月 19 日，应邀担任台北"中央日报"与明道文艺社共同举办的第十一届"全国学生文学奖"评审委员。

4 月，会晤大陆歌手王洛宾，并由王洛宾将《乡愁》一诗谱曲。

4 月，发表 "Nature Proposes, Art Disposes—The Metaphysical Landscape of Liu Kuo-sung"，刊《中山人文学报》第 1 期。

5 月 23 日，黄维樑发表《读〈抱孙〉的联想》，刊香港《新晚报》。

5 月 27 日，应邀出席香港中文大学新亚书院、香港钤峰学会共同举办的"两岸暨港澳文学交流研讨会"，发表论文《蓝墨水的上游是汨罗江》。

　　单德兴《守护与自持——范我存访谈录》：可是当地的政治气氛"左"倾。……光中初到香港，《新晚报》就写："余光中来到大陆后门，欢迎回来看看新中国。"……1993 年春天，大陆改革开放多年，中文大学举办了一场两岸作家文学研讨会。在大会上罗孚先生亲自宣布，向余光中、夏志清、颜元叔三位先生道歉。当时齐邦媛、林文月、

---

①　永春县地方志编纂委员会编：《永春县姓氏志》，第 541 ～ 542 页。
②　李瑞腾主编：《听我胸中的烈火——余光中教授纪念文集》，第 115 页。

张大春等学者、作家都在场。①

5月，发表《黑白灰入三昧——郑浩千画境初窥》，刊《艺术家》第36卷第5期；后收入《井然有序》（1996年版）。

6月4日，于加拿大作诗《海外看电视》，刊6月27日台北《中国时报》；后收入《五行无阻》（1998年版）。

> 余光中《五行无阻·后记》：《海外看电视》是在温哥华的电视上看台湾政局，但是回到台湾，却从电视的国际新闻上看到《戈巴契夫》《圣奥黛丽颂》《裁梦刀》三首诗的题材。②

6月16日，作诗《凭我一哭——岂能为屈原招魂？》，后收入《五行无阻》（1998年版）。

6月21日，作诗《读唇术》，后收入《五行无阻》（1998年版）。

6月23日，王一桃发表《永恒的主题，新颖的手法——读余光中新作〈抱孙〉》，刊香港《大公报·文学周刊》；后收入黄维樑编《璀璨的五采笔：余光中作品评论集（1979—1993）》（1994年版）。

6月25日，纪弦发表《一个中学生的肺腑之言——致〈名作欣赏〉和余光中先生》，刊《华夏诗报》。该文对黄维樑的"余学"提出批评。

6月，《二十世纪世界文学大全》（*Encyclopedia of World Literature in the 20th Century*, Continuum, New York, 1993）第五卷收入一整页余光中评传，由钟玲执笔。

7月11日，作诗《一片弹壳》，后收入《五行无阻》（1998年版）。

> 余光中"附记"：一位老将［俞大维］今夏去世，火化之后，在后脑捡出一小截弹片。那是三十五年前，也是夏天，金门炮战的见证，一直留在他身上，不曾取出。虽是小小的一片，其意义当重于千百舍利子。

7月，写散文《双城记往》，刊7月17日台北《中国时报》；后收入《日不落家》（1998年版）。

7月22日，作诗《私语》，刊8月16日《联合报》；后收入《五行无

---

① 单德兴：《翻译家余光中》，第280～281页。
② 余光中：《五行无阻》，第114页。

阻》(1998 年版)。

7 月 26 日，作诗《未来》，后收入《五行无阻》(1998 年版)。

7 月 28 日，作诗《缪思》，后收入《五行无阻》(1998 年版)。

7 月，主持梁实秋翻译奖评审工作。1988 年至 1998 年，连续十一届主持此奖，前后共主持二十多届。

8 月，参加《联合报》短篇小说奖及"中国时报"散文奖评审工作。

8 月，接待湖南评论家李元洛来台，并驱车同游澄清湖和海岛最南端。

李元洛《花开时节又逢君——余光中印象记》：1993 年 8 月我访问台湾时，虽不是王勃说什么"徐孺下陈蕃之榻"，但却在余光中的高雄之家借居三日，并蒙他百忙中开车而兼向导，在台湾南部作观山朝海的胜游。①

李元洛《澄清湖一瞥》：1993 年 8 月台湾之旅，南部的高雄是我的必游之地……待到原籍长沙的台湾诗人向明和我一出火车站，驾车等候已久的光中兄和夫人范我存女士便说："我们先不回家，澄清湖在郊外在红尘之外等你们。"

澄清湖原名大贝湖，因湖中产贝甚多，后又因湖水清澈而改为今名，有"台湾西湖"之美誉，我早已在余光中的诗文里认识了她。②

李元洛《天涯观海》：1993 年 8 月的台湾之旅……我和台湾诗人向明联袂从台北抵达镇于台湾南部的高雄，余光中百忙中偷闲三日，驱车载我们去岛之最南端观山朝海。③

9 月 1 日，王一桃发表《新颖·巧妙·完美·自然——余光中近作〈私语〉赏析》，刊香港《大公报·文学周刊》。

9 月 2 日，致信李元洛。

元洛兄：

这次你能来台访问，并与向明兄南下一游，故人重逢，其乐何如。我能驾车陪你们亲近山海，也感到机会难得。而今回顾八月十五、十六两日游踪，悠忽已成陈迹，诚有兰亭之欢。附上八月十六日照片数

---

① 李元洛、黄维樑：《壮丽余光中：生活与作品》，第 51 页。

② 李元洛、黄维樑：《壮丽余光中：生活与作品》，第 64 页。

③ 李元洛、黄维樑：《壮丽余光中：生活与作品》，第 70 页。

帧，以志此游，或有助于你散文的写作。（除满地牵牛花为佳乐水之外，其他各帧均为风吹砂）

台湾文坛种种，想你此行必有认识与感想，对你日后撰写论评，当有印证之功。我近日仍忙于繁琐，后日即去西班牙开会，九月中旬始返，接着便要新学期上课了。匆此即颂

近佳

弟光中 1993.9.2[①]

9 月 25 日，应邀出席世界女记者与女作家协会中国分会于台北来来饭店金凤厅举办的"五代同堂话文学——文学女性、女性文学"座谈会。

9 月，与高天恩赴西班牙圣地亚哥－德孔波斯特拉（Santiago de Compostela）出席第六十届国际笔会年会。

> 高天恩《"双宿双飞"的日子》：一九九三年九月，真的是只有余先生和我双飞，飞到西班牙西北隅的圣地亚哥－德孔波斯特拉（Santiago de Compostela），参加第六十届国际笔会年会。[②]

> 叶振辉《二〇〇一年七月十七日第三次访问》：我参加这么多次会议，有一年的经验很特别，应该是一九九三年，去西班牙的一个小镇圣地牙哥，参加国际笔会。会开到一半，突然清场，进来的人都要搜身，皮包都要搜，显然有异。主席台宣布说，鲁西迪先生来跟我们讲话，这位神秘客是谁呢？他是印度人，入了英国籍，成了有名的小作家，他的一本小说叫做《魔鬼诗篇》，得罪了回教，所以伊朗下令要追杀他，因此他在世界各地逃亡，不能曝光，可是在会上他竟能来讲话，这是很难得的。[③]

10 月，写散文《雨城古寺》，刊 11 月 4 日《联合报》；后收入《日不落家》（1998 年版）。

10 月，诗文合集《中国结》，由武汉长江文艺出版社出版，收入"台湾当代著名作家代表作大系"。全书分两辑，诗歌部分收录《算命瞎子》《舟子的悲歌》《昨夜你对我一笑》《祈祷》《珍妮的辫子》等 91 首，散文

---

① 李元洛、黄维樑：《壮丽余光中：生活与作品》，第 69 页。
② 李瑞腾主编：《听我胸中的烈火——余光中教授纪念文集》，第 130 页。
③ 叶振辉主访：《让春天从高雄出发——余光中教授专访》，第 58 页。

部分收录《石城之行》《塔阿尔湖》《书斋，书灾》等 27 篇。有陈燕谷、刘慧英《序》以及《余光中小传》《著作目录》。

11 月，写评论《诗与音乐》，后收入《从徐霞客到梵谷》（1994 年版）。该文再次纵谈古今中外诗歌的音乐性，指出：

> 音调之道，在整齐与变化。整齐是基本的要求，连整齐都办不到，其他就免谈了。若徒知整齐而不知变化，则单调。若变化太多而欠整齐，也就是说，只放不收，无力恢复秩序，则混乱。……所谓变，是在常的背景上发生的。无常，则变也不着边际，毫无意义。

> 七十年来，新诗一直未能解决音调的困境。开始是闻一多提倡格律诗，每诗分段，每段四行，每行十字，双行押韵，以整齐为务。虽然闻氏也有二字尺、三字尺等的变化设计，但格律诗之功仍在整齐而欠变化，把一切都包扎得停停当当，结果是太紧的地方透不过气来，而太松处又要填词凑字。后来是纪弦鼓吹自由诗，强调用散文做写诗的工具。对于少数杰出诗人，这主张确曾起了解除格律束缚功效；但对于多数作者，本来就不知诗律之深浅，却要尽抛格律去追求空洞的自由，其效果往往是负面的。对于浅尝躁进的作者，自由诗成了逃避锻炼、免除苦修的遁词。

> 所谓自由，如果只是消极地逃避形式的要求，秩序的挑战，那只能带来混乱。其实自由的真义，是你有自由不遵守他人建立的秩序，却没有自由不建立并遵守自己的秩序。……

11 月，写散文《雨城古寺》，刊 11 月 4 日《联合报》。

11 月，撰《被牵于一条艳丽的领带——序焦桐的〈失眠曲〉》，收入焦桐著《失眠曲》（台北尔雅出版社 1993 年版）；后收入《井然有序》（1996 年版）。

11 月，李军发表《强烈鲜明的动感——余光中散文的语言艺术浅谈》，刊《修辞学习》第 6 期。

12 月 3 日，应邀出席台北耕莘文教院举办的"现代台湾文学讲座"，主讲《诗与音乐》。

《南方周末》（2017 年 12 月 20 日）：〇诗坛的赛车手和指挥家——我与余光中接触的几种方式（白灵）〇即使住高雄，他因常跑台北，有时也接受我的邀请到耕莘来演讲，记得那次讲题是《诗与音乐》，口才便给，风趣幽默，朗诵起自己的诗或英诗，叮咚铿锵，真是一场享受。

12月6日，撰《蓝墨水的下游——为"四十年来中国文学会议"而作》，后收入《蓝墨水的下游》（1998年版）。

12月16日，应邀出席联合报系文化基金会于台北圆山饭店举办的"四十年来中国文学会议"，担任讲评人。

12月25日，发表 "Six Poems by Yu Kwang-chung"（《余光中诗六首》），刊 *The Taipei Chinese PEN* 冬季号。

是年，张嘉伦撰《以余译〈梵谷传〉为例论白话文语法的欧化问题》，获东海大学中国文学研究所硕士学位。【按：指导教授是"中研院院士"周法高先生，其专长为语言学。】

> 王蒙《余光中永在》：1993年，我参加《联合报》召开的两岸三地文学四十年讨论会，我与余诗人，是仅有的作晚餐演讲的主讲人。我听到演讲的两个主题，一个是说小岛也能产生大作家，一个是他严厉抨击所谓"台语写作"自我封闭的愚蠢与狭隘。他有他的天真和明朗之处，他有他的红线。①

是年，致信伍立杨。略云：

> 立杨先生：
>
> 多谢你寄来的文章，令我十分感动。前几天我已寄给你两本书，我最新的诗集《梦与地理》及二十年前出版的散文集《听听那冷雨》。两岸交流已有数年，但大陆仍难见到海外的书刊，令我寄不胜寄。北京友谊公司今年会出版我的诗、文集或可改善我的"困境"，一笑。……去年九月应社科院请曾去北京；十月去英国诵诗十日；十二月又去巴西开国际笔会……你信上所提的董桥、李敖、刘大任、金耀基诸人文章，各有佳胜，但海外作家辈出，值得一读再读者甚多。……②

---

① 《人民日报》副刊第24版（2017年12月26日）。
② 《华西都市报》A14（2017年3月20日）。

1994 年（甲戌）　67 岁

1月1日，作诗《火金姑》，后收入《风筝怨》（2017 年版）等。该诗有回归乡土的想象，后被罗大佑谱曲作歌。

　　余光中"注"：闽南语称萤火虫为火金姑。这名字，跟金急雨一样美丽动人。以后当再写一首《金急雨》。

1月2日，作诗《在多风的夜晚》，后收入《五行无阻》（1998 年版）。

1月，应菲律宾中正学院之邀赴马尼拉讲学一周，并在菲律宾大学演讲。

2月，发表《驰骋想象·解放情怀——写在〈从徐霞客到梵谷〉之前》，刊《九歌杂志》第 156 期。

2月20日，评论集《从徐霞客到梵谷》（*From Hsü Hsia-ke to van Gogh*），由台北九歌出版社出版，为"九歌文库 374"。有自序。共收 14 篇评论，从中国历代的游记论起，涵盖诗歌、美术、音乐、文学等不同艺术形式及自身创作体验。其中一半写于香港，一半写于高雄。最早的一篇写于 1981 年，最晚的则写于 1993 年。书名得自其中的 8 篇文章，4 篇析论中国的游记，4 篇探讨梵谷的艺术。该书获本年度《联合报》"读书人"最佳书奖。2006 年 7 月再版，为"余光中作品集 2"。

　　余光中《自序》：我认为一位令人满意的评论家，最好能具备这样几个美德：首先是言之有物，但不能是他人之物，尤其不可将西方的当令理论硬套在本土的现实上来。其次是条理井然，只要把道理说清楚就可以了，不必过分旁征博引，穿凿附会，甚至不厌其烦，有如解答习题一般，一路演算下来。再次是文采斐然，不是写得花花绿绿，滥情多感，而是文笔在畅达之中时见警策，知性之中流露感性，遣词用字，生动自然，若更佐以比喻，就更觉灵活可喜了。最后是情趣盎然，这当然也与文采有关。一篇上乘的评论文章，也是心境清明，情怀饱满的产物，虽然旨在说理，毕竟不是科学报告，因为它探讨的本是人性而非物理，犯不着脸色紧绷，口吻冷峻。

　　我这一生，写诗虽逾七百首，但是我的诗不尽在诗里，因为有一部分已经化在散文里了。同样地，所写散文虽逾百篇，但是我的散文也不尽在散文里，因为有一部分已经化在评论里了。说得更武断些，我竟然有点以诗为文，而且以文为论。在写评论的时候，我总是不甘寂寞，喜欢在说理之外驰骋一点想象，解放一点情怀，多给读者一点东西。当然，这样的做法并非刻意为之，而是性情如此。

我不信评论文章只许维持学究气，不许流露真性情。

余光中 一九九三年底于西子湾 [①]

2月21日，作诗《裁梦刀》[②]，后收入《五行无阻》（1998年版）。

2月，发表《在多风的夜晚》，刊《幼狮文艺》第79卷第2期。

2月，陈燕谷、刘慧英发表《余光中欲罢不能的中国情结》，刊台北《中华日报》第11版。

3月9日，作诗《同臭》，后收入《五行无阻》（1998年版）。

3月12日，作诗《白孔雀——观杨丽萍舞》，后收入《五行无阻》（1998年版）、《风筝怨》（2017年版）等。

3月16日，作诗《老来》，后收入《五行无阻》（1998年版）、《风筝怨》（2017年版）等。

3月27日，黄维樑发表《喜读余光中新著〈从徐霞客到梵谷〉》，刊《联合报》。

同日，王一桃发表《浪漫神奇的〈裁梦刀〉：余光中新作赏析》，刊香港《文汇报·文艺》C8。

3月，作诗《残荷——题杨征摄影》，后收入《五行无阻》（1998年版）。

3月，思果发表《梵谷的知音余光中》，刊《九歌杂志》。

4月12日，作诗《非安眠曲》，后收入《五行无阻》（1998年版）。

4月17日，王一桃发表《美丽动人的〈火金姑〉：余光中新作赏析》，刊香港《星岛日报·星辰》C12。

4月，《余光中散文》，由杭州浙江文艺出版社出版，收入"台湾八大家"系列。【按：该书前后在该社推出过四个版本。】

5月4日，作诗《停电》，后收入《五行无阻》（1998年版）。

5月14日，应邀出席"行政院文建会"、中华日报社于该报地下室演

---

① 余光中：《从徐霞客到梵谷》，第5～6页。
② 原件藏台北"国家图书馆"当代名人手稿典藏系统，编号262-61。

艺厅举办的"文学点线面"系列讲座，演讲《直走该让横行吗？——中文往何处去？》。

5 月 31 日，撰《散文的知性与感性——为苏州大学"当代华文散文国际研讨会"而作》，后收入《蓝墨水的下游》（1998 年版）。

6 月 13 日，发表《再接吴刚一斧——就凭〈一九九三年诗选〉》，刊《联合报》。

同日，范我存发表《余光生用文言文翻译拜伦的诗送我》，刊"中央日报"第 16 版。

6 月，应邀出席苏州大学举办的"当代华文散文国际研讨会"，发表专题演讲《散文的知性与感性》。访上海市作协，会晤作家柯灵、辛笛、罗洛等。

> 叶振辉《二〇〇一年十二月四日第四次访问》：我是一九九四年去的……是去苏州大学开会，会后应上海作家协会负责人柯灵及辛笛之邀去访上海。①

> 王尧《江南人余光中——新文学作家与苏州之二》：我在苏州第一次见到余光中先生是 1994 年 6 月。我的老师范培松先生主持召开"华文散文国际研讨会"……他的风采和他的文采一样征服着我以及与会的其他代表。记不清在会议的什么场合，是张晓风女士还是郑明娳女士说：余先生是位圣人。②

> 余光中《致辛笛》：辛笛先生：六月初在沪，承蒙招待，重见故人，快慰何如。回台后未能立即致谢，甚为失礼。先生华诞文集，未能成文投稿，亦感遗憾。得暇自当将当年《试为辛笛看手相》一文修定［订］乞正耳。近去布拉格开会，其地真所谓"黄金城"也。即颂新年大吉。余光中敬贺。1994。③

> 慕津锋《王辛笛与余光中的"手相情谊"》：1994 年 6 月，余光中受邀去苏州大学开翻译研讨会。会后，受上海作家协会主席柯灵的邀请，余光中第一次来到上海。1981 年，柯灵也随代表团访问香港结识了余光中。王辛笛听说余光中来到上海，非常高兴。他参与了上海作

---

① 叶振辉主访：《让春天从高雄出发——余光中教授专访》，第 71 页。
② 《苏州杂志》2011 年第 2 期。
③ 该信原件现藏中国现代文学馆书信库。

协举办的欢迎余光中的座谈和招待。老友再见，相谈甚欢。①

何龙《死亡，你把余光中摘去做什么？》：一九九四年六月，余光中到苏州大学参加"两岸暨港澳文学交流研讨会"，苏州大学举办了个余光中见面会，全场爆满，气氛火热，那场面不亚于现场在粉丝追逐演艺巨星。……会议期间，东道主安排了爬山观光活动。……在苏州古紫金庵门口，我在跟余光中合影时，他没按"套路"照相，而是搂着一尊很萌的石狮与我合照。②

7月1日，发表《〈隔水呼渡〉自序》，刊《散文》第7期。

7月8日，雪莱忌辰，撰《作者，学者，译者——"外国文学中译国际研讨会"主题演说》，刊1995年2月《外国文学研究》第1期；后收入《蓝墨水的下游》(1998年版)、《翻译乃大道，译者独憔悴》(2021年版)。

同日至10日，应邀出席"行政院文建会"、太平洋文化基金会、台北"中央图书馆"共同举办的"外国文学中译国际研讨会"(International Symposium on Chinese Translation of Foreign Literature)，于开幕典礼发表专题演讲《作者，学者，译者》，并担任综合讨论引言人。

同日，写《在座皆是作者、学者、译者》③。

7月20日，致信古远清。

远清教授：

苏州之会，得晤海内外学者，畅三日之谈，兼游名园，望太湖，值得珍忆。惜回台后即忙于他事，尚未"有诗为证"。近接维樑信，附来《文汇报》上大作《四海学者聚苏州》，图文并茂，记事亦详，姑苏种种，历历似在昨日。

附上近作《作者·学者·译者》，乃七月八日在"外国文学中译国际研讨会"上之专题演讲词。现正忙于为八月底在台北举行之"世界诗人大会"撰写之专题演讲《缪思未亡》。匆此即颂暑安。

余光中　1994年7月20日④

---

① 《语文世界（中学生之窗）》2020年第5期。
② 香港《文学评论》(2018年2月)。
③ 原件藏台北"国家图书馆"当代名人手稿典藏系统，编号262-277。
④ 古远清：《余光中传：永远的乡愁》，卷首。

7 月 24 日，发表《散文的知性与感性》，刊《羊城晚报》。

7 月，写散文《另有离愁》，后收入《日不落家》（1998 年版）、《余光中幽默文选》（2005 年版）。

7 月，发表《无缘无故》，刊《幼狮文艺》第 80 卷第 1 期；后收入《五行无阻》（1998 年版）、《风筝怨》（2017 年版）等。

> 余光中《五行无阻·后记》：《无缘无故》像歌，倒是可以谱成流行曲。①

8 月 7 日，古远清发表《余光中在苏州》，刊香港《华侨日报·文廊》。

8 月 28 日，歌德生日，撰《缪思未亡——"第十五届世界诗人大会"主题演讲》。后以《缪思未亡：为第十五届世界诗人大会而作》为题，刊 1994 年 8 月 28 日至 30 日《联合报》副刊；收入《蓝墨水的下游》（1998 年版）。该文是针对新诗不注意声调格律等音乐性而与读者渐行渐远而写的。略云：

> 读者排斥现代诗的原因不一，但是声调的毛病应该是一大原因。数十年来，现代诗艺的发展，在意象的经营上颇有成就，却忽略了声调的掌握。在台湾四十年来的现代诗坛，重意象而轻声调的失衡现象，尤为显著。

8 月，应邀出席"中国新诗学会"、世界艺术文化学院于台北环亚大饭店国际会议厅共同举办的第十五届世界诗人大会，做专题演讲"Is the Muse Dead?"（《缪思未亡》）。

8 月，发表《翻译，是出境也是入境》，刊《文讯》第 106 期。

9 月 25 日，发表"Is the Muse Dead？"（《缪思未亡》），刊 *The Taipei Chinese PEN* 秋季号。

9 月，发表《诊探缪思的病情》，刊香港《明报月刊》。

9 月，被高雄中山大学聘为"中山讲座教授"。这是该校首位讲座教授。

> 叶振辉《二〇〇一年六月二十一日第二次访问》：在我退休前的三年，林基源校长在校务会议提出要聘我做"中山讲座教授"，任期三年。②

---

① 余光中：《五行无阻》，第 116 页。
② 叶振辉主访：《让春天从高雄出发——余光中教授专访》，第 40 页。

9 月，次女余幼珊入英国曼彻斯特大学攻读博士学位。

> 余光中《日不落家》：次女幼珊在曼彻斯特大学专攻华滋华斯，正襟危坐，苦读的是诗翁浩繁的全集，逍遥汗漫，优游的也还是诗翁俯仰的湖区。……在曼城写博士论文，登临的仍是这雪顶，真可谓从一而终。①

10 月 1 日，黄维樑发表《余光中"英译中"之所得——试论其翻译成果与翻译理论》，刊《香港文学》第 118 期。

10 月 13 日，重九日，黄维樑编《璀璨的五采笔：余光中作品评论集（1979—1993）》，由台北九歌出版社出版，为"九歌文库 391"。该书收入 1979 年至 1993 年各家评论余氏作品之作，依余氏创作的类别分为三部分：1. 诗论，共 15 篇，含李元洛的《余光中的诗艺》《海外游子的恋歌——读余光中的〈乡愁〉与〈乡愁四季〉》，颜元叔的《诗坛祭酒余光中》，刘裘蒂《论余光中的香港时期》等；2. 散文论，共 10 篇，含郑明娳的《余光中散论》，何龙的《奇妙的文字方阵——余光中散文艺术评介》，雷锐的《在文字的风火炉中炼丹——论余光中散文中的幽默特色》等；3. 文学批评论、翻译论及其他，共 8 篇，含黄维樑的《初论余光中的文学批评》《余光中"英译中"之所得——试论其翻译成果与翻译理论》，徐学的《诗心史笔——余光中文学批评风格论》，蔡蓁的《名作求疵》等。正文后附录《余光中年表》《余光中著作编译目录》《评论、介绍、访问余光的文章目录》。本书出版后引起强烈反响。

10 月 16 日，作诗《老树自剖》，后收入《五行无阻》（1998 年版）。

10 月 24 日，发表《艺术如何消化政治？》，刊台北《中国时报》。

10 月，林辛编《听听那冷雨：余光中散文精品选》，由济南山东文艺出版社出版，收入"余光中散文精品选"丛书。本书收入《听听那冷雨》《逍遥游》《猛虎与蔷薇》等 50 篇散文。

11 月，余氏夫妇与齐邦媛、隐地、欧茵西、高天恩赴捷克斯洛伐克布拉格出席第六十一届国际笔会年会。在此期间游历了查理大桥等名胜。后撰《横跨黄金城》记其事。

---

① 《联合报》（1997 年 6 月 1 日）。

　　高天恩《"双宿双飞"的日子》：一九九四年秋天，余先生、余师母、齐邦媛、隐地、欧茵西和我，六人行，到捷克的布拉格参加第六十一届国际笔会年会。记忆深刻的是大伙儿参加了作家出身的哈维尔总统在气派恢宏的布拉格堡举行的欢迎晚宴。……那几天，上午、下午、黄昏、深夜，余先生和我们一行刻意到了查理大桥去体验它的不同风貌。……他那篇脍炙人口的《横跨黄金城》就是那时孕育出来的吧？隐地先生在尔雅出版的《春天该去布拉格》不但收录了这篇文章，还在卷首刊出多张照片，都是隐地、余先生、余师母和我互相拍摄的。①

　　张晓风《偶逢之处》：余老师有一次与"笔会"诸君远赴布拉格开会，当地产水晶，水晶制品华美而昂贵，文人囊涩，买不下手，余先生颇有捷才，于是口占四句：

　　　"昨天太穷 / 后天太老 / 今天不买 / 明天懊恼"

　　　大家一听有理，便纷纷冲到店里去买了。②

　　11 月，于西子湾写评论《译话艺谭:读金圣华的〈桥畔闲眺〉》③，收入金圣华著《桥畔闲眺》（台北月房子出版社 1995 年版）；后收入《井然有序》（1996 年版）。

　　11 月，评论集《从徐霞客到梵谷》获《联合报》"读书人"年度最佳书奖。

　　11 月，与痖弦、陈秀英合编《雅舍尺牍——梁实秋书札真迹》，由台北九歌出版社出版。

　　12 月，写散文《桥跨黄金城——记布拉格》，后收入《日不落家》（1998 年版）。

　　是年，英汉版《牛津高阶英汉双解词典》第四版，由香港牛津大学出版社（中国）有限公司出版。该书根据 1989 年英文版翻译，卷首有余光中、郑仰平、王左良、董乐山序。

　　余光中《序言一》：我使用本书的第四版已有年余，觉其编排紧凑，解析详尽，查阅省时，而例句之多，尤便于解惑释疑，要了解一字一词，与其个别释义，不如置于句中，用上下文的呼应来衬托，更

①　李瑞腾主编：《听我胸中的烈火——余光中教授纪念文集》，第 131 ～ 132 页。
②　李瑞腾主编：《听我胸中的烈火——余光中教授纪念文集》，第 45 页。
③　原件藏台北"国家图书馆"当代名人手稿典藏系统，编号 262-288。

加明了。这一点，林语堂先生最为强调。一般人常说查词典，如果有谁主张读词典，人必笑其迂阔。其实，好的词典不但要勤查，也应细读。当然不是整页整本地阅读，而是在查某字某词之际，应该把它所属的标题仔细读完，包括例句。英文往往一词数解，常用词的定义尤为繁复，初习者必须逐条耐心细读，若是只查了前面的一两条说明，便含糊接受，就会文不对题，像 *OALD* 这么精编详析的词典，每一则注释、每一个符号都有作用，不可草草放过。查词典，是学习英语必下的基本功夫。老师所教的毕竟有限，但词典所教的，却是无穷。……

不过，使用本书的读者首应了解，这本词典针对的是当代英语【按：该书原版全书名为 *Oxford Advanced Learner's Dictionary of Current English*】。如果他要解决的疑难，不属当代而是古代的英文，例如莎士比亚的剧本或是米尔顿的史诗，那他就应去查别种词典。专就当代英语的解释与示范而言，则本书之规模与品质确乎出类拔萃。正如众多学者一样，我也深受其益，所以乐于推荐给广大读者。……

一九九四年于高雄市中山大学①

1995 年（乙亥）　　68 岁

1 月，发表《散文的知性与感性》，刊《香港文学》1 月号。

2 月 15 日，发表《作者·学者·译者——为"外国文学中译国际研讨会"而作》，刊《外国文学研究》第 1 期。

2 月 28 日，作诗《十八洞以外——高尔夫情意结之三》，刊 5 月《联合文学》第 12 卷第 7 期；后收入《高楼对海》（2000 年版）。

2 月，于西子湾撰《不信九阍叫不应——序斯人的〈蔷薇花事〉》，连载于 4 月 18 日至 21 日《联合报》，又刊 6 月《现代中文文学评论》第 2 期；后收入斯人《蔷薇花事》（台北书林出版公司 1995 年版）、余光中《井然有序》（1996 年版）。

2 月，余光中、齐邦媛发表《翻译的笔下功夫——余光中 VS. 齐邦媛》，刊《精湛》第 24 期。

3 月 14 日，作诗《喉核——高尔夫情意结之一》，后收入《高楼对海》

① 余光中：《井然有序》，第 440～442 页。

（2000 年版）、《风筝怨》（2017 年版）等。

3 月 25 日，发表诗歌《高尔夫情意结》，刊《联合报》。

3 月，于西子湾写《尺牍虽短寸心长——序梁实秋〈雅舍尺牍〉》，刊 5 月 22 日、23 日《联合报》，收入梁实秋《雅舍尺牍——梁实秋书札真迹》（台北九歌出版社 1995 年版）；后收入《井然有序》（1996 年版）。

4 月 5 日，应母校厦门大学邀请，参加 74 周年校庆，被聘为客座教授。此为阔别母校 46 年后首度返校，也是首次回厦门。在中文系、英文系各演讲一场。

> 《海峡导报》（2006 年 4 月 5 日）：○徐学：青青乡愁——余光中的厦大情怀○ 1995 年清明时节，余光中先生应母校厦门大学之邀，来厦参加厦门大学七十四周年校庆。对多年漂泊的归来游子，故乡展开了它的笑颜；对名重海内外的诗人校友，母校也轰动了。4 月 6 日，余光中登上建南大礼堂校庆大会的主席台，在那里重遇老校长汪德耀，两人忘情相拥。在庆祝大会上，余光中即兴发言，他说，今天是母校七十四周年校庆，中国人讲究逢五逢十，七十四对母校是小庆，对我却很重要，因为我离开母校四十六年以后又回来了。

同日，于鼓浪屿作诗《厦门的女儿——谢舒婷》，后收入《高楼对海》（2008 年版）。

> 余光中"附注"：清明之日，徐学带我夫妇二人，自厦门过海去鼓浪屿，访舒婷及其丈夫诗评家陈仲义。舒婷是厦门人，可称"厦门的女人"，鼓浪屿在厦门西南岸边，小鸟依傍大岛，亦俨然"厦门的女儿"。

> 何晴《余光中访谈：每个人的生活中都要有诗》：有些诗人的散文也不错，像女诗人舒婷，她的诗别具一格，她的散文和她的诗完全不同，她的散文很有幽默感，人情练达，台湾的报刊上也登了很多。[1]

4 月 8 日，在厦大一条街签名售书。

> 《海峡导报》（2006 年 4 月 5 日）：○徐学：青青乡愁——余光中的厦大情怀○ 4 月 8 日，余光中先生在厦大一条街为学子签名售书。

---

[1] 《南方都市报》（2002 年 5 月 23 日）。

4月15日，作诗《浪子回头》，刊5月13日《联合报》；后收入《高楼对海》（2000年版）、《风筝怨》（2017年版）等。

余光中"后记"：清明时节回到厦门，参加母校厦门大学七十四周年校庆，并在中、外文系各演讲一场（当地谓之"学术报告"）。四十六年前随双亲乘船离开厦门，从此便告别了大陆。他们双墓同穴，已葬在碧潭永春祠堂。厦大也在海边，鼓浪屿屏于西岸，五老峰耸于北天。囊萤楼，多令人怀古的名字，是我负笈当日外文系的旧馆。李师庆云早已作古，所幸当日的老校长汪德耀仍然健在，且在校庆典礼上重逢，忘情互拥。

K. Leung《余光中访谈录》：我作了两个比喻：叫那些顽固的传统派为"孝子"，叫那些跟着现代派跑的为"浪子"。而我自己则设法站在中间，叫"回家的浪子"。①

温迪雅《乡愁是一种情结——余光中访谈》：我一向有这个看法，就是一个年轻作家，守住了自己的祖产，就是孝子，可孝子不离开家，还是不能成就事业，如果离开家，却跟着别人走而不回家，那就变成"浪子"。所以孝子也不理想，浪子也不理想，那怎么办呢？我希望浪子回家，浪子回头，就像你要开金矿，到外国去学冶金术，可金矿还在你的本土，你还得回来做这件事一样。技巧可以学习，可是真正的本事是在本国的生活。②

4月29日，应邀出席彰化师范大学举办的第二届现代诗学会议，担任讲评人。

5月3日，作诗《麦克风，耳边风——高尔夫情意结之二》，后收入《高楼对海》（2000年版）。

5月6日，应邀出席《幼狮文艺》于剑潭青年活动中心举办的"台湾五十年来的文学发展"座谈会，担任引言人。

同日，应邀出席于台大校友会馆举办的"张继高《必须赢的人》新书发表会"。

5月14日，应邀出席在台北国际青年活动中心举办的"罗门作品研讨

---

① 《红岩》1998年第6期。
② 《江海侨声》1998年第15期。

会"，宣读论文的有管管、王润华、林燿德。另有座谈会，庆祝罗门、蓉子创作四十年，由余光中主持，向明、张健等发表引言。

5 月 28 日，《小报告》，刊香港《读书人》第 3 期。

6 月 4 日，作诗《木星冲》，后收入《高楼对海》（2000 年版）。

6 月，发表《散文，一切文体之根》，刊《幼狮文艺》第 81 卷第 6 期。

6 月，发表与齐邦媛、张错、陈长房、吕正惠、李瑞腾合作的《台湾五十年来文学的发展》，刊《幼狮文艺》第 81 卷第 6 期。

6 月，朱双一发表《余光中早年在厦门的若干佚诗和佚文》，刊《现代中文文学评论》第 2 期。

7 月 31 日，于西子湾撰《落笔湘云楚雨——序李元洛〈凤凰游〉》，收入李元洛著《凤凰游》（台北三民书局 1995 年版）；后收入《井然有序》（1996 年版）。其中论及游记之道，略云：

> 散文多引诗句，犹如婚礼上新娘进场，身边却带了一队更年轻的美女做伴娘，未免不智。
>
> 同时，在游记之中，无论面对的是日月山川，荒城古渡，或是车水马龙，作者在写景或叙事的紧要关头，都必须拿出真性情、硬功夫来搏其境，逼使就范，而不应过于引经据典，借古人的喉舌来接战。散文里多引述名家名句，恐怕仍是学者本色。

7 月，于西子湾撰《当缪思清点她的孩子——序〈新诗三百首〉》，收入张默、萧萧合编《新诗三百首（1917—1995）》（台北九歌出版社 1995 年版）；后收入《井然有序》（1996 年版）。

7 月，朱双一发表《青年余光中的文学发端》，刊《联合文学》第 129 期。

8 月，外孙女栗姝生。

8 月，于温歌华撰《一桃成春——序王一桃的〈诗的纪念册〉》，收入王一桃著《诗的纪念册》（香港雅苑出版社 1996 年版）；又收入《井然有序》（1996 年版）。

9 月 3 日，作诗《抱孙女》，刊 10 月 23 日《联合报》；后收入《高楼对海》（2000 年版）。

"中央日报"副刊（2000 年 7 月 17 日）：○海阔，风紧，楼高——

读余光中《高楼对海》（唐捐）○像《抱孙女》这样的长篇，由含饴之乐转到世纪交替的沉思，再由世界的混乱转回生命的希望，可说是回环相扣，摇曳生姿。诗人渐老，写亲情的作品明显有增多之势，其实人伦日用正是大道的根本，在中国心台湾情逐渐沉淀下来以后，谈到这样的诗，更使人倍感亲切轻松。

9月8日，张爱玲逝世于美国加州韦斯特伍德市罗彻斯特大道的公寓，享年75岁。

　　燕舞《余光中的上海》：张爱玲我从没见过，她去世我写过一篇悼文。她生前文章提到过我一次，是讲吃的，她提到我的一篇游记，说我在德国吃的咸鱼咸得要命。我们彼此没有见面，共同朋友倒是很多。①

9月22日，作诗《为孙女祈祷》，后收入《高楼对海》（2000年版）、《风筝怨》（2017年版）。

9月至11月，王尔德喜剧《理想丈夫》（*An Ideal Husband*）中译本分上、中、下三部分连载于《中外文学》第24卷第1期至第3期。

　　《台湾时报》副刊（1988年3月4日）：○四窟小记○王尔德的《理想丈夫》……也是我久已想译的作品。

　　余光中《日不落家》：幼女季珊留法五年，先在翁热修法文，后去巴黎读广告设计，点唇画眉，似乎沾上了一些高卢风味。…… 不过她的设计也学得不赖，我译的王尔德喜剧《理想丈夫》，便是她做的封面。②【按：1994年，余季珊毕业于法国巴黎 L'Académie Charpentier 设计学院，获视觉传达设计的文凭。】

9月，写散文《何曾千里共婵娟》，后收入《日不落家》（1998年版）。

10月1日，梁世荣发表《从〈捕鲸之旅〉说起——钟伟民先生》，刊香港《星岛日报》C8。略云：

　　余光中、青年文学奖、"诗风社"结合成七十年代乃至八十年代前期香港诗坛的权力核心，其实力表现在透过文学奖的颁发、诗评（文学奖的或刊于月刊的）、发表园地的操控，这组合可左右香港年轻一代

---

① 《新民周报》（2004年5月24日）。
② 《讲义》第3卷第1期（1988年4月）。

诗人的选材、美学观、风格。

同日，钱学武发表《试析余光中一首戏剧化独白诗——〈与李白同游高速公路〉》，刊《香港文学》第 130 期。

10 月 7 日，陈黎发表《引人亲近的文学家——各家看余光中》，罗门发表《具有竞选诺贝尔奖的有利条件——各家看余光中》，刊台北《中国时报》第 39 版。

10 月 8 日，作诗《劝一位愤怒的朋友》，后收入《高楼对海》（2000年版）。

"中央日报"副刊（2000 年 7 月 17 日）：○海阔，风紧，楼高——读余光中《高楼对海》（唐捐）○怒骂是诗，嬉笑也是诗。《劝一位愤怒的朋友》便是以谐谑，甚至怪诞的笔调来冷却朋友的火气。

10 月 10 日，作诗《深呼吸——政治病毒一患者的悲歌》，后收入《高楼对海》（2000 年版）。

"中央日报"副刊（2000 年 7 月 17 日）：○海阔，风紧，楼高——读余光中《高楼对海》（唐捐）○诗人老去，其笔并不委蛇，另一长篇《深呼吸》便是充满强度的力作，这首诗跟三篇《高尔夫情意结》同属刺世疾邪之类，在郁卒的情绪下，语言也就愈趋横恣了，全诗把心理现象转化为生理状态，以身体为舞台，逐层演示世界的乱象。尤其是后半段的一呼一吸，似乎有意追踪《齐物论》的笔路，意念所到，百气齐发，堪称极尽操控读者呼吸之能事。

10 月 18 日，作诗《灿烂在呼唤——写在夏菁七十岁生日》，后收入《高楼对海》（2000 年版）。

余光中"附记"：诗人夏菁生于一九二五年十月十六日，长我三岁，刚过七十岁生日。四十年前，我们同在台北，并驰诗坛者历十余年，其后他定居美国落矶山下。良晤遂少，他是森林专家，所以我由圆形蛋糕想到树心的年轮。

10 月 31 日，《余光中译〈理想丈夫〉将搬上舞台》，刊台北《中华日报》第 14 版。

10月，作诗《食客之歌》，后收入《高楼对海》（2000年版）、《风筝怨》（2017年版）等。

余光中"后记"：愁予得奖宴客，对菜单精选美肴，菜单分行横排，名目缤纷华美，愁予叹曰："菜单如诗歌！"我应声答曰："账单如散文！"众客失笑。回家后续成此诗。

"中央日报"副刊（2000年7月17日）：○海阔，风紧，楼高——读余光中《高楼对海》（唐捐）○而《食客之歌》根本就得自筵席妙谈，近乎古人所谓"口占"，特重灵思一闪的机锋。表现方式是简单极了，却不乏回味的空间。

10月，与姜保真赴澳大利亚珀斯出席国际笔会大会。

高天恩《"双宿双飞"的日子》：一九九五年由于我拿到国科会的补助赴美进修一年，那届的国际笔会是在澳洲佩斯举行，伴余先生与会的是姜保真先生。[1]

11月5日，作诗《母难日》（三题）（含《今生今世》《矛盾世界》《天国地府》），刊12月10日《联合报》；后收入《高楼对海》（2000年版）。

《人民日报》（2010年11月16日）：○"诗家语"的审美（吕进）○余光中的《今生今世》是悼念母亲的歌。诗人只写了一生中两次"最忘情的哭声"，一次是生命开始的时候，一次是母亲去世的时候。"但两次哭声的中间啊／有无穷无尽的笑声"。诗之未言，正是诗之欲言。可以说，每个字都是无底深渊。恰是未曾落墨处，烟波浩淼目前。母子亲情，骨肉柔情，悼唁哀情，全在纸上。

马来西亚《中国报》（2017年12月17日）：○余光中和母亲（杨欣儒）○《母难日》（三题）里的《今生今世》写道："我最忘情的哭声有两次：一次，在我生命的开始；一次，在你生命的告终。"这是真情的流露。《矛盾世界》写"当初我们见面，你迎我一微笑，而我答你以大哭"，写的是他的出生；"我送你以大哭，而你答我以无言"，写的是母亲的逝世。"不论初见或永别，我总是对你大哭，哭世界始于你，哭世界终于你闭幕。"这的确是个矛盾的世界！《天国地府》里写道：

---

[1] 李瑞腾主编：《听我胸中的烈火——余光中教授纪念文集》，第132页。

"这世界从你走后，变得已不能指认，唯一不变的只有，对你永久的感恩。"这就是对母亲永远孝敬，对母亲永远感恩的余光中！

11 月 7 日，作诗《登高——重九日自澳洲返台》，后收入《高楼对海》（2000 年版）。

11 月 10 日，应邀出席台湾大学 50 周年校庆，演讲《我与缪思的不解缘》。

余光中《安石榴·后记》：去年十一月十日，我在台大五十周年校庆纪念的演讲会上，朗诵《抱孙女》一诗，曾笑语听众："这种题材，许多诗人都写不成，不是因为已经才尽，便是因为早已夭亡。"看来人伦的题材，仍大有开拓的空间。①

11 月 29 日，作诗《悲来日——百年多是几多时》，后收入《高楼对海》（2000 年版）。

"中央日报"副刊（2000 年 7 月 17 日）：○海阔，风紧，楼高——读余光中《高楼对海》（唐捐）○像《悲来日》这样对时间"示弱"的作品，从前并不多见。但这首诗与其说是叹老，不如说是叙写夫妇百年修得之缘，至情所感，难免也就萌生悲怀了。

11 月，写散文《西画东来惊艳记》，后收入《日不落家》（1998 年版）。

11 月，王尔德剧本《理想丈夫》（*An Ideal Husband*）中译本由台北大地出版社出版。该剧由台湾艺术学院在 40 周年校庆晚会上演出。

11 月，诗与散文被收入哥伦比亚大学出版社推出的《哥伦比亚中国现代文学读本》。

12 月 6 日，作诗《秋后赖账》，后收入《高楼对海》（2000 年版）。

12 月，任晖发表《读余光中》，刊《书与人》第 6 期。

1996 年（丙子）　69 岁

1 月 23 日，作诗《夜读曹操》，后收入《高楼对海》（2000 年版）。

2 月 2 日，作诗《隔一座中央山脉——空投陈黎》，刊 2 月 15 日《联合报》；后收入《高楼对海》（2000 年版）。

---

① 余光中：《安石榴》，台北：洪范书店，1996 年，第 192 页。

陈黎《与永恒对垒——和余光中老师·附注》：一九九六年二月过高雄，访余光中老师于西子湾中山大学，相谈甚欢。说到岛屿东岸、西岸的海，花莲的地震、台风，余老师说可以有诗。二月十五日从花莲往北途中，意外在《联合报》副刊读到余老师的《隔一座中央山脉——空投陈黎》。①

2月14日，作诗《与海为邻》，后收入《高楼对海》（2000年版）、《风筝怨》（2017年版）。

2月25日，为诗集《安石榴》作后记，末署"一九九六年二月（丙子人日）于西子湾"，文章刊5月《洪范》第55期。

2月29日，作诗《高雄港上》，后收入《高楼对海》（2000年版）。

2月，于西子湾撰《论的的不休——中文大学"翻译学术会议"主题演说》，刊4月《联合文学》第12卷第6期；后收入《蓝墨水的下游》（1998年版）、《翻译乃大道，译者独憔悴》（2021年版）。

3月13日，作诗《祷问三祖》，后收入《高楼对海》（2000年版）。

3月16日，作诗《苗栗明德水库》，后收入《高楼对海》（2000年版）。

3月，李元洛发表《蓝墨水的上游是汨罗江——余光中印象》，刊《文讯》第125期。

4月1日至3日，应邀赴港参加"外文中译研究与探讨"研讨会，演讲《论的的不休》。发言稿刊《联合文学》4月号。

黄维樑《余光中论中西文化》：1996年4月，余氏将应邀到中文大学参加"外文中译研究与探讨"会议，作主题演讲，其讲稿题为《论的的不休》。我还没看到讲稿，不过，我想此文探讨的应该是中文西化的问题。②

黄维樑《从"愚昧"辩到"清明"——"外文中译"研讨会侧记》：三天的会议，共宣读了廿九篇论文：香港学者十篇、大陆九篇、台湾六篇、美国四篇。涉及的外文共五种：英法日德意。与会者余光中教授"得意"地开玩笑：正是"五胡乱华"。余先生应邀作主题演讲，以《论的的不休》为题，论恶性西化之弊。他是老牌的"大学智

① 余光中：《高楼对海》，第52～53页。
② 《大公报》（1997年2月12日、19日）。

士"（university wit），发言时妙语如珠如泉，听众大饱耳福和脑福。会议始于四月一日愚人节，结束时近清明。余教授在总结时说，种种翻译的问题，济济多士的切磋琢磨，从愚昧辩到清明。一语双关，使人解颐。①

4月，第十六本诗集《安石榴》，由台北洪范书店出版，为"洪范文学丛书270"。本书集结作者1986～1990年间诗作，系作者自港回台定居以后，继《梦与地理》后的第二本诗集。全书分三辑，收录《埔里甘蔗》《初嚼槟榔》《安石榴》《削苹果》《莲雾》等54首诗歌。有后记。1999年6月二印。

> 余光中《我为什么要写作》：我写作，是因为感情失去了平衡，心理失去了保障。心安理得的人是幸福的：缪思不必再去照顾他们。我写作，是迫不得已，就像打喷嚏，却平空喷出了彩霞，又像是咳嗽，不得不咳，索性咳成了音乐。我写作，是为了炼石补天。②

> 余光中《后记》：这本诗集分为三辑，需要略加说明。第一辑十首全以水果为题，而且全是我"高雄居"初期之作，也算是一点"本土化"吧。……第三辑只得四首，都是出土文物。……其他的三十五首，从一九八六年五月写到一九九〇年十月，历时四年有半，恰好接上《梦与地理》，则悉数纳入了第二辑，成为本集主体。……主题上仍然辐凑于三大焦点：中国结、台湾心、香港情。……本集的组诗其实共有六组，其中单凭摄影而成诗的占了三组。……近年我写亲情的诗渐多……篇数之多，自己也颇感意外。六〇年代，诗人们曾热衷于"发掘自我"，要探索什么"形而上的焦虑"。其实"道在矢溺"，诗的题材无所不在，天伦亦然。家庭在中国传统里虽为重要支柱，但古人写父母的诗实在不多，写夫妻恩情的诗却常在悼亡，至于写孙辈则更罕见。……一九九六年二月（丙子人日）于西子湾。③

> 叶振辉《二〇〇一年六月二十一日第二次访问》：我还喜欢吃甘蔗、洋桃、香蕉、芒果、葡萄柚。……我的诗集《安石榴》，其中有一

---

① 台北《中华日报》（1996年7月6日）。

② 余光中：《安石榴》，卷首。

③ 余光中：《安石榴》，第187～192页。

辑十首都是写水果的。①

5月，写散文《回顾琅嬛山已远——联合岁月追忆》，后收入《日不落家》(1998年版)。

5月，马励发表《翻译艺术的飨宴——从余光中的〈的的不休〉谈起》，刊香港《明报月刊》。

初夏，于西子湾写散文《为人作序——写在〈井然有序〉之前》，刊10月《九歌杂志》第187期；收入《井然有序》(1996年版)。略云：

> 序之为文体，由来已久。古人惜别赠言，常以诗文出之，集帙而为之序者，谓之赠序；后来这种序言不再依附诗帙，成为独立文体，可以专为送人而作。至于介绍、评述一部书或一篇作品的文章，则是我们今日所称的序，又叫作叙。……古人的赠序和一般序言虽然渐渐分成两体，但其间的关系仍然有迹可寻。……这种"知人论世"的文学观对后代影响至大，所以欲诵其诗，当知其人，也因此，古人为他人作品写序，必先述其人其事。在这方面，一般序言实在并未摆脱赠序的传统。……近三十年来，半推半就，我为人写了不少序言……发现自己笔下这"无心插柳"的文类，重点却从中国传统序跋的"人本"移到西方书评的"文本"。……我不认为"文如其人"的"人"仅指作者的体态谈吐予人的外在印象。若仅如此，则不少作者其实"文非其人"。所谓"人"，更应是作者内心深处的自我，此一"另己"甚或"真己"往往和外在的"貌己"大异其趣，甚或相反。其实以作家而言，其人的真己倒是他内心渴望扮演的角色：这种渴望在现实生活中每受压抑，但是在想象中，亦即作品中却得以体现，成为一位作家的"艺术人格"。……这种艺术人格，才是"文如其人"的"人"，也才是"风格即人格"的"人格"。这艺术人格既源自作者的深心，无从自外窥探，唯一的途径就是经由作品，经由风格去追寻。……序言既然是一种文章，就应该写得像一篇文章，有其结构与主题，气势与韵味，尽管旨在说理，也不妨加入情趣，尽管时有引证，也不过于饾饤，令人难以卒读。序言既为文章，就得满足一般散文起码的要求。若是把它写成一篇实际的书评，它仍应是一篇文章，而非面无表情的读书

---

① 叶振辉主访：《让春天从高雄出发——余光中教授专访》，第33页。

报告，更不是资料的堆砌，理论的练习。对我而言，为人作序不但是写书评，更是一大艺术。

6月1日，出席台北"中央日报"举办的"百年来中国文学学术研讨会"，大陆作家亦有多人出席。应邀致辞时，呼吁"莫为五十年的政治抛弃五千年的文化，并望两岸交流，多来作家，少来飞弹"。

6月2日，曾意芳发表《挥别悲怆，两岸文化人一团和乐——余光中盼勿因政府分隔，扬弃五千年中国文化》，刊"中央日报"第3版。

6月20日，端午，于西子湾写散文《仲夏夜之噩梦》，刊8月《中外文学》第25卷第3期；后收入《日不落家》（1998年版）。

6月，龙协涛发表《蓝墨水的上游是汨罗江——余光中作品乡国情的文化解读》，刊《现代中文文学评论》第5期。

7月1日，钱学武发表《一个不断挑战新高峰的撑杆跳选手——评余光中两首描写撑杆跳的诗》，刊《香港作家报》扩版号第10期第4版。

7月14日，作诗《不朽的旱烟筒》，后收入《高楼对海》（2000年版）。

> 温迪雅《乡愁是一种情结——余光中访谈录》：因此令我魂牵梦绕的，说得高一点，是整个古典文化中优美的音乐、绘画、建筑、文学等等；说得低一点，比较普遍的，像民俗、地方戏、旧小说，像我小时候记得的那些乡下人。我在台湾，一次，一个人把四川的一张报纸寄给我，我一看，报上有一个老头子在抽旱烟——一根很长的旱烟袋，脸上全是皱纹，坐在椅子上，不像我们这么坐着，而是蹲在椅子上。那是真正的中国人，现在已经不容易看到了。我很感动，就为了这个，才写了首《不朽的旱烟袋》。所以，乡愁有多种层次，加起来是很繁杂的一个复合体，是一种情结。①

7月19日，《左顾右盼，望洋兴欢，余光中妙喻翻译奖评审》，刊《民生报》第15版。

7月，翻译布莱克诗歌《无邪的牧笛》，刊《小作家月刊》第3卷第3期。

8月1日，黄维樑发表《太初有妙思，有萨福——从余光中〈李清照

---

① 《江海侨声》1998年第15期。

以后〉说起》，刊《香港文学》第 140 期。

8 月 23 日，作诗《吊济慈故居》，后收入《高楼对海》（2000 年版）、《风筝怨》（2017 年版）等。

8 月，发表《大专新诗总评》，刊《明道文艺》第 245 期。

9 月 1 日，作诗《飞越西岸》，后收入《高楼对海》（2000 年版）。

9 月 7 日、8 日，罗茵芬发表《余光中和他的四个孩子——诗、散文、评论、翻译》，刊台北"中央日报"。

9 月 9 日，作诗《时装模特儿》，后收入《高楼对海》（2000 年版）。

9 月 25 日，英译 "Two Poems by Lomen"（《罗门诗二首》，by Lomen 罗门），刊 *The Taipei Chinese PEN* 秋季号。

9 月，郑树森主编、余光中著《双人床》，由台北洪范书店出版，为"洪范二十年随身读 10"。本书精选作者代表诗作，包括《等你，在雨中》《月光曲》《茫》等 16 首。

9 月，与高天恩赴墨西哥瓜达拉哈出席第六十三届国际笔会年会。

> 高天恩《"双宿双飞"的日子》：一九九六年九月我重回笔会，追随余先生到墨西哥瓜达拉哈拉参加第六十三届年会，一切乏善可陈。①

10 月 9 日，发表《为人作序》，刊《联合报》第 37 版；又刊本月《九歌杂志》第 187 期，题作《为人作序——写在〈井然有序〉之前》。

10 月，英国剧作家、小说家、国际笔会会长哈伍德（Ronald Harwood）访台。余光中等参与接待并合影留念。

10 月，《井然有序：余光中序文集》，由台北九歌出版社出版，为"九歌文库 450"，有序。本书结集作者为他人作品所写序文，分诗集序、文集序、小说序、翻译序、画集序、选集序、词典序七辑，收录《楼高灯亦愁——序方娥真的〈峨眉赋〉》《穿越一丛珊瑚礁——序夐虹的〈红珊瑚〉》《拔河的绳索会呼痛吗？——序林彧的〈梦要去旅行〉》《从冰湖到暖海——序钟玲的〈芬芳的海〉》《征途未半念骓骦——序〈温健骦卷〉》等 35 篇。正文前有余光中的《为人作序——写在〈井然有序〉之前》（1996 年初夏于西子湾），末附《受序著作出版概况》。该书后获《联合报》"读书人"本年度最佳书奖。

---

① 李瑞腾主编：《听我胸中的烈火——余光中教授纪念文集》，第 132 页。

11 月 6 日，作诗《雪山（二题）——观王庆华摄影》（含《至尊》《圆柏》），后收入《高楼对海》（2000 年版）。

11 月 19 日，应邀赴四川大学讲学。是晚，经香港中转抵达成都。流沙河与吴茂华到机场迎接。

《成都日报》（2017 年 12 月 15 日）：○余光中生前曾多次到访成都 流沙河对他"以兄事之"○1996 年，余光中应四川大学之邀到访成都，终于实现了归蜀的心愿。

余光中《两张地图，一本相簿》：一九九六年十一月中旬，我去四川大学访问。演讲与座谈之余，易丹教授陪伴我们夫妇南下，去眉山瞻仰三苏祠，并重游乐山。①

余光中《清明七日行》：1996 年 11 月，我去四川大学访问。②

郦国义、叶延滨《余光中访谈录》：前年去成都，我在重庆七年，我会讲四川方言，可冒充四川人。我在成都讲了一个星期的四川话，很过瘾。我在川大演讲，想用四川方言，川大的朋友说，不必了，因为川大有一半不是四川人。③

11 月 20 日，由流沙河陪同参观成都杜甫草堂。

11 月 26 日，四川文艺出版社编辑龚明德访余光中于四川大学招待所，请求将《余光中文录》收入"文录书系"，并获"明德先生惠存：回蜀七日，临别纪念"题字。④

同日，下午 3 点，自成都双流机场飞香港，再转返台北。

11 月 30 日，作诗《成都行》（含《入蜀》《出蜀》），后刊《原上草》；又收入《高楼对海》（2000 年版）。

11 月，《世界华文散文精品·余光中卷》，由广州出版社出版。本书收入《塔》《咦呵西部》《登楼赋》《阿拉伯的劳伦斯》《丹佛城——新西域的阳关》等 26 篇，有自序。

12 月 5 日，致信中国现代文学馆研究员傅光明博士。

---

① 《收获》2001 年第 2 期。
② 余光中：《粉丝与知音》，第 119 页。
③ 《诗刊》1999 年第 7 期。
④ 龚明德：《拜晤余光中》，《昨日书香》，南京：东南大学出版社，2002 年，第 372～374 页。

光明先生：

十一月廿五日来信收到，多谢。《书海浮槎》拟将我纳入，且有林海音、梁锡华为伴，是好安排，可以同意。你如代编，不妨先草出目录，再由我略作增减，并提供一、二新作。《人民日报》年初出我的《桥跨黄金城》，也是如此。

惟我在大陆出书，有关版权问题，均委托北京东四南大街85号中华版权代理总公司（游涵先生）处理。所以合同条件等等，尚请就近与该公司一洽。专此即祝

近佳

余光中　1996. 12. 5[①]

是年，Sir Randolph Quirk 编著《朗文当代英汉双解词典》(*Longman English-Chinese Dictionary of Contemporary English* [*New Eidtions*])，由香港朗文出版亚洲有限公司出版。该词典由余光中作序，序文收入《井然有序》(1996年版)。

是年，在高雄中山大学外国语文研究所指导硕士生何瑞莲撰写硕士学位论文《芮斯贞著〈黑暗中的旅行〉：中译与评介》。

是年，应邀至新竹清华大学与沈君山、马悦然就诺贝尔奖对谈。

赖淑芳《"一颗悬在科学馆的飞檐"——余光中与科学》：直到一九九六年沈君山任清华大学校长再次邀请诗人到校演讲并朗诵该诗[即《重上大度山》]，大受学生欢迎，诗人稍微释怀，说清大"不再是文化的沙漠了"，沈君山后来也在《浮生三记》中记录这段事件始末。严格说来，那位"心胸也很狭隘，不但横眉冷对千夫指，而且昂首自认人上人……在校人缘极差"的跋扈狂士W教授，代表性不足，诗人交游甚广，往来者不乏兼具人文素养的华人科学家如沈君山、陈之藩等。而一场他与沈君山跨疆界、跨领域的公开对谈，更是他与科学家具有建设性的接触与交流。[②]

《联合报》副刊（1999年1月1日至5日）：○从缺席诺贝尔文学

---

① 李勇、闫巍：《流淌的人文情怀：近现代名人墨记5》，上海：东方出版中心，2017年，第117页。

② 苏其康主编：《诗歌天宝——余光中教授八十寿庆专集》，第117页。

奖谈起：余光中、马悦然、沈君山 跨疆界、跨领域的对话〇文学作品本身不是学术，它本质上是一种艺术，绝非科学……如果是翻译文学作品，那么翻译就应是一种艺术；如果翻译比较实际的东西，它可以比较规范化，有个标准可循，那时候翻译就变成一种比较接近科学的东西。

1997 年（丁丑）　70 岁

1 月 1 日，钱学武发表《隧道的另一头该是怎样的光景——论余光中关于一九九七香港前途的诗》，刊香港《诗双月刊》复刊号。

1 月 5 日，发表诗歌《成都行》，刊《联合报》。

1 月初，应邀出席"香港文学节"研讨会，做题为《紫荆与红梅如何接枝？》之演讲。该文后以《紫荆花如何与红梅嫁接？》为题，刊《香港作家报》1997 年第 1 期。他在演讲中敏锐地提出回归之后的"香港文学"如何与"大陆文学"衔接的问题。其立论前提是：以紫荆花为符号标识的"香港文学"，在近一个世纪的发展中，已形成了它独特的个性。但这并不是说，"香港文学"已脱离母体文化的纽带，而与"大陆文学"毫不相干。实际上，即使是在回归前，"香港文学"与"大陆文学"的关系也是缕缕不绝的。

　　古远清《"香港文学节"归来谈》：主要是回顾香港文学 50 年来所走过的道路，总结其成绩和经验，展望"九七"后香港文学的前途。在研讨会上，来自台湾的余光中教授作了题为《紫荆与红梅如何接枝？》的演讲，触及了香港作家在"九七"后如何愉快地成为中国作家这一敏感话题。[1]

　　古远清《"九七"后将走向繁荣的香港文学》："紫荆与红梅如何接枝？"这是来自台湾的余光中先生在文学节提出的问题。他认为，"这奥妙的接枝艺术，不应该只限于政治、经济，还要考虑到文化的互相尊重，以至于互相调适、交融。'九七'的香港不应该仅仅成为一个经济特区，在别的方面对中国也应有贡献"。这个"别的方面"，主要是

---

① 古远清：《海外来风》，南京：东南大学出版社，2004 年，第 211 页。

文化方面。①

　　黄维樑《入此门者，莫存倖念——余光中细心敬业的精神》：细心与敬业有关。1997年1月初，余先生应邀来香港参加"香港文学节"的多项活动。以他的名气和地位，大可演讲完《紫荆与红梅如何接枝？》之后，就逍遥场外，去看紫荆花或游红梅谷了。不然，两天共六场的研讨会，余先生场场与会。有朋友在儿童文学那场研讨会看见他，问他何以也在场，他说："我听得津津有味啊！"童心仍在，乃能听得津津有味；他敬业，而且乐业。②

　　1月21日，陈义芝、孙梓评发表《发光的地图——诗人学者余光中的读书经验》，刊《联合报》第37版。

　　2月2日，作诗《别金铨》，刊2月6日《联合报》；后收入《高楼对海》（2000年版）。

　　2月12日，撰《此生定向江湖老？——序邵玉铭文集〈漂泊——中国人的新名字〉》，后收入《蓝墨水的下游》（1998年版）。

　　2月，应马来西亚沙巴留台同学会之邀前往演讲。

　　3月13日，作诗《问风》，后收入《高楼对海》（2000年版）。

　　3月29日，古远清发表《擒中有纵，绘声绘形——余光中〈牛蛙记〉赏析》，刊《香港笔会》第1期。

　　4月4日，作诗《飞行的向日葵——致海尔·鲍普彗星》，刊4月17日台北《中国时报》；后收入《高楼对海》（2000年版）。

　　4月18日，黄维樑发表《入此门者，莫存倖念——余光中先生的细心与敬业》，刊"中央日报"第18版。

　　4月19日，余珊珊发表《诗人父亲》，刊"中央日报"第18版。

　　4月，于西子湾写散文《开你的大头会》，后收入《日不落家》（1998年版）、《余光中幽默文选》（2005年版）。

　　4月，写散文《日不落家》，刊《联合报》；后收入《日不落家》（1998年版）。本文与作者的《我的四个假想敌》前后呼应，成了他写四个女儿成长的"姊妹篇"。《日不落家》尽管没有诙谐自嘲、戏谑笑傲，却感慨更

① 《湖北日报》（1997年6月13日）。
② 李元洛、黄维樑：《壮丽余光中：生活与作品》，第80页。

深、沧桑更长。在文章中，作者对四个女儿更见疼惜，还表达了对妻子善尽慈母之职的赞叹。

4 月，古远清发表《诙谐风趣 情味具足——余光中散文〈我的四个假想敌〉赏析》，刊香港《开卷有益》创刊号。

5 月 1 日，孙筱岚发表《看好中港文化衔接——余光中慨叹台排斥中国文学》，刊《香港作家报》扩版号第 20 期。

5 月，邝国义、叶延滨发表《余光中访谈录》，刊《诗刊》第 7 期。

6 月 1 日，洪涛发表《导读——读余光中〈看手相的老人〉》，刊香港《呼吸诗刊》第 3 期。

6 月 25 日，自译 "Poems by Yu Kwang-chung"（《余光中诗选》，transl. Yu Kwang-chung），刊 The Taipei Chinese PEN 夏季号。

6 月，应高雄市政府之请拍摄《正港英雄——打拼在高雄：诗人篇》。在 TVBS 电视台播出后，赢得普遍佳评。

> 叶振辉《二〇〇一年六月二十一日第二次访问》：一九九七年我去东北访问之前的夏天，市府推出了一组电视的施政宣导，共十二个单元，第一个单元由我来介绍西子湾，推出之后，大家反应不错。[1]

6 月，发表《他究竟看到了什么？》，刊《联合文学》第 13 卷第 8 期。

6 月，《余光中散文》，由杭州浙江文艺出版社出版。这本自选文集收入作者从 1952 年至 1995 年的文章 49 篇，约为作者散文（包括议论文）产量的四分之一，在年代、文体、风格、篇幅等方面都颇具代表性。在文体上，此书分为四辑：抒情散文 22 篇，知性散文 12 篇，小品文 11 篇，论述文 5 篇，大致可以代表作者在这几方面着力的比重。2004 年 7 月再版；2008 年 4 月重版，收入"名家散文典藏"系列。

6 月，香港中文大学中文研究所钱学武以论文《余光中诗题材研究》，获硕士学位。

6 月，李明发表《中国大陆的余光中评价之争》，刊香港《开卷有益》第 2 期。

7 月 1 日，香港正式回归中国。

---

① 叶振辉主访：《让春天从高雄出发——余光中教授专访》，第 38 页。

余光中《日不落家》：但七月一日以后，香港归还了中国，那顶金冠就要失色，而那只圆球也不能号称全球了。……而现在，日落帝国，照艳了香港最后这一片晚霞。"日不落国"将成为历史，代之而兴的乃是"日不落家"。……今年我们的四个女儿，两个在北美，两个在西欧，留下我们二老守在岛上。一家而分在五地，你醒我睡，不可同日而语，也成了"日不落家"。①

7月19日，出席山美术馆画展酒会，观吴冠中画有感。并于25日作诗《水乡宛然——观吴冠中画展》，刊8月13日《联合报》；后收入《高楼对海》（2000年版）、《风筝怨》（2017年版）等。

吴冠中老师：

您好！我是山美术馆工作人员王邦珍，很冒昧打扰您。七月十九日画展酒会时，余光中老师在展场欣赏您的作品时，流连徘徊许久，隔了二天就写了《水乡宛然》这首新诗，寄来本馆，希望能与老师您的作品同时展出。我们已经将它展于老师您的画作旁。

今天特将此诗传给吴老师，让吴老师您感受余光中老师的思乡之情。

暑安

山美术馆邦珍写　97.8.11②

吴冠中《致萧宜》：萧宜先生：我去了加拿大，刚返京，余先生的诗是否可在"笔会"发？吴冠中9月20日。③【按：此信写在台湾山美术馆王邦珍的信笺上。】

郦国义、叶延滨《余光中访谈录》：因为我太太和母亲都是江苏人。我看了大运河。那时河道尚未整治，污水还没治理。后来吴冠中来台办画展，看了他画的运河，那是我心中的运河，我激动得写了一首诗，是吴老把我带回了心中的运河。④

7月26日，致信黄维樑。

① 《联合报》（1997年6月1日）。
② 萧宜：《凭窗忆语：笔会十年师友录》，上海：文汇出版社，2018年，第186页。
③ 萧宜：《凭窗忆语：笔会十年师友录》，第186页。
④ 《诗刊》1999年第7期。

维樑：

　　为时代文艺出版社所写的序，把三春和安春海合而观之，甚有创意，多谢。其实，长春市南郊有一小镇就叫永春，亦云巧矣。吴冠中画展在高雄正展出，写了此诗，寄上乙份，望介于港报。《星辰》上次把我排错，希暂勿投。祝

　　俪安

　　　　　　　　　　　　　　光中　一九九七、七、廿六 [①]

　　7 月，写散文《面目何足较——从杰克逊到沈周》，后收入《日不落家》（1998 年版）。

　　7 月，发表《学生文学奖各组总评——大专新诗组总评》，刊台湾《明道文艺》第 256 期。

　　7 月，推荐傅孟丽为高雄市文化资产丛书的撰稿人。

　　傅孟丽《追踪大师背影——横看成岭侧成峰》：1997 年 7 月，高雄市计划要为在地作家余光中、叶石涛出版文化资产丛书，并请他们自行推荐撰稿人。当时余先生即将赴英国开会，行前寄回推荐表，推荐了我和张锦忠教授，并附注："可先邀傅女士，若不能接受，再邀张教授。傅女士对我在西洋文学及翻译方面之作恐不很清楚，张教授则恐较忙。" [②]

　　7 月至 9 月，与高天恩赴英国爱丁堡大学出席第六十四届国际笔会年会。全家三代齐聚，畅游英国。余氏伉俪继而游览比利时、卢森堡。

　　高天恩《"双宿双飞"的日子》：一九九七年参加在爱丁堡举办的第六十四届国际笔会年会，会场就设在爱丁堡大学。记得站在校园里，余先生微笑指着地平线上的一个小山丘："Tony，那就是 Arthur's Seat!" 亚瑟王宝座，是爱丁堡几座著名的小山丘之一，在市区东边，位于 Holyrood Park（圣十字架公园）附近。

　　开会期间，有一天下午得空，余先生便带着我去"踏青"，沿着坡度平缓却逐渐攀高的步道，不但见到了皇宫，还一直通往山顶。……[③]

①　黄维樑：《大师风雅——钱锺书、夏志清、余光中的作品和生活》，第 150 页。
②　傅孟丽：《茱萸的孩子：余光中传》，第 213 页。
③　李瑞腾主编：《听我胸中的烈火——余光中教授纪念文集》，第 132～133 页。

8月10日，发表《先我而飞》，刊上海《文汇报》。

丁宗皓《在传统与现代之间——余光中先生访谈录》：一个人要成为一个真正的诗人，他还需要另外两个条件，那就是对当代生活的敏感加上对当代口语的把握。我说"当代生活"而不说"当代现实"是为了避免过分介入政治和社会，而落入所谓的现实主义。现实主义中的现实是谁眼睛中的现实？是否是集体眼睛中的现实？这样容易抹煞个人生活。我的想法是"存在先于本质"，不要讲本质，要先讲本身。我其实想用生命来代替这个概念。①

8月，"范我存、钟玲古玉收藏展"在高雄市展出。

《明报月刊》（2022年第2期）：○玉缘：范我存和我（钟玲）○一九九七年八月高雄市中正文化中心的雅轩举办了"范我存、钟玲古玉收藏展"。开幕典礼时市长吴敦义、中山大学校长刘维基到场祝贺，现场水泄不通。余光中老师致辞时幽默地说："我要祝贺两位玉人，我自己喜欢大石头，他们两人喜欢小石头。"

他的话博得哄堂大笑。"玉人"是双关语，既是"美人"之意，又指我们两个人爱玉。"大石头"比喻高山峻岭，"小石头"古玉。大诗人一出口就巧喻连连。

8月，长春主办全国书展，应邀前往长春、沈阳、哈尔滨、大连、北京等五大城市为购书读者签名。

《长春年鉴：1998》：○第八届全国书市简况○1997年8月30日至9月8日，第八届全国书市在吉林省长春市隆重举行。……书市期间，余光中、周国平、哲夫、席慕蓉、林惠子、李燕杰、杨绍明、孙道临、倪萍、敬一丹、姜昆、牛群及雷锋生前的战友乔安山等28位社会知名人士到书市签名售书，构成了书市一道独特的风景线。②

郦国义、叶延滨《余光中访谈录》：1997年又去了长春，那边出版了我七本书。吉林作协的领导要我讲话。我说，我第一次到东北，

---

① 《当代作家评论》1997年第6期。
② 长春市地方志编纂委员会、长春年鉴编纂委员会编：《长春年鉴：1998》，长春：长春出版社，1998年，第26页。

但心中与东北很接近，那是因为抗战时有一首歌《在松花江上》，这首歌使我们南方的学生和北方的学生心连着心，她让我认同了东北。"我的家在东北松花江上"，年轻时候的印象太深了，东北也成了我精神上的故乡。①

8 月 27 日，从长春乘车赴沈阳。次日，作诗《只为了一首诗——长春赴沈阳途中》，刊 9 月 29 日《联合报》；后收入《高楼对海》（2000 年版）。

杜桥《浓浓的"乡愁"——访台湾诗人余光中》：1997 年 8 月 27 日，余先生乘车赶往沈阳，这是他有生以来第一次踏上东北这块黑土地。一路上，看到高速公路两旁伟岸挺拔的、北方特有的白杨树和田野里一望无际的大豆、高粱、玉米……他不禁感慨万分，缪斯女神又在他的心海里掀起了磅礴的巨澜……次日清晨，一首新诗《只为了一首歌》便诞生了。②

郭虹《拥有四度空间的学者——余光中先生访谈录》：《只为了一首歌》开头的几句："关外的长风吹动海外的白发 / 萧萧，如吹动千里的白杨 / 我回到小时的一首歌里 / '万里长城万里长 / 长城外面是故乡……'"里面有地理，更有历史。抗战的记忆，全诗就是被童年永远难忘的一首歌挑起。③

8 月 28 日，七卷本《余光中集》正式与读者见面。

杜桥《浓浓的"乡愁"——访台湾诗人余光中》：当天上午，沈阳秋雨滂沱。然而，慕名而来的读者，手里捧着余光中先生价值 166 元人民币的七部诗文集，排成一条长龙，早早就守候在沈阳书市大厅里。余先生从宾馆赶来，看到这场景，感动不已，饱含深情地为大家朗诵了他的这首新诗【按：即《只为了一首歌》】。……诗人那颤抖的嗓音和诗的字里行间，依然洋溢着那浓浓的、剪不断理还乱的"乡愁"……④

8 月 30 日，应邀赴吉林大学演讲《诗与散文》，并被聘为吉大客座教授。

---

① 《诗刊》1999 年第 7 期。
② 《世界文化》1998 年第 2 期。
③ 《文艺研究》2010 年第 2 期。
④ 《世界文化》1998 年第 2 期。

8月31日，下午，出席吉林省作家协会座谈会。

《吉林年鉴：1998》：〇台湾著名诗人余光中来访〇8月31日下午，吉林省作家协会举行欢迎台湾著名诗人余光中的晤谈会。海峡两岸的作家、诗人就诗歌的民族风格、审美传统、发展趋势交换了意见。吉林省诗人丁耶、芦萍、曲有源、薛卫民畅谈了欣赏余光中先生作品的体会。诗人梁谢成当场背诵了余先生的《乡怨》，并朗读了给余先生的赠诗七律一首。余先生以游子归乡的感慨与激动当场赋诗，使在场的吉林作家感动不已。（吕春第）①

8月，散文集《高速的联想》，由天津百花文艺出版社出版，收入"台港名家散文自选丛书"。全书收录《给莎士比亚的一封回信》《给亡亡》《朋友四型》《沙田山居》等35篇，分别出自十本文集。有自序《浮动的水彩流动的画布》（1995年6月写于高雄）和作者著作出版纪要。

余光中《自序》：现代散文集里习见的作品，多为小品，不但篇幅简短，分量也似乎较轻。以画为喻，我总觉得小品的格局有点像水彩，若要油画的气魄，恐怕还得经营长文。……文章的长大与短小，当然不尽取决于字数，还要看它语言的密度和思想的深度。……我的写作习惯，在文类的区别上有点"乱伦"，啊不，有点"混血"。我写散文，往往以诗为之，而写评论，又喜欢用散文之笔。所以我的散文不全在散文，因为它往往偷渡入境，出现在评论文章之中。……换言之，我常常把原为知性的文章感性化了，乃得在知性与感性之间自由出入。也因此，我在写评论文章的时候，字斟句酌，对文采所费的心血，不下于经营创作。②

8月，《余光中散文选集》，由长春时代文艺出版社出版。共四册，第1卷"左手的缪斯"（《左手的缪思》《掌上雨》《逍遥游》），第2卷"听听那冷雨"（《望乡的牧神》《焚鹤人》《听听那冷雨》），第3卷"青青边愁"（《青青边愁》《分水岭上》《记忆像铁轨一样长》），第4卷"凭一张地图"（《凭一张地图》《隔水呼渡》《从徐霞客到梵谷》）。

① 全哲洙主编：《吉林年鉴：1998》，长春：吉林年鉴社，1998年，第374页。
② 余光中：《高速的联想》，天津：百花文艺出版社，1997年，第1～2页。

8 月，诗集《余光中诗歌选集》，由长春时代文艺出版社出版。

　　《中国图书年鉴：1997》：○余光中诗歌选集○［台湾］余光中著。时代文艺出版社 1997 年 8 月版。50 万字。68.00 元。余光中是当代台湾久享盛名的诗歌散文名家。从 1958 年从事创作迄今，诗龄 40 余年，诗作累计近千首。该选集辑录其中近 70 首，可谓余光中的诗路历程和成就的一次总展。其诗作具有浓郁的中国特色。内容多为讴歌怀恋祖国的山川名胜、悠久的历史和文化传统，关注家乡变化，批评文革浩劫，相信祖国有幸福辉煌的未来，也有寄情世界古迹风光和记录个人见闻感悟之作，如《乡愁》《民歌》《当我死时》《白玉苦瓜》《浪子还乡》等，综观其诗艺，想象力奇绝丰富，情感充沛，诗心敏锐，表现手法多变，遣词炼句中表现出深厚的古典文学造诣，明显承继古典诗、五四新诗的余风，又旁揉西方多家诗歌表现手法，中西兼济，圆熟自在，独成一派。尤值一提的是其诗的音乐感和节奏感强烈。余光中为本选集专门作序，详述其创作历程和诗观，对中国诗歌的发展历程和西方诗歌的优劣长短均有独特见解，对中国诗歌现状和未来提出了自己的论点。（安春海）[①]

　　袁可嘉《"奇异的光中"——〈余光中诗歌选集〉读后感》：这是一座现代诗坛的富金矿啊！全书三册，包括作者半个世纪以来主要 16 部诗集。其产量之丰，平均质量之高，题材范围之广，开掘之深，想象之丰沛，感受力之敏锐，构思之灵巧，风格之多变，实在使我惊喜，叹为现代诗坛所罕见。除掉天赋，这得力于他从事创作的执着勤奋，他的中外文学修养深厚，善于融欧化古，结合现代和传统，并向绘画音乐学习，中年还注意吸收歌谣的长处。

　　余光中在现代诗的表现艺术上作了广泛的实验，取得了卓越的成就。首先，他的语言极有特色，辞汇丰富，吸收文言和口语加以融化，不露僵硬别扭，而是多姿多彩；善于运用双声叠韵式交错韵法，造成乐感，使用倒装句，加强节奏感，突出重点；精于铸制奇喻巧比，夺人心目；重视诗的整体艺术，从立意、命题、谋篇、分行、断点到节奏、色彩、乐感，无不力求创新和完善，令人叹服（但有些地方直接

---

① 杨牧之主编：《中国图书年鉴：1997》，武汉：湖北人民出版社，1998 年，第 341～342 页。

以外语入诗，我觉得不妥，因读者中有人不识外语）。[①]

8月，吴方敏发表《余光中作品的文化语义传递》，刊《语文学刊》第4期。

9月1日，应邀赴东北师范大学演讲《现代主义在台湾的发展》，并被聘为该校客座教授。

9月2日，参观本溪水洞。

> 叶振辉《二〇〇一年七月十七日第三次访问》：我记得有一年，一九九七年九月二日我到吉林本溪。[②]

9月12日，在北京大学发表演讲。

> 《孙玉石教授学术叙录》：[1997年]9月12日在北京大学参加台湾诗人余光中讲演会。[③]

9月27日，李维青发表《余光中等人获"诗歌艺术奖"》，刊台北《中国时报》第23版。

10月4日，获中国诗歌艺术协会颁发诗歌艺术贡献奖。

10月25日，陈文芬发表《余光中缺席，大师未开口，研究诗历史沉淀》，刊台北《中国时报》第23版。

10月30日，作诗《重九送梅新》，后收入《高楼对海》（2000年版）。

10月，《余光中诗选（第二卷）：一九八二——一九九八》，由台北洪范书店出版。有自序。2007年4月再版。

> 余光中《自序》：杜甫晚年，怀古伤今，坐拥一道江峡：那一带当然是中国神话与历史的回音长廊，经过杜诗题咏，更觉神秘。我的晚年何幸，竟能坐拥一道海峡，船来船去。这一带是东亚通南洋的海关，也是所谓两岸之间无情的天堑，其象征的意义正有待诗人的品题。

10月，"文建会"出版《智慧的薪传——大师篇》，收入余氏评传。

11月19日，作诗《无论》，后收入《高楼对海》（2000年版）。

11月22日，作诗《残荷——题杨征摄影》，后收入《高楼对海》（2000年版）。

---

① 香港《诗双月刊》（1998年6月）。
② 叶振辉主访：《让春天从高雄出发——余光中教授专访》，第60页。
③ 北京大学二十世纪中国文化研究中心编印：《孙玉石教授学术叙录》，2006年，第209页。

11 月 23 日，作诗《祭三峡》，刊 12 月 9 日《联合报》；后收入《高楼对海》（2000 年版）。

11 月，写评论《十四行里转乾坤——译诗组综评》①。

11 月，发表《〈余光中诗选第二卷〉自序》，刊《洪范》第 60 期。

11 月，散文集《记忆像铁轨一样长》，由济南山东文艺出版社出版。

11 月，次女幼珊在英国曼彻斯特大学提交学位论文 "Time and Space in Wordsworth's Poetry"，通过答辩，获博士学位。

12 月 2 日，应邀出席香港中文大学举办的"两岸翻译教学研讨会"，发表主题演说。

> 穆雷《余光中谈翻译》：在 1997 年 12 月于香港中文大学召开的翻译教学研讨会上，余先生做了大会重点发言，同时也在各种场合谈论他对翻译问题的看法。他的讲话机智幽默，妙语连珠，常令人捧腹。……当然最重要的还是实践，学生要尽量多实践。我刚才在报告中指出，我在教学中分五次把一篇习题处理完，第二周又发第二篇习题，如此循环，学生一学期要做 14 篇习题。……我认为翻译家要有见解，要眼高，也要手高。眼高和有见解是修炼出来的，手高也许倒是有点天生的，因为手高牵涉到作家的写作素质。②

> 罗选民《余光中与翻译》：我第一次见到余光中先生是在 1997 年 12 香港中文大学筹办的两岸三地"翻译教学研讨会"上。会议筹备委员会由时任香港翻译学会会长的罗志雄、中国译协副秘书张高峰、南京大学教授张柏然和我四人组成。根据我们的讨论，决定了邀请会议代表的名额分配方案：内地和香港各 11 人，台湾 3 人。大陆方面由林戊荪、高峰先生领队，成员有庄绎传、汪榕培、范守义、孙致礼、杨晓荣、王克非、穆雷、王宏印、傅勇林、柯平等；香港方面有金圣华、刘靖之、黎翠珍、陈善伟、张南峰、吴兆鹏、约翰·闵福德（John Minford）等；台湾除了余光中先生外，还有杨承淑和何慧玲两位教授。这是两岸三地学者讨论翻译教学的首次盛会，发言、讲评和自由提问构成研讨会的基本程序，充满了挑战和睿智。……余光中先生做了关

---

① 原件藏台北"国家图书馆"当代名人手稿典藏系统，编号 262-301。
② 《中国翻译》1998 年第 4 期。

于翻译教学的大会重点发言。会下，他与会议代表在一起交谈，平易近人，幽默风趣。会后，代表们还参观了香港浸会大学和香港理工大学的翻译研究中心。

余光中给予译者最高的评价说："译者未必有学者的权威，或是作家的声誉，但其影响未必较小，甚或更大。译者日与伟大的心灵为伍，见贤思齐，当其意会笔到，每能超凡入圣，成为神之巫师，天才之代言人。此乃寂寞之译者独享之特权。"①【按：1997年余光中曾书写此语赠给参加香港翻译教学研讨会的大陆代表，后其被影印在《余光中谈翻译》（北京中国对外翻译出版公司2002年版）卷首。】

12月31日，撰《蟹酒居主饕餮客——序庄因文集〈漂泊的云〉》，后收入《蓝墨水的下游》（1998年版）。

12月，于西子湾写评论《断然截稿——读梅新遗著〈履历表〉》②，后收入《蓝墨水的下游》（1998年版）。

12月，傅光明编《缪斯的左右手》，由长沙湖南人民出版社出版，收入"书海浮槎文集"。本书结集作者论述性文章，包含"谁是大诗人？""向历史交卷"二辑，收录《论情诗》《从古典到现代诗》《谁是大诗人？》等20篇。正文前有季羡林的《总序》、傅光明的《诗文双绝余光中》。

12月，赵爵民发表《余光中——诗在这头，文化在那头》，刊《海上文坛》第12期。

1998年（戊寅）　71岁

1月1日，陈家春发表《余光中的语言魅力——略述余氏散文的美质》，刊香港《文学村》第2期。

1月5日，财团法人广播电视事业发展基金会拍摄"智慧的薪传"系列纪录片，以文化、艺术、哲学界人士为主，共52部，余光中部分为《诗坛巨擘——余光中》。

1月8日，赖素铃发表《余光中谈旅行，有诗情，有文化》，刊《民生

---

① 《中国翻译》2008年第5期。
② 原件藏台北"国家图书馆"当代名人手稿典藏系统，编号262-257。

报》第 19 版。

1 月 10 日，高雄中山大学外文研究所校友回校聚餐，余光中参加活动，并与钟玲、苏其康、王仪君等合影留念。

1 月 31 日，作诗《水仙》，后收入《高楼对海》（2000 年版）。

1 月，发表《断然截稿》，刊《联合文学》第 14 卷第 3 期。

2 月 2 日，作诗《高楼对海》，后收入《高楼对海》（2000 年版）、《风筝怨》（2017 年版）等。

2 月 4 日，作诗《听高德贝多芬——Glenn Gould: The Emperor Concerto》《七十自喻》①，后收入《高楼对海》（2000 年版）《风筝怨》（2017 年版）等。

> 杨澜《永远的乡愁——台湾著名诗人余光中访谈》：这首《七十自喻》就是三年前写的，我把生命比喻一条长河，像长江一样，最后一定会汇入到三角洲，出海口，那时回顾起来，有很多支流来汇我，像湘江、汉水，这么多，然后在很安静的晚上，我也会想到我当初，源头是怎么样，源头是雪山的冰水融化而成的，所以往往那种感觉，一方面想到源头，一方面想到海口的一种感觉。②
>
> "中央日报"副刊（2000 年 7 月 17 日）：〇海阔，风紧，楼高——读余光中《高楼对海》（唐捐）〇《七十自喻》以"江河必入海"的感慨发端，几经转折演绎，乃结以"水去河长在"的体悟，心眼手笔俱见开朗。

2 月 8 日，作诗《老来多梦》，后收入《高楼对海》（2000 年版）。

2 月 15 日，作诗《苍茫时刻》，后收入《高楼对海》（2000 年版）、《风筝怨》（2017 年版）。

2 月 20 日，作诗《一张椅子》，后收入《高楼对海》（2000 年版）。

2 月 24 日，作诗《共灯》，后收入《高楼对海》（2000 年版）。

2 月 26 日，作诗《风声》，后收入《高楼对海》（2000 年版）。

3 月 11 日，应邀出席高雄市政府主办的"港都有约系列演讲"活动，主讲《旅行与文化》。

---

① 原件藏台北"国家图书馆"当代名人手稿典藏系统，编号 262-228。
② 《中国文化报》第 4 版（2001 年 11 月 1 日）。

3月，译作《理想丈夫与不可儿戏——王尔德的两出喜剧》，由沈阳辽宁教育出版社出版，收入"新世纪万有文库"。

3月，胡德才发表《也读朱自清散文——兼评余光中的评论》，刊《文艺理论与批评》3月号。文中说余"狂妄无知"，态度野蛮，是"道德家式的眼光"。

4月10日，作诗《月色有异》，后收入《高楼对海》（2000年版）。

4月18日，张梦瑞专访《新足音叠着旧足音，步步是回味——余光中难忘那"家街"深巷》，刊《民生报》第19版。

4月19日，作诗《银咒》，后收入《高楼对海》（2000年版）。

4月27日，作诗《我的缪思》，后收入《高楼对海》（2000年版）。

> "中央日报"副刊（2000年7月17日）：○海阔，风紧，楼高——读余光中《高楼对海》（唐捐）○《我的缪思》则又展现了"不肯让岁月捉住"的决心，诗人说："岁月愈老，为何缪思愈年轻？"是了，这正是我们所熟悉的"不肯认输的灵魂"。缪思正年轻，证据何在？"登高吟啸，新作达九首"是一证，以文统对抗政统的魄力是一证，驰骤数十行而略无衰惫之气，这又是一证。

4月29日，应邀出席两岸中山大学联合在高雄中山大学举办的第二届文学学术研讨会。

> 汪静文《两岸学者渡海相会——广州与高雄中山大学第二届文学学术研讨会侧记》：1998年，余光中在台湾中山大学举行的学术会议上评论大陆学者论他的乡愁诗时说："乡愁诗是时代的产物。所谓"国家不幸诗家幸"，我过去所以会写出许许多多情感饱和的乡愁诗来，是因为战争动乱、国家分裂，骨肉离散，令人心痛如焚烧。"[1]

同日，作诗《仙枕》，后收入《高楼对海》（2000年版）。

4月30日，夏念慈发表《余光中会文友新经验——广州教授王晋民在他面前提出研究他的论文》，刊台北《中国时报》第29版。

4月，在香港RTHK电视台为香港文学节活动拍摄诗作《珍珠项链》相关影片。

---

[1] 《香港文学》第7期（1998年7月）。

4 月，黄文凌发表《痛饮狂歌空度日——杜甫〈梦李白〉及余光中〈寻李白〉之比较》，刊《兰女学报》第 6 期。

4 月，王伟明发表《回到壮丽的光中——余光中答客问》，刊香港《诗双月刊》第 40 期。

5 月 4 日，获颁文工会第一届五四奖文学交流奖。

5 月 20 日，作诗《春雨绵绵》，后收入《高楼对海》（2000 年版）。

5 月 31 日，作诗《给星光一点机会》，后收入《高楼对海》（2000 年版）。

同日，江中明发表《余光中生日将发表新作，重阳节七十大寿，高雄市·中山大学出版界将办活动》，刊《联合报》第 14 版。

5 月，于西子湾撰《一枝紫荆伸向新世纪——为"第二届香港文学节"而作》，刊 9 月《台湾诗学季刊》第 24 期，题作《一枝紫荆伸向新世纪 "从本土出发——香港青年诗人十五家"》；收入《蓝墨水的下游》（1998 年版）。

6 月 1 日，香港《诗双月刊》第 40 期刊登了钱学武的《略论余光中处理相关题材的手法》、袁可嘉的《"奇异的光中"——〈余光中诗歌选集〉读后感》、黄维樑的《璀璨的五采笔——余光中作品概说》、陈锦昌的《"余光中事件"内部参考资料》，以及王伟明的《回到壮丽的光中——余光中答客问》。

> 余光中《袁可嘉，诚可嘉》：我正值七十岁，香港《诗双月刊》的主编王伟明预备为我出一专辑，特邀可嘉撰稿。可嘉长我七岁，他所属《九叶集》诗社也早于《蓝星》十年，按理根本无需应邀。结果他还是动了笔，交了一篇写得很认真的五千字长文：《"奇异的光中"——〈余光中诗歌选集〉读后感》。为了鼓励当年吃饭太慢的小学弟，他对我一生的诗作语多溢美。[1]

6 月 3 日，王心怡发表《诗的春天，从余光中出发》，刊"中央日报"第 10 版。

6 月 4 日至 5 日，陈幸蕙发表《打喷嚏，却喷出了彩霞——兼记余光中先生一段文学因缘》（上、下），刊《联合报》第 7 版。

6 月 5 日，获颁高雄中山大学杰出教学奖。

---

[1] 《文讯》第 344 期（2014 年 6 月）。

同日，王广福发表《余光中与港都浓情化不开》，刊台北《中国时报》第 11 版。

6 月 6 日，获颁斐陶斐杰出成就奖。

6 月 28 日，应邀出席吉隆坡马来西亚留台校友总会举办的文化节，演讲《国际化与本土化》。

6 月 30 日，访马六甲永春会馆，参加甲坡葡萄牙村"圣彼德"庆典，并参加剪彩仪式，获赠纪念品及会刊。[①]

6 月，发表《大专新诗组总评》，刊《明道文艺》第 267 期。

6 月，陈锦昌发表《"余光中事件"内部参考资料》，刊香港《诗双月刊》第 40 期。

7 月 1 日，应邀赴香港参加第二届香港文学节，演讲《一枝紫荆伸向新世纪》。

7 月 5 日，金圣华在香港海景嘉福酒店对余光中就翻译问题做专访，后以《余光中的"别业"：翻译——余光中教授访问录》为题，刊 10 月香港《明报月刊》。

7 月 7 日，余氏夫妇与黄秀莲女士、樊善标教授合影。

7 月 9 日，作诗《雕花水晶》，后收入《高楼对海》(2000 年版)。

7 月 30 日，作诗《绝色》，后收入《高楼对海》(2000 年版)。

8 月，于西子湾写散文《从母亲到外遇》，收入《日不落家》(1998 年版)。该文开头写道：

> "大陆是母亲，台湾是妻子，香港是情人，欧洲是外遇。"我对朋友这么说过。
>
> 大陆是母亲，不用多说。烧我成灰，我的汉魂唐魄仍然萦绕着那一片厚土。那无穷无尽的故土，四海漂泊的龙族叫她作大陆，壮士登高叫她作九州，英雄落难叫她作江湖。……台湾是妻子，因为我在这岛上从男友变成丈夫再变成父亲，从青涩的讲师变成沧桑的老教授，从投稿的"新秀"变成写序的"前辈"，已经度过了大半个人生。……香港是情人，因为我和她曾有十二年的缘分，最后虽然分了手，却不

---

① 马六甲永春会馆编：《马六甲永春会馆二百周年纪念特刊（1800—2000）》，马六甲：马六甲永春会馆，2000 年，第 308 页。

是为了争端。初见她时，我才二十一岁，北顾茫茫，是大陆出来的流亡学生，一年后便东渡台湾。再见她时，我早已中年，成了中文大学的教授……欧洲开始成为外遇，则在我将老未老、已晡未暮的善感之年。我初践欧土，是从纽约起飞，而由伦敦入境，绕了一个大圈，已经四十八岁了。等到真的步上巴黎的卵石街头，更已是五十之年，不但心情有点"迟暮"，季节也值春晚，偏偏又是独游。

　　傅光明《余光中：我把自己想像成"茱萸"的孩子》：我讲这个话还有一个背景，就是一度有很多同辈的作家对西方的文学崇拜过盛，而且他们养成一种文学进化论的观念，觉得古绝对不如今。可是我回头去检讨，我觉得今日认为革命前卫的东西，很多古人已经做到了。这就是不读书之过，认为自己创新了什么东西，其实以前的作家做过。就是因为你所知太少，自己认为创造了什么东西。①

　　夏瑜《余光中：把岛上的文字传回中原》：流亡也好，迁徙也好，移民也好，或者长期旅行、侨居也好，都不能说是本国文化的流失，应该看成是本国文化的扩大、延伸。……凡一个作家到什么地方，他能把握自己的语文，能够拥抱自己的文化，那个地方就是他的祖国。②

8 月，宋裕、李冀燕发表《文坛祭酒——余光中》，刊《明道文艺》第 269 期。

9 月 6 日，与高天恩、齐邦媛、宋美璍、欧茵西、柯青华（隐地）、彭镜禧赴芬兰赫尔辛基出席第六十五届国际笔会年会。夫人范我存及几位女儿同行，并游历俄罗斯圣彼得堡。后作诗《圣彼得堡——俄国行之一》《俄罗斯木偶——俄国行之二》，收入《高楼对海》（2000 年版）。

　　高天恩《"双宿双飞"的日子》：一九九八年在芬兰赫尔辛基举办的第六十五届国际笔会年会，不但余先生和我以会长与秘书长的身份参加，齐邦媛、宋美璍、欧茵西、隐地、彭镜禧也都与会，而余师母及余家几位姊妹（包括幼珊）也共襄盛举。记得一次我们在开会时，余师母及女儿们也正搭船去挪威旅游。我们的会场，一栋五星级大饭

---

① 傅光明采写：《生命与创作：中国作家访谈录》，第 67 页。
② 《南方周末》（2004 年 5 月 9 日）。

店，后门就面对大海。①

9月22日，郭士榛发表《诗情乐韵：倾听余光中吟诵》，刊"中央日报"第10版。

同日，张梦瑞发表《余光中，唱古诗唱西洋诗，文艺之友沉醉在诗乐世界》，刊《民生报》第19版。

同日，陈希林发表《余光中开讲，源起诗三百》，刊台北《中国时报》第11版。

同日，蔡美娟发表《余光中：阐述诗乐关系》，刊《联合报》第14版。

9月18日，作诗《因你一笑》，后收入《高楼对海》（2000年版）。

10月4日，王心怡发表《余学、余诗为余光中贺寿》，刊"中央日报"第10版。

同日，李彪发表《余光中七十华诞，对垒永恒——重九的午后，为诗人暖寿》，刊台北《中国时报》第11版。

10月9日，获颁台湾"行政院新闻局"国际传播奖章。

10月12日，李进发表《余光中出书为七十生日"自放烟火"》，刊《联合报》第41版。

10月14日，黄维樑发表《情采繁富 诗心永春——试论余光中各时期诗作的特色》，刊香港《大公报》E07，又刊《联合文学》10月号。

10月20日，《七十红尘，余光中带劲》，刊《青年日报》第5版。

同日，王正平发表《山大安排下午茶，余光中畅谈诗情——生日前夕发豪情，人生七十才开始》，刊台北《中华日报》第5版。

同日，朱惠娟发表《为余光中七十岁生日暖寿》，刊"中央日报"第10版。

10月23日，高雄中山大学文学院举办"重九的午后——余光中作品研讨暨诗歌发表会"，金圣华、黄国彬、郑慧如诵诗翁之诗，殷正洋唱杨弦为诗翁诗作所谱之曲。

同日，发表《辟邪茱萸，消灾菊酒》，刊《联合报》第37版；又刊1998年11月《九歌杂志》第212期。该文即《五行无阻》之后记。

10月24日，朱惠娟发表《重九的午后，余光中七十庆生》，刊"中央

---

① 李瑞腾主编：《听我胸中的烈火——余光中教授纪念文集》，第133页。

日报"第 10 版。

同日，夏念慈发表《余光中七十岁庆生会，诗歌齐唱》，刊台北《中国时报》第 11 版。

同日，曹敏吉发表《余光中将届七十，近百人士暖寿》，刊《联合报》第 14 版。

10 月 28 日，重九日，七十大寿，在《联合报》、台北《中国时报》、"中央日报"、《中华日报》、《自由时报》、《新闻报》、《幼狮文艺》、《明道文艺》等报刊发表 15 首诗、1 篇散文。其中包括诗作《我的缪斯》（刊台北《中国时报》）。

> 余光中《五行无阻·后记》：今年重九是我七十足岁的生日，《五行无阻》选在这清秋佳节出书，可谓自力更生，该是一位诗人，不，诗翁，最好的自寿方式了。更进一步，重九这一天我还要在九个报刊上发表今年刚写的九篇新作，以证明老而能狂，虽然挥霍了一点，放的却是自备的烟火。[1]【按：实则不止九篇作品，计有《自塑》《预言》《旗》《菊颂》《魔镜》《石胎》《不思开灯的缘故》《对灯》《鹰》《中国结》《高处》《耳顺之年》等。】
>
> 叶振辉《二〇〇一年六月二十一日第二次访问》：一九九八年我过七十岁生日，中山大学文学院与中国笔会于十月二十三日合办"重九的午后——余光中作品研讨暨诗歌发表会"，台北、香港、美国都来了一些学者与诗人，当时参加的人除吴市长外，尚有黄副市长俊英、新闻处长吴建国，及文化中心处长李文能等人，就在中山大学的逸仙馆礼堂举行。……在礼堂上就引用了《让春天从高雄出发》诗句。[2]

同日，发表《船长的航海日志》《左手掌纹仍纵横？》，刊《自由时报》第 41 版。前者又刊 1998 年 11 月《九歌杂志》第 212 期。此二文分别为《蓝墨水的下游》《日不落家》之后记。

10 月 29 日，杨丽雪发表《余光中七十大寿自放烟火》，刊《青年日报》第 5 版。

---

① 余光中：《五行无阻》，第 119 页。
② 叶振辉主访：《让春天从高雄出发——余光中教授专访》，第 39 页。

　　同日，林秀美发表《余光中古稀之年老而能狂》，刊《民生报》第34版。

　　10月31日，陈文芬发表《余光中在台北又过了一次七十岁生日——出版四本新书，门生故旧祝贺》，刊台北《中国时报》第11版。

　　同日，陈曼玲发表《风声朗朗，余光中老而能狂》，刊"中央日报"第10版。

　　同日，蔡美娟发表《余光中自放烟火，三本新作庆七十》，刊《联合报》第14版。

　　10月，《联合文学》《幼狮文艺》《明道文艺》三份文学月刊均开辟余光中专辑贺寿。同时，台北九歌出版社出版诗集《五行无阻》、散文集《日不落家》、评论集《蓝墨水的下游》及庆祝余氏七十岁生日诗文集专书《与永恒对垒：余光中先生七十寿庆诗文集》（钟玲主编）。洪范书店出版《余光中诗选（第二卷）：一九八二——一九九八》。七十大寿发表新诗作及新书出版等活动，被台湾电视公司"人与书的对话"选为1998年度"十大读书新闻"之第六。

　　10月，发表诗歌《共灯》《西湾黄昏》，刊《幼狮文艺》第538期。

　　10月，第五本评论集《蓝墨水的下游》，由台北九歌出版社出版，为"九歌文库514"。本书结集作者论述文章19篇，收录《蓝墨水的下游——为"四十年来中国文学会议"而作》《散文的知性与感性——为苏州大学"当代华文散文国际研讨会"而作》《作者，学者，译者——"外国文学中译国际研讨会"主题演说》等11篇，有后记（1998年中秋前夕于西子湾）。

　　　余光中《后记》：这些所谓论文，在现场听我演而讲之，跟私下展书默而读之，感觉当然不同。现场演讲较为生动，有一点"世界首演"的味道。私下默读则已事过境迁，像听录音一般。……序言这种文体，是我中年以后经常应邀而写的一种特殊评论，可谓"人在文坛，身不由己"，也算是一种"遵命文学"，不过也可以乘机了解其他的作家在想些什么，更可以借此厘清我对该一文体的观念。……我写评论，主要是由经验归纳，那经验不仅取自个人的创作，也取自整部的文学史。我写评论，在文体上有点以文为论。在精神上，却像是探险的船长在写航海日志，不是海洋学家在发表研究报告。要了解飞的真相，我宁可去问鸟，而非问观鸟专家。

陈素芳《当夜色降临，星光升起——由读者到编者，永怀余光中老师》：评论集书名《蓝墨水的下游》，我好奇的问："为什么是下游？"他说："上游是屈原。"①

10 月，第四本纯抒情散文集《日不落家》，由台北九歌出版社出版，为"九歌文库 513"。本书集结作者 1991～1998 年间之散文，收录《众岳峥峥》《山色满城》《重游西班牙》等 21 篇，有后记。2009 年 10 月再版，为"余光中作品集 14"，新增《新版序》《后记》，另附余幼珊的《诗人与父亲》《父亲·诗人·同事》，余佩珊的《月光海岸》，余季珊的《爸，生日快乐》。

10 月，第十七本诗集《五行无阻》，由台北九歌出版社出版，为"九歌文库 512"。这也是作者自香港回台，迁来高雄定居后的第三本诗集。本书集结作者 1991～1994 年间诗作，收入《东飞记》《洛城看剑记——赠张错》《初夏的一日》《木兰树》《闻锡华失足》等 45 首，从戈尔巴乔夫到俞大维，从张错到杨丽萍，从故宫到长城，从撑杆跳高到冰上舞，从人子孺慕到伉俪情深，主题包罗较广。有后记《诗，我的辟邪茱萸！》（1998 年 8 月于西子湾）。

余光中《后记》：《五行无阻》是我的第十七本诗集，里面的四十五首诗都是一九九一年到一九九四年之间所作。自从十三年前由香港回台，迁来高雄定居，这已是第三本诗集。

不过书名却没有向前述的各诗里去挑，而选了一首用五行来参生死的玄想之作。探讨自我生命的终极意义，该是玄想诗最耐人寻味的一大主题。在现代主义与存在主义流行的六〇年代，不少"难懂"的诗，或虚无，或晦涩，往往以此自许，但是真能传后的杰作寥寥无几。……

其他几首，例如《纸船》《老来》《非安眠曲》《老树自剖》等，也都可归入同类主题。这些诗不仅可做面面观的自传，更有自我定位的意味，颇像柯科希卡与梵谷的自画像。值得注意的是：中国古代画家少有自画像，但古代诗人如陶潜、杜甫、苏轼等等却写了不少自述诗，

---

① 《文讯》第 387 期（2018 年 1 月）。

屈原更是把自传升华为神话。王尔德借剧中人高凌子爵的口指出：自恋是一个人终身的罗曼史。一句话，真抵得上弗洛伊德一本书。

自述诗当然不尽是自恋，也可以写成自励、自伤、自暴或自嘲。但是不管如何掩饰，其为自恋之变奏则一。……一位诗人到了七十岁还在出版新作诗集，无论生花与否，都证明他尚未放笔。其意义，正如战士拒绝缴械。……①

不必登高，也能赋诗。我要告诉仙人费长房说："诗，是我的辟邪茱萸，消灾菊酒。"

10月，《余光中诗选（第二卷）：一九八二——一九九八》，由台北洪范书店出版，为"洪范文学丛书72"。本书集结作者1982～1998年间之诗作，内分紫荆赋、梦与地理、安石榴、五行无阻、未结集作品等五辑，收入《夜色如网》《最薄的一篇暮色》《一枚松果》《夸父》《小木屐》等87首。有自序。2007年4月再版。

10月，傅光明主编《真空的感觉》，由广州新世纪出版社出版，为"海外名家经典1"。全书分两辑，散文部分收录《四月，在古战场》《南半球的冬天》《不朽，是一堆顽石》等22篇，诗歌部分收录《昨夜你对我一笑》《北京人》《祈祷》《珍妮的辫子》等42首。有郑实的《余光中是一首诗（代前言）》。

10月，钟玲主编《与永恒对垒：余光中先生七十寿庆诗文集》，由台北九歌出版社出版。本书为庆祝余光中先生七十大寿而编，收录余光中港台文友及门生为其贺寿所写的诗与散文。正文前有《余光中传略》。诗篇收录向明、周梦蝶等撰写的祝贺诗15首；散文收录13篇，含金圣华的《永恒的彩虹》、孙玮芒的《文字的君王》、陈幸蕙的《打喷嚏，却喷出了彩霞》、陈汗的《快哉此风》等。正文后附录采访记录《藏火的意志在燧石的肺里》。这些作品或抒怀或记事，多涉及作者与余光中的交往因缘，呈现出实际生活中的诗人面貌。

10月，钟玲发表《距离的故事——贺余光中老师七十岁生日》，刊《联合文学》第168期。

---

① 余光中：《五行无阻》，第112～119页。

11 月 9 日，作诗《金色喷泉——咏香槟》[①]，后收入《高楼对海》（2000年版）。

11 月，发表《辟邪茱萸·消灾菊酒》《船长的航海日志》《左手掌纹仍纵横？》刊《九歌杂志》第 212 期。

11 月，发表《〈余光中诗选第二卷〉自序》，刊《洪范》第 60 期。

11 月，发表诗歌《海誓》，刊《明道文艺》第 272 期。

11 月，钟玲发表《敬意与缘分——〈与永恒对垒〉出版缘起》，刊《九歌杂志》第 212 期。

11 月，散文集《石城之行》，由呼和浩特内蒙古人民出版社出版。

12 月 1 日，罗光萍发表《余光中谈艺录》，刊台北《文学村》第 4 期。

12 月 31 日，散文集《日不落家》获颁《联合报》"读书人"年度最佳书奖。

12 月，钱学武著《自足的宇宙：余光中诗题材研究》由香港香江出版有限公司出版。作者 1997 年在香港中文大学中文研究所完成了硕士学位论文《余光中诗主题研究》，本书是在此基础上拓展而成的。该书从题材的微观分析入手，全面系统地勾画了余光中诗歌发展的道路及其在中国当代文学史上的地位。全书共五章，分别是绪论、余光中诗题材分类研究、余光中诗题材之嬗变、余光中诗题材广阔多变的原因、余论。作者把余氏诗作内容分为人、物、景、事、地五大题材范畴，每一范畴再分类，每类再分目，有些目再细分，其内容的繁复多元，一目了然。该书将开阔宏放的研究视野与重点聚焦相结合，阐述了余氏在抒情说理、咏物叙事，以及在宇宙人生、自然艺术、历史文化等题材开掘方面所取得的艺术成就。正文前有黄维樑的《一个广阔自足的宇宙——钱学武〈余光中诗题材研究〉序》。

12 月，黄盈雰发表《诗人余光中过七十大寿》，刊《文讯》第 158 期。

是年，为高雄市楠梓特殊学校创校写校歌。

---

① 原件藏台北"国家图书馆"当代名人手稿典藏系统，编号 262-12。

1999 年（己卯） 72 岁

1月1日，黄国彬发表《余光中的大品散文》，刊《香港文学》第169期。

1月20日，发表《九九重九，究竟多久？》，刊《联合报》第37版。

1月24日，傅孟丽发表《茱萸的孩子：余光中传（书摘）》，刊台北《中国时报》第23版。

1月，朱炎当选为台湾"中国笔会"第七任会长（1999～2006），欧茵西为秘书长；宋美瑾辞季刊编辑，由彭镜禧接任。

1月，发表《关于玉山——众岳峥峥》，刊《新观念》第123期。

1月，傅孟丽著《茱萸的孩子：余光中传》，由台湾天下文化出版公司出版。全书共十二章：小荷已露尖尖角（大陆时期1928～1949）；注定做南方的诗人（台北岁月1950～1981）；一块拒绝融化的冰（第1次赴美1958～1959）；五陵少年（第2次赴美1964～1966）；在茫茫的风里（第3次赴美1969～1971）；高处必定风动（香港山水情1974～1985）；让春天从高雄出发（定居西子湾1985～ ）；浪子回头（重返大陆故土）；余门几学士？（师生情与友情）；诗人之家（家庭与亲情）；心底有一朵莲？（爱情与婚姻）；和星宿停止吵架（70岁的心情）。书前有余光中的《序文——九九重九，究竟多久？》（1998年12月于西子湾）；书末有附录，包括《余光中大事年表》《余光中译著一览表》《余光中译著大陆出版概括》等。

> 余光中《序文：九九重九，究竟多久？》：因为我向来没有写自传的念头。我觉得，过日子已经够忙的了，何况还要写文章、翻译，哪里还有余力坐定下来，去写什么大手笔的自传？其实我连日记也不敢写，难得的例外是在"非常时期"，包括旅行途中，那是因为有意留下细节、信史，以供日后游记之用。……写信，是对朋友周到；写日记，是对自己周到。我呢，意志薄弱，对朋友、对自己都不周到。……对一位作家来说，他一生的作品就已是最深刻、最可靠的自传了。[1]

---

[1] 傅孟丽：《茱萸的孩子：余光中传》，第1页。

《中国邮政报》（2004 年 4 月 10 日）：○余光中：我的生命与我的创作○："茱萸"是东汉时的一个象征，就是说汉朝的桓景，他的师傅是仙人费长房。费长房有一天跟他说，九月九日你家里有大难，你要带家人登高，要饮菊花酒，配茱萸囊，就是装茱萸的袋子，才可以逃过。做徒弟的桓景就听了这话。当天晚上跟家人从山上下来，一看家里鸡犬牛羊死了一地。他师傅说，就取代你们了。因此，在我的艺术想象之中，我生于那一天，那天我登高好像是一种壮举，其实是避难。而我小时候又碰上了中日战争，因此我把它们联想在一起。我的生日根本就是一场延长的逃难而已。中国人又把自己的生日称作母难日，所以我把自想象成"茱萸的孩子"。

叶振辉《二〇〇一年六月二十一日第二次访问》：我的传记有两个版本，内容都一样。先是市府中正文化中心李文能处长来和我接触，说要出我的传记。但在这之前"天下文化"早就和我谈了，后来"天下文化"与文化中心达成协议，所有的钱由"天下文化"出，书出版上市后，九百本做为文化中心公务之用，叫做高雄市文化资产丛书，由吴市长与李文能各写一篇序。但临要出书的时候，市长换了人，所以谢长廷市长也写了一篇序。①

1 月，出席《茱萸的孩子：余光中传》新书发布会。钟玲、高希均、傅孟丽等到场。

叶振辉《二〇〇一年六月二十一日第二次访问》：书出版后，"天下文化"在台北开记者招待会，而高雄市府在文化中心开新书发表会。②

2 月 2 日，作诗《捉兔》，后收入《藕神》（2008 年版）。

2 月 3 日，林馨琴发表《茱萸的孩子余光中出传记》、陈文芬发表《〈茱萸的孩子〉乡愁多重奏——余光中传记发表，自喻像落入达利画境，极为魔幻》，刊《中时晚报》第 13 版。

2 月 18 日，黄维樑发表《一个广阔自足的宇宙——钱学武〈余光中诗题材研究〉序》，刊香港《当代文艺》新 1 期。

2 月 20 日，作诗《鸡语》，后收入《藕神》（2008 年版）。

① 叶振辉主访：《让春天从高雄出发——余光中教授专访》，第 41 页。
② 叶振辉主访：《让春天从高雄出发——余光中教授专访》，第 41 页。

2月23日,《余光中的"诗言"》,刊《香港商报》C10。
2月,在高雄中山大学退休,改聘为"光华讲座教授"。

余光中《高楼对海·后记》:我自(台湾)中山大学退休,虽仍接受校方改聘,担任"光华讲座教授",并兼授二课,终于还是搬出了西子湾的校园。……幸而(台湾)中山大学还让我保留了文学院四楼的办公室,远望依然海天无阻,因而我的"海缘"尚未断绝。①

叶振辉《二〇〇一年六月二十一日第二次访问》:我退休时,刘维琪校长筹设了"光华讲座"。②

余幼珊《天真的歌·简体字版序言》:父亲爱写诗爱翻译,也爱教诗教翻译,1999年退休后,仍于中山大学外文研究所兼课,每学期轮流开设"十七世纪英诗""浪漫时期英诗"以及"翻译"这三门课,如此直至85岁因摔伤而不得不停止。③

2月,诗集被选入《联合报》副刊与"文建会"发起评选的"台湾文学经典"。共有三十部作品入选,其中诗集共有七种,另六家是郑愁予、痖弦、商禽、周梦蝶、洛夫、杨牧。

2月,发表《回顾中副半世纪》,收入《中副与我——中副在台五十年纪念》(台北"中央日报社")。

2月,江弱水(陈强)、黄维樑编选《余光中选集》五卷本,由合肥安徽教育出版社出版。第1卷诗集,第2卷散文集,第3卷文学评论集,第4卷语文及翻译论集,第5卷译品集。

3月3日,作诗《魔镜》,后收入《藕神》(2008年版)。

余光中《诗艺老更醇》:《魔镜》由月之实入境之虚,咏月即所以咏人。④

3月28日,《文学大师的心路历程——读傅孟丽〈茱萸的孩子:余光中传〉》,刊香港《新报》C09。

3月31日,《蓝星诗学》季刊创刊,由淡江大学中文系支援发行,余

① 余光中:《高楼对海》,第153页。
② 叶振辉主访:《让春天从高雄出发——余光中教授专访》,第40页。
③ 余光中编译:《天真的歌》,第4页。
④ 余光中:《藕神》,台北:九歌出版社,2008年,第5页。

光中担任发行人。季刊挂名为淡江大学中文系主编，实则主编为该校教授、蓝星中生代诗人赵卫民。创刊号上有余光中卷首语《淡蓝为美》和《蓝星诗社发展史》。

> 余光中《淡蓝为美》：一份诗刊，甚至一个诗社，如果办得认真，十年也就够了。诗人和艺术家最宜发挥个性，所以应戒"党性"。诗社不比政党，切忌成为"百年老店"。诗人不是家人，不必"长相左右"。一个诗社维持几十年，很容易沦为帮派，党同伐异，少有宁日。所以现代诗史若是还困在当年所谓的"三大诗社"的格局里，像说《三国演义》那样，就太把缪思政治化了，读来未免粗糙无趣。倒是十几年来的年度诗选，编辑委员来自各家各派，选诗只以艺术为标准，根本不考虑什么诗社的背景，颇有"欧盟"的气象。

> 向明《蓝星的精神领袖：余光中》：其实由淡江大学中文系支持的蓝星第九种版本《蓝星诗学》，自一九九三年三月出刊至二〇〇七年的第二十四期，正准备为庆祝蓝星五十周年出专号时，却因稿源不继而默默等待，停刊至今。①

4 月 13 日，《余光中城大演讲》，刊香港《大公报》B03。

4 月中旬，应邀出席由香港艺术发展局与香港中文大学联合举办的"香港文学国际研讨会"。

> 鄢国义、叶延滨《余光中访谈录》：针对研讨中出现的不同意见，余光中提到了上个月在香港召开的一个关于香港文学的国际研讨会：当时，大陆、台湾及海外的学者都有人参加，会后有人说，有些意见是隔靴搔痒。余先生不以为然，他说：他山之石可以攻玉，不然开个同乡会就可以了嘛，何必开研讨会呢！两岸在观念上、观点上会有不同，如果把中华文明看成一棵树，那么曲曲弯弯的年轮是年份的记载，而围绕的则是同一个圆心，是一个个同心圆。②

4 月 22 日，李国煌发表《慈济大爱台，当代作家映象，余光中率先登场》，刊《民生报》第 12 版。

---

① 《文讯》第 387 期（2018 年）。

② 《诗刊》第 7 期（1999 年 7 月 10 日）。

4月23日，写《诗与音乐》讲稿。

<table>
<tr><td>诗与音乐</td><td>余光中主讲</td></tr>
<tr><td>——并朗诵中英文诗歌</td><td>April 23, 1999</td></tr>
<tr><td></td><td>台积电，清华</td></tr>
</table>

（一）诗、画、乐之三角关系

诗中有画，诗中有乐 / 综合艺术：文字以义统摄形声 / 形，字形，画面，意境：空间艺术 / 声，字音，整篇之节奏，声调：时间艺术

（二）中国传统的诗与音乐

诗歌 / 诗经、元曲 / 歌、礼、曲、调、操，引、乐、谣 / 李白 1/6 为乐府；李贺 / 垓下歌，大风歌 / 苏柳姜 / 咏诗 / 西人？

（三）西洋传统的诗与音乐

情诗 Applo Erato(Lyre)，抒情 Euterpe(flute) / miniatrel tronbadour, gleeman / meter, number(莎剧), song, ode, ballad, prelude, serenade, varistions, rondeau / sonnet

（四）以诗入乐

王维：送元二使安西（西出阳关无故人）、三叠（渭城曲）（清本调）、李龟年檀板。

Burns / Berlioz, Romeo, Faust, Harold in It. Debussy, Mallarmé

《水中倒影》《雨中花园》《声籁和香氛在晚风里旋转》

（五）以诗状乐

琵琶行、为我挥手

（六）以乐入诗

Four Quartets，切分发，公无渡三河，cadeza（concert）协奏曲一乐章末由 Soloist 展示淋漓之技巧

（七）诗本身的音乐性

1. 整齐与变化

贺知章

2. 格律诗与自由诗

从心所欲 / 得心应手 / 韵文化，散文化长短无度 / 回行 / 分段 [1]

---

① 原件藏台北"国家图书馆"当代名人手稿典藏系统，编号 262-103。

4 月 24 日至 5 月 5 日，蔡诗萍访问、王妙如记《余光中专访（1—12）——"人生采访——当代作家映象"余光中专辑》，刊台北《中国时报》第 37 版。

4 月，于西子湾写散文《天方飞毯　原来是地图》。

4 月，《余光中散文》，由杭州浙江文艺出版社出版，收入"台湾八大家"丛书。

5 月 1 日，应邀出席高雄中山大学文学院和高雄市文艺协会联合主办的两岸文学研讨会，担任讲评人。

郦国义、叶延滨《余光中访谈录》：今年五月一日，在台湾中山大学文学院和高雄市文艺协会联合主办的两岸文学研讨会上，中山大学客座教授、著名诗人余光中先生压轴做综合讲评。他的一首《乡愁》在海峡两岸脍炙人口。那天，他的讲评贯穿的依然是浓郁的乡情。①

王火《访问宝岛散记》：1999 年 5 月 1 日星期六　阴雨　今天在高雄市西子湾中山大学文学院小剧场及会议室开两岸文学研讨会。研讨会开得很严肃、认真、务实、友好。……研讨会共三场，第一场是"两岸小说"；第二场是"两岸散文"；第三场是"两岸诗歌"。……茶叙片刻后，余光中作综合讲评……余光中最后说：我们这次两岸文学研讨会，是两岸文学甚至是一般文化的对话。对话并不需要雄辩滔滔，对话需要有人讲话、也要有人能够耐心地听。半个月前我去香港开香港文学国际研究会，与会学者有大陆、台湾和香港的学者。香港的学者说："你们懂得香港文学吗？你们隔靴搔痒。"我当时说，如果都是自己人谈的话，不如举办同乡会就好了。所以两岸交流的目的就是：他山之石，可以攻错。互相来提醒、激发才算是对话。比如说许多学者观念各有不同，他的认同范围或大或小，但就像树的同心圆，只要圆心是同一个就可以（对话）。两岸交流不但是面对"两岸"本身的问题，两岸的文学都面临经济压力，也都面对了市场的问题、媒体的问题，所以两岸的对话是有意义的。以下可作为我的心声：两岸分隔已经半世纪了，希望我们不要因为五十年的分隔忘掉五千年的文化。政

① 《诗刊》1999 年第 7 期。

治是分裂的、文化是亲和的，但愿我们的文化一直有交流。^①

同日，《余光中香港书展演说》，刊香港《苹果日报》A06。

5月4日，《五四荣誉奖揭晓——文学新诗奖：余光中》，刊台北《中华日报》第16版。

同日，《文艺奖章今天颁发，余光中等五人获荣誉文艺奖章》，刊台北《中国时报》第11版。

5月13日、14日，胡金伦发表《瞭望〈天狼星〉的三个角度——与余光中的跨时代对话》（上、下），刊台北《中国时报》第37版。

5月23日，作诗《画中有诗——题刘国松画六首》（含《金秋》《月球漫步》《环中》《吹皱的山光》《荷的联想》《窗外秋声窗里梦》），后收入《藕神》（2008年版）、《画中有诗——刘国松余光中诗情画意集》（新苑艺术·现代画廊出版社2009年9月版）。

> 叶振辉《二〇〇一年十二月四日第四次访问》：我为画家的画册写了很多序言，也写了一些画评画论来鼓吹他们，尤其是"五月画会"。该会的主角是刘国松，我给他也合作了许多次。^②

5月31日，舒非发表《七十年吐出满天彩霞》，刊《亚洲周刊》第13卷第22期。

6月6日，撰《翻译之教育与反教育》，刊7月17日至19日《联合报》副刊，后收入刘靖之、林戊荪、金圣华合编《翻译教学研讨会论文集》（香港翻译学会2000年版）；又收入《举杯向天笑》（2008年版）、《翻译乃大道，译者独憔悴》（2021年版）。

> 单德兴《第十位缪斯——余光中访谈录》：教翻译的过程，我在《翻译之教学与反教育》那篇文章中讲得很详细。一学期如果是十五个星期，我可能前面九个星期教英译中，后面六个星期教中译英。这是每星期三小时的课，两小时是笔译，一小时是口译，译王尔德。
>
> 我在《翻译之教育与反教育》那篇文章里讲到整个教学的过程：第一个星期由我出题，第二个星期学生交作业，第三个星期我把改好

---

① 王火：《王火文集》第10卷《90回眸》，成都：四川文艺出版社，2017年，第380～381页。
② 叶振辉主访：《让春天从高雄出发——余光中教授专访》，第73～74页。

的作业发还给他们，第四个星期他们把我改的重抄一遍交来，第五个星期我把重抄的改好发还给他们，没有错的当然就不改了。所以一个轮回要五次。一般的教学情况是老师改了、批了个分数之后，学生就不看了。为了避免出现这种情形，我就强迫学生再抄一遍。而且我告诉他们，如果重抄的时候想到更好的译法，就用自己想到的，不一定要完全抄我改的。经过这番学习，有些学生看得出有进步，但遇到中文很差的学生，那就没办法了。不过我觉得一个学期的时间不够，一学年可能会好一点。[①]

6 月 25 日，香港《当代文艺》新 3 期刊登了古远清的《有情有韵 动人心目——余光中幽默散文〈催魂铃〉赏析》、李元洛的《花开时节又逢君——名作家余光中小记》、王剑丛的《夜访余光中》。

6 月 26 日，李元洛发表《花开时节又逢君——台湾名作家余光中小记》，刊《台湾新闻报》第 13 版。

6 月 28 日，作诗《永念萧邦》《读夜》，刊 7 月 13 日台北《中国时报》；后收入《藕神》(2008 年版)、《风筝怨》(2017 年版)。

6 月，发表《旧木屐》，刊《天下杂志》第 217 期。

6 月，王晋民发表《论余光中的诗》，刊《蓝星诗学》第 2 期。

6 月，贾梦玮发表《论余光中散文的情感世界》，刊《世界华文文学论坛》第 2 期。

6 月，书画家楚戈将余光中 1986 年为木棉文艺季所写的《让春天从高雄出发》书之于碑，诗碑藏高雄市历史博物馆。

6 月，苏其康主编《结网与诗风：余光中先生七十寿庆论文集》，由台北九歌出版社出版。本书分甲、乙两篇。甲篇收录评论余光中著作之论述，包括翻译、诗作和散文，含金圣华的《余光中——三"者"合一的翻译家》、焦桐的《台湾心和中国结——余光中诗作里的乡愁》、黄国彬的《余光中的大品散文》等 5 篇；乙篇收录余光中兴趣所及之领域的他人评论，含王仪君的《建构贞洁意象——论〈温莎的风流妇人〉与伊莉莎白崇拜》、张健的《王昌会诗论有三十四门——〈诗话类编〉研究之一》、张错的《结网与羡鱼——台湾现代诗翻译策略与检讨》等 6 篇。书前有苏其康的《以

---

① 单德兴：《却顾所来径——当代名家访谈录》，第 205、207 页。

至诚和清醇祝嘏》，末附《余光中先生著作目录》。

7月1日，黄维樑发表《阴柔与阳刚——余光中的〈魔镜〉与〈民歌〉》，刊香港《文采》创刊号。

同日，谷泥据记录整理《乡愁·网络·现代诗——余光中访谈录》，刊香港《作家通讯》新5期。

7月9日，李登辉在接受一家外国电台采访时抛出了"两国论"，公然表示，台湾当局已将两岸关系定位在"国家与国家，至少是特殊的国与国的关系"。7月11日，中共中央台湾工作办公室、国务院台湾事务办公室发言人力批李登辉的"两国论"。

> 《人民日报》（1999年7月24日）：○台湾部分学者指出 李登辉欲借"两国论"实现野心（刘泰山）○著名学者、诗人余光中出席香港书展研讨会时说，不相信李登辉"两国论"的人很多，他并不代表所有台湾人。并呼吁台湾有些人不要为了50年的政治分隔抛弃五千年的中华文化。

7月15日，作诗《天葬》，刊8月17日台北《中国时报》；后收入《藕神》（2008年版）。

7月23日，《余光中谓李登辉言论并不代表所有台湾人》，刊《香港商报》B01；《当余光中教授遇上余秋雨教授　两岸作家谈读书与文化》，刊香港《明报》C06。

> 何晴《余光中访谈：每个人的生活中都要有诗》：我觉得余秋雨的散文是相当好的，他的所谓文化，是在组织的骨架之下，有感性的烘托与渲染，可以说兼有知性与感性，或者说文化知识的散文在感性化。所以他强调要到文化的现场去领略文化的意义。①
>
> 傅光明《余光中：我把自己想像成"茱萸"的孩子》：我想他所追求的散文是比较流畅的，当然带有感性的。因为他所写的比如三峡、周庄等等，是他所谓的到文化现场去看的一种感想，跟我写的情况不太一样。我是带着一种游子归来的情怀。他在大陆那么久，不过摆脱了"文革"，摆脱了早期意识形态，用中国文化的观点再来看文化现

---

① 《南方都市报》（2002年5月23日）。

场。出发点不太一样。我觉得他的散文很好，是为他的"文化苦旅"来服务的，是为他的观点、为他的思想服务的。我写散文是为我的美感服务的。不太一样。①

7月26日，《余光中情牵半世纪文学以外的一章》，刊《香港经济日报》C02。

7月30日，《快乐从修炼而来 诗坛祭酒余光中》，刊香港《明报》E03。

8月1日，古远清发表《开阔宏阔的研究视野——评〈自足的宇宙——余光中诗题研究〉》，刊《香港文学》第176期。

8月14日，《余光中感情生活的莲——读〈茱萸的孩子——余光中传〉》，刊香港《明报》E08。

8月21日，林秀美发表《全国文艺中解读"诗与乐"——余光中朗诵声里见意境》，刊《民生报》第6版。

8月23日，发表《象牙塔的铁窗——读维维安写的父亲〈王尔德〉》，刊《联合报》。

8月27日，应贵州收藏家陈祖伟之请录《寻李白》三句。

酒入豪肠，七分酿成了月光

余下的三分啸成了剑气

秀口一吐就半个盛唐

——录《寻李白》三句赠陈祖伟君 ②

8月，发表《大专新诗组综评》，刊《明道文艺》第281期。

8月，从中山大学甲栋宿舍乔迁至左岸大厦新居。

叶振辉《二○○一年七月十七日第三次访问》：我在中山大学一直教到退休，已经是十五年了，可是退休应该退房，所以我准备另买房子。那时候我在高雄已经另有一间房子，不过不够住。正好有一个"左岸"大厦在做广告。……我们一看规格也不错，就决定把它买下来，前年八月搬进来。③

① 傅光明采写：《生命与创作：中国作家访谈录》，第82页。
② 据《贵州收藏家获赠余光中两封亲笔信》文内插图，载《贵州都市报》（2017年12月18日）。
③ 叶振辉主访：《让春天从高雄出发——余光中教授专访》，第48～49页。

《明报·明艺版》（2017 年 7 月 31 日）：○到高雄探望余光中先生（黄维樑）○自从迁出中大校园的宿舍之后，余家一直安居于高雄市中心之北，在一心路二圣路三多路四维路五福路六合路七贤路八德路九如路十全路再北上，在光兴路的左岸大厦。大厦在爱河之西，以左右分西东，即是左岸。……余家在左岸高楼安居多年，宽敞而不豪华的大宅，因为"卷帙繁浩"过甚，乃另购新居，在原宅的下一层。新居摆设简雅，明亮素净，成为会客之厅。

8 月，评论集《连环妙计》，由上海文艺出版社出版，收入"台湾暨海外华语作家自选文库"。本书为作者自选评论集，分六辑，收录《中国古典诗的句法》《连环妙计——略论中国古典诗的时空结构》《象牙塔到白玉楼》等 25 篇。

　　余光中《与海为邻·自序》:《连环妙计》为我自选的评论集，依受评的对象分为诗、散文、绘画、翻译、音乐、其他等六辑，约占我评论产量的七分之一。[1]

8 月，自选集《满亭星月》，由上海文艺出版社出版。本书收录的散文，从感性到知性，从雄奇到秀雅，从写实到浪漫，从小品到长篇，风格不一而足，分为抒情散文、知性散文、小品杂文三辑，共收作品 46 篇，均为作者著名的代表作，如自传性抒情散文《记忆像铁轨一样长》、想入非非的《鬼雨》、生活记趣的《花鸟》、令人发笑的《另有离愁》等。

　　余光中《与海为邻·自序》:《满亭星月》是我自编的散文选，依文类性质，分为抒情散文、知性散文、小品杂文三辑，约占我散文产量的三分之一。[2]

8 月，王伟明著《诗人诗事》，由香港诗双月刊出版社出版。该谈话录涉及羁魂、王良和、路雅、黄灿然、陈德锦、辛笛、郑敏、袁可嘉、杜运燮、屠岸、顾城、徐时许、陈剑、余光中、向明、张默、林焕彰、郑愁予、冯至等 19 人，一经问世，获得各方好评，影响不小。

9 月 17 日，应湖南省作家协会和湖南省电视台之邀，首次来到湖南，

---

① 余光中:《与海为邻》，上海：上海文艺出版社，1999 年，第 7 页。

② 余光中:《与海为邻》，第 5 页。

访长沙、汨罗、岳阳、常德、张家界，历时半月。

李元洛《楚云湘雨说诗踪——余光中湘行散记》：余光中访湘，虽系两家【按：即湖南省作协与湖南省电视台】邀请，但主要却由湖南作协副主席水运宪大力经办促成。①

李元洛《李元洛新编今读唐诗三百首》：1999 年 9 月，台湾名诗人余光中首度访湘，历时半月，我全程陪同，最后于张家界机场送他赴港返台。②

《人民日报》（2014 年 1 月 8 日）：〇千年如在觅诗魂（李元洛）〇上个世纪最后一年的高秋，诗人余光中首度访湘。由岳麓书院开坛演讲到汨罗屈子祠挥毫赋诗，由岳阳楼畔即兴题词至在常德诗墙刻有其名作《乡愁》的石碑前握手言欢，我全程陪同，历时半月，最后在张家界机场话别。他飞香港转赴台湾，我则回返潇湘的腹心之地长沙。在检票处的入口，眼看近在咫尺即将远隔天涯，余光中在挥一挥衣袖的同时，回头笑向我说："元洛兄，君向潇湘我向秦，再见了！"

水运宪《一路拾珠——余光中三湘行》：那次是余先生第一次造访湖南，又是应我的邀请而来，我当然得全程奉陪。从长沙出发到汨罗然后抵岳阳，再驱车几百公里，自洞庭湖东岸赶往西岸之滨的常德。稍事停留两天之后，车头直指西北，一彪人马陪护着余光中夫妇朝着张家界方向呼啸而去。③

《湖南年鉴：2000》：应湖南省作家协会及湖南师大文学院的邀请，蜚声海内外的台湾诗人、学者余光中偕夫人于 1999 年 9 月 17 日抵湘访问。9 月 18 日，在毛泽东文学院举行了余光中与湖南作家学者座谈会。参加会议的有省文学界、省出版界、省新闻界的作家、学者、记者 60 余人。在湘期间，余光中先后在岳麓书院、湖南师大文学院、岳阳师院和常德进行了 4 次演讲。（李振威）④

9 月 19 日，应邀出席岳麓书院"千年论坛"，演讲《艺术经验的转化》，并回答了现场听众及网上观众的提问。余光中认为这是其在祖国大陆印象

① 江堤编选：《余光中：与永恒拔河》，第 152 页。
② 李元洛编著：《李元洛新编今读唐诗三百首》，长沙：岳麓书社，2013 年，第 309 页。
③ 水运宪：《惟天在上》，长沙：湖南文艺出版社，2017 年，第 127 页。
④ 湖南年鉴社编辑：《湖南年鉴：2000》，长沙：湖南年鉴社，2000 年，第 337 页。

最深的一次演讲。湖南经济电视台及其网站同时直播了此次演讲。演讲稿后经江堤整理、袁秋萍外文译校，收入江堤编选《余光中：与永恒拔河》（湖南大学出版社 2001 年版）。

《长沙市岳麓区志：1988 ～ 2002》：19 日台湾著名诗人余光中应邀到岳麓书院讲学。①

香港《大公报》A02（1999 年 9 月 26 日）：〇余光中长沙讲学〇九月十九日，台湾著名诗人余光中应邀到有千年历史的长沙岳麓书院讲学。余光中曾以左旁《乡愁》感动海峡两岸无数人。讲学中，余光中指出"以五十年的政治因素抛弃五千年的文化是愚蠢和不可能的，两岸人民都渴望早日团圆"。（新华社）

李元洛《楚云湘雨说诗踪——余光中湘行散记》：余光中在岳麓书院演讲，讲题是《艺术经验的转化》，由湖南省经济电视台现场直播。……在现场演讲之前，他就先去朝拜，在古朴典雅的庭院与历时千年的书香中盘桓半日，他也毕恭毕敬地题下四个大字："不胜低回"。②

杨澜《永远的乡愁——台湾著名诗人余光中访谈》：我前年在长沙的岳麓书院演讲，我当时觉得这是很隆重的一件事情，因为是中国文化的一个重点，这是朱熹、张栻讲学之地，怎可造次呢。所以那天我去了，是 9 月底，那天秋雨绵绵，蛮凉的，而且雨后来就下得更大了。我在那个堂上讲，而台阶下面的院子里面，有差不多 400 个听众，全部戴了雨帽穿了雨衣，我觉得也很感动。所以我再三呼吁老天爷，不要再下了，而且我当场说，去年也是这个时候，余秋雨来讲，听说也下雨，不过那他不能怪老天，因为他叫秋雨，一个秋天来，天上要下雨。我叫光中，对不对，我应该是阳光之中，不过除了镁光之外，今天天色很暗，也下着雨。③

王开林《从余勇可贾到余音绕梁》：余光中敢给朱自清改文章，给闻一多改诗句，兼具霸气和霸才，这在当代作家中，尤为鲜见。凭心而论，余秋雨的才华是雪浪三丈，乱石穿空，如钱塘之潮；余光中的

① 长沙市岳麓区志编纂委员会编：《长沙市岳麓区志：1988 ～ 2002》，北京：方志出版社，2010 年，第 31 ～ 32 页。
② 江堤编选：《余光中：与永恒拔河》，第 153、156 页。
③ 《中国文化报》第 4 版（2001 年 11 月 1 日）。

才华是断崖千尺，惊涛拍岸，如东海之潮。同具壮观之美而高下立判。……起初，湖南经视认为他的演讲题——《艺术经验的转化》过于雅致，便托人劝说他往"乡愁"上靠得更近些，那样子收视率会更高，节目也可以做得更好看，但他婉言谢绝了。……无疑，余秋雨是名家而非大家，余光中则既是名家，又是大家。……余光中吐属清雅，雍容平和，童颜鹤发，道骨仙风，彬彬如也，谦谦如也，真学者之典范。借用余光中赞美大诗人叶芝的话说："老得好漂亮！"……论风度，"二余"各有千秋；论气度，余秋雨逊色何止一筹。[①]

9 月 20 日，应邀在湖南师范大学做题为《诗与音乐》之演讲。

李元洛《楚云湘雨说诗踪——余光中湘行散记》：余光中在湖南师大以"诗与音乐"为题演讲，我就曾背诵他的《碧潭》《咦呵西部》《从母亲到外遇》等诗文。[②]

9 月 21 日，前往汨罗屈子祠，伏地叩首，并题《汨罗江神》数句。

烈士的终站就是诗人的起点？昔日你问天，今日我问河，而河不答，只水面吹来悲风，悠悠西去依然是汨罗。

余光中

一九九九年九月二十一日于屈子祠

李元洛《楚云湘雨说诗踪——余光中湘行散记》：长沙与岳阳之间的汨罗江，在中国江河的家族里，远算不上波高浪阔，源远流长，但它却是一条名重古今的圣水……1951 年余光中在台湾就写有《淡水河边吊屈原》一诗……1963 年端午，他有《水仙操——吊屈原》诗，以水仙比屈原：……1978 年在香港，复写《漂给屈原》一诗。……1980 年端午节又写有《竞渡》……余光中有挥之不去结之不解的"屈原情结"……1993 年所作的《凭我一哭》里，他又一次以诗来为屈原招魂。如今，数十年的梦寐神游变成了亲历壮游，余光中的心潮怎么不会像江潮一样澎湃？……沉思有顷，他以多年来一笔不苟的铁戟银钩，在宣纸上挥写了如下的断句：

---

① 《书屋》2000 年第 2 期。

② 江堤编选：《余光中：与永恒拔河》，第 162 页。

烈士的终站就是诗人的起点？

昔日你问天，今日我问河

而河不答，只水面吹来悲风

悠悠西去，依然是汨罗①

9月22日，应邀至岳阳师院（现湖南理工学院）做题为《中文英文之比较》之演讲，被聘为该校客座教授。

9月23日，泛舟游洞庭。为《岳阳晚报》题字"晚报声远，岳阳楼高！"。

李元洛《楚云湘雨说诗踪——余光中湘行散记》：乘快艇掠洞庭而游君山，我与余光中、范我存夫妇坐在舱内，水运宪与一道陪同的作协办公室负责人彭克炯坐于船头，湖风袭肘，乱发当风。②

罗成琰《走近余光中》：此时，正值中秋前夕。我们陪余先生泛舟洞庭湖上。湖边五光十色的霓虹灯似乎玷污了一湖的清水和满天的清辉，我们便把游船移到了湖心。但见长烟一空，皓月千里，浮光跃金，静影沉璧。面对此情此景，众人一时沉默，进入了此时无声胜有声，唯见湖心秋月白的境界。③

杨孟芳《中秋夜陪余光中先生游南湖》（外一首）：李白赊过的月色 / 今晚 / 又照亮南湖的秋水 // 一条小船 / 载不起 / 重逾千钧的 / 乡愁 // 语声轻轻 / 桨声轻轻 / 生怕 / 吵醒古人的梦境 / 生怕将船买酒 / 在水一方 / 守不住 / 月亮的承诺 //

杨孟芳《汨罗江》：古老的风 / 仍然把云 / 赶进汨罗江的视野 // 云的沉重成为雨 / 雨的沉重成为江 / 江的沉重成为海 // 但三闾大夫 / 没有从那个遥远的日子 / 涉水而来 // 便有五月的鼓声 / 击痛无数 / 翘首仰望的眼睛 // 便有龙舟 / 两千多年 / 划不完的路程 // 因此汨罗江的方向 / 仍然是我们的方向 / 而求索的脚步 / 仍然需要勇气 / 使一种精神 / 能够用速度表达④

段华《余光中 光焰照亮这头与那头（上）》：2005年端午前夜，台

① 江堤编选：《余光中：与永恒拔河》，第157～159页。
② 江堤编选：《余光中：与永恒拔河》，第152页。
③ 《长沙晚报》（1999年10月23日）。
④ 岳阳市作家协会、岳阳楼景区管委会编：《岳阳楼文学》，长沙：湖南文艺出版社，2013年，第121～122页。

湾著名诗人余光中应邀跨过海峡，在中国著名诗歌评论家、散文家李元洛的陪同下，来汨罗出席 2005 年中国·岳阳（汨罗江）国际龙舟节开幕式。……白炽灯下，那满头银发分外耀眼，像是写在智慧天庭上一行行涌珠喷玉的诗句。得知我和早已因排队站酸了腰腿的副刊部主任李芳梅均在《岳阳晚报》社供职，面对李芳梅提出的为报社题词的恳求，余光中略加思索，一挥而就：晚报声远，岳阳楼高！——余光中。①

9 月 24 日，中秋，由罗成琰、李元洛等陪同游常德，并在常德师院演讲，被聘为该校客座教授。

　　罗成琰《走近余光中》：第二天我们抵达常德。当地的友人又在中秋之夜安排余先生在柳叶湖畔赏月。一样的湖水，一样的月光，只是是夜多了热闹。前来陪同余先生赏月的人数多达近百人。人们背诵与中秋有关的古典诗词和余先生的诗歌，特别请来的常德丝弦表演队也演奏了《良宵》《二泉映月》等名曲。余先生即兴讲话说，今年中秋节将是他一生中所度过的最难忘的一个中秋节。②

　　李元洛《楚云湘雨说诗踪——余光中湘行散记》：与岳阳挥手告别，我们便去沅水之滨的常德，参观长达 6 华里的诗墙，这诗墙因在防洪堤上镌刻古今诗歌名篇而闻名，其中就有余光中的名作《乡愁》。我和余光中各立于《乡愁》诗碑之一侧，举手紧握，余光中说："原来我人在那头，诗刻在这头，现在不是这头那头，而都是一头了。"他称誉常德诗墙是"一道诗歌墙，半部文学史"，他题赠的"诗国长城"四个大字，在灿烂的秋阳中熠熠闪光。

　　……余光中在常德师院演讲，大礼堂内也是座无虚席，签名的队伍如同春节时摆动的蜿蜒长龙。③

　　李元洛《秋之颂——绝句之旅》：一九九九年中秋，我陪同访湘的台湾名诗人余光中一游常德，白天参观沅水岸边的常德诗墙，其上就有刘禹锡《秋词》二首的碑刻。长堤谁与上？长记秋晴望。我仰望长天，秋空如洗，没有一片漂泊的云，侧耳倾听，再也听不到刘禹锡

① 段华：《余光中 光焰照亮这头与那头（上）》，《岳阳日报》（2019 年 12 月 15 日）。
② 《长沙晚报》（1999 年 10 月 23 日）。
③ 江堤编选：《余光中：与永恒拔河》，第 160、163 页。

诗中的那一声鹤唳，只有流不尽的沅江的千古涛声。晚上，常德文联的朋友在柳叶湖边举行中秋联欢晚会，余光中吟诵了铭刻在诗墙上的他的名篇《乡愁》，我则背诵了刘禹锡的大作。①

《人民日报》（2004年2月19日）：○常德诗墙的启示（林治波）○当年诗墙建设的主持人之一杨万柱同志介绍，著名学者余光中教授参观了诗墙之后，曾提出一个问题："长城是用来抵御外敌的，大堤是用来抵御洪水的，诗墙是用来抵御什么的？"思索良久，教授自己得出了答案："诗墙是用来抵御时间的。"余教授的这句话道出了一个道理——文化是永恒的，它可以抵御时间的流逝而永不贬值。

9月25日，赴张家界游览，并在武陵大学演讲。

李元洛《楚云湘雨说诗踪——余光中湘行散记》：最后一站是张家界，其地的武陵大学闻风而动，连夜在操场赶搭讲台，请余光中次日光临。第二天晴阳高照，阳光炙人，余光中就景取材，继《艺术经验的转化》《诗与音乐》《中英文之比较——兼析中文之西化》等讲题之后，以《旅游与文化》为题演讲，全场气氛之热烈亦如热烈之气候。余光中在演讲中说，到了张家界，此行"渐入佳境"……

我们首先去天子山，不是沿山道攀登而上，而是乘缆车平地飞升。……朝拜过天子山的山神，我们又上黄狮寨游目四顾。……游宝丰湖时，遥见两峰之间的绝壁上，有庙宇隐隐，有人问余光中那楼阁是怎么建起来的，真是不可思议，余光中却赞不绝口"妙，妙。妙不可言，'庙'不可言"一语双关，闻者绝倒。船游湖上，我建议余光中以手探水，以一亲此湖的芳泽，余光中欣然色喜，赞叹说："这水好嫩呵！"如果是诗，这"嫩"字就是诗眼，表现了他对景物与语言的艺术敏感……在一个其角翼然的小亭采访余光中夫妇，问及他游览张家界的感受，他说："我在《乡愁》一诗中有'我在这头、大陆在那头'之句，而现在已不是这头那头了，而是美丽的天堂的上头！"②

9月28日，飞香港，转赴高雄。此次湖南之行的经历在写给表姐孙蕴碧的信中有所描述。

---

① 李元洛：《秋之颂——绝句之旅》，《名作欣赏》2003年第10期。
② 江堤编选：《余光中：与永恒拔河》，第163、154～156页。

余光中《致孙蕴碧》：我们去岳阳二日，常德二日，最后又去张家界四日，终于九月廿八日飞香港转高雄，一切顺利。此次湘行讲学，各地听众热烈感人，座无虚席。岳阳师院的听众有一千二百人，（张家界的）武陵大学的学生听者也有一千以上，且都坐在草地上连晒两小时。中秋夜常德作协安排了一个月光晚会，就在柳叶湖畔，除诵诗外，尚有"常德丝弦"的古诗吟唱，古趣高雅。

此行虽仅十一日，却也看了不少地方——包括屈子祠、贾谊故居、马王堆、岳阳楼、君山桃花源、湘妃祠、柳毅井及张家界的天子山、金鞭溪、皇家寨等。得暇当写一篇较长的游记以记其胜。

湘行印象十分深刻，历史的联想尤其丰富，引人无限低徊。可惜我们九月廿日夜在通城，一叙匆匆。当晚所赠美丽菊花石现已供在我们高雄新居的古玩橱中……①

9 月，散文集《逍遥游》，由长春吉林摄影出版社出版，收入季羡林主编"20 世纪中国著名作家散文经典"丛书。共收文 17 篇，包括《逍遥游》《听听那冷雨》《幽默的境界》《我的写作经验》等。书前有季羡林《漫谈散文（代序）》和《作者小传》，书后附《编辑说明》与《全书总目》。

10 月 15 日，《余光中在常德 台湾诗人》，刊香港《明报》A22。

10 月 17 日，重阳节，在南京月牙湖公园度过生日。午宴上大家为余先生唱生日歌，余先生回报了一段笑话和家乡绕口令。

10 月 22 日，作诗《呼天抢地》，后收入《藕神》（2008 年版）。

10 月，易斋发表《余光中的诗魂与国魂》，刊《国魂》第 647 期。

10 月，王镇庚发表《余光中如何改造在台湾的现代主义》，刊《乾坤诗刊》第 12 期。

11 月 23 日，致信李元洛。

元洛兄：

九月间三湘之行，蒙你全程相陪，并多场精彩"伴奏"，非但壮我行色，抑且光我讲坛，诚为一程文化甘旅。事后又有大文追述其盛况，更为此行留下珍贵纪念，值得回味。只可惜我一回台，即陷入诸多杂务，加上两门课（其一为翻译，每周均须批改作业），又值刚刚搬家，

---

① 据原件照摘录。

迁而未定，新居开车去学校有半小时路程，致湘行游记及记游之诗未能动笔。

　　但是湖南经视台录赠的岳麓书院演讲情况，经转录之后，颇有可观，不但雨景甚美，而且你的朗诵也很清晰。此带我已多次放给同事、同学观赏，甚得好评。题咏三湘之诗文当陆续撰写，但急不来。附上近作一首，乃应联副之请为迎千禧年而作。匆此并祝

　　近佳

光中　1999. 11. 23[①]

　　11月，《余光中精品文集》，由合肥安徽人民出版社出版，收入"台湾暨海外华语作家自选文库"。

　　12月9日至11日，李元洛发表《楚云湘雨说诗踪——余光中湘行散记》（上、中、下），刊《台湾新闻报》第13版。

　　12月10日，作诗《维纳斯的诞生》，后收入《藕神》（2008年版）。

　　12月20日，零时，中葡两国政府在澳门文化中心举行政权交接仪式，中国政府对澳门恢复行使主权，澳门回归祖国。

　　12月，诗集《与海为邻》，由上海文艺出版社出版，收入"台湾暨海外华语作家自选文库"。本书集结作者之诗作，并依创作时间先后编排，收录《舟子的悲歌》《扬子江船夫曲》《沉思》《算命瞎子》等140余首，有自序（1998年8月于高雄中山大学）。

　　余光中《自序》:《与海为邻》是我为上海文艺出版社自选的诗选，其中的一百四十多首作品，依年代顺序，分别选自我的十六本诗集，无论在题材、诗体、风格与写作的时空背景各方面，都颇具代表性。……生命的地理拼图，有两块大陆、一座岛、一座半岛。……我写新诗，是从新月派的格律诗入手，久而病其单调、拘谨，转向句法、韵式、分段、回行各方面寻求变化，却始终不曾"变节"，向所谓自由诗投降。……我早期写诗，多为整齐分段，后来发现，分段虽有整齐、工巧、清晰之功，却不如全诗（尤其是长诗）一气呵成，不加分段时，那种累积的分量与伸缩的弹性。我后期的诗不分段的渐多，就是想在诗艺上把中国的古风与西方的无韵融于一体。

---

　　①　李元洛、黄维樑:《壮丽余光中：生活与作品》，第144页。

12 月，散文集《日不落家》获第十六届吴鲁芹散文奖。

是年，刘登翰、陈圣生选编《余光中诗选》，由北京中国青年出版社再版，收入"百年百种优秀中国文学图书"系列。本书分"卷前：大陆时期（1949 年以前）""卷一：台湾前期（1950—1974）""卷二：香港时期（1975—1985）""卷三：台湾后期（1984 年—　）"四部分，收录《羿射九日》《臭虫歌》《扬子江船夫曲》《沙浮投海》《歌谣两首》《舟子的悲歌》《灵感》等 183 首。末附刘登翰《钟整个大陆的爱在一只苦瓜——〈余光中诗选〉编后》。2000 年 7 月再版，有《二〇〇〇年版后记》；2004 年 3 月重版，收入"中国文库"。

是年，《刘国松余光中诗情画意集》，由台北新苑艺术公司出版。

是年，与朱炎、欧茵西、隐地、彭镜禧、陈义羲、高天恩组成中国笔会代表团赴波兰华沙出席第六十六届国际笔会年会。

> 高天恩《"双宿双飞"的日子》：由朱炎教授获选会长，欧茵西教授为秘书长。余先生和我终于"解甲"，却未立即"归田"。那年第六十六届国际笔会年会在波兰华沙举行，朱会长和欧秘书长为"中国笔会"当然代表，但余先生、隐地、彭镜禧、陈义芝和我一同参加。为写这篇文章，我找到当年大家其乐融融的一张合照，不敢相信照片上有三位——沈谦、朱炎、余光中——如今已成为"古圣先贤"！ [1]

2000 年（庚辰）　　73 岁

1 月 1 日，《盼演讲少一点，写作时间多一点——余光中千禧愿望很踏实》，刊《民生报》第 7 版。

1 月 5 日，程永新致信余光中。

> 余光中先生：您好！
>
> 《收获》是大陆一本发行量最大的纯文学刊物，由巴金先生主编。从几年前，我们开辟了一个专栏，叫做"人生采访"，邀请学者、作家中卓有成就者著文赐稿，另请挚友或批评家撰写一篇印象记附后。2000 年开始，我们将在这个栏目中倾注更大心血，第 1 期由金庸先生

---

[1]　李瑞腾主编：《听我胸中的烈火——余光中教授纪念文集》，第 134 页。

撰文，香港明报主编彦火先生【按：原名潘耀明】撰写介绍文字，总体想法是要把各个行业（从文学界、艺术界起）的顶尖人物介绍给大陆许许多多热爱《收获》的读者。

余先生的诗文在大陆两岸广为流传，我们对余先生也是仰慕许久，最大的愿望就是能够得到先生专门为本刊所撰写的大作，我们曾经给先生所在的大学去过信，但没有下落，甚为遗憾。我们热切期望通过台湾著名学者和评论家沈谦先生向余先生约稿，文章不限字数，内容随意，可以是记叙一生中的一件难忘事，也可以是回忆从事写作生涯的过程，当然，也可以是品味逝去岁月中的情感经历。

余先生，企盼得到您大作，是我们一个世纪的长久的愿望，希望先生能够体谅我们的拳拳之心和恳切之意，先生的文章，将是本刊的骄傲和荣耀。我们热烈地期待着！

祝先生新世纪万事顺遂！

程永新　2000 年 1 月 5 日 [1]

徐学《解不尽的乡愁——余光中访谈》：最近在大陆《收获》杂志上开了一个专栏"隔海书"，发表了一系列长篇散文。[2]

1 月，发表《余光中论散文写作》，刊《名作欣赏》第 1 期。

2 月 1 日，李元洛发表《全程"伴奏"——余光中湘行散记》，刊香港《文采》第 2 期。

2 月 9 日，李元洛发表《绣口锦心说诗踪——余光中湘行散记》，刊香港《大公报》C07。

2 月 12 日，作诗《只有你知道》《漏网之鱼——戏答陈黎》，后收入《藕神》（2008 年版）。

2 月 21 日，作诗《你想做人鱼吗？》，刊 3 月 9 日台北《中国时报》；后收入《藕神》（2008 年版）。该诗是为车城的海生馆而作的。

2 月 23 日，作诗《琉璃观音——观杨惠姗新作》，后收入《藕神》（2008 年版）。

2 月，发表仿古情诗《多想——寄李贺》《如果——寄杜牧》《玄惑

---

① 程永新编著：《一个人的文学史》上册，上海：上海文艺出版社，2018 年，第 244 页。
② 《鸭绿江》2002 年第 8 期。

星——寄李商隐》《风夜灯下——Egon Schiele 名画 Embrance 画意》，刊《联合文学》第 16 卷第 4 期。

2 月，《余光中散文精品文集》，由银川宁夏人民出版社出版，收入"台湾当代散文名家丛书"。

2 月，《余光中自选集》，由伊犁人民出版社出版。内分散文、诗、评论三部分，书前有《作者年表》，另有余光中所作说明：

> 我的散文，从感性到知性，从雄奇到秀雅，从写实到浪漫，从小品到长篇，风格不一而足。
>
> 诗是我的初恋，也是我一生的罗曼史。我的诗，从古典到现代，从柔美到阳刚，从怀乡到咏史，从造物到咏物，风格与主题的变化极大。
>
> 我的评论不但见解犀利，而且情趣盎然，不下于诗文。
>
> 这本自选集是我亲自编选的，其中散文共收入作品四十六部，分为抒情散文、知性散文、小品杂文三辑。自传性的抒情散文如《记忆像铁轨一样长》，想入非非的如《鬼雨》，生活记趣的如《花鸟》，令人发笑的如《另有离愁》，还有生动的游记如《桥跨黄金城》，都不可错过。诗集是依据年代顺序排列的，包括《乡愁》《敲打乐》《与李白同游高速公路》等代表作。评论共收入三篇，其中尤以《象牙塔到白玉楼》体大思精，极有份量。

3 月 4 日，余光中讲、杨雅雯记《诗与音乐——文学到校园系列讲座》，刊台北"中央日报"第 22 版。

3 月 5 日，作诗《惊心》，后收入《藕神》（2008 年版）、《风筝怨》（2017 年版）。

3 月 12 日，作诗《投给春天》，后收入《藕神》（2008 年版）。

3 月 22 日，于左岸为诗集《高楼对海》写后记，后收入《高楼对海》（2000 年版）。

3 月 28 日，作诗《水草拔河》，刊 4 月 6 日台北《中国时报》；后收入《藕神》（2008 年版）、《风筝怨》（2017 年版）。

3 月，李虹发表《雨中余光中》，刊《明道文艺》第 288 期。

4 月 9 日，于高雄左岸为新版《逍遥游》作序。

4 月 25 日，戴远发表《可听可看可嗅可触可舔的雨——浅析余光中

〈听听那冷雨〉的五感运用》，刊香港《当代文艺》新 8 期。

4 月，《余光中作品集》，由南昌百花洲文艺出版社出版，收入"港台著名作家文丛"。

5 月 11 日，《余光中追求一生立言》，刊香港《明报》E06。

5 月 19 日，程永新致信余光中。

> 余光中先生：
>
> 　　尊作《思蜀》日前收到，在欣喜之中拜读完先生的文章，更有一种如获至宝的感觉。再次向先生表示我们由衷的感谢！《收获》在大陆有广泛的读者，先生的文章也一定会让大陆的读者有一番酣畅的享受。
>
> 　　先生随后寄来的信函也一并收悉。勿念。
>
> 　　我们现正等待沈谦先生的文章，准备收到后与先生的文章一齐刊发在 2000 年 4 月（出刊期为 7 月份）的《收获》上。
>
> 　　祝安康
>
> 程永新　2000 年 5 月 19 日 [①]

5 月，与沈谦、朱炎、高天恩、陈义芝、欧茵西赴莫斯科出席第六十七届国际笔会年会，范我存同行。

> 《联合报》（2017 年 12 月 15 日）：〇在高寒的天顶：余光中的文学地位与现实处境（陈义芝）〇二〇〇〇年国际笔会在莫斯科举行，朱炎会长领队，欧茵西教授是俄国通，安排与会者一行走访托尔斯泰故居、普希金纪念馆、屠格涅夫笔下的老桦树林……我发现，余先生可以随兴自在地躺在草地或攀着墙柱留影，不时流露一丝顽皮的神采。

5 月，写长篇游记《圣乔治真要屠龙吗？》。

6 月，写评论《狸奴的腹语——读钟怡雯的散文》[②]，收入陈大为、钟怡雯、胡金伦编《赤道回声：马华文学读本 II》（万卷楼图书股份有限公司 2004 年版）；后收入《举杯向天笑》（2008 年版）。

6 月，发表《青春盛年的文学脚印——〈逍遥游〉九歌新版序》《站在回忆和预期之间——〈逍遥游〉是征服彷徨感的战史》，刊《九歌杂志》

① 程永新编著：《一个人的文学史》上册，第 244～245 页。
② 原件藏台北"国家图书馆"当代名人手稿典藏系统，编号 262-280。

第 231 期。

6 月，发表《大专新诗组总评》，刊《明道文艺》第 291 期。

6 月，新版散文集《逍遥游》，由台北九歌出版社出版。

> 余光中《逍遥游·九歌新版序》：这些文章在我散文与评论的发展上，前承更早的《左手的缪思》与《掌上雨》之初旅，后开《望乡的牧神》之远征，成为重要的转型。那两年在诗上正是我从《莲的联想》转入《五陵少年》与《敲打乐》的过渡，足见我的诗艺进展得迂回而缓慢，写了十七、八年才能与创作不过七年的抒情散文并驾齐驱。……我写《逍遥游》这些文章，正当卅五到卅七的壮年，无论是血肉之躯或湖海之志，生命都臻于饱满。显然，当时我也自觉，到了三十六岁，于灵于欲，生命已抵达高潮。①

6 月，《余光中诗选（第二卷）：一九八二— 一九九八》，由台北洪范书店再版。

6 月，江弱水（陈强）发表《锦文回首一天星——〈白玉苦瓜〉的另一种读法》，刊《蓝星诗学》。

6 月，为马华作家钟怡雯的散文集《听说》作序，序中夸赞 "钟怡雯的语言之美兼具流畅与细致，大体上生动而天然，并不怎么刻意求工。说她是一流的散文家，该无异议"。

7 月 1 日，出席高雄中正文化中心举行的颁奖典礼，获第十九届高雄市文艺奖。

7 月 2 日，谢梅芬发表《高市昨颁黄友棣等人文艺奖，余光中领奖时，张德本在台下高喊 "抗议打压台湾文学"，余称他 "找错对象"》，刊《联合报》第 14 版。

7 月 8 日，张德本发表《历史铁证不容选避——我为何抗议余光中》，刊《台湾时报》第 16 版。

同日，耕雨发表《余光中左右开弓》，刊《台湾新闻报》B10。

7 月 11 日，《余光中被嘘》，刊香港《星岛日报》D07。

7 月 15 日，发表《思蜀》，刊《收获》第 4 期；又刊 8 月 4 日至 6 日台北《中国时报》。

---

① 余光中：《逍遥游》，第 2 ～ 3、6 页。

7月21日,写评论《中华儿女做了美国妈妈——读张纯瑛的文集〈情语,天地宽〉》①,后收入《举杯向天笑》(2008年版)。

7月,为上海《收获》撰写"隔海书"专栏。

7月,第十八本诗集《高楼对海》,由台北九歌出版社出版,为"九歌文库576"。本书集结作者高雄时期之诗作,收录《喉核——高尔夫情意结之一》《麦克风——高尔夫情意结之二》《十八洞之外——高尔夫情意结之三》《厦门的女儿——谢舒婷》《浪子回头》等59首。有后记《二十五载对海结海缘》(2000年3月22日于左岸)。2007年5月再版,为"余光中作品集3",新增唐捐《海阔,风紧,高楼——读余光中〈高楼对海〉》(原刊2000年7月17日"中央日报")。

> 余光中《后记》:取名《高楼对海》,是纪念这些作品都是在对海的楼窗下写的,波光在望,潮声在耳,所以灵思不绝。……那正是大陆的方向,对准我的童年,也是香港的方向,对准我的中年;余下来的岁月,大半在这岛上度过,就像寿山、柴山一样,在背后撑持着我。十五年来如此倚山面海,在晚年从容回顾晚景,命运似乎有意安排这壮丽的场景,让我在西子湾"就位"。……
>
> 在现代诗人之中,我自觉是甚具地理感的一位。在我的美学经验里,强烈而明晰的地理关系十分重要,这特色不但见于我的诗,也见于我的散文。时间与空间,原为现实的两大坐标,在中国古典诗中都极为强调。在这一方面,我的诗是相当古典也相当写实的。
>
> 古典诗当然不能说成是纯然写实,如果纯然写实,也就不成其为艺术。古典诗人只是用现实做跳板,跳到一个虚实相生若即若离的意境。……十五年来,我有幸日夕与壮丽的西子湾相对,常以地理入诗。地理一旦入诗,就不再是地理的实境,而是艺术的"意境"了。李贺所说"笔补造化天无功",真是大胆而武断的美学。……
>
> 《高楼对海》里的作品都是一九九五年到一九九八年之间所写,真真是告别上个世纪的纪念了,也借以纪念我写诗已达五十周年。
>
> 台湾"中央副刊"(2000年7月17日):○海阔,风紧,高楼——读余光中〈高楼对海〉(唐捐):新集一开卷(《高尔夫情意结》连作),

---

① 原件藏台北"国家图书馆"当代名人手稿典藏系统,编号262-294。

便是三帖战书：第一战对手好像占了上风，山残水破，白球硬是鲠住喉咙；第二战算是平手，言者谆谆，听者藐藐，麦克风虽然化作耳边风，耳朵却也奈何不了嘴巴；第三战桂冠就要压倒王冠，诗像伏魔之钵，把世俗权威化作一枚小注，千钧变成四两，被钢笔轻轻挑走。从愤怒郁卒到昂然自信，三战下来，好像长江才过了三峡，莽莽滔滔，水势正旺。诗人当然老了，但中国诗人向来有一种"愈老愈剥落"的传统，所谓"老更成""老以劲""媚出于老"等，都是以"老"为风格描述语，用表"寓奇崛于寻常""发纤浓于简淡"的境界。老杜到夔州，大苏过岭南，夕阳在山，另一场好戏才正要登场。……

诗人年轻时曾说："杰作，我，死亡，三人作长途的赛跑，/无声地，在没有回音的沙漠，/但是紧张地，因廿一世纪的观众等待在远方。"这种跑马拉松的决心和耐力，贯串半世纪而不懈，十八本诗集就是金镶玉式的奖杯。总其成绩，"廿一世纪的观众"必然不能忽视。

蔡宗家《百川归海，游子回乡——读余光中〈高楼对海〉》：《高楼对海》中是诗人 1995 年到 1998 年高雄时期所诞生的第四个孩子，取名《高楼对海》，乃是由于诗人临窗对海所写，俯眺窗外的汪洋恣肆、气象万千，无限森远的大海生成诗人广阔的胸怀与广袤的视野，同时给予诗人无穷无尽的灵感启发，陆续写下《与海为邻》《高雄港上》《问风》《无论》《高楼对海》等诗。我为这本诗集下了一个标题是"百川归海，游子回乡"，起因与诗人余光中一贯的"乡愁"抒情传统与《高楼对海》一书中的主题思想脉络是对彼岸的怀思，经由此岸的落叶生根，开展出无数蔚蓝的回忆与新的记忆。……书中当然不乏多样的写作题材与表现手法，除了前述所说的关照自我的"自画像诗"、怀乡之思"乡愁诗"，还有精巧可爱的"爱情诗"、幽默风趣的"小品诗"以及真情至性的"母难诗"和重视环保生态的"山水景物诗"等，在在证明其丰富厚实的写作质量，非一时半刻、寥寥数语所能畅其风雅韵事。①

7月，《余光中诗选》由北京中国青年出版社出版，为"百年百种优秀中国文学图书"之一。

---

① 《乾坤诗刊》第 78 期（2016 年 4 月）。

8月1日，樊善标发表《那些不见得透明的——尝试谈论三篇有关斗牛的散文》，刊香港《作家》第6期。

8月18日，于新英格兰旅次作诗《鳕岬上空的卷云》，后收入《藕神》（2008年版）。

9月，发表"Unfolding New World"，刊 *Reader's Digest*（《读者文摘》）。

9月，李国涛发表《此余与彼余：余光中、余秋雨》，刊《博览群书》第9期。

9月，赴北京参加中央电视台中秋特别节目。

10月3日至7日，访问南京。

> 秦学清《南京年鉴》：○台湾著名作家余光中访问南京○10月3—7日，台湾著名作家余光中访问南京，受到市政协、台办、台盟等单位的热情接待。余祖籍福建，生于南京，现为高雄中山大学教授，出版专著50种。余光中教授回到阔别51年的母校——金陵大学，即今日南京大学演讲，参加了《余光中文学作品研讨座谈会》，游览了南京的风景名胜。①

> 余光中《金陵子弟江湖客》：二○○○年十月三日，正是重九之前三日，与我存乘机抵达南京。过了半个世纪再加一年，我们终于回到了这六朝古都，少年前尘。在我，不但是逆着时光隧道探入少年复童年，更是回到了此生的起点。在我存，也是在做了祖母之后才回来寻觅初中的豆蔻年华。……南京大学中文系的胡有清教授来南郊的禄口机场迎接……其后三天，或有赖胡有清、冯亦同诸位学者的导引，或接受久别的常州表亲联合来邀约，我们怀着孺慕耿耿、乡愁怯怯的心情，一一回瞻了孩时的名胜：中山陵、夫子庙、燕子矶、栖霞寺……半世纪来这些早成了记忆的坐标，梦的场景，每一个名字都有回音，可串成一排回音的长廊。②

10月4日，上午，寻访母校金陵大学校园（今为南京大学）。下午，演讲《创作与翻译》。

> 余光中《金陵子弟江湖客》：十月四日的上午，胡有清教授带我们

---

① 南京年鉴编纂委员会编：《南京年鉴：2001》，南京：南京年鉴编辑部，2001年，第291页。
② 《书摘》2021年第6期。

去寻访半世纪前我母校的校园。金陵大学早在五十年代之初就并入了中央大学，改属于南京大学，所以地图上只见南大，不见金大了。金大校友会会长周伯埙、副会长冯致光，南大校友总会副会长贾怀仁、秘书长高澎陪我重游初秋的校园，并殷勤为我指点岁月的沧桑。

当天下午我访问了南京大学中国现代文学研究中心，并以《创作与翻译》为题在校园公开演讲。①

曾军《中文体质与文化复兴——余光中访谈录》：我这次来，在南京大学也举行过一个演讲，叫《创作与翻译》。我其中讲过一段，就是我对王尔德的戏剧的翻译。王尔德的戏剧里充满了语言游戏，翻译他的戏剧对中文是一个很大的挑战。一般来讲，当然译文会比原文差一点点。可是呢，王尔德有时想要对对子。英文也可以对仗，但与中文相比，它就差多了，因为中文是方块字，天造地设可以对仗，而英文的对仗即使是意义对仗了，在音节也会长短不齐。所以，我有一次在国际报告会上讲，我翻译王尔德的戏剧中对仗部分的时候，我的翻译要比原文好。那些专家一听，你这家伙口气倒大了。我的意思其实是在这一修辞格上，中文是强势，英文是弱势。……②

10 月 5 日，出席在南京召开的余光中文学作品研讨会。

余光中《金陵子弟江湖客》：十月五日的下午，江苏省及南京市的"台港澳暨海外华文文学研究会"，就在湖边的谭月楼上举办了一场"余光中文学作品研讨会"，城影与波光之中，我有幸会晤了省垣的文坛人士，并聆听了陈辽、王尧、方忠、冯亦同、庄若江、刘红林等学者提出的论文。③

叶彤《余光中文学作品研讨会在宁举行》：由江苏省台港暨海外华文文学研究会、南京台港暨海外华文文学研究会和台湾民主自治同盟南京市委员会联合召开的余光中文学作品研讨会，于 2000 年 10 月 5 日在南京月牙湖公园谭月楼举行。应邀前来南京访问的余光中先生，与江苏暨南京市台港文学研究界、文学界及有关方面的 30 多位人士出

---

① 《书摘》2021 年第 6 期。
② 《读写天地》2001 年第 11 期。
③ 《书摘》2021 年第 6 期。

席了会议。

会上有六位发言者宣读了论文。陈辽的《余光中先生也是评论大家》……王尧的《与永恒拔河的人》……冯亦同的《深沉而博大的"中华情结"——浅谈余光中诗歌创作母题》……方忠的《现代理性与传统情蕴的整合》……庄若江的《主体自觉和审美呼唤下的超越》……刘红林《〈世界华文文学论坛〉中的余光中研究》……在暌隔五十一载后，初返其出生地南京的余光中，满怀诗人的激情在研讨会上发言。他说第一次回到梦寐以求的石头城，就沉浸在温馨的乡情和友情中，令他非常感动。他也十分感谢与会学者的发言中对他创作的鼓励和忠告，他要花更多的时间来消化这些宝贵的意见。他深有感触地说，他的怀乡和对中国传统的珍视，完全是因为面对西方强势文化的压迫而产生"危机感"后的一种自觉，他要在祖国的"语文"里抓住自己的根，营造自己的世界，因此他在文学天地里"加倍的怀乡"，实际上是"一种补偿"和对自己的"喊魂"。他所有的灵感都是从中国而来，是《诗经》以来的大传统和五四以来的小传统培养了他，身为中国作家，当然要为中国的文学而努力。

这次研讨会，由台盟南京市委员会副主任、南京大学中文系教授胡有清博士主持，南京台盟暨海外华文文学研究会会长裴显生教授代表三家主办单位在会上致欢迎词。据悉，这是中国大陆上的文学学术研究界所召开的第一次有关余光中文学作品的专题研讨会。[①]

同日，于南京作诗《再登中山陵》[②]，后收入《藕神》（2008年版）、《风筝怨》（2017年版）等。

10月6日，重阳日，应邀在南京大学演讲，出席南京文化界举办的"余光中文学作品研讨会"，重上中山陵并作诗。旋往武汉参加"余光中暨沙田文学国际学术研讨会"。

叶振辉《二○○一年五月十八日第一次访问》：重九，南京大学邀请我十月初去访问，我安排十月六日去南京，顺便在当地过我的生日，因为我是在南京出生的。……由于种种联想，我便安排去年重九

---

① 《世界华文文学论坛》2000年第4期。
② 原件藏台北"国家图书馆"当代名人手稿典藏系统，编号262-63。

于南京过生日。①

《扬子晚报·诗风专刊》（2017 年 12 月 24 日）：○日落西子湾——怀念余光中先生（冯亦同）○新世纪第一个金秋，暌违故都五十一载的"乡愁"诗人偕夫人回到他魂牵梦萦的紫金山下，出席江苏学界召开的"余光中文学作品研讨会"。……这也是我同景仰已久的光中先生通信十二年后第一次见面。正当重阳时节，白发诗翁在出生地迎接 72 岁华诞。他在南大胡有清教授陪同下登中山陵、回母校，我陪他们夫妇去了栖霞山。……光中先生有长文《金陵子弟江湖客》记叙这次回乡之旅，在赠送我的诗集《高楼对海》扉页上，也郑重地写下"亦同先生正之：并纪念初归南京之行，余光中，二〇〇〇年十月六日"的亲笔题词。

10 月 7 日至 9 日，应邀到武汉出席华中师范大学举办的"余光中暨沙田文学国际学术研讨会"。此次会议的主旨之一是"沙田文学"。被聘为华中师范大学文学院客座教授。

《乡愁啊，乡愁——访台湾著名学者、诗人余光中》：诗人 2000 年 10 月在华中师范大学谈到这首诗时也说："我 1949 年去台湾，到 1971 年写这首诗时，已经离开大陆 20 多年了，当时海峡两岸不能正常交流，心中郁闷，所以写下了这首诗。诗中的母亲、新娘都是我个人生活中的真实的镜面。""乡愁是一个微妙的东西……它既是一个文化的范畴，也是一个历史的范畴，不能仅从地域意义上来理解。对于我来说，年轻时写乡愁，浪漫的成分较浓厚，现在写乡愁就更注意写实。"②

10 月 8 日，下午，在华中师范大学做演讲。

王先霈《余光中暨香港沙田文学国际学术研讨会闭幕词》：昨天下午，余光中先生为桂子山的莘莘学子，作了一场精彩的讲演。他讲到中文与西文的相互交流和影响，讲中文的恶性西化与善性西化，提出"养成健康的中文体质"。③

---

① 叶振辉主访：《让春天从高雄出发——余光中教授专访》，第 5 页。
② 《湖北日报》C04（2000 年 10 月 24 日）。
③ 黄曼君、黄永林主编：《火浴的凤凰　恒在的缪斯：余光中暨香港沙田文学国际学术研讨会论文集》，第 15 页。

10 月 9 日，作诗《桂子山问月》，刊 11 月 7 日台北《中国时报》；后收入《藕神》（2008 年版）。

> 余光中"附注"：十月七日至九日在武汉参加华中师范大学举办的"余光中暨香港沙田文学国际研讨会"，住在该校校园桂子山。山有桂树逾千株，十月开花，已属"迟桂"，而异香满山，月下尤甚，落瓣遍地，有若秋魂，不忍作践。

10 月 16 日，应邀赴波兰，在华沙科学院发表主题演讲"To Make a Globe Two Hemispheres"。

同日，郭枫发表《文学随谈录——余和我之间》，刊《台湾时报》第 17 版。

同日，慕容华发表《左岸下午茶——访名诗人余光中先生》，刊《台湾新闻报》B8。

10 月 29 日，发表《中文与中西文化》，刊台北《中国时报》。

10 月，《世界华文散文精品·余光中卷》，由广州出版社再版。

11 月 1 日，《文讯下载："余光中暨沙田文学国际学术研讨会"在武汉召开》，刊《香港文学》第 11 期。

11 月 2 日，写译论《翻译和创作》①，后收入《余光中谈翻译》（2002 年版）、《翻译乃大道，译者独憔悴》（2021 年版）等。略云：

> 流行的观念，总以为翻译也者，不过是逐字逐词的换成另一种文字，就像解电文的密码一般；不然就像演算代数习题一般，用文字去代表数字就行了。如果翻译真像那么科学化，则一部详尽的外文字典就可以取代一位翻译家了。可是翻译，我是指文学性质的，尤其是诗的翻译，不折不扣是一门艺术。【按：余光中在《翻译与批评》一文中也表达了类似的观点：翻译"是一种很苦的工作，也是一种艰难的艺术"。】

> 何晴《诗意人生》：翻译吧，希腊神话中有九个姐妹，Nine Muses（九个缪斯）做文艺女神。文艺女神当然可以给诗人激励和灵感的，九个缪斯，有的甚至还到了历史、天文，当然更多的管抒情诗、情诗、史诗等等，我说过惟独没有缪斯来培植翻译，所以我说如果让我来创造，我要创造 the tenth Muse（第十位缪斯），第十位缪斯专门扶植翻译。因为翻译是门艺术，一般的艺术家（像诗人）只要把他的东西写

---

① 原件藏台北"国家图书馆"当代名人手稿典藏系统，编号 262-281。

好就行了，而翻译家呢，要把人家写好的东西过渡到另一种语言里去。一般的艺术家要有创造力，可是翻译家还要有适应力，别人的东西怎样把它转变成另外一种语言。……①

11 月 5 日，应邀在淡江大学五十周年校庆发表演讲《创作与翻译》。演讲稿后收入《举杯向天笑》（2008 年版），题作《创作与翻译——淡江大学五十周年校庆演讲》；又收入《翻译乃大道，译者独憔悴》（2021 年版）。

11 月 9 日，发表《最后的牧歌——斯梅内斯的〈小毛驴与我〉》，刊台北《中国时报》；后收入《举杯向天笑》（2008 年版），题作《最后的牧歌——序林为正中译斯梅内斯的〈小毛驴与我〉》。

11 月 10 日，致信表妹孙蕴玉。

蕴玉：

　　五十年不见，终在南京得以重逢，虽云欣慰，却如隔世，令人不胜伤感。时光含情，魔杖一点，大家都已老了。幸而这么多年也都挺过来了，尤其你们留在故乡，得以安居，伉俪相伴，仍是大幸。

　　夫子庙一夕相聚，恍惚如梦。旧日漕桥舅家种种，皆如电视情节之前文提要，历历映在心中。多谢你们伉俪远从常州来宁，还提着那么甘美的蛋糕。附上照片两片以纪念，并祝

伉安

光中、我存　2000.11.10②

同日，《余光中访湘》，刊香港《大公报》A05。

11 月 12 日，高雄中山大学 20 岁生日，校庆纪念 T 恤由余光中题写"二十岁的活力　两千年的新机"。

11 月，徐学发表《重阳——余光中在扬子江畔》，刊《台湾文学选刊》第 11 期；又刊 12 月《文讯》第 182 期。

12 月 14 日，赴香港参加"千禧年全球青年华文文学奖"颁奖典礼。

12 月 25 日，戴远发表《余光中诗文流露的妇女情》，刊香港《当代文艺》新 12 期。

12 月 29 日，《世纪之交　寒风飒飒　余光中独醒对着后半生》，刊《香港经济日报》C01。

---

① 《中国文化报》（2002 年 5 月 29 日）。

② 据原件照。

12月31日，黄维樑发表《余群、余派、沙田帮——沙田文学略说》，刊《香港笔荟》第17期。

> 王伟明《回到壮丽的光中——余光中答客问》：余派之说不绝如缕，相当困人。文学的影响自然而然，无关文艺政策，乃是超政治的现象。所谓"苏门四学士"，其中的秦观其实更近柳永，因此"苏门"云云只是美谈而已，并非文学正史。若举风格近我者，则当时尚有曹捷，更早已有温健骝。"余派"一词，若纯客观叙事，亦无伤大雅。若能提醒从者，前辈不宜久师，或婉讽"派主"，招数应常翻新，也可收警惕之功。①

12月，个人诗集《高楼对海》获《联合报》"读书人"本年度最佳书奖。是年，应邀为屏东海洋生物馆作诗《推开玻璃门》。

> 赖淑芳《"一颗悬在科学馆的飞檐"——余光中与科学》：二○○○年余先生应屏东海洋生物博物馆馆长，亦是海洋生态学、水域生态学专家的方力行教授之邀，写下《推开玻璃门》，就在"台湾水域馆"入口处墙上，邀请人们进入海底梦幻般水族世界，窥探自然的隐秘；《比梦更神奇》也投射于墙上，成了海生馆吸引游人驻足参观的重要景点。②

截至是年，共发表诗歌805首。

> 余光中《炼石补天蔚晚霞——天津百花文艺版〈余光中集〉自序》：到二○○○年为止，我一共发表了八百零五篇诗，短者数行，长者多逾百行。有不少是组诗，……所以我诗作的总产量，合而观之，不足八百，但分而观之，当逾千篇。论写作的地区，大陆早期的青涩少作，收入《舟子的悲歌》的只得三首。三次旅美，得诗五十六首。香港时期，得诗一八六首。台北时期，得诗三四八首；高雄时期，得诗二一二首。也就是说，在台湾写的诗一共有五六○首。如果加上在《高楼对海》以后所写而迄未成书之作，则在台湾得诗之多，当为我诗作产量的十分之七。所以我当然是台湾诗人。……我当然也是最广义最高义的中国诗人。③

---

① 王伟明：《诗人诗事》，第234页。
② 苏其康主编：《诗歌天保——余光中教授八十寿庆专集》，第155页。
③ 余光中：《举杯向天笑》，第149～150页。

2001 年（辛巳）　74 岁

1 月 5 日，作诗《牵挂——题王攀元画境》，后收入《藕神》（2008 年版）。

1 月 6 日，发表《两张地图，一本相簿》，刊《联合报》第 37 版，又刊《收获》第 2 期。

1 月 7 日，作诗《霓虹牵挂》，后收入《藕神》（2008 年版）。

1 月 15 日，发表散文《荧火山庄》，刊《收获》第 1 期。

1 月 29 日，袁可嘉致信余光中，历述在南京青年会中学求学情形。

> 余光中《袁可嘉，诚可嘉》：至于和我同窗的南京青年会中学，虽非名校，却也为他厚建了修炼西学的基础。他在 2001 年 1 月 29 日给我的信中，也不禁对我们共同的母校深怀感恩，强调该校"办学认真，师资优良，校风端正。孙良骥老师教我英文十分得法，常予我鼓励……"。①

1 月，诗话集《余光中谈诗》，由广州广东人民出版社出版。

1 月，陈君华撰《望乡的牧神——余光中传》，由北京团结出版社出版，收入"港台作家传记丛书"。本书再现了余光中这位"艺术多妻主义者"的生活与爱情、学术与创作的心路历程。

> 《中国图书年鉴：2001》：○望乡的牧神——余光中传○陈君华著。团结出版社 2001 年 1 月版。26.5 万字。20.0 元。余光中是我国 20 世纪诗文双绝的大作家，迄今为止已出版了 17 部诗集和 12 部散文集，可谓著作等身。本书丰满而鲜活地再现了这位诗文双绝、艺术的多妻主义者生活与爱情、学术与创作的全部心路历程。②

1 月，江堤编选《余光中：与永恒拔河》，由长沙湖南大学出版社出版，收入"岳麓书院千年论坛丛书"。本书除收录余光中至湖南岳麓书院所做的演讲、朗诵、访问等活动的相关记录外，还选录评论文章。全书共五部分：（1）演讲与问答，含《艺术经验的转化》《余光中答听众问》；（2）演讲朗诵作品，共收作品 24 首；（3）对话与访谈，含《谈余秋雨》《湖南卫视访谈录》《关于诺贝尔奖的对话》；（4）百家评说，含江堤的《千年等一

---

① 《文讯》第 344 期（2014 年 6 月）。

② 杨牧之主编：《中国图书年鉴：2001》，武汉：湖北人民出版社，2002 年，第 429～430 页。

回》、彭国梁的《智慧的声音》、水运宪的《文化甘旅》等8篇;(5)作品研究,含李元洛的《余光中的诗艺术》、黄维樑的《礼赞木棉树和控诉大烟囱》、流沙河的《余光中的香港时期》等6篇。

1月,江堤编选《给艺术两小时:余光中·黄永玉谈文学与艺术》,由长沙湖南大学出版社出版,收入"岳麓书院千年论坛丛书"。

1月,陈铎朗诵、田中阳赏析《舟子的悲歌——余光中作品朗诵》(含光盘),由长沙湖南电子音像出版社出版,收入"中国名家诗文精品欣赏"系列。

2月20日,冯亦同等来访。

> 《扬子晚报·诗风专刊》(2017年12月24日):○日落西子湾——怀念余光中先生(冯亦同)○说来有缘的是金陵初会几个月后,我与同窗挚友王盛教授、江苏学界的年轻同行吴颖文、王云骏两先生就来到了这"高楼对海,长窗向西"的诗意栖居之所,位于宝岛最南端高雄港区西子湾的中山大学美丽校园内。……"亦同先生惠存:并志西子湾重逢之喜。余光中,二〇〇一年二月二十日",这是诗翁在送我的散文集《日不落家》上的亲切留言。

2月21日,作诗《红豆》,刊9月《联合文学》第18卷第11期;后收入《藕神》(2008年版)。

2月,应邀访问西雅图华盛顿大学,演讲"Out of Place, Out of Time"(《时空之外:中国诗画概要》),并做一次朗诵。

3月15日,为王攀元自选集题字。

> 形而上画廊
> 攀圆追日
> ——王攀元自选集
> In Pursuit of Solar Perfection
> —Paintings of Wang Pan-yuan:
> a Self-Selection
> 余光中　2001.3.15[①]

3月30日至4月9日,应邀到山东大学讲演两场:《诗与音乐》和《中文与英文》,并被聘为山东大学客座教授。范我存与次女幼珊同行。在此

---

① 原件藏台北"国家图书馆"当代名人手稿典藏系统,编号262-274。

期间，曾去看黄河，登泰山。后来写成《山东甘旅》四章：《春到齐鲁》《泰山一宿》《青铜一梦》《黄河一掬》。

余光中《山东甘旅》：邀请我去齐鲁访问的虽然是山东大学，真正远去郊外欢迎的，没有料到，却是整个春天。①

侯燕俐《仙乐飘飘 "余" 音袅袅——余光中先生山大系列讲演侧记》：2001 年 4 月 1 日上午 9 点。山东大学南校区三楼报告厅。座无虚席，站亦无虚席。……不同于余秋雨曾经的文化苦旅，余光中先生将自己的山东之行定义为文化甘旅。从机场到山大，沿途三十多公里路两旁的北方白杨首先唤起他的故土情怀，而凡此种种都是 "解乡愁的良药"。……当展涛校长将山东大学客座教授的聘书递交到余光中先生手中时，原本不大的邵馆报告厅沸腾了。无疑，这是此次《诗与音乐》学术讲座开讲前的重要插曲。

接下来，余老不疾不徐地讲起了诗与音乐的关系。他从诗、画、乐的三角关系入手，指出画是一种空间艺术，乐是一种时间艺术，而诗既有节奏又有意象，既与画通，又与乐似，所以是处于中间或是更高处的综合艺术。

……如果说前半场的讲述让我们领略到一位教授的博识的话，那么后半场的中英文朗诵则让我们体会到一位诗人的洒脱。余先生兴致勃勃地朗诵并解释了自己的七首中文诗和三首外文诗。留下印象最深的当属《与李白同游高速公路》，诗中古今时空交错，语言诙谐幽默，令人忍俊不禁。讲座最后，同学们与余先生合作吟诵了一首他的代表作《民歌》。……

面对《中文与英文》这个演讲题目，余光中先生倾向于趣味漫谈。他一开篇便讲到英文作为一种强势语言似已成了当今的世界语，以英文为第二语言的人很多，难以统计。生而知中文者包括港澳台及海外华人大约有十三亿，也是不小的数字。所以汉语与英语是世界上的两大语种。……②

余光中《泰山一宿》：四月二日我在山东大学对五百多位师生演

① 《收获》2001 年第 6 期。
② 尹作升、李平生主编：《斯文一脉》下卷，济南：山东人民出版社，2014 年，第 554～558 页。

讲，是这样开始的："访问山东，对我来说，实在是一程文化甘旅。能站在黄河与泰山之间，对齐鲁的精英，广义上也是孔丘与孔明的后人，诉说我对于中文的孺慕与经营，真是莫大的荣幸。"

三天之后，正逢清明，我终于登上了泰山。……[1]

罗青《百年文学一光中——怀余光中先生》：记得有一次，听余先生说到他前几年初上泰山的经验："嗨，好不容易坐上缆车，又是人挤人，到达玉皇顶的时候，已经是傍晚了，入住旅社，接着就晚餐，窗外一片漆黑，什么也看不见。"他声调平缓的说着："夜晚被褥又湿又冷，一宿不得安眠。第二天起个大早，兴匆匆的去日出峰，只见四周云海，白茫茫的一片。"他语调一转，眉头微皱的说："都说'登泰山而小天下'。到我登泰山，岂止'小天下'，天下根本整个完全不见了！"[2]

余光中《黄河一掬》：这是临别济南的前一天上午，山东大学安排我们去看黄河。……又回头对建辉说："这里离河水还是太远，再走近些好吗？我想摸一下河水。"……一刹那，我的热血触到了黄河的体温，凉凉地，令人兴奋。……这一瞬我已经等了七十几年了绝对值得。不到黄河心不死，到了黄河又如何？又如何呢？至少我指隙曾流过黄河。至少我已经拜过了黄河，黄河也终于亲认过我。……回到车上，大家忙着拭去鞋底的湿泥。我默默，只觉得不忍。翌晨山大的友人去机场送别，我就穿着泥鞋登机。回到高雄，我才把干土刮尽，珍藏在一只名片盒里。从此每到深夜，书房里就传出隐隐的水声。[3]

徐祥明《请余光中签名题字》：二〇〇一年四月第一次来山东访问讲学一周，回台后写出了一篇两万多字的游记《山东甘旅》，题目针对余秋雨的《文化苦旅》而起，他说这是目前他写得最长的一篇散文。[4]

叶振辉《二〇〇一年七月十七日第三次访问》：散文我写了《山东甘旅》，是第一次正面写我回大陆的经验，题材不少，文长二万多字。[5]

3月，新版《听听那冷雨》，由台北九歌出版社出版，有新版后记。

[1] 《台湾文学选刊》2002 年第 1 期。
[2] 李瑞腾主编：《听我胸中的烈火——余光中教授纪念文集》，第 100 页。
[3] 《联合报》(2001 年 8 月 28 日)。
[4] 徐明祥：《潜庐读书记》，呼和浩特：内蒙古教育出版社，2012 年，第 121 页。
[5] 叶振辉主访：《让春天从高雄出发——余光中教授专访》，第 60 页。

2008 年 4 月再版。

3 月，彭力勋《余光中的诗歌美学思想》、张永健《论余光中思乡恋土诗歌的特色》、韦佩仪《余光中研究在新马》，刊《世界华文文学论坛》第 1 期。

4 月 16 日，作诗《丁香》，后收入《藕神》（2008 年版）。

5 月 2 日，苏其康发表《论五四精神共荣——余光中的译作和文学交流》，刊台北《中国时报》。

5 月 10 日，思果发表《什么样的人能翻译——论余光中的翻译》，刊台北《中国时报》第 23 版。

5 月 18 日、6 月 21 日、7 月 17 日、12 月 4 日、12 月 14 日、12 月 18 日，在高雄中山大学余光中教授研究室和家中，接受叶振辉的访谈。访谈稿后以"让春天从高雄出发——余光中教授专访"为题，由高雄市文献委员会编印（2001 年）；2005 年 12 月第二次印刷，补充了诗人 2002 年以后的大事年表。

> 余光中《序》：自从一九八五年由香港返台，来高雄定居，迄今已超过十六个年头，除了台北之外，高雄已成为我住得最久的城市。奇怪的是，迄今仍有不少读者，甚至朋友，认为我在台北还有个家，常在两地走动，并不长住在这南部的港都。迄今还有人问我，几时会回去香港。

> 当初应中山大学李焕校长之召，辞去香港中文大学的教职，来海天空阔的西子湾任教，原来也未料到，这一生，将近五分之一的岁月竟会消磨在这南海的天涯。海峡两岸的学者在论我的文章里，竟已有"高雄时期"之说了。无论从我的宿舍或研究室的西窗夕眺，落日与霞火的灿烂晚景，已成为我生命晚景的隐喻。

> 一九九九年二月，我在中山大学退休。刘维琪校长热心留我，为我筹设了"光华讲座"，仍兼授两门课，并保留外文系的研究室。我在西子湾悠悠岁月的美丽"海缘"遂得以延续，令我感动。我在中山大学十六年，从李焕先生、赵金祁先生、林基源先生一直到现任的刘维琪先生，历任的校长都待我甚厚，盛情可感。许多同事与同学的情谊，也温馨难忘。当初我接受李校长的召邀，确是幸运的抉择。

高雄的气候比台北晴爽，人情也似乎比台北朴实，久住不但成习，也交了不少本地的朋友，不必皆为学府中人，往往待我反更慷慨。家父与岳母都在高雄作古，内人与我也没有再迁之图。……①

5月，黄维樑选编《大美为美——余光中散文精选》，由深圳海天出版社出版，收入"当代中国散文八大家"丛书。全书分三辑，收录《鬼雨》《逍遥游》《咦呵西部》《听听那冷雨》《四月，在古战场》等51篇。书前有季羡林的《漫谈散文（代总序）》、黄维樑的前言《壮丽的光中》，末附黄国彬的《附录：余光中的大品散文》、旷昕的《跋》。

黄维樑《壮丽的光中》：余光中的大块文章，如大鹏、如骐骥、如名山大川，充满了阳刚之美，气度恢宏，是朗吉努斯说的 sublime 风格，安诺德所说的 grand style。②

6月19日，作诗《谜底》，后收入《藕神》（2008年版）。

6月，接受香港凤凰卫视主持杨澜采访，录制专题节目。

6月，王良和撰《青年文学奖"余派"之说》，2005年9月修订；后收入《余光中、黄国彬论》（香港汇智出版有限公司2009年版）。

6月，谭五昌《台湾诗坛三巨柱（罗门、洛夫、余光中）》、黄曼君《余光中现代诗学论格》，刊《蓝星诗学》第10期。

7月6日，文学评论家、小说家曹正文赴高雄中山大学访问余光中，谈论"幽默散文"，并获赠《从徐霞客到梵谷》签名本。

《新民晚报》（2017年12月14日）：〇京沪苏作家媒体人忆余光中："他说话很慢，有点像念诗"〇当天，他们探讨的话题是文学的幽默，余光中先生说，依他的理解，真正的幽默背后是正面的价值观，真正的幽默并不远离严肃。幽默是一个作家用一颗诚恳的心，比较敏感地观察事物，看出事物的荒谬性。余光中说，幽默的界限是很难掌握的，太过活泼，就易流向油滑；太过严肃，就易流向刻毒。历史上的幽默大师，都不仅讽嘲他人，也要反嘲自己，对自己的荒谬看不到的人，决不是幽默文学家。

---

① 叶振辉主访：《让春天从高雄出发——余光中教授专访》，卷首。
② 李元洛、黄维樑：《壮丽余光中：生活与作品》，第11页。

曹正文回忆："余先生说，幽默其实是与机智联系在一起的。"谈到对自己影响最大的文学作品，余光中认为是《唐诗三百首》与《三国演义》，在现代文学史上，他受朱光潜美学思想影响最深。

7 月，赴瑞士坎德施泰格（Kandersteg）参加"世界对话会议"（Call for a Global Dialogue）。

8 月 11 日至 28 日，发表散文《甘旅四篇》（含《春到齐鲁》《泰山一宿》《青铜一梦》《黄河一掬》），连载于《联合报》。这是他应邀于 2001 年春去山东大学讲学并访问齐鲁后的宝贵收获。

8 月 28 日，程永新致信余光中。

余光中先生！

尊作《山东甘旅》及信函一并收到，勿念。

气候炎热，感谢先生为本刊及大陆内外的读者提供如此精美的文章，使酷暑中难熬的人们感受丝丝凉爽和惬意。文章我们将尽快推出。

我刊的电话及传真信笺右小角便是。

屡次往先生家去电，适逢先生家中无人，前蒙先生赐稿有三，加上沈谦先生的一文，累计稿酬约人民币二千四百元，因人民币目前尚不能汇台，如何处置，还望先生告示。

我杂志新近选编《收获散文精选》一书，选入先生的《思蜀》及《萤火山庄》二文，如蒙先生允可，此书将于今年 10 月出书。再次感谢先生对拙刊的大力支持。

祝先生大康！

程永新　2001 年 8 月 28 日 [①]

8 月，赴新加坡参加"国际作家节"，任金笔奖评审，于新加坡大学讲演、朗诵。

8 月，发表《诗心起舞——大专新诗组综评》，刊《明道文艺》第 305 期。

8 月，新译《梵谷传》，由台北大地出版社出版。有新译本译者序。

8 月，李翠瑛发表《余光中〈白玉苦瓜〉的修辞技巧》，刊《明道文艺》第 305 期。

---

① 程永新编著：《一个人的文学史》上册，第 245 页。

9 月 6 日，致信星洲王润华、淡莹（刘宝珍）夫妇。

润华，淡莹：

前天下午我已顺利回到高雄。

此次访星，多蒙接待并主持座谈，又再三盛宴相邀，得以晤见星洲文化界朋友，快慰甚矣。临别清晨更承伉俪冒雨送行，滂沱大雨比起渭城朝雨只堪浥尘，另是一番离情，十分感谢。世事多变，而友情不改，诚古诗所咏 Auld Lang Syne 也。但 Burns 诗中老友重逢，却各付酒账，那能比拟我的星洲老友还馈赠如此高贵的礼品呢，一笑。匆此即颂

俪安

光中　2001 年 9 月 6 日 [①]

9 月 10 日，作诗《夜食燕窝》，后收入《藕神》（2008 年版）。

9 月 12 日至 17 日，应广西大学和广西壮族自治区旅游局邀请，偕家人访问南宁、桂林。

《桂林日报》（2017 年 12 月 19 日）：〇李灵资：忆余光中先生在桂林的时光〇 2001 年 9 月 12 日至 17 日的那段时光里，我受自治区旅游局的委派，担任先生及其家人在广西南宁、桂林讲学之余游览的导游……2001 年 9 月 12 日，在当时桂林市旅游局钟星民局长的带领下，我们驱车前往南宁迎接先生一家及随行学者，同行的还有广西电视台及其他文化媒体记者。

9 月 12 日，上午，应邀赴广西大学演讲《诗与音乐》，被聘为客座教授。下午，与中文系师生进行学术交流。

《诗人余光中受聘西大客座教授》：9 月 12 日上午，君武楼报告厅内掌声雷动，饮誉海峡两岸的著名诗人、学者余光中先生微笑着从唐纪良校长手中接过聘书，自此，余先生正式成为广西大学文化与传播学院客座教授。出席受聘仪式的还有余先生的夫人及女儿，文化与传播学院的领导及部分师生。

现供职于台湾高雄中山大学的余光中教授，自六十年代以来一直

2001 年（辛巳）　74 岁 | 553

是华人文坛的巨擘，在台湾出版著作已达 50 余本，其中包括诗集、散文集、评论及译著等。余先生的作品广泛流传，并具有较高的影响力，他的《乡愁》等不少诗作常为两岸教科书采用，并屡经谱曲传唱。

受聘仪式后，余先生以《诗与音乐》为题，为与会者作了一场精彩的讲演。当天下午，余先生还与文化与传播学院的 50 多位师生座谈，畅叙文学之美与创作，以及热爱祖国传统文化的情怀。[①]

《南宁晚报》第 22 版（2017 年 12 月 15 日）：○著名的诗人余光中病逝享年 89 岁《乡愁》成为绝响○ 2001 年 9 月，余光中到广西大学讲座。很多人还记得，当时老人让工作人员搬开摆在面前的话筒架和大花篮，坚持自己拿话筒讲。"这样大家就可以看到我的脸啰，我要像歌星演唱一样演讲。"时年已经 70 多岁的他如此随和，给现场的人一个不小的意外。那一次，余光中的演讲题目是《诗与音乐》，话题虽老，余光中的精辟讲述与真情演绎却倾倒了师生。两个小时中，掌声不绝于耳，听者受益匪浅。

讲座后的当天下午，余光中与中文系师生进行学术交流。

9 月 13 日，乘船游桂林灵湖、灵渠。

《桂林日报》（2017 年 12 月 19 日）：○李灵资：忆余光中先生在桂林的时光○第二天清晨，从乐满地景区酒店里舒适的床上醒来。趁着晨光初照，灵湖湖面薄雾升腾，鸟鸣山幽，景区特地安排了先生一行坐小船游览灵湖。……离开乐满地后，是先生期待已久的灵渠游览。

9 月 14 日，游龙胜龙脊梯田。

《桂林日报》（2017 年 12 月 19 日）：○李灵资：忆余光中先生在桂林的时光○在桂林的第三天，我们游了龙胜的龙脊梯田。

9 月 15 日，游漓江。

《桂林日报》（2017 年 12 月 19 日）：○李灵资：忆余光中先生在桂林的时光○第四天的行程是漓江游览，桂林市旅游局给予了高度的重视和周到的安排，除了特意准备了一条豪华游船之外，还专门组织了桂林的文化名人、媒体记者和几个民乐表演高手作陪。……在游览

---

① 广西大学党委办公室、校长办公室编:《西大快讯》第 15 期（2001 年 9 月 25 日）。

漓江的同时，先生一行还应邀游览了台商在桂林投资开发的冠岩和"世外桃源"两个景区，分别留下了"桃源本是在人间"和"冠岩是大自然赋予漓江的华美点缀"的词句。

9月16日，游桂林市区象鼻山、七星公园、桂海碑林。

《桂林日报》（2017年12月19日）：○李灵资：忆余光中先生在桂林的时光○第五天在桂林市区游览象鼻山……紧接着我们马不停蹄去到七星公园，重点参观了其中的全国重点文物保护单位——桂海碑林。……当晚市政府主管旅游的领导在七星公园的月牙楼为先生一行举行告别晚宴。

9月17日，上午，应邀至广西师范大学演讲《旅行与文化》。讲座之前，时任广西师范大学校长黄介山陪同一行去独秀峰下面参观读书岩。

《广西师范大学纪事：1932—2017》：9月17日，台湾著名诗人、散文家余光中到校讲学，广西师范大学1000多名师生代表聆听了余光中在王城大礼堂作的《旅行与文化》专题演讲。①

《桂林日报》（2017年12月19日）：○李灵资：忆余光中先生在桂林的时光○第六天下午，到了先生一行告别桂林，取道香港回台湾的日子了。这天上午应广西师范大学的邀请，先生在广西师范大学王城校区的礼堂作了《旅行与文化》的专题讲座。讲座之前，广西师范大学当时的校长还专门陪同先生一行去独秀峰下面参观了读书岩，让先生亲眼看见了"桂林山水甲天下"这句千古名言的出处，还带他们拜谒了中山纪念堂和仰止亭。……下午临别之际，先生还专门送了一个他亲自签名并写下留言的笔记本给我，首页就有他写下的对我这个陪他们六天的导游工作的认可和激励的语言："李灵资先生：山川之美，仍赖绣口以传。多谢相陪，并一路指点。余光中　2001.9.17。"

9月21日，作诗《九月之怵》，刊9月30日《联合报》；后收入《藕神》（2008年版）、《风筝怨》（2017年版）等。该诗是有感于世纪之交，宝岛台湾连遭"九·二一"大地震和"九·一七"纳莉台风的侵袭，以及

---

① 旷永青、李殷青主编：《广西师范大学纪事：1932—2017》，桂林：广西师范大学出版社，2017年，第287页。

美国遭受"九·一一"恐怖袭击事件而作，写的是心灵剧烈震荡下的悲恸之情。

9 月，诗集《乡愁：余光中诗歌精选》，由贵阳贵州人民出版社出版。

10 月 1 日，中秋夜，应邀参加湖北人民广播电台举办的大陆和港台诗人话中秋的专题节目。

> 张永健《"中秋"夜读〈乡愁〉致余光中先生》：2001 年中秋之夜，湖北人民广播电台邀请武汉诗人学者曾卓先生（病中电话录音）、黄曼君教授和我，同台湾著名诗人学者余光中先生、香港的著名学者黄维樑先生以长途电话方式举行别具一格的两岸三地诗人学者话中秋的专题节目。我当即创作并在长途电话中朗读了这首诗寄余光中先生，以表怀念与敬意。

> 从"一枚小小的邮票"，／我咀嚼着，咀嚼着你的童年：／因求学而离乡背井，／大且浓的乡愁的滋味。／／从"一张窄窄的船票"，／我掂量着，掂量着你的青年：／因谋生而泪别新娘，／宽且重的乡愁的分量。／／从"一方矮矮的坟墓"，／我炙烤着，炙烤着你的壮年：／因永诀慈母而燃烧的／高且旺的乡愁的烈焰。／／从"一湾浅浅的海峡"，／我凝思着，凝思着你的老年：／因隔绝而思乡恋土的，／深且广的乡愁的容量。／／我凝望着，凝望着，／天上的圆月。／仿佛看见你，／永镌着乡愁的面庞。……①

10 月 11 日，林峻枫发表《文道任我行——侧写诗人余光中》，刊《青年日报》第 10 版。

10 月 14 日，徐开尘发表《寻找台北·典藏回忆，深情注视这个城市——余光中细回味台北城南旧事》，刊《民生报》A6。

10 月 19 日，作诗《情人节》，后收入《藕神》（2008 年版）。

10 月 30 日，张培培、王秀丽发表《怎一个"愁"字了得——解读余光中〈乡愁四韵〉的意象美》，刊《滁州学院学报》第 8 卷第 5 期。

10 月 26 日，应江苏省社科联、江苏省作协邀请抵达南京，参加江苏籍台湾作家采风团，同行者有张晓风、司马中原、蓉子、朱秀娟等二十余人。在南京活动两天。

---

① 《心潮诗词》2000 年第 3 期。

10月28日，抵达扬州。

10月30日，抵达无锡，入住新锦江大酒店，游览太湖和灵山大佛景区。晚宴后，庄若江教授陪同余先生、张晓风等步行至人民路新华书店。在书店余先生被几位购书读者发现，索要签名。

10月31日，参观江阴华西村。

10月，写散文《金陵子弟江湖客》①，刊次年1月15日《收获》第1期。

11月1日，晨，随台湾作家团乘大巴赴苏州，参观苏州的新加坡工业园。

同日，杨澜发表《永远的乡愁——台湾著名诗人余光中访谈》，刊《中国文化报》第4版。

11月2日，应邀与蓉子、张默至东南大学演讲并朗诵诗歌。

> 李倍雷《秋声 雨声 诗声——记余光中、蓉子、张默诗歌演讲》：2001年11月2日下午3时又迎来了三位台湾著名诗人——蓉子女士、余光中先生、张默先生，三位著名诗人给东大的学子讲演并朗诵自己的诗歌。
>
> 余先生在演讲中说："一首诗不是在平面上的，就是说不是在纸上的，而是要吐出来、唱出来，诗本来就与歌有关系，与生命有关系。"余先生的这次讲演没有题目，随机漫谈，吐属清雅，雍容平和，如谦谦君子。并即兴朗诵诗歌。②

11月12日，高雄中山大学授予余光中名誉博士学位。该校还专门建了一个"余光中数位文学馆"（Kwang-Chung Yu's Digital Archives），计划将余光中已出版或未出版的文学作品手稿、珍藏照片等进行数字化处理，以呈现其令人瞩目的文学成就。

11月15日，发表散文《山东甘旅》，刊《收获》第6期。

11月，程美钟发表《我如何教这一课——余光中的〈白玉苦瓜〉》，刊《国文天地》第198期。

11月，方忠发表《余光中与台湾当代散文的创新》，刊《文学评论》第6期。

---

① 原件藏台北"国家图书馆"当代名人手稿典藏系统，编号262-298。
② 《扬子江诗刊》2002年第2期。

11 月，严辉发表《知性·感性——论余光中的散文批评》，刊《当代文坛》第 6 期。

11 月，陈君华著《望乡的牧神——余光中传》，由北京团结出版社出版。作者在解构传统乡愁的基础上，重构余光中一生及其作品中的乡愁。全书共 10 章：战火纹身；咪咪的眼睛；在美国的鸡尾酒里；再见，虚无！；莲恋莲；轮转天下；蒲公英的岁月；每依北斗望京华；给名家改作文；高楼对海。

12 月 7 日，获颁第二届霍英东成就奖，当晚出席在广州番禺举行的颁奖典礼。其他获奖人有钱学森、师昌绪、林怀民等。

> 叶振辉《二〇〇一年十二月四日第四次访问》：我过两天要到香港去领"霍英东成就奖"，那是香港企业家霍英东设立的基金会主办的，今年颁奖给大陆的钱学森，和台湾的林怀民与我。①

> 《香港商报》（2001 年 12 月 8 日）：〇霍英东奖金授 6 名士，钱学森获杰出奖，余光中获成就奖〇

12 月 10 日，抗战时期重庆江北悦来场南京青年会初中同窗石大周，发表诗歌《归来吧，诗人》，刊《重庆晚报》。

> 还记得吗？抗日战争期间，/ 你来到嘉陵江边，/ 悦来场附近那所内迁的中学念书，/ 庭院书声朗朗，芳草萋萋。/ 小巧玲珑的庭园，有一片柑桔树。/ 一株巨大的银杏，我们常去扫落叶拾落果。/ 最令人心爱的是那株黄桷兰，/ 夏夜散发出馥郁清香。// 你一去六十年，神州早已换了人间。/ 我们知道你去了台湾，你的诗文蜚声海内外。/ 在你的诗篇里，我们读到你淡淡的乡愁。/ 但你没有回到这里来过，/ 没有看望你已耄耋之年的同窗。/ 你如归来，你将认不出这你曾熟悉的山城了：/ 市中区那狭窄的都邮街已不存在，/ 变成了宽阔美丽而雅致的大广场。/ 吊脚楼进了历史博物馆，/ 雄伟壮观的高楼遮蔽了云天。// 两江架起了座座桥梁，/ 繁华如潮汹涌漫至四方，/ 南坪、沙坪坝、江北、渝北，/ 建起了座座现代化的大城市。/ "三六九"、"松鹤楼"搬走了，/ "万豪"、"海逸"门前车水马龙。/ 这里充满了阳光，/ 这里遍地花朵，处

---

① 叶振辉主访：《让春天从高雄出发——余光中教授专访》，第 72 页。

处歌声！//归来吧，诗人！我们都盼望着祖国统一，/盼望着那个历史性辉煌的大喜日子。/待到举国同庆日，/我们在江北机场迎接你！

12月15日，《余光中的夜》，刊香港《大公报》B05。

12月22日，出席于台北台泥大楼举办的"颂永恒·念海音——林海音女士追思会"。

12月，沈玉璞为余光中摄影于高雄中山大学研究室。

12月，钱志富发表《余光中是怎样成为中国当代大诗人的》，刊《蓝星诗学》第12期。

是年，担任香港中文大学"新世纪征文"活动的文学翻译终审评委。

《人民日报》（2017年12月26日）：○余光中永在（王蒙）○2001年，我三次参加香港中文大学"新世纪征文"活动，我与白先勇是小说终审评委，而余光中是文学翻译的终审评委。我们变成了同事。

是年，与钟玲合著诗集《山海传奇——高雄摄影诗文集》，由高雄市新闻处出版。该集由王庆华、王信诚摄影。

是年，桂林青年画家兼雕塑家黄熙赠余光中胸像《辉煌的背后》。现藏于高雄中山大学余光中特藏室。

2002年（壬午）　75岁

1月13日，作诗《马年》，后收入《藕神》（2008年版）。

1月，写序《被诱于那一泓魔幻的蓝——序〈二十世纪海洋诗精品赏析选集〉》，刊4月《联合文学》第18卷第6期；又刊4月25日《华中科技大学学报（社会科学版）》第2期；又刊2003年1月30日《湖南城市学院学报》第1期；后收入《举杯向天笑》（2008年版）。

1月，罗进德主编《余光中谈翻译》，由北京中国对外翻译出版公司出版，收入"翻译理论与实务丛书"。本书选入余光中探讨翻译理论的文章22篇，包括《翻译与批评》《中国古典诗的句法》《中西文学之比较》《几块试金石——如何识别假洋学者》《翻译和创作》《外文系这一行》《用现代中文报道现代生活》《变通的艺术——思果著〈翻译研究〉读后》《庐山面目纵横看——评丛树版英译〈中国文学选集〉》《哀中文之式微》《论中

文之西化》《早期作家笔下的西化中文》《从西而不化到西而化之》《与王
尔德拔河记——〈不可儿戏〉译后》《白而不化的白话文——从早期的青
涩到近期的繁琐》《横行的洋文》《翻译乃大道》《译者独憔悴》《中文的常
态与变态》《作者，学者，译者——"外国文学中译国际研讨会"主题演
说》《论的的不休》《翻译之教育与反教育》。这些文章以散文随笔的形式
写成，见解深刻而不深奥，文笔优美、清新。读者阅读本书，既可以学习
用翻译理论来指导翻译实践，又可以得到美的享受。书前有余光中序、罗
进德的《为中国第四次翻译高潮贡献精品——翻译理论与实务丛书总序》
和思果的序。

2 月 1 日，作诗《寻虹》，后收入《藕神》（2008 年版）。

同日，刘登翰发表《余光中·香港·沙田文学》，刊《香港文学》。

2 月，为《含英吐华：梁实秋翻译奖评语集》作序。①

2 月，诗选集《余光中诗选：一九四九—一九八一》，由台北洪范书
店出版。

2 月，徐学发表《古诗传统的现代转化——余光中与李贺》，刊《台湾
研究集刊》第 2 期。

2 月，高惠钰发表《从雄伟风格论余光中诗作》，刊《立人学报》第
2 期。

2 月，陈幸蕙发表《悦读余光中——离乡者日记》，刊《明道文艺》第
311 期。

3 月 4 日，《余光中陈耀南演讲交流分享阅读创作教学感受》，刊香港
《大公报》B08。

3 月 9 日，夏蝉发表《余光中含英吐华听摇滚》，刊台北《中国时报》
第 39 版。

3 月 21 日，《余光中再编文学大系》，刊台北《中国时报》第 39 版。

3 月 22 日，《余光中气氛》，刊香港《星岛日报》D04。

3 月，《含英吐华：梁实秋翻译奖评语集》，由台北九歌出版社出版，
为"九歌文库 629"。2019 年上海三联书店再版。本书收录《从惠特曼到
罗素——评第一届诗文双冠军》《理解原文、掌握原文——评第一届译文

---

① 原件藏台北"国家图书馆"当代名人手稿典藏系统，编号 262-300。

第三名》等 13 篇文章，集结作者评论梁实秋文学奖翻译组作品之文字，附有译诗原文及译文。正文前有余光中的《含英吐华译家事》。

> 单德兴《第十位缪斯——余光中访谈录》:《含英吐华》这本书收录了二十几年的评语，一年一篇，其中又评翻译，又改翻译，又示范翻译，看怎样能把原作翻译得更好，是很具特色的 practical criticism（实际批评）。①

3 月，傅孟丽著《水仙情操——诗话余光中》，由台北天下远见出版公司出版。本书撷取余光中各时期的诗作，探讨爱情、政治、亲情等诸多面向中的余光中。全书共包括缪思情结、文化情结、恋母情结、莲的情结、中国情结、朋友情结、台湾情结、香港情结、高雄情结、夫妻情结、父母情结、祖孙情结、政治情结、水仙情结、嗜书情结、爱憎情结、乡愁情结、夕阳情结等 18 个部分。

3 月，陈幸蕙发表《悦读余光中——两岸的故事》，刊《明道文艺》第 312 期。

4 月 1 日，方国云发表《乡愁啊，乡愁! ——访台湾著名诗人余光中》《余光中深心的秘密》，刊《香港文艺报》创刊号。

4 月 2 日，应邀赴苏州大学演讲《诗与音乐》。

> 王尧《江南人余光中——新文学作家与苏州之二》: 2002 年 4 月 2 日，余先生和夫人应邀到了苏州。……余先生的落地费用是学校科研部门提供的。因为经费有限，我便安排他们住在学校所属的东吴饭店 2 号楼，一个标准间。……余先生讲演的题目是《诗与音乐》。以我的学识，觉得这是个很难讲的题目，但余先生融贯中西古今，深入浅出，或中文或英文背诵著名诗篇。演讲要结束时，余先生说，他朗诵《民歌》，请大家应和。②

4 月 4 日，偕夫人回常州。

同日，为母校武进市漕桥中心小学题词留念。

> 采天地之精华

---

① 单德兴:《却顾所来径——当代名家访谈录》，第 208 页。
② 《苏州杂志》2011 年第 2 期。

聚日月之灵气

以养莘莘学子之根

武进市漕桥中心小学留念

　余光中　二○○二、四、四

4 月 5 日，专程前往漕桥祭扫外婆家的先辈，并在市图书馆为市作协会员做讲座。

王尧《江南人余光中——新文学作家与苏州之二》：清明的那天，余先生从苏州回武进扫墓，他说："一把怀古的黑伞，撑着清明寒雨霏霏。"①

陈士行、周逸敏《台湾著名诗人余光中回乡扫墓》：2002 年清明节这天上午，台湾著名诗人、散文家余光中，终于踏上了故乡——武进市漕桥镇，终于站在了芳草萋萋的亲人的坟头。他和妻子范我存恭恭敬敬地点燃了三炷香，青烟袅袅，犹如游子的乡思缕缕。抬头，远山如黛；身边，乡河似碧。

"从 21 岁负笈漂泊台岛，到小楼孤灯下怀乡的呢喃，直到往来于两岸的探亲、观光、交流，萦绕在我心头仍旧是挥之不去的乡愁。"但是这天，"一把怀古的黑伞，撑着清明寒雨霏霏"回到江南故土的余光中，他的乡愁在故乡的烟雨中，在乡亲们的亲情中消散了。②

4 月 6 日，应邀赴东南大学演讲《诗意的人生》，受聘为东南大学客座教授，并题写"人文典范　萃于东南"。

《新华日报》（2002 年 4 月 8 日）：○台湾作家余光中受聘东南大学客座教授（张粉琴）○［4 月］6 日晚，东南大学在群贤楼举办仪式，聘请台湾著名诗人、评论家余光中先生为东南大学客座教授。70 多岁的余老先生笑称自己 1928 年生于南京，在南京读过小学、中学和大学，是南京人，且老岳父就是当年东南大学的毕业生，所以十分乐意接受这一荣誉。

同日，于南京东南大学榴园宾馆前摄影。③

① 《苏州杂志》2011 年第 2 期。

② 《台声》2002 年第 5 期。

③ 张昌华：《我为他们照过相》，北京：商务印书馆，2017 年，第 264 页。

4月12日，发表《典型的夙愿》，刊台北《中国时报》。

4月13日至14日，应邀出席在厦门大学召开的第五届东南亚华文文学研讨会，并做题为《离心与向心：众圆同心》之讲演。文稿后修改于2007年1月，收入《举杯向天笑》（2008年版）。

《海峡导报》（2006年4月5日）：○徐学：青青乡愁——余光中的厦大情怀○2002年4月13日，余光中先生再次抵达母校，参加在此举办的"东南亚华文文学研讨会"。飞机在下午五点半降落。我特地让车子走环岛路，在椰风寨停一会，又到新建的厦大嘉庚楼群，余先生看到别离七年的厦门日新月异，也很高兴。不过在新楼林立的校园里，看到自己曾经读书听课于其中的小楼——囊萤楼依然挺立，余光中先生更是欣慰，他俏皮地说，幸免于难。……这次余光中先生到厦的时间不到48小时，他为大会做了一个主题报告。

曹安娜《东南亚华文文学透视——余光中、骆明、庄钟庆访谈》：心是指中国，不仅仅是地理的，而且是历史文化的。很多华人当年被迫去南洋求生活，今日在各地求提升。当年他们是离开中国这个核心，可以说是离心。可每个离开中国的人都怀念故乡，始终使用中国文字，这又是向心。

华文写作也可以按离中心的远近，以及写作条件和方便程度分为三个世界，这三个世界其实是从"五四"新文学以来逐渐形成的。第一世界是中国大陆；第二世界是台湾、香港；东南亚是第三世界。……一个作家只要有一颗中华文化的心，在世界各地他都能找到自己的归属。……全球华人都有责任光大我们的中文，使她成为强势语种。到那时候，只要我们把母语学好、写好，就可以称为国际知名作家。华文文学是无数个同心圆，以中国的历史文化为核心。华文作家的脚迹是这些同心圆上的大大小小的圆点。……现在所有的华人，在世界各地，无论多么遥远的地方，也可以说：只要我在的地方就是中国。分散在世界各地的华人，只要不放弃中文，这个同心圆的半径就在他那里延续。我相信：中华民族的精神永远保持在美丽的中文身上，这个精神远从李白、杜甫、曹雪芹延续到我们。我们一定要好好珍惜，这个半径才会无限地延长。①

4 月 16 日，傅孟丽发表《余光中的水仙情操》，刊台北《中国时报》第 39 版。

4 月 20 日，张梦瑞发表《东海大学礼聘为客座，余光中欣然渡海演讲》，刊《民生报》第 13 版。

4 月 27 日，作诗《花开花落》，后收入《藕神》（2008 年版）。

4 月，陈幸蕙发表《悦读余光中——诗人的自画像》，刊《明道文艺》第 313 期。

5 月 5 日，为蓝文学会题字。

> 蓝色属于天与海，
> 祝蓝文学会：如天之长，如海之阔，任千翼高飞，万鳞畅泳。
>
> 余光中　2002. 5. 5②

5 月 7 日，书兰发表《余光中谈诗》，刊香港《大公报》D07。

5 月 8 日，作诗《钟声说——为母校南京大学百年校庆而作》，后收入《藕神》（2008 年版）、《风筝怨》（2017 年版）等。

5 月 13 日，张梦瑞发表《余光中为校写校歌》，刊《民生报》第 5 版。

5 月 17 日，在南京大学浦口校区做报告。做报告前题字："南大青年　南大虽百年 青春正鼎盛"。③

同日，在南京大学西苑接受何晴采访，采访稿后以《诗意人生——著名文学家余光中教授访谈录》为题，刊 5 月 29 日《中国文化报》第 1 版。

5 月 18 日，在南京大学礼堂演讲《中文与英文》，并被聘为南大兼职教授。

> 高志虎、周林《"两岸的不同绝非文化的不同"——余光中在南京大学演讲侧记》：5 月 18 日，在古色古香的鼓楼校区大礼堂，余光中被聘为南大的兼职教授。仪式上他动情地说，当年没有完成学业就离开了母校，这次本应回来补课，没想到却成了兼职教授。仪式结束后他为到场的师生和校友作了题为《中文与英文》的演讲，并回答了同

---

① 《东方论坛》2002 年第 4 期。

② 据原件影印照。

③ 据原件影印照。

学们的提问，言谈中时刻流露出对中文的爱护、对莘莘学子的热切期望以及对祖国大陆的无限眷恋。他在比较了中文和英文受外来文化的影响后，对中文的西化表示了担忧，认为中国的读书人应该警觉。……余光中的乡愁不止于一般的离愁别绪，更深深体现了他对中华文化的眷恋。有同学询问两岸文化到底有何差异，他语重心长地说：两岸文化的源流是一样的，是同一种文化，说不上两种文化的差异。……余光中严肃地指出：两岸的不同绝非文化的不同。不能为了50年的政治，而放弃5000年的文化。余光中认为在日益全球化的今天，读书人要有历史感，这是必须修炼的美德。①

5月19日，出席南京大学百年校庆晚会，朗诵诗作《乡愁》。

5月20日，南京大学百年校庆，在数千南大师生面前深情朗诵特地创作的诗歌《钟声说》。

5月，余光中著、刘国松绘《文采画风》，由石家庄河北教育出版社出版。

5月，张昌华发表《诗坛祭酒余光中》，刊《人物》第5期；又刊6月5日上海《文汇报》C02。

5月，陈幸蕙发表《悦读余光中——永久地址》，刊《明道文艺》第314期。

5月，徐学著《火中龙吟：余光中评传》，由广州花城出版社出版。作者通过勾勒余光中生平细节，并结合其创作艺术及创作思想，成此评传。全书分上、中、下三篇，共13章。

6月1日，陈淑彬发表《寻找余光中的"永久地址"》，刊《香港文学》第210期。

同日，《余光中的诗中情结》，刊香港《明报》D08。

6月5日，致信李荫远。

荫远先生：

前后收到您的大札、稿件，及近日由钟玲教授转来的您编选并注释的《当代新诗100首赏析（1949—2000）》乙册（原注：这是编者早期自费印的新诗读本，稍后扩大的130首，又印一次，增删后才是这

___
① 《台声》2002年第7期。

本正式出版的），非常感谢。

此书之选释别具慧眼，大陆诗人之部分尤为可贵。例如苏金伞在台湾就少人注意，其实诗艺不凡，我为张默、萧萧合编的《新诗三百首》写序，即特别推荐。汪曾祺的散文，小说家所推崇，但他的诗却少人欣赏。食指的诗，孙越生的诗，我都是第一次读到。每一位诗人前有短介，后有简评（点到为止，有若诗话），也有助一般读者了解。

拙作谬承偏爱，愧不敢当。近年大陆各地出版我的选集，多为散文，而诗选却较少，因此流沙河选释的《余光中一百首》更觉可珍。广州花城出版社近日甫出版徐学所著《火中龙吟：余光中评传》，厚三百多页，堪称力作，惜封面及内页之照片 20 帧未能精美。又天津百花文艺出版社今年底将出版我的"全集"，收入我绝大部分的诗、散文、评论。

您比我年高几近一秩，且身为卓然有成的科学名家，对新诗竟然如此深究而且关切，并亲手编选广介予大家，当今之世，实为仅见之有心人，令人佩服。深信《当代新诗一百首赏析》必定广受欢迎，令平素不读新诗者一开眼界。尚此致谢，并颂

暑安

余光中拜上   2002. 6. 5[①]

6 月，发表诗歌《七巧迷图》，刊《联合文学》第 18 卷第 8 期；又刊《台港文学》第 2 期。

6 月，写散文《新大陆 旧大陆》，刊 7 月《香港文学》。

7 月 9 日，写评论《光芒转动的水晶圆球——悦读陈幸蕙》，刊 8 月 7 日台北《中国时报》；后收入《举杯向天笑》（2008 年版）。

同日，顾蕙倩发表《生命处处皆注脚——诗人余光中访问记》，刊"中央日报"第 15 版。

7 月 31 日，于高雄左岸写散文《不流之星》。

7 月，写散文《我是余光中的秘书》，刊 8 月 30 日台北《中国时报》；后收入《余光中幽默文选》（2005 年版）。

傅光明《余光中：我把自己想像成"茱萸"的孩子》：最近我又写了一篇文章叫做《我是余光中的秘书》。这是什么意思呢？我的意思

---

① 李荫远编纂：《当代新诗读本》，北京：中国文联出版社，2005 年，第 289 ～ 290 页。

是说：我现在不能好好写作，只是做一些杂芜的事情，回信或者什么诸如此类的，我已经沦为我的秘书。这些都是比较情趣、理趣的东西。①

陈素芳《当夜色降临，星光升起——由读者到编者，永怀余光中老师》：他曾有一妙文《我是余光中的秘书》，苦中作乐，形容自己处理四方邀约、座谈及其他琐事的忙乱。②

7月，钱学武发表《诗中异品：戏剧化独白——余光中〈与李白同游高速公路〉赏析》，刊《香江文坛》第 7 期。

7月，黄曼君、黄永林主编《火浴的凤凰　恒在的缪斯：余光中暨香港沙田文学国际学术研讨会论文集》，由武汉湖北人民出版社出版。本书共收入 46 篇文章，分为综论、余光中研究、沙田作家研究、会议综述与报道选辑等主题。

8月2日，致信江南大学庄若江教授，欣然允诺参加国内首届"红豆文化节"。

若江女士：

七月廿二日来信昨日才收到，多谢你推荐我参加七夕的风雅盛会，让我有缘为红豆赋诗。我已经成诗一首传去，但意有不足，但愿能再写七夕一首。我一向认为中国人不应淡忘自己的神话而去虚应西方的故事。我们明明有元宵与七夕，而且元宵与 Valentine's Day 几乎只差几天。所以无锡市此举乃是美意，雅事，应该响应。

今年四月我去苏州大学演讲，以为或许见到你。去年的照片希望照得很好，否则可惜了湖光月色。（记得那晚是满月。）

你能随团前来访台，十分欢迎。希望也能南下高雄一游。即颂
暑安

余光中　2002.8.2③

8月14日，夫妇二人乘机抵达上海国际机场，无锡市委宣传部副部长、江南大学庄若江教授接机，转至无锡，入住太湖饭店。稍事休息后，下午5点多在蠡湖边散步。

---

① 傅光明采写：《生命与创作：中国作家访谈录》，第 79 页。
② 《文讯》第 387 期（2018 年 1 月）。
③ 据庄若江教授提供原件照。

8 月 15 日，在无锡锡惠公园内的著名景观"天下第二泉"处，作为两岸七夕文化电视直播嘉宾，与当地学者畅谈两岸七夕民俗，提出发扬中华文化传统、"用红豆打败玫瑰"。直播结束后游览惠山寺、寄畅园，与夫人多处留影。

8 月 16 日，夫妇二人在陈尧明、庄若江陪同下游览鼋头渚景区，参观大清公使薛福成故居钦使第和钱锺书故居。

8 月 17 日，江阴市副市长管海燕、陈尧明、庄若江陪同，游览江阴鹅鼻嘴公园、古炮台、"江尾海头"，俯瞰长江。下午，参观红豆集团。

8 月 18 日，乘车去上海；下午，参观东方明珠塔和底层的"老上海"展览，受到高规格接待，在馆内多处留影。

8 月 19 日，乘机飞台北。

《江阴年鉴：2003》：○台湾诗人余光中来澄采风○ 8 月 16 日，应邀来无锡参加"红豆节"的台湾著名作家、诗人余光中伉俪，取道江阴观光采风。中共江阴市委常委、宣传部部长管海燕会见余光中伉俪，并代表江阴人民赠送有特殊纪念意义的工艺礼品——顾山红豆。市文联副主席夏国贤陪同采风观光。①

8 月 25 日，自高雄致信天津百花文艺出版社曹永辰主任。

永辰先生：

附上专有名词中、英文对照表，如有问题，请再和我联络。

我将于九月一日去济南，在山东大学讲学，九月廿日才回台湾。在此期间，如要找我，可与山东大学外事处副处长刘永波先生联络，即可知我行踪。他的电话是……匆此祝

暑安

余光中

2002. 8. 25

【按：航空信封写：300020 天津市张自忠路 189 号出版大楼 9 楼 917 室百花文艺出版社曾永辰主任　高雄市余寄】②

---

① 江阴市史志办公室编：《江阴年鉴：2003》，上海：浦东电子出版社，2003 年，第 250 页。

② 据孔夫子拍卖网图转录。

8 月，发表《第二十届"全国学生文学奖"——前浪看后浪：大专新诗组总评》，刊《明道文艺》第 317 期。

8 月，《香江文坛》第 8 期辟为"余光中专辑"，刊登了陈文捷的《"余学"近著六种简介》、南山的《九九重九，究竟多久——诗人余光中的文学世界》、黄曼君的《余光中宏阔多面的现代诗学体系》、李元洛的《楚云湘雨 锈口锦心——余光中湘行散记》、黄维樑的《和独白的余光中对白》。

9 月 1 日，第二次来到济南，和夫人应邀在山东大学举行一系列学术交流活动。在"旅行与文化"演讲会上，他说自古以来，有很多作家把人生比喻为一次长途的旅行。

> 《人民日报》（2003 年 1 月 11 日）：○诗人的幽默（倾听名家）（逄金一）○这一次来山东，他的行程安排得更饱满，内容更丰富，时间更充裕。给山大学子们的演讲也安排了六场之多。而且，最让他高兴的是，山东大学文学院已正式向他发出邀请，请他来文学院执教。

9 月 10 日，于山东济南朝山街闲情瓦当书吧／茶吧为徐明祥在《满亭星月》扉页题字。

> 徐明祥《请余光中签名题字》：一直等到下午四点，余光中偕夫人范我存在山东大学孙基林教授的陪同下终于莅临。余先生满头白发，个子不高，西装革履，干瘦、清爽、文雅的一个老头。吴开晋、袁忠岳、耿建华、孙国章、张清华、章亚昕、淡庐、逄金一、朱多锦、隋春青等诗歌界人士和媒体记者均早已在茶吧恭候。省城多家报纸、电视台的记者一下子围上来采访，忙个不停，十分热闹。电视台采访余光中时，一家报纸的女记者采访旁边受冷落的范我存，大约是从与诗人如何生活的家庭、婚姻角度切入的。……我递上《满亭星月》《与海为邻》《余光中散文》请签名，并分别题上我所喜欢的两句话"寂寞书香""雨夜闲读"，余先生以征询意见的口气说："可以写在一本上吗？"我赶忙答："好！"他在《满亭星月》扉页写道："明祥先生：雨夜闲读，寂寞书香。"如此一组合，更有意趣。①

> 《人民日报》（2003 年 1 月 11 日）：○诗人的幽默（倾听名家）（逄

---

① 徐明祥：《潜庐读书记》，第 119 ～ 121 页。

金一）○ 2002 年 9 月，台湾著名诗人余光中来山东。顺手记录了几则不时从他口中冒出来的幽默。

"这是换汤不换药。"当余光中和夫人范我存来到一家书吧，大家一个接一个地，挨在他旁边的空座位上与他合影留念时，他不失时机地、从容地说了这么一句。本来几十号人都拥过来与他合影、请他题字、买了书求他签名，还有众多媒体的采访，场面有点儿乱，他这么一说，大家的心情一下子就放松下来了。

……当然，余光中先生在山东之行中给我印象最深的一次幽默，我认为应该是下面这一则："给孔子的后人演讲，前有泰山，后有黄河——一个人不会找到比这更壮观的讲台了。"这则幽默所包容的文化内涵、所展示出的诗人的气魄、所拥有的目光，都让我长久地感受到了震撼！

9 月，福建省专门举办"海峡诗会——余光中诗文系列活动"。

9 月至 12 月，南山发表《九九重九，究竟多久——诗人余光中的文学世界》（续），刊《香江文坛》第 9 至 12 期。

9 月，王良和发表《三种声音——论余光中"香港时期"的诗歌》，刊香港《文学世纪》第 2 卷第 9 期。文中特别从余光中怀乡、古典与音乐性的角度分析：

和艾略特所说诗的三种声音不同，笔者读余光中香港时期的诗作，特别留意三种声音是：身处边缘而心向中原的忧国怀乡的吐辞，在强烈的文化孺慕之情下所发出的非现代声音，以及一位对诗歌音乐性特别敏感的诗人调动语言时所响起的独特的声韵。

9 月，凌君发表《"冷面笑将"余光中》，刊《两岸关系》第 63 期。

9 月，张昌华发表《中国是我的中国——望乡牧神余光中》，刊《今日中国》第 9 期。

9 月，郭澄发表《余光中散文的美学追求》，刊《文史哲》第 5 期。

9 月，陈幸蕙著《悦读余光中：诗卷》，由台北尔雅出版社出版。本书为评论赏析余光中诗作之文章结集。全书共 4 卷，前 3 卷的诗作选自余光中的 18 本诗集，收录诗作 60 多首，并部分引述诗作 200 多首，依主题分类赏析；第 4 卷则依时间、地域，将余光中写作进程分为首航、旅美、台北、香港、高雄等时期。本书旨在赏析与诠释余光中的诗作，但不纯粹只是一部选集而已，还包含导读的部分，重点在鉴赏讨论、经验分享，颇有抒情小品的韵味。

余光中《正论散评皆文心》：陈莘蕙穷十年之功研究我的诗文，六年来先后由尔雅出版社推出了两本《悦读余光中》，分别是诗卷和散文卷，所费心血不下于一部博士论文。我戏称她似乎成了"余光中的牧师"，热心传播"余道"，令我感愧。所以《悦读余光中》两卷出版，义不容辞，我当然得写序以报。不过两书所论原是我自己的作品，因此我出面为之作序，有点像母鸡跟蛋贩一起推销鸡蛋：他序变成了半自序。①

9月30日，江苏社科界访台代表团经台北抵达高雄，余光中亲自驾车来两岸文化交流现场接陈尧明、庄若江，先行至高雄港、西子湾，再至中山大学校园和办公室，又到家中小坐，后驾车至"长白山药膳馆"午餐。

10月10日，写散文《前贤与旧友》②。

10月13日，发表《另一段城南旧事》，刊《联合报》。

10月14日，重九日，在常州度过75岁生日。

10月20日，在北京中国现代文学馆演讲《创作与翻译》，并接受傅光明的采访。采访稿后以《余光中：我把自己想像成"茱萸"的孩子》为题，收入《生命与创作：中国作家访谈录》（济南山东画报出版社2005年版）。

10月21日，常州举办"余光中先生作品朗诵音乐会"，来自北京、上海、江苏、台湾等地的艺术家、演员现场朗诵了余光中不同时期的作品。

10月26日，收到昔日同窗石大周8月18日的来信，并复信。

大周学兄：

你八月十八日写的信，辗转到我手里，已是十月初了。十月中旬，我去北京中国现代文学馆演讲，又去天津商讨我的全集在百花文艺出版社印行之事，直到十月廿二日才回台。

很高兴我们能够通信。你信上描写的青中校园，也正是我记忆深处的母校。我有《思蜀》一文，详述当日在悦来场的种种，刊于前年

---

① 余光中：《举杯向天笑》，第11页。

② 原件藏台北"国家图书馆"当代名人手稿典藏系统，编号262-296。

九月上海《收获》杂志上，不知你有未见到？

我很希望重访重庆，尤其是江北的悦来场。若有机会，盼能促成回蜀之行。

祝你秋安

光中　2002 年 10 月 26 日 [①]

10 月，商禽编译中国现代散文选《黄河一掬》，由韩国名家出版社出版，书以余光中散文为名。

> 余光中《追思许世旭》：在二〇〇一年底忽然接到他来信，说正在翻译我的——不是诗，而是散文。二〇〇二年底，果然就收到他从汉城（当时尚未改称首尔）寄来的，由他编译的中国现代散文选《黄河一掬》。
>
> ……这本中国现代散文选于二〇〇二年十月由韩国名家出版社推出，厚二八六页，共收五四以来的散文二十三家，作者是鲁迅、周作人、胡适、郭沫若、许地山、林语堂、徐志摩、郁达夫、朱自清、丰子恺、老舍、冰心、废名、梁实秋、巴金、李广田、谢冰莹、萧红、何其芳、余光中、林非、余秋雨、贾平凹。我入选的两篇是《蒲公英的岁月》和《黄河一掬》：后者就用来做书名，也许是要凸出中国的地理，译者的苦心可见。但于我却倍感荣幸。[②]

11 月 6 日，《余光中的翻译》，刊香港《明报》E04。

11 月，陈义芝主编《余光中精选集》，由台北九歌出版社出版，收入"新世纪散文家"丛书。本书精选作者散文作品，包括听听那冷雨、沙田山居、日不落家等三辑，收录《鬼雨》《四月，在古战场》《南太基》等 26 篇。书前有陈义芝的《编辑前后》《推荐余光中》，黄维樑、黄国彬、孙玮芒、David Pollard 等的《综论余光中散文》《余光中散文观》，末附《余光中写作年表》《余光中散文重要评论索引》。2003 年桂林广西师范大学出版社出版简体本，书名改为《余光中散文精选集》，收入"新世纪散文家"丛书。

11 月，黄维樑发表《我们都到不老国去——〈和独白的余光中对白〉

---

① 《今日重庆》2003 年第 1 期。

② 台北"中央日报"（2010 年 9 月 8 日）。

续篇》，刊《香江文坛》第 11 期。

11 月，陈幸蕙发表《悦读余光中——从喜欢的感觉出发》，刊《明道文艺》第 320 期。

12 月 4 日，发表《前贤与旧友》，刊《联合报》。

12 月 11 日、12 日，九歌文教基金会等为纪念梁实秋先生百岁冥诞，邀集海内外学者与梁先生至亲、学生及文化人，举办"梁实秋百年诞辰学术研讨会"，会上宣读了 13 篇论文，并举行座谈。余光中做题为《百年回首》之发言。

> 《民生报》（2002 年 12 月 12 日）：为纪念梁实秋百岁冥诞，师大英语系、文学院及九歌文教基金会邀请海内外学者、梁实秋至亲、学生及文化人，举办"梁实秋百年诞辰学术研讨会"，共发表十三篇论文，同时举行座谈，表彰梁实秋在散文创作、翻译、文学论评之成就，也陈述梁实秋的生平思想与现代文学的关联与影响。研讨会进行前，梁实秋的得意弟子余光中，特以"百年回首"为题，细说他的老师。这是一场精彩的演讲，因此吸引了许多人前来旁听。
>
> 余光中表示，在纪念梁实秋百岁冥诞的日子，他的心情波动不已，无论是文坛或是学府，他受老师提携甚多，老师有许多矛盾之处，就像一般作家充满矛盾一样。接着他开始说明老师的矛盾处：老师研究莎士比亚多年，有很高的成就，但是他却从未去过英国、也没有看过莎剧；老师虽然教授英语，却摒弃美国文化，也不喜欢美国文学；主张古典，却是以浪漫主义出发写作。余光中认为，梁实秋晚年境遇，就是弥补他一生浪漫之不足。他虽说明，但是大家都知道，他指的是娶韩菁清为妻。

12 月 23 日，郭汉辰发表《枋寮艺术村为余光中辟设诗人斗室》，刊《民生报》第 6 版。

12 月，散文集《海缘》，由贵阳贵州教育出版社出版。

是年，赴厦门大学、山东大学、香港理工大学、东南大学演讲。

是年，杨世彭执导的《不可儿戏》由香港话剧团重排演出。

> 《联合报》（2017 年 12 月 31 日）：○悼念光中（杨世彭）○二〇〇二年，我在香港话剧团重排此戏，由两组演员轮换演出，其中横

蛮的贵族巴夫人则由两位男演员饰演，效果也相当好。

2003 年（癸未）　　76 岁

1 月，于高雄左岸为冯亦同编选散文集《左手的掌纹》作序。

1 月，向明发表《新诗应传统与现代联姻——以余光中诗法为例》，刊《人间福报》第 11 版；又刊 3 月《蓝星诗学》第 17 期。

1 月，陈幸蕙发表《悦读余光中——巅峰之恋》，刊《明道文艺》第 322 期。

2 月 2 日，作诗《两个情人节》，后收入《藕神》（2008 年版）。

2 月 12 日，《余光中：凭空喷出彩霞满天》，刊香港《文汇报》C08。

2 月 15 日，《余光中侧写》，刊香港《信报》第 25 版。

2 月 28 日，《十大好书余光中推介〈遍山洋紫荆〉》，刊香港《明报》A17。

同日，《余光中来港亲荐好书"2003 十本好书"推介揭幕》，刊香港《文汇报》A14。

2 月，秀实发表《把古钞变成现款——谈余光中〈与李白同游高速公路〉》，刊香港《文学世纪》第 3 卷第 2 期。

2 月，王尧著《余光中：诗意尽在乡愁中》，由郑州大象出版社出版，收入"大象人物聚焦书系"。本书以丰富的历史照片与图片资料对作家余光中进行聚焦，以人物生平为背景，凸显最能表现人物性格与命运的某些片段，并对主人公的文学作品进行评述。

3 月 1 日，收到《香江文坛》寄来的《我是余光中的秘书》的稿费港币 1200 元。[①]

3 月 28 日，写评论《种瓜得瓜，请尝甘苦——读詹澈的两本诗集》，刊 4 月 16 日至 18 日台北《中国时报》；又刊《蓝星诗学》第 18 期；后收入《举杯向天笑》（2008 年版）。

3 月 31 日，致信焦桐。

焦桐：

寄上为鲁澈新书所写的序言。为了配合出版时效，是否可安排在

---

① 据孔夫子拍卖网图转录。

《人间》发表？

此序请在出书前给我自己来校一遍。匆此即祝

编安

余光中　　2003.3.31①

3月，《余光中文集》，由呼和浩特内蒙古人民出版社出版。

3月，向明发表《新诗应传统与现代联姻——以余光中诗法为例》，刊《蓝星诗学》第17期。

4月4日至9日，原定此间返乡祭祖探亲，因故暂缓。

孙传勇《乡音·乡情·乡亲——余光中先生"原乡行"活动侧记》：今年余光中原定于4月4日至9日返乡祭祖探亲等事宜又因故暂缓。30日，台湾余氏宗亲余今冰传真告知永春县洋上余氏族亲："……原定四月初返乡之行期，迫不得已只好顺延，特此转达，并向诸乡亲在感谢之余致以万分之歉意。对不起！"来信字里行间透露诚挚之歉意。②

4月5日，《施叔青笔下的香港故事——余光中谈〈遍山洋紫荆〉》，刊香港《明报》D04。

4月8日，撰《李白与爱伦坡的时差——在文法与诗意之间》，刊5月1日台北《中国时报》；后收入《举杯向天笑》（2008年版）、《翻译乃大道，译者独憔悴》（2021年版）。

4月16日，写评论《捕光捉影缘底事——从文法说到画法》，刊6月5日台北《中国时报》；后收入《举杯向天笑》（2008年版）。

4月，写散文《戏孔三题》（含《争先恐后》《比丘比尼》《孔夫子印名片》），刊4月30日《联合报》；后收入《余光中幽默文选》（2005年版）。

4月，舒非发表《跟余光中谈文学》，刊《香港作家（1998）》第2期。

4月，陈幸蕙发表《悦读余光中——壮丽情事》，刊《明道文艺》第325期。

4月，李丹发表《试论余光中诗歌的"中国结"》，刊《华文文学》第2期。

5月19日，《余光中推荐〈遍山洋紫荆〉》，刊香港《文汇报》C02。

---

① 据中贸圣佳2019春季艺术品拍卖会原件照。

② 《政协天地》2003年第8期。

5 月 28 日，致信焦桐。

焦桐：

　　非常感谢你提名我参加百合奖的美意，但此奖实在太过耀眼，太过敏感，令我不敢"闭着眼睛"签名。

　　其实你的提名便是我的荣誉了。"及其老也，戒之在得。"在电话上当时实在不忍坚拒雅意，现在奉还这朵空谷的百合，希望不致造成你太大的不便。

　　再次申谢，并祝

　　端午如意

光中　2003.5.28①

5 月，写评论《墨香濡染，笔势淋漓——董阳孜〈字在·自在〉观后》，刊 5 月 28 日至 29 日《联合报》；后收入《举杯向天笑》（2008 年版）。

5 月，陈幸蕙发表《悦读余光中——雨水台湾·雨水中国》，刊《明道文艺》第 326 期。

6 月 13 日，作诗《疫情，爱情》，后收入《藕神》（2008 年版）。

6 月 21 日，发表《夏济安的背影》，刊《联合报》；又刊 7 月《文讯》第 213 期；又刊 9 月香港《文学世纪》第 3 卷第 9 期。

夏至前夕，作诗《祈祷》，后收入《藕神》（2008 年版）。

6 月，发表《第二十届"全国学生文学奖"大专新诗组总评》，刊《明道文艺》第 327 期。

6 月，黄燕萍发表《余光中如何创作一篇弹性、密度、质料、速度兼备的散文——以〈听听那冷雨〉为例》，刊香港《文学世纪》第 3 卷第 2 期。

7 月 3 日，发表《文化与钞票》，刊台北《中国时报》。

7 月，写评论《心花怒放的烟火——陈正雄的抽象艺术》，后收入《举杯向天笑》（2008 年版）。

7 月，写作《中文世界的巍巍重镇——序〈中华现代文学大系：台湾一九八九—二〇〇三〉》，后收入《举杯向天笑》（2008 年版）。

8 月 1 日，因去年 8 月《被诱于那一泓魔幻的蓝》《钟声说》被采用，

---

　　① 据中贸圣佳 2019 春季艺术品拍卖会照。

收到《香江文坛》寄来的稿费港币 1680 元、270 元。①

8 月 3 日，作诗《粥颂》，后收入《藕神》（2008 年版）、《风筝怨》（2017 年版）。

8 月 4 日，复信南宁二中张俊秋老师。

> 俊秋先生：
>
> 　　大函、选集《校园文学宽带网》及双月刊《同龄鸟》先后均已收到，多谢。"强将手下无弱兵"，在你熏陶下的这些高足，个个都展现这么早熟的才情，实在令人对南宁、甚至广西的地灵人杰印象深刻。我当日对文学的热爱，也正是因为在中学时代有幸得受教于如此的良师。"文竹苑"的导师手植如许幼篁，未来清阴，何让七贤。
>
> 　　请代我向周剑之、贺春颖、谭思敏、孙兆秋、陈仙法、柳金霞"六贤"致意。文中径用吾文句而不加引号，古人早行之于先，无伤也。唯厦门街是在台北而不在香港，则不妨再版时改正，匆此即颂
> 　　暑安
>
> 　　　　　　　　　　　　　　　　　　　　　余光中　2003.8.4②

《南宁晚报》第 22 版（2017 年 12 月 15 日）：〇著名的诗人余光中病逝享年 89 岁《乡愁》成为绝响〇就在那次交流活动后，南宁二中的语文老师张俊秋将师生选编的《校园文学宽带网》选集交给余光中。余光中看了还询问张俊秋选集中选了自己的作品的原因是什么。张俊秋答复，这是大家一起决定的。活动过后，张俊秋还给余光中寄去了《校园文学宽带网》以及刊物《同龄鸟》。余光中亲笔回信。

8 月 9 日，发表《两个寡妇的故事》，刊台北《中国时报》。

9 月 10 日至 21 日，出席在福州举办的"2003 '海峡诗会'——余光中诗文系列活动"。由福建省文联、福建省文化经济交流中心、台港文学选刊杂志社等共同举办的本次活动，是该省首次专门为一位台湾文化名人举办的系列活动，主要项目有"余光中诗歌研讨会""余光中诗文朗诵会""武夷山笔会""余光中原乡行""余光中作品朗诵音乐会""余光中专

---

① 据孔夫子拍卖网原件图。
② 《著名诗人余光中病逝享年 89 岁〈乡愁〉成为绝响》，《南宁晚报》第 22 版（2017 年 12 月 15 日）。

题讲座"等，活动涉及福州、武夷山、泉州、厦门等地。

余光中《八闽归人——回乡十日记》：今年九月，幸得福建省文联相邀，乃有十天的八闽之行，始于福州，更历武夷山、泉州市，终于寻根回到阔别六十八年的祖籍永春，最后再由厦门返航。

飞抵榕城，正是中秋前夕。……①

9 月 11 日晚，出席在福州鼓岭避暑山庄综合接待娱乐中心举行的以"海上生明月，天涯共此时"为主题的"2003 年鼓岭中秋之夜余光中诗文朗诵会"。

余光中《八闽归人——回乡十日记》：次夕月光圆满，在城东鼓山顶上有一个赏月盛会，朗诵或演唱的都是我历年所写的咏月之作，也免不了包括《乡愁》等诗。我自己也吟了苏轼的《水调歌头》。②

《海峡都市报》（2003 年 9 月 11 日）：〇余光中与读者今晚鼓岭"会诗"〇本报讯　连日来，著名诗人余光中先生将于中秋节抵闽参加海峡诗会活动的消息牵住了大量读者的心。昨日下午 2 时多，75 岁的余先生抵达福州国际机场。

在今晚的鼓岭上，余光中先生将与广大热爱诗文的读者们欢度以"海上生明月，天涯共此时"为主题的"2003 年鼓岭中秋之夜余光中诗文朗诵会"。此次活动由省文联、省文化经济交流中心、海峡都市报、《台港文学选刊》杂志社、福建省文学艺术对外交流中心、福建省文联文艺理论研究室等单位共同举办。

据介绍，为了让广大热爱诗词歌赋的读者有参与此次活动的机会，今天将继续接受读者报名，欢迎团体报名参与。本次活动得到鼓岭避暑山庄管委会、福州国珍休闲部的友情支持。中央电视台相关栏目记者将全程随行拍摄。

今晚活动地点：福州鼓岭避暑山庄综合接待娱乐中心。

《人间福报》第 8 版（2003 年 9 月 11 日）〇余光中福州办诗歌研会〇

---

① 台北"中央日报"（2003 年 11 月 10 日）。
② 台北"中央日报"（2003 年 11 月 10 日）。

9月12日，下午，应邀前往福建师范大学讲学，众多师生围着他不停地发问。

> 余光中《八闽归人——回乡十日记》：在福州四天，活动繁多，除了瞻仰林则徐、严复、林纾、冰心的纪念馆，并在福建师大演讲。①

同日，《诗人余光中终圆回乡梦 出席"海峡诗会"两岸文学交流活动》，刊上海《文汇报》A11。

9月13日，在福建会堂举行"余光中诗歌研讨会"，海内外数十位作家、学者济济一堂，讨论余先生的佳作。当日晚，出席在福州融侨锦江新天地文体馆举办的"2003'海峡诗会'——余光中诗文晚会"，与来自福建师范大学、福州大学、福建教育学院三所高校上千名诗迷同声朗诵《民歌》，并与诗迷签名合影。

> 余光中《八闽归人——回乡十日记》：更有一整天的"余光中诗歌研讨会"。与会的海内外诗人、学人包括刘登翰、杨际岚、孙绍振、陈仲义、李元洛、古远清、黄曼君、朱双一、徐学、林承璜、姜耕玉、冯亦同、江弱水、江少川、王性初、王勇、黄晓峰、戴冠青、范宝慈、庄伟杰、钱虹、郭虹、傅天虹等多人。最令我感动的是，年逾八旬的前辈诗翁蔡其矫竟也到场发言。②

> 邱景华《蔡其矫年谱》：9月，在福州参加2003年海峡诗会。这次海峡诗会的主角是余光中，在福建受到热烈欢迎。13日，蔡其矫兴致勃勃地参加余光中诗歌研讨会。与会有李元洛、古远清、江弱水、孙绍振、刘登翰等。余光中在会上致辞，先很有礼貌地对坐在前排的蔡其矫鞠躬致意，说：感谢大陆前辈诗人蔡其矫前来指导，称赞蔡先生老得好漂亮。后来此话在诗界流传开来。晚上，蔡其矫又高兴地参加余光中诗歌朗诵会。③

> 孙绍振《和余光中面对面》：……其实余先生这首诗【按：指《白玉苦瓜》】，也不是没有不足。主要是过分强调意象的密度。每行都有大量同类的意象，浓得化不开，情绪缺乏节奏，读来吃力，反而把主

---

① 台北"中央日报"（2003年11月10日）。

② 台北"中央日报"（2003年11月10日）。

③ 邱景华编著：《蔡其矫年谱》，福州：海峡文艺出版社，2016年，第152页。

导思想窒息了。……我还想说，余光中之所以不能成为一个更大的作家，主要的原因在于，他对于哲学缺乏关注，他对于世界人生没有一套自己的形而上的思考，如果说，他是一个大师，我觉得很有点为难。……①

同日，《余光中吟诗鼓岭月明中》，刊《太阳报》A08。

9 月 14 日，做客南平师专武夷山校区。

　　杨瑞荣《民族魂　故土情——台湾著名诗人余光中先生武夷行》：2003 年 9 月 14 日晚，南平师专武夷山校区大礼堂里座无虚席，人们以鲜花和雷鸣般的掌声，热烈欢迎海峡彼岸著名诗人余光中的到来，能容纳一千多人的大礼堂，过道与大门外都站满了人，诗人幽默、生动的讲演，不时赢得了阵阵掌声。他结合自己的经历和体会，告诫大家，首先要学好母语中文，其次学好英语。在 2 个小时演讲中，诗人还朗诵了自己的诙谐、童趣的小诗《雨声说些什么》。②

　　同日，黄维樑发表《余光中月光中》，刊香港《大公报》B09；又刊次日"中央日报"第 17 版。

9 月 15 日，游览武夷山。

　　余光中《八闽归人——回乡十日记》：武夷山的两天，气温仍高，不免有损仙气，却无碍文友们的豪气。第一天上午，众人从大斧劈皴法的晒布岩脚底，瞻上顾下、左避右闪……虽云只有八百八十八级，但山灵扯后腿的后劲越来越沉，就算英雄也不免气短。……当天下午转劳为逸……我们乘筏从九曲到二曲顺流而下……经过上午的苦练，益显得下午的逍遥。③

　　杨瑞荣《民族魂　故土情——台湾著名诗人余光中先生武夷行》：9 月 15 日，余先生兴致勃勃地饱览了武夷山的山水秀色。来到云窝景点，他热切地询问已修复的大理学家朱熹创办的紫阳书院何时正式对外开放？来到隐屏峰时，面对登天游要上九百多个台阶，陪同的同志关切地问，余老先生能上吗？他高兴地说到："你上哪儿，我跟到哪

① 《香港文学》第 228 期（2003 年 12 月）。
② 《统一论坛》2003 年第 6 期。
③ 台北"中央日报"（2003 年 11 月 10 日）。

儿。"一路上谈笑风生。下午，余光中先生乘筏泛舟九曲，与撑筏工人相互应答朱熹在武夷山的诗文。余老先生学贯中西的诗趣，感染着每一个人。[1]

同日，发表《当我到64岁——老歌新唱忆披头》，刊台北《中国时报》。9月16日，抵达泉州，出席泉州为他准备的"余光中诗歌朗诵会"。

> 余光中《八闽归人——回乡十日记》：泉州之旅不足一天，活动更是紧凑。抵埠已是半下午，只能去开元寺忙中偷闲。放缓脚步，跨过唐代高高的门槛，去菩提与老桑的密叶绿荫下，对着地震不塌的石塔悠然怀古。当晚在泉州音乐厅举行"余光中诗歌作品朗诵会"，除了我的诗从早年的《扬子江船夫曲》到最近的《粥颂》有十五首外，更包括南音与高甲戏。《乡愁四韵》一首用闽南腔吟唱，尤能贯串古今。[2]

> 《泉州年鉴：2004》：○余光中"原乡行"○9月中旬，享誉世界华语诗坛的台湾著名"乡愁诗人"、散文家、翻译家、学者余光中与夫人范我存一道"原乡行"回泉州故乡，受到热烈欢迎。余光中事迹详见"乡亲选介"栏目。[3]

9月17日，上午，应邀在华侨大学演讲《中文与英文》，并被中文系聘为客座教授。

> 余光中《八闽归人——回乡十日记》：次晨在华侨大学演讲《中文与英文》。[4]

> 《东南早报》（2003年9月18日）：○华侨大学客座教授余光中"上任"后的第一堂课○身为外文系教师，9月17日上午，余光中先生为华侨大学学子们做了一场精彩的《中文与英文》报告。此刻，余光中先生刚被聘为华侨大学中文系客座教授。

> 当日上午8时30分，华大陈嘉庚纪念馆4楼礼堂，学生爆满，过道上艰难地让出一条小道，余光中先生走上讲台，开始客座教授"上任"后的第一堂课。

---

[1] 《统一论坛》2003年第6期。

[2] 台北"中央日报"（2003年11月10日）。

[3] 泉州市地方志编纂委员会编：《泉州年鉴：2004》，北京：方志出版社，2004年，第353页。

[4] 台北"中央日报"（2003年11月10日）。

同日，下午，回阔别几十年的闽南永春县桃城家乡祭祖。这是他去台湾后，第一次回祖籍地。晚上，做文学演讲。

余光中《八闽归人——回乡十日记》：接着车队就向西北进发，驶上最后的一程：寻根之旅。……人群稍稍让开，容我们——我们夫妻、傅孟丽、同来的作家们，从福州一路相伴包括章绍同、朱明元、杨际岚、郭平等，还有报纸与电视的记者们——容我们过桥入城。……入城式的兴奋退潮后，我从侨联大厦的高窗俯瞰这古称桃源的县城。[①]

孙传勇《乡音·乡情·乡亲——余光中先生"原乡行"活动侧记》：今年 9 月 17 日中秋节之后，余光中老先生终于踏上了家乡的土地，在永春，余老先生动情地向亲人倾诉了近一个世纪的思乡之苦。……诗人童年的玩伴余江海老先生哽咽道："余光中 7 岁左右的时候曾随父母回过洋上探亲，亦曾和我在山上放羊，在厅堂捉过蟋蟀。"……老屋长期住人，即便余光中的父亲余超英离开后至今，这里的住户也保持在 5 户以上。……新的屋居以现代的气派和豪华将"石杉郑"这座老屋逼迫到角落里，古厝显得孤单、破敝。然而，洋上人并未"数典忘祖"，他们一致认为"石杉郑"古厝是村里 200 多座古厝中最值得保护的文物，保护它是一种共同的职责。[②]

《泉州晚报》（2011 年 4 月 25 日）：○余光中：40 年后再续"乡愁"○早在 2003 年，余光中就踏上了回乡的路，回到永春故居圆满地完成了"寻根之旅"。

刘永乐《70 载乡恋——记余光中先生"原乡行"》：正如他在 17 日晚的文学演讲中所说：我是 1958 年去美国读书，学习文学的，在欧风美雨的冲击下，我开始反省自己是谁，"发现"自己是中国人。那时，我的民族意识勃发了。于是重返中华大地，当了文化上的"回头浪子"。他说："杜甫晚年对江峡，我对海峡，我对祖国大陆的热情，就像我对母亲的眷念。"

……当晚的演讲是从道歉开始的，他首先表示回到自己的故乡、本该用乡音演讲，遗憾的是自己闽南话说不好，虽然如此，他对 6 岁

---

① 台北"中央日报"（2003 年 11 月 10 日）。
② 《统一论坛》2003 年第 6 期。

那年的故乡行却在心头有着点点滴滴的甜蜜回忆。演讲结束时，他语重心长地说，一个"浪子"必须回到自己的归属的故乡，回到自己归属的民族和文化。①

9月18日，上午，祭祖；下午，游览永春西部景区牛姆林。

余光中《八闽归人——回乡十日记》：第二天上午车队迤逦，由县城向北出发，去洋上村的余氏祠堂祭祖。……祭毕，人声恢复喧闹。余渊川和振生、汉生、群生三侄告诉我，下一步要去"石杉郑"古厝。我转身对记者群大声说："现在我要去老屋看一下，请大家不要跟了，让我和祖先静静在一起二十分钟！"……正眺望间，族人引一老叟来见，云是我儿时游伴，名余江海，大我三岁。我和这小伙伴又是老友热烈拥抱。……族亲似乎暗通吾意，把并蒂的一双芦柑，那么绿油油富于生机，放到我手里，说："把永春的特产水果带两只回去吧。"……②

余光中《祭文》：维公元二〇〇三年，岁次癸未，八月二十二日，高阳余氏十八世孙光中，率众族亲，致祭于高阳余氏堂后祖祠列祖列宗。时值仲秋，天高气爽，五谷瓜果，丰收在望，万物繁衍，永世馨香。裔孙久旅他乡，思祖勿忘，万里跋涉，特归梓桑，谒祖省亲。虔诚敬备鲜花蔬果、冥金香楮等仪，聊表微忱，敬希哂纳。……十八世裔孙余光中叩拜。③

刘永乐《70载乡恋——记余光中先生"原乡行"》：按照闽南的传统习俗，余光中伉俪敬备鲜花蔬果，点燃三炷清香，首先向列祖列宗三鞠躬。接着，余光中先生一脸虔诚地高声朗读自己撰写的祭文："维公元2003年，岁次癸未，8月22日，高阳余氏18世孙光中，率众族亲，致祭于高阳余氏堂后祖祠列祖列宗。……裔孙久居他乡，思祖勿忘，万里跋涉，特归梓桑，谒祖省亲。……"余先生声情并茂、抑扬顿挫的诵读深深地感染着每一个人，拜祭仪式进行了十几分钟。临走时，余光中特意要了供桌上两粒带叶的芦柑当纪念，他说："这是从故乡泥土上长出来的芦柑，是家乡的特产，我要好好保存。"

---

① 刘永乐编著:《牛姆林风光》，第295页。
② 台北"中央日报"（2003年11月10日）。
③ 据余幼珊博士提供视频整理。

9月 18 日下午，余光中一行乘车来到永春西部、被誉为闽南西双版纳、国家 4A 级旅游区、名列泉州十八景前茅的牛姆林游览与住宿。入夜，在旷野上县里为余先生一行举行了"余光中先生原乡行文艺晚会"，那袅袅的南音，飘逸的白鹤拳，尤其是永春佛手的茶艺表演深深吸引着他。品尝着荣获全国金奖的苏坑镇永春佛手茶，他兴趣盎然地作了题辞："永春佛手，乌龙茶中极品"；"桃源山水秀，永春佛手香"。

晚会结束时已十点多了，余先生不顾旅途劳累，又参加在牛姆林举行的文联文学交流座谈会。在离别前夜，余先生对文友和乡亲们深情地说："相见时是'相见欢'，今晚已是'如梦令'，明天中午就要分手了，真是依依不舍。"……座谈会一直进行到深夜。[①]

同日，为福建的《泉州晚报·海外版》题字：

泉州晚报·海外版

解我乡愁　幸有此行。

余光中　二○○三、九、十八

9月 19 日，上午，参观牛姆林景区，并为余光中文学馆题词；下午，取道厦门返回台湾。

刘永乐《70 载乡恋——记余光中先生"原乡行"》：9月 19 日上午，余光中先生在参观县里在故乡牛姆林景区为自己建起的余光中文学馆时，挥笔题辞："诗在如人在"。记者们还记得他在冰心文学馆的题辞是"如在玉壶"，都称赞他思维敏捷，才思过人，这是继昨日欣然写下的"解我乡愁，幸有此行"之后，再次表达对家乡的眷念之情。……他十分高兴地再次为牛姆林题辞："牛姆林风光"；"牛姆绿园，生命永春"。

19 日中午，余先生离开永春，并在厦门国际机场搭乘下午 4 时 50 分的班机转道澳门回台湾高雄。临别依依，诗人频频向大家招手说："我还会再来。"他在临别时接受永春有线电视台的记者采访时说："我不仅会再回来，以后要带着我的四个女儿回来，带着在美国的孙儿孙女回来，要不他们对美国某个地方都很熟悉，对祖国的省份就模糊了。

---

① 刘永乐编著：《牛姆林风光》，第 293、296 页。

在美国的几个小顽童孙子，他们读不懂我的书了！为了让下一代了解中华传统文化，以后每次回祖国大陆都带一个女儿回来，我让他们能够了解中国，热爱中国的历史和文化。同时，可能潜意识里也有些补偿的要求，我青年到中年刻骨铭心的乡愁，在下一代身上是不会重演了，他们随时可以踏上祖国大陆。"①

《海峡都市报》（2003 年 9 月 20 日）：○余光中离开故乡 他说我一定会再回来的○［本报讯］茶叶、族谱，还有两个带着枝叶绿油油的永春芦柑，这就是余光中昨日离开故乡时带走的东西。昨日下午他取道厦门返回台湾。

当日上午余光中先生伉俪，在牛姆林参加了"余光中文学馆"揭牌仪式，并题字——"诗在如人在"。

这个文学馆收集了余光中先生一生中重要的诗文刊物，并展示了他的生活历程。当余光中看到自己年幼时跟母亲的合影照及年轻时跟新娘范我存女士的合影照后，指着照片说道："我在这头，母亲在那头；我在这头，新娘在那头。"

在永春的两天半时间里，余光中先生与夫人范我存女士先在家乡永春桃城镇洋上村谒祖，后在永春桃城镇政府参加了高阳余氏纪念馆、余超英、余承尧纪念室以及余光中资料室揭牌仪式。

临行前，余光中说："我一定会再回来的。"

余光中《八闽归人——回乡十日记》：一湾浅浅的海峡，自从两岸开放以来，我曾越过两次，但是都到厦门为止，未能深入福建。这次多谢福建省文联相邀，幸有福州之行，不仅可仰林纾、严复等前贤之遗风，更得聆海内外时彦之高论，令我深感荣幸，快慰。会后并将登武夷，赏明月，品名茶，语之台港文友，莫不羡其风雅。下山之后，尚有泉州之游，更有永春归根之旅。八闽之行，一尝半生夙愿，收获之丰可期正基于此。②

同日，《一曲乡愁撩动两岸人心 诗人余光中访泉州故乡》，刊《香港商报》B10。

---

① 刘永乐编著：《牛姆林风光》，第 297 ~ 298 页。
② 台北"中央日报"（2003 年 11 月 10 日）。

同日，《诗人余光中回故乡》，刊香港《大公报》A17。

同日，《"我一生都等着这一天"余光中 70 年后返永春祭祖　桃城村民喜迎乡里》，刊上海《文汇报》A09。

同日，《余光中首返闽乡祭祖》，刊《东方日报》A40。

同日，《"须当一回浪子才知家乡可爱"余光中族祠祭亡父》，刊《太阳报》A26。

9 月 20 日，《余光中文学纪念馆在闽故乡永春揭牌　第二届两岸知识大赛两岸电视台下月合办》，刊香港《大公报》A17。

同日，《余光中走访故乡学校》，刊上海《文汇报》A08。

9 月 22 日，《余光中译披头四》，刊《香港经济日报》C14。

9 月 23 日，《余光中回乡行　寄情两岸重踏故土忆城乡旧事　深信文化可破政治隔阂》，刊上海《文汇报》C04。

同日，林秀美发表《西湾校园悦读会，诗人开锣，期许兴学风》，刊《民生报》第 13 版。

9 月 24 日，应邀出席西湾学风悦读会开锣仪式，首场演讲《黄艳艳的向日葵——梵谷其人其事》。

9 月，陈幸蕙发表《悦读余光中——全民公敌及其他》，刊《明道文艺》第 330 期。

9 月，张剑发表《朱自清不是散文"大"家？——兼与余光中商榷文学批评的尺度问题》，刊《哈尔滨学院学报》9 月号。文中责难余氏"这哪是文学之争，简直就是恶意的攻击"，是"人身攻击和谩骂"。

9 月，《余光中短诗选》，由香港银河出版社出版。署"余光中著、译"，中英文对照，收入"中外现代名家集萃"。36 开，厚 88 页，每册定价港币 30 元。

> 《〈创世纪〉编辑部按语》：《余光中短诗选》，列入"中外现代名家集萃"之台湾诗丛系列第 5 种，全套共 50 家，从钟鼎文（1914 ～　）到杨寒（1977 ～　），前 49 册已于 2002 年 7 月，一次由香港银河出版社隆重在台北举行新书发布会。
>
> 　诗人余光中当时因忙碌未能按期交稿，故这部短诗选，延至今年 9 月出版。本书由诗人自译，从《莲的联想》到《在渐暗的窗口》共 22 首，

采中英对照方式，另有玉照、小传等，体例完备，值得爱诗人细品。[①]

10月3日，《诗人余光中七十五大寿》，刊"中央日报"第14版。

10月10日，发给常州市委台办一份回乡感言。

"人民网"（2003年10月23日）：○诗人余光中常州解乡愁○常州给我的安慰与影响，从小就充满女性的娴雅与柔美。这一切，加上江南的水乡，历史与传说，莺飞草长，桥影橹声，妩媚了、充盈了我的艺术感性。我的江南是以常州为典型，更以漕桥为焦点的。我的《乡愁》一诗里，邮票与船票的另一端，袅袅牵动我年轻心灵的，正是永恒的常州母亲、常州新娘。[②]

10月17日傍晚，偕夫人范我存抵达金华，晚上接受记者采访。

罗江《聆听余光中的汉魂唐魄》："乡愁的诗我确实写过很多，或者和历史感有关系，或者和对古代中国的向往有关系。那是因为我到了海峡那一边，又到美国去读书、教书，离自己的故乡越来越远，于是我只能在祖国文字和中国古典文学里寻找精神寄托。我自己形容我写这些东西是为我失落的灵魂喊魂。"

"不过我每次回来，碰到许多读者包括很多大学生都说，我会背《乡愁》，一方面我当然很高兴，另一方面我也怀疑，他们对我的认识是否只限于此。所以我觉得不妨多看看我别的作品。"

"中国作家，应该认识两个传统。一个是《诗经》以来的大传统，一个是'五四'以来的小传统。如果不了解大传统根本没有根底，如果不了解小传统又未免太古香古色，比较不容易来反映现代的东西。除了这两个传统之外，外国的文化、文学都应该了解一些，这样比较有世界观。如写诗，西洋的风格、技巧都应该拿来实践。我一直觉得，到西方取经，如世纪以来中国留学生到欧美，就像去学冶金术，可这矿还是在中国，学到这些技巧，可是真正安身立命和发扬光大的，还是在祖国的泥土上。所以我一向觉得，纯粹的孝子恐怕只能重复祖先，纯粹的浪子就一去不归，往往浪子回头他知道好歹，他也阅历过外国，

① 《卷首新书选》，《创世纪诗杂志》第137期（2003年12月）。
② 《诗人余光中常州解乡愁》，"人民网"（2003年10月23日）。

然后再回头看祖先的家当会看得更清楚些。"

　　"中国文化对所有的'龙族'都有着无法摆脱和割舍的影响。说话用'国语'，吃饭用筷子，要过端午节、中秋节，这些能改得掉吗？我庆幸自己在离开祖国大陆时已经 21 岁。我受过传统《四书》《五经》的教育，也受到了'五四'新文学的熏陶，中华文化已植根于心中。"余光中说。①

10 月 18 日，出席浙江金华举办的第九届国际诗人笔会开幕式，并获第三届中国当代诗魂金奖。

　　阮锋《余光中金华说〈乡愁〉》：余光中偕夫人范我存于金秋时节抵达浙江金华，自 10 月 18 日举行的第九届国际诗人笔会上，被授予"当代诗魂金奖"，可谓当之无愧。余老先生在金华只作短暂停留，第二天就要走，因为他在江苏常州武进的亲戚已经赶到金华来接他了。

　　余老是第一次来金华，他说，在车上看着高速公路两旁的民居，一路行来，联想非常多。比如进入义乌，就想起骆宾王。采访中，余老几次提起金华的古代名人，他说起李清照、黄宾虹，他说金华是座浙江名城，金华有点像苏州……采访结束，我让余老给年轻人题个字，他捉笔写下"莫任青春空留白　余光中"几个字。②

10 月 19 日，为漕桥中心小学题写校名。

同日至 21 日，再次回常州，参加由市委台办、市对外文化交流协会、市文化局、市广电局、市文联共同举办的"余光中先生作品朗诵音乐会"。

　　何翔《母亲·妻乡·故乡——余光中先生 75 岁故乡常州行》：2003 年 10 月 19 日至 23 日，余光中再次回到故乡常州探亲，不仅度过 75 岁生日，还作了以诗歌与音乐为主题的演讲；而后到出生地南京，为新近在江苏文艺出版社出版的散文集《左手的掌纹》召开记者见面会。③

10 月 20 日，下午，与苏叔阳对话。

---

① 《金华晚报》第 5 版（2003 年 10 月 18 日）。
② 《文化交流》2004 年第 1 期。
③ 《两岸关系》2004 年第 1 期。

《北京青年报》（2003 年 10 月 22 日）：〇余光中常州诵诗解乡愁吟咏中度过 75 岁生日〇前日下午，他与小他十岁的编剧苏叔阳进行了中国文化、乡愁、全球化的对话。

何翔《母亲·妻乡·故乡——余光中先生 75 岁故乡常州行》：10 月 20 日，苏叔阳和余光中，大陆与台湾，编剧和诗人，进行了一场面对面的交流和对话，他们畅谈中华民族的历史、文化和血缘，感慨两人即使天涯萍水相逢也会一见如故。……最后，两人共同表示："几千年的中华文明烙印在每个同胞身上，就像是'胎印'一样，只要两岸作家用的是中文写作，民族感情是永远不会中断的。"①

10 月 21 日，下午，出席"余光中先生作品朗诵音乐会"。

《常州年鉴：2004》：〇余光中作品朗诵音乐会系列活动〇10 月 21 日，台湾著名诗人余光中作品朗诵音乐会在市广电中心演播大厅举行。音乐会在余光中和大陆著名作家、学者苏叔阳的心灵对话中开场，台湾金钟奖最佳演唱人奖获得者殷正洋，大陆著名朗诵艺术家张家声、童自荣、查曼若、殷之光、方舒、曹雷、阎怀礼、杨青、程建勋等演绎了余光中的作品。音乐会引起强烈的社会反响。……（史亚琴）②

何翔《母亲·妻乡·故乡——余光中先生 75 岁故乡常州行》：10 月 21 日下午，常州举办"余光中先生诗歌朗诵音乐会"，张家声、殷之光、查曼若、童自荣、曹雷、程建勋、方舒等名家纷纷到场。人们再次以另外的形式回味余光中的作品:《回旋曲》《将进酒》《黄河》《五行无阻》《听听那冷雨》《江城子》等等。当著名配音演员童自荣朗诵到"怔对水和田壮阔的镜头，一刹那剧烈的感受，白发上头的海外遗孤，半辈子断奶的痛"一句时，潸然泪下，全场为之动容。这首《黄河》诗是余光中 30 年前在香港看到《水和田黄河摄影展》后而创作的。演出前，余光中曾和童自荣交流过如何朗诵这首诗，回忆当年创作时的情形，余光中流泪了。……③

当晚，在常州宾馆度过 75 周岁生日。

---

① 《两岸关系》2004 年第 1 期。
② 朱玉林主编:《常州年鉴:2004》,常州:常州年鉴社,2004 年,第 114 页。
③ 《两岸关系》2004 年第 1 期。

《北京青年报》（2003 年 10 月 22 日）：〇余光中常州诵诗解乡愁吟咏中度过 75 岁生日〇本报记者自常州报道"给我一瓢长江水呀长江水，那酒一样的长江水。那醉酒的滋味是乡愁的滋味，给我一瓢长江水啊长江水。……"这是台湾歌手罗大佑根据诗人余光中的诗《乡愁四韵》谱写的歌。当年，这首歌流传到内地，让大家知道了余光中。昨天，余光中在这首歌和他的诗歌吟诵中度过了 75 岁生日。

……余光中此次回到"母乡"是受常州市人民政府台湾事务办公室之邀。

何翔《母亲·妻乡·故乡——余光中先生 75 岁故乡常州行》：10月 21 日，余光中先生 75 周岁，选择在故乡过生日，有着不同寻常的意义。当晚，常州市政府在常州宾馆为余光中举办了热烈而欢快的生日宴会，著名编剧苏叔阳朗诵了现场创作的诗歌《致余光中先生》：

"你从那头来 / 带着你浓浓的乡愁 / 我从这头来 / 揣着炽热的情怀 / 飞过低低的山头 / 我们相聚在常州 / 母亲从红菱一样的少女 / 长成吟着儿歌的妈妈的地方 / 她把思念捻成钓丝 / 甩向游子心灵的地方 / 每一粒杏花春雨 / 都是情人泪滴的地方 / 在这里 / 我结识了你的眼睛 / 你的复印过所有季节的眼睛 / 你的拍摄过五洲风景的眼睛 / 那天说起黄河的涛声 / 你的眼睛涌起母亲河的涟漪 / 哦 这是一双中国心灵的眼睛。"[1]

10 月 22 日，被常州七所高校聘为客座教授。

《常州年鉴：2004》：〇余光中作品朗诵音乐会系列活动〇 10 月22 日，余光中前往常州大学城作《诗与音乐》报告会，并受聘为大学城 6 所高校和常州工学院的客座教授，400 多人的阶梯教室座无虚席。（史亚琴）[2]

10 月，《余光中谈诗歌》，由南昌江西高校出版社出版，收入"惠风论丛"第二辑。本书是作者关于诗歌的论文集，收录《谈新诗的三个问题》《现代诗与摇滚乐》《诗与哲学》《大诗人的条件》等 28 篇。书前有《编辑者言》、余光中《自序》（2003 年 8 月于高雄）。

---

① 《两岸关系》2004 年第 1 期。
② 朱玉林主编：《常州年鉴：2004》，第 114 页。

余光中《自序》：我出版论诗的专书，这还是第一次。这本《余光中谈诗歌》共分四辑：第一辑十篇选的都是综述或概论，有四篇专谈新诗，四篇谈诗与其他艺术的关系，其余两篇则分别谈诗的品质与兴衰。第二辑十篇则为个别诗人的专论，有长有短，或为正论，或为序言，其中论新诗前辈五篇，论台湾诗人五篇，勉称平衡。《锈锁难开的金钥匙》乃序梁宗岱所译《莎士比亚十四行诗》；梁先生生前我无缘把其清芬，也没有资格为前辈作序。事缘梁夫人沉樱之至交林海音女士主持纯文学出版社，拟出梁宗岱此书，乃嘱我为写一序，兼述莎士比亚十四行诗之来龙去脉。第三辑两篇长文都是为大部头的诗选写的序言：两部诗选所纳作者均逾百位，这种序言必须宏观全局，不能过分注目精英，所以最难得体。第四辑六篇都是我为自己的诗集或诗选所写的前序后记，里面交代的是我这颗诗心的悲欢起伏，虽为一己之私，但于诗艺与诗学亦不无牵涉，乃附卷末，聊供参考。

江西文风素盛，大家辈出：晋有陶潜；宋有欧阳修、曾巩、王安石，"八大"独占其三，不让巴蜀；更有书家、诗人黄庭坚，大儒朱熹，群彦汪洋，浩比彭泽。迄今恨未一游，却有缘在南昌出书，甚感荣幸。①

《中国图书年鉴：2004》：○余光中谈诗歌○江西高校出版社2003年10月版。ISBN 7- 81075-422-X，大32开，324页。18.00元。"惠风"论丛第二辑之一，是余先生的首部谈论诗歌的专集。他以诗人特有的敏锐、睿智和丰厚的创作实践为基石，对长期以来关乎中国新诗兴衰、存亡的诸多领域、诸多问题，作了独到而又精辟的阐释。如，新诗的基本品格，新诗的散文化、大众化、现实化，新诗与古典文学的"大传统"和"五四"以来的"小传统"的关系，新诗西化的"移植"，新诗与哲学的关系，新诗与散文、音乐、舞蹈等艺术门类的关系等。此外，还包括了他简要评价一些新诗名诗人的诗人论及为有代表性的大部头诗选和个人诗集所撰写的序、跋等。余先生是台湾现代诗歌的主将之一，他的论作，不仅曲折地见证了台湾现代诗歌，而且也是整个中国现代诗歌演进的缩影。（谭振江）②

① 余光中：《余光中谈诗歌》，南昌：江西高校出版社，2003年，第3页。
② 柳斌杰主编：《中国图书年鉴：2004》，武汉：湖北人民出版社，2004年，第658页。

10 月，冯亦同编《左手的掌纹》，由南京江苏文艺出版社出版，收入"大家散文文存"。本书精选作家散文作品，并分为蒲公英的岁月、开卷如闻芝麻门、凭一张地图、幽默的境界、日不落家、落日故人情、自豪与自幸等七辑，收录《石城之行》《鬼雨》《落枫城》《九张床》《登楼赋》等 54篇。有自序及冯亦同《编后记》。

> 冯亦同《编后记》（2003 年初春记于金陵台城下）：我们的这个选本，是从余光中全部散文创作中"精选"出来的。它囊括了作者五十年间散文创作各个时期的主要代表作，从最早发表的《猛虎与蔷薇》《石城之行》，到近期问世的《萤火山庄》《金陵子弟江湖客》。论入选作品写作时间的跨度之长，近作与新作的数量之多，本书恐怕当属迄今为止大陆所出"余选"之最。①

11 月 10 日，发表《八闽归人——回乡十日记》，刊台北《中国时报》、香港《明报月刊》。

11 月，李圭云发表《论〈公无渡河〉在现代诗中的原型意义》，刊《台湾诗学学刊》第 2 期。

11 月，陈幸蕙发表《悦读余光中——飙车的故事及其他》，刊《明道文艺》第 332 期。

12 月 1 日，出席梁实秋文学奖颁奖典礼。

> 台北"中央日报"（2003 年 12 月 2 日）：〇张明兰 / 南市讯：梁实秋文学奖 中华日报主办 发掘创作菁英 12 人膺殊荣 包括散文创作及翻译两类奖项 由台湾文学馆长林瑞明、中华日报董事长詹天性及余光中等担任颁奖人 社长刘继先致词盼带动南部艺文风气〇

同日，《余光中"原乡行"并夺"诗魂金奖"》，刊《香港文学报》2003 年第 6 期。

12 月 4 日，适值香港中文大学四十周年校庆暨第六十届颁授学位典礼，被授予荣誉文学博士学位。

> 《大公报》（2003 年 11 月 26 日）：〇中文大学颁授荣誉博士学位李国章路甬祥饶宗颐余光中郭炳联梁定邦等获衔〇

---

① 余光中:《左手的掌纹》，南京：江苏凤凰文艺出版社，2016 年，第 245 页。

《大公报》（2003年12月5日）：〇李国章饶宗颐余光中路甬祥郭炳联梁定邦获重大颁荣誉博士〇

台北"中央日报"（2003年12月5日）：〇钟秀忠/高市讯：余光中获中文大学荣誉博士〇

金圣华《余光中博士赞辞》：超逾半个世纪之前，福建厦门有一位少年，在一九四九年夏，辞别故土，前往宝岛，当时伫立船头，回首眺望，鼓浪屿的旖旎风光，犹历历在目，此去的前程，却渺不可测，彷徨少年的心中，乃不禁怆然，自此一别，何日还乡？眼前的锦绣大地，壮丽河山，渐行渐远，弯弯的海峡，恰似一把无情的蓝刀，阻隔两岸，相会无期。这种感时忧国的情思，自此在少年的脑海里不断回荡萦绕，成为日后创作生涯中反复吟诵的主题，怀乡组曲的旋律。余光中多年后赢得"乡愁诗人"之称誉，其实早岁在乘桴赴台的旅途，海天漠漠、烟波浩浩之中，已种下了伏因。……

余光中教授为台湾大学外文系学士，爱奥华大学艺术硕士，曾在台、港、美国各地任教大学。一九八五至一九九一年出任高雄市中山大学文学院院长及外文研究所所长，其后并任该校"光华讲座教授"。自一九九五年起迄今，他又出任苏州大学、厦门大学、山东大学、南京大学等十多所著名学府之客座教授。余教授在学府与文坛，享誉均隆，曾获多种奖项及学术荣誉，如国家文学奖之诗歌奖、吴三连散文奖、吴鲁芹散文奖、时报新诗奖、高雄市文学成就奖、及霍英东成就奖等，并四度获颁台湾联合报"读书人"年度最佳书奖。两岸论述余氏的专书亦有十五部之多。

余光中教授于一九七四年至一九八五年间出任香港中文大学语言及文学系教授，是他文学生命中的香港时期，创作生涯至此进入高潮，佳作纷呈，收获丰硕。此外，余教授教学与研究并重，在中大十一年，培养出不少日后于香港文坛崭露头角的新秀。九十年代余教授多次重临中文大学，担任访问学人及国际研讨会主讲嘉宾。踏入二十一世纪，更为中文大学文学院主办之首届及第二届"新纪元全球华文青年文学奖"出任决审评判，对推动青年文学，弘扬中华文化，贡献至巨。

纵观余光中教授的毕生成就，始以"茱萸的孩子"之身生于重九，继以"火浴的凤凰"之称自淬自砺，终以"火中龙吟"之势蟠蜿啸傲于华夏文化的万里长空。多少年来，文坛巨匠以卓荦不凡的大才，淋漓饱酣的健笔，将密密情思，绵绵心意，缝在千叠百褶的波浪里，经惠风吹送，荡漾到两岸三地，甚至大洋彼岸凡有华裔聚居之处。诗人曾谓："无论我经营的是什么文类，其苦心一以贯之，便是对中文的敬爱与责任。"对于这样一位诗文双绝的大家，吾人实应心存感激之情：感谢他多年来努力不懈，尝试不断，以缤纷璀璨的采笔，使中文的内涵变得更加丰富宏美，生机勃勃；感谢他夙兴夜寐，呕心沥血，创作出难以计数的传世之作，令中文的精确优雅，展现无遗，使妄称汉字落伍陈旧、不能与时并进而应予扬弃的浅见陋识，不攻自破；感谢他捍卫仓颉文、方块字的神髓与精血，以抚慰所有以美丽母语"歌哭吟啸的灵魂"。有鉴于余光中先生对中国文化的贡献与成就，以及对现代文学的集成与开拓，本人谨恭请主席先生颁授荣誉文学博士衔予余光中教授。①

12 月 6 日，应邀出席"庆祝香港中文大学建校四十周年并恭贺二零零三至二零零四年度荣誉博士学位受领人晚宴"。

12 月 7 日，温家宝在纽约会见华侨华人时说："那一湾浅浅的海峡，是最大的国殇，最深的乡愁。"其中"国殇"出自两千多年前爱国诗人屈原的作品《九歌》中的《国殇》，"乡愁"则是引自余光中的诗作《乡愁》。

《香港经济日报》（2003 年 12 月 9 日）：〇感性引余光中诗　侨民动容〇

《大公报》（2003 年 12 月 11 日）：〇诗被温总理引用　余光中倍感高兴〇

白岩松《黄河的声音是我的胎记——访台湾著名诗人余光中》：台湾报纸有报道，香港也有。……可以说在文学中，诗是其中一种。诗是可以跨越政治的，所以两岸之间可以互相交流，正如余秋雨的文章，台湾有很多知音，这种文化的交流是民族融合的最踏实、最可亲的一种方式，虽然我们政治变化很多，目前还有很多歧义，可是只要中华文化这个向心力在，那前景应该还是非常乐观的，要是把中华文

---

① 金圣华：《荣誉的造像》，海口：南海出版公司，2015 年，第 42 ～ 43 页。

化弄混乱了、荡然无存了，向心力不在，那也就……①

12 月 12 日，何安达发表《诗人余光中 Pebbles and diamonds》，刊香港《星岛日报》F07。

12 月 15 日，中午抵达海口美兰机场。下午和晚上，接受海南媒体和学生的采访。

同日，发表《一童子自天而降——说布鲁果的名画》，刊台北《中国时报》。

12 月 16 日至 17 日，应邀出席由海南师范学院中国散文研究中心、海南省社会科学界联合会、中国社会科学院文学研究所《文学评论》编辑部联合主办的"中文散文与中华民族精神国际学术研讨会"，兼任会议学术委员会顾问团主席。研讨会在海南师范学院田家炳楼学术报告厅举行开幕式，余光中在开幕式上做了一个 50 分钟的主题演讲，题为《成语与格言》。下午第一场研讨会，是对余先生散文的专场讨论，他悉心地倾听了大家的意见。晚上，应邀至海南师范学院田家炳楼演讲《诗与音乐》，并被聘为客座教授。

> 喻大翔《三邀余光中》：我在大会上有一个简短的即兴发言，提出"韩潮苏海余峰"一说。我说的"余峰"，特指余先生的散文创作。我一直以为，他的诗歌是开拓性的，而散文则是革命性的，他前期散文澎湃的气势、阔大的境界、浪漫的风格，开创了 20 世纪 60 年代以来整个世界华文散文的新时代！他本人后来在电话中也承认："前期的散文有飞扬跋扈为谁雄的气概，又有实验的锐气，似乎更过瘾。"②
>
> 《海南周刊》（2017 年 12 月 18 日）：〇余光中的海南情缘：多次赴琼讲学点拨海南学子（侯塞）〇再就是十年前海南师范学院请我来讲学，停留了三天，那一次去西部儋州参观了东坡书院。

12 月 17 日，早上 8 时 45 分，登上经香港回台湾的飞机。

12 月 18 日，接受喻大翔的电话采访。采访稿后以《和余光中的对话——余光中访谈》为题，刊 12 月 21 日《海口日报》。

12 月 24 日，江素惠发表《雪满白头余光中》，刊《东方日报》B08。

---

① 余光中著，梁笑梅编：《凡我在处，就是中国：余光中对话集》，第 155 页。
② 《海口日报》第 13 版（2018 年 1 月 26 日）。

12 月 25 日，发表 "The Inward Journey of Wang Lan"，刊台湾 *The Taipei Chinese PEN* 第 31 卷第 4 期。署 "Yu, Kwang-chung"。

12 月 28 日，《余光中 "乡愁人" 萦绕温家宝引用名》，刊香港《星岛日报》Z06。

12 月，于高雄写散文《谁能叫世界停止三秒？》，刊 2004 年 3 月《香港文学》第 231 期；后收入《余光中幽默文选》（2005 年版）。

12 月，胡功泽发表《翻译批评的理论与实践——以梁实秋文学奖为例（余光中部分）》，刊《翻译学研究辑刊》第 8 期。

12 月，孙绍振发表《和余光中面对面》，刊《香港文学》第 228 期。

12 月，李丹发表《余光中与佛洛斯特比较论》，刊《华文文学》第 3 期。

12 月，陈幸蕙发表《悦读余光中——忧郁世纪的选择》，刊《明道文艺》第 333 期。

12 月，散文集《飞毯原来是地图》，由香港三联书店出版，为 "三联文库 82"。本书集结了作者的短篇散文作品，收录《朋友四型》《春来半岛》《夜读叔本华》等 21 篇。

12 月，《余光中散文精选集》，由桂林广西师范大学出版社出版，收入 "新世纪散文家" 丛书。本书展现了余光中不同年代的优秀散文，包括听听那冷雨、沙田山居、日不落家三辑。

<h1 style="text-align:center">2004 年（甲申）　77 岁</h1>

1 月 6 日，写评论《成语和格言》，刊 3 月 20 日《海南师范学院学报》第 2 期；后收入《举杯向天笑》（2008 年版）。

1 月 12 日，应邀为台湾《科学人杂志》写诗《蒙鸿》。

赖淑芳《"一颗悬在科学馆的飞檐"——余光中与科学》：科学界也展臂欢迎诗人。二〇〇四年一月十二日台湾《科学人杂志》（*Scientific American*）编辑部特地邀请他为 "科学与文学" 议题写了《蒙鸿》一诗。编辑部特别为这首诗补上一段序文："夜探星空，天文学家方知，银河系依然不断吞吐着云气；诗人余光中深宵不寐，将宇宙蒙鸿，化作永恒的文学生命"，赞叹诗人领悟"天文学家方知"的银河系现象。蒙鸿，是指宇宙间混沌不清的样子。其实诗人早在一九七四年，于香港寄予陈芳明的诗《放风筝》中提过蒙鸿一词。……这首诗捕捉了天地无限大的、混沌动态的存在现状，这也是文学家笔墨难以形容、科学家一向致力理解的天机，可谓是诗人最新阶段跨领域的杰作。①

1月25日，正月初四，致信张昌华。

昌华先生：

《左手的掌纹》销路不错，出版社、编者、作者都感到鼓舞。去年12月中旬，我在海南师范学院参加散文研讨会，就有一些学生持此书来索取签名，可惜很快就脱销了，后来者竟无书可买。

两年多来，多谢你一直与我联络，把报刊、照片寄给我，又多次刊出报道我生平或近况的文章。10月23日上午南京一聚，行色匆匆，未能多说，至以为憾。但那天的记者会还是相当成功的，对《左手的掌纹》报道可谓普及。

听你说自出版社退休，不免怅怅。希望以后访宁，仍有机会重聚。东南大学有意邀我去访问，尚未定案。羊去猴来，祝新年快乐。

余光中　2004.1.25　甲申正月初四②

1月31日，作诗《翠玉白菜》，后收入《藕神》（2008年版）。

1月，写散文《青春不朽——忆〈幼狮文艺〉的三位狮妈》③。

1月，发表《余光中的诗——莲雾》，刊《乡间小路》第30卷第1期。

1月，发表《中文大学四十周年献词》，刊香港《明报月刊》。

1月，陈幸蕙发表《悦读余光中——时光狂想曲四帖》，刊《明道文艺》第334期。

1月，《余光中集》，九卷本，由天津百花文艺出版社出版。第一、二、三卷为诗，第四、五、六卷为散文，第七、八卷为评论，第九卷则包括译文评析与集外新作两部分。各卷内容如下：第一卷：《舟子的悲歌》《蓝色的羽毛》《天国的夜市》《钟乳石》《万圣节》《五陵少年》《天狼星》；第

---

① 苏其康主编：《诗歌天保——余光中教授八十寿庆专集》，第154～155页。
② 张昌华：《我为他们照过相》，第266页。
③ 原件藏台北"国家图书馆"当代名人手稿典藏系统，编号262-245。

二卷:《莲的联想》《敲打乐》《在冷战的年代》《白玉苦瓜》《与永恒拔河》
《隔水观音》;第三卷:《紫荆赋》《梦与地理》《安石榴》《五行无阻》《高
楼对海》;第四卷:《左手的缪斯》《逍遥游》《望乡的牧神》;第五卷:《焚
鹤人》《听听那冷雨》《青青边愁》;第六卷:《记忆像铁轨一样长》《凭一
张地图》《隔水呼渡》《日不落家》;第七卷:《掌上雨》《分水岭上》《从徐
霞客到凡谷》;第八卷:《井然有序》《蓝墨水的下游》;第九卷:《含英吐
华》、集外新作。第一卷前有《炼石补天蔚晚霞——自序》(2002 年冬至于
高雄左岸，亦收入《举杯向天笑》2008 年版)。该书几乎囊括了余氏五十
年来创作的全部诗文作品，是迄今为止集余氏创作之大成的出版物。

　　余光中《炼石补天蔚晚霞——天津百花文艺版〈余光中集〉自序》:
收入目前这一套《余光中集》里的，共为十八本诗集、十本散文集、
六本评论集。除了十三本译书之外，我笔耕的收成，都在这里了。不
过散文与评论的界限并不严格，因为我早年出书，每将散文与评论合
在一起，形成文体错乱，直到《分水岭上》才抽刀断水，泾渭分明。

　　……我的一生写诗虽近千首，但是我的诗不全在诗集里，因为诗
意不尽，有些已经洋溢到散文里去了。同时，所写散文虽达一百五十
篇，但是我的散文也不全在文集里，因为文情不断，有些已经过渡到
评论里去了。其实我的评论也不以评论集为限，因为我所翻译的十几
本书中，还有不少论述诗、画与戏剧的文字，各以序言、评介或注释
的形式出现。这么说来，我俯仰一生，竟然以诗为文，以文为论，以
论佐译，简直有点"文体乱伦"。不过，仓颉也好，刘勰也好，大概都
不会怪罪我吧。写来写去，文体纵有变化，有一样东西是不变的，那
便是我对中文的赤忱热爱，如果中国文化是一个大圆，宏美的中文正
是其半径，但愿我能将它伸展得更长。①

　　《人民日报》(2004 年 5 月 30 日):○乡愁后面的"重峦叠嶂"——
写在九卷本《余光中集》出版之际(黄曼君)○百花文艺出版社隆重
推出的《余光中集》正好提供了目前余光中作品最好的一个版本。余
光中在诗歌、散文、文艺评论、翻译和文学编辑活动这五个方面的突
出成就，就如台、港批评家所称赏的，确实是"璀璨的五采笔"。《余

---

① 　余光中:《举杯向天笑》，第 147 ~ 148、157 页。

光中集》的出版无论从收集之宏富、编排的合理乃至装帧的典雅、印刷的精美等方面来看，都非常优秀。……余光中既根植于民族现实和传统，又有着开阔高远世界气象的作品，当然会使人感到新鲜，受到心灵的震撼！……《余光中集》对余光中的著述从诗歌、散文、文艺评论以及译文评析和集外新作等几个门类进行编辑、系统推出，这正如作者在题名为《炼石补天蔚晚霞》的"自序"中所写，这几个方面都自成体系，有自身独特的成就，但综合起来看，又有自身内在的脉络和作家自己关注的中心，因此整个文集有很强的整体感。……《余光中集》九卷本是一个丰厚复杂的整体结构，就如同一片整体构思鲜明又有多种独特建筑的大厦群落，一方自然浑成又有着自成格局、多处景点的名胜景观。

目前这套《余光中集》收有诗歌、散文、评论，三百五十多万字，他的大量译著还不包括在内，这产量不可谓不丰。产量当然不是决定性的条件，但余光中作品题材广阔：国际、国内，不同社区，内容涉及个人与社会、国家、民族，个体与世界、自然、宇宙；主题意蕴上往往能提出人类精神生活的一些重要问题，如政治风云变幻中坚持个人操守与精神品格问题；民族性与世界性、现代性的关系问题；拥抱现代文明与批判现代文明带来的人的精神的异化问题；在群体与个体、动乱与安全、战争与情欲、死亡与新生的复杂关系中，揭示出人类社会与个人身心两方面二律背反发展的历史行程的问题等等。在艺术审美上余光中的作品通过艺术概括、心理情感、意境营构、语言运用等原创性的努力，将艺术上的"变"与"常"结合起来，将"主知"与"重情"两大艺术传统结合起来，所谓"敢在时间里自焚，必在永恒里结晶"，创造出具有新古典主义特征的多方面的成果。正因如此，余光中从现代和传统、外国和本土相交汇的文艺建构的高度上，显出他的贡献的历史定位：既是台湾文学史上的重镇，又是中国 20 世纪文学史上的经典。

1 月，阮锋发表《余光中金华说"乡愁"》，刊《文化交流》第 1 期。

1 月，翁均志著《三生同听一楼钟》，由珠海出版社出版，内收《致余光中先生》诗一首。诗云：

从烈火中扬起，自冰水袅袅超升 / 做过凤凰，曾举长笔如箭射天狼 / 在新大陆超速，在旧大陆 / 对岸，孤灯下，慢慢砌积木 // 为一朵莲，恋掉半生 / 想觅一朵幽兰，骑长吉的弱驴 / 从憔悴的江南，走到惠特曼 / 歌咏的草地，忽然 / 最天然的食物哽着喉，出了洋相 / 阿司匹灵不灵，怎样吐也吐不出 / 只有借旁边的蒲公英搔着痒处 / 候采莲人在雨中，桂桨摇着木兰 / 曾与牧之白石同舟 / 在吴宫，与梦窗共游 / 当中元夜情人和情鬼都不见 / 仍在桥上怔怔等长吉和仲则 / 放浪子纹身，技术很不好 / 海棠变成了无人喜欢的守宫砂 / 更不知为何滴血不止 / 大概会一直这样流下去 / 所以要痛饮高粱和黄河水 / 补充燧人氏的红血球和蓝墨水 /……// 梦里你常听到湘水传来 / 哀丽的楚些，拍拍的汨罗 / 闭眼便见到乾坤摇荡岳阳 / 回首叫尧舜和工部 / 整顿赫赫衣冠巍巍汉阙 / 斜倚五陵少年的五花马 / 倚成了一匹白雪，依旧持五花笔 / 敲涿鹿的雷撼渔阳的鼓 / 想去捞月，用李白的自由式 / 把联想印在苏髯的雪泥上，一任他的大江横扫 / 依然不能冲掉，莲花的梗和根 / 作守夜人，作古箭手，作牧羊神 / 不论伏枥或踢踏千里 / 在火药味和日记闪闪的光中 / 有一片现代彩虹，照耀古典的天堂 / 你教人煮苦瓜，细味白玉的甘凉 / 用沉厚的鼻音高吟，让人知道 / 每一个字音，是一片龙鳞 / 可以触动龙子的深心 / 每次见你，都想问 / 诗篇、蝉声、长城和今生 / 那一样最悠长？ / 龙舟、铁轨和多峰驼 / 什么能载得动，如许白发和黑土？ / 洛阳和长安，当然还有厦门街 / 到底哪处是江湖哪处有腊梅香？ [①]

2 月 9 日至 10 日，发表《成语与格言》，刊台北《中国时报》。

2 月 22 日，《蓝墨水的上游是汨罗江——余光中从古典文学得到丰富营养》，刊香港《大公报》C03。

2 月，发表《举杯向天笑——论中国诗之自作多情》，刊香港《文学世纪》第 4 卷第 2 期；又刊 2006 年 11 月《日新》第 7 期；后收入《举杯向天笑》（2008 年版）。

2 月，写评论《读者，学者，作者》，刊 3 月 15 日至 17 日台北《中国时报》，题作《读者，学者，作者——亲近诗的几种方式》；后收入《举杯

---

① 翁均志：《三生同听一楼钟》，珠海：珠海出版社，2004 年，第 210～211 页。

向天笑》（2008 年版）。

2 月，作序《帝国虽大，语文更久》，刊 3 月《亚洲周刊》第 18 卷第 12 期；后收入《举杯向天笑》（2008 年版）。

2 月，陈婕发表《余光中的梵谷年》，刊《香江文坛》第 26 期。

3 月 26 日，作诗《绝食者》，后收入《藕神》（2008 年版）。

3 月，作序《字是生理，句是生态——序第三版〈朗文当代英汉双解高级辞典〉》。

3 月，发表《余光中的诗——水蜜桃》，刊《乡间小路》第 30 卷第 3 期。

3 月，发表《〈余光中谈诗歌〉自序》，刊《明道文艺》第 336 期。

3 月，刘登翰、陈圣生选编《余光中诗选》，由北京中国青年出版社出版，收入"中国文库"。本书收录了诗人在各个时期的代表作品，分为三个阶段，即卷一为 1950 ～ 1974 年的"台湾时期"，卷二为 1975 ～ 1985 年的"香港时期"，卷三为 1985 年以后的"台湾时期"。

4 月 18 日，第二届华语文学传媒大奖揭晓，余光中因《左手的掌纹》（2003）成为 2003 年度散文家奖得主。授奖词由马原宣读。

《人民日报》（2004 年 4 月 21 日）：○文化在线：第二届"华语文学传媒大奖"颁奖○本报讯 第二届"华语文学传媒大奖"颁奖典礼 4 月 18 日在北京中国现代文学馆隆重举行，莫言获华语文学传媒大奖 2003 年度杰出成就奖、韩东获 2003 年度小说家奖、王小妮获 2003 年度诗人奖、余光中获 2003 年度散文家奖、王尧获 2003 年度文学评论家奖、须一瓜获 2003 年度最具潜力新人奖。"华语文学传媒大奖"由南方都市报出资设立，是国内第一个由大众传媒创设的文学大奖。

《文学报》第 2 版（2004 年 4 月 22 日）：○第二届华语文学传媒大奖揭晓 莫言余光中韩东王小妮王尧须一瓜等获奖○本报北京讯：第二届华语文学传媒大奖颁奖大会日前在中国现代文学馆举行，2003 年度获奖者莫言（杰出成就奖）、韩东（小说家奖）、王小妮（诗人奖）、余光中（散文家奖）、王尧（文学评论家奖）、须一瓜（最具潜力新人奖）从各地赶来，在掌声中领取奖杯、奖状和奖金。莫言获得奖金 10 万元，其余五位分别获得奖金 2 万元。

"华语文学传媒大奖"由南方都市报于 2003 年斥资设立，从 2004

年起，由南方都市报、新京报共同主办。它是国内第一个由大众传媒创设的文学大奖，是目前中国年度奖金最高的纯文学大奖。

年度散文家奖

余光中

获奖作品

《左手的掌纹》

用"左手"写散文

散文家该能"软硬兼施""夹叙夹议"，才能称为全才。散文的语言是另一个问题。五四初期，把新文学的语言叫做白话文或语体文，表示要和文言划清界线。但是当时的散文正在试验，未尽成熟，虽然有了白话的自然亲切，却失去了文言的简洁工整，至其末流，往往沦于冗赘芜杂，成了所谓"大白话"。其实文学革命并未、也不能完全废绝文言。所以简洁工整的文言以成语的身份给保留了下来，与白话不但共存，而且共荣。要做散文家，完全不用成语是不可能的；但在紧要关头，只会用四平八稳的成语来敷衍过去，也不成其为创作。因此我运用散文的语言，有一个原则，便是"白以为常，文以应变"。文体如果更求多元，还可再加两句："俚以见真，西以求新。"我写散文，比诗晚了十年，好像是用左手写的。2003 年我在南京出版的《左手的掌纹》一书，展示的掌纹与指印，正是我一生的峰回路转，心事纵横。

《新京报》（2004 年 4 月 14 日）：○ 2003 年度散文家颁奖词○余光中的散文雍容华贵。他的写作接续了散文的古老传统，也汲取了诸多现代元素，感性与知性，幽默与庄重，头脑与心肠交织在一起，构成了他独特的散文路径。他渊博的学识，总是掩饰不了天真性情的流露；他雄健的笔触，发现的常常是生命和智慧的秘密。他崇尚散文的自然、随意，注重散文的容量与弹性，他探索散文变革的丰富可能性，同时也追求汉语自身的精致、准确与神韵。他在二〇〇三年度出版的散文集《左手的掌纹》，虽然只是他散文篇章中的一小部分，但已充分展示出他的散文个性。他从容的气度、深厚的学养，作为散文的坚实根基，在他晚年的写作中更是成了质朴的真理。再联想起他那著名的文化乡愁，中国想象，在他身上，我们俨然看到了一个文化大家的风范和气象。

〇余光中获奖感言〇我曾说："散文与诗是我的双目，任缺其一，世界就不成立体。"正如佛洛斯特所言："双目合，视乃得。"（My two eyes make one in sight.）中国古代的文人，原就强调"诗文双绝"；唐宋八大家之中，除苏洵、曾巩之外，可说都是"诗文双绝"。

在风格上，我不认为散文只是橄榄、清茶，因为"韩潮苏海"原为古文可羡之境界。在篇幅上，我认为散文不必限于小品，也可以扩大驰骋的空间，长到两三千字以上。我的散文甚至可到六七千字或更多。散文不必守住轻工业，也可成为重工业。在语言上，我认为酌量使用文言与西化句法，可增加文体的弹性。我的文体观是：白以为常，文以应变，俚以见真，西以求新。文体富于弹性，散文家才能呼风唤雨。

无论是诗或散文的创作，我取法的典范首先是中国的古典，其次才是五四以来的新文学与西方文学。古文教我如何掌握凝练、整洁，白话教我如何做到自然、亲切，英文教我如何经营层次井然、长而不乱、富而不杂的复合句法。我致力追求的文体，是用女娲炼石补天的洪炉来炼仓颉的方砖，与源出希腊、罗马的西欧拼音文字相融。我相信只要得法，混血更美，合金更贵。

散文大家之中，于中土我崇仰庄子、孟子、司马迁、韩愈、苏轼；西方我佩服培根与约翰生。西方的好散文往往出于小说家之手，如康拉德与劳伦斯；哲人之手，罗素的散文乃清畅之典范。说理文章曾经启发我的，英文有艾略特，中文有朱光潜。

在散文的语言技巧上，我追求多元的弹性，认为语言应文白互补，句法应长短相济，分段忌四平八稳，题目应别出心裁。不少作者西而不化，句法冗长，标点太少。英文用标点，为文法所需；中文标点，不可拘泥文法，而应依照文气。其间的差别，许多散文家似乎从未留意。

乡愁是根深蒂固的人之常情，但不完全由地理造成。一个人多年后回到故乡，仍然可能乡愁不断，因为他所熟悉的故乡已经改变了。物是人非，便有乡愁。若是物也非了，其愁更甚。我当年离开内地，"掉头一去是风吹黑发／回首再来已雪满白头"乃此生最大的伤痛。幸好那时我已经21岁，故土的记忆，文化的濡染已经深长，所以日后的欧风美雨都不能夺走我的汉魂唐魄。我在诗文中所以呼喊着狂吼着黄河长江，无非是努力为自己招魂。

"华语文学传媒大奖"把 2003 年的散文家奖颁给我，实感荣幸，似乎我这枝拙笔还能挥出半空晚霞，一时还无须缴还缪斯吧。同时我觉得这个奖，对凝聚海内外华文作家，有着不可小觑的作用。

4 月 19 日，《余光中获内地散文家奖》，刊香港《苹果日报》A23。

同日，《余光中获散文家奖》，刊《香港经济日报》A33。

4 月 25 日，作诗《漓江》，后收入《藕神》（2008 年版）。

4 月 28 日，再次回故乡泉州，参观名胜。

《泉州年鉴：2003》：○余光中先生担任"魅力城市推荐人"○祖籍永春的台湾著名"乡愁诗人"余光中应邀担任泉州"魅力城市推荐人"。余先生亲自撰写"魅力城市推荐陈述辞"，并赴京为泉州角逐魅力城市助威，为泉州市获得"最佳中国魅力城市"称号作出积极的贡献。①

《泉州晚报》（2011 年 4 月 25 日）：○余光中：40 年后再续"乡愁"○2004 年，他又专程回到泉州，欣然担任泉州参评"中国最佳魅力城市"的推荐人，向海内外宾客介绍自己美丽的家乡。

同日，黄维樑发表《悦读、细读三位大师——〈文化英雄拜会记：钱锺书、夏志清、余光中的作品与生活〉自序》，刊《香港作家（1998）》第 2 期。

4 月，发表《余光中的诗——相思树下》，刊《乡间小路》第 30 卷第 4 期。

4 月，发表《青春不朽——忆〈幼狮文艺〉的三位狮妈》，刊《幼狮文艺》第 604 期。

4 月，陈幸蕙发表《悦读余光中——瓣心香四帖》，刊《明道文艺》第 337 期。

4 月，黄维樑发表《读黄曼君的〈网络与鼠标——与余光中先生对话〉》，刊香港《圆桌诗刊》第 5 期。

4 月，黄维樑著《文化英雄拜会记：钱锺书、夏志清、余光中的作品与生活》，由台北九歌出版社出版。本书作者以多向度综评钱锺书、夏志清、余光中三人文学成就，并论述其交往情况。全书共三辑，第三辑论

---

① 泉州市地方志编纂委员会编：《泉州年鉴：2003》，北京：方志出版社，2005 年，第 307 页。

余光中，收入《璀璨的五采笔——余光中作品概况》《情采繁富，诗心永春——试论余光中各时期诗作的特色》《读余光中〈圣奥黛丽颂〉》《"星空，非常希腊"的随想》等 17 篇。这是一部认识现代文学家的入门书，书中作者旁征博引，论理、抒情，对所论人物做了深入的评析。

5 月 6 日，夏榆发表访谈录《余光中：把岛上的文字传回中原》，刊《南方周末》。

5 月 20 日，同济大学校庆日，与莫言、苏童应邀出席"同济大学作家周"系列活动之"文学与人文关怀的大型文学对话会"。

> 陈子善《余光中识小》：今年 5 月，同济大学举办首届文学节，承主持人马原、董昌勇兄不弃，邀我参加与余光中、莫言、苏童等两岸名作家的对话，并指定我讲评余光中的精彩发言。[①]

> 《厦门日报》（2014 年 10 月 28 日）：○专访余光中：思维敏捷的奥秘在于坚持上课读书（宋智明）○我见过莫言。有一年在复旦大学，我、莫言和韩少功，我们三个人有一个文学对话。莫言给我的印象很好，人很朴素。人太聪明了，有时对写作有害。

> 喻大翔《三邀余光中》：余先生作了一场专题演讲，逸夫楼会堂的窗户外面，挂满了向往文学的工科学生。期间，还促成了东方卫视"可凡倾听"对余先生的专访、又到复旦大学作了一场演讲。会后，参观了上海文化名人街多伦路及白（崇禧）公馆，并陪同余先生和范我存老师游览了他阔别数十年的西湖。还有一个细节，5 月 22 日周六的下午，余先生伉俪抽空到我在同济大学旁的家里小坐，与妻儿合照，签名送书，并赠我一个中山大学专制的诗杯，赠妻一个美丽的胸针。回到台湾不到十天，他又寄来了一封手札，其情其意铭感至深！[②]

5 月 21 日，晚，受聘担任上海同济大学顾问教授，并做题为《诗与音乐》的演讲。

同日，赵稀方发表《视线之外的余光中》，刊《中国图书商报·书评周报》。该文原本是《中华读书报》的约稿，原题《是谁将"余光中神话"推到了极端？》，历经两次排版而终被撤下。文章重提余光中 1970 年代与

---

① 《美文》2005 年第 2 期。
② 《海口日报》第 13 版（2018 年 1 月 24 日）。

陈映真在"乡土文学"论争中的一段历史恩怨，并质疑余光中的人格，对大陆"余光中热"表现出强烈不满与批评，从而引发新的争议。同日，该刊还刊有李敖的《骗子诗人和他的诗》。这场争议断断续续历时十多年，堪称 1949 年以来现代文学界少见的重大争论之一。参加讨论的除台湾的陈芳明、陈映真、吕正惠、杨若萍外，还有大陆和香港的陈淑渝、陈子善、钱虹、刘心武、薛永辰、黄维樑等。

《新民周报》（2004 年 5 月 24 日）：〇余光中的上海〇以前我和李敖关系很好，后来因为观念不同，他喜欢骂人。我不想卷入论战，与其论战，不如多写几篇文章。我的日子就这么多，要写得赶快写啊。梁实秋先生年轻时和许多人论战过，包括鲁迅，但他中年以后不再跟人论战了。鲁迅就花了他好多时间论战。论战也不是毫无价值，如果能论出结果也很有意思。

5 月 24 日，《余光中讲翻译》，刊香港《星岛日报》F07。

5 月 27 日，丁丽洁、马明斯、蒋俊颖发表《文学的心在此汇聚——余光中：当你的女友已改名为玛丽，你怎能送她一首菩萨蛮》，刊《文学报》第 1506 期。

5 月 29 日，应邀出席由高雄中山大学美国中心主办的美国诗朗诵系列活动，朗诵美国诗人爱伦·坡、惠特曼、狄金森的名作。

5 月 30 日，黄曼君发表《乡愁后面的"重峦叠嶂"——写在九卷本〈余光中集〉出版之际》，刊《人民日报》第 8 版。

5 月，发表散文《当我到六十四岁——老歌新唱忆披头士》，刊《万象》第 6 卷第 5 期。

5 月，发表《余光中的诗——安石榴》，刊台湾《乡间小路》第 30 卷第 5 期。

5 月，撰《虚实之间见功夫》，刊《联合文学》第 246 期；后收入《举杯向天笑》（2008 年版）、《翻译乃大道，译者独憔悴》（2021 年版）。

5 月，樊善标发表《战场与战略——余光中六十年代散文革新主张的一种诠释》，刊《人文中国学报》第 10 期。

5 月，重游桂林。

《大公报》（2004 年 6 月 4 日）：〇余光中《漓江》诗面世〇

《文汇报》（2004 年 6 月 4 日）：〇余光中《漓江》诗感动桂林人〇

5 月，郭虹著《哲学与美学的诗艺合璧：余光中散文研究》，由长沙中南大学出版社出版。

6 月 4 日，赴香港，参加后两日在香港岭南大学举办的第二届清华—岭南国际翻译学术研讨会，并做专题发言。

黄国彬《士林路的孟尝君》：二〇〇四年六月五日、六月六日，岭南大学翻译系和清华大学外语系合办国际翻译研讨会，余光中先生为主题演讲嘉宾。我在六月四日黄昏到机场接机。①

罗选民《余光中与翻译》：余先生是会议特邀代表并做专题发言。余先生依然西装革履，十分精神。两天会议下来，脸上毫无倦意。他认真听取了清华学者的发言，还与他们交换意见，一块留影纪念。②

6 月 7 日，《余光中私己诗待身后公开　比较今昔翻译水平　写新诗自创新体裁》，刊香港《大公报》B06。

6 月 8 日，蔡濯堂（思果）卒于美国北卡罗来纳州夏绿蒂，享年 86 岁。

6 月 18 日，陈漱渝发表《追问并非求全》，刊北京《中国图书商报》。文中提到余光中本人后来已经对《狼来了》一文表示忏悔，今天不应再揪住不放。

6 月 25 日，《大美为美——余光中精选集》，刊《香港经济日报》C02。

6 月 26 日，钟玲受余光中之托致信陈映真，以为联络。

陈映真《争鸣：我对余光中事件的认识与立场》：2004 年 6 月 26 日香港的钟玲教授寄来一封信。可是因为我刚好人在深圳求医，直到 8 月 20 日才收到。原来钟教授曾在 6 月到台湾，余光中先生找她恳谈。……其实，在余先生对钟玲教授，在给我的私信中，都说过要为《狼》文"道歉"，明白说《狼来了》一文"对您造成很大的伤害，他要对您说对不起"（钟教授转述）。③

6 月，发表散文《一童子自天而降》，刊《万象》第 6 卷第 6 期。

---

① 苏其康主编：《诗歌天保——余光中教授八十寿庆专集》，第 286 页。
② 《中国翻译》2008 年第 5 期。
③ 《世纪中国》（2004 年 10 月 8 日）。

　　燕舞《余光中的上海》:《万象》就很有趣，继续上海文人那种风格，讲点欧美掌故，新兴学者、作家。文学研究，跟大陆一般刊物不一样，继承了《宇宙风》。最近，我有两篇文章发在他们那儿，一篇谈"披头士"，由头是英国首相布莱尔访问清华时应邀唱"披头士"的歌;一篇是谈西洋画的。①【按:《万象》复刊时曾请柯灵担任名誉主编。】

　　6 月，发表诗歌《荔枝》，刊《乡间小路》第 30 卷第 6 期。

　　6 月，李沅亭、张雯静、张懿心发表《以无限超越有限——专访余光中教授》，刊《中师图书馆讯》第 46 期。

　　7 月 14 日，《鲤选余光中为形象大使》，刊上海《文汇报》C04。

　　7 月 19 日至 25 日，陈幸蕙发表《爱台憎北——余光中的台北情结》（1—7），刊"中央日报"第 17 版。

　　7 月 24 日，罗四鸰发表《大陆有学者撰文质疑"余光中神话"在两岸文学界引发争议——"历史问题"需要追问吗?》，刊上海《文学报》。文中引用了上海学者陈子善对此事的评论，略云:

　　　　余光中过去曾经对一些问题发表过较为激烈的言论，可能他现在也已经改变了自己的看法。如果从严肃的学术角度对余光中的一生作研究，那么他那段历史和那些观点是不可回避的……赵稀方的批评可能是针对一些媒体把一些人的优点或缺点无限地放大，因为领导人吟咏了诗人的诗句就成为焦点，一味追捧，这有点不正常。

　　7 月 31 日，作诗"Arco Iris"，刊 10 月 22 日《联合报》;后收入《藕神》（2008 年版）。诗题 Arco Iris 即西班牙文"虹"的意思。

　　7 月，写评论《别有彩笔干气象——我读〈怀硕三论〉》，后收入《举杯向天笑》（2008 年版）。

　　7 月，发表诗歌《芒果》，刊《乡间小路》第 30 卷第 7 期。本诗作于1989 年 7 月 15 日，曾收入《安石榴》（1996 年版）。

　　7 月，中译王尔德喜剧《不可儿戏》在香港演出，连演十八场，场场满座。

　　7 月，孙燕华发表《诗人余光中作客上海》，刊《文讯》第 225 期。

---

① 《新明周刊》（2004 年 5 月 24 日）。

8月3日，作诗《永春芦柑》，刊17日《联合报》；后收入《藕神》（2008年版）。

余光中"附注"：芦柑是我家乡福建永春的特产，汁多味甜，种于陡坡，熟于冬季。

8月18日至19日，以"城市推荐人"身份回泉州。其间走访开元寺、洛阳桥、崇武古城、泉州海交馆、灵山圣墓、清净寺和天后宫，领略家乡风土人情。

《东南早报》（2004年7月14日）：○余光中推荐"泉州城市魅力"○早报讯（记者陈祥木）从泉州市委宣传部传出消息，昨日，祖籍泉州永春的著名台湾"乡愁诗人"余光中已基本同意担任泉州参评中国"魅力城市"的推荐人，而泉州"魅力城市"的形象大使重任可能由"惠安女"担纲。

《石狮日报》（2004年8月19日）：○"乡愁诗人"余光中昨日携妻女回乡○为泉州参评魅力城市效力，今日往崇武拍摄外景。本报讯：记者昨日从"泉州参评魅力城市组委会"获悉，泉州已从40座入围参评"魅力城市"的城市中脱颖而出，成为20座获得提名的城市之一。而作为泉州"城市推荐人"祖籍永春的诗人余光中也于昨日下午携带妻女回到故乡。他将在魅力城市评选的纪录片中作三分钟的陈述，讲述泉州的渊源及推荐理由。

一下飞机，余光中就与组委会就魅力城市参评一事进行商讨。昨晚，他开始与泉州魅力大使陈彬妮录制诗朗诵《乡愁》。据悉，如果泉州进入魅力城市前十名，那么在9月底10月初的颁奖晚会上，中央电视台将有可能播出他俩的诗朗诵。根据日程安排，今天上午，余光中前往崇武拍摄外景，下午参观海交馆、天后宫、文庙等地。……

8月21日，随泉州参展团赴京。亲自撰写了时长3分钟的"魅力城市推荐陈述辞"。

《石狮日报》（2004年8月19日）：○"乡愁诗人"余光中昨日携妻女回乡○21日随同所有参评工作人员前往北京参加魅力城市录像。

《泉州晚报》（2004年8月23日）：○"魅力城市"推荐人致词

（初稿）（余光中）○刺桐花开了多少个春天？东西塔还要对望多少年？多少人走过了洛阳桥？多少船开出了泉州湾？

每次想起我的故乡泉州，心里充满天长地久的感觉，就会想起这样的诗句。

古老的是初唐的开元寺、北宋的洛阳桥，但更古老的是永恒的晋江和外面的大海。丝绸的海路从此地起锚，船舱里载满了丝绸与瓷器，也把上百个国家的商船迢迢引来，在宋、元两朝成为"东方第一大港"，与埃及的亚历山大港东西齐名。万国的海船飘扬着各种旗号，载来了各种信徒，从佛教到伊斯兰教，从基督教到印度教、摩尼教，钟声不断，香火不绝，泉州乃赢得"世界宗教博物馆"的美誉。

泉州地灵如此，人杰自多，明清之际尤为鼎盛，李贽、俞大猷、郑成功、施琅、李光地等都名垂青史。泉州人面向大海，勇于乘风破浪，去海外创业，至今在南洋和港澳的乡亲后裔超过 800 万人。隔了一湾浅浅的海峡，泉州的子孙在台湾更多达 900 余万，使两岸的血缘浓于海水。

我的祖籍是泉州永春，半世纪前去了台湾。"掉头一去风吹黑发，回首再来已雪满白头。"终于能回来，感到十分快慰。

有幸生为泉州之子，我更以能担任故乡"魅力城市"的推荐人为荣。但愿泉州，古代的名港，现代的新城，能在中国的地图上永远闪闪发光。

8 月 23 日，陈映真复信钟玲，就 1977 年所谓的"告密信"之事进行说明。略云：

我的资料是他（指余光中）寄给了彭歌，彭托人交给胡秋原，意在提醒不要被身边的"共产党"利用，我想余先生费神写"那封信"用心也正在此。但胡先生之学生，郑学稼先生的学生到了约 10 年前才告诉我，余先生也寄给王昇。有没有寄给王，现在已不重要。①

8 月，为台东都兰山上的诗碑题诗《都兰山》。

8 月，发表诗歌《余光中的诗——葡萄柚》，刊《乡间小路》第 30 卷

---

① 余光中：《向历史自首？——溽暑答客四问》，《羊城晚报》B5（2004 年 9 月 11 日）。

第 8 期。

8 月，作序《序短贺寿长——读夏菁的〈可临视堡的风铃〉》，后收入《举杯向天笑》(2008 年版)。

8 月，黄维樑发表《抑扬余光中》，刊《羊城晚报》。文中不同意赵稀方等人的看法，并提出了商榷意见。略云：

> 某人说余光中是"骗子"，说余在中国大陆"招摇撞骗"；赵稀方说这人"对余光中的人品看得透"。我要提出问题：说余在大陆"招摇撞骗"，证据在哪里？

9 月 2 日，作诗《心路要扶》，末署"应心路基金会之请为寂寞的障友而作"，后收入《藕神》(2008 年版)。

9 月 11 日，陈映真复信余光中，态度坦诚地就当年的"告密信"之事进行说明。略云：

> 我办《人间》时，办公处距郑[学稼]先生家近，他老人家偶有过访，常蒙勉励。有一次他说："乡土文学争论时有人告你有思想问题。写文章要注意不要用左派名词。"他没有提您的名字，时在 1995 年初。①
>
> 余光中《致陈映真》：那份材料，当时是一位杰出的学者提供的，用意当然绝非要助我对付你。他是我们共同的朋友，真实与您更接近，对您十分推崇；他只是有点书呆子气，喜欢客观就事论事……用意只是要说明《狼》文所言不确，您的思路应该如该材料所示。他拿给我时，内人也在座……没有这件事，我也不会有什么资料可寄。非不得已，我也不会向您提及此事，您要是知道他是谁，一定会吓一大跳，我不能贸然告诉您，否则我岂非又有"告密"之嫌？这真是一大反讽了。②

9 月 21 日，发表《向历史自首？——溽暑答客四问》，刊《羊城晚报》。该文对赵稀方之文作出回应，同时也显露了自我批评的精神。略云：

> 客说："听说你最近在大陆出《余光中集》，把早年某些引起争议的文章，例如 1977 年那篇《狼来了》，统统抽掉了，有隐瞒读者之嫌，

① 余光中：《向历史自首？——溽暑答客四问》，《羊城晚报》B5 (2004 年 9 月 11 日)。
② 余光中：《向历史自首？——溽暑答客四问》，《羊城晚报》B5 (2004 年 9 月 11 日)。

是吗？"我说：这种例子很少。任何作家出文集，都不免有些删除。如果凡发表的都收进去，恐怕就会变垃圾箱了。《狼来了》是一篇坏文章。所以如此，要把它放回历史的背景上去，才能明白。1977 年，大陆刚经历"文革"，喘息未完。在那场浩劫中受害的知识分子难计其数。我于 1974 年去香港教书，对"文革"余悸并不陌生。当时我班上的学生，家在广东，常向我亲述"文革"真相。

去港不久，因为我在诗中批评"文革"，招来"左报""左刊"的围剿，攻击我的文字当在十万字以上，致我的心情相当"孤愤"。……在"文革"震骇的压力下，心情沉重，对一般左倾言论都很敏感。对茫茫九州乡思愈深，而对现实的恐惧愈强，其间的矛盾可见于我的诗句"患了梅毒依旧是母亲"。……这就是当年我在香港写《狼》文的心情，但是不能因此就说，那篇文章应该那样写。当时情绪失控，不但措辞粗糙，而且语气凌厉，不像一个自由主义作家应有的修养。政治上的比附影射也引申过当，令人反感，也难怪授人以柄，怀疑是呼应国民党的什么整肃运动。……《狼》写得不对，但都是我自己的意气，自己发的神经病，不是任何政党所能支使。……《狼》文发表以后，引起许多争议，大多是负面的。许多朋友，例如齐邦媛、张晓风，都曾婉言向我讽谏。晚辈如陈芳明，反应就比较强烈。南京的评论名家陈辽，2000 年在《余光中也是评论大家》一文中，也指出此文的不当。有这么多爱护我的人都不以为然，我当年被心魔所魅是显而易见的。

陈子善《余光中识小》：三个月前余光中发表《向历史自首？》，对写作《狼来了》的时代背景有所解释，对《狼来了》发表后引起的种种争端也有所辩白，但他公开承认此文"是一篇坏文章"，"不但措辞粗糙，而且语气凌厉，不像一个自由主义作家应有的修养"。这种态度是光明磊落的，也是值得欢迎和尊重的。①

同日，赵稀方发表《就〈抑扬余光中〉一文答黄维樑诸先生》，刊《羊城晚报》。

9 月 27 日至 29 日，赴北京金色假日酒店国际会议中心出席全球百国华文作家大会。在开幕仪式上朗诵了诗歌《乡愁》。

---

① 《美文》2005 年第 2 期。

9月28日，山东曲阜市政府首次主持公祭孔子诞辰大典。

> 《余光中：我的心里有中国文化的胎记》：无论在朝在野，有这种对传统文化的回头认识无疑是一件很好的事情。这是中国面对全球化浪潮的一种文化的反应。我认为这是一种健康的自觉。不过不管是"读经运动"还是"公祭孔子诞辰大典"都不意味着我们需要完全复古，我们需要的是经典文化中那些好的成分，要去糟粕留精华，而不是胡子眉毛一把抓。①

9月，发表诗歌《余光中的诗——惠荪林场》，刊《乡间小路》第30卷第9期。

9月，《余光中经典作品》，由北京当代世界出版社出版，收入"港台名家作品"丛书。本书选收了17篇散文、80余首诗歌和9篇杂文，包括《逍遥游》《四月，在古战场》《沉思》《灵感》《论夭亡》《幽默的境界》等。

9月，唐捐发表《生命的苦瓜，艺术的正果——导读余光中的〈白玉苦瓜：故宫博物院所藏〉》，刊《幼狮文艺》第609期。

9月、11月、12月，陈幸蕙发表《悦读余光中——记忆拼图》（上、中、下），刊《明道文艺》第342、344、345期。

10月6日，流沙河发表《昔年我读余光中》，刊上海《文汇报》。

10月8日，陈映真发表《争鸣：我对余光中事件的认识和立场》，刊《世纪中国》。略云：

> 余先生在这篇对自己做结论的《向历史自首？》中，关于《狼来了》的反省，只有一句是有所反省意识的话："政治上的比附影射""引申过当"，相形之下"情绪失控""措辞粗糙"云云就显得避重就轻，蒙混过关的味道。其实，在余先生对钟玲教授，在给我的私信中，都说过要为《狼》文"道歉"，明白说《狼来了》一文"对您造成很大的伤害，他要对您说对不起"（钟教授转述）。在第二封私信的末尾也说："请接受我最大的歉意、善意、诚意……"我接读之后，真心为他高兴，回信鼓励他勇敢面对、表态，解除自己的枷锁，则我一定写文章表示赞赏和支持。不料这么好的话，在《向历史自首？》中全不见了，

---

① 《钱江晚报》（2009年9月3日）。

实在令人很为他惋惜、扼腕。

……我从别人引述陈淑渝先生、从钟玲教授和余先生的来信中，知道余先生是有悔意的，我因此为余先生高兴。没有料到的是，余先生最终以略带嘲讽的标题《向历史自首？》的问号中，拒绝了自己为自己过去的不是、错误忧伤"道歉"的，内心美善的呼唤，紧抓着有没有直接向王昇"告密"的细节"反拨"。这使我读《向历史自首？》后感到寂寞、怅然和惋惜，久久不能释怀，反省是否我堵塞了余先生自我反省的动念？

10 月，发表诗歌《余光中的诗——削苹果》，刊《乡间小路》第 30 卷第 10 期。

10 月，"国家新课程教学策略研究组"编选《余光中精选集》，由呼和浩特远方出版社出版，收入"现代文学名家书系"。

11 月 6 日，应邀在海口海南师范学院黄华康体育馆为师生做演讲，题目为《英文与中文》。报告会由中文系主任阮忠教授主持。报告通过比较的方法，说明了中文和英文在今天这般变化发展的时代的地位和重要性。他还对中、英文在发展变化中彼此间的关系和影响做了具体分析，认为中文与英文之间有着包容与磨合。他引用"松下问童子，言师采药去。只在此山中，云深不知处"等优美的诗句来说明中文与英文在语法上的区别；用亲身经历来诠释自己对中、英文的学习和研究的领悟，让听众们感受到了语言中的诗情画意。

11 月 7 日，应邀出席海口中国青年文化发展论坛，并做题为《中国诗的"天人合一"》的演讲。

《中国青年报》（2004 年 11 月 8 日）：○中国青年文化发展论坛举行○本报海口 11 月 7 日电（记者江华）今天上午，中国青年文化发展论坛在海口举行。……本次"青春中华"——首届中国青年欢乐节期间，以"文化与青年"为主题举办本次论坛活动，旨在推动青年文化研究，聚焦青年文化现象，追踪青年文化热点，透析青年文化建设规律，营造有利于青年文化建设的良好氛围。哈佛大学教授、美籍华人学者杜维明，台湾中山大学教授、诗人余光中，清华大学人文社会科学学院教授万俊人发表了精彩演讲。

同日，在海南师范学院与王蒙围绕"散文——从传统到现代"进行对话。活动由黄维樑主持。

11月8日，参加海南师范学院55周年校庆活动。

《海口日报》（2018年1月24日）：〇三邀余光中（喻大翔）〇2004年11月8日，海南师范大学55周年校庆，在学校的支持和维樑兄的帮助下，我们邀请到了余先生伉俪、王蒙先生伉俪和维樑兄伉俪，分别进行了三场学术演讲或对话，能容纳三千人的体育广场，每一场都爆满，简直成了整个海口市民文学与文化的盛宴。余先生演讲的姿态，我在其他的影像中没有见过，那真是椰树临风，风神阳刚、刚柔相济者也！

同日，《余光中：勿因政治弃中华文化》，刊上海《文汇报》A07。

11月，写评论《边缘，中心，跨界——从拜伦看英国浪漫主义之盛》，刊次年9月《明道文艺》第354期；后收入《举杯向天笑》（2008年版）。

11月，发表诗歌《余光中的诗——南瓜记》，刊《乡间小路》第30卷第11期。

11月，诗集《守夜人》（*The Night Watchman*），由台北九歌出版社再版。

12月15日、17日，《一缕〈乡愁〉余光中——著名诗人余光中及其"魅力城市"推荐词》，刊香港《大公报》A13。

12月15日，应邀赴世新大学演讲《缪思的左右手：谈诗与散文的比较》。

《台湾立报》（2008年10月15日）：〇余光中教授的英文天地——从英诗吟诵到翻译诠释（李振清）〇2004年12月16日，世新大学人文社会学院邀请到余光中教授至世新发表《缪思的左右手：谈诗与散文的比较》演讲。余老师妙语如珠的演说与中英诗文的对比分析，激发了学生们无限的文学遐想与比较诗学之浓厚兴趣。其中余老师的英诗吟诵，更博得全场师生的喝彩与赞赏。在余光中教授的英文天地里，人们更能体会到英诗的自然吟诵之美，与翻译诠释的真谛。

12月，发表诗歌《余光中的诗——初嚼槟榔》，刊《乡间小路》第30卷第12期。

2005 年（乙酉）　78 岁

1 月 4 日，担任"抢救国文教育联盟"（Association to Remedy Chinese Language Education）总召集人、共同发起人。该联盟以抢救"国文"教育、提升"国文"程度、保存传统文化、推动经典阅读和诗歌吟唱以及培养人格道德等为目的。余光中于该联盟行动宣言中提及："对于在台湾的我们，不论所操何语、所信何教、所入何党、所选何人，共享的文字只有中文，亦即所谓'国文'。这种文字无论你称它中文、汉文、华文，甚至唐文，都有其遣词用字的句法、章法，平仄协调的音调，对仗匀称的美学；在文学上更有悠久而丰富的传统，成为世界各地华文作家的源头活水。"并说："语文黏不住，民族就疏离了。"由此可见他十分重视"国文"教育。

> 徐学《两岸文化交流可左右逢源——余光中对话厦大学者》：因为台湾"教育部"大砍古文课程，台湾高中语文老师就有一种危机感，因为他们多年来所教的内容就会面临重大的改变，这倒是不会影响他们的职业，或者是他们安身立命的价值，但是他们非常地忧虑。所以他们就来找我，要帮他们呼吁一下。我当然是义不容辞，就当了他们的总召集人。开始几次也不像陈胜吴广那样揭竿而起，并没有什么组织，也没有什么长远的打算，只觉得"教育部"这样的做法很不对，这是他们"去中国化"举动的一个现象。[①]

1 月 7 日，作诗《月缘》，后收入《藕神》（2008 年版）。

> 余光中《诗艺老更醇》：《月缘》的诗情把《魔镜》更推进一步，也更加曲折。[②]

1 月 9 日，作诗《休止符之必要——远寄痖弦》，后收入《藕神》（2008 年版）。

> 《联合报》副刊"编者注"：诗人痖弦之妻张桥桥女士，上周六逝世。余光中先生闻讯深有感慨，遂化用痖弦《给桥》《如歌的行板》等

---

① 《海峡导报》（2006 年 4 月 7 日）。

② 余光中：《藕神》，第 5 页。

诗著名词语，成诗一首，远寄好友。

1月11日，发起抢救汉语教育运动。

台北"中央日报"（2005年1月14日）：○"抢救国文教盟全国联署"余光中领衔 余任总发起人 李家同、许倬云等共同参与 首要目标先争取高中"国文"恢复为五节 今递交联署书○

《香港商报》（2005年1月14日）：○余光中抢救汉语教育○

1月30日，作诗《四岁的小酒窝》，后收入《藕神》（2008年版）。

余光中"附注"：美丽可爱的邱姿文，因父亲家暴夭亡。当时重伤送医，医院以病床已满拒收。所留肝肾分别捐给两个病人。

1月，诗集《天国的夜市》，由台北三民书局再版。

2月13日，《汪道涵余光中曾任教》，刊香港《苹果日报》A18。

2月20日，《余光中最新散文集》，刊香港《明报》D12。

2月22日，应成都武侯祠博物馆之邀，参加"千秋蜀汉风·武侯海峡诗歌楹联会"。流沙河等到机场迎接。此次四川之旅长达六天。

《成都商报》（2005年2月23日）：○趟过浅浅海峡 余光中来蓉赴诗会○昨天，应武侯祠"2005成都大庙会"的邀请，著名诗人余光中及夫人范我存飞抵成都，赶在今日元宵佳节，参加在武侯祠举行的"千秋蜀汉风·武侯海峡诗歌楹联会"。届时，他还将登台朗诵他脍炙人口的代表作《乡愁》："……乡愁是一弯浅浅的海峡 我在这头大陆在那头。"

"八年没见了！"昨日，余光中老友流沙河带着掩饰不住的高兴赶到机场。……昨日抵达成都的还有诗人舒婷和犁青夫妇，他们将和林莽、洛夫、李元洛等一起，参加今天下午2时30分在武侯祠举行的"千秋蜀汉风·武侯海峡诗歌楹联会"活动。……此次由本报与武侯祠"2005成都大庙会"联合举办的"《乡愁》同题赛诗会"受到了广大读者的积极响应，组委会通过专家组从近500首参赛作品中初选了20首候选诗篇。

2月23日，元宵节，与流沙河等乘车抵达武侯祠，出席"千秋蜀汉风·武侯海峡诗歌楹联会"。会上，流沙河背诵诸葛亮的《前出师表》，并朗诵余光中怀念川中少年时光之作《罗二娃子》。余光中朗诵《蜀人赠扇记》。

《成都商报》（2017 年 12 月 14 日）：○余光中回访四川"乡音不改"，曾用四川话为流沙河朗诵诗歌○余光中对四川一直思念有加，在 2005 年鸡年元宵节举行的"千秋蜀汉风——武侯海峡诗歌楹联会"上，沉稳的四川话，饱含深情地从余先生口中流出："在四川生活的那段时光，影响深及心灵。对四川，我有很深的感情，所以《乡愁》才有那么深刻的四川印记，四川给了我很多灵感！"随后，余先生用川剧唱腔唱诵《蜀相》，悲怆和沧桑，绕梁不绝。吟罢杜诗，余先生以一段四川话一段普通话的方式，朗诵写给流沙河的《蜀人赠扇记》，象征着他与流沙河之间不平凡的真挚友谊。

2 月，散文集《青铜一梦》，由台北九歌出版社出版，为"余光中作品集 1"。本书集结作者 1998 年末至 2004 年初的作品，收录《九九重九，究竟多久？》《天方飞毯原来是地图》《略扫诗兴》《圣乔治真要屠龙吗？》《山东甘旅》《戏孔三题》等 25 篇。有后记。

黄维樑《中诗西诗，诗是余家事：余光中诗话初探》："余光中诗话"如能在中国诗话的大科目中立项，则我们发现以诗为余家事的余光中，其诗艺、诗人、诗事的话语，延续了中国诗话这个传统；他更以其广阔的视野，以其写景抒情叙事说理面面兼擅的健笔彩笔，为这个传统加添了内容和姿色。由于他的诗话兼及中诗西诗，要研究余光中诗话和相类似的中国现代诗话的学者，就也得兼顾中诗西诗了。①

3 月 3 日，作诗《望峨眉金顶》，刊 3 月 15 日《联合报》；后收入《藕神》（2008 年版）。

余光中"附识"：吾妻我存稚岁，正值抗战，为避烽火，曾随父母入川。其父范赉乃浙江大学教授，原拟携眷赴成都四川大学任职，病重滞于乐山，不久殁于肺疾。我存小学时期便在大佛足下度过，十岁那年曾随母亲直上峨眉金顶，印象极深。七年前，我陪她去乐山找父

_____

① 黄维樑：《壮丽：余光中论》，第 252 页。

亲坟地，古碑竟已无迹可寻。我存母亲殁于高雄，厝骨元亨寺。今年元宵，我陪我存去峨眉山，怜她孺慕耿耿，为此写诗，以遣孝忱。

3月4日，致信黄维樑。

维樑：

成都之行非常圆满，市民听众的热情甚至超过海南。媒体报导很多，附上几份报纸，只是报导的四分之一而已。主办的王莎（艾芜文化公司总经理，亦即艾芜的媳妇）说：盛况远非去年九月金庸访蓉可比。重庆方面闻风，亦拟邀我去访问。

三月底我将去厦门，参加"海上生明月"石刻诗展的揭幕典礼。四米高的惠安石，上刻舒婷与我的诗，该是两岸诗坛之盛事。匆祝

俪安

光中　　2005. 3. 5①

3月12日，于台北市图书馆发表题为《守夜人谈〈守夜人〉》之演说，介绍自己翻译的中英对照诗集《守夜人》。

台北"中央日报"（2005年3月12日）：○文化风信 余光中谈英诗中译（小岛）○

3月14日，写评论《腕下谁能招楚魂？》，刊3月22日台北《中国时报》；后收入《举杯向天笑》（2008年版）。

3月16日，作诗《平沙落雁——观傅抱石画展》，后收入《藕神》（2008年版）。

3月17日，江素惠发表《余光中的忧心》，刊《东方日报》B16。

3月25日，自译"Poems by Yu Kwang-chung"（《余光中诗选》），含"In Memory of Chopin"（《永念萧邦》）、"Aeolian Harp"（《风铃》）、"Debussy: Claire de Lune"（《月光曲》），刊 *The Taipei Chinese PEN* 春季号。

3月27日，作诗《酸关麻站——赠许祥清师傅》，刊4月4日台北《中国时报》；后收入《藕神》（2008年版）。

3月，杨宗翰发表《与余光中拔河》，刊《创世纪》第142期。文中称：

我们很难认同余光中对现代诗有何"创体"，或"确立"之

---

① 黄维樑：《大师风雅——钱锺书、夏志清、余光中的作品和生活》，第151页。

功——将此评价移至余氏所撰之现代散文上，或许更为合适。

3 月，梁笑梅发表《传播意义下的余光中诗歌》，刊《江汉论坛》第 3 期。

3 月，陈幸蕙发表《悦读余光中——蓝魔咒》，刊《明道文艺》第 348 期。

4 月 4 日，偕夫人及两个女儿回母校南京大学。这是他首次作为台联的客人来南京，也是他第五次返回母校。

《文汇报》（2005 年 4 月 4 日）：〇余光中重回母校一解"乡愁"〇

胡有清《中文不朽——余光中访问江苏追忆》：2005 年 4 月，余光中第一次作为台联的客人来到南京。这是他自 2000 年以来第 4 次重返故乡。他在欢迎宴会上动情地说："南京是我的出生地，我对南京有着特殊的感情。这次我特地把两个从未到过南京的女儿带来，就是想让她们到我小时候曾经学习和生活过的地方看看，让她们知道两岸的联系。"两岸有悠久的历史，有共同的语言、文字和文化，不要因为 50 年的政治分歧而抛弃 5000 年的中华文化，凡是有点文化责任感的人都要维护和提升中华文化，而不应该"去中国化"。

和过去一样，各方面的旧朋新友知道了他来南京的消息，都要安排拜访、餐叙、座谈等活动，作为接待方必须穿针引线，妥为安排，在短短的五六天时间里整合出内容丰富又节奏适当的套餐来，毕竟余光中已经是"奔八"的老人了。以这次而言，他与省、南京市文艺界的朋友各有聚会，分别造访了大学母校南京大学和中学母校南京五中，还带着两个女儿到中山陵、明孝陵等名胜古迹旧地重游。[①]

4 月 8 日，应邀出席南京大学"校友风采"学术报告，演讲《不朽的中文》。

胡有清《中文不朽——余光中访问江苏追忆》：而其中他最重视的活动无疑是到南京大学作题为《中文不朽》的演讲。

和过去几次一样，礼堂里早已坐满了青年学子，包括一些慕名而来的外校学生。他在演讲一开始便说道："我一生最大的志向就是要把

---

① 《台声》2018 年第 12 期。

中文写好。我相信一个中文的作家能把中文写好，那就算是对自己的民族尽了一份心意了。我想任何一个中文作家都应该有一个抱负，就是中文拿到我的手里是什么样子，等到我死的时候，交还给这个民族的时候，我们的母语会因为我的努力而稍微好一点，更有想象力，更有表现力。"①

4月9日，彭镜禧于台北市图书馆发表题为《从含英吐华到含华吐英》的演讲，推介余光中翻译的诗集《守夜人》。

4月12日至15日，第九届海峡两岸机械电子商品交易会暨厦门对台进出口商品交易会（简称"台交会"）在厦门举办。

台北"中央日报"（2005年4月14日）：○海上生明月 嵌台湾地图 厦门石雕 台交会新景点 刻上余光中的《乡愁》适值反分裂法两岸紧张时刻 游客瞩目○

4月27日，撰《悲喜之间徒苦笑——序天下文化〈余光中幽默文选〉》，刊5月9日《联合报》；后收入《余光中幽默文选》（2005年版）、《举杯向天笑》（2008年版）。

4月，陈幸蕙发表《悦读余光中——望乡石物语》，刊《明道文艺》第349期。

5月4日，参与发布"五四宣言"，要求台湾当局全面检讨语文教学。

台北"中央日报"（2005年5月3日）：○谢蓉倩／台北讯：菁英代表：抢救"国文教育""95学年课纲"暂停实施"教长"1月承诺调整"国文"科授课时数 迄未兑现 联盟发表行动宣言 余光中等要求全面检讨语文教学○

台北"中央日报"（2005年5月5日）：○谢蓉倩／台北讯："抢救国文教育联盟"五四声明：增高中"国文"课时数 余光中：文言文已融入白话文主流 不可废 谭家化：坚持"95年课纲""教部""择恶固执"恐让弱势家庭复制贫穷命运○

《东方日报》（2005年5月5日）：○余光中吁重视"国文"教育○

台北"中央日报"（2005年5月5日）：○程佳英／台北讯：抢救

---

① 《台声》2018年第12期。

"国文"大师抨 教育政策 荒谬愚蠢 孔孟学会、台师大"国文"系及本报合办座谈 专家忧高中"国文"授课时数锐减 文化基本教材改选修 余光中：英文要学得好 必须先学好中文 张晓风："去中国化"偏见操弄○

　　台北"中央日报"（2005 年 5 月 5 日）：○傅启伦／台北讯：抢救"国文"学界怒吼：反对政教合一 联盟发起人余光中质疑高中"国文"由每周五节减为四节 中国文化基本教材改选修 学子如何传承 盼"教部"勿把教育当儿戏○

5 月 8 日，陈希林发表《余光中吟诗救中文》，刊台北《中国时报》A7。

5 月 15 日，作诗《棋局——观棋不语真君子 落子无悔大丈夫》《楚人赠砚记——寄长沙李元洛》，后收入《藕神》（2008 年版）。

5 月 16 日，萧雅发表《余光中的忧虑》，刊香港《明报》D06。

5 月 18 日，出席南京大学兼职教授聘任仪式，并为南大学生做题为《比较中文与英文异同》的学术报告。

5 月 21 日，作诗《汨罗江神》，刊 6 月 11 日台北《中国时报》；后收入《藕神》（2008 年版）。

　　余光中"附注"：此诗为国际龙舟节而作。今年端午，有英、美、澳洲及中国的船队将在汨罗江上参加竞赛。事详我的散文《水乡招魂》。

　　李元洛《花开时节又逢君——余光中印象记》：此诗的前四句，是余光中 1999 年首次湘行在汨罗屈原祠的题辞……早在 1951 年，二十三岁的他尚在台湾大学外文系就读，在写出《吊济慈》和《致惠特曼》两诗之前，他就写了《淡水河边吊屈原》一诗。从此开始至今半个世纪，除了在文章中和其他诗作中多次提到屈原之外，他不是再三而是七次以专咏屈原之作向这位百代诗歌之祖致敬，依次是《水仙操——吊屈原》《竞渡》《漂给屈原》《凭我一哭》《召魂》和近作《汨罗江神》。这次来汨罗之前，我们曾数次隔一湾浅浅的海峡而一线相通，他在电话中说：这回写屈原不能和以前的作品重复，要有新的角度和新意。我询其究竟，他说诗中的新意就是"拯救"，不是我们去救屈原，而是要屈原来救我们。……他说世风日下，道德滑坡，有的人不但否定岳飞与文天祥，连范仲淹、贾谊甚至屈原都一概不予承认，如果连这些前贤往烈都企图颠覆，那我们的民族还剩下什么？除此之外，还有我们的某些诗作者，他们并不了解却偏偏要彻底否定民族的优秀诗歌传统，热衷于咀嚼琐屑卑微甚至低下恶俗的一己之情，沉迷而不知警醒，沉沦而无法超度。①

5月25日，发表诗歌《楚人赠砚记——寄长沙李元洛》，刊台北《中国时报》。

同日，单德兴在台北市图书馆发表演讲，题为《英华繁茂话翻译——从余光中的〈守夜人〉谈起》。

5月，发表《反哺之心——写于〈情人的血特别红〉出版之前》，刊《明道文艺》第350期。

5月，发表《外语、方言与中文教育危机》，刊《亚洲周刊》第19卷第20期。

5月，陈幸蕙发表《悦读余光中——恋恋美丽岛》，刊《明道文艺》第350期。

5月，《余光中幽默文选》，由台北天下远见出版公司出版，为"风华馆36"。该集收录余光中自1967年至2003年的幽默小品15篇和幽默长文9篇。书前有《自序——悲喜之间徒苦笑》，2005年4月写于左岸。

> 余光中《自序——悲喜之间徒苦笑》：幽默感在人性之中是十分可贵的秉赋，并非人人都有。有此天赋的人也自有高下之分：有的得天独厚，慧心能觑破人生世态的种种荒谬，绣口能将神来的顿悟发为妙悟，令人解颜。这种人若有彩笔，幽默的文章自然源源不绝，奔赴腕下。……我早期的散文流露幽默的不多。谐谑的戏笔渐多，应该始于中年。所谓"哀乐中年"，其实哀多于乐，需要一点豁达，一点自嘲来排遣。中年的困境往往要用幽默来应付，不能全靠年轻的激情了。
>
> 幽默感是与生俱来的，不能刻意培养，苦心修炼。一个人必须敏于观察，富于想象，善于表达，才能超越世俗的观念，甚至逆向思维，反常合道，说出匪夷所思的奇思妙想。幽默家不但有锦心，还得有绣口，始能传后。……
>
> 幽默常与滑稽或讽刺混为一谈，有时确也不易分辨。大致说来，

---

① 李元洛、黄维樑：《壮丽余光中：生活与作品》，第62～63页。

幽默比较含蓄、曲折、高雅，滑稽比较露骨、直接、浅俗：所以滑稽能打动小孩子，而幽默不能。另一方面，幽默比较愉快、宽容，往往点到为止，最多把一个荒谬的气泡戳穿，把一个矛盾的困境点出。讽刺就比较严重、苛刻，怀有怒气与敌意。讽刺可以用来对付敌人，幽默，却不妨用来对待朋友，甚至情人。……

　　我的幽默感近于王尔德，天生应该译他的四部戏剧。不过王尔德"正话反说"（paradox）的绝招，我无法练成，就像我无法在高速路上高速倒车。此外，中国的两位现代作家在幽默风格上对我也曾有启发：梁实秋的情趣，钱锺书的理趣都是现代散文高妙的谐趣。①

5 月，《情人的血特别红：余光中自选集》，由天津百花文艺出版社出版。本书收入作者的诗歌、散文、评论，包括《舟子的悲歌》《昨夜你对我一笑》《逍遥游》等作品。

6 月 2 日，致信香港古剑先生。

　　古剑：

　　　来信收到多时，迟覆甚歉！

　　　流沙河的文章《昔日我读余光中》，去年十月六日刊于上海《文汇报·笔会》，我的回应《得失寸心知》刊于十月七日该刊。流沙河现址为（地址、电话略去）。

　　　"学者散文专辑"我将尽量执笔，当于寄稿时一并把《当我死时》录赠。近来极忙：四月曾去母校南京大学讲学，并见到沙叶新，又发现他与我同为南京第五中学校友。我告诉他，我与你颇熟。端午我会去汨罗参加国际龙舟节比赛，于开幕式中诵诗祭屈原。

　　　近好

　　　　　　　　　　　　　　　　　　　光中　2005 年 6 月 2 日②

　　6 月 10 日，晚，乘飞机取道香港飞长沙，星夜赶到汨罗江畔，李元洛、谭谭、陈亚先等人迎接。这是余光中第二次来到湖南。

　　6 月 11 日，端午节。上午，参加岳阳端午节祭屈原盛典，并在汨罗江畔"国际龙舟比赛"现场主持诵诗，以新作《汨罗江神》献给屈原，观礼

---

① 余光中：《余光中幽默文选》，第 2～5 页。

② 古剑：《聚散》，第 160 页。

者三十万人。下午，由李元洛、彭东明等陪同，赴安定镇小田村杜甫墓前凭吊，并题写"墓石已冷诗犹热"七字。

张绍民《青青草书》：2005 年，岳阳市委市政府举办了盛大的"中国汨罗江国际龙舟邀请赛"。不仅将龙舟竞渡的主会场从岳阳的南湖之滨迁来汨罗江畔，与屈原更加遗踪相接，呼吸相闻，场面也更加壮阔；而且从台湾请来名诗人余光中主祭，由他领诵他特地为此次龙舟节写的新作《汨罗江神》。这首《淡水河边吊屈原》是余光中写的几首关于屈原的诗歌之一，这是一个汉语诗人的值得尊敬的地方，因为他传承了汉语心灵的力量。[①]

《岳阳日报》第 3 版（2017 年 12 月 24 日）：○言浅意深悼光中（杨亚海）○记得 2005 年 6 月 11 日与诗人一起参加完汨罗江国际龙舟节的当天下午，得悉诗人与他的好友、湖南的文学大师李元洛先生同去平江追踪蓝墨水的源头，我匆匆换下军装，带一本诗人的诗集，跟到了平江县的盘石洲，因此得与诗人一次"零接触"，领略了诗人的风采，聆听了诗人的"浅言"，与先生合照，凭此合照还写了首小诗《余光中的浅与深》，后收入我的诗集《海韵》中。当时考虑诗人是境外来宾，顾忌多多，没有穿军装与之合影，成了永生的遗憾。

"很久以前 / 读了你的乡愁 / 便体会 / 那一湾浅浅的海水 / 不浅的含意 // 如今 / 众人高诵你的新作 / 汨罗江神 / 拥着你 / 走上祭江的圣坛 // 如此学贯东西的学者 / 才思敏捷的大诗人 / 却随和得 / 让人感动万分"这就是我写给余光中先生的那首诗的前面几节。开头一节即表达对《乡愁》中那一湾"浅浅的海峡 / 其实不浅"的看法。诗中还有提到诗人与文友同娱同乐的情景，却也是于诙谐的调侃中深含意蕴，饱含他对后辈寄予的巨大希望。再忆起与诗人合照，他一再说"靠近，不要留下空隙"，意之何笃，情之何深，知之何晚，现哀悼之际，真想大哭一场。

李刚《陪余光中先生游洞庭》：无须再赊月色 / 先生 / 诗歌的光芒 / 足以照亮八百里洞庭 // 短棹飞扬　浪花飞溅 / 打湿千年的时光 / 水天之间 / 极致的美，有节奏地漾开 // 可以邀李杜来 / 在湖上　以青螺为食 //

① 张绍民:《青春草书》，北京：海潮出版社，2014 年，第 183～184 页。

以湖水为酒 / 以山水为茶 / 蘸洞庭之墨 / 挥洒千年华章 / 让千年之洞庭，飘满诗歌之芬香 //①

同日，诗歌《汨罗江神》，刊台北《中国时报·人间副刊》E7。自1951 年至此，余光中共写下怀念屈原的诗歌 9 首：《淡水河边吊屈原》（1951）、《诗人之歌》（1952）、《诗人》（1953）、《水仙操——吊屈原》（1973）、《漂给屈原》（1978）、《竞渡》（1980）、《召魂》（1990）、《凭我一哭——岂能为屈原召魂？》（1993）、《汨罗江神》（2005）。

6 月 12 日，参观湖南省博物馆及新长沙窑窑址，并在瓷上题诗作画。

《长沙晚报》（2005 年 6 月 13 日）：○余光中点燃新长沙窑窑火○［本报讯］昨日，台湾著名诗人余光中先后参观了湖南省博物馆及新长沙窑窑址，并在瓷上题诗作画，赞叹新长沙窑"瓷有新旧，火无古今"。

在参加中国·岳阳（汨罗江）国际龙舟节的空隙里，诗人余光中不忘赶往几个能代表湖湘文化特色的地方参观。在了解了新长沙窑的制作工艺、欣赏了新长沙窑的作品之后，余光中赞叹道，新长沙窑继承了唐代以来的传统，推陈出新，以一个新的面貌进入现代生活的空间，很有前途。他还开心地为新长沙窑点燃了新一炉窑火，并在一个长口瓶上即兴题字作诗一首。第一次在瓷器上题字，余光中托着下巴考虑了很久，才在瓶上写下"浴火重生"四个字，随后又意犹未尽地在瓶上作了一首诗："赴火投水，皆得永恒，灵均壮烈，火生水成。"

同日，《余光中膜拜屈原寻根》，刊上海《文汇报》A06；又刊《香港文学报》2005 年第 3 期。

6 月 18 日，应邀出席在台中举办的学生文学奖颁奖典礼，并与学生座谈。

台北"中央日报"（2005 年 6 月 19 日）：○林志廉 / 中市讯："全国学生文学奖"颁发 新秀脱颖 典礼移师台中明道中学举行 文坛庆收割 评审余光中、张曼娟及林黛嫚等亲赴现场与 41 位得奖学生座谈 分享创作心得○

7 月 9 日，刘绍铭发表《余光中的缪思》，刊香港《信报》。

①《十月》2015 年第 6 期。

7月15日，杨宗鸿发表《诗魂——致余光中》，刊《四川文学》第7期。诗云：

> 这一天 / 蛰伏的诗情喷涌 / 不眠的诗心燃烧 / 这一天 / 饥渴的诗魂放飞 / 多年的夙怨得偿 // 来了 / 他来了 / 当代诗人余光中来到丞相祠堂 // 满头银丝 / 仙形鹤貌 / 浪漫诗心 /《民歌》开道 /《珍珠项链》/ 情真意切 / 一缕"乡愁" / 绝代风标 // 二○○五年元宵的锦城故里 / 诗歌光芒朗照 / 千古蜀汉之风 / 吹拂诗歌本真 / 天府来了余光中 / 蜀中这块肥沃的诗壤 / 更显得 / 声情并茂

7月22日，发表《〈心曲〉读后之一 深藏如矿未尽采》，刊台湾"中央日报"副刊第17版。

7月24日，黄维樑发表《丰隆艳红的外遇——余光中水果诗之二》，刊香港《大公报》。

8月初，赴大连参加书展。8月13日，作诗《大连》，刊8月26日台北《中国时报》；后收入《藕神》（2008年版）。

> 余光中《水乡招魂——记汨罗江现场祭屈》：八月初他又去大连参加书展，成为签名二老之次老。元老文怀沙先生，已经九秩有六。①

8月，陈幸蕙发表《悦读余光中——那年秋天》，刊《明道文艺》第353期。

9月6日至7日，写散文《水乡招魂——记汨罗江现场祭屈》，后收入《粉丝与知音》（2015年版）。

9月，发表《炼石补天：谈新诗的语言》，刊《文化生活》第8卷第3期。

9月，陈幸蕙发表《悦读余光中——情人素描》，刊《明道文艺》第354期。

9月，陶德宗发表《评余光中的散文新作》，刊《当代文坛》第5期。本文评介余光中的《山东甘旅》《春到齐鲁》《泰山一宿》《青铜一梦》《黄河一掬》诸文。

10月6日，应邀做诗歌欣赏讲座。

---

① 余光中：《粉丝与知音》，第23页。

台北"中央日报"（2005 年 10 月 7 日）：○台北讯：美国文化中心诗歌赏析 余光中教授主讲 介绍 6 位诗人及 15 首作品 并开放听众现场讨论○

10 月 13 日，单德兴发表《翠玉白菜的联想——余光中别解》，刊台北"中央日报"副刊第 17 版；后收入《翻译家余光中》（2019 年版）。该文结合《守夜人》中收录的写于 2004 年的《白玉苦瓜》一诗，将诗中的玉匠之喻扩及诗人，并融合余光中曾多次翻译其戏剧的王尔德之"人生模仿艺术"论，论道：

> 诗人宛如文字的玉匠，化平凡为神奇。如果玉匠"一刀刀，挑筋剔骨"，使翠玉白菜从原始的辉石玉矿中脱胎换骨，那么诗人便以其神思和"敏感的巧腕"，使诗作从垒垒的方块字库中脱胎换骨，即使"弄假"，也已"成真"，即使"舞文弄墨"，也已化为比真实人生更真实、更久远的诗艺。诗人如同对诗艺紧抱不放的"栩栩的蠢斯"，之所以能"投生""转胎"，印证了以文字在时光中铭刻、创造的人，藉由万古长新的艺术，不仅使自己得到久远的生命，也使有缘的读者得到崭新的体会与领悟。

10 月 17 日，著名作家巴金（1904～2005）去世，享年 101 岁。

《重庆日报》第 10 版（2005 年 10 月 21 日）：○余光中在重庆工商大学激情演讲：中文不朽○前几日，巴金先生辞世，昨日有人提起这位文学巨人，与巴金有过几次接触的余光中也十分伤感。

余光中回忆，在重庆读中学时很多同学争相传阅巴金的《家》《春》《秋》，自己在大学时读到他的中篇小说《春天里的秋天》，很有感触。上世纪 80 年代初，巴金到香港访问，余光中时任香港中文大学教授，是欢迎会的主持人："我当时就用重庆话主持，巴金很诧异居然在香港听到乡音，会后交谈，倍感亲切。"

《重庆晚报》（2005 年 10 月 21 日）：○余光中：重庆变化太大 乡愁无所寄托○通过《家》、《春》、《秋》知道巴金，而与巴金结缘却是靠重庆话。

20 世纪 80 年代初，巴金到香港访问，当时身在香港中文大学的余光中担任欢迎会主持人。考虑到巴金是成都人，余光中就用重庆话致欢迎辞。

结果巴金很高兴，对余光中说："没想到在香港还能听到重庆话，太亲切了。"

此后，两人不时在一些国际会议上碰面。

10月19日至25日，应重庆工商大学之邀，与夫人范我存、徐学同赴重庆。此番为离开重庆六十年后首次重返故地。访母校悦来场青年会中学校址与抗战时期的旧居，并题词"师贤徒敬　近悦远来"；与初中同学九人欢聚；参观朝天门、大足石刻博物馆等处。后作长篇散文《片瓦渡海》（2006年5月）记其事。

> 余光中《片瓦渡海——跨世纪的重逢》：两岸交流以来，这是我第三次访蜀，却是第一次访渝。承蒙蜀人厚爱，每一次待我都像游子还乡，媒体报导都洋溢乡情。这一次回重庆，前后七天，演讲三次，前两次在工商大学与教育学院，依次是《中文不朽——面对全球化的母语》、《诗与音乐》。第三讲在三峡博物馆，题为《旅行与文化》。此外，工商大学更为我安排了紧凑的日程，先后带我去了朝天门、磁器口、悦来场、大足石刻博物馆、江碧波画室、重庆艺术学院。①

> 徐学《乡愁诗人返乡说乡愁》：2005年10月19日，我陪余光中先生到重庆，行程安排得非常紧凑，除了记者招待会、大学讲演、参观博物馆、会见朋友这些到大陆的必有节目之外，最令我印象深刻的是他对这块少年时期生活过的热土的种种感受。……在重庆的六天中，余光中先生的乡愁得到了充分满足和释放。……镇长请赐墨宝，余光中一笔一笔郑重写下："六十年的岁月走遍了天涯海角，无论路有多长，嘉陵永恒的江声，终于唤我回到记忆起点的悦来场。"②

10月20日，晚，应邀在重庆工商大学做题为《中文不朽——面对全球化的母语》的演讲。

> 《重庆日报》第10版（2005年10月21日）〇余光中在重庆工商

---

① 《联合文学》第22卷第7期（2006年5月）。
② 古远清编：《余光中评说五十年》，第76、79页。

大学激情演讲：中文不朽〇本报讯 昨晚，著名诗人余光中在重庆工商大学作了题为《中文不朽》的演讲，他以诗人的细心呵护母语，言辞中充满骄傲，也以诗人的激情感染着学子，号召大家正确地使用母语。……昨晚的演讲拉开了余光中在我市文化交流的序幕，他还将在重庆教育学院和重庆中国三峡博物馆进行两场主题演讲。……据悉，在 5 天的时间里，余光中将寻访老友，并作 3 场学术演讲。

夏瑜《余光中：把岛上的文字传回中原》：因为全世界都在全球化，全球化很容易让个人失落，很可能让一个民族的文化流失，所以在写作中强调自己作品中的历史感，历史背景，文化背景，我觉得还是很重要的。……文化的全球化是一种理想。其实所谓全球化真正说起来就是西方化。……西方化最主要的也就是美国化，当然也有可能日本化。在可见的未来，所谓的全球化就是美国化。保护和保持一个民族自己的文化当然是必要的。……全球化也是这样的，你有自己的文化才能为世界文化做出贡献。你学英文很好，可是你把中文忘记了，对于中文文化就是很大的伤害。如果你是空白，你投进去，你会染上别人的颜色，你没有贡献，也没有依靠。①

10 月 21 日，《余光中回渝寻少年足迹》，刊香港《文汇报》A25。

10 月 23 日，《余光中香港情散文》，刊香港《明报》D12。

10 月 24 日，晚，重庆市举办余光中诗歌朗诵会。

徐学《乡愁诗人返乡说乡愁》：离别前一天，举办了余光中诗歌朗诵会，朗诵者用四川话朗诵了余光中写四川的许多诗歌，其中有《扬子江的船夫曲》，当朗诵者读到那川江号子时，下面的听众就用乡音齐声应和，"嗨哟"、"嗨哟"的号子就在礼堂里此起彼伏，回荡不息。②

10 月，《寸心造化——余光中自选集》，由香港天地图书公司出版。

10 月，流沙河发表《昔日我读余光中》，刊香港《文学世纪》第 5 卷第 10 期。

11 月 3 日至 4 日，应邀至东海大学演讲《当中文遇见英文》《诗与音乐》。

11 月 18 日，《余光中遇见余光中》，刊台北"中央日报"第 14 版。

---

① 《南方周末》(2004 年 5 月 9 日）。

② 古远清编：《余光中评说五十年》，第 80 页。

11月，陈幸蕙发表《悦读余光中——山河之盟》，刊《明道文艺》第356期。

11月，台北教育大学台文所与《当代诗学》年刊合办"台湾当代十大诗人"票选活动，由台湾青、壮两代诗人及学者选出第三度"台湾十大诗人"，余光中再次高票入选。【按：第一度评选始于1977年，由创世纪诗社编选《中国当代十大诗人选集》，主动选出台湾十大诗人。第二度是在1982年，由阳光小集诗社举行"青年诗人心目中的十大诗人"票选，选出"新十大诗人"。2005年的第三度评选，根据得票选出的"十大诗人"分别是：洛夫、余光中、杨牧、郑愁予（郑文韬）、周梦蝶（周起述）、痖弦（王庆麟）、商禽、白萩（何锦荣）、夏宇（黄庆绮）、陈黎（陈膺文）。】

12月25日，作诗《昙花冬至》，后收入《藕神》（2008年版）。

12月31日，黄维樑发表《余光中咏台湾水果》，刊《诗网络》第24期。

12月，陈幸蕙发表《悦读余光中——流动的书房》，刊《明道文艺》第357期。

12月，陈淑彬发表《英雄·情影——余光中诗中神与史的中国符码再现》，刊《蓝星诗学》第22期。

12月，叶振辉主访《让春天从高雄出发——余光中教授专访》，由高雄市文献委员会出版。本书由高雄市文献委员会委托中山大学叶振辉教授主访，访谈录完成后编印成书。本书共收编4次访谈，时间分别是2001年5月18日、6月21日、7月17日、12月4日。正文后附《余光中大事年表》。

是年，应邀担任台积电文教基金会、《联合报》副刊主办的第二届台积电青年学生文学奖新诗组决审委员。

是年，应邀担任台北"中央日报"、明道文艺社主办第二十三届"全国学生文学奖"大专新诗组决审委员。

台北"中央日报"（2005年12月10日）：○张明兰/南市讯：余光中：评审严谨 作品水平高 期许年轻新秀努力创作 未来继续发光发热○

是年，应邀担任林荣三文化公益基金会主办的第一届林荣三文学奖新诗组决审委员。

是年，应邀担任中华日报社主办的第十八届梁实秋文学奖评审委员。

是年，共写诗 16 首、散文 4 篇。

丛绿《凡我在处，就是中国》：2005 年我写了 16 首诗，4 篇散文，产量不丰。一直要译王尔德的喜剧《无足轻重的女人》（*A Woman of No Importance*）和画家艾尔·格瑞柯（El Greco）的传记，迄未有暇动笔。文章也有好几篇要写，可能包括这样的题目：《从论诗绝句的观点看几首英诗》《文法，守在诗歌花园门口的恶犬》《作家赚钱，评论家数钱》。①

2006 年（丙戌）　79 岁

1 月 24 日，就文言文问题与台湾地区教育主管部门负责人杜正胜论战。

《新华每日电讯》（2006 年 1 月 26 日）：〇杜正胜说成语使人思想懒惰，遭余光中痛批〇新华社北京 1 月 25 日电（记者陈键兴）台湾教育部负责人杜正胜 24 日表示，成语使人思想懒惰，他是胡适的信徒，反对使用成语典故。诗人余光中随即批评指出，胡适主张少用冷僻成语，尽管他提倡白话文，但也极力维护中华文化。

杜正胜和成语有着"不解之缘"，曾经在致已故学者的挽联上把"音容宛在"写成了"音容苑在"，还曾经为陈水扁误用"罄竹难书"形容志愿者的贡献强作辩解，这一次干脆和成语"一刀两断"。据台湾媒体报道，杜正胜说，成语会使人"思想懒惰、一知半解、头脑混沌"，也与现代生活无关；他尊崇胡适的"八不主义"，反对使用成语典故。

杜正胜的话随即激起岛内学术界、教育界人士的痛批。曾因提倡增加教材中的文言文比率而与杜正胜"较量"的著名诗人余光中教授指出，"八不主义"强调的是少用冷僻成语，并非不用。若胡适在世，一定会对杜正胜很不以为然。

余光中说，现代人说话、写作已不会通篇使用文言文，但文言文仍以成语的方式保存下来，成为"白话文的润滑剂"，往往能收到画龙点睛之效，怎能说它没价值？

① 《中华遗产》2006 年第 2 期。

《人民日报》（2006 年 3 月 15 日）：○谁的脑筋有问题（观沧海）（楠桠）○台湾"教育部长"杜正胜近来被媒体称为"新闻部长"，有关他的"新闻"频频成为媒体头条。一会儿是送挽联把"典型宛在"写成"典型苑在"，一会儿又批评著名诗人余光中提倡多学文言是"脑筋转不过来"，是"掉队"。结果却被余光中反唇相讥："我脑筋没问题，是他脑筋转得太快，见风使舵"，"如果学好文言文，也不会闹出'典型苑在'的笑话"。

杜正胜与余光中这一番"交火"，焦点仍是台湾中学教材的文言文所占比例问题。此话题在台湾已讨论多时。从杜正胜之前的"'小桥、流水、人家'与台湾无关，不用学"到今日"教育部"送出"典型苑在"挽联，余光中倡导"抢救国文"的必要性已不证自明。值得深思的倒是，力主削减文言文教材比例，盛赞"日本殖民教育"，公开支持"台联党"参拜靖国神社的杜正胜，在成为最不得人心的"独派阁员"之一、54% 的台湾民众认为其应被撤换的情况下，仍稳坐"教育部长"的位子。原因何在？余光中一语道破："他脑筋转得太快！"——"及时"转到了"台独"路线上。……

《南方都市报》（2006 年 3 月 2 日）：○"部长"与诗人论战文言文○［本报讯台湾消息］之前因送挽额写错字闹出笑话的台"教育部长"杜正胜，近日又和诗人余光中因为文言文问题打起口水仗，搞得"行政院长"苏贞昌出来狂批杜正胜话太多。

2 月 23 日，杜正胜参观彰化高中台湾文学社时，批评余光中等学者提倡增加汉语教材中的文言文比例"非常好笑"，而且"脑袋还没转过来"，会使台湾汉语教学倒退到五四运动以前。

余光中随后回应，他的头脑没问题，五四运动中，提倡白话文学的改革者，像胡适、鲁迅，都是饱读古典文学的学者，而不是读了古书就断了新文学的前程。教育必须百年树人，眼光要放远，就像他可以做一千年诗人，将来还会有人读他的书，但杜正胜"可以当'教育部长'多久"？

余光中还讥笑杜正胜给人送挽额乱题字。玄奘大学中文系教授沈谦 1 月过世，杜正胜赠送的挽额上写"沈府谦"。余光中说，身为教育典范机构的人，必须好好读文言文，才不会再有"沈府谦"这种"从来没有人把文言用得这么不像中国话"的用法。

由于两人越吵越厉害，"行政院长"苏贞昌昨日出来表示，学者间互相讨论、辩驳很正常，但杜正胜过去是学者，但现已从学者成为"部长"，应多方听取意见，不要"话太多"，跳下去和学者辩论，重要的是让政务顺利推动。

《联合报》（2006年2月25日）：○"教长"：余光中脑袋没转过来 杜正胜指"教学会倒退到五四运动前" 余光中回批"格局太小 历史读到那里去了"（简慧珍）○

《联合报》A7（2006年2月25日）：○文言文争议 余光中：是"教长"脑袋转太快、见风转舵响应"教长"批评 指"教长"如多念些文言文 挽联不致闹笑话 澄清非提倡"增加"文言文教材比率 而是认为删幅过大（陈宛茜）○

台北"中央日报"（2006年2月25日）：○林君宜/台北讯：白话文VS.文言文 杜正胜麻辣开炮 杠上余光中 绿委看不下去：太情绪 沈发惠质询痛批：应理性对话 否则徒增政策阻力 苏贞昌缓颊 杜：媒体选择性报导○

台北"中央日报"（2006年2月25日）：○陈恒光/台北讯：余光中：我创作台湾文学！教盟："教长"言词令人心痛 余回批杜"头脑转太快"奉劝身为教育典范机构 应多读古文 才不会闹出"沈府谦"笑话 "抢救国文教育联盟"对杜正胜说法大不以为然○

台北"中央日报"（2006年2月25日）：○陈曼玲/台北讯：白话文VS.文言文 杜正胜VS.余光中"教长"抓狂骂大师 教界轰杜 杜情绪字眼攻击诗人加火力 先批余等人"非常可笑"、"没读过台湾文学"又将余作品纳入《台湾青少年文库》外界同押"糗到最高点"○

台北《中华日报》（2006年2月25日）：○文言文论战 多读古文避免沈府谦谬误 余光中：文章千古事"部长"能当多久呢？（陈恒光）○

台北《中华日报》（2006年2月25日）：○"国文教盟"："部长"说法令人心痛 避免沦为口水战 余光中将发表说明（陈恒光）○

《台湾日报》（2006年2月25日）：○文言文比例应否删减？南社等本土社团邀余光中辩论○

台湾《苹果日报》（2006年2月25日）：○诗人糗"部长"音容

苑在 文言文风波 余光中嘲杜正胜脑筋转太快○

台湾《苹果日报》（2006 年 2 月 25 日）：○《苹果》民调 余光中主张增加文言文教材的比例，你赞成吗？○

《民生报》（2006 年 2 月 25 日）：○余光中捍卫文言文 阐释台湾文学 五十年来台湾女性散文套书出版 陈芳明：跨越性别意识（徐开尘）○

《民生报》（2006 年 3 月 2 日）：○民生论坛 诗人与"部长"的争执（侯吉谅）○

1 月，发表《造化弄人，我弄造化——论刘国松的玄学山水》，刊《典藏·今艺术》第 160 期。

1 月，诗集《余光中》，由北京人民文学出版社出版，为"中国当代著名诗人选集"丛书之一种。全书分乡情、怀古、亲情、友情、爱情、还乡、自述、人物、咏物、造化等十辑，收入《舟子的悲歌》《我之固体化》《五陵少年》《春天，遂想起》《当我死时》等 161 首。

1 月，曾小月发表《论余光中诗歌对古典诗艺的运用》，刊《当代文坛》第 1 期。

2 月 3 日，与夫人飞洛杉矶，开始他在此地和几天后在德州休斯敦的"余光中之夜"和"余光中日"等连串活动。

晓亚《乡愁已远行——记与余光中先生洛城文学因缘》：二〇〇六年由美之大姊所创立的德维文学协会与美国《世界日报》邀请余光中先生来到洛杉矶，进行了两场公开文学活动，一场是订为"余光中之夜"的诗朗诵会，一场是题为"当中文遇见英文"的演讲会。……当时刚过完农历新年，这位两岸三地共同推崇的文学大师趁着春节教书空档，偕同夫人范我存女士及小女儿余季珊翩然来到洛杉矶，进行为期五天的访问。两场活动总计吸引了超过六百名文艺粉丝齐聚一堂，这在有着"文化沙漠"之称的洛城可以说是极为罕见。……在两场诗歌与文字魔幻时空中，领略了中国诗文的瑰丽与浩瀚。①

黄维樑《余光中〈乡愁〉的故事》：2006 年 2 月初，余光中驿马星又动，文旌东渡至加州洛杉矶。美国西岸的《世界日报》在 1 月 28 日预告余氏莅临洛城的消息，有关的报道，一开始就是"小时候／乡

① 李瑞腾主编：《听我胸中的烈火——余光中教授纪念文集》，第 343 页。

愁是一枚小小的邮票"这首诗。余氏夫妇在 2 月 3 日飞抵洛城，开始他在此地和几天后在德州休斯敦的"余光中之夜"和"余光中日"的连串活动。①

2 月 4 日，晚，在美国洛杉矶蒙特利公园市长青书局举办"余光中之夜——诗歌朗诵会"，共诵中英文诗 21 首。在开场白时他就表示，诗歌写作和朗诵是两回事，写作就像作曲，但朗诵则像演奏。他的诗歌，本来音乐性就特别强，加上杰出的表演才能，听他的朗诵，就如同享受一场"语言音乐会"。

> 晓亚《乡愁已远行——记与余光中先生洛城文学因缘》：坐落于蒙特利公园市的长青书局及《世界日报》大楼便涌入大批人潮，将现场挤得水泄不通，后来者干脆席地而坐。……在朗诵会上，余光中先生以感性的语调或缓慢或激昂一口气朗诵了自己从七〇年代横跨三十余年的十八首新诗作品，明显地看出在不同时期阶段语言、题材与诗风的转变。他朗诵了《江湖上》《白霏霏》《民歌》，然后是《盲丐》《摇摇民谣》、俏皮的《踢踢踏》及纪念结婚三十周年的《珍珠项链》，还有描述洛城寄宿张错教授家中对其古董兵器珍藏之印象的《洛城看剑记——赠张错》，及二〇〇〇年诗人回到了诞生地南京，循着儿时记忆足迹写下的《再登中山陵》……等中文诗作品。之后以英文朗诵了英国浪漫诗人雪莱的十四行诗《阿西曼地亚斯》（Ozymandias）、曾得过四次普利兹奖的美国诗人罗勃·佛洛斯特（Robert Frost）的《全心的奉献》（The Gift Outright），以及文艺复兴时期英国诗人汤姆斯·纳许（Thomas Nashe）的《甜蜜的春天》（Spring, the Sweet Spring）。②

> 黄维樑《余光中〈乡愁〉的故事》：4 日的诗歌朗诵"宛如一场语言音乐会"，"听众皆沉醉"。③

2 月 5 日，在《世界日报》大楼演讲《当中文遇见英文》。

> 晓亚《乡愁已远行——记与余光中先生洛城文学因缘》：第二天的演讲会"当中文遇见英文"于《世界日报》大楼举行，延续了前一天

---

① 黄维樑：《大师风雅——钱锺书、夏志清、余光中的作品和生活》，第 208 页。
② 李瑞腾主编：《听我胸中的烈火——余光中教授纪念文集》，第 343 ～ 344 页。
③ 黄维樑：《大师风雅——钱锺书、夏志清、余光中的作品和生活》，第 208 ～ 209 页。

的热情，整个场子骚动沸腾。诗作朗诵是抒情感性的抒发，演讲会则以轻松幽默的方式，藉由英文与中文的对照看待中英文关系、异同，探讨西方与东方的冲击影响，是理性与知性兼具的呈现。①

黄维樑《余光中〈乡愁〉的故事》：翌日众多华人放弃观看职业美足的"超级杯（Super Bowl）"而前往听余演讲；余氏"学贯中西""妙语如珠"，这场演讲被誉为洛城华人社区的"文化超级杯"。②

2月6日，参观南加州太空计划中心"喷射推进实验室"。

晓亚《乡愁已远行——记与余光中先生洛城文学因缘》：于是透过任教于加州理工学院、作家伊犁的夫婿翁玉林教授的安排，演讲会结束后第二天，我们带着喜爱观星的余光中参观了南加州名闻遐迩的太空计划中心"喷射推进实验室"（Jet Propulsion Laboratory, JPL），参访了太空梭制造测试室、火星探测器模拟及许多难得一见的探索仪器。③

2月11，应邀出席美南华文作协举办的"海华文艺季文学讲座"，演讲《诗与音乐》。

台北《中华日报》（2006年3月25日、26日）：○又见诗人——余光中访问休斯敦侧记（上、下）（姚嘉为）○

黄维樑《余光中〈乡愁〉的故事》：11日在休斯敦市演讲兼朗诵，也是风靡全场。主持人说："今天休斯敦的天空很余光中"。……在休市，诗人也"休"了《乡愁》，至少是让它休息。在洛城和休市，余光中所诵的诗，当然包括他"扣人心弦"的怀乡忧国之作，但他诵的是《罗二娃子》（用四川乡音），是《民歌》，而非《乡愁》。朗诵《民歌》时，他带动台下听众发声，唱出"副歌"式的"风也听见，沙也听见""鱼也听见，龙也听见"……④

2月，陈幸蕙发表《悦读余光中——蔷薇窗下：余光中的宗教旅行》，刊《明道文学》第359期。

3月1日，台湾地区教育主管部门发布"青少年台湾文库文学读本"，

① 李瑞腾主编：《听我胸中的烈火——余光中教授纪念文集》，第344页。
② 黄维樑：《大师风雅——钱锺书、夏志清、余光中的作品和生活》，第209页。
③ 李瑞腾主编：《听我胸中的烈火——余光中教授纪念文集》，第346页。
④ 黄维樑：《大师风雅——钱锺书、夏志清、余光中的作品和生活》，第209页。

全套 12 本，新诗、散文、小说各 4 本，收录新诗、散文、小说共 208 篇。余光中的《踢踢踏》《听蝉》两首新诗与《猛虎与蔷薇》《你的耳朵特别名贵？》两篇散文入选。这是岛内第一套由"官方"主导、专为青少年量身打造的文学读本，其编选方针秉持文学性、青少年性及"台湾性"三大原则。

《联合晚报》（2006 年 3 月 1 日）：○"教育部"公布 青少年读本○

台北"中央日报"（2006 年 3 月 2 日）：○陈曼玲／台北讯："教部"青少年文库 收录余光中作品 全套 12 本 召集人李敏勇：凡在台湾创作都算"台湾文学"○

台北"中央日报"（2006 年 3 月 2 日）：○陈曼玲／台北讯：青少年台湾文库 汉罗夹杂台语诗爆争 杜正胜推称未参与选文 指"未与余光中吵架"朗诵《无言的小草》意在言外○

台湾《苹果日报》（2006 年 3 月 2 日）：○青少年读本 余光中入选文言文风波 杜正胜杠上余：挺矛盾的○

台北《中华日报》（2006 年 3 月 3 日）：○打破沉默 青少年文库放台语诗 杜正胜：不知情 遭苏揆告诫 杜：没和余光中吵架 朗诵《无言的小草》新诗表心声（陈曼玲）○

同日，应邀出席九歌文学奖颁奖典礼。

台北《中国时报》（2006 年 3 月 2 日）：○九歌文学奖 沈君山散文胜出 老友余光中颁奖 盛赞生命力令人印象深刻 东方白小说奖 杨隆吉童话奖○

《联合报》（2006 年 3 月 10 日）：○沈君山赢散文奖余光中输得甘愿科学家谈病房经历 获九歌年度散文奖 诗人读后心悦诚服 推崇他的幽默豁达（陈宛茜）○

同日，发表《听蝉》，刊《联合晚报》第 3 版。

3 月 2 日，发表反"台独"言论。

台北《中国时报》（2006 年 3 月 3 日）：○余光中："文化台独"绝无可能 尽管台湾面临政治上"去中国化"压力 中华文化仍具强大向心力○

台湾《苹果日报》（2006 年 3 月 6 日）：○"独派"讥余光中 学子抱屈 行动剧暗讽"教的学生作文都不会写"○

3 月 6 日《台湾教师联盟批文言文过时 杠上诗人余光中 吁改用台湾现代名家文选》，刊《人间福报》第 7 版。

3 月 12 日，《余光中哀中文低落》，刊香港《文汇报》C02。

3 月 19 日，《余光中 X 郑愁予》，刊香港《明报》D12。

3 月，黄美之发表《诗人余光中至洛杉矶演讲》，刊《文讯》第 245 期。

4 月 2 日，《谈台湾文化政策 余光中：中国啊中国你将被"去"到哪里？》，刊香港《明报》D10。

4 月 5 日至 7 日，参加母校厦门大学 85 周年校庆，获厦门大学荣誉教授名衔。

4 月 7 日，为厦大上万名学子做关于诗与音乐的演讲。他认为诗本身即富音乐性，诗词的每一个字都有发音，每个字的发音就连缀成一种节奏，这个节奏最后形成一首诗的音响节奏。诗人可以乐入诗，以乐理入诗，同时又可以诗状乐。诗词在整齐中又有变化，在格律中又体现自由。他还为听众朗诵了 11 首中外诗歌，并为中国台湾网题字"中国台湾网，海峡无阻"。

4 月 8 日，《余光中阔别 11 年重返母校》，刊香港《大公报》A16。

同日，《余光中领军抢救"国文"教学》，刊香港《文汇报》A07。

4 月 9 日，上午，应邀在香港浸会大学主持讲座；下午，参加"狮子山诗歌朗诵会"，并接受记者采访。

《新快报》（2006 年 4 月 10 日）：○台湾诗人余光中：中国文化哪会那么容易被去掉？○新快报讯（钟欣）昨天，台湾著名诗人余光中先生应邀来到香港。在谈及两岸文化时，余光中表示：两岸文化同文同种，一脉相承，"中国文化哪会那么容易被去掉"？

昨日上午，余光中在浸会大学主持讲座；下午，余老参与在当地颇具盛名的"狮子山诗歌朗诵会"。趁着诗歌活动的空隙，记者采访了余光中。

余先生表示，两岸同文同种，一脉相承。文化作为连接的纽带，已经存在了几千年，根深蒂固，深入人心，这是任何人无法割断的。在台湾，我们同样过春节、一起拜妈祖，方言是闽南话，"中国文化哪会那么容易被去掉？！"余先生断然表达了自己的见解。

　　不过，余光中也不讳言其担忧。在台湾，除老一辈的民众外，在台湾长大的青少年，如果没去过大陆，只能从父母或祖父母口里，听到以前的种种，他的乡愁情结就要少些。台湾是个小岛，外来文化的冲击较大，如果他们不读文言文，又"去中国化"，自然会与祖国文化渐行渐远。

　　4 月 11 日，《余光中再发乡愁》，刊《香港商报》C03。

　　4 月 21 日，作诗《笔转阴阳——观董阳孜书李清照句"九万里风鹏正举"》，刊 5 月 6 日《联合报》副刊 E7；后收入《藕神》（2008 年版）。

　　4 月 28 日，应邀出席在德清举办的第二届中华游子节开幕式，与余秋雨、张抗抗等为全球华语散文大赛获奖者颁奖。中央电视台主持人白岩松主持颁奖仪式。

　　4 月 29 日，与余秋雨、白岩松、张抗抗等文化名人在游子文化论坛上以"他乡与故乡"为题畅谈游子文化。

　　4 月 30 日，发表反"台独"言论。

　　《大公报》（2006 年 4 月 30 日）：○余光中："文化台独"绝无可能○

　　台北"中央日报"（2006 年 5 月 1 日）：○"中央社"/ 台北讯：余光中："文化台独"绝无可能 尽管台湾面临政治上"去中国化"压力 中华文化仍具强大向心力○

　　4 月，晓亚发表《让春天从洛杉矶出发——余光中访洛记》，刊《文讯》第 246 期。

　　4 月，《余光中诗选：一九四九——一九八一》，由台北洪范书店再版，为"洪范文学丛书 72"。本书是余光中最具代表性的诗选集，作品依时代先后编为十三辑，包括十三本诗集之荟萃，可见其炉火纯青的诗艺和广大持久的创作活力。本书自 1981 年出版之后，已重印数十次，流传极广。

　　5 月 1 日，《余光中精选集》，由北京燕山出版社出版，收入"世纪文学 60 家"书系。本书精选余光中的优秀诗歌和散文作品，如诗歌《扬子江船夫曲》《诗人》《我的小屋》，以及散文《猛虎与蔷薇》《鬼雨》《逍遥游》等。2011 年 1 月重印。

　　同日，《余光中　音乐在诗中》，刊香港《文汇报》C01。

5 月 12 日，晚，抵长沙黄花机场。此番是第三次来到湖南，应邀赴常德石门参加湖南省茶叶学会、省茶业协会和石门县人民政府联合举办的"石门茶文化论坛"，担当两岸文学和茶道"使者"的角色，品茶论道。

　　李元洛《花开时节又逢君——余光中印象记》：2007 年【按：应为 2006 年】5 月中旬，石门县举办中国茶文化节，我代为邀约……5月 12 日晚 9 时半，余光中终于飞抵长沙黄花机场。因为次日上午的开幕式上有他的专题演讲，所以未惶喘息，作家水运宪便"私车公用"，以他的宝马越野车载上余光中和我，肃肃宵征，连夜向湘西的门户石门疾驰。……凌晨 2 时才望见石门城睡眼惺忪的灯火。①

5 月 13 日，演讲《中国文化与石门茶禅文化》。

　　《中国共产党常德市委员会志》：2006 年，市台办组织经贸考察团和文化教育考察团入岛交流。邀请台湾著名诗人、散文家余光中先生出席"2006 湖南石门茶文化论坛"。②

　　《常德日报》A01（2006 年 5 月 15 日）：○石门茶文化论坛前日开讲　国际文化名人余光中先生参加并演讲○本报讯（记者 胡秋菊 通讯员 贺新初 张方军）"小时候 / 乡愁是一枚小小的邮票 / 我在这头 / 母亲在那头……" 78 岁的余光中先生越过海峡，来到石门聆听了用歌声演绎的《乡愁》，500 人的会场掌声雷动。5 月 13 日，"请喝一碗石门茶" 2006 湖南石门茶文化论坛开讲。

　　国际文化名人、著名诗人余光中先生应邀，作了《中国文化与石门茶禅文化》的演讲。先生幽默风趣、博古通今的演讲引得现场掌声阵阵。本次论坛除邀请到余光中先生来石门演讲外，北京大学哲学博士、行政学院教授张耀南，全国茶叶学会副理事长、湖南农大教授施兆鹏，中国茶禅文化研究会会员雷建生也分别就石门茶文化的定位、石门茶与生态环境及石门茶的特色作了精彩的论述。

　　当晚，石门县举办了"余光中在石门茶乡诗歌朗诵会"，白发鹤颜的余先生兴致高昂，声情并茂地用中英文朗诵了他的诗《寻李白》

---

① 李元洛、黄维樑：《壮丽余光中：生活与作品》，第 57 页。
② 中国共产党常德市委员会编：《中国共产党常德市委员会志》，北京：方志出版社，2013年，第 427 页。

和英国诗人雪莱等人的诗作。在石门的两天中，余光中先生还游览了"茶禅一味"的发源地夹山，细细品味石门茶。

市领导周用金、莫道宏、刘春林、覃清香、李爱国、徐万发，省作协名誉主席李元洛、省作协副主席水运宪等我省文艺界名人与 500 多名各界听众共同聆听了茶文化论坛演讲。

张友亮《余光中品茶石门》：2006 年 5 月 13 日凌晨 2 时，著名诗人、散文家、评论家和翻译家，台湾中山大学文学院院长兼外文研究所所长，78 岁的国际文化名人余光中先生，渡海峡，经香港，转长沙，跨越湘资沅澧四大江河，第三次来到湖南，来到茶乡石门，参加湖南省茶叶学会、省茶业协会和石门县人民政府联合举办的"石门茶文化论坛"。……缕缕茶香中，余光中以《中国文化与石门茶禅文化》为题侃侃而谈。游历世界各国时，他发现"茶、丝、瓷"这三个中国特产名词，广为全球所接受。茶的英文"tea"发音源于闽南话，俄罗斯、葡萄牙、希腊等斯拉夫语系地区和日本等国的发音"cha"则源于汉语普通话，他力陈茶叶对提高中国影响力、促进贸易和改善全球 60 亿人生活质量的好处。……广闻博见，引经据典，时庄时谐，余老的演说不时博得经久不息的掌声。……晚会主持人当场透露，余光中先生说，他赞赏大陆像"超级女声"之类的经济文化活动，认为知音和"粉丝"都有助于积极影响人才队伍发展壮大。他将创作《知音与"粉丝"》诗文，为这次湖湘茶乡之行留下美好的回忆。①

5 月 14 日，下午，游览石门县城南郊的夹山国家森林公园。

张友亮《余光中品茶石门》：5 月 14 日下［上］午九时，余光中一行游览石门县城南郊的夹山国家森林公园。在闯王陵园，余老饶有兴趣地听取了明末清初农民起义领袖李自成兵败禅隐于此，隐姓埋名为奉天玉大和尚在夹山试图东山再起的传奇故事，拜谒了李闯王塑像，为大顺皇帝叹息，谈人生变化无常。在有中日茶道和茶禅文化源头之称的"楚南名刹"夹山寺，了解历史渊源，参禅拜佛，在放生池喂养寿龟，感悟中华佛教文化的博大精深。在"南青亭"，余光中欣然挥毫，留下了他铁戟银钩般的墨宝"茶禅一味可通诗"，殷切期望石门茶

---

① 《茶叶通讯》2006 年第 3 期。

禅文化冲出亚洲，走向世界，让中华文化发扬光大。血浓于水，满头银发精神矍铄的余老诗人所到之处，都受到了骨肉同胞的热情欢迎和深情注目。在参观过程中，余老深深感慨祖国山河的壮美和人文历史的悠久深厚，流连忘返，久久驻足观赏，不顾78岁高龄，一直步行，游览了2个小时。①

同日，《余光中斥"去中国化"不现实》，刊香港《大公报》A04。

5月20日至21日，高雄中山大学文学院举办"台湾文化论述：1990年以后之发展"学术研讨会，黄维樑宣读了英文论文"Poetry and Politics: Receptions of Yu Guangzhong's 'Nostalgia'"（《余光中〈乡愁〉的故事》）。②

5月24日，《杜正胜硬拗：不必嘲弄　余光中：请阿扁回去多读点书》，刊《香港商报》B04。

同日，《余光中劝阿扁多读点书》，刊香港《文汇报》A17。

> 郭虹《拥有四度空间的学者——余光中先生访谈录》：过去台湾陈水扁掌权，在政治上搞"台独"之外，更力行文化上的"去中国化"，实为不智。我和那时的"教育部长"杜正胜在媒体上几度争论，为的正是"教育部"要把"国文"上课时数减少，把"中华文化基本教材"（《论》《孟》选文等）由必修改为选修，更把原来课文中文言与白话的比例65比35，骤减为35比65。中华文化有精华也有糟粕，今人当去芜存菁，扬其真谛，却不可一律妄加否定。③

5月27日，应邀赴香港出席全球华文青年文学奖颁奖典礼，并与金耀基、林文月、陆谷孙、彭镜禧等合影留念。

> 金圣华《百啭显童心，千人诵诗情——二〇〇六年与诗人余光中同赴青岛讲学记》：二〇〇六年五月，由香港中文大学文学院主办的第三届"全球华文青年文学奖"在香港举行颁奖典礼，出任荣誉顾问的王蒙先生及文学奖散文组终审评判的余光中教授应邀莅临出席盛会。④

5月28日，《余光中吁港生学好普通话》，刊香港《苹果日报》A06。

---

① 《茶叶通讯》2006年第3期。
② 黄维樑：《大师风雅——钱锺书、夏志清、余光中的作品和生活》，第210页。
③ 《文艺研究》2010年第2期。
④ 苏其康主编：《诗歌天保——余光中教授八十寿庆专集》，第281页。

5 月 29 日，应邀赴青岛中国海洋大学讲学。

金圣华《百啭显童心，千人诵诗情——二〇〇六年与诗人余光中同赴青岛讲学记》：承蒙王蒙先生邀请，说是香港会议一完，就请余光中、白先勇及我三人前往中国海洋大学讲学，将文学飨宴由香港一直延续到青岛。王蒙是海大的荣誉文学院院长……于是，就在五月二十九日早晨，与王、余两位文学大师（白先勇因事未克来港，到二〇〇七年才有青岛之行），一起踏上了赴鲁之途。……早上十时，专车到酒店接上王蒙伉俪、余光中伉俪、王的秘书彭世团，加上我们夫妇二人，一行七人，热热闹闹前往机场。①

5 月 30 日，晚，出席中国海洋大学举办的诗歌朗诵会。20 余位海大学生朗诵了 20 首王蒙、余光中先生的诗歌作品。

《青岛日报》第 7 版（2006 年 5 月 31 日）：〇以诗入乐　以乐入诗——余光中诗歌朗诵会侧记〇……随着这首耳熟能详的《乡愁》，著名诗人余光中的诗歌朗诵会在海大逸夫馆拉开了帷幕。……当音乐与诗句交汇时，诗歌才回归到了它的本质。余光中说：诗，本就是用来唱的。它可以入乐，同样，乐也可以入诗。诗歌本就有自己的节奏，找到了这节奏，也就找到了诗的灵魂。无论是《乡愁》《还乡》《春天，遂想起》那思乡的诗，还是《寻李白》《漂给屈原》《夜读曹操》这向古人致敬的词，或是《珍妮的辫子》《等你，在雨中》细腻情感的乐章；无论是小提琴的幽鸣，还是钢琴的厚重陈述，或是吉他弦下的浅吟低唱。在这个夜晚，只有一首诗——音乐的诗；只有一种音乐——诗的音乐。……

王蒙《余光中永在》：我把他与白先勇及文学院副院长、翻译家金圣华教授请到了青岛中国海洋大学做客，还举行了包括余先生作品在内的诗歌朗诵会。他的《乡愁》再一次赢得了热烈掌声与欢呼，而他的英语诗朗诵，尤其令人赞美。他是我听到过的国人中不列颠式英语发音的佼佼者。……他给海洋大学王蒙文学研究所题字："从伊犁到青岛，拾尽大师的足印。"②

---

① 苏其康主编：《诗歌天保——余光中教授八十寿庆专集》，第 281 页。
② 《人民日报》副刊第 24 版（2017 年 12 月 26 日）。

　　金圣华《百啭显童心，千人诵诗情——二○○六年与诗人余光中同赴青岛讲学记》：余光中先生与我分别安排在五月三十日及三十一日演讲。余先生的讲座以"诗与音乐"为题，当天下午，演讲厅挤得水泄不通，厅里厅外，人头涌涌，还有不少学生席地而坐，情况之热烈，不亲眼目睹，难以想象。……余先生的演讲，共分两部分：第一部分是论述；第二部分是诗歌朗诵。在第一部分中，他首先提到诗与画、乐之间的三角关系，再以中国传统的诗与音乐、西洋传统的诗与音乐为例，抽丝剥茧，娓娓道来。……余先生先后概述以乐入诗、以诗状乐、以乐理入诗、以及诗本身之音乐性等各项要点，在一个多小时里，穿梭今古，遨游中外，引经据典，挥洒自如，其学识的渊博，才华的卓越，使满座听众，听得如醉如痴，心悦诚服。……①

同日，《余光中欢游石门夹山寺》，刊香港《大公报》B08。

5月31日，下午，香港中文大学讲座教授金圣华女士为中国海洋大学学子做题为《赞词的撰写与翻译——兼谈译文体对现代中文的影响》的报告，余光中出席。报告会由中国海洋大学顾问、文学院院长王蒙先生主持。

　　金圣华《百啭显童心，千人诵诗情——二○○六年与诗人余光中同赴青岛讲学记》：翌日五月三十一号，正好是端午节，下午轮到我以"赞词的撰写与翻译——兼谈译文体对现代中文的影响"为题，举行讲座。在讲稿中，我特别提到余光中教授获颁香港中文大学荣誉文学博士学位时，由我撰写赞词，其中有一段提到他的乡愁：……观乎前一天余先生在诗歌朗诵会上受到千人颂扬的盛况,此言确为真实的写照。②

5月，发表《片瓦渡海：跨世纪的重逢》，刊《联合文学》第22卷第7期；后收入《粉丝与知音》（2015年版）。

5月，台湾"中华语文教育促进协会"成立。协会宗旨为提升"国文"教育教学质量，传播中华文化思想精髓，促进海内外华语文教育交流；任务是提升国人研读中华文化典籍风气，举办"国文"教育教学研习、座谈活动，促进海内外华语文教育观摩及交流以及"国文"教育推广、竞赛、倡导等相关事项。余光中担任创始理事长，任职达四年之久。

---

①　苏其康主编：《诗歌天保——余光中教授八十寿庆专集》，第282～283页。
②　苏其康主编：《诗歌天保——余光中教授八十寿庆专集》，第284页。

《石家庄日报》（2017 年 12 月 20 日）：○那一抹难忘的乡愁——怀念台湾著名诗人余光中（石雅彬）○近年来，余光中一直在为抢救中华文化而奔走。他发起"中华语文促进协会"，并担任创会理事长达 4 年。

6 月 1 日，游崂山。

金圣华《百龄显童心，千人诵诗情——二〇〇六年与诗人余光中同赴青岛讲学记》：六月一日，天气清凉，早餐后与王蒙伉俪、余光中伉俪同游崂山。①

同日，《情丝化长桥　余光中续〈乡愁〉》，刊香港《文汇报》A19。

6 月 5 日，第三届新浪原创文学大赛举行颁奖典礼。19 岁的辍学少年林千羽和 22 岁的复旦女生楚晴分别凭借《逍遥·圣战传说》和《挽云歌》获得总状元的荣誉。是次大赛的评委有金庸、余光中、贾平凹、余华、张抗抗、刘震云、海岩等著名作家和评论家。

6 月 8 日，李韡玲发表《写一点余光中》，刊《香港经济日报》C15。

6 月 21 日，李景端发表《听余光中先生谈"粉丝"》，刊香港《文汇报》C03。

6 月 23 日，作诗《水世界三题——海洋生物博物馆》（含《水母》《鹦鹉螺》《海不枯，石不烂》），后收入《藕神》（2008 年版）。

6 月，《余光中诗选》，由南京江苏文艺出版社出版。本书精选余光中五十年来创作的最具代表性的诗歌作品，分类辑录，基本代表了余光中诗歌创作的主要成就，是一部了解余光中诗歌创作的权威选本。

7 月 1 日，《余光中续写〈乡愁〉》，刊《香港文学》第 259 期。

7 月 9 日，撰《翻译之为文体》（"Translation with/as Style"），刊 10 月《联合文学》第 22 卷第 12 期；又刊 2008 年 1 月《广译：语言、文学与文化翻译》创刊号；后收入《举杯向天笑》（2008 年版）、《翻译乃大道，译者独憔悴》（2021 年版）。

7 月 20 日，韦丽文发表《抢救"国语文"中文之美不可取代　余光中：别让余光中变余光中》，刊《联合晚报》第 9 版。

7 月，《语文大师如是说——中和西》，由香港商务印书馆出版。本书

---

① 苏其康主编：《诗歌天保——余光中教授八十寿庆专集》，第 284 页。

主要列举现代学生作文中容易出现的问题和现象，借以阐述良好中文的必备要素。全书收录《中国的常态与变态》《用现代中文报道现代生活》等9篇文章。

7月，新版《从徐霞客到梵谷》，由台北九歌出版社出版。有新版序。

8月4日，参观世界钢笔名牌万宝龙百年珍藏展，获赠价值不菲的名笔。

> 《民生报》（2006年8月5日）：○万宝龙百年珍藏展 余光中谈书写文化○

8月16日，拍全家福。

8月20日，发表诗歌《海不枯，石不烂》，刊《联合报》E10。

8月21日，发表诗歌《水母》，刊《联合报》E9。

8月22日，发表《愿昆剧芬芳长传》，刊台北《中国时报》；后收入《粉丝与知音》（2015年版）。

8月29日，作诗《草堂祭杜甫》（含《见证》《草堂》《秋祭杜甫》），后收入《藕神》（2008年版）、《风筝怨》（2017年版）等。

> 余光中《草堂祭杜甫·附注》：九月八日上午，应成都文化局之邀，专程去草堂祭拜杜甫，仪式单纯而有意义。先在"诗史堂"向诗圣铜像行三鞠躬，献上百合与白菊。再到"唐风遗址"，为林荫下面新刻的《乡愁》石碑揭开红绸，并在碑旁领受了一棵枝繁叶茂已历七十春秋的黑壳楠，草堂馆方谓之"诗人树"。最后又为草堂题诗，并为读者签名。下午更在"藏经楼"与流沙河、杨牧、张新泉、梁平、柏桦等成都作家座谈。

8月，梁笑梅著《壮丽的歌者：余光中诗艺研究》，由重庆西南师范大学出版社出版。

> 黄曼君《美丽的交汇》：这本著作以"外篇"和"内篇"作为基本的叙述框架，单从命名上看，大约是受了《庄子》的启发。这倒是作者才情的一点小小创造，同时切合了文学研究分为"外部研究"和"内部研究"的分法。本书将这两种研究方法结合起来，于外篇中侧重作者、世界和读者维度；于内篇中侧重文本维度，而文本又分为意境精神和形式结构，形式结构又分外形式和内形式。作者仿佛先用望远

镜，从不同角度为我们摄下余光中诗歌世界的全景；再走近这个世界，用放大镜，将余光中诗歌世界的核心关节，如乡愁诗和爱情诗、自塑诗等，予以专门的关照和解读；最后走进这个世界，用透视镜和手术刀，将余诗的内在结构、形式实验的方方面面如庖丁解牛般予以条分缕析。但余诗是如此美丽，而作者的才情也非等闲，所以即便到了最后的条分缕析，从作者那手术刀中落下的，也是一片片充满芬芳的美丽花瓣和花蕊，而绝无一点论诗却失其诗味的枯燥之感。……梁女士在她的艺术分析中和余先生在他的诗歌创作中一样，打通了诗与画、诗与乐，和她的研究对象形成了高度的契合。①

8月，傅孟丽著《茱萸的孩子：余光中传》，由上海远东出版社出版。本书全面记述了余光中作为著名学者、诗人、散文家、翻译家、评论家的七十余年的生活与创作、亲情与友情、婚姻与爱情。正文前有余光中的《新版前言》（2006年7月于高雄）和《序文：九九重九，究竟多久？》（1998年12月于西子湾）。

余光中《新版前言》：一位作家的传记与其作品实在密不可分。如果传记是作家的外传，则作品可谓作家的内传：作品应该更贴近作家的心灵。透过传记，我们看见作家的生活。透过作品，我们才能窥探作家的生命。不过读者在窥探作家的生命之余，很自然地，也不免想要看看那作家平时是怎样生活的，想看看他身边的家人和朋友，想知道他和社会甚至世界的关系，想知道他不做作家的时候究竟还做些什么。总之，把作品和传记合在一起看，才看得真切，看得立体。

我的艺术思想、人文价值，都在我的评论之中。我的情操与感慨，都在我的诗与散文里。我在母语与外语、白话与文言之间的出入顾盼，左右逢源，不但可见于我所有的作品里，也可见于我所有翻译的字里行间。朋友劝我写自传，我不想写，也不认为有这必要。我觉得，作品就是最深刻的日记，对自己；也是最亲切的书信，对世界。②

8月，《余光中作品精选》，由武汉长江文艺出版社出版，收入"跨世

① 梁笑梅：《壮丽的歌者：余光中诗艺研究》，重庆：西南师范大学出版社，2006年，第5～6页。
② 傅孟丽：《茱萸的孩子：余光中传》，第2～3页。

纪文丛精华本"系列。本书收入余光中的散文、诗歌代表作,诗歌收录
《算命瞎子》《舟子的悲歌》《昨夜你对我一笑》《祈祷》《珍妮的辫子》等
105 首,散文收录《石城之行》《塔阿尔湖》《书斋·书灾》等 34 篇。有
《余光中小传》。

9 月 2 日,出席 2006 年首届国际华人作家滕王阁笔会。是次笔会由中
共南昌市委、南昌市人民政府、中国作家协会现代文学馆主办,参加此次
笔会的还有中国作家协会副主席陈建功、李存葆、邓友梅以及来自美国、
法国、新加坡、马来西亚等 7 个国家和地区的近 30 位海内外著名作家。
开幕式上与南昌的青少年一起朗诵《乡愁》。偕夫人登临滕王阁,并接受
江西新闻网随行记者采访,称"江西自古以来文风鼎盛,我来南昌,是千
古名文《滕王阁序》召唤着我啊"。他还谈到了中国文学的现在与未来。
他希望每个中国的作家都对自己的文化有清晰深刻的认识,"只有充分了
解《诗经》以来的大传统和'五四'以来的小传统,我们才会知道自己从
哪里来,到哪里去"。

《成都商报》(2017 年 12 月 16 日):○我与余光中先生(王莎)
○ 2006 年初秋,余先生参加以滕王阁之名举行的笔会时,因高温加疲
劳生病。随后到成都后高烧到 38 度,且咳嗽一夜难眠,在宾馆房间打
了三天点滴。然而余先生依然不忍拂粉丝的热情,一边输液一边为近
百本书签名。

9 月 8 日,来到成都杜甫草堂参加以诗歌为主题的文化交流活动,祭
拜诗圣杜甫,在唐代草堂遗址前认养"诗人树",为代表作品《乡愁》石
刻揭碑,在大雅堂现场题诗留名,并举行新书《余光中诗集》的签名售书
活动。

《成都商报》(2017 年 12 月 16 日):○我与余光中先生(王莎)
○第四天上午,滴完最后一滴药液,他让我们稍等,换衣洗漱片刻。
重新出现在我们面前的余先生,着装一丝不苟,头发一丝不乱,气度
从容不迫。我们陪他参加杜甫草堂《乡愁》石刻碑的揭幕仪式,后又
去"诗歌与成都"会场,回到住所已是夜里九点。次日晚,他又登上
电子科大演讲台,让这所工科大学的师生们度过一个如痴如醉的诗歌
之夜。

9 月 13 日,《余光中回乡认养诗人树　访杜甫草堂　与内地诗人交流》，刊香港《大公报》C08。

9 月 28 日，出席台湾"教师节"座谈会。

台北《中华日报》（2006 年 9 月 29 日）：〇黄俊英"教师节"感恩座谈　名诗人余光中等人与会（苏兆安）〇

9 月，陈幸蕙发表《悦读余光中——向日葵：余光中的艺术行旅》，刊《明道文艺》第 366 期。

9 月，黄维樑发表《乡土诗人余光中》，刊香港《当代诗学》第 2 期。

10 月 8 日，发表诗歌《草堂祭杜甫》，刊《联合报》E7。

10 月 15 日，晚上 7 点，在北京大学理学楼 213 室演讲《当中文遇见英文》。

10 月 16 日，出席北京大学举行的"新世纪中国新诗学术研讨会"闭幕式。

10 月 17 日，吕绍刚、罗雪村发表《余光中 茱萸的孩子》，刊《人民日报》第 11 版，附有罗雪村绘人物素描。

同日，《余光中北大讲学受欢迎》，刊香港《大公报》A16。

10 月，在北京大学以《当中文遇见英文》为题发表演讲。

10 月 20 日，上海《东方早报》"人物·大家"版刊出余光中专访。

10 月 28 日，赴花莲出席太平洋国际诗歌节。

《联合报》（2006 年 10 月 31 日）：〇周末到花莲 谈诗评诗血拼诗 太平洋诗歌节 余光中、杨牧、郑愁予等 27 人松园别馆闹诗 老将竞技 新秀角力 还有诗意商品（陈宛茜）〇

10 月 30 日，重阳节，高雄中山大学师生为余光中贺寿。

《联合报》（2006 年 10 月 29 日）：〇余光中 79 岁生日 音乐会暖寿（熊洒祺）〇

《人间福报》（2006 年 10 月 30 日）：〇中山大学为余光中暖寿 文学院、音乐系师生为 79 岁诗人献唱诗歌祝贺〇

10 月，写散文《粉丝与知音》，刊 11 月 6 日台北《中国时报》；后收入《粉丝与知音》（2015 年版）。

11 月 11 日至 13 日，应邀出席在南宁二中召开的第三届全国校园文学研讨会。上午，在南宁国际会展中心会议厅做专场报告《诗与音乐》，并即席朗诵中英文诗歌。下午，访问南宁市二中。

《南宁晚报》第 22 版（2017 年 12 月 15 日）：○著名的诗人余光中病逝 享年 89 岁《乡愁》成为绝响○余光中的另一次来南宁是在 2006 年。11 月 11 日，余光中来南宁讲学，和全国各地参加第三届全国校园文学研讨会的教育工作者进行了对话。在此前的 10 日晚，余光中偕夫人范我存接受了记者的采访。在采访时，余光中谈到两岸文化的交流。其中自己的《乡愁》刻在了成都杜甫草堂的石头上。"我们的文化交流将越来越多，我们不会因为几十年的历史阻断 5000 年文化的交流。"余光中表明了自己的态度。

11 日当天，78 岁高龄的余光中不顾年迈，参加讲座、签名、题词等一系列活动，甚至在下午的活动中，比不少工作人员还提前到场。

11 月 18 日，《今日提醒你 余光中谈语文融合》，刊香港《苹果日报》LC04。

11 月 19 日，写散文《横槊酾酒——男厕所的联想》，后收入《粉丝与知音》（2015 年版）。

11 月 21 日，《水仙般的表妹 余光中的爱情与婚姻》，刊香港《文汇报》A23。

11 月 22 日，《从知己到情人——余光中的爱情与婚姻》，刊香港《文汇报》A32。

11 月 23 日，《生命的最佳"牵手"——余光中的爱情与婚姻》，刊香港《文汇报》A31。

11 月 24 日，作序《指点迷津有书迷——序李炜的〈书中书：一个中国墨客的告白〉》，刊次年 4 月《联合文学》第 23 卷第 6 期；后收入《举杯向天笑》（2008 年版）。

同日，《婚姻是一种妥协的艺术——余光中的爱情与婚姻》，刊香港《文汇报》A30。

11 月 26 日，应邀出席高雄中山大学文学院主办的"当代诗人系列——秋兴动诗兴"，主讲《我的创作经验》，并与郑愁予对谈。

台北《中华日报》（2006 年 11 月 27 日）：〇郑愁予余光中 秋兴动诗兴 台湾诗翁与诗坛祭酒除畅谈创作经验 与新加坡诗人王润华赏析现代诗〇

11 月，作序《良缘全靠搭配——序〈牛津英语搭配词典：英汉双解版〉》，后收入《举杯向天笑》（2008 年版）。

12 月 4 日，作诗《敦煌六首——题江碧波写莫高窟壁画》（含《白象入胎》《未生怨》《雷痤》《观世音》《飞天》《龛楣飞天》[入集后又题《飞天》]），后收入《藕神》（2008 年版）。

12 月 17 日，作诗《火葬》，后收入《藕神》（2008 年版）。

12 月 29 日，应邀至台北中正纪念堂与方力行、邵广昭对谈。

赖淑芳《"一颗悬在科学馆的飞檐"——余光中与科学》：二〇〇六年十二月二十九日，在台北中正纪念堂举办的"自然与人文的邂逅"系列讲座的一场座谈中，余先生、方力行与"中央研究院"动物所研究员邵广昭三人畅谈"海洋·生机——海洋与生机的印象"。这些都是文学科学两文化交流融合成一个文化最美好的结果，也是诗人逐渐进入科普范围的最新发展趋势。①

12 月，写评论《论诗绝句的联想》，刊次年 5 月《联合文学》第 23 卷第 7 期；后收入《举杯向天笑》（2008 年版）。

12 月，黄维樑发表《余光中咏台湾水果》，刊《诗探索》第 2 期。本文评介《莲雾》《芒果》《初嚼槟榔》《埔里甘蔗》等五首诗。

12 月，《天涯情旅：余光中至情至爱散文集》，由北京中国工人出版社出版。本书是余光中的一本散文随笔集，包括亲情、友情、乡情、羁旅和人生等主题。

12 月，彭镜禧当选为台湾"中国笔会"第八任会长（2006 ～ 2014），欧茵西任秘书长；高天恩辞季刊编辑，梁欣荣接任。

年底，《乡愁》作曲者晁岱健寄来音乐小样。

曹绍德《华人的情感守望——歌曲〈乡愁〉解读》：2006 年年底，

---

① 苏其康主编：《诗歌天保——余光中教授八十寿庆专集》，第 155 页。

曲作者将第一个音乐小样寄给远在台湾的余先生。[①]

是年，应邀担任台湾"中央日报社"、明道文艺社共同举办的第二十四届"全国学生文学奖"大专新诗组决审委员。

是年，应邀担任中华日报社主办的第十九届梁实秋文学奖评审委员。

台北《中华日报》（2006年11月28日）：○余光中：文学之路不寂寞 赞扬梁实秋文学奖 值得继续耕耘茁壮（张明兰）○

2007 年（丁亥） 80 岁

1月13日，作诗《雀斑美人》，后收入《藕神》（2008年版）。

余光中《诗艺老更醇？》：《雀斑美人》却是月的独白，并以素娥为代言。月亮，并没有被李白写尽。李白不知道月亮是我们的卫星，月蚀是我们的投影，而太空人可以低头步明月，举头望故乡。他也不会想象，嫦娥登月，可能是乘的陨石。[②]

1月16日，致信晁岱健。

晁先生：

多谢寄赠《乡愁》一诗之谱曲与演唱CD，前后听过两遍，歌声乐韵，悠扬动听，诠释得颇为尽情。不过拙作此诗本是小品短制，似不宜放得太长。前后三大段有点重复，中间的过门器乐部分，不妨加以浓缩，当更为精致。所言谨供参考，并预祝演奏成功。

余光中 2007.1.16[③]

1月24日，台湾地区教育主管部门负责人杜正胜说成语使人思想懒惰，遭到余光中痛批。

台北《中华日报》（2007年1月25日）：○成语大战 杜正胜自称胡适信徒 反对用成语 余光中批武断 指胡适只主张少用冷僻成语○

---

① 叶皓主编：《放歌南京》，南京：南京出版社，2010年，第71页。
② 余光中：《藕神》，第14～15页。
③ 据王明珠、付少武《一曲乡愁 两岸情缘——台湾诗人余光中与大陆作曲家晁岱健的情缘》文内插图，载《艺术交流》2012年第1期。

《联合报》（2017 年 1 月 25 日）：〇余光中：成语是文化的现钞 学者建议"部长"少开口免得以后骂人会说"你不要那么杜正胜"（张锦弘）〇

1 月，陈幸蕙发表《悦读余光中——哀丽的少女心及其他：余光中的文学行旅（二）》，刊《明道文艺》第 370 期。

1 月，谢冕选编《余光中经典》，由福州海峡文艺出版社出版。本书收录余先生经典诗歌作品，以"情"为题，按内容分类，分别为乡情、爱情、亲情、友情、世情、风情、心情。

1 月，林杉编《桥跨黄金城》，由北京人民日报出版社再版，收入"名人名家书系"。本书集结作者 1952 ～ 1995 年间之散文，分逍遥游、莲恋莲、另有离愁、剪掉散文的辫子等四部分，收录《塔阿尔湖》《逍遥游》《四月，在古战场》《黑灵魂》《塔》等 60 篇。这些文章选自 10 本文集，横跨 40 余年。有自序（1995 年 12 月于高雄）及冯林山《心灵背后奇幻的灯光（编后）》、林杉《后记》。

> 余光中《自序》：散文与诗，乃中国古典文学的两大支柱，所以诗文双绝乃古代文人之美谈。西方文学，尤其是到了现代，只把小说、诗、戏剧放在正宗主位，至于散文，则似乎可有可无，评论家更少垂青。受了西化影响，国内竟有不少作家，认为散文不算文学，真正是"蟪蛄不知春秋"了。我一直认为散文乃文学之大道，写作之基础……"散文是一位作家的身份证。"所以我创作散文的努力，不下于诗……一位有抱负的散文家不能自囿于小品文的轻工业，也要发展长篇巨制的重工业。晚明小品固然娱人；韩潮苏海才是大业。

> 温迪雅《乡愁是一种情结——余光中访谈录》：我是这样说的："散文是一切作家的身份证，诗是一切艺术的入场券"，也就是说，你要当作家，基本功就是写散文，比如你写小说、戏剧，那里面用的还是散文，不过是另外一种功用而已。因此散文这种基本的功夫还没有修炼好，恐很难成为作家。[1]

2 月 2 日至 5 日，出席在香港举行的国际笔会第二次亚太地区会议，本届主题为"中文世界的作家——文学交流"。四天的会议，除了文学作

---

[1] 《江海侨声》1998 年第 15 期。

品的交流和赏析之外，也探讨了文学作品的自我审查和政治审查。

2月3日，晚，出席在香港中文大学举行的文学作品的朗诵会，参与者尚有上海剧作家沙叶新，韩国小说家、诗人等等。会议一开始，首先由80岁的诗人余光中分别用中英文朗诵他自己的诗歌，其中一首是他写于1971年的《民歌》。

2月4日，《余光中：禁书失台湾民心》，刊香港《明报》A18。

2月6日，下午，应邀在香港大学王赓武讲堂就青春版昆剧《桃花扇》演讲《桃花扇：情人泪与烈士血》，为听众详细剖析《桃花扇》的文学技巧和艺术成就，讲述该剧的时代背景、剧中人物关系、舞台布景与服装等。是为"香港大学中文学院八十周年学术讲座"之第二讲，本次活动由香港艺术节协会、香港大学中文学院合办，并获港大人文基金赞助。

《人民日报》（2007年3月22日）：○期待更多新版《桃花扇》（杨雪梅）○担任《桃花扇》文学顾问的著名诗人余光中说得好，任何国家的传统艺术精华都应回到生活中来，让人亲近，让人感动。

《联合报》（2017年1月25日）：○香港艺术节昆剧 余光中指导继白先勇《牡丹亭》江苏昆剧院也推青春版《桃花扇》（黄俊铭）○

《星岛日报》（2007年2月6日）：○余光中《桃花扇》讲座○

《大公报》（2007年2月7日）：○《桃花扇》情人泪与烈士血兼重 余光中建议观众看舞台演出前先读文学原作○

《人间福报》（2007年2月8日）：○余光中在港谈昆剧《桃花扇》将观众拉回剧场是当务之急 赞赏白先勇在推动中国戏剧方面的努力○

《苹果日报》（2007年2月9日）：○余光中训 身撑《桃花扇》临老入花丛○

2月7日，下午，应邀在香港城市大学就《桃花扇》发表题为《读者与观众》之演讲。

2月11日，《余光中：我爱粉丝》，刊香港《苹果日报》E08。

2月14日，孙苇莲发表《余光中：台"文化部长"乱放狂言！》，刊《东周刊》A14。

2月24日、25日，由江苏省昆剧院演出、余光中担任文学顾问的青春版昆剧《桃花扇》在香港演出。

2 月，发表诗歌《火葬》《望虹台》，刊《香港文学》。

2 月，发表《岁末三咏》，刊《联合文学》第 23 卷第 4 期。

2 月，《本会名誉会长余光中谈台湾文坛现状》，刊《世华文学家》第 14 期。

3 月 3 日，作诗《台东》，后收入《藕神》（2008 年版）。

3 月 5 日，张俊峰发表《余光中：鼓吹昆曲为义士招魂》，刊香港《文汇报》C03。

3 月 29 日，应邀在北京师范大学珠海分校文学院演讲《诗与音乐》，并被聘为该校文学院名誉院长。傅爱兰常务副校长代表学校为余光中夫妇送上纪念品。作为礼物之一的《余光中短诗选析》，是由华文所常务副所长傅天虹教授指导诗歌工作坊的同学们编写的。

> 《华西都市报》（2017 年 12 月 15 日）：〇 11 年前，余光中先生幽默解读成名作 "乡愁把我整个人遮住了" 〇 2007 年 3 月 29 日，先生受学校文学院的邀请进行一场讲座。记得那场讲座的题目是《诗与音乐》，记得先生讲了诗、画、乐之间的三角关系，还将中国传统的诗、西方传统的诗与音乐的关系进行了对比，还谈到如何以乐入诗、以诗状乐、以乐理入诗。
>
> 为了表达对诗人的尊敬，学校还为先生举办了一场朗诵会。当时，在听完同学们的朗诵后，先生自己诵读了一首《寻李白》。……

3 月，写评论《文法与诗意》，刊 3 月 20 日《联合报》副刊；后收入《举杯向天笑》（2008 年版）、《翻译乃大道，译者独憔悴》（2021 年版）。该文挑战 "唯诗人始可译诗" 的观点。

3 月，发表《历史的遗憾用诗来补偿——谈孔尚任的〈桃花扇〉》，刊香港《明报月刊》。

4 月 2 日，《余光中受聘北师大珠海分校》，刊香港《文汇报》A24。

4 月 27 日，应邀在澳门大学图书馆 STD 演讲厅做专题报告，演讲《诗与音乐》。

> 张丽凤《访问余光中先生》：我和澳门大学之间也并不是毫无渊源，早在姚伟彬校长在任时，就来澳门大学演讲过，当时演讲的题目

是《诗与音乐》。①

4月28日,《余光中澳大论中西诗》,刊香港《新报》A03。

4月,写散文《拜冰之旅》,后收入《粉丝与知音》(2015年版)。

4月,陈芳明发表《古典降临的城市》,刊《印刻文学生活志》第44期。

5月12日,应邀在台湾大学文学院承办的台湾翻译学会年会做主题演讲,题为《从看清文法到看透文法》。

6月初,夏菁来访。

> 夏菁《完全是为了好胜——祝余光中兄八十寿辰》:二〇〇七年六月初,离上次见面隔了九年以后,我去高雄看他,故友相见、言谈甚欢。临别时,我对他的女儿幼珊说:"大约在半世纪前我就说过,你爸爸将在吾国文学史上占有重要的一页;他的成就,已超过五四时代很多作家和诗人(包括徐志摩)。他最近的成绩,更为举世华人所瞩目!"②

6月3日,李晃于厦门胡里山作诗《遥致余光中》,后收入《李晃诗选》(北京中国戏剧出版社2012年版)。

6月4日,于高雄中山大学菩提树下咖啡座接受访谈。

6月12日,作序《入境问俗——序〈麦克米伦高级英汉双语词典〉》,刊9月《印刻文学生活志》第4卷第1期;后收入《举杯向天笑》(2008年版)。

6月16日,上午,偕夫人参加在南京鸡鸣寺弘法厅举办的"盛世鸡鸣·端午诗会"。晚上,出席在南京白鹭洲水上举行的主题晚会。

> 曹绍德《华人的情感守望——歌曲〈乡愁〉解读》:2007年6月16日上午,余先生与曲作者在南京鸡鸣寺的端午诗会上相见,曲作者亲自为余先生演唱修改后的《乡愁》。余先生激动地说:"自己作为南京人,这首诗由南京作曲家谱曲,感到十分欣慰。而且,经过修改后,歌曲更加浓缩、紧凑,倍加精彩,它一定会赢得更多的听众。"
>
> 歌曲《乡愁》的前部分用口语叙述的方式娓娓道来,有如温情凄美

---

① 《华文文学》2014年第6期。

② 《世界日报》副刊(2007年10月15日);苏其康主编:《诗歌天保——余光中教授八十寿庆专集》,第294页。

的絮语，又仿佛让人在品酌万千愁绪的苦酒。第二部分乐句的半止音和半终止音均翻高了一个八度，将思念聚集的情感訇然爆发，音乐将乡愁推升到癫狂状态，大有鹤飞冲天的潇然。紧接着前句"母亲在里头"的一个复乐句，表露出对母亲刻骨铭心的大孝之爱，使人潸然落泪。加入管子的悲情间奏后，第二部分复述了高潮旋律；转调衔接的五度跨越连着激昂处的简约八度，呈现了绚烂之极的意境。至此，曲作者将《乡愁》的追索，扩展为全世界华人对中华民族浓烈的情感守望。①

蔡宁《聆听余光中释"乡愁"》：2007 年 6 月 16 日，台湾著名诗人余光中与夫人范我存来到南京鸡鸣寺"盛世鸡鸣·端午诗会"会场……诗会主持人冯亦同搀扶余老登台，并向与会诗人介绍："余老与南京有不解之缘，先生 1928 年出生于南京，1947 年就读于金陵大学外文系，后随家迁徙台湾，从此他的心里埋下了思乡的种子；先生'右手写诗，左手写散文'，多次来故乡南京讲学、观光，他礼赞'中国，最美最母亲的国度'。他说'蓝墨水的上游是汨罗江'，'要做屈原和李白的传人'，其诗歌毫无疑问是中国新文学的经典，特别是 20 世纪 70 年代初，余老一首《乡愁》倾倒两岸多少读者！'乡愁是一湾浅浅的海峡 / 我在这头 / 大陆在那头'。"余老微笑着说："冯先生是位热心人，在南京给我选编了两本著作已都由江苏文艺出版社出版，一本是散文集《左手的掌纹》，另一本是刚刚问世的诗集《等你，在雨中》。"……余老这次带来了一首新作《回乡》。……台上，余老手捧一杯青瓷茶盏，作曲家晁岱健在乐曲中声情并茂演唱由自己谱曲的《乡愁》，余老在乐曲终止时与晁岱健双手握在了一起，他说："我一首《乡愁》20 分钟写就，晁先生用 3 年时间为之苦思冥想地配曲，听了让我很感动！"②

方政《余光中的栖霞情》：余光中先生此次来南京，是应 CCTV"倾国倾城：最值得向世界介绍的中国名城·山水城林博爱之都"组委会的邀请，作为在国际上知名的南京"老乡"出席于 6 月 16 日在南京白鹭洲水上舞台举行的主题晚会的。……光中先生不但专门为晚会新创作了一首诗《回乡》，而且不顾旅途劳顿，于 16 日上午携夫人范我存女士先行参加了在鸡鸣寺弘法厅举行的"盛世鸡鸣·端午诗会"，并

---

① 叶皓主编：《放歌南京》，第 71 页。
② 《扬子江诗刊》2007 年第 4 期。

且在诗会上首次公开将在当天晚上朗诵的诗作《回乡》。……正巧诗会的时间与"倾国倾城·博爱之都"晚会举办时间相契合。在诗会主持人、江苏省作家协会诗歌创作委员会副主任、著名诗人冯亦同先生的盛情邀请下，光中先生欣然出席诗会，为诗坛平添一段佳话。①

《扬子晚报·诗风专刊》（2017 年 12 月 24 日）：〇日落西子湾——怀念余光中先生（冯亦同）〇最难忘二〇〇七年六月南京诗歌文化界在鸡鸣寺举办的首届端午诗会，年届八旬的诗翁同音乐人晁岱健先生相继演绎其名作《乡愁》，诗人的朗诵和作曲家的演唱赢得满堂掌声。他还吟诵了新作《回乡》，这首新格律体的十四行诗铸古融今，别开生面，是那次诗人节聚会的一大亮点。

6 月 17 日，与夫人范我存游栖霞并摄影。冯亦同刊于杂志时用的标题为"诗翁托'六朝'"。

《栖霞年鉴：2008》：〇余光中寻访栖霞胜境〇 6 月 17 日，在省文化艺术研究院常务副院长晁岱健，区政协副主席、区委统战部部长时效俊及省文联《乡土》杂志社、区文联负责人陪同下，台湾著名诗人余光中先生携夫人范我存女士到栖霞寺参观。市佛教协会会长，栖霞寺住持隆相法师热情接待并介绍栖霞寺有关情况。②

《栖霞年鉴：2008》：〇余光中、冯骥才等著名人士参观南朝石刻〇 6 月 17 下午，著名诗人余光中先生携夫人范我存，由区政协有关领导陪同，参观甘家巷萧秀墓、萧憺墓神道石刻。③

方政《余光中的栖霞情》：光中先生两次造访栖霞寺，看似偶然，实则必然。前一次【按：即 2000 年】，是光中先生的生日；这一次，是光中先生的八十大寿。我猜想，光中先生一定是把造访栖霞寺看作是一个生命的仪式，一个感恩的仪式。这是栖霞情结，也是生命情结。感谢生之养之的母亲，也感谢生之养之的土地。……临别时，隆相法师把一尊玲珑剔透的水晶福鼎赠给光中先生，让光中先生回台湾后能时时面对栖霞寺的福鼎，点燃虔诚的心香。

---

① 《青春》2007 年第 10 期。
② 栖霞区地方志编纂委员会编：《栖霞年鉴：2008》，北京：方志出版社，2008 年，第 90 页。
③ 栖霞区地方志编纂委员会编：《栖霞年鉴：2008》，第 255 页。

在游览了栖霞寺之后，光中先生兴致不减，又冒着夏日正午的炎热，参观了位于甘家巷的最能体现六朝古都神韵的艺术瑰宝——南朝陵墓石刻。[①]

6 月，写诗《回乡》，后收入《风筝怨》（2017 年版）等。

6 月，发表《青春组曲 首奖出炉——第 25 届"全国学生文学奖"大专新诗组总评》，刊《明道文艺》第 375 期。

7 月 21 日，作诗《飞过观音山》，刊 12 月《印刻文学生活志》第 4 卷第 4 期；后收入《藕神》（2008 年版）。

7 月 26 日，应邀出席第二届台港论坛，在香港会展中心演讲《如何善待母语》。

《四川日报》（2007 年 7 月 27 日）：○我们应该善待母语○ "中华文化是一个圆，而母语就是这个圆的半径，半径有多大圆就有多大。"著名学者余光中说——

据新华社香港 7 月 26 日电（记者王丽丽 刘冬杰）"中华文化是一个圆，圆心无处不在，圆周无处可寻，而母语就是这个圆的半径，半径有多大圆就有多大。在英语逐渐强势的今天，我们更应善待母语。"

第二届台港论坛 26 日在香港会展中心举行，著名学者、诗人余光中作了题为《如何善待母语》的演讲。

……讲到了中文的简洁之美，余光中特别说，熟练应用母语并不是一件容易的事。他为自己的写作定下了规矩："白以为常，文以应变，俚以求真，西以求新。"

演讲结束，当有人问他《乡愁》有没有下文时，年近八旬的诗人幽幽道出："而未来，乡愁是一道长长的桥梁，我来这头，你去那头。"

7 月 27 日，《余光中："去中国化"岂能长久》，刊香港《文汇报》A23。同日，《余光中："去中国化"不会成功》，刊香港《新报》A12。

7 月 29 日，江素惠发表《余光中的乡愁》，刊《东方日报》A32。

8 月 1 日，张宝华发表《余光中：中国文化有她的力量》，刊《东周刊》A160。

[①] 《青春》2007 年第 10 期。

8月5日，古剑发表《余光中题赠本》，刊香港《大公报》B05。

8月20日，发表《根深叶茂的华文文学——序〈台港澳暨海外华文文学教程〉》，刊《华文文学》第4期。

8月27日，作诗《入出鬼月——to Orpheus》，刊9月23日台北《中国时报·人间副刊》E7；后收入《藕神》（2008年版）。

8月31日，作诗《藕神祠——济南人在大明湖畔为李清照立藕神祠》，后收入《藕神》（2008年版）、《风筝怨》（2017年版）等。

8月，陈幸蕙发表《悦读余光中——宁静的深度：余光中的文学行旅（五）》，刊《明道文艺》第377期。

9月1日，与司马中原、林良等岛内知名作家应邀出席台北讲义杂志举行的第八届讲义POWER教师奖以及第一届"讲义抢救国语文"创意教学设计奖颁奖典礼，并担任颁奖人。在颁奖前，批评台当局教育主管部门，并强调教师教学应该"左右逢源"，不该被规范绑得死死的。余光中还点名现任台当局教育主管部门负责人杜正胜，批其"典型在夙昔，盲目才看不见"。

> 《联合晚报》（2007年9月1日）：○余光中批杜正胜盲目 批"教部"繁文缛节 连下课几分钟都管○
>
> 《成报》（2007年9月2日）：○诗人余光中轰动"教育部"○

9月10日，作诗《冰姑，雪姨——怀念水家的两位美人》，刊10月14日《联合报》；后收入《藕神》（2008年版）。

> 余光中《诗艺老更醇？》：《冰姑，雪姨》当然也是咏物诗，但又是环保诗，却用童歌来发言。环保虽是全球化现象，国际问题，但是入诗却不妨带有民族感性，所以我在诗末把雪带进了我们二十四节气的"小雪"与"大雪"，提醒这水家的白肤美人别忘了神农的期待。不料此诗发表不久，大陆竟遭遇雪灾。……诗人要反省现实，不能只限于传统的社会意识了。同时，也不应忽略在"人道主义"之上还应有更博大的"众生一体"。地球上每一种生物的灭绝，都是人类罔顾生态盲目开发的恶果，这毒苹果终究会轮到人自己来吞。[1]

---

[1] 余光中：《藕神》，第6页。

同日，《小马晤余光中批"去中国化"》，刊香港《文汇报》A18。

9 月 29 日，作诗《千手观音——大足宝顶山摩崖浮雕》，刊 2007 年 12 月 8 日《人间福报》；后收入《藕神》（2008 年版）。

9 月 30 日，古远清发表《余光中在香港诗坛的影响及其争议》，刊香港《文学研究》第 7 期（2007 年秋之卷）。

9 月，写评论《无愧于缪思——朱一雄其人其艺》，刊 10 月《印刻文学生活志》第 4 卷第 2 期；后收入《举杯向天笑》（2008 年版）。

9 月，新版《莲的联想》，由台北九歌出版社出版。有新版序。

10 月 8 日，作诗《谢林或赠茶》，刊 10 月 31 日台北《中国时报·人间副刊》E7；后收入《藕神》（2008 年版）。

10 月 19 日，重九日，高雄中山大学设诗园为余光中贺寿。

> 《联合报》（2007 年 10 月 20 日）：〇余光中 80 大寿 中山设诗园（徐如宜）〇

10 月，陈幸蕙发表《悦读余光中——革命热情：余光中的文学行旅（六）》，刊《明道文艺》第 379 期。

11 月 2 日，应邀出席花莲松园别馆举办的"海洋·音乐·爱——第二届太平洋诗歌节"。

> 《联合报》（2007 年 11 月 1 日）：〇太平洋诗歌节 明登场 吟唱 3 天（范振和）〇

11 月 15 日，获台湾大学 2007 年度杰出校友奖（人文艺术类）。

11 月 22 日，应邀参加两岸大学生新媒体人研习营。

12 月 7 日，应邀出席在香港举办的第二届新纪元全球华文青年文学奖颁奖典礼。

12 月 8 日，台湾"佛光山"出版的《人间福报》刊出余光中专辑。在访谈中，余氏说自己目前在阅读《金刚经》和《心经》。

12 月 25 日，自译 "Aunt Ice, Aunt Snow—in memory of two beauties in the Water family"（《冰姑，雪姨——怀念水家的两位美人》），刊 The Taipei Chinese PEN 冬季号。

12 月 29 日，吴静宜、胡君晖发表《〈白玉苦瓜〉赏析》，刊台北《国语日报》。

12 月，仇小屏发表《"纵的继承"的精彩示范——论余光中"李白三部曲"对李白诗歌的继承与创新》，刊台湾《文与哲》第 11 期。

12 月，发表《蓝星诗社发展史》，刊《蓝星诗学》第 24 期。

12 月，陈幸蕙发表《悦读余光中——游记之王》，刊《明道文艺》第 381 期。

是年，应邀担任明道文艺社主办的第二十五届"全国学生文学奖"大专新诗组决审委员。

是年，应邀担任台北《中国时报》主办第三十届时报文学奖附设第二届人间新人奖暨第二十四届吴鲁芹散文奖新诗组决审委员。

是年，应邀担任中华日报社主办的第二十届梁实秋文学奖评审委员。

> 台北《中华日报》（2007 年 11 月 6 日）：〇余光中：两岸三地 只有文化无往不利 谈政治每人都有不同意见 印证唯有文化与血缘能获共鸣 勉得奖者为语文程度低落年代注入新动力（阮琦雯）〇

2008 年（戊子）　　81 岁

1 月 14 日，晚，应邀出席在北京保利剧院上演的由保利南方文化传播有限公司主办的《乡愁》作品音乐会。

> 曹绍德《华人的情感守望——歌曲〈乡愁〉解读》：2008 年 1 月 14 日晚，北京保利大剧院举办了"明星同唱一首歌，名家同奏一支曲，大家同颂一首诗"的"情中国——《乡愁》作品音乐会"。80 岁高龄的余光中先生专程从台湾赶来参加这场音乐会。[①]

> 张新声《情·中国——记余光中"乡愁"诗作品音乐会》：在中国人民最隆重的传统节日春节即将到来之际，怀着对祖国的热爱和对中国传统文化的热衷，由保利南方文化传播有限公司主办，台湾著名诗人余光中先生的诗作《乡愁》以音乐作品形式展现在首都保利剧院的舞台上。通过戴玉强、汤灿等代表中国当代声乐水准的艺术家演绎，将《乡愁》一诗中思乡与呼唤祖国和平统一那种最难表达的浓情，用

---

① 叶皓主编：《放歌南京》，第 71 页。

最高水准的声乐淋漓尽致地表达了出来。

《乡愁》诗作品音乐会的演出凝聚了祖国大陆、香港、台湾三地中华儿女的热情，音乐会中让人欣赏到两种版本的《乡愁》音乐作品，一个版本是由香港著名教育事业家郑文德博士谱曲，另一版本来自余光中的出生地南京，由江苏文化艺术研究院常务副院长晁岱健谱曲，了却了余老当年寄望由家乡人谱曲的心愿。……《乡愁》诗作品音乐会上，80 岁的余光中亲临现场，他高兴地为现场广大观众朗诵《乡愁》……①

1 月 23 日，游嘉义市。

《联合报》（2008 年 1 月 23 日）：○拜访古迹 写作更有感觉 余光中办另类写作营"逛了迪化街 密码谱情诗""边吃边写文字更有味"有感而写收获多（张锦弘）○

《联合报》（2008 年 1 月 25 日）：○"北回归线是一条敏感的琴弦……"余光中漫游嘉市 灵感一动出口成诗 逐字写下赠史迹馆珍藏（黄宣翰）○

《人间福报》（2008 年 1 月 25 日）：○余光中游嘉市 赋诗述感触 访史迹馆 见忠烈祠灯座 忆中日战争 感触良多○

《自由时报》（2008 年 1 月 25 日）：○参观射日塔 余光中诗兴发（吴世璁）○

1 月，写序《何止 ABCD——序第七版〈牛津高阶英汉双解词典〉》，收入《举杯向天笑》（2008 年版）。

2 月 4 日，作诗《牙关》，刊 5 月《联合文学》第 24 卷第 7 期；收入《藕神》（2008 年版）。

同日，夏菁发表《和而不同五十年——余光中和我》，刊台北《中华日报》C4。

2 月 13 日，批评陈水扁"去中国化"行径。

《联合报》（2008 年 2 月 14 日）：○余光中："去中国"反而学中国○
《大公报》（2008 年 2 月 15 日）：○余光中批扁"去中"徒劳无功○

2 月 24 日，佛光缘美术馆第 18 分馆高雄馆正式开馆首展。

---

① 《统一论坛》2008 年第 2 期。

《人间福报》（2008 年 2 月 25 日）：○余光中：南部又一处艺术馆 佛光缘美术馆第 18 座高雄开馆 余光中：云门大火凸显政府投注少 佛光山弘法利生仍大力推动文化（李锦环）○

2 月 25 日，台北《联合报》报道，在台湾各种语文文科考试中，最近七年余光中作品入试题次最多，"升学考最爱余光中"。

3 月 9 日，金圣华发表《百啭显童心、千人诵诗情——二○○六年五月与诗人余光中同赴青岛讲学记》，刊香港《大公报》B08。

3 月 12 日，作诗《低速公路》，刊 5 月《联合文学》第 24 卷第 7 期；收入《藕神》（2008 年版）。

3 月 16 日，作诗《历劫成器——观王侠军瓷艺展》，刊 5 月《联合文学》第 24 卷第 7 期；收入《藕神》（2008 年版）。

3 月 19 日，应聘编课外读本。

台湾《苹果日报》（2008 年 3 月 20 日）：○抢救"国语" 聘余光中编课外读本○

台湾《苹果日报》（2008 年 7 月 3 日）：○余光中编读本 抢救 43 万学生语文○

3 月 20 日，余光中作词、柳进军作曲《乡愁》，刊《民族音乐》第 2 期。

3 月 22 日，许筱湄发表《茱萸的孩子——速写余光中》，刊《国语日报》第 5 版。

3 月 23 日至 25 日，由徐州师范大学、香港大学等联合主办的"余光中与二十世纪华文文学国际研讨会"在徐州开幕，余光中做题为《当中文遇到英文》的演讲。数十位学者发表论文，论文结集成为《余光中文学研究特辑》，为《韩中言语文化研究》第 16 辑。

余光中《正论散评皆文心》：为了庆我八秩生日，今年活动频频，其中所谓学术研讨会已有两场：在徐州的一场由香港大学和徐州师范大学合办……因此论我的文章忽然出现了好几十篇。在徐州的研讨会上，我在致答谢词时大放厥词，说什么在文学的盈亏帐上，作家是赚钱的人，而评论家是数钱的人。众学者一时不释。我进一步说明：作家每写一篇作品，原则上都为民族的文化增加了一笔财富，但是其值几何，就需要评论家来评估，也就是数钱了。那一笔"进帐"也许很值钱，也许并不值什么钱。也许交来的是一笔贷款，是向别的作家借的，甚至是赃款，向人偷的，也许根本是一把赝币，一叠伪钞，更不幸的，也许竟是一堆过时的废票或者冥钞。同时这一笔钱，币制混杂，一个人数了还不算，还需要更多人来共数，都肯定了才能定值。所以一位作家仅会赚钱还不够，最好还能认钱，数钱，不但数别人赚来的钱，更要能数自称赚来的钱。[1]

《江苏教育年鉴：2009》：〇"余光中与二十世纪华文文学国际研讨会"在学校举行〇 3 月 23 日—25 日，由香港大学、武汉大学、徐州师范大学、台湾师范大学、韩国外国语大学、韩国台港海外华文研究会、《彭城晚报》社联合举办的"余光中与二十世纪华文文学国际研讨会"在学校隆重举行。台湾著名诗人余光中先生及夫人范我存女士，著名诗歌评论家陈仲义、著名诗人林焕彰、著名语言学者单周尧等海内外专家学者 30 余人应邀赴会。余光中先生在会上作了"当中文遇到英文"的主题演讲。与会学者分别就"巴士拉诗学与余光中诗歌创作""身体诗学与余光中诗歌创作""新古典主义与余光中诗歌创作"等诸多方面展开了广泛、深入而热烈的讨论。本次活动还包括余光中、舒婷、林焕彰等诗作朗诵会，母语教学暨诗人诗作入选语文教材座谈会等。[2]

《徐州教育年鉴：2009》：〇余光中与二十世纪华文文学国际研讨会在学校举行〇 3 月 23—25 日，由香港大学、武汉大学、徐州师范大学、台湾师范大学、韩国外国语大学、韩国台港海外华文研究会、《彭城晚报》社联合举办的余光中与 20 世纪华文文学国际研讨会在学校举行。台湾著名诗人余光中先生及夫人范我存女士，著名诗歌评论家陈仲义、著名诗人林焕彰、著名语言学者单周尧等海内外专家学者 30 余人应邀赴会。余光中先生在会上作《当中文遇到英文》的主题演讲。与会学者分别就《巴士拉诗学与余光中诗歌创作》《身体诗学与余光中诗歌创作》《新古典主义与余光中诗歌创作》等方面展开广泛、深入而热烈的讨论。同时举行余光中、舒婷、林焕彰等诗作朗诵会，母语教

---

[1]　余光中：《举杯向天笑》，第 12 页。
[2]　江苏省教育厅编：《江苏教育年鉴：2009》，南京：江苏教育出版社，20010 年，第 420 ～ 421 页。

学暨诗人诗作入选语文教材座谈会等活动。①

《彭城晚报》（2008 年 3 月 21 日）：〇台湾诗人余光中明天到徐州〇"小时候，乡愁是一枚小小的邮票，我在这头，母亲在那头。长大后，乡愁是一张窄窄的船票，我在这头，新娘在那头。……"一首广为流传的名诗使诗人和散文家余光中的名字闻名世界。明天，这位著名的诗人将来到徐州，和我市诗歌爱好者进行交流。

据悉，应本报和徐州师范大学等多家单位邀请，与他一同来的还有香港、台湾和内地的众多著名诗人以及韩国友人。届时，活动主办方将举办余光中先生作品朗诵会、研讨会。

……余光中先生热爱中华传统文化，礼赞"中国，最美最母亲的国度"。他说："蓝墨水的上游是汨罗江"，"要做屈原和李白的传人"，"我的血系中有一条黄河的支流"。目前年届 80 的他，诗龄 60，仍在"与永恒拔河"。

《文讯》（2008 年 5 月号）：〇余光中与二十世纪华文文学国际研讨会（朱双一）〇由香港大学中文学院、《彭城晚报》、武汉大学文学院、徐州师范大学、台湾师范大学"国文系"、韩国外国语大学 BK21 事业团、韩国台港海外华文研究会联合主办的"余光中与二十世纪华文文学国际研讨会"，于 3 月 23、24 日在江苏徐州师范大学举行。

台湾应邀参加的学者作家有梁欣荣、陈义芝、白灵、萧萧、方明及林焕彰。余光中教授伉俪全程参与。会议发表的 22 篇论文，皆针对余光中作品，包括台湾地理书写、放逐和乡愁的分析、时间意识和道教文化的比较研究等。

《联合报》（2008 年 3 月 21 日）：〇联副文讯"余光中与二十世纪华文文学国际研讨会"在徐州举行〇

余光中《"我就像一个古老的帝国"——在余光中与 20 世纪华文文学国际研讨会上的致辞》：我一直有一个不成熟的理论（我不是理论家），那就是：作家是赚钱的人而评论家是数钱的人。因为，一个作家他写的一篇创作，理论上是为他的民族的语言，为他的民族的文学增加一笔财富，不管是赚多少钱，总之是他想为他的民族增加一点财

---

① 徐州市教育局编：《徐州教育年鉴：2009》，北京：方志出版社，2009 年，第 151 页。

富。问题是这种财富是真的钱还是假的钱，几块钱人民币或上万的欧元也好，在数钱的人的眼里，就要仔细看看。一数之下发现是赝品，钱是赚来了，这笔钱的来龙去脉，是真是假，还需要评论家来鉴定。

话说回来，作家的作品要让评论家来分析，而评论家也要冒点风险，因为今日的评论家也要被明日的评论家拿来研究。所谓"论人者，人亦论之"。我有时有这种感觉，作为作家，参加这样的研讨会就像躺在手术台上被开刀，开刀还好啊，说不定是解剖啊！不过，这些评论家也要躺在手术台上被未来的评论家开刀、解剖。

……我自己的感觉是自己今日的烦恼就是因为曾经写了太多的东西。……所以我有一种感觉，这种感觉也是写诗的意象：我就像一个古老的帝国，最后终于被众多的殖民地拖垮！　①

3 月 25 日，应邀在南京师范大学敬文图书馆演讲《当中文遇到英文》。

3 月，写评论《叶慈少作两首》，收入《举杯向天笑》（2008 年版）。

3 月，为九歌出版社新版诗集《白玉苦瓜》作序。

3 月，评论集《听听那冷雨》，由台北九歌出版社再版。

4 月 1 日，夫人范我存至南京秣陵路小学，参观了"余光中班"和校史室，并签名留念。1934 年至 1937 年余光中曾在该校就读。

4 月 15 日，李洛霞文、徐伟志摄影《春风十里徐州路——记"余光中与二十世纪华文文学国际研讨会"》，刊香港《城市文艺》第 3 卷第 3 期。

4 月 17 日，致信焦桐。

焦桐：

接《2007 年台湾诗选》，大吃一惊。我的诗《台东》乃每段双行，脉络非常清楚，但被排得大错特错，致诗意含混不清，形式支离破碎。附上当日此诗在《人间》刊出原貌，可见错得有多离谱。

以往都将校稿寄给原作者亲校一次，不知今年何以如此大意？

编安

光中

2008. 4. 17 ②

---

① 《徐州师范大学学报（哲学社会科学版）》2008 年第 5 期。

② 据中贸圣佳 2019 春季艺术品拍卖会照。

罗青《百年文学一光中——怀余光中先生》：他八十二岁时所写的《台东》（二〇〇九）一诗，于一派天真之间，从容写来，就已达洗尽技巧，纯任自然，炉火纯青，雅俗共赏的地步，直接可以入选为新诗百年压卷之作。[1]

4月27日，作诗《禽畜三题》（含《疑猫》《爱犬》《问鸡》），后收入《藕神》（2008年版）、《风筝怨》（2017年版）等。

4月29日，作诗《观仇英画》，后收入《藕神》（2008年版）。

4月30日，张辉诚发表《与余光中共乘捷运》，刊台北《中国时报》E7。

4月，胡有清编《乡愁四韵》，由南京大学出版社出版，收入"余光中诗丛·怀乡卷"。本书集结余光中以乡愁为主题的诗作，收录《雪的感觉》《尘埃》《我之固体化》《当我死时》《四方城》等65首。有序、编者后记、胡有清的《凡我所在，即为中国——论余光中乡愁诗与中国认同》、补记。

4月，《余光中散文》，由杭州浙江文艺出版社出版，收入"名家散文典藏"系列。有自序。本书分为抒情散文、知性散文、小品文三辑，收录《石城之行》《黑灵魂》《塔》《南太基》《望乡的牧神》《食花的怪客》等作品。

5月4日，上午，出席在台北市图书馆举行的"抢救国文教育联盟"五四"千磨万击还坚劲"记者会，呼请台湾当局重订"国文课纲"。

《联合晚报》（2008年5月4日）：〇抢救"国文"余光中促停止"98课纲"（王彩鹂）〇二次"政党轮替"后，"教育政策"的延续性备受关注，"抢救国文教育联盟"今天呼吁"新政府"上台后，宣布停止会让"国家竞争力"弱化的高中"98课纲"。

联盟呼吁新"教育部长"，重新修订高中"98课纲"，古文比率至少占55%，中国文化基本教材列为必修，"国文"每周至少5节。并恢复"部编本"。此外，九年一贯"国小"语文每周应有10节、"国中"至少6节。

……联盟发起人、诗人余光中表示，"98课纲"在课程编订、上课时数、中国文化基本教材改为选修，让联盟成员非常忧心。余光中表示，"中文是中华化的载体，没有中文，中国文化就无从附力"。因

---

[1] 李瑞腾主编：《听我胸中的烈火——余光中教授纪念文集》，第106～107页。

此联盟特别选在五四文艺节，举办记者会吁请"新政府"重新检讨"98 课纲"。……

《联合报》（2008 年 5 月 5 日）：○抢救语文三级贫户 余光中、张晓风：停止"98 课纲""教部"：明年就要实施 不能说改就改"准部长"不表态 联盟吁"新政府"重聘"课纲"委员 增文言文比率（张锦弘）○

台北《中华日报》（2008 年 5 月 5 日）：○余光中促撤回"98 课纲""教部"拟缩减授课时数、降低文言文比例"抢救国文教育联盟"吁新"教长"重新检讨○

《人间福报》（2008 年 5 月 5 日）：○余光中等吁 暂停"98 国文课纲"全球中文热 我反其道而行 应重新修订"课纲"古文比率至少占 55 ％"教育部"：已颁布恐无解○

同日，出席台北市政府举行的五四文学茶会。

台北《中华日报》（2008 年 5 月 5 日）：○ 54 文学茶会 贺余光中 80 大寿 北市府举办 老中青作家聚一堂煮茶论文○

《自由时报》（2008 年 5 月 5 日）：○向余光中、张晓风致敬 文友欢聚 余今年庆八十 全场祝寿 每道餐点都有文学典故（林相美）○

5 月 9 日，发起召开台湾"中华语文促进协会"座谈会，呼吁当局停止实施"去中国化"教学纲领。

《新华每日电讯》（2008 年 5 月 10 日）：○余光中等呼吁停止实施"去中国化"教学纲领○新华社北京 5 月 9 日电（记者陈键兴）综合台湾媒体报道，台湾"中华语文教育促进协会"9 日举办座谈会，基层教师代表和包括著名诗人余光中在内的知识界人士呼吁，新任台湾当局领导人上台后应停止实施"去中国化"的高中语文教学纲要，恢复《论语》《孟子》等中华文化基本教材。

据报道，陈水扁当局教育主管部门早前决定在高中语文 2009 年教纲中调降文言文比例，将文言文授课时间由原来的 5 小时改为 4 小时，并将中华文化基本教材由必修课改为选修课。

在本月 4 日台北市文化局举办的一场作家聚会上，余光中就对陈水扁当局教育主管部门制定"去中国化"的 2009 年版高中语文教纲提出批评。他指出，民族文化建立在语文基础上，中文是几千年的文化遗产，更是每天都要使用的工具，陈水扁当局教育主管部门缩减文言文在教科书中比例是不对的。

当天，台湾抢救语文教育联盟也呼吁，新一届台湾当局教育主管部门应正视目前学生语文水平降低的状况，停止实施"去中国化"的高中语文教纲，把中华文化基本教材列为必修课。

作为联盟发起人的余光中指出，全球只有 4 亿人以英语为母语，但有 13 亿人说中文，台湾没有理由不加强中文教育。

联盟副召集人、作家张晓风则说，中华文化源远流长，台湾怎能舍弃文化经典？

5 月，正中版文化基础教材首度被大陆引用。

台北《中华日报》（2008 年 5 月 10 日）：○正中版文化基本教材大陆首度引用 新华出版社首刷万本 在对岸兴起探讨热潮 余光中：台湾文化实力应珍惜○

5 月 12 日，四川汶川发生里氏 8 级特大地震，共造成 69227 人死亡、374643 人受伤、17923 人失踪。当天，余光中于高雄中山大学图书馆接受中央电视台《大家》节目采访。

《联合报》（2018 年 3 月 7 日）：○怀念余光中：一生知音·一世情谊（刘国松）○二〇〇八年五月初，大陆中央电视台《大家》节目主持人曲向东和三位采访人员专程来台采访光中与我，先来台北与桃源采访了我，后来我又陪他们南下高雄采访余光中教授，也就在采访的当天晚上得知汶川大地震的消息，灾难之大，光中与我都很震惊。当时我即向他们表示，我愿意捐出一张画义卖救灾，他们听了也很感动。

5 月 14 日，应邀到复旦大学演讲《用艺术感受人生》。

《光明日报》（2008 年 5 月 15 日）：○余光中复旦大学演讲：用艺术感受人生○

5 月 15 日，写散文《句短味长说幽默》，后收入《粉丝与知音》（2015 年版）。

5月22日，陈芳明发表《峰顶——贺余光中老师八十大寿》，刊《联合报》E3。

5月23日，应邀出席由台湾大学共同教育中心举办的"通识教育论坛——我的学思历程系列讲座"，讲演《余光中教授的学思历程》。

同日，陈芳明选编《余光中六十年诗选》，由台北印刻文学出版公司出版，为"文学丛书189"。本书按作者创作先后顺序编排，分台北时期、香港时期、高雄时期三辑，收录《沉思——南海舟中望星有感》《舟子的悲歌》《昨夜你对我一笑》《七夕》《诗人之歌》等97首诗歌。有陈芳明的《编辑前言：诗艺追求，止于至善》和刘思坊整理的《余光中创作年表》。

5月24日，写讲稿《年寿与坚持——余光中教授八十大寿学术研讨会主题演讲》，刊7月《印刻文学生活志》第4卷第11期；收入《中国近代文化的解构与重建：余光中先生八十大寿学术研讨会·第七届中国近代文化问题学术研讨会会议论文集》（台北政治大学2008年8月）；后收入《粉丝与知音》（2015年版）。

同日，台湾政治大学文学院举办"余光中先生八十大寿学术研讨会"，为期两天。诗歌朗诵队在典礼中朗诵的作品包括余光中自选的《守夜人》。演讲《年寿与坚持》，并获颁政治大学名誉文学博士学位。次日，出席座谈会。

《联合晚报》（2008年5月24日）：○余光中获政大名誉博士（邱琼平）○

台北《中国时报》（2008年5月25日）：○获颁博士 余光中想再写10年（丁文玲）○

台北《中华日报》（2008年5月25日）：○余光中获颁政大名誉文学博士 余：甚感荣幸 陈芳明精选余近百首诗出版○

《人间福报》（2008年5月25日）：○余光中获颁政大名誉博士○

5月，发表《成果而甘——〈白玉苦瓜〉九歌最新版序》《壮游与雄心——〈望乡的牧神〉新版序》，刊《文讯》第271期。

5月，发表诗作《历劫成器——观王侠军瓷艺展》《低速公路》《牙关》及评论《叶慈少作两题》，刊《联合文学》第24卷第7期。

5月，台湾印刻文学生活杂志出版有限公司出版《印刻文学生活志》

第 4 卷第 9 期,为"炼石补天六十年——余光中教授八十大寿特刊"。其内容主要包括:辑一:余光中作品:[诗]《沙浮投海》《藕神祠》,[散文]《笔耕与舌耕》《傅钟悠悠长在耳》,[译作]《不要紧的女人》(王尔德原作);辑二:交会的时光:《记忆像铁轨一样长:余光中对谈陈芳明》(刘思坊整理),《诗艺追求,止于至善》(陈芳明);辑三:新视野:《论余光中"有情"的历史:抒情传统与中国文学现代性》(王德威),《左右手之外的缪思:余光中的译论与译评》(单德兴),《余光中的世情诗》(苏其康),《"强势作者"之为译者:余光中与翻译》(张锦忠),《白话文与现代散文》(钟怡雯),《冷雨望乡:余光中近期散文的艺术转折》(张瑞芬),《余光中的"文心雕龙"》(黄维樑),《余光中的身份认同》(陈义芝),《抒情中的摩登与传统:余光中与日本四季派》(上田哲二),《古典意象的再造:余光中的雨书》(周芬伶),《上流社会之下流——〈不要紧的女人〉译后》(余光中)。

5 月,单德兴发表《译诗——不可能的艺术?》,刊《联合文学》第283 期。

5 月,李晓明、高长春主编《余光中散文》,由长春吉林文史出版社出版,收入"名家精品阅读"丛书。本书收入《死亡,你不要骄傲》《书斋·书灾》《猛虎与蔷薇》《鬼雨》《逍遥游》《四月,在古战场》等 40 篇散文佳作。

5 月,新版《望乡的牧神》,由台北九歌出版社出版。有新版序。

> 余光中《壮游与雄心——〈望乡的牧神〉新版序》:《望乡的牧神》上承《逍遥游》,下启《焚鹤人》与《听听那冷雨》,是我壮年的代表作。里面的二十四篇文章,有抒情,有评论,都是写于一九六六至一九六八年间,后脚还在壮岁,前脚却将踏进中年。岁月的重压开始感到沧桑。书中的前五篇抒情散文,因为我刚从美国回台,仍然沉浸在新大陆的生动记忆之中,一时还难以把心收回这岛上。但毕竟有了沧桑,较近的新大陆之忆背后,时隐时现,看得见更远的,更难忘的,旧大陆的回忆。……至于后面的十九篇评论,有正论也有杂文,有些是检讨现代文学的成败,有些则是重认古典文学的特色与价值,见证了我正走到现代与古典的十字路口,准备为自己的回归与前途重绘地

图。一生文学之旅，最初我从诗歌出发，再沿诗途进入散文，终于探入评论，所以我的散文里有诗，而评论里也含了散文，可谓一以贯之。

书名的出处有点曲折。英国大诗人米尔顿年轻时为溺海夭亡的剑桥同学金爱华（Edward King）写过一首悼诗，名为《李西达斯》（Lycidas）。诗末米尔顿为溺者招魂，唤他莫漂流海外，应回望故乡。那一句的原文是：Look homeward, Angel，后来美国小说家汤玛斯·伍尔夫（Thomas Wolfe）曾用作他名著《望乡天使》的书名。弥尔顿此诗乃英国四大悼诗之冠，招魂一段之美丽与哀愁不下于楚辞，最合我当年旅美的心情，因借用以名吾书。余光中　二〇〇八年清明节于高雄。[①]

5 月，诗集《白玉苦瓜》，由台北九歌出版社出再版。有新版序。

5 月，古远清编《余光中评说五十年》，由北京文化艺术出版社出版，收入"名家评说丛书"。本书精选海内外名家评说余光中的文章 48 篇，分为自述、访谈、印象、漫议、争鸣、论列等六辑。是书博采史料，寻踪余氏研究历程，兼具学术性与可读性，具有较强的资料价值。

6 月 2 日，徐如宜、郑朝阳、梁玉芳发表《余光中 朱天衣 抢救作文大作战》，刊《联合报》A6。文中称：台湾知名学者余光中是外文系教授，却有深厚的中文底子，如此两种语言才能应用自如，他建议家长重英文、轻中文的观念要改。作家朱天衣发现学生作文能力变差，主因是普遍阅读太少，认为家长带头阅读是矫正此现象的良方。

6 月 7 日，应邀至普台国民中小学演讲《如何读诗》。

《〈明报〉访余光中》：读诗是最好的方法之一。诗歌比较简短，而且容易背诵，不似小说篇幅很长。五言七言诗形式整齐，声音押韵铿锵，而且包涵了历史、文化和人情世故。读诗可以选声调自然、比较简短的……也可以听英文歌或读童话。[②]

6 月 9 日，赠香港中文大学图书馆《守夜人》（*The Night Watchman*）一册，系台北九歌出版社 2004 年版。

6 月 15 日，作诗《大哉母爱——给大难不死的孤儿》，后收入《藕神》（2008 年版）、《风筝怨》（2017 年版）。

---

① 余光中：《望乡的牧神》，台北：九歌出版社，2008 年，第 1～3 页。
② 《明报》（2009 年 5 月 4 日）。

同日，作序《散文也待解梦人——序陈幸蕙的〈悦读余光中：散文卷〉》，后收入《举杯向天笑》（2008 年版）。

6 月 19 日，罗青发表《摇滚的散文——余光中的有声意象》，刊上海《文汇报》A28。

6 月 20 日，在高雄家中接受《星期柒新闻周刊》采访。采访稿以《对话余光中：飞越那"一湾浅浅的海峡"》为题，刊 9 月 17 日《现代快报》。

6 月 23 日，应邀至台北县三重区集美小学演讲。

《台湾新生报》（2008 年 6 月 24 日）：○余光中：文言文不可能废除 三重"集美国小"讲座分析中文美学很有意境○

7 月 4 日，首批周末包机直航飞往台湾，将近六十年两岸关系互动的历史揭开了崭新一页。

7 月 15 日，致信"中国笔会"项人慧。

人慧：

信上诗六首与英文译稿六篇，可按我的排列顺序付印。排好后请寄我自校一遍。照片及新书会另寄上。

编安

光中　2008. 7. 15[1]

7 月 29 日，古远清发表《余光中发起"讨胡"战役——胡兰成在台湾的传奇》，刊香港《文汇报》C03。

同日，陈幸蕙发表《遇见 100% 的余光中》（上、中、下），刊《人间福报》第 15 版；又刊 9 月《明道文艺》第 390 期。

7 月 31 日，致信"中国笔会"梁欣荣主编。

欣荣教授：

听人慧说，这两首诗要有我的手稿，现抄好寄上。另外我又译了《苍茫时刻》一首，中英对照一并补上。尚请主编费神斟酌。如有问题，亦请直接跟我联络。耑此并颂

编安

光中　2008. 7. 31[2]

---

① 原件藏台湾"中国笔会"开放博物馆。
② 原件藏台湾"中国笔会"开放博物馆。

7 月，发表《心有千瓣的一株莲》，刊《乾坤诗刊》第 47 期。

7 月，陈幸蕙著《悦读余光中：散文卷》，由台北尔雅出版社出版。本书为评论与赏析余光中散文之文字结集。全书共 5 卷：雨水台树·雨水中国；壮丽情事；一瓣心香；雅客须知；悦读手记，收文 43 篇。书前有序文《遇见 100% 的余光中》，书末附《打喷嚏，却喷出了彩霞》《本书篇章与余光中作品对照表》《陈幸蕙简介》。该书作者以主观的欣赏与客观的分析来导读余光中的文学作品，带领读者认识这位诗人与学者，文字深入浅出。这是一本认识余光中的入门书。

8 月 2 日，应黄碧端的邀请出席"好山好水读好书"活动。

> 黄碧端《我和光中先生的中山因缘》：我担任文建会主委时，推出一个规模很小却很受欢迎的读书活动，叫"好山好水读好书"，第一场便请了余先生打头阵，非常轰动。[1]
>
> 《联合晚报》（2008 年 7 月 30 日）：○马嫂陪你一起读好书 好山好水读好书 余光中打头阵、严长寿、李家同接力 洪兰、黄春明……明年加入（黄玉芳）○
>
> 《联合报》（2008 年 8 月 3 日）：○余光中签书 粉丝马嫂排最后 大师导读《梵谷传》酷酷嫂坐第四排 聆听笔记又发问 民众要签名 她手指余"主角在那里"○
>
> 台北《中华日报》（2008 年 8 月 3 日）：○马嫂化身周同学 读好书 文建会"好山好水读好书"首场古坑登场 周美青聆听名诗人余光中导读《梵谷传》还排队索签名○

8 月 3 日，周丽兰发表《余光中导读，周美青勤做笔记》，刊台北《中国时报》A12。

8 月 10 日，新版散文集《凭一张地图》，由台北九歌出版社出版，为"余光中作品集 8"。新增《自律的内功——新版自序》（2008 年 7 月写于左岸）。

> 余光中《自律的内功——新版自序》：《凭一张地图》在我的文集里是颇特殊的一本：里面的四十八篇小品不是写于香港时期的最后半

---

① 《文讯》第 387 期（2018 年 1 月）。

年，就是成于高雄时期的前三年；而且大半是为报纸副刊的专栏赶工挥笔，其中五篇更是欧游途中在旅馆熬夜赶出来的急就之章。在这以前我也曾在《中国时报》的《人间》副刊用何可歌的笔名开过每周见报的专栏，又在香港《今日世界》月刊逐月刊出杂文，饱受截稿日期的压力。……这些小品既非一般杂文，也非纯粹美文，而是兼具理趣与情趣的文章，不过有时理趣较胜，有时情趣较浓。……因为求短，必须能收。放，需要气魄。收，却需要自律。《凭一张地图》凭的，正是一位散文家自律的内功。

8月，孙彧编注《我来过，我爱过：余光中诗文精读》，由上海复旦大学出版社出版，收入"著名中学师生推荐书系"。

8月，陈芳明发表《爱即真理》，刊《联合报》第286期。文中介绍了《双人床》和《如果远方有战争》。

8月，政治大学文学院编《中国近代文化的解构与重建：余光中先生八十大寿学术研讨会·第七届中国近代文化问题学术研讨会会议论文集》，由台北政治大学印行。本书共收会议论文14篇：单德兴的《左右手之外的缪思——析论余光中的译论与译评》、苏其康的《余光中的世情诗》、张锦忠的《"强势作者"之为译者：以余光中为例》、钟怡雯的《诗的炼丹术——余光中的散文实验及其文学史意义》、张瑞芬的《冷雨望乡——余光中的散文历程与艺术转折》、须文蔚的《余光中在七〇年代港台文学跨区域传播之影响论》、陈芳明的《诗艺的完成——余光中与现代诗批评》、黄维樑的《余光中的"文心雕龙"》、马耀民的《余光中的翻译论述试探——以〈不可儿戏〉为例》、陈义芝的《余光中诗与中国古典——一个"文化研究"的角度》、上田哲二的《抒情中的摩登与传统——余光中与日本"四季派"》、周芬伶的《梦与地理——余光中诗文中的雨书与地图学》、萧萧的《角落调适与角度调整——论余光中呈现的地方书写》。书前有文颜的《序》、余光中的《年寿与坚持》，末附《研讨会议程表》。

9月14日，中秋，为电视诗会赋诗。诗云："最美满的一面仙镜，公开挂在天顶心，让所有的眼睛仰望，各自看到思念的倩影。"

9月21日，林欣谊《10本书，为大师贺寿》、凌性杰《最热血的年纪里——读余光中》，刊台北《中国时报》B1。

9 月 22 日，《余光中轰"教部"促检讨"98 课纲"》，刊台湾《苹果日报》A7。

9 月 25 日，*The Taipei Chinese PEN* 秋季号辟为余光中诗文英译专号，共收诗歌 11 首，分别是自译 "Cirrus Over Cape Cod"（《鳕岬上空的卷云》）、"At The Dentist's"（《牙关》）、"Arco Iris"、"Tug of War with the River"（《水草拔河》）、"Great Is A Mother's Love—To A Victim Orphaned by the Recent Earthquake in Sichwan"（《大哉母爱——给大难不死的孤儿》）、"To Chris on His Going West From Denver"（《送楼克礼自丹佛西行》）、"At the Twilight Hour"（《苍茫时刻》）、"How to Murder A Famous Writer?"（《如何谋杀名作家？》，杜南馨译）、"A City Without Neighbors"（《没有邻居的都市》，余幼珊译）、"Who Can Tell the World to Stop for Three Seconds"（《谁能让世界停止三秒？》，杜南馨译）、"I Can Still Hear the Fu Bell Ringing"（《傅钟悠悠长在耳》，吴敏嘉译）。

9 月 26 日，晚，由中华音乐人交流协会主办，"诗与歌的回旋曲"祝贺余光中八十大寿演唱会在台北大安森林公园举行。杨弦、胡德夫、苏来、李建复、包美圣、殷正洋、许景淳、万芳、南方二重唱、野火乐集等参演。

9 月，写散文《不朽与成名》，后收入《粉丝与知音》（2015 年版）。

9 月，发表《"我就像一个古老的帝国"——在余光中与 20 世纪华文文学国际研讨会上的致辞》，刊《徐州师范大学学报（哲学社会科学版）》2008 年第 5 期。

9 月，古远清著《余光中：诗书人生》，由武汉长江文艺出版社出版。本书以余光中的"读书生活"为线索，探幽入胜，既引导读者一窥文学大家的风雅人生，同时亦从一侧面反映出传主余光中的创作和治学之道。主要内容包括：并非童话般的童年；承继诗骚，浸唐风宋韵；横接西方，沐欧风美雨；在李杜悠悠的清芬里；星空无限蓝；向历史自首？；身边的女人都爱他；书斋内外的风景；改写新文学史的尝试；"红旗下的耳语"；井然有序；努力发展"旅游事业"。

10 月 2 日，为祝贺诗人余光中八十大寿，台北九歌出版社特意出版余光中最新诗集《藕神》、近十年的文学评论精选《举杯向天笑》、翻译英国名作家王尔德的剧本《不要紧的女人》等五本书，展现他在文学道路上的成就。台北文艺界朋友与门生齐聚仁爱路一段十七号提前为他祝寿。

《联合晚报》（2008 年 10 月 2 日）：○生日愿望 余：邀约太多 想做自己……（黄玉芳）○

○韩剧 fans! 余光中生日快乐 大师也爱看大长今、大陆历史剧（黄玉芳）○

《台湾立报》（2008 年 10 月 15 日）：○余光中教授的英文天地——从英诗吟诵到翻译诠释（李振清）○十月二日在台北艺文界一百多位朋友与门生自发性的共襄盛举下，欢庆八十岁生日。余"老师"精神抖擞、神采飞扬；在师母的陪同下，内心愉悦地说："有这么多朋友陪我过生日，比得诺贝尔奖还高兴。"笔者恭逢其盛，欢见热情洋溢的老、中、青三代对余光中教授中、英创作的高度推崇礼赞，内心欢愉不已。

同日，发布"八十岁毕业报告"。

《人间福报》（2008 年 10 月 3 日）：○余光中嵩寿 发表"80 岁毕业报告"《藕神》《举杯向天笑》《不要紧的女人》文艺界友人庆生 希望永远创作 感觉比得诺贝尔奖开心○

10 月 3 日，林欣谊发表《余光中：被民族接受，是最大光荣》《为诗人度 80 大寿，两岸三地热闹整年》，刊台北《中国时报》A14。

同日，郭士榛发表《余光中高寿，发表"80 岁毕业报告"》，刊《人间福报》第 7 版。

10 月 3 日至 24 日，余光中教授特展"一片茱萸寄诗兴"在高雄中山大学图书馆展出。

10 月 4 日，《中大为余光中办特展》，刊《香港商报》A09。

10 月 5 日至 13 日，应江苏省台联邀请，重回南京。

《对话余光中：飞越那"一湾浅浅的海峡"》：今年我会在重阳的前两天回来，准备住 10 天。10 天里除了去扬州演讲一次外，都呆在南京，主要是休息。①

冯亦同《左手的掌纹·编后记》：二〇〇八年金秋，他在出生地南京欢度八十华诞，接受文化界同仁祝贺时，我曾赠送一幅有团龙图案的南京云锦给寿星，并题写一首小诗："天机藏白下，风采记红楼；云

---

① 《现代快报》（2008 年 9 月 17 日）。

锦馈诗伯，南山正好秋。""南山"系指位于高雄市海边光中先生所任教的中山大学文学院新楼紧挨着的寿山。①

10 月 7 日，重阳节，重回母校秫陵路小学，并和学生们一起度过 80 岁寿辰。这是他数十年后第一次重回此地。余光中为"余光中班"题词，并向母校赠书：一本是他写的童诗《踢踢踏》，一本是他翻译的美国诗歌《雪晚林边歇马》，还有一本是他的大学母校南京大学今年刚刚给他出版的《乡愁四韵》诗集。次日，题写"给我的母校——秫陵路小学 余光中 2008.10.7"。

《白下年鉴：2009》：○诗人余光中回母校○ 10 月 7 日，台湾诗人、散文家、翻译家余光中偕夫人回到母校——南京市秫陵路小学，与全体师生共庆余光中 80 岁生日，余老当场为余光中班学生题词，全校师生满怀激情朗诵余老的作品《乡愁》。（谢钰健、叶岚）②

同日，赠曾立平《乡愁四韵》一册，并题字。

曾立平先生惠存：

并感谢为我找到小学时代母校——秫陵（崔八巷）小学

余光中 范我存

2008.10.7 戊子重九于南京

同日至 8 日，发表《诗艺老更醇？》（上、下），刊《人间福报》第 15 版；又刊同月《文讯》第 276 期和《香港文学》第 286 期。该文后作为自序收入《藕神》（2008 年版）。

同日至 9 日，发表《西湾落日圆》，刊《联合报》副刊 E3、E4；后收入《粉丝与知音》（2015 年版）。

同日，郑依依发表《大春鸿文贺寿余光中》，刊香港《明报》D04。

10 月 8 日，应邀至南京金陵中学、师大附中演讲。晚上，与南京大学校友相聚。

李夜光《我和余光中的同窗情》：10 月 5 日才能来南京。他告诉

① 余光中：《左手的掌纹》，第 247～248 页。
② 南京市白下区地方志编纂委员会编：《白下年鉴：2009》，北京：方志出版社，2009 年，第 113 页。

我，计划 10 月 8 日下午访问我家。那天，我本准备找几位老同学在家叙谈，可是南京金陵中学和师大附中盛情邀请他演讲，临时安排作了两场讲座，等讲座结束，已近 6 时，我和内人嵇才华只能直接把余光中伉俪接到酒店，和老同学聚会。当晚出席的有程极明夫妇、金大南京校友会副会长陆庆良夫妇，遗憾的是高文美与江达灼皆因老伴身体原因无法赴宴。这几位和光中已经 60 年不见，整整一个甲子啊！①

同日，《余光中八秩寿庆纪念典藏作品十月推出》，刊香港《文汇报》C03。

10 月 9 日，法国作家克莱齐奥荣获诺贝尔文学奖。次日，记者提及"为什么中国人很少得诺贝尔文学奖？"，余光中作出自己的回答。

《南京日报》（2008 年 10 月 11 日）：〇余光中：将继续"文化之旅"（毛庆）〇余光中说："仔细分析一下，瑞典皇家学院里共有 17 位院士，只有马悦然教授通晓中文，其余 16 位对中国文学的阅读，非靠翻译不可，而通常那些院士们都通晓四五种西方语言，能直接鉴赏西方文学著作而不需靠翻译。"

余光中表示，其实，很多优秀的作家也不曾得到诺贝尔奖的青睐，没必要在诺贝尔文学奖一棵树上吊死。现在也有不少专为华人作家设置的奖项，比如，马来西亚的世界华文文学奖、香港的红楼梦奖等，有很多大陆作家都得过奖。

同日，应邀在南京图书馆学术报告厅做学术报告。余光中将为南京大学百年校庆而作的《钟声说》诗原稿赠送给母校。

10 月 10 日，下午，于江苏议事园接受《南京日报》记者毛庆采访，采访稿后以《余光中：将继续"文化之旅"》为题刊次日《南京日报》A02。

10 月 11 日，应邀做客扬州市举办的"扬州讲坛"，演讲《诗与音乐》。

《扬子晚报》（2008 年 10 月 12 日）：〇余光中自吟"乡愁"，为本报题字"江上潮"〇11 日，著名学者、诗人余光中做客"扬州讲坛"主讲《诗与音乐》。在"粉丝"们期待的掌声中，余先生"破例"在公开场合朗诵了《乡愁》。余夫人透露，在此次大陆之行中，余光中并没有在大场合公开朗诵这首诗，原因是不愿意"老拿这首诗说事儿"。讲

---

① 《钟山风雨》2008 年第 6 期。

座结束后，余先生还特为本报题字"畅如扬子江上潮"。

《扬州日报》（2008 年 10 月 12 日）：〇余光中昨在《扬州讲坛》讲述《诗与音乐》——"我在这头，大陆也在这头"——省市领导张九汉、洪锦华、王荣平等出席〇本报讯（记者 邹平 王鹏）昨天下午，中国当代作家、著名诗人余光中携夫人莅临《扬州讲坛》，为我市听众演讲《诗与音乐》。这是余光中先生第二次来扬州，来到故乡江苏，带着一丝淡淡的乡愁，已年届 80 高龄的他声情并茂地讲述了诗、画、乐的关系，受到广大听众的热烈欢迎。省政协副主席张九汉，市领导洪锦华、王荣平、王玉新、王少鹏、钱小平听取了讲座。

上世纪 70 年代余光中创作了著名的《乡愁》，这首诗抒发了两岸同胞乃至全球华人的心愿，确立了余光中先生在中国诗坛的地位。在昨天的讲座中，余光中畅谈了诗与绘画、音乐之间的艺术关系，并用中英文朗诵了他和外国诗人创作的诗歌。在余光中先生的提议下，全场听众在《民歌》的朗诵声中，同声应和"我听见"的诗句，使讲座现场气氛达到高潮。

应观众的要求，余光中先生朗诵了著名的《乡愁》，在朗诵的结尾，余光中先生说："不过今天的情况不完全如此，今天是我在这头，大陆也在这头；今天我在这头，新娘也在这头。"话音刚落，全场观众以热烈的掌声表达了对余光中先生睿智及深厚爱国情怀的钦佩。

10 月 13 日，晚，自南京至香港，出席商务印书馆举办的"余光中八秩寿庆纪念典藏作品分享及签名会"活动。

《大公报》（2008 年 10 月 14 日）〇八秩寿辰在港出席签名会 余光中晤读者分享心得〇

《大公报》（2008 年 10 月 15 日）：〇新诗集出炉 与读者分享心得 余光中《藕神》贺八秩寿辰〇

《余光中八秩寿庆纪念典藏作品分享及签名会·参加表格》：亲爱的中文系教授及同学：

余光中八秩寿庆纪念典藏作品十月推出

余光中教授 10 月 13 日亲临商务印书馆尖沙咀图书中心与读者会面

您好！商务印书馆成立以来，一直深得阁下支持，本馆不胜感激。

本年十月份，余光中教授八十嵩寿，台湾九歌文化事业群特别推出余光中四本著作及一本祝寿文集。为了进一步推动本地文化，本馆诚意邀请余光中教授从台湾远道而来，并于 10 月 13 日亲临商务印书馆尖沙咀图书中心与读者会面。本馆诚邀阁下拨冗出席。

……

五本书分别是暌违九年的最新诗集《藕神》、近十年的文学评论精华《举杯向天笑》、翻译英国名作家王尔德的剧本《不要紧的女人》，陈芳明编选余光中长达 50 年的 47 篇经典《余光中跨世纪散文》，以及由苏其康邀请多位名家撰写的庆寿专集《诗歌天保》。展现诗翁八十在诗、散文、评论、翻译最新成果，并特请余光中录制 CD，朗诵新诗、英诗及宋词，以飨广大读者。除彰显余先生文学成就之外，并更藉此推广诗运。

……

敬祝教安！

商务印书馆谨启
2008 年 10 月 6 日 ①

10 月 14 日、15 日、18 日、21 日、22 日、25 日，古远清发表《余光中"向历史自首"事件》系列文章，分别是《〈狼来了〉：一篇坏文章》《〈狼来了〉的"狼"是指谁？》《陈鼓应炮轰余光中》《余光中"密信"片段曝光》《赵稀方质疑"余光中神话"》《余光中的"自首"与陈映真的遗憾》。

10 月 15 日，李振清发表《余光中教授的英文天地：从英诗吟诵到翻译诠释》，刊《台湾立报》第 8 版。

10 月 19 日，高雄中山大学附属国光高级中学的"余光中诗园"建成开放，园中刻铸余氏自选诗 20 首，分别为《让春天从高雄出发》《母难日》《五行无阻》《乡愁》《夸父》《项圈》《邮票》《西螺大桥》《五陵少年》《回旋曲》《民歌》《乡愁四韵》《风铃》《天问》《警告红尾伯劳》《荔枝》《苍茫时刻》《火金姑》《台东》等。

《明报·明艺版》（2017 年 7 月 31 日）：○到高雄探望余光中先生（黄维樑）○中山大学的附属中学，校园里有"余光中诗园"，共有诗翁自己选定的二十首。诗园在二〇〇八年十月建成开放。

---

① 据原件选录。

　　黄维樑《"余光中诗园"导赏》：大陆西安市的大唐芙蓉园内有诗园，湖南省常德市有诗墙，岳阳市岳阳楼侧的洞庭湖滨有诗碑。台湾高雄市中山大学附中校内也有诗园。上述大陆三地的诗园、诗墙、诗碑，所竖所刻所铸的，或古代，或古今都有，都是众多诗人的作品；高雄这所中学内的诗园，独树一家，名为"余光中诗园"。这个诗园所展示的余光中诗，是诗人亲自选定的，共二十首，分为三部分：体育馆圆形校徽旁的墙，三首；其邻近建筑八德馆六楼墙壁，一首；八德馆侧圆形花圃展示架，十六首。诗园在 2008 年 10 月 19 日建成开放，正是余光中先生八十大寿之期。①

　　黄维樑"附记"：2009 年 5 月，我在高雄，在中大附中黄德秀先生的领引下，参观了诗园。他是诗园的创意和策划者，对诗园的建成，贡献至大。诗园的建成，也为了庆祝附中五十周年校庆。②

10 月 23 日、24 日，陈幸蕙发表《在微笑中亲近大师》（上、下），刊《人间福报》第 15 版。

10 月，第十九本诗集《藕神》，由台北九歌出版社出版，为"余光中作品集 9"。全书收录《捉鬼》《鸡语》《魔镜》《画中有诗——题刘国松画六首》《永念萧邦》等 72 首【按：其中《致杜十三》一诗未标写作日期】，内容涉及李清照、傅抱石、屈原、甘地、凡谷等中外人物。书前有自序《诗艺老更醇？》（2008 年 7 月于左岸）。【按：该书书名典出济南人为李清照建的藕神祠，可见作者对李清照的尊崇。】

　　余光中《诗艺老更醇？》：诗人也比画家幸运。名画虽贵，却怕有人来偷，或是狂徒来毁，更怕岁月侵蚀，甚至真假难分。诗的稿费虽然不高，诗的生命却可永存。……我写散文，思虑成熟就可下笔，几乎不用修改。写诗则不然。改诗，正是诗人自我淬砺的要务。所谓修改，就是要提升自己，比昨天的我更为高明，同时还要身外分身，比昨天的我更加客观：所以才能看透自己的缺失，并且找到修正的途径。诗人经验愈富，功力愈高，这自我提升的弹性就愈大，每每能够把一首瑕瑜互见的作品，只要将关键的字眼换掉，或将顺序调整，或将高

① 黄维樑：《大师风雅——钱锺书、夏志清、余光中的作品和生活》，第 195 页。
② 黄维樑：《大师风雅——钱锺书、夏志清、余光中的作品和生活》，第 202 页。

潮加强，或将冗赘删减，原诗就会败部复活，发出光彩。诗人的功力一旦练就，只要找到新的题材，丹炉里就不愁炼不出真的丹来。如果功力不足，那就任你再怎么修改，也只是枝节皮毛，而难求脱胎换骨。……诗人题咏古今人物，多少也能跨入小说与戏剧的领域，而可免于抒情的单调。……

我的诗体早期由格律出发，分段工整。到《莲的联想》又变成每段的分行长短相济。《敲打乐》在分段分行上自由开阖，又是一变。后来把中国的古风与西方的无韵体（blank verse）融为一体。从头到尾连绵不断，一气呵成，这对诗人的布局与魄力是一大考验。……另一方面，近年的现代诗句越写越长，泛滥无度，同时忽长忽短，罔顾常态，成为现代诗艺的大病，也是令读者难读难记的终致疏远的一大原因。其实收与放同为诗艺甚至一切艺术的手法，一味放纵而不知收敛，必然松散杂乱。许多年来我刻意力矫此病，无论写分段或不分段的诗，常会自限每行不得超过八个字，而在六字到八字之间力求变化。其利在于明快有力而转折灵便。这种"收功"不失为严格的自我锻炼，对于信笔所至的作者该是一大考验。诗艺乃终身的追求，再杰出的诗人都还有精进的空间。

10月，《乡愁——余光中诗精编》，由武汉长江文艺出版社出版，收入"中外名家经典诗歌"丛书。本书集结作者以乡愁为主题的诗作，收录《算命瞎子》《舟子的悲歌》《昨夜你对我一笑》《祈祷》《珍妮的辫子》等106首。

10月，陈幸蕙编选、赏析《余光中幽默诗选》，由台北天下远见出版股份有限公司出版，收入"风华馆丛书"。本书所集结作者之诗作，包括抒情、叙事、写景、自遣、调侃、谐讽、讽刺等主题，共分三辑，收录诗歌《四谷怪谈》《灰鸽子》《雪橇》《熊的独白》《调叶珊》等60首。书前有陈幸蕙《序——在微笑中亲近大师》。

10月，评论集《举杯向天笑》，由台北九歌出版社出版，为"余光中作品集10"。书名取自李白《独酌清溪江石上寄权昭夷》之"举杯向天笑，天回日西照"。本书集结作者评论文章，分六辑，收录《举杯向天笑——论中国诗之自作多情》《李白与爱伦·坡的时差——在文法与诗意之间》《捕光捉影缘底事——从文法说到画法》《读者，学者，作者》等38篇。

书前有余光中《正论散评皆文心》（2008 年 8 月于左岸）。

> 余光中《正论散评皆文心》：里面收集的三十八篇文章，有的可称正论，有的看似序言实为书评，有的却是文类的探讨、艺术的赏析，不过大体上都可以泛称评论。紧随《蓝墨水的下游》之后，十年来我的正论散评大致都收罗在此了。……分辑是求其性质分明，而每辑的文章则依发表的先后排列。[①]

10 月，英国王尔德（Oscar Wilde）剧本《不要紧的女人》（*A Woman of No Importance*）中译本由台北九歌出版社出版。有译后记。王尔德的时代是 19 世纪末期，维多利亚时代的后半期，为英国的强盛时期，王尔德是唯美主义运动的代表人物，其戏剧多数是对上流社会的自满、自足、虚荣的讽刺。该剧讽刺的内容更为深刻，是从美国人的角度讽刺英国上流社会，反映英国上流社会的阶级虚荣。

10 月，陈芳明编《余光中跨世纪散文》，由台北九歌出版社出版，为"余光中作品集 12"。全书分抒情自传、天涯蹑踪、师友过从、诗论文论、谐趣文章五辑，收录《鬼雨》《望乡的牧神》《焚鹤人》等 47 篇。有陈芳明《左手掌纹，壮丽敞开——〈余光中跨世纪散文〉前言》《余光中大事年表》。

10 月，苏其康主编《诗歌天保——余光中教授八十寿庆专集》，由台北九歌出版社出版。本书为庆祝余光中教授八十大寿所编的专辑。全书分为三卷，卷一共 12 篇：钟玲的《名家为女诗人序诗及其评论角度》、梁笑梅的《文学地理学：华文诗歌空间形态研究的新视境——以余光中为个案研究》、胡有清的《"凡我所在，即为中国"——论余光中乡愁诗与中国认同》、苏其康的《余光中的世情论述诗作》、蔡振念的《余光中的诗论及其实践——以音乐性为例》、赖淑芳的《"一颗星悬在科学馆的飞檐"——余光中与科学》、张锦忠的《（在中国周边的）台湾新诗现代主义路径——余光中的案例》、陈义芝的《余光中诗与中国古典——一个"文化研究"的角度》、黄维樑的《博雅之人，吐纳英华——余光中学者散文〈何以解忧〉析论》、王仪君的《余光中游记中之人文探索及城市书写》、罗选民的《余光中与翻译》、单德兴的《含华吐英——析论余光中的中诗英文自译》；卷

[①]　余光中：《举杯向天笑》，第 9 页。

二共 5 篇：金圣华的《百啭显童心，千人诵诗情——二〇〇六年五月与诗人余光中同赴青岛讲学记》、黄国彬的《士林路的孟尝府》、夏菁的《完全是为了好胜——祝余光中兄八十寿辰》、夏菁的《和而不同五十年——余光中和我》、温儒敏的《生命因艺术而"脱苦"——读余光中的〈白玉苦瓜〉》；卷三共 5 篇：张错的《凡人的异类，离散的尽头——台湾"眷村文学"两代人的叙述》、林耀福的《在既济与未济之间——易 / 异读狄堇森》、彭镜禧的《语言：朱丽叶的"生长激素"》、李美文的《钢琴在珍·奥斯丁〈艾玛〉中的角色》、何文敬的《福克纳作品中的城市缅斐斯——以〈大亨〉和〈无聊故事〉为例》。末附《本书作者介绍》、苏其康的《献上无限的祝福》。这些文章从不同的学术领域和角度为余光中祝寿，或讨论余光中诗作、散文、翻译，或用作者相关领域的论文来做贺仪，或用散文记述酬唱的方式向余光中致敬。

11 月 2 日，应邀在吉隆坡州立华文小学演讲，庄华兴博士主持。

11 月 6 日，发表《艺术与造化——第二十一届梁实秋文学奖翻译类译诗组综评》，刊台北《中华日报·中华副刊》B4。

11 月 7 日至 9 日，出席在花莲松园别馆举办的"光影·舞动"2008 第三届太平洋诗歌节。

11 月 23 日至 24 日，哈佛中国文化工作坊主持人、北美华文作家协会副会长张凤应邀到高雄中山大学演讲，并与余光中欢聚，获赠签名作品数本。

> 张凤《"记忆像铁轨一样长"：忆余光中先生》：二〇〇八年十一月，我回台北剑潭，参与世界华文大会，趁便应邀到几校演讲。应允二十三—二十四日去高雄中山大学演讲，主要为见南台诸友，最大的吸引力还是余先生——余先生曾任中山大学文学院首任院长。时任院长的黄心雅教授和曾在哈佛开过会的张锦忠教授，悉心安排了一段不短的时间让我与诗人欢叙。
>
> ……他谢我到校演讲，非常鼓励地说，绝对是应该听的讲座。他送了我他的诗文集《记忆像铁轨一样长》《藕神》《凭一张地图》，亲自勾勒签赠。墨宝点画势尽，力透纸背，让我喜出望外。他又为我珍藏几十年的作品《左手的缪思》《掌上雨》《逍遥游》《五陵少年》《望乡

的牧神》《敲打乐》《白玉苦瓜》《在冷战的年代》《焚鹤人》等，一一
签书。①

11 月 25 日，郑明娳发表《余光中 VS. 朱自清》，刊《青年日报》第
10 版。

11 月 27 日，出任台北县语文政策顾问。

> 台北《中华日报》（2008 年 11 月 28 日）：○余光中任北县语文政
> 策总顾问（吴宇轩）○

> 《联合报》（2009 年 1 月 14 日）：○抢救蔡语文 余光中指导北县
> 自编教材○【联合报 / 记者黄福其 / 北县报导】台北县教育局为提升
> 学生文言文能力，聘名诗人余光中担任 "北县语文政策总顾问"，指导
> 教师自编补充教材韵文读本，3 月将免费提供全县学子；内容除古诗
> 词，还有两岸新诗、歌仔戏，连周杰伦《上海一九四三》、S.H.E《长
> 相思》等流行歌都将列入。

同日，与台北县县长周锡玮对话。

> 《太平洋日报》（2008 年 11 月 28 日）：○余光中与周锡玮对话○

11 月，作品《傅钟悠悠长在耳》，收入《台大八十·我的青春梦》（台
湾大学出版中心）；后收入《粉丝与知音》（2015 年版）。

11 月，詹宇霈发表《余光中庆八十寿诞》，刊《文讯》第 277 期。

11 月，白灵《脸上风华，眼底山水——余光中诗中的表情及其时空意
义》、萧萧《人体代谢与天体代御——论余光中展现的身体诗学》，刊《台
湾诗学学刊》第 12 期。

12 月 11 日至 12 日，应邀出席香港中文大学翻译系和英国华威克大
学（University of Warwick）翻译与比较文化研究中心合办的 "翻译研究
与汉英·英汉翻译国际会议"，并做题为《唯诗人足以译诗？》之演讲。演
讲稿刊 2009 年 2 月香港《明报月刊》"八秩诗翁" 余光中特辑；又刊同月
《印刻文学生活志》第 5 卷第 6 期；又刊 2009 年 5 月《明日风尚》第 5 期；
后收入《从杜甫到达利》（2018 年版）、《翻译乃大道，译者独憔悴》（2021
年版）。

---

① 《名作欣赏》2018 年第 2 期。

12月15日至2009年1月7日，香港中文大学文学院于香港中文大学图书馆展览厅举办"香港相思——余光中的文学生命展览"。在此期间还举办了"余光中教授文学讲座暨诗文欣赏会"，由余光中讲述创作心得，并由同学朗诵他的名篇。此外，还有多场"中学生展览导赏团"活动。

余光中《失帽记》：去年十二月中旬，香港中文大学图书馆为我八秩庆生，举办了书刊手稿展览，并邀我重回沙田去签书、演讲。现场相当热闹，用媒体流行的说法，就是所谓人气颇旺。联合书院更编印了一册精美的场刊，图文并茂地呈现我香港时期十一年，在学府与文坛的各种活动，题名《香港相思——余光中的文学生命》，在现场送给观众。典礼由黄国彬教授代表文学院致词，除了联合书院冯国培院长、图书馆潘明珠副馆长、中文系陈雄根主任等主办人之外，与会者更包括了昔日的同事卢玮銮、张双庆、杨钟基等，令我深感温馨。放眼台下，昔日的高足如黄坤尧、黄秀莲、樊善标、何杏枫等，如今也已做了老师，各有成就，令人欣慰。①

《人间福报》（2008年12月22日）：○香港中大余光中文学展○

12月，李夜光发表《我和余光中的同窗情》，刊《钟山风雨》第6期。

12月，林翠芬发表《余光中：华文文学将在世界通行》，刊《文综季刊》第5、6期合刊。

12月，丁旭辉编《余光中集》，由台南台湾文学馆出版，为"台湾诗人选集14"。本书集结作者以台湾为主题的诗作，收录《大度山》《远洋有台风》《母亲的墓》《航空信》等39首。书前有黄碧端的《主委序》，郑邦镇的《骚动，转成运动》，彭瑞金的《〈台湾诗人选集〉编序》《台湾诗人选集编辑体例说明》《余光中影像》《余光中小传》，书后有《解说》《余光中写作生平简表》《阅读进阶指引》《余光中已出版诗集要目》。

12月，在台北出席世界华文作家协会第七届年会，与司马中原、赵淑侠、林忠民等一起获终身成就奖。

---

① 《联合报》副刊（2009年4月29日）。

2009 年（己丑） 82 岁

1月5日，冯亦同的《煦园之约——贺余光中先生八十华诞》、了了村童的《与永恒拔河——余光中素描》，刊《扬子江诗刊》第1期。

冯亦同《煦园之约——贺余光中先生八十华诞》：古典的窗扉约会飘缈的红楼/凌云的飞檐约会晴朗的钟山/煦园等你，在这历史的走廊上/不系舟静静地停泊太平湖边——//是因为浅浅的海峡仍在冀望？/是因为八十个重阳不怕霜染？/一颗心的呼唤，叩动亿万神州/滔滔江河捧读你的激昂与缠绵……//三秋桂子才飘出茱萸的清香/十月丹枫也笑迎游子重返家园/请将《乡愁》交给石舫去负载罢/今夜，生日烛光要高吟诗的凯旋！

了了村童《与永恒拔河——余光中素描》：你的恣肆风流/注入了诗文哗笑/一脸冷峭的骨感/内敛成桀骜的气宇//当我移动座位/凑近你/冷不丁，楔入灵魂的/是你硕大丰茂依然油光水滑的耳轮/愈远愈聪/是特异还是诗意/"设若一百年之外/会听得更加清楚"//噙蓄锋芒的双眼/如宝剑徐徐入韬/当年身居密西根州/它曾斩断八万里暗夜/饕餮神州地图/也曾劈开两千年风烟/捕捉屈原、李广的背影//双唇轻启，/吐漱一个个汉字/平平仄仄/雪花敲击在红亮的油纸伞上/如滚动一颗颗圆润的珍珠/脆响/脆响得恰似太白的绝句/吐出的不是"半个盛唐"/而是"中文遭遇英文的世界"//重阳出生/你是茱萸的孩子/注定给诗文消灾辟邪/手中的笔管，明晃晃/是根定海神针/一往情深地/扎在中国传统文化的基石上//八十岁依然激情贲张/牢牢握住/时光拧成的那根绳子/用生命/与永恒拔河

1月15日，访问台北市士林区芝山小学。

《台湾立报》（2009年1月16日）：〇芝山小学迎诗人 唱演读余光中〇

1月，散文集《沙田山居》，由香港商务印书馆出版。本书记述作者于香港沙田居住时期所见所闻，以及与文友之间的交谊，分两辑："余光中在香港"和"自然风光和笔下风景"，收录《沙田山居》《吐露港上》等11

篇。有《参考答案》。

1月，雨弦出版诗集《生命的窗口》，付梓前请余光中写推荐辞。辞云：

> 绝少人会欢天喜地到殡仪馆上任，但我勉励雨弦，要好好把握这难得的"良机"，从新经验发觉主题。我的期待没有落空。他充分把握了这主题，写出了短而隽永的佳作。……① 【按：2010年雨弦就读"国文所"博士班，导师为余光中教授。】

2月21日，发表诗歌《窗之联想》，刊台北《中国时报》；后收入《太阳点名》（2015年版）。

2月，发表《唯诗人足以评诗？》，刊香港《明报月刊》、《印刻文学生活志》第66期。

2月，余幼珊发表《父亲·诗人·同事》，刊香港《明报月刊》。

3月12日，许渊冲发表《读余光中谈译诗》，刊香港《明报月刊》。

3月14日，应邀出席铭传大学举办的"2009第二届华语文教学国际研讨会暨工作坊"，并获颁金语奖。

3月16日，发表诗歌《太阳点名》，刊《联合报》副刊；后收入《太阳点名》（2015年版）。

> 余光中《后记》：《太阳点名》一首，专写春回大地，太阳来点名澄清湖岸特有花树的名，充满幽默与喜悦。在"环保署"的赞助下，此诗得以铜牌刻碑立于湖岸，是我长居高雄莫大的荣幸。②

4月，写散文《失帽记》，刊4月29日《联合报》副刊；又刊5月香港《明报月刊》；后收入《粉丝与知音》（2015年版）。

4月，发表《铜山崩裂——追念亡友吴望尧》，刊《文讯》第282期。

4月，发表《碧潭——载不动 许多愁》，刊《印刻文学生活志》第5卷第8期。

5月3日，发表《九十论百里》，刊《联合报》A4。

5月4日，在台湾台东大学做"五四诗人节"讲座，并做题为《诗与音乐》的专题演讲。东大图书馆展出余氏作品；东大诗墙揭幕，上刻余氏诗

---

① 雨弦：《我所认识的余光中——第三届中国·天津诗歌节讲稿》，《天津日报·满庭芳》（2017年11月14日）。

② 余光中：《太阳点名》，台北：九歌出版社，2015年，第253页。

篇《台东》。

同日，《明报》刊出余光中专访，内容包括谈中文的恶性西化问题。他多次在台、港表示反对中文恶性西化。

5 月 27 日，孙立极发表《我也是台商，我卖书——访"乡愁诗人"余光中》，刊《人民日报》第 10 版。

5 月，散文《鬼雨》，收入《现代散文精读（二）》。

5 月，《余光中选集》，由香港明报月刊出版，收入"世界当代华文文学精读文库"。全书分三部分，诗收录《南瓜记》《宜兴茶壶》《国殇》《地球仪》等 40 首，散文收录《梵天午梦》《莫惊醒金黄的鼾声》《红与黑》等 17 篇，评论收录《艺术创作与间接经验》《诗与音乐》等 10 篇。书前有余光中近照、《众手合推的文化巨石——〈世界当代华文文学精读文库（总序）〉》、余光中自序，末附《余光中创作年表》。

6 月 5 日，于新界沙田出席香港中文大学文学院主办的第四届新纪元全球华文青年文学奖（华文奖）颁奖活动。参赛作品分为散文、短篇小说和文学翻译三组，由著名作家、学者和翻译家余光中、刘绍铭、颜纯钩（散文组），王安忆、张大春、刘以鬯（短篇小说组），金圣华、彭镜禧、黄国彬（文学翻译组）等担任决审评判。

上午 10 点 30 分至 12 点，与刘绍铭、颜纯钩出席"文学翻译与创作专题讲座"系列活动之"散文创作"讲座。

6 月 6 日，于香港铜锣湾高士威道六十六号香港中央图书馆演讲厅参加颁奖典礼及得奖作品展览开幕典礼。

6 月 10 日，新版评论集《分水岭上》，由台北九歌出版社出版。

余光中《新版前言》:《分水岭上》是我中年的评论杂集，里面的二十四篇文章都在一九七七年至一九八一年间写成；一九八一年四月由纯文学出版社初版，后来曾经三版，但是《纯文学》歇业后，迄未再印。二十多年后改由九歌接手重印，我这做母亲的总算把流落江湖的浪子又召回了一位。他如《焚鹤人》《青青边愁》《在冷战的年代》等等，也将一一召回。

书以《分水岭上》为名，表示在那之前，我的文集常将抒情文与议论文合在一起，但从此泾渭分明，就要各别出书了。在那以后我又出版了五本评论文集，其中的文章有的是自己要写的，不吐不快，有的是应邀而写的，包括编者邀稿，会议命题，或是作者索序。回顾这本《分水岭上》，也有这种现象。……这本文集九歌最近重印，作者在感言中竟说，重读我的旧序，仍然十分感动。作品要传后，评论同样也要经得起时光的浪淘。她的书，我的序，显然都没有被文学史淘走。这是多么可贵的缘分。余光中二〇〇九年五月十四日于左岸。①

6月，写散文《济慈论》②。

6月，发表《多产、长寿、坚持》，刊香港《明报月刊》第522期。

7月1日，发表《心猿意马，意识乱流》，刊台北《中国时报》；后收入《粉丝与知音》（2015年版）。

7月12日，《余光中幽默诗选》，刊《人间福报》B3。

7月31日，作诗《蕾米亚》③。

7月，《余光中作品精选》，由武汉长江文艺出版社出版，收入"跨世纪文丛精华本"丛书。本书收录余光中的诗歌104首、散文34篇。

8月10日，翁顺利发表《林海音特展 余光中导览》，刊台北《中华日报》B2。

8月22日，出席在高雄中山大学举行的"2009年两岸新世代网路传播行销研习营"，与两岸学子分享创作经验。

> 台北《中华日报》（2009年8月24日）：〇高市两岸学子与诗人余光中有约〇
>
> 《联合报》（2009年8月24日）：〇余光中遇大陆学子 演讲变签名会〇

9月5日，下午2时，应南洋理工大学孔子学院之邀，在义安理工学院礼堂举办的"连士升杯青少年美文比赛2009颁奖礼"上发表专题演讲《华文与英文，文笔与译笔》（"Chinese and English, Writing and Translation"）。演讲后，新加坡年仅11岁的小听众南之瀚撰博文《我和余光中爷爷在新加坡的"邂逅"》，论及余光中的文学与翻译。之瀚小朋友也许是年龄最小

---

① 余光中：《分水岭上》，第3～4页。
② 原件藏台北"国家图书馆"当代名人手稿典藏系统，编号262-81。
③ 原件藏台北"国家图书馆"当代名人手稿典藏系统，编号262-167。

的余光中"研究者"。讲座后，余光中在其下榻的酒店专程见了之瀚小朋友，并赠《余光中经典作品》一本，扉页题写"之瀚小朋友留念：余光中，2009.9.6 于狮城"。

9 月 28 日，应邀赴上海参加《解放日报》办报 60 周年纪念活动。

9 月 30 日，第三次来到无锡。游览灵山景区梵宫后，在灵山素食馆用餐。当晚再回上海，次日飞台湾。

9 月，林明理发表《清逸中的静谧——读余光中〈星之葬〉〈风铃〉》，刊香港《圆桌诗刊》第 26 期。

9 月，《余光中经典作品》，由北京当代世界出版社再版，收入"港台名家作品"系列。本书选收了 17 篇散文、80 余首诗歌和 9 篇杂文，包括《逍遥游》《四月，在古战场》《沉思》《灵感》《论夭亡》《幽默的境界》等。

9 月，诗选集《相思树下》，由南京大学出版社出版，收入"余光中诗丛"。选本主要依据天津百花文艺出版社 2004 年版《余光中集》第一、二、三卷所收前十八本诗集，1999 年以后的作品则选自台北九歌出版社 2008 年版《藕神》。编者对个别文字和标点做了技术性处理，有的是根据作者在审阅书稿或校样时提出的意见修改，有的则是根据原作单行本校订。

10 月 3 日，下午 2 点 15 分，中央电视台中文国际频道（CCTV-4）首播《2009 年中秋诗会》，余光中与余秋雨共话中秋。

10 月 9 日，应邀在解放日报报业集团主办的第二十七届文化讲坛做题为《古典传统悠久而丰富，请爱护我们的母语》之演讲，既谈到中华文化，也谈到对翻译的理解。

10 月 11 日，与夫人范我存再度访南京。此次是应江苏省台联邀请，以理事长的身份率领台湾"中华语文教育促进协会"代表团来江苏参访。

> 冯秋红、尤晓源《文学诺奖评审团只有一人懂中文》：昨日（2009 年 10 月 11 日），81 岁的著名诗人余光中再度回故乡南京。这一次，他是应江苏省台联邀请，携台湾中华语文教育促进协会参访团一行 10 人来宁。[1]

10 月 12 日，重游栖霞山。

---

[1] 《扬子晚报》（2009 年 10 月 12 日）。

《栖霞年鉴：2010》：〇台湾著名学者、诗人余光中重游栖霞山〇 10 月 12 日下午，台湾著名学者、诗人余光中在出席栖霞山文化节开幕式后，率台湾中华语文教育促进协会成员一行 10 人，在江苏省台联、南京市作协和区文联有关人员陪同下重游栖霞山。这次游览栖霞山已是余光中自 2000 年回南京后的第三次探访。他和这座山有着特殊的渊源。1928 年重阳节前 1 天，余光中母亲曾在怀胎足月时到栖霞山敬香，第二天就生下他。出生于南京的余光中，小学、中学和大学的第一年都在南京就读。他不仅把南京称为故乡，还把南京称为自己"诗心起跳的地方"。1949 年，他随家人到台湾，故乡的山水景色常萦绕心头并化成笔下的美丽诗文。他的《回乡》诗作就是抒写与栖霞有关的怀乡诗，"我本燕子矶头燕，骇浪一生阻海峡。从今四海为家日，寻常巷陌是吾家"。他常对家乡人说的一句话就是"我是燕子矶的燕子，50 年后才飞回来"。余光中一行参观毗卢宝殿、舍利塔和千佛岩等景点，他还在千佛岩功德箱里投捐善款。在栖霞山顶峰，他不顾年事已高，仍攀登 30 多级台阶，站在瞭望台上，拿起望远镜，眺望逝水东流的长江。（林原、管秋惠）①

10 月 16 日，下午，应邀出席南京大学第四届读书节名家讲座暨南京大学出版社出版新书《余光中诗丛》首发式，在逸夫馆报告厅演讲《诗与爱情》。

10 月，江艺著《对话与融合：余光中诗歌翻译艺术研究》，由世界图书出版西安公司出版，收入"博士文库"。本书着眼于剖析余光中英诗形式汉译的技巧，总结其译诗策略，彰显其诗歌翻译艺术，主要内容包括余光中诗歌翻译艺术的成因、内涵和实践。

10 月，抒情文集《日不落家》，由台北九歌出版社出版。

11 月，王良和著《余光中、黄国彬论》，由香港汇智出版有限公司出版。本书以余光中和黄国彬的诗作为论述对象，共分两部分。其中第一部分论余光中，包含《青年文学奖与"余派"之说》《论余光中"香港时期"的新诗》等两篇文章。本书对于"余派"问题，追源溯始，仔细爬梳史料，条分缕析，突出论争的本质，并对余光中"香港时期"诗作所呈显的自我

---

① 栖霞区地方志编纂委员会编：《栖霞年鉴：2010》，北京：方志出版社，2010 年，第 25 页。

形象、审美心理、艺术特点做了细致的探讨。

12 月 1 日至 2 日，张晓风发表《护井的人——写范我存女士》，刊《联合报》副刊 D3。该文后收入《梵谷传》（九歌出版社 2009 年版）。其中特别提到了余光中在服役期间翻译《梵谷传》的经历。

12 月 6 日，林欣谊发表《余光中和〈梵谷传〉的往昔恋情》，刊台北《中国时报·旺来报》第 8 版。

12 月 11 日，陈宛茜发表《诗人看梵谷——余光中：生命被撞了一下》，刊《联合报》A5。

12 月 12 日，写散文《为梵谷招魂》，后收入《粉丝与知音》（2015 年版）。

12 月 18 日，发表诗歌《茶颂》，刊台北《中国时报》；后收入《太阳点名》（2015 年版）。

12 月 18 日至 19 日，应邀参加台湾"中央大学"举办的钱锺书百岁诞辰纪念国际学术研讨会，发表论文《新儒林外史——悦读钱锺书的文学创作》。

《澳门日报》（2017 年 12 月 19 日）：〇余光中盖棺刍议（龚刚）〇二〇〇九年冬，台湾史学家汪荣祖教授邀我赴桃园出席"钱锺书教授百岁纪念国际学术研讨会"，有幸与余光中、叶嘉莹、《管锥编》英译者艾朗诺（Ronald Egan）、《围城》德译者莫芝宜佳（Monika Motsch）等同座论学。

是日寒风袭台，余光中先生头戴小帽，侃侃而谈，声音不高，语调不急，纯以内在的诙谐与机锋取胜，细听细品，极为过瘾。

余先生在谈话中评论了钱锺书的小说《人·兽·鬼》和《围城》，认为他以散文家的笔法加上戏剧家的对话来刻划人物，讽喻世情，活泼生动，堪比英国的费尔丁、王尔德，又像《唐璜》作者拜伦，夹叙夹议，就像引人入胜的说书人。

12 月，修订新版《梵谷传》，由台北九歌出版社出版。

《联合报》（2009 年 12 月 5 日）：〇余光中：传奇梵谷 生前只卖一张画（联合报记者林秀美）〇"梵谷画作生前没人看得起，死后没人买得起。"五十二年前曾翻译《梵谷传》的诗人余光中，昨天在高雄历史博物馆演说"燃烧的灵魂：梵谷"，很多外县市老师赶来听讲。……

《联合报》（2009 年 12 月 11 日）：○诗人看梵谷 余光中：生命被撞了一下（陈宛茜）○

《联合报》（2010 年 1 月 12 日）：○梵谷热延烧书店辟专区（周美惠）○

陈素芳《当夜色降临，星光升起——由读者到编者，永怀余光中老师》：二〇〇九年我向他提议重出《梵谷传》，八十一岁高龄的老师欣然首肯，像重译一本书般，找到半世纪前为方便翻译拆开的原文，三十五万字对照校订，更动部分译名，手绘"梵谷一生的行旅图"，为梵谷名画解说，亲制人名索引，视其与梵谷的关系介绍当时重要画家，几乎可说是十九世纪印象派画家的导览。一本半世纪来备受赞誉的译本，他二十八岁翻译，五十岁重译，八十一岁重新校订、修正，对文字的坚持这样纯粹，这样一本初衷。①

12 月 30 日，赠单德兴修订新版《梵谷传》，并题签：

德兴惠存：

To a most rewarding fellow-traveler in translation

余光中　2009.12.30　西子湾②

单德兴《"在时光以外奇异的光中"——敬悼余光中老师》：二〇〇九年新版《梵谷传》除了"德兴惠存"之外，还题了"To a most rewarding fellow-traveler in translation"，视我为翻译同道，语多勉励。③

12 月，彭蕙仙发表《梵谷是我家的另类家人——余光中谈〈梵谷传〉与翻译》，刊《新活水》第 27 期。

12 月，发表《十四行诗综述》《抒情诗综述》《济慈名著译述》，刊《联合文学》第 302 期；后收入《翻译乃大道，译者独憔悴》（2021 年版）。

是年至 2011 年，在台湾三大报《中国时报》《自由时报》《联合报》副刊发表诗歌 21 首，位居前二十位诗人之第十二位。④

---

① 《文讯》第 387 期（2018 年 1 月）。
② 据单德兴先生提供原件照。
③ 《文讯》第 387 期（2018 年 1 月）。
④ 中国世界华文文学学会编：《世界华文文学评论：第 2 辑》，广州：暨南大学出版社，2016 年，第 133 页。

是年，"中华语文教育促进协会"举办第一届余光中散文奖。

2010 年（庚寅） 83 岁

1 月 1 日，林秀美发表《余光中 纪念文章应务实》，刊《联合报》A3。

1 月 3 日，为河南省文联创办的《散文选刊》创刊号写《卷首语》。

1 月 11 日，至温州，应邀出席温州市龙湾区文联成立 10 周年纪念活动。长篇游记《雁山瓯水》写于 2 月份，5 月在海峡两岸报刊发表，后收入《粉丝与知音》（2015 年版）。

余光中《雁山瓯水》：去年年底，温州市龙湾区的文联为成立十周年纪念邀请我去访问。①

《温州新闻》（2017 年 12 月 15 日）：○乡愁诗人带着"乡愁"走了 三位温州人追忆余光中的温州情缘○在温籍学者黄静嘉的牵线下，余光中先生受邀参加龙湾区文联成立 10 周年纪念活动。时年 82 岁的余老……在温州的 8 天，余老游览了南雁荡山、北雁荡山、洞头的仙叠岩、半屏山，还有江心屿。……在温州的 8 天，余老走访了永昌堡、朔门街、池上楼，参观了发绣、瓯绣、瓯塑等传统工艺作坊。……时隔两个月，余光中先生写下温州游记《雁山瓯水》，其间查阅数万字资料，"不能出纰漏，让熟悉这块地方的人看了，觉得你写得不对"。

《温州年鉴：2011》：○余光中到温参观访问○ 2010 年 1 月，台湾著名诗人余光中夫妇与女儿，在温州市民间文艺家协会、龙湾区文联负责人的陪同下，先后参观温州大学发绣研究所、温州瓯绣研究所、温州瓯塑研究所、市区朔门老街等处。余光中观看了现场表演，并询问温州传统工艺的现状及其影响。②

《洞头年鉴：2010》：台湾著名诗人余光中先生 2010 年为洞头题辞："洞天福地，从此开头"。③

---

① 《联合报》副刊（2010 年 5 月 1 日至 3 日）。

② 温州市地方志编纂委员会办公室编：《温州年鉴：2011》，北京：中华书局，2011 年，第 415 页。

③ 洞头县地方志编纂委员会办公室编：《洞头年鉴：2010》，北京：方志出版社，2010 年，第 10 页。

余光中《雁山瓯水》：一月十一日和我存、季珊母女抵达温州的永强机场。①

《温州都市报》（2010年1月12日）：○"乡愁诗人"余光中做客温州○下午，诗歌作者、台湾著名诗人余光中第一次来到温州。

1月12日，参观温州永昌堡。下午，做客温州龙湾，演讲《艺术经验的转换——灵感的来源》。

《永昌堡大事记》：2010年1月12日，台湾诗人余光中来永昌堡参观。②

《温州都市报》（2010年1月12日）：○"乡愁诗人"余光中做客温州○今天，余光中将参加龙湾区文联成立十周年庆祝活动，并将为温州读者带来一场主题为"艺术经验的转化——灵感的来源"的文学讲座。

1月15日，游温州近海。

余光中《雁山瓯水》：一月十五日，不拜山了，改去朝海。四十多座岛屿组成的洞头县，浮列在东海上等待我们。……临别温州前一日，伴我和妻女共登雁荡的主人，加上文联的曹凌云主席，又伴我们游岛。③

1月29日，发表《梵谷光临台湾》，刊《联合报》A4；后收入《粉丝与知音》（2015年版）。

1月，苏昭惠发表《永恒的青春，无限的热血——余光中》，分别刊《台湾光华杂志》第35卷第1期。

2月1日，陈宛茜发表《余光中现画展 梵谷传热卖》，刊《联合报》A6。

2月3日，应邀出席并主持由"台湾省文化基金会"主办的首届余光中散文奖颁奖典礼。

2月10日，与高雄中山大学杨弘敦校长、张玉山主任秘书、文学院李

---

① 《联合报》副刊（2010年5月1日至3日）。
② 戚永根主编：《温州市风景名胜区志》下册，北京：线装书局，2014年，第209页。
③ 《联合报》副刊（2010年5月1日至3日）。

美院长等于校"清园"餐聚。

2 月 15 日、4 月 15 日，发表《济慈名诗八首译释》（上、下），刊《东方翻译》第 1、2 期。

2 月 26 日，致信温州龙湾区文联主席曹凌云。

> 曹凌云主席：
>
> 　　一月间温州之行十分愉快，龙湾区各位领导及文联各位作家的热忱尤令我与妻女感动，长念不忘。临行我曾承诺必会写一篇游记。现将游记手稿奉上，可与文联同仁传阅，如有误记或不妥之处，请传真或打电话给我。
>
> 　　叶坪先生曾嘱我：游记可交北京《光明日报》刊登。我想我既是文联的客人，此文应由你来安排。当然我最在乎的，是要在温州报刊上发表，以报温州人的盛情。匆此即颂
>
> 文祺
>
> 　　　　　　　　　　　　　　　　　　　余光中　2010.2.26
>
> 　　又及：此文之打字稿，正由我助理处理，即可电邮传上。①

3 月 8 日，《余光中谈梵谷 中山大学讲座报名》，刊《联合报》B1。

3 月 19 日，应邀做客高雄中山大学举办的"余光中教授讲座"，主讲"旅行与文化"课程。

3 月，发表《新儒林外史——悦读钱锺书的文学创作》，刊香港《明报月刊》第 531 期。

3 月，新版《青青边愁》，由台北九歌出版社出版。有新版前言。

4 月 16 日，出席高雄中山大学举办的"余光中教授讲座"，邀请名摄影家何锡杰及其夫人舞蹈家樊洁兮到校讲演，题为《静趣与动感——摄影与舞蹈》，由两位大师共同为大家分享动静之间的美感，并畅谈摄影及舞蹈之趣。

4 月 30 日，邀请素有"民歌之母"称号的资深广播人陶晓清女士做客"余光中教授讲座"，畅谈"从民歌时期开始有关慈善性质的演唱会"，并与听众互动。

5 月 1 日至 3 日，发表《雁山瓯水》，刊《联合报》副刊 D3。

---

① 《温州日报》（2017 年 12 月 15 日）。

5月7日，写诗《问玉镯——我存所佩》，刊7月5日《联合报》副刊D3；后收入《太阳点名》（2015年版）。

5月8日，与王文兴在纪州庵新馆对谈。

《台湾英文新闻》（2010年5月8日）：○余光中、王文兴周六纪州庵新馆对谈○

《联合报》副刊（2010年5月8日）：○余光中、王文兴对谈（夏漫）○

《联合报》（2010年5月8日）：○话说城南旧事 余光中女儿 想嫁美少年王文兴 老邻居重回纪州庵 笑谈半世纪前的趣事 小说《黑衣》书写傲慢作家吓哭小女孩 场景就在余家（陈宛茜）○

同日，发表《耿耿孺慕——读张辉诚的亲情文集》，刊《联合报》副刊D3。

5月12日，发表诗歌《晚间新闻》，刊台北《中国时报》；后收入《太阳点名》（2015年版）。

5月20日，于高雄中山大学撰《〈老人与海〉译序》（2010年版），后收入《翻译乃大道，译者独憔悴》（2021年版）。

5月25日，下午三点，偕夫人、幺女季珊抵达无锡。于长广溪宾馆稍事休息后，在陈尧明、庄若江陪同下游览夕照下的蠡湖。一路感慨江南风光之美，笑语不断，在湖畔留下多张照片。

5月26日、27日，江苏省台港暨海外华文文学年会在江南大学文浩馆举办，主办方为庄若江教授主持的江南文化与影视研究中心。年会主题为"华文写作与地域文化"，余先生全程参加会议【按：夫人、季珊安排去了苏州镇湖等处游览】，并作长达半小时的发言，讲述江南对自己诗文创作的影响。

5月27日，发表诗歌《思华年——赠吾妻我存》，刊《联合报》；后收入《太阳点名》（2015年版）、《风筝怨》（2017年版）等。

25日至6月1日，访问无锡。

《江苏省文学艺术界联合会年鉴：2011》：○"乡愁诗人"余光中的无锡之行○5月27日下午，著名诗人、散文家、学者、翻译家、评论家余光中先生携夫人、女儿抵达无锡。次日，余光中先作为东林讲坛、江南讲坛的主讲人，为锡城听众做了题为《美感经验的互通——
灵感一大来源》的精彩演讲。余光中先生还参加了江苏省台港及海外
华文文学研究会的年会——"华文写作与地域文化"研讨会，本研讨
会由江南文化与影视艺术研究中心（无锡市文联与江南大学共建）承
办。参会专家学者有的来自美国、新加坡、马来西亚，有的来自香港
和台湾，还有的来自大陆复旦大学、厦门大学、南京大学、江南大学、
南京师范大学等高校和科研单位，江苏省社科联学会部夏东荣主任也
莅临会议。大会开幕式上，省作协副主席、市文联副主席、作家陆永
基先生代表省作协、市文联致了欢迎词。余光中先生也在会上结合自
身文学创作经验旁征博引，对地域文化对文学家、艺术家的影响进行
了精辟的解读，精彩的珠玑之语引发了大家的热烈掌声。余光中先生
5 月 29 日晚在江南大学北区艺术中心举办"余光中诗歌朗诵会"。朗
诵会的前奏以江南大学客座教授聘任仪式开始，王武副校长代表江南
大学授予余光中先生客座教授聘书并送赠其一方太湖神鼋印玺。江大
的师生们以饱满的热情、精湛的技艺，演绎了余光中先生《春天，遂
想起》《寻李白》《当我死时》《乡愁四韵》《珍珠项链》等 11 首诗歌佳
作。同学们邀请余光中先生登台和大家一起朗诵他的代表作《乡愁》。
余先生还在市图书中心进行了签名售书活动，参观了惠山古镇、泰伯
墓、徐霞客故居、鸿山吴文化博物馆等地。①

5 月 28 日，上午，游览江南大学校园景色。下午，在江南大学演讲
《美感经验之互通——灵感来源》。

　　《江南大学年鉴：2011》：5 月 28 日下午，台湾著名诗人余光中走
　　进江南大学，在文浩馆做了名为"美感经验之互通——灵感来源"的
　　讲座。②

5 月 29 日，白天，游览惠山古镇祠堂群。在参加惠山古镇晚宴时，获
赠非遗手工艺惠山泥人"老渔翁"一座。后余先生委托庄若江将其捐出
"以襄善举"，参加"向日葵"慈善转场拍卖，并被无锡法舟吕氏事务所拍

① 江苏省文学艺术界联合会编：《江苏省文学艺术界联合会年鉴：2011》，南京：南京师范
大学出版社，2011 年，第 192 页。
② 江南大学档案馆编：《江南大学年鉴：2011》，无锡：江南大学档案馆，2011 年，第 14 页。

得，所拍善款 3.5 万元悉数捐给安徽一所希望小学。

晚上，出席江苏省台港暨海外华文文学研究会 2010 年会暨华文写作与地域文化研讨会活动之 "余光中诗歌朗诵会"。海内外 40 多位华文文学研究者及江南大学 200 多名师生，参加本次朗诵会。除了由江南大学师生朗诵余光中的诗歌之外，余光中还和同学们一起朗诵了《乡愁》。朗诵会上，江南大学校长给余光中颁发了客座教授证书，并送其一方太湖神鼋印玺，祝愿余光中永做中华文化的守护神。

5 月 30 日，赴江阴马镇（今名霞客镇）参观徐霞客故居和墓。

5 月 31 日，庄若江、陈尧明陪同前往无锡城东吴文化遗址，参观泰伯庙、泰伯墓和鸿山吴文化遗址博物馆，并题词 "历史乃未来的后视镜，行车再快，都不能不回顾古代"。

5 月，《〈太阳点名〉关于本诗》，收入《2009 台湾诗选》（台北二鱼文化事业公司版）。

6 月 1 日，自无锡返回台北。

6 月 5 日，写散文《与杜十三郎商略黄昏雨》，后收入《粉丝与知音》（2015 年版）。

6 月 8 日，张辉诚发表《噜噜与余光中》，刊《联合报》副刊 D3。

6 月 10 日，作诗《白眼加青睐》[①]。

同日，作诗《蝉声》，刊 8 月 18 日《联合报》；后收入《太阳点名》（2015 年版）。

6 月 16 日，端午节。是为端午申遗成功之后第一个端午节庆，应秭归县文联之邀，前往参加庆祝活动。

同日，接受《光明日报》记者采访，并题字：

致《光明日报》读者：日月之光 不照自明。余光中 2010.6.16

6 月 17 日，在湖北秭归参加海峡两岸 "屈原故里端午文化节"，在典礼上朗诵其新作《秭归祭屈原》。全诗长 87 行，分 5 节。首节写端午龙舟待发，迎接屈原魂回乡；次节回顾屈原之放逐；第三节谈自己比屈原幸运；第四节回到江滨龙舟赛场；第五节为乱辞，"乱曰" 4 行，点出招魂之旨："秭归秭归，魂兮来归"。

---

① 原件藏台北 "国家图书馆" 当代名人手稿典藏系统，编号 262-15。

《经济日报》（2010 年 6 月 17 日）：秭归（湖北）新屈原祠复建开放 余光中吟诗纪念○

○《两岸快递》秭归（湖北）新屈原祠复建开放 余光中吟诗纪念○

同日，携家人和流沙河、李元洛参观三峡大学，被聘为该校客座教授，为该校师生做题为《我的四度空间》的报告。

余维、张世梅《当代著名诗人和评论家余光中先生做客我校》：6 月 17 日，台湾著名诗人、评论家余光中先生，大陆著名诗人流沙河先生、著名诗歌评论家、散文家李元洛先生莅临我校，在副校长谭志松的陪同下，先后参观了校史馆、民俗文化陈列馆和校园。

在校史馆，余光中等三位先生仔细聆听了讲解员的讲解，夸赞三峡大学文化底蕴深厚，文学氛围浓郁，并欣然题词："问君哪得清如许，为有长江天上来。"……余光中先生高兴地为民俗文化陈列馆题词："古之生活，今之古董，唯粽古今同享。"……当晚 7 时，三峡大学大学生体育馆灯火通明，余光中先生的学术报告会在这里隆重举行，4000 多师生提前一小时进场等候，馆外还有数百名师生在排队不肯离去。7 时 35 分，当余光中先生出现在会场时，现场响起雷鸣般的掌声，表达了广大师生对余老的敬重和欢迎之情。……随后，余先生为与会师生做了题为《我的四度空间》的学术演讲。在演讲中，余先生回顾了自己的诗歌、散文、评论和翻译的学术生涯。余先生以自己多年的文学创作经验，深入浅出而又诙谐幽默地分析了中西语言差异，勉励青年学生学贯中西，并涉猎不同领域的知识。

82 岁高龄的余先生精神矍铄，激情盎然，他给大家朗诵了一段自己翻译的英国著名诗人雪莱的作品《奥斯曼达斯》的翻译版本和英文原版，先用中文朗读，然后用英文朗读，中文徐缓有力，英文行云流水，令在场的学生惊叹不已。一首《桂子山问月》，更是引来了雷鸣般的掌声，报告会现场沉浸在诗的海洋里。……报告会上，流沙河先生和李元洛先生分别为现场观众朗诵了余光中的诗歌。……应师生的要求，余先生再次演绎了他的享誉全球的名作——《乡愁》。……最后，余先生与现场师生一起深情合诵《民歌》，将报告会推向了高潮。①

---

① 《三峡大学报》第 1 版（2010 年 6 月 20 日）。

同日，《光明日报》刊发了海峡两岸公祭屈原的现场消息，同时也刊登了余光中吟诵的长诗《秭归祭屈原》。该诗后收入《太阳点名》（2015年版）。

余光中《后记》：《秭归祭屈原》更是湖北秭归县新建屈原祠堂，举行端午祭屈大典，由该地县长跨海来邀而特地新作的第七首咏屈之赋。①

黄维樑《读余光中诗随笔：最新力作〈秭归祭屈原〉》：今年端午节，湖北省秭归举办盛大的纪念屈原活动，余光中先生是特邀嘉宾。余氏专程从台湾前往秭归屈原的故乡，主礼之外，并朗诵其最新力作《秭归祭屈原》。余氏1951年在台湾有《淡水河边吊屈原》初咏三闾大夫，最新这一首应是第八首了。八旬诗翁八咏屈原，新作且是篇幅最长、气势最盛的。

87行的长诗，分为五节。……《秭归祭屈原》充满古典的意味，《楚辞》及其他中国文化的典故，弥漫全篇。……当然，令人欣赏的，主要仍是切时切地向屈原招魂和致敬的高尚情意。②

6月18日，为《楚天都市报》题字：

楚天都市报留念：愿汉水长流，楚天更阔。③

6月25日，作诗《蠡湖》，刊7月20日《联合报》副刊D3；后收入《太阳点名》（2015年版）。

同日，致信江南大学庄若江教授。

若江教授：

五月底无锡之行，多承接待、安排，十分感谢，迄今长在追念之中。湖边之游，尤为快意。奉上这首新作【按：即《蠡湖》诗】，希望你喜欢，并请加印一份转给陈部长。

端午我又应邀去秭归参加祭屈盛典，并新写长诗《秭归祭屈原》，在场朗诵，并去三峡大学演讲。耑此即颂

暑安

余光中　2010.6.25

---

① 余光中：《太阳点名》，第252页。
② 黄维樑：《壮丽：余光中论》，第184～185页。
③ 《楚天都市报·对话版》（2010年6月19日）。

又及，当时照片，盼印寄一些给我，或可再写些诗。①

6 月 30 日，作诗《秋千》②，刊 9 月 2 日《联合报》；后收入《太阳点名》（2015 年版）。

6 月，写散文《长未必大，短未必浅》，刊 7 月 5 日台北《中国时报》；后收入《粉丝与知音》（2015 年版）。

7 月 13 日，古远清发表《文坛"老顽童"》，刊《人民日报》第 20 版。文中讲述余光中其人其事。其中有"光中诗人的双胞案"，略云：

> 台湾有位诗人叫杨光中，与余光中同名。一天，余光中的一位粉丝看到某报上刊发了署名"光中"的《猎艳手记》，便打电话痛斥她崇拜多年的诗人："你为什么改变自己的风格，写出这样的无耻之作？"余光中无言以对。后来写了一封信给了杨光中，曰："光中兄：区区薄名，竟犯尊意。不过我仍希望你以后写稿，续用'光中'之名，这样可以使日后的文学史家大伤脑筋，岂非一乐乎？"

> 台湾以史料著称的麦穗，在杨光中仙逝后披露：余光中自接到那位读者电话后，发表文章一律不用"光中"而用连名带姓的"余光中"，以免读者把他和比自己年长的诗人杨光中混淆。

7 月 22 日，致信江南大学庄若江教授。

> 若江：
> 　　附上《蠡湖》在台湾报【按：即 7 月 20 日台湾《联合报》副刊 D3】上刊出我手稿的面貌，请交一份给陈部长。我把"尧"写成了"尭"，竟是简体字，只怕台湾读者不懂。电邮传来的照片照得很好，值得记念。如尚有徐霞客故居及墓园照片，仍望再寄我们。
> 　　　　　　　　　　　　　　　　　　　　光中　2010.7.22③

8 月 6 日，与家人坐邮轮作地中海诸城之旅，在佛罗伦萨逗留数日。

> 余光中《佛罗伦斯记》：八月初我和家人从各地飞去意大利，在里伏诺上了邮轮"交响乐"号（Sinfonia），在西地中海漫游了七天，停

---

① 据庄若江教授提供原件照。
② 原件藏台北"国家图书馆"当代名人手稿典藏系统，编号 262-13。
③ 据庄若江教授提供原件照。

靠的港口包括蒙特卡伦、瓦伦西亚、依比沙、突尼斯、卡塔尼亚、那颇利，最后仍在里伏诺上岸，去佛罗伦斯小住一星期。我们预定的一家所谓"公寓旅馆"，不偏不倚，正在怀古念旧的市中心。①

同日，发表诗歌《十四行诗》，刊《联合报》副刊D3。

8月7日，下午，参观但丁故居。

> 余光中《佛罗伦斯记》：到佛城第二天下午，我们按着地图，在卵石砌成的巷弄中找到了但丁的故居（Casa di Dante）。地址是圣玛格丽妲街一号（Via Santa Margherita）。②

8月10日，参观乌菲琪美术馆。

> 余光中《佛罗伦斯记》：我们不远千里来游佛罗伦斯，志在乌菲琪美术馆，不过珊珊从美国预约的入场是在8月10日，所以到佛城次日，我们便就近去参观大教堂。
>
> 8月10日，到佛罗伦斯第四日，我与家人终于持预订票列队于人龙，非常兴奋。……馆藏文艺复兴名画最富。③

8月12日，游佛城北郊菲耶索莱。

> 余光中《佛罗伦斯记》：8月12日，临别佛城的前一天，在飞黄的建议下，一家七人带着依依不舍的心情，搭乘公共汽车去东北郊外的费耶索雷（Fiesole）。④

8月24日至26日，第二次到深圳，出席诗乐晚会"深圳梦典"。晚会由南方都市报和聚橙网合办，由陈婕策划、导演，在深圳音乐厅举行，出席者有1000多人。晚会诵、唱的诗篇三分之二为余氏作品。余氏与张家声等人参加演出。其间还为深圳特区30岁生日题词，做客深圳读书会。

> 《深圳特区报》（2010年8月27日）：〇余光中谈诗歌 沧海桑田即是乡愁〇8月25日晚，满头白发的著名台湾诗人余光中现身大型诗乐晚会《深圳梦典》的舞台，用诗歌将这个属于鹏城而立之年的夜晚变

---

① 《联合报》副刊（2011年11月14日）。
② 《联合报》副刊（2011年11月14日）。
③ 《联合报》副刊（2011年11月14日）。
④ 《联合报》副刊（2011年11月14日）。

得意义深长不同凡响。这是余光中先生第二次来深圳。……而此次来深是为诗歌而来。

《深圳商报》（2010 年 8 月 26 日）：○余光中为深圳特区 30 岁生日题词○昨天晚上，市委常委、市委统战部部长张思平会见了正在我市访问的台湾著名诗人余光中先生。余老先生欣然为深圳特区 30 岁生日题词："年轻都市的活力 古老文化的新机"。……

余光中说，这是他第二次来到深圳，上一次是 3 年前应邀前来参加读书月活动。20 多年前他在香港中文大学教书的时候，经常带台湾朋友开车到落马洲，隔着深圳河看一看对面的深圳，对这里充满向往。没想到 20 多年后，能两度来到这里参加文化交流活动。他认为，深圳不管是官方还是来自民间的力量，都在合力把经济的活力发扬成为文化的生命力。

《深圳特区报》（2010 年 8 月 26 日）：○余光中做客深圳读书会○深圳特区报讯（记者 刘静 实习生 文家欣）作为 8 月 25 日晚在深圳音乐厅举行的"三十年·深圳梦典大型诗乐晚会"的相关活动之一，8 月 24 日晚，余光中携"王尔德四部喜剧中译本"做客深圳读书会"名家对谈"活动，并在活动现场与聚橙网签约，转让他翻译的剧作"王尔德四部喜剧中译本"版权。据悉，"王尔德四部喜剧"的译本、舞台及影视版权均未在大陆授权。本次授权将出现王尔德作品首次出现在内地舞台的可能。

82 岁高龄的余光中反应机敏，以自己多年的文学创作经验和丰富的翻译阅历，深入浅出并诙谐幽默地分析了中西语言差异。余光中身兼诗人、散文家、翻译家，谈到翻译心得时不由得也将这些领域做了生动对比。他说，"诗歌可以翻译得比较"生"，比较文雅一些，而翻译戏剧时粗鄙的地方一定要还之以粗鄙，要考虑说出来顺不顺口，是不是人话"。

"王尔德四部喜剧"中译本分别为《不可儿戏》《温夫人的扇子》《理想的丈夫》以及《不要紧的女人》，均属 19 世纪唯美主义英国作家王尔德最著名的社会喜剧。其中，《不可儿戏》译于 1984 年左右，1984 到 1985 年间在香港演出，其中 8 场为粤语。令余光中引以为傲的是，粤语版除了一些措辞外对他的译本几乎没有改动，真正优秀的翻译甚至经得起方言的考验。余光中现场透露，"当时他对《不可儿戏》这一标题的翻译，颇费了一番思量。原文是 *The Importance of Being Earnest*（讲真话的重要性）。可是'重要性'这种抽象名词翻译成中文很不讨好。好像一篇论述文"。最终他发现用短成语来诠释同样的含义非常方便绝妙，于是就将"不可儿戏"这一标题定下。

近年来余光中坚持这四出戏剧的陆续翻译，希望引介给广大华文读者。1992 年，余光中在《温夫人的扇子》诞生一百周年之际，重译了该剧剧本。《不要紧的女人》则是余光中在 2008 年 80 寿辰之年翻译完成的。

8 月，诗作《夸父》、散文《风吹西班牙》，收入义守大学《大学文选》编辑委员会主编《大学文选》。

8 月，黄维樑发表《余光中的"文心雕龙"》，刊香港《文学评论》第 9 期。该文为 2008 年 5 月台北政治大学文学院"余光中先生八十大寿学术研讨会"参会论文。

9 月 8 日，发表《追思许世旭》，刊台北《中国时报》；后收入《粉丝与知音》(2015 年版)。

9 月 9 日，应北京电视台网络中秋晚会"天涯共此时·月上紫禁城"的邀请，又一次来到北京。① 参观北京太庙。

《北京日报》(2010 年 9 月 10 日)：〇 "乡愁诗人"余光中接受本报独家专访 "我希望把文化的半径拉得更长"〇昨天，他应北京电视台网络中秋晚会《天涯共此时·月上紫禁城》的邀请，又一次来到北京，"上一次来是四五年前，这些年北京又变样了，旧的太旧，新的太新"。

……"这么空旷的大殿，这么少的柱子，这力学！"昨天上午，第一次走进太庙的余光中站在享殿正中，背着手仰头环顾四周，整个身子都微微向后倾。"庄严啊。"他踱了两步，顺着讲解员的示意，又偏头眯眼瞧了瞧大梁上的彩绘，再添了一个形容词，"金碧辉煌"。

……出了大殿，老先生兴致更佳，脱了灰色外套，要"跟最大的金丝楠木殿合个影"，拍照时还不忘叮嘱摄影师："把满文也照下来。"绕过享殿，广场上正搭建《天涯共此时·月上紫禁城》网络中秋晚会

---

① 王砚文:《诗人余光中：回大陆太频繁 乡愁诗已写不出》,《北京日报》(2010 年 9 月 10 日)。

的舞台，"晚上我还要到这里来参加晚会的彩排，和观众一起吟诗，就在这，"老先生手一指，"一边是古典的大殿，一边是现代的舞台，这叫后现代主义，古今并存。"

《光明日报》（2010 年 9 月 20 日）：○余光中：生命在两岸之间○已是耄耋之年的余光中受北京电视台网络中秋晚会《天涯共此时·月上紫禁城》之邀，再次来到北京。……在写下《乡愁》22 年后的 1992 年，余光中的双脚再一次踏上故乡的土地。一晃 18 年过去了，余光中已经记不清回来过多少次了。"少说也有五六十回吧。可以说，我的生命在两岸之间，所以我现在已经不写乡愁诗了，而写归乡诗。"他幽默地说。

然而，余光中生平所作 1000 首诗不止于乡愁。"乡愁诗在我的诗作中只占十分之一，我还写古人，比如李白、杜甫、屈原、史可法等，也写外国人，比如甘地。我也写亲情，写母亲、妻子、女儿。近年来，我还涉及了关于环保的话题。要爱国，也要爱整个人类，爱地球。我们的地球面临环境污染、气候变化，这应该引起我们的警觉。我希望读者们不要只看到一首《乡愁》，这应该是我与他们交情的开始，而不是全部。"

9 月 17 日，发表《乡愁，是一种国家情怀》，刊《人民日报》第 17 版。文中有罗雪村绘余光中人物素描。

9 月 22 日，中秋。节前，第三次入蜀。中秋之夜，北京电视台播出《月上紫禁城》晚会节目，会中朗诵其名作《乡愁》，并由毛阿敏演唱。

《成都商报》（2017 年 12 月 16 日）：○我与余光中先生（王莎）○ 2010 年中秋前，一别四年，余先生夫妇应我之邀第三次入蜀，我借武侯祠一块宝地，让梦想终于照进现实。我们取的演讲题目是"樽中月影照乡还"，来自他《寻李白》"樽中月影，或许那才是你的故乡"。

这次见面，余先生送我两本书，一本为祝贺他六十年写作生涯而出版的繁体版《余光中六十年诗选》，另一本是他的散文集《日不落家》，其中有他四个女儿一人一篇文章，余先生在扉页风趣地为我写下："王莎笑览，比比我们的女儿缘"。当晚为余先生接风时，我才知道当天是他和夫人结婚五十四周年的日子，前几天他为纪念这个日子著诗一首，并特意带到成都。坐在他身旁的流沙河，将此诗用古调吟唱，余先生在一旁击节合拍，两位知音真是情深谊长。

9月28日，翻译济慈的《秋之颂》（"To Autumn"），刊《联合报》副刊D3。

> 余幼珊《天真的歌·简体字版序言》：父亲之文和济慈之诗相类似之处不尽在于文字，而在于意象和气氛。济慈这首诗是以工整的颂体（ode）写成，每行10个音节并押韵，而父亲的翻译之所以能够亦步亦趋跟随其诗体，乃因从小受中国古典诗词之熏陶。一位好的译者，须至少通晓两种语言，故他虽是外文系的教授，却也大力提倡清通的中文，以及文言文的教育。他的创作和翻译是相辅相成，互相影响的。①

9月，诗歌《慈云寺俯瞰台北》，收入台湾《大学文选欣赏》。

10月13日，应邀至高雄港都电台接受采访，并与电台工作人员合影留念。

10月17日，林欣谊发表《6位导演6位作家引爆新视觉经验·余光中〈逍遥游〉，郑愁予〈如雾起时〉先登场》，刊台北《中国时报》第14版。

10月24日，与陈怀恩导演谈《逍遥游》。

> 台北《中华日报》（2010年10月25日）：○余光中、陈导笑谈逍遥游（王正平）○

10月，纪念版新译《老人与海》，由南京译林出版社推出简体字版。该书除有1957年重光版序言之外，另增加了译序；书名改为通行的《老人与海》。作者署"欧内斯特·海明威"。该译本在旧译基础上修改了1000多处。

> 单德兴《回顾台湾英美文学界——余光中教授访谈录》：大陆有三大翻译出版社，其中之一就是南京的译林出版社。今年那家出版社看中了我早年翻译的《老人和大海》，想要重新出版，我答应了。答应之后，我把以前的译稿拿出来准备修改，一看，发现自己以前的翻译实在是差得很远，并不是因为误解英文，而是中文根本 incompatible

---

① 余光中编译：《天真的歌》，第2页。

（不搭衬）。海明威的 style（风格）简直就是 anti-Victorian（反维多利亚），很少用有学问的 periodical sentence（掉尾句，把重要信息放在句子末尾），很少用 compound-complex sentence（复合句）。他大半都是用 simple sentence（简单句），中间用 and 连起来，偶而所加的 subordinate clause（从属子句）都很短。你不会把他的句法跟詹姆斯（Henry James）或乔伊斯（James Joyce）联想在一起。所以，我当时还没有准备好翻译这种风格，反而翻得太文，太 literary，我的译笔对他的 original style（原文风格）太文了，所以我花了一个半月重译……改得比较像口语，而且像打鱼的人，没受过高等教育的人所讲的话。……两个译本差别很大。新译本差不多修改了一千多处。……大陆要我改成《老人与海》，我就跟着改了，我原先的作者译名"汉明威"也改成"海明威"。①

11 月 4 日，邀请高雄中山大学前外文系主任、时任两厅院艺术总监黄碧端重回学校，演讲《中山·文化·我》。这是高雄中山大学 30 周年校庆系列活动之一。

同日，徐如宜发表《任教中山最久　余光中：别想挖角》，刊《联合报》B3。

11 月 12 日，为高雄中山大学 30 周年校庆纪念明信片、纪念信封和纪念袋题写"三十而立　砥柱中流"。

同日，应邀在高雄中山大学表演厅逸仙馆观看名歌仔戏团体"明华园"演出的《猫神》。

11 月 13 日，应邀出席高雄中山大学 30 周年校庆晚会并致辞。晚会上有第一栋由校友所捐赠的建筑物"西子楼"的捐赠仪式。该楼系由校友筹资三千万所建，诗人余光中命名。

同日，中译艾米莉·狄金森诗歌《夏至逃逸》，刊《意林》第 21 期。

11 月，陈幸蕙著《悦读余光中：游记文学卷》，由台北尔雅出版社出版。本书是陈幸蕙继《阅读余光中：诗卷》和《悦读余光中：散文卷》之后，针对余光中"游记文学"，以散文的笔调、说故事的方式、分享的心情所写之"游记文学卷"。全书共 7 卷：徐霞客的粉丝；天地无碍；山河

① 台湾《英美文学评论》第 32 期（2018 年 6 月）。

之盟；非洲之夜及其他；余光中的文学行旅；余光中的艺术行旅；余光中的宗教行旅。末附陈幸蕙的《后记：活跃的火山·必要的纪律》。

12月28日，应邀出席高雄中山大学为悼念创校校长李焕而举办的"筚路蓝缕，以启山林——'李锡公与中山大学'"纪念学术研讨会，分享与李焕校长相处点滴。

12月，罗任玲发表《与南台湾的波浪相连——"完美主义者"余光中》，刊《文讯》第302期。

2011年（辛卯）   84岁

1月2日，翻译济慈诗《亥贲亮之败亡》。[①]

1月3日，写散文《永怀锡公》，后收入《粉丝与知音》（2015年版）。

1月6日，下午，应邀出席在海口举办的"e拇指美景发现之旅"大赛颁奖仪式。

《海南日报》（2011年1月10日）：〇余光中：根索水而入土，叶追日而上天〇1月7日晚，海南日报记者采访了这位前来海南参加首届"e拇指美景发现之旅"大赛颁奖仪式的台湾著名诗人、作家、学者。

……参加完活动，余光中在海口五公祠游览，无意间淘得了一幅苏轼的书法拓片，在向海南日报记者展示这幅作品时，老人连声说道："非常好！非常好！书法很浑厚，字体变化多端，有大有小，不拘一格。我要把它带回台湾，装裱起来，挂在书房的墙上。"

1月8日，与夫人范我存由海口飞上海。

《海南日报》（2011年1月10日）：〇余光中：根索水而入土，叶追日而上天〇刚刚参加完首届"e拇指美景发现之旅"大赛颁奖仪式的余光中和他的太太范我存正在打点行李，准备第二天一早赶往下一站上海。

1月18日，泉州吴其萃在陆炳文的陪同下来访。应允成为入住泉州华光摄影艺术学院"世界文化名人村"第一人，并为即将开工建设的"世界文化名人村"题写牌匾。

---

① 原件藏台北"国家图书馆"当代名人手稿典藏系统，编号262-213。

1月20日，作诗《策勒的来信》，刊2月21日台北《中国时报》；后收入《太阳点名》（2015年版）。

1月27日，"祥和中国节"第二季的开春之作——"神州万里贴春联 祥和中国开门红"新春笔会在长沙开场，余光中与湖南省政协副主席谭仲池等文化名人撰、湖南书法名家书的一副副祝福春联，即日起送往青海玉树地震、甘南藏族自治州舟曲特大山洪泥石流灾害受灾民众家中，为灾区百姓送去吉祥和喜庆。余光中的春联是："山动地摇，浩劫岂容撼玉树；一呼百应，大爱终必回新春。"

同日，作诗《谢渡也赠柑》，刊2月18日《联合报》；后收入《太阳点名》（2015年版）。

> 余光中"附注"：茂谷柑为美国柑桔专家 Charles Murcott Smith 在1922年培育成功的上品，即以其中名命名，亦称 Murcott orange。

> 【按：渡也的《谢余光中教授赠诗》，刊2011年3月8日《联合报》；后作为附录收入《太阳点名》（2015年版）。】

1月，写万言长文《佛罗伦斯记》，刊11月14日至17日《联合报》；后收入《粉丝与知音》（2015年版）。

1月，散文集《我来过，我爱过：余光中散文精读》，由上海复旦大学出版社出版。

1月，《余光中精选集》，由北京燕山出版社出版，收入"世纪文学经典"丛书。该书篇目由徐学选定，分诗歌篇和散文篇。书前有徐学的《中西合璧 诗文双绝》，作为代序。

2月13日，作诗《花国失魂记——Flora Expo》。[1]

3月4日，作诗《我的小邻居》。[2]

3月6日，发表诗歌《花国之旅》，刊《联合报》；后收入《太阳点名》（2015年版）。

> 余光中《后记》：《花国之旅》是咏台北市花博会之盛况，开头的一段用披头迷魂恍神的声韵，希望能追摹翩如飞（groovy）的快意。[3]

---

[1]　原件藏台北"国家图书馆"当代名人手稿典藏系统，编号262-4。

[2]　原件藏台北"国家图书馆"当代名人手稿典藏系统，编号262-56。

[3]　余光中：《太阳点名》，第253页。

3 月 10 日，应邀出席在台北圆山饭店举行的"南京大学台北话春联谊会"，参加聚会者有金陵大学台湾校友会会长孙永庆，南京大学前身中央大学、金陵大学老校友，南京大学在台新校友，以及各界朋友，共 150 余人。

3 月 21 日，应邀出席阳明大学 2010 年度第 5 次校级演讲暨武光东教授人文讲座，演讲《诗的主题与艺术》。

《阳明电子报》第 211 期（2011 年 4 月 8 日）：这次演讲邀请中山大学教授，也是著名诗人余光中老师，谈"诗的主题与艺术"。阳明师生知道大师级的余光中老师莅校演讲，整个会场座无虚席。在二个小时的演讲中，余老师解释演讲主题、朗诵诗篇并回答听众的问题。

谈到"诗的主题与艺术"时，余老师说，诗是用文字来表达美感的一种艺术。简单的理解，诗的主题就是"说什么"，要"言之有物"。诗的艺术，就是"怎么说"，要"言之动听"。余老师例举曹植的七步诗"煮豆燃豆萁，豆在釜中泣。本是同根生，相煎何太急"，说明诗的主题写的是兄弟之情（言之有物），但曹植用"言之动听"的方式打动人心，表现出诗的艺术。

余老师在现场吟诵了 15 首诗篇。

3 月 24 日，下午，高雄中山大学图书馆余光中特藏室揭幕。晚上，于中山大学逸仙馆举办讲座"台湾书写·世界发光 余光中诗韵与音符的交响"，与政治大学台湾文学研究所陈芳明所长对谈。中山大学音乐系合唱团演唱了《踢踢踏》《乡愁四韵》《让春天从高雄出发》等多首名作。其中陈茂萱谱曲的《踢踢踏》，由本校音乐系王望舒教授演唱。

《自由时报》（2017 年 12 月 24 日）：〇诗的志业——悼念余光中（陈芳明）〇我无法忘怀那年他邀请我南下与他对谈。当时中山大学为他成立"余光中数位文学馆"，希望找到恰当的人选来介绍余老师的文学。那天到达时，整个演讲厅已经坐满听众。台上司仪介绍我时说："我们特地邀请政治大学台文所教授陈芳明来与余老师对谈，他也是余老师的粉丝。"我上台之后，余老师就说："在对谈之前先让我说几句话。粉丝是一大票的人，陈芳明不是我的粉丝，他是我的知音。"他这样解释时，整个厅堂响起了掌声。这是我第一次发现余老师是如此看待我，纵然过去与他断交二十年，他完全不放在心里，总是敞开他的胸怀与我友善地对话。

黄维樑《余光中特藏室启用典礼致辞》：高雄市中山大学图书馆近辟"余光中特藏室"，于 2011 年 3 月 24 日举行落成启用典礼，主持者有逾八旬的余光中教授、中山大学校长杨弘敦教授、中大图资处处长杨昌彪教授、政治大学陈芳明教授，和我。我应邀在典礼中致辞。

余光中特藏室应该有五个用途：一是让中大师生多认识这镇校之宝。二是让访客来中山大学参观，多了一个亮点、景点。三是让余氏的粉丝浏览书、稿、图片、电子影音等，还可让参观者到附近的中大书店购买纪念品。四是让余氏的知音细览各种文本等资料。五是让余学学者在此做研究。

五项财富、五个用途、五途无阻，像余先生诗说的"五行无阻"，这个室可扩大，发展成为"余光中文学馆"。别的大学和地方，如台湾的台大、师大、政大，香港的中大，南京的南大，泉州的永春县，可能会仿效，或辟室或建馆，向这位大师致敬。五彩、五富、五途，像余诗《五行无阻》说的顺畅无阻，"在壮丽的光中"。①

黄维樑《余师梁师：余光中笔下的梁实秋》：2011 年中山大学图书馆辟室而成"余光中文学特藏室"，3 月 24 日，在启用典礼上致辞时，余氏为梁实秋文学馆或梁实秋文学室之未建而耿耿于怀。②

3 月 25 日，发表《时代之眼：台湾百年身影——为北美馆摄影展而写》（含《攫住美与沧桑》《瑰奇的祖母绿》），刊台北《中国时报》；后收入《太阳点名》（2015 年版）。

3 月 26 日，徐如宜发表《余音绕梁——余光中·中英文吟诗》，刊《联合报》A18。

3 月 30 日，应邀赴杭州讲学。

余光中《清明七日行》：接受了浙江大学的邀请，在清明节前五天由高雄直飞杭州，开始六日的访问。……3 月 30 日的黄昏，弱水在萧

① 黄维樑：《大师风雅——钱锺书、夏志清、余光中的作品和生活》，第 263、265～266 页。
② 黄维樑：《壮丽：余光中论》，第 225 页。

山机场接机，把我们安置在西湖北岸的新新饭店别馆。①

3月31日，做客浙江大学东方论坛，演讲《美感经验之互通》，主持人为陈扬渲。受聘任浙江大学客座教授。

余光中《清明七日行》：当天晚上，我在浙大紫金港校区的蒙民伟国际会议中心演讲，题目是"美感经验之互通——灵感从何而来"。……我的讲座是以"东方论坛"的名义举行，并由罗伟东副校长主持，胡志毅院长介绍。讲前有一简短仪式，把客座教授的聘书颁赠给我。这样一来，我不是有幸成为岳父范赉教授的同仁了吗？②

《浙江日报》（2011年4月8日）：○灵感的开关藏在哪○上周，自称"浙大女婿"的著名诗人余光中携夫人"回家探亲"。余先生此番来杭，老友作媒，艺术为桥，受邀出任浙江大学客座教授。履新第一堂课，他与1000多位浙大学子谈起了"灵感"。

《浙江工人日报》（2011年4月6日）：○余光中携夫人来杭：她是寻根之旅，我是履新之旅○"我一结婚就跟浙江大学发生了关系。"余光中的开场白引来台下的浙大学子哄堂大笑。

说这句话的时候，83岁的余光中牵着夫人范我存的手，深情地对视了一眼，"我夫人是在杭州出生的，我的岳父曾经在浙江大学做教授，是园艺系的主任。所以，我带着我的夫人一起来浙大，她是寻根之旅，我是履新之旅。"……

这位自称"江南人"的余光中带着夫人住在西湖边，还带着特别热爱玉石的夫人参观了良渚博物馆。"今天的西湖非常明媚，太子湾的樱花让人沉醉。"余光中风趣地把夫人称作"女儿"："我们家有五个女儿，就我一个男人，我这次是带着最大的女儿（夫人）来西湖旅游了。"

余光中给浙大学生带来的第一堂课，讲的是"美感经验之互通"。……余光中最后还为大家朗诵了他的《乡愁》。

《人民日报·海外版》（2011年4月15日）：○余光中妙语游黄山：美丽的辖区 风雅的责任（程亚星）○到黄山的前两天，余光中先生在浙江大学讲课。席间，余先生为大家朗诵了他创作于1971年的经典诗

---

① 余光中：《粉丝与知音》，第119～120页。
② 余光中：《粉丝与知音》，第121页。

篇《乡愁》，诗的第二段里有一句"长大后，乡愁是一张窄窄的船票，我在这头，新娘在那头"，吟唱完这首诗的最后一个字后，他却补充了一句："今天很特别，我在这头，新娘也在这头。"余先生把他的夫人称作是他相伴了 55 年的新娘。

《解放日报》第 8 版（2011 年 5 月 29 日）：○美感经验之互通——诗人余光中在浙江大学东方论坛的演讲○我今天的讲题是《美感经验之互通》，也可以说是《艺术经验之转化》。虽然写实主义在文学上是很重要的一种做法，不过文学和艺术的创造力也不要完全寄托在写实主义上，因为我们的人生有很多题材不是自己亲身经验可以得来的，要靠观察、想象以及合理的推论。所以在文艺的创作上，有很大的空间是让我们用间接的经验去取得美感来创造。……我觉得艺术创造应该有三个条件。第一，要有知识；第二，要有经验；第三，要有活泼的想象。……所以我说艺术经验可以互通。画家感受到的美，可以移到诗人的纸上；小说家书中所写的人情世故，可以移到导演的镜头前面。很多艺术，舞蹈、雕塑、绘画、音乐，与建筑、文学、戏剧都可以互通。假设一个作家可以这样互通，那他灵感的来源就会增加很多。……所以，文学、文化、艺术的发展是比较慢的，一个文艺复兴就会弄上两三百年，一个运动往往要过很久很久才有效果出来。就看后人如何评论。……想象力是应该培养的，并不是没有知识、完全抛掉经验的胡思乱想，胡思乱想是没有成果的，一定要朝着某一个方向好好地去想。……（李杭春 整理）

3 月，发表《炉镕道艺一鸿儒：忆张隆延先生》，刊香港《明报月刊》；又刊 5 月《文讯》第 307 期。

3 月，赖怡发表《逍遥游：自己不说的余光中》，刊《幼狮文艺》第 687 期。

3 月，《余光中散文精选》，由杭州浙江文艺出版社新版，收入"青少年文库"。本书分为抒情散文、知性散文、小品文三辑，收录《石城之行》《南太基》《丹佛城》《听听那冷雨》等 34 篇。比起旧版来，新版减去旧文 28 篇，增加新作 18 篇。新加的散文之中，不少是写于 2000 年以后，有 5 篇是近五年的作品。本书供一般青少年阅读。

4月1日，张畅作诗《致余光中》。诗云：

> 杭州的风景是你短暂的驿站／街角的灯光里透着你孤独的背影／你谈艺术和美，我没有听到／却是诗里的剪影／让我做了场梦／桥跨黄金城里的诗情／是你宣泄／在最繁华的世间／匆匆而行　无声／没有期待人理解／也没有悔恨曾经／那两岸的荒冢／是你书写的小景／也是你割不断的祈求　安静……（2011.4.1）①

同日至4日，自宣州赴池州，与舒婷、西川、多多、王家新、车前子、陈先发、庞培等40余位当代著名诗人出席池州"三月三·杏花村诗会"。

> 马光水《做"诗人"（代后记）》：今年元月，受江弱水先生之约，到谢朓写诗的宣城参加三月三·敬亭山诗会。后来因举办方的缘故，诗会改到杜牧写诗的池州。名称也换作"三月三·杏花村诗会"。我也从宾客变成了主人。当我看到参加诗会人员的名单，惊讶之情难以言表。有学贯中西，在诗歌、散文、评论和翻译"四度空间"里纵横驰骋了半个世纪的学者余光中；有与北岛等人一同在朦胧诗潮齐名的舒婷；有中生代学院派代表人物王家新；有当代"丰子恺"之称的车前子……共有四十位当代大腕级诗人。

> 2011年4月1日下午近6点，由我出城迎接余光中夫妇。……我把他们送到宾馆房间，然后迎接他们参加了由池州市政府举行的接待晚宴。②

4月2日，上午，出席诗歌朗诵会。下午，游牯牛降。晚上，聚于秋浦渔村。

> 《安徽商报》（2017年12月17日）：○余光中游池州（刘向阳）○2011年春天，三月三诗会在池州召开，余光中登上杏花村古戏台，朗诵自己的作品。84岁高龄的余先生吟出他的名作《寻李白》……朗诵之后是游园。……下午，开始了李白秋浦寻踪之旅采风活动。

> 马光水《做"诗人"（代后记）》：上午，我们在被世人誉为"天下第一诗村"的杏花村文化公园参加诗歌朗诵会。余光中、王家新、潘

① 张畅：《记忆是一种抵抗的姿态》，哈尔滨：北方文艺出版社，2011年，第208～209页。
② 马光水：《在时间上跳远》，合肥：合肥工业大学出版社，2011年，第147页。

维、多多、西川、三色堇、金铃子、庞培等十几位诗人络绎登台朗诵。尤其余光中的《寻李白》、王家新的《与儿子碰杯》印象深刻。……下午，我们一行近五十人，沿李白当年摇橹寻胜的秋浦河，来到难得带有一点原始意味的牯牛降。……晚餐安排在只见渔村，不见渔民；不见太白，但醉太白；不见险峻，总见烟霞的秋浦渔村。①

4 月 3 日，游览九华山。

《安徽商报》（2017 年 12 月 17 日）：〇余光中游池州（刘向阳）〇第二天，上九华山。我们搀扶余老拾阶而上，游览月身宝殿。……然后随车去凤凰松参观。……中午用过素斋。下午参观百岁宫。雾比上午更浓，扫了诗人的兴。……晚上，诗人离别在即，大家觥筹交错，开怀畅饮。庞培、李少君等四人，唱起余光中先生的《乡愁四韵》。在诗人的歌声里，我们陶醉了。

马光水《做"诗人"（代后记）》：诗会第三天，也是重头戏：游览九华山。第一站是地藏菩萨灵迹示现的月身宝殿。……接着，我们一睹天下第一松凤凰松的风采。……待吃过午饭游览百岁宫，雨和雾更浓更重，五米之外的风景已难以欣赏了。或许诗人们带着一点遗憾离开了九华山。……告别晚宴设在池州大九华宾馆。……直到庞培和李少君合唱余光中的《乡愁四韵》，晚会达到高潮。②

4 月 4 日至 5 日，由江弱水（陈强）陪同，首次游黄山。

《人民日报·海外版》（2011 年 4 月 15 日）：〇余光中妙语游黄山：美丽的辖区 风雅的责任（程亚星）〇4 月 4、5 两日，余光中夫妇结束了池州三月三诗会后，由浙江大学江弱水教授陪同，来到了神往已久的黄山，我亦有幸陪同上山。

这是余先生第一次来黄山。他说：我的身体虽然是第一次来黄山，但我神游黄山已经多年，从书中、从诗中、从影视里，还有摄影家的图片展里。

《安徽商报》（2017 年 12 月 17 日）：〇余光中游池州（刘向阳）

---

① 马光水：《在时间上跳远》，第 147 页。
② 马光水：《在时间上跳远》，第 147～148 页。

〇四月四日，江弱水陪同余光中走青阳，到朱备九子岩游览。

4月6日，应邀出席记录六位台湾文学家身影的电影《他们在岛屿写作——文学大师系列电影》联合发布会，余光中传记电影《逍遥游》首次上映。与会者有杨牧、郑愁予、周梦蝶、余光中、夏祖焯、王文兴等。

《新京报》（2012年9月29日）：〇余光中：不押韵也能写出有趣的诗，押韵更有效〇庄子的逍遥游意思是不要有牵挂。我用这个题目倒不完全是这个意思。我那本散文是写我在美国的心情，在美国读书，离开故乡，到一个不同的社会，所以我把它说成是逍遥游。可是这个逍遥游，其实并不很逍遥，充满了乡愁，充满了所谓的文化震撼，很不习惯。

那个片子拍的方式，好像我是一个壮游者，是一个云游天下，四海为家的人。因为那个片子拍出来也是这样子，一会儿叫我到这儿，一会儿叫我到那儿，杨照他的印象就是壮游这样子。

壮游不是个贬义词，也还不错嘛，一个人云游天下。中国就有句古话"读万卷书，行万里路"，互相补益，读书是跟古人来往，行万里路是跟当代的人来往，深入人间，都有帮助的。

4月15日，中译济慈诗歌《蕾米亚——济慈寓言叙事诗》，刊《东方翻译》第2期。

同日，黄祯祝发表《致诗人余光中》，刊《泉州文学》第4期。诗云：

温馨的桃溪流经你孩提的梦幻，/嘉陵江的激流把豪情点燃；/淡水河、浊水溪云垂雾绕，/锁住乡愁，锁住长夜漫漫……//一湾浅浅的海峡，/一枚小小的邮票，/"这头"和"那头"心有千千结，这千千结正是你痛苦的凝望！//于是，我看见你行吟中泪眼朦胧，/你凝望的是大陆的母体啊！/梦中驰骋于《诗经》中的北国，/梦中徜徉于《楚辞》中的南方……//于是，我读懂了你的《寻李白》：/"酒入豪肠，七分酿成月光，/还有三分铸成剑气，/绣口一吐就是半个盛唐。"//追寻文化苦旅艰难跋涉的足音，/屏息静听那千年一叹，/文化学家余秋雨称之为/"当代中国诗歌的罕见绝唱！"//终于迎来了云开日出，/海峡两岸铺满灿烂霞光，/你自称八闽归人，/笑意荡漾在久经风霜的脸上！/ 归途中你经过欧阳詹发祥之地，/ 发出"镇名诗山应为吉兆"的赞叹。/ 你终于再见到潺潺的桃溪水，/ 你终于再见到儿时的玩伴！// 在永春余氏宗祠诵读祭文，/ 你闪烁着晶莹的泪光。/ 你跪下了——深藏根的家国情怀；/ 你站起了——托起花叶的芬芳！// 乡亲们感受你的情真意切，/ 把连枝带叶的一对芦柑赠与你。/ 你颤巍巍的大手呵，/ 久久盈握着并蒂的绿柑……// 你成了泉州的形象大使，/ 出现在CCTV 的讲坛；/ 你特有的诗人气质，/ 聚焦着四面八方的目光！/ 多少人喜爱你的低吟浅唱，/ 多少人伴随你领略山高水长；/ 此时此刻，又有多少诗情画意 / 争先恐后涌上你的笔端……

4 月 18 日，与濮存昕、席慕蓉等海峡两岸知名人士出席在莆田举行的首届"世界妈祖"大型诗歌咏诵会。咏诵会从多个角度呈现妈祖文化的精神内涵，塑造妈祖恋祖爱乡、回馈桑梓、大爱无疆的精神品质。[①]

4 月 21 日，第三次回泉州，为期四天。此行共四人，当天下午在世贸中心酒店举行了记者招待会，接受泉州电视台、泉州晚报社、《东南早报》、《海峡都市报》等新闻媒体采访。当晚泉州市政府在泉州酒店举行欢迎晚宴，潘燕燕副市长致辞，欢迎诗人余光中先生回到老家泉州。

《东南早报》（2011 年 4 月 22 日）：○台湾诗人余光中回到泉州家乡 赋诗洛阳桥○昨日上午，泉州籍台湾著名诗人、散文家余光中偕夫人范我存亮相泉州某酒店，此行他将为"海内第一桥"洛阳桥赋新诗。

这是 2004 年为泉州参评"中国十佳魅力城市"担任推荐人后，余光中再次回到故乡。在接受早报记者专访前，余光中特地通过东南早报向早报读者问好，并为早报题词："雄鸡一啼东南晓"，对早报给予了高度评价。

此行还有另一重要目的：参加"世界文化名人村"奠基仪式，成为入驻该村的第一位"村民"。据透露，今起，余光中将被华光摄影艺术学院聘为首席教授。

4 月 22 日，上午，参观洛阳桥，后作诗《洛阳桥》；拜谒蔡襄祠。中午，出席全球粥会世界总会第 620 次粥会雅集，由华光摄影艺术学院林常

---

① 《余光中、席慕蓉将参加首届"世界妈祖"诗咏会》，《东南快报》（2011 年 2 月 1 日）。

红书记挥毫而就的余光中《粥颂——为总会粥会八十年而写》书法墨迹展现在粥会现场。下午，为华光摄影艺术学院做题为《艺术经验之转换 美感体验之互通》的学术报告。全球粥会陆炳文会长到会致辞。

《东南早报》（2011 年 4 月 22 日）：○台湾诗人余光中回到泉州家乡 赋诗洛阳桥○余光中此行首站是有着千年历史的泉州洛阳桥，今天上午他将参观洛阳桥，为洛阳桥赋新诗；下午，他将在华光摄影艺术学院吴文季音乐厅作学术报告。

《泉州晚报》（2011 年 4 月 25 日）：○余光中：40 年后再续"乡愁"○"刺桐花开了多少个春天？东西塔还要对望多少年？多少人走过了洛阳桥？多少船开出了泉州湾？"此次泉州之旅是余光中第三次回乡，畅游刺桐城、走过洛阳桥、参观中国闽台缘博物馆……足迹与历史的脚印重叠在一起，他的心灵被深深地触动了，为家乡留下了新的诗篇。

4 月 23 日，参加泉州华光摄影艺术学院"世界文化名人村"的奠基仪式，正式成为名人村的第一位"村民"。观看泉州台商投资区文艺演出。

4 月 24 日，参观泉州闽台博物馆，出席在泉州府文庙惠风堂举办的"余光中诗会——两岸诗人作家联谊会"。当晚，泉州市领导为其举行"惜别晚宴"，福建省政府新闻办主任、省委宣传部副部长朱清，泉州市委统战部部长王亚君，以及陆炳文、吴其萃等出席。

《东南早报》（2011 年 4 月 22 日）：○台湾诗人余光中回到泉州家乡 赋诗洛阳桥○ 24 日，泉州市作家协会、泉州市文联还将在泉州府文庙惠风堂举行诗歌吟诵会，与余光中相聚，进行诗会互动。

《泉州晚报》（2011 年 4 月 25 日）：○两岸诗人携手诵《民歌》余光中诗会昨在泉举行○本报讯（记者陈智勇）24 日，余光中诗会在泉州府文庙惠风堂文化艺术会所隆重举行，我市上百名诗人、作家与文艺工作者齐聚一堂，以诗会友，交流情感。……诗会快结束时，余光中带领全体朗诵者一起吟咏《民歌》，掀起了活动的高潮。……在诗会上，宋长青向余光中赠送了《品读泉州》一书，让他更加详细地了解家乡的历史文化与新的建设成就；市摄影家协会主席、本报记者林水坤把连夜赶制的《余光中寻根记》画册赠送给诗人；余光中永春乡亲陈弘还专门循《乡愁》的韵律创作了诗作《血缘》，带来了乡亲们的问候与祝福。

《泉州晚报》（2011 年 4 月 25 日）：○余光中：40 年后再续"乡愁"○"……而未来，乡愁是一条长长的桥梁，你去那头，我来这头。"昨日，在泉州府文庙惠风堂举行的余光中诗会上，两名朗诵者用普通话和闽南语，深情地演绎了余光中此次回乡续吟的完整版《乡愁》，引起了广泛共鸣。

"用闽南语朗诵更能真切地表达这首诗的意境与内涵，因为乡音更加能触动游子的心灵。"余光中现场多次为这首诗的朗诵表演鼓掌。……《乡愁》问世后广为流传，入选 10 多个国家和地区的教科书，有众多作曲家为这首美丽的诗篇谱曲。此次回到泉州，余光中又即兴续写了《乡愁》的第五段。

5 月 1 日至 11 日，"泉台百家姓族谱暨中华姓氏联墨巡展"在台湾高雄举行。8 日，余光中特意携眷参观族谱展，观后题词"香火长传妈祖庙，风波不阻闽台情。根索水而入土，叶追日而上天"。

5 月 4 日，作诗《洛阳桥》，刊 6 月 20 日《联合报》；后收入《太阳点名》（2015 年版）。①

5 月 10 日，致信华光摄影艺术学院董事长吴其萃。

其萃先生：

四月底泉州之行极有意义，一切多承你和炳文先生安排，十分感谢。洛阳桥巡礼尤其难忘。终于成一首诗，希望不太离题。此诗共分十段，每段四行，希望不要排错。匆此即颂

暑安

余光中

2011.5.10

5 月 15 日，中译罗伯特·佛洛斯特诗歌《雪夜林畔小驻》，刊《辅导员》第 14 期。

5 月 18 日，写散文《走过洛阳桥》，刊《台港文学选刊》第 5 期；后

---

① 原件藏台北"国家图书馆"当代名人手稿典藏系统，编号 262-5。

收入《粉丝与知音》（2015 年版）。

5 月 26 日，新作《洛阳桥》手迹在《泉州晚报·刺桐红》全版刊发。台湾文联主席、海峡两岸和谐文化交流促进会会长陆炳文受托，带着新作手稿出席当天在泉州洛阳桥文管所前举办的首发仪式。海峡之声广播电台主播赵红星、廖荼香当场吟唱了该诗。华光摄影艺术学院吴其萃董事长及数百师生参加了发布仪式。

5 月 28 日，台湾宜兰市佛光山兰阳别院举办"悦听文学"飨宴，余光中、黄春明、陈若曦等诵诗诵文。

5 月，余光中高中散文奖揭晓，江苏地区获得第一名的作品是王亦乐的《江山多娇》，余氏亲撰评语，谓此文有"怀古情韵，知性思索"。

5 月，发表《〈老人与海〉的翻译历程》，刊《联合文学》第 319 期。

夏，赴台北参观"会动的清明上河图"展。

　　《联合报》（2012 年 5 月 24 日）：〇会动的清明上河图 诗人余光中称妙〇"会动的清明上河图"展去年夏天在台北展出，诗人余光中专程前往参观，看到"小孩抓猪"的趣味桥段，直呼"太妙了！""会动的清明上河图"以计算机动画技术，将北宋画家张择端的原画放大三十倍，投影在六公尺高……

6 月 2 日，吴亚明发表采访余光中稿《一件美好的事情》，刊《人民日报》第 12 版。

6 月 3 日，写散文《迎毕卡索特展》，后收入《粉丝与知音》（2015 年版）。

6 月 5 日，周慧珠发表《悦听文学·把文学欣赏的感动·还给大众——余光中·诗人吟诗说诗》《眼睛借一下，耳朵借一下——朗读，感动，解冻——余光中·诗人吟诗说诗》，刊《人间福报》B4、B5。

6 月 9 日，泉州华光摄影艺术学院吴其萃董事长来访，中午在邬珍那斯特西餐厅共用午餐。

6 月 11 日，应邀出席高雄中山大学毕业典礼并发表演讲。

　　《星洲日报》（2011 年 6 月 12 日）：〇余光中批评"中文西化"〇著名诗人余光中昨天为中山大学毕业生致词，提醒大家不要把英文习惯带到中文，一定要用正宗中文。

　　余光中举例，譬如吃素，犯不着说成"我是一位素食主义者"；独子，不必赘语形容"他是父亲唯一的儿子"。

余光中认为"中文西化"现象日益严重。他表示，每种语言都有其特色，中文与英文各有特质，学生努力学英文之际，不要把英文习惯带到中文里，让原本清清楚楚的用语，变成非驴非马的奇怪句子。

余光中举例，有人会对教授说"你扮演老师的角色非常成功"，这是英文的语法 You play a role of something，对方原本已是老师，就不必再"扮演"老师的角色了。就像我们也不能对着马英九说：你扮演"总统"的角色如何如何，因为他就是"总统"。

对于"性骚扰"（sexual harassment），余光中也说这是英文用语，因为中华文化数千年，这样的事古人也会发生，中文的用法应该是"调戏"。

6 月 12 日，徐如宜发表《余光中：中文西化，常见非驴非马怪句》，刊《联合报》A6。

6 月 13 日，发表《天鹅上岸，选手改行——浅析痖弦的诗艺》，刊《联合报》。

同日，写散文《翻案文章，逆向思维——回顾四年来的 myfone 简讯文学》，后收入《粉丝与知音》（2015 年版）。【按："myfone 行动创作奖"，由台湾大哥大公司首创于 2007 年，主要为鼓励年轻人用新的媒介方式记录生活，表达个性。】

6 月 14 日，陈智华、徐如宜、王燕华发表《台语文争议，余光中：别把自己做小了》，刊《联合报》A6。

6 月 16 日，作诗《诗赠夏高》①，刊 8 月 9 日《联合报》；后收入《太阳点名》（2015 年版）。

余光中"附注"：Chagall 坊间多译"夏卡尔"，译成"夏高"，比较逼近原音，何况"高"更能暗示他画中的人、物都会飞升。毕卡索赠他假面为婚礼，乃隐喻毕老的人面变形启发了他。马蒂斯赠他红毡，也隐喻野兽派亮丽的大幅色块。

6 月 20 日，晚，出席在南京电视台演播厅举行的第二届南京"文化名人""文化精品"暨"金陵五月风"第五届南京文学艺术节闭幕式颁奖典

---

① 原件藏台北"国家图书馆"当代名人手稿典藏系统，编号 262-57。

礼，入选第二届南京"文化名人"。

曹大臣等《南京百年城市史：1912—2012·社会团体卷》：在第二届南京"文化名人""文化精品"评选活动中，入选南京"文化名人"的有：卞留念、朱道平、余光中、陈维亚、吴汝俊、苏童、张宪文、贺超兵、速泰熙、陶泽如。①

6月24日，出席南京金陵中学余光中散文奖江苏特别奖颁奖仪式。

胡有清《中文不朽——余光中访问江苏追忆》：当年6月24日，江苏特别奖颁奖活动在第一名得主所在学校南京金陵中学举行颁奖仪式。余光中先生夫妇和"语促会"两位干部专程来南京参加颁奖活动。颁奖后，余光中与获奖及参赛学生座谈，还为大家朗诵了《乡愁》等作品，活动结束后，学生们排起长长的队伍，余光中先生为大家一一签名，气氛甚为热烈。②

6月25日，访问泰州。

《泰州年鉴：2012》：〇余光中到泰州参访〇6月25日，台湾著名学者余光中偕夫人范我存一行到泰州参访。在泰期间，余光中一行游览姜堰溱湖风景区，参观科普馆和溱湖湿地农业生态园。《扬子晚报》副总编周桐淦、省台谊会会长胡有清，市政协港澳台侨委主任姚鹤速、市台办副主任史庆胜等陪同参访。③

6月27日，写散文《从悲悯到博大》，后收入《粉丝与知音》（2015年版）。

6月底，于南京观看电影《建党大业》。

余光中《忆苦思甜》：目前正在大陆各地放映的电影《建党大业》，六月底我已在南京的电影院看过。……结果我的感受比预期的更好。④

7月12日，发表散文《忆苦思甜》，刊《联合报》；后收入《粉丝与知

---

① 曹大臣等：《南京百年城市史：1912—2012·社会团体卷》，南京：南京出版社，2014年，第233页。
② 《台声》2018年第12期。
③ 泰州年鉴编纂委员会编：《泰州年鉴：2012》，北京：方志出版社，2012年，第94页。
④ 《联合报》（2011年7月12日）。

音》（2015 年版）。

7 月 22 日，写散文《人本大师毕卡索》，后收入《粉丝与知音》（2015 年版）。

7 月，朱双一发表《余光中参加"三月三池州诗会"》，刊《文讯》第 309 期。

7 月，李敖在香港书展上演讲《中国知识分子的走向》，再次批评余光中。其云：

> 余光中 80 多岁了，如果 40 年前就死了，他还是余光中，因为后 40 年都没进步嘛。①

8 月 2 日，《毕卡索画——余光中：幽默》，刊《联合报》A14。

8 月 4 日，写散文《毕卡索画中的牛马》，后收入《粉丝与知音》（2015 年版）。

同日，发表《西湖怀古》，刊《联合报》A12。

8 月 19 日，写散文《环保分等》，后收入《粉丝与知音》（2015 年版）。

8 月 26 日，写散文《壮哉山河》，后收入《粉丝与知音》（2015 年版）。

8 月，写散文《清明七日行》《西湖重游》《皖南问俗》《黄山诧异》，后收入《粉丝与知音》（2015 年版）。

8 月，《凡我在处，就是中国：余光中对话集》，由北京人民日报出版社出版。本书是一部余光中的对话集，书中所收文字，一是各大媒体对余光中的访问，一是专家、学者与余光中的对话、聊天，话题涉及各个方面。

8 月，朱炳仁来访，并赠以台湾中台禅寺的同源桥模型及书法作品。

> 《人民日报》（2011 年 11 月 25 日）：〇给心一片瓦 以度飘零人——朱炳仁和他的诗集《云彩》（杨雪梅）〇 2011 年的初秋，朱炳仁到台湾拜会诗人余光中。他向 83 岁的余光中敬献了 2007 年赠给台湾中台禅寺的同源桥的模型，同时还送上自己的两幅书法作品，一条幅抄写着妇孺皆知的《乡愁》，另一条幅是他的《云彩》。……余光中感谢朱炳仁为两岸架了座铜桥，"我和夫人今年去了大陆老家福建永春，走过一座石头造的洛阳桥，一边走我们一边数，总共走了 1060

---

① 《李敖曝作品曾和黄书一起卖 批余光中没进步》，广州《新快报》（2011 年 7 月 25 日）。

步！桥是沟通的最好工具"。余光中拿起笔在朱炳仁用钢笔书写的《乡愁》《云彩》两首诗的条幅上题了字，分别是"两岸交流日，乡愁自解时"和"海峡隔两岸，不阻云彩飞"。……

9月16日，写散文《错从口出》，后收入《粉丝与知音》（2015年版）。

9月23日，徐如宜发表《文学大师系列电影——余光中逍遥游，秀童心，晒恩爱》，刊《联合报》A18。

9月27日，发表诗歌《客从蒙古来》，刊《联合报》；后收入《太阳点名》（2015年版）。

9月28日，所讲《当中文遇到英文……》，刊《新华日报》B07。

9月，发表《我的台北城南旧事》，刊《文讯》第311期；后收入《城之南——纪州庵与台北文学巷弄》（台北台湾文学发展基金会台北市纪州庵新馆版）。

10月8日，在高雄家中接受吴蔚采访，采访稿后以《听余光中评大陆文化现状》为题，刊11月8日《教育》第31期。访谈中建议别把诺贝尔奖看成世界文学奖项，大陆应为中国文化第一世界，维持汉语的主流美学等。

10月10日，第四次回泉州。下午，余光中与范我存等一行参观了永春文化中心、中国永春白鹤拳史馆、永春顺德堂老醋有限公司、东关桥、留安山公园。在中国永春白鹤拳史馆，他题写了"武德永春"；在福建省工业旅游示范点顺德堂永春老醋展厅，他又写下"荡气回肠 醋老弥香"的题词【按：原件藏永春余光中文学馆】。

10月11日，早上，赶往洋上老家，参加祖父创办的洋上小学百年校庆，并于下午返回台湾。临走前题写"乡心应似桃溪水，长怀来处是永春"【按：原件藏永春余光中文学馆】。

10月12日，《余光中返乡·将为永春写作》，刊《人间福报》第7版。

10月15日，发表中译济慈诗歌《圣安妮节前夕》，刊《东方翻译》第5期。

10月22日，台湾师范大学附近梁实秋故居揭牌，余光中主持仪式。

10月22日至23日，台湾师范大学举行梁实秋国际研讨会，余光中做主题发言。

11月6日，李春发表《赴港对谈——余光中：台湾是妻，香港是情人》，刊《联合报》A11。

11 月 13 日，蔡容乔发表《赞咏西子湾，中山中学师生——余光中获名誉博士，笑谈退休售后服务》，刊《联合报》A11。

11 月 20 日，金尚浩（김상호）用韩语翻译的《啊 中国啊 台湾啊》（아! 중국이여! 대만이여!），由韩国首尔鲍姆通讯社出版。该书收入余光中具有代表性的诗作 100 篇，主要包括他为早年随父母四处奔走的童年时期创作的寄托乡愁的诗，以及在台北、香港、高雄等地创作的诗。

> 单德兴《第十位缪斯——余光中访谈》：最近还有一个韩文本。……不懂［韩文］，但我还是看得出译得是不是很忠实。因为我知道原文题目是什么之后，再看行数是一样的，长短也和我原诗差不多，至少在形式上是比较忠实的，没有用 free hand（信手）来译。①

11 月 25 日，杭州女诗人舒羽来访。

> 余光中《西子湖到西子湾——序舒羽随笔集〈流水〉》：去年十一月二十五日来访的一位陆客，既不随团，也不客套，更绝口不提《乡愁》一诗，也不像是初践宝岛，而是以年轻诗人的即兴来看一位老诗人。其实她也未必是专程来看我，而是受人之托，把我去年清明杭州之行的相关资料转交给我。她正是诗人舒羽。

> ……经此一问，我才发现，眼前这位杭州来的女诗人，不是一般游台的陆客，更非随意乱问的记者。她的谈吐不俗，见解颇广，那天来得也快，走得也早，都出乎我的预料。她留下的诗集，我因事忙一直未能细读，直到她即将出版随笔集《流水》，写得十分精彩，法无定法，灵动之至。尤其是写她父亲的四篇，以及欧洲与台湾的游记，我才真正注意到她独特的风格及其后透露的独特的性格。②

11 月 26 日，写散文《车上哺乳不雅?》，后收入《粉丝与知音》（2015 年版）。

11 月 30 日，李怡芸发表《梁实秋文学奖，台创作具优势——余光中：台湾文学是影响大陆的重要软实力》，刊《旺报》A19。

---

① 单德兴：《却顾所来径——当代名家访谈录》，第 214 ~ 216 页。
② 舒羽：《流水》，北京：作家出版社，2013 年，第 1 ~ 2 页。

12 月 1 日，出席在台湾海洋大学人文学院举办的"2011 海洋文学国际学术研讨会"。是次会议以"亚太地区的海洋书写、社会变迁、地域传播、国际互动"为主题，台湾海洋大学林三贤副校长、人文学院罗纶新院长致辞。余光中做题为《海洋与文学》之主题演讲。

12 月 7 日，徐如宜发表《洋人学中文——余光中：先学吃臭豆腐》，刊《联合报》A10。

12 月 9 日，黄维樑发表《余师传梁师——余光中笔下的梁实秋》，刊台北《中华日报》B7。

12 月 10 日，晚 8 点，应邀出席暨南大学百年文化素质教育讲坛，做题为《旅行与文化》之演讲。

12 月 11 日，应邀赴华南理工大学参加第三届世界华文旅游文学国际学术研讨会，围绕"行走的愉悦"这一主题，与华南理工大学师生展开对话，并在千余名学生面前朗读自己为《乡愁》续写的第五段："而未来，乡愁是一道长长的桥梁，你来这头，我去那头！"

> 《广东社会科学年鉴：2009/2010/2011 年合卷》：○第三届世界华文旅游文学国际学术研讨会○ 2011 年 12 月 10—12 日，第三届世界华文旅游文学国际学术研讨会专题讲座在华南理工大学举行，余光中、陈丹燕、陈若曦、尤今四位文学名家集聚一堂，围绕"旅游文学与人生"这一主题做演讲。华南理工大学校长王迎军，暨南大学党委书记、副校长蒋述卓，复旦大学中国语言文学系主任陈思和，香港中文大学联合书院署理院长张双庆，《明报月刊》总编辑、世界华文旅游文学联会会长潘耀明以及来自中外各地的近 60 位华文作家出席了会议。研讨会由华南理工大学发展与改革研究院、香港中文大学联合书院、暨南大学文学院、香港《明报月刊》、世界华文旅游文学联会等单位联合主办，首次跨地区在香港中文大学、暨南大学和华南理工大学举行。研讨会以"行走的愉悦"为主题，对华文旅游文学的概念、脉络、创作规律、作品风格、创作体验等多方面内容进行了研讨交流，得到了凤凰卫视、北美《明报》、《羊城晚报》、《明报周刊》等十余家电视、平面媒体的大力支持。①

---

① 蒋斌、田丰主编：《广东社会科学年鉴：2009/2010/2011 年合卷》，广州：广东人民出版社，2013 年，第 669 页。

《光明日报》（2011 年 12 月 15 日）：○余光中曾在华南理工"续写"《乡愁》第五段○ 2011 年 12 月 11 日，余光中在华南理工大学讲学时，曾在千余学生面前朗读了自己为《乡愁》续写的第五段。

据介绍，余光中当天在华南理工大学参加第三届世界旅游文学国际研讨会。围绕"行走的愉悦"这一主题，余光中与华南理工大学师生展开了智慧对话。……随后，他大声朗读起自己续写的《乡愁》第五段："而未来，乡愁是一道长长的桥梁，你来这头，我去那头！"这一段描绘了乡愁化作往来的桥梁，将海峡紧密联系在一起、共同繁荣发展的图景。余光中对祖国统一的信心在其中得到了表达。

12 月 12 日，发表诗歌《某夫人画像》，刊《联合报》副刊 D3；后收入《太阳点名》（2015 年版）。该诗推崇马英九的夫人周美青，招致文坛各种讽刺，讥其为"御用文人"。

余光中《太阳点名·后记》：其实诗集中颇有一些，是我认定其主题极有价值而自动引其入诗的：例如《某夫人画像》就是要肯定淡泊而纯净的风格，所以正话必须反说。①

12 月 13 日，获颁第一届全球华文文学星云奖贡献奖，奖金新台币100 万元。此奖由台湾佛光山开山宗长星云法师创设。

台湾《旺报》（2011 年 12 月 13 日）：○余光中获奖感言○许多人关注于华人未出现下一个诺贝尔文学奖得主，但我认为不妨将诺贝尔视为西方的文学奖，而星云奖的寓意深长，应可视为对华文文学未来可高可远的奖项。

《孔学与人生》第 59 号（2012 年 3 月）：○诗人余光中教授获华文文学星云奖殊荣○

余光中《〈百年佛缘〉赞》：《人间福报》访问过我，也刊登了我好几篇文章，终于在二〇一一年将"全球华文文学星云贡献奖"亲自颁赠给我。②

---

① 余光中：《太阳点名》，第 252 页。
② 佛光山书记室编：《百年佛缘：名家看〈百年佛缘〉》，北京：生活·读书·新知三联书店，2013 年，第 14 页。

同日，写短笺"曲高未必和寡，深入何妨浅出"。①

12月，须文蔚发表《余光中在一九七〇年代台港文学跨区域传播影响论》，刊《台湾文学学报》第19期。该文以余光中为例，分析1970年代的台湾文学传播与互动关系。余光中在台港间的跨区域文学传播现象，正说明学院作家高度的影响力。在当时的文学传播场中，媒体借着海外知识分子的论述冲击封闭的文化环境，无论在现代诗论战、乡土文学论战还是相关作家的推介上，余光中的评论文字都备受瞩目，成为论战或阅读的焦点，自有其来自文学传播结构的影响力。

12月，胡守芳英译余光中散文《新大陆，旧大陆》（"Mainland New and Old"），收入彭镜禧总编《旅夜书怀：二十世纪台湾现代散文精选》。

是年，在台北《中国时报》《自由时报》《联合报》三大报副刊发表诗歌9首，排在陈克华（20首）、向明（10首）、鸿鸿（10首）之后。②

2012年（壬辰）　　85岁

1月1日，高雄市澄清湖畔举行余光中诗《太阳点名》立碑仪式。湖畔长约三百米的绿荫幽径新命名为"诗人之路"。

《明报·明艺版》（2017年7月31日）：○到高雄探望余光中先生（黄维樑）○二〇一二年元旦澄清湖水边竖立了诗牌"太阳点名"。

1月2日，《诗人之路·澄清湖建余光中碑》，刊《人间福报》第7版。

1月26日，正月初四，为《济慈名著译述》写译者序，后收入《济慈名著译述》（2012年版）、《翻译乃大道，译者独憔悴》（2021年版）。

1月，为雨弦著《生命的窗口》作序，序文刊《大海洋诗杂志》第84期"雨弦著《生命的窗口》诗集序专辑"。该专辑另有林水福、林文钦、简锦松、黄耀宽、雨弦的序。

2月6日，作诗《风筝》，刊3月23日台北《中国时报》；后收入《太阳点名》（2015年版）。

2月12日，作诗《核桃》，刊3月4日《联合报》副刊D3；后收入

---

① 原件藏台北"国家图书馆"当代名人手稿典藏系统，编号400-198。
② 中国世界华文文学学会编：《世界华文文学评论：第2辑》，第131页。

《太阳点名》（2015 年版）。

　　　　余光中《太阳点名·后记》：至于《核桃》，当然是一首咏物诗，不但要状其物，更要超于象外，入乎意中，既要写实，也得象征。这首《核桃》，始于摹状，一变再变，转入美学，终于对空洞的晦涩诗提出批评，一笑作罢。①

　　2 月，《〈谢渡也赠橘〉作者自述》，收入《2011 台湾诗选》（台北二鱼文化事业公司版）。

　　3 月 9 日，应邀出席元智大学举办的"余光中桂冠文学大师讲座暨名诗人朗诵会"，分享他多年在诗、散文、评论、翻译四大领域上的心得。

　　同日，资深画家、摄影师龙思良病逝，享年 75 岁。龙思良是知名艺术团体"V-10 视觉艺术群"成员之一，曾为张秀亚、余光中、古龙等作家绘制书封，被称为"古龙御用封面画家"。

　　3 月 13 日，林采韵发表《余光中话鬼才作品：如同在高速公路上倒着开车与人赛车》，刊《旺报》A19。

　　同日，李晏如发表《王尔德 VS. 余光中，〈不可儿戏〉再交锋》，刊《联合报》A12。

　　同日，赵静瑜发表《余光中译本王尔德〈不可儿戏〉登台》，刊《自由时报》A12。

　　同日，郭士榛发表《讽刺喜剧·余光中巧译机锋妙语（〈不可儿戏〉）》，刊《人间福报》第 7 版。

　　3 月 21 日，应邀出席目宿媒体公司于诚品信义店举办的"他们在岛屿写作——文学大师系列电影《逍遥游》"特映会，与会者有陈怀恩、杨照等。

　　3 月 24 日，应邀出席台湾"中国笔会"、纪州庵文学森林于纪州庵文学森林二楼共同举办的"我的文学因缘"讲座，演讲《我的四度空间——诗·文·评·译》。

　　　　《联合报》（2012 年 3 月 22 日）：○余光中演讲"我的四度空间"○由"中国笔会"主办、纪州庵文学森林协办的"我的文学因缘演讲"，3 月 24 日（星期六）下午三时，将邀请余光中教授主讲"我的四度空间——诗·文·评·译"，地点在纪州庵文学森林（台北市同

---

　　① 余光中：《太阳点名》，第 252 页。

安街 107 号），免费入场。

3 月，《作家小传：余光中》，由台北行人文化实验室、目宿媒体印行。本书为"他们在岛屿写作——文学大师系列电影"之余光中专辑《逍遥游》所附小传。全书共收 5 篇文章：童子贤的《梦想与文学历史记忆——〈他们在岛屿写作〉总序》，苏惠昭的《永远逍遥的牧神——余光中》《作者年表》，凌性杰的《有一种奇幻的光》《小专题——余光中的民歌时代》。

4 月 8 日，作诗《给燕子》，刊 4 月 30 日《联合报》；后收入《给太阳点名》（2015 年版）。

4 月 14 日，应邀出席九歌出版社在诚品信义店举办的《济慈名著译述》新书发布会。书中收录译者花两年时间翻译的济慈诗作。会上与女儿余幼珊等众学者讲解、朗诵济慈的诗。与会者尚有单德兴、彭镜禧等。

> 单德兴《第十位缪斯——余光中访谈》：格律诗就是在一个小的空间里面要能够回旋天地，要能够 maneuver in a limited space，这就是一个大技巧了。……有时候济慈是用 Spenserian stanza，也就是 ababbcbcc。有时翻译没有办法完全照着他的用韵来押韵，可是至少要让读者在读译文的时候看得出这是一首押韵的诗。至于韵的次序是不是完全正确，这倒可以稍微通融，不过只要有可能，我总是追随原诗的用韵。
>
> ……济慈的好诗，我几乎全译了。而他比较长的诗，像 *Endymion*（《恩迪米安》）之类的，并不是很成功。济慈这位经典诗人，我已经翻译得差不多了。①

《联合报》副刊（2012 年 4 月 11 日）：〇余光中主讲济慈诗作〇诗人余光中《济慈名著译述》出版之际，将于 4 月 14 日（星期六）晚上 7:30，假诚品书店信义店（台北市松高路 11 号）三楼 Forum，举办新书对谈与签书会。主讲人余光中，对谈人：台大外文系教授高天恩……

《联合报》（2012 年 4 月 15 日）：〇余光中译济慈 鼓动"认领诗人"〇"梵谷、雪莱、王尔德都是我的家人，济慈也越来越熟了！"诗人余光中与女儿余幼珊，昨天在诚品信义店连袂朗读英国诗人济慈

---

① 单德兴：《却顾所来径——当代名家访谈录》，第 211、223 页。

诗作。余光中说，诵诗是余家历史悠久的亲子活动，"每个家庭都应'认领'几位诗人、艺术家！……

单德兴《"在时光以外奇异的光中"——敬悼余光中老师》：二〇一二年《济慈名著译述》出版时，老师邀请彭镜禧教授与我在诚品信义店进行三人对谈，不少学界前辈与文学粉丝前来致意。①

4 月 20 日，受聘担任北京大学"驻校诗人"。在北大参加"'乡愁'会'云彩'"的对话，对话的三人分别是余光中、朱炳仁、谢冕。中国国民党荣誉主席连战、吴伯雄，海峡两岸关系协会会长陈云林，海峡交流基金会董事长江丙坤均致电、题词。

《人民日报》（2012 年 4 月 25 日）：○84 岁的余光中受聘为北京大学驻校诗人——"我不认为诗歌被冷落了"○4 月 20 日下午，细雨朦胧，北京大学英杰交流中心。月光厅内，"诗与海峡：余光中、朱炳仁诗会系列活动"已开场 15 分钟，座无虚席，走道两旁也站满了年轻朝气的学子；月光厅外，不少无法挤入场的听众干脆直接驻足贴门聆听，其中不乏白发苍苍的老者。当天下午，84 岁的余光中受聘为北京大学"驻校诗人"。

《联合报》A29（1912 年 4 月 21 日）：○余光中驻点北大（罗印冲）○台湾著名作家余光中昨天获聘北京大学驻校诗人，是台湾作家第一人。余光中表示，文化交流效果慢，但踏实，可增进两岸的了解；文化交流不像经济或防治犯罪，可订出明确规则，还是以民间或学术交流为主。

《中国艺术报》（2012 年 5 月 4 日）：○灵感从何而来——余光中谈诗歌创作经验与当下艺术发展○在北大演讲中，先后两次全场学生集体跟余老一起朗诵《民歌》《乡愁》，当余老念："传说北方有一首民歌／只有黄河的肺活量能歌唱／从青海到黄海／风也听见／沙也听见"，三四百人一起和道"也听见"时，整个春天都为此感动。……

4 月 20 日，北京大学聘请余老为驻校诗人，终于让余老得以梦圆。此次在北大校园，余老游了校园，逛了未名湖，还在蔡元培像前献花合影，余老说要写几首关于未名湖的诗，也要多跟年轻学生交流。在

---

① 《文讯》第 387 期（2018 年 1 月）。

北京大学举办的"诗与海峡"系列活动中,中国国民党荣誉主席连战发来信函祝贺,信中说:北大与我的母亲、与我都有深厚的情谊……同时他也向北大送上"中国龙"雕塑作为贺礼。余老说乡愁不仅是地域上的乡愁更是文化乡愁,或许正因为有了诗歌,文化乡愁也会在春天里渐渐消散吧,我们期待。

《北京文化艺术年鉴:2012》:○诗与海峡:余光中、朱炳仁诗会系列交流活动○4月20日,"诗与海峡:余光中、朱炳仁诗会系列交流活动"在北京大学举行,北京大学中国诗歌研究院院长谢冕在活动上向余光中颁发"驻校诗人"聘书。余光中表示要到北京大学未名湖畔驻校1个月、演讲3次,希望回馈从北京大学所获得的启发与影响。活动当天还举行了朱炳仁诗集《云彩》首发式暨"解乡愁"两岸新诗论坛。(王凌雨)①

4月23日,世界书香日,台湾地区各县市政府均推荐一到两首描写本地风光的诗篇,余光中的《让春天从高雄出发》《所有的浪头起伏都向都兰山欢呼》分别成为高雄市和台东市风光的"最佳代言"。

4月下旬,应邀出席清华大学时代论坛,做题为《灵感从何而来》的演讲。

《中国艺术报》(2012年5月4日):○灵感从何而来——余光中谈诗歌创作经验与当下艺术发展○在近日举行的清华大学时代论坛上,著名诗人余光中作了题为《灵感从何而来》的演讲,讨论美感经验或艺术经验之转化,如诗可以转化为歌,戏剧可以转化为谚语,雕刻可以变成绘画,诸如此类几大艺术之间的交互和影响。他指出,从19世纪中叶以来,西方、欧洲就一直有一个观念,认为文艺要反映现实。"我们写作、绘画、从事艺术,是不是一切都要从现实而来?是不是一切都要从切身经验而来?这个值得思考。"非但如此,对于艺术的起源与功用、自己的心灵成长历程、当前中文教育中存在的问题等话题,余光中都谈出了自己的思考。

……在清华,余老做了两个小时的演讲,读写给凡谷的诗,读写

---

① 《北京文化艺术年鉴》编辑部编:《北京文化艺术年鉴:2012》,北京:方志出版社,2013年,第57页。

翠玉白菜的诗，读写飞天的诗，一首诗一首诗地读下去，整场就这样站着讲完读完。读到《问玉镯》，PPT 中打出一弯晶莹温润的玉镯，原来是余老的太太的镯子，此时正佩在她的手腕上。余老停下演讲，对坐在前排的太太说：你站起来，给孩子们看看。余太太范我存女士其人亦温婉如玉，微笑着站起来挥着手腕给大家看。举手投足之间，两人的默契催生出一室花开。

4 月 28 日，批评台湾中学会考要加考英语听力的计划，认为把中文学好比较重要。

《联合晚报》（2014 年 4 月 28 日）：〇余光中批：太过分了！〇2014 年起"国中"会考要加考英听，2015 年起正式采计。诗人余光中今天指出，努力加强英语能力是好事，但别忘了中文的重要性。对于很多家长把孩子送到全美语学校，余光中直言"太过分了！"先把中文学好比较重要。

《联合报》（2012 年 4 月 29 日）：〇家长：中文不好 是阅读太少〇诗人余光中呼吁家长让孩子先学好中文，别急着学英语，美语补习班老师认同，并表示孩子六足岁前，是学母语是关键期，之后要弥补得花很大力气。但有家长认为，同时学不同语言没问题，"孩子中文学不好，是阅读太少的缘故。……

〇余光中：重视英语 先把母语学好〇二〇一四年起"国中"会考要加考英语听力，许多家长从幼儿园开始就为孩子的英语能力做准备。诗人、也是翻译作家余光中昨天说，在中国学外语总是半调子，除非送到美国学校；但身处华语世界却送到美语学校，他觉得"大可不必"……

4 月 30 日，发表《给燕子》，刊《联合报》副刊 D3。

4 月，撰《译无全功——认识文学翻译的几个"路障"》，刊 8 月 15 日《东方翻译》第 4 期；后收入《从杜甫到达利》（2018 年版）、《翻译乃大道，译者独憔悴》（2021 年版）。略云：

　　一位够格的翻译家，尤以所译是文学为然，应该能符合这几个条件：第一，他应该通两种语文，其一他要能深入了解，另一他要能灵活运用。如果不能充分了解"施语"（source language），就会曲解；另一方面，如果无力驱遣"受语"（target language），就会隔靴搔痒，辞不达意。此外，他还得具备两个条件：专业知识与常识。……关键全在这"通"字，如果只停留在语文的表面，仍不算真通，译者还要透过语文去了解它背景的文化，也就是形而上的上下文，才算到位。……另一要求，便是文学作品的译者还得应付各种文体：包括诗、散文、戏剧、评论等等。译诗得像诗，译戏剧台词得像口语，否则就没"到位"，所以称职的译家理应是一位文体家。……相对于"诗无达诂"，我们甚至于可说"译无全功"。文学的翻译，尤其是难有达诂的诗文翻译，要求竟其全功，实在是可遇而不可求。两种语文，先天背负着各自的文化传统，要求其充分通译，一步到位，实在是奢求，所以好的翻译不过是某种程度的"逼近"（approximation），不是"等于"。理想的原文与译文，该是孪生，其次是同胞，再次是堂兄表妹之属，更差的就是同乡甚至陌生人了。翻译正如婚姻或政治，是一种妥协的艺术；双方都得退让一步。所谓直译，就是让译文委屈一点，而意译，就是比较委屈原文。此于成语格言之类为尤然。……

余光中《著译者言》：译者其实是不写论文的学者，没有创作的作家。也就是说，译者必定相当饱学，也必定擅于运用语文，并且不只一种，而是两种以上：其一他要能尽窥其妙，其二他要能运用自如。造就一位译者，实非易事，所以译者虽然满街走，真正够格的译家并不多见。而究其遭遇，一般的译者往往名气不如作家，地位又不如学者，而且稿酬偏低，无利可图，又不算学术，无等可升，似乎只好为人作嫁，成人之美了。①

4月，发表《从创作到翻译》，刊香港《明报月刊》第556期。

4月，译著《济慈名著译述（藏诗版）》，由台北九歌出版社出版。

5月5日，在台湾嘉义市主持第三届余光中散文奖颁奖典礼，并获市长黄敏惠颁赠文艺类第一位荣誉市民证书。

《联合报》（2012年5月6日）：○嘉市文艺荣誉市民 余光中拔头筹○文学大师余光中昨天到嘉义市参加第三届余光中散文奖颁奖典礼

---

① 《东方翻译》2012年第4期。

时，获市长黄敏惠颁赠文艺类第一位荣誉市民证书，市长特别穿着喜气的桃红色衣服，笑容洋溢说："以大师光环荣耀嘉义，让嘉义市绽放光亮！"

5 月中旬，应邀赴西安讲学，为期不满五天，做两场演讲、一场活动。这是他首次去陕西。

> 余光中《故国神游》：五月中旬去西安讲学。那是我第一次去陕西，当然也是首访西安。……为期不满五天，又有两场演讲、一场活动……我在西安的第一场演讲就叫作"诗与长安"：前面一小半多引古人之作，例如李白的《忆秦娥》、杜牧的《将赴吴兴登乐游原》、白居易的《长恨歌》、辛弃疾的《菩萨蛮·书江西造口壁》和《世说新语》日近长安远之说。后面的大半场就引到我自己所写涉及长安的诗，一共七首，依次是《秦俑》《寻李白》《飞碟之夜》《昭君》《盲丐》《飞将军》《刺秦王》。我用光盘投影，一路说明并朗诵。……另一场演讲在西安美术学院，题为"诗与美学"，情况也差不多。……我去西安，除了讲学之外，还参加了一个活动，经"粥会"会长陆炳文先生之介，认识了于右任先生（1879～1964）的后人。……有心人联想到我的《乡愁》一诗，竟然安排了一个下午，就在"西安于右任故居纪念馆"内举办"忆长安话乡愁"雅集，由西安文坛与乐界的名流朗诵并演唱右老与我的诗作共二十首。盛会由右老侄孙于大方、于大平策划，我们夫妻得以认识右老的许多晚辈。①

5 月 18 日，受聘担任西安财经学院知行学院名誉教授，做题为《诗与长安》的演讲，并为该学院题词："唐魂汉魄，来归长安"。

同日，晚 7 点半，在西安美术学院一号楼学术报告厅演讲《诗与美守活寡》。

5 月 22 日，应邀出席于成功大学成杏厅举办的"台积心筑艺术季"活动，演讲《艺术与人生》。

5 月 23 日，在高雄中山大学"诗与音乐的交会"上与林昭亮对谈。

> 《联合报》（2014 年 5 月 25 日）：〇余光中　林昭亮　诗乐交会的光

---

① 《联合报》副刊 D3（2012 年 8 月 1 日）。

芒〇诗人余光中与小提琴名家林昭亮，昨天在中山大学展开"诗与音乐的交会"对谈。诗重创作，乐靠诠释，两位大师认为，不论是创作者或诠释者，"基本功"的锻炼都是最重要的。

5月24日，徐如宜发表《余光中、林昭亮，诗乐交会的光芒》，刊《联合报》A5。

5月28日，为舒羽的随笔集《流水》作序，题作《从西子湖到西子湾》，并给舒羽写信。

　　舒羽：

　　　　终于赶出这篇序来，希望你还满意。若时间不迫，我或会写长些。你八月就要出书，是否两岸同步问世。台湾的妙人趣士多的是，你该多来几趟。

　　　　近佳

　　　　　　　　　　　　　　　　　　　　　　余光中　　2012.5.28

5月，王尔德剧本《不可儿戏》中译本由台北九歌出版社再版。月底，在黄碧端的安排下，该剧由杨世彭执导，在台北演出。这也是杨世彭第五次执导该剧。

　　《联合报》（2012年3月13日）：〇王尔德 VS. 余光中 不可儿戏在交锋〇当爱尔兰文豪王尔德，遇到台湾文学大师余光中，跨世纪的语言交锋，将在五月底上演的舞台剧《不可儿戏》中展露。

　　《联合报》（2017年12月31日）：〇悼念光中（杨世彭）〇二〇一二年台北的新象公司与"国家剧院"合作，将这个译本作第五度公演，仍由我执导，也邀请国际影星卢燕饰演巴夫人，影星杨谨华、杨千霈、林庆台等主演，布景服装都由美国设计师主理，制作得非常精美悦目。在这些演出中，光中夫妇都曾到场观赏，也接受观众的欢呼。我能五次执导光中这个译本，也是难得的经验与缘分。

　　黄碧端《我和光中先生的中山因缘》：我两度在"国家两厅院"，也适好在"国家剧院"演出余光中翻译的王尔德名剧《温夫人的扇子》（*Lady Windermere's Fan*）和《不可儿戏》（*The Importance of Being Earnest*）。①

---

① 《文讯》第387期（2018年1月）。

6 月 10 日，应邀出席台中明道中学举办的座谈会。

《联合报》（2012 年 6 月 9 日）：〇"全国学生文学奖""青春笔耕　丰收三十"〇"全国学生文学奖"自 1981 年举办至今已满 30 届，主办单位《明道文艺》杂志社特别编制纪念专刊，并于 6 月 10 日上午 10:30，于台中明道中学举办座谈，应邀出席的作家有余光中、向明、吴晟、廖辉英、廖玉蕙……

6 月 18 日，写散文《故国神游》[①]，刊 8 月 1 日《联合报》副刊 D3；后收入《粉丝与知音》（2015 年版）。

7 月 1 日，《余光中诗五首》，刊《江南（诗江南）》第 4 期。五首诗分别是《客从蒙古来》《问玉镯——我存所佩》《谢渡也赠橘》《核桃》《冰姑雪姨——怀念水家的两位美人》。

7 月 10 日，作诗《白眼加青睐》。[②]

7 月 16 日，再度与夫人范我存观看"会动的清明上河图特展"。

《联合报》A12（2012 年 7 月 15 日）：〇会动的清明上河图——余光中二度看展"有更多创作灵感"（朱双一）〇诗人余光中和太太范我存昨天出现在"会动的清明上河图特展"会场，虽已是二度看展，余光中仍花了近两小时细细品味。他表示，两次看展"有不一样的惊喜"。

7 月 20 日，写散文《文心雕龙》，后收入《粉丝与知音》（2015 年版）。

7 月 28 日，应邀出席于金门县文化局三楼会议室举办的"2012 作家撒野·文学回乡"系列讲座，演讲《岛屿与写作》。

8 月 4 日，写诗《阿里山赞》，刊 2013 年 5 月 19 日香港《大公报·大公园》；后收入《太阳点名》（2015 年版）。

同日，佐渡守发表《余光中：岛屿与写作》，刊台北《中国时报》第 20 版。

8 月 12 日，与覃子豪、纪弦鼎足为台湾诗坛"三老"之一的钟鼎文于台北去世，享年 100 岁。

8 月 23 日，发表诗歌《白眼青睐——赠黄文龙医师》，刊《联合报》

---

① 　原件藏台北"国家图书馆"当代名人手稿典藏系统，编号 262-113。
② 　原件藏台北"国家图书馆"当代名人手稿典藏系统，编号 262-14。

副刊 D3；后收入《太阳点名》（2015 年版）。

8 月，发表《嚼华吐英》，刊《印刻文学生活志》第 8 卷第 12 期。

8 月，黄维樑发表《济慈：余光中的"家人"——读余氏〈济慈名著译述〉随笔》，刊《香港文学》第 332 期。

9 月 8 日至 10 月 8 日，在北大担任为期一个月的驻校诗人。任期将满之际，接受记者采访，他说："我作诗千余首，散文至少也有一两百篇，不仅是在诉说乡愁。最近十几年，我又在写关于环保主题的诗。"余光中说诗歌不一定要押韵，"完全不押韵也会写出一首有趣的诗来"。他还透露，自己很喜欢音乐，"披头士的歌词都蛮有深度，崔健也很不错"。①

《南方日报》A19（2012 年 12 月 25 日）：〇东莞开讲旅行与文化，余光中接受南方日报专访"把李白拉到当代 让古文与现代文结合"〇今年 9 月我到北大担任驻校诗人，北大校友要带我去北京看看，我第一反应是去卢沟桥，因为我是抗战年代出生的，那里有磨灭不掉的记忆。但卢沟桥早已经不再是原来的样子了，我觉得历史的、文化的乡愁，即便到了卢沟桥也解不掉了。乡愁不但是地理的，还是时间的。

《新京报》（2012 年 9 月 29 日）：〇专访余光中：在古今之间游荡的诗人〇我们现在名义上，古文是退位了，靠边站了，白话是主流，可是我们想想，我们每天讲的成语都是古典文学留下来的。最简单的例子，我们讲五四以来，我们受欧风美雨的影响，什么意思呢？是说我们受欧美的影响，不过说得形象化一点。为什么大家不讲欧雨美风呢，也可以雨从欧洲来，风从美国来。平平仄仄嘛。每个人讲话受平仄的影响，也就是受古典的影响。决定中国文学平仄规律这样的东西很重要。

诗歌押韵对中国文学来讲自古已然，五四以后才不押韵的。在这之前，一直到清朝都是押韵的，所以变成歌非常容易。从周朝的四言，到魏晋南北朝的五言，到唐朝的七言，到宋词长短句，还是押韵的。押韵对中国古典诗是必要的条件，西方不然。西方比如莎士比亚的舞台剧，人物讲话是用诗句讲的，不过不押韵，这个和中国不一样，这

---

① 《余光中称诗歌不一定要押韵 喜欢披头士崔健的音乐》，"中国新闻网"（2012 年 10 月 7 日）。

件事情（押韵）对中国是最基本的。

当然完全不押韵也会写出一首有趣的诗来，不过有时候有韵来帮助呢更有效果。在一定的时间间隔上，有韵的呼应，能够催眠你。甚至我们讲个笑话，讲个俚语，都是押韵的，这是天然的一种趋向。"大头大头，下雨不愁，人家有伞，我有大头。"我那首《乡愁》大家以为不押韵，其实有啊。"小时候，乡愁是一枚小小的邮票。我在这头，母亲在那头。"小时"候"、"愁"、"头"，当然，"候"和"头"平仄不一样，可是是有韵的。韵很重要，交通守则都会押韵啊，让你容易记住，都押韵嘛。

不押韵能不能写出好诗来，不一定，可是你不押韵，一定要有些别的好处，语言特别有味道，特别耐人咀嚼，或者你的比喻特别鲜明生动，要有别的补偿。可是押韵在这个之外，会帮很大的忙。

9 月 14 日，写散文《诗史再掀一页》，后收入《粉丝与知音》（2015年版）。该文是为纪念钟鼎文而作。

9 月 25 日，英文散文 "A Literary Whetstone"（《笔力如砥》，卫高翔译），刊 The Taipei Chinese PEN 秋季号。中文版后收入《粉丝与知音》（2015 年版）。

9 月 30 日，晚，自北京飞抵无锡。庄若江接站，下榻江南大学长广溪宾馆。

10 月 1 日，在无锡巡塘古镇偶遇美国著名记者林登，二人攀谈甚欢。

10 月 2 日，游览长广溪湿地公园。

同日，台湾《逍遥游》纪录片剧组抵达无锡，入住长广溪宾馆，此后跟拍余先生 10 余天。

10 月 3 日，陈尧明、庄若江陪同前往湖滨饭店香樟苑贵宾茶室喝茶赏景，无锡台办主任梁京女士前来拜望。时值《江南文化》季刊创刊不久，执行主编庄若江邀请余先生题词，余先生欣然应允，回台湾后通过邮件转来如下文字："桥外有桥，橹声迢迢；寺外有寺，钟声悠悠。风景带人欣赏，文化待人研究。"

10 月 4 日，庄若江、杨大中夫妇陪同与无锡作家陆永基、马汉清、苏迅、钱雨晨等十余人座谈，在映月湖湿地公园小憩并用午餐。

10月5日，因长假期间人满为患，乏处可去，经与好友何小舟、秦佳夫妇联系，借得商务车一部，由庄若江、杨大中夫妇陪同赴常州。何小舟邀请常州市市长姚晓东、秘书长接待余先生夫妇，并宴请。下午参观医院，游览红梅公园和天宁寺，天宁寺住持松纯长老陪同参观被誉为“中华第一佛塔”的天宁宝塔内的佛教精品收藏。余先生与松纯长老年龄相仿【按：松纯系1927年生】，二人聊得十分投缘。参观至6层后，余先生意欲放弃电梯徒步登上天宁寺13层塔楼，被大家劝阻。秦佳时任常州工学院艺术与设计学院院长兼常州市文创园副主任，邀请余先生题词。余先生题写“创意常州大有作为，曲高未必和寡，深入何妨浅出”，并与秦佳约定，将于10月11、12日前往常州人民医院、常工院做讲座。

10月6日，陈尧明部长陪同余先生夫妇去宜兴，参观紫砂大师葛军工作室，并获赠珍品紫砂壶一把。

10月7日，庄若江、杨大中夫妇陪同参观无锡书画家的“云门”【按：系艺术园林和书画工作室】，并作交流，获赠多册书画集。

10月8日，长假结束第一天。上午，参观江南大学内的民间服饰传习馆和钱绍武艺术馆，并在民间服饰传习馆“余光中先生捐赠专区”拍照留念。下午2点至4点，在江南大学文浩馆做题为《当英文遇见中文》之报告，盛况空前，学生坐满台上台下。有南京大学前来听讲的同学带来南京特产盐水鸭，赠予范我存。

10月9日，上午，游览蠡湖，与年轻夫妇和孩子热情交谈并合影。下午，在江南大学文学院与师生座谈。

10月10日，参观无锡东林书院，与读经班的孩子们合影留念。

10月11日，莫言荣获诺贝尔文学奖，评委给出的获奖理由是：“莫言的魔幻现实主义作品融合了民间故事、历史和当代”。

> 李睿、余光中《历史感、地域感与现实感——余光中先生访谈实录》：2012年大陆作家莫言获得诺贝尔文学奖，当然是一件值得欣喜的事情，也证明中国现当代文学自“五四”以来发展到现在取得了成就。但是，我们也应该正确看待诺贝尔文学奖，他是欧洲人设立的一个文学奖，并不代表权威，不是得了奖才是好的，没得奖的作品不值

得关注。所以，应以平常的心态看待得奖问题。①

同日至 12 日，在常州市第一人民医院、常州工学院分别做题为《美感经验之转化》与《美感经验之互通》的专题报告。参观创意产业园，并在常州工学院艺术与设计学院的实践基地参加座谈会。会上，受聘为该院名誉客座教授。

10 月 13 日，庄若江陪同余光中夫妇二人赴湖上书院。那里的桂花树已有数十年树龄，迟桂盛开，树冠硕大。余先生在树下小坐，拍照留念，又参观书院设施，并题词"去芜取精，是为善读"。江苏省锡山高中校长唐江澎带着十多位师生闻讯赶来，在湖上书院进行了一场文学对话。唐校长说："今天，《乡愁》一诗的作者、将《乡愁》编入中学课本的编者（指自己），还有《乡愁》的讲授者都在，今日的相遇必定是文坛、杏坛的一段佳话。"

10 月 14 日，在江南大学长广溪宾馆休息一天。清晨，看到外面绿意葱茏，两只白鹭飞来，停在窗外，一时诗性大发，完成《不甘秋去》一诗。

10 月 15 日，游览蠡湖蠡堤、西施岛风光，去陈尧明部长家做客。

10 月 16 日，第五次回泉州。与夫人一起亮相泉州"世界文化名人村"。

10 月 17 日，为永春县桃溪流域综合治理的盛举题写"清水一湾舞白鹤，风光两岸映桃源"【按：原件藏永春余光中文学馆】。

10 月 18 日，晚，回无锡，推开宾馆房门时说："终于到家了！"

10 月 19 日，完成西湖诗会约稿《断桥残雪》（后收入《太阳点名》2015 年版）。中午在长广溪宾馆用餐。

10 月 20 日，完成《断桥残雪》英文翻译，双语诗稿委托庄若江快递杭州西湖诗会主办方。中午去清扬路"熙盛源"品尝无锡特色小吃馄饨、小笼包，连连称赞美味。

Broken Bridge, Remnant Snow

Translated by the author

Of the scenic Broken Bridge and Remnant Snow,

Unbroken is the bridge, not fallen yet the snow.

Trailing west is the Brocaded Girdle Dike.

---

① 《世界华文文学论坛》2019 年第 2 期。

Poet Po was too poor to stay in Changan,

Yet Mayor Po of Hangzhou enjoyed his dike,

That loses itself now in mist or Late Tang

Towards the farther dike of Poet-Mayor Su,

Too far to the south to claim Northern Song.

Bluish balustrade surrounds the Pavilion,

Above a tablet inscribed by Royal hand,

Beside a slim bower with flying cornices and eaves

And beam-hung inscription in gold against black,

That reads: "Illumined by Clouds and Waters,"

The beginning of the Ten Scenic Sports.

It's here where the lake opens south-west.

Even were the bridge broken, how could

All these persistent stories, persistent longer

Than the willows, be put to an end?

A passing breeze ruffles Xizi's mirror,

Yet cannot wipe out the martyrs' images.

Undying tragedies are rescued by

Unresigned tears of later legends.

Once more the year cut the autumn equinox

And filled the autumn moon to perfection.

How autumnal is the storm that sorely grieved

The martyr Autumn Jade; still no justice

Has found peace in General Yue's tomb.

Legend never forgets it was right here,

Where the lover Xuxian first met Lady White,

That the star-crossed couple were joined at last.

Too steadfast was her devotion, I believe,

To be gaoled ever under the Tower of Thunder.

Even sunset daily casts its backward gaze.

Listen, when dust across the misty waters

Wafts, barely heard, tides up the Qiantang River

To mourn the lost soul of whoever the martyr was[①]

10 月 21 日，携夫人等去惠山古镇，参观泥人博物馆，游惠山园、李公祠，在惠山园门口骑石狮子拍照，在杜鹃园品尝豆腐花，在老菜馆品尝锡帮菜。晚，完成《寻桂》一诗。又誊抄一份，与《不甘秋去》一起赠予庄若江收藏。二诗后在《江南晚报》和《江南大学报》刊出。

10 月 22 日，在庄若江家中做客。此前余先生曾说，自己到大陆，"从没人请我到家中做客"，希望能带他们去家中小坐，所以这次无锡之行庄若江邀其至家中做客。当天不仅到了庄家，还去其对门邻居家看了看，说大陆人生活很好啊！因多日在酒店用餐，过于丰盛油腻，提出在庄家吃粥、小菜，配了无锡小笼包和玉兰饼。下午，漫步运河，参观工业遗存。傍晚，在老菜馆聚丰园品尝"蒋公宴"【按：20 世纪 40 年代蒋介石夫妇来无锡时的宴席，有 24 道菜品】，给餐馆题词"美不胜尝，一餐难忘"。

10 月 23 日，重阳节，度过一个特别的生日。上午，在庄若江陪伴下，去侨谊中学观摩了中学语文课堂上《乡愁》的现场教学，这是他第一次也是唯一一次聆听大陆中学对《乡愁》的解读。课后他做了点评，并教导孩子们说："对诗歌而言，100 个人有 100 种读法，孩子们可以放开读，老师也不应该限制孩子们读诗歌的方式，这样才能让孩子们更好了解和喜欢诗歌。"参加活动的师生有 200 余人。课后，孩子们在侨谊中学的彩虹邮局为余先生寄了一张贺卡，余先生亲自填写地址，并将贺卡投入邮筒。侨谊中学"水韵文学社"的孩子们还邀请余先生题字，他写下"水是害羞的，别逗它笑，一笑，不停止"。中午，在南长古街的餐馆用餐。下午 3 点，登上杭州来的专车，离锡赴杭，参加西湖诗会系列活动。

10 月 24 日，至杭州拱墅运河边参加西湖诗会，写下一首《拱宸桥诗会》，并在舒羽咖啡馆度过 85 岁生日广祝会。晚，高醒华约晚餐。

《联合报》（2012 年 11 月 10 日）：○余光中京杭讲学 游山玩水吟诗○诗人余光中赴北京、杭州讲学游历两个月，在杭州拱宸桥畔过八十四岁【按：应为八十五岁】生日，与妻子范我存走过北京卢沟桥的石狮群，感触特别深。他表示，有机会还想体验从西安开车到乌鲁木

---

① 据庄若江教授提供原件照。

齐，横越河西走廊。

《杭州日报》（2017 年 12 月 15 日）：○如今我们在这头，你在那头○ 2012 年 10 月 24 日，刚刚过完 85 岁生日的余光中，在夫人的陪同下参加了 2012 西湖国际诗会。余老现场朗诵起属于他的《断桥残雪》——"黑底相衬鎏书的金字，正是'云水光中'，十景起点，湖光向西南开展，就算桥真的断了，多少故事与柳线争长，怎能就了断，一阵风来，皱了西子的妆镜。"

《钱江晚报》（2017 年 12 月 14 日）：○余光中杭州往事：抚琴弹筝为"乡愁的主人"祝寿（高醒华、舒羽）○那是一个深秋的夜晚，拱宸桥边灯火明灭，运河水泛着黑色的奢华。舒羽咖啡馆里却是春意盎然。舒羽和诗人们在这里为余光中 85 岁诞辰而举办《登高能赋》庆祝会。……诗人欧阳江河将其亲书的"登高能赋"四个大字献给了余光中先生。这是晚会的点题之笔。……众多诗人，一个接一个地朗诵余光中的诗作。光中兄也来了劲头，以我国传统的歌吟音调，朗诵了苏东坡《念奴娇·赤壁怀古》，博得最多的掌声。庆祝会开得紧凑而热烈，朴素无华。

余光中《致舒羽》：舒羽：去年十月廿三至十一月四日，在你们的安排、驾驶、解说之下，先后得以历游浙北一带湖山之胜，人文之富，千岛湖、严子陵钓台、桐庐、沈园、兰亭、大禹村、陆羽馆、长兴等地，行色匆匆而古意郁浓。至于活动，西湖边官方晚会反而逊于拱宸桥下运河岸边"舒羽咖啡"之民办庆生朗诵会。与高醒华之重逢可补昔日金陵梦断之恨。琴筝交鸣，至今无诗为证，当待诸来日。其实桐庐雨郊，能有农家乐旅馆鸡鱼，野菜美味，亦可忆也。甚至十一月三日之夕，在"西安饭店"一叙，也令人怀念。总之，弱水之娓娓清淡，出入古今，点庄为谐；舒羽之高速梦游，快意指顾，轮驶无阻，均使台客心神飞扬，不似人间。[1]

《钱江晚报》（2017 年 12 月 14 日）：○余光中杭州往事：抚琴弹筝为"乡愁的主人"祝寿（高醒华、舒羽）○次日，高老师再邀余先生夫妇，并几位老友，还有徐君跃、江弱水和我，一道在河边晚

---

[1] 据原件影印照，载《钱江晚报》（2017 年 12 月 14 日）。

餐。……不久，我就收到了从高雄来的信，其间另附一首《拱宸桥诗会》，为运河边这个夜晚立传。

10 月，作诗《拱宸桥诗会》《断桥残雪》，后收入《太阳点名》（2015年版）。

> 余光中《太阳点名·后记》:《拱宸桥诗会》等作，不过是效古代文人之吟诗答和。只要诗心不废，诗兴常发，则生活之中无事不可入诗。①

11 月 10 日，余光中命名的"西子楼"诗墙揭牌。

> 《联合报》（2012 年 11 月 11 日）: ○西子楼 余光中诗墙揭牌○由中山大学校友集资 5 千万元捐赠的校友会馆昨天揭牌，由诗人余光中命名为"西子楼"。装置艺术"西子楼"诗墙由余光中亲笔手写，陶艺家杨文霓手工制作、窑烧 1220 度，历时 3 个月才完成。

11 月 20 日，发表诗歌《水中鸳鸯》，刊《联合报》；后收入《太阳点名》（2015 年版）。

11 月 23 日，马英九来访。针对《经济学人》以"bumbler"（做事毫无头绪，因能力不足，而时常犯错）形容马英九，余光中称此为"大巧若拙"，与马英九会面时解释"拙表示踏实负责任，不轻举妄动，中国人讲的拙是一个很好的字"。数日后，马英九在脸书发文感谢余光中老师，称其"用右手写诗，左手写散文"，带给华人文学永恒的典范。

> 《联合报》（2012 年 11 月 23 日）: ○余光中: Bumbler 指"大巧若拙"○马英九今天到高雄拜访诗人余光中、范我存夫妇，余光中……提出，最近很多人讨论"Bumbler"这个字，他认为如同是老子"大巧若拙"的意思，是媒体翻译有问题。

> 《联合报》（2014 年 11 月 24 日）: ○台大翻译奖 陆师拿首奖○日前《经济学人》期刊以"Bumbler"评论马英九……诗人余光中昨天在台大文学翻译奖颁奖典礼表示，中、英翻译会因为当地文化而有误解，就像中文的"拙"字一样，带有"不轻举妄动"……

> 《联合报》（2017 年 12 月 15 日）: ○在高寒的天顶: 余光中的文学地位与现实处境（陈义芝）○然而，余先生却因四十年前《狼来了》

---

① 余光中:《太阳点名》，第 252 页。

一文，遭受长期严厉指责，复因五年前马英九被批评的"bumbler"做"新解"而再次受伤。这两件事，或与余先生惯于站在风头、有机趣、好讲冷笑话，以及好创新词的个性有关。若因而抹杀其文学表现，毕竟不公，是脱离了文学范畴。

11月，写散文《传家之宝》，后收入《粉丝与知音》（2015年版）。

11月，《余光中作品（珍藏版）》，由武汉长江文艺出版社出版，收入"现当代名家作品精选"丛书。本书精选余光中的散文和诗歌，包括《白玉苦瓜》《乡愁》等，囊括其最有代表性的文本，展示了作家创作的多样性，是一部能充分显示作者创作风格的精选集。

12月7日，在高雄中山大学文学院余光中教授研究室接受单德兴的采访。采访稿成稿前曾交受访者仔细校订，后以《第十位缪斯》为题，收入单德兴的《却顾所来径——当代名家访谈录》（台北允晨文化2014年版）。

德兴：

谢谢你的专访和长篇记录，我仔细校核了一遍。有些事实上的出入我都改正了。"爱荷华"乃Iowa的误音，怎么也不该有h的音：这似乎……开了头。页13末我说了什么，记不得了，删之可也。不少地方的来龙去脉，你额外去查资料，加以澄清，颇有贯彻之功。

望此稿能及时在你手中。

近佳

光中　2013. 6. 10

又及：Dublin之行实有收获，不妨写一篇报导。Arnold强调的"sweetness and light"语出Swift：绥夫特意指，古人治学如蜜蜂，其蜜甘可食，又可燃烛发光；今人治学则如毒蛛织网，误矣。苏晓康不知出处，胡乱译用。①

12月8日，在花莲女中举行读书讲座。

《联合报》（2012年11月13日）：〇读书讲座 名家开讲〇洪建全基金会素直友会庆祝25周年，全省巡回举办4场"在读书会里践行成功老化"公益讲座，邀请作家余光中、黄春明、廖玉蕙、杨照、邱天

---

① 据单德兴先生提供原件照。

助等人演讲。花莲场 12 月 8 日上午 9 点半到下午 4 点半在花莲女中举行，免费报名。

12 月 12 日、14 日、15 日，应邀分别于香港能仁书院、教育局九龙塘教育服务中心及香港拔萃女书院礼堂做公开讲座。此次香港之行是由香港能仁书院杨志强博士赞助，并由其与教育局课程发展处中国语文教育组、香港中华文化促进中心共同邀请。

招祥麟《记余光中教授的三场讲座》：余教授这次来港，第一场讲座以"旅行与文化"为题，从"旅行与人生""旅行之动机""旅行之方式""名人名言""温差与时差""语言""钱币""观赏对象"及"文化之旅"等多角度谈说，内容丰富。……主办单位邀请了旅游家杨志强博士参与对谈。杨博士边叙述旅游之乐，边播放旅游时拍摄的照片，无论风景和人物，取境构图都独具匠心，为讲座增添不少意趣。

余教授访港的第二场讲座，以"当中文遇见英文"为题，纵论中文的特质，指出现代汉语词汇颇受外来影响，其表达方法如四字成语的内涵、诗歌的凝炼、平仄音律的美学限制，以至中、英文法之异，均对翻译构成极大挑战。同样，英文亦受其他语言影响，出现阿化、希化、罗马化、拉丁化、法化、西化、意化之词汇，英语本身随时代而改变，要准确拿捏，并非易事。余教授指出，作品的雅纯粗俗，译文也需顾及，否则谈不上是好的翻译。……主办单位邀请了樊善标教授及王良和教授参与对谈，樊、王都是余教授的学生，对谈自然倍感亲切。

余教授的第三场讲座以"左右手的缪思——谈新诗、散文"为题。这一场，余教授别开生面，并非如笔者所想的谈如何写作新诗和散文，而是简略从用韵、句法、分行、音律、文法、比喻等分析比较"诗""文"之异和说明"何为诗文双绝"，并径以自身的作品为范作，亲自朗诵，以抑扬起伏的声调，带出作品的真情实意。古人说"声入心通"，于焉得到充分的印证。……主办单位邀请了黄维樑教授参与对谈。黄教授是研究余教授的专家，在他的点拨引导下，听者自然得到更大的启发。

笔者如沐春风，在讲座中向余教授请教新旧诗之异，以及写作诗和散文的心得，受益匪浅。忽然诗兴泉涌，写了三首绝句，送给余教授，题为《光中教授高轩莅止主持讲座赠诗三首》，曰：

杖朝诗老望清矍，吐纳深深道不孤。慷慨放怀通雅俗，乡愁何处觅归途。

俯仰沉吟天地宽，体无新旧各相欢。本来一脉陈芳国，人物江潮看叠润。

诗以道情文述事，行行观览止罩思。千秋巨擘今何在？放眼堂堂有我师。

诗中写其人、其诗，并寄钦佩之情，于此不嫌浅陋，公诸同好。①

12月13日，发表诗歌《寻桂》，刊台北《中国时报》。

同日，作诗《行路难》②，刊2013年1月25日台北《中国时报》；又刊1月《人间福报》；后收入《太阳点名》（2015年版）。

星云法师《呼应余光中先生〈行路难〉》：今日江东/未曾改变大汉雄风/大汉名声如雷贯耳/茱萸宝莲遥遥相望/汉唐子嗣/今朝可望/楚汉子弟/引首顾盼/望早归乡//回首江南/江南紫金山/孙中山先生声望仍隆/两岸人民/寄予尊重/春有牛首/秋有栖霞/雨花红叶/回首难忘//欲去江西/一花五叶/禅门五宗的文化/至今人人都向往/江西得道的马祖/洞庭湖的石头（石头希迁禅师）/多少人在"江湖"来往/江湖一词/生活的榜样/临济儿孙满天下/庐山的景光迷蒙/何愁江西无望//再去江北/汉朝淮阴侯/现代周恩来/人文荟萃的地方/江北盐城是丹顶鹤的故乡/扬州仙女庙/鉴真图书馆/与镇江金焦二山隔江相望/扬子江风光依旧/扬子江的母亲，思念云水天下的游子/回乡探望。【今晨（1月25日），学生们读报纸给我听，报导余光中先生《行路难》一诗，一时雅兴，以诗句和应余光中先生。】③

余光中《〈百年佛缘〉赞》：而最近，在今年（2013年）一月底，大师读了拙作《行路难》，更在《人间福报》上发表唱和之作，婉劝我当今两岸文化交流正畅，不用妄叹行路难，令我非常感动。④

① 《能仁学报》第12期（2013年）。
② 原件藏台北"国家图书馆"当代名人手稿典藏系统，编号262-10。
③ 《中国宗教》2013年第2期。
④ 佛光山书记室编：《百年佛缘：名家看〈百年佛缘〉》，第14页。

　　黄维樑《星云呼应余光中〈行路难〉》:《行路难》写的不是余光中自己。……余光中写其轻松、戏谑的《行路难》，星云严肃而又高兴地道出长江四方之美好。文学本就丰富多元，如长江滔滔长流，卷起千堆雪万朵花。星云大师写此诗，目的不在对垒余光中，不在 PK 余光中，而在以"风"以"方"以"望"以"乡"这些诗韵，唱和余光中。①

　　12 月 14 日，发表诗歌《不甘秋去》，刊《联合报》副刊 D3；后收入《太阳点名》(2015 年版)。

　　12 月 19 日，题写"美丽乡村桃源古，和谐家园永春新"【按：原件藏永春余光中文学馆】。

　　12 月 20 日，应邀赴泉州艺术学院观看交响诗剧《乡愁》。

　　12 月 21 日，冬至，偕夫人回永春洋上村祭祖。参加余光中文学馆奠基仪式。余光中文学馆位于桃源镇桃溪南岸，依山面水。总用地面积一万五千三百一十六平方米，总建筑面积四千五百六十九平方米。

　　同日，题写"一缕传千里，跨海来拜香。题中国香都。余光中　壬辰冬至"与"地灵人杰，文化为先。余光中　壬辰冬至"【按：原件藏永春余光中文学馆】。

　　《福建日报》(2012 年 12 月 21 日)：○文化建设结合水域治理 永春借余光中"治水"○20 日，永春县举行余光中文学馆奠基仪式，规划总投资 2010 万元，在当地桃城镇花石社区，建设余光中文学馆。今年初以来，永春县结合桃溪流域综合治理，突破"就水治水"的传统观念，将文化设施建设与水域综合治理相结合，充分融入永春传统文化元素，做足做好绿化景观和传统文化的文章。

　　目前，永春县已在桃溪两岸规划建设余光中文学馆、樟香桃苑、白鹤曲苑和溪畔潺园等系列文化主题公园，希望通过挖掘当地历史文化资源，为城市水域治理增添一抹别样的色彩。

　　据悉，该馆将借鉴永春乡村传统建筑风格，采用寓意纸墨的白墙灰瓦立面形式，打造一个兼具展览、名人馆及舞台剧场等功能的文学馆。工程将分两期建设，一期投资 1100 万元建设大厅展示空间、剧场

和配套设施，预计一年左右时间完成。……

"明天就是冬至日，选择临近这个白昼最短的日子举行典礼，应该是充满希望的。"当日，余光中参观了桃溪流域综合治理桃城段等地后，并为桃溪流域综合治理题词：成就可期。

12月23日，下午，做客东莞"文化周末大讲坛"，做题为《旅行与文化》之演讲。讲座前接受《南方日报》记者专访，为刚结束的"小学生诗歌节"写下寄语："赤子之心，乃真理之捷径"。

《东莞时报》（2012年12月24日）：〇余光中莞城开讲 赞东莞很有文化〇昨日，台湾文化大师余光中做客莞城文化周末大讲坛，以《旅行与文化》为题，和东莞市民分享自己旅行过程中的感悟。东莞市委常委、宣传部部长潘新潮出席了讲座。

昨天上午，余光中来到可园参观。岭南风格的园林深深地吸引了他，85岁的老人，依然充满好奇心，看到自己感兴趣的事物时，他会上前去碰触、抚摸。

之后，余光中又来到莞城图书馆参观。在文学类书架前，余光中和夫人停下脚步，认真翻看起书架上的作品。参观后，余光中还为莞城图书馆题词："古人之书不可不读。文言，乃古人传来之简讯，简洁而深刻。"……

"乌鸦出门去旅行，回家的时候依然漆黑如故。"昨天的讲座中，余光中用一句英国的谚语来概括他心目中旅行的意义。他说："人们会嘲笑那些在旅行中什么都学不到的人。"

从古希腊荷马史诗《奥德修纪》到《西游记》，从马可波罗到徐霞客，在余光中看来，旅行是文学范畴内一个传统的主题，而文学家在旅行的途中也会催生出不少经典作品。

现场，余光中还爆料自己在旅行中的趣事：他和妻子在西欧开车旅行，疲劳时，他会让妻子踩油门，自己控制方向盘，让右脚能够得到休息。

讲座中，余光中还展示了数十种他在旅行中收集的外国钱币，向现场听众讲解钱币上的文化内涵。

《南方日报》A19（2012年12月25日）：〇东莞开讲旅行与文化，

余光中接受南方日报专访"把李白拉到当代 让古文与现代文结合"〇前日下午，台湾著名诗人、文化学者余光中作客东莞莞城，为"文化周末大讲坛"作题为《旅行与文化》的专题演讲，能容纳 2000 人的现场座无虚席。虽然今年已经 85 岁高龄，但余光中先生依然精神矍铄，一个半小时的演讲下来，站在台上还能中气十足地和在场观众一起朗诵自己的诗。

12 月 29 日，作诗《卢沟桥》，修改于 2013 年 5 月，后收入《太阳点名》（2015 年版）。

2013 年（癸巳）　　86 岁

1 月 2 日，写诗《枫桥夜泊》①，后收入《太阳点名》（2015 年版）。

1 月 6 日，致信江南大学庄若江、杨大中夫妇。

若江、大中伉俪：

　　十月间我们夫妻出入无锡之行，来去常、宜、江阴之频，悉由你们妥善安置，多次接送，轮流招待。实令人永志不忘。其后母女两位又去叨扰，再蒙支援，俱以告我。在锡之日，更承相陪，日无虚度，席无冷落，何况其时江南大学正值上课，忙上加忙，可望而知。而伉俪却乐之如入嘉年华会，真潇洒也。近日我们先后流感，光中受造化戏弄尤虐，可恨。如今二竖终于引出，始能端坐宣之于笔。再谢，并颂

　　伉安

光中　我存

2013. 1.6 左岸 ②

　　1 月 23 日，发表《显极忽隐，令人惆怅》，刊《联合报》副刊 D3；后收入《粉丝与知音》（2015 年版）。略云：

　　报载去年底颜元叔先生因肝癌逝世，消息忽到眼前，令人难以回

---

①　原件藏台北"国家图书馆"当代名人手稿典藏系统，编号 262-3。

②　据庄若江教授提供原件照。

应，但并不令人惊骇。首先，他"离开"我们已经太久了，令我们失望而不能谅解。哥儿们正一起忙着呢，他怎么说放手就放手，一个人就退隐江湖去了，也不给个说法。

1月，余光中讲、吴冠整理《我的四度空间——诗·文·评·译》，刊《文讯》第327期。

1月，丁旭辉发表《余光中诗作的古典传承与开创》，刊《国文学报》第17期。

1月，作诗《我的小邻居》，刊2月1日《联合报》副刊D3；后收入《太阳点名》（2015年版）。

2月4日至7日，举家游台东。

> 余光中《龙尾台东行》：壬辰龙年的最后几天，我家有一次紧凑的台东行，相当意外，比我们一早预期的要有趣。所谓我家，指的是定居高雄廿六年的二老和二女幼珊，加上佩珊来自台中，珊珊和女婿为政来自康州，季珊来自温哥华。至于第三代的飞黄和姝婷，则留在康州上学。……2月4日清早八点三刻，南回火车的风火轮终于为我们推进。……下午三点是民宿入住的时间。……第二天是大晴天，我们竟二上都兰山。……第三天参观了"台湾史前文化博物馆"。……①

2月10日，大年初一，晚，中央电视台播出文化部春节联欢晚会，苏州评弹表演艺术家盛小云用评弹艺术深情演绎了余光中的《乡愁》。该作由潘益麟作曲，选用的曲牌是《湘江浪》。

2月26日，写散文《〈百年佛缘〉赞》，后收入《粉丝与知音》（2015年版）。

3月1日，出席香港康乐及文化事务署在香港中文大学邵逸夫堂为学生举办的"学校文化日"音乐会，并与学生对话。

同日，晚8时，"余光中的诗与歌"座谈会在香港中文大学郑裕彤楼一号演讲厅举行，余光中及音乐会主创出席。

> 《晶报》（2014年7月19日）：○"健文士"余光中的过去一年（黄维樑）○1日康文署先在香港中文大学邵逸夫堂为学生举办一场

---

① 《联合报》副刊D3（2013年4月8日）。

"学校文化日"音乐会，有诗歌音乐导赏，又有余氏与学生们对话。有学生以其诗句"一眨眼，算不算少年"说他已年届花甲，他打趣说："花甲之年？太客气了，再加二十年就差不多。"

同日，作诗《读八阵图》，后收入《太阳点名》（2015 年版）。

3 月 2 日至 3 日，出席香港康乐署主办"那些年——文学家留给香城的印记"系列之"诗人的缪思：余光中诗歌音乐会"。音乐会在香港公园茶具文物馆展览厅演出四场。

《大公报》（2013 年 3 月 2 日）：○余光中音乐会乐中有诗○［本报讯］实习记者马文炜报道：为著名诗人余光中而办的"余光中诗歌音乐会"，于今、明两日举行。康文署昨日率先为青少年举办一场"学校文化日"音乐会，并请来余光中与学生对谈。众多自小读过《乡愁》的学生，得遇余教授都显得雀跃，见到一众学生"粉丝"，余光中笑称"粉丝是虚荣的消耗品"。

……音乐会以余光中诗作，贯穿两岸三地作曲家 30 多年来谱成的歌曲，并由声乐家男高音柯大卫、女高音严翊桦、女中音刘韵、男低音关杰明来演绎。节目包括《雨声说些什么》《守夜人》等世界首演作品。

……被问到以自己的诗入乐有何感受，余光中认为谱曲后的作品"未必是自己所想的"，但又指出作品是很"Personal"，是会变化的。他表示，自 90 年代起回大陆的次数已过数十，"乡愁已没以前浓"，但一些表层的乡愁如怀念食物的味道，却还是有的。看到众多学生观众，他表示"粉丝是愈多愈好"，回到中大很开心。

《晶报》（2014 年 7 月 19 日）：○"健文士"余光中的过去一年（黄维樑）○余光中的春之声在香港开始。康乐及文化事务署主办的"诗人的缪思：余光中诗歌音乐会"，一个文学和音乐结合的跨媒介制作，3 月 2 日及 3 日于香港公园茶具文物馆举行。余先生亲临盛会，音乐家和观众簇拥着他，绿树和红花丛中，一头白发使春意闹了起来。作曲家曾叶发是这个活动的策划者制作者。

3 月 5 日，发表《北斗七星高》，刊《联合报》副刊 D3；后收入《太阳点名》（2015 年版）。

3月9日，写散文《〈魔劫〉先睹志感》。[①]

3月13日，写散文《龙尾台东行》，刊4月8日《联合报》副刊D3；后收入《粉丝与知音》（2015年版）。

3月30日，应邀在高雄演讲《当中文遇见英文》。

《联合报》（2013年3月31日）：〇余光中：中文西化愈趋严重〇诗人余光中昨天谈"当中文遇见英文"，指华人铆足了劲学英文，中文语法时常被英文牵着走，影响了思考与言谈，有学者名嘴在媒体上的用语西化而不自知；随着中文热掀起狂潮，中文进展成强势语言，也会影响外国人。

《晶报》（2014年7月19日）：〇"健文士"余光中的过去一年（黄维樑）〇3月底，余光中应高雄社教馆与赵丽莲教授文教基金会之邀演讲"当中文遇见英文"。《联合报》记者徐如宜写道：余光中称"华人铆足了劲学英文，中文语法时常被英文牵着走，影响了思考与言谈，有学者名嘴在媒体上的用语西化而不自知"；"随着中文热掀起狂潮，中文进展成强势语言，也会影响外国人"。余氏不反对中文适度西化，但反对过度西化。

3月，《〈水中鹭鸶〉作者自述》，收入《2012台湾诗选》（台北二鱼文化公司版）。

3月，郭婧雅发表《余光中的文学价值与台湾关怀》，刊《台湾文学选刊》第292期。

4月1日，致信亦同。

亦同先生：

遵嘱录寄秦观词一首，不知是否合用，会否太迟？我事太繁，又值久病未愈，反应太慢，歉甚。江苏文艺出版社之事，均有劳作主，多谢了。耑此即颂

俪安

光中　2013.4.1

同日，《余光中新作》，刊《上海文学》第3期。内含《有狮为证》（写于2012年12月29日）、《寻桂》（写于2012年10月）、《不甘秋去》（写

---

① 原件藏台北"国家图书馆"当代名人手稿典藏系统，编号262-76。

于 2012 年 10 月）、《行路难》（写于 2012 年 12 月 13 日）、《拱宸桥诗会》、《我的小邻居》（写于 2013 年 1 月 5 日）。

4 月 2 日，应邀出席星云大师新作《百年佛缘》发布会。

《晶报》（2014 年 7 月 19 日）：○"健文士"余光中的过去一年（黄维樑）○4 月 2 日，台湾佛光山开山宗长星云大师最新作品《百年佛缘》发表会在台北举行。余光中（年前他获得"星云文学奖"）、高希均等赴会祝贺，对星云为两岸和平所做的贡献表示钦佩。

4 月 11 日，山东《新杏坛》栏目工作人员在画家刘国松的引荐下为余光中做"余光中的美丽乡愁"之专访。因得知客人来自山东，讲起他 2001 年第一次去山东看黄河的经历。

4 月 13 日，作诗《题赵无极少作》。①

同日，作诗《黄金风铃》，后收入《太阳点名》（2015 年版）。

4 月 22 日，发表诗歌《泠泠七弦上》，刊《联合报》副刊 D3；后收入《太阳点名》（2015 年版）。

余光中"附注"：此诗本于刘长卿《听弹琴》"泠泠七弦上，静听松风寒。古调虽自爱，今人多不弹"。我早年倾心古典音乐，曾在美国买了许多唱片，狂热的心情有如唱机的针头，起伏旋转于细致的沟漕。但黑胶唱片后来不流行了，终成"绝响"。我惯听的"古调"，时人都已不放了。其实，都市中人久已不闻造化的万籁，所听无非噪音。要静听松风，不如深入林间，听清音穿透松针：那正是最好的唱片，在一切科技之前。癸巳年正月初三。

4 月 23 日，声援高雄澄清湖风景区入园降价动议。

《联合报》（2013 年 4 月 24 日）：○澄清湖"免费不如降价"余光中声援○澄清湖风景区开放高雄市民免费入园，预计七月实施，引发环保团体不满，在网络串联，反对供应大高雄饮用水的水质水源保护区免费开放，诗人余光中也声援，担忧一旦免收门票，污染接踵而至，建议采折衷方式调降门票而非全面免费。……

《晶报》（2014 年 7 月 19 日）：○"健文士"余光中的过去一年

① 原件藏台北"国家图书馆"当代名人手稿典藏系统，编号 262-50。

（黄维樑）○高雄市澄清湖风景区开放高雄市民免费入园，预计7月实施，此事引发环保团体不满；4月在网络串联反对，担忧一旦免收门票，污染接踵而至，建议采折衷方式，调降门票而非全面免费。余光中一向支持环保，1986年发表的《控诉一支烟囱》曾引起热烈的响应。对"免费不如降价"之议，余氏加以声援。请参见《联合报》4月24日的报道。

同日，作诗《阿里朝山》，后收入《太阳点名》（2015年版）。

4月30日，于高雄市美术馆观看普利策摄影奖后，作诗《谁来晚餐》[①]，后收入《太阳点名》（2015年版）。

4月，发表《妙想惊鬼神——述达利之反怪为美》，刊香港《明报月刊》第568期、《印刻文学生活志》第9卷第8期。

4月，发表诗歌《有狮为证》，刊《上海文学》第4期。该诗又题《卢沟桥》。

5月2日，致信焦桐。

> 焦桐：
>
> 阅昨日《人间》所刊《最美汉堤岸》一诗，很是感慨。"老"来悼亡，其苦如何？我写过不少诗，都是预"苦"其情，如《三生石》等皆是。幸福给人欢乐，不幸给人智慧。Frost 就说：A poem begins in delight but ends in wisdom。尚望节哀。有苦，向 Muse 去诉吧。
>
> 光中　　2013. 5. 2[②]

5月5日，作诗《哭碑之一》[③]，后收入《太阳点名》（2015年版）。

5月6日，作诗《哭碑之二》[④]，后收入《太阳点名》（2015年版）。

5月19日，发表诗《颂屈原》，刊香港《大公报·大公园》；又刊6月12日《联合报》；后收入《太阳点名》（2015年版）。

> 黄维樑《读余光中诗随笔：颂屈原赞阿里山》：年逾八旬的诗翁余光中，数十年来写过八首诗咏屈原。《颂屈原》是第九首了。难得的

---

① 原件藏台北"国家图书馆"当代名人手稿典藏系统，编号262-53。
② 据中贸圣佳2019春季艺术品拍卖会照。
③ 原件藏台北"国家图书馆"当代名人手稿典藏系统，编号262-44。
④ 原件藏台北"国家图书馆"当代名人手稿典藏系统，编号262-45。

是九首诗的重点互异，虽然主题都是称颂他、赞叹他。《颂屈原》说的是帝王早朽、诗灵永恒，是笔比剑有力且持久，英谚所谓 The pen is mightier than the sword。诗文的一重要手法是对比，此诗正如此。"兵车千轮扬尘"、"龙舟万桨扬波"：诗翁一向喜欢用古典风味的对偶语句。①

5 月 21 日，作诗《问刘十九》②，后收入《太阳点名》（2015 年版）。

5 月 25 日，应邀出席第四届余光中散文奖颁奖典礼。

《联合报》（2013 年 5 月 26 日）：〇余光中散文奖 勉写作"比气长"〇"在你们这个年纪，我写不出这么好的文章；但再过六十年，你们会写得比我好吗？"作家余光中昨出席第四届余光中散文奖颁奖典礼，他勉励得奖者，少年才华洋溢固然不容易，能坚持写到中、老年更是考验。

5 月 26 日，发表诗歌《西子楼》，刊《联合报》副刊 D3；后收入《太阳点名》（2015 年版）。

余光中"附注"：中山大学前门正对高雄港北面入口，门外之校友会馆新建落成，我为之题名西子楼。楼高三层，巨舶进出，左有旗津之绝壁拔起，右有柴山之峻坡遥卫，海峡日夜浮于堤外，更一望无涯。杜甫诗"门泊东吴万里船"，恐犹不足尽其气象。

5 月 30 日，作诗《登乐游原》③，刊 7 月 16 日《联合报》副刊 D3。

同日，出席在彰化举办的"两岸屈原文化交流"活动。

《联合报》（2013 年 5 月 29 日）：端午佳节将近，彰化市公所和明道大学举办"两岸屈原文化交流"活动，邀请著名诗人余光中、郑愁予等大师朗诵，两岸齐心传递人文情怀纪念屈原。

《联合报》（2013 年 5 月 31 日）：〇湖北省委书记 彰化访屈原后代〇湖北省委书记李鸿忠昨天率团抵达彰化县，拜访彰化市屈家村，该处住有两百多名屈原后代，李鸿忠等人到泰和宫祭拜屈原并到景观

---

① 黄维樑:《壮丽：余光中论》，第 185 页。
② 原件藏台北"国家图书馆"当代名人手稿典藏系统，编号 262-28。
③ 原件藏台北"国家图书馆"当代名人手稿典藏系统，编号 262-33。

公园内的屈原塑像前停留，希望屈原保佑两岸永远和平。

《人民日报》（2013 年 6 月 20 日）：○屈原没有来过台湾，但他的灵魂已来了几百年——台湾有个"屈家村"○台湾著名诗人余光中、白灵、郑愁予、隐地、萧萧和李鸿忠、熊召政等大陆来宾，分别在诗会上朗诵了自己创作的诗歌。两岸书法家杜忠诰、姜林现场挥毫，写下"路漫漫其修远兮，吾将上下而求索"、"两岸一家亲，共圆中国梦"等书法。来自湖北秭归的民间艺术家王群海头戴峨冠，长衣束带，表演了屈原的诗篇《涉江》。漳泰中学的学生也集体朗诵了余光中纪念屈原的诗《漂给屈原》。人们深情地吟诵，以诗遥祭这位中华文化史上的巨人。

5 月，作诗《童心》①，后收入《太阳点名》（2015 年版）。诗云：

> 童心是诗心的来源 / 天真是天才的起点 / 童心是敏感的指针 / 永远指向母爱的磁场 / 永远指向 / 母语深层的金刚石矿

5 月，著名诗人杨克通过台湾诗人颜艾琳请余光中去广州参加广东小学生诗歌节。余先生表示年事已高，走动不便，乃为诗歌节写寄语：

> 童心是诗心的源头，天真是天才的起点，童心是敏感的指针，指向母语的磁场。愿你们的笔尖指向中华诗歌的丰年。

5 月，《阿里山赞》一诗刻成诗碑，立于阿里山沼平公园。

5 月，胡有清编《你是那虹》，由南京大学出版社出版，收入"余光中诗丛·风物卷"。全书分四辑，收录《芒果》《木棉花》《敬礼，木棉树》《水仙》《你是那虹》等 58 首。书前有余光中的《长结诗缘（代总序）》《前言》，书末附胡有清的《编后记》和《雨声说些什么——余光中风物诗赏析》。

5 月，胡有清编《翠玉白菜》，由南京大学出版社出版，收入"余光中诗丛·怀古卷"。全书分五辑，收录《汨罗江神》《草堂祭杜甫》《戏李白》《夜读东坡》《翠玉白菜》等 56 首。书前有余光中《长结诗缘（代总序）》《前言》，书末附胡有清《编后记》和《而我，……大江是第几个浪头——余光中怀古诗漫议》。

6 月 6 日，《长沙晚报·橘洲副刊》A6 刊发关于余光中的报道。文中

---

① 原件藏台北"国家图书馆"当代名人手稿典藏系统，编号 262-42。

提到余光中曾四次到访湖南，并曾在岳麓书院演讲。同时还刊登了特约来的四首诗：《颂屈原》《阿里朝山》《谁来晚餐》《卢沟桥》。

奉荣梅《楚臣的龙州万桨扬波——余光中诗歌新作编辑侧记》："楚臣的龙舟万桨扬波／却年年回到江南"。在龙舟的鼓点即将敲响的端午节前夕，湖南著名诗评家、作家李元洛先生，为本报约来了台湾著名作家、诗人余光中先生的《颂屈原》等四首诗。其中的《颂屈原》《阿里朝山》《谁来晚餐》三首尚未在大陆刊发，只《卢沟桥》曾以《有狮为证》为题刊发于《上海文学》2013 年第 4 期，现诗的标题与诗句均有较大改动。……

"蓝墨水的上游是汨罗江"，这是余光中的散文集《青青边愁》中一文《诗魂在南方》的名句。余光中与湖南有缘，李元洛说："云梦泽的楚云自小就氤氲在他的心头，屈灵均的湘雨也早就滂沱在他的心上。"余光中曾四次来湖南，在李元洛的陪同下，足迹遍及长沙、汨罗、岳阳、常德、张家界、石门等地，并在岳麓书院演讲。今年 85 岁的余先生，自 1951 年写《淡水河边吊屈原》之后，60 年来先后来写过 8 首诗咏屈原，《颂屈原》是其第九首。

……谈及对湖南的印象，余光中曾经这样说：千年学府岳麓书院在长沙，是中国古代四大书院之一，自古以来，湖南就是中国文化重镇。政治上，湖南也出了不少名人。五岳之一的衡山也在湖南。山水之胜，人杰地灵！

同日，与书法大师董阳孜以"诚"喻当下乱象。

《联合报》（2013 年 6 月 7 日）：○余光中幽默说诚 董阳孜展木雕诚○毒淀粉、毙死猪、黑心酱油等案件频传，书法大师董阳孜与诗人好友余光中，昨天都以"诚"字况喻现今社会乱象，直言台湾需要找回"诚"的本质，让这块宝岛是诚实的岛。

6 月 9 日，作诗《下江陵》《空山不见人》[①]，后者收入《太阳点名》（2015 年版）。

---

① 原件藏台北"国家图书馆"当代名人手稿典藏系统，编号 262-31。

6月12日，端午，作诗《寄扬州韩绰判官》①，后收入《太阳点名》（2015年版）。

同日，写评论《〈木斋编年诗选〉读后》。

> 余光中《以卓见创新史　融古今于一炉》：木斋教授来西子湾客座一年，即将赋归，出示其四十年来创作之诗词及新诗作品，嘱我阅后抒感数言。我知道木斋教授近年深研古诗与曲词发生史，发为新论，轰动学界，不料他同时也热衷创作，而且积稿成箧。因思清末民初交替之际，豪杰之士有志一新旧体以赋大好新世界，前则有黄遵宪、梁启超之召唤，后则有胡适、闻一多辈应之以语体与新格律，但鲁迅、郁达夫以迄陈寅恪、高阳等仍寄情于所谓"旧体"。四十年代之王欣笛，新诗人之翘楚，晚年却皈依旧诗。旅美多年之学者周策纵则新旧双管齐下，晚年新诗层楼更上。
>
> 　木斋教授之诗词，不拘于传统之旧律，有继武黄遵宪之志。其所作新诗，如下列《生命的刻度》一首，对仗颇见张力与凝练：
>
> 　别人用／岁月／来刻度／生命的／年轮／我却用／生命的／果实／来刻度／岁月
>
> 　木斋教授面对的挑战，正是上述一世纪来有志拓展中华诗歌的才人所用力克服者。我盼望他以治史的卓见来创新诗，而融古今于一炉。②

6月13日，作诗《夜雨寄北》《桂魄初生》③，后者收入《太阳点名》（2015年版）。

6月14日，在高雄中山大学办公室接受李睿的采访，采访稿后以《历史感、地域感与现实感——余光中先生访谈实录》为题，刊2019年《世界华文文学论坛》第2辑。

6月27日，致信黄维樑。

> 维樑：
>
> 　寄上组诗《唐诗神游》十首，可一次给大陆报刊全部刊出，或分两次发表。由你斟酌。

---

① 原件藏台北"国家图书馆"当代名人手稿典藏系统，编号262-25-1。
② 《琼州学院学报》2013年第4期。
③ 原件藏台北"国家图书馆"当代名人手稿典藏系统，编号262-27、262-39。

读名诗而延伸其境或变奏其情，既可融入现代感，也可向古人间接致敬，不亦快哉。从《行路难》以来，这种 variations 我已经写了十五首了，也许还可写下去。洛夫近日已发表好几首他所谓的"唐诗解构"，不但唐突古人，而且诗情芜杂，我认为多系败笔。我要隔山敲虎，告诉他我的拟古比较自然有趣，一笑。

近佳

光中　2013.6.27

又及：澳大颁我荣誉学位，是否确定 11 月 2 日，我好早作安排，并避免撞期。对我介绍，所谓 citation，望勿涉及情诗之类，以免麻烦。请代注意。①

【按：该信右上角尚有如下字样："此十首在台也从未刊过，所以介绍大陆报刊或香港报刊，亦可稍缓，请把握。"】

6 月 30 日，发表诗歌《蛛网》，刊《新诗》第 6 卷第 2 期。

胡燕青《来得太早的苍茫时刻——敬悼余光中先生》：另一首我常常用来教学的是《蛛网》。……这个作品的架构其实比想象中复杂和精密。诗人一方面用蛛网来描述暮色，但暮色这个"本体"，其实正是另一个"本体"的"喻体"。所以说，此诗层层深入，最终要揭示的是晚年的悄悄到临。其实每个人都知道自己会老，但无一不"忽然"感到"老"的现实。作品的最后一句有"灰网"一词，指的当然是暮色的晦暗和蜘蛛的丝阵，但此词还有第三重意义，那就是诗人渐渐变白的头发。这是点题的一句，读来很有味道。②

7 月 1 日，《登长城——慕田峪段》，刊《联合报》R13。本诗摘自《余光中诗选》（台北洪范书店版）。

7 月 2 日，致信李元洛。

元洛兄：

寄上新作十首，都承接《行路难》一诗而来，可以总名之为《唐诗移情》或《唐诗变奏》或《唐诗异想》，要之都是一生吟诵唐诗的感

---

① 据黄维樑教授提供原件照。
② 李瑞腾主编：《听我胸中的烈火——余光中教授纪念文集》，第 265 ~ 266 页。

应。自《行路难》以来，合此十首已共有十五首；在下一本诗集里将另成一辑。

仍烦吾兄在内地代为兜售。同一辑十首也寄给了维樑，算是我对二位知音交的作业，看看还不致"江郎才尽"吧？

近日正试写约 200 行长诗，以咏米开朗基罗所雕大卫像。耑此即颂近佳，俪安

光中　2013.7.2

又及：此十首在台湾也未曾发表，故在内地不用急投出去。①

7月10日，喻大翔来访。

《文汇报·笔会》（2018 年 1 月 9 日）：○西子湾畔访余光中（喻大翔）○二〇一三年七月上旬，我喜欢的夏天到了。……十日一大早……到海的另一端——高雄去拜访余光中先生。……原来是车库墙上一块蓝底白字的大牌子，吸引了我的视线："中山大学荣誉退休教授余光中老师停车位"。下面还有两行英文，也让我第一次知道了诗翁的英语名字：Yu Kwang Chung。……余教授的办公室在文学院大楼四楼，编号"五三四"，下面是余光中三字的印刷体。……余先生指着远方轻轻地说："海峡的对面就是大陆，我已经眺望快三十年了！"

7月中旬，出席阿里山诗会。

《晶报》（2014 年 7 月 19 日）：○"健文士"余光中的过去一年（黄维樑）○7 月中旬阿里山有诗会，《阿里山诗集》发布，多个诗人朗诵，余光中在场诵的是新作《阿里山赞》。7 月 20 日《中时电子报》称，《文讯》杂志主办的"作家珍藏书画募款拍卖会"中，余光中的一首诗稿被价高者得。他一个字值多少？答案是四千元，即一字四千金。余氏并没有出席拍卖会。

7月14日，作诗《大卫雕像》②，后收入《太阳点名》（2015 年版）。

余光中"后记"：此诗所言种种，均针对米开朗基罗之传世杰作 David 而云：所以诗中的"你"当指此一雕像，但有时又兼指《圣

---

① 李元洛、黄维樑：《壮丽余光中：生活与作品》，第 104 页。
② 原件藏台北"国家图书馆"当代名人手稿典藏系统，编号 262-18。

经》中之以色列王，而"他"往往是指雕刻家米开朗基罗。米开朗基罗的全名是 Michelangelo di Lodovico Buonarotti Simoni。为避免名称太长，有时只能称他为"米开"（Michel）而非法文的"米歇"或英文的"迈克"（Michael）。意大利人昵称他为 Agnolo，但发音无法精确中译，而即使勉强译过来了，中文读者也不知指谁。Florence 之意文原名 Firenze，经徐志摩译为"翡冷翠"，采用者很多，但真正去过该城的人，对该城的印象应为一片暖橙色罩着白色，既不冷，也不翠。所以我有时只采一字，只称"翡城"，以求句短，否则仍采一般的英文说法"佛洛伦斯"。

我这首诗虽然动用了想象及联想，但细节多处仍均有所本，参考的艺术史颇多，尤其应一提时报文化出版社出版的《旷世杰作的秘密》（*The Private Life of Masterpiece*）：Monica Bohm-Duchen 原著，余珊珊中译。

我虽然写过上千首诗，其中包括题画诗多首，但多为短作，以抒情为主。这首《大卫雕像》不但较长，而且在抒情之外，并兼有描写与叙事，在诗体上，也采用诗句大致等长而大致也不押韵的"无韵体"（blank verse），莎士比亚与米尔顿都用过，算是新拓的领域。

余光中《太阳点名·后记》：《大卫雕像》寓抒情于叙事与玄想，并且不刻意押韵。[1]

陈幸蕙《忠于自我，无愧于缪思的马拉松作家》：至若所谓引西润中，则便不能不提《太阳点名》压卷作《大卫雕像》。此一写于余光中八十五岁，长达二百零五行之巨制，可说为其七十岁生日所写诗句："岁月愈老/缪思愈年轻！"做了最好的注脚。

在这首显示创作功力老而弥坚的长诗中，余光中以佛罗伦斯大卫雕像入题，采对话、私语方式，既写《圣经·旧约》少年大卫"乾坤一掷"的典故，复写米开朗基罗"把永恒吵醒"，创造惊世之作的曲折过程，更写余光中跨世代、跨空间、跨文化的仰慕，并终于其美学逻辑的呈现与百分之百男性观点之咏叹："而你，大卫的雕像，男性美/的典型，要留在佛罗伦斯/不容《维纳斯的诞生》/女性美的定义，乏人对仗"。

---

[1] 余光中：《太阳点名》，第 253 页。

实可谓从西方文化探囊取物，扩充了现代中文诗的题材版图。由于《大卫雕像》，是余光中出以独特的个人风格创意，与持续累积的创作能量，所攀登的一座拔高之峰巅，且拔高身影如此漂亮、姿态如此矫健，故若称此诗亦是——余光中诗人生涯的压卷之作——相信余老师或当莞尔首肯吧。①

7月18日，作诗《应悔偷灵药》②，刊9月17日《联合报》副刊D3；后收入《太阳点名》（2015年版）。

7月26日，作诗《蒙娜丽莎》，后收入《太阳点名》（2015年版）。

7月，会见韩少功率队来访的海南两岸文化交流团。

> 《韩少功文学年谱（1953—2015）》：7月，以团长身份率海南两岸文化交流团访台湾，会见星云法师、余光中、龙应台等台湾各界人士。③

7月，《余光中经典作品》，由北京当代世界出版社出版，收入"港台名家名作"丛书。本书分为散文、诗、杂文三部分，收入《逍遥游》《四月》《在古战场》《听听那冷雨》《高速的联想》《我的四个假想敌》《春来半岛》《满亭星月》等作品。

7月，陈素芳发表《余光中缪思不老》，刊《文讯》第333期。

8月3日，与夫人范我存到台北故宫，参观雷诺瓦画展。

> 《联合报》（2013年8月4日）：〇余光中巧喻雷诺瓦画如奶油〇诗人余光中与夫人今天上午到"故宫博物院"欣赏"幸福大师——雷诺阿与廿世纪绘画"特展，他妙喻，早年雷诺阿的画比较像是刚从冰箱拿出来的奶油，轮廓清楚界线分明，但晚年的画就像是有点融化的奶油，朦胧的另一种美……

> 《晶报》（2014年7月19日）：〇"健文士"余光中的过去一年（黄维樑）〇余光中8月3日到台北故宫欣赏"幸福大师——雷诺阿与廿世纪绘画"特展；记者问他观感，他说"雷诺阿处于困顿与病痛中，用的仍是缤纷饱满的光线与色彩"，又说画中的美女"仿佛奶油开始化了"。

---

① 《文讯》第387期（2018年1月）。
② 原件藏台北"国家图书馆"当代名人手稿典藏系统，编号262-37。
③ 廖述务：《韩少功创作研究》，北京：知识产权出版社，2019年，第230页。

8 月 5 日，参观西安秦始皇帝陵博物院。

《陕西文物年鉴：2013》：8 月 5 日，著名诗人余光中参观秦始皇帝陵博物院。①

同日，发表《登鹳雀楼》，刊《联合报》副刊 D3；后收入《太阳点名》（2015 年版）。

8 月 10 日，作诗《陇西行》②，后收入《太阳点名》（2015 年版）。

8 月 11 日，作诗《新嫁娘》③，后收入《太阳点名》（2015 年版）。

8 月 15 日，作诗《遣怀》④，刊 10 月 29 日台北《中国时报》；后收入《太阳点名》（2015 年版）。

8 月 26 日，发表诗歌《寻隐者不遇》，刊《联合报》副刊 D3；后收入《太阳点名》（2015 年版）。

8 月 31 日，应邀出席"走过中山桥——桥的故事"特展，并朗诵诗 3 首。

《联合报》（2013 年 8 月 29 日）：〇回顾中山桥 余光中朗诗〇中山桥拆除满 10 年，北市府文化局将在台北故事馆举办回顾展，邀民众看老照片、文献及当初放置在桥头的"青铜灯"。为让大家看展更有"Fu"，周六上午 10 点半邀请诗人余光中为民众朗诵 3 首诗。

《联合报》（2013 年 9 月 1 日）：〇百年特展 从诗中看中山桥故事〇由台北市文化局主办，台北故事馆策划的"走过中山桥——桥的故事"特展，昨天起展至 12 月 15 日。特展从台北市民所怀念的"中山桥"出发，带领民众认识百年来台湾各地桥梁的故事。

8 月，高雄中山大学设立"余光中人文讲座"，由余光中教授亲自召集讲座咨询委员会策划，举办多场驻校系列讲座与艺文展演，承先启后，为台湾文化注入了能量。"余光中人文讲座"每年固定举办四至五场驻校系列讲座或艺文表演活动。

单德兴《"在时光以外奇异的光中"——敬悼余光中老师》：中山

---

① 陕西省文物局编：《陕西文物年鉴：2013》，西安：陕西人民出版社，2014 年，第 17 页。
② 原件藏台北"国家图书馆"当代名人手稿典藏系统，编号 262-36。
③ 原件藏台北"国家图书馆"当代名人手稿典藏系统，编号 262-35。
④ 原件藏台北"国家图书馆"当代名人手稿典藏系统，编号 262-34。

大学接获企业界捐赠，于二〇一三年成立余光中人文讲座，提倡文艺活动。余老师亲自致电邀请我担任咨询委员……（其他委员包括陈芳明、苏其康、李瑞腾、黄心雅）。……老师与这些贵宾对谈（依序为电影导演李安、"中研院院士"金耀基、海派作家王安忆、建筑师姚仁喜、戏剧导演杨世彭、南管名家王心心、乡土作家黄春明等），场场爆满，允为南部文化盛事，为中山大学增添许多人文气息与艺术光彩。①

8月，《当代中国五大杰出诗人余光中、舒婷、北岛、顾城、海子最美诗歌精装典藏版》，由武汉长江文艺出版社出版，收入"名家经典诗歌典藏书系"。

9月，单德兴发表《余光中教授访谈：翻译面面观》，刊《编译论丛》第6卷第2期。

9月，《余光中散文精选》，由武汉长江文艺出版社出版，收入"名家散文经典"系列。本书收入余光中的代表作《石城之行》《南太基》《丹佛城》《听听那冷雨》《高速的联想》《花鸟》等，这些作品在语言特色上独具美质，可以带领读者们走进这位散文大家的内心世界。

10月11日，发表诗歌《听筝》，刊《联合报》副刊D3。

10月12日，作诗《佛光山一夕》，后收入《太阳点名》（2015年版）。

> 余光中"后记"：重九前夕，效桓景故事，借家人（我存、幼珊）及弟子（黄秀莲）上佛光山登高，宿于紫竹林精舍。佛陀纪念馆，塔影巍巍，法相俨然，尽来眼底。益以月色，伴以永芸法师与满益法师之娓娓清谈，此境此缘，若不入诗，岂不空朝宝山。

10月26日，应邀出席腾讯文化、腾讯书院携手上海电影博物馆、目宿媒体、中华艺术宫、上海电影资料馆于上海举办的大师论坛"诗的世纪"，与作家孙甘露跨越海峡展开文学对谈。上海电影家协会副主席石川教授担任主持。

> 《文汇报》（2013年10月28日）：〇"乡愁诗人"余光中来沪与年轻人对话——诗歌不景气 不能怪网络〇85岁的诗人余光中上周六来到上海影城，与满满一放映厅数百位"光中粉"畅谈文学创作。……

① 《文讯》第387期（2018年1月）。

余光中此次上海行是为"他们在岛屿写作"展映活动而来。最近，纪录片《他们在岛屿写作》风靡海峡两岸，在宝岛台湾应观众要求连续放映了两个月，在香港和北京的点映则再次引起巨大反响。该片以诗一般的镜头语言，记叙了林海音、周梦蝶、余光中、郑愁予、王文兴、杨牧 6 位文学大师的生活、写作和精神世界。……面对诗歌地位的江河日下，诗歌阅读已走入某种困境。余光中认为，当下诗歌不景气，不能去怪电视、流行歌和互联网。诗人应该问问自己："你写得足够好了没有？"……

对一些宣称是"自由诗"的东西，余光中颇不以为然，他说："如果自由诗变成只有自由没有诗的话，就是堕落了。现在很多诗人局限于自我内心，写出来的作品晦涩难懂，跟读者之间没法进行情感上的接通，又以冷僻的句子故作高深之态。这样的诗读者不爱看，不能怪读者，只能怪诗人。"

他认为，好的诗应该是"深入浅出"、"一望即知"或"一望即感"。理性上不能让人明白、美感上又不能击中人心的诗作，早晚还是不要写了。虽然余光中的诗读不懂的很少，但是他幽默地表示自己常常要为写诗写得看不懂的人来辩护，感觉"非常冤枉"。

10 月，黄维樑发表《余光中"唐诗神游"导游》，刊《国文天地》第 341 期。

11 月 8 日，赠华中师范大学外国语学院院长罗良功教授《余光中六十年诗选》（陈芳明选编），并题签"良功院长惠存。余光中 2013.11.8"[①]。

11 月 14 日，作诗《拔海——给生于风灾的女婴碧雅》，刊 11 月 27 日《联合报》副刊 D3；后收入《太阳点名》（2015 年版）。

11 月 16 日，出席台湾手机简讯写作比赛颁奖典礼。

《晶报》（2014 年 7 月 19 日）：○黄维樑："健文士"余光中的过去一年○台湾近年有机构举办手机简讯写作比赛，余光中担任了多年评判，今年依然。

《联合晚报》(2013 年 11 月 16 日)：○评审余光中：低头现象，发人深思○余光中：简讯文学组分成家书、情书和生活笔记三组，每

---

① 据罗良功教授提供原件照。

年都有超过 4 万件的投稿，今年投稿相当踊跃，参赛者作品可分成二大类，一是用俏皮或哲理的手法表达，像是格言一样。另一种较像手机简讯的叙述方式。举例而言，"碰到你，我就糊了"、"唯一先发证书的是婚姻"。

11 月 17 日，发表诗歌《记忆深长》，刊《联合报》副刊 D3；后收入《太阳点名》（2015 年版）。

11 月 19 日，应邀赴成功大学，演讲《谈文学的翻译》。

《联合报》副刊（2013 年 11 月 8 日）：○ 2013 年度 "国科会" 经典译注巡回讲座第一场○诗人余光中主讲 "谈文学的翻译"，南部场：11 月 19 日星期二在成功大学国际会议厅第二演讲室，主持人：黄煌辉、苏其康、邓育仁，讨论人：曾建纲。

《联合报》（2013 年 11 月 21 日）：○余光中谈翻译 独享天才的特权○译作等身的文学大师余光中前晚在成大演说时表示，翻译者未必有学者的权威或作家的声誉，但影响深远，好的翻译要能忠实呈现作者的作品，而译者 "日与伟大的心灵为伍，每能超凡入圣"，成为 "神之巫师、天才之代言人"。

《晶报》（2014 年 7 月 19 日）：○ "健文士" 余光中的过去一年（黄维樑）○ 11 月 19 日晚上，余光中在成功大学演讲，以翻译为题。余氏译作丰硕，经验之谈包括：翻译者能与原著心灵相通，是译者 "寂寞独享的特权"；译者 "日与伟大的心灵为伍，每能超凡入圣"，成为 "神之巫师、天才之代言人"。

11 月 22 日，《诗作乡愁遭 KUSO 余光中莞尔》，刊《联合报》A30。略云：

诗人余光中名作《乡愁》脍炙人口，除大陆前总理温家宝曾引用，大陆有网友以改写愁描述春运，台湾成功大学学生也在脸书上改编成 KUSO 版的《退选单传情》，引来网友疯狂按赞。对于名诗遭 KUSO，余光中闻之莞尔。【按：KUSO 在日文中有 "可恶" 的意思，也是 "粪" 的发音，在网络语言中作 "恶搞" 解。】

11 月 25 日，出席高雄中山大学 "余光中人文讲座"，与导演李安对谈

"我与电影"。

《联合报》（2013 年 11 月 26 日）：〇李安：台湾乱中有序〇诗人余光中与导演李安昨天在一场对谈中，都提到对台湾社会的忧心；深爱台湾的李安表示，台湾有股"乱中有序"的力量，"这么可爱的地方，不要自己糟蹋了"！中山大学开办"余光中人文讲座"……

〇首映后的厕所 决定行销策略〇诗人余光中昨和导演李安对谈时，细数李安作品，都以中外女作家的"女人戏"居多；李安自嘲，也许是自己男子气概不够，也努力想拍男人看了也很过瘾的电影，但卖座就是不好。余光中细数李安作品，《色戒》《理性与现实的融合》……

12 月 1 日，出席全球华文文学星云奖颁奖典礼。

《晶报》（2014 年 7 月 19 日）：〇"健文士"余光中的过去一年（黄维樑）〇去年的全球华文文学星云奖由小说家黄春明获得。在 12 月 1 日的赠奖典礼上，黄春明坦言，他个性中有善有恶，多亏许多人救了他。读大学时，一位老师送他余光中翻译的《凡谷传》当生日礼物，还告诉他"你的聪明才能像一座矿产，但你要细心慢慢开采，凡谷就是你的榜样"。多情的黄春明边看书边掉泪，"为何人到最后会提升？因为善的人性压制了恶的人性"。

12 月 7 日，澳门大学授予余光中荣誉文学博士学位。当晚出席在澳门大学文化中心举行的相关活动，做题为《灵感一大来源——论艺术经验之转化》（"A Major Source of Inspiration—On the Transformation of Artistic Experience"）的演讲。

张丽凤《访问余光中先生》：而今再次得到澳门大学颁发荣誉博士学位，这表示学术界对我的认可，也是一种鼓励和荣誉。我的写作仍然在继续，并没有枯竭。……在被授予博士荣誉学位时，澳门大学的评价多是溢美之词。但是可能因为时间关系，颁发学位时，我的有些成绩没有充分展开。其实，除了诗歌，我还在散文方面着墨甚多，有十几本散文集，我曾经说过诗与散文，等于双目，两者并存才可以呈现立体的世界，我经常说"双目合，视乃得"，表达的就是这个意思。诗歌是我最早涉猎的文类，而今我在翻译、诗歌、散文、评论等各方面没有偏废。①

《晶报》（2014 年 7 月 19 日）：○"健文士"余光中的过去一年（黄维樑）○澳门大学在 12 月 7 日的毕业典礼中，授予余光中荣誉文学博士学位。中文系主任朱寿桐在赞词中说：澳门大学所加给他的，实际上就是桂冠诗人之冕——"这位真正的、杰出的、卓越的诗人，堪称为屈原和李白的传人"。6 日和 8 日，有相关的余氏演讲、余光中诗歌朗诵与余氏座谈等活动。《乡愁》名气大，成为遮盖余氏面目的一张大名片；余氏近年实行"去《乡愁》化"，呼吁大家不要只记得《乡愁》。澳大是次朗诵会，没有此诗，倒是有《乡愁四韵》。

12 月 14 日，出席全球青年华文文学奖颁奖典礼。

《晶报》（2014 年 7 月 19 日）：○"健文士"余光中的过去一年（黄维樑）○本届全球青年华文文学奖 12 月 14 日在香港颁奖，余光中等评判主持典礼。13 日先有演讲。余氏谈到散文与诗歌的写作，用下象棋做比喻："散文有如棋中之车，可以纵横天下；诗则如棋中之马或炮，可以斜驰，亦可越山而来。"他并透露，2014 年会推出散文集《粉丝与知音》，"粉丝最好一大碗才好吃，不嫌其多，它是虚荣的消耗品。但知音不要多，三五个足够，它是天才的救济品，知音是向未来预支掌声，三五个人肯定你，为你鼓掌，这就够了"。

12 月 27 日，作诗《霜月》，刊 2014 年 1 月 27 日《联合报》；后收入《太阳点名》（2015 年版）。

12 月 28 日至次年 1 月 1 日，应邀出席在海口举办的海峡两岸诗会。

《经济日报》（2013 年 12 月 30 日）：○海口（海南）两岸诗会论坛开幕 余光中、罗门等与会○以"琼台兄弟情，两岸一家亲——诗意中国"为主题的 2013 两岸诗会高端论坛在海口开幕，台湾诗人余光中、罗门等 60 多人与会。

《海南日报》（2017 年 12 月 18 日）：○余光中的海南情缘（侯赛）○ 2013 年 12 月 28 日晚，在海口新国宾馆举行的 2013 年两岸诗会招

---

① 《华文文学》2014 年第 6 期。

待晚宴上，记者第一次见到小时候语文课本中，那首熟读的《乡愁》的作者余光中先生。

谭五昌《第三讲　余光中诗歌解读》：2013 年年底，在海南举行的两岸诗会上，主持人介绍余光中是"一位著名的现代派诗人"，后来余光中做了一番更正，认为自己不是"现代派诗人"，而是"新古典主义诗人"。余光中的创作局部确有现代主义的成分，但根子属于古典主义。余光中自幼饱读中国古典文学作品，他早期的诗作大多与古典文学、传统美学有关，后来他漂流到了美国，有意无意地接触到西方现代派文学，这才受到了现代主义的影响。一个有成就的诗人，每一阶段的创作风格是随着时代变化而变化的，美学趣味也不是一成不变的，他总会有意无意地扩展其诗歌美学疆域，尽量以风格的多样性、丰富性来呈现他对诗歌的深刻理解。余光中就是这样一个诗人。①

12 月 29 日，晚，出席在海口举办的"2013 两岸诗会桂冠诗人颁奖礼暨《乡愁》主题交响乐诗会"，与郑敏、姚风、阎安同获 2013 年两岸诗会桂冠诗人奖。中国国民党副主席蒋孝严、海峡两岸关系协会顾问陈云林、海南省政协主席于迅、海南省委副书记李宪生为四位诗人颁奖。

《海南日报》（2013 年 12 月 30 日）：○ 2013 两岸诗会颁奖礼暨《乡愁》主题交响乐诗会海口举行　余光中等获颁两岸诗会桂冠诗人○本报海口 12 月 29 日讯（记者戎海 侯赛）2013 两岸诗会颁奖礼暨《乡愁》主题交响乐诗会今晚在省歌舞剧院隆重上演。60 余位海内外华语诗人代表和现场千余名观众一起，共同见证 2013 两岸诗会桂冠诗人的诞生，聆听根据著名诗人余光中的经典名作《乡愁》改编创作的音乐作品，在新年即将来临之际，再次感受血浓于水的同胞亲情。

中国国民党副主席蒋孝严、海峡两岸关系协会顾问陈云林、省政协主席于迅、省委副书记李宪生出席晚会并为 2013 两岸诗会桂冠诗人获得者颁奖，出席晚会的领导还有省委常委、宣传部长许俊，省委常委、秘书长孙新阳。

晚会首先揭晓了 2013 两岸诗会桂冠诗人的得主。台湾著名诗人余

---

① 谭五昌：《在北师大课堂讲诗：台港澳专辑》，西安：陕西师范大学出版总社，2018 年，第 53 ～ 54 页。

光中，著名诗人郑敏，著名诗人、澳门文化局副局长姚风，著名诗人、陕西省作协副主席阎安等 4 人获得这一殊荣。

《海南年鉴：2014》：○ 2013 两岸诗会○ 2013 年 12 月 28 日至 2014 年 1 月 1 日在海南举行。由省委宣传部、省政府台湾事务办公室、省文化广电出版体育厅、中国诗歌学会、台湾伯政文教基金会、诗刊杂志社等单位联合主办，邀请余光中、罗门、潘维等台湾、澳门以及内地的著名诗人、学者 60 多人出席。诗会由五大主题活动组成，即两岸诗歌高端论坛、两岸诗会桂冠诗人颁奖礼暨《乡愁》主题交响乐诗会、保亭海峡两岸交流基地之旅、相聚保亭呀诺达、两岸诗会琼州学院讲座。12 月 29 日，海南省委书记罗保铭在海口会见出席诗会的中国国民党副主席蒋孝严和台湾著名诗人余光中等。当晚，中国国民党副主席蒋孝严、海南省政协主席于迅、海南省委副书记李宪生、海协会顾问陈云林出席两岸诗会桂冠诗人颁奖礼，为获得"2013 两岸诗会桂冠诗人"的台湾诗人余光中、澳门诗人姚风以及大陆诗人郑敏、阎安颁奖，并共同欣赏《乡愁》交响诗会。①

12 月 30 日，下午，偕夫人赴海南保亭县甘什岭槟榔谷原生态黎苗文化旅游区采风。

同日，发表诗歌《岱宗夫如何》，刊《联合报》副刊 D3。

12 月 31 日，下午，出席琼州学院举办的"琼台兄弟情 两岸一家亲——诗意中国"2013 两岸诗会讲座，并与学生互动。

《海南日报》（2014 年 1 月 7 日）：○余光中：不一定要读余光中要选自己喜欢的诗人○在 2013 年与 2014 年的跨年之际，来海南参加 2013 年两岸诗会的余光中，在最后一站琼州学院讲座时，向广大学子和他的忠实读者们祖露了自己的心声……

12 月 31 日下午，冬日的阳光播洒在中国最南端的大学——琼州学院，85 岁高龄的诗人余光中携着太太范我存沿着那条银色的校园路缓缓走来，吸引了校园里学生们的驻足，有的学生目不转睛地打量着眼前的这两位老人，有的学生交头接耳地问："这就是余光中吗？"等缓过神来，已有不少学生拿着余先生的诗集前去索要签名。

① 《海南年鉴》编辑委员会主编：《海南年鉴：2014》，海口：海南年鉴社，2014 年，第 108 页。

"中国人讲求'立德、立功、立言'三不朽，我无能可以立功，但对'立言'却比较感兴趣。"一番开场白后余光中毫不讳言地表达了自己对文学创作的热忱。回顾一生的创作历程，他将自己的文学创作空间称为"四度"文学空间，而支撑这四度文学空间的，则是他用一生孜孜经营的四种文学追求：诗歌、散文、评论和翻译。

……"不一定要读余光中，读冰心，读徐志摩，一定要选择自己喜欢的诗人，选自己的喜欢的作品来吸收……"余光中在讲座的最后，表达了对海南学子的期盼，希望学子们可以读与自己兴致相近的作品，同时也学习苏东坡诗歌里面儒家的坚持和道家的豁达，将海南岛的诗魂传承下去。

同日，《光合作用：余光中诗选合唱专辑》CD 及诗集由"高雄室内合唱团"出版。

《晶报》（2014 年 7 月 19 日）：○"健文士"余光中的过去一年（黄维樑）○《光合作用：余光中诗选合唱专辑》CD 及诗集 12 月 31 日由"高雄室内合唱团"出版；收余氏 11 首诗，作为歌词，由周鑫泉等作曲，翁佳芬指挥，杨郁雯钢琴。诗集由余氏作序，谓"……点化成美妙的乐音，如此酿成的葡萄糖，必能营养台湾南部的乐坛，使我高雄被世界听见"。余光中 2013 年的文学活动，由春之声开始，以冬之乐收结。

12 月，陈芳明编选《台湾现代作家研究资料汇编》之余光中卷，由台南台湾文学馆出版。

《晶报》（2014 年 7 月 19 日）：○"健文士"余光中的过去一年（黄维樑）○ 12 月，台湾文学馆的"台湾现当代作家研究资料汇编"第 34 册《余光中》出版，编选者为陈芳明，都 671 页，内容分为余光中之生平小传、照片、手稿、作品目录、年表、研究综述及重要评论资料等。

是年，发表《唐诗神游》组诗，含短章 20 首，包括《读八阵图》《北斗七星高》《枫桥夜泊》《泠泠七弦上》《登鹳雀楼》《江雪》《问刘十九》《寻隐者不遇》《登乐游原》《下江陵》《山不见人》《夜雨寄北》《寄扬州韩绰判官》《桂魄初生》《应悔偷灵药》《大漠孤烟直》《听筝》《陇西行》《新嫁娘》《遣怀》。另有新诗 13 首:《卢沟桥》《我的小邻居》《问答》《题赵无极少作》《黄金风铃》《阿里朝山》《谁来晚餐》《哭碑》《戴维雕像》《蒙娜莉萨》《记忆深长》《天兔》《拔海》,翻译罗伯特·弗洛斯特诗 2 首:《丝帐篷》《指路》。

是年,发表散文、论文、杂文 11 篇,包括《眼到,手到,心到,神到——序柯锡杰〈奇幻之旅〉摄影展》《诗史再掀一页》《显极忽隐,令人惆怅——吊颜元叔》《反怪为妙——论达利的艺术》《龙尾台东行》《参透水石——林惺岳回顾展观后》《文学老院,千里老师——记英千里教授》《小论韩剧——以〈马医〉为例》《选美与割爱——李元洛〈唐诗三百首新编今读〉序》《反常合道之为道——〈王尔德喜剧全集〉总序》《〈吐露港上中文人〉——中大中文系 50 周年》。

2014 年(甲午)　　87 岁

1 月 3 日,发表诗歌《天兔》,刊《人间福报》;后收入《太阳点名》(2015 年版)。

1 月 12 日,作诗《二月婴》,刊 7 月 11 日《联合报》。

1 月 27 日,发表诗歌《霜月》,刊《联合报》副刊 D3。

1 月,散文集《青铜一梦》,由武汉长江文艺出版社出版,收入"余光中散文"系列。本书集结余光中近年来发表于各大副刊、杂志的经典散文,从山东、金陵写到美国、俄罗斯,世界地图就在他的脚下;对前贤旧友的追忆,句句真诚感人;追忆儿时趣事,幽默自不待言。本书曾获《联合报》文学类最佳书奖。

1 月,散文集《凡·高的向日葵》,由杭州浙江文艺出版社出版,收入"名家散文典藏"系列。本书收录余光中的散文精品 30 余篇,分为抒情散文、知性散文、小品文三部分,包括《自豪与自幸》《面目何足较》《天方飞毯原来是地图》《粉丝与知音》《不朽与成名》等。

春,赴海南交流。

《海南日报》(2017 年 12 月 18 日):○余光中的海南情缘(侯塞)

〇而余光中最后一次有据可循的海南岛之行，是在 2014 年春天，也就是他到海南参加两岸诗会后的一两个月，再次携夫人到三亚参加了一次时间短暂的文化交流活动。余光中的这次海南之行短暂仓促，很多海南旧相识并不知晓。而时任三亚琼州学院党委书记的韦勇在临时得知这一消息后，与余光中再续两岸诗会之缘，两人在一起谈诗歌谈生活。交谈中，余光中感慨海南人民对他的深厚关爱，当时两人还约定每年都到琼州学院讲学。

2 月 16 日，写散文《袁可嘉，诚可嘉——〈斯人可嘉〉序》[①]，刊 6 月台湾《文讯》第 344 期；后收入《粉丝与知音》（2015 年版）。

2 月，评论集《分水岭上》，由北京国际文化出版公司出版。本书评论对象为新诗、古典诗、英美诗、白话文、小说、综论等，涉及《再别康桥》《偶然》《夜雨寄北》《登鹳雀楼》《赤杨树》等多篇古今中外名诗佳作。

3 月 11 日，出席社会学家金耀基特展并题字。

《联合报》（2014 年 3 月 12 日）：〇金耀基特展 余光中题字〇旅居香港著名社会学家金耀基，应诗人余光中之邀到中山大学驻校至 3 月 21 日。校方昨天举办"笔随意转、书因思成"金耀基特展，两人合题"门泊东吴万里船"，展现深厚的情谊。余光中与金耀基曾在香港中文大学共事。

3 月 12 日，金耀基做客高雄中山大学"余光中人文讲座"。

《联合报》（2014 年 3 月 13 日）：〇金耀基：150 年后中国文明转型〇中山大学余光中人文讲座昨天邀请社会学家金耀基，专题演讲"中国现代化与文明转型"。他分析中国现代化的三个"主旋律"是：从农业社会到工业社会、从帝制到共和、从经学到科学，中国的下一个 150 年将会完成文明转型。

3 月 13 日，与金耀基、陈芳明、万毓泽畅谈"大学教育的人文价值"。

《联合报》（2014 年 3 月 14 日）：〇儒？道？金耀基问 余光中都有一点〇社会学家金耀基、诗人余光中、政治大学讲座教授陈芳明与中山大学社会系副教授万毓泽，昨天齐聚西子湾，畅谈"大学教育的

---

① 原件藏台北"国家图书馆"当代名人手稿典藏系统，编号 262-77。

人文价值",现场座无虚席。金耀基指出,人文强调人的主体性,科学则不能有价值观念。

同日,发表游记《太鲁阁朝山行》,刊《联合报》副刊D3;又刊4月《香港文学》;后收入《粉丝与知音》(2015年版)。

3月25日,发表"Cremation of the Crane"(《焚鹤人》,敏嘉译),刊 *The Taipei Chinese PEN* 春季号。

3月30日,于澳门作诗《Casino》①,后收入《太阳点名》(2015年版)。

3月,武夷山市市长徐春晖来访,余光中赠以书法作品"武夷茶香天下闻"。

4月,受邀担任澳门大学驻校作家。

《著名诗人余光中任澳大驻校作家》:2014年3月中旬到4月中旬,著名诗人、澳门大学荣誉博士余光中教授受澳大及澳门基金会邀请以文学艺术界杰出人士驻校计划作家身份进驻澳大,展开一系列的访问、讲学、交流和写作活动,推动澳大校园文化发展,活跃澳门的文学艺术氛围,对提升澳门在汉语世界的文化地位具有重要意义。

余光中教授在澳大以《旅游与文化》为题作了首场讲演,吸引众多师生以及澳门社会各界人士前来参与。在为期一个月的驻校计划中,余光中教授作为特邀嘉宾参加了澳门文学节作家走进校园活动,与澳大中专学生和澳大书院学生一起举办诗歌朗诵会,以及到珠海和澳门其他高校进行学术交流。

由澳门基金会和澳大联合主办的"文学艺术家驻校计划",自2012年开办以来,已邀请杰出文学艺术家王蒙进驻澳大校园,在海内外造成积极影响。(澳大网)②

张丽凤《访问余光中先生》:2014年4月,余先生应邀至澳,成为澳门大学驻校作家,和澳门开始一个月的"蜜月"之旅。在"蜜月"开始之初,余先生以《旅行与文化》为大家奉献了自己几十年来的经验心得,并举办了诗歌朗诵会和大家一起读诗、品诗,共同感受诗歌的魅力。③

---

① 原件藏台北"国家图书馆"当代名人手稿典藏系统,编号262-43。
② 《华文文学》2014年第3期。
③ 《华文文学》2014年第6期。

白鹿鸣《余光中小议〈红楼梦〉》：4 月 10 日傍晚，与余先生及太太共进晚餐之后，我提议让先生谈一谈《红楼梦》，先生谦虚应允，采访就在先生居住的酒店房间进行。

跟中国其他的读书人一样，《红楼梦》在我心目中是一部非常伟大的小说，这一点是无可争议的……它的魅力正是体现在《红楼梦》对人物性格的刻画，书中描写了这么多的人物，我不清楚到底有多少个，但真的是非常多。莎士比亚描写了四百多个人物，可是这些人物分布在他的三十七个剧本里，而《红楼梦》只是一部大小说，却同样塑造了如此之多的人物。此外，无论《红楼梦》所塑造的家族有多么庞大，无论这里面的关系有多复杂，曹雪芹都能够把握分寸，把其中的主要人物写得非常生动，以至于两百多年之后，我们仍然可以清晰地看到，在另外一个时空他们的生活状态跃然纸上。

我认为《红楼梦》中曹雪芹将贾宝玉、林黛玉、薛宝钗这三个人物的三角关系设置得非常巧妙，每一个的名字都会分一个共同的字眼。……但是我读中国小说时，男孩子嘛，最喜欢的还是《三国演义》，最崇拜的还是关公、诸葛亮这些英雄人物，对三国人物和故事，我非常熟悉。至于《红楼梦》，老实说，我只读过一遍，是在大学毕业的那一年读的。但是在读其他书时总会看到引用《红楼梦》的地方，这是无法避免的，或者是讲话时别人谈到《红楼梦》，所以就算不再读它，也会经常被人提醒《红楼梦》是怎样的一部小说。何况它又被编成戏剧、编成影视剧、编成这样那样的艺术样式。

……曹雪芹可以把握那么多人物，而那么多人物中至少有两打是写得非常生动的，除了正册上的十二钗之外，只看晴雯、袭人等人物就知道另外这十二个形象也是塑造得非常成功的。他们在大观园中吟风弄月，写诗、写对联等等，所以曹雪芹也是一个文体家，他用散文去写那么清畅的白话，又将白话提炼得非常诗意细腻。又用很多诗文穿插其中，那些诗文现在的人也读不懂了，因为用了很多典故。他写这么多人物，跨这么多文体，而且在宗教的意义下看透人世的虚无，确实是非常地了不起。

我认为我的作品没有受到《红楼梦》影响，很多台湾作家，尤其是女作家《红楼梦》complexes、《红楼梦》意识是很强的。在我看来，

《红楼梦》虽好，但它不以雄伟见长，当然我们也不能要求它诸体皆备，它的特点是细腻，是悲天悯人的情怀，是用绣花的手法一针一线慢慢刺绣起来。我的部分诗歌和大部分散文给读者的印象都是阳刚的，所以我会这样反省自己，我用第三人写自己："他有一只'男'得充血的笔，so masculine。"是男性充血的笔，而不是工笔细笔那种笔法。①

4月10日，应邀出席北京师范大学珠海分校文学院及国际华文文学发展研究所主办的"余光中诗美学漫谈"诗学演讲会。活动由文学院院长、华文所所长张明远教授主持。

《羊城晚报》(2014年4月11日)：○环境破坏是个新愁○羊城晚报讯 记者吴国颂报道："而未来，乡愁是一条长长的桥，我去那头，你来这头。"7年前，著名诗人余光中先生在珠海写下这句诗，被认为是《乡愁》的第五韵。10日晚，余光中再次莅临珠海开讲。……余光中是北京师范大学珠海分校文学院的名誉院长，应该校师生邀请，余光中10日晚与该校师生漫谈诗歌，并共同欣赏诗歌朗诵。……

如今86岁高龄的余光中精神依然矍铄，当晚坚持站着跟学生漫谈诗歌。余光中在现场透露，他计划再工作4年，直到90岁，然后就不再这样忙碌了。在这4年时间里，他还有一些诗没有写，还有一些作品没有翻译。据了解，今年余光中先生将出版一本散文集《粉丝与知音》，一本诗集《太阳点名》。

余光中在接受记者采访时说，他去看了过去诗中所描述的大山大湖，但一些湖已经在缩小面积了，环境的破坏将是一个"新愁"。余光中先生痛心地说："以前的河水是干净的，以前的空气是良好的，现在经济是迅速发展了，但美好的九州、美好的华夏有些地方都不认得了。"

同日，晚，接受中新社记者采访，亲笔题写"向中新社读者致意"。
4月15日至17日，出席澳门大学余光中作品学术研讨会。

《重庆社会科学年鉴：2014》：○西南大学梁笑梅教授出席"文学艺术家驻校计划系列活动——余光中作品学术研讨会"○2014年4月15—17日，……澳门大学和澳门基金会合办的"文学艺术家"驻校"。

---

① 《红楼梦学刊》2014年第4期。

计划系列活动——余光中作品学术研讨会"。享誉两岸三地乃至全球华文世界的著名诗人、澳门大学荣誉博士余光中教授与来自香港、内地及澳门的学者共同围绕其作品的思想内涵、艺术技巧、书写经验，以及作品于两岸三地的传播等方面展开具有学理深度与创新意义的探讨。澳门大学中文系系主任朱寿桐教授主持会议并作了总结发言，对余光中诗歌在汉语新文学史上的意义和地位提出深有见地的评论。……①

4 月 22 日，第三次来到江南大学，与近 500 名学子进行了一场轻松诙谐的文学对话。也是在这次对话上，余光中亲承前后来过无锡 6 次。当日，与夫人范我存来到灵山拈花湾散心，并为粉丝签名留念。

4 月 25 日，晚，应邀出席光华新闻文化中心的旗舰讲座活动"2014 台湾式言谈——跨越时代"，演讲《当中文遇见英文》。活动由牛津大学出版社副总编辑林沛理主持。

4 月 28 日，致信黄维樑、陈婕。

维樑、陈婕：

澳门相聚，几近一月，多承相助，又屡招宴，唯一遗憾……

这几天又繁忙起来，为了王安忆（偕夫李章，摄影家）五月一日来西子湾，驻校八日，座谈二次，正式演讲（故事与主题）一次。大陆学者罗良功、聂珍钊（均华中师大教授）亦一起来高市。耑此即颂

俪安

若衡好吗？

光中　2014.4.28

又及：夏公志清生前感叹：《波瓦丽夫人》今日读者仍多，而《红楼梦》已少人看了。在港演讲，有听众提及此事相询，我指两者比拟不伦，并当场民意调查。请读 Flaubert 此书（读原文或译文均计）者举手，只得 10 人左右。请读曹雪芹书者举手，却多达 4、50 人。又附《卢沟桥》定稿。②

同日，捐赠高雄中山大学附属国光高中图书馆 560 本图书。

---

① 重庆市社会科学界联合会编：《重庆社会科学年鉴：2014》，重庆：重庆出版社，2015 年，第 580 页。
② 黄维樑：《壮丽：余光中论》，第 207 页。

《联合报》（2014 年 4 月 29 日）：○余大师书香分馨 赠书国光高中○诗人余光中夫人范我存与中山大学教授眷联会，昨天将 560 本文学藏书送给中山大学附属国光高中图书馆，并成立"余光中教授赠书特藏区"让师生借阅。中山大附中校长郭启东安排了"余大师书香分馨"仪式。

4 月，高雄中山大学举办"光合作用：余光诗歌合唱作品诗歌讲座音乐会"，为师生带来诗与歌的心灵飨宴。

5 月 1 日，诗人周梦蝶在台北去世，享年 94 岁。

5 月 3 日，致信黄维樑。

> 维樑：
>
> 前致一函，未知收到否？
>
> 前日联合报头条报导我与近 40 人向"教育部"抗议"国文课纲""去中国化"，内页 A8 又大幅报导我与许倬云、张晓风表示针对此点抗议之内容。
>
> 五月二日凌晨一时半，王安忆才和丈夫李章抵高住进西子湾海景宾馆。这一周，我会很忙。同时，华中师大院长罗良功，教授聂珍钊在中山大学交流。不知他们教过陈婕否？
>
> 奉上新作二首，乞代兜售。其中《招魂》乃为开封端节活动而作（我们 May 28-Jun 5 去开封、洛阳）；《送梦蝶》则悼五月一日病逝之诗友周梦蝶而赋。匆此即祝
>
> 俪安
>
> 光中　2014. 5. 3
>
> 又及：张道颖四月二十九日自台南来高雄看我。已于今日返美。[1]

5 月 4 日，邀请大陆作家王安忆做客"余光中人文讲座"，并与之对谈。王安忆后将演讲稿整理成书，即《小说家的第十四课堂：在台湾中山大学的文学讲座》（郑州河南文艺出版社 2016 年版）。

《联合报》（2014 年 5 月 5 日）：○王安忆到高雄 与文友畅谈文学○高雄市图书馆高雄文学馆与中山大学文学院合作，邀大陆海派小说

---

① 李元洛、黄维樑：《壮丽余光中：生活与作品》，第 252 页。

家王安忆驻馆，举办书展及系列作家讲座，昨天王安忆与南台湾地区文友齐聚一堂，畅谈文学。诗人余光中致词。

《宁波日报》（2018 年 2 月 9 日）：○小说的美学及关联（桢子）○本书是作者王安忆 2014 年 5 月应"余光中人文讲座"邀请，在高雄中山大学所做的三场文学讲座辑录。参加座谈的有不久前去世的诗人余光中和小说家黄锦树、骆以军。三场讲座紧紧围绕小说这一问题展开，小说是什么？小说能做什么？小说不能做什么？

5 月 5 日，发表《野心与良心 从〈马克白〉到〈马克白后传〉》，刊《联合报》副刊 D3。

5 月 6 日，与王安忆对谈"故事与主题"。

《联合报》（2014 年 5 月 7 日）：○王安忆：有感情就是好故事○中山大学余光中人文讲座昨天邀请当代海派小说大家王安忆，与诗人余光中对谈"故事与主题"。有学者预测王安忆可能是下一个获得诺贝尔文学奖的中国作家，她指此奖对每个作家都是"极大的诱惑"。

5 月 7 日，发表《送梦蝶》，刊《联合报》副刊 D3；后收入《太阳点名》（2015 年版）。

5 月 9 日、10 日，为纪念莎士比亚诞辰 450 周年，高雄市特邀英国皇家莎士比亚剧团与苏格兰国家剧院共同制作的舞台剧《马克白后传》来台首演，作为"高雄春天艺术节"活动之一。

5 月 17 日，写散文《吐露港上中文人》，刊 8 月《文讯》第 346 期；后收入《粉丝与知音》（2015 年版）。

5 月 21 日，台北北捷江子翠站 21 岁男大学生随机砍杀乘客，造成 3 死 21 伤。

《联合报》（2014 年 5 月 23 日）：○余光中：人心浮动 坐一起却很遥远○北捷随机砍人事件引发社会恐慌与焦虑，诗人余光中观察，人心浮动要寻找出口，人们坐在一起，却很遥远。"科技发达，反而把大家弄得像'百年孤寂'！"

5 月 27 日至 6 月 3 日，应中华文化财富联盟的邀请，与汪国真、绿蒂、屈金星、张明灿等参加中原诗歌文化之旅，前后共八天。

5月28日，下午，抵郑州新郑国际机场；晚，在清明上河园观赏大宋·东京梦华大型实景水上演出。

5月29日，出席由中国屈原协会、台湾新诗协会和开封市台办主办的2014中国（开封）宋韵端午诗会及端午文化活动周。本次诗会以传承中华文化、讴歌屈原诗情、展示宋韵端午为主线，以诗歌朗诵为载体，以音诗画为表现形式，充分展现八朝古都开封的独特魅力，彰显国家文化产业示范基地开封清明上河园的文化品牌，提升清明上河园作为影响世界的中国文化旅游知名品牌的影响力。余光中与国内知名诗人汪国真，中央人民广播电台著名播音员虹云、詹泽登台并朗诵诗歌。余光中为此次开封之行，特地创作了新诗《招魂》，并亲自上台朗诵，表达对伟人先贤的追思。【按：《招魂》是余光中写屈原的第九首诗，此前的八首有他年轻时在台北写的，有在香港写的，有在屈原投江之处写的，也有在屈原出生之处写的，可见他对爱国诗人屈原的深深敬仰。】晚，与汪国真一行乘船夜游开封。

5月30日，上午，与绿蒂、汪国真等参观开封府和大相国寺。下午，与汪国真等一行赴郑州，参观中原福塔；随后做客《东方今报》，为该报题字"东方今报：文化不厌其古，消息不厌其今"。

5月31日，与汪国真一行赴巩义杜甫故里，祭拜诗圣杜甫，开启杜甫文化之旅。下午赴洛阳栾川老君山。

《河南文化文物年鉴：2014》：○余光中、汪国真做客杜甫故里共话诗圣家国情怀○5月31日，由中国屈原学会、国际屈原文化交流中心及台湾相关机构发起的"中原文化寻根之旅"系列活动之一——穿越诗圣故里，家国情怀话诗圣活动在杜甫故里举行。旨在弘扬中原文化、促进两岸文化交流。此次活动邀请台湾诗人余光中、绿蒂，大陆诗人汪国真，在杜甫诞生窑前，与巩义市人大、政协、市委宣传部等单位领导畅谈诗歌、文化。来自巩义市各界文学爱好者现场吟唱杜诗、与诗人互动。以诗歌为载体，弘扬传统文化、歌颂中国精神，激发年轻一代建设中国梦的豪情壮志。①

5月，应邀赴香港，演讲《当中文遇见英文》。

① 河南省文化厅、文物局编：《河南文化文物年鉴：2014》，郑州：中州古籍出版社，2014年，第512页。

《南方周末》（2017 年 12 月 15 日）○怀念余光中——任何英文可以做的事情，中文定可以做得更好（林沛理）○最后也是唯一一次见余光中，是二〇一四年五月。他应光华文化中心邀请，来香港座谈"当中文遇见英文"；我是座谈会的主持。……座谈会上有人问，较之英文这强势外语，中文作为母语有多重要。好一个余光中，没有义正辞严，没有长篇大论，只答道："有三件事情不用母语来做不称心：写诗、骂人和临终时说遗愿。"

6 月 1 日，参加"诗话老君山，共圆中国梦"活动，与汪国真、绿蒂、屈金星、谭杰对话圣哲老子，感悟道家文化。下午，在竹溪苑笔会上题赠老君山董事局主席杨植森先生："令尹能留道德典，杨公力辟老君山"。

6 月 2 日，上午，赴嵩县拜谒二程故里，在陆浑湖畔与部分文学爱好者进行座谈。下午，参观龙门石窟景区。晚，参加洛阳师范学院、洛阳新闻广播 FM88.1 和洛阳诗词研究会主办的龙门诗会。

同日，为诗人屈金星题字。

> 赠诗人金星
> 继高阳之遗风。
> 　　　余光中题 甲午端午

6 月 3 日，与屈金星、张明灿、刘铜瑞先生在洛阳东山宾馆召开会议，总结本次活动的经验，准备在 2014 年秋季开启主题为东西一万里、上下五千年的"以诗歌营销中国梦·中华颂"系列活动。

同日，出席在偃师市举办的"绿叶对根的情意"诗歌朗诵会暨"传承永和杯"全国原创诗歌大奖赛启动仪式。朗诵会上，北京诗歌朗诵协会理事长南河老船先生和乔仁卯先生分别朗诵了余光中的代表作品《当我死时》和《乡愁》，余光中朗诵了他歌颂屈原的爱国主义诗作《招魂》。偃师文联、偃师作协、偃师洛神诗词学会向余光中赠送了《洛神诗刊》《伊洛河》等杂志和书籍，同时洛阳市文联、牡丹杂志社向余光中赠送了牡丹画作。

6 月 4 日，中午 11 点 30 分左右，与绿蒂在经过开封清明上河园、巩义杜甫故里、栾川老君山、洛阳龙门石窟和白马寺的寻根之旅后，重返河南省会郑州，参加"寻根中原，梦回大河"诗歌文化之旅座谈会。座谈会开始前，为中国时报河南记者站站长史宝银题写"China Daily, heard all

over the world"（中国时报，享誉全球）。

6月5日，上午，应河南省文联之邀与河南作家座谈，探讨现代语境下的中国诗歌，并谈到自己写作的一个原则：白以为常，文以应变。

《郑州晚报》（2014年6月6日）：〇台湾诗人余光中与河南作家谈诗歌〇余光中先生的解读深入浅出，他说自己的写作有一个原则，那就是白以为常，文以应变，"白话是我的常态，和现代作家一样，大家都用白话，可白话写得太多了，也觉得啰嗦了，需要简洁一点，或者需要引用古人一句话"。

余光中也用流行语来铸造自己的语言。他说："白话语境之外，一定要有别的语言掺进来，才能成为一种合金，合金是最高贵的一种金属。"他还触景生情地打比方，"我们今天在文联，文联是文艺界的大结合，里面有书法家、画家、作家。中国的文人画，上面题有诗，诗要用书法题出来，然后盖一个印章。诗书画都有了，所以一张作品就是一个具体的'文联'"。他说，一个人的语境愈宽，语态就越立体，艺术也是这样。

余光中把灵感阐述为不同文类之间的互相侵犯。看电影、看画、看雕塑，他都会为此生发灵感，"摄影也启发我，我为别人拍的照片至少写过100首以上的诗。诗歌把静态的镜头变成一个动态的事件"。

"我妻子非常爱摄影，拍了很多，结果台湾有一个《妇女月刊》找她，每月登一张照片，但条件是，作为她的丈夫我要写一首诗配合着。"别人的艺术怎么变成你的灵感？余光中把这看成是一个考验，像仇英、吴冠中等画家的画都在他眼里变成了诗，"怎么变就看个人的造化。"余先生说。……

秦华《余光中寻根中原话传承》："我千里迢迢来河南，是因为河南文化源远流长。我21岁前生活在长江以南，之后离开大陆，所以对北方缺乏了解。但是河南的许多城市，像郑州、开封、洛阳等，多次作为都城，很多中华文化都是通过这里慢慢传播到全国各地去，所以我对河南感到既亲切又有点陌生。"提到这次河南之行，余光中感慨万千。

"现在有些人认为白话文取代了文言文，其实不一定。当下这个语境除了白话文之外，一定还有别的语言掺进来，才能成为一种性能优越的'合金'。"……余老以他自己为例："我无论写诗、散文，还是评论文章，甚至于翻译作品，我都有一个原则，那就是'白以为常，文以应变'。白话是我的常态，但在某些情形下，比如需要简洁一点或者需要引用古人的话时，用白话会显得啰唆，这时就会用文言文。"

余光中还谈到西方的语法："我认为西方的语法可以用，但要用得有新意。有的时候在文章里面忽然来一句新奇话，会让作者的语境变得更宽，语态也会变得更立体。"

余光中著作等身，涉猎范围颇广，回顾自己的文学之路，余老说自己在上高中的时候，受朱光潜的影响非常大，受益匪浅。……余老说，书画、摄影、影视等，都属于艺术范畴，其他艺术种类可以为诗歌提供灵感来源，这就是不同艺术种类之间的互相侵犯。……在余光中刚刚为屈原所作的第九首诗《招魂》中，余老与屈原直接对话，他对楚大夫的敬爱蕴藏于字里行间，从中也可感受到余老对传统文化的痴迷，正如他说的："我们需要回头重新认识传统文化，作为一名中国人，有责任将中华文化传承下去、发扬下去。"①

6 月 9 日，应邀赴宜兰大学与洪兰教授、作家黄春明、刘炯朗"院士"开展"人文与科学的对话"。

《联合报》（2014 年 6 月 10 日）：○大师对话，兰光明朗齐聚宜大○宜兰大学的"学思林荫大道"昨揭碑，邀洪兰教授、名诗人余光中、作家黄春明与"中研院院士"刘炯朗一起座谈，展开"人文与科学的对话"。

6 月 12 日，发表《大漠孤烟直》，刊《联合报》副刊 D3；后收入《太阳点名》（2015 年版）。

6 月 14 日，应邀出席台东大学 2014 级毕业典礼。

6 月 20 日，给《联合报》副刊主编宇文正写投稿信。

宇文主编：

附上近作一首，从头到尾不分段。该婴现在也尚未满周岁，唯一

---

① 《郑州日报》（2014 年 6 月 6 日）。

的任务只是长大，不可分担我们的忧患。她要读懂这首诗，至少要等十五年吧。

余光中　2014. 6. 20①

6月，《余光中散文随笔作品集》，由北京国际文化出版公司出版。此为九卷本，含《从徐霞客到梵高》《分水岭上》《隔水呼渡》《凭一张地图》《青青边愁》《日不落家》《听听那冷雨》《望乡的牧神》《逍遥游》等。

7月2日，应贵州收藏家陈祖伟之请，手书关于阳明文化的题词。

大儒王阳明先生在台湾亦备受崇敬。台北之草山即因此改称阳明山，并设立阳明医学院，后升级为阳明大学，名作家张晓风女士即任教授多年。蒋介石先生对阳明先生尤为推崇。

余光中　2014 年 7 月 2 日②

7月11日，发表《二月婴》，刊《联合报》副刊 D3。

7月17日，出席两岸高中生散文比赛颁奖典礼。

《联合报》（2014 年 7 月 18 日）：○两岸学生散文赛 余光中颁特别奖○中华语文教育促进协会邀请两岸高中生参加散文比赛，首奖"余光中特别奖"两名得主昨天出炉，分别是台北市建国中学学生许哲睿及大陆烟台一中女学生王文倩。两人从诗人余光中手上接过奖杯，笑说看见偶像兴奋又惊讶。

7月18日，偕夫人观赏"唯美·巴黎——罗兰珊画展"。

《联合报》（2014 年 7 月 19 日）：○余光中看罗兰珊 画笔为女披婚纱○巴黎唯美派画家罗兰珊，形容自己拥有"非理所当然"的人生。诗人余光中昨偕同妻子范我存，前往观赏"唯美·巴黎——罗兰珊画展"。他感叹，罗兰珊选择与生命保持"安全与美"的距离，成就其唯美浪漫的独特风格。

8月1日至5日，赴西安参加"华山论剑 中国精神"顶级文化学者论坛暨2014华山论剑西凤酒品牌文化峰会。此次活动由香港紫荆杂志社、

---

① 据原件照，收入宇文正：《文字手艺人》，北京：中国工人出版社，2018 年，第 16 页。
② 据《贵州收藏家获赠余光中两封亲笔信》文内插图，载《贵州都市报》（2017 年 12 月 18 日）。

陕西省作协、香港作家联会、西北大学等单位共同主办。出席本次活动的还有贾平凹、潘耀明等。

《大众日报》（2017 年 12 月 15 日）：〇余光中就是余光中（逄春阶）〇2014 年 8 月 1 日至 5 日，"华山论剑 中国精神"顶级文化学者论坛暨 2014 华山论剑西凤酒品牌文化峰会在西安举办。

8 月 1 日，下午，时任陕西省委宣传部部长景俊海代表省委，亲切接见了刚下飞机的余光中先生一行，同行的有来自香港的文化学者代表潘耀明、澳门代表袁绍珊及十余家港澳媒体代表。余光中先生说：将怀着秦魂汉魄，感受华夏文化之悠远，感受西安古都之伟大。

8 月 2 日，上午，做客西北大学"侯外庐学术讲座"，为 500 余名学生代表和文学爱好者演讲《另一种乡愁》。特邀嘉宾有金圣华、李震、穆涛、杨乐生。讲座由李浩主持。

《西北大学大事记：2002—2017》：8 月 2 日，台湾著名诗人余光中做客"侯外庐学术讲座"第三十九讲，作了题为《余光中"另一种乡愁"》的报告。①

《大众日报》（2017 年 12 月 15 日）：〇余光中就是余光中（逄春阶）〇8 月 2 日，精神矍铄的余光中在西北大学演讲，题目是：另一种乡愁。演讲的最后，他向大家介绍此行的感受："来到西安，可是我的心并不是很安，因为几千年来那么多英雄豪杰在这一带云集，从镐京到咸阳，从咸阳到长安……他们的盛衰起落都是在西安。而这次的文学交流盛宴必会成为文学史上的一段佳话，也是内地学者与港澳台学者在文化传承上的'华山论剑'。"

8 月 3 日，出席主论坛文化峰会，演讲《论文论道》。

《大众日报》（2017 年 12 月 15 日）：〇余光中就是余光中（逄春阶）〇8 月 3 日，系列活动的主论坛文化峰会召开，余先生面对现场两千余名观众，指着华山论剑西凤酒的英文广告语：CHINA SPIRITS，诙谐幽默地说："spirit 是精神的意思，后面加一个 s 就是'酒'，酒给

---

① 王旭州主编：《西北大学大事记：2002—2017》，西安：西北大学出版社，2018 年，第 242 页。

人精神、给人灵感，每个民族的酒都包含着那个民族的精神，中国酒更不例外……"而对于 CHINA 一词的解读，他在吟诵自己的作品《秦俑》时，说"CHINA 其实就是'秦哪'。'秦哪秦哪'，这一声声呼唤里，充分体现着中华民族的鼎盛和在世界文化中威武的那一面"。随后，他以"谈文论剑"为题，讲述了长安作为中国传统文化之都，与自己创作的种种不解之缘，并提出重振传统文化的倡议。

峰会现场，余光中先生领衔，贾平凹、潘耀明、袁绍珊等陕港澳台学者代表，共同签署了《两岸四地文化宣言》，作为华人文化界首份联合文化宣言，它的发表产生了深远的影响，也彰显着余老先生不远万里来到古都的厚重诚意。

8 月 4 日，上午，应邀出席曲江"华山论剑 中国精神"陕港澳台两岸四地学者论坛系列活动开幕式。下午，出席论坛系列活动之"寻根与筑梦"两岸四地文学座谈会。

余光中《谈文论剑——在"华山论剑 中国精神"两岸四地顶级学者论坛上的演讲》：大陆的媒体惯于称我为"乡愁诗人"，这名称该是肯定之词。乡愁也是一切民族共有的情感，但是并非限于地理。对于读书人也好，知识分子也好，乡愁应该是立体的，更包括历史的背景，文化的意义，不仅是美食的满足，方言的亲切吧。所以乡愁不止于同乡会。我的《乡愁》《乡愁四韵》等作，藉教课书与歌曲之助，流传颇广，但是我还有不少诗，咏的是古人、古事、传说，虽未直指乡愁，而所抒之情仍是一种婉转的怀乡，例如怀念古代诗人之作，李白、杜甫、陈子昂、苏轼、李清照等我均有题咏，李白更多达四首，屈原甚至一共写了九首。诗人以外，我也写了历史上或传说里的人物：范蠡、荆轲、李广、昭君、史可法、林则徐、女娲、夸父均在其列。至于咏物诗，古人写了不少，此体既要状物真切，又要寄托深远，并不易写。我咏物的对象也包括了白玉苦瓜、翠玉白菜、橄榄核舟、唐马等等。①

8 月 5 日，出席主题晚宴。

《大众日报》（2017 年 12 月 15 日）：○余光中就是余光中（逢春

---

① 《美文（上半月）》2014 年第 10 期。

阶）○8 月 5 日，在两岸四地学者团的主题晚宴上，朗诵艺术家海茵女士现场朗诵余光中先生代表作《乡愁》。余光中的夫人范我存女士表示：这是迄今为止，她听过的最感人的《乡愁》朗诵。陕西省作协主席贾平凹更少见地唱起了民歌，他以一首声情并茂的《三十里明沙二十里水》表达了对余光中先生的惺惺相惜之情。文人们之间，谈文说诗，论艺演道，更少不了美酒助兴。余老先生几杯华山论剑西凤酒过后，兴致所至，极为认真仔细地写下"剑气长在，酒香不减"八个大字，表示对其在文化方面的赞赏之情。

同日，发表《说起计程车》，刊《联合报》副刊 D3；后收入《粉丝与知音》（2015 年版）。

8 月 16 日，写散文《谈文论剑》，刊 10 月 1 日《美文（上半月）》第 10 期；后收入《粉丝与知音》（2015 年版）。

8 月 23 日，应邀公开朗诵《让春天从高雄出发》。

《联合报》（2014 年 8 月 24 日）：○余光中：让春天从高雄出发○定居高雄 30 年的诗人余光中，昨天应邀公开朗读 30 年前所作的"让春天从高雄出发"诗作。他说，依然寄望高雄的美好，这次气爆灾害是"人为的不够"，这次人祸给当政者警讯。

秋，香港华意堂邀集大陆暨港台作曲家、声乐家、器乐家来到高雄中山大学参演"诗人的缪思——余光中诗歌音乐会"。

9 月 23 日，秋分，于高雄手书《诗歌相彰》。

诗歌相彰

南京江苏文化艺术研究院院长晁岱健先生为我的诗作《乡愁》所谱之歌曲清新流畅，节奏悠扬，感情深厚，而由晁先生亲自唱来，尤为婉转动人。我在大陆各地讲学访问，常于现场得见证此曲演唱时如何深受听众欢迎，故乐于郑重推荐。

余光中

2014 年 9 月 23 日

秋分日于高雄

9 月 24 日，高雄中山大学文学院为余光中 87 岁生日祝寿。

《联合报》（2014 年 9 月 25 日）：〇87 岁生日 余光中许愿：天佑台湾〇重阳出生的诗人余光中，昨天许下 87 岁生日愿望，"天佑台湾！"，让台湾度过诸多难关，在和谐、爱的精神下进步。中山大学文学院昨天准备了 3 层大蛋糕，为讲座教授余光中暖寿。诗人老当益壮，提及月前到西安大雁塔。

9 月 26 日至 28 日，应邀出席"金门诗酒文化节"。

《联合报》（2014 年 8 月 8 日）：〇莫言、余光中金门尬文采〇金门县政府庆祝建县百年，将于 9 月 26 日至 28 日扩大举办"金门诗酒文化节"，预计邀诺贝尔文学奖得主莫言、台湾著名诗人余光中、郑愁予、洛夫等超强卡司到金进行诗文创作，希激荡两岸艺术火花。

9 月 30 日，邀请姚仁喜做客高雄中山大学"余光中人文讲座"。

《联合报》（2014 年 10 月 1 日）：〇诗意建筑 姚仁喜：堂奥 2 字〇中山大学余光中人文讲座昨天邀大元建筑工场创始人姚仁喜谈"建筑旅程"，带听众体验建筑的诗意空间。"我常处于颠沛、迷路状态！"他指在建筑之路上，仍是不断地探索追寻。姚仁喜是第 11 届"国家文艺奖"建筑类得主。

〇余光中 姚仁喜 最讨厌豪宅了〇诗人余光中与著名建筑师姚仁喜对谈建筑，两人不约而同都排斥所谓"豪宅"。余光中认为豪宅极度西化，"非常反感！"还让私自用了他诗句的建案罚了十几万，姚仁喜则觉得豪宅的想象力很低。

9 月，《余光中作品》，由武汉长江文艺出版社出版，收入"名家名作精华本丛书"。本书收录了余光中最具代表性的作品，将他不同时期、不同创作风格的代表性作品都囊括其中，包括诗歌《乡愁》《白玉苦瓜》、散文《金陵子弟江湖客》等，展示了作者数十年来的创作实绩，是一部极具收藏及欣赏价值的作品集。

10 月 7 日，发表诗歌《中秋》，刊《联合报》副刊 D3；后收入《太阳点名》（2015 年版）。

10 月 18 日，应邀出席在台北诚品信义店举行的"文学与音乐"座谈会，并与数百观众漫谈自己的诗歌与音乐。余光中说，他每次写完诗，过两天都会修改，但不是修改主题或内容，而是修改诗的音调，直到摸索出内心理想的音调为止。因此"诗中有乐，乐中有诗"，文字背后就有音乐。他还引用自己写于 1996 年的文章，说明自己为什么要写诗："我写作，是迫不得已，就像打喷嚏，却凭空喷出了彩霞，又像是咳嗽，不得不咳，索性咳成了音乐。"

10 月 20 日，与痖弦、张默相聚于创世纪诗社创社所在地左营。

《联合报》（2014 年 10 月 21 日）：〇创世纪 60 岁诗友南下左营寻根〇历史悠久的诗刊"创世纪"创办人痖弦、张默，昨天带领 20 多名诗友南下 60 年前创社的所在地左营，与诗坛大佬余光中及在地诗社诗友相见欢。高雄市副市长李永得特别到场致意，感谢诗人们为高雄带来文化养分与动能。

10 月 24 日至 25 日，余光中诗歌音乐会在台北诚品松烟店举行，演唱会精选过去 30 多年来大陆暨港台作曲家以余光中诗作谱写的 10 多首歌曲，其中既有经典，如《踢踢踏》《乡愁四韵》等，也有新编，如《你想做人鱼吗》《矛盾世界》。本次音乐会由香港著名声乐家演出，朗诵部分则由台湾的知名电台主持人演绎。

《联合报》（2014 年 10 月 15 日）：〇香港周 @ 余光中诗歌音乐会诗中有乐 乐中有诗〇"诗人的缪思——余光中诗歌音乐会"，将于 10 月 24 日及 25 日（周五、六）于晚上 7:30 在台北市松山文创园区诚品表演厅演出两场，音乐会精选过去 30 多年来，以余光中诗作为词，两岸三地作曲家谱写的歌曲……

10 月 24 日至 26 日，以特邀嘉宾身份应邀赴厦门大学，出席以"多元·跨界·我们的写作"为主题的第十三届海外华文女作家协会双年会暨华文文学论坛。此次会议共有 120 位海外华人女作家和余光中、席慕蓉、舒婷、徐小斌等 30 位大陆和港台嘉宾应邀出席。海外华文女作家协会由著名华文女作家陈若曦、於梨华发起，成立于 1989 年 7 月，经过 25 年的发展，会员遍布全球，每两年轮流在美、亚、欧各地举办双年会，对华文女作家写作产生了重要影响。25 日，余光中做题为《从九州到世界》之演讲。

《余光中记厦门盛会》：去年十月底，"海外华文女作家协会"在厦门举行双年会，邀我去作主题演讲。我答应了，因为诗人黄用出面代邀，而组织大会的张纯瑛，二十年前出版她的散文集，曾经索序于我。何况厦门大学原是我的母校，而更大的原因，是我对于女作家的贡献与得失，不但一向注意而且曾有评析，不愁无话可说。

10月25日，轮到我上台说话，我先讲作家在海外对本国文艺的影响，再讲女作家与各种文体的关系，次及女作家如何开疆拓土，最后才论到女作家与男作家共有的问题。①

张凤《"记忆像铁轨一样长"——忆余光中先生》：厦大2014年秋举行女作协大会，纵使在师母右腿跌伤，住院开刀才两个月，正是需要人照顾的时刻，余先生依然排除万难光临，做主题演讲。也使我得以与余先生再相会。10月24日起，头尾餐会都有幸同坐，他对我感叹：本来我存夫人会陪他从高雄直飞，如今女儿幼珊正照料，女婿手续未成……唉！②

在厦门参会期间，余光中还利用会议间隙与厦门演武小学交流，并为演武小学题词"演武不忘修文"。这是余光中首次为祖国大陆小学题词。

《海峡导报》（2019年6月18日）：○诗人的题字○余光中和我爸爸是十几年的好朋友，也是我的好朋友。……余光中老爷爷曾经还给演武小学题字，"演武不忘修文"是我们的校训，也是他题的字。我家现在都还存有当时余光中和爸爸一起拿着题有校训的牌匾，旁边站着校长的照片呢！

10月，梁笑梅编《绣口一开：余光中自述》，由北京人民日报出版社出版，收入"中华文化复兴方阵书系"。本书是余光中的自述文集，包括自述性散文、师友交游、自述性质的序言及后记等几部分，对进一步了解余光中生平有重要价值与意义。本书系余光中自述文章在海内外的第一次系统结集。

10月，李树枝（Lee Soo Chee）提交论文《余光中对马华作家的影响》（"A Study of Yu Kwang-chung's Influence on Malaysian Chinese Writers"），

① 《联合报》副刊（2015年5月8日）。
② 《名作欣赏》2018年第4期。

获马来西亚拉曼大学哲学博士学位。该文主要探究余光中的"现代主义"以及"广义现代主义"文学思维与书写范式对马华文学评论、"现代"散文及现代诗书写之影响。该论文后改名为《由岛至岛：余光中对马华作家的影响研究》，2018 年由苍苍出版社出版。封面书名由余光中题写。该书是马华文学评论界第一本探讨余光中对马华作家影响的论著。

11 月 1 日，译论集《翻译乃大道》，由北京外语教学与研究出版社出版，收入"译家之言"丛书。本书内容与《余光中谈翻译》一书相同。

11 月 3 日，发表诗歌《半途》，刊《联合报》副刊 D3；后收入《太阳点名》（2015 年版）。

11 月 5 日，参与跨界设计的茶具即日限量开售，11 月 9 日前在松芋文创园区展出。

> 《联合报》（2014 年 11 月 5 日）：〇大师跨界茶具 八方新气惊喜 〇诗人余光中、现代水墨之父刘国松、建筑大师姚仁禄、演艺界的张艾嘉和李心洁等多位不同领域的文化人，首次跨界设计出 6 款各有味道的茶具组，即日起限量开卖；11 月 9 日前，在松烟文创园区的台湾设计馆光廊区同步展出。

11 月 8 日，中译塔朗吉诗歌《火车》，刊《课外阅读》第 21 期。

11 月 19 日，日籍华人女作家弥生作诗《在美丽的地方遇见你——致余光中》，后收入《之间的心：弥生诗集》（2016 年版）。

11 月 21 日至 28 日，高雄中山大学文学院"余光中人文讲座"邀请戏剧艺术家杨世彭导演驻校。11 月 21 日、22 日，逸仙馆上演由杨世彭艺术指导、余光中中译、中大戏剧艺术系演出的王尔德《不要紧的女人》。11 月 25 日至 28 日，连续四天讲座由杨世彭主讲。

11 月 24 日，获台湾地区"行政院"文化奖。

> 《联合报》（2014 年 11 月 25 日）：〇"政府文化奖"：汉宝德、齐邦媛、余光中〇台湾"文化部"昨公布第三十四届"行政院"文化奖得主，建筑学者汉宝德、作家齐邦媛、余光中共同获奖。"文化部"表示，颁奖典礼订明年二月九日举行，"行政院长"将亲颁文化奖章、证书及奖金各一百万元。
>
> 〇余光中：古人三不朽 创作求"立言"〇"古人讲三不朽，自己

但求'立言'。"诗人余光中天获得"行政院"文化奖殊荣，他表示，他希望作品能传之久远，文学是终身坚持的目标。

> 李瑞腾《听我胸中的烈火·序》：二〇一四年余先生荣获"行政院"文化奖，余先生邀我在赠奖典礼上担任引言，介绍他的文学表现。[①]

11月30日，应邀出席于台北举行的纪念严复诞辰160周年文学翻译研讨会，做主题发言。

11月，《心花怒放的烟火：余光中跨界序集》，由深圳海天出版社出版，收入"余光中文化小语系列"。本书收录余光中序文21篇，序文大抵为散文、诗集、翻译作品、词典等而作，也包括其个人文集。

11月，《李白与爱伦坡的时差：余光中美学评析》，由深圳海天出版社出版，收入"余光中文化小语系列"。本集收录余光中散论正评文章12篇，涉及中外诗之比对、品评，翻译之功过，中西语言之比较，体现了作者在比较研究中外（英）语文后，对中文美感流逝的关切、挽救中文的诉求。

12月1日，黄心雅主编《余光中人文讲座：李安专辑》（附光碟），由高雄中山大学出版社出版。

12月，《余光中诗精编》，由武汉长江文艺出版社出版，收入"名家经典诗歌系列"。本书收录的作品包括《算命瞎子》《舟子的悲歌》《昨夜你对我一笑》《祈祷》《珍妮的辫子》《新月和孤星》《西螺大桥》《招魂的短笛》《新大陆之晨》等。

12月，黄碧端被选为台湾"中国笔会"第九任会长，林水福为秘书长。

2015 年（乙未）　　88 岁

1月14日，《请余光中指点　高中生接力写诗》，刊《联合报》AA4。略云：

> 中山大附中高一乙全班37人接续"一人一天一诗"，汇成诗册。有人首次成诗、有人从诗中成长。学生的诗作，经由教师黄德秀委请诗人余光中指点，诗人勉励学子多提笔，留下青春印记。

---

① 李瑞腾主编：《听我胸中的烈火——余光中教授纪念文集》，第10页。

1 月 22 日，观看《梦幻舞马》首映。

《联合报》（2015 年 1 月 23 日）：〇梦幻舞马 惊喜幽默 "手都拍痛了" 〇"哇！哇！"Cavalia《梦幻舞马》昨晚首演，观众欢呼声随着马明星与人类演员演出，如海浪般一波接一波，终场全场起立鼓掌。作家余光中赞美，该剧惊喜与幽默交错，一松一紧节奏拿捏得宜。

2 月 2 日，发表诗歌《梦幻舞马》《马之天敌》，刊《联合报》副刊 D3；前者后收入《太阳点名》（2015 年版）。

2 月 11 日，首届中国诗歌春节联欢晚会在北京举行，广州、开封等地设立分会场。余光中为晚会专门题词：

中国诗歌春节联欢晚会

春回大地洋洋壮观

诗经之盛再现中原

《京华时报》（2015 年 2 月 12 日）：〇首届中国春节诗歌春节联欢晚会举行 余光中题词〇本次诗歌春晚由余光中任总顾问，屈金星任总策划，海峡两岸诗人席慕蓉、李小雨、汪国真、郑愁予、洛夫、绿蒂、洪烛、北塔、柳忠秧、谭五昌等担纲文学顾问。诗歌晚会上，著名朗诵家曹灿、瞿弦和等朗诵了诗人艾青的《我爱这土地》、余光中的《乡愁》、李瑛的《黄河落日》、席慕蓉的《一棵开花的树》、汪国真的《热爱生命》、舒婷的《祖国啊，我亲爱的祖国》等作品。

2 月 23 日至 3 月 31 日，香港中文大学新亚书院钱穆图书馆举办 "余光中著作展"，展出余光中的签名本、书信、手稿等珍贵展品。本展系为迎接余光中访港而办。

2 月 27 日至 3 月 6 日，访问香港中文大学，主持新亚书院 65 周年院庆学术讲座暨第二十八届 "钱宾四先生学术文化讲座"。其间，余教授主讲了三场公开讲座，探讨中西诗人和诗歌的特色与异同，并分享赏析诗歌朗诵的心得。其中 2 月 27 日的讲题是《龚自珍与雪莱》。

樊善标《飞鹅山上——敬悼余光中老师》：最后见到余老师是二〇一五年，这年他两次来香港。先是新亚书院邀请他担任钱宾四先生学术文化讲座讲者，两场演讲外加一场诗歌朗诵会，反应热烈自不待言，但应付频密的活动看得出他有点累了。①

3月1日，《余光中人文讲座：金耀基院士驻校系列专辑·中国现代化与大学之角色》（附光碟）、《余光中人文讲座：王安忆驻校系列专辑》（附光碟），由高雄中山大学出版社出版。

3月6日，应邀至香港中文大学讲学。

> 胡燕青《来得太早的苍茫时刻——敬悼余光中先生》：二〇一五年三月六日，光中先生到中大来演讲。其后我们一起吃饭。②

4月4日，访谈录《余光中：中大是写诗的理想地方》，刊《中大通讯》第455期。

4月9日，应邀出席香港城市大学"杰出讲座系列"活动，演讲《从古典文学到现代诗》，讲述自己创作的现代诗如何受益于中国古典文学。

> 樊善标《飞鹅山上——敬悼余光中老师》：不多久香港城市大学郑培凯教授发来该校文化沙龙的邀请，嘉宾赫然是余老师。郑教授是余老师早年的学生，在城大任教多年，主持的文化沙龙非常有名。……沙龙后半是余老师演讲，题目记不起来了，那天的活动可能相对轻松，余老师精神颇佳。③

> 《大公报》（2015年4月10日）：〇余光中谈创作趣味盎然〇［大公报讯］记者刘毅、实习记者卞卡报道：昨日，余光中于香港城市大学举办讲座"从古典文学到现代诗"，他从中外古今不同方面阐释了他如何运用古典文学进行诗歌创作，吸引近千人聆听。

> 〇余光中妙语答"粉丝"〇他说，现代人作诗，要多下苦功，句子不要太长，"你可以写，但读者也可以不读"，但过犹不及，回行太多，断句太频，也是要不得。他又指出，作诗时，太注重细节的渲染，也不行，会喧宾夺主，让读者看不到主题。……他回答提问时更表示："写诗时，总会改来改去，但并非改诗句内容，很多时候是在更改诗歌的韵律。"近几年，有多个音乐人将《乡愁》谱成曲，这在余光中眼里，真正应了他自己常说的那句"艺术经验间完全可以相互转化"。

① 《二十一世纪》第165期（2018年2月）。
② 李瑞腾主编：《听我胸中的烈火——余光中教授纪念文集》，第266页。
③ 《二十一世纪》第165期（2018年2月）。

4月10日，晚，应邀出席在北京师范大学珠海校区国际交流中心三楼报告厅举行的"余光中诗学讲演暨诗歌朗诵会"，为在场师生做了一场题为《诗美学漫谈》的讲座，并与会场同学互动，共同探讨诗歌美学、中国现代诗歌等问题。互动之后，文学院诗歌朗诵社的同学现场为余光中及来宾朗诵多首余光中的诗作。大会由文学院院长张明远教授主持。

4月15日，应郑培凯之邀，到香港城市大学文化沙龙演讲，讲述其文学实践的四个维度：诗歌、散文、评论和翻译，并吟唱苏轼的《念奴娇·赤壁怀古》，还示范朗读了《乡愁》。

同日，赠罗良功《古堡与黑塔》一书，并题签"罗良功教授惠存。余光中 二〇一五、四、十四"①。

4月17日，发表诗歌《卢舍那》②，刊《光明日报》第14版；后收入《太阳点名》（2015年版）。

《光明日报》（2015年4月17日）：2014年端午节前夕，著名诗人余光中应邀参加中国（开封）宋韵端午诗会，随后赴郑州、洛阳等地开展了为期一周的中原诗歌文化之旅。在河图洛书发祥地，余光中流连忘返。博大精深的中原文化令余光中深深陶醉。端午节当日，余光中游览了龙门石窟，在举世闻名的卢舍那大佛前，他对陪同的诗人屈金星讲："我对洛阳龙门神往已久，卢舍那果然名不虚传！"回到台湾后，86岁的余光中激情难抑，创作了长诗《卢舍那》。这是余光中的创作生涯中，为数不多的一首长诗。本报首发，以飨读者。

《河南工人日报》（2017年12月21日）：〇余光中的洛阳情结（赵克红）〇洛阳厚重的历史和文化、美丽城市风貌都给诗人余光中留下深刻印象。离开洛阳时，他说："此次洛阳之行让我难忘，我回去后一定为洛阳写几首诗歌。"余老先生说到做到，回到台湾后，余光中先生激情难抑，仅用10天时间就创作了《卢舍那》初稿，后来他又经过多次推敲、反复修改，将这首百余行的诗作《卢舍那》，在《光明日报》14版头条以半版的篇幅刊发。这是余光中为洛阳专门创作的诗歌，也是他献给洛阳的一份丰厚的礼物。《卢舍那》全诗共127行，是余光中

① 据原件照。
② 原件藏台北"国家图书馆"当代名人手稿典藏系统，编号262-7。

创作生涯中比较少见的一首长诗。如今，这首诗已成绝唱。

4月19日，为《粉丝与知音》写后记。①

4月26日，诗人汪国真去世，享年59岁。

4月30日，发表《千古南音侧耳听》，刊《联合报》副刊D3；后收入《粉丝与知音》（2015年版）。

4月，发表《中西田园诗之比较》，刊香港《明报月刊》第592期。

5月1日至6月27日，"澈·悟——陶冬冬个展"在台北展出，余光中作诗。

《联合报》副刊（2015年4月29日）：○余光中诗作 陶冬冬画作《画神》○"澈·悟——陶冬冬个展"5月1日于心晴美术馆（台北市安和路一段78巷4号）展至6月27日。

5月2日，所作五首新诗以南管谱曲，开始在高雄、台南等地演唱。

《联合报》（2015年4月30日）：○古典南管变潮了○当唯美的南管遇上奔放的新诗，加上以人声创造氛围的阿卡贝拉，会激荡出什么样的音乐？心心南管乐坊新作"南管诗意"，以南管谱曲演唱诗人余光中五首新诗，5月2日起于高雄、台南、台北及桃园四地演出。

《中国评论新闻》（2015年4月22日）：○中山大学镇校之宝 余光中系列小物受欢迎（赵家麟）○除了讲座之外，音乐会，也是藉由余光中诗作推动校园人文环境的方式。"南管诗意——余光中诗选音乐会"最近一次的活动，安排在5月2日要登场的"南管之传统与创新——南管音乐会暨人文讲座"，藉由音乐会的形式，由南管名家王心心将诗人余光中的作品用南管音乐带进现代，从梅花操到现代诗，融合了古今乡愁，连接了两岸之音。

《联合报》（2015年5月3日）：○南管结合新诗 台湾谱新韵○在民歌、摇滚之后，余光中的新诗首度以南管音乐呈现，谱曲的是南管大师王心心。两位福建泉州人合作，为新诗与南管谱出新韵，带进新境界。享誉华人圈的南管音乐家王心心，昨晚应邀在中山大学逸仙馆举办南管诗意音乐会。

---

① 原件藏台北"国家图书馆"当代名人手稿典藏系统，编号262-115。

5 月 4 日，出席高雄中山大学国际研究大楼"光中厅"揭牌活动。

《联合报》（2015 年 5 月 5 日）：〇中山光中厅揭牌 余光中聊五四 〇以驻校作家余光中为名的中山大学国际研究大楼"光中厅"昨天揭牌，适逢五四运动 96 周年，余光中受邀致词表示，学校揭牌选在五四相当有意义，任重道远。

5 月 5 日，在高雄中山大学主讲《南管漂流之旅——我的南管世界观》。

《中国评论新闻》（2015 年 4 月 22 日）：〇中山大学镇校之宝 余光中系列小物受欢迎（赵家麟）〇 5 月 5 日，由余光中本人主讲"南管漂流之旅——我的南管世界观"，从南管作为承载着历代的音乐遗产，与开创了广阔的文化前途的新诗之间，分享大师从两者相激所产生奇异的火花，欣赏古今交错之美。

5 月 8 日，发表《余光中记厦门盛会》，刊《联合报》副刊 D3；又刊 2017 年 12 月 31 日《华文文学评论》第 5 辑。

5 月，邀请南管音乐家王心心莅临西湾，讲述南管传统和创新的两个维度。

5 月，陈燕玲发表《生殖性的情欲想象——论余光中水果组诗的情欲书写》，刊《台湾诗学学刊》第 25 期。

6 月，第二十本诗集《太阳点名》，由台北九歌出版社出版。全书分为短制、唐诗神游、长诗三辑，收入《窗之联想》《茶颂》《晚间新闻》《思华年——赠吾妻我存》《蝉声》《秋千》《问玉镯——我存所佩》等 82 首诗。有后记及手抄诗五首。

余光中《后记》（2015 年 2 月 7 日于西子湾）：《太阳点名》是我此生出版的第二十本诗集，也是我三十年前来高雄定居算起的第六本诗集。"江郎才尽"之咒语，多谢缪思，始终未近吾身。

这本诗集分成三辑："短制"五十五首、"唐诗神游"二十三首、"长诗"四首，共分八十二首，份量之重超过我以前任一本诗集。这么多首，主题、题材、语言变化颇多，实在难以分析。以前我常说自己的诗大半是等来的，小半是追来的；所谓"等来"，是不请自来，或是一个意象，或是一种音调，或是一句可以开头，或是某词可以发展，总之就是近于"灵感"。所谓"追来",是有请你就某一主题在某一时间之前交一首诗。我有时会婉拒,但是如果主题值得一写,我就会以接受挑战的自励应承下来,然后在知性上做足功课,充分"备战"。真正写起来时,还得凭自己的感性,把那些知性的材料化为我用才行。

6月12日,高雄第一科技大学应用英语暨口笔译硕士班举办"余光中翻译作品学术论坛",主题有余光中的中译作品、余光中的英译作品、余光中的翻译论述、他人外译的余光中作品、其他有关余光中译著的评论等。余光中应邀出席论坛并致辞,并与陈振远校长和师生、贵宾共同参加校植树与题诗活动。后发言论文收入《应用外语学报·余光中翻译作品学术论文专刊》(2015年12月第24期)。

6月16日,应邀到台中演讲。

《联合报》(2015年6月17日):○年轻人疯3C 余光中鼓励手写文字○诗人余光中昨应邀到台中演讲,他谈到年轻人爱用3C产品电打输入文字,越来越少手写,"千篇一律的算几字,少了美感",他鼓励年轻学子重新把笔拿起来,"写字就是简单的创作"。

6月20日,《创新诗的语言就是爱国了》,刊《联合报》A5。

"只要能以诗保持中文的新鲜感,就是保持中国人的想象力,这就是爱国之道。"今天是诗人节,余光中在诗人节前夕出版诗集《太阳点名》,这是八十七岁的他第廿本诗集,既是对"爱国诗人"屈原的礼赞,也是诗人对生命的永恒赞礼。

《联合报》(2015年7月12日):○《太阳点名》余光中新诗集献老妻○诗人余光中新诗集《太阳点名》,将献给妻子范我存,纪念即将到来的钻石婚。余光中出版诗集无数,但还是第一次在诗集首页感谢妻子,范我存说:"很高兴、很荣幸啊。"

《联合报》(2015年8月16日):○余光中新书 谈粉丝、论知音○"粉丝不嫌多,知音不嫌少。"诗人余光中昨赴台北举行新书见面会,吸引近百名书迷到场。现场虽无明星见面会粉丝疯狂尖叫的画面,读者却以深刻提问让余光中心满意足。他表示,到场的"知音"对他来说,"小众而温馨"。

7 月 1 日，《余光中人文讲座：杨世彭导演驻校系列专辑》（附光碟），由高雄中山大学出版社出版。

7 月 18 日，获第八届花踪世界华文文学奖，当晚出席在马来西亚吉隆坡双子塔会展中心举行的颁奖典礼。

《深圳晚报》（2015 年 7 月 20 日）：荣获第八届花踪世界华文文学奖的杰出诗人和散文大家余光中，7 月 18 日亮相"花踪"文学奖颁奖礼领奖，19 日上午，他主讲文学讲座"美感经验之转化——灵感从何而来？"

两年一届的花踪文学奖由马来西亚星洲日报于 1991 年创办，以传承华人文化为宗旨，在马来西亚华文文坛具有很高声望，被称为"马来西亚华文文学奥斯卡"。"世界华文文学奖"是在 2001 年开始，成为"星洲日报花踪文学奖"旗下增设的奖项之一，每两年颁发一次，如今已迈入第八届；王安忆、陈映真、西西、杨牧、王文兴、聂华苓及阎连科都曾获得此荣誉。

彦火（潘耀明）《赞词》：余先生 1952 年于台湾出版第一本诗集《舟子的悲歌》，并同时翻译海明威名著《老人与海》，其后陆续写下大量诗歌、散文、评论、翻译。余先生自称拥有写作的"四度空间"——新诗、散文、批评、翻译，他自述，"以乐为诗，译诗为文，以文为批评，以创作为翻译"。①

傅光明《余光中：我把自己想像成"茱萸"的孩子》：我写作的时候，音调节奏的掌握往往是我很主要追求的一个感性，当然对形象对意象我也追求，不过似乎对音调的感觉更敏感一点儿。比如说，一篇散文写好之后，我坐下来改。改什么呢？没有什么好改的，意思都在那儿了。我就是把声音改得对一点儿，能够更表现内容一点儿。②

7 月 30 日，出席在台北中山女子高级中学会议室举行的"2015 余光中散文奖创作大赛暨两岸青少年作家训练营"结业典礼和颁奖仪式。本次大赛由台湾"中华语文教育促进协会"、台北中山女子高级中学和济南容德文化联合举办，山东省教育学会、民进山东省委员会、文化台湾基金会、

① 彦火：《亭亭的文学大树——记余光中先生》，《泉州文学》2017 年第 12 期。
② 傅光明采写：《生命与创作：中国作家访谈录》，第 72 页。

台湾师范大学全球华文写作中心给予大力支持与指导。

8月，散文集《粉丝与知音》，由台北九歌出版社出版。全书共分三辑：第一辑"忆旧"，第二辑"乡愁"，第三辑"杂话"，收入《水乡招魂》《片瓦渡海》《拜冰之旅》《西湾落日圆》等53篇散文，有后记。2019年7月南京译林出版社出版简体版，收文49篇。

9月7日，赠罗良功《太阳点名》一书，并题签"诗集新出赠罗良功教授。余光中 二〇一五、九、七"①。

9月25日，发表"Yu Kwang-chung, 2 poems"（《余光中二首》）："Fangliao on a Bus"（《车过枋寮》，梁欣荣译）、"Taitung"（《台东》），刊 *The Taipei Chinese PEN* 秋季号。

9月至11月，因永春余光中文学馆事宜两度还乡。

《泉州晚报》（2017年12月18日）：○我恨那摇丧钟的海神——远悼余光中先生（梁白瑜）○二〇一五年九月到十一月，您三月两还乡，为的是位于桃溪岸畔的这座以您的名字为名的文学馆。

9月，梁白瑜来访，为永春余光中文学馆带回几张余氏手稿。

《泉州晚报》（2017年12月18日）：○我恨那摇丧钟的海神——远悼余光中先生（梁白瑜）○而我也正是因为这座馆与您接下厚缘。那是九月，我第一次来到余宅，您递给我几张手稿，跟我说："小梁，这些可以带回去。"太重了！这份嘱托太重，我抖着手，接过。

10月16日，吴敦义来访。

《联合报》（2015年10月17日）：○贺余光中米寿 吴敦义南下拜访○吴敦义昨天南下高雄拜访诗人余光中，称其为"诗坛祭酒"，预贺大师88米寿。余在媒体前称己非政论家不多言政治，但与吴私下晤谈仍以国家为念。余光中的生日刚好是九九重阳，吴敦义拜访余光中与妻子范我存。

10月21日，88岁生日，高雄中山大学为他祝寿。
10月30日，于高雄西子湾撰《左手的缪思·新版序》，略云：

---

① 据原件照。

　　这本"少作"当初编选时，抒情与议论不分，体例不纯，简直像一本杂文。如今我也无意再加调整，任其鸡兔同笼。至于文字本身，我的"少作"句法比较平直，多受英文文法结构的影响，尚未修炼成中西相通、古今互补的精纯之境，但气势还算是贯串的。所以新版保留昔日显得较为稚气的故态，一律不加调整，借此亦可见我的风格如何发展成为今日之"白以为常，文以应变"。

11 月 3 日，《余光中：手写才有温度》，刊《联合报》A6。略云：

　　数字时代带来便利，却也让人在不知不觉中疏离了文字。诗人余光中说，计算机字体千篇一律，少了人情味、没有温度，他坚持"爬格子"手写创作。余光中的硬笔字工整刚毅，自成一格，也是少数可以将手写稿直接付梓的作家。

同日，作诗《五株荔树》。【按：该诗手抄稿现藏永春余光中文学馆。】
11 月 7 日，偕夫人范我存、二女余幼珊、四女余季珊返乡，莅临福建泉州永春县余光中文学馆。该馆展厅分"乡愁四韵""四度空间""龙吟四海"三个篇章十二小节，全面展示余光中的人生经历、文学成就以及学者对余光中的研究及评价、余光中的文学活动集锦及其所获荣誉和奖项。

　　周梁泉《十二月十四日中午》：总记得开馆前一天，先生和他"百分之百的妻子，百分之五十的女儿"一起和塑像玩了半小时，轮流、组合地摆各种姿式拍照，先生说：连筋脉的走向都一模一样……①
　　《泉州晚报》（2017 年 12 月 18 日）：○我恨那摇丧钟的海神——远悼余光中先生（梁白瑜）○余老，您还记得吗？我恳请您画的地图吗？您一定记得。二〇一五年十一月七日，文学馆开馆的前一天，您走到那幅地图前，特意指着大大的"永春"二字，乐呵呵地说："在这里。"哈，又调皮了！看看，图上，与"永春"字型大小字体一样的都是大城市的名。如此不守规矩地将心意真实地表达是顽童才敢有才能有的不拘。

11 月 8 日，余光中文学馆在永春开馆。

　　《人民日报》（2015 年 11 月 13 日）：○余光中文学馆开馆○本报

---

① 李瑞腾主编：《听我胸中的烈火——余光中教授纪念文集》，第 356 页。

泉州 11 月 12 日电（记者康岩）近日，余光中文学馆在福建省永春县开馆，著名诗人余光中参观了文学馆并致辞。该馆总建筑面积 4000 平方米，呈分散式布局。建筑立面采用白墙灰瓦，突出白纸黑墨的文学气息。展馆除了收藏余光中本人的作品和手稿外，还采用多媒体手段，让观者更直接感知他的文学生涯。

余光中祖籍福建永春，其诗歌名作《乡愁》已成为海峡两岸呼唤故土记忆的代表。"我们打造以乡愁为主题的余光中文学馆，就是要让承载两岸几代人记忆的文脉延续下去。"永春县委书记林锦明说。

《经济日报》（2015 年 11 月 9 日）：○永春（福建）○余光中文学馆开馆 展示人生经历及文学成就○余光中文学馆在福建永春举行开馆仪式，文学馆建筑占地面积 3000 平方公尺，全面展示余光中的人生经历、文学成就以及所获荣誉和奖项。

11 月 19 日，发表《五株荔树》，刊《联合报》副刊 D3。

11 月 24 日，应邀出席"余光中人文讲座"，听黄春明演讲《一个不良少年的成功与文学》。

《联合报》（2015 年 11 月 25 日）：○听叛逆黄春明 余光中自曝：想使坏○作家黄春明小名"阿达"，年少时叛逆，曾被两所高中和大学退学。昨天他应邀到中山大学余光中人文讲座分享"一个不良少年的成长与文学"时，用闽南语自嘲成为乡亲教育孩子的两极典范。

11 月 26 日，与黄春明、杨照、张锦忠、蔡诗萍在高雄中山大学分享"放风筝的孩子——生活就是教育"。

《联合报》（2015 年 11 月 27 日）：○教育埋没多少"黄春明"？○作家余光中、黄春明、杨照、张锦忠、蔡诗萍，昨在中山大学分享"放风筝的孩子——生活就是教育"。黄春明表示，"出生地是生活教育最好的教室！"。

11 月 28 日，写诗《风筝与救护车》[1]。

11 月，为母校南京青年会中学 70 周年写贺词。

---

[1] 原件藏台北"国家图书馆"当代名人手稿典藏系统，编号 262-8。

祝贺母校七十周年

七十周年前我正在母校前身（迁渝的南京青年会中学）读高二。后来抗战胜利，又随母校回到南京，终于在南京毕业。我在母校所受的踏实教育，奠定了日后学问与写作的基础，此恩我永志不忘。

余光中

2015 年 11 月于台湾中山大学

12 月 5 日，晚，应邀出席在海口举办的"'诗意中国'2015 年两岸音乐会暨桂冠诗人颁奖典礼"。

《世界华文文学研究年鉴：2015》：〇 2015 年两岸诗会在海口举行（网闻）〇南海网海口 12 月 5 日消息（南海网记者马伟元）12 月 5 日晚，海南省歌舞剧院座无虚席，"诗意中国"2015 两岸音乐诗会暨桂冠诗人颁奖典礼在这里举行。著名诗人郑愁予、北岛、张默、翟永明、欧阳江河获"桂冠诗人"荣誉称号。

当晚的颁奖礼分为望乡路、家园魂、人间情、祖国恋四个篇章。"小时候乡愁是一枚小小的邮票我在这头母亲在那头……而现在乡愁是一湾浅浅的海峡我在这头大陆在那头。"当晚 20 时，中国台湾作家余光中先生所作的诗《乡愁》在朗诵者朗诵下，拉开了颁奖典礼序幕。随后余光先生的作品《民歌》，席慕蓉的作品《父亲的草原母亲的河》，郑愁予的《错误》《想望》，罗门、蓉子的作品《诗的岁月——给蓉子》《一朵青莲》等 16 首诗歌在朗读者的优美声音以及优雅的舞蹈表演下，相继上演，他们用声音艺术倾诉出海峡两岸血浓于水的同胞亲情，为海南观众带来一场视觉和听觉上的盛宴。①

12 月 13 日，《大师加持　大学纪念品镀金》，刊《联合报》A5。

大学纪念品五花八门，多校打出"大师牌"。台湾师范大学保温杯由书法家董阳孜题字，三年狂销一万个；淡江大学推出于右任墨宝小书包；中山大学则打造"镇校之宝"余光中系列，铅笔、活页夹都有关于西子湾的诗句。

12 月 15 日，陈义芝发表《余光中诗的一种读法》，刊《联合报》副刊

---

① 古远清编纂：《世界华文文学研究年鉴：2015》，武昌：武汉大学出版社，2017 年，第 384 页。

D3。略云：

　　在《逍遥游》纪录片（《他们在岛屿写作》）中，我说：余光中先生的诗语清朗，不晦涩而有深度，"以颠覆现代完成他的现代"；1950、60 年代他既与诗坛外的人打笔战，宣示文学发展必定进至新诗时代。

12 月 15 日至 2016 年 1 月 14 日，"右手写诗·左手写散文——文学大师余光中特展"在台湾师范大学图书馆一楼大厅展出。展览期间，余光中曾与单德兴对谈翻译。

　　《联合报》（2015 年 12 月 16 日）：文学大师余光中从事创作超过半世纪，为感念他的贡献，台师大图书馆、"国文系"、全球华文写作中心与九歌出版社合作，即日起至明年 1 月 14 日举办"右手写诗·左手写散文——文学大师余光中特展"。

　　《大成报》（2015 年 12 月 11 日）：○右手写诗·左手写散文——文学大师余光中特展、开幕茶会暨签书会○（台北讯）余光中先生从事文学创作超过半个世纪，其诗作、散文、评论、翻译拥有广大读者，更为两岸三地各级学校收录成教材，对于华语文教育影响深远。梁实秋赞誉余光中："右手写诗，左手写散文，成就之高，一时无两。"

　　为感念余光中教授对于教育之贡献，台湾师范大学图书馆与"国文系"、全球华文写作中心，特与九歌出版社合作，于 2015 年 12 月份至 2016 年 1 月份举办"右手写诗·左手写散文——文学大师余光中特展、座谈会暨签书会"，让社会大众更亲近大师文学作品。特展中更将展出余光中教授珍贵的影像数据，欢迎大家参观。凡携带余光中教授书籍至现场，活动时间内皆可排队获取余教授亲笔签名。

　　单德兴《"在时光以外奇异的光中"——敬悼余光中老师》：二○一五年"余光中特展"于台师大总图书馆展出，老师找我与他对谈翻译，由彭［镜禧］教授主持，当天气温陡降，但现场爆满，有不少陆生前来聆听，并与老师合照，这些粉丝的兴奋之情溢于言表。①

12 月 23 日，发表诗歌《风筝与救护车》，刊《联合报》副刊 D3。

12 月 25 日，发表 "Halfway"（《半途》，梁欣荣译），刊 *The Taipei*

---

① 《文讯》第 387 期（2018 年 1 月）。

Chinese PEN 冬季号。

12 月 26 日，发表《智取与情胜》，刊《联合报》副刊 D3。

12 月，台湾高雄第一科技大学外语学院主办的《应用外语学报》第 24 期辟为"余光中翻译作品学术论文专刊"，刊登了江艺的《素质的凝聚，艺术的自觉——余光中的英美诗歌翻译》，吴怡萍的《从语言像似性看转韵于诗歌翻译之运用：以余光中〈英诗译注〉为例》，马耀民的《诗人/译者的内在对话：阅读〈守夜人〉》，黄素婉、陈瑞山的《余光中翻译理论印证〈易经〉英译——以卫礼贤的德译〈易经〉之英译本中"既济""未济"二卦为例》，单德兴的《一位年轻译诗家的画像：析论余光中的〈英诗译注〉（1960）》，陈耿雄的《雪晚林边歇马：余光中译诗策略研究》，梁绯、肖芬的《从戏剧台词的动作性及人物性看余光中的戏剧翻译——以〈不可儿戏〉为例》。

12 月，陈淑彬著《何处不清光：余光中诗歌边陲性论析》，由台北五南图书出版公司出版。该书从"边陲性"视角论述余光中的诗作。从家国身份而言，余氏诗作中的边陲性具体呈现为 20 世纪中国知识分子的生存困境。边陲者身份是一种既有的（being），也是一种正在成形的（becoming）身份。

2016 年（丙申）　89 岁

1 月 17 日，发表《谢渡也沙糖橘》，刊《联合报》副刊 D3。

2 月 5 日，中译《卫星三五》，刊《联合报》副刊 D3。

2 月 15 日，《余光中过农历年　家人在就是团圆》，刊《联合报》B1。略云：

> 诗人余光中少时战乱流离，及长漂洋讲学，老来静居高市爱河左岸。每年新春，不管是在何处过年，他说"有家人在的地方就是团圆"。"年味，一年比一年淡了。"余光中说，过年气氛在守着秋收、冬藏的农村社会要浓些。

2 月 26 日，发表诗歌《危楼》，刊《联合报》副刊 D3。

3 月 1 日，手书"大美开封　风雅汴梁。余光中题 2016.3.1"。

3月4日，出席台湾高雄第一科技大学校史馆《应用外语学报》第24期"余光中翻译作品学术论文专刊"发表会。

《联合报》（2016年3月5日）：〇余光中译作汇成学术论文专刊〇诗人余光中在华文世界备受推崇，除文学造诣外，他在翻译领域投注的心力与成就更是非凡。高雄第一科技大学最新出版的《应用外语学报》，尝试将他的译作汇整成学术论文专刊。余光中昨出席发表会。

3月15日，《余光中：念一下多少有好处》，刊《联合晚报》A5。略云：

台师大举办经典阅读竞赛，开出的经典名著书单，引发不少讨论。中山大学讲座教授、诗人余光中表示，能力不足才需要学习，高中生念一下多少有好处，透过比赛增加阅读机会还是值得肯定。

3月21日，中译爱德华·托马斯（Edward Thomas）《鹰头猫》，刊《联合报》副刊D3。

4月5日，签赠陈瑞山教授《应用外语学报》第24期"余光中翻译作品学术论文专刊"，题识"多谢瑞山催动之功。余光中 2016.4.5"

同日，电话告知庄若江，将要去苏州诚品书局参加文化活动，届时会再来无锡。

同日，《余光中坚持手写书信》，刊《联合晚报》A4。略云：

诗人白居易的《问刘十九》写着"绿蚁新醅酒，红泥小火炉，晚来天欲雪，能饮一杯无？"，语句充满诗意。诗人余光中感叹，若一千多年前也那么e化，白居易传个LINE，刘十九就来了，可能我们也读不到这样的佳句了。

4月8日，应邀至嘉义高中演讲《灵感从何而来？》。

《联合报》（2016年4月8日）：〇嘉中募文学馆 邀余光中开讲〇嘉义高中计划向校友募款千万元，筹建岛内首座高中校园文学馆及文学步道，将于16日的92周年校庆发动募款，发起人校友诗人渡也（陈启佑）邀请文坛祭酒、诗人余光中，今天下午到音乐馆演奏厅，主讲"灵感从何而来？"。

《联合报》（2016年4月9日）：〇嘉中筹建文学馆 邀余光中演讲

○ "一群文学太阳从旭陵岗升起！"嘉义高中昨天邀请文学大师余光中为筹建文学馆暨文学步道揭幕，演讲"灵感从何而来？"。余赞赏嘉中至今产生 20 位知名作家，是学校资产及光荣。

4 月 16 日，偕夫人和幼珊到苏州。下午，至苏州诚品书店，与读者畅谈"乡愁与诗"。

4 月 17 日，参加书法家董阳孜在苏州诚品书店举办的书法展开幕式。

4 月 18 日，庄若江、杨大中夫妇驱车至乌镇，和余先生一家三口入住话剧大师赖声川家宅沈家大院。当晚，赖母在镇上招待晚餐。

4 月 19 日，赖母带领参观乌镇大剧院、木心纪念馆和古镇老街、沈家戏园、酿造坊等，并在河边的茶亭喝茶。晚饭后，乘船夜游乌镇西栅。

4 月 20 日，早餐后回无锡。中午，入住锡城南门古运河畔的日航酒店。酒店黄鉴中总经理酷爱文学，也是无锡市作协副主席，特地为余先生夫妇安排了总统套房。晚，在酒店举行欢迎宴会，除庄若江夫妇，还有陈尧明、苏迅（古玩专家）等作陪。

4 月 21 日，上午，在古运河畔稍事逗留，即去江南大学。午饭后，在长广溪宾馆午休。下午，出席江南大学党委宣传部、人文学院、江南文化与影视研究中心举办的"对话大师"活动——"余光中先生文学对话会"，有 400 余人参加。对话会结束后，驾车去灵山景区的拈花湾小镇，入住波罗蜜多大酒店。晚，夜游拈花湾，欣赏霓虹光影秀，步履疲软，需人搀扶。

4 月 22 日，上午，游览拈花湾，在乾红茶馆品茗休息，其中一段路程坐轮椅。中午，回酒店休息、用餐。下午，游览沿途马山太湖风光后回到市区，仍入住日航酒店。

4 月 23 日，上午，去锡惠公园的杜鹃园，在微雨中欣赏各色杜鹃。回酒店午休。下午 4 点，在蠡湖畔欣赏湖景，5 点至蠡湖中央公园"包孕吴越"酒店吃晚饭。6 点由庄若江夫妇送至机场，8 点乘坐航班返回高雄。

5 月，举办"五四动诗兴"系列讲座，以图唤起昔日五四精神。

5 月 6 日，邀请陈芳明、李瑞腾进行"五四与诗歌座谈"。

《联合报》（2016 年 5 月 7 日）：○余光中邀陈芳明、李瑞腾 诗歌中聊五四○ "对五四，大家有些生疏了。"诗人余光中昨邀政大教授陈芳明、台湾文学馆前馆长李瑞腾进行"五四与诗歌座谈"，三人都感叹在近代史扮演重要角色的五四运动，渐为世人淡忘，希望借着为五四解码，唤起大家的重视。

5月7日，应邀出席台湾大学台文音乐会并朗诵诗作。

《联合报》（2016年5月4日）：〇台大台文所音乐会邀请余光中诵《母难日》〇本周六母亲节前夕，台大台文所举办"爱之光"母亲节诗歌音乐会，由钢琴家林秋孜发表以余光中诗作《母难日三题》新谱的乐曲，并邀余光中到场朗诵，"诗心琴韵"献给天下所有母亲。

同日，发表《罗青欧洲有知音》，刊《联合报》副刊D3。

5月18日，《余光中：讲学问的事　不适合一人一票》，刊《联合报》A2。略云：

未来课审会将纳入学生代表，诗人余光中表示，学生代表参与当然是正面的，但课纲是讲究学问的事，学生的知识基础还不够，"如果不知好坏，怎么投呢"？

5月24日，发表诗歌《舍利子》，刊《联合报》副刊D3。

5月25日，杨绛去世，享年105岁。

《厦门日报》（2014年10月28日）：〇专访余光中：思维敏捷的奥秘在于坚持上课读书（宋智明）〇杨绛先生了不起。我的一位朋友说，大陆他只欣赏"一个半"作家，"一个"是杨绛，"半个"是钱锺书。

5月，徐学撰《余光中传》，由厦门大学出版社出版。本书共分为上篇（1928—1958）、中篇（1959—1974）、下篇（1975—2000）三部分，主要内容包括"江南水与火""古镇悦来场""一口气读了三所大学""红头疯子""翻译乃大道""青春乡愁萌动""自冰上"等。

6月6日，"民歌41音乐会"在高雄中山大学举行，由陶晓清、杨弦等人带大家一同回忆当年民歌的美好时光。

《联合报》（2016年5月21日）：〇6月6日来中山听民歌41〇中山大学余光中人文讲座6月6日举办"民歌41音乐会"，邀请民歌之母陶晓清主持，杨弦、李建复、殷正洋演唱余光中诗作，5月23日起开放索票，洽询电话5256869。

《联合报》（2016 年 6 月 7 日）：○民歌音乐会 轮唱余光中诗作○中山大学余光中人文讲座，昨晚举办"民歌 41 音乐会"，以余光中诗作为主轴，邀杨弦、李建复、殷正洋唱多首经典民歌，"民歌之母"陶晓清也现身，娓娓道来民歌时光。

6 月 29 日，发表诗歌《他与众神》，刊《联合报》副刊 D3。

6 月，新版《左手的掌纹》，由南京江苏凤凰文艺出版社出版。全书共七辑：蒲公英的岁月、开卷如开芝麻门、凭一张地图、幽默的境界、日不落家、落日故人情、自豪与自幸，收文 35 篇。书前有余光中旧版序言（2003 年元月写于高雄左岸），书末有冯亦同的《编后记》（2003 年初春、2012 年 5 月 9 日记于金陵台城）。

冯亦同《编后记》（2012 年 5 月 9 日记于台城侧畔之金陵百杖斋）：余光中先生的散文集《左手的掌纹》自二〇〇三年秋天初版问市后，半年内增印六次，当年年底被颇有影响的"人民网"评为"今年最受欢迎的二十本好书之一"，排名第十七——对一本"纯文学"的"非畅销类书"来说，能取得如此佳绩已很不寻常了。更为难得的是，二〇〇四年五月"第二届华语文学传媒大奖"在北京揭晓，《左手的掌纹》为"右手写诗、左手写散文"的诗翁赢得了"二〇〇三年度散文大奖"。①

6 月，《余光中随笔精选》，由武汉长江文艺出版社出版，收入"中外名家随笔精华"系列。全书共分六辑：辑一"学人新得"、辑二"典故新解"、辑三"赞颂序跋"、辑四"清玩雅好"、辑五"从容自得"、辑六"戏谑自遣"。书前有徐学的序《淡远超然 清醇绵长》（丙申初夏于厦门敬贤楼）。

7 月 1 日，单德兴发表《在冷战的年代：英华焕发的译者余光中》，刊《中山人文学报》第 41 期。

7 月 7 日，发表《堂堂李唐》，刊《联合报》副刊 D3。

7 月 14 日，夫人范我存因病住院。

7 月 15 日，写诗《巫者告诉我》②。

① 余光中：《左手的掌纹》，第 247 页。
② 原件藏台北"国家图书馆"当代名人手稿典藏系统，编号 262-72。

同日至 8 月 1 日，因跌跤住院。后写《阴阳一线隔》。其间审定译稿《天真的歌》。该书 2019 年 1 月由南京江苏凤凰文艺出版社出版。这是余光中编选、翻译、解读的英美现代诗歌精选集，收录百余首英国、美国著名现代诗人的代表作，并收录余光中所作的经典诗歌十余首。

余光中《天真的歌·新版序》：新版的译诗到了末期，我因跌跤重伤住院，在高医接受诊治半个月（七月十六日迄八月一日），出院后回家静养……亦无可奈何。①

余光中《阴阳一线隔》：次日我在孤绝的心情下出门去买水果，在寓所"左岸"的坡道上跌了一跤，血流在地，醒来时已身在（医院的病）床上，说话含糊不清。在次日才回答我是某人。②

钟玲《余光中老师的多重面貌》：夏天余太太忽然肠道大出血，入高医加护病房，情况危急，幼珊在医院照顾母亲。第二天早上余老师像平常一样到大厦前的公园散步，因为心中忧虑老伴的病情，出门过完马路走上行人道时，一个失神摔倒，头撞地上流了很多血。文曲星是有上天照顾的，一位住在同一栋大厦的女士就走在余老师后头，认出了余老师，马上找大厦管理员叫救护车。夫妇两位进了同一家医院的加护病房；余老师的病情也不轻，因为有颅内出血，真是夫妻同命。③

罗青《百年文学一光中——怀余光中先生》：他前年由于忧心余夫人肠道不明原因大出血，次日在家门口附近，跌了一大跤，导致颅内出血，自己也住进高雄医院加护病房，到了年底，方才下床练习走动，从此深居简出，谢绝一切应酬。④

8 月 9 日，为贵州乡愁诗歌节写寄语："贵州第一届乡愁诗歌节 祝举办成功"，并手书《乡愁》。

8 月，诗选集《余光中精选集》，由北京燕山出版社出版，收入"世纪文学经典"丛书。本书收入作品主要包括《扬子江船夫曲》《诗人》《珍妮的辫子》《女高音》《邮票》《饮一八四二年葡萄酒》《黎明》《西螺大桥》《钟乳石》《新大陆之晨》《呼吸的需要》《我之固体化》《五陵少年》《燧人氏》等。

---

① 余光中编译：《天真的歌》，第 5 页。
② 《联合报》副刊 D3（2016 年 11 月 9 日）。
③ 《文讯》第 387 期（2018 年 1 月）。
④ 李瑞腾主编：《听我胸中的烈火——余光中教授纪念文集》，第 97 页。

9 月 2 日，与范我存结婚 60 周年纪念日。是日来参加庆祝活动的，多为他们的亲戚朋友，也有记者通过电话进行采访。在庆祝会上发表谈话时，余光中讲道，结婚 60 年以来，他和妻子相知相惜、互信互补，基本上没有吵过架。记者问及相处的经验时，范我存答曰：

> 我们都是从战乱中过来的人，童年逃难，历经中国抗战、内战，在逃难的过程中遭受许多辛苦。可能与成长经历有关，他与我的兴趣、价值观差不多，我们都是抗战儿女，也许是经历过逃难日子，成长背景特别相似，对很多东西都比较珍惜，在碰到有争执的问题时，双方都会作出让步。

提到关于美满婚姻的心得，余光中娓娓而谈：

> 钻石婚必须两个人合作，如果哪个人变心，固执己见地要求离婚，或者哪个人生命短暂，婚姻就会半途而废。对于大多数人来说，钻石婚是无法达到的幻想。只有彼此之间心心相印，况且能够长寿的两个人，才能实现罕见钻石婚。[①]

> 《联合报》（2016 年 9 月 2 日）：○余光中：家是讲情、不是讲理的地方○诗人余光中与妻子范我存结褵六十年，今天是钻石婚纪念日。漫长婚姻路，两人相知相伴，互信互补。长年住在"女生宿舍"里，余光中说："家是讲情的地方，不是讲理的地方，夫妻相处是靠妥协。"

9 月 13 日，发表《三伏大暑》，刊《联合报》副刊 D3。

9 月 25 日，发表 "Ode to Congee"（《粥颂》，梁欣荣译），刊 *The Taipei Chinese PEN* 秋季号。

9 月 30 日，于汉神饭店设宴招待"余光中人文讲座"咨询委员会成员单德兴。

> 单德兴《"在时光以外奇异的光中"——敬悼余光中老师》：二〇一六年九月三十日我参加咨询委员会，由老师的女公子幼珊代为主持，决定部分活动改为翻译系列演讲。会后老师特地设宴于汉神饭店。这是老师伤后与我首度见面。精神与体力显然比以前差，说话声音很小，我必须凝神静听。但老师的兴致很不错，等上菜时在餐巾纸上玩起英

---

① 杨兴文：《余光中与范我存：真情演绎钻石婚》，《海东时报》（2019 年 2 月 19 日）。

文接龙游戏,师母说老师平时以此自娱。果然是中英文俱佳的诗人,随时不忘磨炼文字利器。结束时我在后面看着幼珊搀扶手持拐杖的老师缓步离去,想到老师昔日健步而行,不觉心中一酸。[1]

10月6日,即将过90岁生日,特地送范我存33朵玫瑰象征"三生三世",并当众亲吻太太。

《联合报》(2016年10月7日):○余光中庆生获"超跑"圆车手梦○再过两天是农历九月初九重阳节,也是诗人余光中的生日,中山大学昨天为他暖寿。余妻范我存曾说,余若没当诗人,最想当赛车手和指挥家,校方于是准备电影《玩命关头七》超跑模型当生日礼物。

《联合报》(2017年1月21日):○余光中搭超跑"不当诗人会去赛车"○诗人余光中90岁生日时获赠超跑模型车,许愿搭真的超跑过过瘾,昨天得偿凤愿,搭乘友人的保时捷跑车,感受风驰电掣的快感。热爱开车的余光中有着炽热的"驾驶魂",方向盘在手,精神就来了,他强调自己可是守规矩的。

10月13日,美国摇滚、民谣艺术家鲍勃·迪伦(Bob Dylan)获诺贝尔文学奖。余光中早年的一些作品明显地受其影响。

张晓风《偶逢之处》:巴布·狄伦大名人人知,但他凭什么算诗人?又凭什么得奖?众才子是说不出什么道理来的,这时候,记者最方便的采访请教的对象便是余教授了。其实还在半世纪之前的六〇年代,余先生就看好巴布·狄伦,并极力推荐给年轻人。余先生也努力帮台湾"校园民歌"许多忙,视他们为新时代的新乐府。瑞典学院的那批评审,只好说他们比较稳健,他们过了五十年才想起巴布这号人物。套句曹操的话:"吾才不及卿,乃觉五十年。"……余先生才真有识己识人的大才具。[2]

罗青《百年文学一光中——怀余光中先生》:狄伦于二〇一六年获得诺贝尔文学奖,证明了余光中先生当年的慧眼是如何的精准。在此之前,约有二十年之久,现代诗人不敢沾碰流行歌曲,余先生对自己

---

① 《文讯》第387期(2018年1月)。
② 李锐腾主编:《听我胸中的烈火——余光中教授纪念文集》,第55页。

的格律旧作，更是讳莫如深，绝口不提。当年，也遭杨弦卷入现代民歌的我，忽然醒悟到，原来传唱十多年家喻户晓的流行歌曲《昨夜你对我一笑》（兰成改编歌词、周蓝萍作曲）竟然出自余先生之手，简直目瞪口呆，笑不可抑。……此诗此歌，清纯腼腆、朴实风趣兼而有之，比起后来现代诗中赤裸裸的床戏大战，不可同日而语。这首诗歌，通过邓丽君、费玉清、蔡琴等美妙的歌喉诠释，早在流沙河之前，就已在大陆风行，至今不衰。①

10 月 28 日，明道大学举办"与永恒拔河——余光中诗歌吟咏竞赛"。

《联合报》（2016 年 10 月 29 日）：○浊水溪诗歌节 余光中遇流行乐○彰化县浊水溪诗歌节昨天在明道大学举行"与永恒拔河——余光中诗歌吟诵竞赛"，发表《当余光中遇上流行乐》新曲，余光中的诗结合流行音乐，希望撞击更多年轻心灵的火花。

10 月 30 日，张辉诚来访。

张辉诚《因为在光中——怀念余光中老师》：二〇一六年十月三十日，我趁南下高雄演讲学思达之便，特地到余老师家中探访。当时余老师和余师母刚从医院返家休养。气色很好，心情亦佳，我们一起在客厅聊了一个半小时。②

11 月 8 日，英译苏轼诗 "To My Younger Brother Su Ch'e on the Night of Mid-Autumn Festival" ③。

同日，发表诗歌《巫者告诉我》，刊《联合报》副刊 D3。

11 月 9 日，发表《阴阳一线隔》，刊《联合报》副刊 D3。

11 月 11 日，英译李后主（煜）词《乌夜啼》（"After the Tune of Crows Croaking at Night"）④。

11 月 22 日，小雪，写散文《梦见父亲》，刊 2018 年 1 月 15 日《联合报》。

11 月，寄赠何怀硕《粉丝与知音》一册。

《联合报》（2018 年 1 月 7 日）：○在光中走进诗史（何怀硕）○

---

① 李瑞腾主编：《听我胸中的烈火——余光中教授纪念文集》，第 96 页。
② 《文讯》第 387 期（2018 年 1 月）。
③ 原件藏台北"国家图书馆"当代名人手稿典藏系统，编号 262-21。
④ 原件藏台北"国家图书馆"当代名人手稿典藏系统，编号 262-20。

去年十一月，余老寄《粉丝与知音》一书相赠。

12月16日，梁白瑜来访，获赠亲笔签名书。

《泉州晚报》（2017年12月18日）：〇我恨那摇丧钟的海神——远悼余光中先生（梁白瑜）〇去年今日（二〇一六年十二月十六日），我到高雄看您，您依旧穿着经典款背带格子裤，依旧清清瘦瘦——只是，似乎更显瘦了一点。……您在灯下一笔一划写着"和光公益书屋 余光中二〇一六年十二月十六日"时，我有多感动。

12月27日，朱国能、木子、秀实来访，获赠1970年版蓝星丛书与《粉丝与知音》，并题签：

秀实留念：纪念十年在香港的岁月，十年在港继以三十年在高雄。先识其弟再交其兄。余光中　二〇一六、十二、二十七日

朱国能《不废江河万古流——敬悼恩师余光中教授》：终于约好了十二月二十七日下午三点到余府拜见。是日一行三人，随行的是木子与我在台大中文系毕业的梁新荣（笔名秀实）。……那天恩师拿出了他最后出版的一本著作，是散文集《粉丝与知音》，并在封面内页亲笔签名，还写上日期。①

2017年（丁酉）　　90岁

1月2日，发表《莫随瑞典老头子起舞》，刊香港《明报·明艺》第154期。文中直斥瑞典学院18位老头（院士）的评审标准。略云：

诺贝尔文学奖颁赠迄今，已逾百年，得奖名单，颇有一些不孚众望而引起争议者，例如美国的赛珍珠、英国的吉卜林，甚至如丘吉尔与罗素，也予人"捞过界"之感。反之，大作家如托尔斯泰、康拉德、纳博科夫、哈代、吴尔夫夫人、普鲁斯特等却与诺贝尔文学奖无缘。所以诺贝尔文学奖是一项很不平衡的荣誉，坐令许多大作家、许多横海的巨鲸游过网外。……即使在西方，此奖仍不免"死亡之吻"的恶名。海明威、川端康成都是此奖得主，纵有此奖加持，仍以自杀告终。

---

① 《新大学·书剑春秋·名人脚踪》（2017年12月18日）。

高行健、莫言得此奖后，书虽畅销，却未获读者畅读。

1 月 14 日，第三届中国诗歌春晚在北京国家图书馆艺术中心举行，余光中第二次为诗歌春晚题词："曲高未必和寡，深入何妨浅出"。

1 月 18 日，诗人罗门逝世于台北，享年 89 岁。

1 月 21 日，发表《爱鼠而及于万物、众兽》，刊《联合报》副刊 D3。

1 月，中诗英文自译集《守夜人》，由台北九歌出版社推出增订三版。该书 1992 年初版、2004 年再版，新版收诗 85 首。

2 月 22 日，为推广余光中教授诗文之多元化应用，并鼓励学生之创意与创作，高雄中山大学余光中数位文学馆举办"余光中诗文多媒体创作竞赛"，鼓励本校学生借由多元化的视角与题材，将余光中教授的诗文以不同媒体方式呈现，展现其文学性及多元化的创意发想。

2 月，散文集《左手的缪斯：余光中原版散文集典藏本》，由北京联合出版公司出版，收入"经典大师系列"。本书收录余光中的散文代表作，包括《猛虎与蔷薇》《石城之行》《记佛洛斯特》等名篇。

2 月，诗集《白玉苦瓜：余光中原版诗歌典藏本》，由北京联合出版公司出版。这是余光中诗歌集中的代表作，初版于 1974 年。书中收录《乡愁》《乡愁四韵》《民歌》《白玉苦瓜》等 59 首原版无删节诗作，主题横跨乡愁、情感、人生、命运等，展露出开阔的意境。《白玉苦瓜》诞生以来，再版、重印几十次，名篇《乡愁》等更是被收入几代人的语文课本。罗大佑、李泰祥等音乐人曾将他的诗谱成民谣传唱。

2 月，杨世彭来访。

《联合报》（2017 年 12 月 31 日）：〇悼念光中（杨世彭）〇今年二月我夫妇上船游览，路过高雄时上岸至余府拜望，那时光中刚在家门前跌倒，头部略受轻伤。我趁咪咪带领内子出门洗衣时与光中在客厅内独处，谈了不少话题，但感觉诗人的谈兴与幽默，已经不如以往那样酣畅了。那天中午我请他夫妇在某大旅馆午餐，那也是我们最后的相聚。

春，赴台北观看"罗青七十回顾世界巡展台北预展"。

罗青《百年文学一光中——怀余光中先生》：二〇一七年初春，我在台北的 Space 7 美术馆（九九艺术中心），举办"回到未来——罗青七十回顾世界巡展台北预展"，余先生伉俪，由甫自加拿大返台的幼女季珊陪同，专程搭高铁，由高雄赶来参观。……此番居然毅然劳师动众，北上观画，使我大感意外，惶恐不安，除了在电话中殷殷致谢外，匆忙竟忘了携带轮椅备用。九十高龄的余先生，拄着拐杖，举步迟缓，笑了笑说："不妨事，我现在拐杖熟练，车坐久了，站着慢慢看一看画，也是一种休息。"①

3月4日，晚，出席高雄中山大学举办的"诗情乐韵余光中"诗文音乐会，并朗诵诗作。

《联合报》（2017年3月5日）：○莫在上风处 余光中诗妙喻○中山大学昨晚在逸仙馆举办"诗情乐韵余光中"，由余光中朗诵诗作，一首《请莫在上风的地方吸烟》，引起满场观众共鸣，诗人幽默暗喻："因为风向随时会改变，也许就在明天"。

单德兴《"在时光以外奇异的光中"——敬悼余光中老师》：为了庆祝老师九十大寿，原订二〇一六年十月推出"诗情乐韵余光中"诗文音乐会，但因老师头伤，加上莫兰蒂台风与梅姬台风接连来袭，中山大学逸仙馆严重受损，改于二〇一七年三月四日举行。这是老师伤愈复出的第一次大型公开活动。……为了保持老师上台朗诵的体力，诗文音乐会前的晚餐分桌而坐，而未像以往般同桌边吃边聊。这次演出甚为成功，我们一方面感动于老师为文艺而忘躯，另一方面欣喜于老师身体康复。老师显然很满意于自己的表现。但我们万万没想到这竟是我与老师最后一次相见。②

3月，《守夜人：余光中诗歌自选集》简体修订版，由南京江苏凤凰文艺出版社出版。本书是作者首次在大陆出版的自选自译诗集，收录诗人从1958年至2014年创作的80余首诗歌。此番首次推出的简体修订版，不仅增补了多首佳作，还专门为大陆读者撰写新版序言。不同于其他诗选，《守夜人》由作者本人精选其诗歌代表作，收录《乡愁》《翠玉白菜》《乡愁四韵》《与永恒拔河》《江湖上》等经典名篇，以及从未在大陆出版过的不同风格作品，兼有中国古典文学韵味与西方现代文学精神。这些诗作由作者

① 李瑞腾主编：《听我胸中的烈火——余光中教授纪念文集》，第97页。
② 《文讯》第387期（2018年1月）。

亲自译成英文，中英文俱佳，体现出作者诗歌创作与翻译的良性互动。书前有《自序》《二版自序》《三版自序》，末附《余光中译著一览表》。

《中华读书报》（2018 年 1 月 12 日）：○ "与永恒拔河，还没有输定" ——追忆余光中（孙茜）○ 作为今年刚出版的余先生自选自译诗集《守夜人》（江苏凤凰文艺出版社二〇一七年三月版）的责任编辑，外加南京人，中文系，母亲四川血统，对蒲公英的情愫等等……把我卷裹其间，喘不过气来。……二〇一六年八月确定要出版余光中自选集后，原本以为先生会把原先在台湾出版的繁体版自选集《守夜人》（2004 年）直接交于我们出版，却没想到先生自己坚持要做一本"全新的自选集"，依然命名为《守夜人》。为了不耽误出版进度，在病床上便开始从自己浩如烟海的诗歌中重新编选，修订，分辑；订了选目，再把尚无英译的诗歌重新翻译出来——连中英文版的注释都重新梳理、更新、校订。当时余先生身体已不太好，但一个月后还是陆续交来了稿件，除了一首《江湖上》的英文没有译好。二〇一六年十月底，我把缺了一首英文诗的校样发给余先生。十一月，余先生发来一份几乎每页都有手写改动的修改校样，并补上了那首新翻译的《江湖上》，还应我们要求，欣然为新版《守夜人》一笔一画写下序言，题写书名，还把繁体版的两版序言重新修订，一并收入书中，洒脱地写下"这第三版该是最新的也是最后的《守夜人》了"这样的句子。……二〇一七年，简体字版《守夜人》出版。

3 月，秀实（梁新荣）发表《背山——给诗人余光中》，刊《海星诗刊》第 23 期。【按：该诗发表前曾于 2016 年圣诞前给余光中本人看过，后译成英文在 *The Taipei Chinese PEN* 上发表时，更名为《背山——致大诗人余光中》。】

想象一个背影瘦小，踽踽行于西子湾畔 / 金乌歛翅，喧闹的都将息止在海平线之下 / 守夜的灯点亮，世界便还原为真实的面貌 / 那一线的渺渺无边后，便即浑浊与动荡的烟火 // 你的诗是沉默的存在，不柔不刚 / 任天崩地裂不曾变改一丝颜色 / 殿堂的门已然打开，有你缓缓吟诵着的天籁 / 而那叫落日的，又从东方神祇间轰然升起 // 背山沉吟，有类于遗世而独立 / 高雄是一座城，也标示着一个峰顶 / 无诟无

誉的国度在栏栅之中／因为所有的恒久都是空澄于内而纷扰于外

4月15日，出席高雄邮局"手写有温度，寄信有真情"活动。

《联合报》（2017年4月16日）：○"废邮局没水准"诗人鼓励多寄信○诗人余光中昨出席高雄邮局"手写有温度，寄信有真情"活动，谈到台北市长柯文哲曾有"废邮局"的说法，认为是没有水平。他说，写信、投邮是很有文化的过程，邮局怎么可以废掉？他鼓励大家多写信、多寄信。

5月2日，晚，在家中配合《朗读者》节目组录制《民歌》，并写下"谨以《民歌》一诗献给中华民族：我的同胞"。

5月6日，在《朗读者》节目结尾的短篇中朗诵《民歌》。

5月20日，致信台湾"中国笔会"梁欣荣主编。

欣荣主编：

在你百忙之余，尚能将笔会的季刊编得如此有声有色，实在可佩。拙作也一再译成英文，如此道地的英文，更是我的荣幸。

秀实去年赠了一首诗《背山》给我，想必也传了一份给你。无论在香港或是在台湾，贤昆仲都一直鼓励我，给我信心。我在中文大学时，港人一直认为我不是香港作家。台湾倒比较大方，不会倒过来说你不是台湾诗人。再谢，嵩此谨祝

春安

光中　2017.5.20

尊译秀实诗集业已拜受，谢甚。①

5月24日，梁欣荣复信。

亲爱的余老师，

谢谢您的夸奖，愧不敢当。我兄弟俩自大学时期就成了您的忠实粉丝。多年前我在徐州师范大学的第一篇专题演讲谈的也是您的创作。我写的是旧诗，在台湾没有几个觉得我是诗人。台湾是个很宽容的地方，能让我有一个默默的写作空间我已经很感激了。

我预备了一首七言律诗来替老师庆祝即将到来的九十华诞，准备

---

① 原件藏台湾"中国笔会"开放博物馆。

在今年的中国笔会会员年会上献给老师，聊以报答多年来的肯定与赏识。也感谢老师邀请我本学期到中山大学谈翻译，让我获益良多。敬祝身体健康、事事如意。

> 晚欣荣叩首
>
> 2017. 5. 24①

6 月 10 日，发表《余光中诗选》，刊《泉州文学》第 6 期。内收《乡愁》《民歌》《春天，遂想起》。

6 月 14 日，《余光中俄文版乡愁 学子潸然》，刊《联合报》A16。略云：

> 为纪念俄国诗人普希金诞辰暨国际俄语日，政大斯拉夫语文学系与俄罗斯中心举办"打开记忆的盒子：与余光中、席慕蓉有约诗作俄译朗读会"，邀席慕蓉与师生聆赏诗歌，并将两人作品翻成俄文，余光中则隔空透过影片朗诵作品。

6 月 17 日，黄维樑一家三口到高雄余府雅舍拜访，并摄影。

> 《明报·明艺版》（2017 年 7 月 31 日）：○到高雄探望余光中先生（黄维樑）○终于在（二〇一七年）六月十七日，三人从香港飞到了高雄。下午即到余府，见到的诗翁，手持拐杖，行动缓慢，身体弱了。

7 月，《英美现代诗选》修订版，由台北九歌出版社出版。该书 1968 年初版，1980 年再版。

> 陈素芳《当夜色降临，星光升起——由读者到编者，永怀余光中老师》：这样的精神甚至体现在二〇一六年跌跤住院后、二〇一七年一月与七月重新出版《守夜人》《英美现代诗选》里，增、删、重译之余，不免感叹："出院后回家静养，不堪久作用脑之重负，在遇见格律诗之韵尾有 abab 组合时，只能照顾到其 bb 之呼应，而置 aa 不顾，亦无可奈何。"②

7 月，赠单德兴修订新版《英美现代诗选》并题签。

> 单德兴《"在时光以外奇异的光中"——敬悼余光中老师》：二〇

---

① 原件藏台湾"中国笔会"开放博物馆。

② 《文讯》第 387 期（2018 年 1 月）。

一七年赠送的《英美现代诗选》更写上"德兴吾弟留念",打破师徒界限,令我受宠若惊,愧不敢当,深切感受到晚年的老师有如成熟的麦穗,成就愈高,待人愈谦和。①

7月,出席"余光中人文讲座"咨询委员会会议。

> 单德兴《"在时光以外奇异的光中"——敬悼余光中老师》:二〇一七年七月召开咨询委员会,老师坚持亲自主持。……会后得知在陈芳明、李瑞腾等委员倡议下,二〇一八年将举办老师九十大寿学术研讨会,出版寿庆文集,并规划老师与一些学者对谈,翻译方面由我搭配。②

7月,诗集《藕神》,由北京金城出版社出版,标"余光中第十九本诗集典藏版"。是为该书在大陆首次出版,收诗72首,未做删减。

8月30日,反对蔡英文当局删减高中"国文"课程中的文言文。他表示"要推广闽南语,更要念文言文",从小父亲就教他以闽南语念文言文。余光中说,相较"国语"或京片子,有八音的闽南语、九音的客家话,无论文字还是声调,更贴近文言文,用闽南语(泉州话、漳州话)、潮州话朗诵,更贴近文言文的原味,想推广闽南语,更应鼓励孩子念古诗词及文言文,彰显闽南语的典雅与优美。

> 《联合报》(2017年8月30日):〇余光中:民进党推广闽南语 更要念文言文〇"高中国文课纲"拟大删文言文比率引发争议,中山大学荣誉教授、年近90的余光中今天(30日)接受本报独家专访时指出,白话与文言、台湾与中华文化,都不应一刀切断,"国文"教学及写作本应文白、中西、古今调和。"民进党政府"推广本土语言,反而要念更贴近闽南语的文言文。
>
> 早在12年前,余光中就发起"抢救国文教育联盟",呼吁"民进党政府"勿把高中"国文"的文言文由65%删到45%,但未被采纳。国民党"执政"后才改成文言文占45%到65%;这次高中"新课纲"草案又缩减成45%到55%,推荐文言文由30篇减为20篇。

---

① 《文讯》第387期(2018年1月)。
② 《文讯》第387期(2018年1月)。

余光中因此提醒"民进党政府"，想推广闽南语，更应鼓励孩子念古诗词及文言文，且要大声朗诵出来，才能彰显闽南语的典雅与优美。……他认为，文言文等中国古典的遗产，经千百年淘汰到我们手里，是一笔现金，不需缴税，更应珍惜，若文言文的去留，也容高中生参加投票，那就更危险了，"因为学生是恨不得完全不选文言文的"。

《联合报》（2017 年 8 月 31 日）：〇推本土更要读余光中：古文贴近闽南话〇"高中国文课纲"拟大删文言文比率引发争议，中山大学荣誉教授余光中昨天指出，白话与文言、台湾与中华文化，都不应一刀切断。文言文是几千年中华文化的载体，延续了老祖先几千年来的思想、看法和结晶。

相较"国语"或京片子，余光中说，有八音的闽南语、九音的客家话，不管文字、声调更贴近文言文，"民进党政府"想推广闽南语，更应鼓励孩子念古诗词及文言文，且要大声朗诵出来，更能彰显闽南语的典雅与优美。……余光中说，他虽用白话文创作，但受过文言文训练，有助文字更精练。他感叹，很多年轻人讨厌文言文、爱念白话文，但白话文还是写不通，不是中文不够用，而是文言文没读透，才会一堆赘字冗词、西化语法。

《联合报》（2017 年 9 月 11 日）：〇文言文 不可抛〇学者说 / 余光中 推广本土语言更该念文言文"高中国文课纲"拟大删文言文比率引发争议，中山大学荣誉教授余光中昨接受联合报访问指出，白话与文言、台湾与中华文化，都不应一刀切断。文言文是几千年中华文化的载体。

8 月，获何怀硕赠书《给未来的艺术家》，并回信。

《联合报》（2018 年 1 月 7 日）：〇在光中走进诗史（何怀硕）〇今年八月，我十多年前《给未来的艺术家》一书出增订版，遂寄刚收到的第一本给余老，他给我回信，这是最后收到的光中先生的一封信。信末说他为目疾所苦，写作不方便，而有"长寿则多难，令人难堪，奈何！"之语。我读后很难过。一位大作家，不能读写，是多么痛苦。

9 月 7 日，发表《吟诵千年始能传后》，刊《联合报》副刊 D3。

9 月 9 日，发表《为现代诗画松绑》，刊《联合报》副刊 D3；2018 年

1月《大海洋诗杂志》第 96 期转载。

9月 10 日，中译塔朗吉诗歌《火车》，刊《读写月报》第 26 期。

9月，第三届中国·天津诗歌节在武清举办，本届诗歌节将中国诗歌突出贡献奖颁给余光中。余光中本应允来津，因年事已高，遵医嘱而未成行，特委派其弟子——台湾文学馆副馆长、著名诗人雨弦来津领奖。但他特别作了一首诗《天津诗歌节》，亲自朗诵，并拍成视频与大家共享。雨弦的演讲稿后以《我所认识的余光中》为题，刊 11 月 4 日《天津日报·满庭芳》。评委给余光中的颁奖词为：

> 余老先生文江学海，高山景行。其诗歌，韵律简约，悠远空灵，情感深沉，恰到好处地切合物、景、情，处处蕴含了个人与家国、个人与命运的大爱哲思，被树为一个时代文学的标杆，享誉海内外。

9月，散文集《一无所有，却拥有一切》《月光还是少年的月光》，由南京江苏凤凰文艺出版社出版，收入"余中散文精选"系列。

10 月 21 日，冯亦同自南京打来电话，告知《风筝怨》出版信息，并题签祝贺诗翁 90 寿诞。

> 《扬子晚报·诗风专刊》（2017 年 12 月 24 日）：〇日落西子湾——怀念余光中先生（冯亦同）〇今年重阳节前一周，我同远在高雄家中的余先生通了电话，告诉他江苏文艺出版社已快递寄出我为他选编的最新诗集《风筝怨》，祝贺他即将来到的九十华诞。电话那头传来诗翁微弱的声音："感谢你这个知音，在南京出书对我有意义，余下的时间不多了，我还要多写，多翻译一点东西……"

10 月 23 日，高雄中山大学庆祝余光中 90 大寿，夫人范我存及女儿出席。

> 《联合报》（2017 年 10 月 24 日）：〇余光中 90 大寿 盼再出 2 本书〇诗人余光中的人生列车奔进了九十岁。他去年不慎跌倒，颅内出血住进加护病房，后康复出院，一路坐看人生风景，他以《战国策》"行百里者，半九十"自况，接下来希望能够健康写作，再出两本书。

> 单德兴《"在时光以外奇异的光中"——敬悼余光中老师》：十月二十三日中山大学为老师庆生……老师致词时依然妙语如珠，表示任教中山大学三十二年，人来人往，但他依然镇守此地，因此自喻为

"西子湾的土地公"，也提到"行百里者半九十"，希望还能在四、五年的时光继续健康写作。①

罗青《百年文学一光中——怀余光中先生》：十月余先生欢度九十大寿前，我预备以《老牌落日天文异象观测研究员》一诗，当场献寿……《大树飘零送别光中先生》：

枝叶片片飘零了，大树一棵 / 而主干依旧粗壮，顶天立地 // 曾经，油亮在枝头上的碧叶 / 是指挥日月搅动风云的舌头 // 飘飞在长风中的红叶，曾经 / 是逍遥山巅映照水边的诗笺 // 如今，落归入泥土里的枯叶 / 是古意斑斓黑白分明的碑帖 // 主干不断吸收千年天地精华 / 不知花费多少日夜寸寸成长 // 更不知要花费多少的岁月啊 / 才能把自己寸寸的反馈天地 //②

10 月 26 日，高雄中山大学为其举办庆生会兼《余光中书写香港纪录片》发布仪式。

台北《中国时报》（2017 年 10 月 27 日）：○余光中书写香港纪录片首映（曹明正）○中山大学 26 日为文学大师余光中 90 岁生日作寿，庆生会上除了切蛋糕，也首播《余光中书写香港纪录片》。余光中伉俪全程参与，学校还特别邀请香港中文大学荣誉退休讲座教授金圣华、退休教授黄维樑等人出席。

纪录片拍摄团队实地走访香江取景，访谈余光中多位文坛旧识，历时数月录制成 40 分钟的影片，回顾余光中文学生涯中长达 11 年的"香港时期"，呈现其文学创作、教学与生活点滴，发掘余学研究于香港的精彩篇章。

影片一开始从余光中朗诵诗作《望海》说起，全片以香港中文大学为主轴，拍摄余光中任教时的相关手稿文物、获颁荣誉文学博士等资料，搭配友人金圣华教授、黄维樑教授与高足黄秀莲老师、樊善标教授的深度访谈。

余光中 1928 年生于南京，20 岁迁居台湾，曾于 1974 年至 1985 年在香港中文大学联合书院中文系任教，这段期间创作出 163 首诗作

---

① 《文讯》第 387 期（2018 年 1 月）。

② 李瑞腾主编：《听我胸中的烈火——余光中教授纪念文集》，第 107 ～ 109 页。

及 25 篇散文。诗人流沙河曾形容"余先生在九龙半岛龙门一跃,成为中国当代的大诗人"。

余光中 26 日回忆创作历程时透露,《望海》是他从香港到高雄不久写的,当时他相当怀念香港,来到西子湾,望着茫茫台湾海峡,越看越远;最后,最遥远的是望海的眼睛,深刻表达对香港时期的恋慕。

他讲到香港时期,全家"连根拔起"迁去时,首先遇到语言问题,因他不会讲广东话,别人问他问题,他只能用普通话回答,"这大概是世界少有"。他也回忆,在台湾当教授 1 个月薪水 7000 元,到了香港也是 7000 元,"不过,是港币 7000 元",换算起来待遇确实不错。

黄维樑:《序二:回到壮丽的余光中》:10 月 26 日下午,中山大学(高雄)为先生举办九十岁(虚岁)庆生会,兼有《余光中书写香港纪录片》发布仪式。①

10 月 28 日,重九日,90 寿辰。
10 月,为湖南著名古典评论家李元洛的诗集《一日一诗》写推荐语。

黄维樑《致李元洛》:余翁年表不知谁制作的,吾兄吗?在《一日一诗》出版前,策划人李斌要搞名家推荐语,包括余翁和你。我说无法请余专写了,他说只要是出自他手的也可,于是从余为《凤凰游》和《新编今读唐诗三百首》所作序言中各摘两句。非病中为此专作之推荐语也。又,余小姐欲寄之书迄未收到,亦不知寄出否?如同时寄你并请转,虽添你负累,但还保险些。②

10 月,诗集《风筝怨》,由南京江苏凤凰文艺出版社出版。本书是"乡愁诗人"余光中的家乡南京献给诗人 90 寿辰的贺礼诗集,由南京著名诗人冯亦同选编,余光中亲自命名、作序,审定 100 首入选篇目,它们均为诗人千首诗作中的精华之作。全书分为咏志篇、言情篇、思乡篇、艺文篇、警世篇、自然篇、生命篇七大板块,层层递进,全面展现诗人对故土的魂牵梦绕,对妻子的一往情深,与千古诗人的惺惺相惜,以及在歌咏自然之中顿悟宇宙奥秘、生命真谛的壮丽神思。

---

① 李元洛、黄维樑:《壮丽余光中:生活与作品》,第 8 页。
② 据黄维樑先生提供原件照。

　　余光中《风筝怨·自序》：我是南京人，生于南京。按照国际的常规，我当然是不折不扣的"南京大萝卜"，念金陵大学外文系时，说话的腔调介于江南与江北之间，近于星云大师。由于海峡天堑之隔，直到 1997 年，我才回到南京"故乡"，也就初识了冯亦同先生。自此冯先生一直对我鼓励有加：先是为我编散文集，现在又为我编了这本诗集，入选的 100 首诗，约为我全部诗作的 12 分之 1；在诗集出版前夕，且让我对他的知音隆重致敬。2017.3。

　11 月 19 日，台湾诗人颜艾琳至台湾高雄余光中家中探望，并与之商谈文创产品的授权问题。余光中询问了洛夫、杨牧、郑愁予等人的近况，并为其题字："给艾琳：彦殊文心"。

　11 月 26 日，作诗《警告》，是为创作的最后一首诗歌【按：另有一首《阳关》，可惜未能完成】。

　11 月 27 日，因急性脑中风被送高雄医院急诊。

　　《自由时报》（2017 年 12 月 14 日）：○余光中住院 18 天 家属同意不急救○［记者黄旭磊／高雄报导］余光中于 11 月 27 日送到高医急诊，因急性脑中风、心肺恶化转神经内科加护病房，家属签署不施行心肺复苏术同意书。

　　王洞《敬悼余光中》：余先生前一些日子吃东西，咽不下去，送医院就肺积水转成肺炎。……都是因为人老了，控制开关食道、气管的那块小肌肉失灵。吃的东西进了气管掉到肺里，肺就会积水，变成肺炎。[①]

　　钟玲《余光中老师的多重面貌》：而他最在意的文学创作一直进行到最后，在二〇一七年十一月二十八日他小中风入院前一个多月，他还写下《悼念李永平》一文，刊载在二〇一七年十二月号的《文讯》上。文中说，他当年为李永平的小说《吉陵春秋》写序文，那时李永平没有告诉他吉陵到底位于何处，"害我狂猜了好久"。[②]

　11 月，郭聪发表《经典重译与译者风格变化：*The Old Man and the Sea* 余光中两译本的对比研究》，刊《辅仁外语学报》第 14 期。

　12 月 7 日，黄秀莲自香港赴高雄探病。

---

① 李瑞腾主编：《听我胸中的烈火——余光中教授纪念文集》，第 313 页。
② 《文讯》第 387 期（2018 年 1 月）。

钟玲《余光中老师的多重面貌》：二〇一七年十二月六日我收到散文家黄秀莲的电邮，说因为余老师小中风入院，她七日将由香港飞到高雄探病。黄秀莲是余老师在中文大学中文系任教时的学生。我想黄秀莲心系老师，是有心电感应的，就在她抵高雄那天，余老师的病情转重，她得以在老师最难度的人生关卡随侍在侧。黄秀莲在老师病床前，还跟他一起背唐诗。余老师已经心脏积水、肺部积痰，后来余太太告诉我，余老师是染上了肺炎。[①]

《明报月刊》（2018年第1期）：〇异材秀出千林表——吾师是余光中（黄秀莲）〇今年十二月七日，我飞往高雄，此行本是为师母贺寿，所以只稍驻三天，怎料行前惊闻教授小中风，心情忐忑，一卸下行李，忙随师母往医院探望，他已插了气喉和胃管。一见我就笑说："你来了台湾。"仍能背诵"床前明月光"。

12月8日，转重症监护病房。

钟玲《余光中老师的多重面貌》：八日余老师转深切治疗部，病情沉重。除了余太太和余幼珊，其余三个女儿也分别由海外、由他地回来。[②]

《明报月刊》（2018年第1期）：〇异材秀出千林表——吾师是余光中（黄秀莲）〇翌日他情况不稳，要转到加护病房。……加护病房探病时间短，每次容二人逗留，师母与女儿加上我，轮流探望，床前安慰。

12月12日，高雄中山大学校方表示，余老师人很好，请外界放心。

《自由时报》（2017年12月12日）：〇余光中身体不适住院疗养中山大学：老师人很好〇[实时新闻／综合报导]89岁诗人余光中今日（12）传出由于天气变化剧烈，住院疗养。中山大学校方今日稍晚表示，老师人很好，请外界放心。

综合媒体报导，中山大学校方今日表示，由于最近天气多变化且低温，日前余光中到医院检查，医师建议余光中静养，校方之后也有到医院探望。

---

① 《文讯》第387期（2018年1月）。
② 《文讯》第387期（2018年1月）。

《明报月刊》（2018 年第 1 期）：〇异材秀出千林表——吾师是余光中（黄秀莲）〇十二日早上他尚能点头，表示听到，及至黄昏已不能回应。……监测心跳血压等功能的显示器，久不久就响一下，听得我心惊肉跳。

12 月 13 日，转普通病房。

《自由时报》（2017 年 12 月 14 日）：〇余光中住院 18 天　家属同意不急救〇昨晚（13 日）家属要求转进普通病房，以便把握最后相处时光。……高医副院长黄尚志说，余教授往生前家属陪在身旁，佩服家属把握最后相处决定。据了解，余教授女儿及妻子皆陪伴在侧。

张晓风《偶逢之处》：他临走前似乎仍然稍有遗憾，他还有一首诗，题目都想好了，内容也洞然于胸，但写作还是须要体力和精力的，他终于没能写出来。他说："如果写出来——会是一首好诗——题目叫——《阳关》。"这段话，是余幼珊，跟他们住同一栋大楼的次女说的。[①]

12 月 14 日，病逝，享年 90 岁。

钟玲《余光中老师的多重面貌》：十四日早上在安宁病房，余老师在至亲环绕中安详过世。[②]

《联合报》（2017 年 12 月 14 日）：〇诗人余光中病逝　享寿 90 岁〇诗人余光中今天病逝高医，享寿九十。余光中与妻子范我存去年在钻石婚的前夕，先是范我存肠道不明原因大出血，进了加护病房；隔天余光中在大楼门口附近跌了一跤，颅内出血，也进了加护病房。后来双双好转，便以捐助弱势团体的方式度过结婚 60 年。

《联合报》（2017 年 12 月 15 日）：〇余光中载着乡愁远去〇诗人余光中走过颠沛流离、诗文烂漫的一生，昨天上午十时零四分因急性脑中风导致肺浸润、心衰竭，病逝于高医，享寿九十，妻子范我存与四个女儿都陪在身旁。文学灿星陨落，载着乡愁远行。

《自由时报》（2017 年 12 月 14 日）：〇诗人余光中病逝　高医及中山大学证实〇［记者黄旭磊／高雄报导］中山大学荣誉退休教授余光

---

① 李瑞腾主编：《听我胸中的烈火——余光中教授纪念文集》，第 57 页。
② 《文讯》第 387 期（2018 年 1 月）。

中病逝，享寿 90 岁，而余老于民国 17 年出生，10 月刚过生日。高医中午表示，病人家属要求保密，不公开病情，但消息为真。中山大学也表示，今天（14 日）早上 10 点 4 分过世，家属不愿被打扰。

余光中于 11 月 27 日送到高医急诊，因急性脑中风、心肺恶化又有呛咳等病状，转神经内科加护病房，家属签署不施行心肺复苏术同意书，昨晚（13 日）家属要求转进普通病房，以便把握最后相处时光，今天上午 10 点 4 分平静病逝。……

……据了解，余光中女儿及妻子随侍病榻，女儿说，父亲走得平静安详。

南京大学校友总会《唁电》：故余光中先生治丧委员会：惊悉我们敬爱的学长，著名的文学家、诗人、散文家光中先生仙逝，万分悲痛，南京大学校友总会以及海内外金陵大学和南京大学校友们谨表示最深切的哀悼，并请向光中先生家属转达最诚挚的慰问。

光中先生自 1947 年至 1949 年间在南京大学的前身金陵大学外语系学习，深受学风的熏陶，并始终是"诚真勤仁"校训的践行者。先生从事文学创作超过半个世纪，以诗歌、散文、评论、翻译等方面的成就驰誉海内外，也为母校赢得了良好的声誉。

先生对南京大学感情深厚，生前曾经多次返回母校寻访旧迹，并做精彩的讲座，给予母校师生深深的教益。儒雅风采，容貌宛在；殷殷嘱托，言犹在耳。2002 年南京大学百年校庆时，先生专程返回母校，并激情赋诗《钟声说》，表达对母校的眷恋和祝福。

光中先生的离世，不仅是南京大学的重大损失，更是我们中国文坛的重大损失。

道德文章垂千古！祝愿我们崇敬的南京大学先进光中先生安息！

南京大学校友总会
2017 年 12 月 14 日（印章）①

12 月 15 日，发表《蓝星曾亮半边天》，刊《联合报》副刊 D3。

12 月 16 日，江少川于武昌桂子山写诗《乡愁，从天上传来——悼念余光中》，刊 12 月 31 日《中国诗歌》第 12 期。

---

① 据原件照。

　　寒冬，忽地从天上传来那熟悉的《乡愁》，/ 泪湿了，海岛的棕榈椰林，/ 叶落了，大陆的银杏古柳，/《乡愁》是诗人的墓志铭，/ 重压在世纪中国的心头，/ 三十六岁那年写下的《当我死时》："我便坦然睡去，睡整张大陆"，/ 你想听的安魂曲安魂了吗？/ 那浅浅的海峡，还是一道裂沟，/ 我在这头，大陆在那头。乡愁诗咏唱了半个世纪，/ 欲唱未休，欲吟不休，乡愁更愁，/ 战国春秋，一江南北，海峡浪稠，/ 你走了吗？乡愁走了吗？/ 你依然穿着那最爱的紫红衬衣，/ 在天上凝望旋转的地球，/ 那一页海棠，那昂立的雄鸡，/ 是否是你诗中完整的地图与金瓯？/ 乡愁是诗魂，诗魂是乡愁，/ 你双眸遗恨，一步一回头，/ 那乡愁诗你带到天上去续写，/ 不仅是浅浅的海峡，/ 你在云头，故国在地头，/ 海天之间隔着迷茫的宇宙。

　　12 月 29 日，余光中告别式在高雄举行，两岸暨海外文化界人士、亲友以及学生近千人齐聚为余老送别。马英九携夫人周美青、中国国民党主席吴敦义到场悼念。

　　同日，上午 9 点，福建永春余光中文学馆乡愁剧场举行余光中先生追思会，当地政府、文学界、学校的各方代表共 200 多人来到现场。在追思会上，当地政府领导、余氏宗亲代表、余光中文学馆代表表达了对余先生的思念，追忆了余老与家乡的往事。

　　12 月 30 日，王丕立发表散文诗《带不走的乡愁——怀念诗人余光中》，刊《广西电业》第 12 期。

　　　　诗人走了 / 乡愁并未带走 / 如涨潮的海一下 / 漫过记忆的礁石 / 那条荆棘的小路垂挂着 / 几千年的冰霜 / 波萝蜜一般 / 牵引我灼烧的灵魂 / 缪斯的圣像陡峭 / 你日益嶙峋的骨骼 / 长长的路 / 慢慢走系不住 / 时光飞逝的脚步 / 紫荆花开渊默了 / 缤纷的空城 / 你身后漂水花 / 点响平静的水面而你 / 正投向母亲的怀抱

　　12 月 31，余光中的《余光中记厦门盛会》、黄维樑的《到高雄探望余光中》、张叹凤的《余光中先生重庆家园两访》，刊《华文文学评论》第 5 辑。

　　12 月，发表《中国古典诗之虚实互通》，刊香港《明报月刊》第 624 期。这篇诗论作于他读清代诗人赵翼的《瓯北诗话》之后，是他的绝笔之作。

　　12 月，陈家平的《永远的纪录　难忘的回忆——追忆余光中先生》、梁白瑜的《恨那摇丧钟的海神——远悼余光中先生》、吴谨程的《乡愁余光中》，刊《泉州文学》第 12 期。

12 月，《长长的路我们慢慢走》，由北京光明日报出版社出版。本书精选余光中散文 36 篇，包括游记见闻、感情经历、生活智慧、人情世故、文化随感等五部分内容。

12 月，范我存编著《玉石尚：范我存收藏与设计》，由台北九歌出版社出版。该书系范我存以中国结配玉器的玉饰图录，并有自撰的说明文字，是她多年艺术情怀的结晶。

《明报月刊》（2022 年第 2 期）：○玉缘：范我存和我（钟玲）○余老师创作和学术著作等身，余太太也出书了，二〇一七年九歌出版社出版《玉石尚：范我存收藏与设计》，图文并茂地呈现了她的玉器和中国结。可惜余老师在二〇一七年底去世，来不及亲见我存古玉收藏的丰收成果，二〇一八年二月她捐出新石器时代齐家文化玉器二十多件给香港中文大学文物馆，我存展现她的大气和慷慨。我由澳门赶到香港新界参加文物馆主办的捐赠典礼。同年五月，我存在高雄新思惟人文空间举行"《玉石尚》——范我存设计收藏展及新书发表会"，观众人潮汹涌。我想余老师会说："玉人如美酒，越久越香醇！"

参考文献

一、余光中诗文集（含译著）

《舟子的悲歌》，台北：野风出版社，1952。

《蓝色的羽毛》，台北：蓝星诗社，1954。

《万圣节》，台北：蓝星诗社，1960。

《钟乳石》，香港：中外画报社，1960。

《莲的联想》，台北：文星书店，1964；台北：大林书店，1969；台北：大林出版社，1980。

《掌上雨》，台北：文星书店，1964。

《望乡的牧神》，台北：纯文学出版社，1968；台北：九歌出版社，2008。

《天国的夜市》，台北：三民书局，1969。

《敲打乐》，台北：纯文学出版社，1969；台北：九歌出版社，1986；上海：上海三联书店，2019。

《在冷战的年代》，台北：纯文学出版社，1969；台北：纯文学出版社，1984。

《焚鹤人》，台北：纯文学出版社，1972。

《白玉苦瓜》，台北：大地出版社，1974；台北：大地出版社，1995；台北：九歌出版社，2008。

《天狼星》，台北：洪范书店，1976。

《左手的缪思》，台北：大林出版社，1976。

《与永恒拔河》，台北：洪范书店，1979；台北：洪范书店，1986。

《分水岭上》，台北：纯文学出版社，1981；台北：九歌出版社，2009。

《余光中诗选：一九四九——九八一》，台北：洪范书店，1981。

《隔水观音》，台北：洪范书店，1983。

《紫荆赋》，台北：洪范书店，1986。

《天狼星》，台北：洪范书店，1987。

《记忆像铁轨一样长》，台北：洪范书店，1987。

《隔水呼渡》，台北：九歌出版社，1990。

《梦与地理》，台北：洪范书店，1990。

《新月与孤星：余光中爱情诗精选》，成都：四川文艺出版社，1990。

《守夜人》，台北：九歌出版社，1992；台北：九歌出版社，2017。

《五陵少年》，台北：大地出版社，1993。

《从徐霞客到梵谷》，台北：九歌出版社，1994。

《春天该去布拉格》，与向明、沈既彬、李昂合著，台北：尔雅出版社，
　　　1995。

《安石榴》，台北：洪范书店，1996。

《高速的联想》，天津：百花文艺出版社，1997。

《蓝墨水的下游》，台北：九歌出版社，1998。

《五行无阻》，台北：九歌出版社，1998。

《余光中诗选（第二卷）：一九八二——一九九八》，台北：洪范书店，1998。

《日不落家》，台北：九歌出版社，1998；北京：中国友谊出版公司，1999。

《与海为邻》，上海：上海文艺出版社，1999。

《高楼对海》，台北：九歌出版社，2000。

《逍遥游》，台北：九歌出版社，2000。

《余光中精选集》，台北：九歌出版社，2002。

《含英吐华：梁实秋翻译奖评语集》，台北：九歌出版社，2002。

《余光中谈翻译》，北京：中国对外翻译出版公司，2002。

《余光中谈诗歌》，南昌：江西高校出版社，2003。

《余光中集》（全九卷），天津：百花文艺出版社，2004。

《余光中幽默文选》，台北：天下远见出版公司，2005。

《举杯向天笑》，台北：九歌出版社，2008。

《藕神》，台北：九歌出版社，2008。

《凭一张地图》，台北：九歌出版社，2008。

《余光中六十年诗选》，陈芳明编，台北：INK 印刻文学出版公司，2008。

《凡我在处，就是中国：余光中对话集》，余光中著，梁笑梅编，北京：人

民日报出版社，2011。

《心花怒放的烟火：余光中跨界序集》，深圳：海天出版社，2014。

《绣口一开：余光中自述》，余光中著，梁笑梅编，北京：人民日报出版社，
　　2014。

《太阳点名》，台北：九歌出版社，2015。

《粉丝与知音》，台北：九歌出版社，2015。

《左手的掌纹》，南京：江苏凤凰文艺出版社，2016。

《风筝怨》，南京：江苏凤凰文艺出版社，2017。

《井然有序》，上海：上海三联书店，2019。

《天真的歌：余光中经典翻译诗集》，余光中编译，南京：江苏凤凰文艺出
　　版社，2019。

《录事巴托比·老人与海》，〔美〕赫尔曼·梅尔维尔、欧内斯特·海明威著，
　　余光中译，台北：九歌出版社，2020。

《翻译乃大道，译者独憔悴：余光中翻译论集》，余光中著，余幼珊编，台
　　北：九歌出版社，2021。

二、其他著作

白先勇：《第六只手指》，上海：文汇出版社，2004。

蔡其矫：《蔡其矫书信集》，郑州：大象出版社，2011。

曹大臣等：《南京百年城市史：1912—2012·社会团体卷》，南京：南京出
　　版社，2014。

曹可凡：《悲欢自酬》，上海：上海书店出版社，2011。

陈芳明：《现代主义及其不满》，台北：联经出版事业公司，2013。

陈芳明主编：《台湾现当代作家研究资料汇编：余光中》，台南：台湾文学
　　馆，2013。

陈鼓应等：《这样的"诗人"余光中》，台北：台笠出版社，1989。

陈君华：《望乡的牧神——余光中传》，北京：团结出版社，2001。

陈淑彬：《何处不清光：余光中诗歌边陲性论析》，台北：五南图书出版公
　　司，2015。

陈幸蕙：《悦读余光中：诗卷》，台北：尔雅出版社，2002。

陈幸蕙：《悦读余光中：散文卷》，台北：尔雅出版社，2008。

陈幸蕙：《悦读余光中：游记文学卷》，台北：尔雅出版社，2010。

晨曦主编：《中国近现代诗歌名作欣赏》，青岛：中国石油大学出版社，
　　2017。

程永新编著：《一个人的文学史》，上海：上海文艺出版社，2018。

段勇编：《文字的温情：名家书信》，武汉：华中科技大学出版社，2014。

傅光明采写：《生命与创作：中国作家访谈录》，济南：山东画报出版社，
　　2005。

傅孟丽：《茱萸的孩子：余光中传》，上海：上海远东出版社，2006。

龚明德：《昨日书香》，南京：东南大学出版社，2002。

古继堂：《台湾新诗发展史》，台北：文史哲出版社，1989。

古继堂主编：《台港澳暨海外华文新诗大辞典》，沈阳：沈阳出版社，1994。

古剑：《聚散》，北京：海豚出版社，2014。

古远清：《海外来风》，南京：东南大学出版社，2004。

古远清：《余光中：诗书人生》，武汉：长江文艺出版社，2008。

古远清编：《余光中评说五十年》，北京：文化艺术出版社，2008。

古远清：《余光中传：永远的乡愁》，武汉：长江文艺出版社，2019。

郭虹编著：《哲学与美学的诗艺合璧：余光中散文研究》，长沙：中南大学
　　出版社，2004。

河西学院贾植芳研究中心编：《写好一个"人"字：贾植芳讲堂2016年演
　　讲实录》，郑州：大象出版社，2017。

黄国彬：《琥珀光》，香港：香江出版有限公司，1992。

黄曼君、黄永林主编：《火浴的凤凰　恒在的缪斯：余光中暨香港沙田文学
　　国际学术研讨会论文集》，武汉：湖北人民出版社，2002。

黄维樑编著：《火浴的凤凰——余光中作品评论集》，台北：纯文学出版社，
　　1979。

黄维樑编：《璀璨的五采笔：余光中作品评论集（1979—1993）》，台北：
　　九歌出版社，1994。

黄维樑：《壮丽：余光中论》，香港：香港文思出版社，2014。

黄维樑：《文化英雄拜会记：钱锺书、夏志清、余光中的作品与生活》，香
　　港：香港中文大学出版社，2018。

黄维樑：《大师风雅——钱锺书、夏志清、余光中的作品和生活》，北京：

九州出版社，2021。

纪弦：《纪弦回忆录：第二部·在顶点与高潮》，台北：联合文学出版社，2001。

江堤编选：《给艺术两小时：余光中·黄永玉谈文学与艺术》，长沙：湖南大学出版社，2001。

江堤编选：《余光中：与永恒拔河》，长沙：湖南大学出版社，2001。

江艺：《对话与融合：余光中诗歌翻译艺术研究》，西安：世界图书出版公司，2009。

金圣华：《认识翻译真面目》，香港：天地图书有限公司，2002。

金圣华：《荣誉的造像》，海口：南海出版公司，2015。

李敖：《李敖回忆录》，北京：中国友谊出版公司，1999。

李敖：《李敖情书集》，长春：时代文艺出版社，2012。

李丹：《走向诗学》，广州：花城出版社，2013。

李瑞腾主编：《听我胸中的烈火——余光中教授纪念文集》，台北：九歌出版社，2018。

李文俊：《纵浪大化集》，北京：九洲图书出版社，1997。

李荫远编纂：《当代新诗读本》，北京：中国文联出版社，2005。

李勇、闫巍：《流淌的人文情怀：近现代名人墨记5》，上海：东方出版中心，2017。

李有成：《诗的回忆及其他》，吉隆坡：有人出版社，2016。

李元洛编著：《李元洛新编今读唐诗三百首》，长沙：岳麓书社，2013。

李元洛、黄维樑：《壮丽余光中：生活与作品》，北京：九州出版社，2018。

郦国义等主编：《文学报创刊二十年（1981—2001）独家特稿》，上海：文汇出版社，2001。

梁实秋著，陈子善、余光中等编：《雅舍轶文》，北京：中国友谊出版公司，1999。

梁实秋：《老去是生命的礼物：世间的一切遗憾都是成全》，天津：天津人民出版社，2018。

梁锡华：《如寄集》，香港：天地图书有限公司，2007。

梁笑梅：《壮丽的歌者：余光中诗艺研究》，重庆：西南师范大学出版社，

2006。

廖述务：《韩少功创作研究》，北京：知识产权出版社，2019。

林明德编：《台湾现代诗经纬》，台北：联合文学出版社，2001。

林祁：《莫名"祁"妙：林祁诗文集》，北京：九州出版社，2013。

流沙河编著：《台湾诗人十二家》，重庆：重庆出版社，1983。

刘奎：《冷战初期台湾与香港诗坛的交流与互动》，北京：九州出版社，
　　2018。

刘锡诚：《在文坛边缘上（增订版）》，开封：河南大学出版社，2016。

刘永乐编著：《牛姆林风光》，北京：中国致公出版社，2003。

陆正兰、张明明：《中国音乐文化百年史》，南京：南京师范大学出版社，
　　2018。

罗门：《蓝星的光痕》，台北：九歌出版社，1999。

罗青：《从徐志摩到余光中》，台北：尔雅出版社，1978。

罗青：《诗人之灯：诗的欣赏与评论》，台北：东大图书公司，1992。

洛夫：《洛夫诗论选集》，台北：开源出版公司，1977。

满月河主编：《中国大学生诗选》，青岛：青岛海洋大学出版社，1990。

钱学武：《自足的宇宙：余光中诗题材研究》，香港：香江出版有限公司，
　　1998。

邱景华编著：《蔡其矫年谱》，福州：海峡文艺出版社，2016。

仇润喜：《信海游》，天津：百花文艺出版社，2006。

单德兴：《却顾所来径——当代名家访谈录》，台北：允晨文化，2014。

单德兴：《翻译与评介》，台北：书林出版有限公司，2016。

单德兴：《翻译家余光中》，杭州：浙江大学出版社，2019。

斯舜威：《百年画坛钩沉》，上海：东方出版中心，2016。

舒羽：《流水》，北京：作家出版社，2013。

水运宪：《惟天在上》，长沙：湖南文艺出版社，2017。

苏其康主编：《诗歌天保——余光中教授八十寿庆专辑》，台北：九歌出版
　　社，2008。

谭五昌：《在北师大课堂讲诗：台港澳专辑》，西安：陕西师范大学出版总
　　社，2018。

王洞主编，季进编：《夏志清夏济安书信集：卷三》，上海：上海人民出版

社，2019。

王火：《王火文集》第10卷《90回眸》，成都：四川文艺出版社，2017。

王良和：《余光中、黄国彬论》，香港：汇智出版有限公司，2009。

王伟明：《诗人诗事》，香港：诗双月刊出版社，1999。

王向远、乐黛云：《比较文学研究》，福州：福建人民出版社，2006。

王尧：《余光中：诗意尽在乡愁中》，郑州：大象出版社，2003。

王勇主编：《文学同心圆：第15届亚细安华文文艺营诗文选》，新加坡：青年书局，2016。

翁均志：《三生同听一楼钟》，珠海：珠海出版社，2004。

吴茂华：《草木之秋——流沙河近年实录》，哈尔滨：北方文艺出版社，2018。

吴小攀：《十年谈——当代文学名家专访》，广州：花城出版社，2014。

西茜凰：《大学女生日记》，香港：博益出版社，1984。

夏志清：《文学的前途》，台北：纯文学出版社，1974。

夏志清：《人的文学》，福州：福建教育出版社，2010。

萧萧：《现代诗纵横观》，台北：文史哲出版社，1991。

萧宜：《凭窗忆语：笔会十年师友录》，上海：文汇出版社，2018。

谢冕：《当代学者自选文库：谢冕卷》，合肥：安徽教育出版社，1999。

徐明祥：《潜庐读书记》，呼和浩特：内蒙古教育出版社，2012。

徐学：《火中龙吟：余光中评传》，广州：花城出版社，2002。

徐学：《余光中传》，厦门：厦门大学出版社，2016。

痖弦口述：《痖弦回忆录》，南京：江苏凤凰文艺出版社，2019。

杨智勇、潘艳编著：《青春万岁》，长沙：湖南师范大学出版社，2000。

叶皓主编：《放歌南京》，南京：南京出版社，2010。

叶石涛：《台湾文学史纲》，台北：文学界杂志社，1987。

叶振辉主访：《让春天从高雄出发——余光中教授专访》，高雄：高雄市文献委员会，2001。

尹作升、李平生主编：《斯文一脉》，济南：山东人民出版社，2014。

尤静波编著：《中国流行音乐通论》，北京：大众文艺出版社，2008。

余超英编：《余东有先生像赞纪念册》，福州：玉石林石印公司，1934。

宇文正：《文字手艺人》，北京：中国工人出版社，2018。

岳阳市作家协会、岳阳楼景区管委会编：《岳阳楼文学》，长沙：湖南文艺出版社，2013。

张爱玲、庄信正：《张爱玲庄信正通信集》，北京：新星出版社，2012。

张昌华：《我为他们照过相》，北京：商务印书馆，2017。

张畅：《记忆是一种抵抗的姿态》，哈尔滨：北方文艺出版社，2011。

张健：《中国现代诗论评》，台北：纯文学出版社，1968。

张健主编，王金城、袁勇麟本卷主编：《中国当代文学编年史》第十卷《港澳台文学（1949～2007)》，济南：山东文艺出版社，2012。

张默等编：《中国当代十大诗人选集》，台北：源成文化图书供应社，1977。

张默编：《台湾现代诗编目：一九四九——一九九五》，台北：尔雅出版社，1996。

张绍民：《青春草书》，北京：海潮出版社，2014。

张双英：《二十世纪台湾新诗史》，台北：五南图书出版公司，2006。

张瑞：《余光中翻译话语研究》，南京：南京大学出版社，2019。

张永健、王芝主编：《风雨百年铸师魂：华中师范大学校友新诗选》，武汉：长江文艺出版社，2003。

赵庆庆：《加拿大华人文学史论：多元和整合》，北京：中国国际广播出版社，2019。

郑锦怀：《泉籍翻译家与中西交流：生平述介与著译考录》，青岛：中国海洋大学出版社，2016。

中共泉州市委对台工作部编：《泉州寓台名人录（一）》，泉州：中共泉州市委对台工作部，2003。

中国世界华文文学会编：《世界华文文学评论：第2辑》，广州：暨南大学出版社，2016。

钟玲主编：《与永恒对垒：余光中先生七十寿庆诗文集》，台北：九歌出版社，1998。

卓如编：《冰心全集》第八册，福州：海峡文艺出版社，2012。

梁笑梅：《壮丽的歌者：余光中诗论》，苏州大学博士学位论文，2004。

张黎黎：《在永恒中结晶：论余光中散文理论及创作实践》，苏州大学博士学位论文，2005。

《北京文化艺术年鉴》编辑部编：《北京文化艺术年鉴：2012》，北京：方志出版社，2013。

崔为工主编：《河南文化文物年鉴：2014》，郑州：中州古籍出版社，2015。

长沙市岳麓区志编纂委员会编：《长沙市岳麓区志：1988 ～ 2002》，北京：方志出版社，2010。

长春市地方志编纂委员会、长春年鉴编纂委员会编：《长春年鉴：1998》，长春：长春出版社，1998。

重庆市社会科学界联合会编：《重庆社会科学年鉴：2014》，重庆：重庆出版社，2015。

洞头县地方志编纂委员会办公室编：《洞头年鉴：2010》，北京：方志出版社，2010。

《高阳余氏族谱》五修编委会编印：《高阳余氏族谱》，2002。

古远清编纂：《世界华文文学研究年鉴：2015》，武汉：武汉大学出版社，2017。

《海南年鉴》编辑委员会主编：《海南年鉴：2014》，海口：海南年鉴社，2014。

湖南年鉴社编辑：《湖南年鉴：2000》，长沙：湖南年鉴社，2000。

江南大学档案馆编：《江南大学年鉴：2011》，无锡：江南大学档案馆，2011。

江苏省教育厅编：《江苏教育年鉴：2009》，南京：江苏教育出版社，2010。

江苏省文学艺术界联合会编：《江苏省文学艺术界联合会年鉴：2011》，南京：南京师范大学出版社，2011。

江阴市史志办公室编：《江阴年鉴：2003》，上海：浦东电子出版社，2003。

蒋斌、田丰主编：《广东社会科学年鉴：2009/2010/2011 年合卷》，广州：广东人民出版社，2013。

旷永青、李殷青主编：《广西师范大学纪事：1932—2017》，桂林：广西师范大学出版社，2017。

柳斌杰主编：《中国图书年鉴：2004》，武汉：湖北人民出版社，2004。

南京年鉴编纂委员会编：《南京年鉴：2001》，南京：《南京年鉴》编辑部，

2001。

南京市白下区地方志编纂委员会编：《白下年鉴：2009》，北京：方志出版社，2009。

栖霞区地方志编纂委员会编：《栖霞年鉴：2008》，北京：方志出版社，2008。

戚永根主编：《温州市风景名胜区志》，北京：线装书局，2014。

全哲洙主编：《吉林年鉴：1998》，长春：吉林年鉴出版社，1998。

泉州市地方志编纂委员会编：《泉州年鉴：2004》，北京：方志出版社，2004。

泉州市地方志编纂委员会编：《泉州年鉴：2005》，北京：方志出版社，2006。

陕西省文物局编：《陕西文物年鉴：2013》，西安：陕西人民出版社，2014。

泰州年鉴编纂委员会编：《泰州年鉴：2012》，北京：方志出版社，2012。

王旭州主编：《西北大学大事记：2002—2017》，西安：西北大学出版社，2018。

温州市地方志编纂委员会办公室编：《温州年鉴：2011》，北京：中华书局，2011。

徐州市教育局编：《徐州教育年鉴：2009》，北京：方志出版社，2009。

杨牧之主编：《中国图书年鉴：1997》，武汉：湖北人民出版社，1998。

杨牧之主编：《中国图书年鉴：2001》，武汉：湖北人民出版社，2002。

永春县地方志编纂委员会编：《永春县姓氏志》，北京：方志出版社，2010。

中国共产党常德市委员会编：《中国共产党常德市委员会志》，北京：方志出版社，2013。

朱玉林主编：《常州年鉴：2004》，常州：常州年鉴社，2004。

Cheung, Dominic (ed. & tr.). *The Isle Full of Noises: Modern Chinese Poetry from Taiwain*. New York: Columbia University Press, 1987.

Lin, Julia C. *Essays on Contemporary Chinese Poetry*. Athens, Ohio and London: Ohio University Press, 1985.

Palandri, Angela C. Y. Jung (tr. and comp.). *Modern Verse from Taiwan*. Berkeley, etc.: University of California Press, 1972.

后　记

　　本年谱的编撰和出版得到中国翻译文献整理研究中心、广西壮族自治区一流学科建设项目和广西民族大学外国语言文学一级博士点支持计划的支持，在此谨表感谢。

　　我决定编撰《余光中先生年谱》，既是偶然，也是必然。说是偶然，是那天我收到"中研院"单德兴先生寄赠的《翻译家余光中》（2019）和他为余幼珊教授所编作推荐序的《翻译乃大道，斯人独憔悴》（2021）。因我的翻译学研究背景，这两本书自然引起我强烈的兴趣。于是在几天内，我以最快的速度将其翻阅完毕，但仍意犹未尽。出于职业本能，我觉得有必要编撰一部更详尽的余先生的年谱。说是必要，是因为自己曾见过余先生，听过他的报告；和他有过交集的人很多都是我的熟人。另则，近年本人主编了一套"闽人年谱丛书"，已先后为闽籍文化名人林纾、陈宝琛、陈衍、林语堂等编撰了年谱。加之自己的专业背景，我对那些深受过中西两种文化熏陶，又产生过重大影响的学人兼译家特别关注。在通过单先生与余幼珊教授取得联系，征得她的同意后，我便迅速动手编撰是谱。

　　余先生曾说，自己的生命地理拼图，有两块大陆、一座岛、一座半岛。而我这些年来的生命轨迹与他有重合之处。我是 2001 年去香港的，先是在香港理工大学从事研究，后在香港浸会大学攻读博士学位。2004 年夏，就在我博士毕业前两年，我在香港岭南大学的一次翻译研究高层论坛上第一次见到余先生。这一面虽未有直接交集，但促使我回去后购买了一批他的作品。2006 年 6 月我博士毕业于香港浸会大学，主持我论文答辩的是我们文学院院长钟玲教授，外审专家之一是黄国彬教授，前者是余先生早年在台湾的学生，后者是他的"沙田四人帮"成员。非常巧合的是，我的博士论文题目是《规范的破与立：朱湘译诗新探》。朱湘是活跃于二十世纪二三十年代的新格律派诗人和翻译家，与新月派渊源颇深，而余光中先生早年的格律诗创作就深受新月派的影响。2012 年初我从湖南师范大学调至福建工程学院，负责组建人文学院，并出任院长。在接下来的四年里，我因工作的需要多次赴台交流，其间曾途经高雄，并在中山大学的校门前摄影留念，此照后来多次出现在我的专著衬页和讲座海报上。2013 年业师张佩瑶教授仙逝，我和黎翠珍老师为她编了一本学术纪念集，书名即为《风筝不断线》，这是老师生前最喜爱的余先生的一句诗。2017 年 12 月 14 日，余先生病逝于高雄，享年 90 岁。2020 年 1 月 21 日，家父仙逝于邵阳老家，享年 87 岁。记得那天正是武汉因疫情"封城"的前后。我是在家父临走前赶回老家的，和他一起度过了最后几天。因我们穆斯林人讲究"入土为安，一切从简"，当天下午我们兄弟几人一起将老父抬上了山，并培土掩埋。这几年来，此情此景一直刻在我的脑海里，夜里常醒来，一睁眼总是那一幕，心中无限悲凉。

由于谱主跟家父差不多是同时代的人，加之我处理的材料又涉及不少自己熟悉的人物，而且接触的材料当中许多作者早就出现在我阅读的比较文学和翻译研究书单之中，因此我编撰是谱也格外用心。正巧动手后不久便是一个漫长的寒假，况且又处于疫情期间，我便每天在办公室里玩命地编撰，即便是大年三十和初一都未曾停歇过片刻。这年的冬天南宁气温低到了历史最低点，一个多月里雨就没停过，加之校园内整日整夜为迎接校庆而赶工程，偌大一个院子"容不下一张安静的书桌"。不过我坚信坐下来就是力量，于是我摒除杂念和干扰，试图通过写作这一剂"猛药"来麻醉自己。以前同事都说我越是生气，越能写出东西，而且产出也越高。无他，到了这把年纪，能让自己高兴的事确实不多。然则何以解忧？身体的原因使我放弃了杜康，选择以不断地写作来忘掉尘世的烦恼，何况写作期间还能获得某种类似于醉酒的感觉。其实，每日在家和办公室之间有规律地来回三趟，好歹也能刷下一万来步的运动记录，生活方式倒是"健康"。

因我的博士论文是关于新格律派诗人朱湘译诗的研究，此次我在细读余先生的诗论和文论时，觉得他说得真到位。朱湘当年受到梁实秋的影响，其早年的诗作仍停留在徐志摩等新月派的影响之下，他的分行艺术，基本未曾摆脱五四时期的格律诗。后来他转益多师，诗风演变路径也格外清晰，这样也解决了我多年来的困惑。此次我全景式地研读余先生的作品，发现在近现代中国文论史上，还没有哪一个人能像他这样将问题说得如此透彻。当年我做朱湘研究，意识到格律太谨严就会拘束，如果放开了就会流于散体化的自由诗，中间很难完好地过渡。如今从余先生的论述中看到他完好地解决了这一问题。他的诗可以不分节，凭着一股气，一下来就是几十行，给人以气势，这是中国诗歌中历来非常稀缺的那种阳刚之气！我与单德兴老师讨论时，二人均认为这种写作方法源自西诗中的 run-on line（跨行）手段，是他经由翻译途径而得到的启示，是他"外师造化，中得心源"的结晶。这正好印证了西方翻译理论家劳伦斯·韦努蒂所说的：翻译对于民族文化的重构有着至为重要的作用。另外，他的散文同样也有一种"如斧如碑"的雄浑和阳刚之气，这是中国文学界相当稀少的，因而显得十分珍贵。而这种文风又十分合乎我的阅读胃口。正是这种忘我状态下的研读和感悟，加之自己多年的积累和先前编撰几部年谱的经历，我的编撰工作进展得特别顺利。

谱主生前曾反复强调自己没有写自传的打算，也不想把什么都"和盘托出"，更不想把自己的一生写成一份"供词"，因为这样的自传对于传主而言近乎"暴露狂"。他说他的自述全散见在他的作品中，因为作品贴近作家的心灵，作品就是作家的内传。他曾将那些想看他传记的人称作"偷窥者"，但也并不反对有人来给他作传。事实上，他也乐于为其传记作序，因为这些传记就是作家的外传。只要将他的诗文、将他为友人作的序文以及时人为他所作传记和评论文章通读完毕，就能对他有更真切和立体的了解。正因如此，这半年来我频繁地出没于各大图书馆，并利用互联网资源，动用一切能动用的海内外关系，广泛地搜罗与谱主有关的材料，然后细加阅读，又按编年方式逐一录入，初稿遂慢慢成形。然后就是查漏补缺和反复打磨，最后就有了目下这部年谱。非常欣慰的是，此刻楼下的路面已整修完毕，树丛间又重新披上亚热带植被，整治后的湖面更加清澈，不再有异味。原来那几只黑天鹅又重新回到湖上，时不时地围着湖中的小红船追逐嬉戏。晚霞时分，湖光潋滟，别是一道风景。以前在家乡常羡慕远方的风景，如今在相思湖畔常北顾而怀故乡。

就在本谱即将交稿之际，我母亲突然走了，走得非常痛苦。腊月初十，我在阳了之后的第二天，带着高烧从千里之外赶到她的床前，试图把她唤醒，却永远唤不醒了。三年内我走了两位至亲，一位走在疫情开始之际，一位走在疫情管控放开后不久，而且都是走在数九寒冬的腊月。不知道自己是否动了不该动的东西，也不知道未来要有多长时间才能走出这一记忆，未来人生的路该如何走，这些都有待一些时日来冥思。但我相信明朝的太阳会照样升起，这也许是父母给我取名的命意所在吧！

在本年谱的编撰中，我有幸请到余幼珊、单德兴和黄维樑三位教授作序。他们在写序的过程中反复与我商榷，不时地给我提供诸多补充信息和修改意见，不过更多的还是勉励和赞扬。没有他们的鼎力支持，这部年谱的编撰很难顺利完成，在此深表谢意。

我在编撰年谱的过程中还得到诸多领导、师长和朋友的帮助和支持，他们分别是业师香港浸会大学黎翠珍教授，业师广西大学罗选民教授，永春余光中文学馆周梁泉馆长，台湾政治大学张上冠教授，台湾高雄第一科技大学陈瑞山教授，香港中文大学王宏志教授，香港理工大学李德超教授，香港岭南大学龙惠珠教授、李波教授、陈德鸿教授、白立平教授，澳门大学张美芳教授、孙艺风教授、龚刚教授，新加坡南洋理工大学崔峰博士，中南大学孟泽教授，湖南师范大学岳凯华教授，湘潭大学胡强教授，厦门大学李美华教授，泉州华光职业学院董事长吴其萃先生，泉州师范学院郑锦怀副研究员，华中师范大学罗良功教授、苏艳教授，中山大学王东风教授，广东外语外贸大学穆雷教授，广西民族大学覃修桂教授、张跃军教授、穆禹含博士，《中国青年报》记者张彦武先生，北京外国语大学博士生赵为女士，以及学棣苏玉鑫、肖志兵、孙艳、蓝岚、胡卫伟、陈松、朱利平、杨瑞、高书冕、赵冬、赖璐瑶、张紫藤等。正是有了他们的勉励和支持，是谱才得以不断完善并最终面世，在此谨表谢意。

张　旭
壬寅腊月于邕城相思湖畔